石家莊年鉴

SHIJIAZHUANG YEARBOOK

2017

中共石家庄市委 编

河北人民出版社
·石家庄·

图书在版编目（CIP）数据

石家庄年鉴. 2017 / 中共石家庄市委编. -- 石家庄：河北人民出版社，2019.10

ISBN 978-7-202-14312-4

Ⅰ. ①石… Ⅱ. ①中… Ⅲ. ①石家庄－2017－年鉴 Ⅳ. ①Z522.21

中国版本图书馆CIP数据核字（2019）第245313号

书　　名　石家庄年鉴2017
　　　　　SHIJIAZHUANG NIANJIAN 2017
编　　者　中共石家庄市委

责任编辑　王　颖
美术编辑　于艳红
责任校对　付敬华
策划总监　薛鹏飞
版式设计　速诺传媒
封面设计　王　鹏
翻　　译　杨永林

出版发行　河北人民出版社（石家庄市友谊北大街330号）
印　　刷　山东黄氏印务有限公司
开　　本　889毫米×1194毫米　1/16
印　　张　36.25
字　　数　1 000 000
版　　次　2019年10月第1版　2019年10月第1次印刷
书　　号　ISBN 978-7-202-14312-4
定　　价　420.00元

石家庄市地方志编纂委员会

《石家庄年鉴》编纂

主　　编：祁军英

副 主 编：曹立波　薛鹏飞

《石家庄年鉴》编辑部

主　　任：薛鹏飞

责任编辑（以承编顺序为序）：

徐陈卫：特载、附录

刘　欠：大事记

肖海军：市情概览、开发区·园区·保税区、工业、城乡建设、生态环境、信息产业、商业·旅游、区县（市）

王建峰：党政机关、群众团体

石玉杰：法治、军事·外事侨务·台港澳事务

彭连忠：农业·农村、交通运输·邮政、金融、综合经济管理

赵振献：科学技术、教育、文化、卫生·体育、社会生活

荀志俊：人物、图照

韩　芳：统计资料

数字石家庄

土地面积 13504 平方千米
常住人口 1015.12 万人
户籍人口 974.37 万人

地区生产总值 5502.15 亿元，同比增长 6.8%
第一产业增加值 432.14 亿元
第二产业增加值 2438.79 亿元
第三产业增加值 2631.22 亿元

财政收入 826.26 亿元，同比增长 9.1%
公共财政预算收入 398.46 亿元
财政支出 714.24 亿元
固定资产投资 5678.46 亿元
社会消费品零售总额 2692.98 亿元
实际利用外资 12.19 亿美元

粮食播种面积 65.93 万公顷，总产量 440.36 万吨
小麦总产量 226.08 万吨，亩产 460.07 千克
玉米总产量 201.71 万吨，亩产 465.47 千克

规模以上工业企业 2415 个
规模以上工业企业主营业务收入 8713.8 亿元
规模以上工业企业增加值 1965.32 亿元
规模以上工业企业利润 733.6 亿元

石家庄机场通航城市 71 个
石家庄机场旅客吞吐量 721.46 万人次
石家庄机场货邮吞吐量 4.38 万吨
铁路营业里程 328.7 千米
铁路客运量 3806.96 万人次
铁路货运量 803.12 万吨
公路通车总里程 1.92 万千米
公路客运量 2.0 亿人次
公路货运量 4.06 亿吨
公交车辆 4882 辆
公交线路总长 3707 千米
公交客运总量 5.46 亿人次

商品住房上市面积 413.70 万平方米
商品住房成交面积 617.50 万平方米
商品住房库存面积 285 万平方米
商品住房成交均价 8438 元 / 平方米
市区二手住房网上签约 45581 套
住房公积金归集 77.29 亿元
住房公积金个人贷款 47.46 亿元

建筑业总产值 1130.63 亿元
建筑业利润总额 26.98 亿元
建筑业施工企业 1854 家

接待海内外游客 7647.70 万人次
旅游业总收入 750.32 亿元

对外贸易进出口总值 719.4 亿元
出口总值 432.1 亿元
进口总值 287.3 亿元

金融机构年末人民币存款余额 10722.28 亿元
金融机构年末人民币贷款余额 7006.16 亿元

建成区绿地面积 8923 万公顷
建成区绿化覆盖率 44.90%
市区空气质量一级天数 22 天、优良天数 150 天

专利申请量 11155 件，专利授权量 6377 件
发明专利申请量 3181 件，发明专利授权量 1016 件
学校（含幼儿园）3292 所，在校生 1727146 人
幼儿园 1419 所，在园幼儿 290098 人
小学 1329 所，在校学生 766248 人
初中 191 所，在校学生 300385 人
高级中学 58 所，在校学生 162326 人
市属高校 5 所，在校学生 50445 人
卫生医疗机构 6892 个，卫生医疗床位 53357 张
执业（助理）医师 31781 人，注册护士 27749 人

城镇居民年人均可支配收入 30459 元
城镇居民年人均消费支出 19182 元
农村居民年人均可支配收入 12345 元
农村居民年人均消费支出 7893.8 元

城乡居民养老保险参保人数 403.7 万人
城镇职工养老保险参保人数 229.4 万人
城乡医疗保险参保人数 764.8 万人
城镇职工医疗保险参保人数 145.7 万人
失业保险参保人数 92.0 万人
工伤保险参保人数 151.8 万人
生育保险参保人数 140.9 万人
新型农村合作医疗保险参保人数 609.2 万人
享受居民最低生活保障 16.9 万人
城镇新增就业 10.5 万人
城镇登记失业率 3.5%
农村劳动力转移就业 5.4 万人

户籍登记家庭 2803117 户
户籍登记出生人口 139149 人
户籍登记死亡人口 36376 人
户籍登记男性 4906456 人、女性 4837215 人
户籍登记 60 岁以上老人 1765524 人
结婚登记 84770 对，离婚登记 24233 对

编辑说明

一、《石家庄年鉴》是中共石家庄市委主办的一部全面记述石家庄市情的权威性地方综合年鉴。1993年开始编纂，1993～1994年、1995～1996年为两年合刊，1997年起逐年出版，面向国内外公开发行。2019年起，《石家庄年鉴》由石家庄市档案馆负责编纂。

二、本年鉴以马克思列宁主义、毛泽东思想、邓小平理论、“三个代表”重要思想、科学发展观和习近平新时代中国特色社会主义思想为指导，如实记录上一年度石家庄市的自然、政治、经济、军事、文化、科技、教育等方面情况，充分反映各行各业取得的成就，客观记述改革和建设中的经验与教训，是各级领导和机构实施决策的重要依据，也是国内外了解石家庄市最准确、最权威的资料性文献。

三、《石家庄年鉴2017》是《石家庄年鉴》总第22卷，主要记述2016年度石家庄市的经济社会等发展情况。本卷采用分类编纂法，由类目、分目、条目三个部分组成，共设特载、大事记、市情概览、开发区·园区·保税区、党政机关、群众团体、法治、军事·外事侨务·台港澳事务、农业·农村、工业、城乡建设、生态环境、交通运输·邮政、信息产业、商业·旅游、金融、综合经济管理、科学技术、教育、文化、卫生·体育、社会生活、区县（市）、人物、附录25个类目。条目统一用黑体字加【】表示。记述时间“月”“日”未标注年份均为2016年。货币单位“元”无专门标注均指人民币。为帮助读者理解内文，探索设立“链接”注释。记述土地用地、占地、耕地面积有的使用“亩”，其余均采用国家规定的法定计量单位。

四、年鉴组稿采取部门供稿与国家工作人员采编相结合的方式。市直各部门，各县（市、区）及有关单位均指定专人撰写，并经主管领导审核。

五、本年鉴数据一般截至2016年12月31日，个别事情记述上限适当追溯，下限稍有延长，以供读者了解发展脉络。全局性数据以石家庄市统计局提供的数据为准。统计资料由石家庄市统计局和政府部门提供。2013年6月原石家庄辛集市划归河北省直接管辖，如无标注说明，本年鉴数据一般不包括辛集市。“特载”全文引用，数据未作改动，其他内文数据均为准确数据。因统计口径等原因，有关部门提供的个别数据与统计数据不尽一致，采用时请予注意。

◆ 2016年3月23日，是党中央、毛主席离开西柏坡“进京赶考”67周年纪念日，市委常委集体赴西柏坡举行“重温《党委会的工作方法》，加强党委领导班子建设”主题教育活动

◆ 2016年5月27日，全国人大常委会委员、全国人大农业与农村委员会主任委员陈建国（前排左三）率领《农民专业合作社法》修改调研组到石家庄市调研指导农民合作社联合社改革

◆ 2016年10月12日，中华全国供销合作总社党组书记、理事会主任王侠（前排左二）到石家庄市调研供销合作社综合改革

◆ 2016年4月22日，市长邢国辉到市区中山路和体育大街施工工地调研指导

◆ 2016年4月23日，河北省2016“书香燕赵　美丽河北”主题系列读书活动暨石家庄市全民阅读系列活动现场诵读会在石家庄市新华区汇君城举行

◆ 2016年5月28～30日，由北京商业管理干部学院、中国供销合作经济学会、河北省供销合作总社联合举办的第二届中国“三农”产业发展高峰论坛在石家庄市举行

目　录

CONTENTS

特　载

Special Reports

大事记

Chronicles of Events

市情概览

City Overview

开发区・园区・保税区

Development Zone & Park & Bonded Zone

党政机关

Party and Government Organs

群众团体
Mass Organizations

法 治

Governed by Law

军事・外事侨务・台港澳事务

Military & Foreign Affairs & Overseas Chinese Affairs & Taiwan and Hong Kong and Macao Affairs

工　业
Industry

城乡建设
Urban and Rural Construction

生态环境
Ecological Environment

交通运输 · 邮政
Transportation & Postal Service

信息产业
Information Industry

商业·旅游
Business & Tourism

综合经济管理

Comprehensive Economic Management

科学技术

Science & Technology

教 育
Education

文 化
Culture

卫生·体育
Public Health & Sports

社会生活
Social Life

区县（市）
Districts and Counties (cities)

人　物

Figures

附 录
Appendix

市委常委会工作报告

——2016年12月27日在中共石家庄市委第九届第九次全会上

中共河北省委常委、市委书记、市长 邢国辉

市委九届七次全会以来，面对严峻复杂的形势和艰巨繁重的任务，市委常委会深入学习贯彻习近平总书记系列重要讲话精神，统筹推进“五位一体”总体布局，协调推进“四个全面”战略布局，认真落实中央和省委的一系列重大决策部署，以及赵克志书记对省会工作的重要指示要求，充分发挥总揽全局、协调各方的领导核心作用，团结带领全市广大干部群众开拓进取、砥砺前行，认真践行新发展理念，扎实推进改革发展稳定各项工作，省会的经济建设、政治建设、文化建设、社会建设、生态文明建设和党的建设取得了新成效、新进展，实现了“十三五”的良好开局。

一、坚持以习近平总书记系列重要讲话精神引领航向，扎实开展“两学一做”学习教育

办好省会的事情，最根本的是用习近平总书记系列重要讲话精神武装头脑、引航定向、指导实践、推动工作。市委常委会坚持把开展“两学一做”学习教育，作为加强党的思想政治建设、推进全面从严治党的重要契机和有力抓手，狠抓了习近平总书记系列重要讲话精神和对河北的重要指示精神的学习贯彻，组织广大党员干部带着感情、带着责任、带着问题，认真研读《习近平谈治国理政》《习近平总书记系列重要讲话读本》，以及《知之深 爱之切》等重点书目，切实做到真学真懂真信真用，努力从习近平总书记重要讲话中找到解决问题的办法、做好工作的路径、克服困难的信心。按照中央和省委部署，市委常委会认真履行抓好“两学一做”学习教育的主体责任，举办了专题党课，带动了各级党组织书记讲党课，引导广大党员干部认认真真学、扎扎实实做，不忘初心、继续前进，为推动省会事业发展提供了强大动力。市委常委会带头加强学习，先后召开13次常委会议，及时传达学习习近平总书记重要讲话和重要指示批示精神，进一步增强了政治意识、大局意识、核心意识、看齐意识，坚决在思想上政治上行动上同以习近平同志为核心的党中央保持高度一致。省第九次党代会召开后，我们先后召开市委常委扩大会、市委中心组学习会，及时传达学习省党代会精神，深入研究贯彻落实意见，统一了思想、凝聚了共识，明确了重点、落实了责任，为抓好省第九次党代会和赵克志书记对省会指示精神的落实奠定了坚实基础。中央和全省经济工作会议召开后，我们及时召开市委常委扩大会、全市开发区建设紧急会，传达学习会议精神，研究贯彻落实意见。我们以中央和省委一系列重要会议精神为指导，精心谋划了明年工作。

二、积极应对经济下行压力，持续推进经济转型升级、做大做强

市委常委会始终把发展作为第一要务，主动适应把握引领经济发展新常态，大力实施供给侧结构性改革，坚持以产业、项目和开发区为抓手，强力推进经济转型升级，全市经济保持了平稳较快增长，主要经济指标位居全省前列，省会综合经济实力有了新提升。预计全年地区生产总值增长7%左右，全部财政收入和一般公共

预算收入分别增长8.2%、9.3%，城乡居民人均可支配收入分别增长8%。

面对经济下行的压力，加强了对经济形势的分析研判和经济运行的协调调度，开展了“入企帮扶”活动，实行了市领导联系重点企业制度，及时帮助企业解决实际困难和问题，促进经济增长保持在合理区间。强力推动“三去一降一补”工作，狠抓了去产能和降成本，提前超额完成省下达的压减炼钢产能任务。深化拓展“对标”行动，加快推动食品、纺织等传统产业改造升级，技改投资占工业投资比重达74.5%。积极培育发展新动能，坚持把发展战略性新兴产业和现代服务业作为调结构、转方式的主攻方向，推动生物医药、电子信息、光电产业、通用航空等战略性新兴产业做大做强，工业利润总量居全省首位；加快发展电子商务、金融服务、文化创意等现代服务业新兴业态，服务业占GDP比重达48%。大力发展现代农业，粮食生产再获丰收，农村产业结构进一步优化，示范区建设成效凸显，农业综合效益不断提升，农业基础地位得到巩固。

坚持把项目建设作为经济工作的重中之重，加强了对各县（市、区）党政主要负责同志招商引资抓项目的督导，组织开展了项目观摩活动，加大了对项目建设的考核力度，继续实行市、县领导分包重点项目等制度，有力推动了项目落地、建设和达产，中核石辐核设备等一大批重点项目开工建设，全市投资保持了较好增势，总量始终居全省首位。积极推进园区建设提档升级，将全市25家经济开发区优化整合为19家，园区环境明显改善，集聚效应不断增强。石家庄高新区在100多家国家级高新区综合排名中位居第15名，跻身“第一方阵”。大力推进与京津深度融合、协同发展，合作项目达到219个、总投资3079亿元，与北京中关村合作建设的石家庄（正定）中关村集成电路产业基地挂牌运行。

三、扎实推进省会城市和县城建设，城镇化的质量和水平得到提升

市委常委会坚持把加快新型城镇化步伐、建设现代化省会城市，作为率先在全省全面建成小康社会的重要推动力，认真贯彻省会城市规划建设管理工作会特别是赵克志书记关于省会建设的一系列指示精神，加快推进省会城市建设，着力补齐县城建设短板，全市城镇化的质量和水平实现了新提升，城镇化率预计达到60.3%。

坚持对标先进省会城市，组织市、县有关负责同志赴郑州等地进行了对标学习，开阔了视野、看到了差距，更新了观念、学到了经验，增强了建设现代化省会城市的紧迫感和危机感。加强了对省会城市建设发展的顶层设计，开展了行政区划调整后都市区总体规划修编工作，同步开展了综合交通、海绵城市等多项规划，形成了初步方案。大力推进中心城区的改造提升，对楼顶天线、户外广告等开展了集中整治，推进美化亮化绿化向次干道和小街巷延伸，省会城市形象得到整体提升。大力推进城市重大基础设施建设，轨道交通工程部分完成联调联试，南二环东西延、和平路改造等工程扎实推进，组织实施了路网改造、雨污分流、供热提质等重大市政建设，城市的承载能力进一步增强。持续推进房地产市场整治，城市建设秩序进一步规范。大力加强城市管理工作，进一步理顺了城市管理体制，完善了数字城管平台，城市运行更加有序，城市环境更加整洁，市民满意度不断提升。积极推进组团新区与中心城区融合发展，着力提升组团区规划建设管理水平，将组团新区与中心城区的市容环境卫生纳入统一考评，组团新区容貌环境得到了较大改善。

大力推进省会北跨发展，成立了滹沱河北岸项目建设领导小组，统筹推进正定古城保护、正定新区建设以及综合保税区建设等工作。秉持正确的古城保护理念，完善了正定古城保护规划体系，扎实推进古城墙保护、南关村改造等重点工程，古城保护取得阶段性成效。强力推进正定新区重大功能性项目和基础设施建设，道路、综合管廊等基础设施进一步完善，省奥体中心、市信息技术学校等一批重点项目即将陆续竣工，规划馆、图书馆、青少年宫等重大场馆正在进行基础施工，会展中心新设计方案初步完成，一批高端产业项目进展顺利，新区综合承载能力和聚焦产业能力进一步提升。

组织实施了县城建设攻坚行动，开展了城乡规划管理、环境容貌整治、基础设施建设等专项攻坚，着力补齐县城建设“短板”，县城承载能力、容貌形象得到提升。培育了一批特色小城镇，成为县域发展的重要支点。扎实推进美丽乡村建设，大力破解资金等瓶颈问题，全市406个省级重点村建设工作居全省前列，乡村环境容貌、农村发展活力、农民生活质量得到提升，受到群众的普遍欢迎。

四、扎实推进生态文明建设，强力实施大气污染治理攻坚战

市委常委会认为，良好的生态环境，是最公平的公共产品，是最普惠的民生福祉，是全面建成小康社会的题中之意。市委常委会坚持把生态文明建设摆在更加突出的位置，动员全市各级各部门坚定走生态优先、绿色发展之路，努力打造天蓝、地绿、水清的美丽石家庄。

强力实施大气污染防治攻坚战，着力在科学精准施治上下功夫，狠抓了“压煤、抑尘、控车、减排、迁企、增绿”六大治污举措的落实，重点实施了“散煤、露天矿山、焦化、道路车辆”四个专项整治行动，提前超额完成了省下达的燃煤工业锅炉改造、新能源汽车以及环保炉具推广任务，城区三环内全面实施了“煤改气”“煤改电”工程，全市露天生产矿山全部实现停产。针对9月下旬以来大气污染防治严峻形势和不利气象条件，坚持统筹治污染与保民生的关系，启动了史上持续时间最长、措施最严的“利剑斩污”行动，狠抓了道路扬尘治理、工地综合整治、散煤压减替代、黄牌货车管控，采取关停企业和施工工地、压减发电量等14项措施，努力扭转大气环境的不利局面，二氧化氮、一氧化碳等主要污染物浓度明显下降。

高度重视水生态安全，加强了水环境治理，建成了覆盖全市的出境水质自动监测站，实施了滹沱河下游综合整治，启动了洨河水质提升工程，地表和地下饮用水水源地水质达标率100%。开展了大规模的植树绿化，实施了太行山生态绿化、矿山绿化等造林绿化项目，成功创建全国绿化模范城市，森林覆盖率达到38.7%。扎实推进山水林田湖生态修复工作，狠抓了水土保护、水源涵养等工作，省会生态环境持续改善。加大了环境监察执法力度，对破坏生态环境的违法行为进行了严肃查处。狠抓了中央环境保护督察组交办环境问题查处整改工作，涉及我市的问题线索全部办结。

五、扎实推进改革开放和依法治市，努力为省会事业发展提供动力和保障

市委常委会坚持把全面深化改革作为推动省会又好又快发展的根本动力，切实加强了对改革工作的领导，调整充实了市委全面深化改革领导小组及办公室，组织召开了5次市委全面深化改革领导小组会议，研究部署改革工作，审议重大改革事项，推动改革工作落实，扎实推进“十三五”开局之年的各项改革工作。按照中央和省委的决策部署，立足省会实际，坚持问题导向，聚焦了一批重点改革项目，实施了一批关键性改革，取得了一批重要成果，在供给侧结构性改革、创新驱动、“放管服”改革、供销社综合改革、司法和社会治理体制改革、社会事业领域改革、党的纪律检查体制改革等方面取得重要进展，制定出台了涉及改革的文件119件，为省会事业发展提供了动力、增添了活力。市场监管“双随机、一公开”机制、建设项目环评备案制、美丽乡村建设机制、现代农业园区助力扶贫攻坚长效机制、社会治安防控机制、轻微刑事案件快速审理机制、小学生免费托管服务等一些改革亮点和创新性做法，分别受到国家部委和省领导的肯定或被推广复制，并在中央媒体上予以宣传报道。狠抓了改革试点工作，新增国家级试点7项、省级试点10项，已有6项试点圆满完成任务并通过验收。充分尊重基层首创精神，及时总结基层创新性的做法和典型经验，复制推广了鹿泉区开展项目环评备案制改革、栾城区创新美丽乡村建设机制等经验做法。坚持以开放促改革，抓住“一带一路”重大机遇，组织参加北京投资合作洽谈会、装备制造产业对接洽谈会、石洽会等系列招商引资活动，提高了石家庄的知名度和影响力，取得了一批合作成果。紧紧抓住京津冀协同发展的机遇，多渠道开展面向京津的系列招商活动。加强国际产能对接合作，加快推进本市企业“走出去”步伐，推动38家公司在美国、南非等地开展了投资合作，对外投资同比增长143.46%。积极组织企业参加对外合作对接会，大力拓展海外市场，提高了企业的知名度和影响力。

市委常委会坚持把全面依法治市要求贯穿改革发展稳定全过程，切实加强了对法治石家庄建设的领导，调整了市委法治石家庄建设领导小组办公室，成立了五个专项小组，指导各县（市、区）规范了机构设置，为统筹推进法治石家庄建设提供了有力的组织保证。强化立法工作，坚持科学立法、民主立法，制定出台《石家庄市大气污染防治管理办法》《石家庄市绿色低碳发展促进条例》等10件政府规章。坚持依法行政，严格落实行政决策程序，出台了《石家庄市法治政府建设的实施意见》《关于全面推行政府法律顾问制度的实施意见》《重大行政处罚备案规定》，落实了行政执法全程记录制度，规范了行政执法权力运行。推进公正司法，坚持以深化改革促公正、以司法公开促公正、以执法监督促公正，不断深化“两法衔接”机制，启用了全省首个中级人民法院庭审直播点播平台，执法司法规范化水平进一步提高。加强普法宣传，积极推进公共法律服务体系建设，广泛开展“七五”普法宣传教育活动，被中宣部、司法部和全国普法办评为“六五”普法全国法治宣传教育先进城市。

六、全力抗击“7·19”特大洪灾，努力提高综合防灾减灾救灾能力

“7·19”特大暴雨洪灾来势凶猛、破坏巨大、历史罕见，给人民群众生命财产造成了重大损失。面对突如其来的灾情，我们坚决贯彻习近平总书记重要指示，按照省委、省政府的部署要求，紧急动员、迅速行动，采取果断措施，全力以赴开展抗洪抢险救灾和灾后重建工作。

第一时间成立了抗洪抢险应急保障和灾后重建指挥部，第一时间掌握灾情，第一时间发出指令，第一时间进行调度，对全市防汛抗洪抢险救灾和灾后重建工作进行安排部署、实施高效指挥。迅速派出了5个由市级领导带队的包县工作组、71个市直部门包乡工作组，进驻受灾较重的县（区）、乡镇，坚持每日视频调度会议制度，及时汇总分析情况、加强协调调度，有力地指导救灾工作、解决突出问题。各级领导干部勇于担当、靠前指挥，及时组织广大干部群众开展抗洪抢险。灾区的各级基层党组织坚强有力，发挥了领导核心作用，成为灾区广大干部群众的“主心骨”；广大党员干部身先士卒、冲在一线，与人民群众并肩战斗、抗洪抢险，展示了新时期党员干部的时代风采；驻石部队、武警官兵、消防部队和基干民兵充分发挥突击队的作用；工青妇等群团组织、省会企事业单位、学校院所等社会力量，以及红十字会等慈善组织，也积极参与到了抗洪抢险救灾和灾后重建工作中来，汇聚了抢险救灾的强大合力，最大限度地保护了人民生命财产安全。

认真贯彻习近平总书记关于全面提高综合防灾减灾救灾能力的重要指示精神，组织动员全市各级各部门按照客观规律科学谋划、高效推动灾后重建工作，带着感情和责任帮助灾区群众解决实际困难。坚持把灾后重建与美丽乡村建设、发展旅游业和扶贫搬迁有机结合起来，按照为民重建、科学重建、精准重建、高效重建、优质重建、阳光重建的“六个重建”原则，制定了灾后重建计划，明确重建责任，实行挂图作战，强化协调督导，狠抓工作落实，灾后重建工作按照时间节点顺利推进，群众生产生活条件达到灾前水平。通过抗击特大洪灾，全市各级党组织和广大党员干部经受住了考验，党群干群关系更加密切，党和政府在人民群众中的凝聚力、号召力得到了增强。

七、带着责任感情保障改善民生，努力营造和谐稳定的社会环境

市委常委会认真贯彻共享发展理念，始终把保障改善民生作为第一追求，从老百姓最关心、最直接、最现实的利益问题入手，带着感情和责任解民忧、惠民生，年初确定的利民惠民实事基本兑现。坚持把更多的财力向民生和社会事业领域倾斜，今年以来民生支出占一般公共预算支出的74%。坚持把扶贫开发摆在突出位置，实施精准扶贫、精准脱贫，按照不同致贫原因，实施了“七个一批”专项行动；围绕补齐基础设施短板，实施了“七大工程”，切实提高了扶贫的精准度和实效性，预计年底可实现6.6万人稳定脱贫。坚持把就业作为民生之本，实施积极的就业政策，努力扩大就业再就业，预计全市城镇新增就业10.9万人，城镇零就业家庭保持动态为零。进一步完善社会保障体系，养老、医疗保险覆盖面持续扩大，城乡低保、特困人员供养标准不断提高。坚持办好人民满意的教育，公办教育教学资源进一步扩大，现代职业教育体系逐步完善，教育均衡化发展扎实推进，实施了主城区义务教育学校“学区管理制”试点改革，全市22个县（市、区）全部通过国家义务教育基本均衡评估。深入推进山区教育扶贫工程、小学生免费托管、普惠性幼儿园建设，受到了老百姓的欢迎。县级公立医院综合改革扎实推进，基本药物制度进一步巩固完善，基层医疗服务能力明显提升。国家中医药综合改革试验市建设取得新进展，7个县（市、区）创建成为全国基层中医药工作先进单位，中医药服务能力不断提高。

市委常委会高度重视宣传思想文化工作，积极构建“一把手”负总责的大宣传格局，实现宣传思想工作正面效应的最大化，为加快省会发展营造良好的舆论氛围。牢牢把握社会主义核心价值观这条主线，开展了“善行河北，首善省会”主题道德实践活动、寻找新乡贤等特色活动，率先在

全省启动社会主义核心价值观涵育基地建设，建成了正定常山公园等12个涵育基地，金域兰湾社区被中宣部评为社区宣传思想文化工作示范点。坚持正确舆论导向，围绕中心工作加强正面宣传，开展了长征胜利80周年系列纪念活动，唱好主旋律、打好主动仗。强化党委意识形态工作责任制，扎实抓好新闻舆论、网络安全和信息化等工作，加强属地互联网站和新媒体管理，积极开展网上斗争，牢牢把握意识形态领域工作的主动权、主导权和话语权。坚持将加强思想教育与服务群众精神文化生活结合起来，开展了“燕赵讲坛”“彩色周末”等一系列面向基层的公共文化服务，群众生活更加丰富多彩。扎实推动全国文明城市创建，坚持问题导向、测评导向，全面打响交通秩序整治、社区综合治理等五大攻坚战，广泛开展了“建设文明石家庄，做文明石家庄人”、市民文明十条评选、文明礼仪养成教育活动，大力开展文明交通、文明旅游、文明社区等十大文明行动，全面提升城市管理水平和市民文明素质。大力培育文化产业，谋划建设了华北通用航空文化产业园等一批大型文化产业园区和项目，全市文化产业增加值实现223亿元，占GDP比重达4.41%。

市委常委会把维护社会稳定作为重大政治任务，以高度的政治责任感毫不放松地抓好维稳工作。注重源头治理，深入开展矛盾纠纷和隐患排查化解工作，大力加强基层基础工作，把不稳定因素化解在了基层和萌芽状态。深化完善“大排查、大调处、大帮扶”矛盾纠纷多元化解机制，建立了全省首家市级疑难纠纷多元化解中心，有效调解了各类社会突出矛盾纠纷。扎实做好信访工作，严格落实领导干部接访制度，着力解决群众合理合法的利益诉求，圆满完成了省第九次党代会等重要节点和敏感期的信访稳定任务。大力加强社会治安综合治理，扎实推进平安省会建设，充分发挥110综合警务站的作用，社会治安防控体系进一步完善，基层治安防范能力明显增强。坚持不懈地狠抓安全生产、消防安全、公共安全和食品药品安全等工作，为省会发展创造了和谐稳定的社会环境。

八、坚定不移推进全面从严治党，努力营造良好的政治生态

市委常委会坚决落实党中央全面从严治党重大部署，认真履行管党治党主体责任和监督责任，把抓好党建作为最大的政绩，努力营造风清气正的政治生态，为推动省会各项事业又好又快发展提供了坚强的政治保证。

市委常委会坚持把加强领导班子建设摆在党的建设的突出位置，狠抓了思想政治建设，带头维护习近平总书记在全党的领导核心地位，扎实开展“维护核心、看齐追随”主题教育，坚决与以习近平同志为核心的党中央保持一致，坚决落实党中央和省委的各项决策部署。坚持正确的用人导向，深入贯彻好干部五条标准，以及省委“五个重用、五个不用、五个调整”的要求，紧紧围绕实现省会事业发展选人用人，强化年轻干部培养选拔工作。坚持把政治上靠得住、工作上有本事、作风上过得硬的干部选拔到重要领导岗位上来。精心组织实施县乡领导班子换届工作，严明纪律、严格程序、严把关口，狠抓换届风气监督，营造了风清气正的换届环境。扎实推进学习型党组织建设，开展了大规模干部培训，广大干部的理论水平、素质能力有了新提高。高度重视基层党组织建设，着眼于提升基层党建工作的水平，大力实施贫困村第一书记帮带富民等“六项重点特色工程”，扎实推进基层党建模式机制创新，大力整治基层后进党组织，组织开展抓党建促脱贫攻坚工作，基层党组织的凝聚力、战斗力进一步增强。深入推进基层服务型党组织建设，探索建立了“互联网＋党建工作＋社区服务＋互动宣传”模式，积极开展基层党建示范片区拓展提升工程，有效提升了服务群众水平。元氏县“党员五百米服务圈”做法在《人民日报》、中组部内刊刊登并向全国推广。

坚持不懈地推进党风廉政建设和反腐败斗争，认真履行党委主体责任，深化完善了“承诺＋约谈”、履责“双报告”、以考促责等制度，强化了各级领导班子和领导干部推进党风廉政建设和反腐败工作的政治责任。坚持把严守党的纪律和规矩摆在突出位置来抓，加强了对中央和省、市委重大决策部署贯彻落实情况的监督检查，确保了政令畅通。扎实推进作风建设，认真贯彻中央八项规定精神，建立完善了常态化明察暗访、周报告、月通报等机制，深入开展“六治”“小八长”专项整治行动，干部作风、精神状态有了新转变。按照省委统一部署，扎实开展了“一问责八清理”专项行动，取得了明显成效。坚持从严管理监督干部，综合运用诫勉谈话、函询、经济责任审计、个人重大事项报告等方式，加强了干部日

常管理监督。坚持严管就是厚爱，认真践行监督执纪的“四种形态”，推动咬耳扯袖常态化，实现了关口前移，努力从根本上减少腐败存量、遏制腐败增量。坚持以零容忍态度惩治腐败，加大了违法违纪问题的线索排查和立案审查力度，探索开展党委巡察工作，始终保持了惩治腐败的高压态势。

在推进省会事业发展中，市委常委会充分发挥总揽全局、协调各方的领导核心作用，凝聚了各方面智慧和力量。加强了对市级领导班子的统筹协调，支持人大、政府、政协各班子依照法律和章程积极主动、独立负责地开展工作。对涉及改革发展稳定的重大工作、重大事项，实行市级领导分工负责制，形成了抓工作的强大合力。加强和创新党的统战工作，支持各民主党派、工商联、无党派人士开展工作，认真做好民族宗教、外事侨务、港澳和对台工作，积极构建大统战工作格局。加强工会、共青团、妇联等人民团体建设，发挥教育引导联系服务群众的重要作用。落实党管武装责任，深化全民国防教育，支持国防和军队改革，加强国防动员和后备力量建设，推进军民深度融合发展，国家级双拥模范城创建实现“八连冠”。

一年来，市委常委会高度重视自身建设，制定出台了市委常委会议事决策规则和进一步加强自身建设的意见，认真落实党内政治生活各项制度，坚持市委中心组集体学习制度，自觉遵守领导干部廉洁从政的各项规定，巩固和发展了团结和谐、干事创业的良好氛围。

这些成绩的取得，是深入贯彻落实中央和省委一系列决策部署的结果，是省委、省政府坚强领导的结果，是省直各部门和驻石各单位多方支持的结果，是全市广大干部群众共同努力、艰苦奋斗的结果。市委全委会的同志们胸怀大局、认真负责，对常委会的工作给予了大力支持。

在总结工作成绩的同时，市委常委会也清醒地认识到面临的挑战和存在的不足。主要是：我市经济增长的质量和效益还不够高，辐射带动功能还不强；省会城市和县城规划建设管理的水平还不高，功能还不够完善；县域经济发展还是一个短板；改革的力度还需进一步加大；改善生态环境的任务还很重，大气污染治理与群众期盼还有较大差距；保障改善民生、维护社会稳定的任务还很繁重；一些干部的省会意识还不够强，思想观念、精神状态、工作标准、素质能力与新形势新任务要求还不相适应，等等。这些问题，需要引起我们的高度重视，继续采取有效措施认真加以解决。

政府工作报告

——2017年4月12日在石家庄市第十四届人民代表大会第一次会议上

石家庄市人民政府市长 邓沛然

各位代表：

现在，我代表市人民政府，向大会报告工作，请予审议，并请市政协委员和列席会议的同志提出意见。

一、过去四年工作回顾

市十三届人大一次会议以来，在党中央、国务院、省委、省政府和市委的正确领导下，市政府紧紧依靠全市人民，认真践行五大发展理念，积极融入京津冀协同发展，统筹推进稳增长、调结构、促改革、治污染、惠民生，经济社会发展取得了新成就，较好地完成了“十二五”规划确定的主要目标任务，实现了“十三五”良好开局，为全面建成小康社会奠定了坚实基础。

综合经济实力显著增强。全市生产总值由2012年的4500.2亿元增加到2016年的5857.8亿元，年均增长7.9%，占全省比重由16.9%提高到18.4%。全部财政收入、一般公共预算收入分别由573.4亿元、272.3亿元，增加到845.3亿元、410.8亿元，年均分别增长10.2%、10.8%。固定资产投资由3673.3亿元增加到5916亿元，投资总量连续四年位居全省第一。规模以上工业增加值、实现利润分别由1800.2亿元、562.7亿元增加到2190.3亿元、808.2亿元，利润总量保持全省首位。社会消费品零售总额由1915.8亿元增加到2975.2亿元，年均增长11.6%。城乡居民人均可支配收入分别达到30459元、12345元，比2012年增加8514元和3868元。

转型升级步伐持续加快。经济结构日趋合理，三次产业比重由10∶49.8∶40.2调整到8.2∶45∶46.8。供给侧结构性改革取得初步成效。累计压减炼钢产能260万吨、炼铁产能158万吨、水泥产能2983万吨，提前超额完成省下达的目标任务，市域内煤矿行业全部退出。规上工业综合能源消费量比2012年降低14.5%，单位增加值能耗比2012年下降39.3%。高新技术产业加快发展。高端装备制造等高新技术产业增加值完成382.6亿元，占规上工业增加值的比重达到17.5%，比2012年提高3.8个百分点；全市高新技术企业达到556家，比2012年翻了一番多。服务业发展全面提速。全市服务业增加值完成2738.9亿元，增长10.3%，总量跃居全省第一，对经济增长的贡献率达到69.7%，成为拉动经济增长的主要力量。现代农业加快发展。2016年粮食总产达到495万吨，连续三年被评为“全国粮食生产大市”。农业机械化率达到90.6%，农业产业化经营率达到66.8%，全市现代农业园区达到261个，成功获批国家现代农业示范区。创新驱动能力不断提高。市级以上创新型（试点）企业达到151家，科技型中小企业达到6193家，分别比2012年增加83家、5473家。省级以上科技企业孵化器达到15家，众创空间达到59家。石家庄高新区在全国综合排名从2012年的第38位上升至2016年的第15位，跻身全国“第一方阵”。

城乡面貌发生明显变化。行政区划调整顺利完成，城市发展空间进一步拓展。交通路网更加完善。京石武高铁投入使用。京港澳高速改扩建、京昆高速石太北线建成通车，南绕城高速、西阜高速、平赞高速全线开工，京赞线、正南线等主干公路顺利竣工。建成高速公路、国省干线78.3千米、农村公路5150千米，人民群众出行更加方便快捷。城市功能大幅提升。轨道交通1号线、3号线首开段空载试运行。胜利大街、新城大道等新改建工程竣工投用，南二环东西延、和平路高架桥西延等重大工程进展顺利。新建南水北调工程配套水厂22座，主城区实现引江水切换，日供水达到30万吨。成功入选国家地下综合管廊试点城市，启动实施总长45.7公里的地下综合管廊项目。建成投用市体育公园、滹沱河滨水公园。数字城管覆盖“八区一县”，精细化管理水平大幅提升。正定新区建设和古城保护加快推进。园博园正式开园，奥体中心主体完工，国际展览中心等5个大型功能性场馆开工建设，“三纵三横”路网框架初步形成，累计完成投资463亿元。正定古城保护十项重点工程顺利实施，“北方雄镇”历史风貌初步呈现。县城建设力度加大。努力开展县城建设攻坚行动，新增平山、元氏等5个省级园林县城，高邑创建成国家级园林县城。美丽乡村建设成效显著，累计完成1619个省级重点村改造任务。2016年全市常住人口城镇化率达到59.96%，比2012年提高6.46个百分点。

全面深化改革扎实推进。重点领域和关键环节改革取得突破性进展。“放管服”改革持续深化。累计取消下放和调整行政审批事项578项，非行政许可审批和行政监管类别全部取消。市、县两级行政审批局组建工作全部完成。“三证合一、一照一码”制度实现全覆盖，万人拥有市场主体数量达到688户，超过全国平均水平。财税金融改革取得新进展。有效落实积极的财政政策，“营改增”全面推开，水资源费改税工作全省领先，为企业减税120亿元以上。2016年新增贷款1051.2亿元，贷存比达到64.5%；在各类资本市场挂牌上市企业达到162家，比2012年增加129家。农村综合改革稳步推进。农村土地承包经营权确权登记基本完成，土地流转面积226.5万亩，走在全省前列。同时，国企国资改革、供销社综合改革等都取得积极进展。对外开放不断扩大。综合保税区正式开关运行。成功举办石洽会、冀商大会等招商活动。2016年实际利用外资12.2亿美元，增长7.1%；外贸进出口总值完成765.7亿元，占全省的比重达到24.9%。积极融入京津冀协同发展，引进京津合作项目253个，总投资4019.7亿元。

生态环境治理取得实效。持续推进大气污染防治，累计压减燃煤1084万吨，淘汰燃煤锅炉3200台，完成散煤替代60万吨，淘汰黄标车20.14万辆，整治露天生产矿山114座，搬迁主城区污染企业12家，提前一年完成“十二五”总量减排任务。积极开展大气污染物源解析，强力实施“利剑斩污”行动，最大限度降低了污染物峰值浓度。2016年PM2.5平均浓度较2013年下降35.7%，空气质量优良率提高35.2个百分点。高度重视水环境安全，加强饮用水源地保护，强化工业排水监管，实施滹沱河、洨河、磁河、汪洋沟综合整治，出境断面水质达到省考核标准。大力开展造林绿化，森林覆盖率达到38.7%，城市绿地率达到40.7%，成功创建国家森林城市和全国绿化模范城市。

人民幸福指数持续提升。坚持更多的财力向民生倾斜，四年累计支出1997.8亿元，占一般公共预算支出的79.9%。社会保障体系不断完善。连续调整提高退休人员和城乡居民养老金待遇，城乡低保实现应保尽保。城镇新增就业41.4万人，城镇登记失业率控制在4.5%以内，农村劳动力转移就业22.2万人。建设公共租赁住房3.94万套。全面打响脱贫攻坚战，23.8万人实现稳定脱贫。社会公益事业全面发展。所有县（市、区）全部通过国家义务教育基本均衡督导评估，义务教育均衡发展取得阶段性成果。新改扩建幼儿园519所。主城区公办学校小学生免费托管服务全覆盖，中职教育资源整合取得突破性进展。山区教育扶贫工程深入实施，累计转移安置学生5.9万名。大力实施“三医联动”，积极开展分级诊疗，扎实推进“医养结合”，被评为“全国幸福家庭创建活动示范市”。公共文化服务体系不断健全，市美术馆、丝弦剧院等文化设施相继投用，《安娥》《太行谣》等一批精品力作荣获全国性奖项。社会治理方式不断创新。加强社会治安防控体系建设，完善社会矛盾纠纷多元化解机制；坚持不懈狠抓安全生产、公共安全和食品药品安全，社会大局保持和谐稳定。举全市之力抗击“7·19”特大洪灾，按照时间节点高标准完成了各项重建任务。国防动员、双拥共建进一步加强，荣获“全国双拥模范城”八连冠。妇女儿童、民族宗教、外事侨务、防震减灾、残疾人、气象、档案、人防等各项事业都取得了新成就。

政府自身建设不断加强。严格落实中央“八项规定”，坚决反对“四风”，扎实开展群众路线教育实践活动、“三严三实”专题教育和“两学一做”学习教育，工作作风明显好转。自觉接受市人大法律监督、市政协民主监督和社会舆论监督，累计办理人大代表建议1831件、政协委员提案2321件，按时办结率达到100%。切实加强政府系统党风廉政建设，不断加大反腐倡廉力度，查处损害发展环境案件1027件，实施效能责任追究653人，为推动省会经济社会健康发展创造了良好环境。

各位代表！四年来，我们紧紧扭住发展第一要务，有效应对经济下行的严峻挑战和不利影响，经济和社会事业发展取得了新成就。这是省委、省政府和市委正确领导的结果，是全市广大干部群众共同奋斗的结果。在此，我代表市政府，向全市人民，向人大代表、政协委员，向各民主党派、工商联、人民团体和社会各界人士，向驻石解放军、武警官兵和政法干警，向中直、省直驻石单位，向关心支持石家庄发展的国内外朋友，致以崇高的敬意和衷心的感谢！

在肯定成绩的同时，我们也清醒地认识到改革发展中存在不少差距和问题，突出表现在“五个不相适应”。一是经济实力与省会地位不相适应，经济总量还不够大，在全省的首位度还不够高，辐射带动能力还不够强，与全国先进省会城市的差距比较明显。二是产业水平与转型升级的要求不相适应，产业结构还不尽合理，传统支柱产业质量效益不高，战略性新兴产业和现代服务业尚未形成有效支撑；改革创新驱动发展的动力不强。三是城镇建设与现代省会定位不相适应，城市承载能力不强，城市景观容貌不美，智慧城市建设滞后，主城区交通拥堵问题比较突出；县城建设规模小、水平低，拉动县域经济发展的能力不强。四是环境治理与人民群众期盼不相适应，大气污染问题突出，2016年PM2.5平均浓度较2015年不降反升，全省污染最严重的30个县市中我市占16个，治污减排任务十分艰巨。五是干部队伍素质与改革发展任务不相适应，一些政府部门和工作人员依法行政、勤政为民的意识还不够强，干拓创新、攻坚克难的能力还不够高。我们一定高度重视这些问题，下大力加以解决。

二、今后五年目标任务

未来五年，是全面建成小康社会的决胜时期，是建设现代化省会城市的关键时期。展望发展大势，全球经济增长低迷态势仍在延续，区域竞争日趋激烈，我们面临着转型升级、加快发展的艰巨任务，面临着经济下行和污染治理的双重压力。同时，我们也面临着难得的发展机遇。京津冀协同发展战略的深入实施，特别是河北雄安新区的设立，将有利于我们加快与京津的准确对接，推动与雄安新区的错位发展；省委、省政府空前重视并大力支持省会建设发展，有利于我们提高综合竞争实力，增强辐射带动功能。刚刚结束的市第十次党代会提出了建设“现代省会、经济强市”的奋斗目标，描绘了石家庄未来五年发展的宏伟蓝图。只要我们紧紧抓住发展机遇，强化使命担当，自觉奋发作为，就一定能够开创石家庄更加美好的未来！

今后五年政府工作的指导思想是：高举中国特色社会主义伟大旗帜，以马克思列宁主义、毛泽东思想、邓小平理论、“三个代表”重要思想、科学发展观为指导，深入学习贯彻习近平总书记系列重要讲话精神和治国理政新理念新思想新战略，紧紧围绕“五位一体”总体布局和“四个全面”战略布局，认真落实省第九次党代会和市第十次党代会提出的目标任务，以新的发展理念为引领，以提高发展质量和效益为中心，以供给侧结构性改革为主线，坚持稳中求进工作总基调，牢牢抓住京津冀协同发展重大历史机遇，大力推进新型工业化、信息化、城镇化和农业现代化，全面深化改革，不断扩大开放，着力推动转型发展、绿色发展、创新发展、率先发展，坚定不移推进全面从严治党，全面建成小康社会，为建设现代省会、经济强市而奋斗。

建设现代省会、经济强市，是第十次党代会确定的今后五年经济社会发展的总目标。我们将围绕建设“产业层次高、城市品质高、文明程度高、幸福指数高”的现代省会，围绕建设“经济实力强、创新动力强、改革活力强、带动能力强”的经济强市，围绕实现“六个显著提升”具体目标，集中力量在以下七个方面攻坚突破：

（一）加快推进动能转换，建设全省经济中心。深化供给侧结构性改革，大力推进产业结构调整，加快构建现代产业体系。发展壮大战略性新兴产业，实现规模翻番，高新技术产业占规上工业的比重达到27%以上；改造升级传统产业，推动传统产业向中高端迈进；加快发展现代服务业，推进生产性服务业向专业化、高端化发展，生活性服务业向精细化、品质化发展；深入推进农业供给侧结构性改革，促进农业向高端特色、高效安全、高产生态转变。集中力量建设一批重大产业支撑项目，做大做强一批品牌园区。到2021年，省会首位度明显增强，生产总值占全省的比重达到20%以上，服务业占GDP的比重达到55%左右，发展质量和效益显著提高，为早日实现万亿GDP打下坚实基础。

（二）强化人才支撑引领，建设全省科技中心。充分发挥高端产业领军人才的支撑引领作用，实施更加优厚的人才政策，广泛吸引海内外高层次人才来我市创新创业，培育和引进一批入选国家“千人计划”“长江学者”和省“百人计划”的高端人才；同时挖掘培养使用好本地人才，鼓励企业自主引进人才，建设人才聚集高地。大力推进协同创新，深度融入京津冀协同发展，在对接和服务京津中借力发展自己。实施高新技术企业、科技型中小企业和创新型企业培育计划，打通产学研融合、军民对接转化、市场化运作“三个通道”，推进产业链、创新链、资金链、政策链“四链”融合。力争五年引进和培养100名创新创业领军人才，高新技术企业突破1000家，科技型中小企业达到2万家，设立研发机构的规上企业达到80%，科技进步贡献率突破60%。

（三）营造良好金融环境，建设全省金融中心。大力发展开放式金融，规划建设金融创新开发区，加速金融机构、金融资产、金融人才等金融要素向我市聚集；积极发展大数据金融、绿色金融、科技金融、互联网金融等新型金融业态；鼓励金融机构创新金融产品，以金融创新推动产业转型，支持地方经济发展。大力推进直接融资，扩大股权、债券、票据和基金融资规模，将石家庄股权交易所打造成全国一流的区域性股权交易市场。到2021年，各类资本市场挂牌上市企业达到260家以上，金融业增加值占GDP的比重达到9%以上。

（四）繁荣发展文化事业，建设全省文化中心。深度挖掘石家庄历史文化资源，打造新乐伏羲、古中山国、正定古城文化品牌，塑造城市独特的历史文化标识。按照公益性、均等性要求，建设一批标志性文化基础设施，完善覆盖城乡的公共文化服务体系。擦亮“彩色周末”等一批文化惠民品牌，创作一批特色文艺精品。广泛开展全民阅读活动，打造书香石家庄。加快发展文化产业，打造滹沱河历史文化与文体休闲产业带、西部红色文化与生态旅游产业带。到2021年，文化产业增加值占GDP的比重达到6%以上。大力发展体育事业，广泛开展全民健身活动。以创建全国文明城市为契机，不断提升市民综合素质和城市文明程度。

（五）突出重点提升水平，建设全省商贸物流中心。完善商贸物流业发展规划，打造全国现代商贸物流重要基地和非首都功能疏解商贸市场重要承载地。科学布局，完善功能，加快主城区批发市场、货运市场、客运枢纽站外移搬迁。加强商贸物流业基础设施建设，推进公铁联运智慧物流枢纽、华北空港货运中心、大型商贸中心建设。主动承接北京商贸企业、批发市场转移，培育国际商贸物流产业集群。加快商贸物流标准化、信息化建设，提升商贸物流智慧化水平。

（六）着力改善环境质量，建设生态化宜居城市。坚持科学治霾、协同治霾、铁腕治霾，加强顶层设计，制定空气质量达标总体规划，大力调整能源结构、工业结构、园区结构和产业布局结构，大幅减少燃煤污染、工业污染、扬尘污染和机动车尾气污染，力促空气质量明显改善，到2021年，PM2.5浓度降至每立方米68微克以下。加强水源涵养，强化水污染治理，全面落实“河长制”，确保主要河流出境断面水质稳定达标。全面开展湿地恢复建设，促进水生态总体改善。严格落实国家“土十条”行动计划，促进土壤资源永续利用。大力开展植树造林，实施矿山复绿工程，构建多级生态绿地体系，到2021年，森林覆盖率达到42%以上，城市绿地率达到41.5%。全面落实生态环保“党政同责、一岗双责”，健全完善环保“网格化”监管体系，坚决打好打赢环境污染防治攻坚战、持久战。

（七）持续增进民生福祉，建设人民满意的幸福城市。贯彻以人民为中心的发展思想，不断增强人民群众获得感，确保城乡居民收入增速高于经济增速。坚决打赢脱贫攻坚战，到2020年确保现行标准下农村贫困人口全部脱贫，在奔向全面小康的道路上绝不让一个贫困群众掉队。推进全民创业增收，创造更多就业岗位，让老百姓的钱袋子鼓起来。提高社会保障标准，增强社会保障能力，让老百姓生活得更加放心。全力办好人民满意的教育，基本建成高水平、优质均衡的现代化教育体系，把我市建设成教育强市和人力资源强市，让更多孩子成就梦想，让更多家庭实现希望。完善公共卫生服务体系，全面提高公共医疗服务水平，让“健康梦”托起“小康梦”。创新完善社会治理，加强源头治理、基层治理、专项治理，打造“最平安省会城市”，让人民群众生活得更有安全感。

各位代表！规划未来是为了创造未来。今后五年，我们将发扬“钉钉子”精神，一锤接着一锤敲，努力把蓝图变为美景，把目标变为现实，绝不辜负全市人民的重托和希望！

三、2017 年重点工作

今年是贯彻省第九次党代会、市第十次党代会精神的开局之年，是落实“增强辐射带动功能，加快建设现代化省会城市”新定位的起步之年，我们将迎来党的十九大胜利召开。做好今年的工作，具有特殊而重大的意义。我们必须坚持稳中求进工作总基调，把“聚焦新定位、聚力新路径、展示新作为、开创新局面”作为基本遵循，把今年作为省会建设发展的“攻坚突破年、提质提升年、改革创新年”，力促省会经济社会各项事业又好又快发展。

主要预期目标：生产总值增长 7.5% 左右，其中规模以上工业增加值增长 6%，服务业增加值增长 10.5%；一般公共预算收入增长 8%；固定资产投资增长 10%，社会消费品零售总额增长 10.2%；城乡居民人均可支配收入分别增长 8%，居民消费价格指数涨幅控制在 3% 左右。重点做好以下八个方面的工作：

（一）大力振兴实体经济，打造产业转型升级示范区。着力改善供给侧结构，坚持高端化、智能化、规模化方向，不断提高经济发展的质量、效益和综合竞争力。

深入推进“三去一降一补”。严格执行环保、能耗、质量、安全等规定和标准，确保压减炼铁产能 52 万吨、水泥产能 350 万吨、焦炭产能 80 万吨，有序淘汰 30 万千瓦以下纯凝发电机组，限期关停违法违规建设的燃煤自备电厂。加强房地产市场分类调控，确保商品办公类用房库存消化周期控制在合理区间。认真落实去杠杆政策措施，有力有序推进资产证券化和债转股，加大股权融资力度，稳妥推动“僵尸企业”重组或退出市场。大力推进减税降费，让企业轻装上阵。聚焦县域经济这个最大短板，大力实施“一二三四”县域经济发展战略，培育壮大主导产业，加快形成产业集群，争取全国百强县“零”的突破，坚决打赢县域发展翻身仗。

培育壮大新兴产业。围绕高端装备制造、生物医药、新一代信息技术、节能环保等战略性新兴产业，加快推进通用航空、光电导航等产业基地建设，谋划建设空气净化产业园，重点抓好常山云数据中心等 89 个重大项目。大力发展智能制造，力争在人工智能、工业机器人、第五代移动通信等高端领域，实现“从无到有”的突破、“从有到强”的跨越。鼓励发展分享经济、数字经济等新兴业态，提高社会资源利用效率，促进“互联网＋”经济加快成长。

改造提升传统产业。落实“中国制造 2025”战略，应用大数据、云计算、物联网技术，对食品、纺织等传统优势行业进行绿色和智能化改造，滚动实施重点技改项目 100 项以上。大力推进工业化和信息化深度融合，培育一批省级两化融合示范企业。加快发展各类中小微企业，推动“个转企、小升规、规改股、股上市”，年内新增规模以上工业企业 120 家以上。继续开展入企帮扶活动，破解企业发展难题，支持优势企业做大做强。弘扬企业家精神和工匠精神，开展消费品工业“三品”专项行动，加强质量管理，打造品牌企业、名牌产品。

加快发展现代服务业。落实好我市支持服务业发展的 20 条政策，推动现代服务业发展提速、比重提高、层次提升，力争服务业占 GDP 的比重达到 49%。一是围绕打造全国现代商贸物流重要基地，规划建设主城区和正定新区中央商务区，推进藁城内陆港物流园等十大物流园和华润万象城等五大商贸综合体建设。二是围绕建设国家电子商务示范城市，推进金融电商示范基地等园区和平台建设，促进电商、快递进社区进农村。三是围绕打造全省金融中心，依托自强路金融街区建设金融创新开发区，引导鼓励更多的银行、保险、证券等金融机构入驻省会，全市金融业增加值达到 460 亿元，增长 10% 以上。四是围绕建设旅游强市，编制石家庄全域旅游和智慧旅游规划，支持平山、正定、鹿泉争创国家级全域旅游示范区，支持赞皇、井陉、灵寿争创省级全域旅游示范区。加快环省会旅游带建设，重点打造君乐宝乳业小镇等 10 个特色旅游小镇。办好首届旅发大会暨第四届旅交会，打响石家庄旅游品牌。旅游业总收入增长 25% 以上。五是围绕建设康养休闲基地，推进富力健康城等 5 大健康城建设，加强与京津健康养老服务机构对接合作，促进医养融合发展。六是围绕发展会展经济和体育产业，办好石洽会、动博会、正博会、国际通用航空博览会等 30 个重点展会，组织好马拉松赛、国际自行车环城赛、中甲足球赛等 14 项重要体育赛事。

强力推进重点项目建设。实施“重大项目建设转型升级年”活动，今年安排市重点项目 300 项，确保高端大功率芯片等100个项目竣工，四药生物制药园等100个项目开工，力争博鹰通航等100个项目签约落地。对近三年来重点项目建设情况，进行盘点验收，逐一摸清底数，制定帮扶措施，力争早日投产见效。扎实做好项目谋划储备工作，确保全市亿元以上项目保持在1500项以上。完善项目建设推进机制，实行领导分包、约谈通报等制度，定期开展项目观摩拉练和集中开工活动，强化市直部门与县（市、区）捆绑考核，确保项目建设顺利推进。着力解决项目建设土地制约瓶颈，创新征地工作思路，提高新增建设用地执行率；加快平山、行唐、灵寿、赞皇、井陉等山区县岗坡次地开发，加大土地整理力度，增加造地面积，解决土地占补平衡问题，加快项目落地速度。

狠抓开发区增比进位。理顺开发区管理体制和运行机制，深化机构编制改革、人事薪酬改革、行政审批改革、投融资体制改革，推行“市场化运作、企业化经营”机制，引进国内外战略投资者、专业化园区运营商，力争在整体外包、特许经营上实现“破冰”。高标准建设基础设施、配套设施和公共服务平台，年内所有省级以上开发区全部达到“九通一平”，两个国家级开发区率先实现新“九通一平”。加大开发区招商引资力度，从政府主导向政府招商与市场化招商相结合转变，集中力量引进2～3个产业链核心项目，加快培育优势特色产业集群，创建一批品牌化园区。确保开发区主要经济指标增幅明显高于全市平均水平，力争2个以上开发区进入省级新型工业化产业示范基地。高新技术开发区和经济技术开发区主营业务收入分别突破3000亿元、1500亿元。

产业兴则经济强，我们必须向产业要实力，把转型发展作为省会发展的第一要求，努力跑出省会经济发展的“加速度”！

（二）强力整治环境污染，推进生态环境持续好转。强化“生态优先、绿色发展”理念，以重任在肩、寝食难安的责任意识，以壮士断腕、决战决胜的坚定信念，全力实施“五大行动”。

实施“蓝天”行动。全面贯彻落实省委、省政府《关于强力推进大气污染综合治理的意见》以及18个专项实施方案，集中力量抓好四大攻坚，强化两大支撑，坚决打赢蓝天保卫战，确保PM2.5年均浓度下降20.2%，降至每立方米79微克。四大攻坚：一是燃煤压减替代攻坚。10月底前完成主城区和鹿泉、正定、藁城、栾城39万户气代煤、电代煤任务。全面淘汰10蒸吨以下燃煤锅炉和市区建成区35蒸吨以下燃煤锅炉。完成石热九期燃气机组和西柏坡电厂余热入市工程建设任务，加速实现主城区无煤化。二是扬尘综合治理攻坚。年底前关闭20家露天生产矿山，今冬明春完成92家责任主体灭失矿山复绿任务，砂场控制在26家以内。建筑工地全部安装在线视频监控。全面落实“以克论净”管理制度，提高道路扬尘治理精细化管理水平。严格渣土车管理，确保全部车辆安装密闭装置并正常使用。三是机动车尾气治理攻坚。9月底前力争全面供应国六车用汽柴油。在全市主要路口加装遥感监测设备，建设联合执法工作站，加强对营运车辆的监控。规划实施307国道等公路改扩建工程，完善过境交通网络，解决主城区和井陉、鹿泉、藁城货运车辆穿城过境、扬尘和尾气污染问题；年内采取“远端绕行、区内严控”交通管制措施，严格分流管控穿城过境货运车辆。四是工业污染治理攻坚。9月底前重点行业全部达到特别排放限值要求。实现重点企业在线监控全覆盖。10月底前，基本完成石油化工、医药农药、汽车修理、家具制造等重点行业挥发性有机物（VOCs）综合治理。按照“有保有压、一企一策”的原则，科学组织企业错峰生产。实施钢铁、水泥、建筑陶瓷等8大行业调整提升工程，制定焦化行业有序退出计划，关停污染企业400家以上，整治提升150家以上。同时，全面取缔“散乱污”企业。两大支撑：一是技术支撑。建设智慧环保大数据平台，通过大数据和云计算，实现对重点行业和重点企业的实时监控，为大气污染防治提供技术和智力支撑。二是资金支撑。积极争取上级专项资金，最大限度用好国家政策。建立大气污染防治投融资平台，用好国开行中长期低息贷款。发挥股权投资基金的拉动作用，大力推广PPP、环境污染第三方治理等模式，通过市场化运作撬动社会资本参与大气污染治理。

实施“碧水”行动。围绕治污水、保供水、抓节水，实施岗南水库、黄壁庄水库上游导污治污滹北渠更新改造工程，防范上游水污染环境风险。高标准实施滹沱河市区段至深泽段整治工程，把省会的母亲河建设成为最靓丽的生态景观带。完成各县（市、区）污水处理厂改造提升工作，污水排放全部达到一级A标准。严格落实河流跨界断面水质目标考核责任制，确保跨界断面水质达到省考核标准。全面治理城市黑臭水体。建立健全水价调整补偿机制，推进地下水超采综合治理，完成省确定的压采任务，促进水生态修复。

实施“净土”行动。出台土壤污染防治计划，初步建立土壤污染防治体系。严格实施场地环境调查、风险评估、治理修复，保障工业企业场地再开发利用的环境安全。有序推进土壤污染治理与修复试点示范，抓好县域土壤污染治理与修复示范项目。做好全市农用地土壤污染状况调查工作，完善土壤污染治理与修复项目数据库。

实施“绿地”行动。落实京津冀生态环境支撑区规划，全面推进生态绿化工程建设，深入实施环城绿化、西部太行山区绿化、北部“三河”绿化、绿色通道提升等四大工程，增加全市森林资源总量，完成人工造林40万亩、封山育林30万亩，新增城市绿地900万平方米，森林覆盖率达到39.9%。

实施“雷霆”行动。加强联防联控，提高县域、城乡接合部管理水平，确保市县同步采取最严格治理措施。开展联合执法、区域执法、交叉执法、错时执法，严格执行按日计罚、查封扣押、限产停产、行政拘留等法律规定，保持对环境违法犯罪的严打高压态势。全面开展环保督察，既督企，又督政，切实加大监管力度。设立环境污染举报专线，实行有奖举报，形成全民参与、全民监督的浓厚氛围。

绿色发展是省会发展的第一选择，改善生态环境是最迫切、最重大的民生工程。我们一定科学施策、标本兼治，打好环境污染综合治理的人民战争，让石家庄的天更蓝、地更绿、水更清！

（三）深度融入京津冀协同发展，开创省会发展新局面。京津冀协同发展是我们加快发展的重大机遇。设立雄安新区，是千年大计、国家大事，必将开启新一轮改革开放发展的新征程。

全方位开展对接合作。以建设石保廊全面创新改革试验区为契机，重点抓好与中关村、亦庄开发区的合作，全力推进中关村（正定）集成电路产业基地、正定科技新城、北京协同创新园石家庄分园等项目建设。主动吸引京津“双一流”高校、知名三甲医院等机构，与我市开展深度合作。充分发挥京津冀产学研联盟和科技大市场作用，构建“京津研发+石家庄转化”的创新格局。瞄准京津市场需求，把石家庄建成京津冀重要的农产品供应基地、养老休闲基地。

大力度建设承接平台。把正定县（正定新区）、国家级和省级开发区作为承接京津产业转移的重要平台，积极引进京津现代产业和优势企业，加快培育一批优势特色产业集群。重点加强正定县（正定新区）基础设施建设，提升承载能力。推动正定新区及早纳入天津自贸区政策范围，打造融入京津冀协同发展的战略支点。

构建一体化交通网络。统筹铁路、公路、航空等交通方式，抓好京石城际、石邯城际、石衡沧城际、津石客专、石太客专等铁路的谋划建设，加快推进火车东站及广场建设，确保与石济客专同步投用。加快南绕城高速建设，力争明年竣工通车；推进平赞、西阜高速建设，今年完成工程总量的45%以上；做好津石、石衡高速前期工作，力争年内开工。加快正定机场、栾城通用航空机场建设，构建综合立体交通枢纽，实现与京津和周边城市的互联互通。

（四）加快新型城镇化进程，打造高品质省会城市。以建设国家新型城镇化综合试点城市为契机，瞄准“增强辐射带动功能，建设现代化省会城市”新定位，全方位提升城镇规划建设管理水平。

加快修编城镇规划。坚持以高水平规划引领城市发展，以先进理念构建城镇体系，优化空间布局，提高城市品位。着眼建设新型城镇化与城乡统筹示范区，科学确定城镇的规模结构和功能定位。按照“全域统筹、多规合一”的理念，以总体规划修编为契机，编制海绵城市、综合管廊、通风廊道、综合交通、地下空间利用等专项规划，制定中央商务区、西部山前区、正定古城等城市重点功能分区规划。推进新区和古城融合发展。强化鹿泉、正定、藁城、栾城与主城区的产业承接、交通连接、功能衔接、生态对接，尽快实现同城化发展。支持晋州、新乐、平山建设市域次中心。

打造立体交通路网。规划建设主城区通往鹿泉、正定、藁城、栾城、重大产业园区和西部景区的轻轨，今年做好前期准备工作。确保轨道交通1、3号线一期首开工程安全有序运营，加快1号线二期、2号线一期、3号线一期两边段及二期建设。完成南二环东西延、和平路高架西延、槐安路友谊大街匝道、槐安路东二环立交完善等工程。实施中华大街南延等断头路打通工程，年内打通5条以上。启动新城大道北延、中华大街北延等项目。开工建设华南路等40条支路。加快公交都市建设，谋划建设快速公交系统，新建30座港湾式停靠站，增加公交专用道90公里。启动环城快速路前期工作。

提升城市载体功能。加大滹沱河生态修复力度，打造"城市之眼"。推进龙泉湖湿地建设，同步实施西部山前区基础设施提升工程。新建西环公园等5座综合性公园、15万平方米街旁游园。实施小清河综合治理工程，大幅改善城区西北部居住环境。建设宁安路、康乐街等雨污分流工程。5月底前完成南水北调配套水厂水源切换，全年江水用量达到规划分配水量的40%以上。实施塔北路、仓丰路等地下综合管廊工程，完成45.7公里建设任务。抓好海绵城市建设。加强防灾减灾救灾体系建设，提升综合防范能力。

强力推进新区建设。大力实施城市北跨发展战略，高起点、高站位完善正定县（正定新区）总体规划，加快建设地上轻轨、综合管廊等基础设施。重点抓好30平方公里核心区建设，全力推进奥体中心、国际展览中心、规划馆、图书馆、青少年活动中心等功能性场馆建设。规划建设高校聚集区，加快职教园区建设，确保市交通运输学校、信息技术学校（二期）等4所学校顺利开工。继续抓好正定古城保护，高标准推进24项重点工程，尽快实现古城环境风貌的大幅跃升。

提高城市管理水平。加快智慧城市建设，编制智慧城市建设规划，以智慧环保建设为突破口，整合相关部门信息技术数据，加快智慧交通、智慧城管、智慧社区、智慧政务建设，年内在正定新区综合商务中心建成高标准"智慧大厅"，让居民享受智慧城市建设带来的便利生活。实施城市综合执法体制改革，提升城市管理水平。主街主路机械化清扫率达到90%以上。坚持疏堵结合，年内主城四区各新建3-5个便民市场，规范清理占道市场。加强对重点片区的规划管控，以土地大片区收储为抓手，做活城市经营文章，为城镇建设提供支撑。

实施县城攻坚行动。着眼县城环境做美、功能做优，大力推进"三改一拆"行动，强力整治违法、危陋建筑，每个县至少建设1个特色风貌街区、2座精品建筑，综合整治3条景观道路，新乐、高邑等6个县城争创"洁净城市"。晋州、正定积极创建国家园林县城，高邑、矿区争创省级生态园林县城，赵县、无极、灵寿、赞皇、深泽建成省级园林县城。加快县城基础设施和公共服务设施建设，年内所有县城全部实现集中供暖、集中供水和集中治污，增强吸引人口、聚集产业的能力。今年，力争高邑进入全省县城建设前10名，晋州进入全省前20名，正定、元氏进入全省前30名。

加快城乡融合发展。坚持城乡统筹、产城互动，扎实推进以人为核心的新型城镇化。实施特色小镇培育行动，规划建设一批工业强镇、商贸重镇、旅游名镇，努力打造城乡统筹、转移就业、促进增收的新平台。推动城乡基本公共服务均等化，通过户籍制度、居住证制度、就地城镇化等方式，促进农业转移人口市民化，全市常住人口城镇化率达到61%。

推进省会率先发展是我们的第一目标。我们一定奋发图强，全力打造一个布局合理、功能完善、魅力彰显、舒适宜居的现代化省会城市！

（五）拓展改革开放深度广度，释放发展动力和活力。坚持靶向原则，突出问题导向，加大关键环节改革力度，提升对外开放水平，进一步释放改革开放红利。

持续推进"放管服"改革。深化行政审批制度改革，落实改善营商环境的23条意见，编制市县两级行政许可通用名录和公共服务专项清单，在县级全部实行项目环评备案制。开展市直机关内设机构改革和精减人员编制工作，提高行政管理效能。全面落实权力清单、责任清单、监管清单和负面清单管理制度，减少政府自由裁量权，增加市场自主选择权。

继续深化商事制度改革。全面实施"多证合一""一照一码"，实行全程电子化登记管理。完善事中事后监管制度，"双随机、一公开"抽查机制实现全覆盖。建立全市"一张网"的涉企信息互通共联机制。推进企业登记注册、注销便利化，规范中介服务和收费，激发市场主体活力。

深入推进财税金融改革。推进市、县两级财政事权和支出责任划分，做好"营改增"后续工作。抓好绩效预算管理改革，建立专项支出动态绩效指标。市财政注入1亿元，建立"工业企业稳定发展资金池"。加大PPP项目谋划储备力度，推进项目更多更早落地实施。实行政府投资项目代建制，统筹建设项目，保障工程质量，提高投资效益。支持具备条件的民间资本发起设立民营银行、民间资本管理公司。

加快推进国企国资改革。改善和加强国有资产监管，将市级机关事业单位所属企业的国有资本，逐步纳入经营性国有资产，实现集中统一监管。全力推动国有企业“三供一业”分离移交，解决历史遗留问题，推进国有企业瘦身健体。坚持权利平等、机会平等、规则平等，进一步放宽非公有制经济市场准入，鼓励非公有制企业参与国有企业改革。

深化农业农村改革。完善农村土地“三权分置”办法，落实集体所有权，稳定农户承包权，放活土地经营权，年内农村宅基地和集体建设用地确权登记发证工作完成30%。稳步推进农村集体产权制度改革，抓好27个农村股份制改造试点。继续深化供销社综合改革，打造政府用得上、农民信得过的综合服务平台。启动农业水资源税改革工作，年底前全面完成农业生产超限额水量水资源税征收工作。

大力推进双向开放。推动更高水平“引进来”、更大步伐“走出去”，积极融入“一带一路”战略，扶持水泥、钢铁、机械装备等传统优势企业，与中东欧、拉美、东盟、非洲开展国际产能合作。着力构建“北接”“西拓”“东出”“南联”区域开放格局，拓展对内开放空间。抓住河北电子口岸正式运营的机遇，加快综合保税区建设，实现跨境电商在省会的率先发展。全年重点培育10家跨境电商示范企业、3个跨境电商平台，支持企业建设跨境电商公共海外仓。实施专业化、精准化招商，建立工作台账，加大考核奖惩力度，确保招商引资取得实效。全年实际利用外资增长5%。

（六）深入实施创新驱动战略，提升自主创新能力。围绕创建国家创新型城市，加大创新力度，营造良好创新生态环境，推动大众创业、万众创新。

壮大创新创业主体。大力培育创新型企业，在人才引进、政策扶持、配套建设上提供量体裁衣式服务，促进企业从“模仿创新”向“集成创新”“原始创新”转变，全年新认定高新技术企业180家。继续实施科技型中小企业成长计划，推进苗圃工程、雏鹰工程、科技小巨人工程，确保科技型中小企业发展到8500家，力争突破1万家。发挥企业科技创新的主体作用，鼓励所有规上企业开展研发活动，年内设立研发机构的规上企业达到23%。

强化创新平台建设。鼓励企业与科研院所开展合作，加快企业技术中心、重点实验室等创新平台建设，新培育认定市级以上创新平台30家。推进军民深度融合发展，加快军民融合产业园建设。加强科技资源共享服务平台、大型仪器设备共享平台、网络服务平台以及云平台建设，提高科技服务水平。建设一批孵化器、加速器、科技型中小企业“园中园”，促进科技成果落地转化。

充分激发“双创”活力。全面落实《关于引进高端产业人才的意见》，实施高精尖人才培养引进工程，千方百计吸引高端产业领军人才来我市创新创业。年内引进50名以上科技型创新英才，引进和培养20名以上创新创业领军人才。加快建设一批“双创”基地，鼓励大企业、科研院所、高校设立专业化众创空间，年内新认定20家以上。

创新发展是省会发展的第一动力。我们必须把创新摆在发展全局的核心位置，让创新成为省会发展的最强引擎！

（七）切实抓好“三农”工作，大力发展现代农业。一般农产品过剩、优质农产品短缺，是制约农业增效、农民增收的关键。必须以农业供给侧结构性改革为主线，建设现代农业园区和智慧农业，推进农业绿色生产、农村绿色生态、农民绿色生活，不断增加农民收入。

优化农业生产布局。以建设国家现代农业示范区为引领，积极打造“一圈两区”现代农业发展新格局。鹿泉、正定、藁城、栾城加快发展休闲观光农业，打造环省会都市农业圈；平原县大力发展“绿色优质农产品生产基地+中央厨房”，打造高水平的现代农业示范区；山区县大力发展“经济沟+生态农业”，建设特色农业优势区。年内建设3～5条特色农业观光线路，重点培育10个以上要素聚集、装备先进、链条完整、带动力强的现代农业园区。

推进农业结构调整。在确保粮食安全的基础上，调优、调特、调强种养结构，扩大强筋麦等优质专用小麦生产，适度调减籽粒玉米种植面积，加快发展药用作物、食用菌、小杂粮等特色产业，增加优质绿色农产品供给。实施“一县一品一牌”培育计划，建立健全农业标准化生产体系、农产品质量追溯体系和质量安全检验检测体系，年内无公害标准化蔬菜、果品种植面积分别达到230万亩、240万亩，标准化规模养殖示范场达到978家，培育一批具有石家庄特色的地理标志品牌。

壮大农业产业化规模。依托农业龙头企业，大力发展农产品精深加工，促进农村一二三产业融合发展，农业产业化经营率达到67.5%以上。加快培育新型农业经营主体和农业产业工人，发展适度规模经营，家庭农场发展到1600家，适度规模经营率达到30%。加快智慧农业建设，抓好藁城智慧农业试点，实施农业物联网示范工程，推进支农惠农信息进村入户。

加快美丽乡村建设。按照“四美”要求，实施民居改造、安全饮水、街道硬化等12个专项行动，抓好平山西柏坡、井陉古村落、藁城休闲旅游体验等6个省级重点片区，完成353个省级重点村建设，打造50个以上精品村。同时，继续下大力抓好“7·19”水毁工程修复，确保按时完成7个县、639个村的农村饮水工程灾后重建任务，解决35.26万灾区群众饮水安全问题。

加大脱贫攻坚力度。坚持精准扶贫、精准脱贫，紧紧围绕“两不愁、三保障”，扎实推进“七个一批”专项行动和基础设施建设“七大工程”，结合现代农业发展、美丽乡村建设、山区综合开发和太行山生态绿化、乡村旅游，大力发展脱贫产业，引进股份合作机制和龙头企业，持续增加农民收益。全面启动易地搬迁扶贫工程，解决好就业、医疗、社保、子女就学等问题，确保“搬得出、稳得住、能致富”。突出抓好革命老区贫困村的脱贫工作，改善老区群众生产生活条件。制定鼓励返乡创业的优惠政策，支持各类人员返乡创业，促进扶贫、创业相结合，带动农民持续增收。确保全年165个贫困村、4.6万人稳定脱贫。

（八）顺应人民群众期盼，尽心竭力保障和改善民生。坚持民生优先、民生先动，加大民生投入，全力办好民生实事，不断增强人民群众获得感。

扎实做好就业再就业工作。认真贯彻落实化解过剩产能和环境治理援企稳岗政策，对失业人员进行特别职业培训。实施就业促进、创业引领、基层成长等行动计划，组织开展就业援助、春风行动、民企招聘等专项活动，促进大学毕业生多渠道就业创业。全年城镇新增就业10.3万人，城镇登记失业率控制在4.5%以内，农村劳动力转移就业5.15万人。

织密扎牢社会保障网。实施全民参保计划，扩大社保覆盖面，确保城镇职工基本养老保险参保人数达到228.6万人。积极推进机关事业单位养老保险制度改革。提高农村低保标准，实现低保线与扶贫线“两线合一”。提升养老服务、社会救助能力，搭建社区养老服务平台。做好住房保障工作，建成保障房8000套，棚户区改造开工建设2.18万套。

努力办好公平优质教育。抓好普惠性学前教育，推进义务教育优质均衡发展，提升高中教育质量。深化学区管理制和名校集团化办学体制改革，启动实施消除大班额专项规划。继续推进山区教育扶贫工程，落实建档立卡贫困学生资助政策。加快构建现代职业教育体系，完善校企合作、工学结合的人才培养机制。优化市属高校专业结构，提高服务地方经济发展的水平。

推进健康石家庄建设。健全完善公共卫生服务体系，深化医药卫生体制改革，启动城市公立医院综合改革，全面取消药品加成，公立医院综合改革示范县创建实现全覆盖。推进国家中医药综合改革试验市建设，创建8家全国基层中医药工作先进单位。加快市一院赵卜口新院区建设，确保市四院谈固新院区等竣工使用，抓好与北京、天津合作医院签约项目落地。深化计划生育服务管理改革，加强妇幼健康服务保障。

推动文化体育事业繁荣发展。建立健全城乡公共文化服务体系，深入实施文化精品、文化惠民、产业提升“三大工程”，提高基本公共文化服务均等化水平。加大文化基础设施投入，谋划建设博物馆新馆等文化设施。大力推进国家文化消费试点城市建设，推进河北东方文化创意产业基地、河北新东印刷等聚集区建设，扩大文化消费。大力发展体育事业，加快全民健身公共服务体系示范区建设，高标准完成省运会筹备工作。

提高社会治理水平。完善社会矛盾纠纷排查化解机制，加强重点行业安全监管和重点人群服务管理，及时妥善处置各类突发事件。依法规范信访秩序，及时就地解决群众合理诉求。积极创建全国公共安全视频建设联网应用示范市，加强县乡村三级综治中心规范化建设，完善立体化、信息化社会治安防控体系，严厉打击各类刑事犯罪活动。严格落实安全生产责任制，坚决遏制重特大安全事故发生。强化食品药品安全管理，创建国家食品安全示范城市。健全社会诚信体系，建设综合性征信平台。大力支持军队和国防后备力量建设，加强国防教育，深入开展双拥共建活动。积极做好民族宗教、妇女儿童、残疾人、外事侨务、人防、档案、气象、防震等各项工作，促进各项社会事业全面进步。

办好利民惠民十件实事：一是治理城市交通拥堵。大力开展管理治堵和工程治堵，有效缓解交通拥堵问题。二是发展居家养老服务。新改扩建60个综合居家养老服务中心、240个社区居家养老服务中心。三是提高贫困人口医疗保障救助水平。对符合条件的患病贫困人口，给予医疗救助。四是继续改造老旧小区。改造升级市区80个老旧小区的低压电路设备，改造1450万平方米供热面积涉及的老旧管网，分步解决三层以上老旧小区吃水难问题。五是发展普惠性学前教育。新增30所普惠性幼儿园，提供优质普惠的学前教育服务。六是发行文化惠民（演艺）卡。发行2万张文化惠民（演艺）卡，其中向城镇低保家庭免费发放1000张。七是建设完善10分钟健身圈。在城市社区更新安装全民健身路径100条，在农村安装体育健身设施200套。八是实施免费无线网络（WiFi）覆盖工程。省会三环以内公共场所，所有县（市、区）城区公共场所实现免费WiFi覆盖。九是实施医养结合示范工程。每个县（市、区）建立1个标准化医养结合示范机构，50%以上的养老机构能够提供医疗卫生服务，80%以上的医疗机构为老年人开通医疗服务绿色通道，重点人群居家养老家庭医生签约服务率达到100%。十是开通免费律师、公证顾问平台。依托司法行政公共法律服务系统，向广大群众、小微企业推送律师、公证服务。

人民对美好生活的向往，就是我们的奋斗目标。关乎民生的事，事事在心；顺乎民意的事，件件落实。我们一定加倍努力，让全市人民生活得更安康、更殷实、更幸福！

四、加强政府自身建设

面对新形势、新任务，我们必须强化市场思维、法治意识，用创新的办法突破发展瓶颈，用担当的精神破解发展难题，以效能大提升促进省会大发展。

（一）从严治政，创造良好环境。严守政治纪律和政治规矩，牢固树立“四个意识”，自觉向以习近平同志为核心的党中央看齐，向党中央、国务院，省委、省政府和市委决策部署看齐，敬畏职责，勇于担当，站排头、争一流、做表率，确保各项工作走在全省前列。深入推进政府系统党风廉政建设和反腐败工作，严格落实“两个责任”“一岗双责”和中央“八项规定”精神，坚决反对“四风”。强化对人权、事权、财权的制度约束，紧盯重要领域、重要岗位和关键环节，加大行政监察和审计监督力度，严肃查处各种不正之风和腐败问题，以反腐倡廉的实效取信于民。

（二）转变职能，提升政府效率。创新政府管理模式，破除制约发展的思想观念和制度藩篱，坚决砍掉烦琐手续，打通信息孤岛，实现各部门信息互联互通，大力提升公共服务质量和效率。进一步增强简政放权的针对性、系统性、协调性，主动调整下放市级行政权力，推进精准放权、精确承接；全面推进市、县行政审批局规范化、标准化建设，提高审批效率。推进市、县、乡三级实体政务大厅向网上办事大厅转变，最大程度方便群众和企业。加大政府工作人员教育培训力度，提高政治素养、业务水平和履职能力。

（三）依法行政，主动接受监督。严格按照法定权限和程序履行政府职能，做到法定职责必须为，法无授权不可为，确保政府一切工作在法律的框架下进行。进一步健全依法科学民主决策机制，自觉接受市人大法律监督、市政协民主监督和社会舆论监督，认真办理人大代表建议和政协委员提案，主动接受人大执法检查和专题质询，落实重大事项向市人大报告和向政协通报制度。全面实施“七五”普法，提高依法办事能力。深化市县综合执法改革，完善行政执法程序，规范行政执法行为。拓宽政务公开渠道，确保权力规范阳光运行。

（四）实干实政，改进工作作风。坚持把抓落实作为转变作风的重要着力点，定任务、定责任、定时限、定奖惩，大力整顿工作作风，严查不作为的人，紧盯不落实的事，对为官不为、履职不力的严肃问责，对懒政怠政、失职渎职的严厉惩处。贯彻落实正向激励机制和容错纠错机制，调动政府工作人员想干事、敢干事的积极性和主动性。大力开展“双问计”活动。深入一线调查研究，听实话、察实情、出实招、求实效。大兴“马上就办、办就办好”之风，以优良的作风保障各项事业顺利推进。

各位代表！使命重在担当，实干铸就辉煌。让我们更加紧密地团结在以习近平同志为核心的党中央周围，在省委、省政府和市委的正确领导下，紧紧依靠全市人民，坚定信心，攻坚克难，奋发进取，为全面建成小康社会，加快建设现代省会、经济强市而不懈奋斗，努力谱写石家庄更加灿烂辉煌的美好篇章！

关于石家庄市 2016 年国民经济和社会发展计划执行情况与 2017 年国民经济和社会发展计划（草案）的报告

——2017 年 4 月 12 日在石家庄市第十四届人民代表大会第一次会议上

石家庄市发展和改革委员会主任　赵文锋

各位代表：

我受市政府委托，向大会作石家庄市 2016 年国民经济和社会发展计划执行情况与 2017 年国民经济和社会发展计划（草案）的报告，请予审议，并请市政协委员和其他列席人员提出意见。

一、2016 年国民经济和社会发展计划执行情况

2016 年，面对严峻复杂的国内外经济形势，全市各级各部门深入贯彻落实习近平总书记系列重要讲话精神，牢固树立和贯彻新发展理念，紧紧围绕市十三届人大五次会议确定的目标任务，在市委、市政府的坚强领导下，坚持稳增长，狠抓重大政策落实、重点项目建设、重要民生工程，精准施策、强力攻坚，力促经济社会保持了平稳健康发展；坚持调结构，大力提高科技创新能力，培育壮大新兴产业，改造提升传统产业，推动新旧动能加速转换；坚持促改革，扎实推进供给侧结构性改革，全面推进“放管服”，重点领域改革和对内对外开放取得新成效；坚持治污染，继续实施压煤、抑尘、控车、迁企、减排、增绿六大举措，全年完成散煤压减替代 30 万吨，削减规模以上工业企业燃煤 147 万吨；坚持惠民生，全面打响扶贫攻坚战，不断健全社会保障体系，“7·19”特大洪涝灾害灾后重建实现预期目标，社会事业发展取得新成就。在全市上下共同努力下，2016 年国民经济和社会发展计划执行情况总体较好，服务业增加值、一般公共预算收入等 33 项指标中，有 27 项完成或超额完成计划。其中：

——服务业增加值增长 10.3%，高于计划 0.3 个百分点；规模以上高新技术产业增加值增长 12.4%，高于计划 2.4 个百分点。

——一般公共预算收入增长 9.5%，高于计划 1.5 个百分点；城镇居民人均可支配收入增长 8.1%，高于计划 0.1 个百分点。

——出口总值增长 6.8%，实际利用外资增长 7.1%，旅游业总收入增长 27.07%，分别高于计划 0.8 个、1.1 个、12.07 个百分点。

——城镇新增就业 11 万人，稳定脱贫 8.1 万人，分别高于计划目标 1.48 万人、1.9 万人；粮食总产量 495 万吨，研发经费支出占地区生产总值比重达到 1.93%，森林覆盖率达到 38.7%，居民消费价格指数为 101.6，常住人口、户籍人口城镇化率分别达到 59.96%、45%，均完成或超额完成计划目标。

——每万元生产总值能耗下降 6.48%，化学需氧量、二氧化硫、氨氮、氮氧化物排放量分别降低 4.7%、8%、4.7%、6%，城镇保障性安居工程住房开工 2.4 万套，均完成或超额完成省下达目标任务。

33 项年度计划指标中，有 6 项指标与计划目标有一定差距：一是地区生产总值、规模以上工业增加值、固定资产投资分别增长 6.8%、4.6%、5.4%，低于计划 0.7 个、1.4 个、5.6 个百分点，PM2.5 平均浓度上升 11.2%，高出控制目标 18.2 个百分点。主要原因是：我市产业结构偏重，新兴产业支撑不足。能源结构单一、燃煤比重大。2016 年 9 月下旬

以来，华北地区静稳天气增多，不利于污染物扩散，我市连续遭遇重污染天气，PM2.5 平均浓度由前 8 个月的 68 微克 / 立方米上升到 99 微克 / 立方米，进入采暖期后大气污染物排放量增加与不利气象条件相互叠加，大气污染程度明显加大，为应对严峻的大气污染形势，我市对一些排放量大的企业采取了停限产措施，遏制了连续爆表极端恶劣天气的出现，同时也不可避免地影响了这些企业的生产和投资。二是社会消费品零售总额增长 10.5%，低于计划 0.5 个百分点，主要是汽车、家电、通信器材消费增长放缓，服装类、烟酒类商品消费下降，加之居民消费价格指数低位徘徊、网购份额尚未纳入统计等因素影响，拉低了社会消费品零售总额增速。三是农村居民人均可支配收入增长 7.9%，低于计划 0.1 个百分点，主要原因是：当前我市农产品供求结构不尽合理，尚不能满足多元化、个性化消费需求，一些产品生产过剩，价格下跌，影响了农民收入。同时，农村规模经营程度不高，农民经营性收入来源较少。另外，“7·19”洪涝灾害也对农民增收造成一定影响。

二、2017 年经济社会主要发展目标

2017 年是省会建设发展的“攻坚突破年、提质提升年、改革创新年”，做好全年工作，要全面贯彻落实省第九次党代会和市第十次党代会战略部署，紧紧围绕“五位一体”总体布局和“四个全面”战略布局，以新的发展理念为引领，以提高发展质量和效益为中心，以供给侧结构性改革为主线，坚持稳中求进工作总基调，牢牢抓住京津冀协同发展重大历史机遇，大力推进新型工业化、信息化、城镇化和农业现代化，全面深化改革，不断扩大开放，着力推动转型发展、绿色发展、创新发展、率先发展，力促经济社会各项事业迈上新台阶。主要预期目标是：

——经济保持平稳增长。全市生产总值增长 7.5% 左右，其中规模以上工业增加值增长 6%。固定资产投资增长 10%，社会消费品零售总额增长 10.2%，出口总值、实际利用外资分别增长 2%、5%。一般公共预算收入增长 8%。

——结构调整步伐加快。服务业增加值增长 10.5%。规模以上高新技术产业增加值增长 13.5%。研发经费支出占地区生产总值比重达到 2.05%。常住人口城镇化率、户籍人口城镇化率分别达到 61%、45.5%。

——生态环境继续改善。每万元生产总值能耗、二氧化碳排放量分别下降 4.1%、4.6%。每万元生产总值用水量 50.7 立方米。PM2.5 平均浓度下降 20.2%。森林覆盖率达到 39.9%。

——人民生活稳步提高。全市居民人均可支配收入增长 8% 以上，城乡居民人均可支配收入均增长 8%。居民消费价格指数涨幅控制在 3% 左右。城镇职工参加基本养老保险人数达到 228.6 万人。棚户区住房改造开工 2.18 万套。

三、2017 年工作重点和举措

2017 年是贯彻市第十次党代会精神的开局之年，全市上下要坚持问题导向和目标导向相结合，统筹兼顾、协调推进、突出重点、精准发力，为实现市第十次党代会提出的“六个显著提升”目标奠定坚实基础。重点抓好以下十个方面的工作：

（一）推进制造业高端化，力促工业经济提质增效。一是培育壮大战略性新兴产业。围绕重点发展的光电、生物医药、通用航空、卫星导航、电子信息等产业，突出抓好智慧云大数据中心等 89 个重大项目建设，深入推进生物医药、通用航空、光电与导航等战略性新兴产业示范基地建设，进一步提升我市战略性新兴产业支撑能力和核心竞争力。二是振兴工业实体经济。落实好《关于振兴工业实体经济的意见》等政策措施，进一步深化创新和对标行动，积极培育龙头企业和中小微企业。弘扬工匠精神，加强质量管理，开展消费品工业增品种、提品质、创品牌“三品”专项行动。三是力促传统产业提档升级。支持企业加快两化融合步伐，鼓励企业建设数字化工厂，加速企业由制造向“智造”转变。加大技术改造力度，引导企业利用新技术、新工艺、新装备、新材料开展技术改造，不断提高技改项目档次和质量，全年滚动实施重点技改项目 100 项以上。积极化解过剩产能，压减炼铁产能 52 万吨、水泥产能 350 万吨。

（二）推进服务业规模化，进一步增强支撑作用。一是做大做强新业态。加快国家电子商务示范基地建设，形成园区、基地、平台为架构的电商支撑体系，加快建设数字产业谷，推进财富大厦金融电商示范中心等 10 个电子商务基地加快发展，支持以岭健康城等十大电子商务平台提升规模水平。加快国际会展中心等项目建设进度，组织好石洽会、正

博会、通用航空展等会展活动，筛选有条件的展会进档升级，力争全年各类展会达到120场以上。二是加快发展旅游业。高标准编制《石家庄市全域旅游发展规划》，办好首届全市旅游发展大会，支持平山县创建国家全域旅游示范区，深入推进正定古城保护，打造古城文化旅游、红楼文化、体育旅游、乡村旅游四大“正定旅游”品牌，推进西部长青旅游休闲度假区等休闲度假项目建设，力争旅游业总收入增长25%以上。三是提升商贸物流业。围绕打造全国现代商贸物流中心城市，高标准建设商贸流通服务设施，重点推进华润万象城、冀中南公铁联运智能港等64个重大商贸物流项目建设，不断提升服务业规模和水平。

（三）推进农业现代化，建立健全新型产业体系。一是优化农业供给结构。实施粮食绿色高产高效示范片创建，建设40个千亩粮食绿色高产高效创建示范方，确保全市粮食综合生产能力稳定在440万吨，并做好粮食收储相关工作。以高端蔬菜示范园创建为重点，在藁城、栾城等重点区域创建30个高端蔬菜示范园，促进高端设施蔬菜发展。二是推动现代农业园区稳步发展。以市级园区为重点，打造10个生产要素集聚、体制机制顺畅、产加销游一体的现代农业园区，以及3～5条高品质农业休闲观光线路，示范带动全市现代农业园区提档升级。三是多渠道推进农业产业化。培育农业产业化联合体，打造一二三产业融合发展的联合体典型。开展农业产业化增信基金试点，探索为企业提供贷款授信支持途径。推动产业化项目建设，全年农业产业化项目完成投资50亿元以上。

（四）全力推进项目建设，确保投资较快增长。一是加快重点项目建设。突出抓好总投资4878亿元的“三个一百”重点项目建设，对科林电气智能电力装备基地等100个计划开工项目，全力做好项目手续、用地、资金落实等准备工作，确保项目按时开工；对通用航空产业基地二期等100个计划竣工项目，及时解决制约项目建设的关键和难点问题，做好生产配套，力争项目早竣工、早投产，同时对近三年来的开工项目开展“清零行动”，逐一制定帮扶措施，力争尽早达产达效。二是鼓励和引导民间投资。深化投融资体制机制改革，营造公开透明的市场环境，采取有效措施，保护民营经济公平有序参与市场竞争。鼓励各类社会资本通过PPP方式参与我市水利、交通、能源、城建等基础设施建设和经营，推动公共产品和服务的市场化配置，深度挖掘新的投资增长点。三是加强项目谋划储备。继续加大招商选资工作，扎实做好亿元以上项目储备库和三年滚动投资计划项目入库工作，确保全市亿元以上项目保持在1500项以上，增强发展后劲。

（五）坚持创新驱动，增强科技引领作用。一是实施创新主体培育工程。实施科技型中小企业成长计划，深入推进苗圃工程、雏鹰工程、科技小巨人工程，大力培育在关键技术、核心领域、战略产业上具有自主知识产权的创新型企业，年内认定高新技术企业180家，科技型中小企业总数达到8500家。二是实施创新载体建设工程。加大科技创新平台建设力度，做好企业技术中心、工程实验室等平台建设管理，年内培育认定市级以上创新平台30家。依托科技企业孵化器、高校、科研院所等，建设创新创业、线上线下、孵化投资相结合的新型众创空间，年内新认定20家以上。三是实施科技成果转化工程。完善石家庄科技大市场功能，加强中国创新驿站基层站点建设，实现京津优质科技资源与我市技术需求的有效对接，加速科技成果转化。四是开展重大技术攻关。围绕生物医药、电子信息、先进装备制造、节能环保等重点产业技术领域，重点加强国家I类新药等研发工作，抓好光电子、半导体照明、卫星导航、3D打印、机器人等关键技术攻关。

（六）深度融入协同发展，开创省会发展新境界。一是抓好重大项目引进。积极与京津相关部门沟通，认真落实各项对接合作议定事项，以中关村（正定）集成电路产业基地建设为重点，加快中电智云大数据中心等前期项目进度，力争早日落地，尽快落实普洛斯电子商务物流园等已签约项目建设条件，力争早日开工。二是强化区域协同创新。加强与北京协同创新研究院对接，重点推进北京协同创新园石家庄分园项目建设。充分发挥国创宏泰高新技术产品推广应用平台、七大产业研究院、北大科技园等创新创业平台作用，吸引更多高新技术成果及项目在我市转化落地。三是加快承载平台建设。落实好《关于加快开发区改革发展的意见》，用好开发区发展专项资金，支持开发区公共基础设施和公共服务平台建设。依托省级以上开发区，瞄准非首都功能疏解目录，开展精准招商和协作，力争实现“五个一”目标。重点加强高新区、经开区、装备制造基地、信息产业基地等一批省级重大平台和载体功能建设，谋划启动“微中心”前期建设工作，提升平台承载能力。

（七）坚持城乡统筹，努力建设现代化省会城市。一是做好全域统筹和系统设计。坚持政府与专家相结合，按照多规合一要求，高起点修编城市总体规划、分区规划、专项规划，突出抓好新、老火车站周边商务中心和省级行政办公区等重要区域的规划管控。二是提升城市承载能力。加快推进石家庄东站和石济客专建设，确保年内建成通车。大力推进京石城际铁路建设，年内实施京石城际引入石家庄东站预留工程。积极跑办津石、石衡高速前期工作，力争年底前开工建设。加强主城区与组团区县交通一体化发展，启动中华大街北延、新城大道北延等工程。完成和平路高架西延、南二环东西延、槐安路东二环立交完善及槐安路友谊大街匝道，完善市区骨架路网。推进轨道交通建设，确保1号线一期、3号线首开段建成通车。三是开展县城建设攻坚。按照全面提升县城建设层次和水平三年攻坚行动方案，大力开展城乡规划提升、环境容貌整治、基础设施建设等八项攻坚行动，推进区域同城化发展，全面提升县城经济发展实力。四是推进美丽乡村建设。深入实施十二个专项行动，大力推进“四美五改”，持续推进鹿泉抱犊寨、栾城三苏都市农业游、平山西柏坡、正定古城、井陉古村落和藁城休闲旅游体验6个省级重点片区建设，着力推进市级重点片区和县级重点片区建设，重点打造50个以上精品村。

（八）深化改革开放，激发经济社会发展动力和活力。一是加快石保廊全面创新改革试验区建设。按照国务院批复的京津冀系统推进全面创新改革试验方案，制定我市全面创新改革试验的目标、任务和改革举措，力争在体制机制方面取得重大突破。二是深入推进供给侧结构性改革。完善“三去一降一补”专项行动方案，加快形成完整的政策体系，为加快供给侧结构性改革提供政策保障。三是提升服务效能。优化完善市、县两级行政审批局，以“放管服”为重点，从体制机制上建立起“一站式审批、一条龙服务’的政务服务新平台。推进综合执法改革，出台城市管理综合执法体制改革实施方案，调整城市管理职责，全面提升管理水平。扎实开展“问计省直、寻求支持，问计于民、寻求智慧”活动，争取更多政策、资金、项目支持，创新工作方法，不断提高服务水平。四是大力推进双向开放。依托石家庄综合保税区，大力发展口岸作业、保税加工、保税物流，加快跨境电商公共服务平台建设。加强与500强企业合作对接，巩固与扩大长三角、珠三角合作规模。扶持我市生物医药、食品等优势企业，与中东欧、拉美、东盟以及“一带一路”沿线国家开展国际产能合作。

（九）大力整治环境污染，强力推进生态环境改善。一是深入实施大气污染防治。大力压减燃煤，坚决完成省下达的65万吨减煤任务。全面推进城乡居民供热清洁化，采取集中供热、“气代煤”、“电代煤”等方式，完成主城区和藁城、鹿泉、栾城、正定39万户“气代煤”、“电代煤”任务；不具备条件的农村地区全面推行“洁净型煤＋型煤专用炉具”治理模式，同时积极开展沼气、电能、地热、太阳能等多种模式替代燃煤试点示范，洁净型煤利用率达到90%以上。加快实施企业搬迁，年内完成华药等工业企业搬迁升级。二是加强水环境综合整治。实施岗南水库、黄壁庄水库上游导污治污滹北渠更新改造工程，提高防御能力。启动滹沱河、绵河上游生物净化工程，建设生物湿地等，提升上游进入饮用水源地的水质。全面实施滹沱河水污染治理和洨河水质提升工程，督促沿途县（市）、区对污水处理厂进行提升改造，污水排放达到一级A标准。三是全面实施生态绿化工程。抓好太行山生态绿化工程和生态景观林建设，做好三北防护林、防沙治沙工程、地下水压采综合治理工程，加强绿化工程后期管护和森林资源保护，完成人工造林40万亩、封山育林30万亩。

（十）全力保障改善民生，促进社会和谐发展。一是打好脱贫攻坚战，精准实施“七个一批”行动和七大工程，突出抓好产业扶贫，引导农民合作组织经营主体发展规模经营，为贫困地区注入先进生产要素；深入实施易地搬迁工程，进一步改善安置区生产生活条件，实现稳定脱贫。二是扩大就业再就业。落实各项创业扶持优惠政策，进一步健全创新创业孵化服务体系，推进大众创业、万众创新。组织开展就业援助月、春风行动、民企招聘周、高校毕业生就业服务月等专项活动，做好重点人群就业工作。三是加快发展社会事业。全面实施全民参保计划，继续推进机关事业单位养老保险制度改革，探索开展职工医保长期护理险和付费方式改革，提高社会保障标准和服务水平。继续加大棚户区改造力度，并将改造任务向县市倾斜，棚户区住房改造开工 2.18 万套。同时，做好民族宗教、外事侨务、国防动员、档案管理、气象防震、妇女儿童、残疾人等工作，加强生产安全、消防安全、价格监管、食品药品安全管理，促进社会事业全面进步。

关于石家庄市2016年预算执行情况和2017年预算草案的报告

——2017年4月12日在石家庄市第十四届人民代表大会第一次会议上

石家庄市财政局局长 周立新

各位代表：

受市政府委托，现将2016年预算执行情况和2017年预算草案提请大会审议，并请市政协委员和列席会议的同志提出意见。

一、2016年预算执行情况

2016年，面对复杂严峻的形势和艰巨繁重的任务，全市上下在市委的正确领导下，深入贯彻习近平总书记系列讲话和对河北的重要指示精神，坚持稳中求进，认真践行新发展理念，着力推进供给侧结构性改革，经济社会持续健康发展，实现了“十三五”良好开局。在此基础上，财政预算执行情况较好。

——一般公共预算完成情况。全市收入完成410.8亿元，占预算的101.4%，比上年增长（以下简称增长）9.5%。其中，税收收入289.4亿元，占预算的92.2%，增长0.8%；非税收入121.4亿元，占预算的133.2%，增长37.8%。全市支出完成739.7亿元，占调整预算的97.3%，增长8.4%。

市级一般公共预算和城区分享收入完成171.6亿元，占预算的99.7%，增长5.3%。当年收入加上级补助62.4亿元、县级上解6.7亿元、上年结余结转6.5亿元、地方政府债券1.2亿元和调入政府性基金等7.7亿元，以及调入预算稳定调节基金30亿元，减上解省支出8.3亿元、补助县级支出30.8亿元和补充预算稳定调节基金28.2亿元，全年支出预算调整为218.8亿元，实际支出213.5亿元，占调整预算的97.6%，下降3.8%，主要是交通运输、节能环保等上级补助市级资金减少。收支相抵，市级结转5.3亿元。

——政府性基金预算完成情况。全市收入完成360.7亿元，占调整预算的111.2%，增长27.3%，增长较快主要是2016年土地市场相对活跃，土地出让收入完成328.9亿元，增长26%。全市支出完成407.8亿元，占调整预算的89.3%，增长46.7%。其中，土地出让收入安排支出375.4亿元，增长50.5%。

市级收入完成229.3亿元，占调整预算的115.7%，增长43.2%；市级支出完成257.3亿元，占调整预算的97.9%，增长58.7%。

——国有资本经营预算完成情况。市级收入完成8092万元，占预算的134.8%，增长68%。市级支出完成6696万元，占调整预算的73.9%，增长15%。

——社会保险基金预算完成情况。全市收入完成266.3亿元，占调整预算的105.8%，增长10.1%；全市支出完成262.1亿元，占调整预算的97.4%，增长15.4%。

市级收入182.5亿元，占调整预算的107.8%，增长9.6%；市级支出181.9亿元，占调整预算的97.8%，增长16%。

——地方政府债券使用情况。省代发我市地方政府债券353.7亿元。其中，市级305.4亿元，县区级48.3亿元。市级地方政府债券中，置换债券242亿元，全部用于置换存量债务；新增债券63.4亿元，用于轨道交通、新客站区域、和平路高架西延、滹沱河生态绿廊等项目建设。

需要说明的是，上述预算执行情况均为汇总数，待省批复决算后，再向市人大常委会报告。

一年来，全市各级各部门全面贯彻《预算法》，严格执行市十三届人大五次会议及常委会决议，加强预算执行管理，努力增收节支，优化资金配置，深化财政改革，有效防控风险，各项工作取得新成效。

（一）广开源挖内潜，全面增强财政硬实力。面对减收、增支叠加和防风险的严峻局面，迎难而上，积极应对，切实加强组织收入工作，贯彻落实“以旬保月、以月保季、以季保年”的要求，依法强化征管，深化综合治税，堵漏挖潜增收，千方百计保增长。全市一般公共预算收入增幅高于全省平均水平 1.9 个百分点，增收效果明显；税收占一般公共预算收入比重达到 70.5%，高于设区市平均水平 23 个百分点。把“问计省直、争取支持”作为增强财政实力的重要途径，全市向上争取各类资金 302.1 亿元，争取新增债券资金 90.2 亿元，均较上年有大幅度增长。动态跟踪国家和省资金分配政策，多方协调，成功竞选全国地下管廊试点城市和省小微企业创业创新示范城市，分别获得上级补助资金 12 亿元和 6500 万元。主动反映省会情况，争取世行和亚行大气污染防治资金 1 亿美元、全球环境基金赠款 500 万美元；平山、赞皇等 6 县列入国家重点生态功能区转移支付支持范围，每年可获得 2 亿元以上的上级补助。财政实力的增强，为全市经济 社会又好又快发展提供了有力支撑。

（二）强绩效严监管，切实提高资金使用效益。为化解刚性 支出的巨大压力，以绩效为导向，紧盯专项、大项、难项，努力节支提效弥补缺口。深化绩效预算管理改革，出台制度 9 项，进一步完善了评价体系，市级对 1000 万元以上预算项目全部开展绩效评价，先行先试，在全省率先引入第三方机构，对拟列入 2016 年预算的 11 个 5000 万元以上项目进行事前评价，共评价资金 16.3 亿元，审减 1.5 亿元。细化增支事项控制措施，切实硬化预算约束，市级清理盘活存量资金 21.1 亿元，统筹用于教育、城乡建设、医疗等民生领域，对连续两年结转资金规模较大的 25 个部门相应核减了下年度预算。优化城市基础设施项目审批流程，改进公益项目占地征收补偿金管理办法，堵塞超标准、超规模、超概算漏洞。建立健全财政评审监管办法，机制更加规范有序、公开透明、权责明晰、简捷高效，市级全年评审政府投资项目 2266 个，资金审减率达到 14.8%。全面清理 2013 ～ 2015 年度财政专项资金，发现问题项目 1149 个，涉及资金 5.6 亿元，全部进行了整改。加强政府债务管理，切实防控风险，对存量债务中高成本债务进行了置换，当年减少利息支出 8 亿元以上。

（三）压一般兜底线，倾力保障和改善民生。坚持厉行节约，严控一般性支出，全市“三公”经费支出 3.3 亿元，比上年下降 24.9%。其中，市级支出 1.3 亿元，下降 15.9%。落实以人民为中心的发展理念，不断增强百姓获得感、幸福感。全市一般公共预算中民生支出 591.3 亿元，占比 79.9%。落实脱贫攻坚专项资金 7.5 亿元，发放涉农补贴 12.2 亿元，多渠道筹措美丽乡村建设资金 65.9 亿元，公路建设投入 46.7 亿元，支持了农村面貌和生产生活条件进一步改善。全市用于大气污染防治和生态环境建设的投入达到了 42 亿元，助力生态环境改善，地下水超采综合治理工作省内领先。“7·19”特大洪水灾害发生后，千方百计筹措资金 26.7 亿元，全力支持救灾和灾后恢复重建工作。多渠道筹资 103.5 亿元，用于城市基础设施建设，提升城市功能。统一城乡义务教育公用经费标准，并将民办学校纳入保障范围。加大对教育薄弱地区投入，年内新增山区教育扶贫学校 26 所。通过政府购买服务，支持 26 所民办普惠性幼儿园发展，受益家庭 7342 户；主城区所有公办小学全部实行免费托管服务，惠及 5.6 万名学生。城乡居民医保统一待遇、提高养老金水平等各项社保政策和养老服务、困难群体生活救助等惠民政策全部得到落实。多方筹措资金，较好保障了安居工程、平安省会、食品安全等需要，回应了民众关切。

（四）转观念促发展，大力支持供给侧结构性改革。主动适应经济新常态，坚持新发展理念，以市场思维和改革的办法支持供给侧结构性改革。全面落实积极的财政政策，用财政的“减法”做经济发展的“加法”，营改增全面推开，按政策降低企业社保缴费率，18 项收费免征范围扩大到所有企业，取消、停征、调整 8 项基金，另有 2 项基金征收标准降为零，为企业减负 61 亿元。集中清理乱收费乱罚款乱摊派行为，发现问题 1050 个，收缴财政 3353 万元，退付企事业单位和个人 3927 万元，清退了借用企事业单位的人员和车辆，进一步优化了发展环境。力促创新驱动，全市财政科技支出 12.1 亿元，增长 33.7%，有力支持了我市京津冀协同创新平台、重点专业技术创新平台和院士工作站建设、引进高层次人才及大众创业、万众创新。改进支持方式，建立了财政注资政府投资基金支持产业发展机制，设立了5亿元的节能环保产业投资基金，建立了小微企业贷款风险补偿金1亿元，落实了中小微企业和绿色环保产品采购政策，面向中小企业的“政府采购贷”授信5500多万元，奖补17家新上市公司2240万元，支持企业直接融资发展。大力推进模式，地下综合管廊、会展中心等4个项目落地实施，社会总投资108亿元，有效缓解了建设资金不足压力。

（五）抓改革提效能，着力发挥财政基础作用。与时俱进，不断完善体制机制，改进管理手段，提高服务效能。进一步健全市以下财政体制，研究出台了市对综合保税区的财政体制，推动县乡深化财政改革，激发基层活力，调动、保护多方积极性。强力推进政府采购“管采分离”，市级和23个县（市）区财政部门全部实现与集中采购机构脱钩，理顺了运行、监管机制。建立了财政“1十13”内控制度，规范资金配置，提升依法理财水平。制定相关政策，重新核定编制，市直收缴并公开处置公务用车1501辆，保证了党政机关公车改革任务圆满完成，建立了公务出行社会化、市场化保障模式。落实税制改革要求，营改增、水资源费改税、资源税从价计征等三项税制改革顺利实施，并获得省全优单位。深化预决算公开，各级各单位依法理财、规范理财水平有了新提高。出台政府购买棚改服务政策，市级全年购买社会服务208项11.3亿元，分别比上年增长11.2%和13%，促进了政府职能转变和治理能力提升。

此外，根据《河北省预算审查监督条例》和市人大常委会《关于预算审查监督的规定》，将2016年高新技术产业开发区和循环化工园区的收支情况一并报告，请予审查。

——一般公共预算完成情况。高新技术产业开发区收入完成27.4亿元，占预算的100.2%，增长10%。其中，税收收入完成22.2亿元，增长12.2%；非税收入完成5.2亿元，增长1.7%。年初支出预算安排18.5亿元，执行中新增上级转移支付2.9亿元、政府地方债券6200万元，再加上年结转8980万元，支出预算调整为22.9亿元，全年支出完成22.4亿元，占调整预算的97.8%，增长40.1%。收支相抵，结转4899万元。

循环化工园区收入完成10.8亿元，占预算的98.6%，增长80.2%。其中，税收收入完成9.1亿元，增长88.2%；非税收入完成1.7亿元，增长48.1%。支出完成10.3亿元，占调整预算的95.7%，增长41.8%。收支相抵，结转4646万元。

——政府性基金预算完成情况。高新技术产业开发区收入完成26.3亿元，占调整预算的102.3%，增长26%；支出完成17.5亿元，占调整预算的69%，增长26%。

循环化工园区收入完成1.2亿元，占调整预算的106.5%，下降12.8%；支出完成7834万元，占调整预算的55.6%，下降9.2%。

——社会保险基金预算完成情况。高新技术产业开发区收入完成1576万元，占预算的90.9%；支出完成1318万元，占调整预算的84.1%。

循环化工园区收入完成4152万元，占预算的99.8%；支出完成3769万元，占调整预算的99.9%。

各位代表，本届政府四年来，在市委的正确领导下，在市十三届人大及其常委会的监督指导下，全市各级财政部门围绕中心，直面挑战，迎难而上，主动担当，奋力攻坚，推动全市财政事业取得了长足发展。一是财政综合实力显著增强。全部财政收入、一般公共预算收入分别由2012年的573.4亿元和272.3亿元，增加到845.3亿元和410.8亿元，年均分别增长10.2%和10.8%，省会首位度不断提升和巩固，为全市经济社会协调发展提供了坚实的财力支撑。二是财政稳增长、促发展作用有效发挥。减税降费的积极财政政策得到全面落实，财政筹资渠道不断拓宽，PPP模式、股权投资基金、政府购买服务等新型支出方式改革落地生根，有力促进了全市经济平稳增长和转型升级。三是民生福祉得到持续改善。坚持公共财政取之于民、用之于民，让广大人民群众充分享受改革发展成果。四年来各级财政一般公共预算中民生支出1997.8亿元，占比达到79.9%。养老保险、城乡低保、优抚解困、公共安全、就业再就业等保障有力，教育、卫生、科技、文化等社会事业全面发展。四是财政改革向纵深推进。财政管理机制不断完善，建立了全口径预算，全面启动绩效预算管理，推进预算信息公开，财政资金配置和使用效益不断提高。创新监管方式，构建了人大监督、审计监督、财政监督和社会监督“四位一体”的监督体系。加强政府债务管控，既支持了全市经济社会发展，又有效防范了运行风险。这些成绩的取得，是市委坚强领导和科学决策的结果，是市人大、市政协及代表委员们监督指导的结果，是各级各部门通力合作、努力拼搏的结果。

认真分析近年来财政经济形势，我们也清醒地看到，财政面临的困难、问题和挑战仍然很多。经济下行压力依然较大，财政增收十分困难，刚性支出增长较快，收支矛盾日益尖锐；一些财政管理改革还在深化、推进过程中，效果还不够明显；政府债务负担较重，潜在风险和不确定因素增多；有的预算单位绩效意识、法纪观念不强，资金使用效益有待进一步提高等。对此，我们高度重视，将采取更加有力措施，认真加以解决。同时，恳请各位代表、委员一如既往地加强对财政工作的监督并提出宝贵意见和建议。

二、2017 年财政预算草案

2017 年是落实市第十次党代会精神的第一年，也是推进供给侧结构性改革的深化之年，更是迎接党的十九大胜利召开的重要一年，做好全年财政工作意义重大。根据中央、省、市对财政工作的决策部署和要求，2017 年预算编制的指导思想是：全面贯彻党的十八大和十八届三中、四中、五中、六中全会以及省第九次党代会精神，紧紧围绕市第十次党代会的决策部署，坚持稳中求进工作总基调，牢固树立新发展理念，以深化供给侧结构性改革为主线，落实积极财政政策，加快财政改革，完善体制机制，防范运行风险，做大财政蛋糕，强化资金统筹，优化支出结构，创新投入方式，推动转型发展、绿色发展、创新发展、率先发展，为全面建成小康社会，建设现代省会、经济强市提供更加坚实的财力支撑。

基于以上指导思想，2017 年预算编制遵循了以下原则：一是依法规范。全面落实预算法和上级政策，强化预算单位的主体责任，规范基本支出和项目编制审核，贯彻零基预算要求，清理取消上年一次性项目。二是保障重点。合理确定安排顺序，在足额安排工资、运转等基本支出的基础上，财政资金更多向民生改善、产业发展和环境治理等领域倾斜，保障市委、市政府重大决策部署落实。三是创新方式。贯彻落实深化改革要求，进一步厘清政府和市场界线，发挥市场资源配置的决定性作用，着力发展股权投资和推广 PPP 模式。四是绩效导向。完善绩效指标体系，所有项全部明确绩效目标，无效、低效项目不再纳入预算，将预算编制与评价结果挂钩，切实提高资金使用效益。五是厉行节约。牢固树立“过紧日子”的思想，“三公”经费、会议培训费、专项公用经费等一般性支出只减不增。跨年度项目逐年安排资金，防止和减少闲置沉淀。

（一）一般公共预算安排情况

1. 全市一般公共预算

全市一般公共预算收入安排 443.7 亿元，增长 8%。汇总的全市一般公共预算支出安排 739.3 亿元，比上年预算增长 25.4%。按照中央和省有关规定，上级提前下达转移支付资金 180.2 亿元已全部编入各级预算。

2. 市级一般公共预算

市级一般公共预算及城区分享收入安排 163.1 亿元，可比增长 6.3%（剔除一次性和政策性因素）。市级一般公共预算及城区分享收入加省补助资金 32 亿元、县级上解收入 2.7 亿元，减去上解省支出 8.7 亿元、补助县区支出 8.6 亿元，再加上级提前下达转移支付资金 28.1 亿元，可用财力为 208.6 亿元。为平衡年度预算收支，保证重点支出需要，从预算稳定调节基金调入 33 亿元，市级一般公共预算财力总计为 241.6 亿元。

按照收支平衡原则，2017 年市级一般公共预算支出安排 241.6 亿元，比上年预算增长 5.1%。其中，基本支出 76.1 亿元，占总支出的 31.5%；专项项目支出 161.5 亿元，占总支出的 66.8%；预备费 4 亿元，占总支出的 1.7%。具体项目及金额在政府预算草案文本中详细列示。

需要说明的是，市级“三公”经费支出安排 1.5 亿元，下降 23.5%；会议培训经费支出安排 1.1 亿元，下降 2.5%；专项公用经费支出安排 5.9 亿元，下降 3.3%。此外，2017 年未安排地方政府债券收支预算，待省下达我市具体额度后，再向市人大常委会报告。

（二）政府性基金预算安排情况

1. 全市政府性基金预算

全市政府性基金收入安排 396 亿元，增长 9.8%。当年收入加上级补助收入 8.8 亿元、上年结余结转 42.4 亿元，减去调出资金 10.1 亿元、上解上级 800 万元，按照收支平衡和专款专用原则，相应安排支出 437 亿元，比上年预算增长 51.8%。

2. 市级政府性基金预算

市级政府性基金收入安排 195.4 亿元，下降 14.7%。其中，国有土地有偿使用权出让收入 176.8 亿元，城市基础设施配套费 9.8 亿元，车辆通行费 5.2 亿元，彩票公益金 1.5 亿元，污水处理费 9500 万元，彩票发行销售机构业务费 3500 万元等。

市级政府性基金收入加上级补助收入6.3亿元、上年结余结转30.3亿元，支出安排232亿元，比上年预算增长42.8%。其中，城乡事务支出220.2亿元〔其中土地出让收入安排支出203.3亿元〕，交通运输支出9.3亿元，其他支出2.5亿元。

（三）国有资本经营预算安排情况

市级国有资本经营预算收入安排5500万元，可比增长8.3%（剔除一次性股权分红因素）。其中，股利股息收入3399万元，利润收入2101万元。按照以收定支的原则，当年收入加上年结转1184万元，相应安排支出6684万元。其中，解决国企改制历史遗留问题支出3534万元、国有企业资本金注入3150万元。

（四）社会保险基金预算安排情况

1.全市社会保险基金预算

全市社会保险基金预算收入安排401.4亿元，增长50.7%。支出预算安排400.1亿元，比上年预算增长48.7%。

2.市级社会保险基金预算

市级社会保险基金预算收入安排215.3亿元，增长17.9%。其中，企业职工基本养老保险基金收入115.4亿元，机关事业单位基本养老保险基金收入25.9亿元，城镇职工基本医疗保险基金收入51.3亿元，城乡居民基本医疗保险基金收入7.7亿元，工伤保险基金收入3.7亿元，失业保险基金收入6.2亿元，生育保险基金收入5.1亿元。

市级社会保险基金预算支出安排223.9亿元，增长20.4%。其中，企业职工基本养老保险基金支出127.6亿元，机关事业单位基本养老保险基金支出25.8亿元，城镇职工基本医疗保险基金支出43.3亿元，城乡居民基本医疗保险基金支出7.7亿元，工伤保险基金支出4.9亿元，失业保险基金支出9.6亿元，生育保险基金支出5亿元。

（五）市级重点支出预算安排情况

2017年，市级预算平衡压力和困难远超往年，为确保中央、省和市各项决策部署的落实，预算安排中采取了调整结构、强化统筹、整合资金、跨年度安排等多项措施，坚持有保有压、有进有退，加大对创新驱动、城市建设、生态治理、民生保障、扶贫攻坚等重点领域的投入，推动改革发展任务的有效实施。

1.产业转型和创新发展17.8亿元。安排产业发展基金5.2亿元（含工业企业稳定发展资金1亿元），通过投资基金方式，发展战略性新兴产业，培育壮大优势产业，支持工业企业短期融资和应急之需；科技创新和“双创”资金3.2亿元，用于科技研发和成果转化、高层次人才引进、众创空间补贴；开发区发展5亿元，推动开发区建设上规模、上档次、上水平；航空运输、旅游服务、商贸流通4.4亿元，重点支持相关产业发展。

2.城市建设与运行维护70.5亿元。政府性基金安排43亿元，支持轨道交通等基础设施建设和市容市貌提升；运行维护27.3亿元，用于公交车购置及运营补贴，环境卫生和垃圾处理、公园绿地养护、道路维修维护；城市基础设施PPP项目引导资金2000万元。

3.生态治理和环境保护18.4亿元。安排大气污染防治5亿元，主要用于煤改气、煤改电等；水污染防治5.8亿元，用于污水处理、污泥处置；绿化资金3.1亿元，用于环省会经济林、绿色通道建设等；环境保护和综合治理2.1亿元，用于矿山复绿、大气质量自动监测、地表河流监测监管、饮用水源地隔离防护工程建设；新能源公交车推广2.4亿元。

4.扶贫攻坚和美丽乡村建设9.4亿元。安排扶贫攻坚专项3.8亿元，主要用于山区农业综合开发、太行山绿化、城乡医疗救助、山区教育扶贫、革命老区重点村建设；美丽乡村建设1.6亿元，统筹用于乡村公路建设、农村环境综合整治；现代农业发展资金1.7亿元，主要支持农业供给侧结构性改革，做大做强农业优势产业。水利工程建设和维护支出2.3亿元，用于滹沱河防洪综合整治、冶河灌区和农村饮水安全恢复重建。

5.民生保障和社会事业发展39.2亿元。安排教育13.7亿元，主要用于城乡义务教育经费保障、改善城乡办学条件和职教园区建设；公共卫生7.8亿元，用于落实城乡居民医保政策、公共卫生服务、出生免费筛查、食品药品安全监测；社会保障和就业5亿元，用于社保政策配套、养老服务、社会救助、促进就业创业；文体传媒3.3亿元，支持公共文化服务体系、文化惠民工程、非物质文化遗产保护传承和体育设施建设；公共安全9.4亿元，支持社会治安防控体系、科技强警和政法基础设施建设。

（六）高新技术产业开发区和循环化工园区预算安排情况

1.一般公共预算安排情况。高新技术产业开发区一般公共预算收入安排30.1亿元，增长10%。一般公共预算收入加上级补助收入和上级提前下达转移支付资金3.1亿元，从预算稳定调节基金调入8.7亿元，一般公共预算收入总计41.9亿元。当年收入减上解上级支出17.5亿元，一般公共预算支出安排24.4亿元，比上年预算增长6.7%。其中，基本支出3.4亿元，占总支出的13.9%；专项项目支出20.6亿元，占总支出的84.4%；预备费4000万元，占总支出的1.7%。

循环化工园区一般公共预算收入安排10亿元，可比增长8.9%（剔除上年石炼化检修达效一次性增收因素影响）。一般公共预算收入加上级提前下达转移支付，减去上解支出，可用财力9.8亿元，相应安排支出9.8亿元，比上年预算增长79.1%。其中，基本支出8367万元，占总支出的9%；专项项目支出8.9亿元，占总支出的90%；预备费600万元，占总支出的1%。

2.政府性基金预算安排情况。高新技术产业开发区政府性基金收入预算安排21.6亿元，下降21.4%。其中，土地出让金收入19.4亿元、城市基础设施配套费收入2亿元、污水处理费收入1500万元。当年政府性基金收入加上级补助收入204万元、上年结余结转收入7.9亿元，相应安排政府性基金支出29.5亿元，比上年预算增长64.2%。

循环化工园区政府性基金收入预算安排2.5亿元，增长107%。当年收入加上级提前下达转移支付资金及上年结转7396万元，政府性基金支出相应安排3.2亿元，比上年预算增长140.2%。

3.社会保险基金预算安排情况。高新技术产业开发区社会保险基金预算收入安排7991万元，增长407%。其中，城乡居民基本养老保险基金2304万元，机关事业单位基本养老保险基金5687万元。按照有关标准测算，社会保险基金预算支出安排4392万元，比上年预算增长233.3%。其中，城乡居民基本养老保险基金2110万元，机关事业单位基本养老保险基金2282万元。

循环化工园区社会保险基金预算收入安排5076万元，增长22.3%；社会保险基金预算支出安排3828万元，比上年预算增长1.6%。

三、完成预算任务的主要措施

（一）深入推进依法理财。认真执行预算法、河北省预算审查监督条例等法律法规，健全配套制度办法，深入推进依法理财。依法下达资金、调整预算、管理支出，切实硬化预算约束。以问题为导向，深入普法，指导帮助预算单位依法依规管理、使用财政资金。落实国家税制改革要求，依托涉税信息平台深化综合治税，依法强化征管，保持财政收入平稳增长，努力提高收入质量。进一步推进预算公开，加强绩效监督，依法处理违纪违规行为，认真整改发现的问题，切实维护财经纪律的权威。主动接受人大监督、审计监督、社会监督，提高依法理财水平。

（二）全面落实积极的财政政策。以深化供给侧结构性改革为主线，围绕“三去一降一补”精准发力，全面落实国家各项税费政策，为企业减负松绑，支持实体经济发展。加大科技创新投入，促进新旧动能转换，支持产业转型升级。落实《建立以绿色生态为导向的农业补贴制度改革方案》，调整“三农”投入结构，力促农业供给侧结构性改革。进一步完善政策，发挥政府采购对创新产品、绿色产品和中小企业的支持力度。深入开展“双问计”活动，市县联动、部门互动，争取更多政策和资金支持。改进财政支持方式，引导和撬动更多社会资金投入我市项目建设。

（三）切实保障重点和基本支出。统筹整合各类资金，盘活存量，用好增量，优化支出结构，确保教育、社保、医疗等直接关系群众切身利益的基本民生支出。正确处理当前与长远的关系，量力而行，合理提高财政补助标准，确保民生政策可持续。落实精准扶贫和美丽乡村建设要求，加大投入，支持年度目标完成。聚焦生态环境改善，着力支持蓝天行动、碧水行动、净土行动项目实施，推动污染治理取得新突破。围绕加快建设现代化省会城市，支持多规合一、重大基础设施项目建设、提升城市管理水平，增强辐射带动功能。在保工资、保运转、保民生的前提下，努力提高基本公共服务均等化水平，促进协调发展。

（四）扎实提升财政改革质量和效果。在现代财政制度框架内，啃硬骨头，步步深入。推进绩效预算管理改革，开展财政支出政策绩效评价试点，建立市级部门支出绩效评价体系，健全专项支出动态绩效指标。深度清理整合专项资金，推进贫困县涉农资金整合。根据省对市财政体制改革情况，进一步完善市对下收入划分体制，积极稳妥推进市与县（市、区）事权和支出责任。严格管理政府债务，依法举债，动态评估、预警，积极推进平台公司市场化转型，切实防控风险。加大PPP项目谋划、储备力度，推进项目更多更早落地实施。试编部门权责发生制财务报告，提高政府综合财务报告质量。分部门制定实施方案，编制三级目录，稳步推进政府购买服务工作。严控一般性支出，加强预算执行管理，部门预算原则上不予调整，动态监控，防止资金沉淀，切实提高使用效益。

大 事 记

Chronic es of Events

1 月

1 日，君乐宝 2016 石家庄（正定）马拉松暨第四十三届元旦长跑在省会高新区火炬广场举行，近 3000 名来自全国各地马拉松爱好者参加长跑活动。

1 日 0 时起，石家庄市主城区 688 个公共停车场由石家庄智慧泊车有限公司接管经营。

1 日 9 时起，石家庄市主城区第一批 15 个公共场所向公众提供免费无线 WiFi 服务；2 日 18 时起，石家庄市主城区第二批 4 个公共场所向公众提供免费无线 WiFi 服务。

4 日，市政府与新华网签订战略合作协议，商定共同建设“新华创客河北中心”。

5 日，市长邢国辉在亚太大酒店会见德国中小企业联合总会（代表德国 55 家中小企业联合会、100 万家会员企业、38 家国家级行业商会，为德国第二大商会）驻中国首席代表皮特·托马斯。

11 日，市全媒体运营指挥中心启动。

13 日，市政府与全球绿色开发集团、宏泰产业市镇发展有限公司签订战略合作框架协议，商定共同将正定新区打造成为创新产业经济驱动、产城融合的全球绿色、智慧和健康城市示范区。

25 日，省委、省政府召开省会城市规划建设管理工作会议，专题研究部署省会建设发展问题，这也是河北省第一次以省委、省政府名义召开省会工作会议。

26 日，市政府和国信招标集团签署《战略合作协议》，双方商定加强基础设施建设等领域合作。

27 ~ 28 日，国家司法部部长、党组书记吴爱英到石家庄监狱、女子强制隔离戒毒所、新华区赵陵铺镇司法所、正定县北早现乡司法所、三和时代律师事务所看望慰问司法行政基层干警和法律服务工作者。

29 日，省委书记、省人大常委会主任赵克志到无极县看望慰问困难群众。

2 月

14 日，石家庄市着力改善“两个环境”广播电视大会召开。市委副书记、市政府党组副书记张泽峰，市委常委、纪委书记刘明轩分别通报全市损害生态环境和发展环境典型案例。

18 日，石家庄新闻网官方微信开通。

23 日，石家庄市召开创建全国文明城市动员大会。

23 日，石家庄市裕华区首家由政府兴建、社会服务组织运营的“裕华路街道嘉福综合养老服务中心”开业。

24 日，石家庄市举行市直（区直）机关精准脱贫驻村干部授旗出征仪式。来自市直和市内 4 区区直机关 185 个驻村工作组 555 名驻村干部在授旗后，启程分赴各自联系帮扶村，开始为期两年驻村帮扶工作。

29 日，省委、省政府在石家庄市举行全省重点项目集中开工现场会议。集中开工项目 1182 个，当年计划完成投资 2500 多亿元。其中，省重点项目 65 个，市重点项目 395 个，县重点项目 722 个。会议主会场设在石家庄市大唐电信石家庄总部及研发中心项目现场。省委书记、省人大常委会主任赵克志，省长张庆伟，市长邢国辉等省市领导参加会议活动。

2 月，石家庄市机关事业单位养老保险参保登记正式启动。

3 月

20 日，中国武警总医院眩晕病研究所协作中心在市第一医院挂牌。

23 日，河北省友好省州——美国艾奥瓦州友好人士卢卡·贝隆率领美国艾奥瓦州友好代表团一行 8 人到石家庄市参观访问。

31 日，由石家庄本土制造的首列地铁列车 03001 号，在石家庄中铁轨道交通装备有限公司成功下线。

31日，市人力资源服务行业协会成立。

4月

1日，石家庄市委、人大、政府、政协四大班子领导及社会各界群众2000余人在华北军区烈士陵园举行公祭革命烈士大会。

1日起，全市进口、销售、注册登记的轻型汽油车、轻型柴油客车和用于公交、环卫、邮政行业的重型柴油车开始执行国家第五阶段排放标准。

2日，李混子抗日民兵群雕在市区东环公园落成。

11日，河北省委书记、省人大常委会主任赵克志到石家庄高新区调研，考察了石家庄君乐宝乳业有限公司、市科技创新服务中心和以岭药业股份有限公司，提出以新发展理念引领开发区建设，打造经济发展新的增长极。

12日，省委常委、市委书记孙瑞彬在亚太大酒店会见意大利时尚协会终身荣誉主席、米兰时装周创始人马里奥·博塞利一行。

12日，省委常委、市委书记孙瑞彬会见来访国家开发银行董事长胡怀邦，双方就深化政银合作，实现互利共赢举行了深入交流。

14日，市婚姻家庭纠纷人民调解委员会揭牌成立。

16～17日，"中国·石家庄2016年妇产科新进展国际学术研讨会"在石家庄市举行。来自美国威斯康星医学院及北京大学人民医院、北京大学第三医院、首都医科大学附属天坛医院等国内外知名专家400余人参加会议。

19日，省委常委、市委书记孙瑞彬会见来访中国铁建股份有限公司董事长孟凤朝，并就项目合作举行了洽谈和交流。

28日，石家庄综合保税区正式通过由中国海关总署牵头、国家十部委组成的联合验收组验收，并获颁验收合格证书。

28日，市区裕华路西延工程（苑东街至西三环）正式通车。

5月

1日，滹沱河滨水生态公园开园。

1日0时1分，青岛永新船舶用品有限公司马某某在石家庄市世贸皇冠酒店开出一张生活服务业增值税发票。这也是河北省开出第一张营业税改增值税发票。

22～29日，市长邢国辉率领石家庄市友好经济教育代表团应邀访问日本长野市和韩国天安市。

31日，市长邢国辉会见燕赵财产保险股份有限公司党委书记、董事长甘中达一行，双方就加强合作举行交谈。

6月

1日，省委书记、省人大常委会主任赵克志到市长安区谈固小学，和少年儿童共庆六一国际儿童节。

15日，全国政协常委、全国政协社会和法制委员会副主任季允石带领全国政协调研组到石家庄市专题调研政府权力清单制度落实情况。

16～18日，由中华中医药协会、世界中医药学会联合会、石家庄市政府联合主办，以岭健康城承办的第二届中华健康节在高新区以岭健康城举行。健康节期间，举办了院士健康论坛、健康产品博览会、健康产品贸易洽谈会和中医养生文化活动等。

17日，石家庄市与匈牙利瑙吉考尼饶市签署友好城市关系协议书，缔结为友好城市关系。

18日，石家庄国际人才城正式启用。

29日，省委书记、省人大常委会主任赵克志到石家庄栾城区冶河镇南留村、柳林屯村调研美丽乡村建设。

7月

13～20日，省委常委、市委书记孙瑞彬率领石家庄市友好经济代表团应邀访问意大利和捷克，在两国分别举办"石家庄对意大利合作项目推介会""石家庄市投资环境推介会"，并签订多项合作协议。石家庄市与捷克利贝雷茨市签署《友好城市关系意向书》。

19日凌晨～20日下午，石家庄市出现自1996年以来最大强降雨天气，平均降雨量253.3毫米，其中井陉县、平山县、元氏县降雨量超过600毫米，赞皇县嶂石岩最大降雨量达到721毫米。强降雨造成特大洪灾，全市95万余人受灾，7人死亡，35人失联，直接经济损失16亿元。井陉县、井陉矿区、赞皇县、平山县、灵寿县5个县受灾最重。

21日，河北省首个病媒生物展厅在市疾控中心建成并向市民开放。

22日，省委书记、省人大常委会主任赵克志到石家庄供水公司西北水厂，实地察看和督导主城区供水抢修工作。

24日，省委书记、省人大常委会主任赵克志到赞皇县土门乡野草湾中心小学集中安置点，看望慰问因暴雨受灾村民，了解当地抗洪救灾情况。

25日，河北省商品交易市场联合会南三条市场协会在石家庄市成立。

28日，省委常委、省军区司令员邵亨到井陉县小作镇南石门村、天长镇南关村看望慰问战斗在抗洪救灾一线的解放军、武警官兵，并代表省军区机关党员干部向南石门村捐赠现金10万元。

29日，石家庄市在全国双拥模范城（县）命名暨双拥模范单位和个人表彰大会，再次被命名为全国双拥模范城，这也是石家庄市连续第八次获评全国双拥模范城。

30日，中华见义勇为基金会理事长贾春旺到石家庄市，走访慰问全国见义勇为英雄谷岳潘。

31日，省委书记、省人大常委会主任赵克志到井陉县受灾最重的两个村南峪镇贵泉村、台头村看望受灾群众，调研抗灾救灾和灾后恢复重建工作。

8月

1日，省长张庆伟到平山县古月镇小学和幼儿园、灵寿县陈庄镇北庄小学检查指导灾后重建工作。

2日，省委书记、省人大常委会主任赵克志到平山县古月镇、北冶乡看望慰问受灾群众，调研抗灾救灾和灾后恢复重建工作。

6日，中共廊坊市委书记冯韶慧率领党政代表团到石家庄市，代表廊坊市向石家庄市捐款1亿元，用于“7·19”特大洪水灾后重建。

7日，石家庄市主城区公共场所免费WiFi开通。

8日，君乐宝婴幼儿配方奶粉正式进入香港市场销售。

8日，河北省首家医疗无菌物品社会化服务机构——国药乐仁堂区域消毒供应中心运营。

17日，石药集团入选全国首批“诚信之星”企业。

25日，河北省通信管理局石家庄市通信发展管理办公室挂牌成立。

25～26日，农业部部长韩长赋到石家庄市出席2016中国奶业20强（D20）峰会暨奶业振兴大会，并到君乐宝乳业、河北三元食品有限公司考察调研。

26日，省委常委、市委书记孙瑞彬在石家庄市会见华夏幸福基业股份有限公司董事长王文学一行。

26日，2016中国奶业20强（D20）峰会暨奶业振兴大会在石家庄举行。主题为：推进供给侧结构性改革 提升中国奶业竞争力。

26日，石家庄市京津冀交通一卡通开始发售。

31日，市人大常委会首次举行新任命国家工作人员宪法宣誓仪式。

31日，石家庄综合保税区开关运营。

9月

4日，石家庄现代农业科技创新中心挂牌成立。

8日，省委书记、省人大常委会主任赵克志到石家庄市第二中学看望慰问教育工作者。

8日，南非共产党总书记布莱德·恩齐曼迪率领代表团到西柏坡纪念馆参观学习。

9日，省委常委、市委书记孙瑞彬在石家庄市会见宝能集团董事长姚振华一行。

9日，中国科学院院士、北京大数据研究院院长鄂维南到石家庄市考察，并就大数据项目合作事宜举行座谈和交流。

13～16日，2016石家庄通用航空展暨爱飞客飞行大会在栾城区举行。

21日，中共中央政治局委员、中华全国总工会主席李建国到石家庄以岭药业有限公司职工之家，调研和考察企业工会建设。

24～28日，国土资源部部长、国家土地总督察姜大明率领国务院第七督查组到石家庄市开展国务院重大政策措施贯彻落实情况督查。督查组在高新区考察了市科技创新服务中心国际生物医药平台、云创空间、人天通信集团及石药集团中央药物研究院；在栾城区考察了柳林屯村、国际航空工程中心、中航通飞华北公司关于美丽乡村建设、航空产业发展情况。

30日，2016中国·石家庄第十一届国际动漫博览交易会在解放广场举行。

10 月

9 日，中国进出口银行河北省分行在石家庄市挂牌成立。

12 ～ 13 日，中共中央政治局委员、国家副主席李源潮到石家庄市调研群团工作。李源潮在鹿泉区上庄小学考察少先队建设，观看少先队员分享红色经典活动；在藁城区岗上镇杜村考察“美丽庭院”创建，勉励妇联干部带领妇女群众建设幸福家庭。

13 日，省委常委、市委书记孙瑞彬在石家庄市会见德国联邦议会议员、联邦经济合作与发展部国务秘书汉斯—约阿希姆·福赫特尔，并就经济合作举行会谈和交流。

14 日，位于新华区中关村海淀创业园石家庄分园开园。

15 日，全市首家批发采购云服务平台——物聚通仓互联网云服务平台石家庄服务中心启用。

26 日，中共石家庄市第九届委员会第八次全体会议举行。圈选确定石家庄市出席中共河北省第九次代表大会代表候选人预备人选名单；审议通过《关于召开中国共产党石家庄市代表会议的决议》。

11 月

2 ～ 9 日，全省公安机关 2016 警务实战化训练大比武活动在石家庄市举行。13 支代表队 700 余名队员参赛。比武设置内容包括多目标快速射击、警务实战基本理论 2 个综合课目及 15 个警种 26 个专业课目。

3 日，中国共产党石家庄市代表会议在市人民会堂召开，选举产生石家庄市出席中国共产党河北省第九次代表大会代表 96 人。

6 ～ 8 日，2016 年中国·石家庄国际投资合作洽谈会举行。签约合作项目 55 个，总投资 795.8 亿元。

8 日，石家庄市顺平商会成立。

14 日，中共河北省委任命邢国辉为石家庄市委书记。

18 日，石家庄警备区召开党委第一书记任命大会，宣布任命邢国辉为石家庄警备区党委第一书记。

18 ～ 20 日，首届京津冀 O2O 电子商务暨跨境商品博览会在石家庄国际贸易城举行。主题为“电子商务产业化、国际化、生活化和时尚化”。

19 日，市印章行业协会成立。

21 日，市级及市内主城区机关事业单位及部分行业试行错时上下班制度。

25 日，市旅游发展委员会揭牌成立。

11 月，中共中央决定：免去孙瑞彬河北省委常委、委员职务；中共河北省委决定：免去孙瑞彬中共石家庄市委书记、常委、委员职务。

12 月

8 日，邢国辉任中共河北省委常委。

15 日，中国共产党石家庄市社会组织委员会第一次党员代表大会在石家庄市召开。

16 日，由市装饰协会主办首届“互联网 +”装饰行业转型升级高峰论坛在石家庄市举行。

28 日，中国共产党石家庄市非公有制经济商（协）会第一次代表大会在石家庄市召开，会议选举产生第一届委员会，闫志勇当选党委书记。

29 日，市第十三届人民代表大会常务委员会第二十九次会议决定：接受邢国辉辞去石家庄市人民政府市长职务的请求，任命邓沛然为石家庄市人民政府副市长、代理市长。

市情概览

City Overview

行政区划

【地理位置】 石家庄市是河北省省会，全省政治、经济、科技、金融、文化和信息中心，是国务院批准实行沿海开放政策和金融对外开放城市。地处河北省中南部，环渤海湾经济区，即北纬37°27′～38°47′（误差±1′），东经113°30′～115°20′（误差±1′）之间，东与衡水市接壤，南与邢台市毗连，西与山西省为邻，北与保定市交界，位于首都北京西南方向，距离北京市主城区283千米。南北最长处148.02千米，东西最宽处175.38千米。石家庄市行政区域总面积13504平方千米（不包括河北省直管辛集市面积960平方千米），其中，8个建置区面积2220平方千米，13个县（市）面积11284平方千米。

【区划设置】 石家庄市辖8区13县（市），即长安区、桥西区、新华区、裕华区、井陉矿区、藁城区、鹿泉区、栾城区、井陉县、正定县、行唐县、灵寿县、高邑县、深泽县、赞皇县、无极县、平山县、元氏县、赵县、晋州市、新乐市。拥有2个国家级开发区，即石家庄国家高新技术产业开发区（1991年3月国务院批准设立）、石家庄经济技术开发区（1992年7月河北省批准设立，2012年10月国务院批准升级为国家级开发区，由藁城区管辖，曾称藁城经济开发区）。2013年6月1日，原石家庄辛集市调整区划设置，划归河北省直接管辖。另有4个派出机构（国家级高新技术产业开发区、循环化工园区、正定新区、综合保税区）行使所在地域行政管辖权。2014年9月9日，国务院批复河北省政府关于石家庄市部分行政区划调整的请示（国函〔2014〕122号），同意撤销石家庄市桥东区、藁城市、鹿泉市、栾城县，同时设立石家庄市藁城区、鹿泉区、栾城区。2016年末全市共有镇121个、乡84个，省级以上开发区21个，街道办事处56个，居委会642、村委会4010个。

（周连颖）

建置沿革

石家庄市域有着悠久的历史。据《禹贡》记载，夏禹时期为冀州地。春秋时期域内先后建有鲜虞国（都城在今正定新城铺一带）、鼓国（都城在今晋州城西）、肥国（都城在今藁城区城西南城子村一带）。战国时期鲜虞人建立中山国（都城在今平山县城北下三汲一带）。秦始皇统一中国后，全面推行郡县制，属巨鹿郡（郡治今巨鹿县）。西汉高祖三年（前204），始置恒山郡（郡治今元氏县西北）。汉文帝初，因文帝名恒，讳改恒山郡为常山郡。汉高祖十年（前197），改秦时东垣县（县治今石家庄市东古城）为真定县，并于汉武帝元鼎四年（前113）置真定国（都城在今东古城）。三国时期，为魏地，分别属常山郡、安平郡、赵国、巨鹿郡、中山国。西晋统一后，分别属冀州常山郡（西晋时郡治由今元氏县西北移至东古城，东晋时郡治由东古城移至今正定镇）、中山国、巨鹿郡、赵国、博陵国。隋代，分别属恒山郡（后改恒州，郡治真定，今正定镇）、赵郡（郡治平棘，今赵州镇）、信都郡（郡治今冀州市）、高阳郡（郡治今定州市）。五代时期，属河北成德军节度使，域内有镇州（州治今正定镇）、赵州（州治今赵州镇）、定州（州治今定州市）、祁州（州治今无极镇）。宋代，属河北西路（路治今正定镇）。元代，属中书省真定路（路治今正定镇）、保定路（路治今保定市）、广平路（路治今永年县）等。明代，属京师正定府（府治今正定镇）、保定府（府治今清苑县）。清代，属直隶省真定府（府治今正定镇，清雍正元年改正定府）、保定府（府治今清苑县）、赵州（州治今赵州镇）、定州（州治初属祁州，雍正十二年改今定州市）。1912年，中华民国成立，仍沿清制。1914年，裁府设道。1925年6月24日，中华民国临时执政命令直隶省建立“石家市”，实行市自治制；8月29日中华民国临时执政又以1273号指令批准将石（家）庄、休门合并，取首尾各一字，更名为石门市，组建石门市政公所，筹建市制。1928年，南京国民政府通令全国，取消所有市政公所，废除原来的“市自制”。至此，建市工作遂告搁浅。1938年1月15日，组建伪石门市政公署筹备处。1939年10月7日，伪中华民国临时政府行政委员会以秘字第1027号指令，正式批准设立石门市。1947年11月12日石门市解放，12月26日石门市更名为石家庄市。1948年9月26日，石家庄市改属华北人民政府领导。1949年1月24日阳泉市划归石家庄市，同年8月又划归山西省；8月1日石家庄市归河北省人民政府领导，为省辖市。1949年石家庄专区初设，辖14县1镇。1958年4月28日，石家庄市由省辖市改为专辖市。1960年5月3日，国务院批准撤销石家庄专区，改为石家庄市。1961年5月，国务院批准恢复石家庄专区建制。石家庄专区辖石家庄市和25个县。1962年6月，国务院批准设立衡水专区，石家庄专区所辖衡水等8县划归衡水专区，此后石家庄专区辖石家庄市和17个县。1967年11月21日，石家庄地区革命委员会成立，专区改称地区。1967年12月20日，石家庄市革命委员会成立。1968年1月29日，河北省会迁至石家庄市。1978年3月11日，石家庄市划为河北省直辖市。1978年7月，石家庄地区革命委员会撤销，成立河北省石家庄地区行政公署。1982年8月12日，撤销石家庄市革命委员会，恢复石家庄市人民政府。1993年6月30日，石家庄地区行政公署与石家庄市人民政府合并，成立新的石家庄市人民政府。

市　标

【概况】 1997年7月根据市人大代表提出的议案以及市政府领导的批示，由市园林局开始着手准备市花市树评选工作，1997年8月正式启动。通过民意测评和专家评审，1997年9月16日初步确定月季和槐树为市花市树。1997年11月，市政府研究同意。1997年12月，市第九届人大常委会第30次会议审议批准，正式确定月季为石家庄市市花，槐树为石家庄市市树。

【市花】 月季　属蔷薇科、蔷薇属，系木本落叶灌木，原产中国，已有2000多年的栽培历史，被誉为“花中皇后”；花色艳丽，千姿百态，香味馥郁，品种繁多，露地栽培从春到秋处处可见绰约丰姿，是美好、友谊、和平的象征。月季适应性强，耐寒抗旱，对土壤要求不高，栽培繁殖容易，管理技术易掌握，易于推广普及。石家庄市月季栽培有悠久的历史，通过引种、繁殖、培育，广泛用于街道、公园、庭院、广场的绿化、美化，同时也是插花、切花、盆景制作的理想植物材料，深受广大市民喜爱。月季具有极高的观赏价值和经济价值，月季的花、花蕾、叶、根皆可入药，可制作高级香精、香料。月季还代表着石家庄人顽强不屈、坚韧不拔的品格，展示石家庄人奋发图强、不断进取的精神风貌。

【市树】 国槐　属豆科槐属，系落叶乔木。国槐原产于中国，栽培历史悠久，抗逆性强，寿命长。石家庄市有百年以上古槐多达71株，其中500年以上古槐达到58株，且枝繁叶茂，生机勃勃。国槐树干端直，树冠宽广，展叶早落叶晚，是优良的庭荫树和街道树，其花芳香，又是优良的蜜源植物。国槐性强健，具有很强的萌芽力，耐强修剪，更新能力强，耐寒、耐旱、耐瘠薄，并对二氧化硫、氯气、氯化氢等有毒气体抗性较强，是良好的抗污、滞尘、耐烟毒树种。石家庄市主城区以国槐用作行道树的街道达120多条，是街道的主要骨干树种之一。国槐经济价值高，木材坚硬，耐湿，材质优良，可供建筑、家具、造船、雕刻等用，全株可入药，花蕾可作黄色染料，种子可榨油、制皂。国槐在民间是吉祥、幸福、美好的象征，中国人自古以来把它作为吉祥树、幸福树，它也能代表石家庄人顽强不屈、坚韧不拔的品格，展示石家庄人奋发图强、不断进取的精神风貌。

自然资源

【矿产资源】 石家庄市东部为华北平原，西部太行山区。西部山区地质结构复杂，成矿条件良好，拥有比较丰富的矿产资源。至2016年底，石家庄市查明资源储量固体矿产有51种，产地382处（包括15处共伴生矿产地），其中，大型矿产地21处、中型矿产地48处、小型矿产地313处。全市开发利用矿种28种，优势矿产有金、银、冶金用白云岩、电石用灰岩、水泥用灰岩、溶剂用灰岩、玻璃用石英砂岩、饰面用石材、碎云母9种矿产。已查明资源储量矿产中，保有资源储量（折合矿石量）总计28.31亿吨，潜在价值1181.43亿元。列入《河北省矿产储量表》前3位矿产17种，水泥用灰岩等建材非金属矿产、化工灰岩、碎云母在全国占有优势地位，是石家庄市经济发展重要资源基础。其中，碎云母矿资源储量位居全国第一，水泥灰岩矿储量位居全省第一，冶金灰岩矿储量位列全省第三，金矿储量位列全省第四。黑色金属矿产：铁矿保有资源储量3166万吨，主要分布在平山县、赞皇县；钒钛磁铁矿92.1万吨，主要分布在赞皇县、元氏县。贵金属：主要为金矿、银矿，分布在灵寿县、平山县，矿体为石英脉型；探明资源储量：金矿金属量15.3吨，银矿金属量131吨。有色金属矿产：多为铝土矿，主要分布在井陉县、赞皇县，探明资源储量1598.7万吨。建材非金属矿产：主要分布在山区8县，其中以鹿泉区、井陉县、灵寿县、赞皇县为主。其中，探明水泥灰岩保有储量14.31亿吨，列入《河北省矿产储量表》储量13.53亿吨，占全省总量24.67%，年产矿量6720万吨；饰面石材保有资源储量4480万立方米；玻璃用石英砂岩保有资源储量7081万吨；碎云母保有资源储量311.3万吨。冶金辅助及化工原料非金属矿产：电石用灰岩集中分布在井陉县，保有资源储量2.82亿吨，2011年石家庄市矿产资源规划将2.19亿吨资源储量划入禁采区予以保护，2016年可开发利用资源储量为6303万吨；制碱用灰岩保有资源储量3.89亿吨，列入《河北省矿产储量表》储量1259万吨，并划入禁采区予以保护，2016年可开发利用资源储量为1062万吨；冶金用白云岩保有储量2.19亿吨，占全省总量8.78%，年开采量37.5万吨，除满足冶金工业外，生产镁盐产品畅销全国20多个省市，并出口美国、日本等地。

（刘清振）

【能源资源】 石家庄市能源资源主要有煤炭、石油、天然气等。煤炭资源主要分布在井陉矿区，其次是赞皇县、元氏县，煤种有肥煤、焦煤、无烟煤、气煤等；石油、天然气资源主要分布在晋州市，已探明油田或构造有：河庄油田、河庄西油田、台家庄油气田、南小陈油田、晋40断块、赵兰庄构造。2016年全市煤炭保有资源储量3.32亿吨；油气田地质储量5.1亿吨，含油面积3.04万平方米；天然气储量19.2亿立方米。至2016年底，全市共有户用沼气37.11万户，养殖场大、中、小型沼气池工程180处，年可产沼气845.64万立方米。石家庄市地处太阳能资源较为丰富地带，年辐射量为1259～1350千卡/平方厘米，年日照时数为2563～2852小时，占可照时数58%～65%，太阳能利用方面主要有太阳能热水器、太阳能灶等。2016年石家庄市采用太阳能取暖居民809户。

（刘清振　张磊）

【生物资源】 石家庄市生物资源比较丰富。动物现知陆栖（包括两栖）脊椎动物223种，以鸟类最多，其次是兽类，两栖类及爬行类较少。野生动物种类有金钱豹、野猪、狍子、狐狸、狼、松鼠、獾、黑眉锦蛇、豺、黄羊、刺猬、雀鹰、天鹅、灰鹤、啄木鸟、麻雀、猫头鹰、石鸡、家燕、草兔、黑斑蛙、环颈雉、灰喜鹊、斑鸠。其中，国家珍贵稀有动物有金钱豹、斑羚、褐马鸡、天鹅等；褐马鸡为中国特有珍稀动物，仅见于山西省、河北省。畜禽动物十几个品种，地方畜禽品种有深县猪、大马身猪、大尾寒羊、小尾寒羊、河北奶山羊、太行山羊、冀南黄牛、太行牛、太行驴、柴鸡、河北鹅、虎皮黄兔。引进的畜禽品种有牛类：河北西门塔尔牛、南阳牛、荷兰黑白花奶牛、蒙古牛、短角牛、西门塔尔牛、夏洛来牛、海福特牛、利木赞牛、安格斯牛、爱沙尼亚牛、蒙贝利亚牛；马类：蒙古马、伊犁马、苏高血马；驴类：关中驴、渤海驴、泌阳驴；猪类：迪卡猪、冀合白猪、大约克夏猪、长白猪、杜洛克猪、汉普夏猪、北京黑猪、施格猪、PIC 猪、皮特兰猪；羊类：美利奴羊、波尔华斯羊、考力代羊、茨盖羊、新疆细毛羊、萨能奶山羊、边区莱斯特羊、罗莫尼玛须羊、波尔山羊；鸡类：尼克鸡、白洛克鸡、宝万斯鸡、京红鸡、海赛克斯鸡、伊莎鸡、艾维茵鸡、罗曼鸡、爱拨益加鸡、雅康鸡、雅发鸡、海兰系列、京白系列；兔类：青紫兰兔、比利时兔、加利福尼亚兔、黑优兔、安哥拉兔、法国巨型兔、獭兔、丹麦兔、新西兰兔、日本大耳白兔、塞北兔；鸭类：康贝尔鸭、麻鸭、北京鸭；鹅类：石头鹅、朗德鹅。特养品种：梅花鹿、马鹿、蓝狐、银狐、苏乌里貉、白玉蜗牛、散大蜗牛、落地王鸽、白羽鸽、美国牛蛙、七彩山鸡、乌骨鸡、鹌鹑、貂、小香猪、海狸鼠、蝎子、鹧鸪、麝鼠。鱼类资源有 50 多个品种。主要经济鱼类有：鲤、鲢、鳙、草、鲫、鲂、鳊、鲶、泥鳅、黄颡、乌鳢、黄鳝、鲴等。小杂鱼类主要有：白条、棒花、马口、麦穗、鳑鲏、虾虎鱼、翘嘴鲌等，另外还有中华鳖、青虾、蚌、螺、莲藕等。引进发展的鱼类品种主要有：罗非、牛蛙、中华绒螯蟹、淡水白鲳、池沼公鱼、大银鱼、太湖新银鱼、日本白鲫、高背鲫、彭泽鲫、鳜鱼、革胡子鲶、大口鲶、罗氏沼虾、彩虹鲷、虹鳟鱼、金鳟鱼、香鱼、欧洲丁鱼岁、大口胭脂鱼、中国胭脂鱼、加州鲈、鲟鱼、白斑狗鱼、银大麻哈鱼、斑点叉尾鮰鱼、雅鱼等。

石家庄植被属暖温带针阔混交林，植被类型由自然植被和人工植被组成。植被结构复杂，种类繁多，植物资源合计 2500 余种，其中草本植物占 80% 以上。木本植物有 44 科 74 属 144 种，乔木有 26 科 35 属 75 种，灌木有 23 科 34 属 43 种。主要树木分类，阔叶树：杨树、柳树、国槐、刺槐、臭椿、香椿、红椿、合欢、苦楝（井陉县）、漆树、黄连木、白榆、青檀（井陉县）、梧桐、泡桐、杜仲、银杏、椋子木（井陉县）、五角枫、栾树、黄金树、楸树、枫杨、悬铃木。灌木：柽柳、胡枝子、葛藤、紫穗槐、黄栌、锦鸡儿、枸杞、珍珠梅、绣线梅、鼠李、酸枣、沙枣、沙棘、女贞、六道木、丁香、夹竹桃、照山白、荆条、野杜鹃。针叶树：油松、华山松、雪松、云杉、桧柏、圆柏、侧柏、柞树、落叶松、水杉。经济木：苹果、梨、桃、杏、山楂、板栗、李、葡萄、石榴、柿子、核桃、大枣、花椒、桑、猕猴桃。草场分四类：山地草甸类草场，地处深山，处于原始状态，资源很少被利用；山地灌木类草场，草高 40 ～ 70 厘米，盖度 60% ～ 80%；丘陵草丛类草场和低温草甸草场。药用植物资源丰富，有 1039 种，野生药材上百种，人工种植药材 230 多种，另外还有水生芦苇、莲藕等。人工种植牧草：紫花苜蓿、粒粒苋、串叶松香草、冬牧 70 黑麦草、聚合草、沙打旺、苦卖菜、草木栖、鲁梅克斯、克孜连科。天然野生牧草共有 121 个科 1116 种，其中菊科牧草占 135 种，禾本科占 109 种，豆科占 98 种，蔷薇科占 58 种，百合科占 46 种。代表性野生牧草主要有：野豌豆、直立黄芪、达乌里黄芪、野苜蓿、无芒雀麦、隐子草、冰草、披碱草、老芒麦、鹅冠草、早熟禾、胡枝子、山葱、白羊草、青木栖状黄芪、野古草、大油芒、白茅、铁杆蒿、野青茅、狗哇花、棘豆等。

（市林业局）

【水资源】 2016 年全市地表水资源量 16.0 亿立方米，地下水资源量 20.56 亿立方米，扣除地表水和地下水资源重复计算量，全市水资源总量 27.68 亿立方米，比 2015 年增加 12.96 亿立方米，比多年均值 20.35 亿立方米（1956 ～ 2000 年系列平均值）增加 7.33 亿立方米。

供水量 全市供水量 26.17 亿立方米。其中，地表水供水 6.32 亿立方米（含引江水），占 24.1%；地下水供水量 18.31 亿立方米，占 70.0%；其他用水 1.54 亿立方米，占 5.9%

用水量 全市用水量 26.17 亿立方米。其中，农田灌溉用水量 15.56 亿立方米，占 59.4%；工业用水量 2.75 亿立方米，占 10.5%；居民生活用水量 3.06 亿立方米，占 11.7%；林牧渔用水量 1.72 亿立方米，占 6.6%；城镇公共用水量 1.01 亿立方米，占 3.9%；生态与环境用水量 2.07 亿立方米，占 7.9%。

地下水动态　2016 年底全市平原区地下水平均埋深 39.32 米，较 2015 年同期地下水位回升 0.09 米。监测点最大埋深高邑县城关 65.65 米，最小埋深鹿泉区山尹村 3.57 米。

（王潇潇）

【土地资源】　石家庄市土地资源类型多样，适宜性广，土地资源比较丰富，光、热、水土条件适宜，土地利用率和生产率高，但地域差异明显，土地后备资源不足。根据全国统一规定和石家庄市实际情况，全市土地资源类型按土地利用现状划分，采用二级分类系统，共分 8 个一级地类，36 个二级地类。石家庄市东部、西部自然和社会经济条件明显差异，按地貌类型和土地利用主导方向，分为西部山区林木地、中部山麓、平原建设用地区和东部平原农业地区 3 个地区分区。石家庄市土壤类型主要有山地草甸土、棕壤、褐土、潮土、盐土、风沙土、新积土、粗骨土、石质土、沼泽土、水稻土 11 个土类，22 个亚类，81 个土属，270 个土种。至 2016 年底，石家庄市行政区土地总面积 131.10 万公顷（1966.5 万亩）。其中，农用地 83.33 万公顷（1249.9 万亩），占土地总面积 63.56%；建设用地 21.99 万公顷（329.89 万亩），占土地总面积 16.77%；未利用地 25.78 万公顷（386.67 万亩），占土地总面积 19.66%；耕地面积 52.76 万公顷（791.47 万亩），占农用地 63.31%，占全市土地总面积 40.24%。

（刘清振）

人　口

【概况】　至 2016 年底，全市共有人口 2803117 户，9743671 人。其中，城镇人口 4438067 人，占 45.55%；乡村人口 5305604 人，占 54.45%。市属 8 区人口 1174903 户，4154392 人。其中，城镇人口 3062750 人，乡村人口 1091642。市辖 13 县（市）人口 1628214 户，5589279 人。其中，城镇人口 1375317 人，占 24.61%；农村人口 4213962 人，占 75.39%。2016 年全市总人口较 2015 年增长 92536 人，增长率为 0.96%，其中城镇人口增长 128353 人；人口自然增长 102773 人，增长率为 10.60‰；人口机械增长 −878 人，增长率为 −0.09‰。2016 年全市共报出生人口 139149 人，出生率为 14.35‰；死亡人口 36376 人，死亡率为 3.75‰。

【人口性别】　2016 年全市总人口中，男性 4906456 人，占总人口 50.36%；女性 4837215 人，占人口 49.64%。市属 8 区人口中，男性 2054915 人，占 8 区总人口 49.46%；女性 2099477 人，占 8 区总人口 50.54%。13 县（市）人口中，男性 2851541 人，占 13 县（市）总人口 51.02%；女性 2737738 人，占 13 县（市）总人口 48.98%。

【人口分布】　2016 年全市 21 个县（市、区）中，人口最多的是藁城区，人口总数 847156 人，占全市总人口 8.7%；其次是桥西区、裕华区，人口总数分别为 684070 人、642855 人，占全市总人口分别为 7.0% 和 6.6%。人口最少的是井陉矿区，人口总数 92232 人，占全市总人口 0.9%。

表 1　　2016 年石家庄市人口分布情况一览表

县（市、区）	户数	总人口（人）	城镇人口（人）
长安区	192105	642855	全部为城镇人口
桥西区	188790	684070	全部为城镇人口

续表

县（市、区）	户数	总人口（人）	城镇人口（人）
新华区	149440	501342	489711
裕华区	172066	607945	603736
井陉矿区	27714	92232	66410
藁城区	231840	847156	292052
鹿泉区	120123	427415	157710
栾城区	92825	351377	126206
井陉县	109659	333398	91389
正定县	127640	506033	209653
行唐县	151641	463031	82244
灵寿县	105095	349510	84250
高邑县	56282	202422	58120
深泽县	92810	262253	59763
赞皇县	97251	278877	44469
无极县	146627	537511	92890
平山县	168515	504905	104665
元氏县	101827	443153	105265
赵　县	175459	619155	130530
晋州市	157505	571649	148402
新乐市	137903	517382	163677

【民族构成】 在全国56个民族中，2016年末石家庄市拥有52个民族。总人口中，汉族9631354人，占98.85%；回族58094人，占0.60%；满族35908人，占0.37%；其余49个少数民族18228人（维吾尔族183人、藏族169人），占总人口0.19%。另有其他未识别民族87人（包括穿青人）。

【年龄构成】 2016年全市总人口中，6周岁以下1098624人，占11.28%；17岁以下2109192人，占21.65%；18岁至34岁2566297人，占26.34%；35岁至59岁3302658人，占33.90%；60岁以上1765524人，占18.11%（人口数据为户籍人口，由市公安局户政部门提供）。

（赵光　武卫民）

民族·宗教

【民族】 石家庄市是一个少数民族散居城市。至2016年末，全市有少数民族51个（没有门巴族、塔吉克族、塔塔尔族、德昂族），少数民族人口109783人，占全市总人口1.14%；少数民族人口较2015年增加1380人。其中，少数民族农业人口43089人，占39.25%；非农业人口66694人，占60.75%。少数民族人口超万人县（市、区）有6个，分别是：无极县16154人，桥西区17989人，新华区13151人，裕华区12457人，长安区14465人，藁城区11404人。少数民族人口超过千人县（市、区）有4个，分别是：新乐市9513人，正定县5003人，鹿泉区2420人，栾城区1406人。全市有3个民族乡，分别是藁城区九门回族乡、无极县高头回族乡、新乐市彭家庄回族乡；3个民族乡总人口107672人，其中少数民族27561人，占民族乡总人口25.60%，占全市少数民族人口25.10%。全市有17个民族村，分别分布在无极县（6个）、藁城区（3个）、新乐市（3个）、正定县（5个）；17个民族村总人口50185人，其中少数民族34131人，占民族村总人口68.01%，占全市少数民族人口31.09%。全市少数民族中，回族人口居多，共计57455人，占全市少数民族人口52.33%；其次是满族，共计34686人，占全市少数民族人口31.60%；第三名为蒙古族，共计6480人，占全市少数民族人口5.90%。全市千人以上少数民族有：土家族1858人，占全市少数民族人口1.69%；壮族1762人，占全市少数民族人口1.60%；苗族1448人，占全市少数民族人口1.32%；朝鲜族1038人，占全市少数民族人口0.95%；其他少数民族共计5056人，占全市少数民族人口4.61%。10个信仰伊斯兰教少数民族中，石家庄市有8个（没有塔吉克族、塔塔尔族），分别为：回族、维吾尔族、哈萨克族、东乡族、撒拉族、乌孜别克族、柯尔克孜族、保安族，人口共计57709人，占少数民族人口总数52.57%。

【宗教】 石家庄市有佛教、道教、伊斯兰教、天主教、基督教5种宗教。至2016年底，全市有宗教活动场所514处，其中寺观教堂216处、固定处所298处，宗教教职人员646名（含基督教传道员），信教群众39.99万人，占全市总人口3.94%，分布于21个县（市、区）和高新区。

佛教 全市信仰佛教公民13.52万人，主要分布在赵县、正定县、藁城区、井陉县、赞皇县、鹿泉区。教职人员188人，佛教活动场所85处，其中寺院34处、固定处所51处，较著名的寺院有赵县柏林禅寺、正定县临济寺、鹿泉区龙泉寺、藁城区天台寺和市内谞音寺。市级宗教团体1个（石家庄市佛教协会）。

道教 全市信仰道教公民1.55万人，主要分布在藁城区、新乐市、鹿泉区、平山县、栾城区。教职人员41名，宗教活动场所21处，其中宫观11处、固定处所10处。较著名的道观有桥西区的关帝庙、鹿泉区的十方院和抱犊寨金阙宫、平山县天桂山的青龙观等。市级宗教团体1个（石家庄市道教协会）。

伊斯兰教 全市信仰伊斯兰教公民5.7万人，主要分布在市内8区和无极县、新乐市、正定县。清真寺13座，教职人员21名。市级宗教团体1个（石家庄市伊斯兰教协会）。

天主教 全市信仰天主教公民10.14万人，分布在20个县（市、区），开放活动场所184处，其中教堂129处、固定处所55处。教职人员69名（不含辛集市），其中神甫54名、修女14名。市级宗教团体1个（石家庄市天主教爱国会）。

基督教 全市信仰基督教公民9.08万人，分布在21个县（市、区）和高新区。宗教活动场所211处，其中教堂28处、固定处所183处；教职人员327名，其中有牧师、长老58名，传道员269名。市级宗教团体2个（石家庄市基督教三自爱国运动委员会、石家庄市基督教协会）。

（徐焕力）

风景名胜

【概况】 石家庄市旅游资源丰富，名胜古迹众多，有文化名城、故国遗址、古寺名桥、革命圣地等珍贵历史遗存，也有丰富多彩的社会旅游资源，包括商贸会展、民俗民艺、都市风情等旅游景观。拥有全国重点文物保护单位39处，省文物保护单位102处，市县级文物保护单位213余处；国家级历史文化名城1座，国家级森林公园3处（仙台山、五岳寨、驼梁），省级森林公园9处（南寺掌、西柏坡、棋盘山、藏龙山、沕沕水、海山岭、封龙山、洞阳坡、高山寨），野生动植物自然保护区4处（平山县驼梁自然保护区、灵寿县漫山自然保护区、赞皇县嶂石岩自然保护区、井陉县南寺掌自然保护区）。至2016年末，石家庄市共有A级景区34处，其中，5A级景区1处，4A级景区25处，3A级景区5处，2A级景区3处。

【纪念馆、陵园】 **革命圣地西柏坡** 位于平山县境内，是国家爱国主义教育基地、国家5A级景区，距离省会石家庄市主城区80千米。1948年5月至1949年3月中共中央在西柏坡驻扎10个月，召开全国土地会议、中共七届二中全会，指挥三大战役，赢得解放战争决定性胜利。西柏坡依托红色旅游资源优势，开发和培育红色旅游市场，形成中共中央旧址，包括陈列馆、纪念碑、石刻园、五大书记铜像等10多个旅游景点，成为资源丰厚，感染力和震撼力强的独特景区。

华北军区烈士陵园 位于石家庄市主城区，是新中国兴建较早、规模较大、造型艺术水平较高的烈士陵园之一，国家4A级景区。陵园内长眠着抗日战争时期、解放战争时期无数革命先烈，伟大的国际主义战士白求恩、柯棣华也在其中。陵园自建成以来，受到老一辈无产阶级革命家的关怀和重视，毛泽东、刘少奇、朱德等中央领导曾亲临陵园，凭吊先烈。

【风景区】 **驼梁** 位于平山县境内西北部，国家4A级景区，距离石家庄市主城区150千米，距离山西省五台山45千米，景区面积22平方千米，主峰海拔2281米，是河北省五大高峰之一。驼梁集森林风光、草原风光、山岳风光为一体，自然生态呈现原始状态，以凉、静、野、幽、翠而闻名，是太行山中段生物多样性最丰富、最具代表性的典型区域。森林生态系统发育良好，从山谷到峰顶分布着白桦、松柏、枫树等树种及灌木草本植物，涉及102科、686个高等树种，植被覆盖率达98%。驼梁是国家大型水库——岗南水库、黄壁庄水库和滹沱河的主要水源涵养地，也是阻挡来自西部高原风沙、寒流侵袭石家庄的重要生态屏障。2009年11月驼梁自然保护区晋升为国家级自然保护区。

天桂山 位于平山县境内，国家4A级景区。天桂山既有雄秀交融的天然风光，又具有皇家园林的高贵气质和道家仙山的神秘色彩，是一个寻古探幽的绝佳去处。天桂山是北方珍贵的岩溶地貌区，自然形成众多的天然溶洞等奇特景观，山内风光绝佳，景色迷人，是一处远近闻名的道教圣地，有“北武当”之称，至今保存有许多道观。1997年为迎接香港回归祖国，在天桂山百丈危崖上镌刻的“归”字，高97米，宽49米，载入吉尼斯世界纪录。名山巨字，珠联璧合，堪称天下奇观。

苍岩山 位于井陉县境内，国家级重点风景名胜区，国家4A级景区。以“一奇、三绝、十六景、七十二景观”名扬海内外，素有“五岳奇秀一揽山，太行群峰唯苍岩”的盛名。1988年被评为国家级重点风景名胜区，1994年被国务院审定为中国历史文化名山。大自然的鬼斧神工使苍岩山中心地带形成奇异的断崖绝壁及优越的生态环境，曾获得第73届奥斯卡最佳外语片奖影片《卧虎藏龙》部分外景就在苍岩山拍摄。

仙台山 位于井陉县辛庄乡，距离石家庄市主城区50千米。仙台山主峰海拔1195米。山峰奇秀，俨然一尊大佛巍然屹立。树木繁多，自然景色优美，每至汛期，百泉汇合飞流直下，山光水影，宛如银河倒悬，仙朗凌空，故名仙台山。仙台山景观分上、中、下层，最下一层的仙台山牌坊，用太行山南麓独有的大红袍石料建成，风格别致。步石台阶经通天门，攀栏直上通天峡，过一崭，一步一景点，一石一奇观；有卧鹰岩、雀吸岩、如来讲经、蘑菇石、蝴蝶展翅石、青蛙望日等；东西北三面悬空。2016年仙台山在第二届中国森林氧吧论坛上获评“中国森林氧吧”称号。

清凉山　位于井陉矿区西部，距离石家庄市主城区48.5千米。清凉山主要由下古生界灰岩构成，在大地构造上地处井陉县拗陷的西缘，在内外应力长期共同作用下形成温带喀斯特景观，经亿万年风雨侵蚀，使清凉山既有北方山峰雄伟壮观之势，亦有南方山川秀丽险峻之韵。因山势峻峭，古木苍翠，景色秀丽，山腰间多有天然溶洞，清泉常流，夏日置身于此，清风习习，心旷神怡，实为避暑胜地，故名“清凉山”。

嶂石岩　位于赞皇县西南部，距离赞皇县城52千米、石家庄市主城区110千米，国家级重点风景名胜区，国家4A级景区，总面积120平方千米。以奇特、秀丽、多姿、壮观的自然风光著称。以嶂石岩山势造型命名的“嶂石岩地貌”，是和丹霞地貌、张家界地貌并称的国内三大砂岩旅游地貌之一。嶂石岩景区作为嶂石岩地貌的命名地，地貌类型最齐全，特征最突出，素有“百里赤壁，万丈红绫”之称，2003年被评为国家地质公园。景区内有国内最大的天然回音壁，弧形陡壁，高耸云天，体量之大，回音效果之好，堪称一绝，已载入吉尼斯世界纪录。景区内许多山峰海拔高度都在千米以上，是观日出、赏云海的最佳地点。嶂石岩“佛光”也是不难见到的自然奇观。

棋盘山　位于赞皇县城西段里沟，距离赞皇县城27千米、石家庄市主城区77千米，西南距离嶂石岩景区25千米，国家4A级景区。棋盘山是以生态森林景观为主的山岳景区，总面积20平方千米，因主沟段里沟沟掌有棋盘山突兀拔地成名。最高峰卧驼峰为一组山峰，主峰在四相公寨，海拔1342.3米。棋盘山景区幽神隽秀，主格调为松涛、杏雨、古道、奇峰；八大胜景为锁云碧波、杏葩争艳、八仙列阵、段岭古关、棋盘仙迹、危崖隐岫、神驼云卧、翠谷松涛。早春，十里杏花沟盛开，满沟的彩云，满沟的香气；盛夏，到处绿荫滴翠；7～9月淫雨蒙蒙，沟沟流泉处处飞瀑；金秋，枫叶黄栌将棋盘山装点得万紫千红；寒冬，银山雪岭、雾凇胜景。棋盘山野生动植物品种繁多，山麓、山顶、沟谷皆被乔、灌、藤、草覆盖，植物品种100科601种，野生动物品种39科113种，昆虫类324种；夏季气候宜人，最热月平均气温22.3℃，是一个消夏避暑的胜地。

五岳寨　位于灵寿县西北部深山区，因五座山峰并列耸立，且有五岳之特点而得名。属河北省漫山自然保护区的一部分，总面积88平方千米。五岳寨于2004年被国家旅游局评定为4A级旅游区，2006年评定为河北省地质公园。景区为山高林密、繁花似锦、群山拱翠、云海波澜且气温湿润凉爽、空气清新，动植物及水资源极为丰富，大小瀑布数百个。海拔2000余米的亚高山草甸可让游人感受到“风吹草低见牛羊”的坝上草原境界。幽险的峰谷景观，浓厚的边塞区域特色，使景区成为集旅游观光、健身疗养、避暑度假、寻奇涉幽、登山探险、科学考察为一体的高品位、多功能自然风景区。

抱犊寨　位于鹿泉区境内，距离石家庄市主城区17千米，国家级4A景区。旧名抱犊山，古名萆山。古代农民抱牛犊上山，养大后让其耕田，因此得名。抱犊寨不是一个村庄，而是一座集历史人文和自然风光为一体的名山古寨。海拔580米，四周悬崖绝壁，顶部平旷坦夷，有肥沃良田660亩，土层深达66米，异境别开，草木繁茂，恍如世外桃源。曾是汉淮阴侯韩信“背水一战”的古战场，也是著名道人张三丰成道涉足之福地，风光奇异独特，景色宜人，被誉为“天堂之幻觉，人间之福地，兵家之战场，世外之桃花源”的天下奇寨。抱犊寨山体轮廓奇特，远观如一尊巨型卧佛，枕南朝北，眉目毕肖，形象逼真，南北坡各有一条羊肠小道可通。登至山巅，豁然开朗，修建有中国最大山顶门坊——南天门、全国第一座山顶地下石雕五百罗汉堂、全国最大的金漆壁画装饰韩信祠等。景区内“千龙壁”长36米、高13米，体量宏大，雕绘有999条张牙舞爪的金龙，形似喷云吐雾，形态各异。殿堂坐南朝北，分为地上、地下两层。地上是“弥勒殿”，地下是“五百罗汉堂”。地下殿堂，宽敞恢宏，500罗汉井然有序地列于殿中，或坐，或卧，或喜，或怒，或立，或仰，或慈，或厉，体态有别，神情各异；500罗汉为青石所雕，加以彩绘，做工精细，真切动人。

封龙山　又名飞龙山，位于石家庄市主城区西南15千米，鹿泉区城南20千米，元氏县城西北20千米。西倚太行山，东临平原，主峰海拔812米。封龙山自然风光秀丽，以沟深林茂，清泉碧溪，奇峰怪石为胜。封龙山历史文化璀璨，曾有五通汉碑、三大书院、四大禅林、三大石窟、两大道观。早在唐代《十道志》中就被列为河北名山，以封龙山历史文化而论，汉代李躬，唐代郭震、姚敬曾讲学于此。五代以后，书院文化崛起，真定名士、文学家、史学家、政治家李昉与学者张著在此创办学院。到北宋，见诸记载的河北书院仅有3处，全在封龙山中。元代著名学者、数学家李冶在此著书讲学，金元时著名文学家元好问和教育家张德辉在此讲学授业，人称“龙山三老”。古代名家在此培养出大批杰出人才，使封龙山成为河北古代教育胜地之一。

石家庄植物园 位于主城区西部，占地5000多亩，园内种植各类植物达1100多种，建有科普教育与儿童游乐区，植物系统分类区，观赏植物品种展示区，植物进化展示带，水上游憩区，盆景园区，温室、宿根花卉展示区，草木葱翠、鲜花烂漫的美景让人陶醉不已，还有丰富的文化内涵和科普知识。

沕沕水 国家4A级景区，位于平山县西南边缘，距离平山县城45千米，距离石家庄市主城区95千米，景区面积11.5平方千米，海拔800～1100米。沕沕水曾获得国家级风景名胜区、中国最佳生态旅游景区和省级农业旅游示范点称号，景区集自然风光、人文景观和红色旅游于一体，品味高雅、特色鲜明、风情浓郁。早在明清时代，沕沕水即为平山“八大胜景”之一，享有“沕水瀑布天上降”的美誉，拥有典型的喀斯特岩溶泉，半山沕沕涌出，常年湍流，四季不竭，水质洁净甘洌，湖潭星罗棋布，沿绝壁飞落，形成落差93米、45米等多级瀑布，“如白练之经于天，白虹之饮于源”，堪称“燕赵第一瀑”。景区环山叠嶂，怪石嶙峋，灵鹫峰、梦笔峰、神龟望瀑、观音坐莲，鬼斧神工，栩栩如生。装点山谷的数百种野生植物，色彩斑斓，葱郁玲珑；原始森林，夏绿秋红，禽兽争鸣。革命战争年代，沕沕水发电厂出色地完成向革命圣地西柏坡和兵工厂供电使命，为中共中央指挥三大战役、解放全中国立下卓越功勋，被誉为“边区创举”“红色发电厂”。沕沕水盛夏凉爽舒适，严冬人无寒感，季节分明，气候规律变化，形成四时景色。春赏山花，夏看飞瀑，秋观红叶，冬览冰挂，各具魅力，胜似仙境。

天山海世界 国家4A级景区，位于市内高新技术产业开发区，1999年9月26日试营业，1999年10月1日正式向社会开放，隶属天山实业集团，是1990年代中国最大的室内恒温水上戏水项目，被誉为华北的碧水明珠。占地面积60余亩，总建筑面积17000平方米，2002年10月被评为国家4A级景区。设有峡谷冲浪、水上秋千、水上浮萍、桃园仙境等新、奇、特项目，戏水大厅高大明亮，绿草如茵，椰林葱葱，众多游乐设施可提供多种娱乐方式，构成一座都市水上“迪士尼”乐园。

石家庄市风景区还有水泉溪、蟠龙湖、温塘度假区、东方巨龟苑等景点。

【古迹】 *古城正定* 距离石家庄市主城区13千米，是国家级历史文化名城，历史上正定与保定、北京并称“北方三雄镇”，是河北中部的政治、经济和文化中心。正定城内汇集唐、宋、元、明、清等朝代不同风格的古代建筑，被誉为“中国古代建筑博物馆”。境内现存国家级重点文物保护单位7处，省级重点文物保护单位5处，县级重点文物保护单位26处。驰名中外的隆兴寺是正定最著名的景点，位列全国十大名寺，是国家4A级景区。寺院汇集隋唐以来大量的建筑、壁画、雕塑等艺术珍品，有6处文物堪称“全国之最”，其中最著名的是铜铸千手观音，举高21.3米，是世界古代铜铸佛像中最高大的一尊。隆兴寺内还有堪称宋代建筑孤例的摩尼殿、被鲁迅誉为东方美神的倒坐观音、中国时代最早及体量最大的木制转轮藏、被推崇为隋碑第一的龙藏寺碑、设计巧妙的铜铸毗卢佛等珍贵遗存。古城内临济寺是临济宗的发源地，在佛教界享有盛誉，临济宗在国内广为流传，名扬海外，至今在日本、东南亚、美国都有临济宗信徒，每年春夏之际，来自海内外的广大信徒都前来朝拜祖庭，盛况空前。正定文物众多，同时也是名人的故乡和冠军的摇篮，家喻户晓的三国名将赵云赵子龙就是正定人，国家乒乓球训练基地建在正定，被称为“中国乒乓运动的福地”“冠军的摇篮”。

赵州桥 位于赵县城南，又称安济桥、大石桥，始建于隋开皇十五年至隋大业元年（595～605），距今1400多年，由隋朝匠师李春建造，是中国现存最早的巨型单孔坦孤敞肩石拱桥，主拱由28道拱券纵向并列砌筑，桥长64.40米、净跨37.02米，宽9.60米，高7.23米，桥身坐落于洨河两侧天然地基上。赵州桥大

拱两端各有2个小拱，采用此种形式桥身轻盈，造型精巧，节省石料，减轻桥身重量，更为重要的是可辅助泄洪，减少水流阻力。19世纪中期，欧洲国家才出现敞肩拱桥，晚于中国1200多年。1961年3月4日，赵州桥被国务院确定为第一批全国重点文物保护单位；1991年赵州桥被美国土木工程师学会认定为世界第十二处“国际土木工程历史古迹”。赵州桥开启了“敞肩拱桥”的先河，对中国乃至世界桥梁建筑产生了巨大而深远的影响，被公认为世界拱桥的鼻祖，被称为“天下第一桥”。

柏林禅寺 位于赵县县城东南角，与赵州桥遥遥相望。始建汉献帝建安年间（196～220），古称观音院，南宋为永安院，金代名柏林禅院，元代起称柏林禅寺。寺内主要建筑有山门韦陀殿、普光明殿、观音殿、无门关（禅堂）、万佛楼等。唐代高僧玄奘法师西行印度取经前，曾在这里学习经文一年多，主研《成实论》；晚唐时，禅宗巨匠从谂禅师在此驻锡40年，大行法化，形成影响深远的“赵州门风”，柏林禅寺因此成为中国禅宗史上一座重要祖庭；金朝末年，临济正宗归云志宣禅师主持法席，柏林禅寺革律为禅；元代，柏林禅寺有圆明月溪禅师、鲁云行兴禅师等，成为燕赵一带佛教中心；明清两朝，中央朝廷管理赵州地区佛教事务机构——僧正司设在柏林禅寺，柏林禅寺住持兼任僧正司僧正。柏林禅寺屡遭劫难，殿堂和经像荡然无存。1988年柏林禅寺重新进驻僧人时，仅有赵州禅师舍利塔和20余株古柏；1988年5月12日，河北省政府批准柏林禅寺作为宗教场所开放，由河北省佛教协会管理；1992年8月28日，普光明殿落成并举行开光典礼；2001年6月25日，柏林禅寺被国务院确定为第五批全国重点文物保护单位。

毗卢寺 位于石家庄市新华区上京村东，始建公元8世纪唐天宝年间，距今有1200百多年历史。毗卢寺是全国重点文物保护单位，毗卢寺水陆画与甘肃敦煌、北京法海寺、山西永乐宫壁画同为中国最负盛名的宗教壁画，其他3家描绘的是某一教派内容，唯有毗卢寺壁画集佛、道、儒三教于一堂，集三教人物于同一画面，两殿壁画200多平方米，气势壮观、富丽堂皇。毗卢寺明代宗教壁画享誉中外，壁画内容包括佛、道、儒三教人物故事经画122组500多身，线条流畅、色彩艳丽、服饰精美，是中国古代壁画艺术的瑰宝。

伏羲台 位于新乐市北郊2千米处吴家庄村北、何家庄村东，距离石家庄市主城区35千米，遗址总面积1600平方米。史料记载：“帝喾巡游此土，见伏羲之圣迹，集四方之民而化导养育之故。而筑台修庙以祀之”。伏羲台是中华民族人文始祖——伏羲氏寓居的地方，距今有六七千年的历史，已形成伏羲台、人祖庙等多处景观为主体的伏羲文化旅游区。伏羲台由三层构成，采用夹沙好土罗叠堆集而成，总高度9.206米。最底层第一层台高2.898米，南北长102.58米，东西宽87.42米；第二层台高2.118米，南北长89.43米，东西宽64.6米；最上边第三层台高4.19米，南北长53.68米，东西最宽处23.8米，最窄处17.9米，呈不等边八角形，名八卦台，又称伏羲画卦台。伏羲台、人祖庙规模宏大，台殿参差，祭祀始祖香烟缭绕，磬盂声祥，每年农历三月十八日为人祖庙会。伏羲台遗址文物遗存丰厚，保存有新石器、商周、汉代、唐代、元代、明代、清代文化遗迹，出土文物170件，其中一、二、三级文物17件。2013年5月伏羲台遗址被国务院公布为全国第七批重点文物保护单位。

古中山国遗址 位于平山县上三汲村和灵寿县故城村一带。中山国故城遗址（中山国都城核心区、中山国王宫所在地）东南距灵寿县城7.5千米，西距平山县城15千米，是河北先秦四大古都之一。公元前507年春秋战国白狄的一支——鲜虞仿照东周各诸侯国建立国家，地址位于今河北省中部太行山东麓一带，地处赵国北部和燕国南部之间，都城位于顾（今河北省定州市）；公元前380年，桓公徙都灵寿（今河北省灵寿县、平山县交界处），因城中有山得“中山国”名；公元前323年，中山成公之子“厝”自称“中山王”，与燕、韩、赵、魏诸国王史称“五国相王”；公元前314年，燕国内乱，中山王“厝”乘机出兵伐燕略地“方数百里，列城数十”，夺得燕国大片土地，跻身诸侯之列成为中国战国时期仅次于“战国七雄”的“千乘之国”；公元前296年，中山国被赵国灭亡。中山国在灵寿建都84年，先后5位国君定都中山古城。因史料记载甚少，故中山国被称为“神秘王国”。中山国遗址是研究2000多年前战国文化的重要古迹，是石家庄历史文化的重要组成部分，也是中国少数民族和中原汉族文化融合的重要证据。中山国遗址现存宫殿区、居民区、陶器场、冶炼场、遗址10多处，主要遗迹包括：

中山王“厝”墓、古城墙、赵王台、八角井、养鱼池、三教殿等。中山王“厝”墓是发掘中山国墓葬中最大的一座，墓室平面呈“中”字形，南北各一墓道，通长97米，分地上、地下两部分，地上部分呈“斗”形，地下部分包括椁室、东库、西库和东北库；主室后半周有陪葬墓6座，前面和旁侧有车马坑2座、杂殉坑1座、葬船坑1座；中山王墓多次被盗和破坏，但仍出土大量珍贵文物，包括铜器、铁器、金银器、陶器、玉石器、玛瑙器、骨角器、木漆器等。中山国遗址出土文物1.9万余件，大多为稀世珍宝，创下多项世界文化之最和中国文化之最，其中最有历史价值为“中山王三器”，即中山王方壶、中山王鼎、中山王圆壶。中山古城遗址1973年发现，1974年10月河北省组建中山国考古队正式开展调查和发掘，1988年中山古城遗址被中华人民共和国国务院公布为第三批全国重点文物保护单位。

石家庄市古迹还有井陉县境内的秦皇古驿道，是古代通往山西入长安的“国道”，历史上秦始皇东巡病故于沙丘，遗体曾经从这条驿道运往咸阳。井陉县于家石头村是明朝大将于谦的故乡，已建成中国民族文化村，村内建筑全部采用太行山石头为原材料，颇有地方特色。井陉矿区段家楼，占地总面积16万平方米，由旧中国北洋政府总理兼陆军总长段祺瑞投巨资兴建，是至今石家庄市保存基本完好的最大德式建筑群；2013年5月段家楼正丰矿遗址被国务院公布为第七批全国重点文物保护单位。

（刘伟东）

气　候

【概况】 2016年，石家庄市年平均气温14.2℃，较常年显著偏高1.0℃；年平均降水量631.1毫米，较常年偏多144.2毫米；年平均日照时数2133.7小时，较常年偏少221.5小时。2016年石家庄市出现异常天气主要有雾霾、暴雨、降雪、寒潮降温、高温和强对流，其中“7·19”特大暴雨是1996年8月以来影响最大一次暴雨过程，7月19～20日全市平均降雨量232.0毫米，市区降雨量135.0～264.8毫米，市区平均降雨量190.3毫米。

表2　　2016年石家庄市主要气象要素一览表

要素		1月	2月	3月	4月	5月	6月	7月	8月	9月	10月	11月	12月	全年
降水量（毫米）	累积值	6.0	13.1	0	13.3	16.1	61.8	445.6	48.9	24.0	70.4	6.9	6.5	712.6
	距平	1.9	6.5	-12.3	-6.8	-25.2	3	316.9	-97.7	-29.3	45	-7.8	2	196.2
气温（℃）	平均值	-2.5	3.4	10.5	17.8	21.7	26.3	26.9	26.6	22.9	14.5	5.3	1.4	14.6
	距平	-0.7	1.6	2.5	2.1	0.3	0.3	-0.4	0.9	1.7	-0.2	-0.8	1.1	0.7
雨（雪）日	累积值	5	4	0	5	4	11	14	11	7	11	6	8	86
相对湿度	平均值	49	36	35	46	48	54	78	73	65	76	72	68	58
日照（小时）	累积值	127.9	202.5	199.0	238.2	224.9	209.6	90.6	147.1	183.7	88.1	110.9	97.1	1919.6
气压（百帕）	平均值	1016.6	1014.0	1008.3	999.6	997.8	992.8	992.3	996.0	1001.1	1008.7	1011.7	1014.6	1004.5

续表

要素		1月	2月	3月	4月	5月	6月	7月	8月	9月	10月	11月	12月	全年
极大风速（米/秒）	风向	WSW	WNW	SE	NNW	N	N	S	WNW	WSW	N	WSW	SW	S
	风速	13.5	13.3	13.8	17.C	13.7	16.8	18.4	11.8	12.0	9.9	12.0	11.4	18.4

备注：距平值为2016年值与1981～2010年30年平均值之差。

【气温】 2016年石家庄市年平均气温介于13.4～15.0℃之间，年气温平均值为14.2℃，较常年显著偏高1.0℃，较2015年偏高0.1℃。春、夏、秋、冬四季平均气温均比常年偏高，其中春季较常年偏高1.7℃，属于显著偏高。

【降水】 2016年石家庄市年平均降水量631.1毫米，较常年降水量486.9毫米偏多144.2毫米，同比增加29.6%，较2015年偏多119.2毫米，同比增加23.3%。年降水量空间分布不均匀，西部、北部多，东部、南部少，平山县最多，为678.0毫米，藁城区最少，为358.9毫米。春季降水量较常年显著偏少50%，夏季、冬季降水量较常年分别显著偏多50%、60%，秋季降水量接近常年。

【日照】 2016年石家庄市年平均日照时数2133.7小时，较常年偏少221.5小时，为显著偏少；较2015年减少6.7小时。各地日照时数分布不均，平山县日照时数最多，为2456.8小时，较2015年减少112.2小时；井陉县最少，为1804.7小时，较2015年增加226.3小时。冬季、春季日照时数接近常年，夏季、秋季日照时数显著偏少，均偏少100小时以上。

【异常天气】 雾霾　2016年石家庄市出现大雾590站次，霾1188站次，石家庄市区出现大雾日数39天，霾日数66天。全年持续性大雾天气主要发生在10～12月，占全年60%。其中，11月3～5日连续出现较强范围大雾天气，集中在石家庄市主城区、无极县、新乐市、深泽县、栾城区、高邑县、元氏县、赞皇县、赵县；第二次较大范围大雾天气发生在11月14日、15日，遍布全市范围。2016年石家庄市持续性霾天气主要发生在1～3月、12月，占全年70%，其中12月2日、7～9日、14～16日石家庄市海平面气压场减弱，处于低压控制之中，地面维持弱的偏南风，气象条件不利于污染物稀释和扩散，污染物浓度达到最大，出现严重霾天气。

暴雨　2016年石家庄市出现暴雨52站日，大暴雨14站日，较常年明显偏多。暴雨主要出现在7月19～21日、7月24～25日、8月12～13日，其中“7·19”特大暴雨呈现量大、雨强、面广、致灾重的特征，是石家庄市1996年8月以来影响最大一次暴雨洪涝过程。7月19～20日，全市平均降雨量232.0毫米，石家庄市西部有112个雨量站超过250毫米，43个超过400毫米，12个超过500毫米，4个超过600毫米；石家庄市区降雨量135.0～264.8毫米，华北烈士陵园最大，市农林科学研究院最小，市区平均降雨量190.3毫米；小时雨强度超过60毫米有21个观测站，超过80毫米有6个观测站，超过100毫米有2个观测站，其中赞皇县嶂石岩观测站达到139.7毫米，平山县东回舍观测站达到109.7毫米，平山县杨家湾村日最大降水量达到686.3毫米。

降雪　2016年石家庄市雨雪过程主要出现在2月、12月，其中2月12～13日出现强雨雪天气，雨雪量10.4～27.8毫米，全市平均13.9毫米，新乐市最大，石家庄市区13.1毫米。2月13日，新乐市、井陉县日雨雪量分别为26.7毫米、13.1毫米，突破历史同月最大值（1979年原新乐县16.3毫米、1976年井陉县12.4毫米）。12月20日夜间，石家庄市出现小雨或雨夹雪，全市平均雨雪量3.0毫米，赞皇县最大，为5.5毫米，石家庄市区4.1毫米。

寒潮降温　受强冷空气影响，1月23日石家庄市气温降至2016年冬季最低值，石家庄市区最低气温-14.5℃，是1991年以来历史同期出现极端最低气温（1990年1月1日最低气温为-14.7℃），元氏县最低气温达到-20.5℃，是2002年以来历史同期出现极端最低气温（2001年1月14日最低气温为-20.7℃）。1月23日白天，石家庄市出现4～6级西北风，其中赞皇县瞬时极大风速21米/秒（17时31分），石家庄市区白天最高气温仅为-7.3℃，是2016年冬季最冷的一天。

高温 2016年石家庄市夏季出现37℃以上高温日数83站次，接近常年。高温天气主要出现在6月1日、6月16～17日、6月21～22日、6月25～26日。2016年石家庄市极端日最高气温达到39.8℃，6月22日出现在藁城区，但低于藁城区历史极端高温天气（1961年6月12日原藁城县出现极端日最高气温43.2℃）。

强对流 2016年石家庄市出现6站次冰雹、36站次大风。大风和冰雹主要出现在6月、7月。其中，6月22日范围最大，行唐县、新乐市、灵寿县、井陉县、晋州市、正定县、深泽县、赞皇县、元氏县、高邑县出现10站次大风，新乐市、灵寿县分别出现6毫米、4毫米冰雹；6月27日石家庄市出现大风3站次，赞皇县、元氏县、高邑县、井陉县出现5毫米冰雹；6月28日元氏县出现8毫米冰雹。

石家庄市气象局

局　长：于占江

副局长：智利辉

陈道红

（卞韬　张立霞　冯洋　李禧亮）

国民经济与社会发展

【概况】 2016年，全市完成生产总值5502.15亿元，同比增长6.8%。其中，第一产业增加值432.14亿元，增长0.9%；第二产业增加值2438.79亿元，增长4.4%；第三产业增加值2631.22亿元，增长10.4%。三次产业结构比例由2015年8.8∶44.0∶47.2调整为7.9∶44.3∶47.8。2016年石家庄市区居民消费价格指数为101.6%，同比上涨1.6%；工业生产者出厂价格指数为98.4%，同比下降1.6%；工业生产者购进价格指数为98.9%，同比下降1.1%。年末城镇登记失业率为3.50%，同比回落0.01个百分点。

生产总值（亿元）

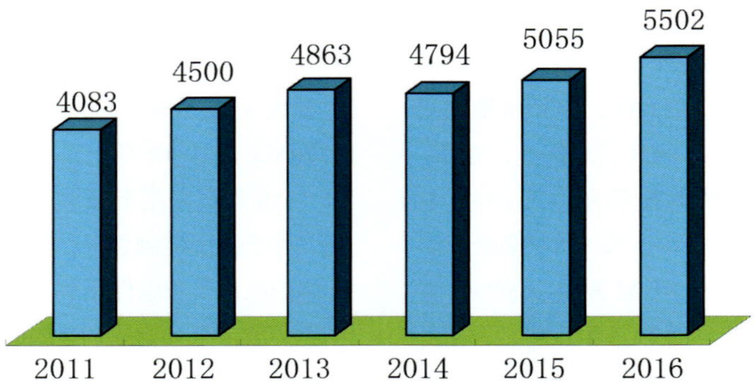

市区居民消费价格涨跌幅度（%）

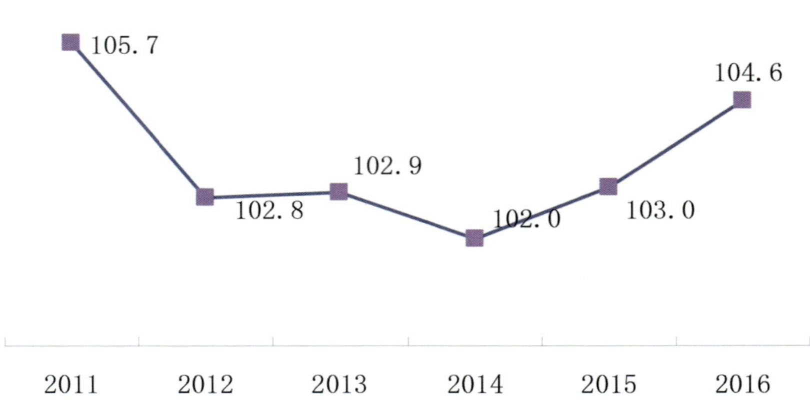

表 3　　2016 年石家庄市区居民消费价格指数变化表

指标	比 2015 年指数增长（%）
市区居民消费价格总指数	1.6
食品、烟酒	3.1
衣着	1.4
居住	0.7
生活用品及服务	0.2
交通和通信	0.1
教育文化和娱乐	-0.3
医疗保健	4.4
其他用品和服务	2.0

【农业】　2016 年全市农林牧渔业总产值 791.12 亿元，同比增长 1.1%。其中，农业总产值 419.21 亿元，林业总产值 19.44 亿元，牧业总产值 310.57 亿元，渔业总产值 3.81 亿元，农林牧渔服务业总产值 38.10 亿元；农业、林业、牧业产值分别占农林牧渔业总产值 52.99%、2.46%、39.26%。粮食播种面积 65.93 万公顷，总产量 440.36 万吨，平均亩产 445.3 千克。其中，小麦播种面积 27.76 万公顷，总产量 226.08 万吨，平均亩产 460.1 千克，亩产比 2015 年增加 0.1 千克；玉米播种面积 28.89 万公顷，总产量 201.71 万吨，平均亩产 465.5 千克，亩产比 2015 年增加 5.9 千克。蔬菜及食用菌播种面积 16.20 万公顷，总产量 1320.96 万吨；设施蔬菜播种面积 8.85 万公顷，总产量 603.0 万吨。果园种植面积 14.95 万公顷，园林水果总产量（不含果用瓜）228.69 万吨。至 2016 年末，全市牛、奶牛、驴、猪、羊、家禽、鸡、兔分别存栏 68.09 万头、33.92 万头、3.07 万头、307.02 万头、102.22 万只、1.01 亿只、9251.97 万只、170.02 万只；肉、奶、蜂蜜、蛋、鸡蛋总产量分别为 68.80 万吨、110.74 万吨、3380 万吨、93.68 万吨、88.84 万吨。其中，猪肉、牛肉、羊肉、驴、家禽肉、兔肉产量分别为 39.95 万吨、8.68 万吨、1.98 万吨、

农林牧渔业总产值（亿元）

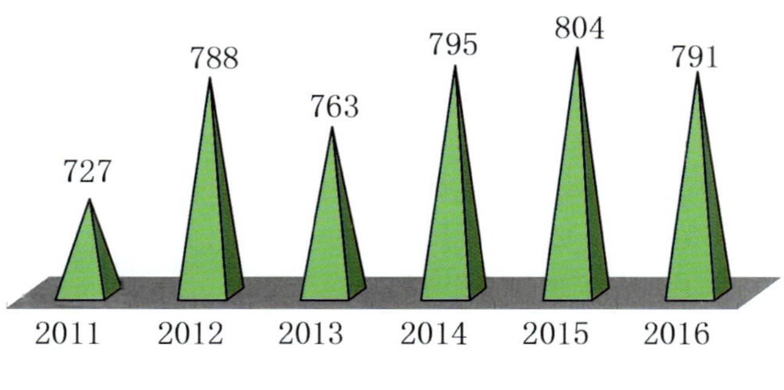

粮食总产量（万吨）

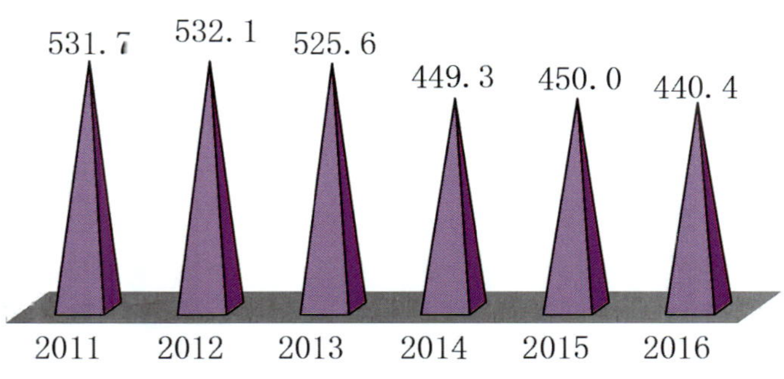

2866吨、17.16万吨、5309吨。拥有农业机械总动力1156万千瓦，主要农作物耕种收机械化综合水平达到90.6%。农业产业化经营率66.8%，同比提升1.1个百分点。

表4　　2016年石家庄市主要农产品产量及其增长速度表

产品名称	产量（万吨）	同比增长（%）
粮食	440.36	-2.15
油料	20.82	20.29
棉花	0.55	68.75
蔬菜（不含瓜类）	1217.82	-0.88
园林水果	228.69	-0.06
肉类	68.80	-1.26
蛋类	93.68	0.43
奶类	110.74	-4.86
水产品	3.12	-7.81

【工业】 2016年全市拥有规模以上工业企业2415家，同比减少19家；规模以上工业主营业务收入8713.8亿元，同比增长0.8%；规模以上工业企业增加值1965.32亿元，同比增长4.5%；规模以上工业企业利润总额733.6亿元，同比增长0.6%。轻重工业比重为44.8∶55.2。七大主导行业实现增加值1673.5亿元，同比增长5.0%，高于规模以上工业增速0.5个百分点。其中，钢铁行业实现增加值142.7亿元，下降2.5%；装备制造业实现增加值379.5亿元，增长12.0%；石化行业实现增加值350.9亿元，增长10.3%；医药制造业实现增加值143.7亿元，增长4.0%；建材行业实现增加值131.3亿元，下降2.2%；食品行业实现增加值222.0亿元，下降7.3%；纺织服装行业实现增加值303.3亿元，增长7.9%。六大高耗能行业实现增加值679.2亿元，

规模以上工业增加值（亿元）

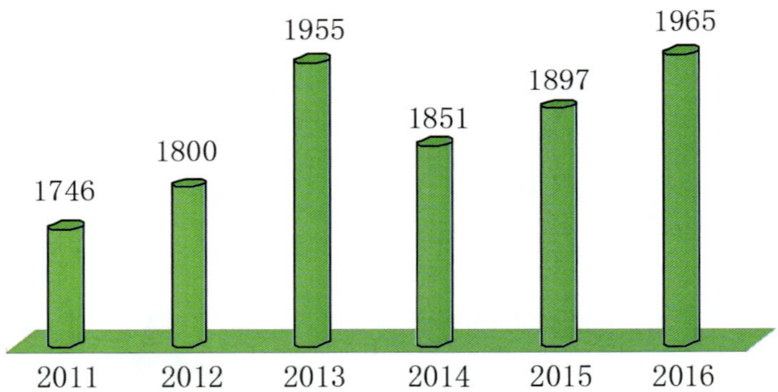

规模以上工业利润（亿元）

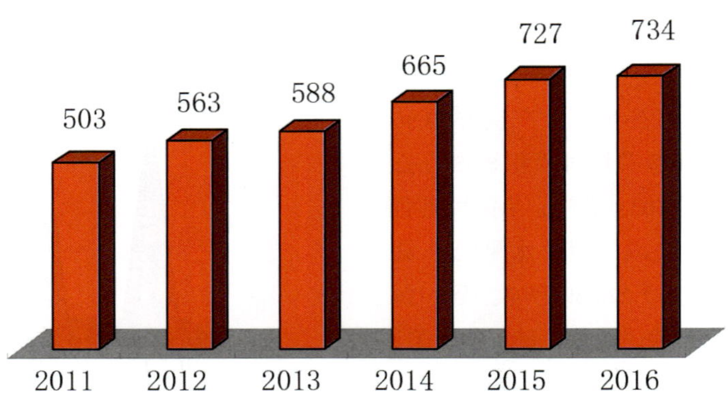

同比增长3.4%，低于规模以上工业增速1.1个百分点。亏损企业148家，亏损面6.1%。工业企业年平均从业人员61万人。

表5　2016年石家庄市主要工业产品产量及其增长速度表

产品名称	总产量	同比增长（%）
化学药品原药	187638吨	8.2
化学纤维	42523吨	-7.7
水泥	2115.5万吨	-10.1
钢材	1253.3万吨	-0.6
交流电动机	294.6万千瓦	-3.8
房间空气调节器	300.1万台	-1.8
乳制品	1063813吨	7.7
软饮料	1455595吨	16.7
布	389954万米	-4.0
服装	18650万件	4.0

【固定资产投资】 2016年石家庄市全社会固定资产投资完成5719.05亿元，同比增长4.0%。其中，固定资产投资5678.46亿元，同比增长5.1%。固定资产投资中，建设项目投资4662.7亿元，同比增长5.1%；房地产开发投资1015.8亿元，同比增长5.2%。七大主导产业投资2055.4亿元，同比增长8.1%。六大高耗能行业投资670.4亿元，同比增长6.9%。高新技术产业投资657.2亿元，同比增长5.0%。工业技术改造投资1856.1亿元，同比增长11.6%。民间投资3342.9亿元，同比增长0.4%。城镇投资4306.8亿元；农村投资1371.7亿元。2016年全市投资建设项目5234个，同比增长25.4%。其中，亿元以上项目1281个，增长22.5%；亿元以上项目投资3973.1亿元，增长9.9%；新开工项目4337个，增长35.0%；新建项目投资2210.0亿元，下降4.4%。

全社会固定资产投资（亿元）

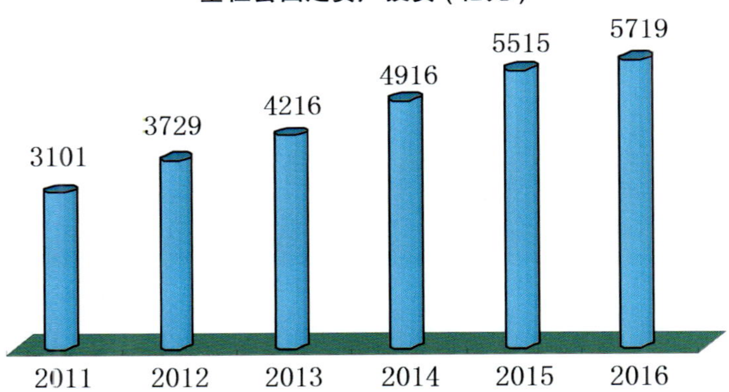

【商业和旅游】 2016年全市实现社会消费品零售总额2692.98亿元，同比增长10.5%。其中，城镇完成2318.4亿元，增长10.0%；乡村完成374.6亿元，增长13.8%。限额以上企业消费品零售额完成875.4亿元，同比增长4.0%。限额以上批发零售商品零售额完成858.9亿元，同比增长4.0%。其中，日用品类、饮料类、中西药品类、石油及制品类、粮油食品类增长最快，分别实现销售额27.6亿元、10.1亿元、15[illegible].1

亿元、87.6亿元、79.1亿元，同比增长13.0%、12.8%、11.2%、8.2%、6.5%；汽车类、家用电器和音像器材类、通信器材类分别实现销售额241.9亿元、60.5亿元、16.4亿元，同比增长3.6%、2.2%、0.8%；烟酒类、服装鞋帽针纺织品类增速放缓，分别实现销售额8.2亿元、113.6亿元，同比下降1.3%、3.5%。至2016年底，全市共有商业网点20.1万个，其中市区7.4万个；面积达5000平方米以上大型商业网点224家，总建筑面积1277万平方米，其中，大型城市商业综合体14个、大型购物中心16家、百货店23家、超市50家、专业店19家、家居建材商店17家；拥有商品交易市场714个，年交易额1658亿元，其中交易额亿元以上市场54个。赞皇县入选电商进农村国家级示范县，电商进农村国家级示范县达到3个（另两个分别为正定县、行唐县）。2016年全市电子商务交易额3813亿元，同比增长24.5%；网络零售额553亿元，同比增长28.6%。2016年全市对外贸易进出口总值719.4亿元，同比增长5.5%。其中，出口总值432.1亿元，增长6.8%；进口总值287.3亿元，增长3.5%。对外贸易进出口总值时隔2年，再次超越唐山市，跃居河北省首位。2016年石家庄市新增境外投资企业52家，同比增长26.83%；对外投资总额21.87亿美元，同比增长54.3%，其中中方投资额19.58亿美元，同比增长113.5%。2016年全市实际利用外资12.19亿美元，同比增长6.9%，其中，外商直接投资11.74亿美元，同比增长31.0%；新批外商投资项目21个，合同总金额6.02亿美元，同比下降84.7%。2016年全市接待海内外游客7647.7万人次，同比增长12.76%；实现旅游业总收入750.32亿元，同比增长27.07%。

社会消费品零售总额（亿元）

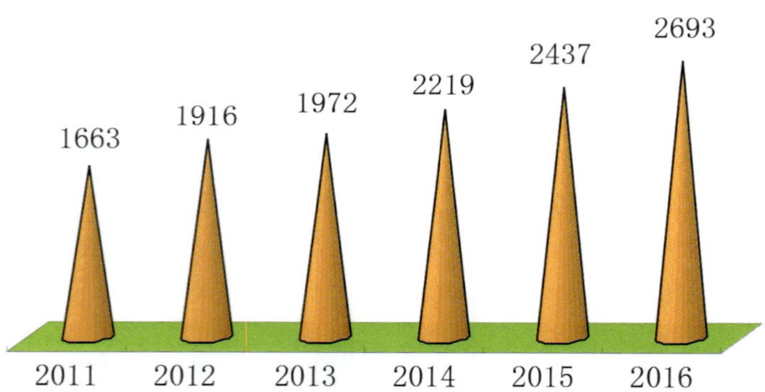

实际利用外资（亿美元）

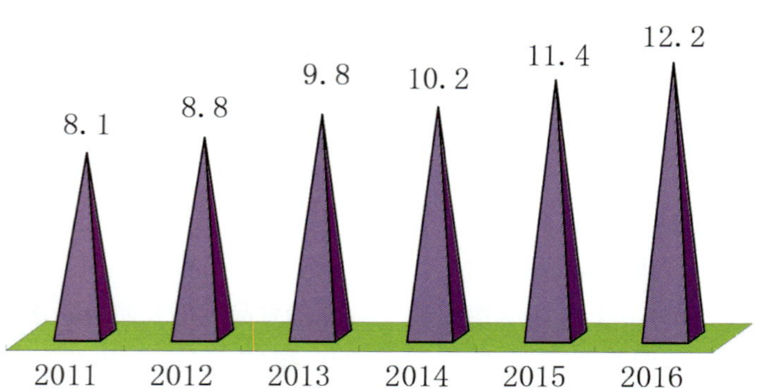

【财政和金融】 2016年全市全部财政收入826.26亿元，同比增长9.1%，其中公共财政预算收入398.46亿元，同比增长9.8%。2016年全市财政支出714.24亿元，同比增长9.7%，其中一般公共财政预算支出708.56亿元，同比增长8.8%。至2016年末，石家庄市金融机构人民币各项存款余额10722.28亿元，比年初增加1277.80亿元，同比增长13.04%；金融机构人民币各项贷款余额7006.16亿元，比年初增加1054.80亿元，同比增长17.23%。2016年全市累计实现多层次资本市场挂牌上市162家，其中，沪深交易所15家，境外交易所18家，新三板57家，区域股权市场72家。2016年全市累计发行各类债券503亿元，其中，短期融资证券268亿元，中期票据52亿元，公司债142亿元，企业债20亿元，定向融资工具13亿元，可转换债8亿元。2016年全市保险行业保费收入348.86亿元，同比增长37%。其中，财产险保费收入100.14亿元，同比增长4.1%；人身险保费收入248.72亿元，同比增长56.2%。

【科学技术和教育】 2016年石家庄市获得国家级科技奖励4项，其中，

财政收入和公共财政预算收入（亿元）

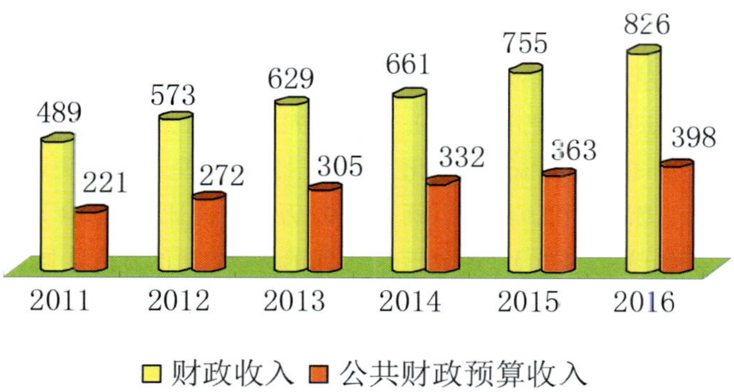

国家科学技术进步企业技术创新工程奖1项，国家科学技术特等奖1项，国家科学技术进步二等奖1项，国家技术发明奖二等奖1项；省级奖励19项，其中，河北省自然科学二等奖1项，技术发明三等奖3项，科学技术进步奖14项，国际科技合作奖1人；评选2016年石家庄市科学技术特别奖3项，科技进步奖81项，其中，一等奖14项，二等奖27项，三等奖40项。2016年全市新增专利申请11155件，新增专利授权6377件，其中，新增发明专利申请3181件，新增发明专利授权1016件。2016年全市共有各级各类学校（不含高校）3287所，在校生1676701人，教职工116203人。2016年全市共有幼儿园1419所，在园幼儿290098人，教职工20486人；中小学校1708所（小学1329所、中学379所），在校生1228845人，教职工116203人；市属高校5所（本科高校1所、高职高专院校4所），在校生50445人，教职工3911人；中等职业学校137所，在校生155807人，教职工11255人；特殊教育学校23所，在校生1837人，教职工437人。

【文化、卫生和体育】 2016年全市共有艺术表演团体21个、艺术表演场馆14个、文化馆24个、公共图书馆25个，公共图书馆图书总藏量3645.5千册。数字电视用户139.0万户。广播节目综合人口覆盖率99.4%，电视节目综合人口覆盖率99.38%。举办“送戏下基层”915场，“彩色周末”文艺演出1131场，公益电影放映49170场。2016年全市共有各级各类医疗卫生机构6892个，其中，医院205个，乡镇卫生院220个，社区卫生服务中心（站）193个，门诊部61个，诊所（医务室）2107个，村卫生室3973个，专业公共卫生机构118个，其他卫生机构15个。开放床位53357张。在岗职工92879名，其中，卫生技术人员70593名、执业（助理）医师31781人、注册护士27749人。2016年全市运动员参加体育比赛获得奖牌584枚，其中，金牌205枚、银牌207枚、铜牌172枚。培养社会体育指导员2013人，注册二级以上运动员391人，聘任裁判员105人。

【城乡交通和生态环境】 2016年全市公路通车总里程达到1.92万千米，路网密度达到120.33千米/百平方千米。其中，高速公路8条610.80千米，国道9条987.36千米，省道31条893.51千米，县道43条1528.52千米，乡道5007.42千米，村道9904.95千米，专用公路245.86千米；桥梁3992座23.4万延米，永久性桥梁3985座23.38万延米。公路建设完成投资80.55亿元。其中，高速公路和普通干线公路完成投资78.53亿元；农村公路完成投资2.02亿元。2016年全市道路运输完成旅客运量2.0亿人、周转量32.1亿人千米，同比分别下降15.38%和18.2%；货物运量4.06亿吨、周转量1945.3亿吨千米，同比分别增长11.64%和7.84%。2016年石家庄市区共有公交车辆4882辆，运营线路225条，行驶里程1.9亿千米；运营乘客5.46亿人次，日均运客149.59万人次；实现总收入5.11亿元。2016年石家庄市域拥有京广、石太、石德、石太客运专线、京广高铁（安阳—涿州段）5条铁路干线和新井、凤山2条支线，营业里程328.7千米，设立车站27个。2016年石家庄站发放旅客3806.96万人，实现运输收入39.49亿元；石家庄南站发送货物326.4万吨，日均装车164车；石家庄货运中心装车849077车、5439.3万吨。2016年石家庄机场完成旅客吞吐量721.46万人次，同比增长20.54%；货邮吞吐量4.38万吨，同比减少2.1%；保障飞机起降6.87万架次，同比增长21.1%；新开国际（地区）航线34条，运营航空公司29家，通航城市71个，全部运营航线达到104条。2016年城市轨道交通项目建设完成投资57.6亿元，累计完成投资194.4亿元。2016年石家庄市区空气质量与2015年相比转差，其中，空气质量一级优良天数22天，二级良好天数150天，三级轻度污染天数85天，四级中度污染天数38天，五级重度污染天数47天，六级严重污染天数24天；优良率47.0%，重污染天数比例19.4%。与2015年相比，空气质量优良率减少2.3个百分点，重污染天数比例增加6.2个百分点。石家庄市主城区环境空气污染呈现由“煤烟型”“混合型”向“复合型”污染转变趋势，主要污染物为颗粒物（PM10和PM2.5）。空气环境质量综合指数为9.30，空气质量比2015年变差，综合指数上升6.9%。2016年年均值PM10浓度为164微克/立方米、PM2.5浓度为99微克/立方米、SO_2浓度为41微克/立方米、NO_2浓度为58微克/立方米、CO（95%）浓度为3.9毫克/立方米、O_3-8h（90%）浓度为164微克/立方米，与2015年相比，PM10上升11.6%、PM2.5上升11.2%、NO_2上升13.7%、O_3-8h上升10.8%；SO_2下降12.8%，CO下降9.3%。地下水总硬度超标较重，污染物呈“点状”“片状”污染分布特征。其中，湖库水质基本保持稳定，岗南水库进口、中心、出口水质类别均为Ⅱ类；黄壁庄水库进口、中心水质类别为Ⅱ类，出口水质类别为Ⅲ类。地下水质超标较重指标为总硬度（75%），总大肠菌群（50%），硝酸盐氮（27.9%），溶解性总固体（20.6%），氯化物（5.88%），氨氮（2.94%），硒（2.94%），硫酸盐（1.47%），其余指标无超标现象发生。市区饮用水源地水质项目合格率99.35%。

【常住人口、人民生活和社会保障】 2016年末，全市常住人口1015.12万人，同比增长0.80%；人口自然增长率6.32‰。出生人口13.91万人，出生率12.62‰；死亡人口3.64万人，死亡率6.30‰。2016年全市居民人均可支配收入22652元，同比增长9.1%。其中，城镇居民人均可支配收入30459元，增长8.1%；农村居民人均可支配收入12345元，增长7.9%。居民人均消费支出14317元，同比增长6.6%。其中，城镇居民人均消费支出19182元，增长5.6%；农村居民人均消费支出7894元，增长5.6%。全年城镇职工参加养老保险人数229.4万人，同比增加19.4万人；城乡居民参加养老保险人数403.7万人，同比增加3.9万人。城镇职工参加医疗保险人数145.7万人，同比增加4.1万人；城乡居民参加医疗保险人数为764.8万人，同比增加3万人。新型农村合作医疗参合人数609.2万人，同比减少4.3万人。2016年全市参加失业保险人数92万人，同比增加0.4万人；工伤保险人数151.8万人，同比增加10万人；生育保险人数140.9万人，同比增加4万人。2016年全市享受居民最低生活保障16.9万人。其中，城镇居民2.6万人，农村居民14.3万人。

（市统计局）

【第七次入选中国幸福城市十强】 2016年3月7日，“2015年度最具幸福感的省会城市”排名前十位城市名单在中央电视台财经频道CCTV“中国经济生活大调查”颁奖盛典揭晓，石家庄市第七次入选“中国十大幸福城市”行列。《中国经济生活大调查》是由中央电视台财经频道、中国邮政集团公司、国家统计局共同主办的大规模调查活动，主要记录中国百姓的经济主张，了解中国经济生活的热点和变化。2015年度“中国十大幸福城市”分别为：长沙、武汉、合肥、郑州、兰州、呼和浩特、乌鲁木齐、石家庄、南宁、南京。此次活动采用民意调查和大数据分析方式评出，入户调查10万个家庭，发放10万份调查问卷，平均回收率85%。石家庄市以较高的居民幸福指数从104个城市样本中胜出，入选2015年中国十大幸福城市。2011年5月6日至2016年3月7日，石家庄市累计七次入选“中国十大幸福城市”。2011年5月6日，中国社会科学院

城镇居民人均可支配收入和农村居民人均可支配收入（元）

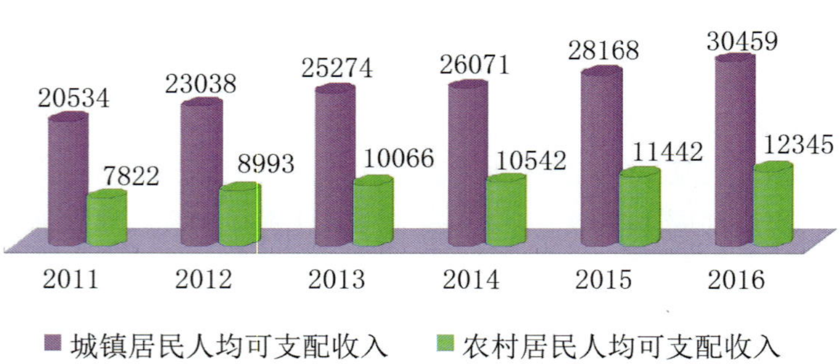

发布《2011年中国城市竞争力蓝皮书：中国城市竞争力报告》，石家庄市居民幸福感指数排名第一（2009年、2010年均为第一）。2012年8月18日，中央电视台在“2012幸福城市市长论坛”发布幸福调查数据，石家庄排名全国十大幸福感省会城市第七名。2013年3月7日，中央电视台财经频道以“CCTV经济生活大调查发布日”形式，面向全社会独家发布《CCTV2012～2013经济生活大调查》结果，石家庄入选居民幸福感最强十大省会城市之一。2014年3月20日，清华大学发布2013年“中国幸福地图”，石家庄入选中国最幸福城市第六名。2014年4月，北京大学市场与媒介研究中心和赶集网共同发布《2014中基层岗位职场薪酬研究》，石家庄上班族幸福感受排名第一。2015年3月2日，中央电视台财经发布《中国经济生活大调查》数据，石家庄市入选中国幸福城市十强。石家庄入选中国十大幸福城市的主要原因：经济发展和物价平稳，生活压力小，贫富差距相对较小，交通方便，城市环境改善快，民风淳朴，民性善良。石家庄人的特质让生活在这座城市的人们感到幸福。石家庄是一个包容性的城市，石家庄人具有奉献进取的精神，也有知足平和的心态，居住在这个城市的人普遍舒心快乐，对未来生活充满希望，精神层面的幸福更为突出。

（王静）

【5家企业入选中国企业500强】 8月27日，中国企业联合会、中国企业家协会在湖南省长沙市公布“2016中国企业500强”名单，由市企业联合会、市企业家协会推荐的河北敬业企业集团有限责任公司、河北省物流产业集团有限公司、石家庄北国人百集团有限责任公司、河北建设集团有限公司、河北建工集团有限责任公司5家企业入选。“2016中国企业500强”评选按照国际通行方式，以2015年企业营业收入为入围标准，经专家委员会审定排出。河北敬业企业集团有限责任公司以营业收入5757368万元，名列中国企业500强第234位，较2015年下降9位次；河北省物流产业集团有限公司以营业收入5501005万元，名列中国企业500强第243位，较2015年下降14位次；石家庄北国人百集团有限责任公司以营业收入3280115万元，名列中国企业500强第392位，较2015年下降9位次；河北建设集团有限公司以营业收入3266530万元，名列中国企业500强第394位，较2015年提升9位次；河北建工集团有限责任公司以营业收入2760579万元，名列中国企业500强第462位，较2015年下降50位次。

【石家庄市百强企业】 12月9日，市企业联合会、企业家协会发布石家庄市百强企业名单（以2015年度企业营业收入指标排序）。河北敬业集团排名第一位，年营业收入575.7亿元，同比增长15.8%。石家庄北国人百集团有限责任公司、中国石油化工股份有限公司石家庄炼化分公司、石药控股集团有限公司、河北诚信有限责任公司分别位列第2、3、4、5位。10余家百强企业年营业收入超过100亿元。2006～2016年，石家庄市百强企业全部营业收入由1025亿元提升到3232亿元，增长3.15倍，年平均增速12%；入围百强企业门槛由5000万元提升到2.5亿元，提高5倍。2016年石家庄市百强企业中，净利润排名第一位为东旭集团，年净利润38.8亿元，第二位石药集团为20亿元，第三位天山集团为13亿元；纳税额第一位为中国石化石家庄炼化分公司，纳税额75亿元，第二位白沙烟草，纳税额57亿元，排名3～10位分别为东旭光电22亿元、天山集团16亿元、石药集团15亿元、北人集团6.4亿元、诚信公司4.7亿元、神威药业4.6亿元、敬业集团3.8亿元、君乐宝乳业3.5亿元。

（范玉蕾）

开发区·园区·保税区

Development Zone & Park & Bonded Zone

石家庄国家高新技术产业开发区

【概况】 石家庄国家高新技术产业开发区（简称高新区）是1991年3月经国务院批准设立的首批国家级高新区。1995年经国务院批准，将位于市区东部原石家庄经济技术开发区并入石家庄高新区。2005年6月，国家发展和改革委员会（简称发展改革委）审核确定石家庄高新区政策区面积15.53平方千米，其中东区7.33平方千米，西区8.2平方千米。2009年10月15日，石家庄市委、市政府决定石家庄高新区对原裕华区宋营镇、原栾城县郄马镇实行托管。至2016年末，石家庄高新区辖2个街道办事处（长江街道办事处、太行街道办事处）、2个镇（宋营镇、郄马镇），13个居委会、28个行政村，常住总人口19.23万人。2016年高新区完成生产总值219.4亿元，同比增长7.6%。固定资产投资283.57亿元，同比增长13.4%。全部财政收入55.13亿元，同比增长18.6%，其中公共财政预算收入25.76亿元，同比增长8.8%；一般公共财政预算支出22.44亿元，同比增长40.4%。农林牧渔业总产值2.87亿元，同比下降1.4%，其中农业产值2.39亿元。规模以上工业企业110个；规模以上工业增加值128.64亿元，同比增长6.9%；规模以上工业利润64.0亿元，同比增长10.5%。社会消费品零售总额84.63亿元，同比增长10.4%。实际利用外资3.25亿美元，同比增长128.5%。引进亿元以上项目15个，总投资60亿元；利用市外资金130亿元，完成服务外包执行额5亿元。借助"德国中心"，推动德国福斯公司、高新区赫伯孙电气、中国供销合作总社开展三方合作；帮助河北电机、奥星制药、中煤装备等企业实施海外收购并购、市场开拓。2016年高新区在全国116家国家级高新区中综合实力排名第15位。

【重点项目】 全年安排重点项目183个，总投资1332.95亿元。其中，开工建设项目32个；竣工投产项目26个；续建项目26个；技改项目完工50个。17个市级重点项目中，广汇汽车、大唐电信总部等8个项目开工，中国电信生产中心等2个项目收尾，长沙创芯、富力城等7个项目正在办理前期手续。2月29日，高新区第一批10个重点项目集中开工，总投资112.93亿元。3月25日，高新区第二批15个重点项目建设开工，总投资54.5亿元。第二批重点项目中，石家庄四药国家工程实验室系列项目占地70亩，总投资5亿元；计划分两期建设：一期建设国家工程实验室（国家级企业技术中心）、无血清培养基等生物医药生产车间和污水处理站等，建筑面积4.96万平方米，规划2016年6月完成基础施工；二期建设新型制剂中试生产车间、诊断试剂生产车间等，规划2018年建成；项目建成后，年产无血清培养基400万支、多肽类药物200万支、诊断试剂200万份。还有石家庄四药立体物流中心建设项目，总占地1万平方米，总投资1亿元，规划建成后货位达到3.8万个，年吞吐产品6600万件。8月12日，高新区河北金诺康药业有限公司中药饮片产业化项目、河北科达科技开发有限公司北斗导航定位终端产学研项目、奥星制药工艺系统（石家庄）有限公司新建年生产50台自控工程设备项目、石家庄藏诺生物股份有限公司经典藏药二十五味珍珠丸产业化项目、石家庄市兴海塑料印刷包装制品有限公司节能环保型食品药品软包装膜袋研发生产基地5个项目开工。河北金诺康药业有限公司中药饮片产业化项目是中药现代化产业化工程，总投资3亿元，投产后生产中药近百个品种；河北科达科技开发有限公司北斗导航定位终端产学研项目建成后年产导航定位终端产品 4 万台（套）；奥星制药工艺系统（石家庄）有限公司新建年生产 50 台自控工程设备项目总投资 6 亿元，建成后年生产 2490 台（套）系列制药设备与 10 万平方米洁净室墙板；石家庄藏诺生物股份有限公司经典藏药二十五味珍珠丸产业化项目总投资 7000 万元，主要开展二十五味珍珠丸在心脑血管疾病中应用；石家庄市兴海塑料印刷包装制品有限公司节能环保型食品药品软包装膜袋研发生产基地项目总投资 1.8 亿元。2016 年 11 月，高新区在石家庄翰林学校项目现场举行 6 个重大项目集中开工仪式。其中，石家庄翰林学校项目总投资 3 亿元；石家庄四药有限公司生物制药园项目总投资 4.26 亿元；石家庄高新总部生态城项目总投资 14.66 亿元；石家庄高新区基础设施建设项目总投资 14.45 亿元；海纳尚峰商务广场项目总投资 1.28 亿元；人天数字通信产业园项目拥有固定资产 5200 万元，3G 信号覆盖省内排名第一位、全国排名第 8 位。

【城区建设】 全年在建道路 21.7 千米，祁连街、封龙大街等 4 条道路部分路段建成通车，仓宁东路、仓盛东路、天山大街等 5 条道路工程收尾；太行大街格力过街天桥与太行嘉苑小区跨环城水系桥梁工程完工投用；南二环东延太行大街以东段工程动工；南绕城高速建设征地补偿顺利推进。新建供排水管线 39 千米；污水处理厂升级改造工程完工，出水水质达到一级 A 排放标准；南水北调高新区北水厂具备设备调试条件。新建、改造燃气管网 39 千米。昆仑大街 220 千伏电力隧道工程、高端医药产业园配套工程和 47 号地电力配套工程完工。石济客专、307 国道拓宽、天山大街北延、石家庄东站、南水北调管网项目完成征地拆迁任务，征地面积 1200 亩，拆迁面积 20 万平方米。西仰陵回迁房部分入住，留村回迁房部分封顶，南豆、小西帐村正在拆迁。美丽乡村片区总体规划及 7 个村专项规划编制完成，争取中国农业发展银行贷款资金 8 亿元，宋北村、任家庄村改造启动。保护生态环境，取缔小煤场 16 家、小锅炉 57 台；实施煤改气工程 10 个村 6289 户；6 个村推广洁净型煤 4200 吨；11 家医药、化工企业实施挥发性有机物综合治理；热电公司安排专人 24 小时值班监督。严格管理工地扬尘，64 家建筑工地全部落实干部责任分包，主街主路和重点区域道路达到机扫水洗全覆盖，渣土运输建立“黑名单”制度。2016 年高新区查处渣土运输车辆 1213 辆，查处违规大型载重车 5231 辆，处罚金额 117 万元。绿化种植乔木 2 万余株、灌木 8600 余株、绿篱草坪 3 万平方米，新增绿化面积 18.14 万平方米。

【科技创新】 推进“两化”（工业化、信息化）融合，新增省级“两化”融合重点企业 5 家；拥有国家级“两化”深度融合示范企业 1 家（石药集团），省级“两化”融合重点企业 18 家（省级示范企业 3 家：石药集团、冀凯集团、格力电器）。冀凯集团、强大泵业等骨干企业加大信息化建设和投入，将信息化手段应用到产品研发设计、成本核算、生产工艺等领域。石药集团制剂生产执行管理系统（MES）入选 2016 年“互联网 +”制造业试点示范项目。以岭药业、旭新光电 2 家企业产品获得石家庄市 2016 年度十大工业名牌产品；东旭集团获得第二届“中国质量奖”提名奖，实现河北省“中国质量奖”零的突破。拥有火炬计划重点企业 5 家；认定国家级创新型企业 5 家、省级创新型企业 20 家、市级创新型企业 32 家。新认定高新技术企业 47 家，总数累计达到 231 家；新认定科技型中小企业 364 家，总数累计达到 1100 家；新增省级科技小巨人企业 10 家。新认定区级众创空间 12 家，总数累计达到 17 家，其中国家级 7 家。新增国家级孵化器 2 家，高新区市级以上科技企业孵化器累计达到 11 家。国际人才城建成投用，引进专家研发团队 3 个、高端人才 4 名。新增上市挂牌企业 15 家，总数累计达到 50 家。新增发明专利授权量 312 件，博深工具获得中国专利奖，石药集团获评全国知识产权示范企业。组建成立京津冀投融资联盟，36 家企业与京津高校、科研院所开展合作，完成技术交易额 1.3 亿元。参与澳大利亚新南威尔士大学火炬创新园建设，3 家企业入驻。10 月 16 日，智同·药谷国际生物医药孵化器在高新区启动。这是河北省首个专业化以生物医药为主的大型孵化器，填补了专业孵化器建设的空白。智同·药谷国际生物医药孵化器由河北智同医药控股集团投资建设，占地面积 2 公顷，总建筑面积 7.6 万平方米，由 1 栋 22 层智能甲级写字楼、1 栋专家配套公寓、3 座独栋总部级商务楼、1 栋一站式企业服务中心组成。

【社会民生】 全年提供就业岗位34254个，城镇新增就业4835人。发放最低生活保障金、救助金等资金2600余万元。养老保险社会化发放率、按时足额发放率均达100%。受理农民工投诉讨薪案件83件，追讨工资1.2亿元。拥有学校48所，其中，幼儿园14所、小学22所、中学8所、中等职业学校4所；在校生3.95万人，其中，幼儿3708人、小学生1.55万人、初中生7589人、高中生9839人、中等职业学生2891人；教职工3124人，专任教师2567人。10所小学升级改造完成，新建幼儿园2所。公开招聘教师92名。妇幼保健服务中心组建成立；河北省医科大学第四医院东院扩建有序推进；太行社区卫生服务中心建成投用，长江社区卫生服务中心获得“五星级社区卫生服务机构”称号。

石家庄国家高新技术产业开发区

副市长、中共高新区工委书记：

蒋文红（12月免）

赵文锋（12月任）

市政府党组成员、区工委副书记、

管委会主任：

吴时茂

区工委副书记、武装部部长：

关保松

区工委委员、管委会副主任：

关保松（7月免）

姚玉和（5月免） 王树欣

高金光（8月免） 戴宝进

尚二飞（7月任）

田学栋（挂职，8月任）

区工委委员、纪工委书记：

梁建坤

（高新区管委会办公室）

石家庄循环化工园区

【概况】 石家庄循环化工园区（简称化工园区）位于石家庄市主城区东南方向20千米处，是河北省政府确认的首批省级工业聚集区和循环经济示范园区。2005年12月启动建设，起步区规划面积5.44平方千米，2011年规划面积扩大至10.26平方千米。2012年7月组建成立中共石家庄循环化工园区工作委员会（简称工委）和石家庄循环化工园区管理委员会（简称管委会），级别为副厅级，托管原藁城市丘头镇，管辖面积56.62平方千米，其中核心产业区面积13.77平方千米。2013年化工园区被确定为河北省实施工业强省战略十大新型工业化基地之一，被评为省级中小企业产业示范集群。2014年化工园区石炼化800万吨油品质量升级项目一次性试车成功。2016年化工园区常住总人口5.14万人，完成地区生产总值135.76亿元，同比增长4.4%。固定资产投资90.48亿元，同比增长0.3%。财政收入100.0亿元，同比增长25%，其中一般公共财政预算收入10.85亿元，同比增长80.1%。农林牧渔业总产值5.46亿元，同比下降10.9%；粮食播种面积5528公顷，总产量4.01万吨。拥有规模以上工业企业29个；规模以上工业增加值122.12亿元，同比增长4.6%；规模以上工业利润5.30亿元。社会消费品零售总额15.18亿元，同比增长9.1%。

【产业项目】 突出产品项目、物流传输、公用辅助、环境保护、管理服务“五个一体化”理念，确定以石油化工为主，石油化工和煤化工有机结合，氯碱化工作为有益补充，建设“三化合一”特色产业园区发展思路，建设形成以800万吨炼油项目为龙头石油化工产业链、以60万吨合成氨多联产为龙头煤化工产业链、以30万吨离子膜烧碱为龙头氯碱化工“三化合一”的特色产业链。至2016年底，化工园区核心产业区入驻中石化石家庄炼化分公司、河北威远生化股份有限公司、晋煤集团金石化工投资集团、盈德气体集团、河北石焦化工股份有限公司、石家庄白龙化工有限公司、石家庄东华金龙化工有限公司等规模以上工业企业29家；累计实施800万吨油品质量升级、20万吨己内酰胺、60万吨合成氨多联产、10万吨环己酮、50万吨硫酸、30万吨离子膜烧碱、10万吨苯酐顺酐、1.5万吨环保型水处理剂等工业项目55个，总投资683亿元；竣工项目22个，完成投资489亿元。2016年化工园区安排重点项目47个，总投资305.72亿元。其中，河北凡克液晶单体生产基地、鼎盈化工10万吨MTBE、河北东同1000吨陶瓷靶材一期、河北威远1000吨草铵膦4个项目竣工投产；河北凡克液晶单体生产产能达到50吨。推进招商引资和技术引进，签约引进高新技术产业项目5个，总投资22.5亿元；农业产业化项目6个，总投资1.2亿元。签订项目投资意向4个，总投资65亿元；引进外资投资意向项目1个，合同利用投资3000万美元。引进重点项目河北昂扬微电子科技有限公司承建的高端大功率IGBT芯片的研制和产业化项目，总投资101433.42万元，占地面积255亩，主要建设第8代车用IGBT大功率芯片生产线及研发中心、实验室；投资6.8亿元河北天森化工科技有限公司年产5万吨氧化亚硫酸加脂剂项目，具有独立知识产权和专利，工商注册、备案、选址、安全评价、环境评价、设备订购完成，2016年底开工。

【科技创新】 发挥资金引导、激励、杠杆作用，奖励和补助6家申报科技成果转化项目企业资金90万元；发放企业科技创新专项扶持政策资金164.78万元。全年受理专利申请35项，新获专利授权33项；新认定省级创新型企业1家、高新技术企业3家、科技型中小企业16家。3月26日，化工园区与化学工程联合国家重点实验室在清华大学签署战略合作协议，开展政、产、学、研深度合作，商定共建化学工程创新创业发展中心项目；双氧水成套技术、己内酰胺成套技术、丙烷脱氢制丙烯技术等入驻中心；该项目主要利用化学工程联合国家重点实验室清华大学分室微反应器技术，达到同等规模下反应器尺寸、装置占地面积更小，反应更温和，生产效率更高；经测算，建成后年己内酰胺生产成本降低18亿元，双氧水生产成本降低14亿元，40万吨丙烷脱氢示范装置创造利润10亿元。

链接

化学工程联合国家重点实验室于1987年批准建设，1991年建成并开放运行，由清华大学、天津大学、华东理工大学、浙江大学4个分室组成。

【城镇建设】 实施新型城镇化建设，以棚户区改造为重点，开展《石家庄循环化工园区总体规划（2016～2030年）》修编；棚户区改造设计、西北生活区控制性规划设计2个重点区域设计和给排水、供热、供气、供电、通讯等专项规划编制完成。加快道路设施建设，建石南路东延、清源大街、塔西大街3条道路正在施工；化工北路东延、化工南路、北炼路3条道路工程办理前期手续。拆除化工园区违规建筑143处。采用“土地收储＋村庄搬迁＋村改居＋城镇职工养老保险”四位一体模式，启动丘头、西宽亭2个村庄棚户区改造。投入资金21亿元，打造精品回迁小区水岸新城，其中，一期占地面积233.41亩，总建筑面积42.15万平方米，建设回迁房18栋，安置回迁住户1220户。筹集资金2亿元，启动化工园区东部6个村庄美丽乡村建设。保护生态环境，淘汰置换10吨以下工业锅炉5台，减少工业用煤5160吨；推进农村散煤污染治理，实施居民分散燃煤采暖“煤改气”工程。开展植树造林活动，绿化植树1.28万株；总占地300亩，东三环、新京港澳高速两侧各50米绿化完成，绿化率100%；村旁空地、田间道路两侧绿化率达到82%。

【农业生产】 农林牧渔业总产值5.46亿元，同比下降10.9%，其中，农业产值3.18亿元，林业产值300万元；牧业产值2.16亿元，农林牧渔服务业产值867万元。粮食播种面积5528公顷，总产量4.01万吨，平均亩产484.1千克。其中，小麦播种面积2848公顷，总产量2.14万吨，亩产502.0千克；玉米播种面积2680公顷，总产量1.87万吨，亩产465.0千克。蔬菜及食用菌种植面积1496公顷，总产量8.43万吨。至2016年末，牛、奶牛、猪、羊、家禽（主要是鸡）分别存栏4000头、1700头、7000头、2700只、85.35万只；肉、奶、禽蛋产量分别达到1374吨、1775吨、4629吨，其中，猪肉509吨、牛肉416吨、羊肉26吨、家禽肉423吨。投资800余万元，开展徐村、靳庄“万亩实验方”标准化农田示范区建设，推广水肥一体化等先进技术，实施土地连片整治、水利排灌设施新建和维修。发展新型农业经营主体，重点支持周家庄光伏农业大棚、堤上果品大棚、徐村反季蔬菜大棚建设，提升农业观光、民俗体验、“农家乐”休闲度假等农业旅游服务水平。发放徐村宁龙养殖专业合作社市级乳粉产业发展专项资金31.2万元、三山养殖场11万元；支持堤上大棚设施农业大棚项目扶持资金36万元。建成家庭农场5家；发展农业合作社60家。

【社会民生】 投入资金7000多万元，支持城乡居民养老、医疗保障、失地农民养老保障改革、就业、扶贫、贫困家庭救助，资助困难群众115人。为449名优抚对象发放优抚补助资金122万元。推行退役士兵货币化安置，为36名退役士兵发放一次性经济补助金101万元。投资1亿元，实施化工园区医院病房改扩建工程主体封顶，规划床位300张。投资9000万元，建设化工园区中学、学校食堂及宿舍楼项目。以安全生产为生命线，聘请具有资质的第三方开展重大危险源及危险化工工艺隐患排查活动，建立动态数据库，督促重大危险源企业全部完成自动化控制改造。开展涉氯涉氨、危险化学品领域专项整治和执法检查活动，发现隐患141条，下达《责令期限整改指令书》43份。举办危险化学品行业应急演练383次，参演人数4400人。组织企业开展全员培训和新安全生产法培训，全年培训企业员工3400余人次、企业安全负责人128人次、化工园区监管执法人员18人次。

石家庄循环化工园区

中共石家庄循环化工园区工委书记、管委会主任：

高新城

工委委员、管委会副主任：

范振鹏　宋同原

范书青

工委委员、纪工委书记：

王光

（范玉龙）

石家庄综合保税区

【概况】 石家庄综合保税区（简称综合保税区）前身为石家庄空港工业园。石家庄空港工业园于2010年10月批准组建，位于河北省石家庄市北部，规划面积124平方千米，规划人口60万人，是河北省按照“科学发展的实验区、对外开放的先行区、经济增长的带动区”发展目标重点打造的省级开发区。综合保税区与石家庄正定国际机场毗邻，距离石家庄市主城区30千米，首都北京200千米，天津新港350千米，黄骅港300千米。107国道和京港澳、京昆高速公路纵横南北，黄石、青银高速公路纵贯东西；京石高速铁路在园区设有专门停靠站；机场快速路、太行大街、东三环从综合保税区直达石家庄市区。2014年9月15日，国务院批准同意设立石家庄综合保税区。2014年11月7日，市委、市政府印发《关于空港工业园对综合保税区及相关区域进行共同管理的意见》（石字〔2014〕27号），规定首批共管范围包括：石家庄综合保税区建设和园区项目占地涉及的正定县新城铺镇和藁城区增村镇部分村庄；共管面积56.44平方千米，村庄20个，总人口5.5万人；首批共管内容包括：统一规划管理，统一土地管理，统一基础设施建设，统一招商引资，统一管理部分社会事务。2015年11月6日，河北省印发《河北省机构编制委员会关于组建石家庄综合保税区管理机构的通知》（冀机编〔2015〕15号文件），决定撤销石家庄空港工业园管理机构，组建中共石家庄综合保税区工委、管委会，分别为石家庄市委、市政府派出机构，并根据市委、市政府授权，行使石家庄综合保税区的管理、监督、协调和服务职能。2015年《石家庄综合保税区产业发展规划》《石家庄综合保税区开发实施方案》获得市政府批准实施；跨境电商试点城市申建和药品、肉类、冰鲜水产品、水果4种特殊商品指定进口口岸申请方案获得市政府批准同意。根据发展规划，石家庄综合保税区是集机场、高铁、高速公路为一体的空港、空铁复合型综合保税区，规划面积5平方千米，批准面积2.86平方千米，其中围网面积2.58平方千米；重点发展高端制造、现代物流、国际贸易、创新服务四大产业体系。2015年12月30日，石家庄综合保税区通过由石家庄海关牵头组织的河北省联合预验收。2016年4月28日，石家庄综合保税区通过由中国海关总署牵头、国家十部委组成的联合验收，成为河北省第二家综合保税区。8月31日，石家庄综合保税区开关运营。2016年石家庄综合保税区以“一年打基础、三年三大步、进入全国50强”为目标，瞄准京津冀国际商贸物流基地、京津冀产业协作先行区、石家庄产业升级新引擎、京津科技成果转化平台，建设口岸物流区、保税物流区、保税加工区、保税服务区、贸易功能区五大功能区，重点发展高端制造、现代物流、国际贸易、创新服务四大产业体系战略定位。开工建设纺纱及棉花国际贸易、跨境电商清关综合服务平台、口岸医药物流及圆通速递、保税物流仓库等项目。至2016年底，综合保税区注册企业9家，注册资本7.7亿元。

【招商引资】 全年综合保税区参加各类招商引资推介会6次。4月26～28日，参加由河北省政府、中国商业联合会主办，石家庄市政府、河北省商务厅承办的2016中国·石家庄（正定）国际小商品博览会，组织举办综合保税区政策专场说明会和商品展，参展商品来自中国台湾、中国香港、丹麦、新西兰、澳大利亚、俄罗斯等。还参加第三次中国—中东欧国家地方领导人会议、河北省国际经济贸易洽谈会、京津冀民航协同发展推进会、厦门国际投资洽谈会等经贸洽谈活动。与企业招商洽谈140余家，辑印宣传手册5000本。

【项目建设】 2016年综合保税区开工建设项目3个，分别为：石家庄综合保税区纺织与棉花国际贸易项目、口岸医药物流中心、跨境电商清关综合服务平台项目。其中，石家庄综合保税区纺织与棉花国际贸易项目，总投资12.98亿元，办公楼、仓库及纺纱车间主体工程完工。口岸医药物流中心一期项目，总投资1.8亿元，占地50亩，主要建设第三方药品检验检测中心，包括药品、保健品恒温仓库及医疗器械储藏库、药品研发中心等。跨境电商清关综合服务平台项目，总投资0.1亿元，主要建设运营出口检测和进口检测2条检测线，以出口产品为主，进口产品为辅，设计建成后达到日处理2万单，2016年末设备安装调试完毕。

【信息服务平台】 重视综合保税区辅助管理系统建设。综合保税区辅助管理系统由海关监管辅助平台、检验检疫监管辅助平台、园区服务平台3个平台系统组成。其中，海关监管辅助平台包括海关监管辅助系统、数据交换系统、智能指挥系统；检验检疫监管辅助平台包括检验检疫辅助管理系统、申报智能管理系统、综合前端查询系统；园区服务平台包括综合数据交换系统、统一身份认证系统及基础软件平台、场站管理系统。2016年末，海关监管辅助平台、检验检疫监管辅助平台、场站管理系统开发完成并联调联试。

【财政体制改革】 2016年8月，市政府印发《关于石家庄综合保税区投融资体制及相关支持政策的批复》（石政函〔2016〕89号），原则同意将石家庄空港建设投资有限公司改组为石家庄综合保税区建设投资集团有限公司，注册资金6亿元；授权综合保税区管委会代表市政府履行出资人职责。2016年10月，市财政局印发《关于制定市对综合保税区财政体制的通知》（石财预〔2016〕46号），确定综合保税区执行“收入全留、支出自负、定额补助”财政管理体制，视同一级财政管理，设立一级金库，财权、事权、支出责任匹配。

石家庄综合保税区

中共石家庄综合保税区工委副书记、管委会副主任（主持工作）：
吴飞　（1月任）

工委委员、管委会副主任：
夏生华（7月任）
李卫山（7月任）

工委委员、纪工委书记：
邵平　（4月任）

（蔡晓敏　李永奇）

党政机关

Party and Government Organs

中国共产党石家庄市委员会

【概况】 2016年，中共石家庄市委面对严峻复杂的形势和艰巨繁重的任务，深入学习贯彻习近平总书记系列重要讲话精神，统筹推进“五位一体”总体布局，协调推进“四个全面”战略布局，认真落实中央和河北省委重大决策部署，充分发挥总揽全局、协调各方的领导核心作用，团结带领全市广大干部群众开拓进取、砥砺前行，扎实推进改革发展稳定工作，省会的经济建设、政治建设、文化建设、社会建设、生态文明建设和党的建设取得新成效、新进展，实现了“十三五”规划良好开局。

开展“两学一做”学习教育活动，增强党员干部的党性观念和模范带头作用。市委常委会坚持把开展“两学一做”学习教育活动，作为加强党的思想政治建设、推进全面从严治党的重要契机和有力抓手，组织广大党员干部带着感情、带着责任、带着问题，认真研读《习近平谈治国理政》《习近平总书记系列重要讲话读本》《知之深 爱之切》等重点书目，做到真学真懂真信真用，通过学习找到解决问题的办法、做好工作的路径、克服困难的信心。市委常委会坚决履行抓好“两学一做”学习教育主体责任，举办专题党课活动，带动各级党组织书记讲党课；组织召开市委常委会会议13次，及时传达学习习近平总书记重要讲话和重要指示批示精神，增强政治意识、大局意识、核心意识、看齐意识，坚决在思想上政治上行动上同以习近平为核心的党中央保持高度一致。省第九次党代会召开后，市委组织召开市委常委扩大会、中心组学习会，及时传达学习省党代会精神，研究贯彻落实意见，统一思想、凝聚共识，明确重点、落实责任。

应对经济下行压力，推进经济转型升级，保持经济平稳发展。市委常委会始终把发展作为第一要务，主动适应把握引领经济发展新常态，开展供给侧结构性改革，坚持以产业、项目和开发区为抓手，强力推进经济转型升级。全年经济保持平稳较快增长，主要经济指标位居全省前列，省会综合经济实力实现新提升。2016年全市地区生产总值同比增长6.8%，全部财政收入、一般公共预算收入同比分别增长9.1%、9.8%，城乡居民人均可支配收入同比增长9.1%。

面对经济下行压力，开展“入企帮扶”活动，及时帮助企业解决实际困难和问题。强力推动“三去一降一补”工作，狠抓去产能和降成本，提前超额完成省下达的压减炼钢产能任务。加快推动食品、纺织等传统产业改造升级，工业技改投资同比增长11.6%，占工业投资比重74.3%。培育发展新动能，推动生物医药、电子信息、光电产业、通用航空等战略性新兴产业做大做强，工业利润总量位居全省首位；加快发展电子商务、金融服务、文化创意等现代服务业新兴业态，第三产业增加值占GDP比重达47.8%。发展现代农业，粮食生产再获丰收，农村产业结构持续优化，示范区建设成效凸显，农业综合效益提升。

坚持把项目建设作为经济工作的重中之重，加强县（市、区）党政主要负责人招商引资抓项目督导，中核石辐核设备等一大批重点项目开工建设，全市投资保持较好增势，总量始终居全省首位。推进园区建设提档升级，将全市25家经济开发区优化整合为19家，集聚效应增强。石家庄高新区在116家国家级高新区综合排名位居第15名，跻身“第一方阵”。推进与京津深度融合、协同发展，累计合作项目达到219个、总投资3079亿元，与北京中关村合作建设石家庄（正定）中关村集成电路产业基地挂牌运行。

坚持把加快新型城镇化步伐、建设现代化省会城市，作为率先在全省全面建成小康社会的重要推动力，加快推进省会城市建设，重点补齐县城建设短板，2016年全市城镇化质量和水平实现新提升，城镇化率达到59.96%。坚持对标先进省会城市，组织市、县相关负责人赴郑州等地对标学习，开阔了视野，更新了观念、学到了经验。加强省会城市建设发展顶层设计，开展行政区划调整后都市区总体规划及综合交通、海绵城市等规划修编，形成初步方案。推进中心城区改造提升，集中整治楼顶天线、户外广告等影响城市形象问题。实施城市重大基础设施建设，轨道交通工程部分联调联试完成，南二环东西延、和平路改造等工程顺利推进，路网改造、雨污分流、供热提质等重大市政建设开工，城市承载能力增强。开展房地产市场整治，规范城市建设秩序。提高城市管理水平，理顺城市管理体制，完善数字城管平台，城市运行更加有序，城市环境更加整洁，市民满意度提升。推进组团县区与中心城区融合发展，落实省会北跨发展理念，成立滹沱河北岸项目建设领导小组，统筹推进正定古城保护、正定新区、综合保税区建设。实施正定古城墙保护、南关村改造等重点工程，古城保护取得阶段性成效。正定新区重大功能性项目和基础设施建设，道路、综合管廊等基础设施持续完善，省奥林匹克体育中心、市信息技术学校等重点项目竣工收尾，规划馆、图书馆、青少年宫等重大场馆正在施工，会展中心新设计方案初步完成，正定新区综合承载能力和聚焦产业能力提升。

实施县城建设攻坚行动，开展城乡规划管理、环境容貌整治、基础设施建设等专项攻坚，县城承载能力、容貌形象提升，培育和建成一批特色小城镇。推进美丽乡村建设，全市406个省级重点村建设工作走在全省前列，乡村环境容貌、农村发展活力、农民生活质量大幅提升。

推进生态文明建设，实施大气污染治理攻坚战。市委常委会坚持把生态文明建设列为工作重点，动员全市各级各部门坚定走生态优先、绿色发展之路，倾力打造天蓝、地绿、水清的美丽石家庄。

大气污染防治攻坚战狠抓“压煤、抑尘、控车、减排、迁企、增绿”六大治污举措，重点实施“散煤、露天矿山、焦化、道路车辆”4个专项整治行动，提前超额完成省下达燃煤工业锅炉改造、新能源汽车及环保炉具推广任务，市区三环内全面实施“煤改气”“煤改电”工程，全市露天生产矿山全部停产。2016年9月下旬，全市出现大气污染防治严峻形势和不利气象条件，石家庄市启动史上持续时间最长、措施最严“利剑斩污”行动，狠抓道路扬尘治理、工地综合整治、散煤压减替代、黄牌货车管控，采取关停企业和施工工地、压减发电量等14项措施，下大力扭转大气环境不利局面，二氧化氮、一氧化碳等主要污染物浓度实现明显下降。

重视水生态安全，加强水环境治理。建成覆盖全市的出境水质自动监测站，实施滹沱河下游综合整治，启动洨河水质提升工程，地表和地下饮用水水源地水质达标率100%。开展大规模植树绿化活动，实施太行山生态绿化、矿山绿化等造林绿化项目，成功创建全国绿化模范城市，森林覆盖率达到38.7%。推进山水林田湖生态修复，狠抓水土保护、水源涵养等工作，省会生态环境持续改善。加大环境监察执法力度，严肃查处破坏生态环境违法行为。落实中央环境保护督察组交办环境问题查处整改，涉及问题线索全部办结。

推进改革开放和依法治市，为省会事业发展提供动力和保障。市委常委会坚持把全面深化改革作为推动省会又好又快发展的根本动力，组织召开市委全面深化改革领导小组会议5次。按照中央和省委决策部署，聚焦一批重点改革项目，实施一批关键性改革，取得一批重要成果，全市供给侧结构性改革、创新驱动、“放管服”改革、供销社综合改革、司法和社会治理体制改革、社会事业领域改革、党的纪律检查体制改革等取得进展，制定出台涉及改革文件119件。市场监管“双随机、一公开”机制、建设项目环评备案制、美丽乡村建设机制、现代农业园区助力扶贫攻坚长效机制、社会治安防控机制、轻微刑事案件快速审理机制、小学生免费托管服务等改革亮点和创新性做法，分别受到国家部委和省领导肯定。狠抓改革试点，新增国家级试点7项、省级试点10项，6项试点任务完成并通过验收。抓住“一带一路”倡议重大机遇，组织参加北京投资合作洽谈会、装备制造产业对接洽谈会、中国·石家庄国际投资合作洽谈会等系列招商引资活动，提高石家庄知名度和影响力。推进京津冀协同发展，多渠道开展面向京津招商活动。加强国际产能对接合作，推动38家本地公司在美国、南非等地开展投资合作，对外投资同比增长143.46%。

坚持把全面依法治市要求贯穿改革发展稳定全过程，切实加强法治石家庄建设的领导，调整市委法治石家庄建设领导小组办公室，成立5个专项小组。制定出台《石家庄市大气污染防治管理办法》《石家庄市绿色低碳发展促进条例》等10个政府规章；印发《石家庄市法治政府建设的实施意见》《关于全面推行政府法律顾问制度的实施意见》《重大行政处罚备案规定》，落实行政执法全程记录制度，规范行政执法权力运行。推进公正司法，建立司法公开促公正、执法监督促公正，深化"两法衔接"机制，启用全省首个中级人民法院庭审直播点播平台。重视普法宣传，开展"七五"普法宣传教育活动，2016年石家庄市被中共中央宣传部、国家司法部和全国普法办公室评为"六五"普法全国法治宣传教育先进城市。

抗击"7·19"特大洪灾，全面提高综合防灾减灾救灾能力。"7·19"特大暴雨洪灾来势凶猛、破坏巨大、历史罕见，给人民群众生命财产造成重大损失。面对突如其来的灾情，市委坚决贯彻习近平总书记重要指示，按照省委、省政府的部署要求，紧急动员、迅速行动，采取果断措施，全力以赴组织开展抗洪抢险救灾和灾后重建工作。

成立抗洪抢险应急保障和灾后重建指挥部，部署、指挥全市防汛抗洪抢险救灾和灾后重建。派遣5个市级领导带队包县工作组、71个市直部门包乡工作组，进驻受灾较重县（区）及乡镇，坚持每日视频调度会议制度，及时汇总分析情况、加强协调调度、解决突出问题。各级领导干部勇于担当、靠前指挥，及时组织广大干部群众开展抗洪抢险。灾区各级基层党组织发挥领导核心作用，成为灾区群众的"主心骨"；广大党员干部身先士卒、冲在一线，与人民群众并肩战斗、奋力抗洪抢险；驻石部队、武警官兵、消防部队和基干民兵发挥突击队作用；工青妇等群团组织、省会企事业单位、学校院所等社会力量及红十字会等慈善组织，积极参与抗洪抢险救灾和灾后重建，汇聚抢险救灾合力，最大限度地保护了人民生命财产安全。

市委常委会贯彻习近平总书记关于全面提高综合防灾减灾救灾能力的重要指示精神，组织动员全市各级各部门按照客观规律科学谋划、高效推动灾后重建工作。坚持把灾后重建与美丽乡村建设、发展旅游业和扶贫搬迁结合起来，按照为民重建、科学重建、精准重建、高效重建、优质重建、阳光重建的"六个重建"原则，制定灾后重建计划，明确重建责任，实行挂图作战，强化协调督导，狠抓落实，灾后重建工作按照时间节点顺利推进，群众生产生活条件达到灾前水平。

带着责任感情保障改善民生，倾力营造和谐稳定的社会环境。市委常委会贯彻落实共享发展理念，始终把保障改善民生放在心上，从老百姓最关心、最直接、最现实的利益问题入手，基本兑现年初确定的利民惠民实事。2016年全市民生支出占一般公共预算支出79.9%。坚持把扶贫开发摆在突出位置，实施精准扶贫、精准脱贫，按照不同致贫原因，实施"七个一批"专项行动；围绕补齐基础设施短板，实施"七大工程"，至2016年底，全市实现6.6万人稳定脱贫。实施积极的就业政策，全年城镇新增就业10.5万人，城镇零就业家庭保持动态为零。完善社会保障体系，养老、医疗保险覆盖面持续扩大，城乡低保、特困人员供养标准提高。重视发展教育事业，推进山区教育扶贫工程、小学生免费托管、普惠性幼儿园建设，主城区实施义务教育学校"学区管理制"试点改革，21个县（市、区）及高新区全部通过国家义务教育基本均衡评估。县级公立医院综合改革顺利推进，国家中医药综合改革试验市建设取得新进展，7个县（市、区）创建成为全国基层中医药工作先进单位。

坚持正确舆论导向，围绕中心工作加强正面宣传。市委常委会高度重视宣传思想文化工作，积极构建"一把手"负总责的大宣传格局，为加快省会发展营造良好的舆论氛围。牢牢把握社会主义核心价值观这条主线，开展"善行河北，首善省会"主题道德实践活动，率先在全市启动社会主义核心价值观涵育基地建设，建成正定常山公园等12个涵育基地，金域兰湾社区被中共中央宣传部评为社区宣传思想文化工作示范点。唱好主旋律、打好主动仗，开展长征胜利80周年系列纪念活动。抓好新闻舆论、网络安全和信息化工作，加强属地互联网站和新媒体管理，牢牢把握意识形态领域斗争的主动权、主导权和话语权。开展全国文明城市创建，打响交通秩序整治、社区综合治理等三大攻坚战，举办"建设文明石家庄，做文明石家庄人"、市民文明十条评选、文明礼仪养成教育活动，提升城市管理水平和市民文明素质。培育文化产业，谋划建设华北通用航空文化产业园等文化产业园区和项目，2016年全市文化产业增加值223亿元，占GDP比重4.05%。

把维护社会稳定作为重大政治任务，以高度的政治责任感毫不放松地抓好维稳工作。深入开展矛盾纠纷和隐患排查化解，将不稳定因素化解在基层和萌芽状态。完善“大排查、大调处、大帮扶”矛盾纠纷多元化解机制，建立全省首家市级疑难纠纷多元化解中心，有效调解各类社会突出矛盾纠纷。重视做好群众信访工作，严格落实领导干部接访制度，大力解决群众合理合法的利益诉求。加强社会治安综合治理，发挥110综合警务站作用，扎实推进社会治安防控体系和平安省会建设。

全面从严治党，营造风清气正的政治生态环境。市委常委会坚决落实党中央全面从严治党重大部署，履行管党治党主体责任和监督责任，为推动省会各项事业又好又快发展提供坚强的政治保证。

坚持把加强领导班子建设摆在党的建设的突出位置，带头维护习近平总书记在全党的领导核心地位。开展“维护核心、看齐追随”主题教育活动，坚决与以习近平总书记为核心的党中央保持一致，坚决贯彻落实党中央和省委的各项决策部署。推行好干部“五条标准”及河北省委“五个重用、五个不用、五个调整”要求，坚持把政治上靠得住、工作上有本事、作风上过得硬的干部选拔到重要领导岗位上来。精心组织实施县乡领导班子换届工作，严明纪律、严格程序、严把关口，营造风清气正的换届环境。推进学习型党组织建设，开展大规模干部培训，提高广大干部理论水平和素质能力。重视基层党组织建设，实施贫困村第一书记帮带富民等“六项重点特色工程”，整治基层后进党组织，推进基层服务型党组织建设，探索建立“互联网＋党建工作＋社区服务＋互动宣传”模式。2016年元氏县“党员五百米服务圈”做法在《人民日报》、中共中央组织部内刊刊登并向全国推广。

坚持不懈地推进党风廉政建设和反腐败斗争，履行党委主体责任。完善“承诺＋约谈”、履责“双报告”、以考促责等制度，强化各级领导班子和领导干部推进党风廉政建设和反腐败工作的政治责任。坚持把严守党的纪律和规矩摆在突出位置，加强贯彻落实情况监督检查，确保政令畅通。贯彻中央八项规定精神，建立完善常态化明察暗访、周报告、月通报等机制，组织开展“六治”“小八长”“一问责八清理”专项整治行动。保持惩治腐败高压态势，综合运用诫勉谈话、函询、经济责任审计、个人重大事项报告等形式，从根本上减少腐败存量、遏制腐败增量。重视违法违纪问题线索排查和立案审查，探索建立党委巡察机制。

发挥总揽全局、协调各方的领导核心作用，凝聚集体智慧和力量。加强市级领导班子的统筹协调，支持人大、政府、政协班子依照法律和章程积极主动、独立负责地开展工作。涉及改革发展稳定的重大工作、重大事项，实行市级领导分工负责制，形成抓工作的强大合力。加强和创新党的统一战线工作，支持各民主党派、工商联、无党派人士参政议政，统筹做好民族宗教、外事侨务、港澳台事务。推进工会、共青团、妇联等人民团体建设，发挥教育引导联系服务群众的重要作用。落实党管武装责任，深化全民国防教育，支持国防和军队改革，加强国防动员和后备力量建设，推进军民深度融合发展。

【中共石家庄市委及工作部门组成人员】

书　　记：孙瑞彬（11月免）
　　　　　邢国辉（11月任）
副 书 记：邢国辉（11月免）
　　　　　邓沛然（12月任）
　　　　　张泽峰（12月免）
　　　　　税勇　（12月任）
　　　　　司存喜（1月免）
市委常委：孙瑞彬（11月免）
　　　　　邢国辉
　　　　　邓沛然（12月任）
　　　　　张泽峰（12月免）
　　　　　税勇　（8月任）
　　　　　司存喜（1月免）
　　　　　鲍际国
　　　　　刘明轩（12月免）
　　　　　张树志（3月免）
　　　　　胡儒钗
　　　　　高天　（女）
　　　　　姜建华（12月免）
　　　　　郭运兴
　　　　　毛全球
　　　　　李震国（12月免）
　　　　　崔大平（12月免）
　　　　　张业　（12月任）
　　　　　王韶华（12月任）
　　　　　张明利（12月任）
　　　　　张效春（12月任）
市委秘书长：胡儒钗（12月免）
　　　　　　韩学军（12月任）
常务副秘书长：刘月照
副秘书长：高尘　王勇军

李兵英　梁立柱
周树仁　董志明
市委副秘书长兼市委研究室
主任：李海峰
市信访局局长、党组书记兼
市委副秘书长：暴胜贤
市机关事务管理局局长、党组
书记兼市委副秘书长：
裴晓青（4 月免）

市纪律检查委员会

书　　记：刘明轩（12 月免）
张明利（12 月任）
常务副书记：贾巧秀
副 书 记：刘书平　梁建林
郝建哲
纪委常委：韩秀华　左素娥
李惠英　周顺达
张忠祥

市委组织部

部　　长：姜建华（12 月免）
张效春（12 月任）
常务副部长：韩保来
副 部 长：解晓东　宋学恭
张忠良　王云辉
刘力

市委宣传部

部　　长：高天　（女）
常务副部长：孙晋康
副 部 长：郭纯阳　李刚
张惠

市委统战部

部　　长：毛全球
常务副部长：徐拥政
副 部 长：杨志乾　张志敏
刘兰敏

市委政法委

书　　记：郭运兴
常务副书记：张聚华
副 书 记：孟建中
程文才（兼）
李骁

市直机关工委

书　　记：王玉国
副 书 记：范志斌　胡国龙
赵占辉　寇彦辰

市委农工委

书　　记：张树志（3 月免）
王韶华（12 月任）
常务副书记：左红江
副 书 记：王荣军（1 月免）
高地动
陈彦良　陈玉山

机构编制委员会办公室

主　　任：左建平
常务副主任：邓京生
副 主 任：郝延平

台湾工作办公室

主　　任：王溪波
副 主 任：王春立　杨文江
龚斌

信访局

局　　长：暴胜贤
副 局 长：苏清才　李增辰
郭树君　赫建青
张春

研究室

主　　任：李海峰
副 主 任：郭宗海（4 月免）
张素钊　赵英涛

市委老干部局

局　　长：解晓东
副 局 长：李爱虎　田斌
许磊

机关事务管理局

局　　长：裴晓青
副 局 长：李长亭　卢首往
王中英　张宏社

【中共石家庄市委常委会会议】 1 月 13 日，省委常委、市委书记孙瑞彬主持召开九届市委常委会第 146 次会议。传达学习河北省“两会”精神，研究石家庄市贯彻落实意见；讨论并原则同意《政府工作报告（讨论稿）》。

1 月 17 日，孙瑞彬主持召开九届市委常委会第 147 次会议。传达学习习近平总书记在中央政治局“三严三实”专题民主生活会上的重要讲话精神和《中共中央办公厅、国务院办公厅关于三年来中央政治局贯彻执行中央八项规定落实加强作风建设情况的报告》精神，研究石家庄市贯彻落实意见。

1 月 26 日，孙瑞彬主持召开九届市委常委会第 148 次会议。传达学习河北省省会城市规划建设管理工作会议精神，研究石家庄市贯彻落实意见。

2 月 1 日，孙瑞彬主持召开九届市委常委会第 149 次会议。听取省纪委八届六次全会精神、市纪委九届六次全会有关事宜、市纪委关于大气污染问题案件办理情况、市委农工委关于全省农村工作会议精神及石家庄市贯彻落实意见的汇报，讨论并原则同意《关于进一步规范省会开发建设行为的意见（讨论稿）》《石家庄市主城区建筑垃圾管理工作责任追究办法（讨论稿）》，书面学习《习近平、王岐山同志在第十八届中央纪律检查委员会第六次全体会议上的讲话和报告》，书面印发市委宣传部关于全省宣传文化工作会议精神及石家庄市贯彻落实意见的汇报、市委统战部关于全省统战部长会议精神及石家庄市贯彻落实意见的汇报。

2月22日，孙瑞彬主持召开九届市委常委会第150次会议。传达学习习近平、刘云山在省部级主要领导干部学习贯彻党的十八届五中全会精神专题研讨班上的讲话精神，听取关于全省扶贫开发工作会议和赵克志书记批示精神及石家庄市贯彻落实意见的汇报、市纪委关于石家庄市“一问责八清理”专项行动有关事项的汇报，讨论并原则同意《石家庄市落实党委（党组）意识形态工作责任制实施方案（讨论稿）》，书面学习《赵克志、张庆伟同志在省委中心组学习会议上的讲话》和中纪委、中组部《关于加强换届风气监督的通知》，书面印发市委政法委关于2016年中央、全省政法工作会议精神及石家庄市贯彻落实意见的汇报、市信访局关于全国和全省信访局长会议精神及石家庄市贯彻落实意见的汇报。

2月29日，孙瑞彬主持召开九届市委常委会第151次会议。传达学习全省县以上党政主要领导干部专题研讨班精神，研究石家庄市贯彻落实意见。

3月18日，孙瑞彬主持召开九届市委常委会第152次会议。传达学习全国两会精神及全省领导干部会议精神，研究石家庄市贯彻落实意见；传达学习习近平在党的新闻舆论工作座谈会上的讲话精神；听取市委农工委关于全市美丽乡村建设工作有关情况的汇报；讨论并同意《关于进一步规范市管干部退休审批程序的意见（讨论稿）》；研究干部人事问题；书面印发市委组织部《关于全省组织部长会议、全省老干部工作会议主要精神及石家庄市贯彻落实意见的汇报》。

4月1日，孙瑞彬主持召开九届市委常委会第153次会议。通报河北省党政代表团赴北京、天津、浙江参观学习考察情况，研究石家庄市贯彻落实意见；传达《中共中央关于郭伯雄严重违纪违法案及其教训的通报》。

4月14日，孙瑞彬主持召开九届市委常委会第154次会议。传达学习全省开发区改革发展会议精神，研究石家庄市贯彻落实意见；听取全市老干部工作情况汇报、全市共青团工作情况汇报；讨论并同意市机构编制委员会办公室《关于设立市落实推进京津冀协同发展工作领导小组办公室等事宜的意见》、市纪委《关于井陉县原副县长赵学利申诉案的复议复审意见》。

4月18日，孙瑞彬主持召开九届市委常委会第155次会议。传达学习省委书记赵克志在河北省党政代表团赴浙江、北京、天津学习考察总结会上的讲话精神和《河北省党政代表团赴京津浙学习考察报告》，研究石家庄市贯彻落实意见；传达学习全省“两学一做”动员会议精神，研究石家庄市贯彻落实意见；讨论并同意《关于王海洋、栗进路同志行政和工资关系转入石家庄市的意见》。

4月27日，孙瑞彬主持召开九届市委常委会第156次会议。传达学习《中共中央办公厅关于部分党员领导干部在谈话函询中不如实向组织说明情况典型案件及其教训的通报》，听取市委宣传部关于石家庄市文明城市创建工作的汇报、市政府办公厅关于石家庄市重点工程项目进展情况的汇报，讨论并同意市委组织部《关于对部分企事业单位领导干部管理任免工作进行完善调整的意见》，研究干部人事问题。

5月9日，孙瑞彬主持召开九届市委常委会第157次会议。传达学习中央环境保护督察组督察河北省情况反馈会、全省环境保护大会精神，研究石家庄市贯彻落实意见；讨论并原则同意《石家庄市水污染防治工作方案（讨论稿）》；听取省委网络安全和信息化工作座谈会主要精神及石家庄市贯彻落实意见的汇报、河北省民营经济发展大会精神及石家庄市贯彻落实意见的汇报、市委统战部关于做好中央和省委统战工作专项调研检查准备工作的汇报。

5月19日，孙瑞彬主持召开九届市委常委会第158次会议。听取省委政协工作会议精神及石家庄市贯彻落实意见的汇报、省级机关作风整顿工作座谈会精神及石家庄市贯彻落实意见的汇报，讨论并原则同意《中共石家庄市委常委会“两学一做”学习教育安排方案（讨论稿）》《关于深化全市国有企业改革的实施意见（讨论稿）》《关于完善纳入市委任免的企业、学校、医院领导干部管理工作的暂行规定》，书面学习《中共中央办公厅关于当前意识形态领域情况的通报》。

6月3日，孙瑞彬主持召开九届市委常委会第159次会议。传达学习习近平在农村改革座谈会上的讲话，听取全省市县乡领导班子换届工作会议、加强换届风气监督工作视频会议主要精神及石家庄市贯彻落实意见的汇报，讨论并同意《关于市直机关党组（党委）清理规范工作的意见》《关于推荐拟受省委表彰的优秀共产党员、优秀党务工作者、先进基层党组织建议名单》《关于市旅游局更名等事宜的意见》。

6月8日，孙瑞彬主持召开九届市委常委会第160次会议。传达学习省委“两学一做”学习教育座谈会精神，听取全市“两学一做”学习教育开展情况汇报并研究石家庄市贯彻落实意见，讨论并原则同意《关于省级以上开发区优化整合方案的建议》、市纪委关于谢建中严重违纪案和焦国堂违纪案的处理意见，研究干部人事问题，书面传达学习全国科技创新大会主要精神。

6月17日，孙瑞彬主持召开九届市委常委会第161次会议。听取国家、省计划生育工作有关会议精神及石家庄市贯彻落实意见的汇报，讨论并原则同意《关于认真做好县乡领导班子换届工作的通知》《全市县乡领导班子换届工作会议建议方案》，研究干部人事问题。

7月8日，孙瑞彬主持召开九届市委常委会第162次会议。学习习近平在庆祝中国共产党成立95周年大会上的重要讲话精神，研究石家庄市贯彻落实意见；听取关于全省抓党建促脱贫攻坚暨驻村帮扶工作座谈会主要精神及石家庄市贯彻落实意见的汇报、市扶贫和开发办公室关于2016年上半年全市脱贫攻坚工作进展情况的汇报、市食品药品监督管理局关于食品安全城市创建试点工作情况的汇报、关于省直机关目标绩效管理考核及石家庄市贯彻落实意见的汇报；讨论并原则同意市委《关于对省第九次党代会报告议题的意见建议（讨论稿）》《关于设立市公共资源交易机构、市委非公党建工委和调整市供热管理机构的意见》；研究干部人事问题；书面印发市委政法委关于省委政法委员会全体（扩大）会议精神及石家庄市贯彻落实意见的汇报。

7月22日，孙瑞彬主持召开九届市委常委会第163次会议。传达学习习近平总书记关于防汛抗洪抢险救灾工作的指示精神，听取石家庄市防汛工作情况汇报并研究了贯彻落实意见；讨论并原则同意《市委九届八次全会安排方案（讨论稿）》《孙瑞彬同志在市委九届八次全会上的讲话（讨论稿）》；讨论并原则同意《关于深入推进新型城镇化建设的实施意见（讨论稿）》；研究了干部人事问题。

8月8日，孙瑞彬主持召开九届市委常委会第164次会议。传达学习习近平总书记视察唐山重要讲话精神和省委书记赵克志在全省领导干部大会上的讲话精神，研究石家庄市贯彻落实意见；传达学习全省“7·19”特大洪水灾害灾后重建工作动员大会精神，听取石家庄市抢险救灾和灾后重建工作情况汇报并研究贯彻落实意见；听取市委组织部关于全市“两学一做”学习教育开展情况的汇报、市委组织部关于加强换届风气监督有关工作进展情况的汇报、市商务局关于全市省级以上经济开发区有关情况的汇报；讨论并原则同意《石家庄市进一步贯彻落实中央环境保护督察组督察反馈意见整改方案（讨论稿）》。

8月25日，孙瑞彬主持召开九届市委常委会第165次会议。听取关于中央“两学一做”学习教育工作座谈会和赵乐际到围场县调研讲话精神、省委“两学一做”学习教育推进会精神及贯彻落实意见的汇报，传达学习省委书记赵克志8月11日关于市县乡换届工作讲话精神，讨论并原则同意2015年度市直机关目标绩效管理考核结果。

8月29日，孙瑞彬主持召开九届市委常委会第166次会议。研究干部人事问题。

8月29日，孙瑞彬主持召开九届市委常委会第167次会议。研究干部人事问题。

8月31日，孙瑞彬主持召开九届市委常委会第168次会议。传达省委关于市级领导班子换届工作有关精神，传达学习《中共中央关于辽宁拉票贿选案查处情况及其教训警示的通报》，书面印发市委防范办《关于防范处理邪教工作情况汇报》。

9月1日，孙瑞彬主持召开九届市委常委会第169次会议。研究干部人事问题。

9月9日，孙瑞彬主持召开九届市委常委会第170次会议。传达学习省委八届十四次全会精神，研究石家庄市贯彻落实意见。

9月22日，孙瑞彬主持召开九届市委常委会第171次会议。传达学习习近平在东西部扶贫协作座谈会上的讲话精神，研究石家庄市贯彻落实意见；听取市委组织部关于河北省第九次党代表大会代表选举工作会议精神及石家庄市贯彻落实意见的汇报；讨论并原则同意《关于在全市公民中开展法治宣传教育的第七个五年规划（2016～2020年）（讨论稿）》《关于设立市委巡察工作办公室和市委巡察组及市委统战部增加副部长职数的意见》；听取市委组织部关于拟纳入市委管理的企业、学校、医院领导干部综合考核情况的汇报；研究干部人事问题。

9月28日，孙瑞彬主持召开九

届市委常委会第172次会议。观看警示教育片《镜鉴——衡阳、南充违反换届纪律案件警示录》，传达学习《中共中央办公厅关于部分中管干部违反中央八项规定精神问题及其教训警示的通报》，听取关于首届河北省旅游产业发展大会精神及石家庄市贯彻落实意见的汇报，讨论并原则同意《关于深化科技体制改革 加快推进创新发展的实施方案（讨论稿）》。

9月30日，孙瑞彬主持召开九届市委常委会第173次会议。研究换届有关工作。

10月10日，孙瑞彬主持召开九届市委常委会第174次会议。传达学习河北省党政主要负责人赴正定县调研时的指示精神，研究石家庄市贯彻落实意见；听取关于全省党委政府秘书长会议主要精神及石家庄市贯彻落实意见的汇报；讨论并原则同意《关于市县乡三级人民代表大会换届选举工作的意见（草案）》。

10月24日，孙瑞彬主持召开九届市委常委会第175次会议。讨论并同意《关于终止王建国等15人市九次党代会代表资格和停止执行刘志鹏等70名同志市九次党代会代表职务的意见》，听取关于召开市委九届八次全会的建议及选举石家庄市出席省九次党代会代表有关事项的汇报，讨论并同意2015年度《县（市、区）领导班子考核得分及等次建议名单》《市直部门领导班子考核得分及等次建议名单》《县（市、区）领导干部考核等次建议名单》《市直部门领导干部考核等次建议名单》《县（市、区）、市直部门记三等功人员建议名单》，听取关于协助各民主党派做好市级组织换届工作情况汇报，书面学习省委书记赵克志在全省设区市和省直管县党委书记会议上的讲话。

10月28日，孙瑞彬主持召开九届市委常委会第176次会议。传达学习中共十八届六中全会精神，研究部署石家庄市贯彻落实意见。

11月14日，市委书记、市长邢国辉主持召开九届市委常委会第177次会议。传达学习习近平总书记在党的十八届六中全会上的讲话精神及省委八届十五次全会精神，研究石家庄市贯彻落实意见；听取关于信访形势和下一步工作措施的汇报、市纪委关于八届省委巡视整改“回头看”暨换届风气专项巡视动员部署会主要精神及石家庄市贯彻落实意见的汇报、园区有关工作情况汇报；书面传达学习习近平总书记在全国国有企业党的建设工作会议上的讲话、省委书记赵克志在省委常委（扩大）会议传达学习党的十八届六中全会精神时的讲话。

11月16日，邢国辉主持召开九届市委常委会第178次会议。传达学习省委有关指示精神，研究石家庄市贯彻落实意见。

11月28日，邢国辉主持召开九届市委常委会第179次会议。传达学习省第九次党代会精神和省委书记赵克志到石家庄代表团参加讨论时的重要讲话精神，研究石家庄市贯彻落实意见。

12月5日，邢国辉主持召开九届市委常委会第180次会议。讨论并同意《领导干部贯彻落实省第九次党代会和克志书记讲话精神专题调研工作方案（讨论稿）》《中共石家庄市委常委会议事决策规则（讨论稿）》，听取市委宣传部关于学习宣传贯彻省第九次党代会精神安排意见的汇报、市委宣传部关于迎接全国文明城市测评工作情况的汇报、关于石家庄市2016年经济社会发展主要指标完成情况和2017年计划安排意见的汇报、关于改革完善正定县、正定新区及石家庄综合保税区管理体制意见的汇报。

12月8日，省委常委、市委书记、市长邢国辉主持召开九届市委常委会第181次会议。传达学习全省领导干部大会精神，统一思想认识，汲取“安丰”问题教训，全面整改和贯彻落实党中央、国务院及省委、省政府供给侧结构性改革重大决策部署；听取关于石家庄市党政代表团赴郑州市学习考察情况的汇报；传达学习省委副书记李干杰在正定调研时的讲话精神，研究石家庄市贯彻落实意见；讨论并原则同意《关于进一步加强市委常委会自身建设的意见（讨论稿）》、市纪委关于李杰鹏、赫建青、岳银社和张栋等四起严重违纪案的处理意见；研究干部人事问题。

12月17日，邢国辉主持召开九届市委常委会第182次会议。研究干部人事问题。

12月18日，邢国辉主持召开九届市委常委会第183次会议。研究干部人事问题。

12月22日，邢国辉主持召开九届市委常委会第184次会议。传达学习中央和全省经济工作会议精神，研究石家庄市贯彻落实意见；讨论并同意《市委九届九次全会安排意见（讨论稿）》《邢国辉同志在市委九届九次全会上的讲话（讨论稿）》《税勇同志在市委九届九次全会上的讲话（讨论稿）》《关于落实省第九次党代会和赵克志同志在石家庄代表团讲话精神暨全省经济工作会议精神的责任分解意见（讨论稿）》《关于市委巡察机构、市纪委派驻监督全覆盖等事宜的意见》及关于西柏坡管理局规划建设管理处原处长任国宏严重违纪案、行唐县政府原党组副书记赵海军违纪案、市交通局原党组书记局长孙吉明违纪案等案件的处理意见。

12月25日，邢国辉主持召开九届市委常委会第185次会议。研究干部人事问题。

12月30日，省委常委、市委书记邢国辉主持召开九届市委常委会第186次会议。传达学习中央纪委监察部网站理论文章《让制度的力量充分释放》，讨论并原则同意《关于全面深化改革提升省会规划建设管理水平的指导意见（讨论稿）》《关于深入开展县城建设三年攻坚行动进一步提升县城规划建设管理水平的实施方案（讨论稿）》《石家庄市2017年城市规划建设管理工作要点（讨论稿）》《关于组建市政府投资项目代建中心的意见》《关于市第十四届人大代表人选提名推荐考察审核实施办法（讨论稿）》，听取市委组织部关于市委换届有关事项和推荐出席中共十九大代表候选人初步人选名单的汇报、市委宣传部关于意识形态有关工作及关于石家庄市接受全国文明城市年度测评情况的汇报、市食品药品监督管理局关于食品安全城市创建试点工作情况的汇报，研究干部人事问题。

【中共石家庄市委第九届委员会全体会议】 10月26日，中共石家庄市第九届委员会举行第八次全体会议。圈选确定石家庄市出席中共河北省第九次代表大会代表候选人预备人选名单；审议通过《关于召开中国共产党石家庄市代表会议的决议》，决定2016年11月3日召开中国共产党石家庄市代表会议，选举产生石家庄市出席中共河北省第九次代表大会的代表。会议由市委常委会主持。

12月27日，中共石家庄市第九届委员会举行第九次全体会议。出席市委委员43人、候补委员9人。会议由市委常委会主持。市委常委会以书面形式向全会报告工作。省委常委、市委书记邢国辉围绕抓好2017年工作作重要讲话。市委副书记、市政府党组书记邓沛然传达中央和全省经济工作会议精神。市委常委、常务副市长税勇总结部署全市经济工作。会议提出2017年工作总体要求：全面贯彻中共十八大和十八届三中、四中、五中、六中全会及中央经济工作会议精神，学习贯彻习近平总书记系列重要讲话精神，落实河北省第九次党员代表大会、全省经济工作会议提出的目标任务，坚持稳中求进的工作总基调，坚持以提高发展质量和效益为中心，坚持以推进供给侧结构性改革为主线，坚持以产业、项目和开发区建设为抓手，更加注重城乡统筹、惠及民生、维护稳定和全面从严治党，努力推动转型发展、绿色发展、创新发展、率先发展，增强辐射带动功能，加快建设现代化省会城市，以优异发展成绩迎接中共十九大召开。邢国辉讲话指出：以“聚焦新定位、聚力新路径、展示新作为、开创新局面”为主题，将2017年打造成为省会建设发展的攻坚突破之年、提质提升之年、改革创新之年；结合全市实际，要求做到“一个围绕”“四个重点发力”，“一个围绕”即围绕“增强辐射带动功能，加快建设现代化省会城市”新定位谋划和推进各项工作；“四个重点发力”即在产业转型、城市建设、县域发展、生态治理上力求突破；采取五大关键举措，即项目是主抓手、开发区是主战场、协同发展是主战略、改革是主旋律、创新是主引擎。

【中国共产党石家庄市代表会议】 11月3日，中国共产党石家庄市代表会议在市人民会堂举行，选举产生石家庄市出席中国共产党河北省第九次代表大会代表96人。会议应到代表550名，实际到会代表482名。会议由市委常委会主持。市委副书记、市长邢国辉代表市委常委会讲话。省委组织部副部长朱政学到会指导。受市委常委会委托，市委常委、组织部长姜建华作关于石家庄市出席河北省第九次党代表大会代表候选人预备人选的说明。

【市委常委专题民主生活会】 按照中共中央和中共河北省委安排部署，经省纪委和省委组织部批准，1月14日，市委常委班子利用一天时间，召开市委常委“三严三实”专题民主生活会。重点学习贯彻习近平总书记系列重要讲话精神、中央政治局专题民主生活会及省委常委专题民主生活会精神；以践行“三严三实”为主题，聚焦对党忠诚、干净干事、敢于担当，自觉向中央看齐，向省委看齐，并结合石家庄实际和市委班子成员个人实际，查摆存在突出问题，肃清周本顺影响，剖析问题根源，开展批评和自我批评，明确整改方向和主要措施，营造积极向上、干事创业、风清气正的政治生态。省委常委、市委书记孙瑞彬主持会议。省委解放思想大讨论第一巡回督导组组长董经纬等到会指导。市委全体常委出席会议。市人大常委会主任、市政协主席，市直有关部门负责人及石家庄市部分中共十八大代表列席会议。3 月 23 日，是中共中央、毛主席离开西柏坡“进京赶考”67 周年纪念日，市委常委集体赴西柏坡开展“重温《党委会的工作方法》、加强党委领导班子建设”主题教育活动。

【市委中心组学习会】 12 月 9 ～ 10 日，省委常委、市委书记、市长邢国辉主持召开市委中心组学习会。学习贯彻中共十八届六中全会、中共河北省第九次代表大会精神和省委书记赵克志在石家庄代表团的重要讲话精神，研讨如何增强辐射带动功能、加快建设现代化省会城市，专题学习《关于新形势下党内政治生活的若干准则》《中国共产党党内监督条例》，河北经贸大学教授田学斌作学习中共河北省第九次代表大会精神专题辅导。市党政班子领导成员，市人大常委会主任、中共党员副主任，市政协主席、中共党员副主席，市中级人民法院、市人民检察院“两长”参加学习。

【市委全面深化改革领导小组会议】 3 月 22 日，省委常委、市委书记、市委全面深化改革领导小组组长孙瑞彬主持召开市委全面深化改革领导小组第三次会议。市委副书记、市长、市委全面深化改革领导小组副组长邢国辉，市委副书记、市政府党组副书记、市委全面深化改革领导小组副组长张泽峰，市委副书记、市政协主席、市委全面深化改革领导小组副组长司存喜等出席会议。会议审议市委全面深化改革工作领导小组 2015 年工作总结报告、2016 年工作要点和重点改革项目及优化城市基础设施建设项目审批流程、深化农业农村改革等 6 项改革专件。

7 月 6 日，孙瑞彬主持召开市委全面深化改革领导小组第四次会议。传达学习中央和省委全面深化改革领导小组系列会议精神，听取经济体制改革专项小组、农业和农村体制改革专项小组及高新区、鹿泉区关于改革推进落实情况的汇报，审议市委全面深化改革领导小组会议审议事项提交办法（试行）、石家庄市全面深化改革督察办法（试行）及关于进一步改善营商环境 23 条意见等改革专项文件。

11 月 18 日，市委书记、市长、市委全面深化改革领导小组组长邢国辉主持召开市委全面深化改革领导小组第五次会议。传达学习中央和省委全面深化改革领导小组近期系列会议精神，审议《调整正定县、正定新区、石家庄综合保税区管理体制的意见》《全市旅游业发展体制机制改革的指导意见》《市县行政审批机构组建工作方案》《进一步深化公立医院综合改革的指导意见》《政府购买公交服务实施方案》等改革专件。

12 月 10 日，省委常委、市委书记、市长、市委全面深化改革领导小组组长邢国辉主持召开市委全面深化改革领导小组第六次会议。传达学习中央和省委全面深化改革领导小组近期会议精神，听取新乐市房地产市场清理整顿、深泽县创新信访维稳工作机制的汇报，审议进一步推进国家创新型城市建设的意见、加快开发区改革发展的意见、推动省会文化产业加快发展的若干意见、国有林场改革实施方案、加强市纪委派驻机构建设的意见、县（市、区）纪检监察机构改革和党委巡察机构建设的意见等改革专件。

12 月 23 日，邢国辉主持召开市委全面深化改革领导小组第七次会议。听取鹿泉区关于开展项目环评备案制改革试点情况、栾城区关于创新美丽乡村建设机制情况的汇报，审议推进石家庄市全面创新改革试验方案、石家庄市政府投资项目实行统建制改革方案、石家庄市发展股权投资基金设立实施方案等改革专件。

组织工作

【概况】 2016 年，中共市委组织部围绕“两学一做”学习教育、县乡领导班子换届、抓基层党建促精准脱贫、选拔培养优秀年轻干部、整治超职数配备干部、基层党组织建设、党员队伍管理等工作，履行职责，严抓领导干部和党员管理，考核领导干部 616 人，确定优秀等次 110 人。发展中共党员 6809 人，2016 年末全市累计拥有中共党员 631137 人。开展“两学一做”学习教育活动，举办培训班 208 期，培训党员干部 6 万多人次，处置不合格党员 1069 名。印发《中共石家庄市委常委约法八章》，主要内容：不准妄议中央，不准信谣传谣，不准搞小圈子，不准欺骗组织，不准插手工程，不准干扰办案，不准干预用人，不准心浮气躁。严格县乡两级领导班子换届纪律，查询 1383

名可能新提名进入县级班子的领导干部个人有关事项报告，重点比对核实362名县（市、区）领导班子成员中可能继续提名进入班子人员和386名个别谈话推荐产生的初步人选，5名未如实报告个人有关事项人员诫勉谈话，排除出考察人选。重视高层次人才智力引进，全年吸引1315名高层次人才来石创业发展，新设院士工作站11家，依托院士工作站与120多名院士建立经常性合作关系，参与指导实施合作项目175个，开展院士咨询论证、学术交流活动195次。至2016年末，石家庄市4人入选国家重点人才计划，2人入选河北省重点人才计划。离退休老干部管理，协调市级财政为16家困难事业单位25名离休干部落实统筹外补贴177万元；3家企业28名离休干部落实上收管理，全市累计上收企业181家、离休干部1208人；两次组织市级老干部视察；培训离退休干部党支部书记和老干部工作人员260多名。2016年市委老干部局获得全国老干部工作先进集体称号。

【"两学一做"学习教育】 4月20日，全市召开"两学一做"（学党章党规、学系列讲话，做合格党员）学习教育动员大会。制定《关于县处级以上党员领导干部"两学一做"学习教育具体实施方案》《关于扎实做好8项重点工作的通知》，明确提出基层党组织必须做好"八个一"系列规定动作。用好"领导干部、支部书记、党校教师"三支队伍，建好"支部课堂、流动课堂、党校课堂、掌上课堂"四个课堂，组建成立7个巡回督导组，集中督导各县（市、区）和市直各单位学习教育活动。石家庄市"两学一做"学习教育获得中央督导组肯定；中央电视台《新闻联播》、《中国组织人事报》均报道2次。"两学一做"学习教育活动期间，各县（市、区）查找经济发展、保障民生、作风建设等问题224条，市直部门查找依法行政、服务群众等问题375条，制定解决措施520条。举办培训班208期，培训党员干部6万多人次。开展"治懒（乱）政、提效能、促落实"、处置不合格党员、党员违法违纪排查清理等专项工作，处置不合格党员1059名，其中，除名139人，限期改正930人。"7·19"特大洪灾发生后，第一时间制发《关于充分发挥党组织和广大党员在防汛抗洪抢险救灾和灾后重建中作用的通知》，号召各级党组织和广大党员干部发挥战斗堡垒和先锋模范作用。开展"失联"党员集中查找攻坚行动，采取走访每个"失联"党员家庭亲友及查找"探底"等措施，查找"失联"党员18022人，复联率99.05%，排查出应终止资格或停止执行职务的党代表、人大代表和政协委员中的党员及违法违纪党员1060名，全部依章依规处理。督促1949个未按期换届基层党组织全部整改完成换届。举行党费收缴排查，全市排查需补交党员人数140742人，补交党费党员139043人，补交率98.79%。开展非公企业和社会组织"两个覆盖"摸底排查，集中利用3个月时间举行党组织组建集中攻坚行动。至2016年底，全市非公企业10151家建立党组织7159家，党组织覆盖率70.5%；社会组织2019家建立党组织1321家，党组织覆盖率65.4%。

【县乡领导班子换届】 建立市县两级换届工作领导机构。6月21日，市委召开全市县乡领导班子换届工作会议，部署安排县乡领导班子换届工作。印发《关于认真做好县乡领导班子换届工作的通知》《关于加强换届风气监督的实施方案》等文件；研究制定《关于做好乡镇领导班子换届考察工作的指导意见》《关于规范做好乡镇党委换届选举工作的指导意见》《关于规范做好县级党代会代表、人大代表选举工作的指导意见》《关于规范做好县级政协委员协商提名工作的指导意见》4个专项工作指导文件。制定《县（市、区）领导班子换届考察工作方案》，明确换届考察工作10个步骤、内容及要求，至2016年9月初，全市21个县（市、区）领导班子换届考察全部完成，提出考察对象公示人选336人。指导县（市、区）做好乡镇换届工作，制定印发《关于认真做好乡镇领导班子换届人事安排方案制定工作的通知》，明确乡镇领导班子换届结构性干部配备、人事安排初步方案的酝酿研究程序步骤，至2016年12月底，全市乡镇领导班子换届人事安排基本完成。落实县乡领导班子换届"四必看""四必谈""四必训"等要求，组织各级领导干部集中观看《镜鉴》，专题学习换届政策法规和"九严禁、九一律"等换届纪律。市委主要领导、纪委书记、组织部长带头与拟任用对象谈心谈话，全市21个县（市、区）党委书记、纪委书记、组织部长与1271名县级干部谈心谈话，全市205个乡镇党委书记与2406名乡科级干部谈心谈话。落实"一提醒五承诺"规定，组织580名市管干部、

2564名乡镇领导干部、1814名谈话推荐提出的初步人选、3047名参与换届工作人员签订《严肃换届纪律承诺书》。落实“凡提四必”规定，全市查询1383名可能新提名进入县级班子的领导干部个人有关事项报告，重点比对核实362名县（市、区）领导班子成员中可能继续提名进入班子人员和386名个别谈话推荐产生的初步人选，5名未如实报告个人有关事项人员诫勉谈话，排除出考察人选。

【驻村干部帮扶脱贫】 制定出台《关于切实把全市精准脱贫驻村干部管理工作落到实处的通知》，明确抓实计划制定、严格纪律要求、压实管理责任、实施专项考核、严肃责任追究5个方面具体任务要求。落实派出单位项目、资金、责任“三个捆绑”政策。指导驻村工作组制定以“两分析、四项目”为主要内容的脱贫攻坚计划，全市584个驻村工作组谋划整村脱贫、逐户脱贫、村民办事服务、帮建基层组织等帮脱贫攻坚项目4385个，投资资金18.2亿元，辐射带动贫困户48869户。采取定期调度、交流观摩等措施，实施基础设施、养殖种植、土地开发、特色旅游、手工加工等脱贫致富项目2435个，完成投资6.1亿元，辐射带动贫困户48869户。建立通报、约谈、召回、问责4项制度，开展精准扶贫督导检查11轮次，重点检查贫困村486个；编发《督导情况通报》4期，约谈驻村工作组组长、派出单位主要领导26人（次），两次向538个市直、县直派出单位专门印发精准扶贫通知。至2016年末，全市选派驻村干部1614名，其中，科级以上干部520人，占比32.2%，一般干部1094人，占比67.8%；市县选派后备干部或优秀年轻干部538名担任驻村第一书记，其中，科级以上后备干部368人，占比68.4%，优秀年轻干部170人，占比31.6%。

【领导班子和干部队伍】 建立省级干部考核指标运行月调度制度。改进和完善县（市、区）、市直部门、开发区（园区）领导班子综合考核评价体系。开展2015年度县（市、区）、市直部门领导班子和领导干部工作考核评价，考核县（市、区）领导班子21个，确定优秀等次6个，考核领导干部616人，确定优秀等次110人，考核市直部门领导班子91个，确定优秀等次34个，考核领导干部1522人，确定优秀等次283人。提交市委常委会研究干部任免10批次、274人次。制定《关于进一步加强和改进乡科级年轻干部培养选拔工作的通知》，落实乡镇（街道）领导班子、市直和县（市、区）部门年轻干部配备目标。招录定向选调生24名、选调生100名、党群系统公务员361名，聘用事业单位工作人员129名，从优秀村（社区）党组织书记选拔乡镇（街道）公务员28名。选派50名市直机关科级干部到乡镇（街道）等基层单位挂职锻炼。研究制定《关于调整为市委管理的企业学校医院领导干部管理暂行规定》；将北人集团、水务集团等5家企业班子副职，宝德投资集团公司等3家企业班子正职，市第一中学、市第一医院等12所学校医院班子正职的职务任免由部门管理纳入市委管理；派遣7个考核组综合考核53名干部。由市委组织部部务会成员带队，组建成立10个专项督导组，两轮督导超职数配备干部整治工作，2016年5月底前率先在全省完成整治任务；整改消化超配市管干部163人、乡科级干部1938人。加强干部报告个人有关事项管理，全年2292名市管干部、4900余名科级干部报告个人有关事项，重点抽查核实1085人；14名党政正职开展经济责任审计。举办干部培训班326期，培训干部6.48万人次；举办讲坛讲座96场次，辅导干部5.51万人次。其中，举办“中国制造2025”、企业类创新能力提升、城市建设管理与城镇化建设、精准扶贫、开发区负责人专题研修班等培训班14期、专题讲座3期，培训干部4100余人次。制定印发《关于扎实推进干部人事档案专项审核工作的通知》《关于抓紧完成第三批干部人事档案专项审核认定工作的通知》等文件；组织管理档案单位开展干部档案规范化管理自查自纠；3次召开干部档案审核调度会，督查21个县（市、区）和88个市直单位做好干部档案专项审核。

【基层组织和党员管理】 推进基层党建模式机制创新，制定出台《关于实施“六项重点特色工程”全力提升基层党建工作整体水平的通知》。实施农村党建“一县一品”创新引领工程，2次开展巡回督导和1次拉练观摩活动，形成农村党建创新引领品牌21个。实施街道社区“一网三促”智慧党建工程，6个街道、39个社区举行试点，探索建立“互联网＋党建工作＋社区服务＋互动宣传”模式。实施示范片区拓展提升工程，按照“硬件完善、制度规范、特色鲜明、成片连线”标准，打造60个农村党建示范片区和16个城市示范片区。实施贫困村第一书记帮带富民工程，制定整村脱贫项目2943个，投资总金额18.2亿元。实施后进党组织综合整治工程，建立县级领导包村、县直部门联村、机关干部驻村分包体系，推行约谈、建档、反馈、问责、通报、函询6条追责办法，排查确定后进村597个，2016年10月底全部整治完毕，配齐空缺村党组织书记17人，调整不胜任村党组织书记30人，培训后进村党组织书记1813人次，投入整顿资金1.24亿元，新（扩）建村级组织活动场所159个。实施基层党建责任集成保障工程，建立“集成式”责任目标体系、实行“捆绑式”述职考核评议、“连带式”倒查追责问责，确保省委、市委安排部署的各项党建任务特别是重点特色工程落实到位。栾城区建立联村党总支得到河北省委领导的批示肯定；元氏县“党员五百米服务圈”做法在《人民日报》、中共中央组织部内刊刊登并向全国推广。稳妥做好中共党员发展，提高农村优秀青年党员、企业技术骨干党员、知识分子党员的发展比例，优化党员结构。全年发展中共党员6809人，2016年末全市累计拥有中共党员631137人。精心做好石家庄市出席河北省第九次党代会代表选举会议，科学分配名额、规范推荐程序、严格考察把关、认真圈选公示，确保代表人选质量。11月3日，中国共产党石家庄市代表会议在市人民会堂举行，选举产生石家庄市出席中国共产党河北省第九次代表大会代表96人。抓好党代表工作室建设，按照“六有”标准，建成街道、乡镇党代表工作室102个，社区、村党代表工作室114个；重点打造桥西区汇通街道、裕华区金域蓝湾社区等10个党代表工作室示范点。2016年全市各级党代表驻室接待党员群众980人次，收集意见建议725条，协调解决群众问题693件。撰写《关于深化人才发展体制机制改革 推动区域经济发展转型升级问题研究》获河北省2016年度党建研究重点课题一等奖；撰写《鹿泉区建构“五星同创”模式提升农村党建科学化水平的调研报告》《石家庄市选派“第一书记”推动精准脱贫的实践与启示》分别在《现代领导》《石家庄决策》刊发。开展党员电化教育和远程教育，改版升级站点3969个，占全市站点93%。结合“两学一做”学习教育，市委组织部、石家庄电视台联合开设“做合格党员”“党旗高扬在一线”等栏目，播放优秀党员事迹19期，制作教学课件84部，其中16部参加河北省影视艺术奔马奖评选活动获奖。选送39部党员教育影片参加全省党员教育电视片观摩交流活动，5部课件在全省远程教育平台播出；制作28个“两优一先”先进典型事迹微记录和“两学一做”学习教育系列动漫《党章微党课》受到中共河北省委的表彰。

【人才培养引进】 协调北京专家与石家庄市5家高新技术企业建立合作关系，解决企业技术难题11个。举办国家“千人计划”专家石家庄行活动，20多名京津冀地区国家“千人计划”专家参加活动，与企业达成合作意向3个。加强与北京亦庄开发区人才合作，就干部挂职、人才交流培训、专家与企业对接、建立开发区产业人才协会等达成初步合作意向，石家庄市2个开发区加入开发区产业人才协会。重点人才队伍建设。在浙江大学举办石家庄市企业界市管拔尖人才创新能力提升培训班，65名企业市管拔尖人才、“十百千人才工程”优秀企业家参加培训。考评石家庄市首批20名高层次人才支持计划人选，考核管理服务期内219名市管拔尖人才。重点人才项目申报和推荐。石家庄市1人入选国家“千人计划”、3人入选国家“万人计划”、2人入选省“百人计划”；12人当选省第二批青年拔尖人才、15人当选省第二批农村青年拔尖人才；11个项目入选开发区“3·20”省人才资源开发专项资金重点支持项目。高层次人才智力引进。全年吸引1315名高层次人才来石创业发展。以市政府名义组织石家庄市32家高新技术企业赴南京高校开展人才招聘活动，现场达成就业意向310人，其中，博士4人、硕士137人。坚持柔性引才引智，新设立院士工作站11家，依托院士工作站与120多名院士建立经常性合作关系，参与指导实施合作项目175个，开展院士咨询论证、学术交流活动195次。重点人才工作督促指导。指导各县（市、区）围绕县域特色产业、重点项目和园区建设，谋划实施县域特色人才项目25个。印发《关于做好精品县域特色人才项目遴选工作的通知》《关于做好第二批石家庄市农村青年拔尖人才申报推荐工作的通知》，遴选支持精品人才项目10个，选拔表彰农村青年拔尖人才30名。开展“人才工作宣传月”活动，在石家庄电视台、《石家庄日报》

等媒体开设专题专栏，集中刊播 6 名优秀人才和 2 名人才工作先进典型事迹；编纂印发 2016 版《石家庄人才服务手册》。

（尹路）

2016 年 9 月 30 日，市委常委、宣传部部长高天（前排右二）参观“中国·石家庄第十一届国际动漫博览交易会”展区

宣传工作

【概况】 2016 年，全市宣传思想文化战线围绕学习贯彻习近平总书记治国理政新理念新思想及中共十八届六中全会、河北省第九次党员代表大会、中共石家庄市九届九次全会精神，部署开展思想理论学习、社会主义核心价值观教育、创建全国精神文明城市、宣传文化创作和文化产业改革等工作。加强习近平总书记治国理政理论学习，市委中心组组织集体学习 22 次；组织市级领导、河北省党代表、理论专家和农村基层宣讲团，面向市、县（市、区）党员干部举行宣讲 6000 余场。落实意识形态工作责任制，组建 5 个督查组，采取召开座谈会、查看材料、实地考察等形式，督导检查意识形态工作责任制落实；加强媒体管理，组织市县两级宣传部与新闻媒体签订工作责任状，整治电台违法违规宣传，稳妥处置意识形态敏感事件。2016 年石家庄市在省级以上媒体刊播稿件 4300 余篇（条）、中央主要媒体刊播 1800 余篇（条）。健全公共文化服务设施，丝弦剧院投入使用，霞光大剧院主体完工，县（市、区）文化设施日益完善。举办河北省大学生戏剧节、全民阅读及“彩色周末”“一月一名剧”等群众文艺活动，“彩色周末”文化演出 1311 场，送戏下基层演出 910 场，放映公益电影 49170 场。举行全国梆子声腔优秀剧目展演，演出剧目包括河北梆子、丝弦、豫剧、永年西调、老调、秦腔、蒲剧、晋剧等梆子声腔 21 个剧种 32 场。评剧《安娥》入选文化部纪念中国人民抗战胜利 70 周年优秀剧目展和第 11 届中国艺术节展演，参加第 14 届中国戏剧节展演获得“优秀入选剧目”奖。引进高雅艺术演出活动。6 月 21 日晚，中央芭蕾舞团在市人民会堂演出《红色娘子军》；6 月 24 日晚，湖北省歌舞剧院在市人民会堂演出歌剧《洪湖赤卫队》；7 月 4 日、5 日，中国评剧院在市人民会堂演出评剧经典《花为媒》。举办 2016 年全市文化科技卫生“三下乡”井陉县集中服务

2016 年 11 月 9 日，中央宣讲团成员、中共中央办公厅副主任孟祥锋（右二）到正定县塔元庄村宣讲中共十八届六中全会精神

活动，参加市直单位51家，支持资金、物资、项目总价值2.22亿元，其中，现金337.5万元、物资价值193.7万元、项目投资2.17亿元。推进文化产业发展，举办2016中国·石家庄第十一届国际动漫博览交易会签约项目4项，发布项目3项，签约总金额1.2亿元。县（市、区）投资1000万元以上重点文化产业项目26个，文化产业投资累计达到130多亿元。至2016年末，全市文化产业完成增加值223亿元，占GDP比重4.05%，“华北通用航空文化产业园”“东方文化创意产业基地”“乐华城·国际欢乐度假区”等一批大型文化产业园区和项目正在建设。2016年全国梆子声腔优秀剧目展演、抗洪救灾舆情引导获得中共中央宣传部及河北省委领导肯定，石家庄市在全省宣传系统工作考核和评比中获得优秀等次第一名，参加省级文明城市测评排名河北省第一，石家庄市金域兰湾社区被中共中央宣传部评为社区宣传思想文化工作示范点。

【思想理论学习】 以习近平总书记治国理政新理念新思想为核心，坚持抓好党委中心组和党员干部学习。市委中心组围绕学习贯彻中共十八届六中全会和河北省第九次党代会精神，组织集体学习22次，增强了政治意识、大局意识、核心意识、看齐意识。开展中共十八届六中全会和河北省第九次党代会精神学习和宣讲活动，组织市级领导、河北省党代表、理论专家和农村基层宣讲团，面向市、县（市、区）党员干部举行宣讲6000余场；利用“燕赵讲坛”“燕赵社区大讲堂”深入基层开展宣讲200余场；电视理论栏目《理论之窗》录播专家解读3期，受教育群众100余万人次。实施哲学社会科学创新工程，建设社会科学创新基地10个。

【新闻宣传】 坚持“内宣外宣网宣”共同发力，打组合拳、主动仗，营造建设现代化省会城市浓厚舆论氛围。全年在省级以上媒体刊发稿件4300余篇（条），中央主要媒体刊发1800余篇（条）。《人民日报》、新闻联播等中央级媒体刊播（发）《石家庄教育扶贫乐了“太行娃”》《洪水来袭显担当：党员兄弟连夜叫起上百村民逃生》等稿件。人民网、新华网等中央新闻网站和国内重点商业网站推送石家庄正面宣传稿件4.1万余篇。“7·19”抗洪救灾期间，正确引导舆论，主动谋划，准确发声，稳妥应对，全方位、立体式宣传报道全市抗洪救灾情况。严格互联网网站和新媒体管理，查处违规采编行为20余起。制定出台《石家庄市突发公共事件新闻发布应急预案》，及时监测发现涉石热点敏感舆情，撰写原创网络评论文章，回应网民关切，引导网络舆论，减少负面影响。创新新闻发布方式，创办《民生热点面对面》节目。发挥新媒体宣传作用，依托“无线石家庄”客户端等新媒体平台传播主流声音。加大石家庄市对外宣传力度，首次在北京王府井举办“红色西柏坡，多彩石家庄”大型旅游风光摄影展，推出《正定隆兴寺》特种邮票、鸟瞰石家庄专题片等对外宣传作品，塑造石家庄良好形象。

【社会主义核心价值观教育】 创新方式、创新手段、创新载体，重点抓好基层社会主义核心价值观主题教育。围绕“富强、民主、文明、和谐、自由、平等、公正、法治、爱国、敬业、诚信、友善”社会主义核心价值观基本内容，开展社会主义核心价值观示范单位创建活动，打造示范村（社区）、示范企业、示范学校、示范机关、示范窗口，采取以点带面、以面带片方式，推动社会主义核心价值观融入市民日常工作和经济社会发展全过程。国庆节期间，组织开展“五星红旗飘起来”活动，10万余面五星红旗在城区大街小巷迎风飘扬。率先在全省启动社会主义核心价值观涵育基地建设，设立涵育基地10个。市委宣传部、市园林局联合建设红色文化、身边好人、历史印记等主题文化公园，方便群众在日常生活中随时随地感受社会主义核心价值观教育的氛围。举办“美丽河北”“善行河北，首善省会”及百姓故事汇、寻找新乡贤、文明礼仪养成教育等特色活动，宣传学习社会主义核心价值观典型人物和英雄模范事迹。2016年石家庄市3名个人、1个群体获评中国好人称号，4名个人、4个集体获评河北省见义勇为模范，4人获评“河北好人”称号。

（陈宏杰）

【雷锋精神宣传】 弘扬雷锋精神，在全社会营造学雷锋、做雷锋、敬雷锋的浓厚氛围。2月15日，由市委宣传部、省会文明办、市互联网信息办公室主办的“鲜花送雷锋，善美在省城”大型公益活动启动，石家庄市内各主要新闻媒体、网站和公益组织，采用微博、微信、论坛、邮箱、电话等形式发现、推荐、征集“身边的雷锋”和送花志愿者。据统计，参与人数达到10万人，征集“身边的雷锋”5000余人，送花志愿者近万名，送花车辆1000余辆。3月1日，“鲜花送雷锋、善美在省城”大型公益活动出发仪式在市人民广场举行，近100辆送花车辆、500余名送花使者从市人民广场出发，向市民推荐的“身边的雷锋”送去一束鲜花表达感谢和敬意。学习雷锋精神，开展志愿服务活动。3月1日，全省“与文明同行、志愿者在行动”主题活动在石家庄雷锋广场启动。启动仪式上，由爱心人士捐赠的一座3米高的雷锋全身铜像落成揭幕。利用3月5日学雷锋纪念日等时间节点，组织社会志愿者集中开展文明礼仪宣传、文明交通引导、保护城市环境爱护美丽家园、邻里守望、便民利民、“亮牌争星”党员志愿服务等活动。

【第二届“善美石家庄”微电影大赛】 4月12日，由市委宣传部、市互联网信息办公室主办的石家庄市第二届“善美石家庄”微电影大赛启动，本次大赛以“善美石家庄”为主题，以微电影为载体，从普通民众的视角，记录在石家庄这座城市人们的心中梦想、幸福生活、快乐工作等，记录展现发生在石家庄的感人事迹，赞扬石家庄人的优秀品德，展示石家庄的风土人情、人文底蕴、社会风貌、城市发展等，诠释石家庄人的“幸福密码”。大赛分为启动、征集、评选、颁奖4个阶段，参赛者不限地域、年龄，征集作品包括微电影、微剧本两大类，采取网络公开投票和专家评审方式，评选最佳影片1部、金奖微电影5部。

（王更）

统战工作

【概况】 2016年，全市统战工作贯彻落实中国共产党领导下的政党合作和政治协商制度，坚持长期共存、互相监督、肝胆相照、荣辱与共的基本方针，深入学习习近平总书记系列重要讲话精神，重视吸纳各民主党派、无党派人士提出的合理化意见建议，及时通报重大事件、重要会议精神。重视党外人士队伍建设，举办民主党派中青年骨干成员、宗教干部和教职人员、信息员等各类培训班11期，培训党外人士2000余人次。贯彻落实中央和河北省民族工作会议精神，开展民族团结进步创建活动，加大民族乡帮扶力度。全年争取省以上财政资金100多万元，用于扶持民族乡、村建设。促进宗教和谐，坚持依法管理与教育引导并重方针，组织举办宗教教职人员和宗教干部队伍培训班，参加人员100余人次。开展和谐寺观教堂创建活动和五好信教群众评选活动，鼓励和支持宗教界参与社会公益慈善事业，引导宗教为促进经济发展、社会稳定服务。以“党外知识分子联谊会”为平台，发挥市县两级党外知识分子联谊会在教育引领、建言献策、培养人物、服务社会4个突出作用。扶持非公经济发展，2016年全市民营经济完成增加值3612.4亿元，同比增长7.2%，占全市生产总值65.7%；实缴税金462.3亿元，同比增长7.9%。

【多党合作与协商】 贯彻落实中国共产党领导下的政党合作和政治协商制度，组织党外人士参与“十三五”规划、政府工作报告、重要人事任免民主协商会，听取民主党派和无党派人士的意见。完善民主党派建言献策会议制度，建立民主党派、无党派人士意见建议采纳落实情况跟踪反馈等机制。及时向民主党派、无党派人士通报重大事件、重要会议精神，为民主党派知情出力，做好参政议政、开展民主监督提供保障。2016年市政协确定重点提案18件，其中民主党派提出14件。主办刊物《党外人士建言》连续三年获得省级领导批示率达到90%以上。2016年市委统战部为各民主党派申请增加工作经费300万元，工作经费累计达到586万元。协助民主党派做好市级组织换届工作，提拔和重用民主党派干部6人。

【海外人士联络联谊】 凝聚海外爱国力量，设立海外联络站，加强与欧美华人重点人物联系，建立海外人才库，2016年末全市海外库存高端人才达到700人。利用中国·石家庄国际投资合作洽谈会、2016中国·石家庄（正定）国际小商品博览会等大型经贸活动，搭建合作平台，开展经贸交流活动，为港澳台同胞和华侨来石投资置业营造良好发展环境。2016年全市统战系统接待来石投资考察港澳台同胞及海外侨胞团组70个1000余人。举办多种形式联络联谊活动，宣传政策、争取人心，激发港澳台同胞和华侨的爱国情怀，增强对祖国的了解和认同。加强与新生代港澳台同胞及海外侨胞代表人士联络，支持港澳台同胞及海外侨胞青年来石开展文化交流活动，注重培养青年群体的爱国力量。

【党外人士培养】 搭建平台，创新载体，建立由市委统战部牵头相关部门参加的教育培训协调机制，定期召开会议，研究解决问题。举办民主党派中青年骨干成员、宗教干部和教职人员、信息员等各类培训班11期，培训党外人士2000余人次，增加培训经费60万元。制定出台《关于加强党外干部实践锻炼工作的意见》，连续两年安排13名民主党派干部到乡镇挂职锻炼，选派5名党派干部到农村开展驻村帮扶工作。经民主党派推荐考察，市委统战部、市委组织部共同确定，25名党外人士干部列入《市管领导班子副职后备干部人选名单》，27人列入《市管领导班子中长期培养对象建议人选名单》。

【扶持非公经济】 开展以"守法诚信 坚定信心"为重点理想信念教育实践活动，引导非公有制经济人士争做优秀社会主义事业建设者。制定出台《关于促进民营经济又好又快发展的实施意见》，完善服务民营经济发展的机制和措施。举行全市民营企业家座谈会和全市民营经济发展大会，推动民营经济健康快速发展。2016年全市民营经济完成增加值3612.4亿元，同比增长7.2%，高于全市GDP增速0.4个百分点，占全市生产总值65.7%，连续11年占据全市国民经济"半壁江山"；实缴税金462.3亿元，同比增长7.9%；出口总值62.2亿元，同比下降3.6%。扩展服务功能，组织非公有制企业参加廊坊"5·18"经贸洽谈会等大型招商活动，帮助企业内引外联；开展"职能部门企业行""民营企业园区行"活动，为企业发展解难题、搭平台。组建成立"市工商联金融服务中心""市工商联民营企业培训中心"，帮助企业解决融资、人才等难题，推动非公有制企业战略转型、科学发展。

（冯硕）

机关工委

【概况】 2016年，市直机关工委贯彻落实习近平总书记治国理政新理念新思想及中共十八届六中全会、河北省第九次党员代表大会、中共石家庄市九届九次全会精神，突出抓好市直机关党的建设（简称党建）、"两学一做"学习教育、党风廉政建设、党员管理等工作。全年市直机关发展新党员620人，转正600人，累计管理党组织83个、党员42586名。统一组织党委（党组）中心组学习8次，召开学习体会交流30余次，聘请专家作辅导讲课3次，撰写研讨文章190多篇。做好基层党组织换届，调整书记20名、副书记13名，委员115名，考察调整专职副书记11名。检查基层党组织党费缴纳、管理使用和党费管理软件使用情况，排查和补缴党费1037万元。提高市直机关党员思想理论水平，方便学习和交流，组建开通"石家庄机关党建微信公众号"。重视群团组织建设，指导市直机关群团健全组织体系，10个基层工会、3个基层团组织换届。关心职工，帮助25个单位38名职工申请职工互助救助金，"元旦""春节"期间为市直困难职工发放慰问金16.9万元，为建国前加入中国共产党的老党员和生活困难党员发放慰问金11万元。

【思想建设】 "两学一做"学习教育。加强组织领导，担当主体责任，64个市直单位落实全覆盖、全过程督促指导要求。以市直机关为对象，订购和发放《党章悦读》《怎样做合格党员》《两学一做学习教育辅导百问》等书籍2000余册。组织市直工委全体党员干部原原本本抄写《中国共产党党章》，学习《中国共产党廉洁自律准则》《中国共产党纪律处分条例》等党内法规，观看话剧《焦裕禄》，制作学习教育图板15块，撰写学习体会150余篇，开设"两学一做"学习教育专栏，举办学习体会交流活动。严抓党委（党组）中心组"两学一做"学习教育。全年统一组织党委（党组）中心组学习8次，召开学习体会交流30余次，聘请专家作辅导讲课3次，撰写研讨文章190多篇。重视提高市直机关党员干部的政治思想素养和理论水平，组织市直机关5000余名党员干部参加"两学一做"学习教育辅导、报告会23场次。开展针对性学习教育活动，主要学习习近平总书记在庆祝中国共产党成立95周年、纪念红军长征胜利80周年等纪念活动会上的重要讲话，组织市直机关党员收看大会盛况；推广学习李保国先进事迹，培育选树先进典型86个。市直56个部门（单位）撰写思想理论学习调研文章181篇，在《河北机关党建》刊发动态信息6篇、经验类及探讨类文章3篇。其中，王玉国撰写《推动机关党建适应全面从严治党新要求》在《紫光阁》杂志第11期刊发交流。

【组织建设】 规范党内政治生活，研究制定《市直部门机关党建工作

2016 年 4 月 18 日，市直机关工委举办党员发展对象培训班

考评办法》，指导市直机关明确主体责任。举办 83 个市直单位基层党组织书记党建工作述职会议，监督落实“三会一课”、民主生活会、领导干部双重组织生活等制度，加强党员经常性管理、教育、监督。严把党员发展质量关。2016 年 4 月下旬，利用一周时间集中举行 2016 年度入党积极分子培训班，培训入党积极分子 500 名。全年市直机关工委发展新党员 620 人，转正 600 人。开展 2015 年度市直机关目标绩效管理考核，严格按照程序考核市直机关 81 个、直属单位 421 个。做好党员组织关系排查，市直机关排查出长期与党组织失去联系党员 519 人，存在其他问题党员 9 人。党代表和党员违纪违法情况排查。全年排查出应当终止党员代表大会代表资格、停止执行党代表职务 6 人，终止代表资格人数 6 人；应当被终止人大代表资格、暂停执行人大代表职务 1 人，给予党纪处分 1 人；受到刑事责任追究党员 50 人，清理前给予党纪处分 50 人，组织处理 5 人。基层党组织换届排查。市直机关基层党组织全部完成换届工作，其中，调整书记 20 名、副书记 13 名，委员 115 名，考察调整专职副书记 11 名。党费收缴排查。全覆盖检查基层党组织党费缴纳、管理使用和党费管理软件使用情况，排查和补缴党费 1037 万元。

【党风廉政建设】 筑牢拒腐防变思想防线。组织市直机关党员干部学习《中国共产党党内监督条例》《中国共产党纪律处分条例》《中国共产党问责条例》等纪律条例，收看《永远在路上》《打铁还需自身硬》电视专题片，开展“治懒（乱）政、提效能、促落实”专项行动，举办“七五”普法宣传教育、“两学一做”书画摄影展等活动，强化党员干部作风建设和责任担当意识。落实中央八项规定和反“四风”精神要求，紧盯春节、中秋节、国庆节等重要时间节点，采用手机短信、廉政提醒信等形式，出禁令、明纪律、立规矩，教育党员干部严格遵守党风党纪。全年组织党风廉政暗访活动 20 余次，督办有效线索 3 条，收缴违纪金额 16.3 万元。适应反腐败新形势需要，推进市直机关纪委改革，修正完善市直单位机关纪委工作职责、机构设置、机制建设、干部队伍等规章制度，制定出台《关于加强市直单位机关纪委建设的意见》。

（刘卫星）

机构编制

【概况】 2016 年，市机构编制委员会办公室（市编办）以全面深化改革为总揽，统筹推进行政审批制度改革，探索开展承担行政职能事业单位改革试点、新乐市综合行政执法试点，优化机构编制配置，创新机构编制管理。优化行政审批制度改革，衔接落实国务院、省政府调整下放行政审批事项 3 次（参见《石家庄年鉴 2017》“石家庄市人民政府”）。优化公共服务流程，根据《石家庄市人民政府办公厅关于印发石家庄市简化优化公共服务流程方便基层群众办事创业实施方案的通知》（石政办函〔2016〕91 号），启动梳理编制市县乡三级公共服务事项目录清单和办事指南；9 月 30 日，印发《石家庄市人民政府办公厅关于公布石家庄市市级公共服务事项目录的通知》（石政办函〔2016〕148 号），涉及市级 25 个部门公共服务事项 90 项。推进事业单位改革，科学分类市直 468 个事业单位。新乐市开展国家综合行政执法试点，确定将水务、环保、工商、食品药品监督管理等部分执法权纳入城管综合执法范围，最终明确在卫生计生、农林畜牧、交通运输、市场监管、城市管理5个领域也开展综合执法改革，其中，市场监管、城市管理领域实现跨部门、跨行业综合执法，执法队伍由9个精简为4个。开展机构编制审计及监督检查，配合市审计局，完成8个县（市、区）机构编制审计，参与撰写省级重点课题《机构编制审计工作研究与探索》。建立健全党委巡察机构，设立市委巡察工作办公室和市委巡察组；审核、批复21个县（市、区）设置巡察机构。按照中央纪委、河北省纪委要求，调整和整合纪检派驻机构，未设派驻纪检监察机构市一级党政机关逐步实现全面派驻。

【政府机构改革】 围绕市委、市政府中心工作，整合调整旅游、扶贫、京津冀协同发展、大气和水污染防治等重点领域的职责及体制，设立京津冀协同发展工作领导小组办公室、市公安局轨道交通分局、大气和水污染防治指挥部办公室。参照河北省做法，经市机构编制委员会研究，将旅游局更名为旅游发展委员会；调整部分职责，强化旅游发展、协调与合作；按照全域旅游示范县要求，批复平山县、正定县设立文化和旅游发展局。根据河北省机构编制委员会办公室《关于组建石家庄市扶贫和农业开发办公室的通知》（冀机编办〔2016〕40号），6月16日，市政府办公厅印发《石家庄市扶贫和农业开发办公室主要职责内设机构和人员编制规定》（石政办发〔2016〕48号），整合市扶贫开发工作领导小组办公室、市农业综合开发办公室的机构和职责，设立石家庄市扶贫和农业开发办公室，为市政府直属事业机构；设立内设机构7个及纪检（监察）室，7个内设机构分别为：综合处、政策法规处、规划项目处、资金管理处、监督检查处、老区建设处、考核评价处。批复行唐县、赞皇县、平山县、灵寿县4个贫困县设立扶贫和农业开发办公室。组建设立行政审批局。根据《中央编办、国务院法制办关于印发〈相对集中行政许可权试点工作方案〉的通知》（中央编办发〔2015〕16号）和河北省委深化改革领导小组会议及省市领导要求，制定《石家庄市市县行政审批机构组建工作方案》；11月18日，市委全面深化改革领导小组第五次会议审议通过。11月29日，全市召开市县政府组建行政审批局动员大会；12月6日，市委办公厅、市政府办公厅印发《石家庄市市县行政审批机构组建工作方案》（石办发〔2016〕48号）。12月16日，深泽县行政审批局挂牌成立，这是石家庄市首家挂牌成立的县级行政审批局。至2017年1月底，石家庄市行政审批机构组建工作全部完成。

【开发区、园区机构调整】 正定新区、循环化工园区增编。印发《关于为正定新区和循环化工园区增编的通知》（石机编办〔2016〕16号），同意为正定新区、循环化工园区各增加2名行政编制，所需编制分别从市工商局正定新区分局、循环化工园区分局划转；增编后，正定新区党工委、管委会机关行政编制44名，循环化工园区党工委、管委会机关行政编制42名。市直部门派驻空港工业园机构更名。印发《关于市直有关部门派驻空港工业园机构更名等事宜的通知》（石机编办〔2016〕32号），将市工商行政管理局空港工业园分局更名为市工商行政管理局综合保税区分局，增设外商投资企业注册科，作为分局内设机构，并增加股级职数1名，人员编制在分局内部调剂；将市质量技术监督局空港工业园分局更名为市质量技术监督局综合保税区分局；将市国土资源局空港工业园分局（挂空港工业园土地收储中心牌子）更名为市国土资源局综合保税区分局（挂综合保税区土地收储中心牌子）。开发区、园区、综合保税区加挂国土资源管理牌子。印发《关于市国土资源局正定新区等分局加挂不动产登记中心牌子的批复》（石机编办〔2016〕66号），同意在市国土资源局正定新区分局、综合保税区分局、循环化工园区分局加挂不动产登记中心牌子，分别负责所辖区域不动产登记。印发《关于市国土资源局长安分局加挂长安国际服务外包经济开发区分局牌子事宜的批复》（石机编办〔2016〕98号），同意市国土资源局长安分局加挂“市国土资源局长安国际服务外包经济开发区分局”牌子，增加副科级领导职数1名，负责河北石家庄长安国际服务外包经济开发区规划区域内的国土资源管理相关工作。石家庄国际服务外包经济开发区管理机构更名。印发《关于石家庄国际服务外包经济开发区管理机构更名等事宜的通知》（石机编〔2016〕106号），将中共石家庄国际服务外包经济开发区工作委员会、石家庄国际服务外包经济开发区管理委员会分别更名为中共河北石家庄长安国际服务外包经济开发区工作委员会、河北石家庄长安国际服务外包经济开发区管理委员会；党工委、管委会增加行政编制3名，所需编制从市行政编制总量内调剂；设立综合处、财政局2个内设机构，规格副科级，内设机构领导职数各1名；将石家庄国际服务外包经济开发区综合服务中心更名为河北石家庄长安国际服务外包经济开发区综合服务中心，为河北石家庄长安国际服务外包经济开发区管委会所属事业单位。设立河北平山西柏坡经济开发区综合服务中心。印发《关于设立河北平山西柏坡经济开发区综合服务中心的批复》(石机编办〔2016〕99号)，同意在撤销县财政局所属国有资产管理办公室基础上，设立河北平山西柏坡经济开发区综合服务中心，为管委会所属事业单位，规格为副科级，经费形式为财政性资金基本保证，核定事业编制12名，所需编制从县同类性质事业编制中调剂解决，领导职数1正（副科级）2副（股级）。

【事业单位改革】 参照省直公益类事业单位分类结果和相关分类原则，制定完善石家庄市事业单位分类方案。2016年6月，市机构编制委员会办公室征求市直各部门事业单位拟分类意见及财政、人力资源和社会保障等部门意见，并经市机构编制委员会研究，将市直纳入分类范围468个事业单位科学分类。开展承担行政职能事业单位改革试点，按照中央和河北省关于承担行政职能事业单位改革要求，石家庄市被确定为改革试点城市；2016年10月，经市机构编制委员会研究，确定将《石家庄市承担行政职能事业单位改革试点方案》上报河北省机构编制委员会办公室。规范县（市、区）政务服务中心机构设置，印发《关于规范县级政务服务中心机构设置的函》，批复藁城区、新乐市政务服务中心设置。针对国家审计署审计报告提出“石家庄市农业局从事相关工作的人员编制因权力下放而被削减，重新承担此项职能存在困难”问题，市编委办为市农业技术推广中心增加1名财政拨款事业编制（石机编办〔2016〕124号），专门用于加强植物检疫力量，协调解决石家庄市调整农业植物检疫行政审批权限过程出现的问题。

【经济社会领域机构调整】 整合市供热管理中心、市城市建设投资管理办公室职能，组建市供热管理中心，加挂市城市建设投资管理中心牌子。整合市政府采购服务中心、市建筑市场管理中心、市地产交易市场、市污染物排放权交易服务中心等分散公共资源交易机构和职能，设立市公共资源交易中心，加挂市政府采购服务中心牌子。撤销市站前人防工程管理服务中心等事业单位。整合城乡居民基本医疗保险职责，理顺市人力资源和社会保障局、市卫生计生委职责关系。推进行业协会、商会脱钩后党建工作无缝对接，批准设立非公有制经济和社会组织工作委员会。

【机构编制课题研究】 根据河北省机构编制委员会办公室《关于组织开展2016年度课题研究工作的通知》，全市开展机构编制课题研究并上报研究课题成果21项，经省机构编制委员会办公室专家评审，确认结题17项。其中，市机构编制委员会办公室撰写《机构编制审计工作理论与实践探索》评为重点课题；正定县机构编制委员会办公室撰写《相对集中行政许可权制度的问题与路径分析——基于行政审批局模式的思考》、长安区机构编制委员会办公室撰写《行政审批制度标准化建设研究》、新乐市机构编制委员会办公室撰写《新乐市综合行政执法体制改革的实践与思考》评为三类课题。

（袁勇雷）

信　访

【概况】 2016年，全市信访系统以提升信访事项及时受理率、按期答复率、办理参评和满意率“三率”为重点，坚持落实“一天一督促、半月一会商、每月一通报”制度，实现信访“退三、进五、两下降”目标，即进京非正常信访退出全省倒排前三名，列全省倒排第四名，信访工作年度考核排全省第五名，进京访批次同比下降17%、进京非正常信访人次同比下降90.2%。坚持市领导、市直部门主要负责人带头分包疑难复杂信访事项，形成领导干部接访、下访、包案督访长效工作机制。全年市领导分包疑难复杂信访案件116件，全部化解。畅通信访渠道，确保群众表达合理诉求。坚持每月第一个周三集中开展市县乡三级干部大接访活动，每周三市级党政领导到市群众工作中心公开接访约访；2016年10月开始，石家庄市确定每月第二个周六举行县（市、区）党政主要领导公开接访约访活动，各县（市、区）党政主要领导轮流公开在当地群众工作中心接访约访。全年组织开展市县乡三级干部大接访活动12次，接待群众来访1454批次、4326人次，当场解决信访事项253件，落实领导包案1046件。2016年全市排查集体访苗头和群体性事件隐患3586件，矛盾纠纷隐患化解率94.5%；信访事项及时受理率、按期答复率、办理参评和满意率“三率”综合排名位列全省第二。

【矛盾隐患排查化解】 落实“日排查、日报告”制度。坚持日常排查与重要会议、重大活动、敏感时段节点相结合，组织开展矛盾纠纷隐患集中大排查活动8次。全年排查集体访苗头和群体性事件隐患3586件，全部建立台账，实行挂账督办，矛盾纠纷隐患化解率94.5%。化解信访积案，开展信访攻坚行动，成立活动办公室，制定攻坚行动推进方案；上级交办信访积案实行挂账督办、定期通报机制。各县（市、区）和市直有关部门全部落实“五包责任制”“三到位一处理”要求。2016年省、市领导交办信访案件1601件，全部办结，结案率100%；息诉1445件，息诉率90.3%。

【群众工作中心】 按照河北省委要求，建立市县两级群众工作中心；印发《关于进一步加强县（市、区）群众工作中心建设的通知》，督导检查各县（市、区）组建群众工作中心落实情况。市群众工作中心设置建筑面积6100平方米，由市信访局机关、14个市直部门及市涉法涉诉接访中心等部门入驻组成，常驻中心工作人员150人左右，建设规模、软硬件设施均符合河北省要求。2016年末，石家庄市21个县（市、区）及高新区群众工作中心均按要求投入使用。

（刘旗）

政策研究

【概况】 2016年，市委研究室围绕市委领导关心关注、亟待解决的重点难点焦点问题，完成重大调研课题10项，涉及创新驱动发展、产业转型升级、全面深化改革、发展现代服务业、发展现代农业、美丽乡村建设、基层组织建设等重要领域，形成一批高质量的调研成果，提出一批有重要价值的意见建议。市委研究室组织撰写《调查研究》报告获得省市主要领导批示23人次。其中，实施城市通风廊道建设、加快打造京津冀世界级城市群“第三极”等建言成果被市领导批转有关部门研究落实。主编市委机关刊物《石家庄决策》12期，编发《重要动态》16期、《专家建言》2期，获得市级以上领导批示47人次。《石家庄决策》刊物获评“全国城市十佳党刊”。

【调查研究】 坚持以中共十八届六中全会、省第九次党代会和市委九届九次全会精神为指导，围绕市委领导关心关注、亟待解决的重点难点焦点问题，当好参谋、多出主意，开展专题调查研究。全年完成重大调研课题10项，涉及创新驱动发展、产业转型升级、全面深化改革、发展现代服务业、发展现代农业、美丽乡村建设、基层组织建设等重要领域，形成一批高质量的调研成果，提出一批有重要价值的意见建议。

市委研究室组织撰写《调查研究》报告获得市以上领导批示100%，获得省市主要领导批示23人次。7项调研成果被市委、市政府领导批转有关部门和负责人，要求研究相关政策措施、抓好落实，直接推动金融业和房地产业发展、承接北京产业转移、众创空间建设、矿产资源产业转型升级、开发区改革、美丽乡村建设、发展现代农业园区、社区思想政治工作等重点工作，调研成果直接转化率达70%。鹿泉区创建“五星乡村”、省会持续打好造林绿化攻坚战等调研报告被省委政研室《政研与决策》采用，经验做法在全省推广；栾城区发展现代都市农业等3篇调研报告分获市第十五届社会科学优秀成果一等奖、三等奖。“习近平总书记党建思想源于正定”获得全市机关党建调研论文二等奖，“加强社区思想政治工作”获得全市党建优秀调研课题二等奖。参与起草省委书记赵克志在省会城市规划建设管理工作会议上的讲话、市委书记孙瑞彬在全市民营经济发展大会上的讲话等综合文稿10余篇，将调研成果直接融入领导讲话、市委文件和各项工作方案、安排意见之中。其中，起草市委中心组学习体会文章《从严治党要从党内政治生活严起抓起》在《人民日报》理论版发表。深入系统地学习和研究习近平在正定工作的理论及实践成果，撰写并在报刊发表体会文章5篇。《正定古今》再版修订二稿二审完毕，精心整理编辑《知之深　爱之切》，形成300多万字党史国史档案。

【决策咨询】 借助“外脑”当好参谋助手，全方位为市决策咨询委员会开展工作提供服务保障。开展专题视察活动，组织专家学者赴石家庄综合保税区、石家庄（正定）中关村集成电路产业基地视察，咨询论证石家庄科技职业技术学院发展规划，参与城市通风廊道建设、京津冀世界级城市群“第三极”专题研讨活动。围绕新区建设、精准扶贫、深化改革、美丽乡村建设，组织决策咨询委员赴宁波、福州、宁德、厦门、贵阳、遵义开展专题考察活动，分别提出决策咨询意见和建议。以全市中心工作为重点，及时组织决咨委员建言献策。全年征集决策咨询意见建议10篇，编发《专家建言》2期，获得市领导批示4人次。其中，实施城市通风廊道建设、加快打造京津冀世界级城市群“第三极”等建言成果被市领导批转有关部门研究落实。

【重要决策刊物】 根据经济社会发展形势，市委研究委主办《石家庄决策》刊物在栏目设置上增加学习贯彻中共十八届六中全会、省第九次党代会、市委九届九次全会、“两学一做”学习教育等专栏，重点宣传各级各部门工作的新思路、新举措、新成效，有效发挥党刊对全市工作的导向和推动作用。严格组稿选稿，严把文稿质量关，做到好中选优。版面设计突出党刊特色，达到内容与形式“双提升”。全年编发《石家庄决策》12期，发行量5万余册。《石家庄决策》获评“全国城市十佳党刊”，连续11年蝉联此项荣誉，并再次评为“省会双十佳内资出版物”。编发《重要动态》16期，获得市领导批示20人次；根据市委主要领导要求，创办《重要动态（党建专刊）》。编发《专家建言》2期。

【调研指导协调】 发挥重大调研课题牵头作用，建立与市直部门和县（市、区）联合调研工作机制，组织发展改革委、金融办、商务局、科技局、美丽乡村办、高邑县、元氏县、鹿泉区、裕华区等单位，围绕产业转型升级、金融业发展、开发区改革发展、众创空间建设、农村垃圾处置、发展现代农业、美丽乡村建设、社区思想政治工作等重大问题，开展联合调研。配合省委政研室，开展高邑县创新信访机制体制、元氏县发展现代农业园区等专题调研。举办成果交流活动。将各县（市、区）、市直各部门年度优秀调研成果编撰成册，印发各地各部门参阅，有效发挥优秀调研成果的资政作用，促进了相互交流和学习，调动了各级干部开展调研工作的积极性、主动性和创造性。2016年各县（市、区）委研究室完成调研成果395项，获得市级以上领导批示36人次，在市级以上期刊发表文章327篇。

（闫晓斌）

机关事务管理

【概况】 2016年，市机关事务管理局以建设服务型、节约型、法治型机关为主线，履行管理、保障、服务职责，确保了市委、市政府机关大院安全稳定和有序运转。起草印发《石家庄市公务用车制度改革实施方案》，2016年5月底前，全市公车改革任务完成。全年市机关事务管理局调度公务车辆1.6万余台（次），安全行驶200万余千米，没有发生1起交通事故。行政经费结余109万元，全部上缴财政。始终把维护机关大院安全稳定作为工作重中之重，定期召开市委、市政府机关安全工作会议，分析机关大院安全保卫形势，通报安全管理情况，并针对突出问题，及时采取对应措施，严格整改；配合内卫、公安、信访、消防等多部门协调联动，采用“人防、物防、技防”三位一体方式，全年实现机关大院安全管理“无刑事犯罪、无治安案件、无火灾事故、无自然灾害”“四无”目标。加强饮食服务保障，贯彻落实《食品卫生管理规定》《食堂饮食安全管理暂行规定》，严格执行《餐饮业食品原料采购索证登记》《消毒登记》等制度，未发生任何食品安全事件。

【资产管理】 推进老旧小区物业管理社会化。配合居委会协调相关单位，完成市直所属部分老旧小区一管到户、水表出户、二次加压和市级领导住房管网改造等重大工程。与供热、供水、供电部门协调对接，将10个换热站全部从机关事务管理局移交相关业务单位，并协助供热公司办理供热站电表、水表等过户手续。管理房地产冬季供暖全部“一管到户”，实现冬季取暖行业化管理。坚持“修旧利废”原则，节约财政维修资金9万余元。

【节能减排】 贯彻落实《公共机构节能条例》《河北省公共机构节能办法》，组织召开全市《公共机构能源资源消费统计制度》培训工作会议。制定印发《石家庄市2016年公共机构节约能源资源工作安排意见》《石家庄市公共机构节约能源资源“十三五”规划》。协助市节能减排领导小组办公室综合考评石家庄市2015年度县（市、区）节能工作情况并打分。根据天气变化，适时调节公用住房空调温度，年节约蒸汽2000多吨，节约资金40多万元；根据季节调整用电开关时间，年节电15万余度，节约资金13万元。市委、市政府机关大院水、电、燃气全年同比节支6.8万元。与市发展改革委等部门联合组织开展多种形式节能宣传活动，督导检查部分县（市、区）和重点市属公共机构举办节能宣传活动。

（曹建龙　王东旭）

党　史

【概况】 2016年，市委党史研究室履行“存史、资政、育人”职责，聚焦党史研究任务，编辑出版《中国共产党石家庄历史（1949～1978）》（第二卷）、《石家庄市革命遗址通览》，修订再版《中国共产党石家庄历史（1921～1949）》（第一卷）。2016年6月，市委党史研究室在全市范围组织人员，参加中共中央党史研究室举办的第三届全国党史文化论坛活动，筛选全市报送文章12篇，其中3篇获报中共中央党史研究室。2016年8月，市委党史研究室参加省委党史研究室举办“永远跟党走”书法作品展，征集书法作品13幅。2016年市委党史研究室获得“省委党史研究室纪念中国共产党成立95周年网络知识竞赛优秀组织奖”“河北省党史系统信息报送工作先进单位”等荣誉。

【《中国共产党石家庄历史（1949～1978）》出版发行】 2016年6月，经市委批准，由市委党史研究室组织编写《中国共产党石家庄历史（1949～1978）》（第二卷）、《中国共产党石家庄历史（1921～1949）》（第一卷）修订再版由中共党史出版社出版发行。《中国共产党石家庄历史（1949～1978）》（第二卷）共46万字，由市委党史研究室历时6年编纂完成。该书以中共石家庄地方组织发展和建设为主线，以史实为依据，以中共中央《关于建国以来党的若干历史问题的决议》为准绳，全面记述中共石家庄地方组织29年间发展壮大及带领人民开展社会主义革命和建设的历程。修订再版《中国共产党石家庄历史（1921～1949）》（第一卷）主要记述新民主主义革命时期石家庄各级党组织带领人民英勇斗争并取得伟大胜利的历史。

【《石家庄市革命遗址通览》印刷出版】 2016年7月，《石家庄市革命遗址通览》由河北人民出版社出版发行。全书以石家庄市革命遗址普查资料为基础编辑，收录石家庄市辖区内反映新民主主义革命时期中国共产党的重要历史活动、进程、思想、文化等遗址410余处、图片420余幅。该书是一部具有史料价值和研究价值的文献书籍，也是一部石家庄市革命史的普及性读物。

中共石家庄市委党史研究室
主　任：高卫燕
副主任：王利利　张亚强
　　　　刘顺江

（王利利）

党　校

【概况】 2016年，市委党校坚持正确的办学方向和“党校姓党”的根本原则，贯彻落实习近平总书记治国理政新理念新思想及系列重要讲话和中共十八届六中全会精神，组织开展“两学一做”学习教育活动，突出教书育人优势，发挥干部成长摇篮作用，全力推进一流党校建设。加强制度建设，修订《教师教学工作量统计办法》《教师科研工作量统计办法》，支持有思想、有深度、有品质的课程和成果，客观真实做好人才评价。坚持校务公开制度，重大问题集体讨论决定，保障干部职工了解决策信息，参与决策过程。开展校际交流，扩大品牌影响，继沈阳市委党校、广州市委党校后，长沙市委党校在石家庄市委党校建立“长沙市党政干部教研基地”。严格学员管理和教育，重视学风建设，始终把党性教育贯穿学习全过程。综合运用“培训、教学、科研咨政”三位一体新模式，发挥学员主体作用，提高学员分析和解决实际问题能力。围绕中央和省委市委重大战略部署，举办“送教下基层”“燕赵社区大讲堂”活动，参与“干部大讲堂”“基层讲党课”“双创”及中共十八届六中全会精神宣讲等31场次。全年举办各类培训班次69期，培训学员4091人次。2016年中共中央组织部干部教育局第三次到市委党校调研“重走赶考路”“同呼吸心相印”党性教育特色品牌；河北省精神文明建设委员会、省志愿服务指导委员会命名石家庄市委党校为河北省首批志愿服务培训基地；市委党校获得全省党校系统首届教学比赛优秀组织奖、第十届科研工作组织奖、第三届有奖书评组织奖，市委党校主办《学报》获评“省会优秀出版物”。

【教学培训】 坚持以党性教育为主要内容，运用“重走赶考路”“同呼吸心相印”特色品牌，创新党员领导干部党性教育方式。注重学员党性锻炼和党性分析，开展理想信念教育、宗旨教育、党章党规党纪教育、反腐倡廉教育，继承红色基因，保持共产党人的政治本色。重视教师队伍建设，培育名师队伍，实施青年教师培养计划。举办首届全市党校系统教学比赛，组织65人次教师到中央党校、人民大学、浙江大学等名校参加专题培训。围绕中国共产党在西柏坡时期的实践经验、中共十八届六中全会精神解读，举办“校内讲堂”2期。全年市委党校举办各类培训班次69期，培训学员4091人次。其中，举办主体班次15期，培训学员1011人次；市直干部培训班次9期，培训学员870人次；其他类对外培训班次45期，培训学员2210人次。

【课题研究】 坚持突出质量、保持特色原则，落实贴近实际、贴近生活、贴近群众要求，围绕党委、政府中心工作开展社会科学研究。全年获批立项课题60项，其中，省级立项17项；发表学术文章150篇，核心期刊发表4篇；参加河北省第九届省社会科学基金项目评选获得优秀成果三等奖1项。举办“纪念建党95周年暨《知之深　爱之切》党建思想”学术研讨会，参加全国行政学院系统法学教学科研咨询联席会议暨第三届科学报告会。市委党校组织撰写《城乡统筹与新型城镇化建设》获得省市领导批示并报送中共中央办公厅，《关于建立容错免责机制的研究与思考》获得省领导批示并摘要报送中共中央纪委研究室，《如何提高省会中心城区的辐射带动能力》获得市委、市政府主要领导批示，《在两学一做中加强农村党员教育管理》获得省领导指示肯定。参加“石家庄精准扶贫”“石家庄水源地安全”“石家庄小微企业发展”“石家庄市水土保持”等课题调查研究，多项成果转化为政策建议和教学精品课程。

中共石家庄市委党校

校（院）长：司存喜（兼）

常务副校（院）长、校务委员会主任：马建彬

副校（院）长：高建庄　崔志进　尹浩　董杰

（王雷）

石家庄市人民代表大会

【概况】 2016年，石家庄市人民代表大会及其常委会贯彻创新、协调、绿色、开放、共享发展理念，坚持中国共产党的领导与人民当家做主、依法治国有机统一，围绕市委重大决策部署和关系改革发展、群众切身利益、社会普遍关注的重大问题，履行宪法和法律赋予的职责，组织开展立法、监督、决定、任免、代表选举等工作。1月19～22日，成功举行市第十三届人民代表大会第五次会议，审议批准《石家庄市国民经济和社会发展第十三个五年规划纲要》及市人大常委会、市政府、市法院、市检察院等7项工作报告，确定了下一个五年全市经济社会发展的指导思想、目标任务和主要举措。全年举行市人大常委会会议7次，审议议题51项；听取和审议“一府两院”专项工作报告20项，2项专项工作报

2016年1月19~22日，市第十三届人民代表大会第五次会议举行

告开展满意度测评；制定修订地方性法规4部，专项清理地方性法规40件；开展执法检查5项、专项资金监督2项、专题视察4项、专题询问4次；依法任免地方国家机关工作人员68人次。县乡两级人大换届选举。2016年11月初至12月底，全市县乡两级人大换届选举工作顺利完成。全市21个县（市、区）及205个乡镇划分县级选区2475个、乡级选区5495个；选举县级人大代表4122名、乡镇人大代表11916名，其中，连任县级人大代表2016名、乡级人大代表5746名。人大组织建设。以建设“人大代表之家”和开展“双联双评”为抓手，全年开展活动1402次，市人大常委会组成人员联系市人大代表414人次，市人大代表联系人民群众3200人次，收集意见建议630条，为群众办实事好事1682件。评选优秀人大代表119名，评选模范“人大代表之家（站）”39个。市人民代表大会闭会期间，邀请基层市人大代表列席市人大常委会会议70人次，参加视察、调研、执法检查等活动1760人次。代表建议、批评和意见办理。2016年收到人大代表建议493件，同比增加63件。制定印发《关于加强和改进代表建议办理工作的决定》，首次实行市人大常委会领导分包督办制度，首次召开新闻发布会，专题向省市媒体公开16项重点代表建议的内容、承办和督办单位及包案领导等情况。宪法宣誓。3月1日，市十三届人大常委会第二十三次会议通过《石家庄市人大常委会关于宪法宣誓工作实施办法（试行）》。8月30～31日，市十三届人大常委会第二十七次会议后，首次举行被任命人员宪法宣誓仪式，新任命的市政府副市长税勇向宪法宣誓，市人大常委会主任杨志辉主持宣誓仪式，全体常委会组成人员、列席会议人员参加宣誓仪式。此次宣誓仪式标志石家庄市人民代表大会及其常委会宪法宣誓制度正式启动实施。首届人民代表大会历史陈列展。11月12日，石家庄市首届人民代表大会历史陈列展在市人大常委会机关举行。市人大常委会副主任楚行宇主持启动仪式并讲话。市人大常委会机关和各县（市、区）人大常委会160余人参加开展仪式。石家庄市首届人民代表大会是新中国诞生前全国大城市最早召开的人民代表大会。

【市第十三届人大常委会组成人员及各部门负责人】

主　任：杨志辉
副主任：朱增海（10月免）
王中联（女）
王增飞　李锡海
杜振琪
楚行宇（满族）
秘书长：张院生
委　员：马军
马恩来（回族）
王云辉　王文晔（女）
王玉国　王生力
王仕平　王印行
卢素强　兰国良
刘月照　刘书平
刘国清　米春荣（女）
孙晋康　严晋峰（女）
李俊秀（女）
李晓华（女）
杨印胜　步淑段（女）
肖荣智　吴秀超
何金录　张琰
张静　（女）
张泽辉　张美林
张聚华　邵新中
尚秀伟　宗立荣（女）
赵海奎　胡永权
姜博卿　徐习军
徐拥政　郭登洲
崔芸　（女）
崔瑞芳（女）
韩保来　谭运江
潘卫东
副秘书长：潘明文　倪华
杨传英　时洪斌
李雪斌（3月任）

研究室
主　任：谭运江
副主任：崔书冠　王建丰

选举任免代表工作委员会
主　任：王云辉
副主任：马军　李勤

法制委员会
主　任：徐习军
副主任：宋健

内务司法委员会
主　任：卢素强
副主任：孙利华（6月免）
赵文生（6月任）

财政经济委员会
主　任：刘国清

农业和农村委员会
主　任：何金录
副主任：马兆芹

城乡建设和环境资源委员会
主　任：王生力
副主任：孙利华（6月任）

教育科学文化卫生委员会
主　任：严晋峰

民族侨务外事委员会

主　任：赵海奎

副主任：王庄丽

信访办公室

主　任：潘明文（兼，3 月任）

副主任：张万明

【市第十三届人民代表大会第五次会议】　1 月 19 ～ 22 日，市第十三届人民代表大会第五次会议在市人民会堂举行。会议推选杨志辉、朱增海、王中联、王增飞、李锡海、杜振琪、楚行宇、张院生为主席团常务主席。583 名市人大代表出席会议。听取和审议市长邢国辉作石家庄市政府工作报告，市发展和改革委员会主任赵文锋作石家庄市 2015 年国民经济和社会发展计划执行情况与 2016 年国民经济和社会发展计划草案的报告，市财政局局长周立新作石家庄市 2015 年市本级预算及市总预算执行情况和 2016 年市本级预算及市总预算草案的报告；审查批准《石家庄市国民经济和社会发展第十三个五年规划纲要》《石家庄市 2015 年国民经济和社会发展计划执行情况的报告与 2016 年国民经济和社会发展计划》《石家庄市 2015 年市本级预算及市总预算执行情况的报告和 2016 年市本级预算及市总预算》；审议《石家庄市低碳发展促进条例（草案）》；听取和审议市人大常委会主任杨志辉作石家庄市人民代表大会常务委员会工作报告，市法院院长崔存利作石家庄市中级人民法院工作报告，市人民检察院检察长陈晓明作石家庄市人民检察院工作报告，并通过相应决议。市政府、市政协有关领导，市委、市人大常委会和市政府工作部门负责人，出席市政协会议全体委员、市各民主党派、工商联和各人民团体负责人及各县（市、区）、高新技术产业开发区法院院长、检察院检察长，担任过原地市主要领导职务老领导列席会议；21 名公民旁听会议。

【市第十三届人大常委会会议】　2 月 29 日～ 3 月 1 日，市十三届人大常委会第二十三次会议在市人大常委会会议厅举行。市人大常委会主任杨志辉主持会议。副主任朱增海、王中联、王增飞、李锡海、杜振琪、楚行宇，秘书长张院生和委员 48 人出席会议。副市长张业、郝竹山，市法院院长崔存利、副院长万会峰，市检察院检察长陈晓明列席会议。3 名公民旁听会议。听取市人大常委会秘书长张院生作关于《石家庄市人大常委会 2016 年工作要点（草案）》的说明和关于《石家庄市人大常委会关于宪法宣誓工作实施办法（试行草案）》的说明，市人大常委会财经委主任、执法检查组副组长刘国清作关于检查《中华人民共和国消费者权益保护法》实施情况的报告，市人大常委会副主任朱增海作关于提请任命市人大常委会机关部分工作人员职务的说明，副市长郝竹山作关于提请决定任免市政府部分组成人员职务的说明，市检察院检察长陈晓明作关于提请免去市检察院部分工作人员职务的说明。表决通过《石家庄市人大常委会 2016 年工作要点》《石家庄市人大常委会关于宪法宣誓工作实施办法（试行）》及人事任免事项。

4 月 26 ～ 27 日，市十三届人大常委会第二十四次会议在市人大常委会会议厅举行。市人大常委会主任杨志辉、副主任朱增海分别主持会议。副主任王中联、王增飞、杜振琪、楚行宇，秘书长张院生和委员 45 人出席会议。副市长郝竹山、市法院副院

2016 年 10 月 25 日，市十三届人大常委会第二十八次会议举行联组会议，专题询问石家庄市脱贫攻坚工作

长万会峰、市检察院副检察长何军恒列席会议。6名公民旁听会议。听取和审议《石家庄市大气污染防治条例（修订草案）》及市政府关于石家庄市社会保障工作情况的报告、关于石家庄市停车场管理整顿情况的报告、关于全市美丽乡村建设情况的报告、关于全市宗教工作情况的报告。会议围绕石家庄市社会保障工作情况的报告举行满意度测评、石家庄市停车场管理整顿情况的报告举行分组专题询问。

6月28～29日，市十三届人大常委会第二十五次会议在市人大常委会会议厅举行。市人大常委会主任杨志辉主持会议。副主任朱增海、王中联、王增飞、杜振琪、楚行宇，秘书长张院生和委员46人出席会议。副市长姜阳、市法院院长崔存利、市检察院检察长陈晓明列席会议。6名公民旁听会议。听取和审议市政府副秘书长戎华奎作关于《石家庄市轨道交通管理条例（草案）》的说明，市人大常委会农业和农村委员会主任、执法检查组副组长何金录作关于检查《中华人民共和国水土保持法》实施情况的报告，市人大常委会教科文卫委主任、执法检查组副组长严晋峰作关于检查《中华人民共和国专利法》《中华人民共和国专利法实施细则》实施情况的报告，市环保局局长王华平作关于水污染防治工作情况的报告，副市长、市公安局局长刘胜作关于刑事侦查工作情况的报告，市检察院检察长陈晓明作关于刑事诉讼法律监督工作情况的报告，市法院院长崔存利作关于刑事审判工作情况的报告，市人大常委会副主任楚行宇作关于调整市十三届人大换届选举时间的说明。会议表决通过关于调整市十三届人大换届选举时间的决定，以无记名投票方式举行市政府关于水污染防治工作情况的报告满意度测评。

7月20日，市十三届人大常委会第二十六次会议在市人大常委会会议厅举行。市人大常委会主任杨志辉主持会议。副主任朱增海、王中联、王增飞、杜振琪、楚行宇，秘书长张院生和委员44人出席会议。会议审议关于接受1名省人大代表辞去代表职务的有关事项。

8月30～31日，市十三届人大常委会第二十七次会议在市人大常委会会议厅举行。市人大常委会主任杨志辉主持会议。副主任朱增海、王中联、王增飞、杜振琪，秘书长张院生出席会议。副市长李雪荣、市法院院长崔存利、市检察院检察长陈晓明列席会议。6名公民旁听会议。听取市人大法制委员会副主任委员徐习军作关于《石家庄市大气污染防治条例（修订草案）》审议结果的报告，市发展改革委主任赵文锋作关于2016年国民经济和社会发展计划1～6月执行情况的报告，市财政局局长周立新作关于2016年1～6月份预算执行情况的报告和关于2015年市本级决算和市总决算情况的报告，市审计局局长刘桂江作关于2015年度市本级预算执行和其他财政收支的审计工作报告，市人大常委会内务司法委员会主任、执法检查组副组长卢素强作关于检查《中华人民共和国律师法》实施情况的报告，市人大常委会城乡建设和环境资源委员会主任、执法检查组副组长王生力作关于检查《石家庄市城乡规划条例》实施情况的报告，副市长李雪荣作关于全市防汛抗洪抢险救灾和灾后重建工作情况的报告，市人大常委会秘书长张院生作关于全市人大系统参与抗洪救灾和灾后重建工作情况的报告、关于《石家庄市第十三届人大常委会关于加强讨论决定重大事项工作的意见（草案）》的说明及市政府、市法院、市检察院关于人事任命事项的说明。8月31日，市人大常委会首次举行新任命国家工作人员宪法宣誓仪式。

10月24～26日，市十三届人大常委会第二十八次会议在市人大常委会会议厅举行。市人大常委会主任杨志辉主持会议。副主任王中联、王增飞、李锡海、杜振琪、楚行宇，秘书长张院生和委员48人出席会议。常务副市长税勇、副市长李雪荣、市法院院长崔存利、市检察院副检察长何军恒列席会议。6名公民旁听会议。听取市人大法制委员会副主任委员、市人大常委会法制委员会主任徐习军作关于《石家庄市轨道交通管理条例（草案）》审议结果的报告和关于《石家庄市制定地方性法规条例（修订草案）》的说明，市发展改革委主任赵文锋作关于推进京津冀协同发展工作情况的报告，市扶贫开发办公室主任赵永利作关于脱贫攻坚工作情况的报告，市环保局局长王华平作关于贯彻实施《河北省大气污染防治条例》情况的报告，市司法局局长刘志魁作关于“六五”普法工作情况和实施“七五”普法规划的报告，市财政局局长周立新作关于2016年市本级预算调整方案（草案）的说明。审议通过朱增海辞去市人大常委会副主任职务、刘文鹏辞去副市长职务的请求决定。表决通过《石家庄市轨道交通管理条例》、关于开展第七个五年法治宣传教育的决议、关于批准2016年市本级预算调整方案。

12月28～29日，市十三届人大常委会第二十九次会议在市人大常委会会议厅举行。市人大常委会主任杨志辉主持会议。副主任王中联、王增飞、李锡海、杜振琪、楚行宇，秘书长张院生出席会议。副市长蒋文红列席会议。6名公民旁听会议。审议《石家庄市制定地方性法规条例（修订草案）》《石家庄市肉品管理条例（修订草案）》《石家庄市人大常委会关于促进全民阅读的决定（草案）》《石家庄市人大常委会关于对市政府工作部门主要负责人开展履职评议的暂行办法（草案）》，听取和审议副市长孟祥红作关于办理市十三届人大五次会议代表建议和落实决定情况的报告，市审计局局长刘桂江作关于《2015年度市本级预算执行和其他财政收支的审计工作报告》中有关问题整改情况的报告，市卫生计生委主任李志宏作关于落实《市人大常委会关于我市医疗卫生服务体系建设情况报告的审议意见》情况的报告，市财政局副局长刘生彦作《关于2016年市级社保基金预算调整方案（草案）》的说明，市委常委、组织部部长姜建华作关于提请决定任命邓沛然为市政府副市长并决定代理市长的说明，市人大常委会副主任楚行宇作关于接受3名省十二届人大代表辞去代表职务的说明和关于补选4名省十二届人大代表的说明，市法院院长崔存利作关于提请任免市法院部分工作人员职务的说明，市检察院检察长陈晓明作关于提请任免市检察院部分工作人员职务的说明。

【市人大常委会主任会议】 全年召开市人大常委会主任会议27次，研究和讨论议题121项。主要研究内容：提交市人大常委会会议各项视察报告、调研报告、执法检查情况报告和人事任免事项等，市人大常委会领导参加各项视察、调研、执法检查等活动的安排意见，市人民代表大会、市人大常委会会议等重要会议的会务筹备，传达第二十二次全国地方立法研讨会等重要会议精神，听取市政府关于中山路综合提升改造整体情况的汇报，关于滹沱河生态环境综合整治情况的汇报、关于正定新区场馆建设情况的汇报、关于监督石家庄市排水设施建设维护资金使用情况的汇报、关于评选2015年度优秀市人大代表建议和先进承办单位情况的汇报，关于深化“两官”履职评议有关工作的汇报，关于市县乡三级人大换届选举工作的意见、市人大常委会关于预算审查监督的规定、市人大常委会专题询问实施办法、关于加强讨论决定重大事项工作的意见、关于市人大常委会监督司法机关工作办法、关于石家庄市脱贫攻坚工作情况开展专题询问的实施方案、关于开展重点工作督查月活动的安排意见、关于评选优秀市人大代表和模范“人大代表之家”的实施方案、关于扩大公民有序参与人大工作的意见、关于建立市人大常委会微信公众平台的意见、关于在全市各县（市、区）人大常委会组织开展评议市人大代表工作的安排意见、“人大机关开放日”活动实施办法、市人大常委会机关2015年十大亮点工作评选情况等重要工作。

【市人大常委会主任与“一府两院”三长联席会议】 2月18日，市人大常委会召开主任与市政府市长、市法院院长、市检察院检察长联席会议，研究和安排2016年市人大常委会主要工作计划。市人大常委会主任杨志辉主持会议。市长邢国辉，市人大常委会副主任朱增海、王中联、王增飞、李锡海、杜振琪、楚行宇，市法院院长崔存利，市检察院检察长陈晓明出席会议。受杨志辉主任委托，市人大常委会秘书长张院生就2016年市人大常委会主要工作计划草案作说明。邢国辉建议：市人大常委会要加大大气污染防治、停车场整治、养老事业发展等工作监督力度。会议商定2016年市人大常委会听取和审议市政府、市法院、市检察院专项工作报告与计划预算和审计工作报告及开展履职评议的计划、立法计划、执法检查工作计划、专题询问工作计划、监督政府性重点项目资金和专项资金使用情况计划、视察工作计划、委托专门委员会听取和审议专项工作报告的计划、专题调研工作计划等。

【立法】 制定《石家庄市轨道交通管理条例》，修订《石家庄市大气污染防治条例》《石家庄市低碳发展促进条例》《石家庄市肉品管理条例》《石家庄市制定地方性法规条例》。《石家庄市流动人口计划生育管理条例》《石家庄市市区集贸市场管理办法》实施立法后评估。制定出台《石家庄市第十三届人大常委会五年立法规划（2013～2017）》。全面清理石家庄市现行有效40部地方性法规，重点解决与上位法规定“不一致”、与改革发展需要“不适应”及法规之间“不协调”问题。备案审查规范性文件 84 件。

【视察、调研、执法检查活动】 围绕经济社会发展的重点工作和人民群众关注的热点问题，全年市人大常委会组织市人大常委会组成人员、专门委员会委员、市人大代表、咨询委员会委员听取审议专项工作报告 20 项，开展执法检查 5 次、专题视察 4 次、专题询问 4 次。视察活动主要内容有：推进京津冀协同发展、2016 年 1 ～ 6 月份国民经济和社会发展计划执行情况、2016 年 1 ～ 6 月份预算执行情况、2015 年市本级预算及其他财政收支审计情况、水污染防治、滹沱河生态区建设管理、社会保障、停车场管理整顿、职教园区建设、脱贫攻坚、太行山生态绿化、乡村生态观光产业发展、美丽乡村建设、公安刑侦、法院刑事审判、检察院刑事诉讼法律监督、教育改革和发展等。执法检查活动主要内容有：石家庄市排水资金、绿色通道资金使用管理情况的监督检查；《中华人民共和国食品安全法》《中华人民共和国水土保持法》《中华人民共和国律师法》《中华人民共和国专利法》《中华人民共和国专利法实施细则》《消费者权益保护法》《石家庄市城乡规划条例》实施情况的监督检查。专题调研活动主要内容有：石家庄市住宅电梯基本状况、监管机制、应急救援、突发事件处置，民族乡村经济社会发展，高端人才引进，土地收储管理利用及市政府 2017 年财政预算编制等。

石家庄市人民政府

【概况】 2016 年，石家庄市人民政府围绕创新、协调、绿色、开放、共享发展理念，贯彻落实宏观政策要稳、产业政策要准、微观政策要活、改革政策要实、社会政策要托底的总体要求，采取战略上坚持稳中求进、战术上坚持全力攻坚策略，全力推进供给侧结构性改革和去产能、去库存、去杠杆、降成本、补短板工作。全年完成地区生产总值 5502.15 亿元，同比增长 6.8%，其中，第三产业增加值 2631.22 亿元，增长 10.4%；全部财政收入 826.26 亿元，同比增长 9.1%，其中，一般公共财政预算收入 398.46 亿元，增长 9.8%；固定资产投资 5678.46 亿元，同比增长 5.1%；规模以上工业增加值 1965.32 亿元，同比增长 4.5%；社会消费品零售总额 2692.98 亿元，同比增长 10.5%；城乡居民人均可支配收入 22652 元，同比增长 9.1%；居民消费价格指数同比上涨 1.6%。

*以科技创新为动力，推进创新型城市建设。*实施创新驱动发展战略，激发全社会创新潜能和创业活力，明确提出将石家庄市发展成为全省创新创业最活跃、先进要素最密集城市。开展协同创新示范区建设，发挥环保产业发展研究院等 6 家产业研究院和石家庄京津冀产学研联盟的作用，与京津合作共建产业技术创新和科技成果孵化转化基地，建立国家级协同创新中心 1 家、协同创新平台 2 个。培育创新型领军企业，实施高新技术产业倍增和科技型中小企业成长计划，重点支持 20 家创新型领军企业开展关键技术攻关，集中实施 110 项重大科技专项，研发推出省级以上新技术、新产品 120 项。加大政策扶持力度，设立市级融资支持资金 2 亿元。2016 年全市新增科技型中小企业 2368 家、科技小巨人企业 135 家，新认定高新技术企业 98 家。打造高端创新平台，重点建设东旭集团平板显示玻璃技术工程实验室、以岭药业创新中药重点实验室等重大创新平台，新建市级企业技术中心 28 家。推进中关村创业大街、北大科技园、腾讯众创空间等创新创业载体建设，新增国家级众创空间 18 家，至 2016 年末，全市共有国家级众创空间 23 家、省级 27 家、市级 58 家；建成场地面积 6.8 万平方米，汇聚各类创业创新团队或企业 650 个、创业导师 200 余名。

*以重点领域率先突破为发力点，深度融入京津冀协同发展。*立足国家和河北省赋予的功能定位，推动京津冀协同发展战略在石家庄市全面落实。以构建京津冀协同发展重要支撑区为目标，组织申报国家级正定新区。推进综合保税区建设，4 月 28 日，石家庄综合保税区通过国家十部委联合正式验收；8 月 31 日，石家庄综合保税区正式开关运作。启动总投资 50 亿元北大科技城项目，打造功能完善、体系健全、京津资源聚集的科技创新基地。加大新兴产业对接合作力度，至 2016 年底，石家庄市累

计引进京津项目（事项）253 项，总投资 4019.7 亿元。其中，第一、第二、第三产业项目分别为 13 个、82 个和 88 个，合作事项 70 个；新增项目 114 项，总投资 1260.6 亿元，引进项目资金 1100 亿元。

以工业经济转型升级为主方向，推动产业向中高端转移。重视生物医药发展，依托重点园区、龙头企业，推进生物医药企业向园区聚集，实施石药集团抗肿瘤系列新药产业化、常山生化生物原料药生产基地等总投资 167 亿元 25 个重大项目。培育新一代信息产业，依托中电科 54 所和 13 所、四方通信等骨干企业，推进北斗卫星导航、有源光缆、LED 光电产业化等总投资 196 亿元 21 个重大项目建设，提升信息产业规模和比重。培育大数据、云计算、物联网等新兴产业，构建石家庄大数据云平台，打造大数据全产业链。改造提升先进装备制造业，依托中航通飞、中车石家庄公司、格力电器等优势企业，实施中航通飞产业基地等总投资 103 亿元 14 个重大项目。壮大城市轨道交通装备、通用航空特种装备、智能农业机械、家用服务机器人产业，提升高端装备能级水平。发展节能环保产业，重点支持中博、中车等新能源汽车发展，提高公交车、公务用车、私人用车新能源汽车比例。鼓励节能环保等新兴产业发展，支持益生环保、英凯再生资源综合利用等重点企业做大做强，推进井陉太科太阳能发电、柏森生物质燃料等新能源项目建设。助力传统产业转型升级，开展精准对标活动，将对标行动向县域产业集群延伸。围绕做优做强食品、纺织、石化等传统优势产业，实施君乐宝乳业婴幼儿配方奶粉建设、常山集团新型纺织品开发等重点技改项目 200 项，工业技改投资达到 1856.1 亿元，同比增长 11.6%。加大实体经济帮扶力度，开展降低实体经济企业成本行动，最大程度降低制度性交易成本、人工成本、企业税费负担、社会保险费、财务成本、电力价格、物流成本。设立中小微企业发展基金，鼓励企业发行债券、短期融资债券，拓展企业融资渠道。采取资产重组、产权转让、关闭破产等方式，加快“僵尸企业”退出市场步伐。

以发展现代服务业为龙头，提升城市经济活力。开展银企对接服务，建立实体经济与金融机构常态化沟通机制；设立农村商业银行，培育辅导企业上市，引导保险机构投资经济社会建设。发展现代物流业，以建设国家物流枢纽城市、城市共同配送国家试点为抓手，实施深国际、卓新物流、冀中南智能物流港、环城国际汽车物流园等 18 个重点项目建设。提升信息服务基础设施水平，加快云计算产业园建设，培育大数据产业。加快建设“商务云 + 中国梦网”平台，支持北国如意购物网、慧聪大宗商品交易中心等电子商务平台扩大交易规模。推动 4G 网络向农村延伸，支持正定县、行唐县开展国家级电子商务进农村综合示范县建设，全市农村电子商务实现全覆盖。发展会展经济，加快国际展览中心建设，确定每半月举办一次大型会展、每季度举办一次国际性会展目标，提升中国・石家庄（正定）国际小商品博览会、中国・石家庄国际投资合作洽谈会、石家庄国际旅游交易会、中国・石家庄国际医药博览会、中国・石家庄国际动漫博览交易会等传统展会水平，组织举办第二届中华健康节、“爱飞客”飞行大会等新兴展会。发展休闲旅游，以环省会、西部山区旅游产业带为重点，加快精品景点、农家乐、旅游交通标识等基础设施建设，整合旅游资源，推出一批适合市民节假日“下乡进山”的精品线路。支持中山国遗址公园开发保护，打造古文化旅游品牌。落实带薪休假制度，鼓励错峰休假，促进旅游消费，2016 年全市实现旅游业总收入 750.32 亿元，同比增长 27.07%。壮大文化教育体育产业，以发展职教培训为重点，整合职业教育资源，推进职教园区建设、产教深度融合、“中高专本”衔接融通。以做大做强影视制作、动漫游戏、出版发行等为目标，培育壮大文化市场主体。加快体育基础设施建设，组织举办“中超”主场比赛及全国性、国际性赛事，带动体育产业发展。支持健康养老产业，放开养老市场，鼓励社会资本投资养老服务业。发展“医养结合”养老服务，支持中节能健康城、富力疗养度假中心、绿城养老养生园等重点项目建设。提档升级传统服务业，支持北国超市、勒泰中心、万达广场等大型商贸零售企业转型发展，改造提升新华集贸、南三条等大型批发市场，高标准建设华润万象综合体、北人集团奥特莱斯等大型商贸综合体项目。

以“三农”工作为重中之重，推进建设县域小康生活。发展现代农业，围绕国家现代农业示范区建设要求，突出抓好 50 个小麦、48 个玉米万亩高产示范片生产，全年粮食总产量达到 440.36 万吨。发展壮大畜牧、蔬菜、林果三大优势产业，做大做强君乐宝、三元、双鸽3个省级畜牧业链条经济。培育各类农业新型经营主体，推广平山县“葫芦峪”模式，新增家庭农场245家、农民合作社449家。发展县域经济，支持晋州纺织、赵县生物制药、无极皮革等产业集群扩大规模、规范发展。推进美丽乡村建设，以“四美五改”为重点，完成406个重点村建设任务，重点打造鹿泉抱犊寨、栾城三苏都市农业游2个省级片区，持续推进平山西柏坡、正定古城片区、京石高铁沿线美丽乡村示范线建设。完善农村基础设施，建设农村公路329.48千米。增加农民收入，推进农民工市民化，鼓励有稳定就业和收入的农业人口进城落户。完善农产品价格保护和农业补贴政策，健全农村征地补偿制度，提高补偿标准，增加农民土地增值收益。加大脱贫攻坚力度，以4个国家级贫困县为重点，支持贫困地区建设交通、水利、电力、信息等基础设施，确定每个贫困县打造1个现代农业产业园区，重点培育设施蔬菜、优质林果、特色养殖、手工业等脱贫产业。实施山区教育扶贫工程，改善贫困地区办学条件和教育质量。运用政策脱贫，将贫困人口全部纳入重特大疾病救助范围，将完全或部分丧失劳动能力的贫困人口全部纳入农村最低保障。推进易地搬迁安置，完善搬迁后续扶持政策，改善搬迁群众生产生活条件，全年搬迁农户276户864人。

以做强做美省会、做大做优县城为目标，加快新型城镇化建设。完善交通路网体系，启动石济客专火车东站及广场建设，实施南二环东延西拓、和平路高架西延、裕华路西延、107国道、307辅线改造工程。按照一级公路标准，启动衡井线、新赵线、338国道、234国道新改建工程，建设石家庄市新绕城公路。推进轨道交通建设，1号线一期和3号线一期工程首开段达到联调联试和工程验收条件，2号线一期和1、3号线一期两边段工程开工。实施槐安路与友谊大街匝道、槐安路东二环立交桥工程，完善新火车站区域路网。加快公交都市建设，体育大街快速公交BRT2线建设启动，新建改造港湾式公交停靠站30座。提升城市载体功能，高标准打造中山路特色繁华大道。出台供热规划，理顺供热管理体制，推进电厂余热入市工程建设。启动滹沱河市区段16千米生态景观建设工程，实施河流两侧2700万平方米范围高水平绿化美化。加强城市地下管廊建设，建设城市雨污分流工程，治理黑臭水体排放。加大老旧小区基础设施改造，完成387个老旧小区改造任务，解决100个老旧小区无物业管理和100个老旧小区3层以上吃水难问题。推进正定新区建设，谋划实施41个总投资431亿元基础设施和功能性项目；启动图书馆、规划馆、青少年宫等5大场馆工程。加强正定古城保护，按期完成古城墙修复、阳和楼、南关村综合改造等重点工程。实施智慧城市建设，重点推进城市运营中心和云计算数据中心、智慧城市时空信息云平台建设及公共安全、智慧网格、智慧政务、智慧交通、智慧医疗5项智慧应用项目。实施公共场所免费WiFi服务工程，市区二环路以内和正定新区主要公共场所实现全覆盖。治理城区交通拥堵，采取堵点改造、完善道路配套设施、优化交通资源等综合措施，缓解道路拥堵问题。规范停车场管理，增加停车位数量，市区公共停车场实现“六统一”管理和“智慧泊车”。加速县城扩容提质，实施县城建设三年攻坚行动，完善县城规划体系，推进经济社会发展规划、城乡建设规划、土地利用规划等“多规合一”。提升县城环境容貌，实施迎宾景观大道、标志性街道、特色街区、精品建筑改造提升工程，行唐县获评省级园林县城，13个镇入选河北省重点培育特色小镇。

以提高环境质量为核心，推进生态保护和修复。制定三年退出全国大气质量重点监测城市后十位时间表、路线图。实施“压煤、抑尘、控车、减排、迁企、增绿”六大措施，开展散煤、焦化行业、露天矿山、道路车辆污染整治四大专项行动，重点行业和20蒸吨以上燃煤锅炉安装自动监控设施。实施工业挥发性有机物治理，重点行业治理项目完成率达80%。加大中心城区工业企业搬迁力度，推进常山纺织、欧意药业、中诺药业等企业搬迁。加强水环境综合整治，实施滹沱河下游污染综合治理和洨河、汪洋沟水质提升工程，启动岗南水库、黄壁庄水库饮用水源地一级保护区隔离围挡工程。实施南水北调配套工程建设，17座县级水厂全部投用，市区东北水厂、良村开发区水厂具备通水条件。开展地下水超采综合治理试点市建设，编制地下水超采综合治理中长期规划，新增农业压采地下水能力8300万立方米。实施西北污水处理厂升级改造工程，出厂水质达到一级A标准。实施太行山生态绿化、矿山绿化、过境河流两岸造林、东部特色经济林等造林绿化项目和生态修复工程，完成人工造林74.48万亩、封山育林120万亩，森林覆盖率达到38.7%。

以增强人民群众幸福感为根本，全力保障和改善民生。实施“双创”和就业创业政策，鼓励科技人才、高校毕业生、退役军人自主创业，以创业带动就业，全年城镇新增就业10.5万人。完善社会保障体系，开展城镇职工和居民基本医疗保险异地就医直接结算，城镇职工参加基本养老保险人数达到229.4万人、城乡居民参加养老保险人数403.7万人，城镇职工参加医疗保险人数145.7万人、城乡居民参加医疗保险人数764.8万人，新型农村合作医疗保险参合人数609.2万人。开工建设棚户区改造安置住房23479套，农村危房改造6600户。新建社区综合养老服务中心10家，新增护理型养老床位1000张。完善基本药物制度，提升基层医疗机构服务能力，探索建立分级诊疗模式。推进“国家中医药综合改革试验市”工作，重点建设中医药特色乡镇卫生院53家。发展教育事业，创办普惠性幼儿园34所。创新小学生免费托管服务方式，主城区210所公办小学全部落实小学生免费托管服务。全市参加文理科高考人数52212人，本科一批上线21552人（含艺术、体育考生），比2015年增加7895人，增长56.6%。健全文化服务体系，市丝弦剧院建成投入使用，霞光大剧院（演艺中心）实施内部装修和工程验收；拥有艺术表演团体21个、艺术表演场馆14个、文化馆24个、公共图书馆25个，公共图书馆图书总藏量3645.3千册；举办“送戏下基层”915场、“彩色周末”文艺演出1131场、公益电影放映49170场。

【石家庄市人民政府及工作部门组成人员】

市　长：邢国辉（12月免）
　　　　邓沛然（12月任）
常务副市长：张泽峰（8月免）
　　　　　　税勇　（8月任）
副市长：李雪荣（12月免）
　　　　刘胜　　孟祥红（女）
　　　　张业　　王韶华
　　　　郝竹山　蒋文红
　　　　刘文鹏（10月免）
　　　　姜阳
秘书长：孟胜林
常务副秘书长：宋国宏
副秘书长：
　　高庆洲　刘明亮
　　刘建立　于胜永
　　聂群英　戎华奎
　　高际永　马立宁
　　孙盛莲（挂职，8月免）
　　王晓杰（挂职，8月任）

一、市政府工作部门

办公厅

主　任：（空）
副主任：赵志敏（7月免）

发展和改革委员会（市物价局）

主　任（局长）：
　　赵文锋
副主任（副局长）：
　　左力鸥　朱振堂
　　杜宪京　唐志勤
　　李辉斌　吴书科
　　王文亭
　　彭程　（挂职，10月任）

教育局

局　长：郎金国
教育工委书记：
　　郎金国
教育工委副书记：
　　马建国　苏志远
副局长：马建国　马力
　　　　赵立芬　李立水

科学技术和知识产权局（地震局）

局　长：王雁南
副局长：张英才　赵万里
　　　　郝金卓　杨卫东
　　　　张志敏　陈玉
　　　　王德环

工业和信息化局

局　长：李爱民
副局长：徐东　　单元林
　　　　李丰基　邢卫建
　　　　王庆九　刘俊德
　　　　李妍（挂职，10月任）

民族宗教事务局

局　长：哈宝伏
副局长：王洪河　林海军
　　　　褚国成　罗瑞燕
　　　　王凤余

监察局

局　长：贾巧秀（女）
副局长：周顺达
　　　　王文朝（7月免）
　　　　李小平

公安局

局　长：刘胜　（副市长）
常务副局长：许振霞
副局长：王云才
　　　　李新乐（兼特警支队政委）
　　　　田朝民（7月免）
　　　　李丛刚
　　　　张建芬（兼公安交通管理局局长）
　　　　刘生吉（兼刑警支队

队长，7 月免）

李佳楠　耿云鹞

民政局

局　长：闫纯锴

党组副书记：赵永利（9 月免）

副局长：张建慧

顾玉平（1 月免）

韩绍明　任跃民

张岩

纪检组长：康伯平（正县级）

司法局

局　长：刘志魁

副局长：赵士宗　张仲

赵云龙　高新展

财政局

局　长：周立新（女）

副局长：彭占良（1 月免）

刘生彦　王东华

高山　周巧娥（女）

人力资源和社会保障局

局　长：宋学恭

副局长：盛庆功　袁民杰

石景辉　温富才

刘一军（挂职，8 月任）

国土资源局

局　长：赵路新

副局长：杜敏海　李少恒

梁伟

环境保护局

局　长：王华平

副局长：耿富顺（7 月免）

梁国发（8 月免）

张智华　牛新国

马玉辰（8 月任）

李哲　（试用，8 月任）

城乡规划局

局　长：王晓临

副局长：杨若威　李惠林

张雅琳　滕斌

住房和城乡建设局

局　长：张军卫

副局长：郭彦军　韩东波

王文章　王文兴

李智强　张顺泽

城市管理委员会

主　任：卢建新

副主任：高乃善

周二焕（1 月免）

李景再　黄久胜

康利君

李君涛（7 月任）

交通运输局

局　长：米志奇

副局长：孙宏普　闫炳华

朱增奇　刘占中

张子云（兼邮政管理局局长）

水务局

局　长：王东刚

副局长：王振华　薛运田

崔文秀　马福恒

农业局

局　长：蒲国良

副局长：孙任虎　李茂昌

吴振见　齐胜平

林业局

局　长：杨建秋

副局长：张振江　贾彬

李玉明　岳杏娟

畜牧水产局

局　长：吕军英

副局长：刘军普　贾建平

刘芬玲

商务局

局　长：田嘉一

副局长：刘平　张春生

陈卫平　杨文波

苗先国　王松林

文化广电新闻出版局（版权局）

局　长：李波

副局长：赵树斌　张秀芳

张文志（10 月免）

左春和

卫生和计划生育委员会

主　任：李志宏（女，兼计划生育协会常务副会长）

党组副书记：解立芳（女）

武常贵

副主任：武常贵

甄继革（10 月免）

林慧芳（女）

张红梅（女，兼计划生育协会副会长）

王金海　张东生

魏建英（女）

外事（侨务）办公室

主　任：赵建林

副主任：樊为民　孟硕

范玉龙　李会文

审计局

局　长：刘桂江

副局长：张建国　赵英然（女）

钱国伟　尹建明

国有资产监督管理委员会

主　任：罗二虎

副主任：韦东　（7 月免）

刘春东　孟超英

宋夕元（10 月免）

工商行政管理局

局　长：曹新华（2 月免）

侯洪彬（2 月任）

副局长：孙桂莲（女）

路栓增　尹兵辉

王大林

纪检组长：刘杏然

质量技术监督局

局　长：侯洪彬（2 月免）

副局长：曹长随　夏玉颖

吴保成　刘占

韩秀娟（女）

柯旭

纪检组长：李卫国

体育局

局　长：赵勇

副局长：刘坤　（7 月免）

黄增国　李辉

吴丽艳

宋连军（7 月任）

安全生产监督管理局

局　长：崔同英

副局长：杨玉珠　任兆彦

李天征

食品药品监督管理局（食品安全委员会办公室）

局　长（主任）：

霍国林

副局长（副主任）：

黄岩松　李俊

杜瑞行　杜爱朝

李建　李利佳

统计局

局　长：马千里

副局长：杨建波　徐惠珍

王玉浩

温朝中（10 月任）

粮食局

局　长：朱献军

副局长：徐龙蛟　王国强

刘趁通　李云庆

旅游发展委员会（2016 年 6 月，旅游局更名）

主　任：赵俊芳

副主任：米进立　刘庆卫

张蕾　尚乃冀

法制办公室

主　任：郑国良

副主任：赵成英　张和起

赵建勋

人民防空办公室

主　任：戚阿东

副主任：刘金虎　苏力

胡月平　姜辉

金融工作办公室

主　任：张新峰

副主任：张春涛　丛九龄

二、市政府直属事业机构

扶贫和农业开发办公室（2016 年 6 月，由扶贫开发工作领导小组办公室、农业综合开发办公室合并组建）

主　任：赵永利（10 月任）

副主任：顾玉平（10 月任）

戚忠奎（10 月任）

王家雄（10 月任）

程辉　（试用，10 月任）

园林局

局　长：毕凤鸣

副局长：陈新位（10 月免）

王锡江

冉荣珍（10 月任）

赵素校（10 月任）

孙志强（10 月任）

档案局

局　长：唐克

副局长：付明华　朱银刚

傅丽娟（女）

张建伟

【市政府常务会】　1 月 12 日，市长邢国辉主持召开市政府第 50 次常务会。专题研究提交市十三届人大五次会议审议《政府工作报告（讨论稿）》。审核同意将《政府工作报告（讨论稿）》按程序提交市委常委会议。

1 月 24 日，邢国辉主持召开市政府第 51 次常务会议。研究关于做好现阶段经济工作，原则同意《关于做好当前经济工作，确保实现首季开门红措施建议》；听取关于加快推进房地产业发展、拉动经济增长情况，关于市政府 2016 年重点工作目标任务责任分解汇报；研究关于深入推进《中国制造 2025》实施意见。会议还研究人事任免及其他有关事项。

3 月 1 日，邢国辉主持召开市政府第 52 次常务会议。听取运河桥客运站搬迁情况汇报，研究市直机关公务用车服务平台车辆使用管理暂行办法、市直机关工作人员公务交通补贴发放管理办法、公车改革补助标准有关事项及石家庄市滹沱河、洨河治理实施方案，听取并研究关于市政府领导分包县（市、区）和重点项目、重点工作的意见汇报，原则同意《关于促进房地产市场平稳健康发展的指导意见》《关于加快推进 2015 年房地产专项整治项目手续办理的意见》《石家庄市棚户区改造货币化安置实施办法》《石家庄市政府购买棚改服务管理办法》。书面印发关于支持河北省人民政府机关驻地迁移的意见。

4 月 8 日，邢国辉主持召开市政府第 53 次常务会议。听取一季度“问计省直、争取支持”活动开展情况、卫生事业发展涉及问题解决意见、一季度项目建设情况和城建项目开工建设情况及全年工作安排、市属融资平台融资情况和国控公司改革方案的汇报汇报，讨论和研究《石家庄市大气污染防治条例（修订草案）》《〈省政府办公厅关于加快燕山——太行山地区旅游业发展的意见〉的实施意见》《石家庄市安全生产考核办法》《石家庄市政府特殊津贴专家选拔管理办法》。

5月3日，邢国辉主持召开市政府第54次常务会议。讨论研究《关于深化全市国有企业改革的实施意见》《关于进一步加强大气污染防治工作的意见》《石家庄市水污染防治工作方案》《关于在全市开展食品药品烟草等领域集中专项整治行动的实施方案》《关于降低实体经济企业成本的意见》《石家庄市局部行政区划调整意见》及2016年城建计划、关于井陉县原副县长赵学利申诉案复审意见。

6月1日，邢国辉主持召开市政府第55次常务会议。研究《关于加快中等职业教育资源整合与职教园区建设的实施方案》《关于进一步规范土地市场秩序的意见》《市级公益项目占用土地（房屋）征收补偿费实施意见》《石家庄市分散燃煤采暖压减替代工作实施方案》《关于加快项目融资建设的意见》，听取职教园区项目土地征收情况、食品药品烟草等领域集中专项整治行动情况、食品安全城市创建试点工作情况、第七次全国人民防空会议精神的汇报及全市贯彻落实全国人民防空会议精神的意见。

7月4日，邢国辉主持召开市政府第56次常务会议。听取关于开展食品药品烟草等领域集中专项整治行动情况的汇报；研究并原则通过改善营商环境23条意见，石家庄市水利发展“十三五”规划，石家庄市岗南、黄壁庄水库饮用水水源地突发环境事件应急预案，石家庄市安全生产举报奖励办法，国有企业改制有关事项。

7月13日，邢国辉主持召开市政府第57次常务会议。听取全市上半年经济运行、经济指标完成情况及存在问题的汇报，部署安排全市下半年经济工作。会议提出：要千方百计扩大有效投资，强力突破发展短板，加速新旧动能转换，坚定不移地推进供给侧结构性改革和加强干部作风建设。

8月4日，邢国辉主持召开市政府第58次常务会议。部署安排灾后恢复重建工作，确定市政府领导灾后安置重建工作责任分工。研究石家庄市“7·19”特大洪水灾害灾后恢复重建总体实施方案及相关专项方案，赞皇县撤销南邢郭乡、嶂石岩乡和设立南邢郭镇、嶂石岩镇的意见；听取2016年度石家庄市科学技术奖评审、关于王尚军等38人记二等功、关于石家庄市房地产专项整治政策延期的汇报。

8月30日，邢国辉主持召开市政府第59次常务会议。研究关于加快普通高中教育改革发展的若干意见、石家庄市智慧城市建设项目管理办法、石家庄市政务数据资源管理规定、关于全面推进价格机制改革切实加强价格监管的意见、石家庄市加快中医药振兴发展实施方案（2016～2030年）；听取关于赵勇申报及评定烈士情况汇报。

9月18日，邢国辉主持召开市政府第60次常务会议。研究并原则通过关于深化科技体制改革、加快推进创新发展的实施方案，工业转型升级与布局优化、循环经济发展、新型城镇化和城乡统筹发展、电子商务与物流快递协同发展等8项“十三五”专项规划，进一步促进民间投资的实施意见，石家庄市科技成果处置、使用和收益分配管理办法，石家庄市区房地产开发建设违法行为专项整治处理补充规定（四），关于加强和改进企业国有资产监督、防止国有资产流失的实施意见；听取华电裕华二期项目情况、关于小青河生态恢复及景观提升工程情况汇报。

10月26日，邢国辉主持召开市政府第61次常务会议。听取关于深化出租车改革工作情况汇报，原则同意市出租汽车改革领导小组提交会议研究的《石家庄市网络预约出租汽车经营服务管理暂行办法》，并决定以市交通运输局名义，即日起上网公示7天，征求社会各界意见建议，待修改完善后，报市委同意按程序印发。

10月31日，邢国辉主持召开市政府第62次常务会议。听取2016年209项重点工作进展情况、1～9月“问计省直、争取支持”活动开展情况、关于拟公开转让石焦集团持有河北石焦化工49%股权情况汇报，部署安排今冬明春大气污染防治，研究并原则通过《石家庄市大气污染防治强化措施实施方案（2016～2017）》《关于改革和完善全市国有资产管理体制的实施意见》《关于加快制造业与互联网融合发展的意见》《关于新改扩建居民住宅项目配建教育设施建设资金缴纳标准和管理使用办法》《关于加快推进钢结构建筑发展的意见》。

11月17日，市委书记、市长邢国辉主持召开市政府第63次常务会议。贯彻落实省长张庆伟到石家庄市督导大气污染防治工作讲话精神，研究部署石家庄市决战45天开展大气污染防治“利剑斩污”行动；确定石家庄市11月17日～12月31日实行机动车单双号限行交通管理措施，确保2016年PM2.5年均浓度不出现“不降反升”问题，到2016年底前不出现AQI日均数值500以上天气。听取关于贯彻全省开发区改革发展工作推进暨经济交流会议精神汇报。

12月12日，省委常委、市委书记、市长邢国辉主持召开市政府第64次常务会议。研究并原则通过《石家庄市法治政府建设的实施意见》，安排部署和做好现阶段重点工作，听取关于2016年用地计划下达、占补平衡指标使用及2017年用地计划分解建议的汇报。

12月15日，邢国辉主持召开市政府第65次常务会议。贯彻落实12月12日省委大气污染防治工作专题会议和省委书记赵克志的重要讲话精神，安排部署全市落实措施；议定关于车辆号牌问题、市县联动问题、干部作风问题3项具体事项。

12月23日，市委副书记、市政府党组书记邓沛然主持召开市政府第66次常务会议。研究《石家庄市利剑斩污行动结束后加强大气污染防治工作的意见》《石家庄市大气污染防治工作市县同步联防联控实施意见》，研究并原则通过《关于政府投资项目实行统建制改革方案和石家庄市城市发展股权投资基金设立实施方案》。

12月30日，市委副书记、代市长邓沛然主持召开市政府第67次常务会议。研究市政府领导班子成员、市政府党组成员工作分工及石家庄循环化工园区管委会人事和薪酬制度改革总体方案，听取关于食品安全城市创建试点工作情况汇报，研究并原则通过《石家庄市重污染天气应急预案》，并就做好元旦、春节期间有关工作提出要求。

【重点民生工程】 按照市政府办公厅印发《2016年市政府重点民生工程责任分解意见》要求，全年石家庄市完成为民办实事重点民生事项21项，其中，大项19个、分项2个。

表6　2016年石家庄市办理利民惠民21项重点民生事项一览表

序号	21项重点民生事项	任务目标	完成情况
1	提高城镇就业人数	城镇新增就业9.52万人。	2016年全市城镇新增就业11.01万人。
2	提高城镇职工参加基本养老保险、基本医疗保险人数	城镇职工参加基本养老保险人数达到217.5万人，城镇职工和居民基本医疗保险参保人数达到284万人。	至2016年12月底，城镇职工参加基本养老保险人数达到220.87万人，城镇基本医疗保险参保人数达到288.8万人。
3	棚户区及农村危房改造	开工建设棚户区改造安置住房2.3万套，改造农村危房3500户。	至2016年12月底，开工棚户区改造安置住房项目44个23479套，改造农村危房6016户。
4	增建综合养老服务中心及护理型养老床位	新建社区综合养老服务中心10家，新增护理型养老床位1000张。	社区综合养老服务中心：长安区新增2家，裕华区新增2家，桥西区新增2家，新华区新增1家，栾城区新增3家；护理型养老床位：新华区新增300张，栾城区新增300张，藁城区新增200张，晋州市新增200张。
5	解决老旧小区饮水难问题	解决100个老旧小区3层以上吃水难问题。	至2016年12月底，100个老旧小区供水设施改造工程完工。
6	解决老旧小区无物业管理问题	解决100个老旧小区无物业管理问题。	2016年11月底完成。其中，30个实行市场化物业管理，39个由居民自治管理，13个由产权单位管理，18个由社区保障管理。
7	改造老旧小区低压线路设备	完成120个老旧居民小区低压线路设备改造工作，敷设130千米低压电缆、19.8千米架空线。	2016年6月底完成。改造低压架空线19.8千米、敷设低压电缆130千米，更换低压电缆分接箱106台。

续表

序号	21项重点民生事项	任务目标	完成情况
8	公共场所免费WiFi服务工程	实施公共场所免费WiFi服务工程，二环路以内和正定新区主要公共场所实现全覆盖。	2016年8月7日，石家庄市主城区公共场所免费WiFi举行开通仪式。至此，主城区二环内8个交通枢纽站、830个公交车站、20个公园、7个广场、45个办事大厅和12条商业街区WiFi免费开放。
9	启动滹沱河市区段生态景观建设及龙泉湖公园、体育公园建设	启动滹沱河市区段16千米生态景观建设工程，河流两侧2700万平方米范围实施高水平绿化美化，12月底前初步形成景观。龙泉湖公园、滹沱河滨水公园和体育公园十一前建成开放或具备局部开放条件。	滹沱河市区段生态景观建设工程：新建、提升绿地440余万平方米，种植乔灌木118万株、地被花卉206.5万平方米，建成自中华大街至朱河橡胶坝完整景观带，铺设完成全长14千米贯通景观路，沿道路滹沱花海规模初现，初步形成“果林花海、水绿交融”的滹沱盛景。滹沱河滨水公园五一期间开放。体育公园南区9月29日开放。
10	治堵工程	采取改造拥堵路口、拓宽拥堵路段、公交站台港湾式改造、公交线路调整等方式治理拥堵问题	渠化改造拥堵路口51处。翟营大街、谈固大街拓宽完工。拟改造4条道路中，天同街、市庄路、龙腾路完工通车，明珠街基本完工。28处公交站台港湾式改造全部完成。16条公交线路调整完毕。217辆中小型纯电动公交车到位，其中，185辆投入运营，剩余32辆待充电设施建设完成后投入运营。
11	普惠性幼儿园	创办30所普惠性幼儿园。	2016年全市创办普惠性幼儿园34所，提供普惠学位8400余个，发放保教费补贴838万元，惠及幼儿8000余名。
12	公办小学免费托管服务	主城区所有公办小学全部开展免费托管服务。	主城区210所公办小学全面开展小学生免费托管服务，全年托管服务学生7万名，占在校生人数1/3，基本实现“公办小学全覆盖、申请学生全纳入”目标。
13	社区文化活动室和文化广场提档升级	100个社区文化活动室和文化广场实施提档升级。	2016年7月完成，共计投资200万元。
14	新建和更新健身路径	新建和更新健身路径170条。	至2016年12月底，170条健身路径全部安装完毕。
15	建设中医药特色乡镇卫生院	完成50所中医药特色乡镇卫生院建设。	2016年全市创建中医药特色乡镇卫生院53所。
16	提高新农合参合率	新农合参合率达到95%以上。	2016年石家庄市新农合参合率达到95%，完成全年目标任务。
17	省级重点村建设	以“四美五改”为重点，完成406个省级重点村建设任务，突出打造栾城三苏都市农业游和鹿泉抱犊寨两个省级片区，持续推进平山西柏坡、正定古城片区建设，打造一批美丽乡村。	406个省级重点村、两片区（栾城三苏都市农业游和鹿泉抱犊寨两个省级精品片区）、两线（京石高铁沿线和西柏坡高速沿线两条精品线路）和“两改一清一拆”年度目标任务完成。融资贷款、栾城EPC模式、鹿泉片区建设及农村电商全覆盖、藁城“美富共建”、正定高铁沿线民居改造、两个省级重点片区规划、平山李家庄精致化建设等工作受到河北省委书记赵克志等省领导的肯定。
18	县乡公路改造	改造县乡公路400千米。	2016年全市新改建农村公路494.3千米。
19	发展农村电子商务	实现农村电子商务全覆盖。	2016年11月底完成。16个县级电子商务公共服务中心和仓储物流配送中心、57个乡镇配送中心、4017个行政村电子商务服务站全部建成，覆盖率达到100%。

续表

序号	21 项重点民生事项	任务目标	完成情况
20	贫困人口重特大疾病救助	将贫困人口全部纳入重特大疾病救助范围，将完全或部分丧失劳动能力的贫困人口全部纳入农村低保。	2016 年初印发《关于进一步完善医疗救助制度全面开展重特大疾病医疗救助工作实施意见》《关于推行最低生活保障与扶贫线“两线合一”的实施方案》，明确将特困供养人员、城乡最低生活保障家庭成员，低收入家庭的老年人、未成年人、重度残疾人和重病患者及因病致贫家庭重病患者全部纳入救助范围，明确将完全或部分丧失劳动能力的贫困人口全部纳入农村低保。
21	贫困人口脱贫	确保 6.2 万贫困人口稳定脱贫。	2016 年全市重点实施脱贫“七个一批”行动和“七大工程”建设，完成 66659 人脱贫目标。

【建议、提案办理】 2016 年市政府办理全国和河北省人大代表建议、政协委员提案 55 件。其中，全国人大代表建议会办件 1 件；省人大代表建议主办件 24 件、会办件 7 件；全国政协委员提案主办件 1 件、会办件 1 件，省政协委员提案主办件 14 件、会办件 7 件。按时办结率 100%，答复函规范化率 100%，走访率 100%。2016 年市政府承办市第十三届人民代表大会第五次会议代表建议 480 件。其中，经济建设方面 43 件，占 8.9%；城市建设方面 83 件，占 17.3%；民生保障方面 72 件，占 15%；生态环保方面 69 件，占 14.4%；社会事业方面 143 件，占 29.8%；深化改革方面 33 件，占 6.9%；民主法治方面 31 件，占 6.5%；国家机关建设方面 6 件，占 1.3%。市人大代表满意和基本满意达到 97% 以上。

【衔接落实国务院、省政府行政权力审批事项】 4 月 5 日，市政府办公厅印发《关于衔接落实省政府部门 2016 年第一批下放和调整市本级部分行政权力事项的通知》（石政办发〔2016〕27 号），公布衔接省政府部门下放行政权力事项目录 34 项，市政府部门调整部分行政权力事项目录 13 项。

表 7

2016 年石家庄市衔接落实省政府部门第一批下放行政权力事项目录

（34 项）

序号	事项编码	项目名称	设定依据	原审批部门	类别	下放后实施部门	备注
1	01007	钢铁类金属制品、碳素制品、耐火材料等项目备案	《国务院对确需保留的行政审批项目设定行政许可的决定》（国务院令第 412 号） 《国务院关于投资体制改革的决定》（国发〔2004〕20 号） 《国务院关于发布政府核准的投资项目目录（2013 年本）的通知》（国发〔2013〕47 号）	省发展改革委	行政许可	进一步下放至县（市）、区及高新区、正定新区、循环化工园区和综合保税区管委会发展改革部门	作为子项并入“固定资产投资项目核准、备案”
2	029015	除省管权限范围内高等学校举办本专科函授教育审核	《国务院办公厅转发国家教委〈关于进一步改革和发展成人高等教育意见的通知〉》（国办发〔1993〕3 号）第三条 《普通高等学校函授教育暂行工作条例》（教高三字〔1987〕002 号）第七条	省教育厅	其他类	市教育局	列入石家庄市其他类
3	10004	企业实行不定时工作制和综合计算工时工作制审批	《中华人民共和国劳动法》第三十九条	省人力资源社会保障厅	行政许可	市人社局	作为分项并入石家庄市许可类“特殊工时制度审批”
4	10006	除中直驻冀单位、省直单位设立人力资源服务机构，外国公司、企业或其他经济组织在河北省投资设立人力资源服务机构审批以外设立人力资源服务机构审批	《国务院对确需保留的行政审批项目设定行政许可的决定》（国务院令第 412 号）第 86 项 《河北省人才市场管理条例》第八条 《人才市场管理规定》（人事部国家工商行政管理总局第 4 号令）第七条、第八条	省人力资源社会保障厅	行政许可	市人社局	列入石家庄市行政许可
5	106039	除正高级专家离休退休年龄延长批准和省属高级专家离休退休年龄延长批准以外的专家离休退休年龄延长批准	《国务院关于高级专家离休退休若干问题的暂行规定》（国发〔1983〕141 号）第二条 《河北省人民政府办公厅关于进一步做好高级专家退（离）休工作的通知》（冀政办〔1995〕53 号）第五条	省人力资源社会保障厅	行政确认	市人社局	列入石家庄市行政确认

续表

序号	事项编码	项目名称	设定依据	原审批部门	类别	下放后实施部门	备注
6	12001	不跨区域的500千伏输变电项目环评审批、移动通信发射基站环评审批	《中华人民共和国环境影响评价法》第二十二条、第二十四条 《中华人民共和国放射性污染防治法》第二十九条 《建设项目环境保护管理条例》(国务院令第253号)第十二条	省环境保护厅	行政许可	市环保局	作为分项并入石家庄市许可类“建设项目环境影响评价文件的审批；建设项目发生重大变化环境影响评价文件重新审批（含评价文件经审批后超过五年的重新审核）”
7	12001	除河北省环境保护厅通告2015年第1号中列明的九大类30小类建设项目环评文件由省环境保护厅审批外的建设项目环境影响评价文件审批	《中华人民共和国环境影响评价法》第二十二条、第二十四条 《中华人民共和国放射性污染防治法》第二十九条 《建设项目环境保护管理条例》(国务院令第253号)第十二条	省环境保护厅	行政许可	市环保局	同上
8	12005	除列入国家污染物排放重点监控范围的设计总装机容量30万千瓦以上（含）规模的火力发电企业（不包括企业自备电厂）外的排污许可证（大气、水）核发	《中华人民共和国大气污染防治法》第十五条、第三十七条 《中华人民共和国水污染防治法实施细则》(国务令第284号）第十条 《河北省减少污染物排放条例》第十五条 《河北省排放污染物许可证管理办法（试行）》（冀环办发〔2007〕106号）第四条	省环境保护厅	行政许可	市环保局	作为分项并入石家庄市许可类“排污许可证审批”
9	13001-01	建筑业企业三级资质审批	《中华人民共和国建筑法》第十三条 《建设工程勘察设计资质管理规定》(住房和城乡建设部令第160号）第九条 《建筑业企业资质管理规定》(建设部部长令第159号） 《外商投资建筑业企业管理规定》（建设部对外贸易经济合作部令第113号） 《建设部关于印发〈建筑智能化工程设计与施工资质标准〉等四个设计与施工资质标准的实施办法的通知》(建市〔2006〕40号)	省住房城乡建设厅	行政许可	市住建局	作为分项并入石家庄市许可类“建筑业企业资质审批”
10	13019	各设市城市、扩权县餐厨废弃物收集、运输从业许可	《河北省城市市容和环境卫生条例》第四十三条	省住房城乡建设厅	行政许可	市城管委	列入石家庄市行政许可（仅限市内四区及鹿泉区、栾城区、藁城区）

续表

序号	事项编码	项目名称	设定依据	原审批部门	类别	下放后实施部门	备注
11	16016	国家没有明确规定由省级审批的且非跨市（含定州、辛集市）和不涉及市际（含定州、辛集市）边界问题、水资源矛盾的水利基建项目的 初步设计报告审批	《国务院对确需保留的行政审批项目设定行政许可的决定》（国务院令第412号）第172项 《水利部水利工程建设程序管理暂行办法》（水建〔1998〕16号）第六条	省水利厅	行政许可	市水务局	列入石家庄市行政许可
12	17023	除申请取得生产家畜卵子、冷冻精液、胚胎等遗传材料，种畜原种场及祖代以上（含祖代）场种畜禽生产经营许可证核发	《中华人民共和国畜牧法》第二十二条、二十三条、二十四条 《种畜禽管理条例》（国务院令第153号）第十五条 《河北省种畜禽生产经营许可证审核发放管理办法》第五条	省农业厅	行政许可	委托至县（市）、区畜牧水产主管部门	列入石家庄市行政许可
13	21015-02	500张床位以上三级以下综合医院、100张床位以上三级以下专科医院、中医医院的执业、变更、歇业、注销登记（不含增加床位）	《医疗机构管理条例》（国务院令第149号）第九条、第十五条、第十七条、第二十条、第二十一条	省卫生计生委	行政许可	市卫生计生委	并入石家庄市原许可类“医疗机构设置及执业、变更、歇业、注销登记”（原委托事项仍由县级办理）
14	28001	县级计量标准器具核准	《中华人民共和国计量法》第六条、第七条、第八条	省质监局	行政许可	市质监局	列入石家庄市行政许可
15	28004	县级计量检定员资格核准	《中华人民共和国计量法》第二十条 《中华人民共和国计量法实施细则》（1987年1月19日国务院批准，1987年2月1日国家计量局发布）第二十九条	省质监局	行政许可	市质监局	列入石家庄市行政许可
16	01011	申请中央预算内补助资金的异地扶贫搬迁项目、海堤加固、农村小水电可研报告	《国务院关于投资体制改革的决定》（国发〔2004〕20号） 《河北省人民政府关于取消省政府部门非行政许可审批事项的决定》（冀政发〔2015〕38号）	省发展改革委	政府内部审批	市发展改革委	列入石家庄市审核上报事项
17	036005	实施科普税收优惠政策的项目认定	《财政部国家税务总局海关总署科技部新闻出版总署关于鼓励科普事业发展税收政策问题的通知》（财税〔2003〕55号） 《科学技术部财政部国家税务总局海关总署新闻出版总署关于印发〈科普税收优惠政策实施办法〉的通知》（国科发政字〔2003〕416号）	省科学技术厅	行政确认	市科技局	列入石家庄市审核上报事项

续表

序号	事项编码	项目名称	设定依据	原审批部门	类别	下放后实施部门	备注
18	04001	在宗教活动场所内改建（含较大规模修缮）或新建建筑物审批	《宗教事务条例》（国务院令第 426 号）第二十五条 《河北省宗教事务条例》第十九条	省民族宗教厅	行政许可	市民宗局	列入石家庄市审核上报事项
19	07001	养老机构设立许可〔省级以上人民政府投资兴办的发挥实训、示范功能的养老机构和外国的组织、个人独资或者与中国的组织、个人合资、合作设立养老机构的，香港、澳门、台湾地区的组织、个人以及华侨独资或者与内地（大陆）的组织、个人合资、合作设立养老机构的设立许可〕	《中华人民共和国老年人权益保障法》第四十四条 《养老机构设立许可办法》（民政部令第 48 号）第九条、第十条	省民政厅	行政许可	市民政局	列入石家庄市审核上报事项
20	07005	非公募基金会及其分支机构、代表机构成立、变更、注销登记	《基金会管理条例》（国务院令第 400 号）第六条、第八条、第九条、第十条、第十二条、第十五条、第十六条、第十八条、第十九条	省民政厅	行政许可	市民政局	项目名称更改为“非公募基金会成立、变更、注销登记”列入石家庄市审核上报事项
21	07007	假肢和矫形器（辅助器具）生产装配的企业资格认定	《国务院对确需保留的行政审批项目设定行政许可的决定》（国务院令第 412 号）第 67 项	省民政厅	行政许可	市民政局	列入石家庄市审核上报事项
22	13004-02	城乡规划编制单位丙级资质审批	《中华人民共和国城乡规划法》第二十四条《城乡规划编制单位资质管理规定》（住房城乡建设部令第 12 号）第十六条、第十七条	省住房城乡建设厅	行政许可	市规划局	列入石家庄市审核上报事项
23	17012	动物防疫条件合格证核发	《中华人民共和国动物防疫法》第二十条《动物防疫条件审查办法》（农业部令第 7 号）第二十九条	省农业厅	行政许可	市畜牧水产局	列入石家庄市审核上报事项
24	18008	外国人对省重点保护野生动物进行野外考察、采集标本或在野外拍摄电影录像审批	《河北省陆生野生动物保护条例》第三十七条	省林业厅	行政许可	市林业局	列入石家庄市审核上报事项
25	18011	外国人对国家重点保护野生植物进行野外考察审批	《野生植物保护条例》（国务院令第 204 号）第二十一条 《国务院关于第三批取消和调整行政审批项目的决定》（国发〔2004〕16 号）下放管理层级第 29 项	省林业厅	行政许可	市林业局	列入石家庄市审核上报事项

续表

序号	事项编码	项目名称	设定依据	原审批部门	类别	下放后实施部门	备注
26	18013	进入除省级林业部门直接管理的国家级自然保护区从事科学研究、教学实习、参观考察、拍摄影片、登山等活动审批	《自然保护区条例》(国务院令第167号)第二十七条 《林业部森林和野生动物类型自然保护区管理办法》(1985年6月21日经国务院批准)第十三条 《国务院关于第三批取消和调整行政审批项目的决定》(国发〔2004〕16号)下放管理层级第28项 《国务院印发关于取消和调整一批行政审批项目等事项的决定》(国发〔2015〕11号)附件1第47项	省林业厅	行政许可	市林业局	列入石家庄市审核上报事项
27	18013	进入除省级林业部门直接管理的地方级自然保护区(核心区)从事科学研究观测、调查活动审批	《自然保护区条例》(国务院令第167号)第二十七条 《林业部森林和野生动物类型自然保护区管理办法》(1985年6月21日经国务院批准)第十三条 《国务院关于第三批取消和调整行政审批项目的决定》(国发〔2004〕16号)下放管理层级第28项 《国务院印发关于取消和调整一批行政审批项目等事项的决定》(国发〔2015〕11号)附件1第47项	省林业厅	行政许可	市林业局	列入石家庄市审核上报事项
28	18014	外国人进入除省级林业部门直接管理的国家级自然保护区、地方级自然保护区批准	《自然保护区条例》(国务院令第167号)第三十一条 《国务院关于第三批取消和调整行政审批项目的决定》(国发〔2004〕16号)下放管理层级第27项	省林业厅	行政许可	市林业局	列入石家庄市审核上报事项
29	19005	投资总额在3亿美元以上，不需要国家综合平衡的鼓励类外商投资企业的设立及变更审批	《中外合资经营企业法实施条例》(国务院令第311号修订)第六条 《中外合作经营企业法实施细则》(对外贸易经济合作部第6号令)第八条 《外资企业法实施细则》(国务院令第301号修订)第七条 《旅行社条例》(国务院令第550号)第二十二条 《国务院关于第三批取消和调整行政审批项目的决定》(国发〔2004〕16号)下放管理层级第6项 《国务院关于第五批取消和下放管理层级行政审批项目的决定》(国发〔2010〕21号)第4项至第36项 《国务院关于第六批取消和调整行政审批项目的决定》(国发〔2012〕52号)第30项至第47项	省商务厅	行政许可	市商务局	列入石家庄市审核上报事项

续表

序号	事项编码	项目名称	设定依据	原审批部门	类别	下放后实施部门	备注
30	19017	国家规定可以下放的加工贸易审批	《对外贸易经济合作部加工贸易审批管理暂行办法》(外经贸管发〔1999〕第314号)第三条、第五条、第十一条	省商务厅	行政许可	市商务局	列入石家庄市审核上报事项
31	20002	演出经纪机构的审批	《营业性演出管理条例》(国务院令第528号)第七条、第九条	省文化厅	行政许可	市文广新局	列入石家庄市审核上报事项
32	29002	医疗机构配制的制剂调剂(跨市、县)审批	《中华人民共和国药品管理法》第二十五条	省食品药品监管局	行政许可	市食药监局	列入石家庄市审核上报事项
33	30012	第一类非药品类易制毒化学品生产、经营许可证核发	《易制毒化学品管理条例》(国务院令第445号)第二条、第八条、第十条	省安全监管局	行政许可	市安监局	列入石家庄市审核上报事项
34	50007	展示、登载本行政区域地图(不公开出版,不含图册)及在本行政区域内各种展会宣 传品、户外广告牌(条幅)、报纸期刊等附加的国家版图图形示意图的受理审核	《地图编制出版管理条例》(国务院令第180号)第十四条、第十七条	省地理信息局	行政许可	市国土局	列入石家庄市审核上报事项

表 8

2016 年石家庄市衔接落实省政府部门第一批调整行政权力事项目录

(13 项)

序号	行政权力类别	项目编码	项目名称	实施主体	承办机构	实施依据	实施对象	办理时限	收费依据和标准	备注
1	行政许可	01007	收费许可证核发、变更及审验	市发展改革委(物价局)	行费处	《中华人民共和国价格法》第18、19、20、22条,国家发展计划委员会、国家经济贸易委员会、财政部、监察部、审计署、国务院纠风办计价格〔1998〕2084号文《收费许可证管理办法》	各类市场、事业单位、社会组织、公民	审验承诺时限:每年6月底前;核发、变更法定时限:10～15个工作日	不收费	依据(发改价格〔2015〕36号)取消该项

续表

序号	行政权力类别	项目编码	项目名称	实施主体	承办机构	实施依据	实施对象	办理时限	收费依据和标准	备注
2	行政许可	30007	高危行业生产经营单位的主要负责人、安全管理人员的考核发证（换证）	市安监局	培训教育处	《中华人民共和国安全生产法》第二十四条 《安全生产培训管理办法》（国家安全生产监督管理总局令第 44 号）第三十条第三款	高危行业生产经营单位的主要负责人、安全管理人员	考试合格后十个工作日	不收费	依据（国发〔2015〕36 号）取消该项
3	其他类	129002	环保科研项目的立项审批	市环保局	科技处	三定方案	事业单位、企业和社会组织	依情况而定	不收费	无有效依据取消该项
4	行政许可	25010	再生育审批	市卫生计生委	家庭发展处	《河北省人口与计划生育条例》第十九条、第二十条、第二十四条	1. 夫妻一方或双方是国家工作人员（含公有制企业中层以上干部）； 2. 夫妻一方是公有制企业职工	自本级受理之日起 7 个工作日	不收费	依据新修订《计划生育条例》取消市级审批［由县（市）、区级审批］
5	其他类	289007	药品零售企业经营质量管理规范（GSP）认证	市食药监局	药品流通监管处	《药品经营质量管理规范认证管理办法》	药品零售企业（含零售连锁）	80 个工作日	依据：财综〔2003〕83 号，发改价格〔2004〕59 号，冀价行费〔2010〕45 号，冀食药监办〔2011〕63 号	与省级保持一致，调整为行政许可
6	其他类	79006	乡、民族乡、镇的设立、撤销、更名及政府驻地迁移，民族乡、镇行政区域界线的变更，区公所的设立、撤销和驻地迁移，县级市街道办事处的设立、撤销的审核和申报	市政府	市民政局	1.《国务院关于行政区划管理的规定》（国发〔1985〕8 号）第五条、第六条、第八条 2. 河北省人民政府贯彻执行《国务院关于行政区划管理的规定》的通知（冀政〔1985〕24 号）第二条	涉及区划调整的区、县（市）政府	无	不收费	依据（冀政发〔2015〕38 号）调整为政府内部审批

续表

序号	行政权力类别	项目编码	项目名称	实施主体	承办机构	实施依据	实施对象	办理时限	收费依据和标准	备注
7	审核上报事项		食品生产许可证审批	市食药监局	食品生产处	1.《食品安全法》三十五条 2.《食品生产许可管理办法》第七条、第十条、第十二条	食品生产经营者	30 个工作日	不收费	根据省食药监局文件，由市食药监局负责审批，列入石家庄市行政许可［县（市、区）级负责制发许可证］
8	行政许可	28001	药品经营（零售）许可证核发、变更和换发（含医疗用毒性药品经营指定、含实行“三统一”的药品零售连锁企业从事第二类精神药品零售业务批准）	市食药监局	行政审批办公室	1.《中华人民共和国药品管理法》第十四条 2.《中华人民共和国药品管理法实施条例》第十二条、第十六条 3.《麻醉药品和精神药品管理条例》第三十一条 4.《医疗用毒性药品管理办法》第五条	企业、社会组织及公民个人	核发：12 个工作日 变更：7 个工作日（药品零售连锁企业从事第二类精神药品零售业务批准 20 个工作日）	不收费	《药品管理法》修改，机构职能调整，下放至县（市、区）食药监管理部门［市级保留辖区内药品经营（零售）连锁企业总部许可证审批］
9	其他类	289005	保健食品经营审核	市食药监局	保健食品化妆品监管处	《中华人民共和国食品安全法》第三十五条	企业、社会组织及自然人	20 个工作日	不收费	《药品管理法》修改，机构职能调整，调整为行政许可，项目名称更改为“《食品经营许可证》(保健食品类）审核”。下放至县（市、区）食药监管部门
10	行政确认	126002	延长危险废物储存期限的审批	市环保局	污防处	《中华人民共和国固体废物污染环境防治法》第五十八条	危险废物产生单位	无	不收费	省市无监管对象，下放至县（市、区）环境保护部门

续表

序号	行政权力类别	项目编码	项目名称	实施主体	承办机构	实施依据	实施对象	办理时限	收费依据和标准	备注
11	行政许可	20002	建设项目临时使用林地审批	市林业局	资源林政处（行政审批处）	1.《中华人民共和国森林法实施条例》 2.《建设项目使用林地审核审批管理办法》（国家林业局第35号令） 3.《国家林业局关于印发〈建设项目使用林地审核审批管理规范〉和〈使用林地申请表〉〈使用林地现场查验表〉的通知》（林资发〔2015〕122号） 4.《河北省林业厅关于下放和委托建设项目使用林地审批审核权限的通知》（冀林字〔2015〕136号）	建设项目临时使用林地的用地单位或者个人	20个工作日，经批准可以延长10个工作日	收费依据: 《河北省财政厅河北省林业局关于印发河北省森林植被恢复费征收使用管理暂行办法的通知》（冀财综〔2012〕9号）。 （二）收费标准: 1. 用材林林地、经济林林地、薪炭林林地、苗圃地，每平方米收取6元; 2. 未成林造林绿化林地，每平方米收取4元; 3. 防护林的特种用途林林地，每平方米收取8元; 国家重点防护林和特种用途林林地，每平方米收取10元; 4. 疏林地、灌木林地，每平方米收取3元; 5. 宜林地、采伐迹地、火烧迹地，每平方米收取2元; 城市及城市规划区的林地，可按照上述规定标准2倍收取，对农民按规定标准建设住宅占用林地，暂不征收森林植恢复费。	依据（冀林字〔2015〕136号）新增（列入石家庄市行政许可）

续表

序号	行政权力类别	项目编码	项目名称	实施主体	承办机构	实施依据	实施对象	办理时限	收费依据和标准	备注
12	行政许可		产地植物检疫、调运植物和植物产品检疫	市农业局	石家庄市植物保护检疫站	1. 《植物检疫条例》 2. 《植物检疫条例实施细则（农业部分）》	种子经营的单位或个人	1. 调运检疫：以产地检疫合格证换取植物检疫证书的，当日签发植物检疫证书。经现场检疫或室内检疫合格的，在检疫合格后3个工作日内签发植物检疫证书。 2. 产地检疫：检疫机构应告知申请人产地检疫结束时间。产地检疫合格的，在取得产地检疫结果后3个工作日内签发产地检疫合格证；不合格的，告知申请人不予办理产地检疫合格证。	收费依据： 《植物检疫条例》第二十一条，《植物检疫条例实施细则（农业部分）》第二十六条 收费标准： 1. 调运检疫费：粮谷类、经济作物类和水（瓜）果类收费额占货值比率分别为0.40%、0.45%和0.55% 2. 产地检疫费：粮谷类、经济作物类和水（瓜）果类收费额占货值比率分别为0.25%、0.30%和0.40%	将市内四区及高新区审批调整为市级审批，（列入石家庄市行政许可）
13	行政处罚	021021	考生在国家教育考试中违反《教育法》第七十九条所列情形的处罚	市教育考试院	市教育考试院相关处室	1. 《教育法》第七十九条 2. 《教育行政处罚暂行实施办法》（国家教委第27号令）第十七条	参加国家教育考试的考生	6个月以内	不收费	新教育法修订，新增（列入石家庄市行政处罚）

6月20日，市政府办公厅印发《关于衔接落实国务院和省政府第二批清理规范调整行政审批中介服务事项的通知》（石政办发〔2016〕39号），公布衔接落实国务院、省政府第二批清理规范和市级调整行政审批中介服务事项目录11项，其中，衔接国务院、省政府取消和调整5项，市级自行调整6项。

表 9 2016 年石家庄市衔接落实国务院、省政府第二批行政审批事项取消和调整目录

（5 项）

序号	行政审批事项名称	中介服务事项名称	部门名称	中介服务设定依据	中介服务实施机构	调整结果
1	社会组织登记（市属社会团体、民办非企业单位、非公募基金会成立、变更、注销登记）	审计报告	市民政局	《社会团体登记管理条例》（2016 年 2 月 6 日修正版）第二十七条 《民办非企业单位登记管理暂行条例》（国务院令第 251 号）第二十二条 《基金会管理条例》（国务院令第 400 号）第十五条、第三十七条	具有相应资质的单位	衔接省政府 07003、07004、07005，调整为纳入政府部门审批程序的技术性服务事项。不再要求申请人提供技术性服务要件，改由审批部门依法委托有关机构开展
2		清算报告		《社会团体登记管理条例》（国务院令第 250 号）第二十条、第二十一条、第二十五条 《民办非企业单位登记管理暂行条例》（国务院令第 251 号）第十六条、第十七条、第二十条 《基金会管理条例》（国务院令第 400 号）第十八条	具有相应资质的单位	衔接省政府 07003、07004、07005，调整为纳入政府部门审批程序的技术性服务事项。不再要求申请人提供技术性服务要件，改由审批部门依法委托有关机构开展
3	非国有矿山企业地勘单位采矿权、探矿权转让和市场项目探矿权转让审批	矿业权转让鉴证和公示	市国土资源局	《国土资源部关于建立健全矿业权有形市场的通知》（国土资发〔2010〕145 号） 《矿业权交易规则（试行）》（国土资发〔2011〕242 号） 《国土资源部办公厅关于做好矿业权有形市场出让转让信息公示公开有关工作的通知》（国土资厅发〔2011〕19 号）	具有相应资质的机构	衔接省政府 11004 项取消。不再要求申请人委托矿业权交易机构进行鉴证和公示，改由市级国土资源主管部门负责发布矿业权转让公示信息并出具公示无异议的意见
4	建设项目临时使用林地审批	出具项目使用林地可行性报告或者林地现状调查表	市林业局	《建设项目使用林地审核审批管理办法》（国家林业局令第 35 号）第七条	具有相应林业调查规划设计资质的单位	衔接省政府 18004 增加。除具备相应资质的中介机构编制外，也可由申请人自行编制
5	防雷装置设计审核和竣工验收	新建、改建、扩建建（构）筑物防雷装置检测	市气象局	《防雷减灾管理办法》（中国气象局令第 20 号，2013 年 5 月 31 日予以修改） 《防雷装置设计审核和竣工验收规定》（中国气象局令第 21 号）	具有相应资质的机构	衔接省政府 40007-02，调整为纳入政府部门审批程序的技术性服务事项。不再要求申请人提供技术性服务要件，改由审批部门依法委托有关机构开展

表 10　2016 年石家庄市衔接落实国务院、省政府第二批行政审批事项市级自行调整中介服务事项目录

（6 项）

序号	行政审批事项名称	中介服务事项名称	部门名称	中介服务设定依据	中介服务实施机构	调整结果
1	建设工程抗震设防要求审批	地震安全性评价	市科技局（地震局）	《中华人民共和国防震减灾法》第三十四条、第三十五条 《地震安全性评价管理条例》第十七条	具有地震安全性评价资质的单位	依据中震防发〔2015〕59 号取消
2	采矿权设立、延续、变更、注销审批（仅限小型建材矿）	矿产资源开发利用方案审查意见	市国土资源局	《关于加强对开发利用方案审查的通知》（国土资发〔1999〕98 号）	具有相应资质的机构	增加纳入政府部门审批程序的技术性服务事项
3		矿产资源储量评审	市国土资源局	《矿产资源储量评审认定办法》（国土资发〔1999〕205 号） 《河北省国土资源厅关于矿产资源储量评审备案有关问题的通知》（冀国土资发〔2015〕14 号）	石家庄市矿产储量审查办公室	增加纳入政府部门审批程序的技术性服务事项
4		矿业权价款评估	市国土资源局	《探矿权采矿权评估管理暂行办法》（国土资发〔1999〕75 号） 《国土资源部关于印发〈矿业权评估管理办法（试行）〉的通知》（国土资发〔2008〕174 号）	具有相应资质的机构	增加纳入政府部门审批程序的技术性服务事项
5	商品房预售许可	房产面积测算	市住建局	《城市商品房预售管理办法》（中华人民共和国建设部令字第 131 号）	具有测绘资质的机构	调整为纳入政府部门审批程序的技术性服务事项。不再要求申请人提供《预测绘成果报告书》，改由石家庄房产交易中心测绘管理科出具"建筑面积校核表"
6	高危行业生产经营单位的主要负责人、安全管理人员的考核发（换）证	高危行业生产经营单位的主要负责人、安全管理人员安全培训	市安监局	《安全生产法》 《安全生产培训管理办法》（国家安监总局令第 44 号）	石家庄市安监局安全科学技术中心等具备相关条件的培训教育机构	依据石政办发〔2016〕27 号文，取消该项行政许可，中介服务事项一并取消

10 月 17 日，市政府办公厅印发《关于衔接落实省政府部门取消下放行政权力事项和取消中介服务事项的通知》（石政办发〔2016〕63 号），公布衔接省政府部门取消行政权力事项目录 8 项，衔接省政府部门下放行政权力事项目录 42 项，衔接省政府部门取消行政许可中介服务事项目录 3 项。

表 11

2016 年石家庄市衔接落实省政府部门取消行政权力事项目录

（8 项）

序号	衔接部门	项目名称	设定依据	实施对象	权力类别	备注
1	市发展改革委	未取得冶金矿产品生产许可证从事冶金矿产品生产活动的，涂改、转让、租赁冶金矿产品生产许可证的处罚	《河北省冶金矿产品生产经营监督管理条例》（2006 年 9 月 28 日河北省第十届人民代表大会常务委员会第二十三次会议通过）第二十六条	企业	行政处罚	取消石家庄市原行政处罚“冶金矿产品生产经营违法行为的处罚”的一部分
2	市发展改革委	经营本省未取得冶金矿产品生产许可证生产单位生产的冶金矿产品的处罚	《河北省冶金矿产品生产经营监督管理条例》（2006 年 9 月 28 日河北省第十届人民代表大会常务委员会第二十三次会议通过）第二十七条	企业	行政处罚	取消石家庄市原行政处罚“冶金矿产品生产经营违法行为的处罚”的一部分
3	县（市、区）民政主管部门	申请筹备成立社会团体审批	《社会团体登记管理条例》（国务院令第 250 号）第七条、第八条、第九条、第十一条、第十二条、第十三条、第十四条	县级所属社会团体	行政许可	取消
4	市人社局	工伤医疗服务机构资格审查	《河北省工伤保险实施办法》（河北省人民政府令〔2011〕第 21 号）第三十一条	工伤医疗服务机构	行政确认	取消石家庄市未列清单，取消后改为协议管理
5	市住建局	不配建保障房的批准备案	《河北省城镇住房保障办法（试行）》（河北省人民政府令〔2011〕第 6 号）第二章第十九条	县（市、区）住房保障部门	其他类	石家庄市未列清单，取消该项业务
6	县（市、区）林业主管部门	林权证核发	《中华人民共和国森林法》第三条 《中华人民共和国森林法实施条例》（国务院令第 588 号修订）第四条、第五条 《中华人民共和国农村土地承包法》第二十三条 《退耕还林条例》（国务院令第 367 号）第四十七条	使用森林、林木和林地的单位或个人	行政确认	取消林业主管部门《林权证》的核发，改由各县（市、区）国土资源部门负责相关登记发证工作
7	市安监局	建设项目职业病危害预评价报告审核	《中华人民共和国职业病防治法》第十七条	企业、事业单位和个体经济组织等用人单位	行政许可	取消石家庄市行政许可类：建设项目职业卫生“三同时”审查
8	市安监局	职业病危害严重的建设项目防护设施设计审查和建设项目职业病防护设施竣工验收	《中华人民共和国职业病防治法》第十八条	企业、事业单位和个体经济组织等用人单位	行政许可	取消石家庄市行政许可类：建设项目职业卫生“三同时”审查

表 12

2016 年石家庄市衔接落实省政府部门下放行政权力事项目录

（42 项）

序号	项目名称	设定依据	原实施部门	权力类别	下放方式	下放后实施部门	备注
1	天然气分布式能源项目核准	《国务院对确需保留的行政审批项目设定行政许可的决定》（国务院令第 412 号） 《国务院关于投资体制改革的决定》（国发〔2004〕20 号） 《国务院关于发布政府核准的投资项目目录（2014 年本）的通知》（国发〔2014〕53 号） 《河北省政府投资项目实施办法》（冀政〔2014〕120 号）第二条	省发展改革委	行政许可	下放	市发展改革委	作为子项并入石家庄市行政许可“固定资产投资项目核准和备案”
2	河北省高新技术区域特色产业基地认定	《国家火炬计划特色产业基地认定办法（试行）》（国科火字〔2001〕83 号） 《河北省区域特色产业基地暂行管理办法》（冀科高〔2005〕26 号）第七条	省科技厅	其他类	委托	市科技局	列入石家庄市审核上报事项
3	申请设立保安服务公司审批（不含申请设立提供武装守护押运服务的保安服务公司和外资保安服务公司审批）	《保安服务管理条例》（国务院令第 564 号）第九条、第十一条 《公安机关实施保安服务管理条例办法》（公安部令第 112 号）第九条、第十条、第十一条	省公安厅	行政许可	委托	市公安局	列入石家庄市审核上报事项
4	申请设立保安培训单位审批	《保安服务管理条例》（国务院令第 564 号）第三十三条 《公安机关实施保安服务管理条例办法》（公安部令第 112 号）第三十一条	省公安厅	行政许可	委托	市公安局	列入石家庄市审核上报事项
5	人防系统应急通讯车和交通系统路政监督车的警报器和标志灯具使用证核准	《中华人民共和国道路交通安全法》第十五条 《中华人民共和国公路法》第七十三条 《河北省实施〈中华人民共和国道路交通安全法〉办法》（2006 年 11 月 25 日河北省第十届人民代表大会常务委员会第二十五次会议通过）第九条	省公安厅	行政许可	委托	市公安局	列入石家庄市审核上报事项
6	名称冠有“河北”或“冀”字样的新设人力资源服务机构、外省（市）人力资源服务机构来石家庄省设立的分支机构审批	《国务院对确需保留的行政审批项目设定行政许可的决定》（国务院令第 412 号）第 86 项 《河北省人才市场管理条例》（2002 年 9 月 28 日河北省第九届人民代表大会常务委员会第二十九次会议通过）第八条 《人才市场管理规定》（根据 2015 年 4 月 30 日《人力资源社会保障部关于修改部分规章的决定》第二次修订）第七条、第八条	省人社厅	行政许可	下放	市人社局	列入石家庄市行政许可

续表

序号	项目名称	设定依据	原实施部门	权力类别	下放方式	下放后实施部门	备注
7	中外合作职业培训机构设立审批	《中华人民共和国中外合作办学条例》（2003 年 3 月 1 日中华人民共和国国务院令第 372 号公布根据 2013 年 7 月 18 日《国务院关于废止和修改部分行政法规的决定》修订）第十二条	省人社厅	行政许可	委托	市人社局	列入石家庄市审核上报事项
8	设立中外合资（合作）职业介绍机构审批	《国务院对确需保留的行政审批项目设定行政许可的决定》第 89 项 《中外合资中外合作职业介绍机构设立管理暂行规定》（国家工商行政管理总局令第 14 号）第九条、第十条	省人社厅	行政许可	委托	市人社局	列入石家庄市审核上报事项
9	华北石油及驻石部队失业保险费征收	《中华人民共和国社会保险法》第五十九条 《社会保险费征缴暂行条例》（国务院令第 259 号）第六条 《河北省失业保险实施办法》（河北省人民政府令〔2005〕第 2 号）第四条 《关于贯彻〈河北省人民政府、河北省军区关于印发河 北省支持部队推进后勤保障社会化的实施办法（试行）的通知〉中有关失业保险问题的通知》（冀劳社〔2003〕106 号）	省人社厅	行政征收	下放	市人社局	列入石家庄市行政征收
10	华北石油及驻石部队失业保险待遇审核支付	《中华人民共和国社会保险法》第八条 《失业保险条例》（国务院令第 258 号）第三条、第十六条 《失业保险金申领发放办法》（劳动和社会保障部令第 8 号）第三条 《河北省失业保险实施办法》（河北省人民政府令〔2005〕第 2 号）第四条	省人社厅	行政给付	下放	市人社局	列入石家庄市行政给付
11	机关事业单位工人考核考评人员培训、考核、资格认证	《工人考核条例》第二十一条、第二十二条 《职业技能鉴定规定》（劳部发〔1993〕134 号）第二十条、第二十一条	省人社厅	行政确认	下放	市人社局	列入石家庄市行政确认
12	保持荣誉称号职工退休提高待遇核准	《国务院关于工人退休、退职的暂行办法》（国发〔1978〕104 号）第四条	省人社厅	行政确认	下放	市人社局	与石家庄市“机关事业单位保持荣誉称号职工退休提高待遇审批”合并。名称变更为“保持荣誉称号职工退休提高待遇核准”

续表

序号	项目名称	设定依据	原实施部门	权力类别	下放方式	下放后实施部门	备注
13	不跨区域电磁辐射类项目（除国家审批外）环评文件审批	《中华人民共和国环境影响评价法》第二十二条、第二十四条 《建设项目环境管理条例》（国务院令第 253 号）第十二条	省环境保护厅	行政许可	下放	市环保局	作为子项并入石家庄市行政许可“非跨行政区域［设区市、省直管县（市）、扩权县］雷达、豁免水平以上的电视、广播发射台、差转台电 磁辐射类建设项目、330 千伏及以下输变电建设项目、X 射线探伤机、工业用 X 射线 CT 机、Ⅱ类射线装置中的 X 射线深部治疗机、数字减影血管造影装置（包括小 C 型臂）核技术利用项目环评审批环境影响评价文件的审批（跨设区市、省直管县、扩权县项目除外）、辐射项目登记表的审批”
14	省政府下放审批权限的已经由省级环境保护部门批准其辐射类项目环境影响报告表的辐射类项目竣工环境保护验收	《中华人民共和国环境影响评价法》第二十六条 《建设项目环境管理条例》（国务院令第 253 号）第二十条、第二十二条	省环境保护厅	行政许可	下放	市环保局	作为子项并入石家庄市行政许可“建设项目竣工环境保护验收”
15	有关住宅建筑设计文件审查	《城市居民住宅安全防范设施建设管理规定》（建设部、公安部令第 49 号）第八条	省住房城乡建设厅	行政监督	下放	市、县（市、区）建设主管部门	列入石家庄市行政监督
16	城市园林绿化工程的竣工验收备案	《城市绿化条例》（国务院令第 100 号）第十六条 《河北省城市绿化管理条例》（根据 2010 年 7 月 30 日河北省第十一届人民代表大会常务委员会第十七次会议通过 2010 年 7 月 30 日河北省第十一届人民代表大会常务委员会公告第 27 号公布自公布之日起施行的《河北省人民代表大会常务委员会关于修改部分法规的决定》第二次修正）第十八条 《河北省城市园林绿化管理办法》（河北省人民政府令〔2011〕第 23 号）第二十六条	省住房城乡建设厅	其他类	下放	市、县（市、区）城市园林绿化主管部门	列入石家庄市其他类

续表

序号	项目名称	设定依据	原实施部门	权力类别	下放方式	下放后实施部门	备注
17	省管项目建筑工程施工许可证的颁发	《中华人民共和国建筑法》第七条 《河北省建筑条例》（2004 年 5 月 28 日河北省第十届人民代表大会常务委员会第九次会议通过）第四条 《建筑工程施工许可管理办法》（住房和城乡建设部令〔2014〕第 18 号）第二条	省住房城乡建设厅	行政许可	下放	项目所在地市、县（市、区）建设主管部门	作为子项并入石家庄市行政许可“建筑（含市政）工程施工许可”（市本级只保留领导交办重大项目）
18	在通航河流上设置专用标志的同意	《中华人民共和国航道管理条例》（国务院令第 545 号修订）第二十一条	省交通运输厅	行政许可	下放	市、县交通运输主管部门	作为子项并入石家庄市行政许可“内河交通安全业务许可”
19	在航道上（内）建设过船、过木、过鱼建筑物的设计任务书、设计文件和施工方案的同意	《中华人民共和国航道管理条例》（国务院令第 545 号修订）第十五条	省交通运输厅	行政许可	下放	市、县交通运输主管部门	作为子项并入石家庄市行政许可“内河交通安全业务许可”
20	河道采砂规划编制确认（一般行洪河道的采砂规划审查）	《河北省河道采砂管理规定》（河北省人民政府令〔2008〕第 3 号）第六条	省水利厅	行政确认	下放	市水务局	列入石家庄市行政确认
21	船网工具控制指标审批	《中华人民共和国渔业法》（中华人民共和国主席令第八号修订）第二十三条 《渔业捕捞许可管理规定》（农业部令 2013 年第 5 号修订）第八条、第十二条	省农业厅	行政许可	委托	县级渔业行政主管部门	
22	农业机械事故损害赔偿调解	《农业机械事故处理办法》（农业部令 2011 年第 2 号）第三十八条 《河北省农业机械安全监督管理办法》（河北省人民政府令〔2013〕第 9 号）第二十五条	农机安全监理机构	行政裁决	下放	市、县农机安全监理机构	列入石家庄市行政裁决
23	动物防疫条件合格证核发	《中华人民共和国动物防疫法》第二十条 《动物防疫条件审查办法》（农业部令第 7 号）第二十九条	省畜牧兽医局	行政许可	下放	县级畜牧兽医主管部门	
24	林木种子采种林确定	《中华人民共和国种子法》（2015 年 11 月 4 日修订）第三十二条	县级以上林业主管部门	行政确认	下放	县级林业主管部门	
25	拍卖企业变更法人、地址、注册资本审核许可	《中华人民共和国拍卖法》第十一条 《拍卖管理办法》（商务部令〔2004〕第 24 号）第十四条	省商务厅	行政许可	委托	市商务局	列入石家庄市审核上报事项
26	报废汽车回收企业资格认定及备案	《报废汽车回收管理办法》（国务院令第 307 号）第六条、第八条	省商务厅	行政许可	委托	市商务局	列入石家庄市审核上报事项

续表

序号	项目名称	设定依据	原实施部门	权力类别	下放方式	下放后实施部门	备注
27	石油成品油零售经营资格变更审批（投资主体发生变化的除外）	《国务院对确需保留的行政审批项目设定行政许可的决定》（国务院令第 412 号）第 183 项	省商务厅	行政许可	委托	市商务局	列入石家庄市审核上报事项
28	鼓励类和允许类外商投资商业企业设立及变更审批	《中华人民共和国中外合资经营企业法实施条例》（国务院令第 648 号修订）第六条、第七条 《中华人民共和国中外合作经营企业法实施细则》（国务院令第 648 号修订）第八条 《中华人民共和国外资企业法实施细则》（国务院令第 648 号修订）第七条 《旅行社条例》（国务院令第 550 号）第二十二条 《国务院关于第三批取消和调整行政审批项目的决定》（国发〔2004〕16 号）下放管理层级第 6 项 《国务院关于第五批取消和下放管理层级行政审批项目的决定》（国发〔2010〕21 号）第 4 项至第 36 项 《国务院关于第六批取消和调整行政审批项目的决定》（国发〔2012〕52 号）第 30 项至第 47 项	省商务厅	行政许可	委托	市商务局	列入石家庄市审核上报事项
29	外商投资非商业企业增加分销经营范围审批		省商务厅	行政许可	委托	市商务局	列入石家庄市审核上报事项
30	外商投资广告企业设立审批		省商务厅	行政许可	委托	市商务局	列入石家庄市审核上报事项
31	省级审批的不涉及专项规定的外商投资企业经营范围变更审批		省商务厅	行政许可	委托	市商务局	列入石家庄市审核上报事项
32	省级审批的限制类项目不涉及限制类内容的外商投资企业经营范围变更审批		省商务厅	行政许可	委托	市商务局	列入石家庄市审核上报事项
33	省级审批的外商投资企业非实质性变更审核	《商务部关于外商投资管理工作有关问题的通知》（商资函〔2011〕72 号）第一条	省商务厅	其他类	委托	市商务局	列入石家庄市审核上报事项
34	气瓶和移动式压力容器充装单位许可	《中华人民共和国特种设备安全法》第四十九条 《特种设备安全监察条例》（国务院令第 373 号，国务院令第 549 号修订）第二十二条 《河北省特种设备安全监察规定》（河北省人民政府令〔2012〕第 18 号）第九条	省质监局	行政许可	委托	市质监局	列入石家庄市审核上报事项
35	单独申请锅炉维修单位许可	《中华人民共和国特种设备安全法》第二条、第十八条 《特种设备安全监察条例》（国务院令第 549 号修订）第十六条	省质监局	行政许可	委托	市质监局	列入石家庄市审核上报事项
36	应急预案备案	《河北省安全生产应急管理规定》（河北省人民政府令〔2012〕第 15 号）第九条	省安全监管局	其他类	下放	市安监局	并入石家庄市其他类："生产安全事故应急预案备案"
37	重大危险源备案	《中华人民共和国安全生产法》第三十七条 《河北省重大危险源监督管理规定》（河北省人民政府令〔2009〕第 12 号）第十五条	省安全监管局	其他类	下放	市安监局	新增列入石家庄市其他类
38	导游证、临时导游证核发	《导游人员管理条例》（国务院令第 263 号）第四条	省旅游发展委	行政许可	委托	市旅游局	列入石家庄市审核上报事项

续表

序号	项目名称	设定依据	原实施部门	权力类别	下放方式	下放后实施部门	备注
39	3A 级旅游景区质量等级评定	《旅游景区质量等级评定管理办法》(国家旅游局令第23号) 《旅游景区质量等级的划分与评定》(修订)(GB/T17775-2003)	省旅游发展委	行政确认	委托	市旅游局	列入石家庄市审核上报事项
40	境外机构和团体拍摄考古发掘现场审批	《国务院对确需保留的行政审批项目设定行政许可的决定》(国务院令第412号)第461项 《国务院关于取消和调整一批行政审批项目等事项的决定》(国发〔2014〕27号)	省文物局	行政许可	委托	市文广新局	列入石家庄市审核上报事项
41	外国公民、外国组织和国际组织在中国境内参观尚未公开接待参观者的文物点和正在进行工作的考古发掘现场审批	《中华人民共和国考古涉外工作管理办法》(1990年12月31日国务院批准，1991年2月22日国家文物局令第1号发布)第十三条第一款、第二款	省文物局	行政许可	委托	市文广新局	列入石家庄市审核上报事项
42	博物馆二级以下(含二级)藏品取样分析许可	《国务院对确需保留的行政审批项目设定行政许可的决定》(国务院令第412号)第464项 《博物馆藏品管理办法》〔文物字(86)第730号〕第二十三条	省文物局	行政许可	委托	市文广新局	列入石家庄市审核上报事项

表 13

2016年石家庄市衔接落实省政府部门取消行政许可中介服务事项目录

(3项)

序号	行政许可事项名称	审批部门	中介服务事项名称	取消依据	中介机构提供的要件名称
1	建设项目职业卫生"三同时"审查	市安监局	对建设项目进行职业病危害预评价	《中华人民共和国职业病防治法》(2016年7月2日第十二届全国人民代表大会常务委员会第二十一次会议《关于修改〈中华人民共和国节约能源法〉等六部法律的决定》第二次修正)	职业病危害预评价报告书
2			对建设项目进行职业病防护设施设计	《中华人民共和国职业病防治法》(2016年7月2日第十二届全国人民代表大会常务委员会第二十一次会议《关于修改〈中华人民共和国节约能源法〉等六部法律的决定》第二次修正)	职业病防护设施设计专篇
3			对建设项目进行职业病危害控制效果评价	《中华人民共和国职业病防治法》(2016年7月2日第十二届全国人民代表大会常务委员会第二十一次会议《关于修改〈中华人民共和国节约能源法〉等六部法律的决定》第二次修正)	职业病危害控制效果评价报告书

人力资源和劳动就业

【概况】 2016年，全市城镇新增就业10.5万人，完成全年任务110.3%；城镇登记失业率3.5%，控制在省下达目标4.5%以内；城镇零就业家庭保持动态为零；农村劳动力转移就业5.4万人，完成全年任务104.9%。启动实施《石家庄市就业创业三年行动计划（2016～2018年）》，建设创业孵化园、创业园区、创客空间等众创空间55家，11家市级创业孵化基地入驻创业实体983户，发放创业担保2.96亿元。印发《关于支持农民工等人员返乡创业的实施意见》，12个县（市、区）建成创业孵化基地15家。举办青年创业创新大赛，签约项目资金3400万元。开办高校毕业生招聘活动320场，提供就业岗位24万个，累计发放高校毕业生就业创业补贴资金2688万元。征集“三支一扶”志愿服务岗位180个、就业见习岗位7553个，为5家企业拨付“三补一降”援企稳岗补贴资金6000万元，为188家企业发放稳岗补贴1453万元。开展“就业援助月”“春风行动”“民营企业招聘周”等招聘活动210场，提供就业岗位13万个，帮助就业困难人员实现就业921人。发放就业困难人员灵活就业社会保险补贴817.38万元。2月17日～3月31日，全市劳动就业服务部门组织开展以“搭建供需平台，促进转移就业”为主题的“春风行动”专项活动，举办招聘会50场（次），进场单位1800多家，提供就业岗位11.6万个，进场求职者16.38万人（次），发放春风卡等宣传材料28.4万份，达成就业意向4.68万人。引进高层次人才1239名，3人入选第二批国家“万人计划”领军人才；5名外国专家获授2016年度“燕赵友谊奖”称号。制定印发市人力资源和社会保障系统《加强和改进公共服务工作方案》，公布基本公共服务事项和指南，发放群众“明白纸”。推动基层平台建设，全市40个乡镇人力资源和社会保障基层服务平台通过省人力资源和社会保障厅考核验收，获得奖补资金318万元，其中18个贫困县平台获得奖补资金162万元，占比51%。推进信息化建设，全年市人力资源和社会保障局网上服务大厅访问量达到576万人次。

（林建春）

【青年创业创新大赛】 5月4日～8月25日，由市人力资源与社会保障局、市财政局、共青团市委联合主办，市劳动就业服务局承办的石家庄市青年创业创新大赛举行。全市378个项目报名参赛，2个项目获得市级一等奖、4个项目获得市级二等奖、6个项目获得市级三等奖，4个单位获得突出贡献奖、4个单位获得优秀组织奖。50个项目晋级河北省青年创业创新大赛复赛，10个项目晋级全省决赛，获得省级2个一等奖、3个二等奖、5个三等奖，项目签约金额3400万元。其中，2个一等奖分别为咻医生、肺音数字化及智能诊断；3个二等奖分别为海洋特色教育创业基地、微范儿、医疗健康产业物联网生态链服务平台；5个三等奖分别是冀航植保无人机、mefine每益菲益生菌、无人机环境应急采样系统、安全盒子项目、米粒直播。石家庄市获授河北省青年创业创新大赛突出贡献奖。9月5～8日，由中国宋庆龄基金会、人力资源和社会保障部主办、省人力资源和社会保障厅承办的第二届“中国创翼”青年创业创新大赛全国总决赛综合类在石家庄市举行。共有来自全国27个省、市、自治区133个项目参赛，其中企业组69个、团队组64个。比赛设立一等奖2名、二等奖4名、三等奖6名、优胜奖8名，进入决赛项目颁发金翼奖，进入半决赛项目颁发银翼奖。石家庄市晋级全国半决赛参赛项目10个，其中，团队组7个、企业组3个。石家庄市选送项目“咻医生”夺得团队组一等奖。“咻医生”是由石家庄番薯网络科技有限公司专门面向社区卫生服务中心、乡镇卫生院、中小门诊等基层医疗机构开发的集门诊预约、划价收费、电子处方、药房管理、财务系统于一体的移动医疗管理系统，利用手机或平板电脑实施中小医疗机构无纸化、电子化管理，帮助建立完整的居民健康档案，有效解决基层医疗机构规范化问题，大幅改善老百姓就医体验。石家庄市还获得金翼奖2个、银翼奖7个。2个金翼奖分别为：肺音数字化及智能诊断项目；卫邦多关节智能康复训练床；7个银翼奖分别是：海洋特色教育创业基地、微范儿、医疗健康产业物联网生态链服务平台、mefine每益菲益生菌、安全盒子项目、米粒直播、喜得乐微营销联盟。

（王静）

【人事管理】 2016年度公务员录用省市县乡四级联考和事业单位工作人员公开招聘顺利完成。落实县以下机关公务员职务与职级并行制度，全市享受职级并行政策10721人。做好公务员登记、任免和奖惩。事业单位人事管理。推进中小学教师职称制度改革，建立职称制度和岗位管理制度相衔接、符合教师职业特点、统一的中小学教师职称制度；事业单位引进急需紧缺高层次人才和具有突出贡献的专业技术人员，全部建立直接评聘制度；事业单位专业技术人员空岗补聘和新成立、合并、增减编制的事业单位岗位设置工作完成。军转安置。2015年度计划分配军转干部安置任务全面完成，2016年度计划分配军转干部安置进展顺利。2016年8月，石家庄市推荐上报5名个人、5名集体为第七届河北省“人民满意的公务员”“人民满意的公务员集体”，5名个人分别为左素娥（女）、王辉、焦彦虎、许彦明、马骅（女），5名集体分别为市安全生产监督管理局、裕华区裕华路街道办事处、市林业局、市公安局经济犯罪侦查支队、栾城区政法委。

【人才引进】 高层次人才引进。组织全市重点企业组团参加北京、重庆、济南等全国大中城市巡回招聘活动及京津冀招才引智大会、中国河北（邢台）海内外高层次人才洽谈会、河北省高层次人才引进交流会，引进高层次人才1239名。11月12日，由市人力资源和社会保障局主办“第九届石家庄市海内外高层次人才洽谈会暨应届毕业研究生招聘会”在市人力资源市场举行。参会招聘企业142家，其中高新技术企业近40家、知名企业70家，提供岗位2600多个，涵盖装备制造、医药、化工、卫生、教育培训、电子通讯、计算机、金融、建筑等行业；参与大学10所，包括河北大学、河北科技大学、河北经贸大学、河北医科大学、河北农业大学、石家庄铁道大学、石家庄学院等；参会医院15家，其中市属9家医院全部参加。进场求职洽谈3600余人，达成意向1268人，其中博士48人、硕士1188人、高技能型人才32人。京津冀人才合作。2016年4月，市人力资源和社会保障局与北京市、天津市当地人才中心签订区域人才合作协议；与京津人才网建立链接，在“石家庄人才网”开辟“北京、天津人才招聘专区”。专家选拔和推荐。全年推荐各级各类专家人选178人；建立博士后创新实践基地站4家；为6类36名人才申请项目经费资助。至2016年末，全市专家数量累计达到1443人，博士后科研工作站达到10家，博士后创新实践基地达到15家。推进高技能人才队伍建设，新培养高级工以上技能等级人员1.3万人。加强引智工作力度，征集引智项目47个，其中30个项目获得引智经费支持。3人入选第二批国家“万人计划”领军人才。其中，人天通信集团有限公司总经理肖飞、石家庄藏诺生物股份有限公司总经理王智森入选科技创业领军人才；河北以岭医药研究院有限公司院长贾振华入选科技创新领军人才。2016年10月，石家庄市5名外国专家获得河北省政府表彰，获授2016年度“燕赵友谊奖”称号。分别是：本杰明·希本，中航通飞华北飞机工业有限公司，加拿大籍；曾昭曙，中车石家庄车辆有限公司，加拿大籍；洪宗佑，东旭集团有限公司，韩国籍；安瓦·哈克，奥星制药设备（石家庄）有限公司，英国籍；甄崇礼，天俱时工程科技集团有限公司，澳大利亚籍。

【职工工资】 推进和完善职工工资集体协商制度，开展工资集体协商百日行动，2016年末全市1.76万家企业建立工资集体协商制度，覆盖职工106万人。实施国有企业负责人薪酬制度改革，起草《关于深化市属国有企业负责人薪酬制度改革的实施意见》。做好全市机关事业单位工作人员工资调整工作，自2016年12月起，全市机关事业单位在职及离退休人员执行新的工资标准，平均月增资300元。

【劳动争议】 规范单位用工行为，完善劳动用工备案制度，新备案劳动用工企业1857户、职工7.5万人，2016年末全市累计纳入劳动用工备案系统企业1.3万户、职工67.2万名。开展劳动监察执法，全年检查劳动用人单位4081户，受理举报投诉案件1750件，督促用人单位补签劳动合同5540份、补缴社会保险费743万元，为6.2万名农民工追讨工资5.6亿元，有效维护了广大劳动者的合法权益和社会稳定。稳妥做好劳动争议和劳动信访维护稳定工作，全年受理劳动争议案件3100件，涉及劳动者人数5400人，结案2800件，结案率90.3%；接待来信来访45件批次，按照规定程序全部办结。

【机关事业单位及部分行业试行错时上下班制度】 11月21日，石家庄市市级及市内主城区机关事业单位及部分行业试行错时上下班制度。时间安排：9 月 1 日至次年 5 月 31 日，工作时间为 9：00 ～ 12：00，13：00 ～ 17：00；6 月 1 日～ 8 月 31 日，工作时间为 9：00 ～ 12：00，14：00 ～ 18：00。试行范围：市级及长安区、桥西区、新华区、裕华区、高新区的党政机关、群团组织和事业单位（学校、医院除外），市政府部门的各窗口单位，市金融、保险、移动、联通、电信分公司和市邮政等机构。

（林建春）

经济研究

【概况】 2016 年，市政府研究室围绕服务大局、服务发展、服务决策理念，起草完成各类综合文稿和文件 44 篇（件），其中，为市政府主要领导起草重要文稿 21 篇，参与起草市委、市政府文件 3 篇，完成调研报告 15 篇，获得市领导批示转化率达 90% 以上。贯彻落实国家和河北省文件精神，两次汇总编印国务院、国务院办公厅、省政府、省政府办公厅 2013 ～ 2016 年社会经济类重要文件，其中，一套 18 本、一套 5 本，供市政府，县（市、区）政府和市政府各部门领导查阅。创建“石家庄经济学堂”微信公众号，每天以微信方式推送内容，解读国家政策，做好辅导讲座。主办市政府机关刊物《石家庄经济》增设“县区领导谈发展”专栏，每期宣传推广 1 个县（市、区）经济发展情况。完成国务院研究中心中国智库网石家庄主页建设和资料报送编辑，组织撰写石家庄经济社会建设巡礼解说稿等。2016 年市政府研究室获评河北省决策咨询系统优秀单位，承办市政府机关刊物《石家庄经济》连续获得“省会双十佳”出版物称号。

【文稿起草】 重要文件起草。发挥“以文辅政、服务决策”职能，牵头起草 2016 年《政府工作报告》顺利提交市人大十三届五次会议审议通过。以改善营商环境为内容，起草《关于进一步改善营商环境的 23 条意见》，以市委、市政府文件形式在全市印发。高质量完成市政府向中央财经领导小组报送《专题汇报》、石家庄市向《省委关于“十三五”期间努力实现生产总值超万亿的专题汇报》、《关于国务院第三次大督查的自查报告》、市政府《2017 年重点工作安排意见》等文件材料。发挥职能作用，当好参谋助手。全年为市委、市政府领导起草讲话文稿有：《在石家庄市经济运行分析会上的讲话》《在参加全国两会拟提交的若干建议》《在全省市长座谈会上的发言提纲》《在市委中心组学习会议上的发言提纲》《石家庄市大气污染防治工作情况汇报》《在全国幸福城市颁奖晚会上的讲话》等。还起草了市政府党组“两学一做”学习教育动员会精神落实情况、第一专题讨论情况、外出学习总结、书记讲党课专题报告等文稿。

【调查研究】 根据市委、市政府主要领导批示要求，以解决房地产开发建设中的遗留问题为主题，组建专项调研组，起草《关于我市房地产开发建设专项整治情况的调查与建议》，提出 8 条房地产整治建议均被采纳。以推进供给侧结构性改革为内容，起草《关于我市供给侧结构性改革进展情况的专题调研报告》，获得省委常委、市委书记邢国辉批示。针对石家庄市行政区划调整后的新情况，调研和撰写《关于加快“新三区”与主城区同城化发展的建议》，获得市委主要领导批示，要求相关部门研究落实；还起草《关于加快推进石家庄市“多规合一”的调查与建议》《关于我市 R&D 现状分析与对策建议》《关于税式支出政策普及和落实情况的专题调研报告》等。以农业农村为内容，调研和撰写《关于推进我市精准扶贫工作的调查与建议》《加快我市农村电子商务发展的建议——对赞皇、深泽、鹿泉三县（区）电商发展情况的调查》《把发展设施农业作为推动我市农业供给侧改革的优先选择》等调研报告。

石家庄市政府研究室

主　任：张雪峰

副主任：张福久　梁德忠

（谷鹏）

地方史志

【概况】 2016 年，市地方志办公室贯彻落实《地方志工作条例》《河北省地方志工作规定》《全国地方志事业发展规划纲要（2015 ～ 2020 年）》《河北省地方志事业发展规划（2016 ～ 2020 年）》要求，部署和推进二轮修志、综合年鉴编纂、旧志整理、地方史和地情资源开发利用等工作。二轮修志。石家庄市二轮修志规划编修志书 23 部，其中，市级 1 部、县（市、区）志 22 部。至 2016 年底，累计出版 16 部，分别是《正定县志》《栾城县志》《新乐市志》《鹿泉市志》《平山县志》《井陉县志》《井陉矿区志》《赵县志》《赞皇县志》《长安区志》《裕华区志》《晋州市志》《元氏县志》《行唐县志》《桥东区志》《藁城区志》。《桥西区志》正在印刷；《无极县志》完成河北省终审，进入印刷招标阶段；《深泽县志》通过二审；《高邑县志》正在二审；《灵寿县志》《新华区志》《石家庄市志》正在编纂。部门志、行业志规划编修13部，出版8部；乡镇志规划110部，出版或交付出版16部。综合年鉴。按照国务院和河北省部署要求，石家庄市规定出版综合年鉴数量22部，其中，市本级1部、21个县（市、区）各1部。至2016年底，累计出版12部，分别为《石家庄年鉴》《藁城年鉴》《鹿泉年鉴》《晋州年鉴》《栾城年鉴》《井陉年鉴》《正定年鉴》《赵县年鉴》《行唐年鉴》《元氏年鉴》《赞皇年鉴》《桥西区年鉴》，综合年鉴覆盖率达到55%。7月11日，根据《关于对全国地方志优秀成果（年鉴类）的通报表扬》（中指组字〔2016〕6号）文件通知，《石家庄年鉴2013》获评中国地方志指导小组地市级综合年鉴一等奖。地方史和地情资源开发利用。以传承石家庄市域经济、社会、文化等历史地情资源为内容，组织开展地方史、旧志整理和市情资源开发。市本级规划整理旧志84部，累计出版45部；市地方志办公室整理编辑《史说石家庄》《图说石家庄》地方史资源两册，其中，《史说石家庄》总纂完成，收录文字15万字、照片380余幅；正定县、行唐县、井陉县旧志整理完成并印刷出版，赞皇县、灵寿县、深泽县、栾城区开展明清代旧志集成和校勘。村镇志和家谱编写研究。2016年1月，由藁城区地方志办公室编辑《村镇志家谱编写工作资料汇编》印发，全书将村镇志和家谱编写的体例章法、篇目结构、资料采集、语言文字、图表运用等要求汇集成册，成为指导村镇志和家谱编写的小型工具书。

【鹿泉乡村志编纂】 鹿泉区村志编纂于2012年启动，至2016年底，全区208个村有194个村开展村志编写，其中，57个村49部村志出版。2016年鹿泉区出版村志25部，其中，《曲寨村志》以正式书号出版，大毕村、高家窑、邵营、桥门沟、符家庄、向阳、西龙贵、南龙贵、东邵营、东土门、邓村、南降北、大王庙、王屋、上寨、岗上、七街、枣林、西土门、古贤、许营、后东毗、下聂庄、天井沟24部村志以内部书号出版。鹿泉区石井乡、李村镇、铜冶镇启动乡镇志编写，获鹿镇启动《获鹿城志》编撰。

【《曲寨村志》出版发行】 石家庄市鹿泉区《曲寨村志》于2012年开始编写，2016年1月由河北人民出版社出版发行，主编牛英斌。全书文字42万字。该村志上限追溯至最早建村，下限至2012年。采用编、章、节、目结构，前置概述、大事记，包括建置沿革、自然环境与资源、人口与家庭、党政建设、军事、农业养殖林果、商贸、工业、村民生活、文化、教育、医疗卫生、村风民俗、人物14章，附录规章制度选录、媒体报道、曲寨村在鹿泉市的若干第一、曲寨村的若干第一等。鹿泉区曲寨村是中国新农村建设的典型，曾获得全国文明村、河北省小康建设示范村等荣誉。该村志略古详今，完整反映了村集体企业从艰难起步到快速发展、跨越式发展的进程及新农村建设取得的成就。

【《藁城人》出版发行】 2016年5月，由藁城区政协主编《藁城人（第一册）》出版发行。这是一部专门辑录古往今来、天南地北藁城人的史料性书籍，深受读者欢迎。该书编写经历前期策划、资料搜集整理、加工筛选、补充核实等环节，历时3年完成。记述时限起止于汉代，下限至于2014年；根据时代划分为古代、近代、现代三大部分；文字数量30万字，收录人物350余个，记述人物不拘泥过细过准的时间断代及行业划分。全书以继承历史、突出时代特色、垂鉴后世为宗旨，客观真实地记述了藁城各个时期、各条战线、各个领域涌现出的优秀人物（含部分客籍人物），记述方式以简介为主，突出人物业绩、成就和风采，重在宣扬藁城精神和提升藁城知名度，加强与外地游子的联系，增进友谊，激励当今，启迪后人。

【《藁城市志（1986～2005）》出版发行】 2016年6月，由藁城区（市）地方志编纂委员会主持编纂《藁城市志（1986～2005）》在新华出版社出版发行。主编米志科。全书字数189万字，规格为大16开精装本全彩色印刷。篇目设置采用编、章、节体，志首置彩页及藁城政区图、城区图，次为概述、大事记，正文依次包括建置区划、自然环境、居民、基础设施与环境保护、体制改革、经济总情、农业、工业、石家庄经济技术开发区、商贸服务业、财政税务、金融业、综合经济管理、中国共产党地方组织、地方人民代表大会、地方人民政府、综合政务管理、地方人民政协、社会团体、公检法司、军事、精神文明建设、教育科技、文化、卫生体育、人物26编141章，志尾设附录、索引、编后记。该志翔实、客观地记述藁城市1986～2005年20年间的自然、政治、经济、文化、社会等各方面的历史和发展状况，重点记录了藁城改革开放的伟大实践和各项事业的崭新风貌，具有浓郁的地方特色。全书文详事丰，体例完备，图文并茂，印制精美，是一部帮助读者了解藁城、认识藁城的权威性地情资料和文献，具有较高的使用、研究和收藏价值。

【《刘海文化探源》出版发行】 2016年10月，由藁城区委宣传部、区政府地方志办公室、刘海文化研究协会联合编纂《刘海文化探源》出版发行。2010年代以来，藁城区文化事业和文化产业快速发展，2013年“藁城刘海的传说”“刘海庄秧歌剧”入选河北省和石家庄市非物质文化遗产，成为藁城文化界一大盛事。《刘海文化探源》是在藁城区领导、专家及社会有识之士的支持和倡议下编纂，历经刘海文化资料普查及研究成果、新闻媒体材料、文学作品等系统整理汇总和补充完善成书。全书文字28万字，收录不同体裁文章近50篇，共分5个部分，分别是刘海文化研讨文章选录、刘海传说故事、刘海文化作品选、刘海文化挖掘开发与宣传活动历年大事记、刘海文化研究协会相关资料及书法作品选。河北省文联副主席、省民间文艺家协会主席郑一民作序，省政府参事室副主任、诗人、书法家郭庆华题写书名。《刘海文化探源》记述语言朴实，图文并茂，可读性强，具有一定的史料价值和研究价值。

【《藁城市地名志》出版发行】 2016年11月，由藁城区民政局区划地名办公室历经4年时间编修《藁城市地名志》出版发行。该书以全国两次地名普查成果为依据，以史书记载为补充，收录地名1556条，每条地名均较为详尽地记述了地名的含义、形成、沿革等基本要素，文字简明朴实，通俗易懂。《藁城市地名志》采用大篇结构，按地名性质类属原则设篇，每篇分章，章下立节。首设概述，次为大事记，主体部分包括行政区划地名、居民点地名、水利交通电力地名、纪念地旅游景点及建筑物类地名、单位地名、历史地名、附录7篇18章63节，文字数量80万字。全书以志为主，辅以地名简图，每编首概述篇内附有地名概念及地名概况，以地名分布示意图结尾。《藁城市地名志》填补了藁城区无地名专志的空白，是一部用途广泛的地名工具书。

石家庄市地方志办公室

主　任：曹立波

副主任：刘建洲　武光宇

（薛鹏飞　肖海军）

中国人民政治协商会议石家庄市委员会

【概况】 2016年，中国人民政治协商会议石家庄市委员会（简称市政协）以团结和民主为主题，动员参加市政协党派团体和政协委员，围绕全市中心工作，履行政治协商、民主监督、参政议政职能，有效发挥了协调关系、汇聚力量、建言献策、服务大局的重要作用。组织筹备并成功举行市政协第十二届委员会第四次会议，审议通过市政协常委会工作报告、提案工作报告，协商讨论市政府工作报告及其他相关报告。全年召开市政协常委会会议6次，审议通过议题30项；召开主席会议6次，研究讨论议题19项；审查交办提案528件；收集交流大会发言59篇。规范委员履职管理，落实《主席联系常委、常委联系委员、委员联系群众制度》《走访委员制度》《委员履职管理办法》要求，将委员履职情况记入《委员履职档案》。发挥委员主体作用，采取举办专题辅导、以会代训、定期发放学习资料等形式，推行委员学习经常化制度。以反映社情民意作为联系和服务群众的重要抓手，编发《社情民意》内刊40期，省政府领导批示2期，市委、市政府领导批示24期，批示率达到65%。编辑《石家庄政协》杂志6期；编辑出版《石家庄历史文化辞典》《烽火映滹沱——石家庄抗战纪实》。至12月31日，市政协第十二届委员会共有委员636名，常委会组成人员124名。全年市政协征集委员提案657件，立案528件，其中涉及民生问题占比71.2%；遴选重点提案22件，分别由市政府、市政协领导包案办理。

建言献策。发挥政协作为协商民主的重要渠道作用，围绕事关发展全局的重大问题，开展“双月协商”活动，形成“全体会议总体协商、常委会议专题协商、主席会议重点协商、市长与委员面对面协商、立法协商、提案办理协商、专门委员会对口协商”的协商议政新格局。2016年市政协举行全体会议总体协商1次、常委会专题协商3次、专门委员会对口协商10次，市政协委员围绕经济社会发展重大问题作大会建言献策发言75篇，提出意见建议302条，市领导批示61篇（次）。以大气污染治理和轨道交通建设为议题，开展《石家庄市大气污染防治条例（修订草案）》《石家庄市轨道交通管理条例（草案）》立法协商，提出意见建议95条，采纳23条。以打赢脱贫攻坚战、加快贫困人口脱贫步伐为议题，市政协常委、委员24人提出11个方面51条意见建议。围绕精准扶贫、供给侧结构性改革、省会绿化、工业企业科技创新、科学治理雾霾、科技型中小企业发展、地铁建设与管理等党委政府重视、人民群众普遍关心的问题开展专题调研和视察考察活动，提出意见建议并提交调研报告。其中，市政协报送《关于加快我市科技型中小企业发展的调研报告》获得省委常委、市委书记邢国辉批示。连续四年将促进生态环境改善作为市政协1号提案，由政协主席包案重点督办，并就城区园林绿化、太行山生态绿化工程建设、环省会经济林建设、西部山区生态旅游业发展提出意见建议。

政协委员补选。1月5日，市政协第十二届委员会常务委员会第十四次会议同意：王永生、王慧武、尤栓庆、权辉、乔阁、孙世煦、李遐、李玉涛、李瑞峰、杨运良、何素娟、张抗震、陈炜兴、赵志平、袁晓磊、高卫燕、曹金亮、傅运英18人辞去市政协第十二届委员会委员；韩宝深辞去市政协第一二届委员会委员、常务委员职务；高伟不再担任市政协第十二届委员会研究室副主任职务；增补丁山林、马树彦、王顺才、王雪山、石向军、冯寸改、江平、李军苍、张军廷、张佐礼、张清华、庞甲辰、赵利剑、高旭昕、崔庆朝、韩秋印16人为市政协第十二届委员会委员。2016年1月，市政协第十二届委员会常务委员会第十五次会议同意：增补司存喜为市政协第十二届委员会委员；市政协第十二届委员会第二十六次主席会议（经市政协十二届十六次常委会会议授权）同意：王华清辞去市政协第十二届委员会委员及主席职务。2016年7月，市政协第十二届委员会常务委员会第十八次会议同意：郑建任市政协第十二届委员会副秘书长；刘军社任市政协第十二届委员会研究室副主任。2016年9月，市政协第十二届委员会常务委员会第十九次会议同意：贾连海辞去市政协第十二届委员会委员及副主席职务；邱亚霞辞去市政协第十二届委员会委员。

【市政协第十二届常委会组成人员及工作机构负责人】

主　席：王华清（女，1月免）
　　　　司存喜（1月任）
副主席：赵拴文
　　　　王长华（不驻会）
　　　　武义青（不驻会）
　　　　范振增（不驻会）
　　　　贾连海（9月免）
　　　　张维德
　　　　葛瑞芳（女）
　　　　石汉文（满族，不驻会）
　　　　郭斌　（不驻会）
秘书长：赵磊
常务委员（按姓氏笔画排序）：
　　　　丁建民　于铁龙
　　　　马靖　　马千里（女）
　　　　王志臣　王丽欣（女）
　　　　王宏宇（满族）
　　　　王灵增　王勋涛
　　　　王俊奇　王智森
　　　　王溪波　邓小梅（女）
　　　　邓素雪（女）
　　　　石志玲（女）
　　　　卢书彦（女）
　　　　叶少华　田斌
　　　　田玉卓（女）
　　　　田向阳　田朝民
　　　　兰云彩（女）
　　　　冯润明　毕凤鸣
　　　　吕玲　（女）
　　　　吕军英　乔茜（女）
　　　　仲岩　（女）
　　　　任建忠
　　　　刘凡　（女）
　　　　刘一平（女，拉祜族）
　　　　刘志魁　刘顺英（女）
　　　　闫纯锴　米志奇

许立
孙宏普（满族）
孙德惠（女）
苏丽　（女）
李小平
李志宏（女）
李国中　李树国
李海峰　杨云乐
杨作昌　肖建科
吴振见　邸占欣
宋学　（女）
张越　（女）
张子峰
张文武（满族）
张计刚　张玉锁
张永健　张旭辉
张运凯
张灵芝（女）
张忠良　张秉祥
张素丽（女）
张振平
张慧巧（女）
陈玉联（女）
陈聪敏（女）
范玉龙　尚建斌
尚晏芝（女）
果通　周书献
周志斌
郑建　（女）
孟凡英（女）
孟笑梅（女，满族）
赵风清　赵俊芳
郝彦忠　郝菊亭
哈宝伏（回族）
段文　侯俊宏
侯登录　姜青辉
骆亚男（女）
贾彬　夏玉颖
钱成海
徐仁　（女）
徐振声　高波
高翠君（女）
郭刚能　郭纯阳
黄远　（女）
黄超　曹伟
曹志风
常军英（女）
康瑞峰（回族）
盖和平
董素平（女）
韩利华（女）
韩宝深（1 月免）
程鹏起
鲁玉芳（女）
蒲月英（女）
蒲国良
解亚静（女）
解晓东（女）
蔡志强
廖岩　（女）
潘云龙　薛平友

副秘书长：
王镇元
陈克俭
徐振声
郑建　（女，7 月任）
谷巧芬（女）
乔茜　（女，不驻会）
崔瑞芳（女，不驻会）
姜博卿（不驻会）
李俊秀（女，不驻会）
程鹏起（不驻会）
王丽欣（女，不驻会）
门立新（不驻会）

研究室

副主任：高伟　（1 月免）
刘军社（7 月任）

提案委员会

主　任：盖和平
副主任：赵志英
田朝民（不驻会）
任建忠（不驻会）

人口资源环境委员会

主　任：邸占欣
副主任：崔海龙
张秉祥（不驻会）
陈金成（不驻会）
崔芸　（女，不驻会）

学习和文史资料委员会

主　任：段文
副主任：张丽红
马建彬（不驻会）
王勋涛（不驻会）
郭纯阳（不驻会）

财政经济委员会

主　任：周书献
副主任：焦永良
毕凤鸣（不驻会）
郝菊亭（不驻会）
赵俊芳（不驻会）
赵康彪（不驻会）
高国欣（不驻会）
蒲国良（不驻会）
霍国林（不驻会）

农业委员会

主　任：苏丽　（女）
副主任：李福忠
田国英（不驻会）
吕军英（不驻会）
杨建秋（不驻会）
吴振见（不驻会）
高地动（不驻会）

教科文卫体委员会

主　任：邓素雪（女）
副主任：张少华（女）
闫纯锴（不驻会）
米志奇（不驻会）

李志宏（女，不驻会）
李波　（不驻会）
陈健敏（不驻会）
邵平　（女，不驻会）
唐青　（不驻会）

社会和法制委员会

主　任：王灵增
副主任：胡振民
苏彦英（女，不驻会）
孝磊　（不驻会）
尚建斌（不驻会）
郑国良（不驻会）
高翠君（女，不驻会）
魏洪涛（不驻会）

民族和宗教委员会

主　任：王灵增
副主任：胡振民
哈宝伏（不驻会）
果通　（不驻会）
邓元富（不驻会）
康瑞峰（不驻会）
解志英（不驻会）
马铭江（女，不驻会）

港澳台侨和外事委员会

主　任：石志玲（女）
副主任：杨建刚
王溪波（不驻会）
许　立（不驻会）
范玉龙（不驻会）

【市政协第十二届委员会第四次会议】 1月18～21日，市政协第十二届委员会第四次会议在市人民会堂举行。应到委员636名，实到610名。听取并审议政协石家庄市第十二届委员会常务委员会工作报告、政协石家庄市第十二届委员会常务委员会提案工作情况报告，列席市第十三届人民代表大会第五次会议，听取并讨论政府工作报告和其他相关报告，审议通过政协石家庄市第十二届委员会第四次会议各项决议和政协石家庄市第十二届委员会第四次会议提案审查委员会关于提案审查情况报告，补选市政协第十二届委员会主席。会议期间，收到政协委员集体、个人及联名提案568件，经审查立案511件，立案率90%。

【市政协第十二届常委会会议】 1月5日，市政协十二届十四次常委会会议在市人民会堂举行。市政协主席王华清、副主席赵拴文主持会议。副主席王长华、武义青、贾连海、张维德、葛瑞芳、郭斌，秘书长赵磊出席会议。会议应到124人，实到102人。传达学习中共石家庄市委九届七次全会精神，审议通过关于召开市政协第十二届委员会第四次会议的决定和有关文件及人事事项。会议决定1月18～21日召开市政协第十二届委员会第四次会议。

1月17日，市政协十二届十五次常委会会议在市人民会堂举行。省委常委、市委书记孙瑞彬，市委副书记司存喜出席会议。市政协主席王华清主持会议。市委常委、组织部长姜建华到会作人事事项说明。市政协副主席赵拴文、王长华、武义青、范振增、贾连海、张维德、葛瑞芳、石汉文、郭斌，秘书长赵磊参加会议。会议应到124人，实到116人。会议增补司存喜为市政协第十二届委员会委员。

1月20日，市政协十二届十六次常委会会议在市人民会堂举行。市政协主席王华清主持会议。市委常委、组织部长姜建华到会作人事事项说明。市政协副主席赵拴文、王长华、武义青、范振增、贾连海、张维德、葛瑞芳、石汉文、郭斌，秘书长赵磊出席会议。会议应到124人，实到116人。审议通过政协石家庄市第十二届委员会主席候选人名单（草案）、政协石家庄市第十二届委员会第四次会议选举办法（草案）及总监票人、监票人建议名单和政协石家庄市第十二届委员会第四次会议政治决议（草案）、常委会工作报告决议（草案）、提案工作情况报告决议（草案）及提案审查情况报告（草案）。

4月15日，市政协十二届十七次常委会会议在市亚太大酒店举行。市政协主席司存喜，副主席赵拴文、王长华、武义青、范振增、贾连海、葛瑞芳、石汉文、郭斌，秘书长赵磊出席会议。市政协副主席张维德主持会议。会议应到124人，实到108人。会议围绕“助推精准扶贫、精准脱贫，打好扶贫攻坚战”主题开展专题协商议政。24名市政协常委、委员分别就发展农业特色产业、推进山区综合开发、教育扶贫、文化产业扶贫、水利扶贫、电子商务扶贫等作口头和书面发言，提出意见、建议177条。副市长李雪荣到会通报全市精准扶贫、精准脱贫工作情况。市委农工委、市教育局、市财政局、市交通运输局、市水务局、市农业局、市文广新局、市扶贫开发工作领导小组办公室等部门负责人到会听取委员发言。

7月12日，市政协十二届十八次常委会会议在市亚太大酒店举行。市政协主席司存喜主持会议，副主席赵拴文、王长华、武义青、范振增、张维德、葛瑞芳、石汉文、郭斌，秘书长赵磊出席会议。会议应到124

人，实到106人。副市长李雪荣，市发展改革委、市教育局、市科技局、市工业和信息化局、市住房和城乡建设局、市商务局、市国土资源局等部门负责人到会听取委员发言。会议围绕“加强全市供给侧结构性改革，提高经济发展质量和效益”主题开展专题协商议政，并听取市政府关于全市推进供给侧结构性改革工作情况的通报；29名市政协常委、委员分别就传统产业改造提升、创新农产品电子商务体系、加快现代物流业发展等作口头和书面发言，提出意见建议124条。会议审议通过：郑建任市政协第十二届委员会副秘书长、刘军社任市政协第十二届委员会研究室副主任等人事事项。

9月27日，市政协十二届十九次常委会会议在市人民会堂举行。市政协主席司存喜主持会议，副主席赵拴文、王长华、武义青、范振增、张维德、葛瑞芳、石汉文、郭斌，秘书长赵磊出席会议。会议应到124人，实到103人。副市长李雪荣到会通报市政府关于市政协十二届四次会议以来提案办理和全市绿化工作情况；市园林局、市林业局负责人到会听取发言。会议围绕助推全市绿化工作开展专题协商议政，20名市政协常委、委员分别围绕打造“北方花城”、推进主城区立体绿化、做好秋冬季绿化工作、实现生态与经济并重等内容作口头和书面发言，提出意见建议131条。

（杜晓烨）

中共石家庄市纪律检查委员会

【概况】 2016年，全市纪检监察系统按照全面从严治党、依规治党要求，落实监督责任，强化监督执纪问责，推进党风廉政建设和反腐败斗争取得新进展、新成效。坚持把严明政治纪律和政治规矩作为忠诚履职的重要内容，纳入纪律审查、巡察监督、派驻监督的重点，采取严明纪律要求、组织专项检查、领导约谈、召开民主生活会等形式，加强各级党组织和党员干部遵守党章、执行政治纪律情况的监督检查。市纪委常委会带头树立“四个意识”、开展“两学一做”学习教育、贯彻执行民主集中制等党内生活制度和廉洁自律规定。81名县（处）级干部、460名科级干部参加党纪政纪法规知识考试、任前廉政谈话并签订《廉洁从政承诺书》。拟提拔使用161名正科实职、县（处）级市管干部和换届涉及755名正科级以上干部落实廉政回复制度。纪律审查查处问题线索2570件，立案审查2212件，给予党政纪处分2858人，初核、新立案、处分人数同比上升33.8%、12%、7.8%。查办违反中央八项规定和反“四风”典型问题组建检查组2681个（次），检察机关单位、旅游景点、消费娱乐场所31792个（次）、车辆24131辆、发票28108张，查处违反中央八项规定精神有关问题137件，处理214人，点名道姓通报曝光典型案件30批76起103人。开展“治懒（乱）政、提效能、促落实”专项行动，查处有令不行、有禁不止等问题150件，实施问责243人，公开通报曝光典型问题10起，给予党政纪处分203人。组织举办教育警示，帮助党员干部强化“底线”思维、“红线”意识，编

2016年2月2日，市纪委九届六次全会召开

印《党纪政纪法规知识学习手册》1万余册，辑印《乱舞的群蝇》《公权力的变异》《“四风”之害》等教育读本4万余本，编发违纪人员忏悔录摘编1000册。实施纪律检查体制改革，调整内设机构，市纪委纪检监察室数量增至11个，其中纪律审查一线部门和人员分别占到总数69.6%、73.5%。制定印发《四个提名考察办法》，研究出台《任免职工作程序》《各级纪委书记、副书记提名备用人选产生办法》等配套制度。推进县级纪检监察机构改革，依据省委、省纪委政策要求，在调查摸底、科学测算、试点先行基础上，研究制定《关于加强市纪委派驻机构建设的意见》《关于全面落实市纪委向市一级党和国家机关派驻纪检机构的方案》《关于县级纪检监察机构改革和党委巡察机构建设的实施意见》等文件。12月10日，市委深化改革领导小组审议通过市纪委改革相关文件和方案。2016年市纪委纪律审查、“一问责八清理”专项行动、“小八长”专项整治、“治懒（乱）政、提效能、促落实”专项行动工作受到省纪委、市委市政府的肯定，市纪委机关获评省法制宣传教育先进集体、市级文明单位。

【重要会议】 2月2日，中国共产党石家庄市第九届纪律检查委员会第六次全体会议（简称市纪委九届六次全会）在亚太大酒店举行。传达省纪委八届六次全会精神，总结2015年全市党风廉政建设和反腐败工作，研究部署2016年工作任务。赵县、鹿泉区、市发展改革委、市水务局党委（党组）主要负责人向全会述责述廉。市委常委、市纪委书记刘明轩代表市纪委常委会向市纪委全会作《全面加强纪律建设严格监督执纪问责坚定不移推进党风廉政建设和反腐败斗争》报告。省委常委、市委书记孙瑞彬出席会议并作重要讲话。

2月14日，石家庄市着力改善“两个环境”广播电视大会召开。省委常委、市委书记孙瑞彬作重要讲话，市长邢国辉主持会议。市委副书记、市政府党组副书记张泽峰，市委常委、纪委书记刘明轩分别通报全市损害生态环境和发展环境典型案例。

5月11日，全市纪律审查工作会议在铁路招待所北楼3楼会议室召开。传达全省纪律审查工作会议精神，总结2015年全市纪律审查工作，通报2015年全市纪律审查工作考核情况。市委常委、市纪委书记刘明轩作重要讲话。

11月4日，全市推进县级纪检监察机构改革和党委巡察机构建设工作动员部署会在铁路招待所北楼3楼会议室召开。传达全省推进市县纪检监察机构改革和党委巡察机构建设工作动员部署会议精神，部署安排推进石家庄市县级纪检监察机构改革和党委巡察机构建设工作。市委常委、市纪委书记刘明轩作动员讲话。

12月7日，全市“治懒（乱）政、提效能、促落实”专项行动动员会议在市委西院四楼会议室举行。宣读《关于在全市集中开展“治懒（乱）政、提效能、促落实”专项行动的实施方案》。市委常委、市纪委书记刘明轩作重要讲话。

【党风建设】 落实“两个责任”。贯彻中共河北省委“两个责任”（党委负主体责任、纪委负监督责任）实施意见、责任清单和中共石家庄市委实施办法，完善“承诺＋约谈”、履责“双报告”等制度及主体责任考核办法。4个单位党委（党组）主要负责人向市纪委九届六次全会述责述廉，接受市纪委委员质询和评议；53名市直派驻机构负责人作2015年度述职述责，接受现场评议。深入开展“问责实施年”活动，8个单位党委（党组）、纪委（纪检组）和21名人员因落实“两个责任”履行不力予以问责，给予党政纪处分18人，通报曝光典型案件3起4人。针对监督中发现的问题，市纪检监察部门举一反三，督促各单位建立改进作风长效机制，重点完善政府采购、公务卡结算、商业预付卡管理、规范执法行为等制度。

【纪律审查】 建立协作审查、交叉审查、异地审查等工作机制，制定《“六大纪律”案卷模板》，探索实施“纪律审查工作质量核查”制度。2016年全市初核问题线索2570件，立案审查2212件，给予党政纪处分2858人。其中，县处级90人、乡科级636人，初核、新立案、处分人数同比上升33.8%、12%、7.8%。2016年市纪检监察部门办结“清仓”行动涉及问题线索1618人，办结率90%，提前完成省纪委提出的任务目标；受理公检法移送案件504件，涉及564人；移送司法机关案件35件49人。规范案件和线索移送、协作办案等工作要求，建立和完善反腐败协调机制。推进“天网行动”，成功追回在逃国家工作人员4人。加强县级谈话室建设，市纪委纪律审查中心建设基本完成。

【解决群众反映突出问题】 以群众反映强烈的热点问题为重点，采取有力措施，加强专项整治，提升广大群众的获得感、幸福感。围绕扶贫、土地征收、集体“三资”管理、惠农政策落实等领域开展集中治理，查处问题207件、处理370人；持续深化以治理“散乱软庸懒贪”为重点的“六治”专项行动，查纠相关问题4749件，处分817人，组织处理341人，批评教育3077人；紧盯市县职能部门关键岗位的处长、科长、股长和基层站长、所长、校长、院长、村长等“小八长”群体开展专项整治，处分458人。特别是严肃查处灵寿县东柏山村村干部非法侵占集体财务、骗取国家退耕还林补贴款等典型案件，得到群众的普遍支持。以扎实开展“一问责八清理”专项行动为契机，推动基层党风廉政建设持续加强。专项行动期间，发现问题12511件，整改完成12341件，问责9013人，其中，批评教育5833人，组织处理931人，纪律处分1781人，移交司法60人。深入开展“治懒（乱）政、提效能、促落实”专项行动，查处有令不行、有禁不止等问题150件，实施问责243人，公开通报曝光典型问题10起，给予党政纪处分203人。2016年石家庄市“治懒（乱）政、提效能、促落实”专项行动得到河北省委的肯定，并在全省专项行动总结会议上作典型发言。

【违反中央“八项规定”和反“四风”典型问题通报】 完善常态化明察暗访、“点穴”式专项检查、周报告、月通报、点名曝光等机制。2016年全市纪检监察部门组建检查组2681个（次），检察机关单位、旅游景点、消费娱乐场所31792个（次）、车辆24131辆、发票28108张，查处违反中央“八项规定”精神有关问题137件，处理214人，点名道姓通报曝光典型案件30批76起103人。2016年市纪检监察部门通报违反中央八项规定和反“四风”典型问题主要有：

1月25日，中共石家庄市纪委、市监察局联合通报3起党员干部违反中央“八项规定”精神典型问题。1. 石家庄市残联教就部主任兼市残疾人劳动就业服务中心书记杜进校、康复部主任杨向东违规收受礼金问题。2009～2014年春节、中秋、国庆期间，杜进校、杨向东2人先后10次收受下级单位礼金每人共计5000元。其中，中共十八大后，每人各收受礼金1500元。杜进校、杨向东分别受到党内警告处分，违纪所得予以收缴。2. 高邑县人口和计划生育局违规公款购买接待用酒和土特产品问题。中共十八大后，该局使用公款购买酒水和土特产品用于吃喝招待，并在财务列支报销相关费用，且招待费超标。时任局长胡志乔受到党内警告处分。3. 长安区东古城社区党支部书记、居委会主任吴书文违规操办婚宴问题。2015年11月，吴书文违规操办儿子婚宴，摆酒席74桌，并收受礼金。婚礼前后，吴书文未按规定向党组织报告有关事项。吴书文受到党内严重警告处分。

3月14日，中共石家庄市纪委通报3起违反中央“八项规定”精神典型问题。1. 石家庄市农业技术推广中心主任李月华违规发放福利问题。李月华作为单位“一把手”违反中央八项规定精神，主持召开班子会研究并3次为机关在职及离退休职工发放购物卡、实物等福利。李月华受到党内严重警告处分，党支部书记王占江、副主任孙明清分别受到党内警告处分，班子成员领取的购物卡及实物折款后予以收缴。2. 灵寿县南寨乡秋山村党支部书记曹晓春为孙子违规操办“满月宴”问题。曹晓春无视有关规定，违规操办孙子“满月宴”，并收受亲属以外人员礼金。曹晓春受到党内严重警告处分。3. 井陉矿区农牧局水利科科长印海生等人乘坐公车参加宴请问题。印海生和本单位职工毕艳丽在结束试水验收工作后，使用单位公车参加宴请。印海生、毕艳丽分别受到行政警告处分。

4月25日，市纪委通报3起侵害群众利益不正之风和腐败问题典型案例。1. 新乐市文广新局党组副书记、副局长杨利斌违规代收会员费问题。杨利斌分管新闻出版工作期间，借年检出版物经营许可证之机，违规收取会员费。杨利斌受到党内警告处分。2. 栾城区总工会办公室主任李凯贪污受礼，原常务副主席赵建敏监管不力问题。李凯利用职务之便，在发放困难劳模救济款过程中，3次截留救济款共计4500元据为己有，4次收受相关人员现金共计1200元。李凯受到留党察看一年处分，负有领导责任的常务副主席赵建敏受到党内警告处分。3. 高新技术产业开发区宋营镇南辛庄村原村委会主任郝另法受贿问题。郝另法利用协助政府土地征收、拆迁安置工作的职务便利，收受他人财物，为他人谋取利益。郝另法受到开除党籍处分，涉嫌犯罪问题移送司法机关依法处理。

2016年5月，市纪委通报3起

违反中央“八项规定”精神典型问题。1.正定县新城铺镇中咬村党支部书记魏瑞生违规操办儿子婚宴问题。魏瑞生为儿子结婚大操大办，分批次设宴席50桌。魏瑞生受到党内警告处分。2.高新区小西帐村党支部原书记王英山公款旅游问题。王英山借外出学习之机转道旅行游玩，并将个人旅游费用以培训学习费用名义，在村集体财务报销入账。王英山受到党内警告处分。3.深泽县桥头乡中心卫生院违规发放补贴问题。桥头乡中心卫生院院长赵春光为本人及其他3名工作人员违规发放补贴。赵春光受到党内警告处分。

9月13日，市纪委通报4起违反中央“八项规定”精神典型问题。1.新乐市西安家庄村村委会主任李宗昌违规操办儿子婚宴问题。2016年4月26日，李宗昌为儿子举办婚宴，未严格执行党员干部操办婚庆事宜有关规定，大操大办。李宗昌受到党内警告处分。2.桥西污水处理厂违规发放过节费、加班费问题。2012～2013年，路铁照担任桥西污水处理厂厂长期间，分3次向施工单位收取劳务费25万元，其中用于发放职工过节费、加班费23.79万元，支付单位招待费8100元。路铁照受到党内严重警告处分，班子成员领取补贴上缴国库。3.藁城区木连城村党支部书记、村委会主任何兴辉违规收受礼品、礼金问题。2015年3～7月，何兴辉担任木连城村党支部书记、村委会主任期间，3次收受他人所送礼品、购物卡等，价值共计6000元。何兴辉受到党内严重警告处分。4.石家庄市司法局强制隔离戒毒处处长闫长润公车私用问题。2014～2015年，闫长润担任市司法局办公室主任、强制隔离戒毒处处长期间，未经批准多次私自驾驶单位公务用车上下班，接送家人、回老家等，造成不良影响。闫长润受到党内警告处分。

9月28日，市纪委监察部门通报3起违反中央“八项规定”精神典型问题。1.桥西区委常委、常务副区长徐志峰等人公款旅游问题。2015年9月，徐志峰带领桥西区政府办公室副主任李睿、发改局局长孙文华、副局长郭江浩、副主任科员赵慧艳等5人，在厦门市参加会议期间到景点游玩，后由孙文华、郭江浩、区发改局办公室主任宋柏侠，采取虚开发票等方式公款报销旅游费用23870元。徐志峰、李睿、赵慧艳、宋柏侠分别受到党内警告处分，孙文华受到党内严重警告处分，郭江浩受到行政警告处分，违纪款予以收缴。2.裕华区东王社区党总支委员邢云才违规为孙子操办“满月宴”问题。2016年4月15日，邢云才在未向社区党组织和上级纪工委报告的情况下，为孙子举办满月宴，摆设酒席28桌，收受非亲属礼金2300元。邢云才受到党内严重警告处分，违纪款予以收缴。3.赵县国土资源局范庄国土资源所张建辉、张立良违规收受他人礼品问题。张建辉、张立良在负责赵县北中马办事处土地巡查执法工作期间，接受赵县孙家庄村非法占地户赠送价值2000元左右礼品。张建辉、张立良分别受到党内警告处分。

10月24日，市纪委监察部门通报3起违反中央“八项规定”精神典型问题。1.晋州市商业大楼经理韩喜茂违规公款支付私家车费用问题。韩喜茂在单位财务报销个人私家车加油费用2840元，韩喜茂受到党内警告处分。2.井陉矿区发展改革局办公室主任李健公款送节礼问题。李健公款购买土特产品用于过节送礼，李健受到党内警告处分。3.正定县牛家庄村党支部副书记王计锁违规为儿子大办婚事问题。王计锁为儿子操办婚宴时，宴请桌数超过省市纪律规定，造成不良影响，王计锁受到党内警告处分。

12月13日，市纪检监察部门通报3起违反中央“八项规定”精神典型问题。1.新华区人民法院联盟法庭审判员张观华违规操办儿子生日宴问题。2016年6月9日，张观华为儿子操办12岁生日宴，设宴席13桌，收受非近亲属礼金26100元，在社会上造成不良影响。张观华及负有领导责任的区人民法院第四党支部书记、联盟法庭庭长张秋力分别受到党内警告处分。2.藁城区教师进修学校司机辛全京公车私用问题。2016年9月16日，辛全京擅自驾驶单位公车看望岳母。辛全京受到党内警告处分。3.高邑县寺家庄村违规发放福利补贴问题。王荣军担任寺家庄村党支部书记期间，分别于2013年、2015年发放春节党员福利和误工补贴。王荣军受到党内警告处分。

【查处“为官不为”典型问题】 6月29日，市纪委、市监察局联合通报3起“为官不为”典型问题。1.新乐市教育局副局长谷国平不正确履职问题。2016年3月7日上午，承安学区三里铺小学发生教学楼内不明气味，致使多名学生出现身体不适症状事件，谷国平在接到报告后，未正确履行职责，没有及时了解掌握事件的真实情况，也未向新乐市教育局主要领导汇报，导致新乐市未能及时启动紧急事件处置预案处置。谷国平受到行政警告处分。2. 晋州市环保局党组成员、副局长纪宏志履职不尽责问题。纪宏志身为晋州市环保局分管禁烧工作副局长，2016 年 1 月，因工作疏忽，致使晋州市 S309 省道大樵至西曹沿线两侧农田有多处存在烧秸秆、烧荒情况，形成大气污染，造成不良影响。纪宏志受到行政警告处分。3. 裕华区城管大队槐底中队副中队长杨海勇失职问题。杨海勇担任裕华区城管大队裕华路中队副中队长期间，辖区富丰园小吃店外扩建设占地 26 平方米的违法行为应发现而未发现，也未按规定处罚违法行为。杨海勇受到行政警告处分。

【侵害群众利益不正之风和腐败问题典型案例】 7 月 31 日，市纪委、市监察局联合通报 4 起群众身边不正之风和腐败问题典型案例。1. 石家庄市学前教育中等专业学校法制安全处主任胡立栋利用职务便利为他人谋取利益并收受财物问题。2015 年上半年，胡立栋利用协助长安区教育局师训科开展幼儿教师资格证材料审查、现场确认的便利，伙同无业人员郜某某伪造石家庄市学前教育中等专业学校毕业证复印件、普通话水平测试等级证书复印件等资料，致使 95 名不符合认定范围和条件的人员办理幼儿教师资格证书，从中收受现金 6 万元。胡立栋受到开除党籍处分，并移送司法机关追究刑事责任。2. 高邑县龙凤中学乱收费问题。2014 年 7 月～ 2015 年 10 月，高邑县龙凤中学分别于 2014 年 9 月招收学生 222 人，收取择校费 70.4 万元；2015 年 9 月招收学生 320 人，收取择校费 86.4 万元，涉及乱收费共计 156.8 万元。校长曹建民受到党内警告处分，违纪款全部收缴县财政。3. 元氏县质量技术监督检验所违规收取鉴定费问题。2015 年 4 月 15 日，在没有任何收费许可情况下，元氏县质量技术监督检验所副所长周海军带领工作人员，到位于井元路胡泉村东的中海加气站，开展仪器检查检测工作，并收取中海加气站 LNG 加气机鉴定费 2 万元上缴局财务。元氏县质监局主管质监所工作副局长李伟靖、元氏县质量技术监督检验所副所长周海军分别受到行政警告处分。4. 平山县北泽营村支部书记郜建武违规使用专项资金等问题。2011 年 3 月，北泽营村通过虚报饮水井工程骗取县水务局安全饮水工程补助资金 97000 元，记入村务账目，其中用于安全饮水工程 36910 元，剩余补贴款 60090 元用于其他村务开支。2015 年 11 月，县纪委调查北泽营村饮水工程时，郜建武等人隐瞒事实真相，出具假证、伪证妨碍组织审查。郜建武受到党内严重警告处分。

11 月 24 日，市纪委通报 3 起侵害群众利益不正之风和腐败问题典型案例。1. 赞皇县上徐乐村村党支部书记任秀辰、村委会主任卜现中虚报冒领专项资金等问题。2012 ～ 2014 年，该村虚报冒领退耕还林款、种粮补贴款共计 20020.85 元；2014 年，该村违规发放玉米保险补偿款 15861 元。任秀辰、卜现中分别受到党内严重警告处分。2. 藁城区黄家庄村违规使用财政奖补资金问题。黄辰良担任黄家庄村党支部书记期间，该村违反专项资金专款专用规定，将财政拨付农村厕所连茅圈改造财政奖补资金 21950 元，用于其他村务开支和吃喝招待费用。黄辰良受到党内严重警告处分。3. 长安社区老年公寓骗取财政专项补贴问题。2013 年，长安社区老年公寓主任李永奇通过虚报床位，骗取财政拨付养老机构床位补贴 57600 元。李永奇受到党内警告处分，违规骗取补贴款退还区民政局。

（市纪委　市监察局）

民主党派和工商联

【民主党派和工商联领导成员】

民革石家庄市委员会

主　委：范振增

副主委：胡永权

　　　　乔茜　（女）

　　　　米晓莉（女）

　　　　邢建辉

民盟石家庄市委员会

主　委：郭斌

副主委：曹志刚

　　　　田荣凤（女）

　　　　李小平　姜博卿

民建石家庄市委员会

主　委：武义青

副主委：黄超

　　　　宋磊珍（女）

　　　　赵力　（女）

　　　　付黎音（女）

张海霞（女）

民进石家庄市委员会

主　委：张运凯

副主委：李立水　寇学臣

王志臣

陈玉联（女）

张慧巧（女）

农工党石家庄市委员会

主　委：王宝山

副主委：王彦英　张祥建

宗立荣　程鹏起

陈志强

九三学社石家庄市委员会

主　委：王长华

副主委：王志国　于奕峰

邵新中　刘小立

王丽欣（女）

栾文楼

工商业联合会

主　席：王中联

党组书记：杨志乾

常务副主席：郝菊亭

副主席：阎志勇　门立新

中国国民党革命委员会石家庄市委员会

【概况】 2016年，中国国民党革命委员会石家庄市委员会（简称民革市委）围绕推进祖国和平统一大业主题，团结和带领全市民革基层组织和广大党员，贯彻落实中共十八届五中、六中全会和习近平总书记“七一”重要讲话精神，全面加强自身建设，提升参政议政能力和社会服务水平。加强组织建设，全年发展新党员34名，大学及以上学历33名，占新发展党员人数97.1%，其中，博士2名、硕士5名。至2016年底，民革市委共有支部32个、党员842名。促进石台两地思想、文化、经济等交流与合作。市民革企业界党员王亚娟旗下壹零壹·华擎健康医疗综合体开展两地知名医师、服务专家团队坐诊活动，引进台湾地区顶尖的医疗技术、人才和设备。2016年12月，中国台湾新竹县县长邱镜淳、教育处处长刘明超、中国科技大学设计学院院长陈主惠等到石参观访问精英集团，市民革党员、精英集团董事长兼总裁翟志海与新竹县县长邱镜淳县长举行教育、文化、动漫制作等交流和合作。2016年市民革获评民革全国机关工作先进集体、民革全国祖国统一工作先进集体称号，市民革机关支部崔宏波、桥西四支部曹春芳获得民革全国祖国统一工作先进个人称号；长安二支部、新华一支部被民革省委评为参政议政先进集体。

【思想建设】 组织学习中共十八届五中、六中全会，河北省“两会”，省民革十一届四次、五次全会，中共石家庄市委九届九次全会，中共市委统战工作会议精神，增强党员理论水平和政治素养。加强党员思想教育，围绕强化“四个自信”，民革市委组织党员参加民革省委、省社科院、市社科院、中共市委统战部举办各类考察和培训11次。以纪念孙中山诞辰150周年为契机，开展参观辛亥革命武昌起义纪念馆，孙中山纪念堂、孙中山故居、黄埔军校旧址纪念馆等爱国教育实践和纪念活动。新建石家庄民革微信群学习交流传媒平台，为党员学习提供便利条件。利用换届契机，民革市委编辑出版专刊《继往开来——民革石家庄市第十届委员会工作纪实》，以丰富的图片、翔实的内容展现了民革市委第十届委员会五年来各项工作成就。

【组织建设】 夯实组织基础，增强支部凝聚力。民革市委学习贯彻民革河北省委和中共市委统战部《各民主党派市委关于做好换届工作座谈会纪要》，成立换届领导小组、换届工作纪律监督领导小组等换届机构，制定《换届筹备工作进度表》，严格按照时间节点开展市委会换届工作。2016年8月，民革市委桥西一支部、桥西三支部、长安五支部、长安六支部、师范大学支部、医大二支部、地质大学支部7个支部完成换届，一批年富力强、充满活力的党员走上支部领导岗位。探索开展民革全国示范性支部建设。长安七支部带领党员赴山西大寨参观学习，长安二支部、三支部、七支部和桥西二支部组织党员为石家庄国泰医院老人做义工服务，机关支部举办纪念孙中山诞辰150周年书画展，裕华四支部召开支部会议研究发展新党员，长安六支部举办参政议政学习会。全年民革市委发展新党员34名，大学及以上学历33名，占新发展人数97.1%。其中，博士2名、硕士5名。至2016年底，民革市委共有支部32个、党员842名。2016年12月，民革市委举办第十四期新党员培训班，培训新党员50余名。

【参政议政】 围绕生态环境保护议题，民革市委召集专家程彦培、冯战洪研究讨论，撰写调研报告《关于加大水资源保护力度 持续改善生态环境的建议》，并列为市政协十二届四次会议1号提案。发动基层支部、专委会开展调研活动。2016年6月，民革市委带领资源环境专委会、工业企业专委会、机关工作人员及新华四支部部分成员视察南水北调中线干线石家庄段部分工程，撰写形成调研报告《关于南水北调工程水源地保护建议》。2016年12月，民革市委选派人员陪同山西省阳泉市民革一行人员，赴井陉县乏驴岭村、于家石头村开展实地调研，为石家庄市抗战文化研究和古村文化保护提出建议。2016年民革市委在市政协十二届四次会议上，报送集体提案31篇、大会发言4篇，均获采纳，其中3篇大会发言得到市领导批示。报送社情民意信息30多篇，其中10多篇获得省委统战部、省政协、市政协采纳。创新思路，提升参政议政能力，建立基层支部信息员机制，确定每个基层支部向民革市委推荐信息员1～2名，主要负责民革市委和基层支部参政议政工作上传下达。打造精品调研课题，2016年经济学院支部陆刚撰写《石家庄市农业供给侧产业结构调整建议》入选市政协十二届十八次常委会大会发言，长安六支部李孟军撰写《加强温室大棚土壤重金属检测，确保蔬菜生产安全》被市政协社情民意信息采纳。

（文雯）

中国民主同盟石家庄市委员会

【概况】 2016年，中国民主同盟石家庄市委员会（简称民盟市委，成员主要由从事文化教育和科学技术工作中高级、中级知识分子组成，1957年成立）贯彻落实中共十八届六中全会和习近平总书记“七一”重要讲话精神，围绕中共中央、中共河北省市委统战工作会议部署和要求，教育盟员增强“四个自信”意识，正确履行参政党职能。全年民盟市委发展新盟员43名，界别包括高等教育、基础教育、医药卫生、新的社会阶层、政府机关等行业和部门。至2016年末，民盟市委共有盟员1133人。11月10～11日，民盟石家庄市第十一次代表大会举行，选举产生民盟石家庄市第十一届委员会和出席民盟河北省第十一次代表大会的代表，郭斌当选主任委员。2016年市民盟新华一支部、鹿泉区支部支援井陉县灾区重建，开展爱心捐赠活动；河北医科大学支部举办中医养生健康知识义务讲座；民盟裕华区委与国际针灸合作委员会合作，赴革命老区平山县举行义诊活动。

【思想建设】 贯彻落实中共十八届六中全会和中央、省市统战工作会议精神，教育盟员增强“四个自信”意识。举办学习习近平总书记“七一”重要讲话精神报告会，邀请中共河北省委党校教授作：“不忘初心，继续前进”——习近平“七一”重要讲话解读的专题报告。以纪念中国共产党成立95周年和中国民主同盟成立75周年为内容，民盟市委与民盟河北省委联合举办学习全国“两会”精神和盟史学习报告会；组织民盟市委委员、支部主委和机关干部40余人，赴重庆市参观和学习，近距离感触中国共产党与各民主党派、无党派人士间团结合作及为建立中国所付出的牺牲和奉献精神；民盟市委石家庄市美术院20余位书画家赴太行山区开展艺术采风活动，以书画形式歌颂祖国大好河山。2016年初，民盟石家庄市委宣传网站建成运行。加强统战理论研究，撰写论文《协商民主参与政府公共决策创新机制的优化与探索》《加强混合所有制企业统战工作的问题研究》分别获得河北省委理论研究课题一等奖、二等奖。

【组织建设】 11月10～11日，民盟石家庄市第十一次代表大会在亚太大酒店会议厅举行。审议并通过民盟石家庄市第十届委员会所作工作报告及民盟石家庄市第十一次代表大会决议；选举产生民盟石家庄市第十一届委员会和出席民盟河北省第十一次代表大会的代表；郭斌当选主任委员，祝淑钗、武志永、吴国英、蒲月英、李立华当选副主任委员，刘秋红当选秘书长。2016年民盟市委发展新盟员43名，界别包括高等教育、基础教育、医药卫生、新的社会阶层、政府机关等行业和部门。至2016年末，民盟市委共有盟员1133人。重视后备干部储备，多次选派机关干部、基层盟组织负责人参加民盟省委、中共石家庄市委统战部举办基层组织负责人学习培训班、民主党派党外干部培训班等。围绕组织发展、参政议政、社会服务、宣传报道、支部活动等内容和指标，综合考核基层支部，巩固“盟员之家”建设。

【参政议政】 全年民盟市委领导多次参加中共石家庄市委、市人大常委会、市政府、市政协及有关部门举行的政治协商会、学习座谈会、市政府工作报告征求意见会等，考察和视察石家庄市园区规划发展、重点项目建设进展状况，参与全市部分窗口单位组织的行风评议、民主监督等活动。注重发挥民主党派智力优势，围绕中心工作建言献策。2016年民盟市委在市政协十二届四次会议上，提交大会发言建言5件，均获得市委领导批示；组织专家学者撰写和报送社情民意60余篇（次）。重视信息交流与培训，选派民盟骨干成员参加信息培训、京津冀农业协调发展论坛、重点课题调度会、广东省民盟调研座谈会等，提高建言献策质量。

（张天一）

中国民主建国会石家庄市委员会

【概况】 2016年，中国民主建国会石家庄市委员会（简称民建市委）贯彻落实中共十八届六中全会和习近平总书记系列重要讲话精神，围绕中共中央、中共河北省委统战工作会议要求，以创新、开放为理念，团结广大会员增强“四个意识”，履行参政党职能，助力石家庄市绿色崛起和小康社会建设。1月18～21日，民建市委在市政协十二届四次会议上，聚焦社会广泛关注的民生、社会经济发展、环境整治等问题，撰写和提出《关于推进我市供给侧结构性改革的建议》《抓住京津冀协同发展机遇加快我市电子商务局产业发展的建议》《关于发展乡村旅游增加农民收入的建议》《关于加强律师队伍建设促进依法治市的建议》等6篇口头和书面发言获得中共石家庄市委主要领导批示。11月9日，民建石家庄市第十二次代表大会举行，武义青当选主任委员，36人当选委员。至2016年末，市民建共有会员1051人，下辖基层委员会4个、支部42个、专门工作委员会6个；民建会员担任各级人大代表、政协委员175人次。2016年民建市委被民建中央授予民建全国社会服务先进集体称号，市民建会员贾世彬获评民建全国社会服务先进个人称号，民建市委开展“同心同向助民生·思源——扶老济困”行动事迹入选民建中央社会服务部编写《民建扶贫开发典型案例选编》。

【思想建设】 开展“不忘合作初心，继续携手前进”专题教育活动，自觉将学习实践活动、专题教育活动与学习贯彻中共十八届六中全会和习近平总书记系列重要讲话精神相结合。加强作风建设，落实河北省机关作风整顿动员大会、石家庄市着力改善“两个环境”动员会议精神，严格会员思想教育。举办专委会、新会员及信息员培训学习会，帮助会员坚持中国共产党的领导、走中国特色社会主义道路信念，做到与中国共产党在思想上同心同德、目标上同心同向、行动上同心同行。培养宣传人才，以入会新会员为重点，发掘和吸引责任心强、文笔较好、热心会务人员加入信息员队伍。建立“石家庄民建”微信公众号，利用《石家庄民建》会刊、“石家庄民建网站”平台，宣传民建市委工作动态和成绩，帮助会员开展学习和交流活动。

【组织建设】 11月9日，民建石家庄市第十二次代表大会举行。审议并通过民建石家庄市第十一届委员会工作报告、民建石家庄市第十二次代表大会决议；选举产生民建石家庄市第十二委员会和出席民建河北省第九次代表大会代表。武义青当选主任委员，黄超、宋磊珍、赵力、付黎音、张海霞当选副主任委员，张海霞兼任秘书长；36人当选委员。主动与中共石家庄市委统战部和鹿泉、栾城、藁城区委统战部联系，协调建立民建鹿泉支部、栾城支部、藁城支部。2016年民建市委社会服务委员会、企业工作委员会换届完毕。至2016年末，市民建共有会员1051人，下辖基层委员会4个、支部42个、专门工作委员会6个；民建会员担任各级人大代表、政协委员175人次，其中18人担任县（处）级以上领导职务。

【参政议政】 全年民建市委领导多次参加中共石家庄市委、市政府、市政协举行的民主协商会、座谈会、通报会，并就市委市政府重大决策、《政府工作报告》及石家庄市政治、经济、文化、社会、生态建设等提供建议和意见。履行参政党政治协商、民主监督作用，参加各级人大代表、政协委员和特约监督员等视察调研、行风监督及民主评议活动。1月18～21日，民建市委在市政协十二届四次会议上，聚焦社会广泛关注的民生、社会经济发展、环境整治等问题，撰写和提出《关于控制青少年儿童不良视力发病率全面提高视力健康指标的建议》《关于规范小区物业公司行为的建议》《关于推行老旧小区物业自治管理的建议》《关于在我市滹沱河沿岸大力发展观光农业的建议》《抓住京津冀协同发展机遇加快全市电子商务产业发展的建议》《在京津冀协同发展中正定应充分发挥重点建设承接平台的作用推动全省经济转型升级》等建议和提案。其中，《关于推进我市供给侧结构性改革的建议》《抓住京津冀协同发展机遇加快我市电子商务局产业发展的建议》《关于发展乡村旅游增加农民收入的建议》《关于加强律师队伍建设促进依法治市的建议》等6篇口头和书面发言获得中共石家庄市委主要领导批示。适应新形势、新任务需要，邀请会内专家学者、企业界人士组建成立民建石家庄市委京津冀（石）协同发展研究小组，承担参政议政服务研究性机构职责，以专业性、咨询性为特点，研究贯彻习近平总书记重要讲话精神及《京津冀协同发展规划纲要》《“十三五”时期京津冀国民经济和社会发展规划》，参与民建省委京津冀协同发展研究中心相关工作，并按照中共石家庄市委、民建市委工作部署和要求，开展“京津冀（石）协同发展”课题调查研究，撰写调研报告，提出政策性建议。

（李建光）

中国民主促进会石家庄市委员会

【概况】 2016年，中国民主促进会石家庄市委员会（简称民进市委）学习贯彻中共十八届六中全会和习近平总书记系列重要讲话精神，围绕“继承传统，以党为师，立会为公，参政为民”理念，突出“稳增长、调结构、促改革、治污染、惠民生”目标，主动适应发展新常态，加强会员思想建设，提升参政议政能力。围绕经济社会发展全局性、前瞻性问题开展专题调研20余次，撰写形成调研报告30余篇、社情民意信息700余条；提交全国、省市“两会”大会提案11件，集体提案25件。撰写和报送《建议从五个方面推进精准扶贫工作》《关于完善农村低保政策体系，助推精准脱贫的建议》《关于加强职业教育供给侧改革 实现技术技能人才精准有效培养的建议》《关于建设高教园区促进正定新区快速发展的建议》获得省市领导批示。6月30日～12月9日，由民进市委与石家庄市教育局、河北省硬笔书法协会、市语言文字工作委员会联合举办的石家庄市第七届规范汉字书写艺术节启动。期间，全市组织举办“书法名家进校园”“百名志愿者下基层”“寻找最美板书”及规范汉字书写实验校检查、规范汉字书写示范校风采展示、第七届规范汉字书写教师培训、第七届书写节作品征集等活动。自2010年始，民进市委与石家庄市教育局、河北省硬笔书法协会、市语言文字工作委员会联合在石家庄市中小学开展“规范汉字书写百千万工程”，累计举办七届，建立规范汉字书写实验学校235余所，培训规范汉字书写教师4000余名，直接参与师生27万余人次。关爱青少年成长。6月30日，由民进市委参与设立的“石家庄市藏诺特教奖学金”发放仪式在藏诺药业举行，民进市委常委、藏诺生物股份有限公司董事长王智森为20名品学兼优的残疾学生颁发“藏诺特教奖学金”5万元。11月17日，民进石家庄市第十一次代表大会举行，张运凯当选主任委员，33人当选委员。

【组织建设】 严把新会员入口关，注重申请入会人员的政治素质、人品道德、业务水平和参政议政能力，吸收高学历、高层次、有代表性的人士入会。召开两批入会积极分子座谈会，开展会史教育。规范支部建设，印发《关于开展基层支部活动场所建设的意见》《民进石家庄市委标准化支部建设条件》等规则和制度。新成立市民进支部2个。9月20日，民进市委联合三支部成立，周丽艳任支部主任，陈华任支部委员；10月28日，市民进栾城区支部成立，郝震生任支部主任，何辉强任支部委员。11月17日，民进石家庄市第十一次代表大会举行。审议并通过民进石家庄市第十届委员会工作报告及民进石家庄市第十一次代表大会决议；选举产生民进石家庄市第十一届委员会和出席民进河北省第九次代表大会代表；选举张运凯为主任委员，李立水、寇学臣、王志臣、陈玉联、张慧巧为副主任委员，张伟为秘书长；33人当选委员，其中常委13人。新当选委员平均年龄47.9岁，其中，教育界占36.4%，医疗卫生界占12.1%，科技文化出版界占6.0%；博士4人，硕士10人，高学历、高层次人员增加。

【参政议政】 以市委、市政府年度重点工作为内容，印发民进市委调研和社情民意参考课题，制定调研计划。民进市委领导多次参加中共石家庄市委、市人大常委会、市政府、市政协举办政治协商和党外人士意见征求会，围绕中共石家庄市委重大决策、市政府工作报告、石家庄市“十三五”规划制定、经济社会发展等重大问题，提供建言献策和建议。采取横向联合方式，与对口联系单位举办座谈会、专家专题调研会、“两会”建议征集座谈会等，拓宽调研平台和议政渠道，基本形成“有组织、有渠道、有平台、有资源、有制度”的参政议政工作格局。2016年民进市委撰写和报送《建议从五个方面推进精准扶贫工作》《关于完善农村低保政策体系，助推精准脱贫的建议》被省市政协《社情民意》采用，其中，《建议从五个方面推进精准扶贫工作》获得省长张庆伟批示，《关于完善农村低保政策体系，助推精准脱贫的建议》获得原省委常委、市委书记孙瑞彬和副省长姜德果及石家庄市2名副市长批示。《关于加强职业教育供给侧改革，实现技术技能人才精准有效培养的建议》《关于建设高教园区，促进正定新区快速发展的建议》被《党外建言》采用，获得原省委常委、市委书记孙瑞彬批示。全年围绕经济社会发展全局性、前瞻性问题开展专题调研20余次，撰写形成调研报告30余篇、社情民意信息700余条；提交全国、省市“两会”大会提案11件，集体提案25件。

（张伟）

中国农工民主党石家庄市委员会

【概况】 2016年，中国农工民主党石家庄市委员会（简称农工党市委）学习贯彻中共十八届六中全会和习近平总书记系列重要讲话精神，增强“四个自信”，培育和践行社会主义核心价值观，推进组织建设，履行参政议政职能。调研提出《关于推进水泥窑协同处置垃圾废弃物项目建设的建议》《关于推广空气热源泵，采暖制冷技术的建议》得到石家庄市主要领导批示。参加全市“两会”，围绕卫生、环保、教育、科技等热点问题，提交集体提案27件，大会发言6件。其中，《建议将滹沱河（石家庄段）治理列入我市“十三五”规划》作为市政协大会口头发言。撰写和提交社情民意信息32条，向中共石家庄市委统战部报送党外人士建言30条。全年发展新党员46名，其中，中高级职称占68%，硕士以上学历16人，医卫界26人，平均年龄38.4岁。11月17～18日，农工党石家庄市第九次代表大会举行，王宝山当选主任委员。重视教育和宣传，全年在省市以上刊物、网站发表理论文章和宣传信息70余篇，编印出版《石家庄农工》2期。2016年农工党市委获评农工党省委宣传思想工作先进集体的社会宣传工作二等奖，刘彦获评社会宣传工作先进个人，乞国艳获评中国最美女医师称号。

【思想建设】 采取集体学习、专题培训与自学相结合方式，引导和带领成员学习贯彻中共十八届六中全会和习近平总书记系列重要讲话精神。开展中国特色社会主义教育，培育和践行社会主义核心价值观。5月24～26日，农工党市委组织100余名成员参加农工党省委举办“走进基层、贴近党员，培育和践行社会主义核心价值观”宣讲活动，收听《生态文明建设概论》主题讲座，观看党史教育专题片《中国农工民主党的历史道路和优良传统》《邓演达——忠勇之士、革命先驱》。2016年6月，农工党市委组织市委委员、支委会班子成员和各级人大代表、政协委员及参政议政骨干在西柏坡召开农工党石家庄市委八届十一次全委扩大会议，邀请省人大常委会和省委党校、省社科院的专家学者作供给侧结构性改革、全国人民代表大会制度等课题辅导。重视教育和宣传，帮助成员了解方针政策、党务信息，开展理论学习、参政议政成果交流。全年在省市以上刊物、网站发表理论文章和宣传信息70余篇；编印出版《石家庄农工》2期。

【组织建设】 全年发展新党员46名，其中，中高级职称占68%，硕士以上学历16人，医卫界26人，平均年龄38.4岁。11月17～18日，农工党石家庄市第九次代表大会举行。审议并通过农工党石家庄市第八届委员会工作报告及农工党石家庄市第九次代表大会决议；选举产生农工党石家庄市第九届委员会和出席农工党河北省第八次代表大会代表；选举王宝山为主任委员，程鹏起、陈志强、李拥军、郭毅、宋学为副主任委员，程鹏起兼任秘书长。重视后备干部培养，举办政协委员、人大代表、骨干成员培训，建成190多人层次较高、界别较全的后备干部队伍。建立《代表人士队伍数据表》《参政议政骨干成员名单》《环保与人口计生界别成员名单》等信息库，实行动态管理。2016年农工党市委被农工党省委评为组织建设工作先进集体，48名成员获评优秀党员，2名成员获评优秀党务工作者，省人民医院、省中医院、农工党市委机关、经济4个支委获评优秀基层组织。

【参政议政】 调研提出《关于推进水泥窑协同处置垃圾废弃物项目建设的建议》《关于推广空气热源泵，采暖制冷技术的建议》得到石家庄市主要领导批示。农工党市委参加全市“两会”围绕卫生、环保、教育、科技等热点问题，提交集体提案27件，大会发言6件。其中，《建议将滹沱河（石家庄段）治理列入我市“十三五”规划》作为市政协大会口头发言；《关于大力发展我市现代农业的建议》《关于加强对农村留守儿童管护的建议》等提案得到石家庄电视台“提案追踪”栏目采访。以推动京津冀协同发展、生态综合治理为课题，组织农工党市委各界别人大代表、政协委员、参政议政骨干举行参政议政调研会，深入周边县市、企业和单位开展调研活动，撰写提交《借助京津冀协同发展机遇，大力发展石家庄市文化产业》《关于在我市大力推广空气能采暖的建议》《关于大力发展我市现代农业的建议》等，其中《关于大力发展我市现代农业的建议》在《石家庄决策》刊登。撰写和提交社情民意信息32条，向中共石家庄市委统战部报送党外人士建言30条。《关于加快我市中等职业教育发展的建议》在农工党中央网站、《党外人士建言》发表；《关于推进水泥窑协同处置垃圾废弃物项目建设的建议》《以“互联网+”为突破口，加快石家庄市智慧城市建设步伐》《提升我市粮食收储供应保障能力，为京津冀区域粮食安全保驾护航》被市政协《社情民意》采用；《关于推进水泥窑协同处置垃圾废弃物项目建设的建议》《关于推广空气热源泵，采暖制冷技术的建议》得到石家庄市主要领导批示。

（农工党市委）

九三学社石家庄市委员会

【概况】 2016年，九三学社石家庄市委员会（简称九三学社市委，社员以科学技术界高中级知识分子为主，九三学社市委于1958年10月成立）学习贯彻中共十八届六中全会和习近平总书记系列重要讲话精神，围绕中共石家庄市委、市政府中心工作，履行民主监督、参政议政职能。7月31日，中共中央办公厅、国务院办公厅印发《关于进一步完善中央财政科研项目资金管理等政策的若干意见》，采纳九三学社市委主委王长华提交《关于在高校科研经费中体现劳动价值的建议》的提案和建言。参加市政协十二届四次会议提交大会发言5份，集体提案获得立案18件。撰写和报送社情民意信息《关于在全市范围内启动废弃机井排险工作的建议》在《人民政协报》发表，人民网、新华网等中央级媒体给予转载。2016年九三学社市委获得中共石家庄市委统战宣传工作先进单位一等奖、统战信息工作先进单位二等奖，裕华区支社、长安区支社被中共石家庄市委统战部评为《党外人士建言》先进集体。

【组织建设】 重视领导班子建设，组织班子成员学习中国特色社会主义理论和国家的大政方针政策，提高“五种能力”，即增强政治意识、提高政治把握能力，增强发展意识、提高参政议政能力，增强民主意识、提高组织领导能力，增强大局意识、提高合作共事能力，增强忧患意识、提高解决自身问题能力。贯彻省直机关作风整顿大会、石家庄市着力改善“两个环境”广播电视大会、中共河北省第九次代表大会等会议精神要求，严格社员管理，组织社员参与九三学社省委思想建设与理论课题招标活动、第三届九三学社中央坚持和发展中国特色社会主义论坛等活动，提升社员自身素质和履职能力。发现人才、培养人才，注重吸收政治素质高、参政议政能力强、有代表性的新生力量加入九三学社市委组织。全年经过严格考察培养和九三学社主委会议审批，发展新社员25名。筹备基层组织换届，部署安排基层组织学习社章社史，组织开展社务活动。加强九三学社市委与中共区委统战部的联系，协调推进基层组织建设。至2016年底，九三学社市委市级组织换届筹备完毕。2016年九三学社市委获评九三学社中央先进市级组织；2次获评九三学社省委先进市级组织。

【参政议政】 九三学社市委参加市政协十二届四次会议上提交《关于加强京津石合作，促进我市科技成果转化的建议》等大会发言5份，均得到市领导批示；提交集体提案获得立案18件。九三学社市委主任委员王长华参加全国“两会”提交《关于在高校科研经费中体现劳动价值的建议》，7月31日，中共中央办公厅、国务院办公厅印发《关于进一步完善中央财政科研项目资金管理等政策的若干意见》，采纳王长华提案建议。参与九三学社省委“双创”专题、养老机构发展等调研活动，撰写和提交《关于石家庄市养老机构的调研报告》作为省政协十一届五次全会集体提案备选提案，还撰写和提交《关于加快我省红色旅游业可持续发展的建议》《以构筑“磁州窑”文化地标为契机，打造我省“一带一路”沿线中国瓷文化创意产业聚集区，增强文化活力》建言和意见。重视社情民意信息工作，撰写和报送《关于在全市范围内启动废弃机井排险工作的建议》在《人民政协报》发表，人民网、新华网等中央级媒体给予转载；《关于加大古旧河流整治力度，建设新型储水工程的建议》得到市领导批示；《大力发展农产品产地加工，提高农业综合效益》等社情民意信息被市政协采用。

（党大志）

石家庄市工商业联合会

【概况】 2016年，市工商业联合会（简称市工商联）学习贯彻中共十八届六中全会和习近平总书记系列重要讲话精神，组织开展“两学一做”学习教育、非公有制经济人士理想信念教育实践活动。参加市政协十二届四次会议，撰写和提交《关于进一步加强我市民营企业家队伍建设的建议》作为大会发言，撰写和提交集体提案5件。支持非公经济发展，筹备全国工商联十一届五次执委会议暨“全国知名民营企业助推河北协同发展大会”，参加“民企入冀·协同发展河北（上海）投资说明会”；帮助河北宏华电子科技有限公司与上海“致青春”大学校园大学生创业虚拟孵化器项目签约，投资金额1亿元。解决非公企业融资难题，支持市工商联金融服务中心与金融机构举办合作恳谈会、项目介绍会等活动。引导民营企业参与精准扶贫，以河北省“千企帮千村”行动为契机，市工商联与市扶贫开发领导小组办公室协商，将95个贫困村分包285个会员企业和商会；组织10余家商会、30多家企业到平山县考察洽谈项目，赤峰商会签约文都河葡萄庄园项目。提升非公经济人士思想素质，举办培训班10期，培训人员1600人次。12月28日，中国共产党石家庄市非公有制经济商（协）会第一次代表大会在石家庄市举行。会议宣读了市委组织部《关于在市工商联设立市非公有制经济商（协）会党委的批复》，60位商（协）会党员代表参加会议并通过差额选举投票方式，选举产生第一届委员会，闫志勇当选党委书记。

【支持非公经济发展】 筹备全国工商联十一届五次执委会议暨“全国知名民营企业助推河北协同发展大会”，发挥工商联组织优势，主动作为。2016年5月，市人大常委会副主任、市工商联主席王中联带领部分商会、企业家到上海市、杭州市、南京市等地参观考察，支持企业开展招商推介活动。参加“民企入冀·协同发展河北（上海）投资说明会”，拜会各地工商联、河北商会组织。帮助河北宏华电子科技有限公司与上海“致青春”大学校园大学生创业虚拟孵化器项目签约，投资金额1亿元。支持民营企业开展招商引资。组织部分企业参加在唐山市举办知名民企助推河北协同发展峰会，与北京、天津、安徽等地商会代表和知名企业家举行互动交流和项目对接；组织汽配行业商会会员代表150余人赴上海市参观第79届全国汽车配件交易会，与参展企业达成采购对接协议；组织30余名企业家到深泽县化工园区考察，开展民营企业园区行活动。帮助非公企业解决融资难题。支持市工商联金融服务中心与金融机构举办合作恳谈会、项目介绍会等活动，组织企业代表与驻石银行单位信贷负责人开展面对面交流，增进了解、畅通沟通渠道；利用专业金融服务团队、金融服务网络平台，及时为会员企业传递金融供需信息，协助企业申报项目。2016年市工商联为赵县、正定县等地会员企业解决融资需求150多万元。创新金融服务模式，助推企业升级发展。符合挂牌上市条件的民营企业，由孵化中心与企业签订专项服务合同，为企业提供各层次资本市场的推荐宣传、信息对接、挂牌上市等服务；暂不符合新三板条件的企业，提供区域性股权交易所挂牌服务；具有发展潜力的企业，主动帮助引进战略投资者。

【思想素质建设】 宣传和构建“亲、清”新型政商关系，采取举办培训班、召开座谈会、推荐企业家参加省工商联学习培训等形式，引导非公有制经济人士读懂、学透和领会习近平总书记系列重要讲话精神，坚定民营企业加快转型升级、跨越赶超、建设幸福石家庄的信心。开展理想信念教育实践活动。4月19日，市工商联党组书记杨志乾带领非公经济人士参加省工商联在唐山市举行“非公经济人士理想信念教育实践活动”推进会。结合石家庄市实际，研究制定非公经济人士理想信念教育实践活动方案，明确责任分工、实施步骤。激发非公经济人士推进创新发展、服务社会的动力，推荐3家代表性强、影响力大、社会公认的民营企业参加全省经济社会发展先进典型评选活动，推选5人参加“美丽河北最美创业者”评选。以“民营企业家讲坛”为平台，培育提升民营企业家综合素质。邀请国内知名专家学者、优秀企业家授课，举办“转型升级专题讲座”“新常态下房地产开发建设法律讲座”“PPP模式全程实务操作”“精细化管理”“营销新思维与模式创新”“仲裁知识专题讲座”“赢在情商领导力”“移动互联网营销”“鼎信公益大讲堂”“2016河北总裁峰会”等培训班10期，培训人员1600人次。组织10名企业家参加省工商联在北京大学举办的“科技创新型企业家研讨班”、在廊坊市举办的“河北省民营企业家素质提升研讨班”；2名优秀企业家参加河北行政学院举办的“领导干部与民营企业家推进京津冀协同发展研讨班”。3月8日，组织10名女企业家参加“河北财智2016女性群英荟”。2016年市工商联、市仲裁委员会签约战略合作协议，联合组织200余名企业家参加仲裁业务培训。

【参政议政】 围绕京津冀协同发展、“两个环境”建设等课题，制定印发《2016年调研课题招标实施方案》，组织会员开展针对性调研活动。参加市政协十二届四次会议，撰写和提交《关于进一步加强我市民营企业家队伍建设的建议》作为大会发言；撰写和提交集体提案5件，分别为《关于抢抓“互联网+”机遇，促进中小企业转型升级的建议》《进一步加大雾霾治理的建议》《关于推动民营养老机构健康发展的建议》《积极发挥石家庄在京津冀协同发展中功能定位的引领作用》《关于完善体育北大街（和平路北）高架桥下桥口机动车道的建议》。开展调查研究，完成中共中央统战部、全国工商联、私营企业研究会关于10家民营企业跟踪调查培训与填报和中共河北省委社情民意办公室关于“河北省民营企业发展现状与营商环境”调查研究。

（陈军委）

群众团体

Mass Organizations

【群众团体领导成员】

总工会

主　席：李锡海

副主席：宋成武　左建停

共青团石家庄市委员会

书　记：尚秀伟

副书记：魏洪涛　陈宏锋　袁照华　王宏

妇女联合会

主　席：宁淑敏

副主席：苏彦英　姜红　房景新　王晓娣

文学艺术界联合会

主　席：周喜俊

副主席：肖建科（兼秘书长）　张桂珍

科学技术学会

主　席：陈健敏

副主席：羊文庆　冯卫和　刘保军

秘书长：董升

归国华侨联合会

主　席：王强

副主席：许立　胡为民

台湾同胞联谊会

会　长：廖海鹰

副会长：王爱鸽　陈瑛

秘书长：游艳红

残疾人联合会

理事长：尚建斌

副理事长：张爱艳　安永卫

红十字会

会　长：张业

常务副会长：王鹏飞

副会长：崔胜明　张玉安

秘书长：郝瑞起

黄埔军校同学会

会　长：张连枝

副会长：徐丙生

秘书长：王连重

社会科学界联合会（与社会科学院、讲师团合并）

院　长（讲师团主任、社科联常务副主席）：闫国文

副院长（副主任）：赵惠娟

副院长（副主席、副主任）：李贞年

消费者协会

名誉会长：张承禄　张殿奎　赵长栓

会　长：路国庆

副会长：李景祯　汤化敏　卢金保　贾利民　夏玉颖　栗绪楼　王占云

秘书长：许毅敏

副秘书长：李哲

石家庄市总工会

【概况】　2016年，市总工会组织全市职工开展技术革新2866项，推广先进操作法1001项；职工获得发明创造444项、专利264项；职工提出合理化建议84456条，实施率达50%。加强工会组织建设，围绕“改革创新年”目标任务，印发《市总机关“十大亮点”工作评价办法》《县级工会年度工作评价办法》《关于开展“密切联系职工群众、服务职工群众在基层”活动实施方案》《石家庄市总工会2016年干部培训计划》。2016年市总工会组织举办各类职工专项业务培训10期，培训各级工会干部1200人次。落实《关于加强和规范工人文化宫管理的意见》要求，突出服务职工职能；争取市财政资金980万元，改造升级市人民会堂。加大工会经费收缴力度，超额完成河北省总工会下达目标任务。弘扬劳模精神、工匠精神，宣传“劳动光荣”时代最强音，开展首届“省会最美职工”评选活动，在石家庄电视台开办《匠心筑梦》栏目，播出专题40期。7月6日，市总工会授予10人全市“最美行业人物”称号。举办劳模爱心公益行动，组织劳动模范（简称劳

模）志愿者服务队深入企业、社区、学校开展健康指导、心理辅导、家电维修等公益活动，3支劳模志愿者服务队获评河北省年度十佳最美劳模志愿服务团队，魏立华、吴振山2人获评河北省年度十佳劳模爱心公益明星。2016年全市各级工会组织和爱心企业、人士向受“7·19”特大洪灾影响县（市、区）捐款捐物折合金额290万元。至2016年末，全市建立工会单位达到21841家，入会职工人数167.2万人。

【劳动竞赛】 完善培训、练兵、比赛、晋升“四位一体”劳动竞赛工作机制，市总工会、市人力资源和社会保障局联合举行17个工种技能竞赛，带动岗位练兵20万人，300余名职工技能等级获得晋升。省总工会确定石家庄市地铁建设劳动竞赛为河北省首批重点项目劳动竞赛。联合市人力资源和社会保障局、市科技局、市工业和信息化局、市国资委开展石家庄市金牌工人、石家庄市能工巧匠评选命名活动，2人获得河北省金牌工人称号，16人获得河北省能工巧匠称号。联合市科技局打造“省会万众创新示范基地”2个，命名第七批市级职工创新工作室18家，13家职工创新工作室被河北省总工会命名为省级职工创新工作室。至2016年末，全市拥有市级职工创新工作室80家、省级36家、国家级2家。2016年全国纺织服装行业劳模创新工作室现场交流会和全省创新工作室（职工技能提升站建设）现场交流会在石家庄市举行。

【职工维权】 维护职工民主权利。开展厂务公开民主管理示范单位创建活动，累计培育全国示范单位1家、省级示范单位25家、市级示范单位22家。参与6家企业破产改制，有效维护职工合法权益。劳动关系和谐单位创建活动。推动区域性创建活动向乡镇（街道）、村（社区）拓展。推进工资集体协商提质增效，培育选树60个企业、88个行业（区域）集体协商示范点。2016年全市职工集体合同签订率达89%，覆盖职工96.6万人。加强集体协商指导员队伍建设，建立两级量化考评机制，落实考评结果与绩效补贴挂钩政策。法律维权。全年“两庭一团”受理援助案件创出历史新高，市本级办理案件130件，涉及职工2300多人，涉及金额8000多万元。联合公安、司法、人力资源和社会保障、住房建设等单位，探索建立职工维权联动机制，制定印发《关于建立和完善职工维权法律服务机制的意见》。建立市级职工维权法律服务站12个。联合公安、法院、人力资源和社会保障3个部门开展农民工维权专项行动，全年接待和办理农民工来访维权案件105件，涉及2073人，涉及金额2748万元，与劳动监察等部门联合处理68件，为1766名农民工讨薪和挽回经济损失2139万元。12月2日，市总工会建筑业农民工法律维权服务站揭牌成立。这也是全市首家专项服务省会建筑业农民工的公益平台，由市建设工会和石家庄一建建设集团有限公司等联合组建，接受市总工会业务指导和管理，地址位于市区和平东路221号石家庄一建分公司。

【帮扶救助】 困难职工帮扶。3月10日，全市工会系统城镇困难职工精准帮扶、精准脱贫专项行动启动；计划利用3年时间，采取小额贷款贴息、无息借款、资金入股、生产资料等支持方式，扶持城镇困难职工开展创业就业和脱贫。9月5日，市总工会举行城镇困难职工精准帮扶、精准脱贫专项行动推进会；发放首批帮扶资金112.2万元，支持困难职工、农民、化解过剩产能失业下岗困难人员创业项目25个，其中，无息借款22个、物质资料帮扶3个。印发《石家庄市工会城镇困难职工精准帮扶、精准脱贫专项行动实施方案》，扶持对象确定为三类群体中有创业就业愿望和能力的人员：纳入全国工会帮扶工作管理系统软件的困难职工（含困难职工的配偶、未就业子女），石家庄市化解过剩产能企业失业下岗人员中家庭生活困难者（家庭人均收入不高于当地最低生活保障标准的3倍），曾在非农产业工作一年以上、家庭人均收入不高于当地最低生活保障标准的3倍、生活困难的农民工工会会员。2016年市总工会“送温暖工程”发放困难职工、困难企业慰问资金1221万元，发放困难劳动模范救助慰问资金150万元；发放“金秋助学扶困育才”救助资金68.75万元，救助困难职工子女402名，其中新入学学生275名，每人发放助学金最高5500元。扶持职工创业就业。全年市总工会拨付扶持资金291万元，扶持职工创业项目102个，超额完成河北省总工会下达石家庄市任务目标45.7%。京津冀协同发展石家庄创业就业洽谈会。3月19日，由全国总工会保障部、河北省总工会、北京市总工会、天津市总工会主办，石家庄市总工会承办的2016年全国工会就业创业援助月暨京津冀协同发展石家庄创业就业洽谈会在市人民会堂举行。招聘现场参与企业160多家，其中京津等地企业30多家；提供就业岗位1万余个，主要涉及机械制造、化工医药、金融保险、互联网、酒店管理、物业管理、家政服务等行业；达成就业意向1200多个。职工互助活动。45.6万名职工参与第五期职工互助活动，筹集资金2291万元，全年救助职工3644人，支出救助金1864万元，占筹集资金总额81.4%，职工参与率、资金筹集量、职工救助面均创历史新高，职工满意度明显提高。

【工会组织建设】 以工会会员实名制普查为契机，印发《石家庄市工会会员实名制普查工作实施方案》，最大限度将广大职工吸纳到工会组织。至2016年末，全市建立工会单位达到21841家，入会职工人数167.2万人；新发展农民工会员5.7万人，农民工会员总数达到83.6万人。县级工会规范化建设。制定《关于落实〈河北省县级工会规范化建设达标创优实施意见〉三年工作规划》，确定三年任务目标。市级投入150万元，争取河北省总工会资金302万元，用于县级工会建设示范型职工服务中心、规范达标型职工服务中心。井陉县通过河北省总工会示范型县级职工服务中心达标验收，平山县、晋州市、灵寿县、行唐县、裕华区5个县级职工服务中心达到省级规范化建设标准。2016年平山县、桥西区、正定县等12个县级工会规范化建设获得优秀等次，晋州市、鹿泉区2个市区获得达标等次，优秀等次数量位列全省第一。

（市总工会）

【行业协会管理】 10余家行业协会开展行业统计分析，编发经济运行分析30期。市烟花爆竹行业协会协助行政部门，推行区域ERP系统信息追溯。市商业联合会举办银企对接洽谈会，达成意向金额1.26亿。开展法律咨询服务，市装备制造行业协会组织行业专家为中友机电合同纠纷维权，挽回经济损失600余万元。5家行业协会换届，21家行业协会召开协会理事会。30家行业协会举办专题座谈会，征集问题及建议100多条。市青年企业家协会注销，6家行业协会负责人变更。推进行业协会商会与行政机关脱钩，确定第一批全市性经济类行业协会商会脱钩试点7家，均落实机构、职能、资产财务、人员管理、党建外事“五分离”要求。

（张书清）

【工会会员卡管理】 投入1060万元，打造以“公交一卡通、职业技能提升、三项免费保障、住院补贴”为主要内容4个会员卡核心项目。与乐仁堂、洛杉奇等189个商家签订普惠化服务合作协议，最大程度为持卡会员提供生活便利等优惠服务。注册“石工惠”微信公众号，推送信息200余条，关注人数3万多人；开发“石惠”手机客户端，设立信息发布、网上练兵、法律服务、职工互助等职工服务功能20个，探索走出一条“互联网+普惠”智能化服务新路子。11月4日，市总工会工会会员卡启动“集中送卡月”活动。工会会员卡加载10项服务功能：公共交通一卡通功能，第四天起每天40元住院补助，三项免费保险（非工伤意外伤害险、家庭财产损失险、乘坐公共交通工具及驾乘意外险），职工晋级补助（持卡一线职工在市级劳动竞赛、技术比赛中晋级技师和高级技师分别补助800元和1000元），市政便民服务，免费网上抢购抽奖，工会自身服务（持卡人可享受市县两级工会组织提供政策咨询、职业介绍、技能培训、法律援助等服务），特约商家服务，银行特定服务（具备建设银行借记卡支付、消费功能，享受银行提供的专享服务），综合信息服务（享受市总工会职工服务网、手机客户端和微信公众号等综合服务平台提供的各项服务和信息交流）。至2016年末，市总工会制作发行工会会员卡44万张，建成市、县、乡分级管理的会员卡数据库。

【调查研究】 围绕转型升级、跨越赶超和重点企业诚信经营、创新发展等课题开展调查研究。以弘扬工匠精神，倡导大众创业、万众创新为主题，撰写调研报告《关于弘扬工匠精神，建设工业强市的思考与建议》。突出工业强市和行业振兴课题，发挥行业协会熟悉行业、贴近企业的优势，组织撰写行业发展情况专题调查报告，市总工会、市装备制造行业协会联合撰写《关于做大做强石家庄市装备制造业的思考与建议》。了解重点企业发展情况，深入石家庄市生物医药行业、粮食及食品加工企业等重点企业和创新型企业开展调研活动，撰写《弘扬健康饮食文化，打造鼎粟行业品牌》专题调查报告，总结推广河北鼎粟食品有限公司创新五谷养生食材生产运营模式的成功经验，反映企业诉求，起到示范引领作用。

（市总工会）

中国共产主义青年团石家庄市委员会

【概况】 2016年，共青团石家庄市委（简称共青团市委）围绕服务青年主题，开展青少年思想教育、青年创业创新活动和公益捐资助学行动等活动。举行“善美青春·出彩人生”“我的中国梦”“凝聚梦想·接续奋斗”——梦想进行时青少年主题教育活动，培育青少年树立社会主义核心价值观。关爱和保护留守少年儿童，利用共青团所属线上线下阵地，为留守少年儿童提供法律服务、心理疏导、爱心助学、校外教育等帮助服务。开展“鲜花送雷锋，善美在省城”活动，依托71个青年志愿者服务基地，为全市社区群众和残疾人提供专业化、常态化、项目化、规范化志愿服务。加强贫困地区共青团组织建设，举办贫困地区共青团县委书记、乡镇团委书记培训班3期。六一国际儿童节前，共青团中央书记处第一书记秦宜智给合作路小学少先队辅导员代表回信；中国少年先锋队建队日（10月13日）期间，中共中央政治局委员、国家副主席李源潮，共青团中央书记处第一书记秦宜智到石家庄市考察少先队和共青团工作。2016年国家级媒体5次、省级媒体302次、市级媒体559次报道石家庄市共青团工作，其中《中国青年报》头版刊发《石家庄：“手拉手”三十年百万少先队员共成长》报道，共青团市委参加全国保护母亲河行动领导小组组织的“母亲河奖”评选获得优秀组织奖，石家庄市青年中心被共青团中央授予全国示范性“青年之家”综合服务平台称号。

【青少年思想教育】 举办“善美青春·出彩人生”“我的中国梦”主题教育活动，引导团员、青年自觉在思想和行动上贯彻落实中央、省委、市委的决策和部署。组织开展“凝聚梦想·接续奋斗”——梦想进行时青少年主题教育活动，培育青少年树立社会主义核心价值观，引导青少年永存爱国之情、砥砺强国之志，实践报国之行。举办纪念五四运动97周年暨“中国梦·幸福城”座谈会、庆六一石家庄“手拉手”活动30周年研讨会、纪念少先队建队67周年活动，帮助青少年坚定走中国特色社会主义道路理想信念。占领宣传阵地，帮助青年树立正确的人生价值观。重视青少年知识学习，举办市县乡三级青年读书班600余期。建立“石家庄共青团”微博、微信和“青年之声”网站“三微一体”新媒体平台。其中，“石家庄共青团”微博粉丝超过252万人，连续五年获得“全国政务微博百强”“全国十大共青团系统微博”称号；“石家庄共青团”微信综合影响力保持全国共青团系统前十，3次在全国地市级团组织影响力排名中获得第一，粉丝超过22万人；“青年之声·石家庄”互动平台成立十一大服务联盟，入驻专家近2万人，接收青年提问96万条，点赞数量接近21万人次。发挥新媒体平台作用，组织开展植树造林、捐建图书馆、捐赠体育器材、慰问地铁工人、资助贫困大学生等活动；“7·19”特大洪灾后，共青团市委通过新媒体平台号召全市各级团组织和团员青年参与抗洪救灾行动，筹集救灾物资147万元，发放助学金30.57万元；组织青年志愿者1.3万人次，清淤1900立方米，清理路障2500立方米，清理庭院400余户，维修家电2780件。

【青年创业创新活动】 重视青年创业培训，举办“创赢青春”青年创业训练营6期，培训创业青年850余人。鼓励青年参与众创、众筹活动，建立各类青年众创空间，新建河北创客乐园等青年创业孵化示范基地4家、市级青年众创空间15家。推进创业青年交流合作。共青团市委、石家庄北大科技园联合举办2016“创启未来”青年创业大赛，与市人力资源和社会保障局、市财政局联合举行2016年石家庄市青年创业创新大赛，辐射带动青年创业项目700多个。举办“创赢青春”青春创业大讲堂活动80余场。帮扶科技型中小企业100家。助力农村脱贫攻坚。实施“青春扶贫 同步小康”行动，举办农村青年致富带头人“3A”培训班，培养农村“领头雁”，市青少年发展基金会向农村贫困地区捐赠物资价值120

余万元。

【青少年权益保护】 组建成立石家庄市青少年发展基金会。2016年市青少年发展基金会资助平山县、灵寿县、行唐县、赞皇县等贫困地区留守儿童409名，发放助学金、物资折合金额49.66万元。希望工程。8月25日，共青团市委、市青少年发展基金会在市青年中心举行希望工程大学生圆梦行动见面会。茅台酒股份有限公司、新世纪助学基金会、石药集团、河北高远集团、石家庄诚鼎环保科技有限公司等爱心企业及李成祥、李雪媛、王福生等爱心人士现场为122名大学新生捐赠60.89万元，每名大学生获得助学金5000元以上。共青团市委、天洲集团联合捐资120余万元，建成天洲希望小学。1992年，共青团市委、市青少年发展基金会启动实施希望工程，分别开展"百万爱心行动""苗圃行动""大学生圆梦行动""助学进程计划"等系列活动，至2016年末，累计筹资7000余万元，资助大中小学生6万余名，其中资助贫困大学生2100余名。资助优秀贫困大学生公益活动。2月17日，市志愿服务基金会举行"善行圆梦"资助优秀贫困大学生公益活动，11名大学生获得爱心企业石家庄印钞厂、山华科技有限公司和爱心人士捐赠的3.8万元定向资助。根据河北省青少年发展基金会要求，实施和完成"朔黄铁路项目"资助活动，向平山县、行唐县、灵寿县划拨活动资金138.52万元；配合省青少年发展基金会，资助留守儿童暨先心病公益救助项目、新奥希望小学校长培训班项目等。维护青少年合法权益。以青年中心、青年志愿者服务站、青少年社区服务中心、"12355"青少年服务平台、法育基地、"青苗幸福站"等阵地为依托，重点为青少年提供法律服务、心理疏导、爱心助学、校外教育等帮助和服务。六一儿童节期间，举办第二届"六一我们来了——关爱留守儿童，青苗幸福行"公益活动。中考、高考前夕，开展"轻松备考12355与你同行"阳光行动，组织"12355"服务台心理咨询师、教育专家设立中高考心理援助专家志愿讲师团，走进学校为考生提供心理疏导、减压等服务。青少年网络安全教育。1月14日，由中国少年先锋队全国工作委员会（简称全国少工委）办公室、共青团中央网络影视中心、共青团省委共同主办"青年之声·美丽河北——青少年网络安全中国行"在石家庄市启程，主要采用流动网络安全教育基地——网络安全宣传车形式向青少年传播网络安全知识。首届"为了明天——青少年维权公益项目大赛"。2016年10月，共青团市委面向社会征集维护和发展青少年权益意见和建议，举办首届"为了明天——青少年维权公益项目大赛"。评选获奖项目15个，其中包括关注小商贩小摊点经营者子女的"双工"协同联动项目、挽救犯罪少年回归家园项目、助推城乡青年电商创业人才发展项目、城市街角守护"童伴"项目等。获奖项目以法律援助、心理疏导、人才培训、校外管护、扶危帮困、校园霸凌等为内容，倡导全社会关爱未成年人身心健康，维护青少年合法权益，促进青少年健康成长。全年面向青少年举办专题辅导讲座30余场，惠及学生6000余人。举办"青年之声"——法制文艺巡演等送法学法活动20余场，集中培训中小学生20期3000余人次。

【首次按照星级认定表彰志愿者】 3月4日，共青团市委、市青年志愿者协会联合表彰星级优秀青年志愿者366名。这是自2015年石家庄市实施星级优秀青年志愿者认定制度后，首次按照星级认定表彰优秀青年志愿者。此次受到表彰五星级青年志愿者13人、四星级24人、三星级38人、二星级46人、一星级245人，主要来自石家庄市高校、企业和社会爱心组织，参与了全市文明交通、绘制文化墙、大型赛会、助残、助老、关爱农民工子女（留守少年儿童）等志愿服务活动。共青团市委、市青年志愿者协会还共同授予85个单位"石家庄市优秀青年志愿服务组织"称号，授予70个项目"石家庄市优秀青年志愿服务项目"称号。

（共青团市委）

石家庄市妇女联合会

【概况】 2016年，市妇联围绕“全国一流、全省第一”目标，继续打造“坚强阵地”“温暖之家”建设，大力宣传《婚姻法》《妇女权益保障法》《未成年人保护法》等法律法规，增强妇女法治观念，帮助妇女学法懂法，维护妇女合法权益。利用新媒体优势，建成“石家庄妇女网”“石家庄妇联”微信平台，开展网上妇女服务活动。采取小品、快板、京东大鼓、歌舞等形式，举办平安家庭原创文艺作品大赛，评选作品66件，吸引妇女20余万人。推进基层妇联组织建设，57个乡镇妇联组织换届试点完成，选出乡镇妇联主席57名、专职副主席59名、兼职副主席132名、执行委员810名。建设妇女之家4400多个。提升基层妇女工作者素质，举办全市农村女支部书记女主任培训班、村民讲习所讲师集中培训班、巾帼志愿者座谈会、“互联网+”创业创新联盟工作座谈会，聚集妇女人才资源。探索建立女性社会组织，建立巾帼现代农业科技示范基地带头人联盟、互联网+联盟、妇女手工编织协会等女性社会组织17个；发挥女企业家商会、女法官协会、女检察官协会、女摄影家协会等社会组织优势，最大限度吸引妇女加入。2016年中共中央政治局委员、国家副主席李源潮，省委书记、省人大常委会主任赵克志，省委常委、市委书记邢国辉到市妇联视察指导。助力创建全国文明城市，制作《石家庄市市民文明十条》漫画手册，网络推送和阅读量达5.5万人（次）；举办“践行文明十条、助力文明城市创建”活动300余场，组织564支巾帼文明引导队和14462名巾帼志愿者参与文明交通、城市清洁、社会主义核心价值观宣传等活动。开展美丽庭院创建，采用“美丽庭院+”项目化运作方式，打造形成平山红色旅游+庭院、栾城农家乐+庭院、藁城巾帼示范基地+庭院等特色美丽庭院模式。发挥美丽庭院讲习所作用，建立村民讲习所368个，集中培训讲师100名。联合市委宣传部、省会精神文明办公室在省会儿童公园建立全国首个家风家训主题公园，开设巾帼家风家训主题展馆，引领全社会塑造良好家庭风尚。12月9日，市妇联命名2016年度市级“最美家庭”100个、“美丽庭院”示范户100户。11个家庭获评全省文明家庭。7个家庭获得全国荣誉。其中，3个家庭获评全国“最美家庭”；2个家庭获评第十届全国五好文明家庭，1个家庭获评全国五好文明家庭标兵户；2个家庭获得首届全国文明家庭称号。3名妇女获得“感动省城十大人物”称号。至2016年底，全市累计命名“最美家庭”8000余户，打造美丽庭院重点村1140个、美丽庭院中心户示范户12万个，参与农村妇女60万人。2016年市妇联获评全国妇联系统先进集体称号及省级文明单位、河北省“六五”普法工作先进集体荣誉。

（杨志国）

【创业创新巾帼行动】 以12万贫困妇女为重点，1月12日，率先在全市启动开展“巾帼脱贫行动”。开展技能脱贫行动，举办巾帼脱贫行动女性电商人才培训班赞皇专场、巾帼家政服务员培训班、美容技能培训班10期，培训贫困县妇女2200人。实施“家庭手工进社区，扶弱帮困促和谐”示范项目，争取中央财政支持资金33.3万元，举办培训会28场、交流会24场，惠及妇女3500人，全国妇联妇女发展部部长崔卫燕给予肯定。激发妇女从事家庭手工热情，组织举办石家庄市特色家庭手工作品大赛，参与妇女23万人，网络投票8万人。打造女性创业平台，提升妇女创业就业能力，4月28日，市巾帼创业创新服务中心、市家庭手工业发展服务中心在市妇女儿童活动中心正式启用。落实贫困妇女创业就业资金保障政策，为7.4万名妇女发放小额担保贷款17亿元。实施对口帮扶脱贫行动，组织妇女手工编织协会、巾帼现代农业科技示范基地带头人联盟、“互联网+”联盟、美容协会、医院与4个国家级贫困县妇联对接，开展对口帮扶活动52次，惠及妇女3200余人。实施“小妇贷”项目，帮助妇女690名，发放小额担保贷款7237万元。至2016年底，全市培育建立省级以上巾帼农业科技示范基地12个、巾帼乡村旅游示范点51个、巧手脱贫示范基地30个。2016年河北省巾帼创业创新培训班现场教学在石家庄市台湾同胞联谊会举行。

（杨志国　戴丽丽）

【寻找“最美家庭”活动】 3月7日，市妇联启动2016年寻找“最美家庭”活动。举办“文明住我家”“清廉在我家”“邻里守望姐妹互助”等主题活动，推动寻找“最美家庭”活动向党政机关及各领域各行业拓展，达到以良好家风影响党风政风、滋养社风民风目标。5月20日，市妇联、省会精神文明办公室联合举行“最美家庭”颁奖仪式，表彰全市“最美家庭”100个。宣传“最美家庭”事迹，100个市级“最美家庭”举办故事传递活动近1000场次，覆盖人口20多万人；21个县（市、区）举行家庭教育讲座127场。3个家庭获评全国“最美家庭”。至2016年末，全市参与寻找“最美家庭”活动户数10万多个，累计命名“最美家庭”8000余个，其中，省级“最美家庭”7个、全国“最美家庭”3个。

（杨志国）

【2个家庭获得首届“全国文明家庭”称号】 12月12日，第一届全国文明家庭表彰大会举行，石家庄市郭迎春、杨普2个家庭获得“全国文明家庭”称号。第一届全国文明家庭评选表彰活动以爱国守法、遵德守礼、平等和谐、敬业诚信、家教良好、家风淳朴、绿色节俭、热心公益8个内容为评选标准，从全国范围评选文明家庭300户，其中河北省13户家庭入选。杨普家庭参加全国首届文明家庭表彰大会，受到中共中央总书记、国家主席、中央军委主席习近平的接见。郭迎春家庭，位于石家庄市裕华区体育南大街气象嘉园，家庭成员17人。郭迎春作为家中长子，带头传承孝为先、和为贵、学为高、勤为本的良好家风；在事业和生活上，与妻子相互理解、相互支持。几十年来，郭迎春与3个弟弟1个妹妹5个小家构成和睦、友善的一个大家，家庭成员互相谦让、以诚相待、互帮互谅，共患难、齐兴家，兄妹5人及下一代5个孩子全部考上大学。杨普家庭，位于石家庄市栾城区天山·新伯爵小区，家庭成员3人。这是一对80后小夫妻，他们人生路上养儿孝老、共担风雨、同沐春风。在丈夫聂子明的理解、支持下，妻子杨普由一名普通织布挡车工成长为产业工人的优秀代表，以杨普名字命名创立的“杨普创新工作室”每年为企业创收效益360多万元。

（王更）

【关爱妇女儿童】 代表河北省接收《中国妇女儿童发展纲要（2011～2020年）》中期评估督导检查，获得肯定评价。维护妇女合法权益。启动三八维权周暨反家暴法宣传社区行活动，制作反家暴公益宣传短片，组织“木兰有约”讲师团举办“反家庭暴力”专题讲座。联合市公安局制定出台《石家庄市家庭暴力告诫制度实施办法》，联合市普法办公室举行全市平安家庭原创文艺作品大赛，历时5个月，参与20余万人，入围作品66件。组建成立石家庄市婚姻家庭纠纷调解委员会，首创婚姻家庭纠纷诉调对接模式。实施贫困单亲母亲救助、复明12号、“春蕾计划”、关爱留守儿童、儿童大病救助等妇女儿童民生项目36个。其中，农村妇女“两癌”免费筛查，全年检查妇女8.4万名，向35名贫困“两癌”妇女发放救助金24.5万元；复明12号项目，为1200余名贫困妇女免费开展白内障筛查，400名妇女施行免费手术，节约费用20余万元；儿童救助工程，筹集助学金41.3万元，救助困境学生327名，争取资助物资价值42万元；“水印计划”项目，争取资金33.4万元，为行唐县明德小学、无极县店上学校2所学校安装净水设备和无害化卫生厕所。重视新生儿出生缺陷防治，落实和执行月报告、季通报制度，2016年全市新生儿出生缺陷发生率控制在万分之96.12以内。儿童家园建设。投资37.5万元，新建市级儿童友好家园示范园25所，2016年末累计建成儿童友好家园800余所。引入专业组织入驻儿童家园开展活动。举办首届全市儿童友好家园特色活动大赛，30个儿童家园展示特色活动案例100项，其中4个案例列入全国儿童之家示范候选案例。

（杨志国）

石家庄市文学艺术界联合会

【概况】 2016年，市文学艺术界联合会（简称市文联）坚持“二为”方向、“双百”方针和“三贴近”原则，围绕“以人民为中心”工作导向和“深入生活、扎根人民”创作理念，专注“育人才、出精品”目标，重点做好精品创作、人才培养、队伍建设等工作。3月29日，市文联召开九届四次全委会暨2016年工作会议，会议宣读《中共石家庄市委宣传部关于表彰2015年度全市文艺工作者在全国大报大刊发表文艺作品的通报》。全年创作出版文艺类图书80余部，在《人民日报》《中国作家》等国家级大报大刊发表作品40余篇；举办讲座、展览、演出、比赛280余场，开展文艺志愿服务100余次。举办中国共产党建党九十五周年、建国六十七周年、长征胜利八十周年系列纪念活动及“红旗飘飘”书法作品展、“永远跟党走”书画作品展、专题征文征歌、古筝专场音乐会等活动，组织文艺工作者到革命老区鹿泉区李村镇张堡村专场慰问演出，歌颂在中国共产党的领导下，国家和民族在发展道路上及石家庄在追梦筑梦征程中取得的光辉成就。文艺志愿服务。开展“文艺讲座下基层、进校园”活动，市作家协会、市书法家协会、市美术家协会、市舞蹈家协会分别到元氏县、高邑县、平山县、市十七中学等地举办公益讲座、辅导100余场次；市文联主席、市作家协会主席周喜俊到栾城区作《学习贯彻习近平总书记在中国文联十大、中国作协九大开幕式上的讲话精神专题讲座》，并结合具体工作和创作实例，宣讲和解读习近平总书记讲话精神。人才培养和文艺队伍建设。举办专家、基层作者面对面交流会，解决创作困惑；在行唐县举办歌曲创作班，在灵寿县举办文学创作会，在老年大学讲授《中国古代书法史》，在井陉县太行山麓和平山县合河口等地采风写生；在检察官文联举办长篇小说《涌动的暗流》创作座谈会等。省文联副主席、市文联主席、市作家协会主席周喜俊创作的长篇纪实文学《沃野寻芳——中央工艺美院在河北李村》及市作家协会副主席程雪莉创作的长篇纪实文学《寻找平山团》出版发行。评选第十四届石家庄市文艺繁荣奖获奖作品38件。

【艺术创作】 市台湾同胞联谊会作家及艺术家注重挖掘石家庄的历史文化、革命文化、现代文化，创作长篇纪实文学《沃野寻芳——中央工艺美院在河北李村》、短篇小说《种瓜点豆》、广播剧《贾大山和他的朋友》、文艺理论《深入生活是文艺家毕生的功课》、歌曲《我家住在太行山下》、国画《太行初雪》等文艺作品，其中，长篇纪实文学《沃野寻芳——中央工艺美院在河北李村》挖掘抢救出石家庄土地上一段珍贵的美术史，探究了艺术与生活、与人民、与土地的关系，被中国作家协会确定为深入生活项目的典型代表作品。围绕记录石家庄、歌颂石家庄、宣传石家庄创作重点，市摄影家协会以“聚焦地铁建设 留存永恒瞬间”为主题，组织30余名摄影爱好者举行3轮18次集体采风，用镜头讴歌城市建设者披星戴月、无私奉献的工作精神，用光影记录石家庄地铁“从无到有”的生动历史和石家庄跨越发展的光辉历程。抗洪救灾主题创作。“7·19”特大洪灾发生后，市文联组织全市文艺界投身抢险救灾宣传，市作家协会、市音乐家协会、市摄影家协会、市美术家协会、市曲艺家协会及井陉县、平山县等县（市、区）文联第一时间安排文艺工作者赶赴灾区一线，昼夜创作，推出诗歌《战洪魔》、歌曲《风雨后的爱》、评书《手挽手 心连心》、摄影《灾情就是命令》等反映救灾精神、激励重建家园的文艺作品，其中，《石家庄日报》刊发2个专版，《太行文学》《乐友》推出专辑。

（陈广山）

【井陉县4个乡镇获颁中国传统村落保护区】 6月6日，由中国民间文艺家协会、省委宣传部、省文联主办的“美丽河北·最美古村镇宣传展示暨中国传统村落保护区颁牌仪式”在井陉县于家村举行。井陉县拥有千年以上传统村落73个，500～1000年传统村落110个，300～500年传统村落70余个。此次颁牌“中国传统村落保护区”规划范围包含井陉县天长镇、于家乡、南障城镇、秀林镇4个乡镇24个村庄，规划片区村域面积9800.3公顷，传统村落面积306.2

公顷，总人口 2.35 万人。保护区内绵河流经 120 千米，四季长流；古建筑以石头窑洞和四合院为主；拥有第一批国家级非物质文化遗产名录桃林坪花脸社火、井陉晋剧、井陉拉花及国家级首批非物质文化遗产扩展保护项目南张井老虎火。

（刘迪）

【第十四届石家庄市文艺繁荣奖获奖作品】 12 月 22 日，市文联公布第十四届石家庄市文艺繁荣奖获奖作品名单。其中，特别奖 3 件，繁荣奖 35 件。作品评审年限为 2014 年 1 月 1 日至 2015 年 12 月 31 日。

表 14　　第十四届石家庄市文艺繁荣奖获奖作品一览表

奖项	序号	作品名称	作者	推荐单位
特别奖（3 件）	1	长篇小说《天天都有大太阳》	康志刚	市作家协会
	2	长篇小说《牵牛花》	唐慧琴	
	3	晋剧《背水之战》	井陉县晋剧团	市戏剧家协会
繁荣奖（35 件）	4	长篇小说《神树记》	杨平	市作家协会
	5	中篇小说集《躁春》	田江水	
	6	散文集《满院槐花香》	周虹	
	7	散文集《月照胭脂河》	陈晔	
	8	诗集《澄澈》	刘俊杉	
	9	中篇小说《孕试纸》	杨辉素	
	10	短篇小说《新牙》	王梅芳	
	11	组诗《惭愧》	孟醒石	
	12	散文《大地上的事情》	白庆国	
	13	散文《文学为她止痛》	刘世芬	
	14	理论文章《正确的导向是新形势下文艺评论的脊梁》	王文静	
	15	文学评论《周喜俊风格论》	杨红莉	
	16	文学评论《中国梦的“乡村视角”》	庄会茹	
	17	篆书《节录王时敏〈西庐画跋〉中堂》	秦锋	市书法家协会
	18	行书《岳阳楼记》	刘晓军	
	19	楷书《颜真卿述长史笔法十二意》	张建辉	
	20	国画《瑞雪过后是阳春》	刘丽	市美术家协会
	21	国画《山水家园》	李淑敏	
	22	国画《蜜夕阳》	陈丰	
	23	国画《听松观岚》	李亚	
	24	国画《雨过南山润》	魏亚楠	

续表

奖项	序号	作品名称	作者	推荐单位
繁荣奖（35件）	25	摄影《童心》	康林益	市摄影家协会
	26	摄影《丰收》	张晓坤	
	27	笛子独奏《欢乐的农机手》	李俊歧	市音乐家协会
	28	歌曲《温一壶岁月》	刘阳	
	29	歌曲《你从哪里来》	马佶	
	30	歌曲《我家住在太行山下》	李树和	
	31	非遗专著《平山历史文化系列丛书》	付锋明	市民间文艺家协会
	32	非遗专著《井陉传统村落》	马佶　霍国生	
	33	铁板浮雕《桑科草原牧马人》	郭海博	
	34	数来宝《为警务站点赞》	高露歌	市曲艺家协会
	35	小品《良心》	康然	
	36	广播剧《贾大山和他的朋友》	正定县广播电视台	市影视家协会
	37	现代评剧《安娥》	市评剧一团	市戏剧家协会
	38	舞蹈《花旦随想》	刘治宗	市舞蹈家协会

（市文联）

石家庄市科学技术协会

【概况】 2016年，市科学技术协会（简称市科协）团结带领科技工作者瞄准“为科技工作者服务、为创新驱动发展服务、为提高全民科学素质服务、为党和政府科学决策服务”目标，注重提升“互联网＋科普”水平，大力推进科普信息化建设。新建园区科协1家、企业科协3家。6个学会申报学会能力提升计划项目9项，内容涉及推进科技成果转化、技术咨询、技术服务及科普作品创作等。制定印发《石家庄市全民科学素质行动计划纲要实施方案（2016～2020年）》。重视发挥领导干部和公务员科学素质教育在全社会示范带动作用，全年在市委党校举办科学素质培训班26次，培训科级、副处级干部1840人次。举办第四批“石家庄市科学素质教育基地”推荐及评选活动，打造一批未成年人科学素质教育基地。2016年行唐县被中国科协等九部委授予《全民科学素质行动计划纲要》实施工作先进集体，并在国务院召开的全民科学素质工作会议上作书面发言。8月13日，由市科协主办，市医学会、市第三医院、市护理学会等承办的“石家庄市2016年骨科新技术国际研讨会”在市第三医院举行，近400名来自全国骨科领域的医学工作者参加研讨活动。2016年石家庄市11个集体或个人获得中国科协、财政部表彰奖补，14个集体或个人获得河北省科协、省财政厅表彰奖补；正定科技馆秦瑞强获评“点赞・科普中国・2016十大科学传播人物”；赞皇县养蜂协会、新乐市红薯协会被中国农村专业技术协会评为龙头农村专业技术协会，鹿泉区紫藤葡萄协会会长赵贵勤被中国农村专业技术协会评为优秀乡土人才；栾城区食用菌技术研究会会长李荣辉、新乐市红薯协会会长贾栓成、井陉县昊源林果场总经理郭成文3人被《河北科技报》评为“河北十佳最美乡村科技致富带头人”；46个集体或个人获评2016年度石家庄市基层科普工作先进典型。

【互联网+科普】 以“一网三终端”（官方网站，社区科普大屏终端、手机公众号和APP、电脑客户端）为基础，组织开展自媒体推广、科普创作活动。市县乡“互联网+科普”实现全覆盖。11月11日，首个河北省“科普中国乡村e站”在鹿泉区西土门村运行，标志石家庄市“科普中国e站”进农村、进社区、进学校建设正式启动。8个区3个县在大型社区和公园等人口密集场所建设科普大屏终端33处。微信公众号“科普石家庄”入围“科普中国微平台”移动互联科学传播榜，获得“科普微信公众号活力榜”称号。手机APP和电脑客户端“石家庄科协”建成运行。2016年4月，市科协指导科学普及中心“石家庄科普”新浪微博开通。长安区、桥西区、栾城区利用网站、电视台、本级政府公众号等宣传、转发、共享科普内容；高邑县电子商务平台107个村级服务站负责人发展成为科普志愿者；元氏县将县城科普屏幕纳入科普网络。推进科普作品创作，以生活科学、卫生防疫等为内容，创作方言版科普动漫《科普一家人》100集、《青少年好奇乐园》80集，市科协、市中医学会联合创作科普简笔画短片《社长嘚啵嘚》100集，拍摄真人情景科普短剧《拆解科学》20集。2016年2月，市科协自主创作的《地球上的生命奇迹》《人类从走到飞》两个原创作品，通过中国科协移动端科普融合创作项目管理专家组初审、复审，入选首批“科普中国”视频。打造“一网三终端”科普网络和科普动漫品牌，与市委组织部“石家庄党员微课堂”公众号、市直机关工委《石家庄机关党建》及中国科协微信公众号“科普中国”、新浪科技网、新华网、中国数字科技馆、优酷、今日头条等10余家网站合作播放科普视频。

【科技惠民】 基层科普活动。举办梨树、苹果、核桃等技术培训及身边科学、创新与发展等科普报告会、讲座43场；在新华区、灵寿县、无极县、藁城区等社区、学校举办科普大篷车巡展活动20台次；邀请“中国流动科技馆”巡展活动在正定县展出；新建煤机街、栗新、水产西街等6个社区科技馆，资助重建井陉县高家坡村科普活动室；参加科技活动周、科技文化卫生三下乡活动，举办科普讲座4次。“专家服务基层科技惠民”活动。“7·19”特大洪灾后，市科协组织市医学会及省市医院专家，到井陉县于家乡卫生院开展医疗卫生指导、义诊、捐赠和培训，选派心理专家到井陉县南峪镇贵泉村开展特大暴雨死难家庭成员心理疏导；组织天文学会人员到长安区凌透小学举行天文知识普及活动。助力“大众创业 万众创新”。举办企业科技创新政策培训，参与企业50多家。围绕科技创新、知识产权等内容，全年在井陉矿区、鹿泉区、灵寿县、栾城区、赞皇县及众创等工业园区举办讲座16场，参加企业1000余家。联合省科协在井陉矿区工业园区举行专利信息技术培训，参与企业60多家。邀请中国工程院院士孙玉教授在藁城经济开发区作信息产业化暨“互联网+发展”报告会，参会政府部门及企业100多家。搭建企业与专家、企业与创新工作者、创新工作者与专家三方交流平台，高邑县创立郓霆创新工作室。参加省科协主办“服务协同发展京冀科协行动”。摸清全市在人才、技术、项目存在需求企业底数89家，梳理对口上报企业32家。选派人员分别到栾城、赞皇等工业园区调研和宣讲，帮助11家重点辅导单位开发新技术、新产品56项，其中8项产品填补省内空白；申报专利申请76项，其中发明专利23项；新认定高新技术企业8家、高新技术企业后备入库3家；申报科技型中小企业先进单位4家、先进个人5个、创新驱动发展示范企业6家。市科协、井陉矿区科协被省科协评为2016年河北省帮建科技型中小企业先进单位。提升企业科学技术信息检索应用能力，组织100余家企业安装专利信息软件。

【青少年科普项目】 青少年机器人竞赛项目成为亮点。10月12日，中共中央政治局委员、国家副主席李源潮到石家庄市鹿泉区上庄小学视察，观看机器人俱乐部队员表演并与学校师生交流。2016年石家庄市青少年选手包揽河北省机器人竞赛全部项目第一名；参加中国青少年机器人竞赛获奖数量位列全省第一；参加国际青少年机器人比赛，石家庄乐模机器人中心代表队初中组获得一等奖，中心代表队排名世界第四。青少年科技创新。市科协承办河北省第31届青少年科技创新大赛终评展示活动，石家庄市获得全省第一名；参加全国青少年科技创新比赛6个项目获奖，竞赛类项目获奖数量位列全省第一。参加全国青少年信息学竞赛，市二中队获得1金3银，市一中队获得1银3铜。市科协、共青团市委联合举办第25届青少年计算机表演赛；市科协、市教育局联合举行石家庄市青少年首届3D打印创意设计大赛。举办全市青少年科学调查体验活动，2个项目获得全国一等奖。青少年高校科学营活动获得优秀组织单位。“青少年科普山区行”活动培训山区科学老师560名。

【全国科普日活动】 9月17～23日，2016年全国科普日活动举行。主题为“创新放飞梦想，科技引领未来”。9月19日，2016年石家庄市全国科普日活动启动仪式暨主场活动在长安区金谈固家园小区广场举办。石家庄市科普日活动包括“启动仪式暨主场活动”“全国科普日联合行动”“青少年科普活动”“科普教育基地开放日活动”“科普进社区”“科普惠农活动”“网络在线活动”7项内容。石家庄市科普日主场活动包括“健康伴我行”“科普乐分享”“科学在身边”“放飞创新梦”四大板块内容，其中科普大篷车互动、3D打印展示等科技应用最受群众关注。科普日活动期间，各县（市、区）开展重点科普活动65项。市科协、桥西区科协获得全国科普日活动组织奖；长安区的“特色科普活动进社区”、桥西区的“维明街道科普节”、栾城区的“科普示范基地开放日”获得全国科普日特色活动奖。

（市科协）

石家庄市归国华侨联合会

【概况】 2016年，市归国华侨联合会（简称市侨联）坚持为侨服务宗旨，密切联系海外侨胞，倾心构建侨胞之家。依据《2016年市侨联工作要点》《2016年重点工作目标任务责任分解》要求，改版升级“石家庄侨网”和《石家庄侨联》刊物，启动侨联成立60周年史料收集编辑。帮助正定县曲阳桥乡韩家楼村实施美丽乡村建设，组织开展党员进社区志愿服务活动和“共创文明城 党员在行动”等党员主题活动，提高侨联社会服务水平，增强组织凝聚力、战斗力。传播正能量。举办“巾帼风采展魅力 爱岗爱家爱社会”“重走赶考路 使命共担当”“迎奥运、强健身、促联谊”等活动。“7·19”特大洪灾后，市侨联组织侨资侨属企业、国内外侨商组织捐款捐物活动8次，向灾区捐赠爱心款21.6万余元、救灾物资价值59万元。组织侨界人大代表、政协委员建言献策。全年25名侨界人大代表、政协委员提交提案议案、批评建议、社情民意70余件。2016年市侨联系统在中国侨联和省侨联主办主管刊物、网站刊登为侨服务、经济建设服务文章20余篇；

【服务经济建设】 11月6～8日，2016年中国·石家庄国际投资合作洽谈会（简称石洽会）举行。以“石洽会”为平台，市侨联邀请美国、加拿大、澳大利亚、中国台湾、中国香港5个国家和地区及北京、兰州、太原、保定、邯郸等6个省市61名侨商到石参会。协调促成中国企业家杂志与以岭药业健康城集团对接；中控创新投资有限公司与石家庄潮汕商会就企业混合制改造对接；北京赢众投信息咨询有限公司与河北双鸽食品股份有限公司、河北彤盛牧业有限公司达成投资5.8亿元资金意向。开展入侨资侨属企业调研，邀请专家围绕宏观经济形势、经济发展政策解读、新常态下企业如何应对等问题，与侨资侨属企业家座谈交流。解决侨资侨属企业融资难、如何做好企业转型升级等问题，举办“新三板上市”“互联网+”等培训和讲座3次，邀请专业运作团队及专家为60多家侨资侨属企业把脉问诊，提供企业转型升级服务。扶持侨资侨属企业发展，组织侨资侨属企业参加省外举办“兰洽会”“厦洽会”“第四届中国（北京）国际服务贸易交易会”“2016侨界创新发展联盟活动”等经贸品牌活动。东旭集团发展成为国内光电显示材料龙头企业；新龙科技集团获得第七届河北省软件与信息服务业十佳企业称号；河北博伦特药业公司取得发明专利2项，获得省级“两化”融合重点企业称号；河北盛德利公司响应“一带一路”倡议，考察并筹划在巴布利亚新几内亚建立啤酒厂。

【联络联谊】 密切与京津、珠三

角、长三角等友好城市侨联往来，2016年市侨联组织人员分别赴北京、太原、兰州、厦门、贵阳、温州、泉州等10多个地市学习交流。加强海外联络，与40多个国家和地区、70多个境外侨社团和商会组织、180多位海外华侨华人建立联络关系。选派人员两次参加省侨联考察团出访活动，分别到访德国、丹麦、英国、智利、巴西、巴拿马等国家，联络结识当地侨领，建立联络点。以传统节日、海外侨胞回乡探亲为契机，加强与回石探亲访友海外侨胞、海外华侨华人在石亲属联络联系，全年接待来自美国、澳大利亚、英国、新西兰、日本、坦桑尼亚等国家海外侨社团、侨领59人次。9月26日，参加省侨联主办“海外侨胞故乡行——走进河北”活动，邀请来自美、欧、澳、非、亚五大洲30个国家和地区100余位海外侨领到石考察。

【为侨服务】 以“摸侨情、闻侨声、汇侨意、解侨忧”为主线，完善为侨服务机制，从真情和思想上将侨联组织建成华人华侨、归侨侨眷的“娘家”。开展入侨资侨属企业调研、赴县（市、区）基层侨联组织调查摸底、走访慰问，举办侨联委员和老归侨联谊等活动，用行动“察侨情、纾侨困、解侨忧”。关心侨界弱势群体，为37户贫困归侨、因病及家中发生重大变故的归侨及侨界人士发放慰问金4万余元。受理侨界信访咨询11件23人次，电话咨询45人次。推进基层侨联组织发展。高邑县侨联换届，选举产生新一届侨联主席，并成功举办2016年凤城经济高峰论坛；河北医科大学成立归国留学人员联谊会；市第一人民医院建立侨联组织。加大《石家庄侨联》刊物宣传力度，新设《石家庄侨联》刊物二维码；改版升级“石家庄侨联网站”，设立“石侨之家”微信群；拍摄侨联专题宣传片，探索与媒体部门、自媒体、新媒体合作新路径，打造“网上侨胞之家”。举办侨界群众性活动，建立“QQ群”“石侨之家”“侨界经济人士”“石家庄市侨联青年群”等网络互动平台，打造“指尖上的侨务”。

（市侨联）

石家庄市台湾同胞联谊会

【概况】 2016年，市台湾同胞联谊会（简称市台联）以服务在石定居台胞、联系岛内台胞、促进祖国和平统一为目标，帮助台胞排忧解难，协调解决市属台胞子女入学、高考加分、家属退休等问题，全年为在石台商提供政策咨询、解决经济纠纷、法律援助服务10余人次。4月29日，市台联协助市总工会、市台办、台湾海峡两岸观光旅游协会北京办事处等单位在省体育馆广场举办2016台湾映象美食节，主要分为台湾风情民俗展示和特色商品展销两部分，重点展示台湾夜市特色小吃。11月4日，市台联召开学习会议，向台胞传达中共十八届六中全会精神，号召台胞在促进两岸和平发展和祖国统一道路上发挥亲情、乡情优势。重视中青年台胞培养，选派1名台胞参加2016全国台联系统干部培训学习、6名台胞参加京津冀台籍中青年社会实践活动、30名台胞参加省台联八届六次理事会暨全省中青年台胞培训学习。

【石台交流】 4月4～6日，以陈若曦（女）为团长的“台湾知名女作家参访团”16人到石参观和采风，了解河北省风土人情和建设成就，推动两地文化交流合作。4月10～13日，理事长刘中璨带领台湾高雄市河北同乡会12人到石考察交流，参观市属台资企业；参访团成员多数第一次来到河北，希望与石家庄市建立长期联系，方便带领同乡会理事及后代回冀寻根祭祖、探亲访友。7月6日，台湾新光集团投资公司总经理方彦钦带领5人考察团到石考察交流。台湾新光集团成立于1945年，连续多年在台湾获评“台湾总资产前十强”“最具影响力的企业集团”等荣誉，旗下新光资产公司在西安、广州、北京建有商业综合体。考察团到石主要考察商业综合体项目，与新华区、正定新区、高新区天山集团对接交流，并与新华区达成初步投资意向。9月2～5日，台湾高雄市新兴区里长联谊会社区治理考察团22人到石考察交流，这是台湾地区首次以里长身份到石参访的岛内团队。考察团参观了石家庄市台资企业，并到河北怀特集团社区座谈，交流社区管理经验。10月21～22日，由台湾国民党中央组织发展委员会副主任委员林政丰带领的台湾中华青年企业家协会河北文化经济交流参访团13人到石考察交流，参观石家庄市台资企业、京津冀青年创业中心等，并与石家庄市青年企业家、创业者共同分享青年创业经验。

【重要活动】 协助全国台联主办台胞青年冬、夏令营河北分营活动。2016年1月，全国台联举办台胞青年冬令营期间，台湾成功大学、交通大学、铭传大学、台湾科技大学等30多所高校64名大学生到石参观活动；2016年7月，全国台联举办台胞青年夏令营期间，台湾大学、铭传大学、辅仁大学、嘉义大学等17所高校32名大学生到石参观活动。台湾青年在石实地了解祖国大陆的现状，亲身感知悠久的中华历史文化，加深了民族自豪感与中华文化认同感；采取面对面互动交流方式，两岸青年较快建立了友谊和感情。2次选派人员入岛交流。2016年1月，市台联选派2名青年台胞参加省台联主办第四批赴台探亲谒祖参访交流活动；2016年6月，市台联副会长陈瑛参加全国台联主办“中青年台胞精英团”赴台湾岛参访交流，拜会中国统一联盟、夏潮联合会等团体，参访了台东原住民聚居村。

（游艳红）

石家庄市残疾人联合会

【概况】 2016年，市残疾人联合会（简称市残联）以“推进残疾人同步小康进程”“健全和完善残疾人社会保障、基本公共服务体系及权益保障制度”为目标，组织开展残疾人康复服务，举行残疾人就业技能培训，维护残疾人合法权益，帮助树立生活自信。开通“12385”残疾人服务热线，向残疾人提供政策咨询、生活帮助、权益维护等服务。举办“全国助残日”“爱耳日”“世界自闭症日”“国际残疾人日”等宣传教育活动，号召全社会关爱残疾人。评选表彰残疾人“创业模范”10人、“自强之星”31人（组）。资助残疾人本科学生20名、残疾人家庭子女本科学生90名、残疾人专科学生25名、残疾人家庭子女专科学生48名；率先在全省提高残疾人生活补贴、护理补贴标准。关心残疾人居家生活，为200户残疾人家庭改造无障碍设施。开展残疾人托养服务，制定阳光家园计划实施方案，1090名残疾人接受托养服务。维护残疾人合法权益，21个残疾人法律救助站全部建立，累计办理法律援助案件242件，解决信访案件477件。支持助残志愿活动。2016年1月，省、市肢残人协会联合举行帮助贫困残疾人过好春节“暖冬”爱心行活动，走访慰问石家庄市17个县（市、区）140余户贫困残疾人家庭，送去米、面、油、衣物、拐杖、春联和慰问金。2016年12月，50名省会助残车队志愿者为赞皇县赵堡村、孤山村、长沙村、石家庄村等15个村47户贫困残疾人家庭送去20件棉衣及价值1.3万元米、面、油等物品。2016年全市发动志愿者3930人次，服务残疾人29932人次。开展农村残疾人扶贫，从全市扶贫建档立卡系统采集残疾人贫困户信息，并与残疾人人口基础数据库比对，确认农村扶贫建档立卡系统残疾人19117人。部署农村贫困残疾人危房核查，确定居住危房有改造需求残疾人1515名，符合改造条件456人，其中改造完工197人，不符合条件647人，需要重新核查确认412人。重视残疾人文化体育事业，全年各类媒体、网站刊播关于石家庄市残疾人稿件700余篇。市残联内部刊物《共沐阳光》出版10期。2016年4月，《石家庄市优秀残疾人事迹选编》印刷，收录优秀残疾人43名，内容主要反映残疾人自强不息的精神和石家庄市残疾人事业发展新成果。9月7～18日，石家庄市残疾人运动员参加第十五届里约热内卢残奥会，获得3枚金牌、2枚银牌、2枚铜牌，3人打破3项世界纪录。9月26日，市政府残疾人工作委员会在第五次全国残疾人事业工作会议上，被国务院残工委表彰为“全国残疾人工作先进单位”。

表 15　　2016 年石家庄市残疾人运动员参加第一五届里约热内卢残奥会比赛成绩一览表

项目	姓名	级别	参赛项目	比赛成绩							备注
				第一名	第二名	第三名	第四名	第五名	第六名	第七名	
射击	白晓红	SH1	R2 女子气步枪立射							1	
田径	米娜	F37	标枪		1						
			铅球		1						
		F38	铁饼	1							破世界纪录
	李翠卿	F36	铅球			1					
	李虎召	T53	100 米			1					
			400 米				1				
			800 米						1		
			4×400 米	1							破世界纪录
	黄丽莎	T53	100 米	1							破世界纪录
			400 米				1				
			800 米							1	
合计				3	2	2	2		1	2	破 3 项世界纪录

【残疾人康复服务】 全年市残联共为 17271 名残疾人提供康复服务。其中，为 2093 名残疾儿童提供抢救性康复救助；为 10528 名成年残疾人提供精准康复服务；为贫困残疾人发放适配辅助器具 4650 件，其中 150 名贫困肢残者免费安装假肢。辅助器具流动服务车行程 8000 余千米，为 1200 余人次提供辅具适配服务。提升基层残疾人康复服务水平，建立残疾人社区康复示范站 30 个。重视残疾人康复人才培养，培训残疾人康复工作人员 600 余人次。组建帮扶服务队，至井陉县、行唐县开展残疾人集中服务活动，发放 1000 余份残疾预防、康复知识手册，捐赠价值 10 万余元残疾人辅助器具。市残联会同市社会治安综合治理办公室、卫生计生委等部门，开展肇事肇祸精神障碍患者救助，建立精神障碍社区康复机构 30 个。举办“中途之家”活动，帮助伤友走出家门，融入社会，交流经验，快速康复。5 月 6 日，市残联康复指导中心、市肢残人协会联合组织 25 名伤友及陪同家属、志愿者等 50 余人在市植物园举行“快乐出行”一日游园活动；5 月 21 ～ 22 日，市残联组织全市登记在册“中途之家”伤友及重度贫困残疾人 94 人在市按摩医院免费体检；9 月 8 ～ 9 日，市残联组织 70 余名“中途之家”伤友在市植物园举行新老伤友交流会和轮椅体验活动。完善市按摩医院基础设施和医疗设备，充实医疗队伍，全年试运行按摩科接诊按摩患者 2700 人次，小儿推拿科接诊患儿 200 余人次。

【残疾人就业】 举办残疾人就业援助月活动，市本级及各县（市、区）残联走访残疾人和失业残疾人家庭 1763 户，登记认定未就业残疾人 1853 人，举行残疾人招聘会 22 场，帮助残疾登记失业人员实现就业 240 人，社会用人单位按比例吸纳就业人数 518 名。参加 2016 年京津冀区域（河北）人才交流大会，全市 300 余名残疾人入场求职，40 多名残疾人与用人单位达成就业意向。2016 年全市安置残疾人就业 1400 余人，其中网络就业 175 人、农村种植养殖就业 1227 人；扶持和帮助农村残疾人就业 2300 余名。

【残疾人技能培训】 2016 年全市残疾人参加职业技能培训 5500 余名，其中市本级培训 1836 人。突出抓好“三个中心、一个基地”（盲人按摩培训中心、日间照料中心、农疗中心、创业孵化基地）建设和运行，想方设法为盲、聋、肢、智、精五类残疾人就业创业铺路搭桥。盲人按摩培训中心依托按摩医院，开设脑瘫按摩、保健按摩刮痧、小儿推拿按摩 3 个培训项目，培训残疾人 700 人次。日间照料中心培养县级学员骨干 220 余人次。农疗中心提高过渡性就业残障人治疗水平，完善治疗方案 10 套；新增种植葡萄 3 架、山楂树 7 棵、杨树和法国梧桐 500 棵及姜、芋头、芥末等新种类，全年为 2000 余名残疾人提供农疗活动。10 月 27 日，市残联、市人力资源和社会保障局、市总工会、共青团市委、市妇联联合举行残疾人职业技能大赛。来自全市 24 个团队 301 名就业年龄段残疾人选手参加计算机组装、文本处理、数据处理、广告设计、女装制作、盲人保健按摩、美发、美甲、手机维修、中式面点、蛋糕装饰、剪纸、摄影 13 个项目比赛，评选一等奖 13 个、二等奖 13 个、三等奖 18 个及团体前 6 名。市残疾人劳动就业服务中心孵化基地孵化形成书法、绘画、工笔画、手工装裱、营养师、美发、美容美甲、手工钩编等 10 多个项目，2016 年市残疾人劳动就业服务中心孵化基地举办计算机、美甲师、美容师培训班，免费培训残疾人 138 人次。

【残疾人“创业模范”“自强之星”】 5 月 10 日，石家庄市召开“全国助残日”座谈会暨残疾人“创业模范”“自强之星”表彰会，表彰残疾人杰出代表，交流残疾人工作经验。表彰石家庄市残疾人“创业模范”10 人，分别为马建华、王红东、王和平、尹素君、刘亚峰、刘贵君、张树刚、赵光辉、康建忠、甄洪涛。表彰石家庄市残疾人“自强之星”31 人（组），分别为丁玉坤、马老歪、马佳、石云峰、任俊川、刘占凯、刘帅、刘发喜、刘厦、齐勤生、杜卫红、李大田、李柯廷、吴文龙、吴树静、邱敏、张未奇、张会山、张学军、房冲、赵晓乐、胡荣清、贾振华、贾海霞 / 贾文其（组）、唐京辉、姬建辉、畦春芳、梁瑞国、董利军、路标。

【残疾人生活补贴】 4 月 16 日，市政府办公厅印发《关于调整我市困难残疾人生活补贴和重度残疾人护理补贴标准的通知》（石政办函〔2016〕62 号），决定从 2016 年 1 月 1 日起执行。调整后，石家庄市困难残疾人生活补贴对象及标准为：享受最低生活保障的困难残疾人均发放生活补贴；补贴标准为：一、二级残疾人每人每月 75 元，三、四级残疾人每人每月 55 元。重度残疾人护理补贴对象为：一二级视力、肢体、智力、精神及多重残疾人且需要长期照护的，均享受护理补贴。重度残疾人护理补贴标准为：长安区、桥西区、新华区、裕华区、鹿泉区、栾城区、藁城区及高新区、正定新区、循环化工园区，享受低保的一级残疾人每人每月 200 元，二级残疾人每人每月 100 元；其他县（市）、井陉矿区享受低保的一级残疾人每人每月 100 元；其他符合条件的每人每月 50 元。2016 年全市累计发放困难残疾人生活补贴和重度残疾人护理补贴资金 4848 万元，惠及 98448 名残疾人。其中，发放困难残疾人生活补贴 2457 万元，补贴人数 46994 人；发放重度残疾人护理补贴 2394 万元，补贴人数 51454 人。

【残疾人法律援助】 确定市残联、市公安局、市检察院、市中级人民法院、市司法局、市民政局、市人力资源和社会保障局、市教育局、市卫生计生委 9 个部门每月第一周星期四举办联合接访活动，全年接待残疾人咨询 190 余人次，办理残疾人案件 42 例。6 月 17 日，市残联邀请市公检法司、教育、卫生、民政等部门工作人员和政法院校老师、学生及律师，在石家庄市按摩医院举行“残疾人法律援助月”法律宣传、咨询、接访活动；现场接待残疾人 300 多名，当场解决涉及残疾人家庭困难申请低保、孩子上学、打官司无法立案等 10 余件事项。“残疾人法律援助月”活动期间，市残联组织石家庄智诚法律援助中心、济民律师事务所、政法学院分别在长安区、桥西区、新华区、裕华区开展进社区、进企业、进学校、进家庭法律宣传咨询活动，接受残疾人法律咨询，帮助残疾人树立法律意识，引导残疾人依法维护自身合法权益。至 2016 年底，全市 21 个残疾人法律救助站全部建立，累计办理法律援助案件 242 件，解决信访案件 477 件。

（市残联）

石家庄市红十字会

【概况】 2016年，市红十字会募集善款1118.39万元，其中，接收社会捐赠款物854.53万元、争取上级款物263.86万元，直接帮扶救助困难群众16434名；普及应急救护知识受益群众13326人；志愿者无偿献血17万人次，献血量达到62.24吨；造血干细胞志愿者捐献15人，累计登记加入中华骨髓库志愿者4.2万人；器官捐献14例，大器官捐献42个，受益患者42人。新增红十字志愿者2000余人，至2016年末，全市拥有红十字志愿服务队9支，入库实名注册红十字志愿者4.5万人，涵盖救灾、救助、救护，助学、助残、助老，无偿献血及造血干细胞、器官捐献等领域。开展生命健康关爱活动，生命红十字生命健康体验基地在河北正定中学投入使用，石家庄市中小学校外实践基地红十字生命健康体验馆建成。市红十字会、市教育局联合举办首届红十字生命健康训练营，推进实施生命健康安全教育项目。打造学校、家庭和社会优势互补、资源共享的红十字生命安全教育体系，全年举办救护员培训1250人次、群众性应急演练1000人次、400人次主题宣传活动两期、500人次公益讲座两期、1000人次亲子讲座两期、2000人次学校安全教育与体验活动两期。2016年“红十字博爱在省城”志愿服务项目获评2016年全国学雷锋志愿服务“四个100”先进典型。

【筹资募捐】 履行红十字会职能，开展“博爱一日捐”募捐活动，2016年全市“博爱一日捐”募集善款492.81万元，其中，新乐市、晋州市、高邑县、行唐县超额完成募捐任务。争取中国红十字会总会、省红十字会支持，申报“小天使基金”“天使阳光基金”救助石家庄市先天性心脏病、白血病患儿41人，救助资金125万元。争取中国红十字基金会美丽中国行“以爱育爱·扶贫计划”活动价值10万元贝因美奶粉转赠市福利院。“7·19”特大暴雨后，争取中国红十字会总会和省红十字会下拨棉被5000条、帐篷220顶、家庭箱800个、药品86箱、救灾款6万元，总款物价值128.86万元。借鉴京津冀红十字会筹资经验，开展项目筹资，搭建爱心企业和群众捐赠平台。天友图书广场运营君君借书网捐赠价值12.59万元图书1万余册；石家庄海关捐赠“博爱老区行”活动价值7.6万元服装、鞋等物资；石家庄东方时尚驾驶员培训学校有限公司一次性捐赠“7·19”特大暴雨灾后重建善款200万元；诺道医药贸易有限公司捐赠药品价值102万元，发放9个县（市、区）16家医疗单位。

【社会救助】 18家医疗会员单位捐资123万元，开展“红十字救助贫困大病患者”活动，累计救助704人，发放救助金183.18万元。启动“校园光明公益行”项目，市红十字医疗会员单位爱尔眼科医院筛查66所学校6.6万名学生，救助660名眼疾学生。纳爱斯集团有限公司石家庄分公司成立“纳爱斯红十字基金”，纳爱斯集团、北国超市联合启动关爱脑瘫儿童红十字公益活动。省市红十字基金会、蓝天救援队共同发起“关爱老人，让爱回家”黄手环免费发放和志愿救援公益活动，为5000名有走失危险的老人免费发放爱心黄手环。市红十字会、市卫生计生委、市妇联举行健康服务、扶贫帮困等社会救助活动。“天使圆梦”爱心助学活动资助120名寒门学子圆梦校园；关爱“两癌妇女”救助患者23名；“博爱送万家”救助困难群众362人，发放救助金51.19万元；“爱心助考”动员心理专家组成志愿服务者，为中考、高考考生缓解心理压力；“红十字帮帮”帮扶救助艾滋病致孤儿童家庭，点燃生活希望。

【应急救援救灾】 “7·19”特大暴雨救援。“7·19”特大暴雨发生后，市红十字会迅速启动应急预案，研判灾情；启用调集备灾资金和备灾库救灾物资，开展应急救灾；汇总上报灾情，及时争取中国红十字总会、河北省红十字会支持。联合新闻媒体发布募捐倡议，开通捐赠热线，公布捐赠账号，号召全社会为受灾地区群众奉献爱心。市红十字会募集善款239.53万元、市本级投入备灾款物价值41.45万元、争取上级救灾物资价值128.86万元，全部用于暴雨灾害应急救援、灾后重建、人道救助。《中国红十字报》以《洪灾来袭，红十字闻灾而动》《与洪水烈日相伴》为题头版报道石家庄市抗洪救灾工作纪实。12月7日，市红十字会启动“红十字博爱暖冬”活动，将价值31.2万元2600件棉大衣分别发送6个受灾县区。“7・19”特大洪水灾害救援总结。组织召开“7・19”特大暴雨红十字应急救援工作经验交流总结会，梳理井陉矿区红十字会、红十字大众卫生救援队救灾经验，指导各县（市、区）红十字会和各应急救援队定向修编应急预案，明确工作职责、人员、装备、物资、救援行动及指挥协调等规定；推行中国红十字会灾害管理系统使用，规范网络报备流程，建立总会、省、市、县四级应急救援与灾情数据汇总实时互动流程；修订完善红十字系统值班备勤制度和应急救援信息通报制度，提高协调安全生产监管、应急管理部门与政府应急部门、企业、专业救援队伍之间的关系和应对事故灾难能力。按照高效储备、转运、下发拨付物资要求，重新选址启用新红十字备灾库，新增库容一倍；基本生活物资储备，采取与大型超市、被服厂签订协议方式，落实平时储备、灾时调拨措施。投入资金6万元，购置无人机、车载电台、橡皮艇等应急救援物资，应急救援物资储备基本满足救援需要。培养应急救护队伍，全年举办公益应急救护培训30场，参与社会大众4800人，培训救护员4261名；石家庄信息工程学院、石家庄职业技术学院新生应急救护培训8456人。其中，市级第二期应急救护师资培训50人，承办河北省红十字会师资提高班20人。

【无偿献血、造血干细胞捐献、器官捐献】 2016年全市无偿献血62.24吨，同比增长4.52%，首次突破60吨。其中，血小板捐献2.73万个治疗量，同比增长3.50%。献血人次18.31万人次，同比增加6.15%，其中志愿者无偿献血17万人次；团体单位、高校献血量同比分别增加17.24%和17.68%。2016年全市造血干细胞志愿者捐献15人，累计登记加入中华骨髓库4.2万人、成功捐献73人。2016年全市器官捐献14例，大器官捐献42个，其中，肝脏14个、肾脏28个，受益患者42人，累计成功器官捐献24例、大器官捐献82个（肝脏27个、肾脏55个），受益患者71人。宣传“三献”（无偿献血及造血干细胞、器官捐献）知识，提高全社会知晓率、支持率和参与率。加强市红十字无偿献血志愿服务大队管理，无偿献血志愿服务大队一至五星级达到257人，终身荣誉奖志愿者达到9人。鹿泉区、井陉矿区、平山县、无极县造血干细胞入库志愿者均达30人以上。举办人体器官捐献专题培训，培训信息员2000余人。新增捐献者纪念碑1处（平山县古中山陵园）。

【红十字志愿服务】 规范红十字志愿服务活动，修订《推进志愿服务制度化管理办法》，完善志愿者招募、管理、培训、激励机制。以统筹发展、分类指导、突出特色为原则，推进志愿者队伍发展，新增造血干细胞志愿服务队、医疗帮扶志愿服务队；至2016年末，全市拥有红十字志愿服务队9支，新增红十字志愿者2000余人，注册红十字志愿者人数累计达到4.5万人。采取授课辅导、观摩交流、活动实践等方法，举办志愿服务骨干培训。重点建设“一个社区、两个基地、三个家园”。“一个社区”即红十字社区。2016年市红十字会在长安区盛世长安社区举办红十字社区工作观摩会，在新华区宁安社区举行红十字社区建设经验交流会，主要推进应急救护培训、健康讲座、文化活动、助老、助残等志愿服务活动，年末全市建成红十字社区12个。“两个基地”即红十字生命健康训练基地、在校大学生应急救护培训基地，主要是将志愿服务融入生命健康体验等教育实践活动，动员和引导红十字青少年奉献爱心、共兴人道善举。“三个家园”即市红十字会联合市妇联、市妇产医院合作建设彩虹桥妇女健康家园，为“两癌”妇女提供健康知识讲座、心理辅导；与市妇女儿童工作委员会合作建设儿童友好家园，累计建成92个，培训应急救护员100名；与市精神病防治中心联合建设心理家园，主要帮助心理疾病患者康复训练，尽快融入家庭和社会，2016年末累计建成10个。推进红十字志愿服务模式由单一型向集约型转变、由临时帮扶向脱贫致富延伸、由关注贫困向保护生命健康拓展。开展“红十字志愿服务进老区”活动，组织市第二医院、市第八医院、市疾病控制中心开办生命健康安全知识普及教育、无偿献血和造血干细胞宣传、健康体检、困难救助和精神抚慰公益项目；向灵寿县南燕川乡官庄村、平山县南营村、赞皇县南峪村等老区山村捐赠鸡苗、生态猪，为贫困学生送书籍、书包、文具，入户看望建国前加入中国共产党老党员，为贫困村民、孤寡老人义诊。

（郝瑞起　戎怡）

石家庄市黄埔军校同学会

【概况】 2016年，市黄埔军校同学会（简称市黄埔同学会）发挥自身优势，服务经济社会大局，组织开展海外联络和对台活动。提高黄埔同学会会员、亲友政治理论水平，以会刊和培训为途径，贯彻落实中央和省委的战略部署、方针政策。市黄埔同学会、河北省黄埔同学会联合在广东省中山市举办第二期会员培训班，学习中共十八届六中全会会议精神。重视“黄埔之家”建设，探索关爱黄埔老人方式，落实重大节日、会员生日、困难救助、大病应急、临终关怀五项关爱制度。开展走访慰问活动，2016来市黄埔同学会为会员支出慰问、救助资金8万元，走访慰问会员50多人次，帮助黄埔同学会会员、黄埔亲友解决实际困难5件。清明前夕，市黄埔同学会组织30多名黄埔亲友赴元氏县神岩山公墓祭奠黄埔先人。加强与外地交流，组织人员赴秦皇岛市、天津市考察学习，围绕如何更好发挥黄埔后代在关爱黄埔前辈、传承黄埔精神、促进祖国和平统一工作的作用及黄埔同学会可持续发展问题作交流和探讨。2016年10月，第四届黄埔军校同学会理事大会举行，选举第四届理事代表13人，张连枝当选第四届理事会会长，徐丙生当选副会长，王连重当选秘书长。

【海外联络】 发挥黄埔同学会平台作用，主动开展对外联络和交流活动，全年接待港澳台及海外到石访问团组2批12余人次。4月27日，市黄埔同学会接待美西中国和平统一促进会会长、美国加州河北商会名誉会长、美国广利有限公司总经理吴有义及夫人魏德玲。加强与海外网站联系，宣传推介石家庄，为招商引资牵线搭桥。以黄埔情缘为纽带，开展对台交流活动，推进和加深两地同胞感情，促进与台各领域交流和合作。10月22日，市黄埔同学会、市台联共同接待以林正丰为团长到石考察访问台湾中华青年企业家协会参访团。林正丰系台湾地区国民党中央组织发展委员会副主任委员、台湾中华卓越青工总会长。参访团15位成员多数为台湾地区青年企业家，其中2人是台湾凤山军校毕业学员。参议团成员多数是首次到大陆参观考察，特别对两地开展青年企业家之间交流表现出浓厚的兴趣，并就如何开展冀台青年企业家交流等议题作了深入探讨。

【孙中山诞辰150周年纪念活动】 6月14日，市黄埔同学会、河北省黄埔同学会联合在太行国宾馆举行纪念黄埔军校建校92周年座谈会。省市委统战部领导、部分黄埔同学及黄埔亲友60余人参加座谈会。参会黄埔同学、黄埔后代积极发言，重温黄埔军校在东征、北伐及抗日战争中的历史贡献，缅怀孙中山的丰功伟绩。11月26～27日，市黄埔同学会、河北省黄埔同学会联合赴广东省中山市举办纪念孙中山诞辰150周年系列活动。特邀孙中山曾侄孙孙必达和部分港澳统一促进会理事共同举行以“继承中山精神 促进祖国统一”为主题座谈会。

【黄埔亲友联络工作委员会成立】 6月14日，市黄埔同学会、河北省黄埔同学会共同组建成立黄埔亲友联络工作委员会。审议通过《黄埔亲友联络工作委员会章程》及委员会组成人员名单。河北省黄埔同学会副会长、市黄埔同学会会长张连枝，黄埔同学、黄埔亲友代表等60余人参加组建成立大会。6月21日，黄埔亲友联络工作委员会组织部分黄埔后代赴保定军校纪念馆参观学习，了解黄埔前辈的光辉历史，接受爱国主义传统教育，传承黄埔精神，慰问部分黄埔抗日老兵。10月28日，黄埔亲友联络工作委员会组织部分黄埔亲友赴中央统战部旧址——平山县李家庄参观学习，参观中央统战部旧址陈列馆、中央统战部旧址、李家庄村史馆及李家庄“美丽乡村”建设成果。

（王连重）

石家庄市社会科学界联合会

【概况】 2016年，市社会科学界联合会（简称市社科联，2010年市社科联与市社会科学院、讲师团）围绕“两学一做”“全国两会和十三五规划”“习近平总书记七一讲话”“中共十八届六中全会和河北省第九次党代会”“回顾光辉历程建设幸福石家庄”等内容开展专题宣讲活动。改版《理论之窗》，将原来由1人主讲转变为多人访谈，由固定专家转变为邀请更多专家参与，节目形式更加活泼，并以思想交流和观点碰撞形式，增强可看性和吸引力。举行燕赵社区大讲堂送理论进社区活动，在基层开办专家讲座50余场。推进社会科学创新基地和县级社科联组织发展，制定《社会科学创新基地管理暂行办法》，举办讲座讲坛、展览展示等社会科学活动30余次；4月14日，全市首批9个社会科学创新基地正式授牌成立，分别为赞皇县、晋州市、赵县、无极县、正定县、灵寿县、平山县、西清公园、市图书馆；赵县、赞皇县、井陉县、栾城区、元氏县、灵寿县、无极县7个县区组建成立县级社科联组织。开展社会科学科普周活动，改变以城市为主社会科学普及模式，首次将县（市、区）作为社会科学普及周活动的主战场；采取市县联办方式，在赞皇县举行第十四届社会科学普及周启动仪式，参与行政单位、学术团体、社会科学工作者及群众500余人。加强社会科学对外交流，参加在合肥市召开全国社会科学系统治国理政理论研讨会、在株洲市召开全国大中城市社科联会议、在广州召开社会科学智库建设论坛会议及河北省社科院、省纪委联合举办“基层党风廉政建设论坛”等，对接联系全国地市级社科联275家。评选石家庄市第十五届社会科学优秀成果奖励70项。2016年市社会科学院、市社科联获评全国先进社科院、全国社科联先进单位、全省文明单位、全市普法先进单位荣誉及称号。

【社会科学研究】 组织编写《石家庄市文化产业“十三五”发展规划》《哲学社会科学学习资料选编》。完成中共中央组织部委托课题《习近平总书记党建思想研究》。参加市人大常委会举办调研活动，撰写《对我市脱贫攻坚工作的调研与建议》。发表论文24篇。其中，《河北省党校思想政治工作调研报告》获得省委书记、省委宣传部部长等领导批示；《习近平总书记党建思想研究》获河北省委组织部、河北省党建研究会党建研究课题一等奖。

【智库建设】 制定《石家庄市2016年新型智库建设实施方案》。优化智库专家组成结构，注重市内市外兼收和合作，扩大借智引智作用。以应用研究和对策研究为重点，以为党委政府科学决策提供精准参考为导向，突出石家庄地方特色。制定《2016年度社会科学专家培养项目课题指南》，引导智库专家聚焦党委、政府的重大决策部署，给予一定科研经费支持。全年资助社会科学专家立项课题37项。拓宽成果转化渠道，利用市社会科学创新基地、燕赵讲坛、《石家庄社会科学》杂志等平台，邀请智库专家开办专题讲座、撰写文章，全年智库专家完成研究成果转化30余项，在省级刊物发表论文9篇。

【社会科学宣传】 改版升级内刊《石家庄社会科学》杂志。适应大众阅读方式转变，开通“石家庄社会科学”微信公众号，设置“通知公告、热点资讯、社科动态、要言要论”等栏目，以生动的语言，短小的篇幅，反映社会科学动态，阐释社会科学理论，传播社会科学知识，每周2期，每期3～5条信息。突出“燕赵讲坛”品牌，坚持正确政治方向、舆论导向和价值取向，注重选讲课题与节日和重大活动主题结合，2016年3月开办志愿服务月讲座，端午节宣讲中国民俗文化，根据形势需要举办“十三五”规划纲要、中共十八届六中全会精神、南海局势等讲座，累计开讲43场。

【第十五届社会科学优秀成果】 2016年12月，石家庄市第十五届社会科学优秀成果奖励名单公布，共70项，其中一等奖10项、二等奖20项、三等奖40项。

表 16　石家庄市第十五届社会科学优秀成果奖励名单

奖项	序号	姓名	合作者	题目	工作单位
一等奖（10 项）	1	温小勇		《怡养涵育：培育社会主义核心价值观的传统理路》	石家庄学院
	2	吉朝珑	李建波	《西柏坡精神法治内涵研究》	石家庄学院
	3	刘澍		《“90 后”大学生日常行为的时空特征分析——基于行为地理学研究方法》	石家庄职业技术学院
	4	任维维	刘永强　康静　张凌涛	《关于栾城区大力发展现代都市农业的调查报告》	中共石家庄市委研究室
	5	马建彬	刘微鹏　李曙光	《幸福城市评选的调查与思考》	中共石家庄市委党校
	6	李忠良	赵志强　云书海　李运仓　张新霞	《忠魂——石家庄抗战英烈》	石家庄学院
	7	李征		《中国民族传统图形与现代图形设计研究》	石家庄职业技术学院
	8	宋万杰	宋艳涛　马世猛　杨鹏起	《石家庄县域特色产业集群创新体系建设研究》	石家庄学院
	9	郜双来	翟应函	《天下赵州》	中共赵县县委宣传部
	10	安春华	张瑞谦	《老庄记忆》（上、下册）	石家庄报业传媒集团《燕赵晚报》编辑部
二等奖（20 项）	11	杨凤勇	郑建敏　巩志娟	《彰显中国革命“制胜基因”的西柏坡精神》	石家庄学院
	12	张学东		《社会工作承运中政府与机构的契约关系及重构》	石家庄学院
	13	李惠民		《石家庄“市自治”新论（1923～1928）》	河北广播电视大学
	14	段致平	王升　杜秀珍　刘新起　张小菊	《知行致远》	石家庄职业技术学院
	15	李翠君	王战斌　冷静	《国际金融（第 3 版）》	石家庄职业技术学院
	16	陈步峰	王春和	《服务力为王——卓越服务力理论与案例》	石家庄市国际交流中心
	17	陆静		《慢文化与社会治理的和谐构建》	石家庄学院
	18	盖海红	冯海涛	《如何缓解通胀预期对居民消费情绪的影响》	石家庄信息工程职业学院
	19	兰国良	商业南　朱起北　张亚强　王永利	《筑起我们新的长城——石家庄抗战风云录》	石家庄广播电视台
	20	张占杰		《中国新文学传统建构中的孙犁》	石家庄学院
	21	张旭海	周世珍	《师生座谈举例指导学作文》	赞皇县阳泽乡西阳泽中心小学
	22	赵志航	赵书超	《对“中国式教学”得失的思考》	石家庄学院
	23	段彦峰		《中共中央在西柏坡时期社会政策概述论》	西柏坡纪念馆
	24	张爱华	黄杰	《城镇化对区域低碳经济发展效率影响的实证研究》	石家庄学院
	25	赵冰琴	李勇洲	《京津冀协同发展下石家庄市园区建设研究》	中共石家庄市委党校

续表

奖项	序号	姓名	合作者	题目	工作单位
二等奖（20项）	26	周志平	庞青月 李蓓 陈兰新	《河北省农村小学全科教师需求状况的社会调查与反思》	石家庄学院
	27	黄玥		《新常态下我市经济形势与着力点分析》	中共石家庄市委党校
	28	马佶	霍国生	《井陉传统村落》（1—8辑）	井陉县文联 井陉县文广新局
	29	张蕙兰	王建辉 袁雅莉 郭佳 李春燕	《金融理论与实务（第二版）》	石家庄信息工程职业学院
	30	贾萍	杨国燕	《新常态下河北省劳动者终身教育培训途径研究》	石家庄学院
三等奖（40项）	31	王俊林	张素钊 马艳丽 车爱缺	《铁证——侵华日军在石家庄屠杀平民惨案实录》	石家庄市老区建设促进会
	32	段文	张丽红	《烽火映滹沱——石家庄抗战纪实》	石家庄市政协
	33	杨青	丁利锐 葛茂林	《以社会主义核心价值观提升河北农民的道德素质》	石家庄学院
	34	王玉国		《着力“四个下功夫”努力推动机关党建工作创新发展》	石家庄市直机关工委
	35	孙英伟		《数字技术时代私人复制的困境与出路》	石家庄学院
	36	刘小平		《承前启后来楚生》	无极县文化馆
	37	赵丽琴	张敏静 刘雅娜	《城市地下空间应急管理的系统结构与保障机制》	石家庄学院
	38	池卫东	杨惠欣 王爱兰	《“90后”大学生社会主义核心价值观研究》	石家庄职业技术学院
	39	刘增安		《河北省涉农职业教育现状分析与对策研究》	石家庄职业技术学院
	40	朱凤蓉		《城市社区规范化管理现状及优化》	石家庄学院
	41	梁建楼		《世界佛教徒联谊会的创立——太虚与法舫对世佛联的贡献》	井陉县政协
	42	段迎豪	马育倩	《导游考试改革与对策研究》	石家庄学院
	43	苏瑞翩		《党的精神建设与西柏坡时期党的精神建设》	石家庄市社会科学院
	44	李英然		《〈红楼梦〉的回目叙事策略》	石家庄学院
	45	闫翅鲲	许爱青	《融合与创新：“村改居”社区文化建设路径探讨》	石家庄学院
	46	吴鹤明		《高职院校就业服务研究》	石家庄职业技术学院
	47	苗培周		《江隆基的教师思想探讨》	石家庄学院
	48	张红霞		《农村现代化变迁与社会工作介入农村社会治理路径研究》	石家庄学院
	49	邢洪儒		《“四个全面”视野下西柏坡精神体系新解读》	石家庄市社会科学院
	50	王利敏	娄海波 周美娟 董荣珍	《石家庄市大气污染治理对策研究》	中共石家庄市委党校
	51	李娟	王焕丽	《现代生态公民社会建构中传统耻感文化维度探析》	石家庄学院

续表

奖项	序号	姓名	合作者	题目	工作单位
三等奖（40项）	52	解其斌	刘艳梅	《国外以法治方式推进城镇化的经验对我国的启示》	中共石家庄市委党校
	53	安明法		《鹿泉工业发展历程》	鹿泉区人大
	54	刘春林		《古人游历井陉诗选校注》《古人游历井陉诗续选校注》	中共井陉县委政法委
	55	曹雪彦	闫立宇　李剑利	《开启作风转变新窗口　打造公共服务新平台——“石家庄微物价”政务微信的经验与启示》	中共石家庄市委党校
	56	郝增建	袁有成	《关于我市注册资本登记制度改革后市场监管面临的新情况及对策建议》	石家庄市政府研究室
	57	范彩萍	张青　李永清	《“着力改善生态环境”语境下的石家庄企业发展研究》	中共石家庄市委党校
	58	李进朝	韩鹏伟	《井陉矿区历史文化：乡土风情》	井陉矿区政协
	59	申玉兰	郑颖	《地方政府优化发展环境研究——以石家庄市创业环境构建为例》	中共石家庄市委党校
	60	孙志勇	冯译冉	《思想政治教育视域下的大学生志愿服务探析——以河北省大学生志愿服务活动为例》	石家庄学院
	61	潘学军	程向东	《关于我市农村垃圾集中处置问题的调研报告》	中共石家庄市委研究室
	62	孟慧贤		《清廉魏徵》	中共石家庄市桥西区委
	63	赵建芬		《英汉修辞对比研究与翻译》	石家庄学院
	64	谭运江	李星	《关于加快我市休闲旅游业发展的调查与建议》	中共石家庄市委研究室
	65	梁婵	吴晓光　江思瑜　李蒙蒙　赵星龙　尹美娟	《石家庄打造京津冀跨区域的养老服务体系的困境及对策》	承德医学院
	66	张向鸿		《党管干部是选拔任用制度的根本原则》	中共石家庄市委党校
	67	高莹		《汉唐宫廷“列肆贩卖”戏考略》	石家庄学院
	68	李哲		《爱情——宗教理想的咏唱——吉皮乌斯“世界三分结构”理论在爱情诗中的体现》	石家庄学院
	69	姚宝茹		《食品安全问题的对策分析》	石家庄市社会科学院
	70	武剑		《石家庄市公益广告传播现状及未来发展方向研究》	石家庄市社会科学院

（刘献国）

石家庄市消费者协会

【概况】 2016年，市消费者协会（简称市消协）贯彻落实《消费者权益保护法》要求，围绕中国消费者协会提出“新消费 我做主”年主题，组织开展消费维权、宣传教育、咨询服务活动，受理消费者投诉。加强市消协与新闻媒体联系沟通，发挥报纸、广播电台、电视台、杂志等新闻媒体宣传作用，发布消费信息56条。藁城区消协在河北省消费维权新闻宣传工作会议作经验介绍；栾城区消协在6个较大商场超市建立消费纠纷人民调解室，被《中国工商报》头版刊登，称为栾城模式。做好日常消费者投诉咨询，依法开展消费纠纷调解。2016年市消协系统受理消费者投诉1385起，解决1276起，为消费者挽回损失2042万元；发布消费警示、提示4次，内容涉及网购商品、预付卡消费、汽车消费、美容卡消费等领域。2016年市工商局受理消费者咨询、申诉、举报等信息57634件，抽检重点商品1942个批次、网购商品87个批次，查处问题商品案件474件，为消费者挽回经济损失2163万元。

【“3·15”国际消费者权益日活动】 3月3日，举行保护消费者合法权益办公会议，研究石家庄市2016年纪念“3·15”国际消费者权益日活动方案。3月12日，市工商、物价、卫生计生、质量监管、食品药品监管、消费者协会等部门与石家庄市电视台联合举办“3·15”维权集结号新闻发布电视直播，向社会公布一批损害消费者合法权益的典型案例；参加电视直播现场有消费者代表、人大代表、政协委员、政府职能部门工作人员及新闻媒体记者。3月14日，市工商局、市卫生计生委、市发展改革委（物价局）、市质量技术监督管理局、市食品药品监督管理局联合举行2016年纪念“3·15”国际消费者权益日大会。各县（市、区）工商局（市场监督管理局）主管局长、消保科长、12315指挥中心主任、消协秘书长和100家企业负责人、消费者代表及省市新闻单位记者230余人参加大会。市消协联合省消协、区消协在石家庄外国语学院开展纪念“3·15”国际消费者权益日宣传咨询服务活动；市消协、市工商局、市12315指挥中心以移动宣传、短信宣传、卖场宣传等形式联合发布商品抽检结果、消费维权典型案件；组织市消费维权律师团成员、市消费维权专家团成员、市消费维权志愿者、“3·15”消费维权宣传流动车深入城镇社区、学校、企业、农村、市场，以老年人、妇女、儿童等为对象，开展消费维权宣传咨询活动；3月14日、3月15日，市消协连续两天参与石家庄广播电台新闻882频道行风热线栏目，聆听消费者呼声，接受消费者咨询，受理消费者投诉，发布消费警示、提示，引导消费者理性、文明消费。纪念“3·15”国际消费者权益日期间，全市举办户外宣传咨询活动50余场，接待消费者咨询5900件，接受消费者投诉375件，发放宣传材料21万余份。

（李哲）

【消费投诉】 全年市消费者协会受理投诉8529件，其中受理家用轿车类商品投诉846件；办结8105件，办结率95.03%；接受咨询46333件，表扬11件。投诉涉及问题最多的是售后服务问题，共3598件，占全部投诉总量42.19%。投诉排名前5位分别为：售后服务、合同纠纷、质量问题、广告和不正当竞争。售后服务投诉主要问题包括：“三包”有效期内出现问题，商家故意拖延或无理拒绝，不履行国家规定“三包”义务；出现故障鉴定难，多数消费者质疑厂家出具的检测报告，部分国家权威检测机构送检程序烦琐且检测费用昂贵，令消费者望而却步；发生性能故障维修时，修理者故意或者不提供修理记录，给消费者退换货带来障碍；经销商与维修商双方相互推诿，拒担责任。9家大型商场超市消费投诉问题。2016年市工商部门收到关于石家庄市9家大型商场超市消费投诉案件223个，投诉内容主要集中在售后服务、合同、产品质量等。其中，消费者投诉最多为售后服务问题，数量148件，占重点经营主体投诉总量66.8%；其次是合同纠纷，案件数量39件，占投诉类案件17.5%；再次为产品质量，投诉数量28件，占投诉总量12.6%。消费者投诉问题主要内容为：商家拒绝履行售后服务或者对于消费者更换维修的要求无故拖延；拖延送货时间；商品出现问题后消费者联系不上商家，商家拒接消费者电话。

（李哲　张缘）

【消费维权】 推进“12315”消费者投诉专线电话建设，将全市800家商场、30家线上企业纳入消费维权服务站和“消费维权直通车”单位，畅通消费者维权途径。加强消费维权普法宣传教育，增强消费者维权意识和能力。全年受理咨询、申诉、举报等信息57634件，为消费者挽回经济损失2163万元。严格流通领域商品质量监管，开展红盾质量维权行动，实施重点商品质量抽样检测，共计抽检18类商品1942个批次，查处问题商品案件474件；率先在全省开展网购商品质量抽样检测，抽检商品87个批次。开展“美丽省会·诚信商家”放心消费创建活动，围绕“一区县一特色”“一区县一亮点”原则，突出培育放心市场、放心商圈、放心商场、放心综合体。举办消费评议、商品比较试验活动，探索公益诉讼模式，成功处理东风日产汽车“合格证问题”群体性投诉事件，有效维护130余名消费者合法权益。

（李志英）

【消费教育】 普及消费知识，帮助消费者规避陷阱，减少消费纠纷。组织专家、企业编写《石家庄市家居消费教育指导手册》《石家庄市金融消费教育指导手册》各5000册，免费发放消费者。宣传《消费者权益保护法》，增强消费者保护意识。3月26日，市消协、金吉列出国留学石家庄分公司在希尔顿大酒店举办出国留学消费教育讲座，现场发放《消费者权益保护法》《出国留学消费教育手册》各1000本；5月5日，市消协受邀参加河北恒信国际汽配城开业活动，发放《消费者权益保护法》500本；6月22日，市消协、长安区市场监督管理局、长安区消协在长安区谈固新村举办“消费教育进社区，维权服务到万家”活动，现场受理消费者投诉和咨询，发放《消费者权益保护法》600本；10月17日，市消协、市工商局、市12315指挥中心联合在新石小区举行《消费者权益保护法》宣传咨询服务活动，发放《消费者权益保护法》800本；10月20日，市消协、平山县消协在沕沕水景区举办旅游消费知识进景区活动，现场发放《消费者权益保护法》、旅游警示材料360份，发放旅游消费市场调查问卷245份，征求游客意见98条。11月4日，省市消协在河北经贸大学举行“金融消费教育进校园”宣传咨询服务活动，举办金融消费知识竞答和网络金融消费知识专题讲座，驻石银行、保险及中国移动、中国联通、中国电信等通信公司和河北经贸大学师生1000多人参加活动。12月3日，市消协、红星美凯龙石家庄和平商场共同举办绿色环保领跑品牌发布会，发布绿色环保品牌100多家。2016年全市消协系统累计举办消费教育引导活动130场次。

【消费调查体察及评议】 消费调查。3月15～31日，市消协在全市范围开展汽车销售及维修保养服务调查体察活动，发放问卷1000份，重点问卷调查辖区4S店等汽车销售、维修保养方面存在问题，收回有效问卷896份，总结撰写《汽车销售及维修保养服务调查》分析报告。3月15～31日，市消协在全市范围开展供热行业调查评议活动。采用问卷调查方式，调查现行供热收费价格、推行分户计量情况、供暖温度、温度不达标情况、退费情况等内容，发放问卷900份，收回有效问卷805份。调查结果：全市居民对供热行业总体满意度21%，基本满意27%，不满意为52%；不满意主要集中表现为：供热收费过高、供热管网严重老化、室内温度不达标、故障排除不及时、维修人员技术或服务态度差等。5月15日～7月15日，市消协以入住石家庄市宾馆、快捷酒店、旅店的消费者为主，在全市范围开展宾馆旅店业一次性用品消费者满意度调查评议活动，向各县（市、区）消协发放调查问卷200份。消费体察。2015年3月，市消协组织“三团”（消费维权律师团、消费维权专家团、消费维权志愿团）人员及人大代表、政协代表、消费者代表、新闻记者等社会阶层人员以普通消费者身份，在市内北国超市、永辉超市、保龙仓家乐福超市、东明家具、银座东购广场、新百广场、建华百货、益友百货、居然之家等10个商业场所举行消费体察活动，消费者通过亲身体验、实地查看形式，发现问题35个，并与商家负责人沟通，要求限期整改。10月19日，省市消协到石家庄君乐宝乳业有限公司开展消费体察活动。省市消协秘书长、市工商局相关领导及消费者代表、新闻记者35人参加体察活动，现场察看奶牛基地奶粉、酸奶生产车间及流程，召开企业发展与维护消费者利益座谈会，听取公司生产和维护消费者权益情况报告。2016年各县（市、区）消协以乳品企业、景区、汽车维修、物业服务、保健品等企业和行业为重点，举办消费体察活动46次。

（李哲）

法　治

Governed by Law

政法委

【概况】 2016年，全市政法系统以维护社会安全稳定、社会治安综合治理为重点，组织推进平安建设、法治建设、过硬政法队伍建设，创新开展严重精神障碍患者、重点青少年、寄递物流安全管理等11项政法工作。构建矛盾纠纷多元化解体系，矛盾纠纷调处成功率达96.2%。构建立体化社会治安防控体系，建成三级视频监控平台185个，建设和整合监控点位2.9万个，实现重点区域、要害部位全覆盖。开展以涉法涉诉积案化解、依法治理进京非访、群体性事件（隐患）源头治理、治安问题整治、维护政治安全“五个攻坚战”为内容的“维护稳定集中攻坚行动”，全市积案办结率达到100%。落实司法救助金670万元，涉法涉诉进京非访同比下降86.5%。提升政法工作科技化、信息化水平，投资财政资金7343万元，升级扩容政法三级网络，2016年石家庄市除个别偏远山区外，政法四级网全部开通，开通率93.7%；推进刑事案件网上业务协同和流转，全年流转刑事案件4555件，占全省56.5%，位列第一。2016年新乐市法院数字法庭建设、平山县检察院扶贫资金网络监督平台建设经验被河北省委政法委在全省推广，藁城区综合信息化建设和网络化管理、高邑县“二五八十”矛盾纠纷分类排查分级管控机制及法律服务大超市建设取得成效。2016年石家庄市2人获评河北省“美丽河北·最美政法干警”称号，10人获评石家庄市“幸福石家庄·最美政法干警”称号；10人获评石家庄市“最美青年政法干警”称号，15人获评石家庄市“最美青年政法干警”提名奖（参见《石家庄年鉴2017》“最美政法干警”）。

【平安建设】 市委政法委制定出台《全市政法机关服务京津冀协同发展的实施意见》，确定具体措施25条。公安机关开展“利剑斩污”攻坚战及“打击食品犯罪保卫餐桌安全”“打击药品犯罪保卫健康安全”等专项行动，破获经济、食品药品、环保领域案件1556件。检察机关立案侦查贪污贿赂犯罪案件200件256人、渎职侵权犯罪案件57件103人，为国家挽回经济损失2410万元。审判机关审理商事案件49490件，标的额390.87亿元，审理环境资源案件326件。司法行政机关推进“公证服务企业质量行”活动，对接企业102家，办理公证4万余件；推进律师护航民营企业发展活动，覆盖商会54家、企业7万余家。整合调解、仲裁、诉讼、行政复议等资源，构建矛盾纠纷多元化解体系，矛盾纠纷调处成功率达96.2%。落实社会稳定风险评估机制，评估省市挂账项目114个。以社会稳定指数评价为导向，督办涉及社会稳定事项184起，化解156起，化解率84.8%；收集研判情报信息1500余条，下发预警通报58期，提前介入、超前化解群体性隐患365起，群体性事件同比下降58.5%。完善应急处置机制，成功化解省融投、黄金佳、“中港系”、e租宝等群体维权活动76起，妥善处置新型业态和传统利益诉求群体涉及社会稳定事件180件。开展社会治安重点地区和突出治安问题排查整治，推进农村地区黑恶势力、电信诈骗等专项打击活动。率先在全省出台《关于进一步完善见义勇为确认和保障工作机制的实施意见》，全市64人获得国家级省级先进人物和群体称号。

【社会综合治理】 聚焦重点群体，重点领域，以提高社会治理体系和治理能力现代化为目标，推进社会治安综合治理创新。按照影响社会稳定难题出现在哪里、社会治安综合治理的创新脚步就跟进到哪里的要求，探索开展严重精神障碍患者、重点青少年、寄递物流安全管理。破解严重精神障碍患者服务管理难题，落实严重精神障碍患者监护人以奖代补政策，社会心理服务“绿丝带”工程，为严重精神障碍患者投保监护人责任险，为1094名患者办理以奖代补资金。2016年石家庄市被中央社会治安综合治理委员会办公室（简称综治办）确定为全国社会心理服务体系建设联系点。构建立体化社会治安防控体系，打造视频监控“天网”工程，建成三级视频监控平台185个，建设和整合监控点位2.9万个，实现重点区域、要害部位全覆盖。2016年石家庄市被确定为全国公共安全视频建设联网应用示范市，获得中央财政补贴资金2800万元。推进市、县综合性青少年法治教育基地建设，落实教育部等七部委印发《关于加强青少年法治教育实践基地建设的意见》(教政法〔2016〕16号)。探索推进寄递物流安全管理“石家庄模式”，开展“驿路平安”工程，督促企业落实收寄验视、实名收寄、过机安检“三个100%”，全年石家庄市寄递快递包裹2亿多件，未发生1起重特大寄递物流安全案件。

【法治建设】 执法监督和司法公开。推进执法检查、执法巡查、案件评查、协调督办常态化和涉法涉诉信访案件办理制度化，全年督转办各类重点案件51件，召开案件协调会80多次，集中抽查案件198起，发现并纠正共性问题5类116个；依法处理信访违法犯罪案件26件37人，同比增长85.7%。利用新闻媒体、开放日及新媒体平台，拓展政法公开内容和渠道，全年政法机关公开事项22类116项。组建成立石家庄建设领导小组办公室，下设“五个专项小组”，协调推进科学立法、严格执法、公正司法、全民守法，制定印发《关于在全市开展法治城市、县（市、区）创建活动的方案》，组织召开“七五”普法动员大会，完成市法学会换届选举。

【政法队伍】 围绕打造“忠诚、为民、公正、廉洁、务实”过硬政法队伍，修订印发《关于进一步加强和改进全市政法机关党建工作的意见》《关于全市政法系统党员领导干部理论学习指导意见》等制度，组织全市政法机关开展理想信念、宗旨意识、公正司法、党风廉政、作风纪律“五个专项主题教育”活动，举办集中学习、召开民主生活会、重温入党誓词、重走赶考路、“我为党旗添光彩”演讲比赛，开展“幸福石家庄·最美政法干警”评选、纪念中国共产党建党95周年“双优”表彰会、“亮身份、做表率、比贡献”等活动，提振和弘扬政法机关、政法干警公正严明、为民服务的正能量。获得省级以上表彰奖励先进典型156名。纠正基层政法单位突出问题19项，通报违纪违法典型案件11起，查处违纪违法案件61件，给予党政纪处分72人。坚持政治理论与业务技能学习相结合，举办政法系统培训班178个，培训干警3.97万人。52名特困干警落实省级资助金94.3万元，315名干警落实市级困难救助金212.3万元。激发青年政法干警干事创业的积极性、主动性和创造性，推动平安石家庄、幸福石家庄建设。5月3日，共青团市委、市委政法委联合在市人民检察院第一会议室表彰10人为“最美青年政法干警”、15人为“最美青年政法干警”提名奖。2016年河北省委宣传部、省委政法委联合授予石家庄市2人为“美丽河北·最美政法干警”称号，市委政法委授予石家庄市10人为“幸福石家庄·最美政法干警”称号。

（市委政法委）

法治政府建设

【概况】 2016年，全市以法治政府建设为目标，部署开展行政立法、依法决策、法制监督、行政复议、行政应诉和规范性文件管理等工作。调整法治石家庄建设领导小组办公室，成立包括法治政府建设在内5个专项小组。贯彻落实国家《法治政府建设实施纲要（2015～2020年）》《河北省法治政府建设实施方案》，印发《石家庄市法治政府建设实施方案》，明确石家庄市法治政府建设指导思想、工作目标、主要任务。全年起草制定地方性法规和政府规章3件。前置审查市政府部门规范性文件33件，同意印发22件，备案审查县（市、区）政府规范性文件31件，向省政府法制办公室报送备案市政府规范性文件39件。确定失效市政府文件22件。

换发新版行政执法证件25082个；审核备案重大行政处罚案件50余件。市政府本级依法办结行政复议案件165件，采用调解、和解方式结案13件。开展评议考核，中共石家庄市委将法治政府建设纳入全市各级各部门领导班子和领导干部年度综合考评内容，由市依法行政领导小组办公室牵头，邀请市人大常委会、市政协机关参加，表彰依法行政先进单位31个。重视法律法规知识学习和普法宣传教育，营造尊法、学法、守法、用法氛围。围绕政府依法履职和国家、省新颁布实施的法律法规，制定市政府领导干部年度学法计划；全年举办市政府领导集中学法活动6次，安排各部门主要领导轮流讲课，向市政府领导和相关部门领导解读供给侧结构改革、简政放权和调结构、去产能及金融、社会保障等政策文件26期。举办法律知识培训，将宪法、法律列入各级行政机关工作人员学习培训必修课，2016年石家庄市各级各部门组织各类法治专题讲座140余次，开展各类法律问题交流研讨会80余次。2016年石家庄市获得“全国法治宣传教育先进城市”称号。

【立法与文件审查】 发挥立法在深化改革和法治政府建设上的引领、推动和保障作用。科学编制立法计划。围绕全市中心和重点工作，将立法决策与改革、发展、稳定的重大决策相结合，突出治理大气污染、保护生态环境、改善民生等重点，制定印发《市政府2016年立法工作安排意见》。广泛征集立法项目建议，选好、选准立法项目；立法条件不成熟不急于立法；针对部门申报立法项目，深入开展调查研究，反复甄别和筛选；将市政府立法项目与市人大常委会立法计划相结合，推进全市重点立法项目统一规划、统一落实。重点领域立法。按照突出重点、保证急需、统筹兼顾原则，由政府法制部门牵头，组织开展法规、规章草案调研、审修和论证。全年起草制定地方性法规和政府规章3件，分别为：向市人大常委会提交《石家庄市大气污染防治条例（修订草案）》，并经省、市人大常委会审核批准通过，2017年1月1日起实行。向市人大常委会提交《石家庄市轨道交通管理条例（草案）》，制定出台《石家庄市国有土地上房屋征收与补偿办法》。民主立法。涉及公民、法人和其他组织合法权益、切身利益的法规规章均通过报纸、网站等媒体向社会公开征求意见；重视立法协商，《石家庄市大气污染防治条例（修订草案）》论证阶段，组织召开立法听证会，邀请人大代表、政协委员、市人大法律咨询委员会专家、政府职能部门人士、企业代表等60余人研商和交流，听取意见及建议。规范性文件监督管理。落实规范性文件“三统一”制度和前置审查、备案管理要求，全年前置审查市政府部门规范性文件33件，同意印发22件；11件提出具体审查意见；备案审查县（市、区）政府规范性文件31件；向省政府法制办公室报送备案市政府规范性文件39件。开展规范性文件清理，根据国务院宣布失效文件情况和省政府关于做好相关文件清理工作要求，集中清理2016年9月前现行有效规范性文件，确定失效市政府文件22件。经审核同意印发和备案的规范性文件，均做到统一编号，由市政府信息公开平台和相关部门网站及时向社会公开，方便公民、法人和其他组织查询。

【依法决策】 关系经济社会发展和人民群众切身利益的重大政策、重大项目等决策事项，严格按照公众参与、专家论证、风险评估、合法性审查和集体讨论决定的程序实施。健全行政决策机制。印发《石家庄市重大行政决策合法性审查规定》，明确编制经济和社会发展、城乡建设的重要规划，安排重大政府投资项目、处理重大国有资产的重大事项，制定有关生态环境保护、土地管理、市场监管、住房保障、公共安全的重大政策措施等事项，全部纳入重大行政决策范围，开展合法性审查。注重发挥法制机构的参谋、助手和法律顾问作用，落实各级各部门法制机构负责人全程参加本级政府常务会议和本部门办公会议制度，未经合法性审查或经审查不合法的决策，不提交会议讨论。2016年市政府出台《关于居民住宅项目配建教育设施资金缴纳和管理办法》《关于加快推进生态文明建设的实施方案》《关于加强主城区黄牌货车通行管理规定》等150余项重大行政决策事项和22件市政府与有关单位签订的合同、协议，全部经过合法性审查。发挥政府法律顾问作用。针对专业性强、法律问题复杂的决策事项，邀请政府法律顾问参与决策过程，现场为市政府领导决策提供法律支持。2016年政府法律顾问全程参与石家庄市房地产专项整治工作，与市房地产开发建设违法行为专项整治工作领导小组办公室一起办公；全年政府法律顾问参与市政府各类行政决策 36 人次。

【行政执法】 行政执法体制改革。推进卫生计生、农林畜牧、交通运输、市场监管、城市管理等领域综合执法改革，水务、环保、工商、食药监等部分执法权纳入城管综合执法范围，市场监管、城市管理领域实现跨部门、跨行业综合执法，执法队伍由 9 个精简为 4 个。城市管理执法理顺城市管理体制，完善数字城管平台；推进组团区与中心城区融合发展，将组团区与中心城区市容环境卫生纳入统一考评。规范行政执法行为。印发《关于推进基层行政执法规范化建设的实施意见》；落实行政执法全过程记录制度，召开全市行政执法全过程记录观摩现场会，突出规范行政许可、行政处罚、行政强制等重点，完善执法程序，规范具体操作流程，配备录音、录像等设备；加强行政执法人员资格管理，换发新版行政执法证件 25082 个；结合法律法规制定、修订情况，完善行政处罚自由裁量权标准。执法监督。完善石家庄市行政执法监督信息平台，全面公开各行政执法部门的执法权限、执法依据、执法程序、执法结果及救济途径。加强重大行政处罚行为法制审核，全年审核备案重大行政处罚案件 50 余件。开展行政执法案卷评查，纠正适用法律不当、程序不完善、文书制作不规范等问题。推进“两法衔接”工作，召开各县（市、区）区长和市直各执法部门“一把手”参加的“两法衔接”工作推进会，完善以检察院为中心，覆盖 21 个县（市、区）、高新区及 755 个行政执法单位“两法衔接”网络信息平台，行政执法机关以罚代刑、失职渎职等现象得到遏制。

【行政复议、应诉及调解】 发挥复议、调解、仲裁、信访等在矛盾纠纷化解中的作用，维护公民、法人和其他组织合法权益。行政复议案件。坚持“以人为本、复议为民”要求，做到定纷止争、案结事了。全年市政府本级依法办结行政复议案件 165 件，其中，维持原具体行政行为 77 件、撤销或责令履行 15 件、终止 13 件、不予受理或驳回 25 件、其他处理 35 件。将调解、和解作为处理案件、解决争议的首选方式，全年运用调解、和解方式结案 13 件。行政应诉。配合、支持法院行政审判活动，组织、协调政府及部门出庭应诉、答辩。2016 年全市办理以市政府为主体行政应诉案件和行政复议答复 131 件，其中，行政应诉 118 件、行政复议答复 13 件，案件主要涉及土地、城建、信息公开、公安、工伤认定、城市管理等。推进行政机关负责人出庭应诉，会同市中级人民法院，组织市公安局、市发展改革委、市国土资源局、市城乡规划局等 15 个部门领导干部和法制机构负责人，现场观摩桥西区人民法院公开审理 1 起道路交通管理行政处罚案件，市公安交通管理局领导出庭应诉。大调解工作。整合人民调解、司法调解、行政调解等调解模式，形成资源共享、功能互补、程序衔接的“三位一体”大调解工作体系。重视行业和专业调解，在市县两级交通、医疗、环保、婚姻家庭等 6 个重点行业领域建立行业性、专业性人民调解委员会 538 个，设置调解工作室、法律服务室和心理咨询室，培育打造“帮大哥”“帮大姐”等品牌调解工作室，全市建立个人品牌调解室 106 家。构建矛盾纠纷多元解决机制。发挥仲裁在解决经济纠纷、化解社会矛盾、促进社会和谐稳定的作用，2016 年石家庄仲裁委员会受理仲裁案件 1163 件，同比增长 50.5%；标的额 40.2 亿元，同比增长 43.5%；如期结案率 90% 以上。建立诉调对接机制，市县两级法院普遍建立诉调对接中心，由司法局、石家庄仲裁委员会选派诉调对接联络员，与法院立案工作人员共同开展诉前调解及诉讼辅导，形成诉讼与非诉讼化解方式衔接体系。全年市县两级诉调对接中心调解、分流各类矛盾纠纷 3852 件。

（刘军）

公　安

【概况】 2016 年，全市公安部门围绕创建“社会最平安、群众最满意”公安品牌，落实“防控风险、服务发展、破解难题、补齐短板”要求，忠诚履职、勇于担当，攻坚克难、顽强拼搏，实现“五个严防”（严防发生严重影响政治稳定的重大事件，严防发生重大暴力恐怖袭击事件，严防发生大规模群体性事件，严防发生影响恶劣的刑事犯罪案件和个人极端暴力事件，严防发生群死群伤的重特大火灾、道路交通事故及其他治安灾害事故）“四个确保”（确保政治安全和政权安全，确保社会大局稳定，确保人民群众安居乐业，确保队伍风清气正）工作目标。落实便民利民、服务经济社会发展双20条措施，便民利民项目数量增加35.8%，办理审批时限平均压缩42.5%，服务办理数量增长92.5%。参加“7·19”特大抗洪灾害行动，全市公安系统处置涉汛警情432起，救助被困人员693人，安全转移受灾群众3500人；市消防支队获评全省“7·19”抗洪抢险救灾工作先进集体。2016年市公安局在全省公安机关改进工作作风、便民利民（服务经济社会发展）2个现场会上作经验介绍。推进公安系统基础设施建设，新建市级应急装备库512平方米；投入资金400万元，采购和储备防弹衣、防弹盾牌、防弹头盔等12类物资；建立应急装备物资共享平台，实现省市公安机关应急资源共享联动；基层所队购置装备1.5万余件（套），装备配备率、警用装备室达标率均达100%。加强与南京警方交流合作，初步建立两地公安机关优势互补、资源共享、互相借鉴、共同提高合作机制。2016年全市刑事案件发案同比下降9.9%，八类严重暴力犯罪同比下降22.9%，现发命案侦破率连续两年达100%，继续保持现发命案全破侦破水平。严打经济、食品药品、环保领域违法犯罪，共计破案1556起，直接挽回经济损失6.8亿元。“猎狐行动”缉捕劝返潜逃境外犯罪人员5名。2016年全市执行治安保卫大型活动任务177项365场次，未发生1起群死群伤事故。推行户籍制度改革，迁入城镇户籍4.2万余人，办理居住证22.6万余个；清理应销未销户口3969个；推行身份证速递业务，为群众寄送身份证4万余张；开通异地身份证受理业务，办理异地身份证4.5万个，为4248名无户口人员解决户口问题。2016年全市发生一般程序道路交通事故452起，造成死亡273人、受伤328人；处理违章3919040起，其中吊销驾驶证1390个；新增机动车36万辆；新增驾驶人278386人；淘汰老旧车辆106245辆，注销老旧车辆27682辆。至2016年末，全市共有小型汽车1925118辆、道路运输车357964辆、驾驶人2946620人。2016年全市道路交通事故未发生1起1次死亡3人以上重大交通事故。2016年全市消防安全检查社会单位39160家，整改火灾隐患57853处，参与灭火和应急救援1739次，出动车辆4030台次、警力21566人次，抢救和疏散被困人员3537人，抢救财产价值2684.2万元。2016年全市火灾起数同比下降21%、伤亡人数同比下降50%，未发生1起1次死亡3人以上重大火灾事故。2016年武警消防支队接报火警990起，有效处置率100%；火灾造成人员死亡2人、重伤8人；财产经济损失4274.40万元。严格队伍管理，举办培训234期，设置科目23个，参加人员2.6万人次；违反纪律通报典型案件2起；党员干部提醒谈话127人、约谈14人、函询13人、诫勉谈话29人；查处民警违法违纪案件19起30人，追究领导责任10人；领导干部经商办企业、违规干预插手市场经济活动及亲属利用职务影响谋取不正当利益发现处理存在问题民警1人。关爱民警，为26名因公牺牲、病故和伤残民警申报意外伤害险，为6748名民警增投住院补偿和意外费用补偿医疗险，慰问基层单位269个、烈士和因公牺牲民警家属74名、功臣模范民警87名、困难民警164户，发放慰问金、慰问品126万余元。维护民警执法权威，出台《维护公安民警正当执法权益暂行办法》，聘请23名维权顾问，搭建“维权案件受理”平台，开通维权电话“666315”；启动维权程序案件16起，刑事拘留7人、逮捕4人、行政拘留8人、行政警告4人。2016年全市公安系统共有191个集体、1621名民警立功受奖。其中，市公安局警务保障处获评全国“210工程”建设先进集体，市公安局控申处、无极县公安局控申科获评全国公安信访窗口示范单位；裕华区公安分局东石派出所所长刘丽蓉获评全国少数民族服务管理典型个人。

【刑事侦查】 开展“打孔盗油”“五大战役”“决战2016”等刑事侦查战役，2016年全市刑事发案同比下降9.9%，八类严重暴力犯罪同比下降22.9%，现发命案侦破率连续两年达100%，继续保持现发命案全破侦破水平。开展打击农村地区黑恶势力违法犯罪专项行动，以派出所、刑警队为主体，集中力量、集中时间，重点打击把持农村基层政权的“黑村官”和宗族恶势力、痞霸团伙、帮派势力等高危人群及重点行业、重点区域。打击治理电信网络新型违法犯罪，2016年10月，在市公安局设立省（石家庄市）反电信网络诈骗中心，由省公安厅和市公安局联建，6家商业银行、3家电信运营公司派员进驻；整合和运用银行、通信、第三方支付平台等资源，建立健全应急冻结、关停账号等跨部门联动快速反应机制，侦办紧急止付银行账户1515个、资金678.7万元，电信诈骗案件立案同比下降9.4%；开通微信公众号和微博，加强与电视台、广播电台、报纸等媒体合作，举办防电信网络诈骗宣传进社区、进单位、进学校、进家庭活动，提升群众识骗、防骗意识及能力。严打经济、食品药品、环保领域违法犯罪，保护市场主体"钱袋子"，净化"菜篮子""药瓶子"，共计破案1556起，直接挽回经济损失6.8亿元。"猎狐行动"缉捕劝返潜逃境外犯罪人员5名。严格查处娱乐服务场所等涉黄涉赌违法犯罪行为，检查各类行业场所17400余家（次），查处问题场所2670家（次），整改隐患1830余处，停业整顿316家，取缔73家，抓获涉黄涉赌违法嫌疑人1339人，刑事拘留217人，治安拘留896人，收缴电子赌博机1900余台（组）。12月2日，市公安局在高新区石家庄学院前召开集中销毁赌博机现场会，销毁收缴电子赌博机1900余台（组）。"2016-30"毒品案件破获。2016年5月，遵从国家公安部禁毒局统一指挥，石家庄市公安局与河南开封、福建龙岩、厦门等地警方开展跨区域侦查协作，破获公安部"2016-30"毒品目标案件，全链条、全环节打掉涉及河北、河南、福建三省的涉嫌非法生产、买卖制毒物品犯罪团伙，抓获犯罪嫌疑人17人，摧毁制毒物品生产厂点4个，查获各类制毒物品50吨。2016年"2016-30"毒品案件被公安部禁毒局评为全国十大精品案件。

【治安管理】 严抓打、防、管、控重点环节，最大限度挤压违法犯罪空间。建立重点项目警务室24个。举行重点项目风险评估106次，发布预警信息276篇，排查产能过剩行业矛盾纠纷96次。市区新建高清摄像机10523个、更换1500余个，县域新建675个，重点部位、重点单位实现监控全覆盖。"红袖标"工程组建"红袖标"队伍6.3万余名，重点时期不低于总数40%、日常不低于总数15%的比例巡逻防范；哨兵工程报警破案250余起，发放奖金1.4万余元。开展"平安社区"创建行动，解决80个老旧小区无物业管理、207个村无治保会问题，342个小区推行"E时代"智能警务系统和"四位一体"联动工作制度，"五类"侵财案件同比下降17.1%。举办保安服务区"双无"创建活动，达标率同比上升11.5%，发案同比下降54%。建立"省会治安"微信平台，发布治安防范常识235篇，关注"粉丝"35万人。建设民爆物品、烟花爆竹储存库视频监控、烟花爆竹信息采集追溯管理系统，22个烟花爆竹储存库安装高清摄像头476个，均实现远程联网监控、全流程监管，连续2年未发生涉爆案件。查处治安隐患场所596家、停业整顿61家。落实寄递物流企业收寄验视、实名收寄、过机安检"三个100%"制度，1119家寄递物流企业逐一登记建档，纳入动态管理；发现治安隐患312处，整改246起，查处案件2起，追究企业责任1起、个人责任1人。推行户籍制度改革，迁入城镇户籍4.2万余人，办理居住证22.6万余个；清理应销未销户口3969个；推行身份证速递业务，为群众寄送身份证4万余张；开通异地身份证受理业务，办理异地身份证4.5万个，为4248名无户口人员解决户口问题。管控、摸排治安矛盾纠纷9860起，化解7399起，化解率75%。执行治安保卫大型活动任务177项365场次，未发生1起群死群伤事故。

【交通管理】 开展市区交通拥堵治理，提高道路通行效率，市区新增禁左99处、单行道28条。加大黄牌大货车管控和违停查处力度，查处黄牌车10.6万余辆次、违停51.6万余辆次。推进停车场智慧管理，接管停车场685个。经市政府批准，石家庄国控投资集团有限责任公司（简称石家庄国控集团）获得市区停车场经营权，由石家庄国控集团出资成立"石家庄智慧泊车服务有限公司"。1月1日零时起，石家庄市主城区公共停车场全部移交石家庄智慧泊车有限公司经营。落实停车管理"六统一"要求，即"统一规划、统一审批、统一设置、统一收费标准、统一人员着装、统一应用智能化信息化科技手段"；收费执行原有标准，收费管理实行收支两条线，收入全部上缴财政。整治非机动车、行人交通违法，查处违法行为2.6万余次；查处"三车"4572辆。开展清运输企业、重点车辆底数和交通违法清零"双清"行动，治理运输企业1557家、重点车辆12.2万余辆、驾驶人13.3万余名。查处超速超员、酒驾毒驾、涉牌涉证等违法行为7390人次。落实市委市政府部署要求，实施冬季采暖期常态限行 2 个尾号机动车限行措施，全天禁止重型、中型货车进入市区三环路（含）、古城路（含）以内道路行驶，16 个县（市、区）禁止大货车穿越主城区道路。办理邮政通行证、机动车注册登记、机动车转移登记 3.5 万余辆次。完善升级城市智能交通管理系统，车流信息采集设备路口安装率 22%，交通信号集中控制联网率 63%。扩展公安交通管理平台服务功能，实现交通安全信息告知、查询等服务信息化。整改道路交通安全隐患 8 处。新招录交通协警 700 余名。2016 年全市发生一般程序道路交通事故 452 起，造成死亡 273 人、受伤 328 人；处理违章 3919040 起，其中吊销驾驶证 1390 个；新增机动车 36 万辆，其中日增机动车 900 多辆；新增驾驶人 278386 人，其中日增驾驶人 880 多人；淘汰老旧车辆 106245 辆，注销老旧车辆 27682 辆。至 2016 年末，全市共有小型汽车 1925118 辆、道路运输车 357964 辆、驾驶人 2946620 人。2016 年全市道路交通事故起数、死亡人数、受伤人数、财产损失 4 项指标同比分别下降 0.22%、1.8%、1.8%、13.25%，未发生 1 起 1 次死亡 3 人以上重大交通事故。

【消防安全】 强化消防安全责任体系、织密消防安全管理网络、筑牢火灾防控基础防线。落实消防工作责任制，签订防火目标责任书。重点单位执行消防安全标准化，落实“户籍化”管理和“六加一”措施。举行“穿越火线”“消防，来了”及入户帮扶查火患、火灾隐患随手拍、火灾案例千场巡展等活动，增强群众防火自救意识。投资 400 余万元，建成消防影视宣传制作中心，购置 1 台大型消防宣传车，自制《消防杂谈》《冬季火灾警示录》警示宣传视频。投资 1.27 亿元，购置消防执勤车辆 19 辆、特勤器材及官兵个人防护装备 3.1 余万件（套）。新建补建市政消火栓 585 座，建成微型消防站 1109 个。其中，消防安全重点单位微型消防站 882 个、社区微型消防站 327 个。接受“河北省第九次党代会”“2016 年石家庄通用航空展暨爱飞客飞行大会”“2016 年中超足球联赛—石家庄赛区”等消防安全保障任务 56 次。完成“7·19”抗洪抢险、“8·20”鹿泉区 LNG 储罐爆炸火灾、“9·8”晋州化工厂爆炸、“9·15”爱飞客飞行大会坠机事故及消防总队超高层建筑灭火救援实战拉动等灭火救援和实战演练。全年参加超高层建筑、地下建筑、石油化工火灾等大型综合应急救援实战演练 15 次，大队、中队级演练 2314 次。至 2016 年末，全市检查社会单位 39160 家，整改火灾隐患 57853 处，临时查封 227 处，罚款 2434.2 万元，依法行政拘留 35 人；参与灭火和应急救援 1739 次，出动车辆 4030 台次、警力 21566 人次，抢救和疏散被困人员 3537 人，抢救财产价值 2684.2 万元。2016 年全市火灾起数同比下降 21%、伤亡人数同比下降 50%，未发生 1 起 1 次死亡 3 人以上重大火灾事故。2016 年武警消防支队接报火警 990 起，有效处置率 100%，火灾造成人员死亡 2 人、重伤 8 人，财产经济损失 4274.40 万元。

【四项建设】 将警务实战化、执法规范化、基础信息化、队伍正规化“四项建设”作为基础性、全局性、战略性工程，高标准谋划，大力度推进。警务实战化建设。加强应急警务处置，围绕 14 个“夜经济”商圈，逐个制定应急处置方案，确保紧急情况 5 分钟内封锁控制商圈周边通道；提升应急反应能力，举办 5 次环城封堵和三级设卡堵截演练；参加全省公安机关警务实战化大比武，15 个参赛警种 11 个获得第一名，总成绩居全省第一。执法规范化建设。研发受案立案管理系统，推行警情三色处理模式；开展执法突出问题专项治理，发现和整改问题 4706 例；组建由 13 名法律、公安业务专家组成的法律顾问专家组，提供重大决策法律意见 53 份，参与处理信访案件 84 起；推行执法办案积分、办案质量数量“双晾晒”制度，整改瑕疵案件 3782 例；制定执法责任清单，落实执法岗位责任和案件质量终身负责制度，整改执法问题 3310，新发涉警信访案件同比下降 43.8%。2016 年市公安局在全国深化公安执法规范化建设研讨会上作经验介绍，获评全国、全省“公安机关执法示范单位”。基础信息化建设。完善市级资源服务平台，增加人像比对、全文检索、人车电子档案等功能，月均查询量达 10 余万次；开展定位信号联网试点，提升 PGIS 平台支撑能力；通信网边界接入平台建设完毕，内外网数据传输建立安全通道；动中通卫星通信系统升级，自主研发“便携式公安应急移动通信平台”通过公安部评审。队伍正规化建设。探索公安队伍正规化建设绩效考核办法，落实功模休养、民警休假、走访慰问、特困补助4项机制，增强民警归属感和凝聚力；警察职务序列套改试点完毕，套改人数4715人；桥西区公安分局试行“大警种、大部门”制。2016年全市公安系统“四项建设”在省公安厅考评中获得3项全省第一名、1项全省第二名；单位获授集体二等功2个、集体三等功35个、集体嘉奖28个；培育和树立个人典型43名，其中，5人荣立二等功称号、190人荣立三等功。

（冯朝勇）

检 察

【概况】 2016年，全市检察系统以政治建检、业务立检、公信树检、科技强检为统领，履行检察职责，依法打击各类犯罪行为。以打击黑恶势力犯罪、严重暴力犯罪、多发性侵财犯罪、网络新型犯罪、破坏生态环境犯罪为重点，全年批准逮捕各类犯罪嫌疑人3751件4993人，提起公诉5822件8770人。开展刑事诉讼监督，全年监督应当立案而不立案124件，不应立案而立案92件；提出侦查活动书面纠正意见327件，纠正漏捕190人，纠正漏诉243人，依法不批准逮捕1058人，不起诉413人；提出审判活动书面纠正意见304件，提出刑事抗诉62件，法院采纳抗诉意见55件。加强刑事执行检察，全年纠正减刑、假释、暂予监外不当218件，纠正刑罚执行和监管活动违法577件，提出羁押必要性审查建议317件，清理判处实刑罪犯未交付执行刑罚174人。纠正社区矫正人员脱管、漏管行为365件。开展民事行政诉讼监督，全年办理民事行政诉讼监督案件647件，提请省检察院抗诉30件，提出执行监督和纠正程序违法检察建议116件。立案侦查贪污贿赂犯罪案件202件257人、渎职侵权犯罪案件49件102人。评查案件7859件，纠正瑕疵案件2793件。重视检察基础设施建设，升级改造派驻监管场所检察室19个，基本达到一级检察室标准。2016年全市检察系统39个集体141名个人获得市级以上表彰；高邑县人民检察院获评“全国先进基层检察院”称号。

【查办和预防职务犯罪】 以执法办案为中心，坚持“老虎”“苍蝇”一起打及数量、质量、效果、效率、安全并重原则，正确处理打击与保护、宽严相济关系，做到法律效果、政治效果、社会效果统一。全年立案侦查贪污贿赂犯罪案件202件257人，其中，大案132件168人，要案21人（厅级4人、处级17人）。立案侦查渎职侵权犯罪案件49件102人，其中，大案33件75人，要案12人。开展为期两年以提升办案质量、提升办案效率、注重办案效果为主要内容“两提升、一注重”活动，2016年确定为“办案质量年”。反贪工作注重优化办案结构，注重国家机关工作人员比例、贿赂案件比例、提高大要案比例；反渎职工作注重查办重特大案件，深挖渎职侵权背后的贪贿犯罪，查办复合罪名案件、精品案件，提高实刑判决率。将基层检察院全部自侦立案案件上提一级审批，全部由市检察院办理，确保案件质量和社会效果。2016年初，《中华人民共和国刑法修正案（九）》实施后，最高人民检察院、最高人民法院（简称“两高”）司法解释没有出台情况下，市检察院超前谋划，严把案件质量关，提前将贪贿案件立案标准确定在3万元以上，与新出台“两高”司法解释相吻合，没有出现批量撤案现象。准确把握改革失误与失职渎职界限，依法惩治犯罪者，支持改革者，保护创业者。坚持打防结合、预防为主策略，全年在政法、环保、民政等领域开展专项预防、行业预防、系统预防活动35次；采用年度报告、专题报告、检察建议等方式，向党委、政府和有关单位提出完善管理意见建议135件。开展职务犯罪预防进机关、进企业、进农村、进学校、进社区、进军营“六进”宣讲活动，举办警示教育223次，受教育人员1.5万人次，发放宣传材料1万余份。接受行贿犯罪档案查询3.8万余次。

【四大平台】 建立检察扶贫网络平台、侦查监督平台、“服务园区”检察平台、“两法衔接”信息共享平台“四大平台”。检察扶贫网络平台。主要查处扶贫资金经常出现问题、资金不能及时到位及侵吞、挪用、贪污扶贫资金等现象，属全省首创。以互联网为依托，以涉农扶贫资金流向为脉络，以资金使用为重点，采取检察、扶贫、财政、民政等部门联合组织实施，牢牢抓住“报备、公示、核查”3个环节，实现扶贫资金全面、全程、实时、同步监管。“报备”即扶贫开发办公室、财政局和涉农部门利用网上报备与分析平台同步报送资金分配数据；“公示”即使用资金单位将资金使用情况同步公示，接受群众监督；“核查”即检察部门核对资金下拨、使用、公示和群众反映情况，查处存在疑点线索。平山县、赞皇县、灵寿县、行唐县4个贫困县检察扶贫网络平台建成。至2016年底，全市61项200多亿元扶贫资金纳入检察扶贫网络平台监管。侦查监督平台。采取设立检察机关派驻公安机关侦查监督检察室形式，加强公安机关立案监督和侦查活动监督。2016年7月，市检察院及22个基层检察院派驻公安机关侦查监督检察室全部完成。自派驻公安机关侦查监督检察室设立后，全市刑事立案监督同比上升18%，纠正侦查活动违法同比上升22%。“服务园区”检察平台。落实服务企业“零距离”要求，在全市17个设立开发区基层检察院，全部建立派驻开发区检察室。执行“345”工作要求，即打造“三个平台”、建立“四项机制”、做到“五个到位”。“三个平台”即“沟通互动平台”“法律体检平台”“解答难题平台”；“四项机制”即检察长联系企业机制、检企联席会议机制、检企联络员会议机制、定期送法入企机制；“五个到位”即法律宣传到位、警示教育到位、执法办案到位、检企对接到位、服务载体到位。“服务园区”检察平台运行后，开展警示教育19次、法律咨询50次，发放宣传材料4800余份，向企业提出整改建议58条。“两法衔接”信息共享平台。主要监督行政执法和行政处罚案件，纠正有案不移、有案不立、以罚代刑等问题。“两法衔接”信息共享平台运行后，市县两级检察院审查行政执法机关上传行政处罚案件12.2万件，监督行政机关向公安机关移送案件359件，监督侦查立案216件。

【案件评查与社会监督】 开展规范司法行为专项整治和“司法公信建设年”活动。实施办案精细化管理工程，采用统一业务应用系统，所有案件实行统一受案、全程管理、动态监督办法，引进案件评查软件，建立案件评查长效机制。全年评查案件7859件，纠正瑕疵案件2793件，有效保障律师会见权、阅卷权、辩护权。电子检务工程。以打造司法办案、检察办公、队伍管理、检务保障、检察决策支持、检务公开和服务“六大平台”为重点，市检察院及22个基层检察院完成侦查指挥技术中心建设、警务区提升改造、检务公开大厅完善改造及检察专线网、检察视频网、网络舆情监测预警平台、远程庭审指挥系统、档案管理信息化等配套建设，实现省、市、县三级检察院网络互联、资源共享。市检察院司法鉴定中心6项鉴定门类通过国家认可委员会现场评审，达到国际互认水平。人大、政协和社会各界监督。全年市检察部门召开新闻发布会17次，举办检察开放周活动46场次，向各级人大机关报告专项工作46次，接受市人大集体视察1次，邀请各级人大代表、政协委员及媒体记者、群众代表到检察机关现场观摩、听取汇报、征求意见643人次，办理人大代表意见建议4件，代表满意度100%。落实人民监督员制度，全年人民监督员评议案件54件，公开案件程序性信息8284条、重要案件信息1375条、法律文书3315份。在《石家庄日报》开辟检务公开专栏，打造“阳光检务”平台，构建为民服务“连心桥”。

【检察官员额制改革】 2016年8月起，市检察院按照上级部署安排，开展司法责任制改革。落实“高度重视、精心组织，超前预判、稳妥推进，把握大局、促进工作”改革总体要求，利用2个多月时间，市县两级检察院完成检察官入额遴选、等级确定、人员分类管理转岗定岗和预发增资等员额制改革；市县两级检察院符合入额条件1005人，其中，市检察院174人、基层检察院831人。根据河北省人民检察院部署安排，采取工作实绩考察、民主测评推荐、党组研究决定、考试考核结果公示等程序，报请河北省检察官遴选惩戒委员会审议，确定检察官入额620人，占检察官总数61.7%。其中，市检察院入额110人，占市检察院检察官总数63.2%，基层检察院检察官入额510人，占基层检察院检察官总数61.4%；市县两级检察院未入额检察官385人，其中，市检察院64人，占市检察院检察官总数36.8%，基层检察院321人，占基层检察院检察官总数38.6%。

石家庄市人民检察院

检 察 长：陈晓明

副检察长：何军恒　曹爱国

李彦平（女）

臧玉平　崔少波

冀中南地区检察院检察长：李芳栋
纪检组长：李占存
政治部主任：王国政
反渎职侵权局局长：任志晓

（张辉　李鹏）

法　院

【概况】 2016年，全市法院系统受理各类案件152220件，同比增加29078件，增长23.61%；审执结140498件，同比增加35300件，增长33.57%；结案率92.30%，同比提高6.88%。其中，市中级人民法院受理24938件，增加3997件，增长19.09%；审执结23196件，增加4469件，增长23.90%；结案率93.01%，提高3.61%。制定出台《关于为推进京津冀协同发展提供司法保障和服务的实施意见》。2016年全市法院审理商事案件49490件，标的额390.87亿元；开展“为企业司法把脉”活动，提出司法建议108条。审理刑事案件7244件，判处罪犯9535人；依法审理轰动全国“吕志等六人拐卖妇女案”“被告人苗会良组织领导黑社会性质案”等，故意杀人犯贾敬龙被依法执行死刑。参与“利剑斩污”行动，市县两级法院审理环境、资源案件326件，其中，刑事案件138件，民事案件112件，行政案件76件。审理行政案件1957件，执结非诉行政执行案件1073件，市中级人民法院连续3年发布《行政审判白皮书》。审理民事案件36660件；市中级人民法院李祥获评河北省维护妇女儿童权益“十佳”案件办案人。开展审判执行难“飓风行动”，执结执行案件12783件，标的额116.93亿元。推进法院审判改革，探索推行“轻刑快判”机制、司法责任制等改革，690名法官首批入额宣誓、履职办案。加强队伍管理，举办各类培训及岗位练兵、庭审观摩、业务竞赛19期次，培训干警8128人次；查处违纪违法干警12人。市中级人民法院院史馆、图书馆建成。拍摄微电影《守望》获得全国法院系统第三届十佳微电影之首、全国首届平安中国微电影比赛三等奖、“社会主义核心价值观主题微电影评选”三等奖；拍摄微电影《初心》获得“善美石家庄”微电影大赛金奖。编发全市法院信息简报887篇，被最高人民法院采用6篇。

【审判调解】 市中级人民法院、市社会治安综合治理办公室、市司法局联合出台《关于完善人民调解和诉讼对接机制的意见》，各县（市、区）法院组建成立诉调对接中心。提升诉讼服务中心“一站式”服务质量，全年接待群众45万人次，诉前调解化解纠纷5617件，诉中调解案件14386件，网上预约立案756件。2016年市中级人民法院在全省法院诉讼服务中心建设现场会上作经验介绍。推进人民陪审员依法履行职责，市中级人民法院培训人民陪审员714名，全市法院一审案件陪审率达到75.17%。发挥“一乡一庭”作用，全年法庭接待群众3.1万人次，调解化解纠纷3513件，司法确认493件。开展“法官进社区”活动，市中级人民法院和主城区法院法官举行进街道、进社区活动218场次、3628人次。

【审判公开】 智审系统、电子法院诉讼服务平台、“一乡一庭”移动外勤办案系统、人民法庭“诉非衔接”、“移动调解”系统启用；信息系统安全测评、“中级人民法院—基层法院—派出法庭三级网”升级扩容；市中级人民法院及21个县（市、区）法院开通庭审直播平台。由市中级人民法院牵头，组建全市法院、检察院、看守所建立“三方”网络远程视频庭审系统开庭，2016年最高人民法院院长周强两次网络视察观看，给予肯定。推进网上司法公开，全年网上公开审判执行流程信息128237条、裁判文书61549份、政务审务信息7171条，直播庭审14968场，电子卷宗制作率92.3%，案卷归档率92.9%。微信庭审直播首次开播。

【审判管理】 修订《审判绩效考核办法》等46个规章制度，形成权责一致、分工合理、决策科学、运行顺畅、监督有力的法院司法管理体系。2016年全市法院系统受理案件数量同比增加25%，结案率同比提升7个百分点，受案数量占全省法院系统六分之一，排名全省第一，结案率排名全省第四。《法制日报》头版头条以“立案数大幅增长，结案率不降反升”

为题报道石家庄市审判工作做法及经验。2016年全市法院系统累计清理诉讼积案1297件、执行积案609件，办理上级交办和两级法院接访约访信访案件3170件次。2016年市中级人民法院刑一庭审理贾敬龙故意杀人案被最高人民法院评选为“2016年度人民法院十大刑事案件”。

【审判改革】 推进法院审判改革，690名法官首批入额宣誓、履职办案。落实司法责任制，印发《关于落实司法责任制的实施意见》，初步建立以法官为主，法官助理、书记员为辅的审判团队模式，2016年长安区法院在全省法院执法办案推进会上作“1+2+2”审判团队模式经验介绍。深化担保公司等第三方为当事人申请财产保全提供担保机制改革，全年办理保函担保1219案，标的额36.3亿元。推进案件繁简分流、简易程序规范化和要素式裁判文书、小额速裁制度改革，全年一审民商事案件简易程序适用率68.02%，当庭宣判24.25%。率先在全省探索试行商事案件审判“瘦身”改革，推行“庭审要素前移，简化庭审程序”审判方式，2016年新华区法院商事审判获得河北省人民法院领导批示肯定。刑事审判推行“轻刑快判”。结合刑事审判工作实际，市中级人民法院在全市法院系统探索推行“轻刑快判”机制，即轻微刑事案件快速审理。制定《轻微刑事案件快速办理工作实施细则》，指导全市法院开展机制创新，有效缓解自立案登记制实施后，法院“案多人少”矛盾。2016年全市法院适用“轻刑快判”程序审结各类刑事案件1225件，案件平均期限6天，缩短审结时间12天，庭审时间由原来2个小时缩短至20分钟以内，案件当庭宣判率和服判息诉率100%。1月6日，全国最高法院党组书记、院长周强批示：石家庄市推行“轻刑快判”的做法和经验值得总结和推广。8月9日，河北省高级人民法院在市中级人民法院召开“全省法院轻刑快判工作现场推进会”，推广石家庄市中级人民法院先进经验。

【贾敬龙执行死刑】 2013年贾敬龙因石家庄市长安区北高营村旧房改造时自家房屋被拆，开始怀恨时任村党支部书记兼村委会主任何建华（被害人，殁年55岁），并产生报复何建华想法。贾敬龙行凶前事先购买3把射钉枪、1把仿真手枪及射钉、射钉弹等。2015年2月19日4时许，贾敬龙从长安区华曙制药厂北侧租住处驾驶红旗汽车到北高营新村团拜会现场附近，将汽车停好后步行回到租住处。8时许，贾敬龙用纸箱装着3把射钉枪、1把仿真手枪步行赶到团拜会现场。9时许，贾敬龙走到何建华身后，用1把射钉枪向何建华后脑部开枪，致何建华因颅脑损伤抢救无效死亡。行凶后，贾敬龙驾驶事先停放在附近的汽车逃离现场。2015年11月24日，市中级人民法院以故意杀人罪一审判决贾敬龙死刑，剥夺政治权利终身。宣判后，贾敬龙提出上诉。2016年5月17日，河北省高级人民法院二审裁定，驳回上诉，维持原判，并依法报请最高人民法院核准。11月15日，市中级人民法院遵照最高人民法院院长签发死刑命令，依法执行故意杀人犯贾敬龙死刑。

【聂树斌改判无罪】 1994年8月10日上午，康某某父亲康孟东向公安机关报案称女儿失踪。同日下午，康孟东和康某某同事余秀琴等人，在石家庄市郊区孔寨村西玉米地边发现被杂草掩埋的康某某连衣裙和内裤。8月11日11时30分许，康某某尸体在孔寨村西玉米地里被发现。经公安机关侦查，认定康某某为聂树斌强奸杀害。案件一审时，河北省石家庄市人民检察院以故意杀人罪、强奸妇女罪对原审被告人聂树斌提起公诉，石家庄市中级人民法院于1995年3月15日作出（1995）石刑初字第53号刑事附带民事判决，以故意杀人罪判处聂树斌死刑，以强奸妇女罪判处聂树斌死刑，决定执行死刑。聂树斌不服一审判决，提出上诉。1995年4月25日，河北省高级人民法院作出（1995）冀刑一终字第129号刑事附带民事判决，维持聂树斌犯故意杀人罪的定罪量刑，撤销聂树斌犯强奸妇女罪的量刑，改判有期徒刑十五年，决定执行死刑。根据最高人民法院授权高级人民法院核准部分死刑案件的规定，1995年4月27日，聂树斌被执行死刑。2005年1月17日，另案被告人王书金自认系聂树斌案真凶。此事经媒体报道后，引发社会广泛关注。2007年5月起，聂树斌母亲张焕枝、父亲聂学生、姐姐聂淑惠向河北省高级人民法院和多个部门提出申诉，认为聂树斌不是凶手，要求改判无罪。2014年12月4日，根据河北省高级人民法院请求，最高人民法院指令山东省高级人民法院复查该案。山东省高级人民法院经复查认为，原审判决缺少能够锁定聂树斌作案的客观证据，被告人作案时间、作案工具、被害人死因等存在重大疑问，作出证据不确实、不充分，不能排除他人作案的可能性，建议最高人民法院重新审判该案。最高人民法院同意山东省高级人民法院意见，于2016年6月6日决定提审该案。6月20日，最高人民法院决定该案由第二巡回法庭审理。7月4日，第二巡回法庭依法组成合议庭，由最高人民法院审判委员会专职委员、第二巡回法庭庭长胡云腾法官担任审判长，主审法官夏道虎、虞政平、管应时、罗智勇为合议庭成员。再审期间，合议庭查阅了该案全部卷宗及相关材料，到石家庄察看案发现场、核实相关证据、询问原办案人员，咨询了刑侦、法学专家，多次约谈申诉人及代理人，并听取最高人民检察院意见。最高人民检察院认为原审判决事实不清、证据不足，应当改判聂树斌无罪。最高人民法院鉴于原审被告人聂树斌已被执行死刑，根据刑事诉讼法和有关司法解释规定，决定该案不开庭审理。2016年12月2日，最高人民法院第二巡回法庭公开宣判原审被告人聂树斌故意杀人、强奸妇女再审案，宣告撤销原审判决，改判聂树斌无罪。判决主要理由：原判认定聂树斌犯故意杀人罪、强奸妇女罪的主要依据是聂树斌的有罪供述与在案其他证据印证一致。最高人民法院第二巡回法庭认为该案缺乏能够锁定原审被告人聂树斌作案的客观证据，聂树斌作案时间不能确认，作案工具花上衣来源不能确认，被害人死亡时间和死亡原因不能确认；聂树斌被抓获后前5天讯问笔录缺失，案发后前50天内多名重要证人询问笔录缺失，重要原始书证考勤表缺失；聂树斌有罪供述的真实性、合法性存疑，有罪供述与在卷其他证据供证一致的真实性、可靠性存疑，是否另有他人作案存疑；原判定案的证据没有形成完整锁链，没有达到证据确实、充分的证明标准，也没有达到基本事实清楚、基本证据确凿的定罪要求。最高人民法院第二巡回法庭公开宣判时，包括人大代表、政协委员、专家学者、法官、检察官、公安干警、律师、高校师生、公众及新闻媒体记者等120余人旁听。

石家庄市中级人民法院

院　　长：崔存利

副 院 长：尹新民　万会峰　张保江　张瑞明（女）　李增益　苏风雷　李惊涛

纪检组长：李耀江

政治部主任：王政光

执行局局长：钱建军

办公室主任：王海强

（路银良）

司法行政

【概况】 2016年，市司法行政系统调解案件纠纷5万余件，调解成功率97.6%；办理公证12万余件，同比增长11%。接管省直司法鉴定机构21家；培训鉴定工作人员507名，办理司法鉴定业务1.6万余件，没有发生1起假鉴错鉴问题。实施强制隔离戒毒，围绕戒治手段、戒治环境、戒治设施、帮扶教育等推进“365”戒毒模式；2016年司法部、省司法厅领导6次到市戒毒所检查指导，给予肯定评价。做好社区矫正、安置帮教工作，重点打造“社区矫正石家庄模式”，全年社区服刑人员安置率、帮教率均在99%以上。关心服刑人员子女，推进市少年儿童教育保护中心建设。组建成立“五老志愿服务团”，聘请希望将军赵渭忠担任名誉团长；开展“五老牵手红领巾共圆美丽中国梦”活动、“亲情呼唤促新生”活动，组织服刑人员未成年子女到石家庄监狱、鹿泉监狱、女子监狱、定州监狱参加探视活动；重视服刑人员子女心理干预，全年保护教育服刑人员子女、流浪儿童及困境儿童1200余名。国家司法考试实现考务、试卷安全保密“零事故”，组织、实施“零失误”，考生“零投诉”目标。重视法制宣传，市委市政府印发第七个五年普法规划，市人大常委会审议通过“七五”普法决议；制定出台《法治县（市、区）创建方案》；全年举办普法宣传活动580多场次。开展基层司法所阵地化建设活动，制定出台实施意见，重点突出职能、业务事项，划分功能区域，建设升级版、规范化司法所。2016年石家庄市获评“全国法治宣传教育先进城市”称号，市司法行政系统20个集体、13名个人获评省级以上表彰。

【人民调解】 建立全省首家“行业

性、专业性矛盾纠纷多元化解中心”，整合法院、仲裁等多方调解资源，有效提升医疗、交通、物业等矛盾多发领域纠纷化解能力。市县两级诉调对接中心实现全覆盖，全年化解案件1万余件，法院审判压力缓解、群众诉累减轻。新建个人品牌调解室68家，扩大了人民调解在群众心中的影响力。2016年全市各类调解组织共计调解纠纷5万余件，调解成功率97.6%。

【律师服务】 培育和推荐优秀律师担任各级政府、部门法律顾问，全年律师提供法律顾问服务3076件次，同比增长52%；推进村（居）建立法律顾问制度，为村（居）配备法律顾问801名，开展服务1.6万余件次。服务法治政府建设，向11起政府重大敏感事项提出法律建议。围绕防控企业运行风险，市司法局与市工商联签署《律师护航民营企业发展战略合作框架协议》，覆盖商会54家、企业7万余家，出具法律意见建议1万余件。推进法治建设进程，印发《深化律师制度改革实施意见》。律师事务所党组织覆盖率92%，同比提升52%。安排律师代理重大敏感案件14件。

【法律援助】 全年市司法部门为群众提供法律服务11万余人次，办理法律援助案件7630件；新建人力资源和社会保障、工会、妇联、残联等法律援助工作站13个。开展农民工法律援助专项行动，办理农民工法律援助专项案件1676件，追讨欠款3000余万元，涉及农民工1.5万余人。市公共法律服务中心实现市县两级法律服务全覆盖。

【社会公证】 服务重点项目、重点工程建设，为经济发展有序运行提供法律保障。印发《市直公证处议事规则》，加强公证质量审查。利用先进电子技术，转换录入全部44万9000余卷公证档案信息。开展“公证服务企业质量行活动”，对接重点企业102家，办理公证4万余件。至2016年末，全市累计办理公证12万余件，同比增长11%。

【司法信息服务平台】 利用信息技术，打造石家庄智慧城市“司法行政应用”示范点，构建多平台、一站式综合指挥服务系统。“公共法律服务平台”提供网上法律服务11项；“业务管理平台”开通12项业务线上管理和数据共享分析；“指挥调度平台”以升级改造后“12348”系统为枢纽，辐射带动全系统行政和法律服务资源，倾力打造司法行政为民服务“110”品牌；“公共法律服务平台’创新开展律师顾问、公证顾问工作，为群众提供免费、精准、长期的服务模式。

（关强）

仲 裁

【概况】 2016年，石家庄仲裁委员会（简称仲裁委）受理仲裁案件1163件，同比增长50.5%；标的额40.2亿元，同比增长43.5%。如期结案率90%以上，撤销和不予执行裁决率低于1%，受案数及标的额在2016年全国251家仲裁机构分别排名第25位和第20位。仲裁案件类型涵盖建筑、施工、房地产、金融、保险、买卖等40余种。1起借款合同纠纷案仲裁获得加拿大不列颠哥伦比亚最高法院承认和执行。推行仲裁法律制度，制定《关于在全市房地产、建筑领域宣传推行仲裁法律制度的意见》。重视队伍建设，选派10人参加中国政法大学仲裁研究院举办2016年首期仲裁机构业务骨干研修班学习；举办人民调解、文件解读、人民调解员、河北经贸大学“机构仲裁规则修订的新趋势”讲座等培训17期。利用电视、报纸、网络、微信等媒体平台，宣传仲裁法律制度。参加石家庄广播电视台“3·15”维权大型电视直播活动，制作“仲裁那些事儿”原创微信9期，至2016年底，石家庄仲裁委官方网站浏览量5.1万余人次，微信平台关注人数7万余人。举办纪念石家庄仲裁委员会成立20周年系列活动，主要包括“我与石仲”主题征文、“仲裁大讲堂”、“石仲杯”首届最具魅力仲裁人评选、“仲裁1+1”等。以建筑、房地产、银行、保险、商贸等大中型企业为重点，举办21期《仲裁法》《合同法》《物权法》《房地产法》培训班，培训企事业单位的管理、销售、法律工作人员7500人次，发放仲裁宣传册（单）2万余份，发放载有标准仲裁条款合同文本5万余份。2016年石家庄仲裁委在中国政法大学与法制日报社主办纪念《仲裁法》实施20周年首届“仲裁公信力”论坛暨颁奖典礼上获得公信力开拓进取奖、卓越贡献奖、美誉仲裁员奖、优秀仲裁秘书奖、特别贡献奖、荣誉奖6个奖项；在中国仲裁法学研究会举办第九届仲裁与司法论坛上获得“中国仲裁排行榜先进集体奖”。

【建筑仲裁】 全年受理建筑仲裁案件91件，标的额3.06亿元。其中，建筑施工案件89件，标的额3.05亿元；施工监理、设计案件2件，标的额67.37万元。与河北省建筑业协会、河北省招投标协会等单位建立联系，举办培训和研讨座谈会，规范建筑合同文本和仲裁条款。与河北省第四建筑工程有限公司、河北中建工程有限公司、石家庄市安装工程有限公司、浙江宝业建设集团有限公司河北分公司、石家庄建设集团有限公司、河北天森建工集团有限公司、河北省第五建筑工程有限公司、河北锦云建筑工程有限公司8家建筑单位合作，推行仲裁法律制度。

【房地产仲裁】 全年受理房地产仲裁案件480件，标的额5.68亿元。其中，房屋买卖（置换）案件330件，标的额3.17亿元；商品房买卖案件108件，标的额1.24亿元；房屋租赁案件39件，标的额5754.7万元；房地产合作开发案件3件，标的额6977.73万元。与正定新区管委会签署房地产仲裁战略合作协议；参加腾讯专家购房团直播活动；签署加入仲裁公信力联盟。

【金融仲裁】 全年受理金融纠纷仲裁案件360件，标的额25.75亿元。其中，保险案件174件，标的额2188万元；银行借贷类案件67件，标的额13.15亿元；非银行类借贷案件119件，标的额12.39亿元。探索金融仲裁对接机制及平台，与河北省银行业协会、市金融工作办公室、河北省典当协会建立交流座谈制度。考察深圳、上海、呼和浩特三地金融仲裁院，拟定石家庄金融仲裁院成立方案。借鉴优秀仲裁机构经验，举办仲裁确认研讨会，探讨设立仲裁确认制度，打造适合金融仲裁主体需求和纠纷特点的解决机制。

【买卖仲裁】 全年受理买卖等纠纷仲裁案件130件，标的额4.24亿元。其中，买卖合同纠纷74件，包含涉港案件1件；股权纠纷案件16件，代理、合作案件24件。与市工商业联合会签订《战略合作协议》；与市财政局、市国资委、市工商局合作，规范《政府采购合同》《政府购买服务合同》《股权转让合同》，明确将选定仲裁解决纠纷写入合同。2016年石家庄仲裁委入选市商务局“石家庄市中小商贸流通企业公共服务中心”服务机构名单。

【仲裁调解】 全年受理仲裁调解案件445件，标的额6.04亿元。其中，市中级人民法院受理217件，标的额5.30亿元；桥西区法院受理102件，标的额5861.78万元；新华区法院受理70件，标的额1177.86万元；长安区法院受理33件，标的额215.10万元；裕华区法院受理23件，标的额94.18万元。调解成功102件，标的额1.47亿元，调解率达到26.8%。其中，出具仲裁调解书22件，出具法院调解书9件，撤回案件71件。贯彻落实市委、市政府印发《关于完善运用法治思维和法治方式多元化解社会矛盾纠纷机制的实施方案》，在市中级人民法院及市内4区法院设立仲裁调解窗口和调解室，与市社会治安综合治理办公室、市司法局联合成立“石家庄市行业性、专业性纠纷多元化解中心”，派驻仲裁调解骨干15人。

石家庄仲裁委员会

常务副主任、秘书长：孝磊

副秘书长：李振杰　常宏磊

行政部部长：赵林

（石家庄仲裁委）

军事·外事侨务·台港澳事务

Military & Foreign Affairs & Overseas Chinese Affairs & Taiwan and Hong Kong and Macao Affairs

石家庄警备区

【概况】 2016年，石家庄警备区贯彻落实河北省军区党委的决策部署，围绕政治建军、改革强军、依法治军和有效履行职责使命要求，组织部队开展打基础、抓提升、创一流活动。重视加强党委班子和干部作风建设。以践行“三严三实”为主题，组织召开党委民主生活会，帮助和指导党委班子查找作风建设存在的突出问题；集中学习党章党纪党规，举办团级单位党委书记集训班，提高党委班子班长的政治敏锐性和领导力，增强党委班子的凝聚力和战斗力。开展“两学一做”学习教育活动，检查和督导警备区团级单位学习教育活动的组织和落实，受到中央军委政治工作部的肯定。坚持干部逢晋必考、择优选用原则，激发广大干部求知强能的紧迫感；采取考试与考核相结合的办法选拔后备干部，培养形成选人用人的良好风气，严格保持了部队纪律纯洁性。推进干部能力素质建设，落实干部履职尽责讲评制度，协调做好军队转业干部安置和退休干部移交工作，得到河北省军区的表扬。11月2日，石家庄警备区召开人民武装部、干休所“四个秩序”正规化建设工作会议，现场观摩第二干休所、栾城区武装部工作开展情况。11月18日，石家庄警备区召开党委第一书记任命大会，宣布任命邢国辉为石家庄警备区党委第一书记。2016年石家庄警备区被中央军委国防动员部表彰为“战备工作与军事训练先进单位”，被河北省军区表彰为“安全与装备管理工作先进单位”。

【思想政治】 贯彻落实政治建军要求，以习近平总书记系列重要讲话精神为指导，建立理论学习制度，修订下发理论学习规定；举办“习主席改革强军重大战略思想”、“七一”重要讲话和中共十八届六中全会精神理论辅导，将部队官兵的思想统一到党中央、中央军委和习近平主席的重大决策、重要部署及党对军队绝对领导的要求中。开展改革强军主题教育活动，集中宣讲中央军委改革工作会议精神，举办“服从改革大局，正确对待走留”专题教育，坚定部队官兵树立大局意识、服从意识，保持了军队改革期间官兵思想稳定。举行“政治工作发挥生命线作用”大讨论活动，以建党95周年和红军长征胜利80周年系列纪念活动为契机，引导官兵争做新时期“四有”军人。全面彻底肃清郭伯雄、徐才厚流毒影响，定期组织官兵分析形势，开展思想问题讨论，帮助官兵强化政治意识、看齐意识。注重做好意识形态领域思想斗争，结合重大敏感时期、南海仲裁案等时机，有针对性开展形势政策教育，引导官兵坚决听从党的指挥，永远对党绝对忠诚。

【战备训练】 规范值班秩序，修订完善战备方案预案，组织开展针对性训练演练。召开军地联合防汛工作会议，协调驻石部队官兵和民兵预备役人员投入“7·19”特大洪灾抢险和灾后重建。提升民兵应急能力建设，参加省民兵应急力量拉动检验暨“军事日”活动，做到精心筹划部署、科学训练；市政府安排资金800余万元，支持市民兵训练基地铺设训练场地。圆满完成省军区赋予抗洪抢险、森林扑火训练科目场地设置任务，集中展示了石家庄市应急装备建设成果，受到军地双方领导的赞扬。指导鹿泉区人武部高标准做好日本遗留化学武器销毁保障中交通疏导、群众疏散等工作，受到外交部、军委国防动员部和省军区的肯定与表扬。

【国防动员】 推进国防动员体系建设，指导各单位开展国防动员潜力数据统计调查。严抓民兵整组工作，调整民兵组织机构，制定检查细则，采取静态检查与动态拉动相结合方式，逐个单位执行检查验收。推进高校武装部建设，全市47所高校组建成立武装部；举办国防教育和培训，提升高校武装部人员业务素质和能力。以“五率”量化考评机制为内容，及早部署兵役登记工作，每周通报登记情况，有效增强各级兵役机关人员的责任感和紧迫感，2016年全市适龄青年兵役登记率达到90%以上。突出输送优质兵员目标，深挖大学生兵员潜力，加大高校学生服兵役宣传力度，开辟报名“绿色通道”。严把“五个关口”，顺利完成直招士官和新兵征集任务。2016年石家庄市大学生兵役征集比例超出河北省指导比例6.7个百分点，石家庄市大学生征兵工作在全国大学生征兵会议上作经验介绍。推进人武部独立营院建设，裕华区、新华区、高邑县、无极县人武部顺利搬迁，栾城区人武部被军委国防动员部表彰为“基层建设先进旅团级单位”。

【双拥共建】 协调驻军单位、发动民兵骨干支持石家庄市“两个环境”建设。支持扶贫开发建设，组织驻石部队参加扶贫开发总结暨任务部署会，制定出台《驻石部队扶贫开发三年工作规划》《关于组织发动驻石部队官兵和广大民兵参与省会打赢脱贫攻坚战的意见》。石家庄警备区提供扶贫资金1000余万元，对口帮扶平山县沕沕水村。印发石家庄市《关于进一步加强涉军维权工作的实施意见》《关于加强军人军属法律援助工作实施办法》，协调处理涉军维权问题38起，有效维护驻军和军人军属的合法权益。普及全民国防教育，联合地方相关部门出台《关于在全市中学开展“国防教育教员进校园”活动的实施意见》。协调召开市委议军会议暨市领导“军事日”活动，研究出台《关于支持深化国防和军队改革的意见》等文件4份。

（张立广　李文华）

武警石家庄市支队

【概况】 中国人民武装警察部队河北省总队石家庄市支队（简称武警石家庄支队），于1983年2月6日成立，2005年6月1日由原第八支队和原石家庄市支队合并组建。主要担负省、市等重要目标警卫和守卫、市辖看守所看守、临时押解押运、城市武装巡逻和处置突发事件任务。2016年，石家庄支队以强军目标为统领，按照武警总部、河北总队党委工作部署，严格部队管理，加强战术训练，坚持向能打仗、打胜仗聚焦用力。制定预案，时刻准备处置突发事件。全年参加全民义务植树活动1次，执行井陉县灾区物资紧急运送任务1次，接受地方安全保卫任务2次，均按时完成上级下达任务。重视关键岗位、要害部位、敏感时段安全管理，6次选派工作组突击检查基层队伍应变能力。2016年武警石家庄支队连续9年被武警总部评为预防事故工作先进单位。

【安全保卫】 中超联赛安全保卫任务。3月6日～10月30日，根据市委市政府和市公安局统一安排部署，武警石家庄支队配合市公安局顺利完成2016年全国足球超级联赛石家庄赛区15场比赛安全保卫任务。河北省政府机关警卫勤务上勤仪式。4月26日，根据河北省政府要求和河北总队指示，武警石家庄支队组织举行河北省政府机关警卫勤务上勤仪式，正式担负“省会第一哨”任务。爱飞客飞行大会安全保卫任务。9月13～16日，2016石家庄通用航空展暨爱飞客飞行大会在栾城机场举行。为顺利完成飞行大会现场安全保卫任务，武警石家庄支队相关领导率先垂范，全时坚守执勤岗位，参加执勤官兵依法文明执勤，履行职责，每天连续执勤8个小时，始终保持了良好的军人形象，圆满完成展会安全保卫任务。

【支援地方建设】 参加全民义务植树活动。3月19日，武警石家庄支队按照河北总队指示，组织150名官兵参加河北省“全民义务植树活动”，以实际行动参与石家庄市生态环境建设。“全民义务植树活动”用时3个小时，官兵们表示：支援地方建设、绿化第二故乡，是每名武警官兵应尽的义务，武警石家庄支队决心以实际行动为驻地蓝天常在、绿水长流、永续发展目标做出更大的贡献。参与井陉县灾后救援。“7·19”特大洪水灾害发生后，按照河北总队统一指挥要求，7月24日，武警石家庄支队受领担负井陉县灾区物资紧急运送任务。因受强降雨影响，井陉县部分地区道路塌陷、交通中断，电力系统损坏，多个村庄与外界失去联系。灾情牵动武警石家庄支队每名官兵的心。井陉县灾区山路崎岖，洪水冲毁公路，担负运送任务官兵采取手抬、肩扛的方式徒步运送，往返行程40千米，及时将米面油、方便食品、蜡烛等6吨生活必需品送至灾区人民手中，圆满完成紧急运送任务，受到井陉县政府和受灾人民的赞誉。

（武警石家庄市支队）

人民防空

【概况】 2016年，市人民防空办公室（简称市人防办）学习贯彻中共十八届六中全会和习近平总书记系列重要讲话精神，全面落实第七次全国人民防空会议和省市人民防空会议要求，着力围绕全年人防重要工作和重点任务，强化责任、主动作为，有序推进人防机关"准军事化"管理。编制《人民防空建设"十三五"发展规划》《石家庄市核心区人防工程控制性详细规划》，批准建设防空地下室做到应建必建，应收尽收。修订市、县两级城市人民防空方案，调整指挥机构。开设地震应急避难场所人防工程15个。回填危裂险情地段人防工程4处。招募人防志愿者4600余人。加强财务管理，清查人防资产，委托第三方评估公司评估人防合同81份，24份不符合市场规律合同实施整改，实现人防工程出租增收170余万元。2016年，市人防办被省人防办评为绩效目标考评先进单位，其中，人防工程建设管理、指挥训练、信息化建设等单项工作名列全省第一。

【人防工程】 根据城市发展需要，强化统筹规划，编制《石家庄市核心区人防工程控制性详细规划》，依法实施人防工程建设。规范行政审批，围绕人防工程事前审批、事中质量监督、事后竣工验收3个关键环节，建立行政审批联席会议制度，制定议事规则，从源头把控行政审批许可关。成立市人防工程质量监督管理站，完善人防工程质量监督管理程序，加强人防工程建设事中、事后监督。推进人防工程建设融合式发展，制定石家庄地铁沿线人防工程连通搞活方案，轨道站点连通人防工程5个。开设地震应急避难场所人防工程15个。严格人防工程管理，健全市、县（市、区）、管理单位三级安全管理责任制。集中开展地下空间资源调查、早期人防工程质量普查、人防工程开发利用详查3个专项行动，拉网式摸排全市地下空间资源和人防工程设施，摸清底数。按照市政府要求，开展1984年以前老旧人防工程质量检测，制定综合治理方案，回填危裂险情地段工程4处。

【组织指挥】 完善组织指挥体系。修订完善市、县两级城市人民防空方案，明确指挥机构、任务编成、行动方案和保障方案等内容。提升应急应战能力。编制《人民防空训练五年规划》，按照新大纲要求，实施人防专业队伍岗位训练；参加京津冀人防协同训练、秋季大练兵等重大活动，锤炼人防队伍。推进人防信息化建设。完成第二套便携式卫星地面站建设任务，实现南、北两个方向疏散指挥所卫星通信联通。制定《警报建设三年规划》，明确建设目标。圆满完成"7·7"警报试鸣活动。

【宣传教育】 开展人防宣传教育"五进"活动，利用报纸、电视、广播、户外广告屏和网络等媒介，集中举办大规模、全方位的人防知识宣传，营造爱护人防设施的浓厚氛围。加强人防宣传动员能力建设，开展战时群众心理防护和人防志愿者队伍建设，深入推进和落实人防宣传教育"进社区"工作。探讨成立心理防护专家队伍，市人防办、市卫生计生委、市教育局共同发起研究，探索成立市心理防护专家队伍和在大中专院校开展心理防护课程设想和计划。开展社区、大中专院校人防志愿者招募，全市招募人防志愿者4600余人。

（戚阿东　于刚）

外事侨务

【概况】 2016年，石家庄市邀请外国政要、客商共计37批376人次来石访问、参观考察、对接项目、参加重大经贸洽谈活动。其中，瑞典瑞华商会3次率团来访，推动瑞典与石家庄市在旅游、教育、体育、高科技项目等领域合作，并与河北康辉旅游集团达成旅游及赴欧包机合作意向。重视对外交往与合作。7月13～20日，省委常委、市委书记孙瑞彬率领石家庄市友好经济代表团应邀访问意大利和捷克；5月22～29日，市长邢国辉率领石家庄市友好经济教育代表团应邀访问日本和韩国；9月22～26日，市人大常委会主任杨志辉率领市友好代表团应邀访问日本。开展对外经贸合作。6月16～20日，第三次中国——中东欧国家地方领导人会议期间，市外事（侨务）办公室邀请匈牙利、捷克2个国家45人参会。其中，石家庄市与匈牙利瑙吉考尼饶市签署友好城市关系协议；签订项目合作意向27个，其中，外资项目3项，总投资5亿美元，拟利用外资1.3亿美元。按照“从速、低调、妥善”原则，妥善处置外国记者来石家庄（简称来石）采访活动4批4人，处置涉外突发事件3起、境外非组织在石家庄（简称在石）活动1起，均做到依法依规办理，未发生不良影响事件。

【对外交往】 市领导出访。7月13～20日，省委常委、市委书记孙瑞彬率领石家庄市友好经济代表团应邀访问意大利和捷克。访问意大利期间，孙瑞彬在瓦雷泽市与意大利AVIO国际集团股份有限公司总裁菲奥科举行会谈，双方就推动中国宏泰产业市镇发展有限公司与意大利AVIO国际集团股份有限公司在石家庄市栾城区合作建设航空产业项目达成共识，并见证宏泰公司与AVIO国际签订战略合作协议。该项目占地300亩，规划投资10亿元，主要生产SK-1双动力双座直升机和F-22Pinguino单引擎教练机。在意大利都灵市，市代表团举办了“石家庄对意大利合作项目推介会”，意大利知名品牌厂商和媒体代表80余人参加推介会。在意大利巴罗洛市，孙瑞彬与市长拜纳可举行会谈，双方商定加强经贸合作、建立经常性联系，推动两市企业开展项目对接。在意大利佛罗伦萨，河北迪泰皮制品有限公司与Minerva Industrial CO.，ltd就引进无铬鞣白湿革生产工艺签订合作协议；璟泰国际与Magnabosco Gastone财团就无极县意大利皮革科技产业园项目签订合作协议。访问捷克期间，孙瑞彬与因克福飞机制造公司总裁奥斯狄穆举行会谈，双方就栾城区通用航空产业基地建设鲨鱼飞机生产线项目达成合作意向。在捷克首都布拉格，市代表团举办了“石家庄市投资环境推介会”，中国驻捷克大使马克卿、捷克政府及工商界人士100余人出席推介会，中国宏泰产业市镇发展有限公司分别与捷克因克福航空公司、普莱米克公司、盈科PKW律师事务所签订合作协议。在捷克利贝雷茨市，双方一致同意扩大经济技术交流与合作，推进两市建立正式友好城市关系进程，并签署《友好城市关系意向书》。5月22～29日，市长邢国辉率领石家庄市友好经济教育代表团应邀访问日本和韩国。访问日本期间，市代表团参加了石家庄市与长野市结好35周年系列纪念活动。邢国辉与长野市市长加藤久雄就双方青少年交流、旅游及产业合作等达成共识，并出席两市共同举办的“纪念石家庄市——长野市结好35周年暨旅游合作会议”。两市市长签署《加深教育旅游合作备忘录》，两市旅游、教育主管部门及学校、旅游企业分别签订合作协议。市代表团在东京市访问了日本最大证券公司——野村控股株式会社，双方围绕新兴产业发展、基础设施建设、国有资产重组达成合作意向；与日本海鸥旅行社签订合作协议，并举行日本海鸥旅行社石家庄旅游东京推广中心挂牌仪式。访问韩国期间，邢国辉与天安市市长具本玲就两市经贸、旅游、教育等领域合作达成共识，两市教育主管部门签署《深化教育合作备忘录》，石家庄外国语学校与天安市业成高等学校签订《交流合作意向书》；市代表团在天安市访问了忠南北部商工会所、天安工业园区和三星新能源电池生产企业。市代表团在首尔市与韩国最大旅游企业——哈拿多乐旅游公司签订合作协议，并举行哈拿多乐旅行社石家庄旅游首尔推广中心挂牌仪式。9月22～26日，市人大常委会主任杨志辉率领市友好代表团应邀访问日本，出席石家庄市与长野市缔结友好城市35周年系列纪念活动，并与长野市议会议长小林义植、市长加藤久雄举行会谈和交流。外国客人来访。4月26日，瑞典法尔肯贝里市市长玛丽—路易斯·维纳森率领友好代表团来石家庄市访问。10月17～19日，以日本长野市市长加藤久雄为团长的长野市友好代表团17人和市民访问团22人到石家庄市访问；访问团在石家庄期间，出席石家庄——长野友好樱花园开园仪式，参观石家庄市规划馆、石家庄——长野结好35周年图片展，并举行石家庄——长野旅游推介会。11月16日，市委书记、市长邢国辉在亚太大酒店会见德国考察团一行，并与德国巴符州拉尔市市长沃尔夫冈·穆勒和巴符州弗里森海姆市市长艾瑞克·万德会谈；两名德国市长主要到平山县考察交流，洽谈建设中德国际产业园等项目。

链接

1981年，石家庄市与日本长野市正式缔结友好城市关系。长野市是石家庄市第一个国际友好城市。2002年8月6日，石家庄市与法尔肯贝里市签署友好城市协议，双方在教育、环保、体育、旅游等领域交流合作成果丰富。2008年，玛丽—路易斯·维纳森第一次到石家庄市参观访问，此次是第二次。

（刘亮）

【对外经济合作】 3月23日，河北省友好省州——美国艾奥瓦州友好人士卢卡·贝隆率领美国艾奥瓦州友好代表团一行8人到石家庄市参观访问。访问团参观了灵寿县永昌种植专业合作社和灵寿县丰汇食用菌种植专业合作社，并就拟在灵寿县建立规模养殖场项目考察洽谈；还参观了正定隆兴寺、乒乓球训练基地及石家庄永昌足球俱乐部。4月12日，意大利时尚协会终身荣誉主席、米兰时装周创始人马里奥·博塞利到石家庄市开展商务考察和交流。马里奥·博塞利家族企业马里奥·博塞利集团在意大利境内和斯洛伐克建有工厂，主要从事纱线、合成纤维、丝绸产品和成衣的制造。马里奥·博塞利是北京卓越奥莱控股有限公司的股东，该公司旗下卓越奥莱国际中心项目位于石家庄市藁城区岗上镇。捷克代表团到石参观访问。6月19～20日，受石家庄市邀请，出席第三次中国——中东欧国家地方领导人会议、河北省国际经济贸易洽谈会的捷克代表团到石家庄市参观访问，并就产业领域合作开展专题洽谈。捷克代表团在石家庄期间，举办了石家庄—捷克代表团教育、航空项目恳谈会和石家庄—捷克代表团专场对接会，全市14家从事建筑、环保、卫生、农业科技等领域企业，与捷克代表团的企业家举行对接洽谈，并达成初步合作意向。2016年6月和9月，捷克华商联合会会长汪万明两次率团来石访问和考察，石家庄市组织29家企业就现代农业、旅游航空、教育合作等与捷克企业对接洽谈，达成多项合作意向及合作备忘录。8月16～17日，新加坡驻华使馆商务参赞周佳穗率领商务代表团到石家庄市考察投资环境，并就新加坡与元氏县合作河北康丰规模化生物天然气工程试点项目举行对接和洽谈。9月18日，省委常委、市委书记孙瑞彬在石家庄市会见爱尔兰驻华大使康宝乐一行，双方就经济合作事项举行交流和探讨。9月19日，河北百美达医药科技有限公司动保制剂项目奠基仪式在石家庄经济技术开发区举行。位于石家庄市藁城区河北百美达动保制剂项目是由爱尔兰百美达制药集团投资建设，主要生产青霉素类动物保健注射制剂、非青霉素类动物保健注射制剂和可溶性粉剂产品，项目占地67.6亩，投资额2.2亿元。10月19日，卓越奥莱国际中心项目股东、意大利国家时尚商会终身荣誉主席、米兰时装周创始人、北京卓越奥莱控股有限公司董事马里奥·博塞利到石家庄市考察卓越奥莱国际中心项目进展情况。该项目位于藁城区，总投资88亿元，规划占地1464亩，主要建设奥莱度假小镇、商业建筑等。11月14日，美国艾奥瓦州州长率团来石访问，双方签署《优质荷斯坦奶牛和安格斯牛肉胚胎引进和良种推广项目》《河北—艾奥瓦友谊蛋鸡场项目》2个项目合作协议。

（焦莉莉　王静）

【对外文化交流】 4月5日，由市长苏西娜（女）率领的印度索拉普尔市（柯棣华大夫的家乡）代表团一行7人到石家庄市参观访问，并到华北军区烈士陵园柯棣华烈士墓敬献花圈。与匈牙利瑙吉考尼饶市缔结友好城市关系。6月17日，石家庄市在第三次中国——中东欧国家地方领导人会议期间，与匈牙利瑙吉考尼饶市签署友好城市关系协议书，缔结为友好城市关系。市长邢国辉与匈牙利瑙吉考尼饶市市长桑德尔·德内斯共同在协议书上签字。瑙吉考尼饶市位于匈牙利西南部，距首都布达佩斯220千米。自2007年起，石家庄市与瑙吉考尼饶市通过交流互访，在经贸、科技、文化合作等方面达成共识，签署《友好会谈备忘录》《加强两市合作与交流会谈备忘录》。6月28日，德国勃兰登堡州国际事务局局长皮特·科纳特率团到石家庄市访问。副市长孟祥红与随团成员波茨坦市（勃兰登堡州首府）副市长艾丽斯·嘉娜·麦格多斯基举行会谈，并签订文化、体育等领域合作交流备忘录。11月2日，日本长野市犀陵中学校长岛田均率领长野市中学生代表团一行14人到石家庄市交流访问，并参观省博物馆、人民广场、市动物园等。

【为侨服务】 邀请列席河北省政协会议的海外人士、巴西冀鲁同乡会企业代表团、捷克华商企业家团、旅美科协高层次人才回国考察团、美国加州商会企业代表团、英国河北会代表团、天津市侨办调研团等国内外华侨华人及社团共计15批100余人次来石访问，与石家庄高新区、以岭药业、河北盛益饮品有限公司、河北康辉集团、河北苹乐集团等对接洽谈合作。协调市侨商会分别与匈牙利华人联合总会、南悉尼华人商会、泰国河北总商会、捷克华商联合会、加拿大商贸创新联盟、巴西冀鲁同乡会、美国加州河北商会、非洲乌干达河北商会、坦桑尼亚河北商会、英国河北会10个商会组织签署友好协议。开展节日慰问、法律援助、“四侨”考生加分、侨务扶贫、侨企挂牌、“侨之家”建设等活动，其中，“四侨考生”加分20人，走访慰问贫困归侨侨眷50户、侨界知名人士35名、侨资侨属企业36家。激发侨胞热爱家乡、建设家乡热情，协调侨商为井陉县龙凤山村捐款3万元建造蓄水池，为平山县古道村捐款8.87万元和价值1万元物资用于灾后重建。

（刘亮）

台港澳事务

【概况】 2016年，市台湾工作办公室（简称台办）围绕促进两岸关系和平发展和服务石家庄经济社会发展两个大局，持续推进两岸经济文化交流合作。至2016年底，全市共有常住台商113人、台胞183人、台属5万余人，其中涉台婚姻70人；拥有台资企业83家，总投资14.85亿美元，合同利用台资8.67亿美元，解决劳动就业2万人。2016年全市接待台湾来访团组34个240人次；邀请中国台湾15个团组120余人次到石家庄参观考察；办理赴台湾（简称赴台）经贸、交流团组24个204人次。2016年全市审批因公出国赴港澳团组95批226人次，其中，石家庄市自组团47批163人。为全市22家企业55人申办APEC商务旅行卡，为6人申办赴港工作签注手续。严格因公赴港澳管理，印发《关于进一步加强和规范国家工作人员因公临时赴港澳工作的通知》《关于调整因公临时出国赴港澳请示件制式的通知》。开展违规公费出国（境）、公款旅游问题清理，向存在问题团组和人员及时下达“整改意见函”，并落实问责和整改要求。

【为台服务】 主动服务台商，促进台企转型升级。结合石家庄市经济结构调整，以调研、座谈、走访了解方式，引导和帮助台资企业转型升级，没有出现台企大面积撤资现象，至2016年末全市新增台资企业3家。聘请律师，帮助台企解决发展过程中涉及纠纷。全年收到涉台投诉案件9起，通过协调处理，均得到解决。加强与石家庄市台湾同胞联谊会、黄埔军校同学会及民革石家庄市委等涉台部门联系，发挥各自作用，形成合力，共同为台胞、台属做好服务。帮助台企共渡难关。2016年“7·19”特大暴雨灾害发生后，市台办联络石家庄市台企协会、台属联谊会等社会组织会员，向受灾严重的井陉县台安塑料制品有限公司捐款，捐资3.3万余元。全年在石台企、台商、台胞、台属捐赠款物价值70多万元。

【对台宣传】 利用2016年中国·石家庄国际投资合作洽谈会、第三届冀台博览会、2016中国·石家庄第十一届国际动漫博览交易会等活动之机，邀请中国新闻社河北分社、石家庄电视台、石家庄人民广播电台、《石家庄日报》等媒体现场采访和报道，宣传石家庄市市的历史文化、区位优势及建设成就，提升台商对石家庄市的了解和认知。重视做好《对台工作简报》和石家庄与台湾网的编辑及管理，借助简报、网站、杂志手段，开展对台宣传。全年编辑对台简报3期，登录网上信息10篇，受到省委统战部网站刊登2篇、《石家庄日报》刊登1篇；《台湾旺报》专版报道石家庄市1次。

【石台交流】 星云大师捐赠北齐佛首合璧入藏。4月30日，“星云大师捐赠北齐佛首合璧入藏暨一笔字书法展开幕仪式”在河北博物院举行。中国台湾佛光山开山宗长星云大师亲临现场为修复后的大佛首展揭幕。国家文物局副司长刘曙光在仪式上宣布北齐释迦牟尼佛首由河北博物院永久入藏。2015年中国台湾佛光山开山宗长星云大师发愿将北齐释迦牟尼佛首捐回大陆，2015年5月23日，藏于河北博物院的佛身赴台湾与佛首合璧展出；2016年2月26日，在台湾展示9个月后，释迦牟尼佛首与佛身由90岁高龄星云大师护送运抵北京，并在国家博物馆举行为期20多天展出；3月28日，释迦牟尼佛首、佛身双双回到石家庄，并在河北博物院修复。修复后，释迦牟尼佛像在河北博物院阳光大厅展出并最终移入《曲阳石雕》展厅幽居寺专题展区。灵寿县幽居寺北齐汉白玉释迦牟尼佛首流失海外20年后，由中国台湾星云大师捐赠祖国大陆，在海内外引起广泛影响，体现了海峡两岸中国人隔不断的情与缘及血脉亲情和中华文化的强大感召力。4月30日，“星云大师一笔字书法展——2016中国大陆巡回（河北）”也同时在河北博物院举行，展区分墨宝区、书房区、影片区、抄经区、拓印区、手稿区等区块，展出星云大师一笔字书法作品200余幅，展品多为星云大师在患眼疾、几乎失明情况下，用“心”写出一笔字。4月30日，河北省委书记、省人大常委会主任赵克志在河北博物院会见星云大师。4月30日～5月8日，2016石家庄首届两岸农业创客嘉年华暨海峡两岸青年众创论坛活动在滹沱河畔福慧居两岸原生文创园举行。此次论坛活动以人文地理、政策举措、产品研发、生产制作、消费市场等为内容，重在增进两岸青年人的感情，提升石家庄市文创产业水平。台湾戏曲学院京剧表演研习营。7月12日～8月8日，由中华文化联谊会、河北省文化厅主办，河北艺术职业学院、台湾戏曲学院共同承办的台湾戏曲学院京剧表演研习营在河北艺术职业学院举行。15名台湾戏曲学院学生参加京剧表演学习，最小15岁、最大22岁，学生按照武旦、小生、武生、青衣、花旦等行当分班，除学习唱念做打等基本功外，还学习《霸王别姬》《小放牛》《黄鹤楼》等经典剧目。2016年来石参访还有中国台湾新竹县县长邱境淳、乡里长总会会长陈建良、南投县仁爱乡乡长江子江等。

【石台港经济合作】 石台经贸活动。2016年5月，市台办组织经贸团队赴台与台湾地区相关商会、协会、企业对接洽谈。6月22日，市长邢国辉在市亚太大酒店会见参加第三届冀台博览会台湾地区南投县县长林明溱一行。6月23～26日，第三届冀台博览会暨台湾南投县特色旅游文化交流展在石家庄“河北博物院”举行，中国台湾南投县县长林明溱及台胞65人参会。协助台商杜望龙、陈庆泰、李茂荣在石家庄市举办美食节3场次。无极县皮革业项目。11月1日，省委常委、市委书记孙瑞彬在石家庄市会见香港璟泰国际集团总裁蔡中和及意大利Minerva公司董事、销售总裁李察・亨利・柏文等人，双方就加强项目合作举行洽谈和交流。2016年意大利Minerva Industrial C0.，ltd和香港璟泰国际集团派人多次到无极县实地考察皮革业发展，经过多方洽谈对接，2家公司意向在无极县投资1.2亿美元，建设占地300亩意大利皮革科技产业园。

（季顺智）

农业·农村

Agriculture & Rural Areas

综　述

2016年，全市农林牧渔业总产值791.12亿元，同比增长1.1%。其中，农业产值419.21亿元（中药材产值1.82亿元），占比52.99%；林业产值19.44亿元，占比2.46%；牧业产值310.57亿元，占比39.26%；渔业产值3.81亿元，占比0.48%；农林牧渔服务业产值38.10亿元，占比4.82%。农业、牧业、渔业产值共计占农林牧渔业总产值92.73%。2016年全市粮食播种面积65.93万公顷，同比减少1.77万公顷；总产量440.36万吨，同比减少9.64万吨；平均亩产445.3千克。其中，小麦播种面积27.76万公顷，总产量226.08万吨，亩产460.07千克；玉米播种面积28.89万公顷，总产量201.71万吨，亩产465.47千克。谷子播种面积7996公顷，总产量1.62万吨。豆类播种面积1.48万公顷，总产量2.33万吨，其中大豆播种面积1.25万公顷，总产量2.07万吨。薯类播种面积1888公顷，总产量4.48万吨。油料播种面积6.13万公顷，总产量20.82万吨，其中花生播种面积5.39万公顷，总产量19.22万吨。棉花播种面积5650公顷，总产量5540吨。蔬菜及食用菌播种面积16.20万公顷，总产量1320.96万吨。瓜果播种面积9906公顷，总产量51.07万吨，其中西瓜播种面积7324公顷，总产量41.87万吨。果园面积14.95万公顷，其中　苹果园1.23万公顷、梨园3.85万公顷、桃园3055公顷、葡萄园4814公顷、枣园7.78万公顷。水果总产量（不含果用瓜）228.69万吨，其中，苹果24.61万吨（红富士18.14万吨）、梨149.73万吨（雪花梨41.86万吨、鸭梨49.30万吨）、桃6.67万吨、葡萄13.54万吨、红枣27.46万吨。核桃种植面积10.48万公顷，总产量5.64万吨。花椒种植面积4175公顷，总产量4195吨。至2016年底，牛、奶牛、驴、猪、羊、家禽、鸡、兔存栏数分别达到68.09万头、33.92万头、3.07万头、307.02万头、102.22万只、1.01亿只、9251.97万只、170.03万只。肉、奶、蜂蜜、禽蛋、鸡蛋产量分别达到68.80万吨、110.74万吨、3380吨、93.68万吨、88.34万吨，同比分别增长−1.26%、−4.86%、8.61%、0.43%、−3.88%。其中，猪肉、牛肉、羊肉、家禽肉、驴肉、兔肉产量分别达到39.95万吨、8.58万吨、1.98万吨、17.16万吨、2866吨、5309吨，同比分别增长−1.39%、−1.47%、−2.28%、0.11%、2.32%、−21.56%。水产品（主要是淡水产品）养殖面积1.52万公顷，总产量3.12万吨，同比下降7.81%，其中水库养殖1.43万公顷。全年建设百亩以上现代农业园区261个，总面积78万亩，总投资150亿元，总产值132亿元。其中，国家级休闲农业星级示范（企业）园区14个，省级现代农业园区11个，市级现代农业园区51个。元氏县、平山县获评全国休闲农业与乡村旅游示范县，栾城区、藁城区获评省级休闲农业与乡村旅游示范县（区）。实施病险水库除险加固工程22座，其中，井陉县6座、元氏县7座、灵寿县9座。完成中小河流治理工程6个。投资1.29亿元，新建单村供水工程557处，解决557个村31.32万人农村居民饮水安全问题。拥有农业机械总动力1156万千瓦，主要农作物耕种收机械化综合水平达到90.6%，同比提高5.1%。其中，玉米机收率90.43%，增长7.43%；玉米机播率88%；小麦机播率100%；小麦机收率98%。2016年全市造林绿化面积194.48万亩，其中，人工造林74.48万亩，封山育林120万亩，零星四旁植树1553万株，全民义务植树1500万株，森林覆盖率达到38.7%，同比提升1.5个百分点。土地确权登记面积558.4万亩，占承包耕地总面积86.3%；土地流转面积226.45万亩，占家庭承包耕地总面积35.0%。新增家庭农场245家，累计达到1325家；新增农民合作社449家，累计达到3636家。农业产业化经营率66.8%，同比提高1.1%。

（薛鹏飞）

种　植　业

【概况】 2016年，全市粮食播种面积65.93万公顷，同比减少1.77万公顷；总产量440.36万吨，同比减少9.64万吨；平均亩产445.3千克，同比增加2.1千克。其中，小麦播种面积27.76万公顷，减少5.14万公顷，总产量226.08万吨，减少0.82万吨，亩产460.07千克，与2015年基本持平；玉米播种面积28.89万公顷，减少1.71万公顷，总产量201.71万吨，减少8.89万吨，亩产465.47千克，增加5.87千克。石家庄市粮食产量50万吨以上主产区为：赵县56.33万吨、藁城区51.11万吨；小麦产量20万吨以上主产区为：赵县28.96万吨、藁城区24.94万吨；玉米产量20万吨以上主产区为：赵县27.25万吨、藁城区24.92万吨。小麦亩产赵县、藁城区并列第一名，均为507.9千克；玉米亩产赵县第一，为564.1千克，藁城区第二，为550.0千克。谷子播种面积7996公顷，总产量1.62万吨；谷子产量1000吨以上主产区为：晋州市5545吨、元氏县1845吨、无极县1396吨、行唐县1326吨、井陉县1158吨、鹿泉区1048吨。豆类播种面积1.48万公顷，总产量2.33万吨，其中大豆播种面积1.25万公顷，总产量2.07万吨；豆类产量2000吨以上主产区为：藁城区3941吨、晋州市3865吨、正定县2619吨、栾城区2106吨。薯类播种面积1888公顷，总产量4.48万吨；主产区为行唐县、灵寿县。油料播种面积6.13万公顷，总产量20.82万吨，其中花生播种面积5.39万公顷，总产量19.22万吨；油料产量1万吨以上主产区为：行唐县2.49万吨、正定县1.99万吨、无极县1.72万吨。棉花播种面积5650公顷，总产量5540吨；棉花产量500吨以上主产区为：平山县618吨、元氏县521吨。蔬菜及食用菌播种面积16.20万公顷，总产量1320.96万吨；蔬菜及食用菌产量90万吨以上主产区为：藁城区310.75万吨、鹿泉区92.71万吨、栾城区91.05万吨。瓜果播种面积9906公顷，总产量51.07万吨，其中西瓜播种面积7324公顷，总产量41.87万吨；西瓜产量4万吨以上主产区为：新乐市15.99万吨、赵县6.61万吨、无极县4.0万吨。建设小麦、玉米万亩高产创建示范片99个，全部做到品种、测土配方施肥、种植形式、肥水管理、病虫防治、农机作业“六统一”要求，示范片小麦、玉米平均亩产分别比全市平均亩产增加172千克和198千克。设施蔬菜播种面积8.85万公顷，占蔬菜及食用菌播种面积54.6%。高邑县、藁城区实施蔬菜微滴灌水肥一体化项目，种植面积2463.87公顷。建成国家级蔬菜标准园2个、省级现代蔬菜产业发展县1个、市级蔬菜标准园30个；蔬菜园区全面推行标准化生产，建立质量追溯体系；良种覆盖率100%，关键技术普及率达92%以上。

【种植结构调整】 以稳定粮食产量、产能，调整区域、品种布局，提高农业市场竞争力、可持续发展能力为目标，制定印发《石家庄市种植结构调整三年行动计划》《2016年种植业结构调整工作推进方案》《2016年玉米结构调整实施意见》。全年调减籽粒玉米种植25万亩，其中，改种青贮玉米21万亩，改种杂粮、马铃薯、蔬菜、食用菌、中药材4万亩，示范推广杂交谷5万亩，打造千亩以上市级中药材示范园37个。

（许瑞忠）

【石麦22节水高产示范田亩产620.6千克】 6月9日，市农林科学研究院赵县试验站石麦22节水高产示范田小麦正式收割，接受专家检测。根据专家现场出具报告显示，石麦22春灌1水节水高产示范田实际亩产620.6千克。石家庄市冬小麦主要在10月份播种，生育期位于降水缺少季节。石麦22号小麦品种与普通小麦相比，在每亩产量相同情况下，石麦22每年可少浇1次水，每亩节水50立方米。石麦22号小麦品种抗旱性和丰产性结合突出，符合节水高效需求，具备推广应用前景。

（王巍　李莉）

【粮食作物水肥一体化项目】　2016年10月，石家庄市粮食作物水肥一体化项目通过国家批复，开始实施。该项目为国家农业重点项目——地下水超采综合治理试点项目，涉及藁城区、新乐市、正定县、深泽县、赵县、高邑县、晋州市、长安区8个县（市、区）39个乡镇127个村，总面积2.4万亩，亩投资1500元，总投资3600万元。项目建设内容包括地下输水管道、机井设备配套与更新、灌溉与施肥智能化控制设施、用水计量设施等。

（岳金宏）

【土地节肥】　建设测土配方施肥万亩示范方25个，示范推广面积1050万亩，节省化肥投入2.1万吨，节肥3.2%。栾城区、正定县、晋州市使用测土配方施肥、配肥服务站个性化配制玉米、果树等作物配方肥1000余吨。综合运用绿色植保技术，推行统防统治模式，减少农药投入量。2016年全市绿色植保防控推广面积430万亩次，节药农药用量5.4%；推广"一喷三防"防治面积500万亩次；蔬菜种植大县推广"节水、节肥、节药"等标准化生产技术2.3万亩。

（许瑞忠）

【2个县市获批新增千亿斤粮食生产能力规划田间工程建设项目】　行唐县、晋州市入选河北省发展改革委批复2016年新增千亿斤粮食生产能力规划田间工程建设项目。总投资3900万元，分别包括行唐县的余底、南贾素、燕头等村及晋州市的小樵镇、总十庄镇、朝阳经济开发区、桃园镇的7个村。建设内容包括地下防渗管道、井房、肥料池、秸秆还田等田间工程、配套设施和地力建设。建设期限2年。

（吴温）

【农产品质量安全监管】　按照属地管理原则，层层签订责任状，农药经营门店实行划片包店政策，全市范围实施59种高毒、高残留农药全链条监管。全年检查生产经营企业2863个次，假劣农药举报案、抽检案查处率均达100%。落实农业标准化生产要求，推广无公害蔬菜标准化生产技术10项、标准化生产面积230万亩；新认定无公害、绿色生产基地17个，认证产品24个。农产品质量检测。全年农业部例行抽检4次，抽检基地平均合格率100%；省级抽检12次，平均合格率98.75%；市级抽检蔬菜样品5594个，平均合格率99.94%。2016年全市农产品定性抽检、自检样品79530个，平均合格率100%；鹿泉区、藁城区、正定县获评第二批河北省农产品质量安全县。农产品质量追溯管理。全年农产品抽样检测发现不合格产品，全部落实源头追溯和整改措施；现代农业园区、蔬菜标准园推行质量追溯试点，建立农产品产地二维码信息；新增追溯点30个。

【农业综合执法】　培训基层农业行政执法人员150名。石家庄市农业行政综合执法支队及新乐市、晋州市、元氏县农业行政综合执法大队获评全国农业综合执法规范化建设示范单位，总数达到14个。藁城区、晋州市报送农业行政处罚案卷获评全国优秀农业行政处罚案卷，行政处罚决定书获评全国农业行政处罚优秀文书；石家庄市农业行政处罚文书连续4年获评全国优秀文书。开展"春雷""绿剑"护农行动，出动执法人员5264人次，执法车辆1448余辆次，发现问题286起，其中，责令改正154起，立案109起，调节农资纠纷25起。

（许瑞忠）

畜牧·水产业

【概况】　2016年，全市牧业产值310.57亿元，占比39.26%；渔业产值3.81亿元，占比0.48%；牧渔业产值占农林牧渔业总产值达到39.74%。至2016年底，牛、奶牛、驴、猪、羊、家禽、鸡、兔存栏数分别达到68.09万头、33.92万头、3.07万头、307.02万头、102.22万只、1.01亿只、9251.97万只、170.03万只。肉、奶、蜂蜜、禽蛋、鸡蛋产量分别达到68.80万吨、110.74万吨、3380吨、93.68万吨、88.84万吨，同比分别增长−1.26%、−4.86%、8.61%、0.43%、−3.88%。其中，猪肉、牛肉、羊肉、家禽肉、驴肉、兔肉产量分别达到39.95万吨、8.68万吨、1.98万吨、17.16万吨、2866吨、5309吨，同比分别增长−1.39%、−1.47%、−2.28%、0.11%、2.32%、−21.56%。水产品养殖面积1.52万公顷，总产量3.12万吨，同比下降7.81%，其中水库养殖1.43万公顷。2016年全市牛存栏5万头以上主养区为行唐县8.90万头、无极县8.63万头、正定县8.56万头、赞皇县5.56万头，栾城区5.49万头，奶牛存栏2万头以上主养区为行唐县8.49万头、正定县4.38万头、栾城区4.14万头、新乐市2.99万头、藁城区2.89万头、无极县2.38万头、灵寿县2.20万头，驴存栏1000头以上主养区为新乐市1.22万头、行唐县6400头、灵寿县4400头、无极县4300头、深泽县1000头，猪存栏20万头以上主养区为正定县39.87万头、新乐市34.50万头、藁城区30.70万头、晋州市27.16万头、无极县22.56万头、赵县21.90万头，羊存栏8万只以上主养区为元氏县12.60万只、无极县10.79万只、藁城区9.84万只、晋州市8.73万只、井陉县8.64万只，蛋鸡存栏800万只以上主养区为藁城区1292.71万只、栾城区1174.42万只、正定县1025.57万只、新乐市879.20万只、无极县852.11万只，兔存栏15万只以上主养区为新乐市53.20万只、元氏县23.01万只、藁城区19.60万只、灵寿县19.12万只、高邑县17.03万只，水产品养殖面积1000公顷以上主养区为平山县8850公顷、灵寿县2767公顷、鹿泉区1951公顷。2016年全市肉类产量5万吨以上主产区为藁城区8.44万吨、正定县7.73万吨、新乐市6.09万吨、无极县5.79万吨、晋州市5.40万吨，猪肉产量3万吨以上主产区为藁城区4.51万吨、正定县4.37万吨、新乐市3.93万吨、晋州市3.42万吨、赵县3.20万吨，牛肉产量1万吨以上主产区为无极县1.08万吨、正定县1.06万吨、行唐县1.02万吨、赞皇县1.01万吨，羊肉产量2000吨以上主产区为元氏县2613万吨、藁城区2220吨、无极县2209吨，驴肉产量200吨以上主产区为新乐市1747吨、元氏县280吨、无极县228吨、赵县225吨，兔肉产量500吨上以主产区为高邑县1045吨、新乐市893吨、元氏县539吨、平山县538吨、晋州市520吨，牛奶产量10万吨上主产区为行唐县33.52万吨、正定县11.76万吨、栾城区10.47万吨，蜂蜜产量100吨以上主产区为赞皇县1720吨、平山县1100吨、元氏县175吨、赵县150吨、灵寿县150吨，鸡蛋产量8万吨以上主产区为藁城区12.99万吨、正定县12.52万吨、栾城区9.84万吨、无极县8.30万吨，水产品产量5000吨以上主产区为平山县1.26万吨、灵寿县7730吨、鹿泉区6340吨。推行畜牧业规模化养殖，创建标准化规模养殖示范场928个，其中省部级示范场108个；658家养殖场配建畜禽粪污处理设施，占到养殖场总数70%。161家生产乳粉奶牛场实施标准化升级改造，228个奶牛养殖小区实现牧场化管理。率先在全国开展奶牛散养入区工作，牧场化奶牛养殖场达到96%，奶牛规模化养殖率达到100%；率先建成奶站视频监控联网系统，部、省级抽检合格率均保持100%。扩大畜牧业保险和融资贷款规模，全市投保牲畜保险198.6万头，同比增长46%；1500个不同规模养殖场户获得贷款资金2.5亿元，同比增长10.0%。2016年全市畜牧业发展形成以君乐宝乳业、三元乳业、双鸽食品、华牧牧业、华润五丰为龙头畜牧产业集群，累计实现产值142.0亿元，同比增长21.0%。6月18日，石家庄君乐宝乳业公司、石家庄双鸽食品有限责任公司2家农业产业化重点龙头企业在河北省现代农业招商洽谈会暨河北省农业品牌发展大会上被认定为“河北省十大农产品企业品牌”。2016年市畜牧水产局在全省农产品质量安全检测技能大赛中获得团体一等奖，黄壁庄水库渔政监督管理站被农业部评为2016年度渔业文明执法窗口单位，正定县动物疫病预防控制中心在中国兽医协会、中国兽药协会、中国人民财产保险股份有限公司联合举办的全国2016年“寻找最美基层兽医”“十佳基层兽医服务团队”评比活动中获得“十佳基层兽医服务团队”称号。

（薛鹏飞　王荣申）

【重大动物疫病防控】 举办春秋季重大动物疫病防控行动，落实“政府保密度，部门保质量”措施，建立定期考核和通报制度。市动物防疫物资储备库建成投入使用。开展动物疫病监测预警和流行病学调查，监测血清样品2万份，均未发现异常。完善重大动物疫病预警制度，举办动物疫病防控应急演练。9月7日，市畜牧水产局在晋州市以猪场突发口蹄疫为背景，组织100余人参与动物疫病防控应急演练。增强基层畜牧所站履职能力，组织市畜牧站、行唐县畜牧站、行唐县南桥动监所建立“养殖书屋”，并在行唐县举办全国“养殖书屋”建设启动仪式；与中国农业出版社签订战略合作协议，共同构建市、县、乡三级“养殖书屋”，搭建动物疫病防控技术服务平台。严密做好“7·19”特大洪水灾后畜牧疫病防控，全市出动防疫人员5500人次，实施养殖场（户）消毒9084个，无害化处理因灾死亡畜禽104.4万头（只）。

【良种繁育体系建设】 市种畜禽质量检测中心投入使用。3月10日，市种畜禽质量检测中心首套全自动奶牛生产性能测定设备安装调试完毕，开启河北省首家利用奶牛生产性能测定技术指导奶牛繁殖生产。2016年市种畜禽质量检测中心列入河北省种畜禽质量监测站DHI中心石家庄分中心，成为全国第二家市级种畜禽生产能力检测中心。优化种猪生产。4月27～28日，河北省第十二届种猪拍卖会在省种猪质量监督检验测试中心举行。拍卖期间，石家庄市选送种猪参加种猪生产性能测定，10头种猪获奖，占获奖种猪数量44%；拍卖会成功拍卖种猪23头，其中石家庄市拍卖16头。10月15～16日，河北省第十三届种猪拍卖会暨养猪产业博览会在灵寿县举行。拍卖会拍卖种公猪21头，投标种公猪166头，其中，石家庄市购得拍卖猪10头，投标种公猪69头。6月4日，河北双鸽美丹畜牧科技有限公司获得“安佑杯”2016寻找中国美丽猪场公益活动北部赛区金奖；石家庄兆江养殖有限公司、市牧工商开发有限公司获得猪场入围奖。海兰蛋鸡生产性能达到国际先进水平。6月19日，经过畜牧专家组勘察和测试，认定华润五丰（西柏坡）基地首批引进饲养海兰商品代蛋鸡达到国际先进水平，蛋鸡养殖生产成绩达到饲养期511天，平均产蛋331枚，死淘率为4.28%，料蛋比为2.17∶1。增殖放流鱼苗188万余尾。以补充和恢复渔业资源，改善水库生态环境为目标，4月7～12日，市畜牧水产部门投入资金84万元，在市域黄壁庄水库、岗南水库实施国家、省级增殖放流项目，放流鱼苗188万余尾，包括草鱼、鲤鱼、鲫鱼、花鲢、白鲢5个品种。

（贺小云　戴建卫　尹华丁）

【牧渔产品质量安全监管】 重视畜牧人才建设，提高质量检测能力。9月21～23日，省农业厅、省人力资源和社会保障厅、省总工会联合在市区唐宁汇酒店举行2016年河北省农产品质量安全检测技能大赛。市畜产品质量监测中心刘松雁获得个人一等奖；市畜产品质量监测中心赵兴鑫、鹿泉区农产品综合质检站姚亮获得个人二等奖；市畜牧水产局获得技能大赛唯一团体一等奖。11月25～28日，第三届全国农产品质量安全检测技能竞赛总决赛在北京市举行，河北省代表队3名选手参赛，市畜产品质量监测中心刘松雁获得个人二等奖，另外2名选手分获三等奖、优秀选手奖。11月11～13日，市畜产品质量监测中心通过省级农产品质量安全检测机构考核评审。2016年全市畜牧产品抽样10.7万批次，检测合格率99.9%，检测发现问题81个。落实牧渔产品质量安全风险评估机制，开展各项风险评估17次，查出风险隐患12项。开展畜牧新产品集中专项整治和交叉监测，重点打击非法使用抗生素滤渣、兽药残留行为，查处私屠滥宰违法案件25起。以打造畜牧行业窗口为目标，按照废气废水无害化、处理工艺科学化、厂区建设花园化、处理产品资源化要求，高标准建成5个县（市）病死畜禽无害化处理厂投入使用。2016年全市处理病死猪13.9万头，同比增长120%。提升牧渔综合行政执法能力，配备执法记录仪、执法通、执法包，推行执法全过程记录、带卷审查等执法方式。2016年全市牧渔综合行政执法查办案件1020起，罚没款125万元，无1起行政复议和行政诉讼案件。7月12日，市畜牧水产局联合公安部门查处河北东方牧业公司经营假动物疫苗案受到农业部通报表扬［《农业部办公厅关于2015年度查处兽药违法行为典型案件的通报》（农办医〔2016〕42号）］。

（谢峰　王荣申　赵志辉）

【2016中国奶业20强（D20）峰会暨奶业振兴大会】 8月26日，2016中国奶业20强（D20）峰会暨奶业振兴大会在石家庄举行。主题为：“推进供给侧结构性改革，提升中国奶业竞争力”。省委书记、省人大常委会主任赵克志，农业部部长韩长赋，省长张庆伟，省委常委、市委书记孙瑞彬，市长邢国辉等领导及中国奶业20强企业负责人出席会议。会议通过和发布《中国奶业振兴宣言》，提出以市场需求为导向，以优质安全为核心，以提升奶业竞争力为目标，加快转变奶业发展方式，强化标准规范、科技创新、政策扶持、执法监管和消费引导，着力降成本、优结构、提质量、创品牌、增活力，实现中国

奶业跨越式发展，力争到2020年奶业整体进入世界先进行列，到2025年整体进入世界奶业强国行列。会议确定中国奶业振兴五个发力方面：以建设优质奶源基地为依托，“种好草，养好牛，产好奶”；以完善现代奶业质量监管体系为重点，“严生产，强监管，创品牌”；以推进养殖加工一体化为抓手，实现奶农奶企合作共赢；以统筹利用两个市场两种资源为布局，全面增强奶业国际竞争力；以宣传引导和创新营销为着力点，不断提高乳品消费水平。

（别志雷　庞超　王成果）

林　业

【概况】 2016年，全市完成造林绿化面积194.48万亩，其中，人工造林74.48万亩，封山育林120万亩；零星四旁植树1553万株；全民义务植树1500万株；森林覆盖率达到38.7%，同比提升1.5个百分点。2016年全市林业产值19.44亿元，占农林牧渔业产值2.46%，同比提升0.46个百分点。全年种植果园面积14.95万公顷，其中，苹果园1.23万公顷、梨园3.85万公顷、桃园3055公顷、葡萄园4814公顷、枣园7.78万公顷。水果总产量（不含果用瓜）228.69万吨，其中，苹果24.61万吨（红富士18.14万吨）、梨149.73万吨（雪花梨41.86万吨、鸭梨49.30万吨）、桃6.67万吨、葡萄13.54万吨、红枣27.46万吨。干鲜果品总产量235.65万吨。核桃种植面积10.48万公顷，总产量5.64万吨。花椒种植面积4175公顷，总产量4195吨。花卉种植面积4.85万亩，年产切花切叶588万枝、盆栽植物807万盆、观赏苗木1749万株。育苗面积8.45万亩，苗木产量1.6亿株。商品材产量28798立方米，其中，原木21203立方米，薪材7595立方米；人造板产量189.95万立方米。森林旅游与休闲产业年接待旅游人数724万人次，实现旅游收入17亿元。林业有害生物防治总面积91.52万亩。严格森林防火管理，没有发生1起森林火灾。2016年全市林业建设投资13.47亿元，其中，财政投资12.77亿元（中央财政2.49亿元、省级财政0.28亿元、市级财政5.81亿元、县级财政4.19亿元），自筹资金0.7亿元。全市从事林业工作人员1717人，其中，在岗职工1601人。2016年石家庄市获得“全国绿化模范城市”称号（冀绿字〔2016〕5号）；市林业局获得“全国绿化先进集体”称号（冀绿字〔2016〕13号）和第七届河北省“人民满意的公务员集体”称号（石人社字〔2016〕23号）；平山县葫芦峪农业科技开发有限公司董事长刘海涛、井陉县孙庄乡治里村村民贾海霞、井陉县孙庄乡冶里村村民贾文其3人获授“全国绿化劳动模范”称号（冀绿字〔2016〕13号）。

（张爱明　方士刚）

【造林绿化】 实施市级太行山生态绿化工程，大规模营造经济林，主要栽植核桃、苹果、樱桃等经济树种。全年造林绿化面积194.48万亩，其中，人工造林74.48万亩（井陉矿区10005亩、藁城区13905亩、鹿泉区37350亩、栾城区7695亩、井陉县102690亩、正定县4005亩、行唐县105000亩、灵寿县112995亩、高邑县7185亩、深泽县7500亩、赞皇县106995亩、无极县7005亩、平山县105000亩、元氏县86745亩、赵县13275亩、晋州市6570亩、新乐市10905亩），封山育林120万亩，造林总量创下历史新高。中央财政造林补贴试点工程人工造林1.7万亩；中央基建防沙治沙工程人工造林0.26万亩；地下水超采综合治理试点林业项目人工造林0.9万亩；市级环省会经济林闭合工程人工造林4万亩；通道绿化、农田林网等造林绿化工程造林5.92万亩。中央财政森林抚育补贴试点实施森林抚育面积2.9万亩，其中，集体林1.3万亩、国有林场1.6万亩。新增平山县0.65万亩省级生态公益林，生态公益林管理管护达到138.31万亩；漫山林场、辛庄林场、南寺掌林场、虎寨口林场4个国有林场建立生态公益林检测点，开展国家级公益林监督检查和评价检测。全民义务植树。2016年3月，全市在滹沱河滨水生态公园组织大型义务植树活动2次。3月12日，省委常委、市委书记孙瑞彬及市四大班子领导、市直机关干部职工、驻石家庄部队官兵等1000余人到滹沱河滨水生态公园参加义务植树活动，栽植白蜡、白皮松、香花槐等树木4000余株。根据统计，3月12日植树节当天，全市共有10万人参加义务植树活动，栽植各种林果树木50万株。3月19日，省委书记、省人大常委会主任赵克志，省长张庆伟，省政协主席付志方等河北省四大班子领导及省直机关干部、石家庄市干部群众、驻石家庄部队官兵1300多人到滹沱河滨水生态公园参加义务植树活动，栽植白皮松、山楂等树木1万多株。至2016年底，全市共有510万人参加义务植树活动，栽植树森1500万株。

（陆景琨）

【果品产业】 全年种植果园面积14.95万公顷，其中，苹果园1.23万公顷、梨园3.85万公顷、桃园3055公顷、葡萄园4814公顷、枣园7.78万公顷。水果总产量（不含果用瓜）228.69万吨，其中，苹果24.61万吨（红富士18.14万吨）、梨149.73万吨（雪花梨41.86万吨、鸭梨49.30万吨）、桃6.67万吨、葡萄13.54万吨、红枣27.46万吨。核桃种植面积10.48万公顷，总产量5.64万吨。干鲜果品总产量235.65万吨。苹果产量超过1万吨的主产地有：深泽县2118公顷、6.87万吨，藁城区1655公顷、4.36万吨，井陉县1116公顷、4.36万吨，晋州市545公顷、2.0万吨，平山县2230公顷、1.95万吨，鹿泉区638公顷、1.42万吨。梨产量超过1万吨的主产地有：赵县1.67万公顷、62.0万吨，其中，雪花梨产量34.25万吨、鸭梨产量8.25万吨；晋州市1.21万公顷、61.42万吨，其中，雪花梨产量2.48万吨、鸭梨产量33.96万吨，藁城区5710公顷、17.84万吨，深泽县837公顷、2.55万吨，新乐市601公顷、2.10万吨，无极县819公顷、1.52万吨。桃产量超过3000吨的主产地有：晋州市589公顷、3.0万吨，正定县431公顷、1.13万吨，藁城区203公顷、6945吨，平山县496公顷、6300吨，新乐市240公顷、3850吨。葡萄产量超过1000吨的主产地有：晋州市2873公顷、8.80万吨，深泽县633公顷、1.85万吨，鹿泉区517公顷、1.46万吨，藁城区164公顷、5340吨，灵寿县210公顷、4000吨，新乐市147公顷、1250吨。红枣产量超过10万吨的主产地有：行唐县4.03万公顷、13.0万吨，赞皇县3.01万公顷、11.74万吨。核桃产量超过5000吨的主产地有：赞皇县2.67万公顷、1.85万吨，平山县2.42万公顷、1.20万吨，灵寿县2.0万公顷、9600吨，元氏县4800公顷、7500吨。花椒种植面积4175公顷、总产量4195吨，主产地为平山县4123公顷、3800吨。优化果树产业结构，引进名优新品种。其中，桃：映霜红、春雪、春蜜；葡萄：爱神玫瑰、红玉、红巴拉多；樱桃：红灯、拉宾司、布鲁克斯等。采用高接换头技术改造果园，重点淘汰元帅、倭锦苹果，劣种梨，低产质次的核桃、板栗、桃、杏等老旧品种，嫁接更新名优新品种，推进发展特色果品。2016年全市新发展名优果树面积4.32万公顷，其中，核桃3.46万公顷、苹果2300公顷、樱桃840公顷；高接换头4387公顷；果树育苗面积827公顷。拥有观光采摘果园200个，其中省级观光采摘果园87个。至2016年底，全市果品产业形成行唐县、赞皇县7万公顷大枣生产基地，赞皇县、元氏县、平山县、灵寿县7.57万公顷核桃生产基地，赵县、晋州市2.87万公顷梨生产基地，建成以梨、大枣、核桃三大特色主导果品为主，名优苹果、桃、樱桃、葡萄等区域性特色果品为补充的果品产业格局。注册果品企业1562家、专业合作组织806家。加强果品生产、储藏、加工、销售环节质量安全管理，严抓果品生产源头监控；推行无公害标准化果树管理技术，禁止生产过程中使用国家禁止的高毒高残留和其他违禁生产投入品；果树生产过程严格农药安全间隔期，接近成熟果品采摘前严禁喷施高毒农药；严禁使用禁用投入品实施果品采后商品化处理。确定15个规模大、管理标准高、辐射带动力强的果树基地为果品质量安全追溯点；8月25日至10月25日，组织全市开展秋季果品质量安全大会战检查活动。推进果品质量检测体系建设，加大果品抽检力度，全年果品定量检测600个，定性检测1万个。5月10日，北京市园林绿化局、河北省林业厅、市林业局联合在石家庄市举办京冀梨果产销对接会，提出组建河北梨果产业联盟设想及振兴梨果产业发展思路。9月26～29日，石家庄市4家单位在第二十届中国（廊坊）农产品交易会“首届河北省十大林果品牌”评选活动获得2项林果品牌奖。其中，河北省晋州市长城经贸有限公司、河北吉东果业有限公司2家单位获得十大林果产品品牌；石家庄市丸京干果有限公司、河北枣能元食品有限公司2家单位获得十大林果加工品牌。

（张爱明　陆景琨）

【花卉产业】 全年花卉种植面积4.85万亩，其中，控温温室面积25.35万平方米，日光温室面积261.1万平方米；年产切花切叶588万枝、盆栽植物807万盆、观赏苗木1749万株。拥有花卉市场36个、花卉企业178个、花农2921户，花卉从业人员12502人。主要花卉生产品种有仙客来、红掌、凤梨、蝴蝶兰、一品红、君子兰等，地方名优特色花卉重点产品有仙客来、红掌。

【林业有害生物防治】 林业有害生物普查。设置踏查线路149条，设立普查标准地2439个，面积7400亩，采集标本20200号，拍摄照片7564幅；调查结果：全市林业有害生物达到302种，其中，虫害202种、病害79种、鼠兔2种、有害植物19种。林业有害生物监测预报。以国家级中心测报站为龙头，省、市级测报站为骨干，县、乡、村监测点为基础，组成林业有害生物监测预报网络，采取定点监测、定期普查、群众举报等方式全方位监测。购置全自动虫情测报系统，捕捉昆虫开展可视化分类统计，林业有害生物监测实现数字化、智能化、可视化、规范化。2016年全市设立测报站（点）260个、美国白蛾监测点651个，测报人员483名，查防员3158名，累计发出虫情预测预报76期2万多份；美国白蛾、红脂大小蠹、油松毛虫、杨扇舟蛾等主要病虫害测报准确率达到90.1%，覆盖率达到100%。林业有害生物防控物资储备。购置灭幼脲3号、阿维菌素、高效氯氰菊酯、森得保、苦·烟乳油等农药50吨，新购高压喷雾器90台，高枝剪260把，杀虫灯200盏；全市可用高射喷药机械达到437台、车载打药机18台、高枝剪2000余把。实行森林植物调入复检制度，严把产地、调运检疫关，有效阻止有害生物输出和传入。2016年5月下旬，市林业部门选派人员参加京津冀2016林业植物检疫检查专项行动，检查美国白蛾、红脂大小蠹、白蜡窄吉丁、光肩星天牛等检疫性林业有害生物18批次，抽查辖区生产、经营应该检疫林业植物及产品相关单位、个人32批次。飞机喷药防治作业。利用小松鼠、贝尔直升机实施高速公路绿化带、滹沱河防护林等重点生态区域喷药防治作业，范围涉及平山县、鹿泉区、正定县、新乐市、无极县、深泽县、晋州市、藁城区、高邑县，飞机喷药防治作业210架次，喷洒无公害农药10吨，防治面积21.72万亩。美国白蛾防治。全年美国白蛾发生面积19.35万亩，分布面广、疫点多、虫量大，动用防治专业队423支、人员1.45万人次，完成地面防治32万亩次，剪除网幕7279个，诱杀成虫8500多头，释放周氏啮小蜂2.6亿头，有效控制美国白蛾危害局面。2016年全市林业有害生物发生面积74.28万亩，其中，美国白蛾19.35万亩、杨扇舟蛾12.98万亩、红脂大小蠹4.63万亩、松毛虫6万亩、松阿扁叶蜂3.2万亩、其他病虫害发生面积28.12万亩，属于正常偏轻年份。2016年全市完成林业有害生物防治面积91.52万亩，其中，无公害防治面积81.82万亩，无公害防治率89.4%；测报准确率90.1%，监测覆盖率100%；种苗产地检疫率97.3%；无成灾面积，成灾率为0‰。

【林业资源管理】 野生动植物保护宣传。2月28日，市林业局与省林业厅、市动物园联合举办第三个“世界野生动植物日”公益宣传活动，主题为“保护濒危野生动植物，维护生物多样性”。4月8日，市林业局在南高营小学举行第三十五届“爱鸟周”启动仪式，主题为“依法保护鸟类，建设美丽中国”。5月20日、5月22日，市林业局和河北科技大学分别在杜北乡西营学校、河北科技大学生活广场举行林业宣传活动，主题为“保护野生动物，共创美好家园”。11月12日，由省林业厅、市林业局、市普法办公室主办，市动物园、河北科技大学、西柏坡爱鸟协会承办的2016野生动物保护宣传月活动启动仪式在市区西清公园举行，主题为“保护野生动物，维护生态平衡”。11月16日，市林业局、市动物园、西柏坡爱鸟协会联合在长安区北翟营小学举办保护野生动物宣传活动。林业资源保护。3月1日～5月31日，开展“金钺行动”，重点打击野外违法用火行为，刑事处理1人，行政拘留36人，经济处罚8人。4月1日～7月31日，开展“金盾行动”，重点打击破坏林地资源违法犯罪行为，核查线索77条（河北省移交76条、群众举报1条），刑事立案5起，行政立案19起（查处11起，行政处罚11人），不予立案42起，需要核查案件11起。4月1日～9月30日，开展保护森林资源监督检查专项行动，重点打击违法占用林地、无证采伐林木等破坏森林资源犯罪行为。4月10日～6月30日，开展“金网行动”，重点打击破坏野生动物资源违法犯罪行为，清理野生动物驯养繁殖场所19处、野生动物加工经营场所26处，检查野生动物活动区域145处，刑事立案4起，查处行政案件2起，行政处罚2人，收缴猎具3件。4月21日～6月30日，开展“金剑行动”，重点打击非法采挖、运输苗木、盗伐滥伐林木行为，清查木材交易市场80处、木材经营加工场所210处，查处涉林案件25起，其中，刑事案件2起、行政案件23起，处罚7人。7月1～15日，开展“净网行动”，重点打击互联网非法交易野生动物及其制品违法犯罪行为，排查线索43条，刑事立案6起，收缴野生动物制品28件，抓获犯罪嫌疑人6人。9月1日～11月30日，开展打击非法占用林地等涉林违法专项行动，重点查处没有办理占用林地手续、少批多占林地、乱伐滥伐、捕鸟贩鸟等涉林违法行为；摸排涉林违法犯罪线索57条，刑事立案22起（占地5起、滥伐林木1起、野生动物及其制品16起），破获刑事案件11起（占地4起、滥伐林木1起、野生动物及其制品6起），处理刑事犯罪人员11人，行政立案14起（滥伐林木5起、占地9起），查处行政案件14起，行政处罚14人；清理非法占用林地项目9个，清理木材、野生动物非法交易场所4处，清理木材、野生动物加工经营场所4处；检查野生动物活动区域23处，收缴国家二级保护动物6只、野生动物制品3.2千克、作案工具1件。10月18日～11月30日，开展“清网”专项行动，重点打击乱捕滥猎、非法经营鸟类等野生动物违法犯罪；排查候鸟迁徙途径区域涉及乡镇、村庄，城乡集贸市场、花鸟市场、餐饮饭店等重点场所，检查野生动物人工繁育场所37处、野生动物加工经营场所32处，巡查鸟类迁徙通道及野生动物栖息地186处，没收捕鸟用粘网17个。8459亩集体天然林落界任务全部完成，并与石家庄市各县（市、区）签订管护协议、停伐协议。救助野生动物120余只，包括猫头鹰、松雀鹰、丘鹬、夜鹭、苍鹭、刺猬、啄木鸟、巴西龟等。以“零种植”为总目标，开展林区禁种铲毒专项行动，未发现种植毒品植物现象。制定《2016年全市森林公安“天眼工程”建设方案》，实施森林公安“天眼工程”建设，至2016年末，8个山区县“天眼工程”视频监控建设规划编制完成，确定设置视频安装点1317个。推进集体林权制度改革，赞皇县国家集体林权综合改革试点基本完成，发放《林地经营权证》20多本。

【森林防火】 林业消防扑火队伍建设。灵寿县专业扑火队被确定为全省示范化专业队伍建设对象。鹿泉区重新组建区级专业扑火队伍，编制专业扑火人员35人。元氏县在南佐、前仙、北正、黑水河4个乡镇分别成立15人专业扑火队，其他乡镇组建成立20～30人不等半专业和群众扑火队伍。至2016年末，全市共有市级专业扑火队伍1支100人，县级专业扑火队伍8支1080人，半专业扑火队伍1320人；扑火队营房面积39734.69平方米。林业消防设施建设。购置细水雾灭火器200台，分配山区县88个乡镇、12个重点旅游景区，每个单位配备2台；在山区县15个一类防火乡镇建设森林消防固定蓄水池20座；新建石家庄市森林防火指挥中心，地点位于滹沱河市森林消防大队，平山县、井陉县、灵寿县、元氏县、行唐县、鹿泉区6个山区重点县区建设森林防火视频监控点，做到全天候巡航瞭望和报警。2016年全市森林消防主要装备：运兵车、水灌车56辆，风力灭火机964台，油锯515台，二号灭火工具8016把。森林灭火演练。9月2日，市森林消防扑火大队在鹿泉区西部长青滑雪场举行以水灭火实战演练。11月4日，市森林防火指挥部在鹿泉区上庄镇洞沟村举行全市冬季森林消防队伍以水灭火实战比武演练活动，7支森林消防队伍参赛，鹿泉区、平山县、元氏县3支扑火队伍获得比武演练前三名。查处野外违规用火行为158起。晋冀联防太行山森林防火。11月11日，晋冀太行山森林防火第34届联防会议在石家庄市举行，协商完善晋冀太行山森林防火联防区责任体系，提升森林火灾联防联控能力。

（张爱明）

【林业科技研究与推广】 种苗质量监督检验站建设。新建林木种苗质量监督检验业务用房1处，房屋10间，建筑面积203.5平方米，包括种子检验室、苗木检测室、天平和生理生化室、种子发芽与生活力检测室、准备室、标本室、档案室和办公室，配备检验专业仪器设备、检验数据信息处理设备及办公设备。2016年4～10月，开展杨属、柳属种质资源调查活动。林业科技培训活动。1月15日，市林业局在灵寿县谭庄乡北文成村举办速生杨根蘖林培育交流会。1月22～23日，邀请核桃专家毛向红、葡萄专家褚凤杰、苹果专家徐国良、樱桃专家边卫东在鹿泉区举办果树管理技术培训班，分别讲解核桃优质丰产管理技术、葡萄高效栽培技术、苹果高效栽培技术、樱桃优质高效栽培技术，并到鹿泉区小毕村绿宝露核桃基地、新华区大马林果场，现场示范讲解核桃、苹果、樱桃树修剪。4 月 13 日，市林业局在深泽县杜社村葡萄标准化生产示范园举办葡萄标准化管理技术培训班，邀请葡萄专家褚凤杰讲解葡萄从苗木出土、萌芽期、开花期、果实膨大期、采收期、落叶期等各个时期管理技术。11 月 17 日，市林业局在鹿泉区举办核桃管理技术现场培训班，邀请核桃专家毛向红讲解核桃栽植、幼树管护、越冬防寒、秋冬季施肥、整形修剪等管理技术，现场示范讲解初结果期核桃修剪。建成市级林业科技示范点 6 个、林业产业示范点 4 个、现代果业示范园区 15 个及赞皇县赞皇镇、行唐县翟营乡 2 个基层林业技术推广标准站。选聘 6 名林果技术专家分别到灵寿县凤凰楼村、慈峪村、东金山村，平山县南策城村，平山县永恒核桃专业合作社开展驻村技术指导服务。重点推广核桃优质丰产、梨树省力栽培、苹果三优技术、枣树抗裂抗缩及优质鲜食品种高接丰产、速生根孽林培育、板栗反向嫁接、樱桃矮砧密植、葡萄密植标准化管理、果园肥水一体化、高光效树体改造等先进、实用林业技术；推行梨、苹果、枣、核桃等 12 项果树无公害标准化管理技术规程。全年高光效树体改造 21.04 万亩，新增高标准生产基地 44.5 万亩；果树无公害标准化管理技术推广面积 240 万亩，精品园 70 万亩；赞皇县大枣园区、赵县范庄雪花梨获批国家级农业标准化示范区。

【市级现代果业示范园区】 开展市级现代果业示范园创建活动，采取择优推荐、逐级申报、严格筛选、高标准建设方式，2016 年 10 月底，全市确定 15 家规模大、标准高、效果好、示范带动作用强的果品基地（果园、园区）为“石家庄市现代果业示范园区”。分别为：河北泓润林木种植有限公司、赵县大寺庄果品技术专业合作社、石家庄市鹿泉区联民土地托管专业合作社、石家庄绿宝露农林科技开发有限公司、晋州市四杰农场、正定县东里双黄桃专业合作社、石家庄市盘溪寨农业科技示范园、新乐市三品种植专业合作社、行唐县安太庄苹果种植专业合作社、行唐县鹤麟农业科技有限公司、石家庄市栾城区弘顺农业科技有限公司、灵寿县丰绿冉农业科技有限公司、石家庄市英辰农业开发有限公司、石家庄佐美生态农业开发有限公司、赞皇县杨家山农业开发有限公司。

（张爱明　陆景琨）

【“石家庄园”获得 2016 唐山世界园艺博览会特等奖】 4 月 29 日～10 月 16 日，由国家林业局、中国贸易促进会、中国花卉协会、河北省政府主办，唐山市政府承办的 2016 唐山世界园艺博览会在唐山市南湖举行。为展示宣传历史民俗文化和现代发展成就，提升城市知名度，石家庄市与唐山世界园艺博览会组委会签订承建“石家庄园”协议，并确定由市林业局承担“石家庄园”建设。2015 年 8 月，“石家庄园”设计方案编制完成；2016 年 1 月 18 日，“石家庄园”开工建设，施工工期 70 余天。“石家庄园”采用景墙、微缩小品等形式，主要展示石家庄远古时期的伏羲台、春秋战国时期的中山国兆域图、隋朝时期中国三大悬空寺之一的桥楼殿、被称为世界第一桥的赵州桥、历史上史称北方三雄镇之一的正定古城、新中国从这里走来——革命圣地西柏坡、现代省会城市铁路枢纽——石家庄新火车站等。10 月 16 日，“石家庄园”在 2016 唐山世界园艺博览会闭幕会上获得特等奖。

（方士刚　张爱明）

水　利

【概况】 2016 年，全市投资农田水利基本建设资金 16.44 亿元，新增及恢复改善灌溉面积 81 万亩，发展节水灌溉面积 20 万亩，耕地有效灌溉面积达到 663 万亩，农业灌溉水有效利用系数达到 0.696。修订完善石家庄市防汛抗旱应急预案、城区防洪排涝应急预案、8 个山区县山洪灾害防御预案及地质灾害防治方案、243 座大中小型水库及南水北调防洪抢险应急预案；储存防汛物资 50 余个品种，价值 6700 多万元，其中，市本级增储200万元，防汛物资储备累计达到819万元，主要包括铅丝、编织袋、橡皮舟、冲锋舟、救生衣、救生圈、照明设备等28个品种；组建群众性应急抢险常备队527支6万余人，预备队422支14万人。“7·19”特大暴雨洪水期间，安全转移群众14.6万人。2016年市水务局获评河北省“7·19”抗洪抢险救灾工作先进集体。投入抗旱资金1.9亿元，发动抗旱人员75万人，动用机电井9万多眼，在7个山区县建立临时取水点26处，调集运水车辆36辆；2016年春灌期间，全市各大中型灌区引水0.8亿立方米，抗旱浇灌面积608万亩；修建抗旱塘坝、水池、水窖、截潜流、大口井等小型抗旱水源工程920处，新建扬水站点380处，更新机井4200眼，维护机井9800万眼。汛期蓄水10.58亿立方米，2016年末全市大中型水库蓄水达到15.1亿立方米，创下自1996年以来蓄水新纪录。严格建设项目取水许可，批准2个建设项目建设取水工程和设施。关停自备井195眼，其中市区42眼。实施病险水库除险加固工程22座，其中，井陉县6座、元氏县7座、灵寿县9座。完成中小河流治理工程6个。投资1.29亿元，新建单村供水工程557处，解决557个村31.32万人农村居民饮水安全问题。主城区实施老旧小区供水设施改造工程100个。治理水土流失面积160平方千米。地下水压采能力同比增加497万立方米。市水务集团年产水1.6亿立方米。滹沱河综合治理工程争取国家投资1.6亿元，正在实施滹沱河市区段至藁城南堤段建设。开展水资源使用权确权登记，8个地下水压采试点县（市、区）编制完成《水资源使用权分配方案》，并通过省市专家审查。8个农业水价改革试点项目县全部完成农业水价改革，实施土地面积9.34万亩。开展水资源税改革试点，2579家用水单位全部移交地税部门，核查率移交率均达100%。西北水厂供水抢修。7月19～20日，石家庄市受“7·19”特大暴雨影响，主城区2个主要饮用水源水库——岗南水库、黄壁庄水库泥沙骤增，严重影响城市水厂正常供水，市区出现大面积停水现象。7月24日凌晨，石家庄市西北水厂供水系统开始试运行，市区基本恢复正常供水。7月25日6时起，主城区公共供水总量39万立方米/日，基本达到灾前日供水量水平。推进南水北调工程水厂及配水管网建设，至2016年底，除市区东南水厂受穿越工程影响未贯通外，其余21座水厂输水管线全部贯通，沿线阀井、泵站主体建设基本完成，并通过通水验收，具备江水切换条件。2016年全市南水北调工程引水7500万立方米。

【农田水利】 全年完成农田水利基本建设投资16.44亿元，投工411万个，工程量1809万立方米。其中，新建维修小型水源工程8020项；新增及恢复改善灌溉面积81万亩，发展节水灌溉面积20万亩，耕地有效灌溉面积达到663万亩；农业灌溉水有效利用系数达到0.696。投资7698万元，实施平山县、灵寿县、新乐市3个县（市）2015年度第五批小型农田水利重点县项目建设完工，发展节水灌溉面积69950亩。大中型灌区配套改造。实施冶河、绵河大型灌区续建配套和节水改造工程，总投资5034万元，计划恢复改善灌溉面积2.85万亩，2016年完成投资4587.5万元。实施平山县滹北灌区、灵寿县磁右灌区农业开发中型灌区节水改造工程，总投资3108.02万元，计划恢复改善灌溉面积8.75万亩，2016年完成投资2108万元。实施赞皇县槐北灌区恢复工程，总投资3500万元，计划恢复改善灌溉面积1.85万亩，2016年完成投资2800万元。实施行唐县磁左灌区、灵寿县灵正灌区农业开发中型灌区节水改造工程，招投标事项完毕，正在准备施工。申请财政资金5826万元，用于解决冶河灌区水毁工程，项目计划列入2017年、2018年财政预算。基层水利设施建设。争取2016年地下水超采综合治理试点省级水利项目资金1067万元，主要用于赞皇县、晋州市、深泽县等12个县（市、区）完善基层水利设施、配备技术装备，2016年底省级水利项目批复任务全部完成。下达2016年基层水利服务体系建设市级补助资金100万元，主要用于正定县、灵寿县、元氏县等12个县（市、区）乡镇水利站设施建设。

【防汛抗旱】 调整市、县、乡三级防汛抗旱指挥部，实行行政领导、水利部门、技术人员“三位一体”领导包防责任制；在市防汛抗旱指挥办公室下设水库、河道、交通、物资等19个工作组，协调推进防汛抗旱工作。修订完善石家庄市防汛抗旱应急预案、城区防洪排涝应急预案、8个山区县山洪灾害防御预案及地质灾害防治方案、243座大中小型水库及南水北调防洪抢险应急预案。防汛。制订防汛抢险操作规程，设置防汛危险区警示牌，印发群众避险转移明白纸，做到预警到乡，预案到村，责任到人，最大限度保障人员安全。主汛期前不能完工的在建涉水工程，制定应急方案，确保安全度汛。检修通信设施，确保防汛设备运行正常。组织水务、水文、气象、城管等部门研究会商，密切监视雨情、水情、汛情变化，及时沟通、分析、研判和预测预报汛情。水库河道备汛。大中型水库闸门启闭设备、备用电源汛前开展试运行；小型水库重点落实专项值班补助经费、专职管护人员、通讯预警设施及群众转移方案，市级财政列支资金25万元，用于小水库汛期值班；河道堤防危险段重点落实抢护措施、群众转移方案；57处重点地质灾害隐患点落实监测、预警、避险转移方案。南水北调工程备汛。实行沿线相关县（市、区）县级行政责任人负责制度，修订完善应急预案，保证防汛物资、抢险队伍及33处左岸排水建筑物行洪通道疏浚畅通。做好防汛物资储备，储存防汛物资50余个品种，价值6700多万元。其中，市本级增储200万元，防汛物资储备累计达到819万元，主要包括铅丝、编织袋、橡皮舟、冲锋舟、救生衣、救生圈、照明设备等28个品种。加强防汛督导检查，落实市领导包防重点防洪工程制度；2016年5月，全市组建7个检查组抽查主城区重点部位及水库、河道、南水北调等防汛设施和工程项目，查出问题28个，均落实限期整改。健全抢险队伍，组建群众性应急抢险常备队527支6万余人，预备队422支14万人。6月16日，石家庄市召开军地联合防汛会议，部署安排防汛工作。7月8日，市防汛抗旱指挥办公室、赞皇县防汛抗旱指挥部联合在赞皇县许亭乡岭根底水库举行全市防汛抢险避险演练，参加人员300余人。抗旱。2016年全市投入抗旱资金1.9亿元，发动抗旱人员75万人，动用机电井9万多眼。以确保群众基本生活用水为重点，在7个山区县建立临时取水点26处，调集运水车辆36辆。科学调度水源，保障灌溉用水。3月20日，全市春灌全面展开，各水库及21个大中型灌区严格实施引水、配水计划；利用灌渠冬闲时机，做到早引、早蓄，避开用水高峰。2016年春灌期间，全市各大中型灌区引水0.8亿立方米，抗旱浇灌面积608万亩。重视部门协调配合，提升抗旱服务能力。市水务、农业部门严密监测土壤墒情，及时发布信息，科学指导农民抗旱；市气象部门开展气候预测预警服务，适时开展增雨作业。水利设施和小型应急抗旱工程建设。2016年全市财政投入专项应急抗旱资金5680万元，优先安排工期短、效益好的小型引、提、蓄水工程。至2016年底，全市修建塘坝、水池、水窖、截潜流、大口井等小型抗旱水源工程920处，新建扬水站点380处，更新机井4200眼，维护机井9800万眼。抗旱规划项目建设。2016年全市规划引调提水工程项目30个，总投资4810万元，涉及井陉县、元氏县、赞皇县、平山县、灵寿县、行唐县6个县；2016年末，规划引调提水工程项目完成29个，年完成投资4310万元。县级服务站建设。全年17个县级抗旱服务站建立抗旱服务小分队30余支，储备移动抗旱设备2170台套、输水管带32.3万米、应急运水车43辆，打洗井设备30台套。抗旱服务投入机具393台套，打修井926眼，维修机泵3592台套，抗旱浇地4.61万亩次、浇果树5.1万株。“7·19”特大暴雨洪水期间，全市抗旱服务站投入人力530人次，投入设备380台套，抢排涝水230万立方米。

【水资源管理】 落实“节水优先、空间均衡、系统治理、两手发力”工作思路，实行最严格水资源管理制度。2016年3月，石家庄市在省政府组织的水资源管理制度落实情况考核活动中获得全省第二名。制定印发《石家庄市节约用水“十三五”规划》《石家庄市创建节水型城市实施方案》，开展节水型企业、节水型住宅小区创建活动，确定第一批节水型重点创建单位26家，其中22家通过评估验收。严格建设项目取水许可，全年完成建设项目水资源论证报告12个，批准2个建设项目建设取水工程和设施。推进自备井关停工作，全年关停自备井195眼，其中市区42眼。推广使用再生水项目，全年再生水用量9700万立方米。取用水监控。依托国家水资源监控能力建设项目和地下水压采综合治理地下水监控项目，建成国控水量监测点122个，非农业取用水户监测点755个，地下水位监测点182个，非农取水用户管道型水量自动监测点191个。水资源保护。制定印发《石家庄市入河排污口监督管理工作制度》；重点河流入河排污口落实常态化巡查措施；水功能区限制纳污，实行确界立碑管理；启动岗南水库、黄壁庄水库饮用水水源地一级保护区隔离防护工程。

【生态水利工程】 全年完成国家水土保持重点建设工程、中央预算内水土保持重点建设工程、河北省水土保持重点工程项目投资5662万元。其中，中央投资3231万元，省级投资1308万元，市级投资283万元，县级投资72万元，群众自筹资金768.42万元；完成水土保持治理任务1.6万公顷，其中，水平梯田1100公顷、水保林2300公顷、经济林4300公顷、封育治理8300公顷；新建大口井20眼、机井2眼、扬水站49座、蓄水池84座、水窖3个、谷坊坝554道、护村护地坝2620米，铺设管道及渠道5600米、作业路56千米，设立宣传碑34座。河道生态维护工程。编制河道沙坑、沙丘回填平整计划，落实汇水面积在200平方千米以上河道全部回填平整政策；印发《石家庄市回填平整河道沙坑专项行动实施方案》，确定以铁路、国道、高速公路、重要基础设施上下游3千米河道区域为重点，开展河道沙坑回填规划整治专项行动。2016年全市完成中央、省级河道日常及特殊维修养护项目34项，总投资892万元；整治河道堤防21千米，占年度目标任务108%。严控沙场数量。2016年底前，全市关停市境滹沱河段所有沙场，其中，无极县3个、晋州市1个、深泽县1个、平山县2个；重污染天气预警期间，全市30家持证沙场全部关停。实施河道沙尘治理工程，严格河道采沙许可，采取弃料遮盖、运沙车表层淋湿、道路喷洒等措施，推行河沙降尘运输。污水处理厂建设与管理。全年市区4座污水处理厂稳定运行，年处理污水3.2亿立方米，出水指标均达国家一级A标准；2016年末主城区再生水利用率达30%以上。

【民生水利工程】 全年实施病险水库除险加固工程22座，全部验收完成。其中，井陉县6座，分别为胡雷水库、芦庄水库、方山水库、大王邦水库、前亭水库、良沟水库；元氏县7座，分别为城郎水库、黑水河水库、鹿台水库、三叉沟水库、王家庄水库、武庄水库、西河水库；灵寿县9座，分别为护驾町水库、万里（上）水库、万里（下）水库、黑山水库、北白石水库、宅里水库、凤凰山水库、前主水库、祁林院水库。实施中小河流治理工程6个，全部验收完成，分别为新乐市沙河京广铁路桥下游段河道整治工程、郜河行唐县城段防洪整治工程、汊河鹿泉段治理工程、栾城洨河河道整治工程、沙河行唐段河道整治工程、行唐县郜河张石高速至朔黄铁路桥段河道治理工程。农村饮水安全工程。投资1.29亿元，新建单村供水工程557处，解决557个村31.32万人农村居民饮水安全问题。其中，行唐县4个村，0.39万人；井陉县131个村，8.1万人；灵寿县73个村，4.2万人；平山县274个村，11.27万人；赞皇县63个村，4.14万人；正定县12个村，3.22万人。编制印发《十三五水利扶贫开发规划》《石家庄市贫困村农村饮水三年建设规划（2016～2018年）》，争取中央资金1240万元，解决平山县、灵寿县、行唐县、赞皇县4个贫困县38个贫困村2.7万人饮水问题。争取水库移民后期扶持资金4.1亿元，其中，直补资金1.12亿元、项目资金2.98亿元，完成后期扶持项目550多个，受益移民18万人。

【水利工程灾后重建】 编制印发《"7·19"特大洪水灾害农村饮水和水利工程恢复重建工作实施方案》；争取国家特大防汛补助资金2800万元；协调省水利厅调整大型灌区配套与节水改造、水土保持等项目设计变更，调整1702万元项目建设资金用于水毁工程；支持县级水利部门融资3.64亿元，实施应急度汛工程项目。编制印发《石家庄市灾后水利薄弱环节建设实施方案》，涉及小型病险水库、中小河流治理、重点区域排涝能力建设、基层防洪预报预警体系4个方面，初步概算投资5亿余元。至2016年底，全市7个县639个村中519个村农村饮水工程修复，99个村开工建设，21个村正在办理建设手续；累计维修供水设施2044处，焊接临时饮水管网1455.29千米，解决饮水困难人口28.6万人。28座受损水库修复15座。41处受损河道工程修复23处，维修堤防49.7千米，修复护岸3.7千米。16条灌区干渠恢复22.3千米，渠道清淤540.6千米，清淤628.6万立方米；维修建筑物29处，加固涵闸12座、隧洞7座。4443处农田水利工程修复2112处，其中，修复损毁扬水站点328处，机电井1621处，塘坝工程163座，田间工程4200亩，清理小渠道30千米。水土保持项目恢复反坡梯田10公顷，谷坊坝26道。18座小水电站15座恢复发电。5处城镇供水恢复任务除温塘镇供水工程外，其他4处全部恢复。

【水利行政执法】 "利剑"专项行

动。以回填平整河道沙坑、治理非法采沙、清除河道违章阻水障碍物、改善河道生态环境、保障行洪安全为内容，开展水利系统“利剑”专项行动，回填平整河道沙丘沙坑1278.02万立方米，拆除河道违章建筑53处，清除树木22.73万余株，清理河道垃圾295.79万余立方米。河道采砂管理。2016年4月，以部分持证沙场超范围、超深度开采行为为重点，全面开展停业整顿活动。建立打击非法采沙联动机制，组织联合执法行动20余次，受理并查处各类涉水违法案件89起，依法取缔非法采沙加工点38处。防止采沙污染。全市重污染天气预警期间，落实实行24小时巡查执法制度，出动执法人员6300余人次、执法车辆1800余台次。2016年石家庄市征收河道费4500万元。

（王潇潇）

农业机械

【概况】 2016年，全市拥有农业机械总动力1156万千瓦，同比减少684万千瓦；主要农作物耕种收机械化综合水平达到90.6%，同比增长5.1%。其中，玉米机收率90.43%，同比增长7.43%，玉米机播率88%；小麦机播率100%，小麦机收率98%。春耕期间，全市投入农机具1.2万台，机播春玉米20万亩，机播马铃薯5.6万亩，机播大豆10.1万亩，机播花生12.3万亩。“三夏”期间，全市投入农业机械26.5万台，其中，小麦联合收获机2.3万台，玉米播种机2.23万台；组织5000余台小麦收割机开展跨区作业，作业收入1.5亿元。“三秋”期间，全市投入玉米收获机7500台，拖拉机2.2万台，播种机械1.8万台。全年设置跨区作业接待服务站32个，印发跨区作业指导手册5000本，发放农机直通车明白纸1.2万余份，培训农机合作组织、农机大户、农机手等4.7万人次。落实农机购置补贴资金17499.96万元，补贴农机具9233台（套）；报废老旧高能耗农机93台，享受补贴农户7339个、新型农业经营服务组织103个；拉动农机资金投入5.8亿元。发挥“互联网＋农机”服务新模式作用，指导农机合作社创建网上名片，发布作业供求信息。藁城区、赵县农机专业合作社运用“互联网＋农机”技术在深松监测、应急调度、信息发布等领域初见成效。2016年全市发布农机作业信息320余条次，引导跨区作业农机8000余台次，利用信息化平台调度农机作业面积超过80万亩。4家农机合作社获评国家级农机合作社示范社、10家农机合作社获评省级农机合作社示范社。至2016年底，全市拥有农机合作社218个，入社成员7983人，入社土地面积125万亩，拥有农机具11653台（套），服务农户28.7万户，作业服务面积226万亩，作业收入1.66亿元。

【农机深松作业】 落实县（市、区）长负责制。坚持“成方连片、整体推进，完善机制、市场运作，定额补贴、先建后补，公开公正、严格监督”原则。制定印发《石家庄市2016年农机深松作业补贴实施指导意见》。运用“互联网＋”技术，开展农机深松作业远程智能监测，并以政府购买服务方式，解决农机深松作业监测存在的难题。藁城区、行唐县、晋州市、栾城区、赵县、正定县、深泽县、新乐市8个农机深松作业项目县（市、区）实施深松作业远程智能监测，占全部项目县（市、区）53%；灵寿县、鹿泉区、高邑县、平山县4个农机深松作业项目县（市、区）开展深松作业远程智能监测试验示范。2016年石家庄市农机深松作业任务为133万亩，占全省任务量16.1%；落实农机深松作业补贴资金3990万元，动用深松作业农机具3309台（套）；实际农机深松作业面积146万亩，检测合格面积134万亩；安装农机深松作业远程智能检测设备1030套，智能检测作业面积96万亩。

【全程机械化应用】 围绕节水灌溉、高效植保、深松整地、精量播种4个薄弱作业环节，争取省级全程机械化专项资金850万元，引进1.8米高地隙喷药机组、变量喷药技术、桁架喷灌机、北斗定位自动驾驶装置，实现机械植保、喷灌、精准施药、作业效果提升。赵县建成全程机械化示范田2万亩，示范区域内玉米耕种收综合机械化水平达到98%，保护性耕作应用面积达80%以上，亩节本增效280

元。栾城区推广玉米籽粒机、低温循环烘干设备、淋灌桁架等机具53台套，新建机库棚3400平方米。正定县推广花生播种机30台，花生收获机15台，作业面积3.5万亩。

（许瑞忠）

农业开发

【概况】 2016年9月，经市委、市政府研究决定，原市扶贫办公室、市农业综合开发办公室合并，组建成立市扶贫和农业开发办公室。2016年市扶贫和农业开发办公室按照“围绕一区一带，打造两项工程，扶持四链产业”工作思路，大力提高农业开发项目建设标准化、精细化、科学化管理水平，新立项目争取农业开发资金29651.77万元，开发农田面积17.26万亩，续建项目通过省级检查验收，完成土地治理项目面积16.97万亩，完成投资31154.63万元。2016年市扶贫和农业开发办公室在全省农业开发综合考评中位列第二名，其中，土地治理项目、产业化项目、信息宣传、监督评价、统计分别获得河北省5个单项第二名。

【新立项目】 全年争取农业开发资金29651.77万元。其中，各级财政资金27378万元，群众和企业自筹资金2273.77万元，获得银行贷款58893万元；土地治理项目规划建设高标准农田面积11.61万亩、生态综合治理土地5.65万亩；扶持产业化经营项目22个；2015年全市完成项目建设任务80%。

【续建项目】 2015年全市农业综合开发项目包括土地治理、产业化经营2个大类，涉及藁城区、鹿泉区、栾城区、赵县、深泽县、元氏县、无极县、正定县、平山县、井陉县、行唐县、灵寿县、赞皇县、高邑县、晋州市、新乐市16个县（市、区）。农业开发土地治理项目面积16.97万亩，其中，高标准农田建设示范工程13.60万亩，生态综合治理3.37万亩；扶持产业化经营项目24个，其中，财政补助项目23个，中央财政贷款贴息项目1个；项目完成投资31154.63万元，其中，各级财政资金25753万元，自筹及其他资金5401.63万元。2016年全市农业开发续建项目全部通过省级检查验收。检查结果认定：2015年石家庄市农业综合开发项目建设整体水平提升，节水灌溉、高效节水模式成为亮点，现代农业园区格局突显，有力助推了美丽乡村、脱贫攻坚工作，项目建设达到设计目标，体现出较好的经济效益、社会效益、生态效益。

石家庄市扶贫和农业开发办公室

主　任：赵永利（9月任）

副主任：顾玉平（9月任）

戚忠奎（9月任）

王家雄（9月任）

程辉　（9月任）

（张万林　秦立兵）

农业科技

【概况】 2016年，全市争取省级以上农业科技项目58项，落实经费2705万元；实施市级农业科技计划项目43项，落实经费973万元；审定通过省级以上农作物新品种20个。农作物新品种推广面积4.31万亩，畜禽推广数量333.34万头（只）。实施星火计划项目2个，分别为“模猪场仔猪腹泻综合防控技术集成与示范”“农药甲维盐在果品与蔬菜清洁生产中的示范应用”。2个国家农业科技成果转化资金项目验收通过，实施省级农业科技成果转化资金项目9项。组织13家省级以上农业科技园区以市级农业科技园区联盟名义整体加入省级农业科技园区联盟，新认定市级农业科技园区11家，市级以上农业科技园区达到35家。培育创建国家级“星创天地”6家、省级“星创天地”14家。开展科技扶贫和农民培训，培训农民121万人次，引进推广农业适用技术130余项，示范推广农作物新品种124个。赵县、新乐市2个县市地膜回收示范项目通过验收，覆盖12个乡镇35万亩。建成农业清洁生产示范点8个、大中型沼气工程8处。农作物秸秆利用率达到96%。

【农业科技计划项目】 争取省级以上农业科技项目58项，落实经费2705万元。安排实施市级农业科技计划项目43项，落实经费973万元，重点开展小麦、玉米、大豆、蔬菜等新品种选育攻关。审定通过省级以上农作物新品种20个，其中，玉米品种7个，小麦品种1个，大豆品种1个，枣品种2个，蔬菜品种3个，林果品种4个，花卉品种2个。7个新品种获得河北省农业科技成果转化资金项目支持；5个新品种获得河北省渤海粮仓成果转化项目支持。开发农业共性关键技术新产品9项，申请专利9项，制定技术标准、规范21项，发表论文28篇，取得经济效益2.52亿元。

【农业科技成果转化资金项目】 国家农业科技成果转化资金项目。“30%噻苯隆可分散油悬浮剂中试与示范”“便捷式模块化微喷灌施肥系统的中试与示范”2个国家农业科技成果转化资金项目通过验收。“30%噻苯隆可分散油悬浮剂中试与示范”项目经过2年实施，制剂加工工艺优化，制定形成生产操作流程，建成年生产能力100吨生产线1条，项目期生产产品17.36吨，实现销售收入174.58万元；该项目在河北、新疆建立示范区10个，培训农民1650人次。“便捷式模块化微喷灌施肥系统的中试与示范”项目开发微喷灌系统配套产品2个，装配便捷式模块化微喷灌施肥系统2套；获得实用新型专利2项，建成生产线3条，生产产品2.4万套，实现销售收入2277.7万元；20个县（市、区）建立示范区3.4万亩，培训农民1500人次。省级农业科技成果转化资金项目。全年实施省级农业科技成果转化资金项目9项，建立示范基地46个，面积3050亩，培训农民及专业技术人员3600余人次。

【粮食丰产科技工程】 以正定县、赵县、藁城区3个示范县区为重点，开展高产优质、节本增效等粮食丰产技术研究与示范。经专家测产和实打实收统计，正定县高产攻关田亩产661.0千克，核心区亩产634.7千克，示范区亩产552.1千克；赵县高产攻关田亩产647.53千克，核心区亩产620.77千克，示范区亩产565.51千克。2016年正定县、赵县建设小麦高产攻关田、核心试验区、技术示范区面积12.4万亩，增产小麦749.56万千克。

【星火计划项目】 全年实施星火计划项目2个，分别为“模猪场仔猪腹泻综合防控技术集成与示范”“农药甲维盐在果品与蔬菜清洁生产中的示范应用”。“模猪场仔猪腹泻综合防控技术集成与示范”项目研究形成防治仔猪腹泻功能性预混料及应用、免疫程序、粪污无害化处理和抑制饲料霉菌生长繁殖、防止饲料氧化等综合防控技术，发表论文4篇；举办技术培训47期，培训养殖技术人员2213人次，培养企业技术骨干15人；54家规模化猪场应用示范，辐射仔猪112万头，仔猪腹泻发病率降低33%，规模猪场达100千克出栏日龄提前3.2天，抗生素使用量明显下降；项目承担单位实现销售收入2159万元、利润203万元，带动农民增收3780万元。“农药甲维盐在果品与蔬菜清洁生产中的示范应用”项目以生物农药甲维盐虫害综合防治为技术核心，研究形成鸭梨、雪花梨、酿酒葡萄、鲜食葡萄、大枣、蔬菜、草莓等优质高效清洁生产技术和相关技术规范；建立示范基地9个，面积4282.6亩，杀虫效果比传统化学农药平均提高17.03%，减少其他常规用药1～2次，实现节约用药21.50%，增收11.60%；举办技术培训31次，培训农民12278人次；举办就业培训2312人次，新增就业2451人次；覆盖乡镇18个，辐射带动面积17.07万亩；项目承担单位实现销售收入6300.59万元、利润400.47万元，带动农民增收1.85亿元。

【农业科技园区】 1家国家级农业科技园区、12家省级农业科技园区全部通过省科技厅考核评估；组织13家省级以上农业科技园区以市级农业科技园区联盟名义整体加入省级农业科技园区联盟。新认定市级农业科技园区11家，市级以上农业科技园区达到35家。藁城、无极、元氏等农业科技园区与北京国家现代农业科技城、首都科研院所和企业开展园区对接活动，承接转化种业、农产品加工、智能装备、信息技术等科技成果，至2016年末，全市8家省级农业科技园区与北京20余家单位建立技术、经济合作关系。

（市科技局 市农业局）

【首批14家省级"星创天地"】 14家现代农业众创空间入选首批省级"星创天地"。分别为无极县耕天下星创天地、无极县极峰星创天地、元氏县槐阳农科星创天地、元氏县启明薯业星创天地、鹿泉区紫藤葡萄星创天地、藁城区科园星创天地、藁城区强筋麦星创天地、平山县葫芦峪星创天地、正定县时和年丰星创天地、赵县农业科技园区星创天地、赵县大喇叭星创天地、栾城区禾泽秀星创天地、灵寿县幸福小镇星创天地、赞皇县华润星创天地。至2016年底，全市培育创建国家级"星创天地"6家、省级"星创天地"14家。

（王巍）

链接

"星创天地"是以农业高新技术产业示范区、农业科技园区、高等学校新农村发展研究院、农业科技型企业等为载体，整合科技、人才、信息、金融等资源，面向科技特派员、大学生、返乡农民工、职业农民等创新创业主体，集中打造融合科技示范、技术集成、成果转化、融资孵化、创新创业、平台服务为一体的众创空间。

【农业科技服务】 农业科技特派员管理。按照市领导在《国务院办公厅关于深入推行科技特派员制度的若干意见》(国办发〔2016〕32号）的批示精神要求，以市政府名义印发出台《石家庄市关于深入推行科技特派员制度的实施意见》。整合农业科技特派员资源，实施分类指导、服务和管理，组织三批383名市农业科技特派员及70名"三区"(边远贫困地区、边疆民族地区、革命老区）科技人员开展网络认定和注册。通报表彰2015～2016年度表现突出40名农业科技特派员及"三区"人才、10名管理个人。科技扶贫。印发《石家庄市科技精准扶贫实施方案》。加强贫困县科技人才支持力度，为赞皇县、灵寿县、行唐县、平山县4个贫困县选派畜牧、林果、粮食作物等领域科技人员26名，推荐4名贫困县科技人员到河北农业大学参加为期10天农业科技培训。瞄准省级科技计划项目，帮助赞皇县、灵寿县、行唐县3个国家级贫困县省级农业科技园区争取建设专项资金90万元。农民科技培训。以实际、实用、实效为原则，以农业科技园区、农业科技特派员创新创业基地为平台，围绕林果、畜牧、粮食等三导产业，采取集中授课、现场指导、科技下乡、远程教育等形式，举办实用技术与生产技能培训。2016年全市培训农民121万人次，引进推广农业适用技术130余项，示范推广农作物新品种124个。

【京石农业科技合作】 围绕京津冀协同发展战略，市科技局、北京市科学技术委员会联合开展"京石现代农业领域科技合作平台"建设。主要内容包括：搭建京石现代农业领域科技合作信息平台，建设蔬菜产业示范基地和蔬菜产业链科技服务体系，建设现代农业技术转移工作站，组织成果推介、科技培训、创业孵化等线上线下系列活动。2016年"京石现代农业领域科技合作平台"主要工作：结合京石两地科技需求和科技资源特点，梳理适合石家庄地区农业产业关联资源（成果、专家），筛选组装农业科技网络服务系统，构建京石现代农业领域科技合作信息平台；石家庄市藁城区农业科技园区与北京现代农业科技创新服务联盟签署京石现代农业技术转移工作站共建协议，完成筹备并获得授牌；将北京市提供的蔬菜新品种、安全投入品等输送至石家庄市藁城农业科技园区，建设蔬菜产业示范基地；组织京石两地涉农科研院所、企业举办座谈交流会，开展石家庄农业技术需求与北京科技资源对接，达成合作意向5项。

（孙乃瑞）

【农业科研及推广】 市农林科学研究院承担科技课题项目66项，其中省级以上课题15项；编写省市级技术规程29项，其中7项成果获得市级以上科技奖励，5个品种获得审定，10项成果获得专利授权；"河北太行山区春季马铃薯栽培技术研究与应用"获得河北省山区创业奖二等奖；"小麦高产抗倒节水标准化生产技术集成与推广"获得河北省农业技术推广奖二等奖。市农业技术推广中心承担"日光温室茄果类蔬菜循环高效栽培技术"项目获得全国农牧渔业丰收奖二等奖。2016年全市主要农作物良种覆盖率达到98%以上，蔬菜标准园良种覆盖率、标准化技术普及率达到100%。9月4日，石家庄现代农业科技创新中心挂牌成立。同日，市农林科学研究院与中国科学院遗传与发育生物学研究所、中国农业科学院作物科学研究所、天津市农作物研究所签署协议，确定四方合作共建石家庄现代农业科技创新中心。

（市科技局　市农业局）

农村工作

【概况】 2016年，全市农村工作以美丽乡村建设、改善农村人居环境、夯实农村发展基础、推进农村综合改革、激发农村发展活力为重点，提升农业产业化水平，开展山区综合开发和革命老区村帮扶活动。以“四美五改”（改房、改水、改路、改厕、改厨，环境美、产业美、精神美、生态美）为抓手，推进美丽乡村建设，39个村达到省级美丽乡村精品村标准。土地确权登记面积558.4万亩，占承包耕地总面积86.3%。土地流转面积226.45万亩，占家庭承包耕地总面积35%。创新农业经营贷款模式，财政出资1500万元作为政府与银行合作基金，为符合条件新型农业经营主体筹资贷款资金2.25亿元。新增家庭农场245家，累计达到1325家，其中，省级示范性家庭农场52家，市级示范性家庭农场204家。新增农民合作社449家，累计达到3636家，其中，国家级农民合作社示范社17家，省级农民合作社示范社111家，市级农民合作社示范社205家。

【美丽乡村建设】 2016年4月，市委、市政府印发出台《关于加快推进美丽乡村建设的实施意见》，提出到2020年，全市具备条件的农村全部建成“环境美、产业美、精神美、生态美”的美丽乡村，每个县（市、区）建成2～3个风情小镇、特色小镇，基本实现美丽乡村建设全覆盖。2016年全市美丽乡村建设任务：在完成406个省级重点村建设的同时，突出打造鹿泉抱犊寨、栾城三苏都市农业游2个省级重点片区，推进平山西柏坡、正定古城2个2015年度省级重点片区建设和藁城、无极、晋州、深泽4个市级重点片及11个县级重点片建设。重点实施12个专项行动，即民居改造、安全饮水、污水治理、街道硬化、无害化卫生厕所改造、“三清一拆”（清杂物、清残垣断壁和路障、清庭院、拆除违章建筑）和垃圾治理、特色富民产业、农村电子商务网点建设、乡村文化建设、基层组建设等专项行动。十大美丽乡村评选活动。11月1日，由市美丽乡村建设领导小组办公室主办，石家庄日报社（传媒集团）、石家庄广播电视台联合承办的“不忘乡愁·石家庄市十大美丽乡村”评选活动启动。11月17～30日，市民投票环节结束，20个美丽乡村晋级，分别为：栾城区南浪头村、高邑县南塔影村、栾城区樊家屯、栾城区龙化村、赞皇县东高村、栾城区大任庄村、藁城区杜村、高邑县东邱村、鹿泉区东辛庄村、平山县李家庄村、栾城区柳林屯村、鹿泉区下聂庄村、正定县大寨村、藁城区只照村、栾城区小周村、藁城区镇南村、栾城区北浪头村、正定县西宿村、栾城区大周村、藁城区杨马村。2016年全市美丽乡村建设争取贷款资金48.5亿元，39个村达到省级美丽乡村精品村标准，农村电子商务全覆盖、平山李家庄精致化建设等获得河北省领导肯定。

【革命老区重点村建设】 全年实施革命老区重点村建设项目76个，完工71个，开工率、完工率分别达到100%和93.4%。按照革命老区重点村划定标准，新增革命老区重点村25个，2016年末全市革命老区村总数达到200个。新批革命老区省级中心村建设示范县2个，分别为鹿泉区、井陉矿区，累计达到3个；新批革命老区省级中心村建设示范点16个，累计达到31个。至2016年底，全市31个革命老区省级中心村建设示范点新建交付住宅面积85万平方米，入住农户6534户，完成投资48亿元。

【农村改革】 开展农村土地确权登记，乡镇达到99%，行政村达到92%，土地确权登记面积558.4万亩，占承包耕地总面积86.3%。土地流转面积226.45万亩，占家庭承包耕地总面积35%；17个农村县（市、区）均建立土地流转交易平台。推进农村集体经济股份制改革，全市设置改革试点27个，鹿泉区北铜冶村、井陉矿区涧底村完成农村集体经济股份制改造；栾城区东尹村、鹿泉区二街区改制基本完毕；其他试点村农村集体经济股份制改革全部启动，正在实施。深化村级财富积累机制，重点支持9个村级财富积累项目，落实项目建设、考核验收、奖励补贴政策和要求，筛选确定2017年度村级财富积累项目14个。

【现代农业园区】 全年以打造生产要素集聚、科技装备先进、管理体制科学、经营机制完善、一二三产融合、产加销游一体、产业链条完整的现代农业园区为目标，建设百亩以上现代农业园区261个，总面积78万亩，总投资150亿元，总产值132亿元。其中，国家级休闲农业星级示范（企业）园区14个，省级现代农业园区11个，市级现代农业园区51个。新增省级现代农业园区8家，分别为：鹿泉区君乐宝（乳业）现代农业园区、平山县泓润现代农业园区、晋州市（周家庄）现代农业园区、高邑县现代农业园区、新乐市庄稼主现代农业园区、正定县森露现代农业园区、行唐神树湾现代农业园区、赵县旭海庄园现代农业园区。灵寿县现代农业（蔬菜）园区、河北众林现代农业园区、佐美庄园、赵县旭海庄园现代农业示范园、河北联民圣农庄园现代农业园区、正定县森露都市生态观光园、上巨庄神树湾生态农业开发园、平山县东方巨龟苑现代农业示范园、庄稼主生态农业科技示范园、石家庄市藁城区杜村现代农业园区获评“乡村寻胜·2016年度石家庄市十佳现代农业园区”。

【西部山区综合开发】 制定印发《2016年推进山区综合开发工作要点》《西部山区综合开发现代农业示范区认定管理办法》。首批认定10个西部山区开发现代农业示范区。2016年市西部山区开发建设领导小组办公室认定首批西部山区开发现代农业示范区10个，决定自2016年起，市财政每年列支5000万元资金，专项支持西部山区各个县（区）开发建设现代农业示范区，重点用于奖补土地确权流转、土地整治、基础设施建设、发展特色产业等，推进特色农业产业区、乡村旅游聚集区、美丽乡村片区、生态涵养功能区、扶贫开发示范区建设，打造第一二三产业深度融合发展的现代农业综合示范体。石家庄市首批认定10个西部山区开发现代农业示范区分别为：行唐县神树湾生态农业开发园，行唐县团山红生态农业产业园，行唐县疙瘩头综合开发现代农业示范园，平山县银泰葫芦峪百里生态长廊现代农业示范区，平山县泓润生态园，元氏县无极山休闲生态农业示范园，元氏县大寺峪生态农业项目，灵寿县宝根生态农业开发园，赞皇县岭根底山区种植、特色养殖生态园区，井陉矿区陉川现代农业示范区。至2016年末，市级山区综合开发重点农业示范园区达到19个，建设规模达到20.6万亩，累计投入25.5亿元，参与村庄124个，受益农民3.3万名。

【农业产业化】 全年建设农业产业化重点项目166个，其中投资亿元以上项目71个，占项目总数43%；开工项目149个，占项目总数90%；项目完成投资46.7亿元，占年计划92%。认定市级农业产业化重点龙头企业313家，同比增加36家；市级农业产业化重点龙头企业资产总额167亿元，年销售收入495亿元；辐射带动粮食、蔬菜等种植面积350万亩，就业人员7.8万人。河北双鸽食品股份有限公司、石家庄君乐宝乳业有限公司获认“河北省十大农产品企业品牌”。平山县元坊村、深泽县孤庄村“一村一品示范村”入选全国“一村一品示范村镇”，2016年末全市入选村镇达到7个。推进农产品初加工项目，平山县、灵寿县、赞皇县3个扶贫开发重点县围绕红薯贮藏、大枣核桃制干、果蔬冷藏保鲜等农产品储藏、初加工设施建设，实施农业部农产品初加工项目139个。2016年全市农业产业化经营率66.8%，同比提高1.1%。

（市委农工委）

工 业

Industry

综 述

2016年，全市工业以稳增长、调结构、促转型为目标，以开拓市场、提质增效为策略，推进实施供给侧结构性改革，主动应对大气污染治理和“7・19”暴雨洪水灾害不利影响，较好保持工业经济平稳运行。至2016年底，石家庄市拥有规模以上工业企业2415家，同比减少19家。按照规模划分，大型企业55家，中型企业385家，小型企业1919家，微型企业56家；按照经济类型划分，国有企业17家，集体企业17家，股份合作企业2家，联营企业1家，有限责任公司414家，股份有限公司98家，私营企业1785家，港澳台资投资企业30家，外商投资企业48家，其他企业3家。规模以上工业企业年从业人员平均人数61.0万人，同比下降0.2万人；总资产5763.3亿元，同比增加264.0亿元；资产负债率43.3%，同比下降2.6个百分点。规模以上工业企业主营业务收入8713.8亿元，同比增长0.8%，低于全国和全省水平；规模以上工业企业增加值1965.32亿元，位列全省第一，同比增长4.5%，增速低于全省0.3个百分点；规模以上工业企业利润总额733.6亿元，位列全省第一，同比增长0.6%，增速低于全省18.3个百分点。亏损企业148家，同比增加11家，亏损面6.1%，低于全省5.0个百分点；亏损企业亏损总额18.9亿元，同比下降46.2%。规模以上工业企业7项经济效益指标为：主营业务收入利润率8.27%，每百元资产实现主营业务收入163.2元，应收账款平均回收期17.2天，产成品存货周转天数9.3天，人均主营业务收入142.8万元，资产负债率43.3%，每百元主营业务收入成本84.3元，其中前3项指标位列全省第一。工业用电量268.72亿千瓦时，同比下降1.01%。

轻工业完成增加值881.3亿元，同比增长4.5%；重工业完成增加值1083.9亿元，同比增长4.5%；轻重工业比重为44.8∶55.2。2016年全市轻工业共有规模以上企业197家，同比增加18家，其中，木材加工和木、竹、藤、棕、草制品业36家，家具制造30家，造纸和纸制品业41家，印刷和记录媒介复制业47家，文教、工美、体育和娱乐用品制造业28家，废弃资源综合利用业9家，其他制造业6家。2016年全市家具制造业产量66.72万件，同比下降3.8%；主营业务收入76.34亿元，同比增长13.57%；实现利润6.49亿元，同比增长11.82%。七大主导行业完成增加值1673.5亿元，占全市规模以上工业企业增加值85.2%，同比增长5.0%，高于全市规模以上工业企业增速0.5个百分点。其中，装备制造业增加值379.5亿元，占全市19.3%，同比增长12.0%；石化行业增加值350.9亿元，占全市17.9%，同比增长10.3%；纺织服装行业增加值303.3亿元，占全市15.4%，同比增长7.9%；食品行业增加值222.0亿元，占全市11.3%，同比下降7.3%；医药行业增加值143.7亿元，占全市7.3%，同比增长4.0%；钢铁行业增加值142.7亿元，占全市7.3%，同比下降2.5%；建材行业增加值131.3亿元，占全市6.7%，同比下降2.2%。规模以上高新技术产业完成增加值377.0亿元，占全市规模以上工业企业增加值19.2%，同比增长12.1%。其中，生物产业增加值170.1亿元，增长5.3%；电子信息产业增加值83.8亿元，增长4.8%；新材料产业52.6亿元，增长5.2%；高端技术装备制造产业60.1亿元，增长21.8%；航空航天产业4.0亿元，下降2.9%；新能源产业3.5亿元，增长28.3%；环保产业2.9亿元，增长27.4%。六大高耗能工业行业完成增加值679.2

亿元，占全市规模以上工业企业增加值34.6%，同比增长3.4%，低于全市规模以上工业增速1.1个百分点。其中，化学原料及化学制品制造业增加值236.7亿元，增长14.6%；非金属矿物制品业增加值128.0亿元，下降2.6%；黑色金属冶炼及压延加工业增加值125.4，下降0.9%；电力、热力的生产和供应业增加值114.6亿元，增长1.3%；石油加工、炼焦及核燃料加工业增加值52.1亿元，增长0.4%；煤炭开采和洗选业增加值22.3亿元，下降22.9%。装备制造、医药2个高新技术企业集聚行业增加值占全市比重分别较2015年提升2.5个和0.4个百分点；高新技术产业增加值占全市比重较2015年提升2.1个百分点；高耗能行业的钢铁、建材、煤炭占全市比重分别较2015年下降0.4个、0.6个和0.7个百分点。

东、中、西部3个区域规模以上工业企业分别完成增加值697.5亿元、1019.1亿元、248.6亿元，占全市规模以上工业企业增加值比重为35.5%、51.9%、12.6%，同比分别增长5.1%、4.7%、2.4%；实现利润总额256.2亿元、396亿元、65.7亿元，占全市比重35.5%、54.9%、9.1%，同比分别增长-3.1%、5.3%、-12.7%。石家庄市所辖县（市、区）及高新区、循环化工园区工业增加值总量达100亿元以上县（市、区）有10个，从高到低依次为：藁城区387.96亿元、鹿泉区160.10亿元、晋州市154.61亿元、高新区128.64亿元、循环化工园区122.12亿元、赵县111.51亿元、平山县105.97亿元、新乐市100.51亿元、正定县100.32亿元、栾城区100.17亿元。东部依托传统产业优势，主要发展皮革、纺织、洗涤、建陶等产业，有无极县的皮革、晋州市的纺织、深泽县的洗涤、高邑县的建陶、赵县的淀粉产业等；中部依托区位优势，重点发展医药、电子信息、板材家具等产业，主要有高新区和栾城区的医药、正定县的板材、藁城区的宫灯、鹿泉区的电子信息产业等；西部依靠山区丰富的矿产资源，由主要发展石材、钙镁等产业向农副产品加工等绿色产业转变。

主要工业产品有3600余种，根据市统计局工业产品目录统计，全市共有工业产品大品种124个。2016年全市37个国民经济工业门类（全国41个国民经济工业门类，石家庄市没有“石油及天然气开采业、开采辅助活动、其他采矿业、有色金属采矿业”4个门类）中，占工业增加值比重前10名行业依次为：化学原料及化学制品制造业（占规模以上工业增加值12.0%）、纺织业（占8.6%）、医药制造业（占7.3%）、非金属矿物制品业（占6.5%）、黑色金属冶炼及压延加工业（占6.3%）、电力、热力生产和供应业（占5.8%）、农副食品加工业（占5.7%）、电气机械和器材制造业（占4.9%）、皮革毛皮羽毛绒及其制品业（占4.1%）、金属制品业（占4%），前10名行业工业增加值占全市工业增加值比重为65.2%，是石家庄市支柱产业。依据全市37个国民经济工业门类情况，石家庄市确定工业主导产业7个，分别为：医药工业、纺织服装工业、石化工业、装备制造业、食品工业、钢铁工业、建材工业。

2016年12月，国家工业和信息化部发布《关于2016年消费品工业“三品”战略示范试点城市名单的通告》，包括石家庄市6个城市入选全国2016年消费品工业“三品”战略示范试点城市（“三品”战略包含三大任务，即增品种、提品质、创品牌；其他5个城市为江苏省苏州市、浙江省金华市、山东省烟台市、广东省佛山市和中山市）。12月15日，市政府表彰首届（2016）石家庄市十大工业名牌产品，分别为：石家庄以岭药业股份有限公司产品以岭牌通心络胶囊、石家庄君乐宝乳业有限公司产品君乐宝牌活菌型乳酸菌饮品、石药集团恩必普药业有限公司产品恩必普牌丁苯酞、际华三五零二职业装有限公司产品3502牌衬衫、东旭集团有限公司产品大东旭牌玻璃基板生产线、石家庄常山纺织股份有限公司产品翠竹牌精梳纱、石家庄洛杉奇食品有限公司产品金凤牌扒鸡、河北百年巧匠文化传播股份有限公司产品百年巧匠牌木绘拼花、石家庄华莹玻璃制品有限公司产品华莹牌玻璃工艺制品、高邑县力马建陶有限公司产品力马牌抛光砖。

表 17　　2016 年石家庄市主要工业产品产量及其增长速度表

产量占比	产品名称	完成量	占全省比重（%）	同比增速（%）
占全省100%	集成电路	4629.9 万块	100.0	1.8
	表	888450 只	100.0	-34.9
	程控交换机	135038 线	100.0	0.9
	传感器	91 万只	100.0	24.7
	电饭锅	298113 个	100.0	-57.6
	环境监测专用仪器仪表	125763 台	100.0	11.1
	家用电风扇	2226814 台	100.0	-17.4
	饲料生产专用设备	5043 台	100.0	-8.4
	移动通信基站设备	69 信道	100.0	-31.7
	中型拖拉机	70 台	100.0	-74.3
	白银（银锭）	420.5 千克	100.0	-60.9
占全省 50% 以上	气体压缩机	36054 台	99.8	-22.9
	合成纤维单体	80829.3 吨	99.2	100.5
	农产品初加工机械	21890 台	94.1	133.3
	瓷质砖	232494460 平方米	93.5	1.4
	金属切削工具	9211.2 万件	92.3	1.6
	合成洗涤剂	143465 吨	88.7	-0.8
	光缆	727015 芯千米	86.3	-45.5
	印染布	51939.3 万米	83.8	94.4
	天然大理石建筑板材	4853777 平方米	81.2	-5.7
	石墨及碳素制品	880589.1 吨	72.8	43.1
	合成纤维聚合物	18734.1 吨	66.7	22.9
	铸钢件	228362.2 吨	63.8	2.9
	石膏板	3015 万平方米	61.0	-4.6
	沥青和改性沥青防水卷材	46578010 平方米	56.1	11.3
	工业自动调节仪表与控制系统	60041 台（套）	55.6	-15.1
	新能源汽车	2005 辆	55.4	122.8
	布	389954.1 万米	55.0	-4.0

续表

产量占比	产品名称	完成量	占全省比重（%）	同比增速（%）
占全省 50%以上	酱油	29127 吨	52.7	-2.7
	电动机	5963000 千瓦	51.6	-3.7
	灯具及照明装置	468360 套（台、个）	50.6	7.0
占全省 20%～50%	环境污染防治专用设备	5800 台（套）	47.1	19.0
	无纺布（无纺织物）	64948 吨	45.4	-16.0
	硫酸（折 100%）	523017.1 吨	42.1	-1.7
	化学药品原药	187637.7 吨	40.9	8.2
	瓦	3410 万片	39.2	-20.7
	轻革	89033974 平方米	39.0	8.7
	饲料	5244293.7 吨	39.0	-0.9
	合成氨（无水氨）	834838.3 吨	36.1	-6.6
	水泥混凝土排水管	1073 千米	36.1	210.2
	城市轨道车辆	48 辆	35.6	0
	通信及电子网络用电缆	73592 对千米	32.7	-8.8
	纱	710055.5 吨	32.0	9.0
	房间空气调节器	3001246 台	31.9	-1.8
	化学纤维用浆粕	5166 吨	31.1	-88.8
	服装	18649.5 万件	31.0	4.0
	农用氮、磷、钾化学肥料（折纯）	693127.5 吨	30.6	-5.4
	涂料	236104 吨	29.6	-5.5
	中成药	19595.9 吨	29.4	3.1
	电子元件	30000 万只	29.3	0
	乳制品	1063812.9 吨	28.7	7.7
	卷烟	2165000 万支	28.4	-14.4
	软饮料	1455595.5 吨	25.2	16.7
	人造板	1437012 立方米	24.6	-8.2
	纸制品	864559.9 吨	24.0	-5.0
	塑料制品	738269.3 吨	22.6	2.4
	水泥	21154966.3 吨	21.5	-10.1
	硅酸盐水泥熟料	10635479.3 吨	20.0	-1.3

续表

产量占比	产品名称	完成量	占全省比重（%）	同比增速（%）
其他主要产品	电力电缆	337176.4 千米	11.3	15.2
	化学试剂	115452.5 吨	11.3	-18.6
	平板玻璃	10323739 重量箱	9.9	-1.8
	化学农药原药（折有效成分 100%）	6986.5 吨	9.7	-26.4
	鞋	405 万双	7.2	11.3
	生铁	12795486 吨	7.0	-2.6
	化学纤维	42523 吨	6.9	-7.7
	粗钢	12683181 吨	6.6	-2.3
	钢材	12533411 吨	4.8	-0.6
	家具	667231 件	4.7	-3.8
	皮革服装	53.1 万件	2.9	2.3
	铝材	5363 吨	0.8	14.3
	医疗仪器设备及器械	2769 台	0.5	167.8
	钢结构	7164.9 吨	0.4	28.9

表 18　　2016 年石家庄市七大主导工业行业主要指标一览表

行业名称	主营业务收入			工业增加值			利润		
	完成额（亿元）	增速（%）	占全市比重（%）	完成额（亿元）	增速（%）	占全市比重（%）	完成额（亿元）	增速（%）	占全市比重（%）
医药工业	659.6	2.0	7.6	143.7	4.0	7.3	66.6	15.0	9.2
纺织服装业	1492.3	5.0	17.1	303.3	7.9	15.4	114.0	0	15.8
石化工业	1650.6	1.0	18.9	350.9	10.3	17.9	118.1	17.6	16.4
装备制造业	1655.3	5.3	19.0	379.5	12.0	19.3	161.7	0.9	22.4
食品工业	981.2	-0.1	11.3	222.0	-7.3	11.3	77.5	-6.7	10.7
钢铁工业	610.7	-10.9	7.0	142.7	-2.5	7.3	35.4	-7.9	4.9
建材工业	535.7	-2.0	6.1	131.3	-2.2	6.7	42.7	-6.1	5.9

（市工业和信息化局）

医药工业

【概况】 2016年，全市医药工业共有规模以上企业97家，同比增加3家；主营业务收入659.6亿元，同比增长2.0%，占全市7.6%；完成工业增加值143.7亿元，同比增长4.0%，占全市规模以上工业增加值7.3%；实现利润66.6亿元，同比增长15.0%，占全市9.2%。全年化学药品原药产量18.76万吨，同比增长8.2%；中成药产量1.96万吨，同比增长3.1%。全市6家重点医药工业企业主营业务收入459.54亿元，占全市规模以上医药工业收入69.7%；实现利润48.05亿元，占规模以上工业企业利润72.1%。2016年10月，位于高新区奥星集团高端制药工艺系统产业化项目开工，总投资10亿元，占地面积100亩，总建筑面积5.2万平方米，规划建成后年产高端制药设备2500台（套）。发挥政策引导作用，组建成立市生物医药产业发展工作推进领导小组，印发《加快生物医药产业发展实施意见》。11月22日，石药集团、华北制药、神威药业、以岭药业、石家庄四药5家医药企业入选国家食品药品监督管理总局南方医药经济研究所与《医药经济报》联合发布"2015～2016年度中国制药工业百强"企业名单，其中，石药集团位列第4名、华北制药位列第11名、神威药业位列第45名、以岭药业位列第53名、石家庄四药位列第59名。

表19　206年石家庄市医药行业重点企业情况一览表

企业名称	主营业务（亿元）	增减（±%）	利润（亿元）	增减（±%）
华北制药	129.97	-14.66%	0.69	-65.44%
石药集团	229.71	9.09%	25.97	29.54%
神威药业	27.91	-8.51%	7.58	-5.40%
以岭药业	30.78	14.41%	5.44	31.99%
石家庄四药	29.10	-0.82%	5.59	22.79%
常山生化药业	12.07	28.55%	2.78	16.92%

（马海荣）

【石药集团】 2016年石药控股集团有限公司（简称石药集团）主营业务收入229.71亿元，同比增长9.09%；实现利润25.97亿元，同比增长29.54%。8月17日，石药集团入选全国首批"诚信之星"企业。2016年9月，由中国医药企业管理协会主办的"2016中国最具竞争力医药上市公司20强"揭晓，石药集团位列第三名，成为河北省唯一入榜企业，这是石药集团自2013年起连续4年入选。"中国最具竞争力医药上市公司20强"评选以医药上市公司上年销售收入、利润、总市值、销售增长、利润增长、市值增长、净资产收益率、资产负债率、流动比率等指标为基础数据，已连续举办八届。至2016年末，石药集团共有在研产品180种，涉及心脑血管、糖尿病、抗肿瘤等领域，其中，国家一类新药25个、三类新药51个。拥有恩必普、玄宁、欧来宁、多美素、津优力等创新药品。其中，恩必普年销售收入超过20亿元，获得"国家科技进步二等奖""中国工业大奖"；玄宁获得"国家技术发明二等奖"。石药集团药物研发创新体系建设获得"国家科学技术进步企业技术创新工程奖"。药品销售比重由原来原料药与制剂7:3转变为3:7，成为国内制药行业科技创新和战略转型的典范。2016年石药集团还入围“2016年最具投资价值医药上市公司10强榜单”。恩必普治疗血管性痴呆临床研究启动。12月8日，“丁苯酞治疗血管性痴呆Ⅱ期临床研究”项目在北京启动。丁苯酞是由中国医学科学院药物研究所研制、石药集团开发的中国第一个具有自主知识产权的抗脑缺血国家化学一类新药，是国家一类新药恩必普主要成分，2005年批准用于治疗缺血性脑卒中，因良好的安全性和疗效得到神经科专家广泛认可。临床实践中，专家还发现丁苯酞可延缓血管性痴呆患者的病程，具有改善患者整体认知功能和生活能力效果。“丁苯酞治疗血管性痴呆Ⅱ期临床研究”项目主要是继续扩展临床适应证研究。石药集团2个高科技项目落户石家庄经济技术开发区。12月29日，石家庄经济技术开发区与石药控股集团有限公司举行项目签约仪式，确定石药集团新产品产业化及配套自动化物流、大分子生物技术高端制剂产业化2个高科技项目落户石家庄经济技术开发区，2个项目总投资35亿元。

（张建岗　范玉蕾）

【以岭药业】　2016年1月，石家庄以岭药业股份有限公司（简称以岭药业）生产的治疗感冒抗流感药物连花清瘟胶囊获得美国食品药品监督管理局（FDA）批复，同意在美国开展二期临床研究。这也是中国第一个获批进入美国FDA临床研究治疗流行性感冒的中药。连花清瘟胶囊以中医络病理论为指导，汲取3个朝代治疗感冒、流感等外感热病用药精华，结合现代抗病毒、抑菌、提高免疫等研究成果创制形成；经中国中医科学院、广州医学院第一附属医院呼吸疾病国家重点实验室等医疗科研机构证明，连花清瘟胶囊具有广谱抗病毒作用，能有效抑制多种细菌，可用于防治感冒、流感后引发支气管炎、肺炎、慢阻肺合并炎症等。12月12日，由中国品牌建设促进会、经济日报社、中国国际贸易促进会、中国资产评估协会等单位联合举办的“2016年中国品牌价值评价信息发布会”在北京举行，现场发布654个全国知名品牌价值，其中石家庄市以岭药业以32.2亿元的品牌价值，位列生物医药类第11名。

（范玉蕾）

【兴柏生物工程有限公司】　石家庄市兴柏生物工程有限公司位于赵县境内，主要生产农药、兽药、原料药及精细化工中间体，主要产品阿维菌素在全国市场占有率达35%以上，远销欧美及东南亚市场。2016年市兴柏生物工程有限公司“阿维菌素的微生物高效合成及其生物制造”项目获得国家科技进步二等奖，拥有国家发明专利授权9项；阿维菌素年产量2200吨，占到全国总产量70%以上，创造经济效益18亿元。

（吴温　徐哲普　王伟伟）

【河北百美达医药科技集团有限公司动保制剂项目开工】　9月19日，河北百美达医药科技有限公司动保制剂项目奠基仪式在石家庄经济技术开发区举行。位于石家庄市藁城区河北百美达动保制剂项目是由爱尔兰百美达制药集团投资建设，主要生产青霉素类动物保健注射制剂、非青霉素类动物保健注射制剂和可溶性粉剂产品，项目占地67.6亩，投资额2.2亿元。爱尔兰百美达制药集团是一家全球性动物保健产品制造商和经销商，有近50年发展历史，总部设在爱尔兰都柏林，产品销往全球近100个国家。

（张建岗）

纺织服装业

【概况】　2015年，全市纺织服装皮革行业共有规模以上企业422家，同比增加4家，其中，纺织业248家，纺织服装服饰业66家，皮革、毛皮、羽毛及制品和制鞋业82家，化纤制造业26家；主营业务收入1492.3亿元，同比增长5.0%；完成工业增加值303.3亿元，同比增长7.9%，占全市规模以上工业增加值15.4%；实现利润114.0亿元，同比下降0.02%。全年纺织服装皮革行业生产纱71.0万吨，同比增长9.0%；生产布39.0亿米，同比减少4%；生产皮革服装53.1万件，同比增长2.3%；生产鞋405万双，同比增长11.3%。2016年际华三五一四制革制鞋有限公司获评河北省技术创新示范企业。

（马海荣）

【常山股份】 石家庄常山纺织股份有限公司（简称常山股份）成立于1998年12月29日，是一家混合所有制上市公司。2000年7月24日，常山股份1亿A股在深圳证券交易所发行上市，募集资金净额5.98亿元。2015年7月，常山股份并购重组北明软件，形成纺织、软件双主业，企业实力和盈利能力增强。2016年常山股份主营业务收入109.8亿元，同比增长23.74%；工业总产值10.59亿元，同比增长5%；实现利润3.24亿元，同比增长12.82%。至2016年底，常山股份共有总股本12.7亿股、总资产119.2亿元、净资产53.3亿元。11月8日，全国纺织行业劳模创新工作室暨班组建设经验交流会在石家庄市举行。石家庄常山恒新纺织有限公司电气车间常日班在大会上获颁2016年“全国工人先锋号”奖牌。2016年常山纺织集团劳模创新工作室有：全国劳动模范、国家级技能大师杨普领衔“杨普工作室”，发挥带徒传技、精兵强武“讲武堂”作用；全国劳动模范、常山恒盛动力车间主任葛文军领衔“葛文军劳模创新工作室”，发挥攻坚克难、节能降耗“尖刀班”作用；河北省劳动模范、常山恒新后纺车间主任助理魏倍倍领衔“魏倍倍创新工作室”，发挥技术革新、工艺创新“先锋班”作用。11月28日，常山股份云数据中心和纺织优化升级工程奠基仪式在正定新区常山纺织工业园（东区）举行。2个项目规划总投资80亿元，建筑面积40万平方米。其中，云数据中心项目主要建设软件信息研发中心、数据机房楼、动力中心及管理和办公配套设施，部署标准机柜1.2万个；纺织优化升级工程项目主要建设家纺品牌设计制造中心、纺织智能制造中心、智能物流中心和科技中心。

（范玉蕾　张缘）

【专家学者企业行活动】 7月27～28日，河北省“专家学者企业行”活动在深泽县举行。围绕打造中国北方最大的布艺生产基地、促进深泽县布艺产业转型升级、提高企业家素质举行专题培训；分析深泽县布艺行业生产经营、产品设计、销售等存在的问题，提出加快产业结构调整、利用“互联网+”发展电子商务等指导性意见和解决方案；邀请北京联合大学商学院电子商务系主任秦立拴，河北师范大学美术学院教授候志江、张爱民3位专家到红柏家纺市场、吉丽达布艺、东之晟、水彩画家村、金汐制衣公司5家企业调研，并与44家企业召开交流座谈会，专家组与部分企业初步达到项目对接意向。

（马海荣）

石化工业

【概况】 2016年，全市石化行业共有规模以上企业428家，同比增加31家；主营业务收入1650.6亿元，同比增长1.0%；完成工业增加值350.9亿元，同比增长10.3%；实现利润118.1亿元，同比增长17.6%；主营业务收入、工业增加值、利润分别占全市工业18.9%、17.9%、16.4%。全市石化企业主要为原油加工、煤化工、化学原料、农用化学物质、橡塑制品五大行业，其中，石油加工、炼焦加工业企业13家，化学原料和化学制品制造业企业316家，橡胶和塑料制品业企业99家。全市石化企业主要产品大类有原油加工、纯碱、精甲醇、合成氨、农用化学肥料、农药、涂料、化学试剂等。2016年石化企业主要产品产量为：烧碱11.0万吨，精甲醇17.0万吨，合成氨83.48万吨，农用氮、磷、钾化学肥料总计（折纯）69.31万吨，化学农药原药（折有效成分100%）6986.5吨，涂料23.61万吨，合成洗涤剂14.35万吨，原油加工量610.0万吨，塑料制品73.83万吨，硫酸（折100%）52.3万吨。

【晋煤金石化工公司】 晋煤金石化工公司位于石家庄循环化工园区，占地面积849亩，总投资39.65亿元，氨年生产能力60万吨。晋煤金石化工公司项目是河北省第二批重点项目，与河北省重点项目——石炼化800万吨炼油改造工程配套实施，可为炼油综合改造、已内酰胺、环已酮、氨基乙酸等项目提供氢气、氮气、液氨、甲醇等产品，副产品有硫黄、焦油、中油、石脑油。晋煤金石化工公司项目还向石家庄炼化公司及其他企业提供蒸汽300吨/小时，形成循环经济产业链。2016年末，晋煤金石化工公司项目一期工程完工试产。

【白龙化工股份有限公司】 石家庄白龙化工股份有限公司（简称白龙化工）是1997年12月由市化工二厂（1959年建厂）改制设立为股份制企业，地址位于石家庄循环化工园区石炼中街8号。总资产5.35亿元，总负债1.14亿元，从业员工574人。主要产品有苯酐、顺酐、增塑剂。年生产能力为：邻苯二甲酸酐（苯酐）8万吨/年，顺丁烯二酸酐（顺酐）4万吨/年，邻苯二甲酸酯类增塑剂8万吨/年。白龙化工搬迁改造优化升级项目工程完工。2016年5月，白龙化工股份有限公司搬迁改造优化升级项目通过工程安全设施竣工验收。2016年10月，白龙化工搬迁改造项目通过竣工环境保护验收。白龙化工搬迁改造项目综合采用先进工艺技术和节能技术，去除燃煤油炉，实现苯酐和顺酐生产装置蒸汽压力升级，年可节约标准煤8500吨，除满足自身生产生活用气外，每年可向石家庄循环化工园区输送蒸汽28万吨。2016年白龙化工股份有限公司销售收入7.6亿元，同比增长24.34%；实现利润380万元，同比增长276.53%。

【威远生物化工股份有限公司】 石家庄威远生物化工股份有限公司（简称威远生化）是河北省首家上市公司，主要从事农药、兽药原料药及制剂的研发、生产和销售，具有55年农药经营历史，是国内最大的阿维菌素原药生产商，也是国内首家吡虫啉、除虫脲、甲氨基阿维菌素工业化开发企业。威远生化拥有杀虫剂、杀菌剂、除草剂三大系列200多个品种农药产品和驱虫、抗菌两大系列120多个品种兽药产品，主打产品阿维菌素年生产能力500吨。2016年威远生化入选全国农药销售百强，实现销售收入14.5亿元，同比增长13.47%；利润2261万元，同比下降41.59%。

【河北华丹完全生物降解塑料有限公司】 河北华丹完全生物降解塑料有限公司（简称河北华丹）于2005年9月20日成立，是河北省唯一研发、生产完全生物降解塑料的高新技术企业，也是河北省重点建设“年产15万吨完全生物降解塑料颗粒及制品”项目。河北华丹研发、生产全生物降解塑料原料及产品经国家降解塑料检测中心检测，达到国家全降解各项指标，并通过国家环保产品质量监督检验中心检测，技术达到国内外领先水平。公司地址位于石家庄市裕华区石栾路96号，注册资本金3000万元，获得国家级专利6项。2008年河北华丹新建厂用地面积104亩；2009年河北华丹协助北京市制定“垃圾分类中全降解环保垃圾袋的技术标准”，被确定为环保垃圾袋招标主要参考技术指标。河北华丹还起草并通过河北省“降解垃圾袋标准”。2016年河北华丹年生产能力达到10万吨氧化生物全降解塑料原料及制品和5万吨生物质全降解塑料原料及制品。

【河北诚信集团有限公司】 河北诚信集团有限公司始建于1990年，地址位于石家庄市元氏县元赵公路南侧，占地面积2700余亩，总资产41.32亿元，拥有员工4733人，是全国规模最大的氰化钠及其衍生物生产企业。主要产品有氰化钠、苯乙酸、氰酯和丙酯系列、三聚氯氰。其中，氰化钠年生产能力25万吨，市场占有率60%，在国内行业排名第一；氰酯和丙酯系列产品年生产能力4.5万吨，市场占有率70%，也在国内行业排名第一。2003年河北诚信集团有限公司获评市级信用优良企业称号，氰化钠获评河北省名牌产品；2005年获评中国化工资产利润率百强企业和中国化工500强企业称号。2016年河北诚信集团有限公司主营业务收入43.2亿元，同比增长9.01%；实现利税6.95亿元，同比增长28.46%。

（郭会珍）

装备制造业

【概况】 2016年，全市装备制造业共有规模以上企业594家，同比增加83家（新纳入计算机、通信和其他电子设备制造业）；从业人员13.52万人，同比增长0.5%；总资产1218.09亿元，同比下降3.5%；主营业务收入1655.3亿元，同比增长5.3%，增速低于全省同业2.1个百分点，主营业务收入位列全省同业第3名；完成工业增加值379.5亿元，同比增长12.0%，增速高于全省同业1.78个百分点，增加值占全市比重19.3%；实现利润总额161.7亿元，同比增长0.9%，增速低于全省同业11.0个百分点，利润总额位列全省同业第2名。全年装备制造业亏损企业49家，同比增长29.0%，行业亏损面8.3%；亏损企业亏损额5.8亿元，同比增长58.22%，亏损额位列全省同业第5名。装备制造业完成增加值占全市工业增加值比重位居首位，成为全市工业最重要的支撑产业。新能源汽车制造业主要生产企业有石家庄中博汽车有限公司，新一代计算机、通信和其他电子设备制造业主要企业有东旭集团有限公司。装备制造业产品产量出现下滑。2016年全市装备制造业规模以上企业生产产品45种，除新增城市轨道车辆外，21种产品产量保持增长，占比46.67%，23种产品产量出现下滑，占比51.11%；产量增速20%以上有10种产品，占比22.22%，产量增速10%以上有15种产品，占比33.33%。其中，新能源汽车生产2005台，同比增长122.78%；新增城市轨道车辆生产48辆；医疗仪器设备及器械生产2769台，同比增长167.79%；农产品初加工机械生产21890台，同比增长133.27%。八大类装备制造业中，五大类利润增长，三大类利润下降。五大类利润增长装备制造业分别为：专用设备制造业，汽车制造业，铁路、船舶、航空航天和其他运输设备制造业，电气机械及器材制造业，仪器仪表制造业；三大类利润下降装备制造业分别为：金属制品业，通用设备制造业，计算机、通信和其他电子设备制造业。金属制品业。2016年全市金属制品业共有规模以上企业127家，同比增加7家；主营业务收入338.41亿元，同比增长2.01%；完成工业增加值79.12亿元，同比增长8.8%；实现利润29.87亿元，同比下降1.39%；亏损企业6家，同比减少2家；亏损额1035.8万元，同比减亏889.9万元。通用设备制造业。2016年全市通用设备制造业共有规模以上企业123家，同比增加6家；主营业务收入318.58亿元，同比增长7.66%；完成工业增加值72.97亿元，同比增长9.3%；实现利润25.57亿元，同比下降3.35%；亏损企业12家，同比增加7家；亏损额3.30亿元，同比增亏1.88亿元。专用设备制造业。2016年全市专用设备制造业共有规模以上企业108家，同比增加9家；主营业务收入269.74亿元，同比增长15.77%；完成工业增加值55.04亿元，同比增长13.4%；实现利润30.48亿元，同比增长35.14%；亏损企业16家，同比增加3家；亏损额1.26亿元，同比增亏5849.8万元。汽车制造业。2016年全市汽车制造业共有规模以上企业41家，同比增加9家；主营业务收入89.09亿元，同比增长21.78%；完成工业增加值24.34亿元，同比增长50.4%；实现利润10.25亿元，同比增长85.88%；亏损企业4家，同比增加1家；亏损额1063.6万元，同比增亏5506万元。铁路、船舶、航空航天和其他运输设备制造业。2016年全市铁路、船舶、航空航天和其他运输设备制造业共有规模以上企业14家，同比增加4家；主营业务收入41.39亿元，同比增长5.02%；完成工业增加值11.51亿元，同比增长3.8%；实现利润5.37亿元，同比增长1.83%；亏损企业2家，同比减少1家；亏损额4764.9万元，同比减亏3559.9万元。电气机械及器材制造业。2016年全市电气机械及器材制造业共有规模以上企业129家，同比增加10家；主营业务收入450.22亿元，同比增长4.18%；完成工业增加值96.93亿元，同比增长8.8%；实现利润45.34亿元，同比增长4.17%；亏损企业5家，同比增加1家；亏损额4530.7万元，同比增亏1473万元。计算机、通信和其他电子设备制造业。2016年全市计算机、通信和其他电子设备制造业共有规模以上企业43家；主营业务收入135.67亿元，同比下降12.96%；完成工业增加值35.61亿元，同比增长15.4%；实现利润12.95亿元，同比下降48.89%；亏损企业4家，同比增加3家；亏损额1636.2万元，同比增亏651.1万元。仪器仪表制造业。2016年全市仪器仪表制造业共有规模以上企业9家，同比减少3家；主营业务收入12.17亿元，同比增长14.68%；完成工业增加值3.97亿元，同比下降0.1%；实现利润1.84亿元，同比增长41.49%；亏损企业0家。3月31日，由石家庄本土制造的首列地铁列车03001号，在石家庄中铁轨道交通装备有限公司下线。5月10日，中车石家庄新能源汽车产业基地项目启动。9月20日，河北欣意电缆集团获评2016（第二届）中国自主品牌100佳、“中国自主品牌制造业类10佳”企业，董事长于贵良获评“2016中国自主品牌创新人物”。11月9日，河北德澳科技有限公司与德国科普费尔集团签署新能源汽车传动系统及减速机技术合作项目，商定在石家庄合资建厂，规划设计每条生产线年产动力系统总成10万台（套）。

（刘智卓）

【迪龙科技有限公司电动汽车研发生产项目】 2016年石家庄迪龙科技有限公司投资建设的电动汽车及相关部件研发生产项目落户鹿泉区获鹿镇。总投资3亿元，总建筑面积10万平方米，主要建设生产车间、研发车间等，规划建成后生产新能源电动汽车关键零部件，包括DC-DC总成、充电机总成、电机驱动器总成三大系列，年生产能力8万台。项目建设期3年；2016年7月，一期建设1号车间投产；2018年全部项目建设完成，规划年销售收入4亿元，利润0.5亿元，税收0.3亿元，新增就业岗位1500余个。

链接

石家庄迪龙科技有限公司是一家集开发、生产和销售于一体的专业军用电源、工业电源、新能源汽车电控总成的生产企业，在北京、深圳设有子公司，拥有专利技术13项。该公司研发生产的新能源汽车电源产品为北汽新能源、北汽福田、北汽现代、一汽大众、东南汽车、奇瑞汽车、江淮汽车、众泰汽车、吉利汽车、通用五菱、海马汽车、金龙客车、宇通客车等160多家汽车厂家提供配套产品，并与海马汽车、北汽新能源等厂家签订战略合作伙伴协议、战略核心供应商协议。

（董昌　徐立康）

【意大利AVIO航空产业项目】 7月13日，中国宏泰产业市镇发展有限公司（简称中国宏泰发展，香港交易所股票代码6166.HK）与意大利AVIO通用航空直升机制造公司（艾维国际）在意大利瓦雷泽签署战略合作协议，双方商定在石家庄市栾城区投资建设AVIO航空产业项目。总占地面积300亩，规划投资10亿元，主要生产2种飞行器，分别为SK-1双动力双座直升机、F-22 Pinguino单引擎教练机。SK-1双动力双座直升机是世界上第一台双马达双座轻型直升机，可用于工业、农业、林业及医疗卫生、抢险救灾、海洋监测、文化体育等飞行活动，设计年产量700架。F-22 Pinguino单引擎教练机是由意大利著名设计工程师设计，可选择装备适用于夜航和IFR全部仪表及航空电子设备，主要用于私人飞行员培训、职业民航飞行员基础训练、体育飞行和旅行等，设计年产量200架。

【中航通飞华北公司】 5架飞机交付用户。9月13日，中航通飞华北飞机工业有限公司（简称中航通飞华北公司）在石家庄爱飞客小镇举行4架“小鹰500”飞机、1架“运—五B”飞机交付仪式。其中，北大荒通航公司交付3架“小鹰500”飞机；宁夏浩天通航公司交付1架“小鹰500”飞机、1架“运—五B”飞机。宁夏浩天通航公司交付“小鹰500”飞机也是华北公司交付中国西北地区首架改型飞机。“小鹰500”飞机是第一款按照中国民航CCAR-23部设计生产、拥有自主知识产权的4～5座轻型多用途飞机。改装后的“小鹰500”飞机可执行测绘制图、石油和天然气管线监测、应急基础设施巡视、电力线巡检、海岸带监测、风力发电机叶片检视、灾害现场监测与制图、极地科考、冰川监测、数字城市三维建模、电子娱乐与游戏开发等项目飞行任务。“运—五B”型飞机换装航电设备、改进农业设备、增加航拍航测及物探功能后，成为中国通用航空领域数量最多、年作业量最大、适用领域最广的通用航空机种。10月13日，河北中航通用机场管理有限公司短途运输颁证暨FBO（固定运营基地）揭牌仪式在石家庄栾城机场举行。50架“小鹰500”、4架“国王350”签约购机协议。11月1日，中航通飞华北公司在第十一届中国国际航空航天博览会（珠海航展）上，分别与富源融资租赁（北京）有限公司、宇翔盛泰航空产业发展有限公司签署50架“小鹰500”飞机购机意向协议、4架“国王350”飞机购机合同。

（范玉蕾　吴温　包玲玲）

食品工业

【概况】 2016年，全市食品工业共有规模以上企业259家，同比增加19家，其中，农副食品加工业163家，食品制造业61家，酒、饮料和精制茶制造业34家，烟草制品业1家。全年食品工业主营业务收入

981.2亿元，同比下降0.1%，占全市工业主营业务收入11.3%；完成工业增加值222.0亿元，同比下降7.3%，占全市工业增加值11.3%；实现利润77.5亿元，同比下降6.7%，占全市工业利润10.7%。2016年全市食品工业主要产品产量为：酱油2.91万吨，同比下降2.7%，占全省比重为52.7%；乳制品106.38万吨，同比增长7.7%，占全省比重为28.7%；卷烟216.50亿支，同比下降14.4%，占全省比重为28.4%；软饮料145.56万吨，同比增长16.7%，占全省比重为25.2%。2016年5月，北国超市中央厨房加工基地在家家惠食品有限责任公司揭牌，北国超市正式授权家家惠生产北国自有品牌“北国大厨房”面点产品。2016年12月，河北鹏达食品有限公司（位于晋州经济开发区，具有10多年生产罐头历史，年产罐头2万多吨）两批151吨甜玉米粒罐头出口俄罗斯，这也是石家庄市首次出口甜玉米粒罐头。2016年君乐宝乳业实现销售收入80亿元，是2009年的8倍；河北三元食品有限公司实现销售收入12.5亿元，是2009年的6倍。至2016年底，全市婴幼儿乳粉产能达到10.2万吨，占到河北省总量的三分之二。

【君乐宝乳业】 年产3万吨婴幼儿配方奶粉项目建成投产，婴幼儿奶粉产品通过欧盟BRC食品安全全球标准A+顶级认证、IFS国际食品标准认证。3月30日，国家4A级景区——石家庄君乐宝工业旅游区挂牌仪式在君乐宝优致牧场举行。这也是国内首家集牧场、工厂、牛奶文化科普于一体的工业旅游景区。君乐宝工业旅游景区包括：国内领先的酸奶工厂——君乐宝永盛工厂、君乐宝自建的大型标准化生态观光牧场——优致牧场、酸奶文化馆和奶牛科普馆。君乐宝工业旅游景区自开放以来，先后获评石家庄市工业旅游示范区、河北省工业旅游示范区等称号，累计接待游客100万人次。5月25～27日，由中国食品科学技术学会主办，中国食品科学技术学会乳酸菌分会、河北科技大学、河北省食品学会承办的“第十一届乳酸菌与健康国际研讨会”在石家庄市举行。会议发布了来自加拿大、爱尔兰、荷兰、日本等国家专家关于益生菌与肠道微生态、益生菌与疾病预防及益生菌功能性研究等领域最新研究成果，正式启动由君乐宝乳业与中国食品科学技术学会共同发起的“益生菌+”战略。8月8日，吸收和利用全球30余家供应商先进技术——君乐宝世界级奶粉工厂在石家庄市落成投产。同日，君乐宝婴幼儿配方奶粉正式进入香港市场销售。2016年8月，君乐宝乳业旗下舒适成长系列婴幼儿配方奶粉在爱尔兰举行的2016年世界食品科技大会上获得“全球食品工业创新大奖”。2016年10月，君乐宝乳业在美国亚特兰大获得PDMA（产品研发及管理协会）颁发“2016年卓越创新企业特别奖”。2016年君乐宝乳业完成销售收入80亿元，是2009年的8倍；实现利润1.54亿元，同比增长16.7%。

【河北三元食品有限公司】 河北三元食品有限公司是一家集畜牧科技研究、新产品开发、乳与乳制品加工及销售于一体的大型乳品企业，为北京三元食品股份有限公司全资子公司，隶属北京首都农业集团。2014年3月13日，河北三元工业园项目签约落户新乐市，总占地面积600亩，总建筑面积45.3万平方米。2016年5月16日，总投资18亿元、河北省重点项目——河北三元工业园正式投产。河北三元工业园投产后，年产婴幼儿配方乳粉4万吨、液态奶25万吨。公司拥有乳品加工厂4家、包装厂1家、奶牛养殖场1家；员工2500人；液态奶产品有灭菌砖、灭菌枕、百利包三大系列37个品种；奶粉类有豆粉、豆奶粉、成人配方奶粉、婴幼儿配方奶粉三大品类五大系列23个品种上市；液态奶主销3个省区市场，奶粉主销13个省区市场。2016年河北三元食品有限公司销售收入12.5亿元，是2009年的6倍；实现利润0.74亿元，同比增长122.5%。

（魏俊杰）

冶金工业

【概况】 2016年，全市冶金行业共有规模以上企业102家，同比减少6家；主营业务收入610.7亿元，同比下降10.9%；完成工业增加值142.7亿元，同比下降2.5%；实现利润35.4亿元，同比下降7.9%；主营业务收入、工业增加值、利润分别占全市工业7.0%、7.3%、4.9%。石家庄市冶金行业主要分为黑色金属冶炼和压延加工、有色金属冶炼和压延加工两大类。至2016年底，全市冶金行业共有黑色金属冶炼和压延加工企业69家、有色金属冶炼和压延加工企业19家；主要产品大类有生铁、粗钢、钢材、铝、黄金。2016年全市冶金行业主要工业产品产量为：生铁1279.55万吨，同比下降2.6%，占全省比重为7.0%；粗钢1268.32万吨，同比下降2.3%，占全省比重为6.6%；钢材1253.34万吨，同比下降0.6%，占全省比重为4.8%。

【河北敬业集团】 河北敬业集团是一家以钢铁为主业，兼营酒店、房地产、贸易、钢材深加工等为一体的大型集团公司。主要产品为螺纹钢、中厚板、热轧卷板，是全球大型螺纹钢生产基地。公司开发生产船板、桥梁板、高层建筑用钢、高强抗震螺纹钢、圆钢等高附加值品种钢出口78个国家和地区，主要应用于北京新国际机场、三峡工程、南水北调工程、石家庄地铁、呼和浩特市地铁、文莱跨海大桥等工程建设。2016年5月，敬业集团与东北大学签订薄带铸轧技术产业化应用技术协议。2016年9月，中国首个完全自主知识产权短流程薄带铸轧项目启动。短流程薄带铸轧项目是敬业集团与东北大学合作实施的科技成果产业化项目，由中国钢铁轧制技术领域著名专家——东北大学轧制技术及连轧自动化国家重点实验室王国栋院士薄带铸轧科研团队合作承担。薄带连铸技术较传统工艺生产成本降低35%，产线燃料消耗降低95%，水耗降低80%，电耗降低90%，二氧化碳排放降低85%。增材制造项目投产。2016年9月，河北敬业集团增材制造项目——200千克级微细金属粉末生产线投产。该生产线生产气雾化金属粉末具有球形度高、含氧量低、流动性好及纯净度高等特点；粒度分布可根据客户要求定制，满足客户个性化需求；主要应用在粉末工模具钢制品、激光熔覆、3D打印金属制品、金属注射成型、热喷涂等领域高端。该项目为国家科技部863计划及国家自然基金项目，获得科技部、国家税务局、对外经贸合作部、国家质检总局、国家环保局颁发《国家重点新产品证书》。敬业集团开发总投资23亿元，投产后年产2万吨粉末先进成形产品（粉末高速工具钢、粉末冶金高温合金、轴承钢、高端齿轮钢等）、600吨增材制造用金属材料（工业用激光熔覆修复技术）、30吨增材制造用金属材料（航空航天、生物医疗用）生产能力。2016年河北敬业集团拥有员工2.25万人；总资产272.0亿元；销售收入586.0亿元；实现利税16.0亿元；在全国500强企业名列第234位，河北百强企业位列第8名，连续8年在石家庄市百强企业排名第一。

【石家庄钢铁有限责任公司】 石家庄钢铁有限责任公司（简称石钢公司）是一家具备年产260万吨钢生产能力的特钢企业，是中国重点大中型钢铁联合企业和520户国家重点工业企业之一。主要产品有：优质碳钢、合金结构钢、轴承钢，市场占有率分别为16%、10%、15%；主要用户为中国一汽和二汽、上汽、济南重汽、现代、丰田、美国卡特彼勒（ABS）、美国船级社、挪威船级社（DNV）、英国劳氏船级社（LR）等高端用户110余家。2008年12月，“石钢”牌圆钢获评为河北省名牌产品。2016年石钢公司完成销售收入46.5亿元，实现利润1.55亿元。

【河冶科技股份有限公司】 河冶科技股份有限公司（简称河冶科技）共有员工1500余人。经营范围：研制、开发冶金新材料及高科技冶金产品；生产、销售高合金钢材及其深加工产品；技术服务，成果转让；经营公司自产的高速工具钢制品、合金钢制品和冶金、机电产品（国家组织统一联合经营的出口商品除外）及相关技术的出口业务；经营该公司生产、科研所需的原辅料、机械设备、仪器仪表、零配件（国家实行核定公司经营的进口商品除外）及相关技术的进口业务；经营该公司的进料加工和“三来一补”业务。产品主要销往全国工具生产厂家。2016年河冶科技完成销售收入6.4亿元，利润亏损863万元。

（郭会珍）

建材工业

【概况】 2016年，全市建材行业共有规模以上企业236家，同比增加14家；主营业务收入535.7亿元，同比下降2.0%；完成工业增加值131.3亿元，同比下降2.2%；实现利润42.7亿元，同比下降6.1%；主营业务收入、工业增加值、利润分别占全市比重为6.%、6.7%、5.9%。全市建材行业主要分为非金属矿物采选业和制品业两大类。拥有采选业生产企业10家、建筑制品业生产企业226家。主要建材产品大类有水泥熟料、水泥、商品混凝土、建筑陶瓷、平板玻璃、建筑板材、石墨及碳素制品等。2016年全市建材行业主要产品产量为：水泥熟料1063.55万吨，同比下降1.3%，占全省比重为20.0%；水泥2115.50万吨，同比下降10.1%，占全省比重为21.5%；建筑陶瓷2.32亿平方米，同比增长1.4%，占全省比重为93.5%；平板玻璃1032.37万重量箱，同比下降1.8%，占全省比重为9.9%；建筑板材485.38万平方米，同比下降5.7%，占全省比重为81.2%；石墨及碳素制品88.06万吨，同比增长43.1%，占全省比重为72.8%。2016年石家庄市比较有名建陶品牌有：高邑县力马建陶有限公司的“力马”地板砖、高邑汇力瓷业有限公司的“唯伟”瓷质抛光地板砖、河北鑫祥陶瓷制品有限公司的“拉菲王朝”全抛釉地板砖、河北力龙陶瓷有限公司的“帝洁”普拉提陶瓷地板砖和高邑县五羊陶瓷有限公司的“梦特丽娜”内墙砖。

【河北曲寨集团有限公司】 河北曲寨集团有限公司（简称河北曲寨集团）于1996年组建成立，地址位于石家庄市西北15千米鹿泉区曲寨工业区。公司旗下水泥企业分布井陉县、井陉矿区、辛集市、天津市、保定市、廊坊市区域，是一家以水泥建材为主导产业，兼营电解铝、造纸、热电联产、精密铸造、农业、商业贸易、运输、资本经营等集工、农、商、贸、建筑、服务为一体的大型股份制企业集团。注册资本金4.1亿元。所属企业有：石家庄市曲寨水泥有限公司、河北矿峰水泥股份有限公司、天津金晟华水泥有限公司、石家庄鹿泉区曲寨建材厂等9家水泥子公司；石家庄市曲寨热电有限公司、石家庄市曲寨铝业有限公司、河北省鹿泉区东方工业公司、石家庄市鹿泉区远大工业公司等5家工业子公司及从事服务、建筑、农业经营等6家第三产业公司。2016年河北曲寨集团共有员工5000余人，总资产达到118亿元，完成销售收入30亿元。

【河北金隅鼎鑫水泥有限公司】 河北金隅鼎鑫水泥有限公司是一家年产水泥、熟料1000万吨的国有大型现代化水泥生产企业，公司股票在上海证券交易所A股和香港证券交易所H股上市，由北京金隅集团（股份）公司全资控股。总资产50亿元，年营业收入30亿元，员工2000余人。年熟料产能750万吨、优质高标号水泥产能1000万吨、混凝土产能90万立方米、砂石骨料200万吨。拥有3个生产分公司、1个矿山公司、1个临港金隅子公司，2条日产2000吨和3条日产4000吨新型干法熟料水泥生产线，其中1条日产4000吨二档短窑熟料水泥生产线获批国家级节能示范线。公司生产“鼎鑫”牌水泥系列产品获评“国家免检产品”“中国驰名商标”“河北省名牌产品”“河北省著名商标”，公司所产道路硅酸盐水泥，具有早期强度高、抗冲击性强等特点，耐磨性是普通水泥的5～6倍，维修费用低，性价比高，是建设高等级公路、飞机机场混凝土路面的优质产品。

【高邑县力马建陶有限公司】 高邑县力马建陶有限公司成立于2000年6月，是一家集科研、开发、制造、销售为一体的河北省重点建陶生产民营企业，地址位于石家庄高邑县凤凰山工业区，注册资本金8000万元，员工2000余人。拥有1家陶瓷厂、1家省级建陶工程技术研究中心和河北力马燃气有限公司。年地板砖产能2600万平方米，产品包含十大系列、2个规格、多个花色品种。主要产品有聚晶微粉抛光地板砖、高档普拉提抛光地板砖、高档郁金香抛光地板砖、木纹系列抛光地板砖、冰河世纪系列高档抛光砖、通体系列高档抛光砖等。2016年公司完成销售收入8.2亿元，实现利润9260万元。

（郭会珍）

电力工业

【概况】 2016年，国家电网石家庄供电公司以京津冀协同发展为契机，加快产业转移项目承接区电网建设速度，主动支持北京非首都功能疏解项目电力供应，并与相关园区签订合作备忘录，实施直接供电到户政策。编制28个国家级、省级大型园区配电网规划，超前开展变电站建设和配电网改造升级。开展国际贸易城（西区）项目一期区域用电咨询服务；咨询范围为石津灌渠以北、天山大街两侧一期6个地块；总占地面积800亩，总用电容量148.2兆伏安。这也是国家电网石家庄供电公司首个大型商业综合体详细用电咨询项目。实施"煤改电""电代油"工程项目，全年完成电力替代项目258个，替代电量19.1亿千瓦时；推广陶瓷窑炉电加热、电采暖等"煤改电"项目36个；城市核心区、重要交通枢纽、高速公路黄金点建成充电站19座；保护和定位城区变电站地块63座。增强电能质量在线监测系统功能，升级改造电力终端设备，推广无人机、智能巡检机器人等智能技术。2016年石家庄市全社会用电量达到425.26亿千瓦时，同比增长2.29%，其中，工业用电量268.72亿千瓦时，同比下降1.01%。

【电网建设】 2016年全市电网建设完成投资21.8亿元，创下历史新高。其中，贫困地区完成电网建设投资2.65亿元，主要实施平山县、灵寿县、行唐县、赞皇县4个贫困县129个贫困村电力设施改造升级，新增10千伏配变电容量8800千伏安，新建10千伏及以上线路428.82千米。主动融入交通互联互通体系，市轨道交通工程配套建设110千伏和平变电站工程提前6个月竣工运行，石济客专、南绕城等重点项目完成电力线路迁改8条。落实工业转型升级战略部署，以重点区域、重点项目、战略性新兴产业为突破口，加快区域电网建设步伐，正定新区配套建设220千伏滨河、临济等4项工程快速推进，装备制造基地配套建设220千伏元北输变电工程竣工投产。开展高标准配电网示范区建设，2016年10月底，全市426个"美丽乡村"安全稳定用电项目建设完毕；2016年末全市治理低电压用户5800户。推进电网智能化发展，完成368个站所、491台柱上开关智能化改造；2016年6月，市区二环路内配电设备全部实现自动化、实用化。

【500千伏西柏坡变电站建成运行】 1月25日，500千伏西柏坡变电站投入运行，实现西柏坡—石北—辛集—廉州—石西—西柏坡500千伏双环网结构，这是石家庄市第5座500千伏等级变电站。500千伏西柏坡输变电工程是国家重点项目，是国家电网石家庄供电公司首次以业主身份组织建设500千伏电压等级工程，是河北1000千伏特高压配套重点工程之一，主要建设750兆伏安主变压器4组、500千伏出线8回、220千伏本期出线12回。该工程2014年12月开工，总投资8.09亿元，线路总长71.7千米，涉及平山县、井陉县、鹿泉区、元氏县、藁城区、正定县6个县（市、区）13个乡镇51个村庄。500千伏西柏坡变电站以智能自动化系统、智能在线监测系统、智能辅助系统三大智能系统为支撑，自动完成信息采集、测量、控制、保护、计量、监测等基本功能，基本实现一次设备智能化、二次设备网络化，工程质量获授国家电网公司安全质量管理流动红旗。

【光伏发电项目】 中车石家庄车辆有限公司5.5兆瓦分布式光伏发电项目。2016年10月，由东方能源石家庄分公司、中车石家庄车辆有限公司合作建设的中车石家庄车辆有限公司5.5兆瓦分布式光伏发电项目开工。总投资4000余万元，主要在7座厂房屋顶铺装光伏组件发电；采取自发自用、余量上网运行模式，在满足企业自用电后，剩余电量接入石家庄电网。中车石家庄车辆有限公司5.5兆瓦分布式光伏发电项目规划年发电量513.08万千瓦时，节约标煤1564.91吨，减少二氧化硫排放31.38吨、氮氧化物排放10.77吨。2个光伏发电项目入选光伏扶贫项目并网计划。2016年11月，河北省发展改革委下达第一批集中式光伏扶贫项目并网计划，石家庄市灵寿县、赞皇县2个项目入选，总规模50兆瓦，帮扶贫困户1666户；规划建成并网日期为

2017年6月30日前。其中，灵寿县昌盛日电太阳能科技有限公司建设100兆瓦光伏农业大棚扶贫电站项目一期工程，并网计划30兆瓦，帮扶户数1000户；赞皇县华电国际电力股份有限公司建设的河北华电石家庄赞皇100兆瓦光伏发电项目一期工程，并网计划20兆瓦，帮扶贫困户666户。

国家电网石家庄供电公司

总 经 理：朱薪志（3月任）

副总经理：董庆陆　王勇

张会敏

王向东（5月任）

刘玉璞　齐金定

张世鹏

（国家电网石家庄供电公司）

城乡建设

Urban and Rural Construction

综　述

2016年，全市城乡建设围绕打造京津冀世界级城市群“第三极”战略目标，以生态宜居和建设现代化省会城市为主线，以创建全国文明城市为载体，对标国内先进城市，加快县城和新型城镇化建设进程，推进城乡一体化发展。8月12日，中共河北省委、河北省政府印发《关于建设特色小镇的指导意见》，石家庄市井陉县天长镇、元氏县殷村镇、灵寿县慈峪镇、无极县张段固镇、赵县南柏舍镇、晋州市总十庄镇、正定县新城铺镇、赞皇县院头镇、平山县西柏坡镇、行唐县口头镇、鹿泉区铜冶镇、栾城区冶河镇、藁城区岗上镇13个镇列入河北省重点培育特色小镇；石家庄市栾城区航空小镇、平山县西柏坡红色旅游小镇、灵寿县漫山花溪旅游小镇确定为首批特色小镇。编制《石家庄都市区空间战略规划》《石家庄市管线综合规划》，普查完成覆盖主城区300余平方千米城市地下管线，探测管线长度12211.74千米（含高新区1647.22千米）。召开城乡规划委员会全体会议2次，审议项目11个；召开城乡规划委员会专题会议8次，审议项目59个；跟踪监管批后管理建设项目383个，楼栋2461个，建设面积3945.61万平方米。完善城乡基础设施，全年新建、改建道路长度50.3千米，完成投资39亿元，同比增长130%，人均道路面积达到19.02平方米以上。推进国家新型城镇化综合试点建设，至2016年末，全市常住人口城镇化率达到59.96%（含辛集市）。谋划实施城乡建设重大工程项目169个，年度计划投资96.7亿元，实际完成投资75.1亿元。拥有建筑施工企业1854家，房屋建筑竣工面积1688万平方米。加快廉租房、安置房建设和棚户区、危旧房改造步伐，全年建成保障性住房6208套，新增廉租住房补贴户758户，农村危房改造6600户，开工棚户区改造项目44个23479套，货币化安置14158套（户）。至2016年底，全市共有房地产开发资质企业1319家，发放预售许可证98个，商品房合同备案6.16万套，存量房网签合同备案4.56万套；商品房上市面积548.7万平方米，同比增长17.3%，其中，商品住房上市面积413.7万平方米，增长16.6%；商品房成交771.3万平方米，同比增长18.2%，其中，商品住房成交617.5万平方米，增长17.1%；网签备案商品房成交均价8942元/平方米，同比增长14%，其中，商品住房成交均价8438元/平方米，增长14.9%；商品房库存856万平方米，其中，商品住房库存285万平方米。开展城市环境综合整治，主街主路机械化清扫率达到85%。治理渣土乱象、露天烧烤、楼顶天线、户外广告等城市管理“顽疾”，整治裕华路两侧等道路楼顶天线乱点21处，拆除新元高速沿线违章广告塔157座。实施新客站区域86栋楼宇夜景亮化工程，完成和平路体育大街北口等51处路口渠化改造、28处港湾式公交停靠站建设及翟营大街（南二环—方兴路）、谈固大街（中山路—裕华路）道路拓宽改造。2016年全市建成绿地面积8923万公顷，绿地率达40.7%，绿化覆盖率达44.9%，人均公园绿地面积15.4平方米。

（市档案馆）

城乡规划

【概况】 2016年，市城乡规划部门以生态宜居和建设现代化省会城市为主线，贯彻落实省委省政府《关于支持省会建设发展的若干意见》，修改《容积率指标管理规定》，做到全市中心城区居住用地容积率全部控制在2.5以内。采用“战略先行、分步开展”模式，编制《石家庄都市区空间战略规划》《石家庄市管线综合规划》，普查完成覆盖主城区300余平方千米城市地下管线，探测管线长度12211.74千米（含高新区1647.22千米）。召开城乡规划委员会全体会议2次，审议项目11个；召开城乡规划委员会专题会议8次，审议项目59个。加强规划管理，全年跟踪监管批后管理建设项目383个，楼栋2461个，建设面积3945.61万平方米；规划验收项目43个项目，建筑面积1384.391万平方米。重视规划法规建设，以提升规划透明度为内容，落实“简政放权、放管结合”要求，在“权力清单”“责任清单”“监管清单”基础上，编制完成规划中介服务清单。制定出台《石家庄市城乡规划局城乡规划公开公示工作制度》《石家庄市城乡规划局城乡规划行政许可听证办法》，修订《城乡规划管理程序规定》条款，转发《关于支持新产业新业态发展 促进大众创业万众创新用地的意见》等文件。加强危险化学品项目规划管理，制定印发《石家庄市城乡规划局危险化学品安全专项整治工作实施方案》，落实危险化学品项目规划编制、审批、执法要求。2016年7月初至10月底，开展主城区规划属性信息调查，项目范围144.75平方千米，涉及1∶500数字地形图2316幅；调查内容包括建筑物属性、地块属性、道路属性、植被属性、阳台及部分构筑物属性、城乡信息点数据六大类。2016年市规划部门立案查处违法建设玲珑湾项目，出具违法建设函复意见38件。至2016年末，市规划馆接待观众3.7万人，接待团体101个，免预约定时讲解265次，被共青团市委授予“石家庄市青年文明号”称号，被省住房和城乡建设厅评为文明行业创建标兵。

【城乡规划会议】 9月20日，市长、市城乡规划委员会主任邢国辉主持召开市城乡规划委员会第一次全体会议。市委常委、常务副市长、市城乡规划委员会副主任税勇，副市长、市城乡规划委员会副主任姜阳及市城乡规划委员会成员单位负责人参加会议。市委常委、纪委书记刘明轩列席会议。审议并原则通过《石家庄市城市集中供热专项规划（2016～2020）》《石家庄中心城区给水、污水再生工程规划（2014～2020年）》《石家庄市容积率指标管理规定（修订版）》及石家庄市轨道交通二号线一期站位方案、和平路东延工程（棉一立交—东二环）设计方案、石家庄中心城区电网设施布局规划、石家庄市中心城区部分地块控制性详细规划动态维护方案、石家庄市小清河生态恢复及景观提升工程等8个议题。

12月13日，副市长、市城乡规划委员会副主任姜阳代表市长、市城乡规划委员会主任邢国辉主持召开市城乡规划委员会第二次全体会议。市城乡规划委员会成员单位负责人参加会议。审议并原则同意《石家庄市井陉矿区城乡总体规划（2016～2030年）》及石家庄中心城区西南片区城市设计和控制性详细规划修编、土贤庄城中村改造地块控制性详细规划动态维护3个议题。

2月3日，副市长、市城乡规划委员会副主任姜阳主持召开市城乡规划委员会专题会第1次会议。市城乡规划委员会成员单位及项目涉及单位负责人参加会议。审议并原则同意石家庄市中心城区给水、污水再生利用工程规划、石家庄市中心城区移动通信基站规划、石家庄市域燃气专项规划、石家庄国际服务外包经济开发区起步区控制性详细规划、鹿泉区上庄镇总体规划、国际贸易城控规动态维护、翰林国际项目规划要点、安联生态城、肖家营城中村改造、元泰中心、瑞丰广场11个议题。

2月26日，姜阳主持召开市城乡规划委员会专题会第2次会议。市城乡规划委员会成员单位负责人参加会议。审议并原则通过市区铁路运输学校旧校区改造单元规划项目设计方案、正定新区恒山天璇住宅项目规划设计方案、鹿泉区韩庄村村庄改造项目、电建生活区改造（商业地块）项目等。铁路运输学校旧校区改造单元规划项目设计方案：配建幼儿园、社区文化活动中心、社区卫生站、社区服务中心、社区居民委员会、物业用房及托老所等；商业综合体沿建设大街和槐北路布置，建筑群由5栋高层商业办公楼及裙房商业组成；住宅建筑位于项目东南侧，建筑住房3～30层，南低北高布置，南侧城市支路区域不设围合商业，小区通透设置。正定新区恒山天璇住宅项目规划设计方案：打造大尺度园林景观，提高小区绿化率，营造一个现代宜居、舒适优美的高品质居住环境；契合正定新区总体建筑风格，采用经典现代的建筑格调，凸显挺拔大气富于时代感的楼盘形象。

4月6日，姜阳主持召开市城乡规划委员会专题会第3次会议。市城乡规划委员会成员单位及项目涉及单位负责人参加会议。审议并原则同意市政基础设施配套建设要求、栾城区楼底村西地块修建性详细规划设计方案、正定碧水源科技广场、正定新区231地块（国际人才港）项目、正定新区众美凤凰苑、荣盛华府项目、桃源华府项目、石家庄中冶德贤公关·城市商业广场项目、天山·世界之门项目28号地块设计方案10个议题。

5月13日，姜阳主持召开市城乡规划委员会专题会第4次会议，市城乡规划委员会成员单位及项目涉及单位负责人参加会议。审议并原则同意立正国际商务中心、河北文艺家之家、高新区4号地城市设计、土贤庄城中村改造规划条件、清真寺街改造规划条件、鹿泉区韩庄村村庄改造、正定古城控制性详细规划、栾城城区控制性详细规划、河北石家庄装备制造产业园区生活服务区一期控制性详细规划、藁城区中心城区控制性详细规划、鹿泉区中心城区部分单元控制性详细规划、石家庄市容积率管理规定（修订版）、S-5号图斑地块控制性规划动态维护方案13个议题。

6月22日，姜阳主持召开市城乡规划委员会专题会第5次会议。市城乡规划委员会成员单位负责人参加会议。审议并原则通过石家庄市中心城区162个项目控制性规划动态维护方案、地铁2号线一期线站位方案、和平路东延工程（棉一立交—东二环）设计方案、中关村正定科技城项目概念性规划、中桐城市广场项目设计方案调整、南焦城中村改造项目规划设计方案调整、柳林铺城中村改造项目规划设计方案调整等。市轨道交通2号线是地铁线网规划中的南北骨干线，一期工程南起嘉华，北至西古城，线路全长15.7千米，主要路由为：胜利南街—规划塔北路—汇通路—建设南大街—建设北大街—胜利北街；设车站15座、均为地下站，设换乘站5座。中关村正定科技城项目规划范围为正定县城中心城区北部、正定高新技术产业开发区及石家庄空港西南片区；总占地面积70.5平方千米，包含核心区41.5平方千米、磁河生态廊21.6平方千米、空港保税区起步区7.4平方千米；规划容纳人口31.8万人，其中疏解古城就业人口3.3万人，安置规划区内就业人口2.2万人。

6月28日，姜阳主持召开市城乡规划委员会专题会第6次会议。市城乡规划委员会成员单位及项目涉及单位负责人参加会议。审议并原则同意鹿泉上庄镇控制性详细规划、藁城区南孟镇控制性详细规划2个议题。

6月28日，姜阳主持召开市城乡规划委员会专题会第7次会议。市城乡规划委员会成员单位及项目涉及单位负责人参加会议。审议并原则同意石家庄市南绕城高速公路收费站调整方案、河北地质大学正定新区新校区建设项目设计方案、米兰春天项目规划设计方案、柳董庄城中村改造规划设计方案、柏林庄城中村改造项目规划设计方案、翰鼎广场项目规划设计方案、石家庄市西南片区城市设计和控制性详细规划、中心城区7个地块的控制性规划动态维护方案、石家庄市油漆厂地块控制性规划动态维护9个议题。

11月24日，姜阳主持召开市城乡规划委员会专题会第八次会议。市城乡规划委员会成员单位及项目涉及单位负责人参加会议。审议并原则同意石家庄市井陉矿区城乡总体规划（2016～2030年）、石家庄市裕翔街—体育大街快速化改造及BRT工程、石家庄市泰华街—红旗大街快速路设计方案、中华大街南延道路工程规划设计方案、中心城区土贤庄城中村改造地块控制性规划动态维护、正定新区104号地—辰景园项目、石家庄中冶德贤公馆·城市商业广场项目、长安万达广场项目、河北省人民医院新建心脑血管病房综合楼项目9个议题。

【规划编制】 以推动城市发展转型、打造宜居城市为目标，组织实施城市总体规划修编。根据国家和河北省关于京津冀协同发展、新型城镇化建设部署，修编完成都市区空间发展战略规划、总体城市设计等规划初步方案。2016年1月，河北省确定石家庄市为全省“多规合一”试点，确定行唐县、赞皇县为“多规合一”试点县。7月22日，石家庄市总体规划评估报告通过省住房和城乡建设厅专家审查。至此，石家庄市总体规划修编前期工作全部完成。滹沱河景观提升规划编制完毕，以滹沱河作为石家庄市的灵魂，按照国内一流、国际知名景区标准，规划形成“一廊三段九区”总体规划结构，重现了“太阳照在滹沱河上”的风景。贯彻新发展理念，先期在总体规划研究中安排海绵城市规划编制并形成初步规划成果；10月29日，举办海绵城市规划专家咨询会议，研究制定海绵城市规划建设总体目标；中期构建完善、高效、可持续的海绵城市建设系统布局，围绕水安全、水环境、水生态、水资源等方面提出系统规划；后期分解落实海绵城市建设具体指标，确定工程任务及设计要求。

【规划审批】 全年召开城乡规划委员会全体会议2次，审议项目11个，包括总体规划1个，概念规划1个，详细规划3个，管理标准1个、市政工程5个；召开城乡规划委员会专题会议8次，审议项目59个，包括总体规划1个，概念规划1个，详细规划14个，管理标准1个、市政工程9个、城市设计1个、房地产开发项目26个，选址、规划条件1个，重点镇和乡、村庄规划5个。2016年市规划部门受理报建项目1640项次，发放建设项目选址意见书27个，发放建设用地规划许可证343个。其中，建筑类150个，批准总建筑面积1458.91万平方米（含地下建筑331.74万平方米），包括居住面积1213.28万平方米（含地下建筑270.42万平方米）、商业面积174.64万平方米（含地下建筑45.19万平方米）；市政类193个。发放《竣工验收合格函》51个。

【地下综合管廊】 2016年4月，石家庄市参加财政部、住房和城乡建设部组织的地下综合管廊试点城市竞争性评审，在20个答辩城市中以第二名的成绩入选国家第二批地下综合管廊试点城市。试点期间（连续3年），石家庄市每年获得国家专项补助资金4亿元。国家确定石家庄市地下综合管廊试点项目18个，长45.77千米，总投资73.55亿元。其中，老城区3个，长14.91千米；正定新区15个，长30.86千米。编制《石家庄市城市地下综合管廊工程规划》（2015～2030）及地下综合管廊五年滚动计划通过市政府审批；确定至2030年末，石家庄市地下综合管廊建设规模达到190千米；规划地下综合管廊覆盖石家庄市老城区及正定新区，至2020年底，全市地下综合管廊建设总长度达到71.99千米，总投资106.86亿元。2016年石家庄市规划建设地下综合管廊项目8个，其中，正定新区7个、老城区1个，长18.23千米。至2016年底，全市开工地下综合管廊试点项目5个，长14.18千米。

【地下管线探测】 按照地下管线普查实施方案，2015年3月初市规划部门启动普查。2016年7月，市规划部门完成覆盖主城区300余平方千米城市地下管线普查任务，普查区域道路长度950千米，探测地下管线长度12211.74千米（含高新区1647.22千米）。普查显示，石家庄市地下管线系统庞大、种类繁杂，其中通信管线最长，其次为供电、排水、给水等管线。地下管线普查中，采取调查收集现状资料、运用勘测等技术手段，查清普查区域道路红线内各类市政地下管线。普查范围包括市区西三环—石太高速公路—友谊大街—滹沱河—京珠高速公路—南三环路围合区域，并延伸勘测主要对外公路下市政管线和长输管线。普查主要对象：埋设于城市道路下的给水、排水（雨水、污水、雨污合流管）、中水、燃气、热力、电力、通信、交通信号电缆、人防工程；道路红线内的管线廊道、地下通道及附属管线；规划道路红线内的工业管沟、其他专用管线和不明管线等（包括在用、废弃且未拆除管线）。地下管线探测结束后，市规划部门根据普查数据，启动建立地下管线综合信息管理系统。

【规划管理与服务】 贯彻落实省委省政府《关于支持省会建设发展的若干意见》，修改《容积率指标管理规定》，做到全市中心城区居住用地容积率全部控制在2.5以内。创新规划管理方式，以“固定会期、分级审议、优化职责、增强权威”为重点，修订完善《石家庄市城乡规划委员会议事规则》，实现规划编制项目全委会审议，审批效率、审议效果大幅提升。加强规划批后管理，严格按照省住房和城乡建设厅9步验线要求，落实建设工程批后监管措施，明确监管责任，细化现场节点核验。全年跟踪监管批后管理建设项目383个，楼栋2461个，建设面积3945.61万平方米；规划验收项目43个，建筑面积1384.391万平方米。2016年市规划部门立案查处违法建设玲珑湾项目，出具违法建设函复意见38件。提升规划服务效率，以城乡建设计划为目标，实施完成和平路西延、裕华路西延、南二环东西延等项目规划服务及管线迁改，中山路道路及雨污水改造工程规划审批，西柏坡废热入市主干管网及热电三厂、热电二厂“汽改水”管网改造工程规划审批。按照市政府要求和有关规划调度会议精神，完成裕华路高速口交通改善方案、省委省政府周边交通改善方案、滹沱河北岸交通联系方案、停车场近期实施方案、三环内物流企业搬迁方案等任务，其中，省委周边交通改善方案包括周边维明大街、师范街等道路具体拓宽方案设计及省第三医院开口调整、市第六中学天桥规划等报告上报河北省委。

【城乡规划统筹】 按照市委市政府要求，开展提升县城建设层次和水平三年攻坚行动，督导所辖13个县（市）编制县城控制性详细规划，实现石家庄市域控制性规划全覆盖。指导编制完成主城区外17个县（市、区）县城容貌提升规划及鹿泉区、栾城区2个省级重点片区和406个重点村美丽乡村规划。2016年省住房和城乡建设厅抽查验收石家庄市42个村美丽乡村规划成果，其中13个村获评优秀，抽查优秀率达到31%，在全省11个设区市中排名第一。指导13个县（市、区）开展总体规划评估，井陉矿区、平山县、深泽县、无极县、高邑县、灵寿县、赞皇县完成总体规划评估报告，井陉矿区城乡总体规划修编完毕。正定新区建设提速。围绕“集中建设、快出形象、逐步辐射、外延发展”目标，重点打造商务中心周边4平方千米先导区，完成投资297.5亿元；完工道路53千米，建成地下综合管廊19千米，绿化面积370万平方米；开建安置房235万平方米，竣工30万平方米，开工总建筑面积514万平方米。2016年市规划部门核发主城区外项目选址意见书18个、规划条件12个、建设用地规划许可证20个150公顷、建设工程规划许可证20个175万平方米，批前公示项目15个，举行方案专家审查会15次，规划委员会通过审查项目8个。

【五大场馆初步设计方案】 2016年1月，位于正定新区大剧院、规划馆、青少年宫、科技馆、图书馆五大场馆初步设计方案完成。大剧院位于石家庄滹沱河北岸，正定新区河阳路以南。建设用地面积8.4公顷，总建筑面积8万平方米，其中地上建筑面积6万平方米，地下建筑面积2万平方米，建筑高度35米。该项目包含大剧场（1600座）、小剧场（600座）、音乐厅（1200座）3个场馆及1个100间客房招待所。设计方案采用三馆向心性摆放以适应基地狭长特性，共享大厅抬高引入滹沱河景观，各馆功能整合，有效解决剧场人流物流需求。规划馆位于石家庄正定新区隆兴大道南侧，综合商务中心东南。建设用地2公顷，总建筑面积4万平方米，地上建筑面积3万平方米，地下建筑面积1万平方米，建筑高度24米。展馆由规划展览、会议接待、办公3部分功能构成。设计力求展馆成为城市客厅，向参观者展示城市的发展历史、现状和未来规划前景。方案从石家庄纺织业厂房汲取灵感，同时借鉴赵州桥等传统建筑“拱”元素，以相似纵向拱状单元组成开敞的大空间，一排排天窗提供采光，形成韵律，兼具结构合理性与艺术特色。青少年宫位于石家庄滹沱河北岸，正定新区起步区东南侧，北侧为河阳路，南侧紧邻高度为7米滹沱河防洪堤，东西两侧为城市绿地。建设用地4.5公顷，总建筑面积5.2万平方米，建筑高度46米。该项目包括篮球馆、游泳馆、小型剧场、天象厅、阅览、展览等公共功能区及艺术类、体育类、文化类3组培训教室。方案以“滹沱帆影”为意象表达场地滨水特质，形成标志性滨水景观；以“帆”寓意青少年为梦想扬帆起航。科技馆位于石家庄滹沱河北岸，正定新区起步区西南，北侧为正定新区河阳路，南侧为7米高河堤，东西两侧为城市绿地。建设用地6.5公顷，总建筑面积为8万平方米，其中地上6万平方米，地下2万平方米。该项目功能定位为大型现代化科技展馆，包括各类科技展厅与多个特效影院。设计力求塑造与滹沱河意向契合并彰显科技感建筑形态、观景平台、中央广场等城市公共空间。项目运用薄膜太阳能发电等多种被动绿色节能技术，打造绿色环保滨水科技建筑。图书馆位于石家庄正定新区隆兴大道南侧，综合商务中心西南，东南方向为中心公园，景观优势明显。建设用地2.4公顷，总建筑面积5.5万平方米，其中地上建筑面积4万平方米，地下建筑面积1.5万平方米，建筑高度为24米。图书馆包含文化商业、市民阅览大厅、开架阅览室、电子阅览室、儿童阅览室、密集书库、办公区、会议区等功能模块，设计成为一座能够提供多种生活场景的互联网时代下新型图书馆，一个以图书为主题开放的文化交流场所，一个具有小型公园的城市空间。该馆沿城市主干道方向以通透玻璃为主，内部空间以城市橱窗概念展示，建筑元素抽取赵州桥弧拱意向，表达传统艺术形式的延续，增加典雅气质，整体风格庄重大气。

（张跃彬）

城乡基础设施建设

【概况】 2016年，市住房和城乡建设系统以打造京津冀世界级城市群“第三极”为目标，以生态宜居和建设现代化省会城市为主线，开展县城改造和环境容貌综合整治行动，推进新型城镇化建设和城乡一体化发展。完善城乡基础设施，全年新建、改建道路长度50.3千米，完成投资39亿元，同比增长130%，人均道路面积达到19.02平方米以上。推进国家新型城镇化综合试点建设，至2016年末，全市常住人口城镇化率达到59.96%（含辛集市）。2016年石家庄市新型城镇化工作领导小组办公室总结编写《河北省石家庄市农业转移人口市民化案例》入选国家发展改革委全国新型城镇化综合试点15个案例。谋划实施城乡建设重大工程项目169个，年度计划投资96.7亿元，实际完成投资75.1亿元。开展建设工地扬尘治理，主要围绕施工现场围挡、道路硬化、车辆冲洗、视频监控、全封闭施工、湿法作业6个方面，健全监督考核机制，实行网格化三级监管和每季度考核、排名、通报、约谈制度。2016年全市557个施工现场、94个混凝土搅拌站扬尘污染防治达标率达90%以上，建筑施工扬尘治理达标率达95%以上。开展老旧小区环境综合整治，制定印发《2016年度老旧小区环境综合整治及物业管理工作实施方案》《考核标准》，明确责任目标、资金来源、时间节点等内容；按照“区级政府负总责、街道社区抓落实、两年集中整治、三年扫尾”要求，集中整治剩余387个老旧小区和100个无物业管理小区。实施农村危房改造6600户，其中，新建3512户，维修加固3088户；农村危房改造完工5995户。推进热源热网建设，市区新增供热面积1379万平方米，累计达到1.62亿平方米。2016年市区（长安区、裕华区、桥西区、新华区）使用天然气居民用户120.7万户，非居民用户1398户；使用液化气居民用户18.0万户，非居民用户2760户。探索城市基础设施建设投融资模式，申请中央、河北省预算内投资4.4亿元，多渠道实现融资52亿元。至2016年底，全市县城和农村污水处理率达到83%以上，生活垃圾无害化处理率达到91%以上。

（赵俊武）

【城市道路设施建设】 以畅通石家庄城市对外交通为重点，完善和提升骨架路网、次干道及四组团县域道路。拉开城市架构，推进主城区与鹿泉区、藁城区、栾城区、正定县之间城市快速连接线建设，实施南二环东延西拓、和平路高架西延、体育大街南延等道路工程。增强主干道城市道路网络连通性、可达性，实施裕华路西延、槐安路友谊大街匝道、新胜利大街、槐安路东二环立交等市区主干道改造升级。建设支路路网，拓展道路承载能力，缓解交通拥堵，市区方北路、龙腾路、市庄路、天同街、裕支路、育新街、新石南路等道路工程完工。裕华路西延工程。裕华路是石家庄市区中心东西向主要交通干道，2009年作为省会一条高标准迎宾大道重新改造，但与三环路之间一直没能东西全线贯通，自苑东街以西为断头路。为缓解槐安路、中山路、二环西路交通压力，市委市政府决定打通裕华路。裕华路西延工程分两期实施，第一期工程为苑东街至西三环，第二期工程为西三环至新园街。2016年市住房和城乡建设部门重点建设裕华路西延一期工程，道路全长1340米，红线宽60米，设计双向6车道，由市城市建设投资管理办公室负责建设；2月15日进场施工，4月28日建成通车。南二环东延工程。2016年3月，市区南二环东延工程开工。南二环东延工程西起东南二环交叉处，东至东三环，全长8.68千米。其中，东南二环互通立交设计采用半（定）向组合全互通立交形式，主线桥采用分幅式断面，单向4车道，标准桥面宽度13.75米；匝道采用单向双车道标准，标准宽9.5米。道路工程总长度7.1千米，标准宽度60米，设计双向8车道。2016年全市新建、改建道路长度50.3千米，完成投资39亿元，同比增长130%。加强核心区域商圈建设，启动石济客专火车东站广场项目，完成新客站西广场、东广场中央绿轴等工程施工。新客站西广场竣工。2012年初，石家庄火车站新客站西广场开工建设，2012年12月26日投入使用，属临时性过渡广场；2015年11月28日，西广场完善工程开工，2016年10月1日建成正式投入使用。新客站西广场由市城市建设投资控股集团有限公司建设。新客站西广场完善工程分为地上、地下2个部分。西广场地面广场位于高铁站房以西至京广西街、新石南路以北至新石中路之间，广场总面积7.4万平方米。其中，绿化面积3.3万平方米，占广场总面积44.6%。西广场地下部分分为三层，地下一、二层为商业、换乘空间，设4个功能区，建筑面积6.9万平方米，同时停靠18辆公交车、124个出租车、465个社会车辆；地下三层为轨道交通2、3号线，总投资17.71亿元。新客站西广场工程地上、地下空间具有公交车和地铁换乘、出租车蓄车、社会车辆停车、商业配套等功能，与东广场互衬补充，解决了火车站人流集散、交通换乘、商业购物等需求，实现“零换乘”目标。

（李鑫）

【县城建设】 全年县城建设围绕“城乡规划提升、环境容貌整治、三改一拆、园林绿化建设、基础设施建设、公共设施建设、产城教融合、建筑能效提升”8个方面开展专项攻坚，高邑县、晋州市进入全省县城建设30强，行唐县获评省级园林县城。组建成立市县两级县城建设指挥部，统筹推进县城建设攻坚行动。以创建国家级、省级园林县城为抓手，以环境容貌整治和“三改一拆”为突破口，狠抓县城重大基础设施和公共设施项目建设。发挥先进典型带动作用，以高邑县、晋州市县城建设为标杆，正定县突出古城保护，元氏县、平山县、井陉县、行唐县突出环境容貌综合整治，确定新乐市、赵县、灵寿县、赞皇县、深泽县5个县市为县城建设重点县。建立联席会议制度，每季度至少举行一次县城建设现场观摩调度会。落实日常督导与随机检查措施，下发督办函、追踪卡36次。制定县城建设考核实施办法，采取半年考核、年终考核相结合方式，将县城建设作为县委县政府主要领导年终考评的重要依据。至2016年末，市区外13个县（市）和井陉矿区谋划实施重大工程项目169个，完成投资65.1亿元；高标准提升迎宾景观大道14条、标志性街道14条、出入口28个，整治道路长度118.1千米；清运垃圾44.5万吨，整治广告牌匾15.6万平方米，种植乔木373.8万株，拆除违陋建筑345.2万平方米，县城机械化清扫率达到68%以上；建设特色街区和精品建筑29个；建设污水处理厂22座，日处理能力58万吨，污水处理率达到83%以上；建成垃圾处理场12座，生活垃圾无害化处理率达到91%，全市76%的村庄垃圾得到有效治理。

（吴朝建　贾运良）

【农村危房改造】 7月19日，石家庄市部分县（市、区）发生重大洪涝灾害，井陉县、赞皇县、平山县、灵寿县、井陉矿区部分农村住房损毁严重，人民群众生命和财产安全受到严重威胁。灾情发生后，市住房和城乡建设局抽调专业技术人员104名，完成“7·19”特大洪水灾情勘查和灾损评估。经调查核实和安全鉴定，井陉县、赞皇县、平山县、灵寿县、井陉矿区5个重点县区累计确定B级以上危房8528户，其中，B级2778户，C级2701户，D级3049户（需要原址重建2451户，需要易地迁建598户）。按照市委市政府灾后重建部署，由市住房和城乡建设局牵头负责农村住房灾后重建工作，启动完成全部B、C级受灾农房修缮加固任务，2016年底前需要原址重建D级住房全面开工。2016年石家庄市将农村贫困户危房改造作为民生工程，将国家、省级、市级农村危房改造配套资金纳入财政预算，由县级财政直接发至农村危房改造农户。至2016年末，市住房和城乡建设部门实施农村危房改造6600户，其中，新建3512户，维修加固3088户；农村危房改造完工5995户。

（夏恩国）

【城市集中供热】 修编《石家庄市城市集中供热专项规划（2016～2020）》获得市规划委员会审议通过；确定至2020年末，石家庄市形成8个主力热源（西柏坡电厂、上安电厂、裕华电厂、鹿华电厂、大良村电厂、石热燃气热电厂、循环化工园区余热、空港燃气热电厂）、1个市内互联高温热网、1个工业余热利用低温热网、N个新型清洁热源点为补充的供热格局。以供热管理体制转型、供热管理文件完善、供热专项规划修编、推进废热入市工程、新增供热需求保障、老旧供热设施改造为重点，市区新增供热面积1379万平方米，累计达到1.62亿平方米，集中供热比例达到88%。规范供热用热秩序，制定出台《供热首日达标运行管理办法》《供热违规严管十三条》《供热行业管理考核办法》《供热企业管理服务质量考核办法》《供热采暖费收缴管理办法》等9个文件。推动废热入市项目建设，西柏坡电厂废热入市工程具备向市区供热1400万平方米能力；上安电厂废热入市工程启动。新建热电二厂、西郊孔寨、安能钢厂燃气大型调峰热源，部分供热企业实现连通互备。完成1967个居民换热站、1.2亿平方米供热区域“一管到户”，479个老旧小区二次管网和换热站全面升级改造。10月11日，市发展改革委、市住房和城乡建设局联合印发《关于规范居民供热采暖费收缴有关问题的通知》，确定主城区整体供热新建住宅，首次采暖费由开发建设单位统一向供热公司缴纳；开发建设单位、供热公司（物业公司）不得向居民用户另行收取；10月11日前签订房产买卖合同，按照原渠道缴纳首次供暖费；新建住宅小区首次整体供热由区政府供热主管部门负责和确认。2016年市区居民采暖价格为每平方米22元，计费面积按照住宅楼建筑面积扣减10%公摊面积计费，有电梯、消防通道住宅扣减15%计费；地下室及住宅楼外公摊面积不得收取采暖费；供热企业与居民小区蒸汽网热交换站结算价格为每吉焦42元；供热企业与居民小区水网热交换站结算价格由双方协商确定。

【热源热网建设】 2015年石家庄市启动西柏坡电厂废热入市工程，2016年西柏坡电厂内1～4号机组改造全部完成，具备向市区提供1400万平方米供热能力。其中，首站、二号站、长输管线全部完工；市内输配管线，二号站至红星街管网铺设完毕，红星街至热电三厂管网完成80%。上安电厂废热入市工程公开招标确定投资主体，规划、设计等前期工作启动。热电二厂南厂新建3台58兆瓦燃气备用锅炉，新增供热能力300万平方米。河北钢铁集团石钢公司新建3台29兆瓦燃气锅炉补充备用，新增供热能力150万平方米。石家庄市在孔寨建设1台116兆瓦燃气热水炉，新增供热能力200万平方米。裕华电厂开展厂内设施改造，增加热能输出能力140兆瓦，新增供热能力200万平方米。新建学苑路供热管网，实现良村电厂、石家庄热电厂热网连通互备。实施原热电三厂供热区域“汽改水”工程，“汽改水”燃气锅炉16台，改造换热站46个，更新一次管网9366米、支线管网16678米。至2016年末，全市完成1909个换热站、1.16亿平方米供热区域供热“一管到户”改造，有效解决了多年来群众反映强烈的“物业捆绑收费”顽疾。

（刘文栋）

【燃气行业管理】 2016年市区（长安区、裕华区、桥西区、新华区）使用天然气居民用户120.7万户，非居民用户1398户；拥有3400辆CNG公交车、6700辆双燃料出租车；使用液化气居民用户18.0万户，非居民用户2760户。新批准市区（长安区、裕华区、桥西区、新华区）燃气企业2家（市级2个CNG加气站），至2016年末，市区建有CNG加气母站3个，CNG加气子站42个，LNG加气站1个，点式供气站8个，液化气灌装站10个，配送站15个，燃气普及率100%；建成长输天然气管线339.5千米，城镇燃气管网3456.6千米。主城区外县市区（不含平山县）拥有CNG加气母站5座，正规运营CNG加气站55个，LNG加气站26个，液化气罐装站75个。2016年全市天然气销售9.26亿立方米，LPG用量3.13万吨；燃气普及率达到99.89%。全年检查燃气企业183场次，排查燃气隐患236处，填写燃气执法监督记录136份，下发责令整改通知单25份；责令停业整顿燃气场站6座，查封燃气场站3座，取缔液化气非法充装点2个；开展安全用气进社区宣传活动4次，印制安全用气宣传单8.5万份，发放燃气安全宣传材料1000余份，解答问题咨询600余人次。

（薛奇峰）

建 筑 业

【概况】 2016年，全市共有建筑施工企业1854家，其中，总承包企业599家，专业承包企业1006家，劳务分包企业249家；完成建筑业总产值1130.63亿元，同比增长3.41%；实现利润26.98亿元，产值利润率2.39%；从业人员17.78万人，同比下降4.50%。房屋建筑施工面积8724万平方米，同比增长29.09%。其中，新开房屋施工面积2759万平方米，增长46.76%；房屋建筑竣工面积1688万平方米，增长27.01%。省外市场取得突破，119家建筑施工企业在省外施工，总产值达到411.33亿元，占建筑业总产值36.38%，同比增长44.1%。8家企业开拓海外市场，完成国外总产值10.25亿元，同比增长22.71%。2016年河北省第二建筑工程有限公司施工石家庄西北地表水厂工程获得2016年度鲁班奖工程，河北恒山建设集团有限公司施工的盛世华安住宅小区工程、江苏省苏中建设集团股份有限公司施工的和力中心写字楼工程、江苏南通二建集团有限公司施工的国际城四期68号、69号住宅楼及地下车库工程获得2016年度国家优质工程奖。27家企业41项工程获得"安济杯"(省优)工程，53家企业94项工程获得"兴石杯"(市优)工程。完善农民工工资预储金制度，全年办理预储金项目(标段)65个，缴存预储金13.2亿，发放农民工工资5.13亿元；受理并解决拖欠农民工工资投诉39起，返还被拖欠工资6888.27万元，涉及农民工2560余人。

【建筑市场管理】 运用网络、信息系统等技术手段，加大违法违规行为查处力度，做到实时联动，有效监管。加强资金监管，及时做好市场形势分析和行业监测预警，严格监管建筑业开发、设计、造价、招标、劳务、中介、评估、测绘等机构资金流转。制定印发《城乡建设和房地产行业信用管理暂行办法》，建立、完善和发挥"诚信系统"平台作用，将建筑业管理范围相关企业、代理机构、咨询评估及从业人员统一纳入信用管理体系。推进行政执法制度化、规范化、标准化建设，修订并重新印发《石家庄市住房城乡建设行政处罚若干规定》《石家庄市住房城乡建设行政执法投诉举报制度》《石家庄市住房和城乡建设局行政处罚案件强制执行催告流程管理规定》《石家庄市住房和城乡建设局行政处罚案件集体审查制度》等8个行政执法制度文件。按照行政执法要求，配备执法全过程记录设备。

(董成檩)

【工程质量管理】 2016年石家庄市建筑工程质量安全监督管理权限实行下放，由各县(市、区)住房和城乡建局负责辖区建筑工程质量安全监督管理，市向县级移交工程质量监督2978项、4948万平方米，移交安全监督301项、910万平方米。落实工程质量责任终身制，严把工程质量源头关。明确落实安全生产各方责任主体的责任，定期排查消除安全隐患。开展建筑工程质量治理两年行动，工程质量管理取得明显成效。2016年全市建筑业获得"中国建设工程鲁班奖"工程1项，"中国国家优质工程奖"工程3项。其中，河北省第二建筑工程有限公司施工石家庄西北地表水厂工程获得2016年度鲁班奖工程；河北恒山建设集团有限公司施工的盛世华安住宅小区工程、江苏省苏中建设集团股份有限公司施工的和力中心写字楼工程、江苏南通二建集团有限公司施工的国际城四期68号、69号住宅楼及地下车库工程获得2016年度国家优质工程奖。27家企业41项工程获得"河北省安济杯"(省优)工程；53家企业94项工程获得"兴石杯"(市优)工程。创建省级安全文明工地52个、省级绿色示范工程8个。

【安全生产管理】 落实安全生产"党政同责、一岗双责"等要求，组织开展"安全生产攻坚行动""打非治违百日攻坚行动""安全风险管控和安全隐患排查整治"活动。市住房和城乡局与各县(市、区)住房和城乡局签订安全生产及扬尘污染防治责任状，督导各方责任主体履行职责。举办"全市城镇燃气突发事故应急救援演习"，检验燃气应急事件领导管理体制、部门与企业间协作机制、人员抢救运转措施等环节，确保燃气突发事件顺畅和高效处置。检查燃气企业183场次，排查燃气隐患236处，填写燃气执法监督记录136份，下发责令整改通知单25份。责令停业整顿燃气场站6座，查封燃气场站3座，取缔液化气非法充装点2个。全年未发生1起行业安全生产责任事故，2016年石家庄市在全省年度安全生产监督管理、施工扬尘治理目标管理考核中获评优秀。

（耿朋涛）

【建筑工程招投标】 加强工程建设领域信用体系建设，探索开展招投标改革，简化招标监督程序，推行投标保证金缴纳制度和电子评标办法。转变招投标监督方式，严格评标专家管理，解决工程建设信息不公开、不规范、不透明及市场准入、退出机制不健全等问题。治理虚假招标、围标串标行为，完善建筑工程招投标管理长效机制。2016年全市完成招标工程1341项，中标价123.17亿元。其中，土建、施工招标318项，中标价74.93亿元；市政工程、园林绿化招标363项，中标价41.74亿元；设备采购招标58项，中标价3.19亿元；装饰装修招标87项，中标价3.31亿元；勘察设计招标190项；监理、服务类招标325项。严肃查处招投标违规、违法问题，全面梳理2015年11月27日以来建筑工程招投标行为，依法查处违规行为977项，立案处罚违法招投标案件12个。

（董成櫄）

【勘察设计行业监管】 2016年全市共有在册勘察设计企业201家，其中，甲级资质90家、乙级资质96家，从业人员2.1万人。以石家庄市建设工程质量治理两年行动为契机，组织开展建筑行业贯标达标活动和勘察设计质量监督检查，推进勘察设计行业规范运行和平稳健康发展。印发《关于加强我市建设工程勘察设计及施工图审查管理工作的通知》，将海绵城市、建设工程防雷及住宅安全防范设计等纳入施工图审查范围；以保证勘察设计质量、提升勘察设计水平为重点，发挥审图机构把关作用，推行强制性标准审查。全年完成施工图审查853个、建筑面积1422.8万平方米；审查纠正问题894条；获得省级优秀勘察设计奖55项，其中，一等奖9项，二等奖28项，三等奖18项。

（李朝阳）

【建筑科技与节能】 严格建筑节能监督管理，将建筑节能、绿色建筑和可再生能源利用作为转方式、调结构、促升级的重要工作，实行建筑节能设计、施工图审查到建筑竣工备案等环节闭合管理。印发“绿色建筑”施工图审查要点，严把审图关口，从设计源头开始，贯彻发展绿色建筑理念，落实建筑节能法规政策、技术标准和管理规范。召开全市建筑节能和绿色建筑工作会议，专题部署建筑节能工作任务分解；1月1日起，率先在全省全面执行75%居住建筑节能标准；主城区新建建筑均按不低于一星级绿色建筑标准设计、施工；强制推广太阳能热水一体化。启动2个“低能耗被动式建筑”试点建设项目。其中，高新区“天山熙湖澜岸住宅项目”建筑面积11502平方米；裕华区“河北省建筑科学研究院2号、3号住宅楼”既有居住建筑改造为超低能耗示范项目，建筑面积5037平方米。举办“石家庄市新型建筑材料展览会”“建筑保温与结构一体化技术应用观摩交流会”“河北省新型墙体材料（技术）下乡宣传千里行（石家庄市灵寿站）”等活动，推进新能源、新材料、新技术的推广利用。全年办理节能专项验收备案165项，面积516万平方米，新建建筑节能标准执行率达到100%；完成既有居住建筑供热计量及节能改造5.5万平方米；创建绿色建筑项目310个，面积604.26万平方米；推广太阳能热水系统、建筑一体化技术和太阳能光伏发电系统技术，可再生能源建筑应用面积达到2221万平方米；11个项目获得绿色建筑标识，面积86万平方米。2016年末，全市新建绿色建筑占比40.8%。

（王文）

【建筑产业化试点】 石家庄市建筑产业化是住房和城乡建设部2016年确定的全国重点推进14个城市之一，也是河北省确定的5个试点城市之一。以培育推广建筑产业化范围、加快建筑产业化提档升级为目标，制定印发《关于加快推进我市建筑产业化的实施意见》。采取“绿色通道、贴身服务”等措施，培育扶持河北安能、河北新大地、石家庄晶达、省建筑设计院等5个建筑产业化基地建设，初步形成产品研发、设备制造、构件生产、施工设计一条龙建筑产业化链条。推动钢结构建筑应用发展，制定出台《关于加快推进钢结构建筑发展的意见》，明确从事钢结构建筑相关企业和钢结构建筑项目，给予财税、规划容积率、评优评先等优惠政策支持。

（王哲）

【城建档案管理】 规范城建档案管理，围绕城建业务指导、档案验收、资源建设等工作内容，重新修订《石家庄市建设工程电子档案归档与管理要求》《石家庄市建设工程声像档案归档与管理要求》。2016 年市住房和城乡建设局城建档案管理部门现场指导工程 66 个，深入县（市、区）督导 30 余次；完成建筑工程档案预验收 48 个，接收、审核城建档案 6526 卷；提供查阅利用 668 人次，调阅档案 2000 余卷；完成数字化档案异地备份 61 万余张。2016 年市住房和城乡建设局获评河北省城建档案工作先进集体和市级文明单位。

（李会明）

【建筑业诚信企业】 2017 年 2 月，经石家庄市建筑业企业诚信评价领导小组评审公示，68 家建筑施工企业、15 家预拌混凝土企业、8 家建筑门窗企业、14 家工程监理企业、6 家招标代理企业获评为 2015 ～ 2016 年度石家庄市建筑业诚信企业。

表 20　2015 ～ 2016 年度石家庄市建筑业诚信企业名单

企业类型	序号	企业名称	企业类型	序号	企业名称
建筑施工诚信企业（68 家）	1	石家庄建工集团有限公司	建筑施工诚信企业（68 家）	20	灵寿县东巨建筑装饰工程有限公司
	2	石家庄三建建业集团有限公司		21	河北博士林科技开发有限公司
	3	河北中建工程有限公司		22	河北华研卓筑加固工程集团有限公司
	4	河北双维集团有限公司		23	河北燕贺园林古建筑工程有限公司
	5	河北神兴建筑工程有限公司		24	石家庄金亿加固工程有限公司
	6	中通建工工程有限公司		25	河北四海航通安全技术工程有限公司
	7	河北科工建筑工程集团有限公司		26	石家庄市福鑫电信工程有限公司
	8	河北辛建建设集团有限公司		27	河北瑞通公路配套设施有限公司
	9	河北恒山建设集团有限公司		28	河北建太汇行土木工程有限公司
	10	河北天森建工集团有限公司		29	河北盛淼安全技术工程有限公司
	11	河北辰光鹏晖建筑工程有限公司		30	河北明亮消防工程有限公司
	12	中石化工建设有限公司		31	河北省冀安公共安全工程有限公司
	13	河北方圆建筑工程有限公司		32	河北军鼎岩土工程技术有限公司
	14	河北嘉恒建筑工程有限公司		33	河北同发铁路工程集团有限公司
	15	河北杰安建筑安装工程有限公司		34	河北普广科技工程有限公司
	16	石家庄市建通建设工程有限公司		35	河北千川建筑科技有限公司
	17	河北申芳建筑工程有限公司		36	河北建通消防设施技术有限公司
	18	河北锦云建筑工程有限公司		37	河北大力岩土工程有限公司
	19	永通建设工程有限公司		38	河北佳明消防工程有限公司

续表

企业类型	序号	企业名称	企业类型	序号	企业名称
建筑施工诚信企业（68家）	39	河北皇安建工集团有限公司	建筑施工诚信企业（68家）	66	河北宇安消防工程有限公司
	40	江苏南通三建集团有限公司石家庄分公司		67	石家庄新世纪建筑装饰工程有限公司
	41	浙江宝业建设集团有限公司		68	河北海鹰环境安全科技股份有限公司
	42	河南宏宸建设有限公司	预拌混凝土诚信企业（15家）	69	河北贮昊混凝土有限公司
	43	广西建工集团第一建筑工程有限责任公司		70	石家庄市福牛预拌混凝土有限公司
	44	河北中创安装有限公司		71	河北建业预拌混凝土有限公司
	45	佳林建设有限公司		72	正定县恒通混凝土有限公司
	46	河北中北建筑装饰工程有限公司		73	石家庄建工商品混凝土股份有限公司
	47	河北普悦装饰工程有限公司		74	河北三楷展创建材有限公司
	48	河北省室内装饰工程有限公司		75	石家庄中诚凯达预拌混凝土制品有限公司
	49	石家庄市通力建筑装饰工程有限公司		76	河北筑鑫预拌混凝土有限公司
	50	河北莱特建筑装饰工程有限公司		77	河北方城预拌混凝土有限公司
	51	特艺达装饰工程有限公司		78	石家庄市藁城区建华预拌混凝土有限公司
	52	河北鹏力建安装饰工程有限公司		79	石家庄金隅旭成混凝土有限公司
	53	石家庄远景建筑劳务分包有限公司		80	石家庄市曲寨砼业有限公司
	54	河北蓝天建筑科技有限公司		81	河北天山实业集团建筑工程有限公司
	55	河北百富勤智能工程有限公司		82	石家庄中瑞预拌混凝土有限公司
	56	石家庄幕田峪环境工程有限公司		83	赞皇县吉发预拌混凝土有限公司
	57	河北荣威安装工程有限公司	建筑门窗诚信企业（8家）	84	石家庄四站铝合金装饰工程处
	58	河北威泰消防安全工程有限责任公司		85	河北智科装饰工程有限公司
	59	河北鑫隆安全技术有限公司		86	河北可利幕墙有限公司
	60	河北省浦升安全技术工程有限公司		87	河北天山门窗工程有限公司
	61	河北冀创建筑加固工程有限公司		88	中兆海山装饰工程有限公司
	62	河北省石津灌区水电处		89	河北铁建工程有限公司装修装饰分公司
	63	石家庄市宇旺达建筑工程有限公司		90	河北航鑫门窗有限公司
	64	河北新大地建设工程有限公司		91	北京冠华东方玻璃科技有限公司
	65	河北新大地建设科技有限公司	工程监理诚信企业（14家）	92	河北裕华工程项目管理有限责任公司

续表

企业类型	序号	企业名称	企业类型	序号	企业名称
工程监理诚信企业（14家）	93	河北九润工程项目管理有限责任公司	工程监理诚信企业（14家）	103	河北工程建设监理有限公司
	94	河北中原工程项目管理有限公司		104	石家庄汇通工程建设监理有限公司
	95	中核四达建设监理有限公司		105	河北顺诚工程建设项目管理有限公司
	96	河北三元建设监理有限责任公司	招标代理诚信企业（6家）	106	瑞和安惠项目管理集团有限公司
	97	石家庄铁源工程咨询有限公司		107	河北中原工程项目管理有限公司
	98	石家庄东方工程监理有限公司		108	河北华腾项目管理有限公司
	99	河北博大工程项目管理有限公司		109	石家庄宇辰招标代理有限公司
	100	河北冀科工程项目管理有限公司		110	河北宏信招标有限公司
	101	河北中通工程项目管理有限公司		111	河北汉丰造价师事务所有限公司
	102	河北远大工程咨询有限公司			

【建筑业先进企业】 2017年2月，经石家庄市建筑业先进企业评委会评审公示，69家建筑施工企业、8家预拌混凝土企业、9家建筑门窗企业、10家工程监理企业、15家招标代理企业获评为2016年度石家庄市建筑业先进企业。

表21 2016年度石家庄市建筑业先进企业名单

企业类型	序号	企业名称	企业类型	序号	企业名称
建筑施工先进企业（69家）	1	河北建工集团有限责任公司	建筑施工先进企业（69家）	11	石家庄春龙建筑工程有限公司
	2	河北省第二建筑工程有限公司		12	河北蓝天建筑科技有限公司
	3	河北省第四建筑工程有限公司		13	河北百富勤智能工程有限公司
	4	石家庄一建建设集团有限公司		14	河北华菲装饰设计工程有限公司
	5	石家庄建工集团有限公司		15	河北鹏力建安装饰工程有限公司
	6	石家庄三建建业集团有限公司		16	石家庄远景建筑劳务分包有限公司
	7	石家庄建设集团有限公司		17	河北省水利工程局
	8	河北恒山建设集团有限公司		18	河北铁建工程有限公司
	9	河北辛建建设集团有限公司		19	河北盛淼安全技术工程有限公司
	10	京鑫建设集团有限公司		20	河北建太汇行土木工程有限公司

续表

企业类型	序号	企业名称	企业类型	序号	企业名称
建筑施工先进企业（69家）	21	金秋建设集团有限公司	建筑施工先进企业（69家）	51	特艺达装饰工程有限公司
	22	河北天森建工集团有限公司		52	河北锦云建筑工程有限公司
	23	河北中瑞建设集团有限公司		53	中铁六局集团石家庄铁路建设有限公司
	24	中石化工建设有限公司		54	河北华研卓筑加固工程集团有限公司
	25	河北宏远建筑安装有限公司		55	中通建工工程有限公司
	26	河北科工建筑工程集团有限公司		56	河北瑞通公路配套设施有限公司
	27	河北天山实业集团建筑工程有限公司		57	河北诚业建工集团有限公司
	28	石家庄市住宅开发建设公司		58	河北中创安装有限公司
	29	河北神兴建筑工程有限公司		59	天俱时工程科技集团有限公司
	30	河北华信投资集团有限公司		60	河北柏雅建筑工程有限公司
	31	河北双维集团有限公司		61	河北翔宇通信有限公司
	32	河北中建工程有限公司		62	河北蓝天通信有限责任公司
	33	浙江城建建设集团有限公司		63	河北昊锐基础工程有限公司
	34	江苏南通三建集团有限公司石家庄分公司		64	石家庄市福鑫电信工程有限公司
	35	江苏南通二建集团有限公司		65	河北省石津灌区水电工程处
	36	浙江宝业建设集团有限公司河北分公司		66	河北大力岩土工程有限公司
	37	南通市达欣工程股份有限公司		67	河北诚润环保工程有限公司
	38	南通建工集团股份有限公司		68	河北嘉恒建筑工程有限公司
	39	中建一局集团第六建筑有限公司		69	河北海鹰环境安全科技股份有限公司
	40	江苏省苏中建设集团股份有限公司	预拌混凝土先进企业（9家）	70	石家庄凯嘉预拌混凝土有限公司
	41	通州建总集团有限公司		71	河北众诚新型建材有限公司
	42	河南鸿宸建设有限公司		72	河北天山实业集团建筑工程有限公司
	43	浙江宏宇建筑有限责任公司河北分公司		73	石家庄冀铁混凝土制品中心
	44	河北中北建筑装饰工程有限公司		74	石家庄建工商品混凝土股份有限公司
	45	石家庄联建建筑工程有限公司		75	河北大山建材有限公司
	46	河北燕贺园林古建筑工程有限公司		76	河北益百预拌混凝土有限公司
	47	石家庄常宏建筑装饰工程有限公司		77	河北福威建材科技有限公司
	48	石家庄大鑫建筑装饰工程有限公司		78	河北嘉华建材有限公司
	49	河北神栾建筑工程有限公司	建筑门窗先进企业（8家）	79	石家庄四站铝合金装饰工程处
	50	河北军鼎岩土工程技术有限公司		80	石家庄盛和建筑装饰有限公司

续表

企业类型	序号	企业名称	企业类型	序号	企业名称
建筑门窗先进企业（8家）	81	河北智科装饰工程有限公司	招标代理先进企业（15家）	97	中交远洲招标咨询有限公司
	82	河北可利幕墙有限公司		98	石家庄宇辰招标代理有限公司
	83	中兆海山装饰工程有限公司		99	石家庄金信工程咨询有限公司
	84	河北天山门窗工程有限公司		100	瑞和安惠项目管理集团有限公司
	85	河北海益建筑装饰工程有限公司		101	河北筑城工程招标咨询有限公司
	86	河北航鑫门窗有限公司		102	河北中原工程项目管理有限公司
工程监理先进企业（10家）	87	河北省冀咨工程监理有限责任公司		103	河北中机咨询有限公司
	88	河北金正科信建设工程项目管理有限公司		104	河北省成套招标有限公司
	89	河北九润工程项目管理有限责任公司		105	河北华业招标有限公司
	90	河北中原工程项目管理有限公司		106	河北华腾项目管理有限公司
	91	河北三元建设监理有限责任公司		107	河北宏信招标有限公司
	92	河北方舟工程项目管理有限公司		108	河北恒基建设招标有限公司
	93	河北博大工程项目管理有限公司		109	河北汉丰造价师事务所有限公司
	94	河北冀科工程项目管理有限公司		110	河北方达招标有限公司
	95	河北工程建设监理有限公司		111	河北安达投资咨询有限公司
	96	河北顺诚工程建设项目管理有限公司			

（市建筑协会）

住房保障和房地产业

【概况】 2016年，石家庄市加快推进廉租房、安置房建设和棚户区、危旧房改造步伐，重点解决城市低收入群体和拆迁户住房困难问题，建立健全从项目建设到后续管理全过程、全方位监督检查机制，全面完成保障性安居工程建设和房地产业监管责任目标。建立多层次、宽范围、无缝隙、全覆盖的住房保障体系，对符合条件的中低收入家庭实现应保尽保。加快推进棚户区改造，制定出台《石家庄市棚户区改造货币化安置实施办法》（石政办函〔2016〕33号）；以满足棚户区改造居民住房多样化安置需求为目标，在以人为本、群众自愿、政府主导、公开透明原则下，探索实施棚户区改造货币化安置。2016年全市基本建成保障性住房6208套，新增廉租住房补贴户758户；农村危房改造6600户，其中 新建3512户、维修加固3088户，农村危房改造完工5995户；开工棚户区改造项目44个23479套，货币化安置14158套（户）。房地产业快速发展，总体表现为市场交易活跃，价格稳步攀升，成交量逐年加大，商品房库存处于合理区间，商服类用房库存偏大特点。制定出台《关于促进房地产市场平稳健康发展的意见》（简称石二十条）和《石家庄市商业服务业用房去库存和发展房屋租赁市场细则》等文件，加大落实房地产市场调控措施，开展市场清理整治专项行动，推进房地产市场健康发展。至2016年底，全市共有房地产开发资质企业1319家，其中，一级企业8家，二级企业76家，三级企业173家，四级企业321家，暂定级企业741家。全年发放房地产预售许可证98个，商品房合同备案6.16万套，存量房网签合同备案4.56万套。房地产业实现税收73.48亿元。商品房上市量快速增长，2016年全市商品房上市面积548.7万平方米，同比增长17.3%，其中，商品住房上市面积413.7万平方米，增长16.6%；商品房成交771.3万平方米，同比增长18.2%，其中，商品住房成交617.5万平方米，增长17.1%；网签备案商品房成交均价8942元/平方米，同比增长14%，其中，商品住房成交均价8438元/平方米，增长14.9%；商品房库存856万平方米，其中，商品住房库存285万平方米。2016年市住房维修资金管理中心审定维修资金交存579件，收缴维修资金2.17亿元，交存率100%，增值收益2200万元；核准维修资金使用项目413个，使用金额950万元，返还业主资金14万元；市区内前期物业管理完成招投标26家，其中，中标企业一级14家、二级5家、三级7家，招标总建筑面积450万平方米。

（赵俊武）

【保障性安居工程】 采取完善政策、健全制度、探索公平分配模式、加大配套建设、降低准入门槛、落实优抚政策、规范后续管理等措施，建立多层次、宽范围、无缝隙、全覆盖的住房保障体系，对符合条件的中低收入家庭实现应保尽保。2016年河北省政府下达石家庄市保障性安居工程任务为：新开工23209套、基本建成17018套、新增廉租住房租赁补贴500户、农村危房改造任务6600户。2016年石家庄市棚户区改造开工项目44个23479套，其中，货币化安置14158套（户），货币化安置率61%；基本建成30744套，完成年度责任目标181%；新增廉租住房补贴家庭758户，完成年度责任目标152%；农村危房改造全部开工，农村危房改造完工5995户，完工率91%。公共租赁住房核查：石家庄市2013年及以前开工建设公共租赁住房62840套，分配入住57392套，分配入住比例达到91.3%；石家庄市2015年以前竣工公共租赁住房51169套，分配入住50030套，分配入住比例达到97.8%，均提前超额完成河北省下达目标任务。至2016年底，市区公共保障房在保家庭34539户，累计发放租赁补贴2.59亿元，累计减免租金2.33亿元；市区累计分配公共保障房小区35个36240套、177.93万平方米，10万余人住房条件得到改善。

（冯建磊）

【保障房分配】 落实住房保障政策，调整住房保障收入家庭界定标准，确定2016年城镇居民低收入家庭人均月收入由1738元调整为1878元（含）以下，中等偏下收入家庭人均月收入由3260元调整为3521元（含）以下。调整后，2016年石家庄市区城镇居民家庭人均月收入在3521元（含）以下，可申请公共保障房，家庭人均月收入在1878元（含）以下，可申请廉租房。5月13～20日，2016年市区第一批公共保障房办理申请报名。受理申请家庭7305户，确认符合条件家庭7243户。其中，城镇低收入（含低保）住房困难家庭809户；城镇中等偏下收入住房困难家庭、外来务工人员、新就业职工6434户。6月3日，公开摇号配租。分配房源23个小区4084套。其中，新建小区4个3220套；清退腾空房源864套。分配房源新建集中小区2个，分别为依水佳苑二期1243套，位于和平西路与秀玉街交叉口；东安小区（南河小区二期）1167套，位于107国道与仓顺路交叉口。分配房源商品房配建项目比例提升，包括新建和清退房源在内，商品房配建住房共有6个小区。其中，慢城103套，位于天翼路与西三庄街交叉口；乾园（青森天逸）338套，位于中华大街与石太高速交会处；恒大名都8套，位于翟营大街与塔南路交叉口；金碧雅苑（恒大雅苑）17套，位于翟营大街与广源路交叉口；蓝山印象2套，位于西二环与振岗路交叉口；汇君城5套，位于石清路与西三庄街交口。9月19～27日，2016年市区第二批公共保障房办理申请。受理报名申请家庭2万户，符合条件家庭19316户。其中，城镇低收入（含低保）住房困难家庭704户，城镇中等偏下收入住房困难家庭、外来务工人员、新就业职工18612户。10月26日，市区第二批公共保障房公开摇号配租。分配房源22个小区3864套。其中，腾空清退房源15个小区1254套；新建和配建小区7个2610套。至此，石家庄市区分配公共保障房小区35个36240

套、177.93万平方米。

（宋钧　殷红娟　智凯静）

【房地产市场交易】 2016年全市商品房上市面积548.7万平方米，同比增长17.3%。其中，商品住房上市面积413.7万平方米，增长16.6%；商业办公类用房上市面积80.2万平方米（办公楼47.2万平方米、商业营业用房33万平方米），增长18%；其他面积54.8万平方米。商品房成交771.3万平方米，同比增长18.2%。其中，商品住房成交617.5万平方米，增长17.1%；商业办公类用房成交125万平方米（办公楼72.6万平方米、商业营业用房52.4万平方米），增长16.3%。网签备案商品房成交均价8942元/平方米，同比增长14%。其中，商品住房成交均价8438元/平方米，增长14.9%；商业办公类用房成交均价11535元/平方米，增长7%，其中，办公楼成交均价9685元/平方米、商业营业用房成交均价14099元/平方米，分别增长13.6%、1.2%。商品房库存856万平方米，其中，商品住房库存285万平方米，商业办公类用房库存340万平方米（办公楼84万平方米、商业营业用房256万平方米）；其他库存面积231万平方米（含工业仓储用房和地下面积）。住宅占库存比例33.3%，非住宅占库存比例达到66.7%。全年办理商品房合同备案61578套，同比增长13.90%；撤销商品房合同备案1354件，同比增长42.37%。二手房网上签约45581套，同比增长58.3%。监管资金金额59.82亿元，同比增长49.9%。办理各类抵押交易手续127386件，抵押交易金额1726.42亿元，抵押交易面积2715.19万平方米。全年预测绘面积656.95万平方米，同比增长36.2%。

【房产市场监管】 以去库存、控房价为重点，创新房地产市场监管方式，完善市场运行机制。制定出台《关于促进房地产市场平稳健康发展的意见》（简称石二十条）和《石家庄市商业服务业用房去库存和发展房屋租赁市场细则》等文件，采取棚户区改造货币化安置、控制主城区开发强度、降低放宽预售抵押条件、扩大住房公积金缴存覆盖面、落实金融信贷和税收优惠政策等措施，加大房地产市场调控力度，推进房地产市场健康发展。建立市房地产监管分析系统，严格商品房预售和合同备案管理，加强商品房开发、市场交易等行为监管，规范开发、销售、中介等环节，保持房地产市场规范运转。科学调控商品房上市节奏和价格，严格执行河北省有关商品房预售资金监管规定，将商品房预售资金纳入监管账户。开展开发企业违规销售及中介机构专项整治行动，以“零容忍”态度，重拳打击违规销售、哄抬房价等行为。全年曝光违规房地产开发项目39个，约谈房地产开发企业367家（次），处罚房地产开发企业40家，关闭不具备销售条件项目销售场所（咨询中心）116个；3次大规模专项检查房地产中介机构925家，8家无营业执照、非法经营房地产中介机构移交工商部门予以取缔，395家未备案房地产中介机构下达整改通知书，14家发布不具备交易条件房地产中介机构实施约谈，15个存在较大购房风险项目在新闻媒体刊登风险提示。

（苑志杰）

【房地产交易契税营业税调整】 2月19日，国家财政部、税务总局、住房和城乡建设部联合发布通知，决定自2016年2月22日起，包括石家庄市（不包括北京市、上海市、广州市、深圳市）在内实施房地产交易环节契税、营业税优惠政策。契税：个人购买家庭唯一住房（家庭成员范围包括购房人、配偶及未成年子女），面积为90平方米及以下的，减按1%的税率征收契税；面积为90平方米以上的，减按1.5%的税率征收契税。个人购买家庭第二套改善性住房，面积为90平方米及以下的，减按1%的税率征收契税；面积为90平方米以上的，减按2%的税率征收契税。营业税：个人将购买不足2年的住房对外销售的，全额征收营业税；个人将购买2年以上（含2年）的住房对外销售的，免征营业税。

（国家文件）

【3类情形可申请撤销商品房合同备案】 2016年11月，石家庄市出台《关于撤销商品房买卖合同备案的通知》，规定2016年11月1日～2021年10月31日，符合3类情形之一可申请撤销《商品房买卖合同》备案。分别为：房地产开发企业与购房人已解除《商品房买卖合同》的；因购房人死亡，继承人与房地产开发企业解除《商品房买卖合同》的；人民法院或仲裁机构生效司法文书认定《商品房买卖合同》无效或解除《商品房买卖合同》的。

（市政府文件）

【数字房产信息平台】 以履行房地产市场管理职能、方便群众办事、提高服务水平为目的，市住房和城乡建设局整合各县（市、区）房产交易系统及数据信息资源，建立全市数字房产系统信息平台。市数字房产系统是一个综合性房产管理信息系统，涵盖房地产开发、测绘、交易、登记及维修资金管理，具备房产交易管理平台功能，市区及各县（市、区）全部联网办公，实现全市房地产基础数据统一管理和资源共享。同时，数字房产系统也是市政府房产信息权威发布平台，可全面、及时、准确地了解和掌握全市房地产市场信息，科学判断房地产市场形势，为政府宏观决策提供参考。

（王亚栋）

住房公积金管理

【概况】 2016 年，全市归集住房公积金 77.29 亿元，完成计划 118.91%，同比增长 13.38%；提取住房公积金 39.06 亿元，同比增长 23.96%；发放住房公积金个人贷款 47.46 亿元，完成计划 118.65%，同比增长 4.06%，资金使用率 83.35%；实现增值收益 4.56 亿元。至 2016 年 12 月底，全市累计归集住房公积金 473.12 亿元，累计提取住房公积金 201.65 亿元，累计发放公积金个人贷款 123180 户 315.06 亿元；住房公积金归集余额 271.47 亿元，住房公积金个人贷款余额 221.37 亿元，累计实现增值收益 25.36 亿元。加强会计队伍建设，制定出台《会计人才培养三年规划》。创新服务方式，网上业务大厅、微信公众号上线运行。重视住房公积金政策宣传，全年在报纸杂志刊登理论文章、政策解读 20 余篇；每季度发行内刊《石家庄住房公积金》1 期。2016 年 5 月 16 日，石家庄住房公积金管理中心被省住房和城乡建设厅、省财政厅评为 2015 年度全省住房公积金业务管理考核优秀单位。

【住房公积金政策】 扩大住房公积金覆盖范围，将农村转移人口、个体工商户和派遣制职工纳入住房公积金缴存范围，实行灵活的住房公积金缴存政策，提升中低收入家庭住房消费能力。排查全市规模以上企业建制情况，督促相关单位按时足额缴存住房公积金。全年新增缴存单位 451 个，新增缴存职工 2 万余人，有效维护职工合法权益。规范缴存比例，落实“控高保低”政策，开展缴存基数、缴存比例年审，最低缴存基数提高到全市社会平均工资 60%，最高缴存比例严格控制在 12% 以内，保证中低收入家庭得到实惠。降低提取门槛，在原 14 种提取条件基础上，新增加租房提取、90 平方米以下首套多次提取、未婚子女购房父母提取、支付物业费提取等提取方式，缓解了职工购房压力。提高住房公积金存款利率，全市统一将职工住房公积金账户存款利率调整为一年定期存款利率，职工利息收入增加，职工住房公积金账户人均余额达到 4.2 万元。增加个人贷款品种，开展住房公积金组合贷款业务，满足各类职工贷款需求；城镇低保对象、特困职工住房公积金贷款实行贴息。全年 8 万余户职工利用住房公积金提取、贷款方式改善居住条件。

【住房公积金监管】 建立健全《业务承办银行考核办法》《关于规范个人住房贷款额度的规定》《合作楼盘核准操作规程》《管理部租赁业务用房管理办法》《预算执行分析报告制度》等规范性文件，做到每项工作有规可依、每个流程有章可循、每笔业务有据可查。5 月 23 日，石家庄住房公积金管委会举行第一次会议。审议通过《2015 年度住房公积金归集使用完成情况及 2016 年度住房公积金归集使用计划》《石家庄住房公积金 2015 年年度报告》《住房公积金个人住房贷款贴息管理办法》《关于调整异地转入销户提取业务有关规定的通知》。6 月 30 日，石家庄住房公积金管委会举行第二次会议。审议通过《关于对平安银行石家庄分行考察情况的报告》《石家庄市住房公积金贷款个人征信应用管理办法》。阳光操作，公开发布《石家庄住房公积金年度报告》，内容包括住房公积金管理机构概况、业务运行、财务数据、资产风险、效益分析等事项。研究市场形势，关注流动性风险，每月分析资金运行，科学配置资金，严格保证资金使用率控制在合理区间内。严把住房公积金提取资料审核，全年复审各类业务档案 5 万余份，发现伪造、编造相关证明材料的职工均实行追讨。

2016年全市住房公积金个人贷款逾期率0.01%，较2015年明显下降，低于国家和河北省规定指标0.04%。

石家庄住房公积金管理中心
主　任：穆增科
副主任：王根恒　王书刚
曹元华　耿占合
杜琳琳

（底宪民）

城市管理

【概况】　2016年，市城市管理委员会（简称市城管委）履行城市管理职能，推行城市网格化管理，开展创建洁净城市活动和"洁城行动""洗城净天入冬行动"，市区二环路内实现长效保洁全覆盖，主街主路机械化清扫率达到85%。治理渣土乱象、露天烧烤、楼顶天线、户外广告等城市管理"顽疾"，整治裕华路两侧等道路楼顶天线乱点21处，拆除新元高速沿线违章广告塔157座。提升城市景观，打造"城市名片"，实施新客站区域86栋楼宇夜景亮化工程，市内每区建成1条样板路、10条特色精品小街巷。维护市政设施，维修路面、桥梁20万平方米，道路完好率达到90%；整修照明设施，市区照明设施完好率达到98%，主次干道亮灯率达99%以上。实施交通拥堵治理工程，完成和平路体育大街北口等51处路口渠化改造、28处港湾式公交停靠站建设及翟营大街（南二环—方兴路）、谈固大街（中山路—裕华路）道路拓宽改造。编制海绵城市建设设计导则、标准图集，完成海绵城市建设总体规划、重点建设区域详细规划和三年建设实施方案编制，体育公园等5个大型公园，青城街等19条道路，谈固北大街、建设北大街2座泵站，近500万平方米区域纳入海绵城市建设范围。推进数字城管建设，重新修订《市容环境考评奖惩办法（试行）》，统一"八区一县"考核标准，实行每月排名制度。全年受理城市管理问题150多万件，结案率95%以上。2016年市城管委获评"安全生产先进单位"；市数字化城市管理监督指挥中心被中华全国青年联合会授予"全国青年文明号"。

2016年10月25日，市长邢国辉到市政建设总公司砖厂调研指导

【环卫保洁】　实行"以克论净、深度保洁"管理模式，落实《"以克论净"绩效考核实施办法》，市财政年度列支1200万专项奖励资金；全年评选优秀班组4691个，2.4万人次环卫工人获得绩效奖励。开展道路扬尘治理，根据空气质量预警信息，灵活调整路面洒水作业方式，提高强度、加大密度，有效降低路面两米内浮尘。开展创建洁净城市活动，春季组织实施"洁城行动"，秋季组织实施"洗城净天入冬行动"，全面冲洗城区主次干道及桥梁，重点区域、时段实施巡回动态保洁，市区二环路内实现长效保洁全覆盖，主街主路机械化清扫率达到85%。桥西区率先通过省住房和城乡建设厅创建洁净城市复查。推进环卫项目建设，餐厨垃圾处置中心项目建成投入使用。启动医疗废弃物处置市场化改革，市医废处置中心资产评估完成。新建环卫作息用房70座，主城区总数达到150座，市区环卫班组实现全覆盖。编制主城区公厕设置规划，新建公厕12座、升级改造公厕90座。2016年市城管委代表石家庄市在全省第二届环卫行业

总结大会上作典型发言。参加中国城市环境卫生协会举办“最美公厕”评选活动，市欧韵公园公厕获得“最美公厕”科技奖、综合奖、管理奖，维明大街公厕获得综合奖、科技奖，石家庄陆军学院公厕获得文化奖、创意奖。

【城市环境综合整治】 结合创建全国文明城市，制定印发《主城区市容环境重点整治工作方案》，重拳出击、综合整治城市“顽疾”。规范渣土运输。实行属地管理职责，落实“三联单”和承诺书制度，组织市区周边区县加强巡查盯守，特别是“利剑斩污”行动后，市区三环路内和县城 24 小时禁止渣土车辆通行；出台《主城区建筑垃圾管理工作责任追究暂行办法》，举办渣土从业人员教育培训，规范渣土车辆标识，启动渣土管理数字化平台建设；成立市建筑垃圾综合整治领导小组及办公室，与交管、住房建设部门开展联合检查；市区两级平均每天出动城管执法人员 200 名，全年查处违规渣土车 3961 辆，查处东二环、北二环 2 起重大遗洒案件。治理露天烧烤。组建成立 5 个督导组，划分重点整治区域，重点时段做到一天一督查、一天一通报，有效遏制二环内露天炭火烧烤。整治楼顶天线。坚持拆除清理和美化改造相结合，试点先行，逐步推进，整治裕华路两侧等道路楼顶天线乱点 21 处。整治户外广告和牌匾。按照创建全国文明城市要求，重新修订工地围挡广告设置标准，增加公益广告内容，达不到 50% 予以拆除；编制门店牌匾新的设置导则，市内每区建成 1 条样板路、10 条特色精品小街巷。

【城区排水和防汛】 排水管网建设。制定《石家庄城区排水防涝改造工程（2016～2018）项目建议书》，计划三年内投资 73 亿元实施城区雨水管网改造，工程项目获得市发展改革委批复立项。完成中山路（友谊大街—西线民心河、黎明街—南小街、西大街—翟营大街）、维明街（裕华路—槐安路）、华西路、长丰路（民心河—师范街）、吉恒街（中山路—工农路）等道路雨污分流工程。实施谈固东街等 19 处积水点改造；完成富强大街地道桥泵站提升，有效保证周边 3 万平方米区域雨水排放。牵头市园林局及桥西区、新华区、裕华区整治 2015 年底排查确定并媒体公示的 5 处黑臭水体（中山路与西三环东南角，大马村村东，汇通路与南二环东南角，方村村内，南位村内）。南位排水沟、大马村四支渠 2 处治理完工。10 月 20 日，滹沱河污水处理厂加氯泵站投入运行，民心河东线石德铁路出水口出水变清。严抓防汛工作。完善度汛方案，细化各单位防汛责任，建立协调联动机制，汛期前实施排水管网疏通和清淤行动。汛期期间，按照“雨声就是命令”要求，科学组织和严密应对“7·19”特大暴雨灾害。7 月 19 日 5 时～20 日 14 时，石家庄市出现强降雨过程，市区平均降雨量 234 毫米，个别地方达到 323 毫米，降雨强度次于 1996 年 8 月特大暴雨，为 20 年来最强降雨，大雨致使城区部分道路积水断交。全市社会各界昼夜奋战，市城管委排水部门 24 小时抽排地道桥积水，6500 名环卫工人上路疏通排水作业；市园林局开启民心河雨水闸门，保证雨水通畅排放；市公安交通管理局在每个积水断交地段安排警力疏导交通，最大限度地减少拥堵；市内各区组织辖区干部群众和防汛队伍，不间断巡查和及时处置低洼地带、老旧小区等重点部位险情。7 月 21 日，石家庄市主城区积水路段和断交地道桥恢复通行，交通秩序恢复正常。

2016 年 6 月 8 日，城区防汛工作会议召开

【市政设施维护】 启动建设智能化道路桥梁管理系统。全年维修路面、桥梁20万平方米，道路完好率达到90%。编制城市照明总体规划（初稿），填补石家庄市夜景照明无规可依的空白；完成新客站区域86栋楼宇夜景亮化工程，实施高架桥桥上桥下分路控制工程；整修照明设施，市区照明设施完好率达到98%，主次干道亮灯率达99%以上。实施交通拥堵治理工程，完成和平路体育大街北口等51处路口渠化改造、28处港湾式公交停靠站建设及翟营大街（南二环—方兴路）、谈固大街（中山路—裕华路）道路拓宽改造。

【海绵城市建设】 组建成立市海绵城市建设工作领导小组及办公室。印发推进海绵城市建设实施意见和规划建设管理暂行办法，编制规划设计导则和标准图集，完成海绵城市建设总体规划、重点建设区域详细规划和三年建设实施方案编制，其中重点建设区域详细规划确定30平方千米重点建设区域（槐安路以南、中华大街以东、仓丰路以北、新元高速以西）。2016年石家庄市确定体育公园等5个大型公园，青城街等19条道路，谈固北大街、建设北大街2座泵站，近500万平方米区域融入海绵城市建设理念。

【城管综合执法】 城管执法体制改革。落实中央和河北省改革要求，组织市城管委相关处室、市直有关单位到呼和浩特市、包头市、秦皇岛市等地学习考察，完成全市城市执法体制改革方案（初稿）起草。支持房地产市场整治。按照市违建整治办公室要求，履行城市管理指导职责，加强违建停工督查，建立督查日志，通报未停工项目并报送市政府依法处置。全年市城管委通报违法施工问题460次，督导查证投诉举报和上级交办案件25宗，下发《行政执法监督通知书》12件，其中重点案件均做到及时查处和回复。规范执法管理。建立重大执法活动备案制度，完善工作台账，开展行政执法全过程记录。加大城管执法力度。全年依法查处市政违章案件63起，处理广告违章案件374起，查处园林违法案件12起，有力震慑了违法行为。

【停车场管理】 2015年12月14日，市政府常务会议研究决定：授权石家庄国控投资集团有限责任公司（简称国控集团）停车场经营权，批准国控集团作为出资人成立石家庄智慧泊车服务有限公司（简称智慧泊车公司）。智慧泊车公司为国有独资企业，属国控集团全资子公司，在市内五区设立分公司。智慧泊车公司负责停车场投资、建设和监管，分公司负责辖区内停车场统一经营、管理、收费、服务等。2016年1月1日零时起，智慧泊车公司正式接管和运营市内五区部分公共停车场。按照“六统一”（统一规划、统一审批、统一设置、统一收费标准、统一人员着装、统一应用智能化、信息化）要求，规范首批255家公共道路停车场管理和运营，其中长安区75个、桥西区70个、新华区45个、裕华区57个、高新区8个。

（胡雁冰）

【数字城管】 重新修订《市容环境考评奖惩办法（试行）》，统一“八区一县”考核标准，实行每月排名制度。新的市容环境考核办法实施后，数字城管新增范围3区1县，即藁城区、鹿泉区、栾城区和正定县。完善《数字化城市管理监督考评实施办法》《门前三包责任制落实考评实施办法》《工地围挡广告管理考评实施办法》，明确等级评定标准。2016年市城管委在裕华区召开“全市网格化数字城管智信平台建设推进会”，推广裕华区、栾城区智信平台建设试点经验。完成主城区二环外数字城管信息采集服务外包。创建数字城管系统普查统计模块，全面普查市区工地围挡广告、灯杆垂幅、占道市场等项目，为数字城管监管提供依据。全年受理上报城市管理问题150多万件，结案率95%以上。

（市城管委）

园林绿化

【概况】 2016年，市园林部门以创建园林城市为目标，以美化城市为重点，组织开展公园绿化和道路景观绿化工程，重点打造二环路、槐安路、和平路、建华大街4条景观大道，完成裕华路西延高品质绿化工程，实现市区绿化景观与道路无缝衔接。5月1日，滹沱河滨水生态公园开园。2016年滹沱河生态绿廊新建绿地390万平方米，子龙大桥以东12.5千米“花海天路”景观初步显现。植物园、东环公园、柏林公园、石津灌渠文化园等5座市管公园改造提升；建成保利、金华、石太、骏景4块街旁游园；占地14.5万平方米体育公园南区对外开放。2016年1月，市植物园被国家环保部、教育部联合命名为第二批全国中小学环境教育社会实践基地。2016年末，石家庄市共有全国中小学环境教育社会实践基地2家：河北省科学技术馆、市植物园；省级环境教育基地1家：市中小学生校外综合实践活动基地；市级环境教育基地4家：市第三中学、市环境监测中心、小壁林区管理处、鹿泉抱犊寨风景区。重视城市水系建设，启动太平河卧虎山和乐朋沙场绿化、太平河西段景观绿道、民心河东线和南线维修改造等水系建设项目；综合整治民心河景观设施，新建加氯泵站，种植特色树种，安装监控及电子闸门控制设备；太平河景观带和绿道绿廊西延至鹿泉区，5月1日，太平河南岸滨河路西三环至石柏南大街段新建太平河西延绿化竣工。2016年底，石家庄市拥有五星级公园8座、四星级公园11座、三星级公园15座；命名市级园林式单位、居住小区、街道69个，其中，市级园林式单位29个、市级园林式居住小区22个、市级园林式街道18条（段）。鼓励社会绿化活动，2016年全市社会各界在西山森林公园、小壁林区、动物园南部荒山、滹沱河滨水生态公园4个市级植树点及市内7区、高新区和正定县义务植树45.5万株。至2016年底，全市累计建成绿地面积8923万公顷，绿地率40.7%，绿化覆盖率44.9%，人均公园绿地面积15.4平方米。2016年10月，石家庄市承建2016唐山世界园艺博览会“石家庄园”获得园艺博览会特等奖。

【滹沱河生态区建设】 5月1日，滹沱河滨水生态公园开园。滹沱河滨水生态公园位于滹沱河南岸新城大道两侧，总面积89.49公顷，其中，西区78.1公顷、东区11.39公顷。滹沱河滨水生态公园是石家庄市海绵城市建设试点工程，也是石家庄市公园建设首次采用海绵城市建设技术，工程总投资1.049亿元；公园内山体大多由建筑垃圾堆砌而成，主山体高70余米；新建绿地89公顷，栽植乔灌木32万余株、林下野花组合39万平方米，滹沱河滨水生态公园工程将昔日黄土漫天的渣土山变成了四季分明的植物景观。实施滹沱河生态绿廊建设，新建绿地390万平方米，种植乔灌木110万株、地被花卉200万平方米；子龙大桥以东12.5千米“花海天路”景观初步显现。2016年5月，滹沱河生态景观工程开始施工。该工程是滹沱河生态区核心工程，采用环河景区规划布局，主要建设12座各具特色的生态公园，形成“滹沱河十二景”，分别为：塔元春早、翠岛莺语、云龙绚秋、城南乡情、古渡斜阳、滹沱记忆、青枫绿屿、新园文韵、月影澄波、七星融天、滹沱争渡、浅草探幽。2016年滹沱河生态景观工程建设公园4座，形成4处景观：滹沱河生态休闲公园（塔元春早）、滹沱河自然公园（云龙绚秋）、滹沱河古渡公园（古渡斜阳）、滹沱河历史公园（滹沱记忆）；建设范围：西起中华大街，东至新元高速以东300米现状土坝，全长10千米，面积433.9公顷（不含水面）。

【道路景观绿化】 根据道路新建及改造计划，重点打造二环路、槐安路、和平路、建华大街4条景观大道；完成裕华路西延高品质绿化工程，实现裕华路迎宾大道景观全线贯通和市区绿化景观与道路无缝衔接。谈固大街、华西路、维明大街、红旗大街、东岗路等16条主次干道实施坡硬增绿和分车带绿化升级。开展果树进城、乔木补植活动，引进核桃、柿子等果树2300株，补植国槐、法桐等大乔木2000余株，形成民生路等多条特色植物一条街。新客站西广场绿化项目完工，新火车站周边区域景观水平提升。实施花城建设，采用布设立体花坛、增建种植池等手段，在公园、广场及道路重要节点及四中路、槐北路等小街巷种植各类花卉2160万盆。美化出入市口景观，107国道、石铜路（南二环—南三环）、原京港澳高速与308国道互通桥区、塔谈大街等出入市口绿化完成。改造提升市内7区和高新区、正定县106条区县管理街道，累计新建提升绿地87万平方米，栽植乔灌木120余万株。

【园林行业管理】 5月1日起，《石家庄市城市园林绿化管理条例（修订案）》开始施行。规范绿地管理，修订《占用绿地伐移树木管理办法》《绿地移交管理办法》。提升园林种养技术，编制《园林树木修剪手册》

《园林病虫害防治手册》《园林道路绿化养护月历》等技术资料。制定印发《加强伐移树木管理工作的实施意见》《石家庄市园林局关于对道路和水系沿线绿地进行分级的通知》，实现城区470余条道路及水系绿地分级管理。制定出台《石家庄市园林绿化工程招投标管理规定》《园林绿化工程竣工验收管理规定》《园林绿化项目移交办法》，严格园林项目招投标内部审批、预算编制、标的评审、手续审批、委托代理等监管要求，明确园林绿化工程从验收到移交各项程序，细化建设、监理、施工单位责任，确保园林工程建设质量。园林管护。春季开展“浇水突击周”活动，落实“浇足浇透”技术要求，浇灌城区1400余万平方米道路和水系沿线绿地；夏季集中治理树木遮挡信号灯、指示标牌问题；秋季举行“迎国庆管护月”活动，精心修剪道路绿篱植物，设计和创新花木造型。开展园林绿化补植活动，全年累计补植乔木3.3万株、灌木126.2万株。市内7区及高新区、正定县绿化完成单位庭院和居住小区83个，种植攀缘植物和灌木12.02万株，围栏绿化10万余延米。开展省级园林式单位、小区、街道复查及创建，复查项目46个、新申报项目59个，验收市级园林式单位、小区、街道118个，命名市级园林式单位、居住小区、街道69个。2016年10月，行唐县通过省级园林县城验收。

【公园管理】 2016年7月，鹿泉区占地360万平方米龙泉湖公园建设启动，交地面积5000余亩，公园围墙建成4500米，湖面开挖和公园大门建设正在施工。植物园、东环公园、柏林公园、石津灌渠文化园等5座市管公园改造提升；建成保利、金华、石太、骏景4块街旁游园；9月29日，位于市区塔北路与南二环之间、占地14.5万平方米体育公园南区建成开放。铁路文化公园、西环公园、西三环带状公园、国际贸易城E区置换公园前期项目手续办理完成，正在土地污染修复和征迁交地。完善西山森林公园设施，新增秋实园、景观长廊、主题浮雕墙等特色景观节点12处。拥有星级公园34座。2016年1月，省住房和城乡建设厅根据《河北省星级公园划分与评定标准》，通报星级公园、游园现场考核及综合评定结果，位于石家庄市河北省园博园获评五星级公园，南高基公园获评四星级公园，元南公园获评三星级公园。至2016年末，石家庄市五星级公园达到8座，分别为：市植物园、长安公园、世纪公园、裕西公园、市动物园、河北省园博园、鹿泉区海山公园、晋州市魏征公园；四星级公园11座；三星级公园15座。

【命名市级园林式单位、居住小区、街道69个】 2016年石家庄市命名市级园林式单位、居住小区、街道69个，其中，市级园林式单位29个、市级园林式小区22个、市级园林式街道18条（段）。29个市级园林式单位：石家庄四药有限公司、河北省建筑科学研究院、鹿泉区气象局、鹿泉区公路绿化管理中心、河北传媒学院、晋州市电教中心、晋州市公安消防大队、晋州市人民医院、河北龙塔机械制造有限公司、无极县长业水务有限公司、无极县卫生和计划生育局、无极县东中铺学校、石药控股集团河北永丰药业有限公司、深泽县光荣院、深泽县深泽镇中学、深泽县金诚电力建设有限公司、石家庄龙泽制药股份有限公司、河北华运鸿业有限公司、行唐县气象局、朔黄铁路肃宁分公司灵寿站区行唐站、北京铁路公安神华公安警犬工作队、灵寿县县职幼儿园、平山县人民医院、河北赞皇中学、赞皇县教师进修学校、井陉矿区第一小学、井陉矿区实验中学、井陉矿区贾庄中学、井陉矿区公安消防大队。22个市级园林式居住小区：长安区保利花园蔷薇园、长安区保利花园紫薇园、长安区永乐·沁园、新华区慢城、裕华区盛邦花园一区、裕华区盛邦花园二区、裕华区盛邦花园五区、裕华区碧水青园小区、藁城区金域华府、栾城区福美小区（A）区、晋州市财富天下小区、晋州市香江国际—海德花园、晋州市向阳绿洲住宅小区（北区）、晋州市阳光盛景小区、正定县水岸清华社区、无极县凤凰城、无极县智慧家园、无极县城南保障房小区、深泽县北城国际、行唐县阳光水岸（北区）、平山县康宁家园、井陉矿区凤庭华府小区（一期）。18条（段）市级园林式街道：中华大街北沿（南高基至收费站）、友谊大街（新华路至北二环）、御园路（京赞线至青银高速）、兴华路（昌盛街至北马街）、尚东街（工业路至育才路）、栾城区新开街（裕泰路至鑫源路）、朝阳街（世纪街至联纺路）、智慧街（希望路至千山路）、花园路东延（规划园街以东）、光明南街（千山路以南）、千山路（科技街至无极路东）、深泽县振兴路（西环路至东环路）、唐尧大街

（京昆高速行唐南至县标）、升仙桥南路（启明大街至南环）、玉城大街西延（彰武路至西环）、迎宾路（冶河大桥南头至县界）、文兴西路（贾凤路至矿市街）、石臼山街（赞皇县标至滨河路）。

（李晓玲）

【柏坡园获得第十届中国（武汉）国际园林博览会5项大奖】 2015年9月25日～2016年5月28日，由住房和城乡建设部、湖北省政府共同主办的第十届中国（武汉）国际园林博览会在武汉举行。主题为“生态园博，绿色生活”。石家庄市参展作品“柏坡园”获得住房和城乡建设部颁发特别成就奖、展园优秀组织奖、展园最佳建设奖3个奖项及武汉园博会组委会颁发室外展园综合金奖、建筑小品大奖、展园设计优秀奖、优质工程优秀奖、植物配置优秀奖5个奖项。柏坡园依托石家庄市红色文化和民俗文化，主要展示太行山生态村落风貌、滹沱河水韵及以新农村园林、城市园林为互补的大农村公园模式。柏坡园建筑由3处院落组成，仿照驻西柏坡领导人旧居样式建设，配设解放战争时期领导题词，设置有农民生产场景和生活场景，配以地域代表树种及水系，较好展现了石家庄地域特色的村落风貌。

（靳晓磊）

【第十二届中国（荆门）菊花展】 10月28日～11月28日，由中国风景园林学会主办的第十二届中国（荆门）菊花展在湖北省荆门市举行。来自荷兰、日本及北京、上海、中国香港等国内外64个城市参展。主题为“菊韵荆门·花耀中华”。石家庄市参展项目有室外扎景、标准展台、精品展区，包括专项品种、案头菊、菊盆景、造型菊、悬崖菊和百菊赛等，展出菊花5000盆、时令草花2万盆、菊花盆景30盆。其中，展品“新中国从这里走来”获得本届菊花展最高奖——室外景点大奖，其他参赛项目获得8个金奖、银奖。

（靳晓磊　杨学志）

生态环境

Ecological Envronment

综 述

2016年，石家庄市区空气质量较2015年转差，其中，空气质量一级优良天数22天，二级良好天数150天，三级轻度污染天数85天，四级中度污染天数38天，五级重度污染天数47天，六级严重污染天数24天；空气优良率47.0%，重污染天数比例19.4%。与2015年相比，空气质量优良率下降2.3个百分点，重污染天数比例增加6.2个百分点。2016年石家庄市主城区环境空气污染呈现由“煤烟型”“混合型”向“复合型”污染趋势转变，主要污染物为颗粒物（PM10和PM2.5）。空气环境质量综合指数为9.30，空气质量比2015年变差，空气质量综合指数上升6.9%。2016年石家庄市主城区可吸入颗粒物（PM10）年均浓度值为164微克/立方米；细颗粒物（PM2.5）年均浓度值为99微克/立方米；二氧化硫（SO_2）年均浓度值为41微克/立方米；二氧化氮（NO_2）年均浓度值为58微克/立方米，一氧化碳（CO）年均浓度值为3.9毫克/立方米，臭氧（O_3-8h）年均浓度值为164微克/立方米。除一氧化碳、二氧化硫外，其余污染物浓度均超过国家二级标准。

水环境质量。全年地下水总硬度超标较重，污染物呈“点状”“片状”污染分布特征。地下水质超标较重指标为总硬度(75%)，总大肠菌群（50%），硝酸盐氮(27.9%)，溶解性总固体(20.6%)，氯化物（5.88%），氨氮（2.94%），硒（2.94%），硫酸盐（1.47%），其余指标无超标现象发生。岗南水库、黄壁庄水库为石家庄市2个重要地表水源，日承担城市供水量30万立方米，占城市供水总量35%。2016年石家庄市湖库水质基本保持稳定，岗南水库进水口、中心区、出水口水质类别均为Ⅱ类；黄壁庄水库进水口、中心区水质类别为Ⅱ类，出水口水质类别为Ⅲ类。市区饮用水源地水质项目合格率99.35%，主要超标污染物为岗南水库中的总氮。

城市声源构成。2016年石家庄城市声源构成分别为交通运输、工业企业、建筑施工、社会生活及其他噪声，主要为交通噪声、生活噪声，其中，生活噪声由2015年60.8%上升为77.5%，其余声源比例均减少。2016年石家庄市区域环境噪声平均等效声级值为54.4分贝，较2015年上升3.6分贝；道路交通噪声平均等效声级值为65.8分贝，较2015年下降0.9分贝。功能区噪声监测点年平均昼间等效声级值最大值为68.0分贝，夜间平均等效声级值最小值为42.8分贝。2016年石家庄市区交通噪声最高声级值为86.3分贝，出现在石铜路（南二环—友谊大街）区域。

环境污染监测。2016年全市共有重点污染源140家。其中，国控重点污染源包括废水污染源29家，废气污染源19家，城镇污水处理厂25家，涉及重金属企业5家，危险废物企业12家；省控重点污染源包括废水污染源1家，废气污染源13家，城镇污水处理厂2家，涉及重金属排放企业18家；市控涉重金属企业16家。2016年石家庄市废水污染源各重点源企业排放状况达标率为87.9%；污水处理厂各重点源企业排放状况达标率为81.3%；涉水重金属企业排放状况达标率为88.5%；涉气重金属企业排放状况达标率为91.7%；涉无组织废气重金属企业排放状况达标率为93.8%；涉水危险废物企业排放状况达标率为93.8%。

生态环境保护。2016年全市环保部门环境影响评价审批项目1730个，总投资1813.78亿元。其中，市级项目65个，总投资171亿元；县级环保部门审批项目1665个，总投资 1642.78 亿元。加强燃煤污染治理，淘汰燃煤锅炉 977 台、2062.29 蒸吨。机动车参加环保检验 696522 辆，初检合格 668661 辆，初检合格率 96%。审核辐射和危险废物环境影响评价文件 48 个，核发、延续、变更辐射安全许可证 38 个。“双随机”抽查污染源 5568 家，出动执法人员 15422 人次，发现存在问题企业 79 家，责令改正违法行为 79 家，责令停产整治 8 家，立案调查 46 家，处罚 149.7 万元。开展“利剑斩污”专项行动，检查企业 8460 家，查处违法企业 567 家。其中，责令整改 219 家，取缔关停 225 家，行政处罚 123 家。

（张晓北）

空气环境质量

【概况】 2016 年，石家庄市区空气质量较 2015 年转差，其中，空气质量一级优良天数 22 天，二级良好天数 150 天，三级轻度污染天数 85 天，四级中度污染天数 38 天，五级重度污染天数 47 天，六级严重污染天数 24 天；空气优良率 47.0%，重污染天数比例 19.4%。与 2015 年相比，空气质量优良率下降 2.3 个百分点，重污染天数比例增加 6.2 个百分点。2016 年石家庄市主城区环境空气污染呈现由“煤烟型”“混合型”向“复合型”污染趋势转变，主要污染物为颗粒物（PM10 和 PM2.5）。空气环境质量综合指数为 9.30，空气质量比 2015 年变差，空气质量综合指数上升 6.9%。2016 年石家庄市主城区可吸入颗粒物（PM10）年均浓度值为 164 微克 / 立方米；细颗粒物（PM2.5）年均浓度值为 99 微克 / 立方米；二氧化硫（SO_2）年均浓度值为 41 微克 / 立方米；二氧化氮（NO_2）年均浓度值为 58 微克 / 立方米，一氧化碳（CO）年均浓度值为 3.9 毫克 / 立方米，臭氧（O_3-8h）年均浓度值为 164 微克 / 立方米。与 2015 年相比，PM10 年均浓度上升 11.6%、PM2.5 上升 11.2%、NO_2 上升 13.7%、O_3-8h 上升 10.8%；SO_2 下降 12.8%，CO 下降 9.3%。除一氧化碳、二氧化硫外，其余污染物浓度均超过国家二级标准。2016 年石家庄市主城区正常运行国控大气常规监测点位 7 个、大气降水监测点 4 个，布设降尘监测点、硫酸盐化速率监测点各 11 个；空气环境质量常规监测项目为可吸入颗粒物、二氧化硫、二氧化氮、硫酸盐化速率、降尘、一氧化碳、臭氧和降水。2016 年石家庄市区获取大气降水样品 104 个，降水 pH 最小值为 6.65，出现在职工医院和市环保局监测点。

【空气质量状况】 主城区环境空气质量状况。全年石家庄市主城区“复合型”大气污染凸现，主要污染物为可吸入颗粒物，其次是细颗粒物。2016 年市区空气质量一级天数 22 天，占总天数 6.0%，二级天数 150 天，占总天数 41.0%，三级天数 85 天，占总天数 23.2%，四级天数 38 天，占总天数 10.4%，五级天数 47 天，占总天数 12.8%，六级天数 24 天，占总天数 6.6%。市区二氧化硫、可吸入颗粒物高浓度区域主要分布在 22 中南校区；二氧化氮高浓度区域主要分布在职工医院和 22 中南校区；细颗粒物、一氧化碳高浓度区域主要集中在世纪公园；臭氧高浓度区域主要集中在西北水源附近。监测结果显示，2016 年石家庄主城区环境空气中可吸入颗粒物、细颗粒物、二氧化硫、二氧化氮、一氧化碳 (95%)、臭氧 (90%)、降尘 7 项主要污染物年均浓度值分别为 164 微克 / 立方米、99 微克 / 立方米、41 微克 / 立方米、58 微克 / 立方米、3.9 毫克 / 立方米、164 微克 / 立方米、6.91 吨 / 平方千米・30 天。7 项污染物中，一氧化碳、二氧化硫达到国家环境空气质量二级标准，可吸入颗粒物、细颗粒物、二氧化氮、臭氧 4 项污染物分别超标 1.34、1.83、0.45 和 0.03 倍，降尘年均值达到河北省地方标准 (DJ339/13－1997) 规定。2016 年石家庄市在全国 74 个重点城市中属于大气污染较重的城市，空气质量综合指数排名第 73 位，仅好于衡水市。

可吸入颗粒物。2016 年石家庄市主城区可吸入颗粒物年均值为 164 微克 / 立方米，全市日均值范围为 18 ～ 826 微克 / 立方米，全年日均值超标率 39.1%，最大日均值超标倍数为 5.76 倍。一至四季度的季日均值分别为 161 微克 / 标立方米、108 微克 / 标立方米、102 微克 / 标立方米、283 微克 / 标立方米；一至四季度全市日均值超标率分别为45.1%、14.3%、19.6%和77.2%。第四季度可吸入颗粒物污染最重。

二氧化硫。2016年石家庄市主城区二氧化硫年均值为41微克/立方米，全市日均值范围为6～142微克/立方米，全年日均值超标率0.0%，最大日均值超标倍数为0倍。一至四季度的季日均值分别为66微克/立方米、27微克/立方米、17微克/立方米、53微克/立方米，全市日均值均未超标。

二氧化氮。2016年石家庄市主城区二氧化氮年均值为58微克/立方米，全市日均值范围为13～188微克/立方米，最大日均值超标倍数为1.35倍。一至四季度的季日均值分别为64微克/立方米、44微克/立方米、42微克/立方米、81微克/立方米。除二季度外，一季度、三季度、四个季度均有日均值超标现象，超标率分别为26.4%、2.2%和45.7%。

降尘。2016年石家庄市主城区年平均降尘量为6.91吨/平方千米·30天，较2013年下降40.7%。各监测点降尘量在1.86～60.47吨/平方千米·30天范围内。一至四季度月均降尘量分别为4.80吨/平方千米·30天、9.99吨/平方千米·30天、8.00吨/平方千米·30天、4.84吨/平方千米·30天。四个季度中，仅第三季度出现超标现象，最大值超标倍数为2.2倍。全年四个季度污染程度排序为：二季度>三季度>四季度>一季度。

清洁对照点年平均降尘量为5.66吨/平方千米·30天，月降尘量在1.30～11.21吨/平方千米·30天范围内，月降尘量均达标。一至四季度月均降尘量分别为4.73吨/平方千米·30天、8.37吨/平方千米·30天、4.51吨/平方千米·30天、5.04吨/平方千米·30天。主城区年均值与清洁对照点相比高1.25吨/平方千米·30天。

硫酸盐化速率。2016年石家庄市主城区硫酸盐化速率年均值为0.342毫克SO_3/100平方厘米碱片·日，与2013年相比下降60.9%，各监测点监测值范围为0.093～1.866毫克SO_3/100平方厘米碱片·日，全年各点监测值超标率为15.0%。一至四季度季度均值分别为0.463毫克SO_3/100平方厘米碱片·日、0.328毫克SO_3/100平方厘米碱片·日、0.335毫克SO_3/100平方厘米碱片·日、0.242毫克SO_3/100平方厘米碱片·日。全年四个季度污染程度排序为：一季度>三季度>二季度>四季度。

清洁对照点硫酸盐化速率年均值为0.280毫克SO_3/100平方厘米碱片·日，监测值范围为0.060～0.900毫克SO_3/100平方厘米碱片·日范围内，超标率为25.0%。一至四季度硫酸盐化速率分别为0.685毫克SO_3/100平方厘米碱片·日、0.060毫克SO_3/100平方厘米碱片·日、0.060毫克SO_3/100平方厘米碱片·日、0.315毫克SO_3/100平方厘米碱片·日。三城区年均值与清洁对照点相比高0.062毫克SO_3/100平方厘米碱片·日。

一氧化碳。2016年石家庄市主城区一氧化碳年均值为1.6毫克/立方米。全市日均值在0.3～10.5毫克/立方米范围内，全年日均值超标率为3.8%，最大日均值超标倍数为1.63倍。一至四季度的季均值分别为1.8毫克/立方米、0.9毫克/立方米、1.0毫克/立方米、2.6毫克/立方米。一、四季度点位日均值超标率分别为3.3%和12.0%，二、三季度无点位日均值超标现象。四个季度一氧化碳污染程度排序为：一季度>四季度>二季度>三季度。

臭氧。2016年石家庄市主城区臭氧年均值为84微克/立方米。全年日均值在4～233微克/立方米范围内，全年日均值超标率为11.7%。一至四季度的季均值分别为59微克/立方米、121微克/立方米、117微克/立方米、40微克/立方米。各季度均有不同程度日均值超标现象，一至四季度超标率为分别为2.2%、20.9%、21.7%和2.2%。

细颗粒物。2016年石家庄市主城区PM2.5年均值为99微克/9标立方米，全市日均值范围为9～625微克/立方米，全年日均值超标率46.2%，最大值超标倍数为7.33倍。一至四季度的季日均值分别为97微克/立方米、54微克/立方米、59微克/立方米、188微克/立方米。一至四季度点位日均值超标率分别为51.6%、22.0%、28.3%、82.6%。 四季度PM2.5污染最重。

主城区外环境空气质量。2016年石家庄市主城区外17个县（市、区）均开展环境空气质量自动监测。监测结果显示，井陉矿区、鹿泉区、无极县等9个县（市、区）空气质量好于市区。县（市、区）环境空气中可吸入颗粒物污染最重的为行唐县，细颗粒物污染最重的为灵寿县、行唐县，二氧化硫污染最重的为赵县，二氧化氮污染最重的为正定县，一氧化碳日均值第95百分位污染最重的为高邑县、栾城区，臭氧日最大8小时滑动平均第90百分位污染最重的为赞皇县。以综合指数看，灵寿县大气污染最重，较市区重17%。2016年石家庄市主城区外空气污染程度由轻到重依次排序为井陉矿区、鹿泉区、无极县、井陉县、晋州市、正定县、新乐市、平山县、藁城区、赞皇县、深泽县、元氏县、高邑县、栾城区、赵县、行唐县、灵寿县。主城区外县(市、区)环境空气质量表现为典型的尘污染特征，首要污染物均为颗粒物(PM10和PM2.5)。污染原因：工业生产与居民生活采暖等固定污染源排放；城市建设、管理及交通运输等过程中产生二次扬尘；建成区及城区周边存在大量裸露土地。主城区外各县(市、区)环境空气污染程度存在差异，行唐县、灵寿县、新乐市、晋州市、栾城区、井陉县等县(市、区)空气中可吸入颗粒物污染问题突出，污染程度位居前列；赵县、元氏县、井陉矿区等部分工业发展迅速的县(市、区)空气中二氧化硫污染较重，污染程度明显高于其他县(市、区)；栾城区、高邑县、深泽县等散煤燃烧问题明显。主城区外县(市、区)环境空气污染程度与市区相比存在差异，以综合污染指数看，市区处于17个县(市、区)环境空气污染中游水平；以各污染物年均浓度比较，除藁城区、无极县、鹿泉区、元氏县、赵县、赞皇县外，其余各县(市、区)空气中可吸入颗粒物污染均高于市区。

【空气质量评价】 2016年石家庄市主城区第一、第二、第三季度污染等级为中等污染水平，第四季度污染等级为重污染水平。全年平均综合污染指数为1.68，污染等级为中等污染水平；主城区主要大气污染物为可吸入颗粒物和二氧化氮。四个季度中，全部以可吸入颗粒物为首要污染物，二氧化氮为次要污染物，两个季度以二氧化硫为第三污染物，两个季度以降尘为第三污染物。2016年石家庄市主城区大气自动监测数据显示，大气污染物小时浓度峰值多出现于清晨，午后污染物浓度值逐渐下降至谷底，夜间逐渐上扬，直至次日清晨呈周期性变化。各季度污染程度由大到小排序为四季度＞一季度＞二季度＞三季度，总体表现为二、三季度污染较轻，四、一季度污染程度相对严重的规律。2016年石家庄市主城区主要大气污染物浓度季度变化规律：二氧化硫、二氧化氮、可吸入颗粒物、可吸入细颗粒物变化趋势相似，浓度最高点均在四、一季度；二氧化氮变化规律是一、四季度出现峰值，相对前4项污染物变化幅度小得多；臭氧浓度变化规律相反，一、四季度为浓度最低值，二、三季度浓度达到峰值，温度影响是臭氧浓度变化的主要原因。

*污染物分担率。*颗粒物污染分担率为36.1%(其中PM2.5污染物分担率为21.8%)；SO_2污染物分担率为10.5%；NO_2污染物分担率为22.4%；CO(95%)污染物分担率为15.1%；O_3-8h(90%)污染物分担率为15.9%，大气污染贡献最大为颗粒物(包括PM10和PM2.5)，其次为NO_2。2016年石家庄市以PM10和PM2.5污染较重，87天首要污染物为PM10，171天首要污染物为PM2.5，2天首要污染物为SO_2，15天首要污染物为NO_2，58天首要污染物为臭氧，8天首要污染物为PM10和PM2.5，1天首要污染物为PM2.5和NO_2，1天首要污染物为PM2.5和臭氧，1天首要污染物为PM10和NO_2。2016年石家庄市以颗粒物污染为主要特征，受能源结构、产业结构制约，城市“煤烟型”污染突出，采暖期一、四季度二氧化硫浓度值显著增高；受地理位置、气候条件制约，城市扬尘污染也较为突出，二季度风沙天气较多。

*污染物空间分布特征。*PM10空间分布比较：世纪公园PM10浓度值全年相对较低，西南高教和人民会堂附近次之；22中南校区点位PM10污染最严重。PM2.5空间分布比较：世纪公园点位PM2.5浓度值全年最高；高新区、人民会堂点位浓度也较高，22中南校区、职工医院点位浓度全年较低。整体看，石家庄市中心向城市周围PM2.5浓度值有逐渐变大的趋势，PM2.5浓度值较低的区域相对PM10浓度值较低的区域范围减小。SO_2空间分布比较：西北水源全年SO_2浓度值最低，人民会堂浓度值次之，22中南校区、职工医院、高新区浓度值较高，各点位浓度差距不大。NO_2浓度比较：人民会堂、世纪公园点位NO_2浓度较低，22中南校区、职工医院最高。臭氧空间分布比较：西南高教臭氧浓度值较低，高新区次之，西北水源附近浓度值最高。CO空间分布比较：除人民会堂、西北水源外，高新区、化工学校等5个点位CO浓度较高。

根据测算，石家庄市主城区最大允许大气环境容量为：烟尘每年2.1万吨、二氧化硫每年4.2万吨。2016

年石家庄主城区实际排放烟尘4万吨、二氧化硫7万吨，两种污染物均超过最大允许环境容量，燃煤污染物排放是石家庄市造成大气污染的最主要原因；2016年石家庄市城市道路建设、地铁施工、城中村改造、市容整治等建设活动比较集中，导致建筑施工扬尘排放量大大增加；机动车排气污染加剧。

水环境质量

【概况】 2016年，石家庄市主要监控地表水体包括辖区内两大水库（岗南水库、黄壁庄水库）和地表河流。其中，岗南水库进水区、中心区、出水区均符合Ⅱ类水质；黄壁庄水库进水区、中心区符合Ⅱ类水质，出水区符合Ⅲ类水质。绵河—冶河水系水质属Ⅳ类，主要污染物为氨氮、生化需氧量、氟化物等；洨河水质为劣Ⅴ类，主要污染物为氨氮、总磷、化学需氧量等；石津渠水质为Ⅱ类，各监测断面均未出现超标污染物，主要污染物为氟化物、生化需氧量、化学需氧量；滹沱河水质为劣Ⅴ类，主要污染物为氨氮、生化需氧量、化学需氧量等；汪洋沟水质为劣Ⅴ类，主要污染物为氨氮、总磷、氟化物等。市区地下水质中超标较重的指标为总硬度、总大肠菌群、硝酸盐氮、溶解性总固体、氯化物、氨氮、硒、硫酸盐，其余指标无超标现象发生；超标区域主要分别在市区西南部、中南部，超标井位分布呈“片状”和“点状”特征。2016年石家庄城市饮用水源地主要为市区内抽取地下水5个水厂和地表水源地岗南水库。其中，石家庄市区饮用水源地水质项目合格率为99.35%，主要超标污染物为岗南水库中的总氮。

【地下水环境质量】 石家庄市地下水补给来源主要有大气降雨、地表水和渠水入渗、农田灌溉回归及侧面径流补给，地下水流向为东、东偏南，市区降落漏斗区地下水流向漏斗中心。地下水位动态随开采量、大气降水及河渠水量变化而变化，5～7月水位降至最低值，2～3月水位回升至最高值。

2016年市环境监测中心监测石家庄市区范围内能获得监测数据14眼井（焦化厂、化工厂、铁丝厂无水未监测）。监测结果显示，石家庄市地下水质中超标较重的指标为总硬度(75%)，总大肠菌群（50%），硝酸盐氮(27.9%)，溶解性总固体(20.6%)，氯化物（5.88%），氨氮（2.94%），硒（2.94%），硫酸盐（1.47%），其余指标无超标现象发生；超标区域主要分别在市区西南部、中南部，超标井位分布呈“片状”和“点状”特征。

总硬度。12眼地下水井中，总硬度浓度值范围为135～1010毫克/升，全年超标井次51次，超标率75%，12眼地下水井均出现过超标现象。

总大肠菌群。总大肠菌群浓度值范围为1.5～230毫克/升，全年超标井次34次，超标率50%，12眼地下水井均出现过超标现象。

硝酸盐氮。地下水中硝酸盐氮浓度范围为0.8～29.8毫克/升，全年超标井次19次，超标率27.9%，超标井位为西三教村、54所、市一药、张营村、西五里村5眼井。

溶解性总固体。地下水中溶解性总固体浓度值范围为141～1870毫克/升，全年地下水溶解性总固体超标井次14次，超标率20.59%，超标井位有西三教、塔冢村、54所、市一药、张营村、孙村、西五里村7眼井。

氯化物。地下水中氯化物浓度范围为15.7～430毫克/升，全年超标井次4次，超标率5.88%，超标井位为张营村和54所2眼井。

氨氮。地下水中氨氮浓度范围为0.0125～0.322毫克/升，全年超标井次2次，超标率为2.94%，超标井位为塔冢村和西五里村2眼井。

硒。地下水中硒浓度范围为0.00038～0.0265毫克/升，全年超标井次2次，超标率为2.94%，超标井位为土贤庄。

硫酸盐。地下水中硫酸盐浓度范围为25.2～271毫克/升，全年超标井次1次，超标率为1.47%，超标井位为黄壁庄。

表 22　　2016 年石家庄市地下水监测结果一览表

项目	统计量（个）	最大值（毫克 / 升）	最小值（毫克 / 升）	平均值（毫克 / 升）	检出井次	检出率（%）	超标井次	超标率（%）
pH（无量纲）	68	8.07	7.18	7.45	68	100		
总硬度	68	1010	135	518	68	100	51	75
硫酸盐	68	271	25.2	136	68	100	1	1.47
高锰酸盐指数	68	0.9	0.25	0.33	68	100	0	0
氨氮	68	0.322	0.0125	0.05	68	100	2	2.94
氯化物	68	430	15.7	107	68	100	4	5.88
氟化物	68	0.9	0.16	0.37	68	100	0	0
总大肠菌群（个 /L）	68	230	1.5	53	34	50	34	50
挥发酚	68	0.001	0.001	0.001	0	0	0	0
硝酸盐氮	68	29.8	0.8	15.0	68	100	19	27.9
亚硝酸盐氮	68	0.0045	0.0045	0.0045	68	100	0	0
铁	68	0.176	0.0014	0.0145	68	100	0	0
锰	68	0.0258	0.00003	0.00196	66	97	0	0
铜	68	0.00373	0.00004	0.0004	68	100	0	0
锌	68	0.77	0.0004	0.0235	41	60	0	0
硒	68	0.0265	0.00038	0.00345	68	100	2	2.94
阴离子洗涤剂	68	0.025	0.025	0.025	68	100	0	0
氰化物	68	0.001	0.001	0.001	0	0	0	0
汞	68	0.00071	0.00002	0.00003	2	2.94	0	0
总砷	68	0.00171	0.000045	0.00028	68	100	0	0
镉	68	0.00025	0.00003	0.00004	2	2.94	0	0
六价铬	68	0.015	0.002	0.004	25	36.8	0	0
铅	68	0.00104	0.000035	0.000134	25	36.8	0	0
溶解性总固体	68	1870	141	807	68	100	14	20.59

【地表水环境质量】 石家庄市主要地表水源为岗南水库、黄壁庄水库。2016 年岗南水库水质监测数据显示，各监测项目未出现超标现象，水库进水区、中心区、出水区均符合Ⅱ类水质。2016 年黄壁庄水库水质监测数据显示，总磷、化学需氧量、高锰酸盐指数、生化需氧量出现超标现象；进水区、中心区、出水区总磷超标率分别为 40%、50%、60%，化学需氧量超标率分别为 20%、10%、10%；进水区高锰酸盐指数、生化需氧量超

标率均为10%；黄壁庄水库进水区、中心区符合Ⅱ类水质，出水区符合Ⅲ类水质。

【河流水环境质量】 绵河—冶河。地都断面：出现超标项目2项，分别为氨氮、总磷，超标率分别为58.33%、8.33%，最大超标倍数分别为5.2、0.3；水质类别为劣Ⅴ类。岩峰断面：出现超标项目4项，分别为生化需氧量、氨氮、化学需氧量、总磷，超标率分别为33.33%、50%、16.67%、8.33%；最大值超标倍数分别为6.55、4.06、2、4.55；水质类别为Ⅴ类。平山桥断面：出现超标项目2项，分别为生化需氧量、化学需氧量，超标率均为8.33%，最大值超倍数分别为0.10、0.60，水质类别为Ⅱ类。

滹沱河。下槐镇断面：出现超标项目1项，为化学需氧量，超标率8.33%，最大值超标倍数0.10；断面水质类别为Ⅱ类。枣营断面：出现超标项目8项，分别为溶解氧、高锰酸盐指数、生化需氧量、氨氮、化学需氧量、硫化物、总磷、阴离子洗涤剂；硫化物、阴离子洗涤剂超标率分别为25%、50%，其他6项污染物超标率均为87.5%；除溶解氧外，7项污染物最大值超标倍数依次分别为4.03、19.7、23.55、9.8、3.24、9.35、0.63；断面度水质类别为劣Ⅴ类。固营桥断面：出现超标项目3项，分别为氨氮、总磷、阴离子洗涤剂，污染物超标率分别为16.67%、41.67%、25%；最大值超标倍数依次分别为0.90、4、20.8、0.7；断面水质类别为劣Ⅴ类。张村桥断面：出现超标项目6项，分别为溶解氧、高锰酸盐指数、生化需氧量、氨氮、化学需氧量、总磷；6项污染物超标率分别为50%、37.5%、75%、75%、87.5%、37.5%；除溶解氧外，最大值超标倍数依次分别为4.78、38.2、22.1、18、2.85；断面水质类别为劣Ⅴ类。

洨河。总退水口：超标项目6项，分别为高锰酸盐指数、生化需氧量、氨氮、化学需氧量、总磷、阴离子洗涤剂，污染物超标率分别为33.33%、50%、8.33%、41.67%、83.33%、16.67%；最大值超标倍数分别为2.49、3.95、0.77、1.05、2.35、0.23；断面水质类别为劣Ⅴ类。石板桥：出现超标项目5项，分别为生化需氧量、氨氮、化学需氧量、总磷、阴离子洗涤剂，污染物超标率分别为41.67%、75%、50%、100%、50%；最大值超标倍数分别为1.25、5.25、0.88、2.58、0.53；断面水质类别为劣Ⅴ类。大石桥：出现超标项目6项，分别为高锰酸盐指数、生化需氧量、氨氮、化学需氧量、总磷、阴离子洗涤剂；污染物超标率分别为41.67%、75%、91.67%、83.33%、91.67%、8.33%；最大值超标倍数分别为0.27、1.9、5.1、2.9、3.13、0.1；断面水质类别为劣Ⅴ类。

石津渠。黄壁庄桥、杜北、兆通、运河桥断面水质类别均为Ⅱ类；各监测断面均未出现超标污染物。

汪洋沟。高庄断面出现超标项目7项，分别为溶解氧、高锰酸盐指数、生化需氧量、氨氮、化学需氧量、总磷、氟化物；污染物超标率分别为8.33%、41.67%、41.67%、75%、25%、75%、41.67%；除溶解氧外，最大值超标倍数依次分别为0.31、1.8、8.7、1.7、2.8、1.65；断面水质类别为劣Ⅴ类。

【河流水质评价】 绵河—冶河。2016年绵河—冶河水体水质属Ⅳ类，水体综合污染指数为5.87。主要污染物及其污染分担率分别为氨氮24.04%、生化需氧量15.73%、氟化物10.51%。首要污染断面为岩峰，污染负荷占到43.32%；其次为地都断面，污染负荷为36.98%；平山桥断面污染较轻，污染负荷为19.71%。

石津渠。2016年石津渠水体水质属Ⅱ类，水体综合污染指数为1.58，石津渠各监测断面均未出现超标污染物。主要污染物及污染分担率分别为氟化物23.52%、生化需氧量18.83%、化学需氧量14.25%。首要污染断面为兆通，污染负荷为26.44%，运河桥断面污染负荷为25.15%，黄壁庄桥断面污染负荷为24.35%，杜北断面污染负荷为24.06%。

洨河。2016年洨河水体水质为劣Ⅴ类，水体综合污染指数为10.15。主要污染指标依次为氨氮、总磷、化学需氧量，污染分担率分别为27.07%、23.71%、12.80%。首要污染断面为大石桥，污染负荷为39.83%；其次为石板桥，污染负荷为32.39%；总退水渠断面污染负荷为27.78%。

滹沱河。2016年滹沱河水体水质为劣Ⅴ类，水体综合污染指数为18.32。主要污染指标为氨氮、生化需氧量、化学需氧量，污染分担率分别为28.69%、26.87%、14.82%。首要污染断面为枣营，污染负荷为55.85%；下槐镇断面污染程度最轻，污染负荷为 4.92%。

汪洋沟。2016 年汪洋沟水体水质为劣 V 类，水体综合污染指数为 9.39。主要污染指标为氨氮、总磷、氟化物，污染分担率分别为 26.19%、18.27%、13.03%。

声环境质量

【概况】 2016 年，石家庄城市噪声功能区按照区域功能不同划分为 1 ～ 4 类区域，总面积 398.9 平方千米。其中，1 类区面积 315.2 平方千米，占功能区总面积 79.02%；2 类区面积 59.4 平方千米，占功能区总面积 14.89%；3 类区面积 24.3 平方千米，占功能区总面积 6.09%；石家庄城区 22 条交通干线两侧区域划定为 4 类功能区，总面积 6.98 平方千米，占功能区总面积 1.75%。选择 12 个代表性点位分别代表四类标准适用区，实施 24 小时连续监测，每季度监测 1 次。监测结果显示，1 类区夜间噪声平均等效声级一、三季度均超标；2 类区夜间噪声平均等效声级一、四季度超标；3 类区夜间噪声平均等效声级一、二、四季度均超标；4 类区夜间噪声平均等效声级一、二、三、四季度均超标；其他昼间、夜间噪声平均等效声级值均达标；功能区噪声监测点年平均昼间等效声级值最大值为 68.0 分贝，夜间平均等效声级值最小值为 42.8 分贝。2016 年石家庄城市声源构成为交通运输、工业企业、建筑施工、社会生活及其他噪声，交通噪声、生活噪声为主要噪声，其中，生活噪声由 2015 年 60.8% 上升为 77.5%，其余声源比例均减少。2016 年石家庄市区域环境噪声平均等效声级值为 54.4 分贝，较 2015 年上升 3.6 分贝；道路交通噪声平均等效声级值为 65.8 分贝，较 2015 年下降 0.9 分贝。2016 年石家庄市区交通噪声最高声级值为 86.3 分贝，出现在石铜路（南二环—友谊大街）区域。

【道路交通噪声】 2016 年市环境监测中心在市区 44 条城市快速路，108 条主干路，114 条次干路，其他道路 102 条，总长 399.247 千米的道路上布设 368 个道路交通噪声监测点位。监测时间为夏季，每一监测点昼间和夜间各监测 1 次、连续监测 20 分钟。监测结果显示，市区昼间道路交通噪声值为 52.8 ～ 86.3 分贝，平均等效声级为 65.8 分贝。2016 年石家庄市区道路交通平均等效声级值较 2015 年下降 0.9 分贝。2016 年与 2015 年相比，超过 70 分贝的干线道路长度由 7.54% 上升为 20.80%，昼间噪声声级值主要集中在 66 ～ 70 分贝，占道路总长度 39.5%；80 分贝以上路段占道路总长度 0.45%；交通噪声最高声级值为 86.3 分贝，出现在石铜路（南二环—友谊大街）区域。2016 年石家庄市交通噪声达标路段长度为 311.8 千米，占监测路段总长度 79.20%。

【区域环境噪声】 2016 年石家庄城市声源构成为交通运输、工业企业、建筑施工、社会生活及其他噪声，交通噪声、生活噪声为主要噪声，其中，生活噪声由 2015 年 60.8% 上升为 77.5%，其余噪声比例均出现下降。2016 年石家庄市昼间区域环境噪声声级变化范围为 38.5 ～ 77.1 分贝，平均等效声级为 54.4 分贝，较 2015 年昼间区域环境噪声值上升 3.6 分贝。

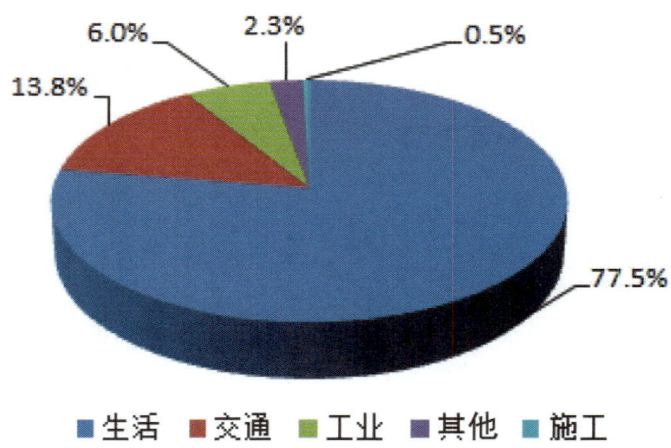

2016 年石家庄城市声源构成比例

污染防治与保护

【概况】 2016年，全市以生态环境防治为重点，组织开展“利剑斩污”行动、工业污染防治、水源地保护、燃煤和汽车尾气污染治理等工作。审批环境影响评价项目1730个，总投资1813.78亿元。其中，市级环保部门环境影响评价完成审批项目65个，总资额171亿元；县级环保部门环境影响评价完成审批项目1665个，总投资1642.78亿元。淘汰燃煤锅炉977台2062.29蒸吨。机动车参加环保检验696522辆，初检合格668661辆，初检合格率96%。加强水污染治理，滹沱河、洨河水质持续改善，两河沿途县（市、区）排水水质全部达到省控标准要求，洨河出市区排口达到国家地表水V类水质，岗南水库、黄壁主水库一级保护区隔离防护工程建设完成投资9017万元；清理关停全市污水直排企业315家。2016年全市拥有重点污染源140家。其中，国控重点污染源包括废水污染源29家，废气污染源19家，城镇污水处理厂25家，涉及重金属企业5家，危险废物企业12家；省控重点污染源包括废水污染源1家，废气污染源13家，城镇污水处理厂2家，涉及重金属排放企业18家；市控涉重金属企业16家。实施重点减排项目573项，经核算可减排化学需氧量1.3万吨、氨氮0.4万吨、二氧化硫1.9万吨、氮氧化物2.3万吨。辐射及危险废物监管审核环评文件48个，核发、延续、变更辐射安全许可证38个，停止使用放射源31枚，核发危险废物转移联单8355份6.42万吨。办理中央督察组交办石家庄市环境案件604起。“利剑斩污”专项行动全市累计出动执法人员20974人次，执法车辆7088台次，检查企业8460家，查处违法企业567家。开展农村环境综合整治，推进美丽乡村重点村生活污水治理，印发《2016年石家庄市美丽乡村建设生活污水治理工作实施方案》，实施2015年美丽乡村建设正定县、平山县2个省级重点片区村庄污水处理项目建设第一期项目绩效评估，获得市级美丽乡村生活污水治理资金542万元；加强南水北调沿线重点区域农村环境整治，督导和推进2015年赞皇县、鹿泉区南水北调重点区域农村环境整治项目建设和2016年新乐市、元氏县、正定县南水北调重点区域农村环境整治项目建设。加强环境应急管理，编制印发《石家庄市突发环境事件应急预案》《石家庄市2016年环境应急工作要点》。2016年全市参与处置环境应急突发事件5起；启动环境空气预警7次，预警应急响应时间1036个小时，其中，“III级黄色预警”5次，“II级橙色预警”2次；采取临时污染减排措施2次，持续时间36小时；发送预警信息41次，发送各类预警通知短信8219个；向市政府报送预警总结报告69份，向省环保厅上报预警应急报告69份。至2016年底，全市动态数据库录入企业10880家，排污费解缴入库11535.18万元。

【环境影响评价】 2016年全市环保部门环境影响评价完成审批项目1730个，总投资1813.78亿元，较2015年项目数量减少11个，下降6.3%，投资额增加134.52亿元，增长8%。其中，市级环保部门环境影响评价完成审批项目65个，总资额171亿元，较2015年项目数量增加24个，增长58.53%，投资额增加5.4亿元，增长0.03%；县级环保部门环境影响评价完成审批项目1665个，总投资1642.78亿元，较2015年项目数量减少35个，下降2.1%，投资额增加129.12亿元，增长8.5%。根据河北省环保厅要求，市环保部门在全市范围开展“未批先建”项目等环境影响评价违法项目排查专项行动，全市清查“未批先建”建设项目3665个。搬迁企业石药集团果维康保健品及饮料产业化项目、头孢唑兰冻干粉针新产品产业化项目、甲磺酸伊马替尼新药产业化项目、阿卡波糖制剂产业化项目、硫酸头孢噻利新药产业化项目、河北百美达医药科技有限公司、河北嘉孚医药科技有限公司环评及华北制药青霉素V钾技术升级搬迁改造项目、华药集团赵县环保中心项目环评批复完成。

【环境防治研究】 石家庄市源清单试点研究及优化布点课题研究初步完成；《石家庄市水源地生物监测预警研究及水质安全保障能力建设》获得河北省科技进步二等奖和市科技进步一等奖。《石家庄饮用水源地水质安全风险评价研究》《石家庄市水环境生物毒性及预警监测系统研究》2项课题通过专家鉴定。获得大气环境质量监测数据150余万个，编写市长快报360余期，各类月报、季报及专报等分析报告300余期，以网络、短信等形式报送数据信息20余万条。获得水环境质量监测数据18112个，编写分析简报24期。获得噪声环境质量监测数据14250个。实施全市124个国控、省控重点污染源监督性监测，出具污染源监督性监测报告808份。在省市环保部门网站公开监督性监测信息4952条。2016年空气质量预测预警平台共向市政府报送预报300余期，编制建议启动预警报告9期。

【水环境管理】 实施滹沱河综合整治，印发《石家庄市滹沱河下游污染综合治理实施方案和石家庄市洨河水质提升实施方案》(石政函〔2016〕23号)。采用国际物化治理先进技术，采取河流“原位修复、泥水同治”方法，改善河流水质，主要污染物指标达到Ⅴ类水质，基本恢复河流生态功能。落实主城区污水处理厂月审核制度。实施河流水质断面考核，以河流出境水质为考核内容，在县域出境断面建设22个水质自动监测站，实时监控跨县断面水质，水质超标县（市、区）扣缴生态补偿金，水质考核连续不达标县（市）区执行“区域限批”政策。清理关停全市污水直排企业315家。岗南水库、黄壁庄水库饮用水源地一级保护区隔离防护围挡工程完成投资9017万元。集中推进工业园区（工业集聚区）水污染治理，制定石家庄市“水八十条”规定，确定6个方面80项内容。开展石家庄市水污染防治百日会战活动，全面推进工业企业污水达标排放、集中改善重污染河流水质、加快治理城市黑臭水体、全力保障饮用水源水质安全、彻底歼灭“十小”污染项目、大力提升畜禽养殖综合整治、从严规范城镇污水处理厂运营、全面推进污水集中处理设施建设、重拳惩治环境违法行为9项工作。

【重污染天气治理】 11月17日～12月31日，全市印发《关于开展利剑斩污行动实施方案》。“利剑斩污”行动期间，全力推进压煤限电，全市发电企业减少发电量14061万千瓦时，减少煤炭消耗6.32万吨；严格落实企业停限产措施，全市钢铁、水泥等11个重污染行业1543家企业落实停限措施，全市制药、化工等涉及挥发性有机物生产工序566家企业实行清单式管理；加大农村散煤治理力度，石家庄中心城区和县城建成区13.3万户散煤压减替代任务基本完成，替换散煤29.7万吨；全面加强扬尘防治措施，全市779个施工工地、114家露天矿山、30家砂场全部关停；加强面源污染控制，逐一摸查全市2328个养殖场使用清洁燃料情况，关停燃煤炉388个，2016全市农村累计推广洁净型煤74.24万吨、型煤专用炉具4.1万台，推广节能采暖炉具12.29万台、环保炉具4.6万台、高效清洁燃烧炉具15.07万台；控制移动源污染，实施机动车辆单双号限行措施，市公交公司3950辆城市公交车免费乘坐。“利剑斩污”行动带动全市PM2.5峰值浓度改善28.7%，平均浓度改善19.3%。制定印发《关于利剑斩污行动结束后加强大气污染防治工作的意见》，火电行业继续实行“以热定电”，水泥、铸造、钢铁、焦化等重点行业坚持错峰生产，重点VOC排放企业、水泥搅拌站经专家验收后逐步恢复生产。落实大气污染防治不力问责制度，依据《石家庄市大气污染防治工作问责暂行办法》，经市委常委会研究同意，2月3日，市纪检监察机关按照管辖权限分别对晋州市、灵寿县、赵县、藁城区、裕华区、桥西区、平山县、鹿泉区、井陉矿区9个县（市、区）8名县（市、区）主管领导、54名相关责任人实施责任追究、诫勉谈话和批评教育。

【重点污染源监督监测】 2016年全市共有重点污染源140家，分为国控污染源、省控污染源、城镇污水处理厂、涉及重金属企业和危险废物企业。其中，国控重点污染源包括废水污染源29家，废气污染源19家，城镇污水处理厂25家，涉及重金属企业5家，危险废物企业12家；省控重点污染源包括废水污染源1家，废气污染源13家，城镇污水处理厂2家，涉及重金属排放企业18家；市控涉重金属企业16家。市控涉重金属企业按照环保网格化和属地管理要求，由企业所在地县级环境监测站负责监测。按照《2016年石家庄市环境监测工作方案》(石环发〔2016〕52号）要求，市环境监测中心每季度至少监督性监测各类重点污染源1次。监测结果为：2016年石家庄市废水污染源各重点源企业排放状况达标率为87.9%，污水处理厂各重点源企业排放状况达标率为81.3%，涉水重金属企业排放状况达标率为88.5%；涉气重金属企业排放状况达标率为91.7%，涉无组织废气重金属企业排放状况达标率为93.8%，涉水危险废物企业排放状况达标率为93.8%。

【辐射及危险废物安全监管】 全年辐射及危险废物监管审核环评文件48个，核发、延续、变更《辐射安全许可证》38个。以辐射安全为核心，严格执法检查和放射源监管，重抓废源收贮环节。河北兴华特种水泥有限公司12枚废弃放射源安全送交河北省城市放射性废物库贮存。全年停止使用放射源31枚，全部送贮。审查完成485家企业危险废物转移计划，核发危险废物转移联单8355份6.42万吨。2016年市环保局、市公安局联合开展打击涉危险废物环境违法犯罪专项行动5次，出动执法人员900余人次，监督检查企业310家，查处环境违法行为17起。完成2016年度持久性有机污染物调查统计，至2016年末，全市持久性有机污染物涉及7个重点排放行业，相关企业43家。

【环境监察与排污许可】 梳理分解中央督察组交办石家庄市604起环境案件，明确责任单位和责任人。推进污染源“双随机”抽查，落实《石家庄市在污染源日常环境监管领域推广随机抽查制度的实施方案》(石环发〔2015〕102号)，研究开发《石家庄市污染源随机抽查管理系统》。2016年石家庄市县两级“双随机”抽查污染源5568家，出动执法人员15422人次，发现存在问题企业79家，责令改正违法行为79家，责令停产整治8家，立案调查46家，处罚149.7万元。“利剑斩污”专项行动期间，全市累计出动执法人员20974人次，执法车辆7088台次，检查企业8460家，查处违法企业567家。其中，责令整改219家，取缔关停225家，行政处罚123家。26家电力企业（含企业自备燃煤电厂）、65台燃煤发电机组超低排放脱硫脱硝升级改造工程完成，减少二氧化硫排放量1.5万吨、氮氧化物排放量3.9万吨。2016年全市办理和发放排污许可证96个，审核38个市批建设项目主要污染物总量控制指标，出具3个省批建设项目主要污染物总量控制指标审核意见，备案366个县批建设项目主要污染物总量控制指标。至2016年底，全市动态数据库录入企业10880家，排污费解缴入库11535.18万元。

（张晓北）

交通运输·邮政

Transportation & Postal Service

铁　路

【概况】 2016年，石家庄市域共有京广、石太、石德、石太客运专线、京广高铁（安阳—涿州段）5条铁路干线和新井、凤山2条铁路支线，分别起止京广铁路207.9千米（寨西店承安铺间）至321.3千米（高邑鸭鸽营间），石太铁路石家庄至70.1千米（南峪娘子关间），石德铁路石家庄至85.25千米（束新王家井间），石太客运专线石家庄北站至59.97千米（井陉北阳泉北间）；两支线总长18.1千米，合计营业里程328.7千米。共设车站27个。京广高铁57.04千米至452.40千米，北与杜家坎线路所衔接，南与安阳东站衔接。石家庄站管辖京广高铁涿州东、高碑店东、保定东、定州东、正定机场、高邑西、邢台东、邯郸东沿线8个中间站。至2016年末，北京铁路局在石家庄的派出机构有石家庄铁路办事处；驻石家庄的主要运输单位有石家庄站、石家庄南站、石家庄客运段、石家庄电力机务段、石家庄工务段、石家庄供电段、石家庄电务段、石家庄车辆段、石家庄货运中心；非生产单位有石家庄职工培训基地、石家庄工程项目管理部、石家庄建筑段、石家庄铁路疾病预防控制所。石家庄车辆段主要担负京广、京九、石德、石太、邯长、邯济等铁路干线及合资铁路朔黄线货物列车的定期检修及日常维修任务。石家庄工务段主要担负京广线、石太线、石太客运专线、石德线桥梁、隧道等设备的大、中维修及保养任务。石家庄客运段担当旅客列车客运乘务任务。石家庄电力机务段担当石太线石家庄至太原北，石德线石家庄至德州（长庄），京广线石家庄至北京，京九线衡水至阜阳、衡水至南仓，京沪线德州至徐州，石太客专线石家庄至太原7个区段客货列车机车值乘任务及石家庄、阳泉、衡水、保定4个区域调车机、调度机、小运转机车值乘任务。石家庄供电段担负京广线、京广高铁、石太客专、邯长线牵引供电和生产生活供水电任务；沙午线、马磁线的供水、供电及设备更新、改造、维修养护任务。石家庄电务段担负着京广线、京九线、石德线、石太线、邯长线、石太客运专线、京广高速线和石家庄西环线、沙午、马磁等20条支（矿）线共计1708.823千米的信号设备的维修维护任务。石家庄站位于京广高铁、京广、石德、石太、石太客运专线交汇点，车站等级为特等站，业务性质为客运站。石家庄南站位于京广、石德、石太3条干线交汇点，主要担负南北京广、石德、石太四个方向货物列车到发和运输组织工作。石家庄建筑段承担着京广线、京九线、石太线、石德线、邯长线5条干线；保满线、满神线、沙午线、马磁线、新井、凤山、白荫7条支线房建设备；京广高铁、石太客专2条高速铁路区间四电房屋的维修与管理；管辖150个车站，承担冬季供暖和设备的运行管理，负责280个住宅小区的房屋出售及办证、收费等工作。石家庄货运中心业务管辖西起石太线赛鱼站，东至石德线八里庄站，京九线北自霸州站，南至清河城站，区域跨及723千米。货源吸引区覆盖晋、冀、鲁三省，担负着晋煤外运、电煤输送和军运、粮食、油料等重点物资和其他零散货物的运输任务，在华北运输市场中占据重要地位。石家庄铁路疾病预防控制所为北京铁路局直属单位，承担辖区疾病预防控制、卫生监督和健康体检“三位一体”工作。

（王洁英）

【铁路客货运输】 2016年石家庄站（含石家庄北站及下辖高铁8站）共发送旅客3806.96万人，实现运输收入39.49亿元。春运期间（1月24日～3月3日），石家庄站（含石家庄新客站、石家庄北站及下辖8个高铁站）发送旅客352.05万人，较2015年同期增长10.93%。客流主要以学生、务工、探亲、旅游等为主。最高峰日为2月28日，发送旅客12.68万人。学生暑假期间，2016年7月初、8月底学生客流较为集中，方向集中在保定、北京、衡水、天津、唐山、张家口、承德、秦皇岛、邯郸地区；2016年7月中下旬至8月中上旬客流平稳，旅游客流小幅上涨，方向主要集中在上海、杭州、哈尔滨、大连、桂林、张家界、烟台、青岛、秦皇岛、承德、张家口、北京、天津、太原等地。国庆期间（10月1～7日），石家庄铁路全站（含石家庄火车站、石家庄北站及下辖高铁8站）发送旅客126.21万人，同比增长17.6%；10月1日全站旅客发送量18.57万人，同比增长26.6%，创下单日发送历史新高；铁路客流主要以学生流、探亲流、旅游客流为主。其中，旅游客流较2015年增大，长途旅游客流去向以哈尔滨、青岛、长春、上海、杭州、成都、桂林、张家界、西安、广州等城市为主；短途客流主要集中在承德、张家口、北京、天津、唐山、秦皇岛、太原等城市。2016年石家庄南站发送货物326.4万吨，日均装车164车；石家庄货运中心共装车849077车5439.3万吨。

（王洁英　宋钧　曹周旋）

【石家庄站西广场投用】　2012年初，石家庄站西广场开始建设，2012年12月26日开通运行，作为临时性过渡广场。2013年10月，石家庄站东广场开工建设，2014年11月1日零时开始运行。2015年11月28日，石家庄站西广场完善工程开工，2016年10月1日完工投入使用，至此，石家庄站启用东西2个广场并用模式。石家庄站西广场完善工程分为地上、地下2个部分。地面广场部分位于高铁站房以西至京广西街、新石南路以北至新石中路之间，总面积约7.4万平方米，其中绿化面积约3.3万平方米，占总面积的约44.6%。地下空间为两层结构，总建筑面积约6.9万平方米。依旧采用上进下出的方式，方便旅客进出站。地下一层建筑面积3.3万平方米，北侧为社会停车场，南侧为公交车场。地下二层建筑面积3.6万平方米，北侧为社会停车场，南侧为出租车场。两层共计可满足12条公交线路的到发、124辆出租车蓄车、470辆社会机动车的停放需求。西广场正中央为下沉广场，共6000平方米。下沉广场连接地下一层和地下二层，旅客可以走进商业区购物，可以通过楼梯或者电梯上到地面，还可以去往公交枢纽、出租车场、社会停车场，非常方便。西广场地面设有20部电梯，其中包括4部直梯。东西广场实行地下互通，中间由宽54米，长约400米的通道连接。车站周边交通采用立体环形规划方案，除了已经投入使用的4条匝道外，后期环绕东西广场还会陆续建成多条通道。

（宋钧　孙博文）

【石家庄东站工程】　石家庄东站紧邻和平东路，位于秦岭大街与和平东路（307国道）交会处至天桂街与和平东路（307国道）交会处之间，沿和平东路（307国道）北侧建设。该工程于2014年9月开工建设。至2016年底，石德线良村站改造、石工站改造完成；全线控制工程跨工业站特大桥、跨307国道特大桥工程稳步推进，安全质量进度可控。跨307国道连续梁（60+100+60米）位于架梁起点，已合拢；建华大街连续梁（60+100+60米）已合拢。建设过程中，施工安全、工程质量、施工进度、环保工作均处于可控状态。

（王洁英）

【新版列车运行图实行】　5月15日零时起，石家庄火车站新版列车运行图实行。新加开列车24对。新增日常运行线列车22对，包括哈尔滨西—郑州东，北京西—贵阳北，北京西—安阳，石家庄—南通，保定—南京，石家庄—牡丹江，石家庄—通辽，石家庄—承德，石家庄—邯郸，邯郸—承德，石家庄北—天津等列车，首次开通开往牡丹江、通辽方向列车。新增夜间动车组列车6对，主要往返北京、郑州、汉口、太原方向。新增开行石家庄—衡水—德州—沧州—天津—唐山—承德—北京—保定等京津冀环形快速列车，早晚增加高铁市域动车组列车，形成京津冀区域半小时和1小时交通圈。停运旅客列车7对，分别是：北京西—石家庄G6715/6次，北京西—南宁D929/30次，石家庄—秦皇岛T5682/T5681次，石家庄北—承德K7704/K7703次，石家庄—承德K7742/K7741次，天津—邯郸K5245/K5246次，邯郸—秦皇岛4425/4426次。5月15日石家庄火车站新版列车运行图启用后，石家庄客运段担当列车达到64.5对，其中，高铁列车38对、动车组列车6.5对、普速列车20对。石家庄、衡水、邯郸、秦皇岛环形地市级列车由石家庄客运段担当，运行路线为：石家庄至秦皇岛K7714/5次列车、秦皇岛至衡水K7720/17次列车、衡水至秦皇岛K7718/9次列车、秦皇岛至邯郸K7728/5次列车、邯郸至秦皇岛K7726/7次列车、秦皇岛至石家庄K7716/3次列车。

（三洁英　宋钧　曹周旋）

【石家庄至上海高铁开通】 9月10日，石家庄至上海开行1趟高铁G1951次，比原Z198次列车用时最少提升4小时21分钟，首次实现高铁直达。9月11日，石家庄至上海间高铁列车增至3趟，分别为G1951次（太原南—上海虹桥）、G1955次（太原南—上海虹桥）、G2811次（石家庄—上海虹桥），用时分别为7小时20分、6小时58分钟和7小时11分。上海虹桥站至石家庄站对开3趟高铁，分别为G1952次、G1956次和G2812次。

（宋钧）

公　路

【概况】 2016年，全市公路通车总里程19178.407千米，路网密度120.33千米/百平方千米。其中，高速公路8条（绕城高速、黄石高速、青银高速、京港澳高速、京昆高速、张石高速公路北出口支线、西柏坡高速、新元高速）610.797千米，国道9条（107国道、207国道、307国道、308国道、230国道、234国道、338国道、339国道、515国道）987.355千米，省道31条893.508千米，县道43条1528.524千米，乡道5007.417千米，专用公路245.856千米，村道9904.95千米。桥梁3992座233908.860延米，永久性桥梁3985座233814.560延米，桥梁永久率99%。2016年全市公路绿化投资2844万元，栽植各类树木47.64万株、花草11.7万平方米，新植成活率98%以上，国省干线适宜路段实现绿色全覆盖。

【公路建设】 2016年全市公路建设投资80.55亿元。高速和普通干线公路建设投资78.53亿元，完成建设里程888.02千米。其中，南绕城高速公路投资25.78亿元，完成征迁85%、路基32%、桥涵86%、隧道41%；省道S337城郎至窦妪段1.68亿元，该工程主要路段通飞路升级改造并实现通车。农村公路建设投资2.02亿元，建设里程329.48千米。其中县乡路改造里程27.2千米，投资0.68亿元；乡村路改造里程302.28千米，投资1.34亿元。农村公路“田路分家”县级公路100%；乡村公路80%。

【公路养护】 全年公路养护投资6.08亿元，干线大中修33项355.196千米，桥梁加固30座1328.9延米，工程优良率均100%，干线公路技术状况指标85.8，高于全省平均水平。完成小修投资2794万元，挖补道路101900平方米，桥梁小修75座、灌缝91.5万延米，道班维修14处、水毁修复132处，标志维修51处、增设7块，施划标线7.8万平方米。实施安保工程3项，处置隐患里程8.879千米，投资172万元。实施危桥改造工程16项265.9延米，总投资610万元。

【运输市场管理】 2016年全市道路运输旅客运量20030.48万人、周转量320918万人千米，同比下降15.38%和18.2%；货物运量40639万吨、周转量19452991万吨千米，同比增长11.64%和7.84%。推进出租汽车行业改革，出台《石家庄市网络预约出租汽车经营服务管理暂行办法》（征求意见稿）。制定《道路运输违法行为减轻行政处罚若干规定》，建立完善依法行政制度15项。开展“双随机”联合抽检活动，加快建设社会信用体系，做好“双公示”信息录入工作，进一步规范执法行为。组建行政审批处，编制《交通运输法律法规汇编》，并梳理相关审批事项，做好公路依法行政管理。开展运输市场专项整治行动，查处各类违章车辆900余辆次。加快推进城乡客运一体化，县城20千米范围内农村客运班线公交化运行率达到65.6%。开展货物运输超限超载治理，加强与交警等部门协调联动，坚持路面治超和源头治超相结合，构建多层次、多方位的联合治超新模式。2016年全市查处超限超载车辆8004辆，卸载19.5万吨。全年超限超载率控制在2%以下。

【运河桥客运站搬迁】 3月1日，

市政府第52次常务会议决定，实施市区北出口胜利大街和建设大街交会处运河桥客运站搬迁，同时启动建设正定枢纽客运站、西古城枢纽客运站。市域外长途客运搬迁至正定枢纽客运站；市域内北部县（市）长途客运搬迁至西古城枢纽客运站。拟建正定枢纽客运站位于正定县城北部G107国道东侧，润华国际物流园南侧，规划占地70亩，总投资6226万元，二级标准。拟建西古城枢纽客运站位于市主城区北部，北二环与石黄高速之间，胜利大街以东石津干渠以南，规划占地93亩，总投资8000多万元，一级标准。新站投入使用后，运河桥客运站关闭。

（王晓春）

民用航空

【概况】 2016年，石家庄机场旅客吞吐量721.46万人次，同比增长20.54%；货邮吞吐量石家庄机场完成4.38万吨，同比下降2.1%；保障飞机起降石家庄机场保障6.87万架次，同比增长21.1%。元旦期间（1月1～3日），石家庄机场完成旅客吞吐量4.2万人次，同比增长17%，保障航班起降400架次，同比增长15%；热点航线均为南方城市，其中石家庄至三亚、海口、上海、杭州、广州、重庆、成都、深圳、南京、厦门航班平均客座率85%以上，石家庄至海口、三亚、广州、成都、深圳航班平均客座率超过90%。春运期间（1月24日～3月3日），石家庄机场累计运送旅客69.5万人次，同比增长17.5%。国庆假日期间（9月30日～10月7日），石家庄机场运输旅客16.6万人次，同比增长19.1%；保障飞机起降1380架次，同比增长21.7%；航班平均客座率85%，热点航线成都、重庆、广州、杭州、昆明、深圳、丽江、大连、贵阳、厦门、桂林、三亚、九寨沟达到90%以上；出境游客流稳中有升，韩国的首尔、济州、釜山，日本的名古屋，泰国的曼谷、普吉岛及柬埔寨等国际航线平均客座率85%左右。2016年石家庄机场空铁联运运送旅客41.21万人次，同比增长61.8%，北京客流占比三分之一。拥有机场旅客直通车线路15条，运送旅客23.8万人次，同比增长28.2%。

（陈伯辉）

【航线运营】 以打造区域枢纽机场为目标，加大航线航班引进力度，重点发展空铁联运、空陆联程、空空中转等运输产品。全年新增航线34条，恢复航线10条；加密深圳、成都、重庆、杭州、南京、呼和浩特、三亚、贵阳、厦门、大连、哈尔滨、昆明、海口13条国内干线航点，新增南通、扬州、汕头、淮安、连云港、徐州6条国内支线航点；新增韩国清州、泰国普吉岛、柬埔寨西哈努克等国际通航点；新增多彩贵州航空公司、桂林航空公司、成都航空公司、长安航空公司、幸福航空公司、中航通用航空公司6家航空公司机场运营；新增客运航空公司驻场运力5架。5月23日，石家庄机场开通石家庄至越南岘港航线。7月12日，桂林—石家庄—张家口航线正式通航。11月5日，河北中航通用航空有限公司开通“石家庄（正定）—承德（平泉）”短途运输航班，这是石家庄至承德首次直航，也是河北省首次开通通用航空包机飞行（短途运输）航班。12月20日，春秋航空执飞石家庄至兰州航班开通。12月22日，春秋航空执飞石家庄至宁波航线开通。12月20日，石家庄机场年旅客吞吐量首次突破700万人次，同比增长21.1%；保障飞机起降6.69万架次，同比增长22.3%。至2016年末，石家庄机场执行航线104条，通航城市71个，运营航空公司29家，客运航空公司驻场运力25架，周航班量最多达到1400架次。

（范玉蕾　杜娟　张毓）

【高新区至机场旅客班车开通】 2月1日，石家庄高新区至机场旅客班车开通，这是继桥东、桥西北线、桥西南线旅客班车后，石家庄机场在石家庄市区开通的第4条旅客班车线路。石家庄高新区至机场旅客班车发车时间为5时至21时，每小时一班，票价为每位20元。行车路线为弘谷国际酒店（秦岭大街与湘江大道交叉口西北角）—天山海世界（天山大街与长江大道交叉口西北角）—石家庄机场；机场至高新区行车路线为石家庄机场—天山海世界—弘谷国际酒店。

（张红昱）

【机场应急救援综合演练】 11月16日10时，由中国民航河北空管分局、河北航空公司、石家庄机场、省卫生计生委、市消防支队联合组织的石家庄机场大型应急救援综合演练举行。以被劫持航班紧急备降石家庄机场、落地爆炸起火为背景，现场开展集结待命、紧急出动、消防灭火、医疗急救等9个科目演练，综合检验机场应急救援单位间通知程序、信息传递、应急反应、现场处置、协同配合、指挥协调等处置效果。演练历时40分钟，出动飞机1架、各类救援车辆40余部，参演人员200余名。

【航空快件集散中心建设】 以大物流、大通关港区联动格局为目标，打造华北地区航空快件集散中心，推动航空物流上下游产业向石家庄机场聚集。2016年5月，石家庄机场中邮国际快件监管中心运营。8月31日，石家庄综合保税区封关运行。2016年9月，汇特国际快件监管中心运营。10月18日，河北机场集团与圆通航空公司就推进圆通航空在石家庄机场基地建设和运营达成共识，确定圆通航空入驻石家庄机场。

河北机场管理集团有限公司

党委书记：张彦杰

总 经 理：张彦杰（3月免）

李武 （3月任）

党委副书记：周忠义

副总经理：邢东方 李宁

高永超 马越

金双占

罗晓广（兼石家庄国际机场分公司总经理）

纪委书记：高立新

工会主席：张海山

（陈伯辉）

城市轨道交通

【概况】 2016年，石家庄轨道交通建设完成投资57.6亿元，累计投资达到194.4亿元；首开段工程联调联试接近尾声；新开工程3号线一期工程两边段除东广场站外，其余主体工程全部开工，2号线一期工程部分开工；1、3号线二期可研报告得到批复，运营筹备基本完成。2016年石家庄地铁项目建设整体进度在全国同期获批7个城市中位列领先地位。3月18日，3号线一期工程两边段南王站开工，拉开新开工程大规模建设的序幕。3月21日，1号线一期工程实现“短轨通”。4月7日，石家庄地铁首列电客车到场，亮相西兆通综合维修基地。4月15日，地铁首列电客车开始静态调试。4月26日，石家庄地铁首开段工程全线实现“长轨通”。6月15日，地铁首列电客车正式进入车辆动态调试阶段。6月30日，石家庄地铁首开段工程实现“电通”。7月1日，2号线一期工程初步设计评审获专家通过。7月12日，地铁运营分公司正式入驻西兆通综合维修基地。7月28日，地铁1号线火炬广场至石家庄东站区间率先实现“电通灯亮”。9月8日，2号线一期工程东岗头站主体围挡，地铁2号线大规模建设开始。9月15日，首开段工程全线设备安装基本完工。12月29日，《石家庄市城市轨道交通1号线二期工程可行性研究报告》《石家庄市城市轨道交通3号线二期工程可行性研究报告》获省发展改革委批复。

（卢扬逸）

【地铁1、3号线二期工程获得国家批复】 1月，《石家庄市城市轨道交通近期建设规划调整方案（2012～2021年）》获得国家发展改革委正式批复，同意石家庄市轨道交通建设总里程80.4千米。这是继2012年7月国务院同意批复石家庄市第一轮轨道交通建设规划59.6千米后，第二次审批同意石家庄市轨道交通建设规划，也是国家第三批审批建设轨道交通11个城市第一个追加建设规划城市。批复内容：新增1号线二期工程和3号线二期工程，线路长度20.8千米；采用A型车6辆编组，最高运行时速80千米。建设项目总投资近132亿元。

【地铁2号线一期工程初步设计通过专家评审】 7月3日，地铁2号线一期工程初步设计通过专家评审。地铁2号线是石家庄市轨道交通线网规划中一条南北向骨干线路，一期工程南起胜利南街嘉华站，沿胜利南街向北铺设，下穿南二环大桥，线路西偏进入石家庄火车站，出站后沿规划塔北路转向汇通路，线路沿建设大街由南向北铺设，终点为西古城站。线路全长16千米，设车站15座，分别为嘉华站、南位站、塔谈南站、塔谈站、石家庄站、东三教站、东岗头站、新世隆站、大戏院站、人民广场站、长安公园站、蓝天圣木站、运河桥站、铁道大学站、西古 城站，全部为地下线。换乘站5座，分别为石家庄站、人民广场站、塔谈南站、新世隆站、蓝天圣木站。

（宋钧）

【工程建设】 石家庄轨道交通首开段工程“轨通”“电通”“车通”目标均提前2个月完成，达到“五个基本”要求，即车站土建基本竣工、站内装修基本完工、先期落车基本完成、综合基地基本入驻、综合调试基本完成。1号线一期工程所有24个站大部分进入装修收尾阶段，112座风亭出入口土建完成101座，安装装修完成87座，地面亭钢结构完成48座，玻璃幕墙安装完成16座，地面小广场完成5座；通信、信号等系统设备全部完成调试，65项单位工程中隧道工程全部验收完成。3号线一期工程中间段6个车站主体及区间土建全部完成，装修基本完成；29个附属结构已完成28个，除配合车站装修和出入口建设的设备外，设备安装基本完成；海世界及和平医院两座110千伏变电站建成投运，OCC调度中心外立面安装完毕，内部装修基本完成。新开工程部分开工。新开工程包括3号线一期工程两边段、2号线一期工程及1、3号线二期工程共50千米。3号线一期工程两边段基本完成绿化迁移、交通疏解、管线迁改，西三庄等10个站实现开工；2号线一期工程全面展开交通导改、管线迁改、绿植迁移及房屋征收工作，全线20个站点中，东岗头站、铁道大学站、运河桥站、长安公园站以及北国商城至长安公园区间、大戏院至北国商城区间实现开工；1、3号线二期工程完成可研审批，完成施工单位招标，其中先期开工的正定新区四站三区间土建工程完成近50%。

【运营筹备】 制定各类规章制度313项，编制完成《试运行组织方案》和《试运营组织方案》，制定行车组织、施工组织、客运组织、票务组织、车辆组织、维修组织、物资保障等专项方案，初步建立绩效考核机制。全面推进员工内培外训和获证工作，确保做到重点岗位全部持证上岗。截至年底，分公司到位人员2200余人，涉及11个部门349个岗位。将生产性物资管理、财务管理、仓储管理、固定资产管理、计划统计管理、安全管理、合同管理等信息分批纳入信息管理系统，加强业务管理。

【资源开发】 与鹿泉区政府及上庄村签订合作协议，与建设银行合资成立“石家庄建铁投资管理有限公司”，与建设银行建立200亿元基金专项用于地铁商业开发。开始着手轨道交通沿线土地收储工作，并就土地一级开发政策、流程和法律要件进行梳理。完成西兆通车辆段一期上盖项目，谋划和启动地铁小镇、北乐乡TOD研究、地铁电视等项目，持续推进“广通商”项目。

【质量安全管理】 建立“标段单位日自查、监理单位周总结、标段之间月互查，建设单位季抽查”检查机制，坚决推行标准化管理；倡导安全施工、绿色无尘施工理念，开展评选荐优活动，提高抓安全质量的主动性、创新性。狠抓隐患排查治理和风险管控，及早发现、及早布控、及早纠正。2016年夏季，提前安排彻查废旧管线，使用科学仪器探测隐患，加装探头强化现场安全监控，加筑水泥墙引水导污，使工程经受住了“7·19”特大暴雨考验，所有地铁29个标段、36个工点无一受灾，得到住建部和市委市政府的高度赞扬，被誉为全市建筑工地文明施工标杆典范。2016年，石家庄地铁项目建设保持安全生产无一般以上事故的优良记录。

（卢扬逸）

城市公共交通

【概况】 2016年，石家庄市公交总公司下辖运营公司9个，直属单位6个，在册职工13126人；拥有运营车辆4882辆，运营线路225条，线路总长3707千米；完成行驶总里程1.9亿千米，运营乘客5.46亿人次，日均运客149.59万人次。国庆假日期间（10月1～7日），石家庄市公交总公司安排运营车辆2.3万辆次，安全运送乘客940万人次。全年办理市民IC卡退卡97606张，退费436多万元。2016年石家庄市公交总公司实现运营总收入5.11亿元。新购185辆电动公交车上线运行。其中，12月16日，市区91路配备10辆新购电动公交车运营；12月20日前，其余94辆新购电动公交车在市区14路、135路、136路、145路、192路、290路、302路、306路、312路、321路、326路、328路、331路、347路、525路、536路及游7路、一环1路、一环2路运营。8月26日，石家庄市京津冀交通一卡通正式发售，市区224条公交线路均可使用交通一卡通刷卡乘车。11月17日，根据市政府大气污染防治“利剑斩污”行动通知和车辆单双号限行措施实践情况，市公交部门实施3950辆公交车全部上线运营（较平时日增加运营车辆600辆）及市区22时前发末车61条线路延时半小时运营服务办法。

【公交车运营】 2016年全市共有公交车4882辆。其中，天然气公交车3611辆，占公交车总数73.97%；天然气空调车1489辆、纯电动空调车1072辆，空调车占总公交车总数52.46%。租赁纯电动车534辆，淘汰黄标车205辆。建设港湾式站台30座、公交候车亭8座，维修损坏站牌184块，迁移站架137个。公交线路开通及调整。全年开辟公交线路9条，撤销线路17条，优化调整公交线路36条。至2016年底，全市共有公交线路225条，其中市区116条，四组团县共有109条，线路总长3706.95千米。2016年全市公交运营行驶总里程1.9亿千米，运营乘客5.46亿人次，日均运客149.59万人次，市公交总公司实现运营总收入5.11亿元。

【12辆双层公交全部停运】 自3月26日起，省会达到报废年限的12辆双层公交车全部停运，这标志着在省会“工作”了11年的双层公交由此“退出”省会公交线路。省会12辆双层公交车均产自南京金陵双层客车制造厂，车身长10.49米、高4.18米、宽2.5米，有68个座位，其中一层有28个座椅，二层有40个座椅，比普通的公交大巴车提高载客能力40%。当年价每辆50万元，为天然气双燃料车，环保排放达到欧II型标准。车上安装有三个探头，一个在后门是垂直监控，便于司机观察乘客下车情况；一个在二层，是平面监控；第三个在车后尾部，解决司机因为车身过高不易看到车后影响倒车的情况。2005年6月，石家庄首次引进双层大巴6辆，全部投入原5路线路运行，从谈固—省医院。2006年又购置双层大巴6辆加入原5路线路运营。之后，5路和1路整合成新的1路，双层大巴全部投入新的1路运行，开通快1路后改为运行快1路。中山路开始地铁施工后，由于双层大巴车身高，对道路条件要求也高，便改到裕华路上的快32路线路运行。

（王晓春）

【18辆仿古铛铛车上线运行】 11月1日，市区18辆仿古铛铛车在观光1路、观光2路上线运行。铛铛车均为电动汽车，电池采用钛酸锂电池，电池工作环境温度为−50℃～60℃。车厢按照怀旧与现代理念设计，设置仿古内饰，配置智能空调暖风系统。车厢内循环播放市委宣传部制作《幸福石家庄》，车内灯箱设置6个主题、10块展板，从《爱国教育》《古村落》《古文物》《红色地标》《红色印记》《历史古迹》宣传石家庄市的历史文化和印记。观光1路起止点：谈固—西王；途经街道：中山东路、中山西路；线路涵盖苏宁广场、北国商城、勒泰中心、先天下、北国东尚、东胜广场、华强广场7个商圈；线路单程长度13千米，配车10辆，平均发车间隔8～12分钟，单程5元一票制。观光2路起止点：赵佗公园—万达广场；途经街道：中华北大街、中华南大街、裕华路、建设大街、槐安路、建华大街、东岗路、体育大街、槐安路；线路涵盖华林国际、新百广场、海悦天地、万象天成、万达广场、怀特商业广场、怀特商城7个商圈；线路单程长度15千米，配车8辆，平均发车间隔20分钟，单程5元一票制。

（靳晓磊）

邮 政

【概况】 2016年，中国邮政集团公司石家庄市分公司（简称市邮政公司）累计完成业务收入86392万元，同比增长5.54%，收入规模排名全省同业首位。金融业务新增存款52.83亿元，同比增长21.97%；年末存款余额293.25亿元，同比增长507.53%，完成省公司计划251.57%，位列全省同业首位。新增存款排列全国省会城市同业第5位，较2015年提升22位；新增存款增幅排名全省会城市第8位，较2015年提升17位。存款余额排名全国省会城市同业第8位，较2015年提升1位。保费收入41.2亿元，同比增长0.31%。其中，期交保费收入3.54亿元，完成省公司下达目标173%。车险业务收集车主信息10.79万余条，发展车险1.56万辆。实施快递包裹营揽投一体化改革，全年快递包裹业务收入7668万元；电子商务快递包裹市场占有率4.17%，同比提升1.27个百分点。2016年市邮政公司获评全国邮政用户满意企业、河北省五一劳动奖状。

【经营管理】 金融管理。严格风险管理控，组建成立市邮政代理金融风险合规管理委员会、员工违规行为审理委员会，审议代理金融风险管理各项政策及有关风险管理重大事项。开展邮银协作，组建邮银协调领导小组和工作小组，负责协调代理金融经营管理和风险防控相关政策及事项。落实内外部金融监管检查要求，举办“两加强、两遏制”回头看、“内控达标年”、代理金融合规管理互查互审等活动。全年社会用户满意度达93.5分，排名全省同业首位。加强业务软件开发，成功开发金融柜员行为管控系统、集中采购系统、通积通兑积分系统等11个软件，基本满足金融经营管理和发展需求。快递包裹管理。配备电动三轮车40辆；投递人员全部更换4G手机；各县分公司投递部安装视频监控设备并纳入BPM系统可视化管理。进口邮件推行转运、分拣、投递“三合一”作业模式，投递人员参与分拣作业，普遍缩短邮件处理时间1～1.5小时。“双11”期间，石家庄市区快递包裹投递量34.18万件，同比增长106.52%，实现当日妥投率98.61%、三日妥投率99.92%，位列全国50个重点城市前3名。举办G20峰会、中共十八届六中全会等重大活动期间，开展客户包裹实名收寄，全名址录入率达100%。开展农村投递车辆改革，购置“私车公助”车辆195辆，276个乡邮道段合并为209个。推进“村邮乐店”网点建设，累计发展“邮乐购”网点3606家，完成建设计划100%，其中，全年有交易网点3525家，占比97.75%。提升服务质量。开展“提服务、美环境、造氛围、千名职工竞比”活动；“11185”客服电话服务质量提升，全年投诉处理反馈率、回访率均达100%。

【《燕赵风景联票》旅游明信片发行】

5月1日，由石家庄、邢台、邯郸三地邮政部门联合北京圣途文化发展有限公司制作《燕赵风景联票》旅游明信片发行。采用明信片门票形式和全新内置芯片模式，由驼梁、五岳寨、荣国府、赵云庙、云梦山、赵王欢乐谷等41个景区组成，每一张均有景点简介及驾车路线。联票4A级景区15家、3A级景区7家、主题乐园12家、亲子乐园6家，特别适合家庭亲子游、自驾自助游。联票景区门票总价值2092元，市民花费100元可购买，5月1日起开始使用，无须预约、激活，可多人使用，刷卡即可直接进入景区，有效期一年。游客游览后还可把明信片寄给亲朋好友。市邮政管理局开通多种发售和购买方式：市民在市区及各县（市、区）邮政营业网点购买；拨打“11185”客服电话订购；关注“石家庄邮政”官微，进入“石尚邮礼”微商城购买。

（张海霞）

【《正定隆兴寺》特种邮票发行】 6月26日，《正定隆兴寺》特种邮票发行。这是石家庄市首次以地方题材命名发行的首套特种邮票。《正定隆兴寺》特种邮票1套2枚。其中，第一枚邮票画面为正定隆兴寺摩尼殿和倒坐观音，第二枚邮票画面为正定隆兴寺大悲阁和千手观音。全套邮票面值2.7元。市邮政部门围绕《正定隆兴寺》邮票发行，推出集邮、封片、书籍三大类产品。其中，集邮类产品包括《正定隆兴寺》特种邮票设计的邮册、邮折等，以及由著名美术家联合创作的《千年古城·美丽正定》画卷和《美丽正定》长卷个性化邮折等系列邮品；封片是以正定隆兴寺最具代表性十处景观为主制作的明信片产品和“幸福石家庄·美丽正定城”系列明信片产品；书籍为《中华遗产·正定专辑》，汇集地理科普、收藏、旅游等文化和内容。

（翟相哲）

【中邮国际快件监管中心投用】 5月6日，石家庄中邮国际快件监管中心在正定国际机场启用，填补河北国际快件通关渠道的空白。同日，中邮航空石家庄至首尔货运航线首航，一批来自韩国首尔商业快件在监管中心通关，顺利进入石家庄市。石家庄中邮国际快件监管中心位于正定国际机场汇邮路，是河北省邮政速递物流分公司打造全球电子商务配置的专业口岸和国际商业快件通关平台，承担政府跨境电商平台的监管功能，业务涵盖个人物品、一般进出口模式，具有仓储、代理报关、代理报检等一般商业快件服务功能，能够提供海关、检验检疫、安检等一站式服务。2016年石家庄中邮国际快件监管中心拥有进出口生产线各1条、日处理能力1万件左右，所有与国际快件进出境有关手续均可在该中心办结；采用快件自动分拣、国际商业快件电子监管等技术，实现进出境物品类快件可视化监管，符合要求的国际快件平均通关周期控制在3天以内，最快1天即可完成国际进出口通关手续。

中国邮政集团公司石家庄市分公司

总 经 理：胡树军（8月免）
　　　　　王强　（8月任）
副总经理：赵淑芳（7月免）
　　　　　惠志林（8月免）
　　　　　刘磊　（8月任）
　　　　　鲍振钢
　　　　　郝志辉（7月任）

（张海霞）

信息产业

Information Industry

综　述

2016年，全市信息产业围绕“中国制造2025”“互联网+”发展战略，以做大做强平板显示、通信设备、半导体照明等产业为基础，培育和壮大卫星导航、集成电路封装测试、云计算、大数据等新的增长点。推进产业结构优化升级和工业化信息化深度融合，实施智慧城市、电子商务、宽带中国、三网融合等试点建设，电子信息技术在全市社会各领域应用日益广泛，信息产业整体规模实现提升。

全年电子信息产业入统企业181家，同比减少11家，其中，电子信息制造业企业50家，软件和信息技术服务企业131家；主营业务收入273.3亿元，同比增长14.1%；利润总额32.9亿元，同比下降1.6%。产业发展势头总体平稳，光电显示、行业电子增长强势，重点企业主要指标增长较快，生产和销售状况基本良好。产业聚集提升，电子信息产业主要分布在高新技术产业开发区和石家庄信息产业基地2个产业集聚区。高新区电子信息产业形成以液晶显示材料、液晶平板等为代表优势特色产品，鹿泉经济开发区基本形成以电子信息为主、光电和导航通信为核心的产业体系。开展传感器产业、重点平板显示企业调查摸底。组织相关企业参加平板显示、半导体照明（LED）、通信与导航产业座谈会，为省工业和信息化厅制定产业政策，支持石家庄市电子信息产业发展提供决策依据。开展电子信息行业企业建档工作，建立电子信息企业档案144家，其中，电子信息制造业企业99家，软件和信息服务业企业45家。

城市信息化基础设施建设。推进围绕智慧城市、电子商务、宽带中国、三网融合等试点示范城市建设，实施城市百兆光纤工程。至2016年底，全市光纤到户覆盖家庭858.06万户；固定宽带接入用户总数264.38万户；IPTV互联网电视用户115.7万户；拥有数字电视用户139.0万户；广播综合覆盖率99.4%，电视综合覆盖率99.38%。实施主城区公共区域WiFi建设，免费WiFi项目采用“统筹规划、市场运作、企业投资、免费服务”的建设运营模式，确定公交站点、公园、广场、办事大厅、交通枢纽、商业街区六大建设场地为重点建设区域。2016年石家庄城市信息化发展形成互联网订票、网络购物、刷卡扫码消费、QQ及微信平台聊天、电子银行、远程网上挂号就医、网络订餐等智能化便捷化服务。

4G网络推广和发展。2016年全市移动电话用户数量达到1289.1万户。其中，3G移动电话用户136.8万户，3G/LTE移动电话用户812.3万户。建成移动基站34645个，其中4G基站19362个。2016年全市4G网络实现市区、县城、校园、重要交通干线（高铁、高速、动车）连续覆盖，乡镇、旅游景点覆盖率100%，行政村人口覆盖率95%，土地面积覆盖率86%。宽带网络提速提质，城域网出口带宽扩容740G，新建扩容FTTH端口38.3万个，全市97.5%的区域具备FTTH百兆以上接入能力。2016年中国移动石家庄分公司4G基站规模达到9402个，4G客户渗透率达到52.1%，宽带客户达到29万户、占到全市市场份额10.09%，签约天网项目、节能减排项目、农业银行升级等大项目专线9185条，建成乡镇营销部65个。2016年中国联通石家庄市分公司推出联通电视4K超清视频业务，向用户提供156路直播频道，10万小时时移、回放、点播内容及家庭购物、TV游戏等增值应用；电视推出“手机版”附带0元6G流量，实现用户随时随地收看电视节目。至2016年底，石家庄联通公司拥有光纤宽带端口190万个，全市98%的行政村和小区实现光纤到户；3G/4G网络在农村区域达到无缝隙覆盖，手机上网速率高达300M。

（董立峰　李勇）

电子信息技术

【概况】　2016年，全市电子信息行业以做大做强平板显示、通信设备、半导体照明等产业为基础，培育和壮大卫星导航、集成电路封装测试、云计算、大数据等新的增长点。全年电子信息产业入统企业181家，同比减少11家，其中，电子信息制造业企业50家，软件和信息技术服务企业131家；主营业务收入273.3亿元，同比增长14.1%；利润总额32.9亿元，同比下降1.6%。产业发展势头总体平稳，光电显示、行业电子增长强势，重点企业主要指标增长较快，生产和销售状况基本良好。产业聚集提升，电子信息产业主要分布在高新技术产业开发区和石家庄信息产业基地2个产业集聚区。高新区电子信息产业形成快速发展格局，以液晶显示材料、液晶平板等为代表的一批优势特色产品在国内占据重要地位。石家庄诚志永华显示材料有限公司逐步提高STN液晶新品种、新型多稳态液晶、TFT视频液晶材料等高端产品比重；石家庄旭新光电科技有限公司3条液晶玻璃基板生产线正式投产。鹿泉经济开发区产业规模扩大、结构日趋优化，带动辐射力、产业聚集度提升，基本形成以电子信息为主、光电和导航通信为核心的产业体系。

【产业发展政策】　立足“十三五”电子信息产业发展，制定产业发展政策，印发《石家庄市加快电子信息产业发展的实施意见》。支持河北中软宜康软件技术有限公司等6家电子信息企业申请符合软件企业CMM/CMMI认证补助资金，并经省工业和信息化厅审核，获得资助资金280万元。推荐6家企业申报符合省工业和信息化厅工业物联网应用示范项目，并经省工业和信息化厅评审，冀凯装备制造股份有限公司等4家企业通过认定，获得支持资金220万元。落实光伏产业政策，指导企业做好光伏制造行业规范工作申请。执行电子信息技术服务标准，指导企业申报行业标准工作。开展非法卫星电视接收设备专项整治行动，保证电子信息行业健康发展。

（任晓冬）

【工业化信息化融合】　制定印发《推进“互联网+”制造业融合发展指导意见（2016～2018年）》《石家庄市人民政府关于制造业与互联网融合发展的实施意见》。2016年全市确定培育市级两化融合重点企业33家，其中18家企业列入省级两化融合重点企业，石家庄市省级重点（示范）企业累计总数达到105家，居全省首位。科林电气“互联网+”分布式光伏发电监控运维平台等7个项目列入2016年省级“互联网+”制造业试点（重点跟踪）项目。石家庄君乐宝乳业有限公司等6家企业被工业和信息化部列为两化融合管理体系贯标试点企业，贯标试点企业累计总数达到18家。2016年全市组织300多家规模以上企业参加中国两化融合咨询服务平台河北省两化融合评估系统自评估、自诊断活动，帮助企业了解自己在全国同行业两化融合的整体发展水平，查找两化融合水平差距，引导企业加大信息化投资。

（董立峰）

【四方通信大数据云中心项目签约】
10月26日，由河北四方通信设备有限公司（简称四方通信）、北京中科物联网标识技术研究院与智慧城市研究所共同主办的大数据云中心项目推介暨合作签约仪式在上海市举行。四方通信与索拓网络、河北光城通信与上海颐翔通信、四方智慧云与南明光纤分别签约大数据合作项目。河北四方通信设备有限公司位于石家庄经济技术开发区，是中国光纤网络系统集团有限公司全资子公司和互联网新型高端制造业重要的研发生产基地与互联网建设及运营产业基地。注册资本金5.28亿元，总占地面积23万平方米。四方通信大数据云中心项目总装机2.6万台机架，采用和引入创新技术和产品，打造智慧型、高可靠、节能化、规模化的全球最先进的第四代云数据中心，主要为用户提供数据中心基础产品业务、增值业务及云计算服务。

（吴温）

【中关村集成电路产业基地落户正定】 11月16日，京津冀协同发展石家庄（正定）中关村集成电路产业基地暨正定科技新城十三五发展推介会在中关村国家自主创新示范区展示中心举行。推介会期间，组织举办京津冀协同发展合作项目签约仪式，总投资244.1亿元，11个京津冀合作项目集中签约，来自国内外100余家企业代表参加活动。推介会重点介绍石家庄（正定）中关村集成电路产业基地及正定科技新城产业规划、产业方向，发布《石家庄市政府关于支持石家庄（正定）中关村集成电路产业基地若干意见》，并就《正定县人民政府支持正定科技新城发展若干政策》作现场解读。由石家庄市与北京中关村合作共建的石家庄正定集成电路产业基地，主要发挥两地优势，构建集成电路设计、制造和封装测试及装备制造全产业链，打造继上海、北京、西安之后全国集成电路产业第四极。正定科技新城由京冀两地政府整合北京中关村和石家庄市的优质资源共同建设，规划面积70.5平方千米，重点培育新能源汽车、高端装备制造、节能环保、现代物流四大潜力产业，为推动京津冀协同发展提供重要支撑。

（任晓冬）

【东旭集团】 12月23日，在北京举行的第六届电子高峰论坛暨2016全国电子信息行业优秀企业家表彰大会上，石家庄市企业家——东旭集团总裁李青获得2016年全国电子信息行业优秀企业家之“行业影响力人物”奖，全国获此表彰18人，河北省仅1人。东旭集团成立于1997年，至2016年末该企业发展成为集光电显示、新能源、金融、地产等为一体的大型多元产业投资集团，旗下拥有东旭光电（000413.SZ）、东旭蓝天（000040.SZ）、嘉麟杰（002486.SZ）3家上市公司和近200家全资及控股公司。李青作为东旭集团创始人之一，凭借超前的创新理念、丰富的管理经验，带领东旭集团科研团队攻坚克难，多次打破国际技术垄断，成为国内唯一一家掌握液晶玻璃基板全套生产装备和生产技术的企业，填补了国内空白。

（范玉蕾）

城市信息化建设

【概况】 2016年，全市城市信息化建设围绕智慧城市、电子商务、宽带中国、三网融合等试点示范城市项目，组织实施城市百兆光纤工程，推进网络升级和4G电信网络普及。至2016年底，全市光纤到户覆盖家庭858.06万户；固定宽带接入用户总数264.38万户；IPTV互联网电视用户115.7万户。加强新一代宽带无线移动通信设施建设，扩大4G网络推广和应用。至2016年末，全市移动电话用户数达到1289.1万户。其中，3G移动电话用户136.8万户，3G/LTE移动电话用户812.3万户。建成移动基站34645个，其中4G基站19362个。2016年全市拥有数字电视用户139.0万户，广播综合覆盖率99.4%，电视综合覆盖率99.38%。1月11日，市全媒体运营指挥中心启动，4G直播实现实时切换。8月5日，石家庄广电传媒集团有限公司与石家庄轨道交通有限责任公司举行签约仪式，合作成立石家庄地铁电视传媒有限公司，正式启动石家庄地铁电视项目。12月18日，由《燕赵晚报》与国内聚合类资讯客户端ZAKER联合打造的个性化定制新闻平台——“ZAKER（扎客）石家庄”上线运行。2016年全市城市信息化发展形成互联网订票、网络购物、刷卡扫码消费、QQ及微信平台聊天、电子银行、远程网上挂号就医、网络订餐等智能化便捷化服务。根据支付宝、新华社客户端联合发布“互联网+政务”触网指数数据，2016年石家庄市在支付宝开通“互联网+政务”服务33项，其中，机动车违法查询、生活缴费、预约挂号、签证办理在市民中使用频次最高。

（市工业和信息化局）

【通信发展管理办公室挂牌成立】 8月25日，河北省通信管理局石家庄市通信发展管理办公室挂牌成立。这也是河北省首个挂牌的设区市通信发展管理办公室。主要职责：组织全市通信企业贯彻落实通信行业法律法规和有关政策，组织本地通信企业参与地方重要活动、重大事件的通信及应急保障，代表省通信管理局加强与地方职能部门沟通，做好对接、协调和服务，根据省通信管理局授权履行监督管理职能，加强电信市场监管，指导本地质监站、通信企业开展业务，促进行业自律，强化行风建设，保障用户权益等。

（范玉蕾）

【主城区公共区域 WiFi 建设】 1月1日9时起，石家庄市主城区第一批15个公共场所向公众提供免费无线WiFi服务，分别是石家庄客运总站、南焦客运站、运河桥客运站、民心广场、元南公园、人民会堂（长安公园）、儿童少年活动中心、烈士陵园、西清公园、世纪公园、市政务服务中心、太行国宾馆、亚太大酒店、颐园宾馆、方亿科技园。1月2日18时起，石家庄市主城区第二批4个公共场所向公众提供免费无线WiFi服务，分别是：正定国际机场、石家庄火车站、石家庄北站、园博园。8月7日，市政府举行石家庄市主城区公共场所免费WiFi开通仪式，正式宣布主城区无线WiFi率先在全省免费开放。石家庄市免费WiFi项目采用"统筹规划、市场运作、企业投资、免费服务"的建设运营模式，确定公交站点、公园、广场、办事大厅、交通枢纽、商业街区六大建设场地为重点建设区域。至2016年底，市区二环路以内主城区建设完成无线站点2450个，主要覆盖新火车站、客运总站等8个交通枢纽站，主要街道849个公交车站，长安公园、世纪公园等20个公园，民心广场、人民广场等6个广场，省医保中心、市行政服务大厅等45个办事大厅，清真寺街、广安地下商业街等12条商业街区，基本实现主城区二环路内107平方千米主要公共场所室外免费WiFi覆盖。

（市工业和信息化局）

2016年8月7日，石家庄市举行主城区公共场所免费WiFi开通仪式

电子政务

【概况】 2016年，市信息中心以市政府门户网站、政务办公平台为重点，组织推进网站群管理、政务信息服务、电子政务建设、政府与市民交流平台等工作。建立信息维护审核制度和审批系统，政务要闻信息实行三级审核。及时解答和回复群众关切的热点难点问题，全年市政府门户网站"政府信箱"收到网民留言4.52万条，较2015年增加一倍，处理答复率96.52%。加强政府信息公开，全年政府信息公开平台主动公开信息14100条；设立各类办事指南334项、办事表格840项、业务查询18项、在线办理31项、结果公示12项。2016年市政府办公厅利用政务办公系统公文管理子系统印发公文626件，利用通知管理子系统印发通知4700余件，收到各县（市、区）政府、市政府各部门上报信息近1万条。加强政府网站日常监测和指导，全年监测政府网站190多个，关停基层网站84个。2016年市政府门户网站"政民热线"栏目被中国电子政务理事会评为"2016年政府网站精品栏目"。

【信息维护】 建立信息维护审核制度和审批系统，政务要闻信息实行三级审核。提升网站信息更新质量和时效，突出市委、市政府重大决策部署和市委、市政府主要领导的活动信息，坚持工作日上班前完成重要信息更新和节假日专人值班维护制度。全年市政府门户网站发布信息 4 万条，其中，多数政务信息、政策文件获得人民网、新华网、燕赵都市网等媒体转载。加强政民互动，选择网民留言比较突出的 10 个问题开展督查问政活动。2016 年石家庄市政府门户网站"政府信箱"收到网民留言 4.52 万条，较 2015 年增加一倍，有效留言均做到逐一转发督办并发布处理结果，处理答复率 96.52%；从市民留言反映问题看，主要为：就业、上学、社保、环保、医疗、出行及供水、供电、供暖、供气等政府管理事务。

【信息公开】 加强政府信息公开平台日常维护和管理，保障正常运行和使用。2016 年全市通过政府信息公开平台主动公开信息 14100 条，主要内容包括发布政策文件、工作动态信息等。扩充网上办事服务项目，组织市政府各部门按照规定要求将所负责的行政管理审批业务事项的办事指南、办事表格全部整合上网发布。至 2016 年底，市政府门户网站网上设立各类办事指南 334 项、办事表格 840 项、业务查询 18 项、在线办理 31 项、结果公示 12 项，服务事项信息要素更加齐全和规范。2016 年市政府门户网站月访问量较 2015 年增加 20 万人次以上，稳定保持在 210 万人次以上；市政府网站群月访问量突破 2200 万人次。

【网站群管理】 印发《关于进一步加强政府网站建设和管理工作的通知》，明确全市政府网站整改整合、信息维护及安全等方面的思路、目标和要求。举办全市政府网站整改整合专项活动培训会，邀请国家和河北省有关人员详细解读和具体指导政府网站指标体系。加强日常监测和指导，实行全市 190 多个政府网站全部分工到人措施，并借助软件开展全天候监测，平均每名工作人员手工点击抽查网站 18 个、一级栏目 200 多个、二级栏目 1000 余个。举办阶段化政府网站集中抽查活动，发现超期未更新、页面空白、错链断链、安全有隐患、关停后擅自上线等问题，及时以政府网站、QQ 群提醒、指导和督导整改，问题突发和整改不力的单位以书面通知形式督促改正。关停基层网站 84 个。制定出台《全市政府网站绩效评估工作方案》，以市政府网站日常监测、信息公开、办事服务、互动交流、内容保障、网站功能、优秀创新案例七个方面为内容，开展网站绩效评估，及时公开评估结果。

【网络安全维护】 落实机房、网络设备、线路定期检修保养制度。详细登记网络、安全设备、服务器、基础设施等设备的品牌、型号、主要参数、放置地点、购买时间、供货单位、服务承诺等内容，健全运行维护信息库。严格机房值班制度，规范巡检、记录、监控、报告流程，实行全天候专人值守和每两小时巡检记录 1 次措施。重视安全设备日常检测，及时调整安全策略，组织相关安全设备厂家、专业安全技术公司以最新技术手段开展市政府网络和网站群系统安全测评，及时消除安全隐患。2016 年 11 月，市信息中心参加河北省首届网络安全攻防竞赛获得地市级城市第一名。

石家庄市信息中心

主　　任：范宪林

副 主 任：黄德伟　王梅林

总工程师：于惠

（姚喜中）

无线电管理

【概况】 2016 年，河北省石家庄无线电管理局以管好频率、管好台站、维护好空中电波秩序为核心，组织开展无线电监测执法检查 78 次，查处"黑广播"案件 35 起，查处"伪基站"案件 2 起，协助公安部门抓获嫌疑人 7 名。保障考试任务 18 次，查处利用无线电设备考试作弊案 2 起，协助公安部门抓获嫌疑人 2 名。受理无线电管理项目行政许可事项 22 起，审批超短波台站 557 个，公网基站 4243 座。年检电台执照 2632 个，核发电台执照 4898 个，换发电台执照 537 个；监管通信网固定电台 137 座。2016 年石家庄市收取频占费 93.20 万元，涉及用户 124 家。至 2016 年底，全市建成无线电固定监测站 19 个，实现辖区全覆盖；完成铁塔维护工作 2 次，监测网维护 42 次；各监测站点全年累计监测 66500 小时；检测各类发射设备 332 部。

【无线电监测执法】 全年石家庄无线电管理局与公安、民航、广电等部门建立联动机制，在全市范围多次开展无线电专项打击行动。开展无线电监测执法检查78次，查处“黑广播”“伪基站”等非法设台62台（套）；为民航、公众运营商、广电等用户排查干扰6起；查处“黑广播”案件35起，查获“黑广播”设备43台（套），协助公安部门抓获嫌疑人5名；查处“伪基站”案件2起，查获设备2套，协助公安部门抓获嫌疑人2名；查处手机信号屏蔽器、放大器案件11起；查处非法中继台案件4起。顺利完成全国“两会”、高考、公务员考试等重大活动无线电安全保障任务，全年执行考试保障任务18次，出动人员82人次、监测车辆28台次，查处利用无线电设备考试作弊案2起，查获作弊器材2套，协助公安部门抓获嫌疑人2名。

【移动通信频段频率采集】 实行公众移动通信频段频率采集专人负责，科学使用固定站、移动监测车开展测试工作。采集19座固定监测站3×24小时数据；出动移动监测车1部，组建3个班组交替轮换监测，历时20天，行程1580千米，测试范围涵盖石家庄辖区内全部县级以上建成区及燕郊镇、胜芳镇、万庄镇3个重点镇的主干道、次干道及快速路，测试面积覆盖率达90%，采集公众移动通信频段频率数据97.6G。

【无线电管理宣传】 开展无线电宣传，结合重大保障任务及“世界无线电日”“无线电管理宣传月”活动，全年在中央电视台《朝闻天下》《新闻24小时》、河北电视台《河北新闻联播》、河北人民广播电台《每日新闻》、石家庄电视台《民生关注》《法制时间》等栏目制作并发布各类无线电宣传报道21期，举办“世界无线电日”“无线电管理宣传月”主题宣传节目6期。石家庄电视台全程跟踪报道无线电管理局举办为期半年打击治理“黑广播”专项行动，并制作时长16分钟专题纪录片。推进无线电管理宣传进社区、学校活动，组织举办第二届“无线电杯”五人制足球友谊赛，以比赛形式将无线电管理宣传送进千家万户，累计受众人数达800余万人。

河北省石家庄无线电管理局
局　长：李卫东
副局长：姚彬　（女）
　　　　李二根
（石家庄无线电管理局）

电　信

中国移动通信集团河北有限公司石家庄分公司

【概况】 2016年，中国移动通信集团河北有限公司石家庄分公司（简称石家庄移动公司）以“宽带中国”示范城市建设为目标，聚焦4G网络、宽带、政企业务，推进全市移动网络升级和4G网络普及。全年4G客户渗透率达到52.1%。宽带客户达到29万户，占全市市场份额10.09%。签约天网项目、节能减排项目、农业银行升级等大项目专线9185条。建成乡镇营销部65个。2016年移动网络营业厅访问客户数量占全省52.57%。新建官方微信平台开通运营4个月，绑定全市客户8万户。移动网络连续覆盖、深度覆盖快速发展，VoLTE网络全面商用。4G基站规模达到9402个。2016年石家庄移动公司与公安部门合作，建立反电信网络诈骗联动机制，处理信息安全风险工单326件。

【业务营销】 聚焦4G网络、宽带、政企业务发展，开展营销大会战、渠道大会战活动，提升市场竞争和转型发展营销服务能力。扩大4G客户规模，4G客户渗透率达到52.1%。开展宽带全员营销，拥有宽带客户29万户，占全市市场份额10.09%。提升业务承载能力，全年自有渠道、社会渠道业务承载率分别达到100%、48%。探索全网性业务区域外发展模式，重点产品收入明显，其中，流量统付、IDC进度保持全省第一。以天网项目、节能减排项目、农业银行升级等大项目为突破口，拉动专线规模快速增长，全年签约专线9185条。渠道规模及份额快速增长，渠道数量同比增长952家，规模2823家，自有渠道SI改造完成95个，占比51%。设立乡镇营销部65个，乡镇营销体系建设完成。做优做强电子渠道，全年访问移动网络营业厅客户数量占到全省52.57%，位列全省第一。扩大中国移动微信营业厅影响力，新建官方微信平台，开通运营4个月，绑定全市客户8万户。

【网络建设】 提升基础网络能力、业务供给能力，开展网络建设大会战活动。以扩规模、强能力、补差距为内容，制定无线、传输、全业务三年滚动规划，4G五期初勘宏站、室分、微站规模均为全省第一。移动网络连续覆盖、深度覆盖快速发展，VoLTE网络全面商用。集中力量加强基础网络建设，4G基站规模达到9402个。首创小区合并、合路器替换电桥、漏缆和板状天线方式覆盖方案，实现国内第一条六线并行隧道LTE建设。京广高铁石家庄段综合覆盖率由77.96%提升至95.04%。VoLTE网络质量提升百日会战完成，获得河北省公司“先进集体奖”。“7·19”特大洪水灾害期间，石家庄移动公司累计出动救援车辆1894辆次、抢险人员2219人次，抢通移动基站93个，抢修布放光缆292千米，及时有效保障了通信畅通。

中国移动通信集团

河北有限公司石家庄分公司

总经理、党委书记：贾东启（5月免）

高广　（5月任）

副总经理：吉雨顺（6月免）

何青伟（6月任）

郭新　冯亮

赵亚锋（6月任）

（韩容）

中国联合网络通信有限公司石家庄市分公司

【概况】 2016年，中国联合网络通信有限公司石家庄市分公司（简称石家庄联通公司）围绕“宽带中国”“网络强国”战略和“互联网+”行动计划，推出光纤宽带网络“三网融合”应用新业务——联通电视4K超清视频业务，向用户提供156路直播频道，10万小时时移、回放、点播内容及家庭购物、TV游戏等增值应用；电视推出“手机版”附带0元6G流量，实现用户随时随地收看电视节目。5月1日，石家庄联通公司在全市范围启动“宽带免费大提速”活动，免费将光纤宽带用户网络提速至20M，并在全市普及100M宽带，推行提速不提价管理措施。至2016年底，石家庄联通公司拥有光纤宽带端口190万个，全市98%的行政村和小区实现“光纤到户”，具备提供百兆网络能力；3G/4G网络在农村区域达到无缝隙覆盖，手机上网速率高达300M。激发员工队伍活力，落实“控制总量、优化结构、提升素质、搞活分配”总体规划，实施“结构优化、多元激励、卓越人才”三大工程，推进用工和分配制度创新转型。2016年石家庄联通公司承建石家庄无线城市项目被市政府列入民生实事；石家庄联通公司井陉县分公司王俊现获评河北省“7·19”抗洪抢险救灾工作先进个人。

【业务营销】 聚焦4G网络，优化通信产品体系，将终端平台全面转向全网通发展，重点打造终端松耦合产品“先锋卡”“天王卡”。加强石家庄联通公司与渠道厂商深度合作，提升市场运营能力，开展线下渠道渗透，向用户提供多种终端业务，方便业务选择。开展联通宽带客户免费提速活动，多手段、多区域拓展宽带用户市场。举办“宽带提速降费暨4K超清视频产品”新闻发布会，IPTV推出4K超清视频业务。围绕智慧城市建设，以行业应用为导向，推进智慧医疗、智慧交通、智慧工地等智慧项目，新增政府、军队、医院、快递、事业单位等高质量客户。开展智慧校园建设，加快校园宽带融合发展，成功拓展部分重点高校及大中专院校。以政府倡导“互联网+”、智慧城市、云计算和大数据等新理念为契机，加快IDC业务发展。旅游云、网站迁移、政务云等行业云项目快速拓展。ICT核心业务确立定位，成功签约智慧安监、森林防火等大项目。2016年石家庄联通公司流量经营实现突破，移动网络户均流量较年初增长154%。

【客户服务】 以降低普通投诉、申诉，提升投诉处理满意度为内容，开展“双升双降”“最美相遇·匠心服务”2个专项服务提升活动，打造中国联通卓越服务品牌。在“石家庄联通”微信公众平台增设在线服务监督投诉功能，实现线上线下服务。开通服务监督热线，听取客户意见，及时处理投诉和申告。营业窗口实施无纸化办公、营业台席点对点监控、叫号机芯片卡升级等服务措施，简化移动网络、固定网络协议，优化业务办理流程，提升客户认知度。开展“最美相遇·匠心服务”服务明星微信及网络评选活动，提升联通品牌知晓率、参与率。建立客户俱乐部平台，为星级（VIP）客户提供“等级+特色”中高端专属服务，定期推出多元化线上+线下特色会员活动，2016年石家庄联通公司推出特色俱乐部活动主要有“联通VIP，10元观影”“跟沃玩转真冰场”“迎五一终端合约欢乐有礼”“您的生日沃的祝福”“宽带续费送礼”等。

中国联合网络通信有限公司
石家庄市分公司

总经理、党委书记：许杰
副总经理、党委副书记、
纪委书记：刘江峰（3月免）
副总经理、党委副书记：
于毛军（3月任）
纪委书记：陈朝 （6月任）
副总经理：王雁
何伟 （4月免）
周进 王力

（王敬）

商业·旅游

Business & Tourism

商贸流通

【概况】 2016年，全市实现社会消费品零售总额2692.98亿元，同比增长10.5%。其中，城镇2318.4亿元，增长10.0%；乡村374.6亿元，增长13.8%。限额以上企业（单位）消费品零售额完成875.4亿元，同比增长4.0%。其中，城镇8558.3亿元，增长3.8%；乡村20.1亿元，增长11.3%。限额以上批发零售业商品分类零售额完成858.9亿元，同比增长4.0%。限额以上批发零售业商品中，日用品类、饮料类、中西药品类、石油及制品类、粮油食品类增长最快，分别实现销售额27.6亿元、10.1亿元、151.1亿元、87.6亿元、79.1亿元，同比增长13.0%、12.8%、11.2%、8.2%、6.5%；汽车类、家用电器和音像器材类、通信器材类分别实现销售额241.9亿元、60.5亿元、16.4亿元，同比增长3.6%、2.2%、0.8%；烟酒类、服装鞋帽针纺织品类增速放缓，分别实现销售额8.2亿元、113.6亿元，同比下降1.3%、3.5%。至2016年底，全市共有商业网点20.1万个，其中市区7.4万个；面积5000平方米以上大型商业网点达到224家，建筑面积1277万平方米，其中，大型城市商业综合体14个、大型购物中心16家、百货店23家、超市50家、专业店19家、家居建材商店17家；拥有商品交易市场714个，年交易额1658亿元，其中年交易额亿元以上市场54个；8家社区达到国家商业示范社区标准，55家社区达到省级商业示范社区标准；设立早餐网点300多个，早餐车稳定在400辆左右；拥有金鼎百货店3家、达标百货店6家，国家级酒家12家、中华老字号企业4家；注册拍卖企业97家、典当企业56家；拥有废旧汽车回收企业3家，备案二手机动车交易市场及二手车经营主体49家。"万村千乡"农家店总数达到3776个，覆盖全部乡镇和87%的行政村。1月6日，由河北365集团建设2家进口商品直购中心体验店正式营业，这也是石家庄市首家进口商品直购中心体验店。其中，中山店位于裕彤体育中心天客隆超市内；博物馆店位于中山路与西大街交叉口西行100米左右（原36524便利店红星店）。元旦小长假期间（2016年12月31日至2017年1月2日），北人集团、勒泰中心、银座商城东购店、家乐福保龙仓、建华商场、永辉超市、天客隆、国大连锁、苏宁电器等大型商贸零售企业实现销售收入5.5亿元。其中，北人集团、勒泰中心、银座商城东购店、建华商场实现销售收入4.9亿元；北国电器、苏宁电器销售收入7042.0万元，同比下降10.5%；国大连锁所属300余家便利店销售收入895.6万元，同比增长15.3%；北国超市、家乐福保龙仓、永辉超市、天客隆超市所属大型综合超市销售收入1.0亿元，同比增长2.5%。元旦小长假期间，市饮食服务集团、辣婆婆、海星餐饮、国大酒店、世纪大饭店、勒泰中心等餐饮市场实现营业收入1132.3万元，同比增长12.7%。春节假日期间（2月7～13日），石家庄市大型超市业态实现销售收入2.0亿元，同比增长3.0%；社区便利店业态实现销售收入869.2万元，同比增长14.6%；石家庄饮食服务集团等6家餐饮企业实现销售收入791.2万元，同比下降5.8%。国庆假日期间（10月1～7日），北人集团、勒泰中心、银座商城东购店、建华商场、保龙仓家乐福超市、永辉超市、天客隆、国大连锁、苏宁电器9家大型商贸零售企业销售收入8.7亿元，同比增长2.3%；北人集团、勒泰中心、银座商城东购店、建华商场4家大型商业综合体销售收入7.5亿元，同比增长2.1%；国大连锁所属300余家便利店销售收入

1524.0 万元，同比增长 23.9%；北国超市、家乐福保龙仓、永辉超市所属 53 家大型综合超市销售收入为 1.6 亿元，同比增长 0.9%；北国电器、苏宁电器 41 家专业店销售收入 2.0 亿元，同比下降 7.8%；饮食服务集团、辣婆婆、海星餐饮、国大酒店、世纪大饭店、勒泰中心餐饮实现经营收入 2496.6 万元，同比增长 9.7%。12 月 24 日，北国奥特莱斯项目开业。北国奥特莱斯项目位于鹿泉区铜冶镇，是北国人百集团投资建设的大型商贸旅游度假综合体项目，占地面积 1056 亩，总投资 35 亿元。推进"夜经济"消费，打造形成一批标志性特色商业街、城市综合体、亲水休闲区域品牌和北国商城、勒泰中心、万达广场、先天下广场、天山海世界、石门新天地（石门 1925）、洪顺曲艺社、国大 36524、裕彤国际体育中心、叶子广场十大夜经济名片，夜经济、夜文化、夜生活等城市休闲消费格局日渐成熟。4 月 15 日～10 月 31 日，全市 98 家延时服务企业实现夜间销售收入 29.3 亿元，占全天销售收入 20.2%，同比增长 15.1%。

（市商务局）

【2 家企业入围 2015 中国连锁百强】 2016 年 5 月 3 日，中国连锁经营协会公布"2015 中国连锁百强"名单，石家庄市北国人百集团有限公司、河北国大连锁商业有限公司 2 家企业入围。北国人百集团有限公司为石家庄市商贸龙头企业，2015 年销售额 328 亿元，销售额增长率 2.1%，门店增长率 17.6%，在"2015 中国连锁百强"排名第 16 位。河北国大连锁商业有限公司为新晋入围企业，2015 年销售额 34.8 亿元，销售额增长率 13.6%，门店增长率 4.2%，在"2015 中国连锁百强"排名第 93 位。

【乐城·国际贸易城】 8 月 31 日，乐城·国际贸易城举行工程交付仪式，1 号、4 号场馆交付使用，其余场馆内外装修及配套设施建设收尾。9 月 28 日，乐城·国际贸易城国际皮革城获得中国市场学会批发市场发展委员会颁发"京津冀协同发展重点培育商城"牌匾。乐城·国际贸易城是省市重点商贸项目，也是石家庄市"十三五"规划重点商贸项目，承担北京市非首都功能产业转移任务。总投资 800 亿元，总占地面积 1000 公顷，规划建筑面积 2600 万平方米，是集批发、零售业态及购物、娱乐、餐饮、住宿、旅游、文化、休闲、展示、研发等功能为一体的"全产业链、全服务链"巨型商贸集群。2013 年乐城·国际贸易城开工建设，2016 年建成乐城大红门服装城、国际服装城 A 馆、国际皮革城、国际服装名品城、国际小商品城、国际名优食品城六大场馆，总建筑面积 220 万平方米。

【省级猪肉惠民补贴销售】 9 月 28 日～10 月 7 日，市商务部门组织北国商城股份有限公司、河北家乐福保龙仓商业有限公司、河北永辉超市有限公司 3 家企业所属 45 家大型连锁超市开展省级猪肉惠民补贴销售。每个销售点设立省级肉品惠民补贴销售专柜，统一悬挂和张贴"河北省惠民补贴猪肉（牛羊肉）销售点"标识，明示补贴销售价格等信息。销售品种为鲜猪肉、鲜牛羊肉。销售价格猪肉每千克低于承办企业当日同品种猪肉价格 2 元以上，牛羊肉每千克低于承办企业当日同品种牛羊肉价格 6 元以上。

【市级肉菜储备及投放】 2 月 1 日（腊月廿三）至 2 月 7 日（腊月廿九），市级肉菜储备投放市场。蔬菜售价低于当日同品种蔬菜价格 20% 以上，生猪肉每千克售价低于当日同品种猪肉价格 2 元以上销售。除石家庄主城区设立市级肉菜储备销售网点外，藁城区、鹿泉区、栾城区、正定县、平山县、元氏县、赵县、晋州市等县（市、区）也同时设立销售网点。市级储备蔬菜投放品种以冬春储备菜为主，包括大白菜、圆白菜、洋葱、胡萝卜、土豆等；投放总量 4500 吨，占 2015 ～ 2016 年度总储备量 60%；石家庄桥西蔬菜中心批发市场、藁城区大利农产品销售有限公司等 10 家冬春菜储备企业以入库价格投放。市级储备生猪肉投放总量 900 吨，占总储备 60%；石家庄双鸽食品有限责任公司、河北凯隆达食品有限公司分别负责销售生鲜肉 550 吨、350 吨。市级储备肉菜投放网点有连锁超市、社区惠民超市和便民市场摊点，包括北国超市、家乐福保龙仓、永辉超市、信誉楼、祥隆泰等。其中，蔬菜销售共有 59 家社区惠民超市，投放点 106 个；储备肉投放共有奥开双鸽连锁店 9 个分店、福来氏连锁店 11 个分店，投放点 71 个。2016 年 12 月底，市商务部门完成 2016 ～ 2017 年度市级冬春蔬菜储备 7500 吨，储备品种包括大白菜、圆白菜、胡萝卜、土豆、洋葱等。储备期限为：2016 年 12 月 1 日～ 2017

年3月31日。承储企业10家，分别为：深泽县通达果品蔬菜仓储有限公司、藁城区大利农产品销售有限公司、晋州市金尚源果蔬有限公司、石家庄桥西蔬菜中心批发市场有限公司、石家庄金凤冷链物流园经营开发有限公司、河北厚朴冷链物流有限公司、晋州市康顺果菜有限公司、晋州市中辉果蔬销售有限公司、石家庄市宏科农产品种植有限公司、藁城区和顺农产品贮藏有限公司。

（焦莉莉）

【国家商贸流通试点城市项目】 至2016年底，石家庄市争取国家商贸流通试点5个，分别为：肉类蔬菜流通追溯体系建设、中小商贸流通企业服务平台、国家物流标准化试点城市、城市共同配送、公益性农产品批发市场试点（石家庄市争取国家商贸业试点8个，国家支持资金3.313亿元，市级配套资金7253万元；另外3个试点为电子商务进农村国家级示范县、电子商务示范基地、电子商务与物流快递协同发展）。肉类蔬菜流通追溯体系建设试点：2011年6月，石家庄市获批国家肉类蔬菜流通追溯体系建设试点城市，总投资8753万元，其中，中央支持资金4000万元、市级财政配套资金4753万元。至2016年末，全市肉类蔬菜流通追溯体系构架基本形成，建设流通节点546个，其中，屠宰场15家，批发市场5家，标准化菜市场37家，超市40家，惠民店76家，肉品专卖店343家，团体消费单位20家，非标准化菜市场10家，并通过河北省商务厅考核验收。城市共同配送试点：2013年3月，石家庄市获批国家城市共同配送试点城市，国家支持资金4000万元，市级配套资金2000万元。2016年末，石家庄城市共同配送试点建设完成79%，6个项目通过评审验收，5个项目专项审计完毕，3个项目正在建设。公益性农产品批发市场试点：2015年8月，石家庄市获批国家公益性农产品批发市场试点城市，中央财政拨付专项资金1亿元。2016年末，石家庄北方农产品中心批发市场建成并开始试营业，总占地面积1200亩，总投资20亿元。市商务局、市财政局授权石家庄国控集团代表市政府利用中央财政1亿元资金入股。

（市商务局）

【北国人百集团有限责任公司】 北国人百集团有限责任公司（简称北人集团）是经石家庄市政府批准，于2000年3月21日由石家庄北国商城和石家庄人百集团有限责任公司合并注册成立的国有独资商贸企业。2008年3月北人集团完成国有企业股份改制，成为一家跨区域、多业态大型连锁商业企业集团。北人集团旗下有北国商城股份有限公司、石家庄饮食公司、石家庄国际博览中心、针纺织品公司等6家下属企业，主要涉及百货连锁、超市连锁、家电连锁、珠宝连锁、餐饮娱乐、租赁会展、仓储配送等行业，经营网点遍布河北、山东、山西、河南、北京、天津和内蒙古等7省（市、区）25座城市。北人集团是河北省商贸流通领域龙头企业，曾获得“全国商业服务业年度十佳企业”“全国和谐商业企业”“全国商业服务业顾客满意企业”“全国五一劳动奖状”等称号，连续7次入选“中国企业500强”，2016年排名列第392位，较2015年下降9位次。至2016年底，北人集团总经营面积170万平方米，员工总数5万余人，年销售收入328亿元，与2015年持平。北国商城是一个集美食、时尚、购物、游乐、体验于一体的大型商业综合体，总经营面积20.2万平方米。经营场所14层，其中地下4层；地下一层至地上6层，每层设有轻软休闲区；地上7～10层为美食、娱乐区，总面积4万平方米，其中地上7层至9A经营全国和世界各地菜系美食；地下2～4层为停车场，设置车位1200余个。北国商城还设置有咖啡西餐、甜品美食、儿童体验娱乐、美容美发、汽车美容、高级服务改制、皮鞋美容等功能体验服务项目，是石家庄市唯一一家地铁植入的商业综合体，与城市轨道交通实现无缝对接。至2016年末，北国商城拥有员工3500人，实现年销售收入34亿元。新百广场（原称人民商场）始建于1947年12月7日。1994年6月30日，经省政府批准改制为股份有限公司。2000年7月4日，北国商城与石家庄人民商场股份有限公司联合成立北国人百集团有限公司，2003年石家庄人民商场更名为新百广场。地址位于石家庄市东西中轴线、繁华商业街中山路及桥西区、新华区中心地段，是石家庄市黄金商圈的标志性建筑。新百广场大楼由AB座组成，A座地下2层、地上7层，总建筑面积6.8万平方米；B座地下2层、地上5层，总建筑面积3万平方米。在册正式员工2754人。先天下广场位于石家庄市繁华的中山路商圈，经营面积12万平方米，由地上6层、地下2层组成。经营有500余个国际著名和国内知名服装、服饰、生活用品品牌，1个现代生活超级市场，80余个餐饮、美体美发、电子娱乐、电影院等专业服务休闲项目，拥有地上地下综合停车场车位1500个。至2016年底，先天下广场共有员工2700多人，实现销售收入22亿元。北国超市成立于2000年。2009年起，北国超市在原有大卖场基础上发展高端超市，建成北国店、先天下店、新百店3家优生活门店及万象天成店精致生活馆。2014年北国超市网上商城开业。至2016年末，北国超市拥有石家庄市区门店29家，外埠门店13家（保定、邢台、衡水安平、山西阳泉、辛集、元氏、平山、正定各1家，栾城2家，鹿泉3家），总经营面积50万平方米，员工7000余人，网点覆盖石家庄市500多个小区，注册会员200万人，2016年实现销售收入51亿元，同比增长1.5%。

（北人集团）

【天元发展有限责任公司】 石家庄天元发展有限责任公司（简称天元公司）于2004年4月改制成立，公司前身为石家庄市蔬菜副食品总公司。地址位于石家庄市中山西路93号，经营面积4万平方米，入驻商户800余家，共有服务员2500多人。2016年天元公司发展成为以超市（便利店）、时尚服饰商场、商务酒店经营为主业，兼营商业地产开发、物业管理、食品代理等多业态公司；拥有5家子公司、1家分公司、3家参股公司，公司名称分别为河北天元名品物业管理有限责任公司、天元兴达物业管理有限公司、天元圣达食品经销有限责任公司、天元商务酒店管理有限公司、天元博隆房地产开发有限责任公司、天元超市（便利店）连锁分公司、石家庄天元名品商业管理有限公司、石家庄市海城房地产公司和天荟商贸公司。天元兴达物业管理有限公司于2004年12月成立，是一家综合性经营管理公司，主营物业管理、场地租赁，拥有租赁场地300余处，总面积2.8万平方米。天元超市（便利店）连锁分公司经营业态包括超市、便利店2种，拥有直营店铺近100家，总经营面积1万余平方米，设置物流配送中心1个，占地面积8000余平方米。至2016年末，石家庄天元发展有限责任公司实现经营收入7691.86万元，上缴税金977.54万元，拥有在册员工360人。

（天元公司）

【饮食有限责任公司】 石家庄饮食有限责任公司前身为石家庄饮食集团公司，主要经营大型餐饮、住宿、餐饮管理、照相、器材销售。2011年9月，北人集团以控股形式改制石家庄饮食集团公司，2012年12月21日注册成立石家庄饮食有限责任公司，注册资本1565.2万元。2016年石家庄饮食有限责任公司共有在册职工700人，其中在岗职工475人、内退职工225人。离退休职工2826人，其中离休18人、退休2808人。经营分公司10家，其中餐饮业6家、照相2家、其他业态2家。选派研发中心专业技术人员到重庆、云南等地考察餐饮和原材料市场，采购质优、价好原材料10多种，引进和创新菜种17个，累计增添新菜品300多种。选派13人参加首届中国名菜“金毛狮子鱼”技能竞赛，3人获得特金奖，8人获得金奖，2人获得银奖。发展连锁经营，新开中和轩国际城社区店、釜洋斋和平店、燕凤楼裕华外卖厅网点3个。燕凤楼通过国家特级酒家（五钻级）复审验收，获评“河北省最具影响力餐饮”品牌；中和轩被河北省委宣传部评为“河北最美老字号”，获授“河北省餐饮业最佳老字号”餐饮品牌。至2016年末，石家庄饮食有限责任公司实现营业收入1.12亿元，同比增长2.3%。

（石家庄饮食有限责任公司）

电子商务

【概况】 2016年，全市电子商务（简称电商）交易额达到3813.0亿元，同比增长24.5%；网络零售额达到553.0亿元，同比增长28.6%。推进农村电子商务全覆盖，赞皇县入选电子商务进农村国家级示范县，电子商务进农村国家级示范县达到3个（另2个分别为正定县、行唐县）；16个县（市、区）建成县级仓储物流配送中心和县级电子商务公共服务中心，4010个行政村全部建成村级服务站。移联网信集团公司电子商务覆盖全国17个省（市、自治区）、700多个县（市、区），拥有加盟店25万家，成为中国惠农、便民电商领军品牌，年电子商务交易额达到450.0亿元。北国如意购物网线上线下年销售额突破22.0亿元。2016年6月，河北鲜厨科技有限公司"菜先鲜"O2O生鲜电商项目启动，年末建成线下实体店8家，拥有线上用户1万余名，成为首家石家庄最大的O2O生鲜电商平台。10月15日，全市首家批发采购云服务平台——物聚通仓互联网云服务平台石家庄服务中心启用。12月14日，《石家庄日报》网上商城"燕赵微购"上线运营，商城产品包括食品、保健品、护肤品、电器等，全部来自《石家庄日报》品质生活馆。12月16日，北方国际农产品物流园"勒鲜城"电商平台上线运营，这也是全市首家上线运营的农产品批发市场电商平台。12月28日，"梦网中国"正式上线。商务云数据中心吸引君乐宝乳业、河北慧聪现货电子交易中心等电商总部入驻，累计入驻企业345家，产品8263种，注册用户8.9万个。餐饮电子商务利用微信平台，登记合作餐饮企业30多家。聚赢电子商务产业园、河北慧聪塔元庄电子商务基地等10个电子商务基地进驻电商企业500家，服务商户20余万户；河北慧聪塔元庄电子商务基地河北大宗交易中心年交易额达到270亿元；财富大厦金融电子商务示范中心汇集多种金融资源，打造一站式金融服务业态和电子商务集群。发展形成"连锁便利店快递功能创新模式""传统快递网点创新模式"等快递终端，"保鲜式智能自提柜大规模使用""快递股份联合体创新模式"得到国家商务部的肯定。11月10日，阿里研究院以阿里巴巴电子商务平台数据为基础，发布《2016年中国城市电子商务发展指数报告》，石家庄市入选"电商百佳城市"排行榜，位列第40名，较2015年上升1位。

（市商务局）

【电子商务经营监管】 加大互联网领域侵权假冒行为治理，探索建立规章制度完备、监管机制健全、防控手段有力、行业企业自律、交易秩序规范的电子商务生态。以农资、食品药品、化妆品、儿童用品等14类消费品和生产资料为重点，采取线上线下相结合及标本兼治方式，统筹开展集中整治行动。以商标权、著作权、专利权等知识产权保护为重点，严厉打击互联网领域侵权违法行为。利用大数据、云计算、物联网、移动互联网等新信息技术，创新市场监管手段，提升电子商务监管信息化水平。重视网络市场监管平台建设，完善网络经营主体数据库。建立产品质量保障系统和追溯制度，推广应用包括商品条码、组织机构代码等电子标签，全程追查不法人员的住所地址、IP地址、账户等，增强精准打击破坏电子交易行为能力。严格电子商务企业网络交易管理，加强网上经营者资格审查，严禁向未取得相关资质的网上经营者提供互联网交易服务。健全网络交易、广告推广等内部监控制度，开展网上经营者信用评级活动。重视信用体系建设，建立健全电子商务信用信息管理制度，推进人口、法人、商标、产品质量等信息资源向电子商务企业和信用服务机构开放，形成信用信息与其他领域信息交换共享，推进形成电子商务领域信用评价和失信联合惩戒机制。

（焦莉莉）

【国家电子商务试点城市项目】 至2016年底，石家庄市争取国家电子商务（简称电商）试点3个，分别为：电子商务进农村综合示范县、电子商务示范基地、电子商务与物流快递协同发展。电子商务进农村综合示范县试点：2016年赞皇县获评电子商务进农村国家级综合示范县，中央财政支持资金1500万元（2014年正定县被确定为电子商务进农村国家级综合示范县，中央财政支持资金1900万元；2015年行唐县被确定为电子商务进农村国家级综合示范县，中央财政支持资金1850万元）。电子商务示范基地试点：2012年5月，石家庄市获批电子商务示范基地试点城市，国家支持资金1000万元；2016年末，石家庄市形成以高新区、正定现代服务业区两大电子商务集聚区为重点，开发电子商务示范基地面积1000亩，电子商务企业入驻楼宇面积8万平方米，其中，慧聪网、美团网、居正伟业等知名电子商务企业入驻示范基地，阿里巴巴、京东商城等知名电子商务企业正在洽谈，石家庄市电子商务示范基地试点建设和验收基本完成。电子商务与物流快递协同发展试点：2014年10月，石家庄市获批电子商务与物流快递协同发展试点城市，国家支持资金3000万元，市财政支持500万元；2016年石家庄市电子商务与物流快递协同发展试点基本完成，重点整合大型分拨中心、智能自提柜、标准化服务点、新能源车辆、快递从业人员资源，打造形成具有交易撮合、供给调解、交通引导等功能的电子商务公共服务平台；智能自提柜达到2000余组，城市中心区覆盖率达到90%以上；建设标准化服务网点725个，辐射人口400万人。

（市商务局）

会 展 业

【概况】 2016年，全市举办各类会展活动125个，其中单次面积1万平方米以上会展25个；展览总面积75万平方米，同比增长18.0%；吸引国内外参展客商65万余人次；实现贸易合同成交额75.3亿元，现场成交额12.5亿元。会展业主要特点：从行业分布看，以产业类展会和消费类展会为主。其中，装备制造、生物医药、电子信息、环保节能类展会占比30%；生活家居类展会、车（房）展、年货大集等消费类展会占比37%；文化动漫、庙会、人才交流会等文化民俗类展会占比9%。从展会面积看，中小规模会展占比较大。全年举办单次面积5000平方米（含）以下会展43个，占比34%；单次面积5000～1万平方米（含）会展37个，占比30%；单次面积1万平方米以上会展15个，占比12%；其他会展30个，占比24%。室内会展举办地主要集中在石家庄国际博览中心、市人民会堂、以岭健康城、老火车站、世界湾文化产业基地等；室外会展举办地主要集中在天山世界之门、卓达星辰广场、肖家营花卉基地等。从规模和成交情况看，多次举办的展会品牌效应和影响力较强。主要表现在参会专业采购商、参展商涵盖多个国家和地区，国际化程度高，参会人数、展览面积、贸易成交额等增幅较大，年增长10%以上，重点品牌会展有康养旅游大会、正定小商品博览会、公共安全产品博览会、五金机电博览会、华北门业博览会等16个；石家庄企业和品牌参展率保持在10%～30%，呈逐年增长趋势。从展会办理模式看，以市场化运营为主。全年行业协会、专业公司办理展会61个，省、市广电媒体办理展会11个，政府及工作部门办理展会9个。3月10～12日，第22届河北国际医疗器械展览会在石家庄市举行，设立展位331个，展出面积1万多平方米，展品主要有影像、监护、超声、急救、光学、康复理疗设备及医用软件、车辆等，参展厂商300多家。4月26～28日，2016中国·石家庄（正定）国际小商品博览会在正定县举行，18个项目达成合作意向，投资总额130亿元。6月17日，为期一个月的“首届京津冀协同发展、京石协同北京服装展贸会”在石家庄市国际贸易城举行，共有来自北京的1000余名客商参展，集中展出北京动物园批发市场、大红门批发市场等批发商户10余万件精品服饰。11月5日，由市金融工作办公室、石家庄广播电视台及腾讯大燕网联合主办的中国·石家庄首届金融理财博览会在市人民会堂举行，主题为“引领经济发展，服务百姓生活”，银行、保险、证券、基金、信托、房产等50多家驻石家庄金融机构及企业参会。

（市商务局）

【第十三届中国国际（石家庄）太阳能热利用产品博览会】 3月16～18日，由中国太阳能热利用产业联盟、中国农村能源行业协会太阳能热利用专业委员会、中国节能协会太阳能专业委员会主办的第十三届中国国际（石家庄）太阳能热利用产品博览会暨第十一届中国（石家庄）热泵、净水机暖通空调产品展览会在石家庄国际博览中心举行。来自北京、河北、山东、江苏、浙江、广东等地近200家企业参展。展出包括集合采暖/热水/电力的家庭新能源中心、跨季节蓄热的农业大棚太阳能温室系统、多能源的高效储能管家、隔热保温的温屏节能玻璃等太阳能热利用行业及相关行业新产品、新技术10大类系列产品。博览会期间，同时举办了第一批太阳能热利用工程设计、施工企业资质复审培训和第二批中国太阳能采暖、制冷工程论坛暨示范工程项目参观活动。

（范玉蕾）

【河北（石家庄）第十三届印刷机械器材展览会】 3月18～20日，由石家庄印刷协会主办，河北天龙创鑫印刷物资有限公司承办的河北（石家庄）第十三届印刷机械器材展览会在卓达国际会展中心举行。来自德国、日本、北京、山东等国内外200余家印刷包装机械，书刊、数码印刷设备，环保设备，油墨器材厂商参展。展览会设置商务印刷（合版印刷）展示区、内盒包装（药包）演示区、精品包装礼盒展览区等九大展区，展厅面积4000平方米。本届展览会突出自动化、智能化、环保性特点，重在为印刷企业和供货商搭建交流平台，同时向客户和市民展示印刷包装行业的新技术、新设备、新工艺、新材料。

（刘迪）

【中国·石家庄第十三届观赏石博览会】 3月18～24日，由中国观赏石协会、河北省收藏家协会主办的中国·石家庄第十三届观赏石博览会（简称石博会）在石家庄世界湾文化产业基地广场（古城东路118号）举行。来自内蒙古、青海、新疆、河北及中国台湾等500余家石商石友携带戈壁玛瑙、风砺石、英石、南田图案石等千余个奇石品种参展。本届石博会以“山水景观”小品和小品组合为主题，突出“一石观世界，掌中赏乾坤”观石观念，设置“中国赏石名家藏石邀请展”，全国200名收藏名家携带近400组（块）精品参与展览。邀请国内外观赏石收藏家、鉴赏家、理论家150余人在高峰论坛谈石论道，共同研讨中华赏石文化、赏石理论传承与发扬，探索观赏石收藏、鉴赏发展方向。石博会上，除了体积较大的奇石外，还有玉石手镯、挂件、戒指等珠宝饰品和南红或糖心玛瑙制成的吊坠、项链等，深受女士喜爱。

（张晓娟）

【2016中国·石家庄（正定）国际小商品博览会】 4月26～28日，由河北省政府、中国商业联合会主办，石家庄市政府、河北省商务厅承办的2016中国·石家庄（正定）国际小商品博览会（简称正博会）在正定国际小商品城举行。主题为“融合商机、彰显魅力、协作发展、互动共赢”。主展馆面积1.5万平方米，设置境外商品展示区、文化产品展示区、保税商品展示区、电子商务展示区、省市行业协会展示区和自主报名展示区六大展区，并在小商品市场广场专设特色美食展示区，共计展位500余个；分展馆6个，设置展位1000个。主要展示展销各类家具板材、装饰材料、门类产品等。共有来自俄罗斯、丹麦、泰国、韩国、巴基斯坦、蒙古国等10余个国家及中国台湾近200家客商和北京、上海、天津、浙江、江苏、新疆、广东等20多个省市300余家商家参展。参展商品涉及日用品、服装纺织、电子电器、休闲用品、工艺礼品、汽车用品、家居建材、特色美食、文化产品等10个大类上万个品种。参会专业采购商5000多家，客流量达20余万人次，现场交易额突破6000万元，客商签约订单3.2亿元，意向订单20亿元，综合经济效益153.8亿元。18个合作项目参加集中签约仪式，总投资额达到130亿元，主要涉及新能源汽车、电子商务、集成电路、生物医药、板材家具、文化产业等领域。正博会期间，组织举办了3项重点活动，分别是京津冀协同发展推介、石家庄综合保税区推介和文化产业交流展示推介；围绕正定高新技术产业园区和石家庄综合保税区项目招商，开展经贸洽谈、投资推介、项目签约活动；以首届河北·正定文化产业及产品展览会为载体，举办文化产业产品展示展销、文化产业高峰论坛及文化产业推介和交流展示活动，6个文化产业项目集中签约，签约总额12.44亿元，其中正定容盛文化科技创意产业园项目签约金额5.3亿元。

【第119届及第120届中国进出口商品交易会】 4月15日～5月5日，由国家商务部、广东省人民政府主办，中国对外贸易中心承办的第119届中国进出口商品交易会（简称广交会）在广州市举行。石家庄市233家企业参展，其中新参展企业22家。设置普通展位407个，品牌展位80个。参展产品主要涉及五金工具、建筑及装饰材料、机械设备、新能源、电子电气等。10月15日～11月4日，第120届中国进出口商品交易会在广州市举行。展会分三期举办，第一期10月15～19日，主要展出电子及家电、照明、车辆及配件、机械、五金工具、建材、化工产品、能源；第二期10月23～27日，主要展出日用消费品、礼品、家居装饰品；第三期10月31日～11月4日，主要展出纺织服装、鞋、办公、箱包及休闲用品、食品、医药及医疗保健。石家庄市226家企业参展，其中一期89家、二期77家、三期104家，新参展企业22家，参展企业更新率9.7%。全市参展企业设置一般性展位416个，其中一期展位130个、二期展位128个、三期展位158个，另有品牌展位80个。石家庄市企业参展产品主要为五金工具、建筑及装饰材料、机械设备、新能源等。

（焦莉莉）

【第十二届中国（深圳）国际文化产业博览交易会】 5月12～16日，由文化部、商务部、国家新闻出版广播电影电视总局、中国国际贸易促进委员会、中国工艺美术学会、广东省人民政府和深圳市人民政府联合主办的2016年第十二届中国（深圳）国际文化产业博览交易会在深圳会展中心举行。石家庄市的河北百年巧匠手工艺品股份有限公司、晏钧设计公司、精英（动漫）集团、石家庄焦氏商贸有限公司、石家庄赛凡蒂工艺装饰有限公司5家文化企业在主展馆展览展销；元氏县封龙书院文化产业园、藁城区耿村民俗文化旅游项目、新乐市河北美术学院东方文化创意产业基地、高新区石家庄国家动漫产业发展基地创业孵化园等13个项目举办宣传推介活动；华北航空文化产业园、石家庄屯头宫灯文化产业园和中国太行文化艺术创客城3个重点项目签约，签约总金额82.64亿元。

（张晓娟 范亚飞）

【第四届中国国际（河北）茶文化博览会】 5月20～23日，由河北省委宣传部牵头协调指导，河北长城传媒集团有限公司、省文化产业协会、省茶叶流通协会单位主办的2016第四届中国国际（河北）茶文化博览会（简称茶博会）在石家庄国际博览中心举行。主题为“创新、协调、绿色、开放、共享”。本届茶博会共有来自国内各茶叶主产区及斯里兰卡等国家和地区200余家企业参展。会场分为两层，总面积8000平方米，由茶叶专区、紫砂艺术专区、特色文化产品专区和活动专区组成。参展茶产品有绿茶、红茶、黑茶等茶品，还有茶食品、茶饮料、茶籽油等茶叶深加工产品。茶博会期间，吸引10万人次参观、品茗，现场交易额突破3000万元，签订合同金额4600万元。

【中国北方（石家庄）国际五金博览会】 5月26～27日，由省五金机电商会、市商业联合会、市五金机电商会主办的2016中国北方（石家庄）国际五金博览会在市人民会堂举行。主题为“引领·转型·创新”。来自全国16个省市150多家经销商、采购商与会，参展产品上千种，主要包括五金工具、电工电器、机电设备、建筑五金等。展会期间，主办方还组织举办了“互联网+五金营销论坛”等活动。

【第四届中国（北京）国际服务贸易交易会】 5月28日～6月1日，由商务部、北京市人民政府共同主办的第四届中国（北京）国际服务贸易交易会（简称京交会）在北京举行。石家庄市重点推介乐城国际贸易城、中国梦网、正定国际展览中心、国际博览中心、石家庄报业传媒集团品牌运营中心等项目及电子商务公共服务生态体系环境建设。全市16家企业参展，签约及达成战略合作意向项目21个，金额20.17亿元。其中，石家庄乐城国际贸易城分别与河北千和电子商务有限公司、意大利—中国贸易发展促进会、中国中小商业企业协会服装服饰委员会、北京顿达服饰有限公司、丰台区大红门鞋业商会签约5个项目及战略合作意向。

（焦莉莉）

【2016石家庄通用航空展暨爱飞客飞行大会】 9月13～16日，2016石家庄通用航空展暨爱飞客飞行大会在栾城区举行。省长张庆伟，省委常委、市委书记孙瑞彬，市长邢国辉及中国航空工业集团公司总经理谭瑞松、中国贸易促进会副会长陈洲、国有重点大型企业监事会主席潘良等领导出席活动并参观京津冀通用航空成果展、石家庄爱飞客航空小镇。国内外50余家通用航空制造和运营企业近150架飞行器参展，较2015年增加近50架飞行器，涵盖高性能飞机、中短途通勤飞机、特种飞机、水上飞机、教练机、直升机、新燃料飞机和世界顶级私人飞机等通航机型，中航工业通用飞机公司、美国赛斯纳飞机公司等国内外通用飞机主流制造商展出单、双发固定翼飞机和直升机，包括空中国王350、赛斯纳208B、西锐SR20等通用飞机。邀请世界顶级特技飞行表演队5支12架特技飞机举行空中飞行表演，较2015年增加2支特技飞行表演队和5架特技飞机。5支世界顶级特技飞行表演队分别为：约翰特技飞行表演队、科比特技飞行表演队、爱飞客大黄蜂特技飞行表演队、爱飞客雷电特技飞行表演队、爱飞客三剑客特技飞行表演队。由中航工业通飞公司组建爱飞客石家庄飞行表演队、爱飞客西锐表演队2支国内飞行表演队及高空跳伞、动力伞等3支国内航空体育竞技队举行编队飞行表演。航展期间，举办包括航展开幕式、2016通用航空产业发展高端峰会、京津冀通航产业精准对接会、京津冀军民融合科技创新投资对接会、航空旅游产业与教育对接峰会、飞行器静态展、通航产业国际

合作展、京津冀通航产业成果展、石家庄航空产业规划展、特技飞行表演、航空音乐节、航空嘉年华、青少年模拟飞行体验、航模科普教学和观众飞行体验等活动。9月15日16时02分，航空飞行表演结束后，一架体验飞行小鹰500型飞机坠落机场跑道南侧农田内，机上人员包括飞行员1人、体验飞行乘客3人坠亡，无地面人员伤亡。签约项目8个。分别为：河北航空投资集团有限公司与中航通飞有限责任公司签订《关于进一步深化通用航空产业发展战略合作框架协议》，中航通飞华北公司与中国宏泰产业市镇发展有限公司、河北航空投资集团有限公司签订《战略合作框架协议》，河北省贸易促进会与北京华航航空服务有限公司签订《京津冀航空服务实训中心建设项目全面推广合作协议》，中国宏泰产业市镇发展有限公司与北京航空航天大学签订《通航动力产业合作协议》，河北天山遨司特通用航空有限公司与匈牙利马格努斯航空股份有限公司签订《通用飞机生产组装项目协议》，中国宏泰产业市镇发展有限公司与华彬航空集团签订《全面合作协议》，河北黎旭商贸有限公司与匈牙利ABC航空公司、欧洲桥公司签订《中国石家庄—匈牙利布达佩斯航线项目协议》，河北省贸易促进会与中国国际通用航空博览会组委会、中国无人机产业联盟签订《联合打造京津冀无人机产业创新发展平台战略合作协议》。签约项目总金额50亿元。

（吴温　范玉蕾）

【2016中国·石家庄第十一届国际动漫博览交易会】 9月30日，由省委宣传部指导，市委、市政府，市动漫产业发展领导小组主办，市动漫协会、河北天明传媒有限公司承办的2016中国·石家庄第十一届国际动漫博览交易会（简称动博会）在主展馆解放广场举行。本届动博会首次采用市场化运作方式，由精英集团旗下河北天明传媒有限公司作为总承办方，负责全程策划、招商招展、论坛、接待、宣传推介、安全保障等工作。主会场设在市人民会堂，新华区华强广场、河北传媒学院兴安校区、天山海世界等设立分会场。参展单位200余家，设立特装展位22个。围绕“京津冀协同发展”“大众创业 万众创新”等国家战略，设置京津冀协同发展专区、3D打印技术展区、原创IP推介会、项目签约仪式及“火影忍者”主题馆、英国小羊肖恩定格动漫馆、“我是悟空”动漫珍藏馆，举办“0门槛”千人原画展、英雄联盟明星邀请赛、全国首届“宅舞の顶点”精英赛、VR体验、动漫真人秀等活动。新华区分会场以“智驱生活”为主题，在太和电子城举办“2016河北省智能消费电子娱乐周”活动，各参展动漫电子产品厂家及商家以演说、展示、互动体验的形式，集中发布动漫游戏VR体验平台、轻客卡通电动车、智能激光投影等动漫电子产品。第十一届国际动漫博览交易会签约项目4项，发布项目3项，签约总金额1.2亿元。首都版权产业联盟、天津滨海漫画产业艺术研究院与市动漫协会签订京津冀动漫产业协同发展战略协议；河北汇洋文化产业股权投资基金与河北精英动漫文化传播股份有限公司、河北天明传媒有限公司签订投资协议；中国动漫产业网与河北点点传媒有限公司签订战略合作协议。

（张晓娟）

【中国·石家庄国际投资合作洽谈会】 11月6～8日，由省政府主办，市政府、省商务厅共同承办的2015年中国·石家庄国际投资合作洽谈会（简称石洽会）举行。来自海内外600多名客商参会。石洽会期间，举办第十届中国·石家庄国际医药博览会、石家庄首届工业名品博览展、重点合作项目签约仪式、贸易与投资项目发布合作恳谈会、旅游项目及旅游产品恳谈会、现代农业项目专题对接会等展览及活动。签约合作项目55个，总投资795.8亿元，引资额超过历届石洽会。签约项目包括装备制造、新材料、新能源及电子信息、金融服务、科技孵化器等。与环渤海、长三角、珠三角等地区签约项目占内资合作项目90%以上。其中，与北京合作项目17个，总投资398亿元；与广东、福建、浙江、江苏、山东、吉林等省市合作项目16个，总投资153亿元。签约内资合作项目中，现代服务业领域项目较多。融创中国北京分公司在裕华区投资建设融创金融科技城项目，总投资280亿元，建设内容包括平安金融中心、融创科技园、高端住宅等。中华网在桥西区投资建设中华网络产业园、中华网河北总部项目，总投资3亿元。2个项目主要为传统产业提供网络平台技术支持，助力大数据产业；创建“创业在冀”众创空间，聚集京津冀创业者到河北创业发展；建设互联网电商基地，运营发展中华网“世舶汇”跨境电商平台和中华非物质文化遗产海外展销渠道；开展国际传播，设立中华网河北海外采编中心。中勘石油天然气股份有限公司在井陉县投资建设生态智能粮棉仓储物流园项目，总投资20亿元，主要建设国内最大的山体硐库（隧道）式、智能化粮棉仓储物流基地，储备粮库容300万吨、储备棉库容100万吨。签约外资项目为：意大利马勒加斯东尼集团有限公司在无极县投资建设无极意大利科技产业园项目，总投资1.77亿美元。市政府与华夏幸福基业股份有限公司签署石家庄长安国际服务外包经济开发区整体合作备忘录、正定新区产业新城整体合作框架协议。2个区域整体合作开发项目采取PPP（政府和社会资本合作）模式。正定新区产业新城项目位于太行大街以东滹沱河北岸，主要打造高端制造产业，建设城市功能完善、生态宜居的产业新城；石家庄长安国际服务外包经济开发区为省政府批准设立的省级开发区，规划面积14.37平方千米。

【第十届中国·石家庄国际医药博览会】 11月6～8日，第十届中国·石家庄国际医药博览会（简称药博会）在石家庄国际博览中心举行。本届药博会为2016年石洽会一项重要内容，主题为“绿色、健康、创新、合作”。设置展会面积8000平方米、标准展位300个，设有医药成果创新展区、国内外知名医药企业展区、国内外高端医疗器械专题展区、大健康产业专题展区四大展区。辅仁药业集团、广东逸舒制药、海口奇力制药、成都天台山制药、华北制药、石药集团、以岭药业、神威药业、常山生化、河北大安制药有限公司等国内外医药及相关行业239家企业参展。药博会期间，举办医药采购对接大会、中医药康养讲座、免费义诊等活动。

（焦莉莉）

【首届工业名品博览展】 11月7～8日，石家庄首届工业名品博览展在石家庄解放广场会展中心举行。展览分为室内、室外两大展区。其中，室内展区面积2000平方米，分为精品展厅、电子及食品展厅、服装轻工展厅和化工建材展厅4个展厅；室外展区面积2万平方米，主要展示通用航空、新能源汽车、农用机械等大型装备。20个门类500家企业1万余种“石家庄造”工业产品参展，包括通用飞机、无人机、房车、新能源汽车、新型机械装备、光纤产品、LED灯具、生物医药制品、大健康产品、高品质乳制品、绿色肉制品、玻璃工艺制品、新型涂料、精美瓷砖等。

（范玉蕾）

【首届京津冀O2O电子商务暨跨境商品博览会】 11月18～20日，由商务部流通产业促进中心、京津冀三地商务部门、省贸易促进会为指导单位，北京市、天津市和河北省电子商务协会主办，市商务局、市电子商务协会、国际贸易城、中国梦网承办的首届京津冀O2O电子商务暨跨境商品博览会在国际贸易城三号馆举行。主题为“电子商务产业化、国际化、生活化和时尚化”。展览面积4万平方米，设置“品牌电商、农村电商、跨境商品、电商创新项目及产业园、电商服务”五大展区，设立展位650个。近700家企业参展，包括阿里、腾讯、京东、苏宁等国内知名电商平台服务类企业259家，北京工美集团、君乐宝、华北制药、红星美凯龙等实体触网企业211家，亚马逊、易贝及俄罗斯、韩国、加拿大、韩国等跨境电商187家，移联网信、国大365、农团联盟等农村电商186家，电商产业园区12个，网络金融企业6家。展会采取现场展示、线上销售、操作体验、商务洽谈、热点发布等形式，展示京津冀乃至全国的电子商务发展成果。博览会期间，举办O2O（线上线下）联动展销、“传统企业电商互联网转型”主题论坛、京津冀电商人才大型交流会、跨境网商实战大型讲座等活动。

（焦莉莉）

对外贸易

【概况】 2016年，全市对外贸易进出口总值完成719.4亿元，同比增长5.5%。其中，出口432.1亿元，增长6.8%；进口287.3亿元，增长3.5%。进出口总值时隔2年，再次超越唐山市，跃居河北省首位，占全省比重23.4%，较2015年提高2个百分点；进出口总值增速高于全省平均值9.2个百分点，全省排名第6位。

出口总值位列全省第二，占全省比重21.4%，较2015年提高1.6个百分点；出口总值增速分别高于全国增速、全省增速8.8个百分点和8.1个百分点，全省排名由2015年第6位上升至第4位。进口总值位列全省第一，占全省比重27.1%，较2015年提高2.9个百分点；进口总值增速高于全省增速11.5个百分点，全省排名由2015年第7位上升至第5位。纺织制品、农产品、医药品出口增长表现突出。2016年全市纺织纱线、织物及制品出口7亿美元，同比增长4.6%；农产品出口2.3亿美元，同比增长2.6%；医药品出口7.1亿美元，同比增长2.1%。向欧盟、东盟、印度出口保持增长态势。2016年石家庄市出口市场前5位依次为欧盟、美国、东盟、印度和俄罗斯，出口额分别为12.9亿美元、9.5亿美元、7.7亿美元、3.6亿美元、2.9亿美元，出口分别增长2.1%、−2.2%、14.4%、4.8%、−18.7%。石家庄市对韩国出口2.5亿美元，同比下降14.9%；对日本出口2.5亿美元，同比增长2%。推进跨境电子商务发展，建成较大型跨境电子商务平台5个，跨境电子商务企业达到12家。河北辰邦和石家庄双剑工具分别在欧洲、美洲建立海外仓，河北一达通企业服务有限公司成立并开展对外贸易综合服务业务，河北辰邦国际贸易集团有限公司对外贸易综合服务平台服务企业达到50家。2016年石家庄市新增境外投资企业52家，同比增长26.83%；对外投资总额21.87亿美元，同比增长54.3%，其中中方投资额19.58亿美元，同比增长113.5%，备案（核准）企业数、中方协议投资额均位列全省首位。

【县（市、区）出口不平衡】 2016年平山县、行唐县、井陉矿区、裕华区、元氏县、鹿泉区对外贸易出口增长超过10%，新乐市、赵县、灵寿县、桥西区对外贸易出口实现正增长。高邑县、栾城区、深泽县、井陉县、高新区、新华区对外贸易出口下降，降幅在10%以内；赞皇县、长安区、藁城区、正定县、晋州市、循环化工园区、无极县对外贸易出口降幅较大，均达10%以上。2016年平山县、行唐县、井陉矿区、元氏县、裕华区、鹿泉区、新乐市、赵县8个县（市、区）完成对外贸易出口目标任务，灵寿县、桥西区、高邑县、深泽县、栾城区5个县（市、区）对外贸易出口目标完成率超过90%，井陉县、新华区、高新区、赞皇县、长安区5个县（市、区）对外贸易出口目标完成率超过30%，其他县（市、区）对外贸易出口目标完成率不到80%。

【主要行业及产品出口】 纺织制品、农产品、医药品出口增长表现突出。2016年全市纺织纱线、织物及制品出口7亿美元，同比增长4.6%，其中，棉质浴巾出口增加3613万美元，同比增长150%。农产品出口2.3亿美元，同比增长2.6%。石家庄鲜梨出口4342批次、12.1万吨，货值9606万美元，同比分别增长75.2%、83.3%和76%，出口市场涉及美国、加拿大、澳大利亚、荷兰及东南亚等26个国家和地区，其中越南、荷兰、印度、墨西哥、孟加拉增长幅度明显。化学改性动植物油脂增加出口1055万美元，同比增长120%。石家庄农丰物产贸易有限公司、石家庄亚晋特国际贸易有限公司出口分别增加595万、704万美元。医药品出口7.1亿美元，同比增长2.1%。其中，维生素、咖啡因出口分别增加1421万美元、1122万美元，同比增长8.4%、17.8%。维生药业（石家庄）有限公司、河北华荣制药有限公司出口分别增加989万美元、1060万美元，出口额同比增长8.2%、37.3%。机电产品出口13.3亿美元，同比下降4.5%。其中，其他非工业用钢铁制品、光缆出口分别减少1889万美元、1821万美元，出口额同比下降23.9%、72.4%。河北省建筑材料工业设计研究院因国外承包工程项目结束，产品出口减少3161万美元；河北省机械进出口公司产品出口减少1401万美元。高新技术产品出口2.6亿美元，同比下降9.8%。其中，材料技术产品出口减少2126万美元，出口额同比下降60.7%。河北四方通信设备有限公司出口减少1827万美元，出口额同比下降72.7%。服装及衣着附件出口9.9亿美元，同比下降10.7%。织物制服装、塑胶手套产品分别减少出口5444万、6133万美元，出口额同比下降7.6%、18.7%。石家庄万力塑胶制品有限公司、石家庄常山恒荣进出口贸易有限公司产品出口分别减少1816万、1490万美元。钢材受价格下跌影响，出口3亿美元，同比下降14.8%。

（市商务局）

招商引资

【概况】 2016年，全市实际利用外资12.19亿美元，同比增长6.9%，其中，外商直接投资11.74亿美元，同比增长31.0%；新批外商投资项目21个，合同总金额6.02亿美元，同比下降84.7%。新批外商投资项目中，其中合资企业14个、独资企业7个；合同总金额中，其中，合资企业4.31亿美元，同比下降88.4%，独资企业1.71亿美元，同比下降5.4%。签订合同外资额3.61亿美元，同比下降46.9%，其中合资企业2.33亿美元，同比下降66.1%。3个园区入选2016年河北省战略性新兴产业示范基地，分别为石家庄装备制造产业园（通用航空产业）、鹿泉经济开发区（光电与导航）、石家庄高新技术产业开发区（生物医药产业）。拓展招商引资方式，设立境外招商代理机构，帮助石家庄市搜集合作信息，协助对接洽谈；与匈牙利兄弟国际公司签订中东欧招商代理协议，这是石家庄市在境外设立第一家招商代理机构。参加中国—中东欧国家地方领导人唐山会议、第10届中国—拉美企业家高峰会、石洽会签约外资项目3个，总投资9.8亿美元。4月5～7日，来自瑞典、美国等国家和地区的外资企业代表团到石家庄市考察并签署正定新区绿色、智慧、健康国际示范区项目合作备忘录。其中，市发展改革委与全球绿色开发集团、C40（城市气候领袖群）签约；正定新区与全球绿色开发集团、美国绿色建筑协会签约。2016年11月，瑞士安姆科集团（世界500强企业，也是全球最大的软包装企业）与位于石家庄市鹿泉区河北奇特包装、君乐宝乳业签署软包装项目合作协议。组织举办国内招商引资活动，全年18个省（区、市）120余家知名企业到石家庄投资合作，签约亿元以上项目127项，其中投资额10亿元以上重大项目51项，全部项目总投资2448亿元，协议引资2386亿元。7月6日，举办首届冀商大会，邀请590名海内外冀商代表参会。11月6～8日，举办2016年中国·石家庄国际投资合作洽谈会，签约合作项目55个，总投资795.8亿元，引资额超过历届石洽会。其中，与北京合作项目17个，总投资398亿元；与广东、福建、浙江、江苏、山东、吉林等省市合作项目16个，总投资153亿元；签约外资项目1个，引进投资额1.77亿美元。11月16日，2016·京津冀协同发展石家庄（正定）中关村集成电路产业基地暨正定科技新城“十三五”发展推介会在北京举行，签约项目11个，总投资244.1亿元。11月18～20日，举办首届京津冀O2O电子商务暨跨境商品博览会，签约电子商务项目36个，达成合作意向1510项。

【京津冀协同发展】 贯彻落实《“十三五”时期京津冀协同发展规划》要求，从交通、生态环保、产业3个重点领域入手，全年与北京市、天津市开展产业对接活动20余次，累计引进项目（事项）253项，总投资4019.7亿元。其中，第一、第二、第三产业项目分别为13个、82个和88个，合作事项70个；新增项目114项，总投资1260.6亿元，引进项目资金1100亿元；引进各类区域总部、中小微企业和服务类企业100余家；引进各类高层次人才、创新创业人才1315人。

引进24个京津冀协同发展产业类重点项目简介。**第一产业项目：** 1.现代生态农牧业产业园项目：由石家庄新乐市与中元牧业有限公司合作，项目总投资15亿元，总建筑面积37.7万平方米，一期奶牛场存栏量1万头，主要建设牛舍、挤奶厅、办公区等；二期肉牛场存栏量1万头，主要建设牛舍、屠宰场、库房及其他配套设施等。项目于2016年1月开工建设，至2016年末，累计完成投资4.58亿元；主体工程建设进度：5万平方米恒温牛舍、内部设施安装、场区主道路、隔离舍主体、料场、两栋后备牛舍主体完工，到位奶牛5000头，休闲观光区规划完成。2.河北三元年产乳粉4万吨、液态奶25万吨搬迁改造项目：位于石家庄新乐市，由河北三元食品有限公司与北京三元食品股份有限公司合作，总投资18亿元，占地678亩。项目建筑面积45万平方米，建设10条乳粉生产线、9条液态奶生产线、研发、办公楼及其他附属设施，新配储奶、净乳、巴氏杀菌、密闭输送等设备147台（套），2014年10月开工，2016年5月竣工投产。3.藁城农业嘉年华项目：位于石家庄市藁城区华澳农业示范园内，由藁城区与中国农业大学合作。项目总投资6亿元，其中，固定资产投资49227万元，铺底流动资金10773万元。项目占地面积560亩，总建筑面积5万平方米，建设5栋连栋温室及其内部农作物科技栽培、工厂化育苗。空间布局：5栋智能连栋温室檐高6米，顶高6.8米，连栋温室采用全玻璃覆盖，顶部为5毫米钢化玻璃，立面为5毫米浮法玻璃，设置外遮阳系统、内遮阳系统、湿帘—风机降温系统、自然通风系统、环流风机系统、补光系统、加温系统、温室内电力系统、工厂化育苗系统等。配套系统增加物联网系统。5栋连栋温室中，4栋连栋温室作为创意农业体验馆，内部分设不同主题；为常年保持观赏效果，配备1栋育苗温室以保证连栋温室优质种苗供应等。至2016年底，累计完成投资3.6亿元。项目前期审批手续办理完毕，土建工程完成。

第二产业项目：4.银河微波器件科研生产基地：位于鹿泉区经济开发区，主要生产功率放大器、视频模块，总投资1.8亿元，2016年完成投资1.2亿元，厂房主体封顶，正在精装修和采购办公家具。5.中国（石家庄）光纤通信产业园：位于石家庄经济技术开发区阿里山大街，由四方通讯有限责任公司和中国光纤集团合作，规划总投资100亿元。项目占地3000亩，建设年产800万套光纤活动连接器、220万套PLC光分路器、500万套光纤传感器、2.5万套陶瓷插芯等。至2016年底，累计完成投资68亿元；前期审批手续办结，主厂房完工，装修工程完成65%，部分设备开始安装。6.铁科翼辰轨道技术产业园：位于藁城经济开发区，由河北翼辰实业集团有限公司和北京铁科首钢技术有限公司合作，规划总投资30亿元。项目占地506.5亩，建设年产铁路扣件1000万套、桥梁支座10万套、玻璃钢轨枕36万套、减震套靴125万套、高速铁路道岔1600套等。到2016年底，累计完成投资17.5亿元；前期审批事项完成，土地指标落实到位，总体工程完成75%。7.中航通飞华北通用航空产业基地（二期）：位于石家庄市栾城区，由中航通飞华北公司石家庄飞机工业有限责任公司与中航工业集团合作，总投资12亿元，占地850亩。项目建设检测、维修厂房，服务保障设施等，总建筑面积13万平方米，将原有1200米试飞跑道改扩建至1600米，新建停机坪11万平方米。至2016年底，累计完成投资2.5亿元，二期停机坪建设和车间基础施工完工，正在回填土方，12栋通航小镇别墅设计完毕。8.中农博远农业装备制造基地项目：规划总投资13.73亿元，占地面积200亩，总建筑面积242750平方米，主要建设联合大厂房，产品调试精准车间，产品仓储中心，调试车场等；年产玉米收获机2万台，小麦收割机、整地机械、收草机械等1万台。至2016年底，项目竣工投产。9.铁科院科技创新产业园项目：位于藁城经济开发区，由河北翼辰实业集团有限公司和北京铁科院铁建所合作，规划总投资100亿元、占地面积450亩，与北京铁科院3个研究所达成协议，开展铁路器材研发，主要建设研发中心、办公大楼、初试基地、成果展示中心等。至2016年底，累计完成投资53亿元；前期土地征地手续办结，配套设施、土建工程完成建设任务的75%。10.工业大型自动灭火系统产品项目：位于石家庄晋州市，由河北翰宁电气有限公司和首安工业消防有限公司合作，总投资12亿元，建设机械加工、产品集成、感湿电缆、气瓶生产车间和电子车间、研发中心等。年产工业火灾及气体控制系统1.2万套、气体灭火系统1万瓶、气体/红外/火焰探测器60万只、消防气瓶及氧气瓶24万只及防火材料、感温电缆等配套产品。2016年上半年竣工试生产。11.精进电动新能源汽车驱动总成项目：位于正定高新区，由正定县和精进电动（北京）有限公司合作，总投资11亿元。生产转子、铁芯、精密轴/齿轮加工、精密壳体加工、总装等生产线6条。2016年3月开工建设，一号厂房一层完成浇筑，二层开始支架，2016年9月中旬封顶，2016年10月投入生产。二号车间开始打桩，办公楼和仓库完成钎探、验槽。至2016年底，累计完成投资2.1亿元。12.创新工艺技术生产金刚石工具及金属纤维项目：位于正定高新区，是省重点建设项目，由河北小蜜蜂工具集团有限公司和中国矿业大学（北京）超硬刀具材料研究所合作，总投资20亿元，项目年产金刚石刀头200万副、金刚石圆锯片300万片、金刚石薄壁钻头100万只、金属纤维299吨等。2013年开工，2016年竣工投产。

第三产业项目：13.冀中南公铁联运智能港项目：由亿博基业集团与北京铁路局京太物流有限公司合资建设，位于高邑县东塔影村东，占地

3000亩，总投资52亿元。2015年3月开工建设，至2016年底，累计投资8亿元，正在实施基础设施建设。14. 石家庄国润仓储服务有限公司通用365电子商务智慧谷项目：位于鹿泉经济开发区南新城村西，占地500亩，由国大365有限公司和京东集团公司合作，总投资20亿元。主要建设城乡一体化“双向”物流智慧谷（含城市共同配送物流园），电商物流（含跨境电商）集散基地，电商服务平台，大数据中心，特色农产品及食品进出口保税仓库，农产品加工、展销中心，全国名优特农产品交易智慧谷，科技创业孵化器等。至2016年底，累计投资1亿元，常温库土建主体结构、主体钢结构完工，维护结构正在施工，外围加气块起高，冷库、常温库正在实施保温。15. 神玥软件项目：神玥软件是一家专业从事住房公积金信息化系统软件开发、系统集成（第三方软硬件销售）、运维服务和档案信息化服务的高新技术企业。2015年9月18日，公司在全国中小企业股份转让系统（NEEQ）挂牌，证券代码：833534。2016年3月11日完成工商变更登记，公司注册资本达到4500万元。2016年神玥软件注册地为石家庄市鹿泉经济开发区。经营范围为：应用软件开发与经营；应用软件技术开发、技术服务、技术咨询；计算机系统集成；计算机软件及辅助设备的销售；通信设备销售。公司下辖北京安泰伟奥信息技术有限公司、北京金贝叶软件科技有限公司、北京神玥伟奥互联网有限公司3家全资子公司。至2016年底，公司为133家住房公积金管理中心（含分中心）提供住房金融信息化系统软件开发和运营维护等服务，惠及50多万缴存单位和3000多万缴存个人，业务覆盖22个省市自治区，市场占有率达26%以上（全国498个住房公积金管理机构）；还为35家银行（含分支行）客户提供住房公积金银行接口服务；公司市值达到7.81亿元，排名位居河北省195家新三板挂牌企业12名。2016年公司新签合同总额1.82亿元，同比增长21%；成功研发“互联网＋公积金（4.0）”综合服务平台系统并在客户端上线运营；营业收入1.18亿元，实现税后利润1023万元。16. 银河微波器件科研生产基地项目：由石家庄银河微波技术有限公司与北京北斗星通导航技术股份有限公司合作，占地面积7.43亩，总投资1.8亿元，累计完成投资1.2亿元。2016年开工，规划2018年竣工。至2016年底，厂房主体封顶，正在精装修、办公家具采购。石家庄银河微波技术有限公司（简称：银河微波或公司）成立于2002年4月，是河北省科技厅认定的高新技术企业，是北京北斗星通导航技术股份有限公司（股票代码：002151）旗下控股子公司。公司位于石家庄市鹿泉经济开发区御园路99号光谷科技园，建筑面积1.25万平方米。2016年公司注册资金1700万元，拥有员工95人，其中，研发人员41人，本科以上学历人员达到75%。银河微波主要致力研发、设计、生产用于航空、航天及其他国防装备的各种微波组件和子系统，并提供各种微波发射及接收系统解决方案和服务；产品频率覆盖DC～40GHZ，包括功率放大器、低噪声放大器、微波组件、微波开关、频率源和滤波器等。公司产品成功应用于中国神舟飞船、卫星、雷达、电子对抗、军用通信等多个重点工程项目。17. 潘成科技型中小企业产业园项目：位于栾城区石家庄装备制造产业园，裕翔街以东、和谐街以西、石家庄煤机厂以北，规划面积33.8万平方米，由河北潘成创业服务有限公司和中国技术交易所合作，总投资22.5亿元。项目建设中技所服务功能区、产业发展区，总建筑面积24万平方米。至2016年底，完成投资2亿元；部分车间主体、办公楼主体基本建成，正在内外装修。18. 中关村石家庄创业大街暨中关村海淀创业园石家庄分园项目：位于新华区，由新华区和中关村科技园区海淀园创业服务中心合作，总投资10亿元。中关村石家庄创业大街项目包括天翼路、西三庄街、蓝翼路，以天翼路南北两侧为核心街区，建筑面积12万平方米，是新华区政府与中关村科技园区海淀园创业服务中心开展战略合作，建设集管理、资本、政府等多方资源，全力打造的创新型“双创”公共服务平台。中关村海淀园石家庄分园位于河北互联网大厦，运营面积2万多平方米，拥有会务中心、路演会议室及洽谈室、创客咖啡厅、创业读书会、综合服务站等开放式公共空间2000多平方米，小微企业孵化器1万平方米，中小企业加速器1.2万平方米。路演会议室与北京中关村互通会议室视频直播系统，可实时参与中关村远程创业课堂及投资路演。中关村海淀园石家庄分园平移中关村科技园区海淀园先进运营管理模式，搭建“创业苗圃＋孵化器＋加速器”全链条孵化服务体系，专注战略性新兴产业，培养“金种子”企业和高层次创业创新人才。联合北京创业柜台投资管理有限公司、河北和泽律师事务所、北京同创集团、数字中融信息技术河北有限公司、七弦琴国家知识产权运营公共服务横琴金融特色试点平台、中原证券、沃伦德人力资源等七项规模性双创要素，完善孵化服务内容，构建覆盖企业全生命周期的系统化服务体系。中关村海淀园石家庄分园于2015年10月成立，2016年5月开始正式运营。至2016年底，互联网大厦A座内装完成，正在实施广场路面硬化，B座建至地上二层，已有乐软企信、九畴科技、优立方科技、店小二网络科技等9家京企及河北优控新能源、石家庄尚武科技等7家本地企业入驻。19. 北大科技园：由裕华区与中电四、北京大学合作，2015年7月挂牌成立，2015年12月正式入驻众创大厦运行，地址位于裕华区槐安东路与富强大街交叉口西南角。至2016年底，投入运营面积8820平方米，通过国家级众创空间认证，已有京津冀投资联盟、河北沃车港智慧科技有限公司、石家庄易派生物科技公司等46家企业入驻，其中50%以上为京津入驻企业。20. 石家庄大唐云高智能物联众创空间：由高新区与大唐信息技术公司合作，项目位于长江大道319号润江总部国际5号楼。大唐云高是中国首家央企创客平台——大唐网络有限公司在石家庄落地的专业化众创空间，重点为"大智移云"新一代信息产业搭建创新、创业服务平台。项目以一体两翼孵化模式为理念，致力打造石家庄乃至河北第一专业化的移动物联加速器和"众创空间＋孵化器＋加速器＋产业园区"的全产业链条孵化平台。至2016年底，开放使用办公空间2200平方米，入孵项目15个。21. 北京师范大学石家庄附属学校：位于长安区，由长安区政府和北京师范大学合作，总投资1.5亿元，占地规模87亩，建设全日制九年一贯制学校，2015年竣工交付使用。22. 中粮可口可乐饮料基地：位于石家庄经济技术开发区，由中粮可口可乐饮料（河北）有限公司承建，总投资6.5亿元。项目新建一条碳酸饮料生产线。至2016年底，累计完成投资4.5亿元；厂房及配套设施建设完工，设备安装完成65%，部分特殊设备正在定制。23. 天津银行石家庄分行项目：位于桥西区裕华东路49号，由中天世都和天津银行合作，总投资1亿元。建设内容为城市商业银行，办公面积5000平方米。项目于2016年6月27日正式开业。24. 河北卓越奥特莱斯国际中心一期项目：位于藁城区廉州镇陈家庄村，总投资30亿元，建设单位为北京卓越奥特莱斯公司。奥特莱斯小镇主要建设卓越国际艺术家小镇、儿童城、名品折扣店等，规划入驻国际知名品牌100余家。至2016年底，累计完成投资7.1亿元；项目设计方案通过专家会审核、规划委员会论证、环境评估报告批复，与众多国际品牌达成合作意向；征地工作完成581亩，项目桥梁修建及307国道绿化带开口完成；项目现场正在土建施工。

【开发区优化整合】 至2016年末，全市共有省级以上开发区21个。其中，国家级经济开发区1个，省级经济开发区18个；国家级高新区1个，省级高新区1个。创新开发区体制机制，印发《全市开发区改革发展意见》《全市开发区产业发展规划》。按照河北省政府要求，全市25个经济开发区优化整合为19个。2016年8月，河北省政府批复石家庄市实施开发区优化整合。鹿泉经济开发区与绿岛经济开发区合并，整合后名称为鹿泉经济开发区，面积为省政府批准原2个开发区规划面积之和；撤销鹿泉绿岛经济开发区牌子。栾城经济开发区与石家庄装备制造产业园（栾城高新技术产业开发区）合并，实行"一区两园"，整合后名称为石家庄装备制造产业园，挂河北栾城高新技术产业开发区牌子，面积为省政府批准原2个开发区规划面积之和，列入省级经济开发区序列管理。正定现代服务产业园与正定高新技术产业开发区合并，实行"一区两园"，整合后名称为河北正定高新技术产业开发区，挂河北正定现代服务产业园区牌子，面积为省政府批准原2个开发区规划面积之和，列入省级高新技术产业开发区序列管理。晋州经济开发区与晋州朝阳经济开发区合并，实行"一区两园"，整合后名称为河北晋州经济开发区，面积为省政府批准原2个开发区规划面积之和；撤销河北晋州朝阳经济开发区牌子。撤销石家庄高端医药产业园，原规划范围由石家庄高新技术产业开发区托管。撤销河北石家庄空港工业园。石家庄国际服务外包经济开发区更名为石家庄长安国际服务外包经济开发区。保留石家庄经济技术开发区、石家庄高新技术产业开发区、石家庄循环化工园区、深泽经济开发区、无极经济开发区、新乐经济开发区、行唐经济开发区、灵寿经济开发区、平山西柏坡经济开发区、井陉经济开发区、石家庄井陉矿区工业园、高邑经济开发区、元氏经济开发区、赞皇经济开发区、赵县经济开发区、藁城经济开发区，开发区名称及规划面积不变。2016年全市19个经济开发区整体发展情况向好，累计主营业务收入、生产总值、税收收入、固定资产投资、实际利用外资、外贸出口额分别完成6351.93亿元、1805.89亿元、248.01亿元、1456.73亿元、4.9亿美元、24.8亿美元，同比分别增长25.63%、34.35%、19.01%、41.31%、111.83%、48.66%。2016年石家庄市开发区在全省考核中，税收收入位列全省第一，主营业务收入、外贸出口额位列全省第二，主营业务收入增长率、外贸出口额增长率、实际利用外资增长率、固定资产投资增长率位列全省第三。

（市投资促进局）

【服务外包业】 2016年石家庄市被河北省认定为省服务外包示范城市（河北省认定4个城市，另外3个城市为秦皇岛市、廊坊市、唐山市）。至2016年末，石家庄市经河北省认定省级服务外包示范园区1家、产业基地7家、培训基地11家，服务外包企业260家，从业人员2.4万人。石家庄长安国际服务外包经济开发区。2月3日，市城乡规划委员会召开专题会议，审议并原则通过石家庄长安国际服务外包经济开发区（原名称为石家庄国际服务外包经济开发区）起步区控制性详细规划。石家庄长安国际服务外包经济开发区是经省政府批准设立的省级开发区，规划面积14.37平方千米，东至东三环延长线，南至石黄高速公路，西至京珠高速公路，北至滹沱河，其中起步区3.13平方千米。产业规划重点围绕国际服务外包业趋势，主动承接京津产业转移，城市规划为“一中心”“两片区”“六引擎”；“一中心”为产业公共服务中心，“两片区”为公共服务片区、特色产业片区，“六引擎”为产业公共服务中心、低碳、动漫、健康、低碳环保、大数据六大外包基地。

链接

服务外包省级示范城市是指以设区市为单位，符合河北省现代服务业、科技服务业和服务外包产业发展规划，相关配套设施完善，建有省级服务外包示范园区、产业基地和人才培训基地，形成服务外包产业聚集优势，为全省服务外包产业发展起到示范引领作用的城市。

（宋钧）

【民企入冀投资活动】 4月17日，民企入冀暨2016年石家庄（北京）投资合作洽谈会在北京举行。签约合作项目40个，总投资378亿元，其中，与北京合作项目29个，总投资305.4亿元。5月26～29日，市代表团到上海参加“民企入冀·协同发展”河北省（上海）投资说明会。石家庄市2个项目签约，总投资21亿元。其中，上海谷欣资产管理有限公司在井陉县投资光伏发电项目20亿元；上海意麦科技公司在石家庄高校校园投资大学生创业虚拟孵化器项目1亿元。参会期间，石家庄京津冀产学研联盟研究院及有关企业与上海交通大学举行了对接洽谈。

（吴温）

【第三次中国—中东欧国家地方领导人会议】 6月16～17日，第三次中国—中东欧国家地方领导人会议在唐山市举行。6月16日，市长邢国辉出席石家庄市政府在唐山市举办招待交流会，欢迎参加第三次中国—中东欧国家地方领导人会议的海内外嘉宾。6月17日，石家庄市在第三次中国—中东欧国家地方领导人会议期间举行重点项目签约仪式，27个项目签订合作意向。其中，外资项目3项，总投资5亿美元，拟利用外资1.3亿美元；内资项目24项，总投资408.1亿元，拟引资392.6亿元。

（焦莉莉）

【乐华城·国际欢乐度假区项目落户藁城区】 6月30日，市政府与陕西乐华恒业投资（集团）股份有限公司（简称乐华恒业集团）签署投资协议，双方商定在石家庄市藁城区合作投资建设“乐华城·国际欢乐度假区”项目。总占地面积3000余亩，计划总投资150亿元。分两期开发，一期计划总投资50亿元，两年内建设完成；二期计划总投资100亿元，3年内建设完成。全部项目建成后，规划将“乐华城·国际欢乐度假区”打造成为石家庄市集吃、住、行、游、娱、购为一体的生态休闲旅游度假区。

（齐广君）

【太行智慧城项目落户井陉县】 7月19日，人天通信集团与北京中关村建设集团举行联合投资建设太行智慧城项目签约仪式。地址位于井陉县境内，总占地面积1000亩，总建筑面积55万平方米，分太行智慧广场综合体、中关村奥特莱斯智慧商业街区、太行智慧产业小镇、太行智慧别墅小镇4期建设，总投资额30亿元。太行智慧城项目以战略性新兴产业为依托，参照中国华为集团公司在广东省东莞市“松山湖”样本设计，重点实施高层次科研平台、大数据公共基础层建立与应用、高科技服务业、智慧城市国家创新标准建设，打造富有生命力和持续发展力的众创空间、中小企业在京津冀聚集的科技小镇、全国智慧城镇的标杆、县域50亿元产值规模的高科技园区及产业、服务、商业智慧融合试点，规划聚集科技型、研发型、服务外包型企业200家。2016年9月，太行智慧城项目正式动工。

【第20届北京·香港经济合作研讨洽谈会】 11月3～4日，第20届北京·香港经济合作研讨洽谈会（简称京港经洽会）在北京市举行。11月4日，石家庄市在京港经洽会上举行京津冀协同发展·石家庄（北京）投资推介会，重点推介发展环境、投资政策、合作领域及合作项目，200余位北京和香港企业代表参会。发布招商推介项目122个，主要集中在园区、绿地、总部经济三大领域。其中，石家庄（正定）中关村集成电路产业基地、综合保税区、信息产业基地等园区招商项目59个；沙河生态湿地、高铁新区商贸小镇、伏羲文化旅游产业园等土地招商项目12个；冀中南公铁联运智能港、河北美术学院东方文化创意产业基地等企业招商项目29个；乐城国际贸易城、石家庄中关村创业大街、石家庄北方农产品中心批发市场等楼宇招商项目22个。

（吴温）

供销合作商业

【概况】 2016年，市供销合作社（简称市供销社）系统按照“为农、务农、姓农”总要求，以供销合作社综合改革为动力，大力推进“惠农服务工程”“强身固本工程”，顺利完成供销社综合改革试点任务。2016年市供销合作社系统完成商品总购进254.07亿元，同比增长104.13%；农副产品购进76.55亿元，同比增长101.14%；商品总销售268.94亿元，同比增长96.65%；消费品零售106.58亿元，同比增长95.71%；实现利润1.99亿元，同比增长30.02%。综合经济效益从2015年全省供销社系统第五名跃居第一名。2016年中华全国供销合作总社在石家庄市举办第二届中国“三农”产业发展高峰论坛，研讨和推广石家庄市供销合作社综合改革经验。《石家庄市再生资源回收体系建设规划》通过专家论证，成为全国首家编制再生资源回收体系建设规划的省会城市。2016年市供销社系统累计创办农民合作社达到3979个，覆盖全市行政村80%以上；托管土地面积60万亩，发展农业现代园区12个；建设各类配送中心78家、市县电子商务平台20多家、农村电子商务服务站667家、乡村供销社超市1110家、农产品直销店84家。助力扶贫攻坚活动，按照领办一批农民合作社、发展一批特色产业、带动一批贫困户脱贫致富思路，全年在全市贫困村领办农民合作社377家，助农增收2.5亿元。2016年市供销合作社获评为“全国文明单位”。

【供销社综合改革】 河北省是全国供销合作总社综合改革4个试点省之一，石家庄市作为河北省省会城市，创新构建“三位一体、四级联动”组织架构，搭建为农服务“五大平台”，各项供销社综合改革试点任务全部完成，顺利通过全国总社、省供销合作总社考核验收，综合成绩位列全省第一。按照“供销合作社＋农民合作社联合社＋供销集团”三位一体组织模式，率先在全省构建起市、县、乡、村四级联动新型组织架构，形成供销合作社引领农民合作社联合社、联合社带动发展农民专业合作社、合作社带领农民致富新格局。2016年市供销社系统组建市、县农民合作社联合社18家，组建供销集团或资产运营中心17家；成立乡镇级农民合作社联合社199家，建立新型基层供销社215家，实现全市所有乡镇全覆盖。至2016年底，全市创办农民合作社累计达到3979个，覆盖全市行政村80%以上。搭建现代农业社会化服务、农村现代流通服务、农村社区综合服务、农村合作金融服务、农村产权交易服务五大为农服务平台。2016年市供销社系统累

2016 年 12 月 13 日，由中华全国供销合作总社理事会副主任骆琳（前排右二）带队的中央农村工作领导小组办公室、中华全国供销合作总社综合改革试点督导验收工作组到石家庄市督导验收供销社综合改革试点工作

计托管土地面积 60 万亩，发展农业现代园区 12 个，开发荒山面积 18 万亩，培训农民 6.47 万人次。推进传统流通网络转型升级，规范建设各类配送中心 78 家，建设市、县电子商务平台 20 多家，农村电子商务服务站 667 家，乡村供销社超市 1110 家，农产品直销店 84 家，改造新建农产品批发市场 24 家。以向农民提供全方位、一站式生活服务为内容，建成农村社区综合服务中心 220 个。打造投资担保、新合作互联网金融、安全统筹保险“三个全覆盖”金融服务格局，建成金融超市 57 家，为农民提供担保资金 2.6 亿元；新合作互联网金融平台为市供销社企业项目融资 5000 万元；特色农业保险为 76 家农民合作社提供风险保障资金 6694 万元。2016 年石家庄市和 17 个县（市、区）全部建立农村产权交易平台，完成交易鉴证业务 9 笔，帮助农民流转土地面积 2790 亩，实现合同成交额 4943 万元。

【企业经营管理】 以市供销集团为龙头，实施项目带动、多元发展、联合合作发展战略，推动全市供销社企业做大做强。项目带动战略：全年谋划建设项目 10 个，完成总投资 3.4 亿元。市第一棉麻总公司纺纱及棉花国际贸易项目竣工收尾，成为石家庄综合保税区首家入驻产业项目；市农业生产资料总公司骐骥生态有机肥项目投产运营，产品销售供不应求，社会经济效益显著。多元化发展战略：主动适应城乡一体化发展新形势，在做大做强农资、食盐、日用消费品、农副产品、再生资源等传统业务基础上，拓展经营服务领域，寻找新的经济增长点，初步形成现代流通、现代农业、现代物流、新能源、金融、地产、电商等多元支撑、多板块并存集团化发展新格局。河北中山日化股份公司实施惠农合作商工程，辐射全省 1 万多家经营网点，年经营规模达到 7 亿余元。联合合作战略：开展“问计省直、争取支持”活动，2016 年市供销合作社争取全国总社、省供销合作总社资金 10293 万元，占全省供销社系统 40.57%，同比增长 561.5%。主动融入京津冀协同发展格局，与天津市宝坻区供销社、国际 500 强企业海航集团开展战略合作，与中国建设银行、中国人寿保险公司合作，开辟金融、保险新业务。开拓国际市场，与美国福斯通公司、新加坡奥兰国际事业部达成合作意向。

石家庄市供销合作总社

理事会主任：任建忠

监事会主任：刘占海

理事会副主任：任素江　李玉民　敦建伟　丁根起

监事会副主任：王彦生

（贡丽凯）

粮油购销

【概况】 2016年，全市粮食系统贯彻落实国务院《粮食流通管理条例》《河北省粮食流通管理规定》和粮食安全市长责任制，深化粮食流通体制改革，开展“粮安工程”建设，实现粮食流通持续健康发展。执行国家粮食收购政策，设置粮食收购库点21个，收购商品粮321万吨，其中，小麦156万吨、玉米165万吨。较好完成军粮供应任务和调供计划，全年向部队供应肉蛋奶菜5229吨，销售额3430万元；落实军粮供应电话预约、送粮上门服务制度，2016年市粮食部门为部队义务送粮率达98%以上。实施粮油仓库改造项目。按照省财政厅、省粮食局部署和石家庄市粮油仓库实际情况，全年投资13941万元，开展危老仓库维修改造项目，其中，使用省级以上补助资金5436万元，地方配套资金4989万元，企业自筹资金3516万元；改造项目涉及市直和17个县（市、区）26家企业73个维修库点，最低改造量65.37万吨。2016年末，全部粮油仓库改造任务完工。严格粮食监管，全年查办粮食行政执法案件45例，其中，责令改正39例，警告3例，罚款3例，收缴金额1700元。石家庄市“7·19”特大洪灾发生后，市粮食部门及时启动应急预案，投入粮油供应人员500余人次，供应车辆200余台次，供应米面油等灾区急需物品730余吨，供应范围涉及石家庄市2个县17个乡镇。2016年市粮食局获评市级安全生产目标管理工作先进单位。

【购销储存】 执行国家粮食收购政策，敞开收购农民余粮，不压级压价，售粮款做到即时结算。6月30日，全市启动小麦最低收购价政策。收购价格：2016年生产的国标三等小麦每千克2.36元，相邻等级间差价每千克0.04元。设置粮食收购库点21个，以最低收购价收购小麦30.3万吨。6月30日，全市公布设置最低收购价小麦第一批收储库点11个，分别为：河北省天元国有粮食收储有限公司、灵寿县金穗粮油有限公司、河北省财安粮食经营有限责任公司、中央储备粮新乐直属库高邑分库、河北省粮食局直属机械化粮油储备库、井陉县泰丰粮油购销有限公司、河北永弘安粮油有限公司、石家庄市军粮有限责任公司、河北石家庄国家粮食储备有限责任公司、河北永安国家粮食储备库有限公司、晋州省级粮食储备有限公司常营库区。8月5日，市粮食局、中储粮新乐直属库、中储粮石家庄直属库、农业发展银行河北省分行营业部联合公布小麦最低收购价第二批收储库点5个，分别为：位于无极县小西门村的小西门粮油有限责任公司、位于无极县七汲村的无极七汲粮油有限责任公司、位于深泽县赵八村的弘丰粮油贸易有限公司（赵八库）、位于藁城区永安路新桥西169号的河北藁城国家粮食储备库有限公司、位于正定县南楼村的正定县宏远粮油购销有限公司南楼粮站。8月10日，市粮食局、中储粮新乐直属库、中储粮石家庄直属库、农业发展银行河北省分行营业部联合公布2016年全市小麦最低收购价第三批收储库点5个，分别为：位于无极县北苏镇北苏村的石家庄惠农粮食储备有限公司、位于无极县里城道村东的无极县里城道粮油有限责任公司、位于无极县东西侯村的无极县东后粮油有限责任公司、位于深泽县后马里村的深泽县弘丰粮油贸易有限公司马里粮站、位于晋州市工业路东段路北的晋州省级粮食储备有限公司。至2016年末，石家庄市收购商品粮321万吨，其中，小麦156万吨、玉米165万吨。加强县级储备粮库业务指导，14个县（市、区）完成县级粮食储备指导性计划，2016年底石家庄市县级粮食储备达到8.3万吨。

【粮油监管】 实施并完成省市两级储备粮油轮换监管。2016年全市完成省级储备小麦轮换计划29517吨，市级储备食用植物油轮换计划7100吨。开展粮食库存检查，涉及粮食储存点69个，检查库存粮食72万吨；检查结果为：全市粮食库存账实相符、储存安全。严肃查处涉粮案件。全年查办粮食行政执法案件45例，其中，责令改正39例，警告3例，罚款3例，收缴金额1700元。开展全社会粮食流通专项检查活动，内容主要包括粮食收购资格核查、粮食质量标准执行情况检查、粮食收购政策执行情况检查、粮食流通统计制度执行情况检查、统计数据质量检查等。

（市粮食局）

烟草专卖管理

【概况】 2016年，全市烟草专卖系统烟叶种植面积4700亩，收购烤烟1.6万担；累计销售卷烟35.34万箱，较2015年减少3.12万箱，同比下降8.11%，低于全省平均水平0.79个百分点，降幅排名全省第7位；年人均卷烟销量8.26条，较2015年减少0.73条，高于全省平均水平0.33条，排名全省第5位。卷烟销售收入、税利大幅下降。2016年全市卷烟销售收入81.45亿元，同比下降9.55%，卷烟销售收入位列全省第1名，占全省总量16.2%，降幅低于全省平均水平1.29个百分点；卷烟单箱销售额23048元，同比下降1.57%，单箱销售额高于全省平均值1708元，在全省排名第3位。2016年全市卷烟销售实现税利20.95亿元，较2015年减少1.23亿元，同比下降5.52%，卷烟销售税利在全省排名第1位，占全省总量17.4%，卷烟销售税利降幅低于全省平均水平1.66个百分点。2016年全市卷烟销售实现利润7.03亿元，较2015年减少2.73亿元，同比下降28.31%。2016年全市高端卷烟销量11391箱，占河北省高端卷烟销售总量19.3%，位列全省第一；高价位卷烟销量1084箱，排名全省第一。2016年石家庄市销售省产烟19.99万箱，同比下降1.63%，占省产烟总销量比重56.58%，同比提高3.72个百分点，销量和占比均位列全省第一；省产烟单箱销售额18244元，超出全省平均值3560元，排名全省第一。2016年市烟草专卖局（公司）连续3年获评石家庄市纳税百强企业，上缴税金总额连续3年排名全市百强企业前3名。

表23　2016年石家庄市烟草专卖局（公司）主要情况统计表

总体情况	主要负责人／法人代表		王春怀／王春怀
	所属县级单位（个）		17
	总资产（万元）		274696
	资产负债率（%）		28.07
	从业人员（人）		1072
业务机构	营销中心（个）		1
	卷烟配送中心（个）		1
	专卖稽查机构（个）	稽查大队	18
		稽查支队	1
烟叶生产	烟叶生产基础设施建设资金投入（万元）		53.05
	烟叶生产基础设施新增受益面积（万亩）		0.2
	烟叶种植（万亩）		0.47
	烟叶收购（万担）		1.6
	烟农户数（户）		118
	烟农总收入（万元）		1676

续表

卷烟销售	数量（亿支）	176.70
	同比增长（%）	-8.11
	卷烟销售收入（万元）	814494
	零售户数量（户）	30467
	零售户销售毛利率（%）	6.2
实现税利	总额（万元）	209543
	同比增长（%）	-5.52
实现利润	总额（万元）	70350
	同比增长（%）	-28.31
案件查处	涉烟违法案件（起）	1775
	涉烟违法案件案值（万元）	2328.15

【卷烟销售】 全年销售卷烟176.70亿支，同比下降8.11%；卷烟销售收入81.45亿元，同比下降9.55%；实现税利20.95亿元，同比下降5.52%；实现利润7.04亿元，同比下降28.31%。加强烟草销售终端建设，设立宾馆和酒店卷烟陈列36家；举办零售客户座谈会56场；投资316.58万元，为501个重点终端客户采购卷烟柜台824套；服务零售客户，办理零售客户贷记卡户数比例达50%，合计授信额度1.41亿元。开展“消费者在哪里，我们就到哪里”主题活动，建立卷烟消费者档案18853份。制定印发《改善消费环境建设规划》，自营店全部设立吸烟区，建成室外吸烟区9个。规范客户服务标准，完善客户经理拜访服务、考核、评优管理办法，提升基层营销水平。2016年全市累计销售细支卷烟11483箱，同比增长145.05%；销售焦油含量8毫克以下卷烟25721箱，同比增长13.75%；销售焦油含量6毫克以下卷烟7195箱，同比增长34.49%；销售国产雪茄277箱，同比增长29.86%。

【专卖管理】 全年市烟草专卖局查获各类涉烟案件1775起，查获卷烟实物2275.11万支，查获烟丝、烟叶100.69吨，总实物案值2328.15万元；刑拘49人，批捕38人，判刑16人。破获国家烟草局标准网络案件9起（含藁城区1起部督案件）。其中，市烟草专卖局指导5个县级烟草专卖局破获国家标准网络案件6起；正定县烟草专卖局破获国家标准网络案件2起。聚焦目标、重拳出击，集中治理一批卷烟专卖重点违规商户，打掉多个在石家庄地域盘踞多年、影响恶劣的违规“钉子户”。其中，城区烟草专卖局历经近一年摸排、盯守，一举打掉在全市烟草行业涉案规模最大、盘踞时间最久、关系最为复杂、影响最深的“天水烟酒”案。紧盯全市430多家物流公司，建立烟草专卖监控档案，绘制分布图，开展货运专线和物流环节专项整治。全年烟草专卖查处物流货运环节案件118起，查获实物卷烟577.02万支，实物案值658.51万元，数量、案值同比倍数增长。开展烟丝烟叶专项清查活动，查获案件38起，查获实物100.69吨，实物案值620.5万元。其中，平山县烟草专卖局和行唐县烟草专卖局联合查扣烟丝烟叶数量达53.99吨，案值超过300万元。加强各县（市）烟草专卖局领导班子非烟治理专项考核，落实烟草同级业务、工业生产、烟叶企业日常监管和重点检查制度。2016年全市调查处理烟草专卖预警数据7287笔。针对卷烟销售及货源分配下达整改通知书28份，有效防范主观故意、组织参与、内外勾结等违规经营行为。2016年全市卷烟外流55.46万支，同比下降63.43%，在全省排名第6位，较2015年下降3位。

石家庄市烟草专卖局（公司）
局　　长：王春怀（兼经理）
副 局 长：陈冉
副 经 理：李鲁平
工会主席：康江涛

（王瑜红）

成品油供应

【概况】 2016年，中国石油化工股份有限公司石家庄石油分公司（简称中国石化石家庄石油分公司）实现轻油销售96.45万吨，完成计划100.84%。其中，汽油销售52.65万吨，柴油销售43.8万吨；轻油零售78.86万吨，完成计划98.82%，直销批发17.59万吨，完成计划110.97%。2016年中国石化石家庄石油分公司实现成品油销售收入54.2亿元，考核差价收入3.5亿元，实现考核利润3.46亿元，完成年度计划88.9%。2016年中国石化石家庄石油分公司销售天然气117万立方米。非油品业务实现销售额2.44亿元，完成计划104.75%，毛利额达到3255.6万元，综合毛利率13.6%，其中，非油品业务单店日均销售额3050元，同比增长15.7%，非油品业务销售收入百万元店达到86个，同比增加2个。完善成品油销售网络，与正定新区管委会探索成立企地合资公司。实施成品油低成本发展项目7座，续租项目3座，资产化项目1座，解决纠纷项目3座，延缓全资站拆迁项目2座，选树标杆加油站6座。加强成品油市场监管，2016年市商务部门组织开展国五标准车用汽柴油供应和成品油市场秩序专项整治“回头看”活动，逐笔查验全部运营加油站（点）进销台账，凡不按照规定供应国五标准车用汽柴油的加油站（点）一律查封加油机或责令停业整顿；采取部门联查、定期与不定期巡查、常态化“回头看”等形式，加大“黑加油站点”“山寨加油站”及销售假劣车用燃油等非法违规经营成品油行为打击力度，做到发现一起，查处一起。2016年中国石化石家庄石油分公司未发生1起安全事故，获评河北省石油系统“标杆单位”称号。

【油品供应】 全年中国石化石家庄石油分公司从炼油厂购进成品油76.35万吨，其中，汽油38.38万吨、柴油37.97万吨；从天然气供应厂家购进天然气86.47万立方米。重视油品运输途中监管，率先在全省实现电子铅封系统上线。按照错峰配送原则，实行“一站一品号一策”配送方式，以最优的运输线路、最短的供应链开展精准配送。全年完成成品油二次配送67.39万吨，吨油运费为36.4元，较2015年下降0.1元。加强成品油零售管理，以“汽油增量、柴油稳量”为经营目标，开展“首季开门红”和对标竞赛活动，全年公司轻油零售78.86万吨，完成计划98.82%。重视市场细分和客户开发，举办进社区、进单位、进村镇等充值卡推销活动，2016年公司利用推广省石油公司“油惠通”微信公众号和APP平台，实现加油卡电子券充值386.37万元、客户关注26.9万人；发行加油IC卡21.85万张，销售充值卡4.23亿元，同比增加1.4亿元。举办针对性成品油营销活动，在全市重点片区和加油站增设银联POS机100余台，完成联合营销交易额1.1亿元，同比增加3218万元。实施成品油供应设施维修改造，打造纯汽油站5座，整合加油站60座，其中30余座加油站增加98号汽油销售，实现汽油零售销量较2015增长5.1%。采取定向销售及“赶集站”“多加惠”等措施，以锁定优质客户为目标，打造核心增量站16座，实现柴油销售较2015年增加销量5万多吨。探索成品油运营新模式，将5座加气站委托新奥车用燃气公司经营，实现销量大幅增长。拓展直销批发市场，开展2013～2016年客户性质类型购油情况等因素调研分析，实行客户预警动态管理，培育和维护客户忠诚度，提高客户稳定率。全年新建直销批发客户167个，增加成品油销量5.05万吨。树立油品、非油品、零售充值卡全产品销售理念，时刻关注市场变化，及时传递销售政策，做到上下联动和快速反应。全年轻油直销批发和小额配送完成销售17.59万吨，完成计划率排名全省第二位。

【汽柴油质量标准由国四升至国五】 1月1日起，石家庄市汽柴油质量标准从国四升级为国五，汽油标号由

90号、93号、97号变为89号、92号、95号，93号汽油停止销售。汽柴油质量标准升级后，加价标准分别为每吨170元和160元，加价幅度折合每升加价0.14元左右；国五标准车用汽油89号、92号、95号油品价格分别按原国四标准车用汽油90号、93号、97号油品价格加价执行。调整后，全市汽、柴油（标准品）最高供应价格每吨分别为6675元和5715元。89号汽油最高零售价格为每升5.25元，92号汽油5.66元，95号汽油5.98元；0号柴油每升5.24元，5号柴油5.14元，负10号柴油5.56元，负20号柴油5.82元，负35号柴油6.03元，负50号柴油6.19元。1月12日，石家庄市主城区加油站全部油品升级置换完毕。与国四标准油品相比，国五标准油品含硫量降低，国四标准规定1000克汽油含硫量为50毫克，国五标准为10毫克；国五标准中烯烃和芳烃含量与欧盟标准一致。中国石化石家庄石油分公司于2015年11月开始汽、柴油升级倒库，至2016年1月1日，油品全部达到国五标准；同时，公司还推出国五标准98号车用乙醇汽油加油站业务。

【成品油调价】 全年成品油价格上调10次，下调5次。1月13日24时起，全市成品油价格下调。汽、柴油最高零售价格每吨分别降低140元和135元，90号汽油和0号柴油（全国平均）零售价格每升分别降低0.1元和0.11元。调整后，92号汽油从每升5.66元降至5.55元，95号汽油从每升5.98元降至5.86元，0号车用柴油价格从每升5.24元降至5.13元，负10号车用柴油价格从每升5.56元降至5.43元。4月26日24时起，全市成品油价格上调。汽、柴油最高零售价格每吨分别提高165元和160元。90号汽油每升上涨0.12元，0号柴油每升上涨0.14元，92号汽油每升上涨0.13元，95号汽油每升上涨0.14元。5月11日24时起，全市成品油价格上调。汽、柴油最高零售价格每吨分别提高120元和115元。调整后，89号汽油每升涨至5.36元，92号汽油每升涨至5.78元，95号汽油每升涨至6.10元，0号柴车用油每升涨至5.36元。5月25日24时起，全市成品油价格上调。汽、柴油最高零售价格每吨分别提高210元和200元，92号汽油每升上涨0.17元。调整后，国五标准89号汽油最高零售价格每升5.51元，92号汽油每升5.95元，95号汽油每升6.28元；国五标准0号车用柴油最高限价每升5.54元，5号柴油每升5.43元，负10号柴油每升5.87元，负20号柴油每升6.15元，负35号柴油每升6.37元，负50号柴油每升6.53元。6月8日24时起，全市成品油价格上调。汽、柴油最高零售价格每吨均提高110元，92号汽油每升上涨0.08元。调整后，国五标准89号汽油最高零售价格每升5.60元，92号汽油每升6.03元，95号汽油每升6.38元；国五标准0号车用柴油最高限价每升5.63元，5号柴油每升5.52元，负10号柴油每升5.97元，负20号柴油每升6.25元，负35号柴油每升6.48元，负50号柴油每升6.65元。7月21日24时起，全市成品油价格下调。汽、柴油最高零售价格每吨分别降低155元和150元，92号汽油每升下降0.12元。调整后，国五标准89号汽油最高零售价格每升5.48元，92号汽油每升5.91元，95号汽油每升6.24元；国五标准0号车用柴油最高限价每升5.50元，5号柴油每升5.39元，负10号柴油每升5.83元，负20号柴油每升6.11元，负35号柴油每升6.33元，负50号柴油每升6.49元。8月4日24时起，全市成品油价格下调。汽、柴油最高零售价格每吨分别降低220元和215元，92号汽油每升下降0.18元。调整后，国五标准89号汽油最高零售价格每升5.32元，92号汽油每升5.73元，95号汽油每升6.06元；国五标准0号车用柴油最高限价每升5.32元，负10号柴油每升5.64元。8月18日24时起，全市成品油价格上调。汽、柴油最高零售价格每吨分别提高175元和170元，92号汽油每升上涨0.14元。调整后，国五标准92号汽油最高零售价格每升5.87元，95号汽油每升6.21元；国五标准0号车用柴油最高限价每升5.78元。9月1日24时起，全市成品油价格上调。汽、柴油最高零售价格每吨分别提高205元和200元，92号汽油每升上涨0.17元。调整后，国五标准89号汽油最高零售价格每升5.60元，92号汽油每升6.04元，95号汽油每升6.38元；国五标准0号车用柴油最高限价每升5.64元，5号柴油每升5.52元，负10号柴油每升5.97元，负20号柴油每升6.26元，负35号柴油每升6.48元，负50号柴油每升6.65元。9月18日24时起，全市成品油价格下调。汽、柴油最高零售价格每吨分别降低155元和150元，92号汽油每升下降0.13元。

调整后，国五标准92号汽油最高零售价格每升5.91元，95号汽油每升6.25元；国五标准0号车用柴油最高限价每升5.51元。10月19日24时起，全市成品油价上调。汽、柴油最高零售价格每吨分别提高355元和340元，92号汽油每升上涨0.29元。调整后，国五标准89号汽油最高零售价格每升5.75元，92号汽油每升6.20元，95号汽油每升6.55元；0号车用柴油每升5.80元，5号柴油每升5.68元，负10号柴油每升6.15元，负20号柴油每升6.44元，负35号柴油每升6.67元，负50号柴油每升6.84元。11月16日24时起，全市成品油价下调。汽、柴油最高零售价格每吨分别降低365元和355元，92号汽油每升下降0.29元。调整后，国五标准89号汽油最高零售价格每升5.48元，92号汽油每升5.91元，95号汽油每升6.24元；0号车用柴油每升5.49元。11月30日24时起，全市成品油价格上调。汽、柴油最高零售价格每吨分别提高175元和170元，92号汽油每升上涨0.14元。调整后，国五标准89号汽油最高零售价格每升5.61元，92号汽油每升6.05元，95号汽油每升6.39元；国五标准0号车用柴油最高限价每升5.64元，5号柴油每升5.53元，负10号柴油每升5.98元，负20号柴油每升6.26元，负35号柴油每升6.49元，负50号柴油每升6.66元。12月14日24时起，全市成品油价格上调。汽、柴油最高零售价格每吨分别提高435元和420元，92号汽油每升上涨0.35元。调整后，国五标准89号汽油最高零售价格每升5.93元，92号汽油每升6.40元，95号汽油每升6.76元；国五标准0号车用柴油最高限价每升6.00元，5号柴油每升5.88元，负10号柴油每升6.36元，负20号柴油每升6.66元，负35号柴油每升6.90元，负50号柴油每升7.08元。12月28日24时起，全市成品油价格上调。汽、柴油最高零售价格每吨分别提高100元和95元，92号汽油每升上涨0.08元。调整后，国五标准89号汽油最高零售价格每升6.01元，92号汽油每升6.48元，95号汽油每升6.84元；0号车用柴油每升6.09元。

中国石化石家庄石油分公司
经　　理：王振祥
党委书记：李现华
副 经 理：钱胜军　肖力全
　　　　　于海涛　陈军鹏

（剧柏含）

旅　游

【概况】　2016年，全市接待海内外游客7647.7万人次，同比增长12.76%；实现旅游业总收入750.32亿元，同比增长27.07%。元旦假期期间（1月1～3日），全市接待游客27.9万人次，同比增长13.6%；实现旅游业总收入1.93亿元，同比增长20.6%。五一小长假期间，全市接待游客386.7万人次，同比增长16.3%；旅游业收入23.6亿元，同比增长27.6%。其中，动物园、植物园接待游客累计18.23万余人次（动物园12万余人次，植物园6.23万余人次）。5月1日，动物园、植物园游客最多，单日最高游客量分别达到6.6万人次、3.7万余人次。十一国庆节期间，全市接待游客440.66万人次，同比增长17.45%；实现旅游业总收入22.12亿元，同比增长29.96%。全年旅游业新建、在建项目64个，完成投资30.38亿元。井陉县于家石头村景区获评3A级景区，行唐县神树湾景区获评2A级景区；联邦空中花园景区、平山县拦道石景区取消4A级旅游景区资质；中国中车石家庄车辆有限公司评定为石家庄市工业旅游示范点。至2016年末，全市拥有A级以上景区34处，其中，5A级景区1处、4A级景区25处、3A级景区5处、2A级景区3处；全国休闲农业与乡村旅游示范县2个，河北省休闲农业与乡村旅游示范县3个；工农业旅游示范点33个，其中，国家级农业旅游示范点1个、省级农业旅游示范点15个，省级工业旅游示范点8个、市级工业旅游示范点11个；星级饭店64家，其中，五星级4家、四星级27家、三星级26家、二星级7家，床位21.6万张；绿色饭店35家，其中，国家金叶级绿色饭店5家、省级绿色饭店5家；省级星级农家乡村酒店2个、市级星级农家乐108个，其中，新评石家庄市星级农家乐46家（四星级6家、三星级39家、二星级1家）；旅行社262家，其中，出境组团社38家、一般组团社224家，分社47家，服务网点570家，旅游大巴车700余辆，持证导游9000余人。6月6日，依据《石家庄市机构编制委员会关于市旅游局更名为市旅游发展委员会的批复》(石机编〔2016〕19号)，市旅游局更名为市旅游发展委员会（简称市旅游委）。11月25日，市旅游发展委员会挂牌成立，地址为石家庄市长安区中山东路216号。12月1日，根据《中共石家庄市委办公厅 石家庄市人民政府办公厅关于成立石家庄市旅游工作领导小组的通知》(石办字〔2016〕39号)，组建成立石家庄市旅游工作领导小组，负责统筹协调解决全市旅游业改革发展重大事项。2016年，平山县、赞皇县、灵寿县、正定县4个县列入创建省级县域全域旅游示范区名单，灵寿县南营乡列入创建省级乡镇域全域旅游示范区名单；石家庄饭店红星包子、石门一味缸炉烧饼获评首届中国金牌旅游小吃，石家庄市的红星包子、缸炉烧饼、石门八件、北苏袁家饸饹四大美食入选河北省30种“金牌旅游小吃”。

【旅游景区建设】 旅游规划编制。《石家庄市旅游业“十三五”发展规划》编制完毕，首次提出“一城崛起、两带串联、三区联片、多点发力”旅游发展目标。启动编制《石家庄市自驾车旅居车营地发展规划》，组织推进《石家庄市旅游公共服务专项规划》《石家庄市乡村旅游发展总体规划》《石家庄市旅游小镇暨慢城慢镇旅游发展规划》实施。指导平山县修编《平山县旅游发展总体规划》《河北泓润科技生态园旅游总体规划（平山）》《天桂山国际旅游度假区总体规划》。全年旅游业新建、在建项目64个，完成投资20.38亿元。推进5A级景区西柏坡纪念馆升级，实施西柏坡陈列展览馆维护修缮，改陈西柏坡廉政教育馆。7月1日，维修后的西柏坡纪念馆全部正式对外开放。实施西柏坡纪念馆智慧景区建设工程，WiFi网络全覆盖、景区手机APP及无线电子讲解系统、数据指挥中心项目建设完工。引进全国500强企业——杭州绿城集团，合作建设健康宜居养老社区，打造“中国一流的休闲度假、健康养老特色小镇”。平山县总投资100亿元“沕沕水空中画廊、怀特度假中心、富力健康养生城”等30个重点旅游项目启动；投资3亿元，开展驼梁、天桂山等重点景区对标提升行动；引入湖北宝塔集团，探索实行县域内天桂山、银河洞、沕沕水、紫云山、佛光山等景区统一管理、统一宣传、统一营销模式，建设北冶游客综合服务中心和区域大景区。赞皇县政府与河北康旅控股集团签订《嶂石岩风景区内项目建设开发经营及管理协议书》，主要包括九女峰精品旅游景点、航空文化小镇、景区接驳车系统等六大项目，总投资2.535亿元。白鹿温泉股份有限公司投资32亿元，打造红崖谷旅游度假景区项目启动；鹿泉西部长青休闲度假区项目“柳仙谷自然风景区、亦禾生态观光园、室外滑雪场、室内冰雪乐园”及灵寿县“漫山花溪谷景区”对公外开放。2016年“7·19”特大洪灾造成全市22家旅游景区（A级以上19家）受损，直接经济损失9.13亿元；洪灾发生后，市级财政拨付600万元用于景区灾后恢复重建，谋划重建项目和灾后发展项目28个。推进“旅游厕所革命”，全年安排旅游景区厕所建设任务79座，实际完工80座。石家庄航空小镇。2016年6月，由栾城区和石家庄宏泰产业市镇发展有限公司合作建设的石家庄航空小镇启动。该项目距离市区南三环6千米，总规划面积4.68平方千米，总投资57亿元，规划建设航空主题公园、航空主题酒店、航空文化会展中心、航空培训中心、航空运动中心、飞行者公寓、奥特莱斯、航空产业孵化创新创业基地等。建设年限4年，建设期限为2016年7月～2020年7月。

【特色旅游项目】 工业旅游。中国中车石家庄车辆有限公司评定为石家庄市工业旅游示范点，君乐宝工业旅游区获评国家4A级景区。2016年末全市拥有省级工业旅游示范点8个、市级工业旅游示范点11个。以旅游业与第一、二、三产业融合发展为目标，策划推出君乐宝工业旅游区—金凤工业园—食草堂、君乐宝工业旅游区—栾城柳林屯蔬菜庄园采摘—以岭健康城健康养生游等工农业旅游、健康养生游新线路。乡村旅游。拥有全国休闲农业与乡村旅游示范县2个，河北省休闲农业与乡村旅游示范县3个；国家级农业旅游示范点1个、省级农业旅游示范点15个。以平山县西柏坡村及前大地村、正定县塔元庄村、栾城区柳林屯村、鹿泉区山后张庄村、赞皇县嶂石岩村、井陉县大梁江村等14个“河北省乡村旅游示范村”为重点，按照“一村一策、一村一品”要求，集中编制14个村乡村旅游开发规划并全部通过评审。确定石家庄市乡村旅游示范村16个。13个省级旅游精品示范村争取省级融资平台项目资金各500万元，30个省市级乡村旅游示范村争取市级融资平台项目资金各500万元。实施乡村旅游精准扶贫，开展建档立卡贫困村乡村旅游资源普查，确定“十三五”规划时期具备发展乡村旅游条件贫困村名单，39个建档立卡贫困村录入国家旅游局“乡村旅游扶贫工程基础情况在线填报系统”。参加河北省旅游规划扶贫公益行动，平山县黄安村、沕沕水村、前大地村、北滚龙沟村和赞皇县黄北坪村5个村庄乡村旅游规划编制完成，平山县前大地村确定为河北省首批全国乡村旅游扶贫工程观测点。选派旅游扶贫重点村负责人参加国家旅游局举办的全国乡村旅游扶贫重点村村官培训班。组织申报全国旅游扶贫示范项目，平山县佛光山景区入选全国“景区带村”旅游扶贫示范项目名单，平山县苍鹭峰旅游服务有限公司总经理毛志红入选全国“能人带户”旅游扶贫示范项目名单，赞皇县原村土布专业合作社入选全国“合作社＋农户”旅游扶贫示范项目名单。推进乡村旅游基础设施建设，平山县西柏坡镇西柏坡村、灵寿县南寨乡马家庄村、行唐县上闫庄乡神树村、赞皇县黄北坪乡黄北坪村等13个村庄争取旅游基础设施中央预算内资金1300万元。红色旅游。以“红色圣地提升、红色乡村建设、红色产业培育”为内容，实施红湾度假中心、柏里溪生态园、红色旅游环线等重点项目建设，新建“两个务必”“戎冠秀”“王二小”等主题广场。编排推出“党旗飘扬，美丽河北——纪念中国共产党建党95周年纪实情景剧”和“依法治国从这里起航”法制故事会，组织举办“纪念长征胜利80周年”全省讲解员讲解大赛。2016年石家庄市参加河北省旅游发展委员会举办“讲述红色故事·传承红色基因”2016河北省红色旅游故事会大赛中，西柏坡纪念馆、华北烈士陵园3名讲解员获评“十佳选手”称号；西柏坡纪念馆袁晶、李红杰代表河北省参加国家举办“红色旅游故事会”比赛。

【旅游宣传】 围绕“红色西柏坡 多彩石家庄”“革命圣地、青翠太行、千年古郡、幸福新城”等主题品牌，开展旅游宣传和精准营销。2016年石家庄市在中央电视台新闻综合频道《朝闻天下》栏目播放时长5秒钟石家庄旅游宣传片和正定旅游形象广告宣传片；与中央人民广播电台合作，宣传石家庄旅游形象及康养大会举办情况；与《中国旅游报》合作，专版宣传石家庄市旅游资源；与《石家庄日报》《精品导报》及石家庄新闻网、网易河北、新浪河北、腾讯大燕网、长城网等媒体合作，宣传和介绍石家庄旅游胜地。利用石家庄旅游网、石家庄旅游新浪和腾讯微博、《石家庄旅游》内刊、石家庄旅游微信及时推送全市旅游信息，搭建旅游业联系和沟通桥梁，提升石家庄旅游品牌影响力。与北京铁路局合作，开行贯穿京津冀“石家庄·正定号旅游专列”。10月31日～11月9日，石家庄市在北京市王府井步行街组织举办“红色西柏坡　多彩石家庄”旅游风光摄影展，展出图片100余幅，参展游人220万人次。5月21～29日，石家庄市组织工作人员赴日本东京、长野及韩国天安、首尔等地举办以“名桥、古寺”为主题石家庄旅游推介活动，并举行日本海鸥旅行社石家庄旅游东京推广中心、哈拿多乐旅行社石家庄旅游首尔推广中心挂牌仪式。12月13～16日，石家庄市组织工作人

2016年10月31日～11月9日，“红色西柏坡　多彩石家庄”旅游风光摄影展在北京王府井举行

员赴华东上海、嘉兴、杭州三地举办石家庄旅游推介活动。平山县旅游大篷车赴邢台、邯郸、沧州、衡水、廊坊、保定、阳泉、晋中、太原等地举办以“古都中山国·圣地西柏坡”为主题的旅游推介会。

【旅游主题活动】 发挥旅游景区门票打折、免费等优惠政策作用，策划推出“春赏花、夏避暑、秋采摘、冬养生”四季系列旅游产品。利用旅游黄金季、黄金周和小长假时机，组织举办石家庄市春季赏花系列活动暨藁城第十二届梨花节、鹿泉春季旅游文化节、井陉苍岩山大庙会、栾城草莓采摘节暨首届美丽乡村旅游文化节、正定荣国府落成三十周年庆典暨“四月赏花节”活动、正定“千年古韵”历史文化旅游节、正定金秋旅游文化节、石家庄健康养生温泉节、石家庄市冰雪温泉节暨第六届沕沕水冰瀑文化节等活动。3月14日，市旅游局、藁城区政府、市旅游协会联合在国御温泉度假小镇举办“国民旅游休闲”系列活动暨“山西人游国御，天山海世界、冰雕极地大世界，精品旅游线路”推介会，来自山西省200多家旅行社及媒体参加活动。4月1～15日，赵县第十六届梨花节举行。主题为“赏梨花、品民俗，乐享古城春色；观名桥、访古寺，畅游魅力赵州”。赵县第十六届梨花节设置梨园面积25万亩，设置最佳观花点5处，分别为：林子村梨香花海观光园、董庄村梨园驿站、南庄村观花楼、杨户村河北画院、贤门楼村观花楼。各观花点在梨花节期间同时举办有背灯挎鼓、何庄武狮、赵州扇鼓等民俗表演和娱乐活动。4月6～15日，正定县第一届桃花节在南楼乡举行。主题为“桃花为媒，结缘正定”。主会场设在东里双村。桃花节期间，举办有摄影、风筝比赛、山地车骑行等活动。首届中国（河北）康养旅游大会暨第三届石家庄国际旅游交易会。6月10～12日，首届中国（河北）康养旅游大会暨第三届石家庄国际旅游交易会在高新区以岭健康城举行。首届中国（河北）康养旅游大会由国家旅游局、河北省政府作为指导单位，国家中医药管理局作为支持单位，由省旅游发展委员会、省中医药管理局、石家庄市政府举办，主题为“旅游促进健康”。第三届石家庄国际旅游交易会由市旅游局、市旅游协会联合主办。6月10日为专业旅游交易日，6月11日、12日为公众参观日。旅游交易会期间，组织举办有专家主旨演讲和专题研讨会、中国旅行社群石家庄峰会、石家庄旅游电商运营中心上线仪式等活动。大会展览场地由以岭健康城室内和室外展览组成，室内展出面积1.6万平方米，室外展出面积5000平方米，设置特装展位室内14组、室外40组及标准展位200个，分为康养旅游展区、房车露营展区、“互联网+旅游展区”、特色旅游商品展区、大型特色旅游装备展区、旅游线路展区、石家庄夜经济展区、以岭健康中医药体验及销售区8个主题展区。共有来自北京、天津、上海、重庆、山东、山西、河南、内蒙古等20多个省（区、市）及俄罗斯、韩国、日本、乌克兰等10余个境外国家和中国港澳台地区的旅游、康养等参展商及代表参展参会，涵盖境内外旅游管理机构、旅游协会、旅游景（区）点、旅游度假区、旅游商品、航空公司、旅游车船公司、旅游传媒出版等单位800多个，参会代表2000多人，参观人数3万人次。会议达成“旅游+互联网”、旅游康养建设、智慧旅游、旅游投资、互送游客、旅游包机、旅游专列等合作意向协议40多份，其中现场签约项目20个，签约金额30.7亿元。20个签约项目分别为：河北国大旅投与以岭健康城签署的创建康养旅游联盟项目，白鹿温泉与岭南园林签署的红崖谷生态旅游度假区园林景观一期工程建设，东方巨龟苑与河北昌晶房地产签署的东方巨龟苑健康养生基地项目建设，国大四季旅居网与臻源旅居中国控股签署的创建康养旅居候鸟生活方式联合项目，赞皇县政府与河北康旅签署的嶂石岩景区开发经营与管理项目，平山县旅游局与河北泓润签署的泓润生态园项目，漫山花溪谷与宝景房地产签署的景区观光索道建设，井陉县吴家窑乡与河北大易百合签署的井陉文化创业园项目，白鹿温泉与巨力索具签署的白鹿红崖谷玻璃索桥工程建设，正定西里寨村委会与绿舟签署的正定西里寨沙洲湾生态乐园旅游项目，井陉县乏驴岭村与远江旅游签署的乏驴岭—地都旅游项目开发，石家庄府城驿空港房地产与灵寿抓麻村签署的五岳溪谷农业产业观光园建设，阳泉市旅游局与汽车北站签署的战略合作协议，远东航空与河北光大国旅签署的旅游包机合作协议，长沙温馨之旅老年旅行社与山西远航国旅签署的来石旅游专列合作协议，山西春秋国旅与西部长青签署的输送游客直通车合作协议，新华网河北分公司与市旅游局签署的旅游+互联网战略合作协议，平山县旅游局与中国联合网络通信平山分公司签署的平山县全域智慧旅游项目，河北东墨文化传播与常德市文化旅投签署的文化旅游投资开发战略项目，井陉县微水村与河北强龙签署的井陉拉花艺术风情园项目。

【旅游惠民】 整合旅游资源，采用政府主导、市场运作方式，刺激旅游消费，达到优惠于民目标。3月26日～9月30日，石家庄旅游惠民卡发行。市民花费128元，可在一年内不限次数畅游石家庄19家A级以上景区，分别是：驼梁、天桂山、沕沕水、藤龙山、佛光山、拦道石、黑山大峡谷、紫云山、五岳寨、秋山、赵州桥、嶂石岩、棋盘山、荣国府、赵云庙、抱犊寨、仙台山、清凉山和伏羲台，其中，4A级景区15个、3A级景区2个、2A级景区2个。19家A级以上景区门票总价950元，以旅游惠民卡形式旅游平均门票价格6.74元。5·19“中国旅游日”全市近30家旅游景区推出门票免费、打折优惠活动。全年发行石家庄市旅游惠民卡3万余张。

【旅游行业管理】 组织旅游、公安、工商、交通、运输管理等部门联合打击“零负团费及不合理低价”“挂靠承包”和无资质经营、发布虚假广告等旅游行业违法违规行为，全年开展旅游业治理行动25次，联合检查13次，检查企业386个，责令整改企业2家，办理行政处罚案件1件。建立“人民调解＋行政调解＋仲裁＋诉讼”旅游业全方位综合投诉受理机制，全年接收旅游行业投诉及咨询893起，书面受理66件，不予受理1件，结案率100%；以调解方式为游客挽回经济损失14.56万元。推进旅游业标准化、规范化管理。2015年度诚信旅行社评选和星级饭店复核复评完毕。2016年全市新审批旅行社10家，变更旅行社信息47家，备案旅行社分社66家，旅行社责任险投保率达到100%，新评四星级旅游饭店1家、三星级旅游饭店1家。拥有旅游教育培训单位12家。举办千名农家乐从业人员培训班和旅游监管工作培训班。组织136名无导游证旅游领队参加考试，过级率达85%。修订完善《石家庄市旅游突发事件应急预案》通过专家评审。市旅游部门与县（市、区）旅游部门、旅游景区（点）、星级饭店、旅行社签订旅游安全目标管理责任书。组织旅游、公安、交通管理、运输管理、质监、消防、安监、工商等部门联合开展旅游市场安全检查11次，检查旅游企业50余家。举行旅游企业安全培训暨演练活动7次。市旅游部门连续8年获评市级安全生产先进单位。举办“非凡之旅杯”2016·石家庄市导游员大赛，共青团市委、市妇联授予前3名选手“石家庄市青年岗位能手”“石家庄巾帼建功标兵”称号。2016年河北汇文大酒店入选全国百家文明旅游先进单位，这也是河北省唯一入选旅游饭店类单位；西柏坡纪念馆、国宾大酒店获得“河北省服务名牌”称号。

（刘伟东）

金 融

Finance

综 述

2016年，全市以建设河北省金融中心为目标，贯彻落实创新、协调、绿色、开放、共享发展理念，优化金融发展环境，推进金融体制改革，做大做强市场主体，扩大融资规模，没有发生金融风险事件。全年石家庄市金融业完成增加值422.7亿元，同比增长15.3%；占全市生产总值7.7%，同比提高0.8个百分点；占第三产业增加值16.1%，同比提高1.1个百分点。至2016年末，全市（含辛集市）金融机构本外币各项存款余额11229.0亿元，同比增长13.7%，其中，金融机构人民币各项存款余额11077.90亿元，比年初增加1277.80亿元，同比增长13.04%；全市（含辛集市）金融机构本外币各项贷款余额7237.0亿元，同比增长17%，其中，人民币各项贷款余额7175.90亿元，比年初增加1054.80亿元，同比增长17.23%。至2016年末，全市（不含辛集市）金融机构人民币各项存款余额10722.28亿元，同比增长13.04%；人民币各项贷款余额（不含辛集市）7006.16亿元，同比增长17.23%。

银行业运行总体平稳。信贷总量保持合理增长，存贷款余额稳居河北省首位。各项存款快速增长，负债结构趋于多元化。2016年全市金融机构各项存款余额和增量均位列河北省第一名。受财政性存款和非银行业金融机构存款大幅波动影响，金融机构各项存款波动幅度明显增加。主要特点：银行存款利率处于较低水平，资金的吸引力下降，传统定期存款占比下降。2016年底，全市定期存款余额3842.3亿元，较2015年下降6.3个百分点。投资渠道、金融产品日渐丰富，活期存款作为资金短期回流的载体，临时调节作用突出。2016年底，全市活期存款余额4197亿元，较2015年提高4.1个百分点。定期存款份额下降，结构性存款、大额存单、协议存款、协定存款等收益相对较高的存款产品快速增长，金融机构负债结构趋向多元化。大额存单业务自2015年6月推出后快速增长，至2016年底，全市金融机构大额存单余额达到376.0亿元，同比增长253.6%；协议存款、协定存款分别比年初增加74.5亿元、245.1亿元。各项贷款平稳增长，支持实体经济力度增强。2016年全市金融机构各项贷款余额位居河北省第一位，增量位列河北省第二位。主要特点：贷款增量超过2015年同期，新增贷款较多投向实体经济。2016年末，全市各项贷款余额较2015年增加93.7亿元，考虑地方债置换因素影响，实际贷款投放更多。贷款结构优化，中长期贷款占比显著提高。2016年全市新增中长期贷款857.2亿元，同比增加332.7亿元，占全部贷款新增额78.1%，其中，中长期行业贷款占全部新增行业贷款77.5%，同比提高15.4个百分点。新增中长期贷款较多投向交通运输仓储和邮政业、电力热力燃气、水生产和供应业等基础设施行业及建筑业，其中，基础设施行业贷款余额1476.5亿元，同比增加30.7亿元。重点行业、薄弱环节金融支持增强。2016年全市金融机构新增贷款较多投向交通运输仓储和邮政业、电力热力燃气、水生产和供应业等基础设施行业和制造业、采矿业、小微企业。其中，基础设施行业贷款余额1739.6亿元，同比增加82.4亿元；小微企业贷款比年初增加139.6亿元，占全部企业贷款新增额36.5%。支持房地产去库存取得成效，个人住房贷款增长强劲。2016年全市金融机构房地产各项贷款余额1705.0亿元，同比增长41.8%。其中，房地产开发贷款余额比年初减少14.3亿元，同比下降6.2%；个人住房贷款余额比年初增加495.5亿元，同比增长55.1%。3家分行开业运营，1家分行获批筹建。6月22日，保定银行石家庄分行正式开业（市区新华路219号）；6月27日，天津银行石家庄分行正式开业（市区裕华东路49号）；10月9日，中国进出口银行河北省分行在石家庄市挂牌成立；12月8日，沧州银行石家庄分行获批筹建，选址为市区体育南大街19号。至2016年末，全市银行业金融机构达到40家，其中，全国性股份制银行11家，村镇银行9家，城市商业银行7家。

资本市场。以直接融资与间接融资并重、逐步提高直接融资比重为思路，主动引导企业发挥资本市场作用，帮助企业解决上市重点难题。全年石家庄市新增企业挂牌上市49家，其中，香港1家，新三板29家，石家庄股权交易所19家，超额完成市政府下达企业挂牌上市30家目标。2016年全市累计实现多层次资本市场挂牌上市162家，其中，沪深交易所15家，境外交易所18家，新三板57家，区域股权市场72家；累计融资520亿元。2016年全市累计发行债券503亿元，其中，短期融资证券268亿元，中期票据52亿元，公司债142亿元，企业债20亿元，定向融资工具13亿元，可转换债8亿元。

保险产业。提升农业政策性保险服务力度，推行环境污染责任保险、森林保险等新兴保险业务，2016年石家庄市政府与燕赵财险签订战略合作协议。石家庄高新区开展科技保险试点。引进保险资金投入，全市55个重点项目纳入河北省保险资金重点项目库名录。指导和协调保险机构及时开展“7·19”特大洪水灾害保险理赔服务，依法做好快赔、优赔、宽赔服务，最大限度减少群众损失。至2016年末，全市保险行业保费收入348.86亿元，同比增长37%。其中，财产险保费收入100.14亿元，同比增长4.1%；人身险保费收入248.72亿元，同比增长56.2%。

金融改革。优化政策环境，印发出台《关于加强金融租赁行业发展的实施意见》（石政办发〔2016〕13号）、《关于加快科技金融融合发展的意见》（石政发〔2016〕6号）、《关于全面推进深化农村支付服务环境建设的实施意见》（石政发〔2014〕7号）、《石家庄市小微企业贷款风险补偿实施细则》（石政办发〔2016〕51号）、《关于金融支持供给侧结构性改革去杠杆工作的实施方案》（石金办〔2016〕65号），推进经济和金融良性发展。晋州市农村信用社联合社改制为晋州农村商业银行，汇融农村合作银行改制组建石家庄农村商业银行顺利推进。探索实施民营企业设立民营银行政策，筛选和确定东旭集团为申办民营银行发起人。建立政府与保险公司“联办共保”模式，推进小麦、奶牛、能繁母猪、育肥猪、森林等种植养殖保险；筹划设立全国性法人人寿保险公司。健全基层金融服务体系，2016年石家庄市县域新设银行业分支机构23家，其中，国有银行二类支行3家，股份制银行社区支行2家，城商银行县域分支机构5家，村镇银行分支机构11家，农村信用社联合社分社2家。浦发银行启动设立赵县、灵寿县村镇银行。10月12日起，支付宝执行每人累计2万元基础免费提现额度，个人用户超过免费额度后提现收取服务费0.1%。

金融扶贫。印发出台《关于金融支持脱贫攻坚的实施办法》《石家庄市金融扶贫实施方案》《石家庄市金融扶贫规划（2016～2020年）》，支持金融机构落实社会责任。引导信贷资金向贫困县倾斜，至2016年底，全市4个重点贫困县各项贷款余额达到236.45亿元，同比增长18.14%，高于各项贷款平均增速1.14个百分点。贫困村基础金融服务覆盖面提升，2016年石家庄市2个贫困县设立村镇银行，银行网点、机具或流动服务覆盖行政村达到851个，基础金融服务贫困村覆盖率达到55.31%。实施农村信用“双基共建”工程。以基层党组织、基层金融机构为主体，开展农户入户调查、信用评级、融资对接、贷款催收等金融业务工作。至2016年末，全市建立农户经济档案39.11万户，其中，建档立卡贫困户46282户，授信21.71亿元。

维护金融稳定。将防范和处置非法集资作为维护金融稳定的主要任务，及时调整和充实市打击和处置非法集资工作领导小组，全方位、多渠道开展防范非法集资宣传教育。加大非法集资案件处置力度，推进黄金佳、雅园房地产等案件的协调处置和信息登记。2016年5月，全市举办非法集资集中宣传月活动。以防范和处置非法集资为重点，全年石家庄市还组织开展涉嫌非法集资广告资讯信息排查清理、互联网金融风险专项整治等活动，集中排查和整治P2P、众筹、基金等领域，并印发出台《关于进一步做好防范和处置非法集资工作的实施意见》（石政发〔2016〕46号）。

（彭秀文　李红英）

银 行

中国人民银行石家庄中心支行

【概况】 2016年，中国人民银行石家庄中心支行立足河北省情，累计发放再贴现资金107.11亿元，同比增加37.44亿元。支持11家企业发行债务融资工具筹集资金450.0亿元，同比增长67.3%。石家庄市实现跨境人民币收支总量305.9亿元，继续排名河北省第一。支持河北银行发行35亿元二级资本债券、河北省金融租赁有限公司发行5亿元金融债券和20亿元绿色金融债券。银行业运行总体平稳，信贷总量保持合理增长，存贷款余额稳居河北省首位。至2016年末，全市（含辛集市）金融机构本外币各项存款余额11229.0亿元，同比增长13.7，其中，金融机构人民币各项存款余额11077.90亿元，比年初增加1277.80亿元，同比增长13.04%；全市（含辛集市）金融机构本外币各项贷款余额7237.0亿元，同比增长17%，其中，人民币各项贷款余额7175.90亿元，比年初增加1054.80亿元，同比增长17.23%。至2016年末，全市（不含辛集市）金融机构人民币各项存款余额10722.28亿元，同比增长13.04%；人民币各项贷款余额（不含辛集市）7006.16亿元，同比增长17.23%。面对经济下行压力，全市银行业以信贷投放为重点，鼓励金融机构围绕供给侧结构性改革、京津冀协同发展战略、重点行业及骨干企业转型升级、战略性新兴产业和现代服务业发展大局，创新金融产品，增强金融支持力度。落实金融运行分析机制，每月、每季度定期研究金融运行情况，及时发现问题，提出应对措施。坚持常态化银企对接机制，举行银企对接活动6次。3月31日，举办第一季度银企对接会议；5月20日，召开商贸服务企业与金融机构专题对接洽谈会；6月27日，举办第二季度银企对接会议；8月11日，组织召开全市“7·19”灾后重建银企对接会；9月29日，举办第三季度银企对接会议；11月5日，中国·石家庄首届金融理财博览会举行，主题为“引领经济发展，服务百姓生活”。严格内控管理，探索开展维修改造项目全过程跟踪审计；围绕金融监督重点和风险点，开展审计项目52个，覆盖9个地市中心支行、24个机关部门和10个县级支行，发现和整改问题130多个；落实财经纪律，举办会计财务培训，参加县级支行133个。提升金融服务质量，优化账户核准流程，2016年石家庄市新开立基本结算账户39262个，同比增长6.8%。

表24　　2016年石家庄市金融机构人民币信贷收支情况一览表

来源项目名称	金额（亿元）	运用项目名称	金额（亿元）
一、各项存款	11077.90	一、各项贷款	7175.89
（一）境内存款	11076.22	（一）境内贷款	7175.82
1. 住户存款	5348.20	1. 住户贷款	2201.64
（1）活期存款	1779.06	（1）短期贷款	444.40
（2）定期及其他存款	3569.14	消费贷款	97.23
2. 非金融企业存款	3200.94	经营贷款	347.17

续表

来源项目名称		金额（亿元）	运用项目名称		金额（亿元）
(1) 活期存款		1186.30	(2) 中长期贷款		1757.24
(2) 定期及其他存款		2014.64	消费贷款		1533.86
3. 广义政府存款		2102.88	经营贷款		223.37
(1) 财政性存款		203.29	2. 非金融企业及机关团体贷款		4974.18
(2) 机关团体存款		1899.59	(1) 短期贷款		1597.73
4. 非银行业金融机构存款		424.20	(2) 中长期贷款		2545.20
(二) 境外存款		1.68	(3) 票据融资		564.64
二、金融债券		5.00	(4) 融资租赁		247.71
三、卖出回购资产		27.72	(5) 各项垫款		18.91
四、借款及非银行业金融机构拆入		6.59	(二) 境外贷款		0.07
五、应付及暂收款		223.74	二、债券投资		346.89
六、各项准备		168.71	三、股权及其他投资		195.91
七、所有者权益		320.71	四、买入返售资产		1.69
	实收资本	160.25	五、存放非银行业金融机构款项		0.21
八、其他		92.42	六、联行往来（净）		4018.10
				境内存放二级准备金	519.11
			七、应收及预付款		95.12
			八、投资性房地产		0.51
			九、固定资产		88.48
资金来源总计		11922.80	资金运用总计		11922.80

备注：本表机构包括中国人民银行、银行业存款类金融机构、银行业非存款类金融机构。

表 25　　2016 年石家庄市金融机构外汇信贷收支情况一览表

来源项目名称	金额（亿美元）	运用项目名称	金额（亿美元）
一、各项存款	21.79	一、各项贷款	8.77
（一）境内存款	21.69	（一）境内贷款	8.77
1. 住户存款	7.11	1. 住户贷款	0.03
（1）活期存款	4.04	（1）短期贷款	0.03
（2）定期及其他存款	3.07	消费贷款	0.03
2. 非金融企业存款	8.20	（2）中长期贷款	0.00
（1）活期存款	6.63	消费贷款	0.00
（2）定期及其他存款	1.57	2. 非金融企业及机关团体贷款	8.74
3. 广义政府存款	5.23	（1）短期贷款	1.30
（2）机关团体存款	5.23	（2）中长期贷款	7.35
4. 非银行业金融机构存款	1.16	（3）各项垫款	0.09
（二）境外存款	0.10	二、存放非银行业金融机构款项	0.01
二、借款及非银行业金融机构拆入	0.01	三、联行往来（净）	14.52
三、应付及暂收款	0.05	境内存放二级准备金	0.30
四、各项准备	0.18	四、应收及预付款	0.19
五、所有者权益	-0.51		
实收资本	0.07		
六、其他	1.97		
资金来源总计	23.49	资金运用总计	23.49

备注：本表机构包括中国人民银行、银行业存款类金融机构、银行业非存款类金融机构。

【货币信贷】 总量调控合理适度。重视营造金融运行环境，加强与政府沟通协调，召开货币政策执行委员会工作会议，发布区域金融运行报告，传递金融政策意图，引导市场预期；举行经济和金融形势分析研判会议，落实宏观审慎评估政策，开展存款准备金平均法考核、监测评估抵押补充贷款工具使用、货币政策工具执行情况调研，发挥窗口指导和政策工具作用，促进信贷投放均衡合理适度。支持重点领域建设。持续推进金融支持京津冀协同发展，建立京津冀三地人民银行机构协同发展协调机制，开展银团贷款、账户互认、融资担保等领域合作。落实供给侧结构性改革五大任务，聚焦去产能，出台实施意见，搭建银企对接平台，发展能效信贷，引导金融机构为产能过剩行业重点企业转型发展提供精准支持。突出去杠杆目标，出台指导意见，采取降低企业债务负担、扩大资金有效供给、创新金融产品和服务方式、提高融资结构适应性和灵活性、防范和化解金融风险等综合手段，按照“因地施策、分类指导”原则，落实个人住房贷款差别化信贷政策，支持房地产行业加快去库存步伐。贯彻绿色发展理念，将“环保一票否决制”纳入银行业机构信贷管理。加强薄弱环节支持。开展金融扶贫活动，出台指导意见，制定推进方案，建立“主办行”制度，做好易地扶贫搬迁信贷管理，推广金融精准扶贫信息系统，搭建信息对接共享平台，创新金融扶贫模式。制定支农再贷款、扶贫再贷款、再贴现管理实施细则和操作规程，建立扶贫再贷款政策执行效果季度评估制度，举行支农、扶贫再贷款有效性调研活动，发挥支农扶贫政策工具作用。建立多元化融资渠道。2016年河北省金融租赁有限公司发行20亿元绿色金融债券，这也是全国首单非银行金融机构绿色金融债券在河北省落地；联合河北省发展改革委、省金融办、省银监局等编制《曹妃甸举债方案》，主动向交易商和银行间市场推介骨干企业。

【金融改革】 利率市场化改革。制定《河北省法人金融机构合格审慎评估操作指引》，落实合格审慎评估、定价行为评估管理制度。金融机构入选全国自律机制基础成员数量达到15家、观察成员达到44家，分别较2015年增加5家和34家。创新利率定价自律机制，建立地方法人金融机构市场利率定价自律联席会议制度，研究制定《存款利率市场自律规则》《市场利率定价自律管理工作指南》。开展市场利率定价自律检查，采取暗访金融机构网点、约谈金融机构、向金融机构发出整改通知书等形式，遏制部分金融机构非理性定价行为，有效维护金融市场定价秩序。存款保险制度平稳运行。开展法人银行业金融机构运行情况监测，按时完成保费测算和收缴业务。组建地方法人投保机构风险评级审核工作小组，推行统一评级标准评定经营风险级别。举行存款保险知识宣传，发挥正面引导作用。针对存款保险业务数据报送任务繁重问题，组织开发“中国人民银行存款保险统计系统”，被中国人民银行在全国推广。农村承包土地经营权抵押贷款试点。督促地方政府发挥主体作用，推进试点县开展土地确权、登记、颁证等工作，组织建立农村产权交易平台；完善多部门联合推进机制，引导金融机构加大产品创新和资金投入，扎实推进农村产权抵押贷款业务。

【金融风险防范】 金融风险监测评估、排查和处置。开展社会融资体系整体运行情况监测分析，关注具有融资功能非金融机构和民间借贷风险跨区域、跨行业传导，监测分析大型有问题企业，按季度监测评估中国农业银行河北省分行深化“三农事业部”改革进展和成效。首次按照省、市、县三级权重开展银行业金融机构综合评分，评价结果得到各金融机构全部认可，并列为年度考核依据。开展银行业综合执法检查，采取交叉检查方式，全年检查农村信用社和华夏银行石家庄分行47家；严格违规问题处罚，召开处罚定性专题研讨会，统一处罚标准，增强金融机构执行政策法规自觉性。妥善处置石家庄辖区部分金融机构集中取款事件。落实反洗钱“风险为本”“法人监管”理念，检查反洗钱现场机构157家。金融风险防范专项行动。落实中国人民银行关于加强互联网金融风险专项整治工作要求，按时上报总体报告、第三方支付报告、资管与跨界报告；联合举行整治非法买卖银行卡信息专项行动；建立涉案账户紧急止付和快速冻结机制，交易风险事件管理平台上线；开展打击利用离岸公司、地下钱庄转移赃款专项行动，协助公安机关破获案件1起，侦破涉案400亿元地下钱庄1个。

【金融服务】 金融法治建设和金融消费权益保护。制定《行政执法信息公示实施细则》《推广随机抽查工作操作办法》，探索同级监督新途径。建立金融消费权益保护联合协调机制，推进投诉分类标准应用试点，规范投诉受理、处理各个环节，确保“12363”咨询投诉电话保持正常运行。金融统计和研究。落实2016年金融统计工作制度，提高金融数据质量和信息披露水平。建立京津冀金融信息共享机制，向京津冀协同发展提供金融数据服务。落实互联网金融、“两权”抵押贷款统计制度，加强钢铁重点行业、曹妃甸重点区域、环京房地产金融统计监测，拓宽金融统计广度。开展京津冀金融协同发展、钢铁产业转型升级等热点问题研究，“河北钢铁重生之路”获得河北省社会科学界联合会立项。支付结算管理。ACS档案管理子系统、综合前置子系统上线并完成升级，支付清算系统安全稳定运行。规范支付服务市场，落实个人账户分类管理要求。开发“支付结算执法检查双随机检查项目管理系统”在全省推广。落实银行卡刷卡手续费新标准规定，石家庄市银行卡市场实现平稳过渡。改善农村支付环境，助农取款试点范围扩大，“农村支付服务环境业务统计报表管理系统”获得中国人民银行推广，农村金融效率和数据精准度提高。金融科技服务。开展数据中心基础环境云工程建设，提升金融应用系统和数据的可靠性、安全性。推进业务网络纵向扁平化改造，统一实施业务网核心网络设备更新改造、广域网通信线路类型调整及通信带宽扩容。货币发行管理。发行基金实行“双向”调拨措施；硬币自循环建立余缺调剂机制；推进纸硬币自助兑换机布放，实施小面额人民币自助兑换便民服务示范工程；推进冠字号码查询，解决银行涉假纠纷举证难问题；残损人民币销毁任务完成，流通人民币整洁度提升；建立金融机构反假货币联络机制，联合省公安厅开展打击整治假币违法犯罪专项行动。国库经营管理。落实国库会计标准化要求，实现“库款零在途、资金无事故”目标；省、市、县集中支付系统和石家庄财关库银横向联网系统上线，石家庄海关加入横向联网系统；电子退更免稳步推进，营改增改革试点、水资源税改革试点国库领域改革任务完成。征信管理和服务。推进省市信息共享平台建设，石家庄市平台与省平台实现对接；失信联合惩戒机制效用显现，中国人民银行石家庄中心支行联合省环保厅、省人社厅、省食药监局等部门确定失信企业名单，联合惩戒企业78家；开展小微企业和农村信用体系建设，信用信息征集与更新稳步推进，农户信用信息管理系统在全省推广；加强征信信用信息安全管理，综合运用制度、技术防范、监督检查等手段，确保信用主体信息安全。跨境人民币业务。重点做好100家境外投资重点企业跟踪服务，建立河北省银行机构跨境人民币业务自律机制和非现场监测预警工作机制。

中国人民银行石家庄中心支行

行　　长：陈建华（兼国家外汇管理局河北省分局局长）

副 行 长：李小秋

贾广军（国家外汇管理局河北省分局副局长，5月免）

王彦青

李双锁（5月任）

卢钦

文洪武（3月起，挂职贵州省安顺市委常委、副市长）

纪委书记：高兰根

工会主任：于宁宁（10月任）

（李红英）

中国农业发展银行河北省分行营业部

【概况】 2016年，中国农业发展银行河北省分行营业部围绕发挥金融支农骨干和支柱作用，严格风险管控，实现粮食贷款本息“双结零”和到期中长期贷款本息收回100%。清收历年欠息288万元，综合利息收息率100.35%，超过中国农业发展银行全省平均水平2.96个百分点。狠抓亏损银行扭亏减亏，考核辖区亏损银行4个，亏损额752万元，分别较2015年减少5个、611万元。支持地方经济发展。4月6日，中国农业发展银行河北省分行营业部与鹿泉区政府签订战略合作协议，商定未来3年向鹿泉区重点领域发展提供不低于50亿元授信额度。4月27日，石家庄市政府与中国农业发展银行河北省分行签署《京津冀协同发展规划纲要》战略合作协议，双方商定由中国农业发展银行河北省分行向石家庄市水利建设、农村路网建设、公共基础设施建设等十大领域提供不低于800亿元授信额度。至2016年末，分行营业部全年发放各项贷款72.81亿元，各项贷款余额达到174.02亿元，较年初增加7.88亿元；各项存款余额达到89.59亿元，较年初增加35.36亿元，日均存款余额102.14亿元，较2015年增加34.58亿元；实现账面利润3.60亿元，超额完成年度利润计划7192万元。开展“贷后管理年”“贷款讲评”活动，落实任务分解到岗、到人，做到时间不少、步骤不减、环节不漏，贷款客户全部有讲评。学习中国农业发展银行《信贷全流程标准化管理手册》，落实CM2006系统运行管理员持证上岗制度，执行信贷操作标准化、规范化管理。落实声誉风险排查，严肃新闻宣传纪律，首次召开媒体记者见面会。开展国际业务，以“了解客户、了解业务、尽职审查”为原则，重视单据、要件、电子证明等材料真实性审查，办理辖区企业国际结算业务3956万美元。2016年中国农业发展银行河北省分行营业部参加河北省分行“遵规守纪”知识竞赛、财会专业技能竞赛分别获得团体第一名、个人综合第一名。

【信贷业务】 全年分行营业部发放各项贷款72.81亿元，年末各项贷款余额达到174.02亿元，较年初增加7.88亿元。支持粮食收储，发放粮食收储贷款15.28亿元，支持企业入储粮食9.61亿千克。调查和了解易地扶贫搬迁方案及建档立卡情况，主动帮助贫困县筛选扶贫项目，提供信贷支持，全年分行营业部审批贫困县中长期项目贷款8.95亿元，发放贷款4.5亿元。开展存量贷款精准扶贫认定，核认精准扶贫贷款20.25亿元。主动与省级易地扶贫搬迁平台公司沟通和联系，签订借款合同及购买服务协议100亿元，发放扶贫搬迁贷款18笔，涉及省内7个县、金额16.31亿元。支持农村基础设施建设，全年发放农村建设中长期贷款48.82亿元，中长期贷款余额达到119.82亿元，较年初增加21.16亿元，中长期信贷业务“空白行”较年初下降5个百分点。储备中长期贷款项目，其中，已批未放项目27个，金额160.33亿元；已调查待审批和已立项项目18个，金额31.57亿元。与政府发展改革等部门联系，完成基金投资项目8个，投放金额7.23亿元。支持8家产业化龙头企业发展，至2016年末，分行营业部为产业化龙头企业贷款余额达到4.63亿元。

【存款业务】 以“存款增效、存贷款一揽子营销、高端营销、全员营销”为理念，探索建立主办行带动、综合业务撬动、人脉资源拉动的“三位一体”存款营销模式。举办存款“百日竞赛”活动，召开存款工作推进会，扩大低成本存款额度。至2016年末，分行营业部各项存款余额达到89.59亿元，较年初增加35.36亿元，日均存款余额102.14亿元，较2015年增加34.58亿元，剔除省直单位账户日均余额23.73亿元，日均存款余额78.41亿元，较2015年增加40.13亿元，完成河北省分行考核任务604.30%。搭建同业存款跨区营销平台，适时办理同业存款业务，2016年分行营业部营销同业定期存款21笔3.08亿元。受中国农业发展银行总行、河北省分行委托，全年分行营业部办理同业存储业务33笔340亿元，实现利息收入2.09亿元。

中国农业发展银行
河北省分行营业部
总 经 理：赵自现
副总经理：周敬军 张镇
李志勇

（白江丰）

中国工商银行河北省分行营业部

【概况】 2016年，中国工商银行河北省分行营业部以促进实体经济提质增效为核心，以服务石家庄市经济发展为己任，贯彻落实金融政策和监管要求，倡导绿色金融，支持节能减排、清洁能源项目，全年投放绿色信贷资金8亿元，累计信贷余额达到70亿元。至2016年末，分行营业部各项贷款余额800亿元，较年初增加101.18亿元，其中，发放京津冀项目贷款121.05亿元、大中型客户公司贷款268亿元、个人贷款118.39亿元、居民个人住房贷款106亿元；全部存款余额1232.08亿元，较年初增加258.63亿元，超过前六年增量之和，创下历史最好水平，其中日均余额较年初增加170.44亿元。开展反洗钱、反假币、防诈骗、金融知识进万家等普惠金融知识宣传活动，运用先进系统避免客户经济损失2000余万元。

【业务发展】 支持省市重点项目，确定京津冀协同发展为“一号工程”，全年分行营业部发放京津冀项目贷款5个121.05亿元。落实中国工商银行河北省分行与石家庄市政府签订合作协议内容，重点支持交通、能源等基础设施和项目建设，全年发放大中型客户公司贷款268亿元，同比增加投放52.1亿元，贷款累计发放、余额、净增量均位居河北省分行系统首位。综合运用信贷、投行等产品，满足重点项目多元化融资需求，全年办理投行融资额37.65亿元。跟进国家“一带一路”倡议行动，支持河北企业“走出国门”，办理河北钢铁集团首笔创新型内保外贷跨国并购业务，折合金额3.75亿元。发挥小微企业金融中心作用，服务大众创业、万众创新政策，以A级B级纳税企业、政府采购贷、银政通等小企业客户为对象，提供各项优质金融服务，并与科技、财政、税务等部门对接，开办“银政通”“银税互动”业务，全年累计办理253户小微企业融资支持及服务。重视扶持“三农”发展，精准对接农村特色产业、扶贫搬迁等融资需求，2016年末，分行营业部涉农贷款余额达到51.82亿元。支持居民购车、教育、旅游等消费金融需求，以个人贷款、信用卡等产品为依托，打造多家个人信贷特色服务支行。全年累计发放个人贷款118.39亿元，分期付款交易额15亿元；支持居民住房信贷需求，发放居民个人住房贷款106亿元。

【网点渠道建设】 加强渠道管理，提升渠道承载能力。全年迁址优化网点10家，建设理财便利店8家。石家庄市网点智能设备达到全覆盖，超时等候客户数量较2015年下降3万人次，同比下降18.4个百分点。开展服务面貌专项整治和服务提升活动，打造“千佳”网点1家，评选行内五星级服务网点5家、四星级网点32家。提供线上线下多元化服务，探索和发展“网点一千米生活圈”O2O模式，建设胜利大街、中华大街、开发区家园平台3个。推进互联网金融生态圈建设，融e行手机银行客户端活跃用户达到70万人次，融e联信息交流平台用户达到67万户，融e购电商平台交易额达到84亿元。

中国工商银行河北省分行营业部
总 经 理：王爱东（兼省行副行长）
副总经理：杜建国（3月免）
　　　　　刘斌　（2月任）
　　　　　李宏伟（1月免）
　　　　　隋辰雨（2月任）
　　　　　侯惠鹏（12月免）
　　　　　韩晓坤（12月免）
　　　　　马军　（12月任）
　　　　　王国强
纪委书记：程春明（12月免）
　　　　　侯惠鹏（12月任）
工委主任：冯建中

（郭亮）

中国农业银行股份有限公司河北省分行营业部

【概况】 2016年，中国农业银行股份有限公司河北省分行营业部顺应内外部经济形势，把握经济发展脉络，创新思路，锐意进取，积极为地方发展服务。加强金融扶贫，贫困县域采取积极信贷政策，4个国定贫困县支行贷款总额达到32.84亿元，比年初增加6.5亿元，全面完成省分行下达的扶贫贷款增量目标。贫困县贷款增速24.66%，高于营业部县域整体增速9.88个百分点，贷存比提升3.22个百分点。选派15名精干人员组成5个工作组，进驻3县5个贫困村进行对口帮扶，开展建档立卡户摸底调查、扶贫项目建设、灾后重建等工作，并捐赠资金57万元。至2016年，5个扶贫村607名建档立卡贫困人口中有285人实现脱贫。全力支持白鹿集团等扶贫龙头企业，通过签订金融扶贫协议，探索开展反哺帮扶方式和试点，带动帮扶贫困人口115人，吸纳就业66人，精准扶贫成效初显。至2016年，该行金融精准扶贫贷款达到7.2亿元，共支持建档立卡贫困人口55096人。2016年河北省分行营业部取得良好经营业绩，至2016年，各项贷款余额653.69亿元，较年初净增110.21亿元，增量贷存比55.48%；各项存款余额1330.82亿元，比年初增加198.66亿元。2016年农业银行河北省分行营业部获评“2016年度百姓最信赖的金融服务机构”。

【资产业务】 围绕“十三五”规划、京津冀协同发展、中国制造2025等国家重大战略项目，年内先后审批高速公路、城市基础设施、电力建设、轨道交通等7个重点项目工程，提供融资额度193亿元，已投放55.4亿元。对2016年以前已审批项目进行重新梳理，逐户建立台账，明确责任人，积极与上级行进行沟通和协调，最大限度加快贷款投放速度。积极支持棚户区改造项目，全年审批项目4个，提供融资额度24亿元，已投放13.4亿元。参与市金融办组织的小微企业贷款风险补偿业务合作协议的制定，参加国税、地税组织的“银税互动”合作框架协议的制定等工作，为下一步支持小微企业发展奠定基础。

【“三农”业务】 支持县域经济发展和城乡事业建设，全年共介入“美丽乡村”、县域基础设施、土地整理等项目15个，8个已获审批，涉及贷款33.2亿元。运用政府增信机制解决“担保难”问题，与省农业信贷担保公司签订合作协议，总担保额60亿元，2016年“农机贷”项目在全市部分县域开始实际操作，为扩大县域和农户贷款投放奠定了基础。与石家庄辖内4个国家级龙头企业建立信贷合作关系，省级农业龙头企业合作率75.8%，市级龙头企业合作率43.9%。农户贷款授信户数6421户，当年累放8.4亿元，在有效控制风险的前提下为农村地区提供普惠服务。

【网点渠道建设】 加大渠道建设力度，为广大客户提供方便快捷的金融服务。2016年末营业室、分理处等各类人工网点达到155个，离行式自助银行近100个，ATM等自助设备超过700台，转账电话达到4万余台，POS机达到1.7万余台。开展网点转型验收、网点服务环境标杆网点评选、微笑服务柜员评选等工作，树立服务标杆，提升服务质量。积极推广网上银行、掌上银行、“E农管家”电商平台等，完善支付结算体系。加快“惠农通”工程建设步伐，在稳步扩大服务覆盖面的基础上，继续丰富完善功能，提升对农村地区居民的综合金融服务水平。至2016年，“惠农卡”累计发卡近99万张，“惠农通”助农取款服务点达到4214个，乡镇覆盖率100%，行政村覆盖率83.2%，办理取现和转账交易量177万笔，金额162亿元。与各级政府部门合作，营销涉农财政代理项目31个，总量达到184个。

中国农业银行股份有限公司
河北省分行营业部

总 经 理：宋雷
副总经理：刘卫民（兼纪委书记）
张万钧（1月免）
刘涛 （10月免）
刘炳午 孟贵武
吕海慧

（李世庆）

中国银行河北省分行石家庄管理部

【概况】 2016年，中国银行河北省分行石家庄管理部瞄准谋划“大正定新区”和承接北京非首都功能疏解、京津项目转移为契机，组建成立专门项目组，专题研究对接“大正定新区”项目融资，以正定新型城镇化建设，古城保护、临空产业、正定高新技术产业开发区、京津项目承接等为内容，创新产品和思路，发挥中国银行多平台、国际化优势，联合中银证券、中银投，探索PPP、项目收益权质押等新型融资模式，提供多样化融资产品。重视青年员工培养，全年累计举办公司业务大讲堂30期，每次听课人数达到70人以上。加强基层党组织建设，全辖78家网点实现“三个100%”，即基层网点党员覆盖率100%，基层网点党组织覆盖率100%，具备条件的网点100%设立独立党支部。推进企业文化建设，开展义务植树、职工篮球赛、健康讲座等活动，丰富员工精神文化生活。强化风险管控，严守案防底线，筑牢发展根基。盯住“1+2+3”重点岗位，集中开展员工异常行为排查，举行“学案例、讲操守、防风险”主题警示教育活动，抓好重点问题治理、反洗钱专项治理，落实高风险领域管控措施。全年开展内控案防主题辩论赛14场，参与和观看员工超过1000人次。2016年全辖无1起重大案件和违规问题发生。

【业务经营】 2016年石家庄管理部独立二级分行辛集分行成立。至2016年末，中国银行石家庄管理部（不含辛集分行）本外币各项存款余额770.99亿元，较2015年末增长128.13亿元。人民币各项存款余额709.99亿元，较年初新增90.66亿元。外币各项存款余额8.79亿美元（合人民币61亿元），较年初新增5.4亿美元。本外币各项贷款余额408.73亿元，较年初增长12.4亿元。因针对金融机构的福费廷二级市场买入业务集中到期，造成贸易融资较年初下降28.13亿元，影响了贷款总额的增长，剔除该因素的影响，贷款实际增长40.53亿元。人民币各项贷款余额357.10亿元，外币各项贷款余额7.44亿美元（合人民币51.63亿元）。

【组建汽车消费金融中心】 10月26日，中国银行石家庄管理部精心打造的2家汽车消费金融中心——机场路支行汽车消费金融中心、裕东支行汽车消费金融中心正式挂牌成立。中国银行汽车金融业务主要依托银行卡业务，具有申请便捷、手续简单、到款迅速、还款灵活、费率优惠等优势。机场路支行汽车消费金融中心、裕东支行汽车消费金融中心成立后，全面升级中国银行石家庄管理部在汽车消费金融领域的服务水平，有利于银行提升全流程作业效率和风险防范能力。采取资源整合、简化流程方式，加快汽车消费金融产品和服务创新，打造汽车金融“一站式”服务。

中国银行河北省分行
石家庄管理部

总 经 理：张立波（1月免）
于松 （1月任）

副总经理：边向利
于六为（6月免）
赵永军（4月免）
王电生
韩蔚 （4月免）
袁蕲义（4月任）
王力波（11月任）
李玉秋（8月任，挂职）

纪委书记：包乃玉

（刘志辉 焦慧杰）

中国建设银行河北省分行营业部

【概况】 2016年，中国建设银行河北省分行营业部发挥总行级重点城市行作用，实现各项存款日均余额、贷款余额、中收、账面利润、资产质量5项主要指标保持同业第一。全量资金、存贷款、效益等主要业务在中国建设银行系统排名居前，贡献度持续提升。落实风险防范措施，开展“合规文化教育年”“一加强两遏制”专项自查活动，全面完成省分行核定不良资产处置任务。重视信息安全，严格声誉风险和保密印章管理，未发生1起案件和重大风险事项。2016年分行营业部一般性存款日均余额1184.6亿，同业占比28.1%；时点存款余额1211.2亿，同业占比26.95%。各项贷款余额818亿元，同业占比30.3%。实现中间业务净收入9.3亿。2016年分行营业部获评中国建设银行系统唯一、河北建设银行历史首个“全国五一劳动奖状”；综合考评保持等级行一类行第一名；参加市金融工作办公室、石家庄广播电台等联合举办的石家庄首届金融博览会被石家庄市网民评为“金口碑——最值得信赖的银行”。

【业务发展】 加快发展战略业务，提升价值创造能力。投行业务深挖客户，提升综合金融服务能力。国际业务调整产品结构，提升业务创新能力。同业业务利用地缘优势对接省级银行，发挥石家庄城市总部经济优势，全方位满足客户需求。严格推进大负债管理，实现存款转型发展。对公存款开展专项营销，以热点资金为重点，落实责任主体，严抓精细化管理，促进资金稳存增存。个人存款深耕高端客户和柜面服务，助推“三农”服务。对公客户人民币结算账户实现新增同业、系统双第一，对公有效客户较年初提升0.1%。个人客户全量客户、有效客户总量均排名中国建设银行系统第一，有效客户新增排名中国建设银行系统第三。高邑县、元氏县设立离行式自助银行。布放智慧柜员机，网点“形转”基本完成，柜面业务效率提升，人员数量减少。优先发展移动终端银行用户，手机银行新签约客户、全量活跃客户均位居中国建设系统第一名。2016年分行营业部实现省级以上产品创新应用19项，较2015年翻一番，其中，总行级3项、省行级16项。主营业务快速发展。2016年分行营业部一般性存款日均余额1184.6亿，同业占比28.1%；时点存款余额1211.2亿，同业占比26.95%。各项贷款余额818亿元，同业占比30.3%。实现中间业务净收入9.3亿，在四大国有银行中占比34.6%。不良贷款率远低于全省系统平均水平，资产质量保持同业最优。账面拨备前利润同比新增1.3亿元，价值创造能力提升。

【非常规资产业务授权】 1月7日，分行营业部下发通知，明确非常规资产业务信用证业务、保函业务（商业承兑汇票保函业务、借款保函业务）、仓单抵押业务授权石家庄市域14个支行办理。分别为：藁城支行、栾城支行、正定支行、炼油厂支行、红旗大街支行、和平东路支行、中华南大街支行、中山西路支行、新华路支行、广安街支行（未列市域外支行）。

中国建设银行河北省分行营业部

总 经 理：尹全振（5月免）
杜占良（5月任，兼河北省分行副行长）

副总经理：刘冰 闫大广
李广江 赵鹏（7月任）

纪委书记：彭文英（女）

（武京安）

中信银行石家庄分行

【概况】 2016年，中信银行石家庄分行围绕“局部领先，同业尊敬，客户信赖，员工和谐”经营思路，加大提升可持续发展能力，全力打造区域最佳综合融资服务银行。优化对公客户综合服务，推进从单一产品服务逐步向综合化服务转变、从资产依赖型增长逐步向综合经营型增长模式转变、从粗放式营销逐步向精细化深耕细作营销模式转变、从单一注重结果逐步向以结果为导向的过程管理转变。夯实零售业务发展基础，加大渠道开发和维护力度，采取精细化、系统化过程督导方式，营造争先创优销售氛围，推进零售产品销售常态化。坚定差异化发展，加速产品创新，打造金融市场品牌。9月11日，分行在万象天成假日酒店举行“中信银行财富健诊——2016年第二期投资策略报告会”，邀请中信银行石家庄分行零售银行部总经理、中信证券总部财富管理部总经理为投资者作经济形势及大类资产配置主题报告，参会100余人。至2016年12月末，分行落地创新产品24项，公司金融板块、零售金融板块、金融市场板块占比分别达到42%、21%、37%。规划设立零售专业支行，优化网点布局，提升网点形象品质，释放网点产能。优化资源配置，在全行范围开展“节支增效”活动。优化合规经营环境，筑牢合规风险意识，综合运用清收为主、重组为辅手段，加强风险处置和化解。至2016年底，分行总资产837.63亿元，较年初下降2.95%；累计实现营业收入23.81亿元，同比下降20.4%；实现利润总额-30.68亿元，同比下降509.3%。

【业务分类】 交易银行业务排名领先中信银行系统，“流动管家”单品签约客户数、交易客户数、累计交易量各项指标均保持中信银行系统第一名。机构业务再创佳绩，省级财政存款达到30亿元，创下历史新高。省中烟工业公司业务实现重大突破，开立结算账户及定期账户；中标获得省冀财PPP引导基金唯一托管银行资格。理财、基金、保险保有量大幅提升，零售中间业务收入大幅增长。至2016年12月末，分行零售中间业务收入16212万元，较2015年同期增加6616万元，同比增长8.94%。同业理财业务发展突出，客户覆盖率由年初7家增长至30家，客户覆盖率达到97%；销售理财发生额631.11亿元，较2015年同期增加579.61亿元，同比增长1143%。国际收付市场占比保持领先，至2016年末，分行实现国际收支29.50亿美元，市场占比5.66%，较2015年底提高1.0个百分点，同比增长21.46%；市场占比位列全省第6位，继续保持股份制银行首位。投行轻资本业务代为推介类业务实现“零”的突破，办理落地5笔创新型代为推介业务，实现融资规模42.60亿元；首次参与省内多家大型企业高评级客户的债券承销，办理落地超短融业务5笔，融资规模实现61亿元。

【业务指标】 2016年分行一般性存款时点余额577.13亿元，活期存款占比54.43%，较年初提升8.81个百分点；银承保证金存款占比23.46%，较年初下降4.53个百分点；同业存款时点余额262.80亿元，较年初增加14.14亿元。一般性贷款时点余额513.57亿元，个人贷款占比26.06%，较年初提升5.98个百分点；票据贴现余额24.81亿元，较年初增加9.03亿元。零售营业净收入占比显著提升，实现净收入25.70亿元，占比20.93%，较2015年提升4.05个百分点。至2016年底，分行总资产达到837.63亿元，较年初下降2.95%；累计实现营业收入23.81亿元，同比下降20.4%；实现利润总额-30.68亿元，同比下降509.3%。

中信银行石家庄分行

行　　长：奚国光

副 行 长：孙鹏　　张建明

　　　　　张元明

行长助理：杨桂玲（女）

　　　　　高珊　（女）

　　　　　常辉锋

　　　　　丁峥嵘（1月任）

（田亮）

华夏银行石家庄分行

【概况】 2016年，华夏银行石家庄分行坚持稳中求进的工作总基调，以“稳增长、防风险、促转型、补短板”为主线，加强改革创新，提升服务质效，推进分行在经济新常态下转型发展。实施营销体制机制改革，按照不同功能定位设立专门营销部，明确营销区域和工作方向；完善业务发展架构，将同城支行划分为综合性支行、转型支行两类，根据不同业务重点采取不同营销策略。修订经营机构和客户经理考核办法，实行增量绝对值考核，调动经营机构和客户经理积极性。推进信用风险管理机制改革，成立风险管理部，建立全面风险管理、单一风险管理、业务条线风险管理多维度全覆盖风险管理体系。集中开展信用风险排查，全面加强集团及关联客户管理，增强同一债务人授信额度控制，降低新增授信集中度。健全不良资产管理架构，统筹开展专业化清收化解工作；采取分类处置、降旧控新、加大问责力度措施，提高资产管理质量。扎实开展合规、案防工作，全年实现零案件工作目标。2016年分行全辖共有机构49家、员工1387人，业务覆盖石家庄、保定、唐山、沧州、邯郸、廊坊6个地市，实现利税收入6.85亿元。至2016年末，分行全辖各项存款余额达到449.87亿元，其中石家庄地区各项存款余额244.86亿元；分行全辖各项贷款余额达到510.15亿元，其中石家庄地区各项贷款余额322.38亿元。

【业务发展】 公司业务营销重点向分行转移；个人业务落实“以扩大客户群体为基础，以存款为考量”策略；小微企业业务下沉，以做“微”为主，重视厅堂营销。公司条线业务定期举办存款调度会、对公存款营销竞赛活动，实施非税收入收缴营销攻关，推进重点业务产品运用和稳存增存。小企业条线业务推广年审制贷款，以租金贷产品作为切入点，扩大保定白沟箱包市场等重点市场业务合作，有效解决转贷难问题。个人条线业务以渠道、产品、网点为重点，开展营销竞赛活动，实现销售资金留存、客户、低成本、稳定储蓄、基础型存款增长。国际业务条线推进新产品运用，在二级市场福费廷、出口再议付、京津冀交单通3项新产品实现突破。至2016年末，分行对公存款规模达到339.26亿元；个人存款规模在大力压缩质押存款情况下，恢复到年初水平，存款余额达到110.61亿元；小微企业条线贷款余额达到65.58亿元，其中石家庄地区小微企业条线贷款余额28.40亿元。国际业务累计实现中间业务收入9649万元，同比增长11.5%，获得“华夏银行2016年度国际业务贡献奖”。信用卡业务全年新增发卡22.64万张，实现中间业务收入1.13亿元，获得“信用卡业务先进分行”称号。同业业务实现收入4852.2万元，贡献度逐步提高，获得“同业理财客户拓展一等奖”。金融市场业务通过重点产品运用，实现中间收入2500万元，拉动日均存款13.5亿元。

【网点建设】 全年分行9家机构开业，张家口分行1家获批筹建，机构网点数量累计达到49家。拥有员工1387人，业务覆盖石家庄、保定、唐山、沧州、邯郸、廊坊6个地市。推进电子银行建设，移动银行、对公网银客户数超额完成总行计划，分别达到29.8万户和6597户。坚持“大服务”管理理念，全力提升综合服务竞争力。2016年保定分行营业部被中国银行业协会评为“千佳”网点，沧州千童支行以优异成绩通过星级网点复查。

华夏银行石家庄分行

行　长：赵勐　（6月免）

　　　　王广志（6月任）

副行长：张景辉　苏彦民

　　　　王庆华　王茜

首席风险官：甄为书

（梁红）

中国民生银行石家庄分行

【概况】 2016年，中国民生银行石家庄分行按照“做民营企业的银行、小微企业的银行、高端客户的银行”的战略定位，积极践行“普惠金融”的发展要求，扩大金融服务覆盖面，创新推出小区专属理财、个人消费贷款、智家卡、车车卡等产品，打造“专业化、连锁化、品牌化的金融沃尔玛超市”，为社区居民客户提供可信赖的“金融管家式”服务。发挥社区金融线下体验店的优势，搭建资源整合平台，提供金融与非金融服务，同时，积极开展“金融知识进社区”“网络安全宣传周”“用卡安全讲座”“网络金融安全宣传”等社区宣传活动，普及金融知识，提升风险意识。创新产品与服务，收录约3000个楼盘的评估信息，推出互联网抵押贷款产品“优房闪贷”，接受河北省范围内的房屋抵押，比传统评估方式节省3～5天的等待时间，极大改善用户体验。在支付领域，将虹膜识别技术应用于移动支付领域，业内首家推出虹膜支付，开启移动支付又一个新时代。截至年底，民生银行石家庄分行累计在全省开业社区支行111家，服务社区客户近30万户，管理客户金融资产近70亿元；累计在石家庄、邯郸、衡水、沧州、秦皇岛、唐山、张家口7个地市设有分支机构69家，各项存款741亿元，各项贷款577亿元，资产总额达到958亿元，成为全省规模最大的股份制银行。

【重点业务】 落实省委、省政府支持实体经济、培育支柱产业的要求，将信贷投放向政府平台、省内央企、大型国企以及关系国计民生的水、电、燃气、公共交通、医药、节能环保等行业倾斜；在全行范围内开展“三个一百”领军企业工程，积极争取域外信贷资金支持，同时利用投行、金融市场及私人银行业务，通过资产证券化、发债、定向募集等资本业务代替传统贷款方式解决信贷额度问题，为“三个一百”企业信贷需求腾挪空间。

在支持冬奥会项目建设过程中，尝试“债权＋股权”的投贷联动模式，通过结构化融资为冬奥会雪上项目主赛场“太舞四季文化旅游度假区”项目提供支持资金8.1亿元，保证了项目的顺利进行。至2016年末，分行支持“双创”贷款余额237亿元、经济转型发展贷款余额80亿元、开发区建设贷款余额82亿元；新增京津冀项目26个，累计新增授信出账金额200亿元。

【小微企业业务】 支持重点商圈及产业集群，业务规划包括省内各大有形商圈、产业集群、消费行业等，业务地域覆盖石家庄、邯郸、衡水、沧州、秦皇岛、唐山、张家口等省内69%的小微市场。寻找新的业务增长点，确定十大重点支持行业：医疗卫生、旅游休闲、文化教育、仓储物流、电子电器、大农业、创意行业、餐饮住宿、居民服务和电子商务。加大产品创新力度，持续向市场推出创新产品，包括互助合作基金、经营性微贷、综合性银行卡及互联网创新服务等，以满足不同客户群体的服务需求。优化小微企业授信业务流程，设立“小微信贷工厂”，提高效率。改进续授信流程，对符合条件的客户，由先还后贷改为可直接进行续授信转期，免除客户贷款到期后筹措资金的负担。截至11月末，小微贷款余额238亿元，小微客户数达到45万户，其中小微贷款客户数1.22万户。

中国民生银行石家庄分行

行　　长：徐明勋

副 行 长：胡国荣（4月免）

宋立新　侯成仁

张振国（3月任）

行长助理：张振国（1月免）

刘嵘　（1月任）

（雷长征）

中国光大银行股份有限公司石家庄分行

【概况】 2016年，中国光大银行股份有限公司石家庄分行以提高经营效益为中心，以防范风险为重点，以体制机制改革为牵引，以创新发展为驱动，公司、零售、金融市场三大板块实现均衡发展，经营效益稳步提高，监管评级连续三年保持2A级。存款增量、增幅均位居河北“6+1”同业第1名：2016年末该行一般性存款日均余额686亿元，较年初增长177亿元；系统内排名第10位，较年初提升4位；总量继2015年赶超华夏银行后，2016年先后超过兴业银行、中信银行，位居河北“6+1”同业第2，增幅高出当地“6+1”同业平均水平33.97个百分点。贷款规模呈现稳定增长态势：2016年末该行各项贷款余额达569.1亿元，较年初增长107.7亿元，增幅23.4%，系统内排名第8位，较年初提升3位；增量、增幅均位居河北“6+1”同业第2。对公大资产业务时点余额1150亿元，比年初增长227亿元；个贷业务增势良好，余额首次突破200亿元。资产总额达到752.16亿元。加强内控管理，全年完成问责事项21笔，包括不良贷款问责14笔、员工违规操作和内外部监管机构检查发现问题问责7笔，被问责责任人员42名，扣减绩效工资30.22万元。加大不良资产清收、转化力度，并对17家存在逾期欠息类贷款的经营单位进行督导、帮扶，截至2016年末，共完成现金清收1.93亿元，重组984万元、打包转让12.54亿元、核销0.23亿元，提前介入关注类贷款1.9亿元。信贷业务结构得到明显改善：产能过剩行业授信占比由最高时的52%下降到35%，保证金存款占比由最高时的78%下降到52%，票贷比由最高的107%下降到76.27%。加强人才队伍建设，全年共组织各级各类培训149场；共提拔、引进、晋升干部52名，其中行内提拔使用13人，行外引进干部5人，按期限及业绩晋升34人。开设太极、瑜伽等学习班，举办羽毛球、乒乓球、健步走等健身运动，加强企业文化建设，员工的企业归属感和幸福感进一步提升。积极履行企业社会责任，对保定易县高村镇、神石庄村展开为期五年的精准扶贫，筹资20余万为该村修通主干道。

【业务发展】 把握京津冀协同发展和京张冬奥会筹备的历史机遇，推动公司、零售、金融市场协调发展。公司板块带头组织重点项目营销，有效推动基础设施建设和政府平台等业务发展，在河北省“6+1”同业对比中，该行公司板块余额、增长额、市场占比均保持领先。零售板块着力拓展市场，持续夯实基础，实现了稳健发展。截至12月末，该行零售客户AUM（财富管理总量）达到375.1亿元，较年初增加67.7亿元，增量居系统内第4位；零售贷款较年初增加74亿元，增幅49.7%；新增信用卡客户15.6万户，增幅28%。2016年分行零售条线获得总行“三位一体”综合考评第一名。金融市场板块通过设立产业基金、发行债券、并购贷款、引导基金等多种方式拓展业务，成功投放河北省第一笔产业基金正定兴鸿建设发展基金57亿元，第一笔奥运支持项目基金张家口通泰建设发展基金50亿元，在行业内迅速发展成为标杆，实现金融企业履行社会责任和获得安全收益的双赢局面。

【网点建设】 加快物理渠道建设，全面完成年度机构建设计划。年内，新开业二级分行1家：4月12日保定分行开业，新开业支行4家：2月22日青园街支行开业、7月12日唐山卫国路支行开业、9月28日汇通路支行开业、12月10日三河燕郊燕高路支行开业，新开业社区支行3家：3月10日廊坊逸树家社区支行开业、3月18日石家庄冠诚苑社区支行开业、11月3日石家庄丘头社区支行开业。截至2016年末，该行共设有营业网点39家，其中石家庄19家、唐山6家、邯郸6家、廊坊6家、沧州1家，保定1家；设有社区支行14家，网点布局更趋合理，网点服务设置更加完善，整体服务形象得到有效提升。

中国光大银行股份有限公司石家庄分行

行　长：邵泉

副行长：武贯群（兼纪委书记、工会主席）

朱军　魏昭

（贾晶）

中国邮政储蓄银行石家庄市分行

【概况】 2016年，中国邮政储蓄银行石家庄市分行贯彻“传承+创新”思路，采取转思路、调结构、增优势、补短板策略，践行普惠金融理念，全力推进“打造核动力航母级省会大行”目标。至2016年末，分行资产规模达到566亿元；各项贷款余额337亿元，净增146亿元，新增贷款市场占有率16%；营业收入11.68亿元，同比增长11.9%，列全国省会行第6位；实现利润4.91亿元，列全国省会行第7位；成本收入比34.5%，列全国省会行第2位；人均创收87万元，同比增长11%，列全国省会行第9位；存贷比63.2%，同比增长23.7个百分点。电子银行业务。新建离行自助服务区6处，新增手机银行15.3万户、网银11.8万户，两项指标均列全省第1位，完成省分行下达目标，电子银行交易替代率87.7%。金融市场业务。全年营销同业业务23.5亿元，销售机构理财产品59亿元；累计直贴买入票据84.5亿元，完成全年收入目标224.7%，列全省第1位；办理票据大管家质押入池业务25.8亿元，列全国第1位；累计签发承兑63.8亿元，列全国第2位。国际业务。办理外汇结算1.5亿美元，同比增加9834万美元，增长180%；办理贸易融资业务1.2亿美元；办理福费廷业务41.5亿元，同比增加21.9亿元，增长218%，合作同业客户数量增长200%。2016年中国邮政储蓄银行石家庄市分行获评“百姓最信赖金融机构”，小企业金融部获评“省级青年文明号集体”。

【个人业务】 全年分行新增个人金融总资产10.9亿元，同比增长7.8%，结余150亿元。开展购物、美食、加油等系列刷卡优惠活动，打造“悦享生活”品牌，有效发放信用卡3万张，同比增长8%，列全国省会行第2位，结余11.4万张，实现净利润1421.9万元，同比增长73%；新增ETC客户3.82万户，结存4.1万户，列全省第1位。传统对公业务。落实联盟式发展战略，至2016年底，分行对公存款日均余额147亿元，净增22.7亿元，时点余额最高曾超200亿元。对公信贷净增57亿元，同比增长139%，列全国省会行第1位，结余曾超100亿元。消费信贷业务。以房贷业务为牵引，全年发放贷款92.6亿元，净增69亿元，列全国省会行第6位，结余150亿元，净增、结余均列全省第1位。

【贷款业务】 “三农”业务。以政银项目为突破口，全年发放贷款15.26亿元，共向8770余农户提供资金支持，贷款结余11.65亿元，列全省第1位、全国省会行第2位，净增最高值曾达1.1亿元。其中，新产品累计放款1.8亿元，净增7600万元，有效弥补传统小额贷款发放数额下滑产生的缺口。小企业金融业务。2016年末分行小企业贷款结余16.34亿元，列全国省会行第3位；个人商务贷款结余23.27亿元，列全国省会行第5位。主动退出小企业风险客户53户3.3亿元，通过减额续贷等方式转化21户2.6亿元，风险客户占比下降至21.8%；新增低风险及高新技术企业贷款占比提升至6.7%，“两高一剩”行业客户基本退出完毕。

中国邮政储蓄银行石家庄市分行

行　长：张国平（2月免）

　　　　师旭　（2月任）

书　记：印惠荣

副行长：于会龙　薛彦军

　　　　周卫华（2月免）

　　　　段坤　（3月任）

　　　　石滨逢（3月任）

（兰凤）

河北银行石家庄营业管理部

【概况】 2016年，河北银行石家庄营业管理部按照“上规模、提质量、增效益”的发展思路，迎难而上，奋发作为，取得良好经营业绩。截至2016年末，资产总额达到1082.83亿元，较年初增加94.11亿元；各项存款余额（含保本理财）达到1066.83亿元，较年初增加86.1亿元，存款规模辖区占比达10.01%；各项贷款余额381.75亿元，较年初增加22.59亿元；实现营业收入25.59亿元。加强风险防控，做好业务技能培训、警示教育、员工行为排查和业务监督等工作，对违规违纪问题坚持“零容忍”，始终保持案防工作的高压态势。年内成功阻截变造银行承兑汇票1笔，全年累计处理违规人员31人。2016年全辖没有出现重大案件。加强不良资产清收和风险贷款处置工作，全年累计清收不良资产1.94亿元，转化风险贷款10.63亿元，持续压缩风险贷款3.37亿元。2016年末不良贷款余额较年初减少5600余万元，不良率0.91%，保持较低水平。推进网点建设，黄河大道科技支行开业；新设汇丰支行和正定国际机场财富中心、灵寿县石家庄医学高等专科学校自助银行。实施3家老旧网点装修改造，更新老旧自助设备29台。至2016年末，石家庄营业管理部所辖营业网点89家，其中，市区支行71家、县域支行18家。2016年石家庄营业管理部获评“河北省金融系统劳动关系和谐单位”“河北省先进职工之家”“河北省模范职工之家”“百姓最信赖的金融服务机构”等荣誉。

【公司业务】 以国家政策为导向，主动参与省级财政资金招标。抢抓机遇，将公积金、医保和社保资金、美丽乡村建设、扶贫资金等作为营销重点，实现对公存款较快增长。与12家省、市重点医院和学校类弱周期优质客户签订合作协议，对公结算户较年初增加300余户，对公存款余额突破600亿元大关，达到604.94亿元，较年初增加43.1亿元。对公资产业务以营销对接京津冀协同发展重大项目、省市重点项目和优质企业为重点，深挖存量大客户潜力，提高存量业务续贷率，全年累计发放公司类贷款78.39亿元，实现投行业务发生额20.6亿元。国际业务聚焦重点客户，结算量达到6.18亿美元，超额完成任务目标。票据业务盈利能力提高，全年累计实现净收益2000余万元。

【个人业务】 个人负债业务方面。以稳存量拓增量为主线，通过营销活动带动，项目专项拓展，有效促进储蓄存款及管理个人客户总资产的提升。年内组织广场舞大赛、电影进社区、向行庆20周年献礼等不同规模、面向不同客户层次的营销宣传活动20余场。抓好省直工会卡发卡、高速ETC等项目，实现了批量获客。推进厅堂营销和社区分包营销工作，成立财富管理团队，精细维护中高端客户，储蓄存款、个人理财、中高端客户数等均实现较快增长。至2016年，储蓄时点余额达到452.42亿元，较年初增加42.18亿元，管理个人客户总资产620.45亿元，较年初增加87.34亿元，中高端客户数较年初增加2.36万户。另外，在藁城、赵县等县域相继铺设银行卡助农服务点123家，办理福农卡1.5万余张，掀开了助农服务新篇章。个贷业务方面。将按揭业务作为发展重点，进一步理顺审批机制，优化业务流程，提升办理效率，同时，充分发挥个贷示范行引领作用，促进个贷规模实现较快提升。至2016年，个人消费类贷款余额110.17亿元，较年初增加14.42亿元，增长15.06%。

【小微业务】 分行层级优化审批考核机制，提高小微信贷业务审批效率；加大业务培训和指导，开展小微产品宣传。支行层级筛选确立9家小微业务特色支行，采取给予政策倾斜、打造业务对接平台、灵活下放审批授权、定期开展经验交流等措施，推动小微信贷业务向特色化、专业化发展。至2016年末，石家庄营业管理部小企业贷款余额达到76.28亿元，较年初增加7.85亿元。9家小企业特色支行小微贷款余额累计增加8.49亿元，其中6家增长超过1亿元。发放科技型贷款1.43亿元。

河北银行股份有限公司
石家庄营业管理部
总 经 理：王子彬（兼河北银行行长助理）
副总经理：靳松　（3月免）
狄艳军　黄冀川
总经理助理：魏金超　吕媛媛
授信总监：王建伟

（赵凯）

河北省农村信用社联合社石家庄审计中心

【概况】 2016年，河北省农村信用社联合社石家庄审计中心（简称市联社）围绕“改革、发展、合规、提升”总方针，坚持“夯实基础、合规经营、风险可控、稳固发展”发展方向，以推改革、促发展、提效益为策略，践行普惠金融，推进“双基”工程。至2016年末，辖内共有农村商业银行3家、农村合作银行1家、信用联社股份有限公司11家、县级联社4家、网点584个，包括19家营业部、411家信用社（支行）、126家分社（分行）、28家储蓄所，员工6020名；资产总额1571.7亿元，较年初增加179.4亿元；所有者权益94.9亿元，较年初增加13.1亿元；各项存款余额1357.78亿元，较年初增加133.14亿元；各项贷款余额857.07亿元，较年初增加103.59亿元；实现考核利润24.12亿元，较2015年增加4.55亿元。

【业务发展】 拓展农村信用社特色业务，开展银校、银财、银社跨业合作。牵手合作多所大中专院校，向在校师生提供优质金融项目服务，提高在校生理财能力。拓展财政资金市场，完成多家联社财政集中支付业务升级改造，正定农商行获得省级国库集中支付业务资格认定。推进社保卡发卡和社保资金代发代扣业务，全年社保卡耦合数据333.1万张，激活220.3万张，激活率66.1%，激活率与使用率实现双提升。推进小贷事业部改革试点，支持中小实体经济发展。至2016年末，全辖小微企业贷款余额496.56亿元，较年初增加106亿元，同比增长27.14%，高于贷款平均增速15.39个百分点。

【“三农”信贷】 助力石家庄市打赢脱贫攻坚战，借鉴贵州省普定县金融扶贫经验，开展金融扶贫试点。普及金融知识，传播致富信息，举办“金融夜校”“金融知识大讲堂”2286期。至2016年底，全辖扶贫贷款余额31.22亿元，较年初增加6.65亿元；美丽乡村贷款余额34.03亿元，较年初增加13.1亿元；建立经济档案农户38.85万户，评级32.39万户，授信21.71亿元。围绕“三农”小客户，推出农贷宝、商贷宝、消贷宝、创业宝等“宝”系列特色产品，至2016年末，全辖“三农”特色信贷产品授信额达到89.64亿元，较年初增长18.34亿元。按照“分类指导、分步实施、统筹推进”原则，推进农商银行改制。至2016年底，全市挂牌开业农商银行3家，上报开业申请1家；1家联社获得筹建批准，2家联社申报筹建申请，正在清产核资。

河北省农村信用社联合社
石家庄审计中心
主　任：郭满平
副主任：刘宏峰　刘俊荣（女）

（杨智皓）

证　券

【概况】 2016年，石家庄市共有49家企业在各类资本市场挂牌上市，其中，香港交易所1家，新三板（全国中小企业股份转让系统）29家，石家庄股权交易所19家。12月21日，河北冀辰实业集团股份有限公司在香港股权交易所上市。新三板上市29家企业为：石家庄博宇科技股份有限公司、河北晓进机械制造股份有限公司、河北橡一医药科技股份有限公司、河北白鹿温泉旅游度假股份有限公司、河北海力香料股份有限公司、斯特龙装饰股分有限公司、河北九易庄宸科技股份有限公司、河北潜能燃气股份有限公司、河北炫坤节能科技股份有限公司、河北中科恒运软件股份有限公司、河北博岳通信技术股份有限公司、河北精英动漫文化传播股份有限公司、河北工大科雅能源科技股份有限公司、石家庄世纪森诺通讯股份有限公司、河北旭辉电气股份有限公司、益生环保科技股份有限公司、河北为信电子科技股份有限公司、河北昊天诚泰科技股份有限公司司、河北诚业智能科技股份有限公司、河北双星种业股份有限公司、河北吉美达工具股份有限公司、河北方大包装股份有限公司、河北协同环保科技股份有限公司、河北合佳医药集团股份有限公司、河北泽华伟业科技股份有限公司、河北华糖云商营销传播股份有限公司、河北众美传媒股份有限公司、河北敬业钢构股份有限公司、河北地平线通用航空股份有限公司。石家庄股权交易所上市19家企业为：石家庄龙源汽车运输股份有限公司、唐明科技小额贷款股份有限公司、融达广丰小额贷款股份有限公司、石家庄诚实农业科技股份有限公司、元氏县大通运输股份有限公司、河北正润商贸股份有限公司、河北大艾智能科技股份有限公司、河北金能电力科技股份有限公司、河北冠宇环保设备股份有限公司、河北大可生物科技股份有限公司、石家庄君悦广告股份有限公司、河北正先食品股份有限公司、河北巴斯力商贸股份有限公司、河北菁瑞达园林工程股份有限公司、石家庄三睦种植股份有限公司、河北冠城家政服务股份有限公司、河北盛景光电照明科技股份有限公司、河北东海药都医药股份有限公司、石家庄广联祥欣工贸股份有限公司。至2016年12月底，石家庄市累计实现多层次资本市场挂牌上市企业162家，累计实现融资520亿元。其中，境内公开市场（上交所、深交所）上市企业15家，境外各类资本市场上市企业18家，新三板上市企业57家，天津股权交易所挂牌企业20家，石家庄股权交易所挂牌企业51家，前海股权交易中心1家。

（彭秀文）

【白鹿温泉新三板上市】 3月2日，河北白鹿温泉旅游度假股份有限公司（证券简称：白鹿温泉）在全国股转系统挂牌上市。这是石家庄市第一家上市的旅游景区，也是全国第一家挂牌上市的温泉旅游企业。2007年4月，位于平山县的河北白鹿温泉旅游度假股份有限公司成立。2010年7月，公司股改完成，主营业务为旅游资源开发经营。2016年白鹿温泉主要开发景区为白鹿温泉旅游度假风景区，是一个集温泉沐浴、水上主题公园、白鹿缘泉实景演出、休闲保健及住、餐、娱、购为一体的新型、综合、健康温泉休闲度假景区，设有温泉中心、客房中心、餐饮中心、水上乐园、会议中心、白鹿缘泉剧场六大营业中心。

（翟相哲）

【精英动漫新三板上市】 5月5日，河北精英动漫文化传播股份有限公司股票在全国股转系统挂牌公开转让，这也是河北省首家动漫企业在新三板上市。股票名称：精英动漫。股票代码：837012。河北精英动漫文化传播股份有限公司前身是河北精英影视文化传播有限责任公司，创办于2004年12月16日，主营业务为原创动漫的开发设计、动画制作。该公司是国家文化部、财政部、税务总局联合认定的“全国首批百家动漫企业”，获得河北省“诚信企业”“河北省服务外包产业基地”“河北省博士后创新实践基地”“石家庄市文化产业示范基地”称号及河北省“五个一工程”奖、国产优秀动画片等奖项。原创3D系列动画片《精灵梦叶罗丽》在湖南金鹰卡通、北京卡酷卫视、四川卫视、青海卫视等全国50多家电视台播出，2015年第三季动画播出期间，创下全国动画少儿类节目全天收视冠军，全网点播量超过12亿次。自主研发玩具叶罗丽系列娃娃拥有9项专利，在全国20多个省拥有分销渠道。

（张晓娟）

【石家庄股权交易所】 石家庄股权交易所是河北省唯一的区域股权交易市场。2010年8月10日，石家庄股权交易所经河北省政府批准，在石家庄市工商局注册成立。2012年12月，中国证监会正式向河北省政府复函，同意石家庄股权交易可面向河北省内中小企业开展股权挂牌转让、股权抵押融资、发行私募债及增资扩股等服务。至2016年底，石家庄股权交易所形成主板、成长板、孵化板“一市三板”市场格局，挂牌企业突破千家，达到1007家，其中石家庄市挂牌企业242家，占比24%；累计帮助企业融资50多亿元。与中国建设银行河北省分行签署战略合作协议，向挂牌企业推出“上市贷”产品，22家挂牌企业签约。规范股权托管市场，向非上市股份有限公司提供免费股权登记托管服务，托管企业超1000家。对接深圳证券交易所，打造河北省专业的科技企业路演平台，举办路演8期，39家企业实现与创投机构直接对接和资本融合。

（彭秀文）

保 险

中国人寿保险股份有限公司石家庄分公司

【概况】 2016年，中国人寿保险股份有限公司石家庄分公司贯彻总公司和省公司“十三五”战略部署，实现总保费首次突破40亿元大关，达到45.19亿元，同比增长18.48%，总保费市场份额占比达到18.17%。拥有销售人员1.75万人，同比增长27.57%，业务队伍保持行业主导地位。经营效益提高，新单创费同比增长10.88%。2016年石家庄分公司在省公司15项职能指标考核中，财务、人力、办公室、市场、业管、纪检监察6个指标获得第一。开展智能化服务，推广“e宝账”“e门店”及柜面自助业务。严格风险管控，有效防范满期给付和退保、集资诈骗等风险。重视工会建设，出台《石家庄分公司机关工会员工送温暖慰问规定》，将送温暖工作纳入公司制度管理。至2016年末，公司保险给付支出总额24.33亿元，上缴税金5563万元。2016年石家庄分公司1个支部获得总公司、4个支部获得省公司“先进基层党组织”称号，1人获得总公司“优秀共产党员”称号。

【业务发展】 按照“大期交、大短险、大互动”部署要求，开展综合销售，实现突破性发展。首年期交、10年期及以上和长险续期保费量，均创历史最好业绩，主要业务预算指标均超额达成。续期保费扭转连续两年负增长局面，同比增长20.92%。业务结构优化，首年期交占比长险首年、十年期及以上占比首年期交、续期保费占比总保费均实现同比增长。推进保障型业务转型，全年保障型产品实现保费收入9962.43万元，同比增长105%。至2016年末，公司实现保费收入45.19亿元，同比增长18.48%。其中，长险保费收入41.07亿元，增长19.16%；短险保费收入4.12亿元，同比增长12.13%；个险保费收入26.18亿元，增长20.14%；团险保费收入3.46亿元，下降10.96%。续签石家庄市新农合大病保险业务，覆盖人群559.35万人，实现保费2.24亿元，同比增长13.6%。

表26　2016年中国人寿保险石家庄分公司保费收入情况一览表

项目			保费收入（万元）	同比增长（%）
险种	长险	总额	410653	19.16
		首年保费	178923	16.96
		续期保费	231730	20.92
	短险		41199	12.13
渠道	个险		261823	20.14
	团险		34645	-10.96
	代理	总额	155383	24.79
		银邮	136025	12.98
		电销及其他	19358	370.08
总保费			451852	18.48

备注：表内数据来自于中国人寿保险股份有限公司统计信息系统，保监局口径。

【客户服务与赔付】 开展“牵手国寿、健康同行”“小小艺术家圆梦之旅”“国寿广场舞达人”等系列客户服务活动，参与客户2万人。举办公益捐助活动，全年累计对外捐款捐物23.74万元。其中，捐助平山县精准扶贫资金及慰问品20075元，为“7·19”特大洪水灾害中井陉灾区重建捐款捐物18.07万元，为灵寿农村留守儿童捐赠学习用品2万元。参加石家庄市首届金融理财博览会获得“百姓最信赖的金融服务机构”称号。2016年公司赔给付支出总额24.33亿元，其中，赔款支出3.05亿元，死伤医疗给付1.08亿元，年金给付1.07亿元，满期给付19.13亿元。全年上缴税金5563万元。

中国人寿保险股份有限公司
石家庄分公司

总 经 理：张国杰 （9月免）
刘林 （9月任）
副总经理：张国杰 （9月任）
邱军 （8月免）
任少川 甄全波

（阎媛敏）

中国人民财产保险股份有限公司石家庄市分公司

【概况】 2016年，中国人民财产保险股份有限公司石家庄市分公司围绕“建设一流省会分公司”战略目标，优化发展机制，深化管理升级，加强合规建设，推动公司经营业绩、运营管理迈上新台阶。坚持市场导向，对接市场需求和变化，健全渠道网络，强化互动协同，探索模式创新，构建全方位、广覆盖、多元化的销售体系。狠抓精细化过程管理，推进销售人员分类管理，整合资源，加深IT工具应用，提高管理效能。规范经营管理，启动内控体系建设，夯实公司健康发展基础。加快“幸福企业”建设步伐，制定实施员工关爱计划；加强“职工之家”建设，开放使用职工活动场所，组织开展户外爬山、职工运动会等活动，提升职工幸福感。开展“保险助推精准扶贫”项目尝试和探索，与赞皇县、行唐县、灵寿县、平山县4个国家级贫困县政府对接，与赞皇县、行唐县政府签署包括支农融资、特色农业保障等战略合作协议。至2016年末，公司拥有营业分支机构34个，覆盖石家庄全部县（市、区）；中心乡镇设有农村营销服务部57个、各类营业服务网点200多个；拥有员工1200余人，保险营销从业人员及“三农”保险基层服务体系人员2000余人。2016年公司实现保费收入29.24亿元，同比增长5.29%；直接赔款14.43亿元，同比增长7.88%；缴纳税金3.55亿元。

【业务发展】 把握供给侧改革的新趋势，拓展事关经济、社会、民生的保险服务项目，2016年公司向全市支柱产业、特色产业、大型企业、重点项目、小微企业等4700余家企业提供风险保障，并统保全市市属医院医疗责任险、5个区县“一元民生”保险、全市养老机构责任保险等业务。首次承办全市精神病人监护人业务，为19个区县21600余人提供4.32亿元风险保障。开展农业保险业务，分别承保各类粮食作物618万余亩，各类牲畜96万余头，蛋鸡53万余只，各类林木34.47万亩，设施农业2000余亩，累计承保农户120万户次，承担风险保障40.87亿元。开展政策性农村住房保险，连续三年为山区、半山区农户提供农房保险保障。开办政银保业务，为农业合作社、农业种养大户等企业和个人提供融资2620余万元，其中620余万元发放到位。参与大病保险、新型农村合作医疗意外险业务，开办辛集城镇居民大病保险及新乐、高邑等县域新农合意外险业务。2016年公司全辖累计实现保费收入29.24亿元，同比增长5.29%，高于市场1.18个百分点，在石家庄市财险市场排名第一，连续7年位列中国人民财产保险全国系统10强；市场份额32.14%，同比提升0.61个百分点，增量份额保持市场第一，市场份额实现“三连升”。车险实现保费收入24.85亿元，同比增长6.17%，高于市场3.8个百分点，业务发展大幅超越市场；商业非车险实现保费收入2.62亿元，同比增长8.17%，其中，新兴业务净增保费1000万元，成为商业非车险发展的重要增长点；农险实现保费收入1.76亿元，市场份额58.37%，同比下降9.22%。

表 27　2016 年中国人民财产保险石家庄市分公司保费收入情况一览表

类别	保费收入（万元）	增加额（万元）	同比增长（%）
车险	248509	14448	6.17
商业非车险	26164	1975	8.17
农险	17560	-1783	-9.22
大病保险	133	50	59.93
总保费	292366	14690	5.29

【客户服务与赔付】 以客户为中心，推进服务标准化建设，开展“星级营业厅”评比活动，激发一线员工主动服务意识。采取现场和监控测评方式，加大各营业厅服务质量检查力度，提升服务标准化建设综合达标率。依托“人保之友”俱乐部，开展各类服务活动，扩大客户俱乐部影响力，提升客户活跃度。全年开展回馈活动40余场，参与客户2.75万人。市区、灵寿县、正定县推进俱乐部实体店建设，打造满足客户多样化服务需求的客户体验中心，提升客户黏性。狠抓客户投诉管理，组织开展溯源整改，有效降低客户投诉量。开展理赔服务，开发“极速e理赔”系统，组建线上理赔队伍，推广电动车理赔查勘服务，全年万元以下理赔周期4.94天，人均劳动效率64件/天。2016年公司全辖累计支付各类直接赔款14.43亿元，同比增长7.88%，其中支付“7·19”特大洪水灾害赔款7000万元，赔偿井陉县、灵寿县、平山县、高邑县、赞皇县、行唐县、鹿泉区7个受灾严重县区5100余户受损农房，支付赔款1100余万元。

表 28　2016 年中国人民财产保险石家庄市分公司赔付情况一览表

类别	决赔		赔款	
	笔数（笔）	同比增长（%）	金额（万元）	同比增长（%）
车险	188661	-2.02	121264	15.25
商业非车险	16282	37.88	17032	41.89
农险	21963	-14.05	6012	-62.71
合计	226906	-1.24	144308	7.88

中国人民财产保险股份有限公司
石家庄市分公司
总 经 理：丁萍　（2月免）
王翔　（4月任）
副总经理：王大为　张立军
李文钢
周永喜（8月任）
侯志勇（8月任）

（刘京宗）

中国太平洋人寿保险股份有限公司石家庄中心支公司

【概况】 2016年，中国太平洋人寿保险股份有限公司石家庄中心支公司以客户需求为导向，聚焦价值增长和转换内生动力，开展去除低价值银保业务，推进发展高质量个险渠道。创新服务产品，提升客户体验，重视品牌美誉度。开展精确营销，推进科技个险业务，形成新客户获取与老客户加保经营模式。至2016年底，公司累计实现规模保费收入10.65亿元，同比增长33.7%，市场份额占比稳步提升；累计处理理赔案件3184件，同比增长17.97%；赔款支出3509.36万元，同比增长2.63%；满期给付支出9070万元。

【业务发展】 落实“三建、三新”战略构想，持续推进个人、法人、共享平台三大板块建设，走专业化经营之路，实现公司“超常规、跨越式、大发展”。至2016年末，公司全辖实现规模保费收入10.65亿元，同比增长33.7%。其中，个险渠道保费收入10.04亿元，增长49.3%，新单保费收入3.99亿元，增长53.7%；银保渠道保费收入3000万元，增长195.9%，新单保费收入1439万元，增长57.6%；团险直销渠道保费收入3080万元，下降55.8%，新单保费收入1580万元，增长125.2%。

表29 2016年太平洋人寿保险石家庄中心支公司保费收入情况一览表

类别		金额（万元）	增加额（万元）	同比增长（%）
个险渠道	总额	100424	33147	49.3
	新单	39853	13932	53.7
银保渠道	总额	3000	1986	195.9
	新单	1439	526	57.6
团险（直销）	总额	3080	-3887	-55.8
	新单	1580	878.4	125.2
总保费		106504	26817	33.7

【赔款与给付】 从落实日常基础工作入手，不断夯实会计基础管理，优化预算管理手段，有效防范财务风险，提升后援服务水平。以柜面标准化建设为抓手，积极开展客户服务活动，通过“3.15消费者权益日”“黄金会员层级以上客户免费癌症筛查”等活动，提升公司品牌。全年累计处理理赔案件3184件，同比增长17.97%；赔款支出3509.36万元，同比增长2.63%；满期给付支出9070万元。

中国太平洋人寿保险股份有限公司
石家庄中心支公司
总 经 理：张进武
副总经理：杨海峰（7月免）
康永忠 常洪峰
赵显峰（7月任）

（马承印）

中国太平洋财产保险股份有限公司石家庄中心支公司

【概况】 2016年，中国太平洋财产保险股份有限公司石家庄中心支公司围绕总公司提出“控品质、保盈利、强基础、增后劲”发展目标，以“转型创新、聚焦发展、突破瓶颈”“攻坚破局”为策略，创新发展机制，实现速度与质量、规模与效益平衡发展。完善各项考核制度，建立职责边界清晰、激励导向明显、重点突出的考核体系，并覆盖前、中、后台和各级管理人员，最大限度发挥员工的积极性。严格落实总公司提出的合规专项治理要求，结合“两个加强，两个遏制”回头看活动，开展自查和整改。发挥党组织核心作用，将合规经营放在公司发展首位，确保各项经营活动合法合规，经营数据真实可靠。加强四级机构管理，确保各机构的经营活动始终保持在可控范围内。2016年末，公司共有干部和员工200多名，完成总保费收入49312万元，同比增长3.3%，综合赔付率45.78%，同比下降6个百分点。

【业务发展】　车险业务方面。调整业务品质，细化业务管理，并根据业务不同使用性质不同发展渠道，有针对性地调节核保政策，拉动优质业务大幅度增长，提升投入产出比。加快自有渠道发展。2016年交叉、个销、电网销等自有渠道发展工作均取得不同程度的进展：交叉销售渠道招聘业务经理1名，全辖18个职场均配备专职业务人员；个销渠道不断扩大销售队伍，加强人员配备，全辖15家县支机构专职组训岗位全部配备到位，并积极开展主题营销、假日营销活动；电网销渠道建立全省第一个续保团队，重点挖掘车商、专代渠道续保空白，提高续保率，并不断加强落地服务管理，提高保单实收率。在加快发展自有渠道业务的同时，将低价位家庭自用车、党政机关及事业团体用车等效益车型作为重点，大力发展优质专代渠道业务。非车险业务方面。提高业务考核占比，强化营销推动，并举办各类竞赛活动，调动人员的积极性。“控品质、保盈利”，做好保前查勘及风险评估，保证承保质量和经营指标。做好大客户续保工作，成功续保省新华书店财产险、河北白沙烟草有限责任公司及旗下石家庄卷烟厂、保定卷烟厂以及石家庄石焦化工有限公司财产险、华药集团金坦生物技术有限公司财产险等老客户业务。加大新业务拓展力度。依托京津冀总体规划，积极跟进并达成石家庄地铁二、三号线的工程险、大唐集团财产一揽子保险、华电集团财产一揽子保险、邢和铁路工程险等重大项目业务。农险业务方面。全辖15个县支公司有序开展承保工作，并及时总结经验，严守合规底线。2016年，公司完成总保费收入49312万元，其中车险保费38350万元，非车险保费8261万元，农险保费2701万元。

【理赔服务】　加强成本管控。狠抓车险维修成本管理，同时加强零配件折扣率管理，改变拆验定损模式，做到事先与维修方协商工时费再拆解定损，并大力推广配件直供。健全并落实打假减损、专修减损、回勘减损制度机制。加大未决清理力度，筛查可疑案件，降低赔付成本。完善人伤调节的具体措施：小额人伤案件自主调节，现场处理；住院伤者治疗结束后三方调解，直赔伤者；对于治疗尚未结束，但病情稳定或损失可预期的情况下，将相关损失核定后，直接打包赔付，一次性结案。依托示范性五星级门店，搞好营销策划和客户互动，并出台一系列规定动作和考核方案，为优质客户提供差异化服务。同时通过新工具、新技术的应用，减少环节、简化流程，提升运营效率。提高服务质量，并通过提供人伤快速赔付、免鉴赔付、优先审核、即时划款等服务，提升客户体验，提高客户满意度。2016年全辖车险赔付率为47.65%，同比下降5.63个百分点；非车险赔付率为41.54%，同比下降13.65个百分点。

中国太平洋财产保险股份有限公司
石家庄中心支公司

总　经　理：刘云超

副总经理：孔秀敏

总经理助理：赵红艳（1月任）

（太平洋财产保险石家庄中心支公司）

中国平安人寿保险河北分公司

【概况】　2016年，中国平安人寿河北分公司贯彻落实保险国十条要求，以打造优秀业务品牌和价值经营为重点，创新销售模式，落实风险措施，推进企业合规经营。履行社会责任，开展精准扶贫帮扶、希望小学爱心支教、爱心衣物捐赠等公益活动，提升公司品牌美誉度。2016年公司在石家庄辖区保费收入显著提升，长险新单累计保费收入71857万元，同比增长86.9%；长险续期累计保费收入99441万元，同比增长21.9%。市区银邮代理业务开展良好，保费同比增长53.8%；意外险、健康险保费收入分别增长96.3%、56.4%。至2016年底，公司在石家庄辖区实现总保费收入179444万元，同比增长44.5%；累计赔款支出672万元，同比增长21.3%；给付合计25726万元，同比增长 27.1%。

【业务发展】 全年公司在石家庄辖区实现保费收入 179444 万元，较 2015 年增加 55289 万元，同比增长 44.5%。按险种分类，传统寿险保费累计收入 32192.7 万元，较 2015 年增加 17998.1 万元，同比增长 126.8%；意外伤害险累计保费收入 6282 万元，较 2015 年增加 3082 万元，同比增长 96.3%；健康险累计总保费收入 42210 万元，较 2015 年增加 15216 万元，同比增长 56.4%。按渠道分类，个人代理业务保费累计收入 165650 万元，较 2015 年增加 50465 万元，同比增长 43.8%，占总保费收入 92.3%。银邮渠道业务保费累计收入 13794 万元，同比增长 53.8%，占总保费收入 7.7%。按保费期限分类，长险累计总保费收入 171298 万元，较 2015 年增加 51275 万元，同比增长 42.7%。其中，长险新单累计保费收入 71857 万元，增长 86.9%；长险续期累计保费收入 99441 万元，增长 21.9%。短险完成保费收入 8146 万元，同比增长 97.1%。

表 30　　2016 年平安人寿河北分公司石家庄地区保费收入情况一览表

类别			金额（万元）	增加额（万元）	同比增长（%）
险种	人身保险		130952	36991	39.37
	意外保险		6282	3082	96.31
	健康保险		42210	15216	56.37
渠道	个人代理		165650	50465	43.81
	银邮代理		13794	4823	53.76
期限	长险	合计	171298	51275	42.72
		新单	71857	33403	86.86
		续期	99441	17872	21.91
	短险		8146	4013	97.10
总保费			179444	55289	44.53

备注：2015～2016 年数据使用标准为河北省保监局“二号统计口径”。

【赔款与给付】 以 E 时代到来为契机，重磅推出“安 e 赔”新型受理模式。客户或业务人员可随时随地拍照上传理赔材料，体验理赔款最快 1 分钟到账的极速理赔服务，有效增强了客户良好感受。升级理赔服务举措，推行“特案预赔，重疾先赔”模式。客户一旦身患重疾，符合公司重疾先赔条件，公司业务人员和调查人员会第一时间上门服务，帮助客户收集理赔材料，调查人员通过调查 APP 进行案件受理，公司优先审核，及时结案。发生重大灾难事故，公司第一时间相应，成立特案小组；调查人员第一时间赶赴事故现场，搜寻平安客户。启动“特案预赔”程序，开通绿色通道，协助客户收集理赔材料，简化理赔手续，优先审核，特事特批，迅速结案。2016 年公司除年金业务外，其他赔退业务全部实现增长。至 2016 年底，全年累计赔款支出 672 万元，同比增长 21.3%；累计给付合计 25726 万元，同比增长 27.1%，其中，满期给付 12111 万元，同比增长 36%；年金给付 4562 万元，同比下降 3.9%；死伤医疗给付 9053 万元，同比增长 37.5%。

表 31　　2016 年平安人寿河北分公司石家庄地区赔退付情况一览表

名称		金额（万元）	增加额（万元）	同比增长（%）
赔款		672	118	21.3
给付	满期	1211[illegible]	3206	36.0
	年金	4562	-185	-3.9
	死伤医疗	9053	2471	37.54
	合计	25726	5491	27.14

备注：2015～2016 年数据使用标准为河北省保监局“二号统计口径”。

中国平安人寿保险河北分公司
总 经 理：赵津
副总经理：张树新　何伟杰
耿剑　王泽根
苏海超　郭军升
胡云亚　田卫东

（杜成高）

中国平安财产保险股份有限公司石家庄中心支公司

【概况】 2016 年，中国平安财产保险股份有限公司石家庄中心支公司以客户需求为导向，变革经营管理机制，调整业务结构，全力践行“专业经营、服务领先”宗旨，为全市经济发展和人民生活提供保险保障。至 2016 年末，公司累计实现保费收入 15.32 亿元，同比增长 6.6%；累计车险赔款 5.95 亿元，财产险赔款 4010 万元。全年公司上缴税款 2.25 亿元。其中，营业税、增值税及附加 8815 万元，代扣代缴车船税 12649 万元，代扣代缴个人所得税 905 万元，印花税 157 万元。持续开展“停车关爱”“女神节”“五四青年节”等客户服务活动，弘扬正能量，树立行业典范。2016 年公司在石家庄市行业协会举办自律检查中获评行业第一名。

【业务发展】 创新产品种类，B2B 模块的上线为景区意外险、乘车意外险、旅游意外险种提供更好的合作平台，2016 年旅游、景区意外等短期意外险保费达成 1000 万元，实现 40% 的同比增长。地铁建工意外险项目成功承保，保费 170 万元。10 月，根据产险河北分公司部署，实行团体渠道行业化改革，组建行业销售队伍，开展专业化保险保障服务。至 2016 年末，公司累计实现保费收入 15.32 亿元，同比增长 6.6%，其中车险累计实收保费收入 13.89 亿元，同比增长 5%，财产险保费 1.02 亿元，意健险保费 0.4 亿元，整体保费市场占有率居石家庄产险市场第二位。

表 32　　2016 年平安财产保险石家庄中心支公司保费收入情况一览表

险种	保费收入（亿元）	同比增长（%）
车险	13.89	4.91
财产险	1.02	30.77
意健险	0.4	11.11
合计	15.32	6.54

【理赔服务】 以客户感受为导向，以增强客户体验为中心，推出一系列新举措："县域极速查勘""十分钟查勘生态圈""法律调解室""自助服务再升级"和"专业医疗队伍下沉"，缩短案件处理时效，简化赔款支付流程，精简理赔相关手续，以最优质的服务满足广大客户需求。"县域极速查勘"，是为了减少客户出险等待时间，在每个县域乡镇覆盖两名代勘人员，每名代勘人覆盖周围10千米以内区域案件。"十分钟查勘生态圈"，是在市中心交通拥堵、案件量集中地区，分区域放置20台电动车，覆盖所有拥堵路段，接报案到案件现场控制在十分钟之内，改善由于拥堵造成客户长时间等待的情况。"法律调解室"，打造全省保险行业调解标杆，人伤案件首先由柜面调解，不成功案件推送法院调解室，由法院进行二次调解。"自助服务再升级"，推出"好车主APP"，出险客户可借助该平台口袋理赔，上传相片进行线上理赔，从报案到赔款最快数分钟完成支付。"专业医疗队伍下沉"，根据区域案件分布特点，分配专属医疗查勘员，负责各区域的人伤事故协谈和诉讼调解，做到每个案件均有责任人跟踪。2016年中国平安财产保险股份有限公司石家庄中心支公司累计接受车险报案6.9万件，车险赔款5.95亿元。财产险赔款4010万元，100万以上大案3笔（已决），共计赔款2021万元。在"7·19暴雨灾害"事件中，累计处理产险报案1186笔，赔款3316万元。

中国平安财产保险股份有限公司
石家庄中心支公司

总 经 理：张保龙
副总经理：张春青（12月免）
佟伟
马吉安（8月免）
刘岩松（9月任）
杜伟 （12月任）

（赵双举）

新华人寿保险河北分公司

【概况】 2016年，新华人寿保险河北分公司围绕"专业、效率、合规、超越"主题，创新经营理念，推行标准化管理。完善风险管控体系，提升业务品质，建立以风控部为基础，中支风控专岗为抓手，各部门风控联络人协作配合的风控网络体系。开展"两个加强，两个遏制"排查及整改活动，专项治理销售误导，防范第三方理财、非法集资风险。以公司经营发展需要为目标，采取校园招聘、社会招聘等形式，吸纳高素质人才，建设精干高效的员工队伍；坚持"态度、技能、绩效"原则，培养、选拔和使用干部。开展社会公益活动。7月19～20日，石家庄、邢台和邯郸等地发生历史罕见洪水灾害。灾情发生后，公司及时开展慰问、捐助灾区活动，送去大米、面粉、食油、衣服等物品。提升品牌形象，2016年公司在河北新闻网联合河北省消费者协会、省银行业协会、省保险业协会、省证券期货业协会共同开展"河北网民最信赖金融品牌"活动中获评"河北网民最信赖金融品牌"，在《河北日报》举办的首届保险业口碑榜活动中获评"年度客户服务满意金奖"。到2016年底，公司共有中心支公司10家、四级机构58家，业务覆盖石家庄、秦皇岛、唐山、廊坊、保定、衡水、沧州、邯郸、邢台、承德10个地市，形成个人、银代、团体、续收四大营销体系，累计实现规模保费35.45亿元，同比增长4%；累计赔付支出15.92亿元，同比增长88%。

【业务发展】 创新营销模式，严格会制管理，强化自主经营，加强绩效考核，实行典型示范带动，持续推动个人、代理、法人、续期四大核心业务向更有价值的方向发展。个人业务：2016年，全辖实现新契约规模保费61956万元，同比增长38%；实现期交保费52921万元，同比增长45%，年度达成率104%。续期业务：实现新契约规模保费20929万元，同比增长39%；实现期交保费19932万元，年度达成率104%，同比增长73%。银代业务：新契约规模保费实现50189万元，年度达成率106%；期交保费实现8835万元，年度达成率126%，同比增长70%；财富渠道实现期交保费3565万元，同比增长68%，年度达成率108%。法人业务：实现短险保费6701万元（不含总公司自保件），年度达成率83%，同比增长4%；实现规模保费7323万元，年度达成率66%。

表 33　　2016 年新华人寿河北分公司规模保费收入情况一览表

类别		金额（亿元）	占比（%）
渠道	个险	27.69	78
	法人	0.95	3
	银代	6.80	19
时间	新单	14.05	40
	续收	21.39	60
总保费		35.45	100

【赔款与给付】　开展客户健康大回访活动，主动寻找出险客户，并开辟理赔绿色通道，对确属保险责任的案件及时调查、及时给付。为出险客户理赔提供便利。搭建移动理赔服务平台，提供一站式“无缝隙”理赔服务和“零距离”现场理赔服务，进一步加快理赔时效。履行理赔服务承诺，对一些重大社会灾难事件，做到第一时间赶到现场寻找和慰问公司出险客户，受到社会各界的广泛称赞。2016 年，经调查测评，河北分公司的理赔服务满意度为 92.16 分。全年累计赔付支出 159226 万元，同比增加 74574 万元，同比上升 88%。赔款支出 6331 万元，同比增长 9%。给付支出 152895 万元，同比上升 94%。其中，满期给付 118957 万元，同比上升 126%；年金给付 22512 万元，同比上升 38%；死伤医疗给付 11426 万元，同比增长 16%。

表 34　　2016 年新华人寿保险河北分公司赔付情况一览表

类别		金额（万元）	增加额（万元）	同比增长（%）
赔款		6331	546	9
给付	总额	152895	74028	94
	满期	118957	66284	126
	年金	22512	6163	38
	死伤医疗	11426	1580	16
合计		159226	74574	88

新华人寿保险河北分公司
总 经 理：黄启永
副总经理：宋国盛　张战
总经理助理：张欣

（王占义）

富德生命人寿保险河北分公司

【概况】　2016 年，富德生命人寿保险河北分公司在大力推动业务发展的同时注重加强品质管理，促进各项工作健康快速发展。全年全辖业务品质指标整体表现良好，继续率指标达成“四个九”：13 个月继续率个经险 90%、银代 97.18%；25 个月继续率个经险 95.02%、银代 98.15%。加强合规制度建设，开展反洗钱宣传及预防工作，建立经营风险排查常态化机制，确保各项经营活动合规、稳健。年内，新增各项制度23个、修订21个，有效合规管理制度达到189个；邯郸、承德、沧州、衡水、邢台5家中心支公司反洗钱工作被当地人民银行考评为A级单位。2016年富德生命人寿河北分公司全辖没有发生重大违规事件。深入开展“信仰、感恩、责任、团结、绩效、执行、培养和阳光思维”八大文化学习，加强企业文化建设。积极组织和参与各项公益活动。7月，开展第十届客服节宣传活动。8月，组织抗洪救灾系列捐助活动，并向石家庄、邢台以及邯郸三地分别配送矿泉水1200箱、1000箱、500箱；募集善款1万余元购买45吨水泥捐赠至重灾区井陉县台头村。9月，是全国金融知识宣传月，河北分公司组织参加省金融办举办的金融知识进校园活动，为广大师生普及金融知识。2016年富德生命人寿保险河北分公司取得多项荣誉和成绩：3月，富德生命人寿河北分公司被河北企业市场信用评价中心评为“2016年3·15河北省最具影响力百佳信用企业”“2016年3·15河北省重质量守信誉消费者信得过单位”；4月，获得河北保险学会2015年度“十佳组织单位”及河北新闻网“河北网民最信赖金融品牌”荣誉称号；8月，在河北日报官方微信“河北新闻”、河北日报《保险生活》共同主办的“首届河北保险业口碑榜”公众调查活动中，富德生命人寿河北分公司获评“年度理赔服务金奖”。

【业务发展】 全年个险保费收入7.9亿元，同比增长14.2%，年度任务达成率118.2%；系统排名第6，占全省保险市场份额1.73%，市场排名第10，排名较2015年下降1位。银行代理保费收入45.89亿元，同比增长54.93%，达成年度计划任务，系统排名第5，占全省保险市场份额9.44%，市场排名第4，排名较2015年下降1位。至2016年末，全辖实现新标准总保费收入55.42亿元，同比增长49.53%。其中，新单保费460886万元，占比83.2%，较2015年增加160108.3万元，同比增长53.23%；续期保费93299.4万元，占比16.8%，较2015年增加23446.8万元，同比增长33.57%。

表35　　2016年富德生命人寿河北分公司保费收入情况一览表

类别	名称	保费收入（万元）	增加额（万元）	同比增长（%）	占比（%）
险种	传统寿险	450499.0	194775.3	76.17	81.3
	投资型保险	84415.9	-22140.5	-20.78	15.2
	健康保险	15659.5	9524.8	155.26	2.8
	意外保险	3611.1	1395.4	62.98	0.7
渠道	个人代理	78932.6	17035.3	27.52	14.2
	银行代理	458907.7	162706.3	54.93	82.8
	团险渠道（标保）	1846.3	88.3	5.03	0.3
	经代渠道	9675.4	1582.2	19.55	1.7
	电销及其他	4823.6	2143.0	79.95	0.9
总　保　费		554185.5	183555.1	49.53	100

【客户服务】 开展“新春音乐会”“客户服务节”等客户服务活动，提高行业影响力和美誉度。维护消费者合法权益，提升客户服务质量和水平。加大新技术应用的推广，通过OCR文字识别、新契约人脸识别、电子签名、微投保，实现了智能自动服务，极大简化了工作流程。防控作业风险，提升营运人员的技能水平，为客户提供高时效、高质量的优质服务。理赔服务：全年累计开展移动理赔服务1400余次，占总案件量的44.81%，同比增长一倍；重点推出精英理赔项目，累计为572名客户提供理赔款预付服务；持续开展特色理赔服务，平均理赔服务时效由2015年的2.5天降至1.44天。保全服务：e服务终端、e服务平台、高拍仪等硬件设备日趋完善，自助退保、预约保全、保全前置等功能上线运营，e服务项目进一步丰富，保全服务时效由1.24天缩短至1.02天以内。契约承保：提高录单质量，保证新契约保单的承保时效。至2016年底，公司保单15日送达率达到98.52%，较2015年提升7.69个百分点。

富德生命人寿保险河北分公司

总 经 理：邓明远（9月免）
张立辉（9月代）
副总经理：张玉然
张峰松（12月任）
陆明维（12月任）
总经理助理：崔会利
张峰松（12月免）
陆明维（12月免）

（冯丹）

综合经济管理

Comprehensive Economic Management

发展和改革

【概况】 2016年，全市贯彻落实创新、协调、绿色、开放、共享发展理念，抓住京津冀协同发展重大机遇，统筹推进稳增长、调结构、促改革、治污染、惠民生工作，实现经济社会平稳发展。全年完成生产总值5502.15亿元，同比增长6.8%；三次产业结构比例由2015年8.8∶44.0∶47.2调整为7.9∶44.3∶47.8。全部财政收入826.26亿元，同比增长9.1%，其中公共财政预算收入398.46亿元，同比增长9.8%；财政支出714.24亿元，同比增长9.7%，其中一般公共财政预算支出708.56亿元，同比增长8.8%。固定资产投资5678.46亿元，同比增长5.1%。其中，第一产业投资264.3亿元，增长61.2%；第二产业投资2499.9亿元，增长6.1%；第三产业投资2914.2亿元，下降1.4%。固定资产投资中，建设项目投资4662.7亿元，同比增长5.1%；房地产开发投资1015.8亿元，同比增长5.2%。七大主导产业投资2055.4亿元，同比增长8.1%。六大高耗能行业投资670.4亿元，同比增长6.9%。高新技术产业投资657.2亿元，同比增长5.0%。工业技术改造投资1856.1亿元，同比增长11.6%。规模以上工业企业增加值1965.32亿元，同比增长4.5%；规模以上工业企业利润总额733.6亿元，同比增长0.6%；轻重工业比重为44.8 ∶ 55.2；单位规模以上工业增加值能耗同比下降7.53%。社会消费品零售总额2692.98亿元，同比增长10.5%。其中，城镇完成2318.4亿元，增长10.0%；乡村完成374.6亿元，增长13.8%。居民人均可支配收入22652元，同比增长9.1%。其中，城镇居民人均可支配收入30459元，增长8.1%；农村居民人均可支配收入12345元，增长7.9%。居民人均消费支出14317元，同比增长6.6%。其中，城镇居民人均消费支出19182元，增长5.6%；农村居民人均消费支出7894元，增长5.5%。压减炼钢产能260万吨、炼铁产能158万吨、水泥产能2983万吨，提前超额完成省下达目标任务。规模以上高新技术产业增加值377.0亿元，同比增长12.1%。全社会用电量425.26亿千瓦时，同比增长2.29%，其中，工业用电量268.72亿千瓦时，下降1.01%。粮食播种面积65.93万公顷，总产量440.36万吨，连续三年石家庄获评"全国粮食生产大市"；拥有农业机械总动力1156万千瓦，主要农作物耕种收机械化综合水平达到90.6%；农业产业化经营率66.8%，同比提升1.1个百分点。对外贸易进出口总值719.4亿元，同比增长5.5%。其中，出口总值432.1亿元，增长6.8%；进口总值287.3亿元，增长3.5%。对外贸易进出口总值时隔2年，再次超越唐山市，跃居河北省首位。实际利用外资12.19亿美元，同比增长6.9%。全年接待海内外游客7647.7万人次，同比增长12.76%；实现旅游业总收入750.32亿元，同比增长27.07%。常住人口城镇化率59.96%。万人拥有市场主体数量688户，超过全国平均水平。5月11日，石家庄·中关村协同创新区域合作工作组第二次会议在北京召开。中关村与石家庄协同创新区域合作项目签约，并举行石家庄（正定）中关村集成电路产业基地揭牌仪式，审定并初步通过正定（中关村）科技新城发展规划。至2016年底，全市引进京津协同发展项目253项，总投资4019.7亿元。其中，24个项目竣工投产，85个项目开工建设，144个项目正在协商推进。空气质量与2015年相比转差，PM10上升11.6%、PM2.5上升11.2%；滹沱河、洨河、磁河、汪洋沟出境断面水质达到省考核标准。森林覆盖率38.7%，城市绿地率40.7%，成功创建国家森林城市和全国绿化模范城市。城镇新增就业10.5万人，城镇登记失业率3.50%，农村劳动力转移就业5.4万人。建设公共租赁住房3.94万套。23.8万人实现稳定脱贫。

【重点项目】 2016年全市争列省重点项目33项，争取省预留用地指标2253亩。至2016年底，33个省重点项目完成投资261.8亿元，占年度投资计划167.4%。2016年石家庄市安排亿元以上项目1190个，总投资11373亿元。其中，续建项目643个，当年计划投资2072亿元；新开工项目517个，当年计划投资968亿元。2016年石家庄市安排重点项目中，战略性新兴产业、现代服务业项目占比分别为40%和34%，总占比超过七成。其中，战略性新兴产业项目119个，总投资1708.7亿元；现代服务项目102个，总投资2695.8亿元。2016年石家庄市重点项目年度计划投资832亿元。其中，计划开工项目100项，总投资1486.9亿元，年度计划投资400.5亿元；计划竣工项目100项，总投资1690.9亿元，年度计划投资431.5亿元；前期项目100项，总投资2667.3亿元。至2016年底，全市300个市级重点项目实际完成投资1349.8亿元。其中，200个在建项目完成投资1220.2亿元，占年度投资计划146.7%；100个计划开工项目全部开工建设，完成投资581.8亿元，占年度投资计划145.3%；100个计划竣工项目90个竣工试生产或部分竣工，完成投资638.4亿元，占年度投资计划147.9%；100个前期项目33个提前开工建设，完成投资129.7亿元。新开工项目总数133项。2月29日，省委、省政府在石家庄市大唐电信石家庄总部及研发中心项目现场主会场举行全省重点项目集中开工现场会议。其中，石家庄市参加全省重点项目集中开工亿元以上项目180个，总投资1404亿元，年度计划投资498亿元，其中省市重点项目72个。10月27日，全市第二次项目集中开工活动在正定新区文化产业园主会场举行，开工项目75个，总投资306.9亿元。2016年石家庄各县（市、区）党政主要领导均完成引进5亿元（或10亿元）以上重点项目任务，共引进项目47项，2016年底引进项目全部开工建设，完成投资372.4亿元，占年度计划171%。2016年石家庄市所辖县（市、区）完成重点项目投资额较好的县（市、区）情况为中部县（区）2个：藁城区（73.2亿元）、鹿泉区（73.1亿元），市内4区2个：裕华区（79.2亿元）、长安区（76.4亿元），东部8县（市）3个：元氏县（60.9亿元）、新乐市（59亿元）、赵县（58.6亿元），西部5县（区）2个：平山县（73.3亿元）、井陉县（72.6亿元）。2016年石家庄市所辖县（市、区）完成重点项目投资占比较好的县（市）区情况为中部县（区）2个：鹿泉区（151.3%）、正定县（150.0%），市内4区2个：桥西区（272.7%）、长安区（267.6%），东部8县（市）3个：新乐市（172.9%）、深泽县（172.5%）、无极县（153.9%），西部5县（区）2个：赞皇县（130.7%）、灵寿县（128.4%）。

（田靖　李兴华　马静艳）

【物流项目】 全年实施重点物流项目18个，其中，新开工项目5个、续建项目8个、前期项目5个；总投资306.6亿元，年度计划投资33.4亿元，实际完成投资44亿元。5个新开工项目总投资63.7亿元，实际完成投资10亿元；8个续建项目总投资135.8亿元，实际完成投资34亿元；5个前期项目总投资107.1亿元。重点物流项目包括深国际·石家庄现代综合物流港项目、河北环城国际汽车物流园、苏宁云商石家庄物流加工中心项目、河北瑞川物流园项目、神威医药物流园一期项目、河北润祥医药有限公司现代医药物流项目、绿岛物流园项目、石家庄国润仓储服务有限公司通用365电子商务智慧谷项目等。

（吴温）

【节能减排】 全年以加快转变经济发展方式为主线，围绕转型升级、跨越赶超两大任务，全力推进削减煤炭工作，加大节能降耗工作力度，加大结构调整力度，促进产业结构调整和转型升级，坚决淘汰落后产能，推进重点节能项目建设。严把项目准入关口，严格实行固定资产投资项目节能评估和审查，所有审批、核准、备案项目均开展节能评估和审查，万元GDP能耗同比降低6.48%，超额完成省下达下降3.5%的目标任务。2016年全市中心城区和县城建成区15.6万户分散燃煤采暖用户实施散煤压减替代，其中，集中供热替代1.1万户、煤改气9.2万户、煤改电7000户、洁净型煤替代4.6万户。新华热电南厂、热电三厂机组关停。3月16日，新华热电南厂、热电三厂机组启动关停工作；2016年8月，新华热电南厂、热电三厂机组正式关停，并通过省发展改革委、省电力公司联合核查验收；两厂5.1万千瓦火电机组关停后，年节约标煤11万吨，减排二氧化碳52万吨，减排二氧化硫850吨。原东方热电二厂南厂、热电三厂关停。6月26日，国家电投集团石家庄东方能源股份有限公司（原东方热电）所属热电三厂350平方米冷却塔爆破；6月28日14时50分，700平方米冷却塔爆破。6月29日12时10分，新华热电（原东方热电二厂）南厂1200平方米冷却塔爆破。至此，原东方热电二厂南厂、热电三厂正式关停，两厂每年共计减少排放二氧化硫850吨、烟尘560吨。正定燃气热电有限公司北郊燃机热电联产项目开工。2016年8月，中国电力投资集团公司（简称中电投集团）正定燃气热电有限公司北郊燃机热电联产项目开工。该项目是继2014年6月河北省发展改革委核准中国华电集团石家庄热电有限公司燃机热电联产项目后，石家庄市获准建设的第二个燃机热电联产项目。中电投集团正定燃气热电有限公司北郊燃机热电联产项目是正定新区、石家庄综合保税区、正定高新技术开发区的区域热源项目，主要建设2×400兆瓦级“一拖一”燃气和蒸汽联合循环供热机组，总投资26.2亿元；规划2018年3月建成投产，建成后，年用天然气量8亿立方米，年发电量36.72亿千瓦时，年供热量512万吉焦，新增供热面积1000万平方米。

（田靖　李兴华　马静艳）

【经济运行调节】 协调调度生产要素，保障经济平稳运行。2016年，以城市区域散煤压减替代全覆盖为目标，以气代煤为突破口，全面推进散煤污染整治工作。全市完成9万户气代煤，0.5万户电代煤，折合燃煤替代30万吨，有效减少燃煤污染；联合印发《关于加快推进新增建筑电能供暖的意见》，减轻集中供热压力；制定下发《关于进一步完善洁净型煤生产配送体系建设》指导意见，推广洁净型煤16万吨；制定并落实《2016年石家庄市有序用电方案》，促进电力供需平衡；规范电力行业管理，批准132家电力用户为全市重要电力用户，65家电力用户参与直供电，有效降低企业成本。组织“保护电力设施安全、服务经济社会发展”“保护电力设施，构建和谐社会，安全文明用电，健康快乐生活”为主题的宣传日活动。修订印发《石家庄市重污染天气电力行业应急预案》，落实电力应急响应措施，全市在预警期间累计减少用电量16196万千瓦时，发电企业减少发电量16234万千瓦时，减少煤炭消耗8.16万吨。2016年春运40天，石家庄机场完成旅客吞吐量69.5万人次，同比增长17.5%；石家庄火车站共发送旅客352.05万人次，同比增长10.9%；实现“安全、快捷、有序、优质”的“春运”工作目标。

【经济体制改革】 推进“放管服”改革，2016年衔接落实国务院、省政府取消、下放、调整行政审批事项125项，市本级自行取消下放行政审批事项13项，向高新区等五大园区下放环评审批权限，向市内四区下放15项建设工程管理权限；全面启动市、县两级行政审批局组建工作；精简审批流程，推行并联审批，城市基础设施建设项目整体审批时限较以前压缩40%；建立市信用信息系统平台，为全市19万家企业、513个社会组织、7万余名重点人员建立电子信用档案；印发《关于进一步改善营商环境的23条意见》，推进“多证合一”“一照一码”登记制度改革，大大降低创业准入制度性成本。推进供给侧结构性改革，出台《推进供给侧结构性改革实施方案》，全年压减炼钢产能100万吨，淘汰水泥行业落后产能80万吨；出台《关于降低实体经济企业成本的意见》，实施涉企收费目录清单制度，涉企收费基金项目减为59项，收费标准已全部按下限执行；印发《县城建设三年攻坚实施方案》，启动县域经济发展增比进位考核工作。推进全面创新，出台《关于深化科技体制改革加快推进创新发展的实施意见》，建立科技型中小企业技术创新资金、科技成果转化风险补偿基金等投入保障机制，国家和省级创新型企业分别达458家、130家，国家和省级国际科技合作基地分别达11家、18家，均居全省第一；成立首都科技条件平台石家庄合作站、北京技术市场石家庄服务平台，石家庄科技大市场科技成果成交总额4.9亿元；以高新区为重点，实施全员聘用、竞争上岗、绩效考核等干部人事制度改革，高新区机构岗位减少10%，人员减少30%，体制机制活力明显增强，在科技部公布的100余家国家级高新区综合排名中，石家庄高新区跃升至第15名，跻身国家级高新区“第一方阵”。

【高新技术产业】 全年高新技术产业投资657.2亿元，同比增长5.0%。

其中，生物技术274.0亿元，增长17.8%；电子信息85.5亿元，下降20.4%；新材料82.0亿元，下降14.5%；高端技术装备制造156.4亿元，增长24.1%；航空航天0.4亿元；新能源48.4亿元，增长6.2%；环保产业10.1亿元，下降40.6%。规模以上高新技术产业完成增加值377.0亿元，同比增长12.1%。其中，生物技术170.1亿元，增长5.3%；电子信息83.8亿元，增长4.8%；新材料52.6亿元，增长5.2%；高端技术装备制造60.1亿元，增长21.8%；航空航天4.0亿元，下降2.9%；新能源3.5亿元，增长28.3%；环保产业2.9亿元，增长27.4%。至2016年底，全市共有企业创新平台301家，其中，国家企业技术中心9家、国家工程研究中心2家、国家工程实验室1家、国家地方联合工程实验室9家、省级创新平台132家、市级创新平台148家，总量位列全省首位。6月7日，市政府与上海市张江高新技术产业开发区管委会签署战略性合作框架协议，双方商议以“友好合作、平等互利、市场运作、优势互补、合作共赢”为原则，建立战略性合作友好关系。

【服务业】 制定出台《关于加快发展生活性服务业促进消费结构升级的实施意见》《物流业降本增效专项行动方案》。编制《石家庄市服务业发展“十三五”规划》《石家庄市现代物流发展“十三五”规划》。印发《关于石家庄市2016年服务业重点行业发展工作要点》，建立“五个一”行业发展推进机制，加快服务业九大重点行业发展。争取国家政策和资金支持，2016年全市争列省现代物流业发展专项资金项目2个，分别为诚通联众物流园、深国际综合物流港，获得资金支持980万元；3个项目获得专项建设基金贴息贷款2.2亿元，分别是诚通联众物流园0.4亿元，润成仓储物流园0.5亿元，深国际综合物流港1.3亿元。2016年全市新增规模以上服务业单位300家，超出省下达任务目标48家，新增数量居全省第一位。根据《石家庄市区综合治理交通拥堵工作实施方案》工作任务，结合全市十大物流园区建设，推进二环内物流企业外迁工作。重点物流项目进展顺利，2016年全市年度重点物流项目18个，总投资306.6亿元，年度计划投资33.4亿元，全年累计投资44.89亿元，占年度计划投资额的134.4%，5个计划新开、4个计划竣工项目全部完成计划任务。至2016年底，全市服务业完成增加值2618.5亿元，总量居全省第一位，同比增长10.2%，高于年初计划指标0.2个百分点，占GDP比重48.2%，高于上年同期1百分点，对全市经济的贡献率71.2%，成为全市经济发展的主要支撑。

【资金引进】 2016年石家庄市引进省外资金1201.6亿元，省外技术968项，省外人才15655人，均圆满完成年度计划目标。至2016年底，全市新签约经济技术合作项目430项，总投资736.7亿元，合同引资697.8亿元。执行经济项目343项，总投资4329.5亿元，合同引资4276.7亿元；执行技术项目970项，总投资2564.3亿元，合同引资2281.3亿元。全年完成引资1204.8亿元。重视引进外资项目。组织多家企业参加第三次中国—中东欧国家地方领导人会议暨河北省国际经济贸易洽谈会、第十届中国—拉美企业家高峰会、河北省—德国勃兰登堡州投资促进与企业洽谈会等国国际产能推介活动，14个项目成功签约，其中利用外资项目8个，拟利用外资28.94亿美元；境外投资项目6个，拟境外投资100.6亿美元。组织企业参加2016中国企业走出去风险发布会暨“一带一路”风险管理论坛。

（梁素敏）

财　政

【概况】 2016年，全市（含辛集市）全部财政收入847.37亿元，同比增长9.1%，其中，公共财政预算收入410.72亿元，增长9.8%；税收收入289.4亿元，占财政预算92.2%，同比增长0.8%；非税收入121.4亿元，占财政预算133.2%，同比增长37.8%。2016年全市（含辛集市）财政支出746.12亿元，同比增长9.3%，其中，一般公共财政预算支出739.7亿元，占调整预算97.3%，增长8.4%。2016年全市（不含辛集市）全部财政收入826.26亿元，同比增长9.1%，其中公共财政预算收入398.46亿元，增长9.8%；2016年全市（不含辛集市）财政支出714.24亿元，同比增长9.7%，其中一般公共财政预算支出708.56亿元，增长8.8%。市级一般公共预算和城区分享收入171.6亿元，占财政预算99.7%，同比增长5.3%。当年收入加上级补助62.4亿元、县级上解6.7亿元、上年结余结转6.5亿元、地方政府债券1.2亿元和调入政府性基金等7.7亿元，以及调入预算稳定调节基金30亿元，减上解省支出8.3亿元、补助县级支出30.8亿元和补充预算稳定调节基金28.2亿元，全年支出预算调整为218.8亿元，实际支出213.5亿元，占调整预算97.6%，下降3.8%，主要是交通运输、节能环保等上级补助市级资金减少。收支相抵，市级结转5.3亿元。全年政府性基金预算收入360.7亿元，占调整预算111.2%，同比增长27.3%，增长较快主要原因是2016年土地市场相对活跃，土地出让收入328.9亿元，增长26%。全年政府性基金预算支出407.8亿元，占调整预算89.3%，同比增长46.7%。其中，土地出让收入安排支出375.4亿元，增长50.5%。市本级政府性基金预算收入229.3亿元，占调整预算115.7%，同比增长43.2%。市本级政府性基金预算支出257.3亿元，占调整预算97.9%，同比增长58.7%。市本级国有资本经营预算收入8092万元，占预算134.8%，同比增长68%。市本级国有资本经营预算支出6696万元，占调整预算73.9%，增长15%。全年社会保险基金预算收入266.3亿元，占调整预算105.8%，同比增长10.1%。全年社会保险基金预算支出262.1亿元，占调整预算97.4%，同比增长15.4%。市本级社会保险基金预算收入182.5亿元，占调整预算107.8%，同比增长9.6%。市本级社会保险基金预算支出181.9亿元，占调整预算97.8%，同比增长16%。省代发地方政府债券353.7亿元。其中，市本级305.4亿元，县区级48.3亿元。市本级地方政府债券中，置换债券242亿元，全部用于置换存量债务；新增债券63.4亿元，主要用于轨道交通、新客站区域、和平路高架西延、滹沱河生态绿廊等项目建设。

【民生支出】 全年民生支出591.3亿元，占全部财政支出79.9%。支持教育事业发展，全面落实教育经费保障政策，拨付义务教育经费优先用于改善最急需、最薄弱学校的教学条件；落实各类资助经费，推进教育资助体系建设；投入资金用于加快优质高中和现代职业教育发展；创新投入方式，通过政府购买服务，支持民办普惠性幼儿园发展，受益家庭7342户；安排资金推行小学生免费托管服务，惠及主城区5.6万名学生。完善社会保障体系，支持社保政策扩面提标，城镇居民医保和新农合补贴标准由原来每人每年380元提高到420元，基本公共卫生服务项目补助标准由原来人均40元提高到45元，城乡居民基本养老金由每人每月80元提高到90元。落实资金支持养老服务体系建设，1.3万名“六类”老人享受到政府购买居家养老服务补贴，128家养老机构、7970张床位参加住养老人综合责任保险。提高社会福利和救助水平，下达资金重点保障18.9万名低收入困难群体的基本生活。扩大公租房保障范围，低收入家庭界定标准从每人每月1738元调整为1878元，中等偏下家庭界定标准从每人每月3260元调整为3521元。落实残疾人“两补”政策，贫困残疾人家庭实施无障碍改造。落实各项就业优惠政策，实施免费入驻创业孵化基地工程，定点孵化基地给予管理服务补助和场地租金补贴，降低创业成本，以创业带动就业。促进重点群体就业，拨付补贴资金保障7500名公益岗位人员工资待遇；拨付贴息资金撬动小额担保贷款10.3亿元，扶持近6000人实现自主创业和再就业。加大“三农”投入。全面落实富农惠农政策，发放涉农补贴资金12.2亿元，提高种粮农民的积极性；整合资金7.5亿元，用于实施精准脱贫工程；多渠道筹措美丽乡村建设资金65.9亿元，采取注入融资平台方式，吸引和撬动金融资本和社会资本，参与美丽乡村建设十二项专项行动。支持抗洪救灾。“7·19”特大洪水灾害发生后，千方百计筹措救灾资金，建立资金拨付绿色通道，累计筹措和下达资金26.7亿元。

【助力经济转型升级】 收集和分析全市主要经济指标、产业行业税收、重点企业税收等基础数据资料，结合经济政策、市场变化和重大决策，组织撰写《营改增对我市财政收入的影响》《全市车船税征收管理情况的分析报告》《存量房计税基准价格调整的研究报告》等调研文章。落实“三去一降一补”五大任务，推进供给侧结构性改革。争取中央、省专项奖补资金用于化解当地钢铁、水泥过剩产能。完善政府债务风险防范机制，研究出台政府债务风险化解规划、政府债务突发事件应急预案等制度机制，加强政府债务管理，争取置换债券，优化债务结构，将2016年及以后年度到期的高成本政府债务全部申请债券置换，确保政府债务风险可控。全面推进“营改增”扩围，认真落实小微企业、高新技术企业等税收减免政策，治理“三乱”，清理规范涉企行政事业性收费和政府性基金项目，全年可为企业减轻税费负担100亿元以上。推进节能减排综合示范工程，顺利通过财政部考核验收；创新奖补资金管理方式，建立节能环保产业基金；争取中央和省专项资金用于大气污染防治工作；筹措资金支持散煤污染专项整治；筹措水污染防治资金用于支持南水北调沿线农村环境治理、饮用水源地保护等。推进京津冀协同发展。全面梳理国家及北京市对中关村集成电路产业财政扶持政策，研究制定石家庄市支持集成电路产业发展若干政策，支持推进京津冀集成电路产业对接；与正定县、北京中关村等共同成立投资公司，加快正定中关村基地建设。支持创新驱动实施。以注入资本金方式，加快推进智慧城市建设。投入资金引导全市科技型企业加大项目研发；设立市级科技型中小微企业发展资金用于支持天使投资、风险投资、创业投资等引导基金，以及贷款风险补偿；加大对大众创业创新扶持力度，从2016年起每年设立3000万元专项资金，对市级以上众创空间给予30万元至50万元的补贴；加快重点实验室、工程技术研究中心等创新平台培育，对新认定的46个国家级、省级和市级平台兑现奖励资金。支持重点园区和重点产业发展。争取中央和省专项资金用于支持重点园区基础设施建设和战略性新兴产业、现代服务业发展；多渠道筹集资金支持综合保税区基础设施建设；研究出台《石家庄市企业挂牌上市奖励资金管理办法》，兑现17家企业挂牌上市和142家企业驰（著）名商标、名牌产品的奖补政策。努力增加政府投资。筹集资金52.5亿元，支持轨道交通、南绕城高速公路、南二环东西延、雨污分流、和平路高架西延、滹沱河生态绿廊、龙泉湖公园、体育公园、裕华路西延等项目建设。拨付资金12亿元，用于市容市貌综合整治以及垃圾和污水处理、城市水系等运行维护。

【国家和河北省财政支持资金】 全面梳理现行中央和省财政资金政策，编辑印发《争取中央和省资金政策工作指南》，指导和帮助市直部门、县（市）区向上争取政策和资金支持。加大国家级试点城市争办力度，通过竞争性答辩，成功入选国家地下综合管廊试点城市，试点期间（2016年至2018年），石家庄市可获得中央财政专项补助资金12亿元，建设地下综合管廊45千米。同时，为解决西部太行山区生态改善和产业发展的双重矛盾，主动谋划，积极跑办，将平山、井陉、行唐、灵寿、赞皇、正定6县纳入国家重点生态功能区，并获得国务院批准，此后上述6县每个县每年可获得5000万元左右的中央财力性转移支付资金，有效缓解财力紧张的困境。2016年石家庄市争取各类资金302.1亿元，争取新增债券资金90.2亿元，均比2015年有大幅度增长。

【财政改革】 以解决财政管理机制、职能转变、运行模式、服务方式等不适应问题为内容，探索实施各项财政改革政策。预算管理改革。加强存量资金清理盘活工作，建立盘活存量资金与预算编制、执行等挂钩机制。加快预算执行进度，严格按照规定时限批复部门预算和下达资金。完善预算项目库建设，入库项目3741个。推进预算信息公开，研究出台相关制度文件，完善和细化公开内容。2016年，106个市级部门、县区级政府全部进行了预算信息公开，公开率100%。财政绩效管理改革。研究出台《市级财政支出政策绩效评价工作规范》《部门工作活动绩效评价指标体系》等制度文件。开展绩效评价，对2016年度市级预算安排的1000万元以上专项支出项目全部进行绩效评价，其中，1000万元～3000万元项目由主管部门组织绩效评价；3000万元～5000万元项目由市财政局进行重点绩效评价；5000万元以上项目，委托第三方中介机构评价，全年共委托评估项目11个，涉及财政资金16.32亿元，审减率8.8%。在国库管理改革上，按照“市级抓拓展，县级促规范”的要求，稳步推进国库支付电子化改革，17个县市、1693个预算单位和206个乡镇电子化改革系统全部上线运行。注重制度创新，全面推进政府权责发生制报告编制工作，准确反映政府资产债务状况。规范财政专户管理，彻底清理不合规专户15个。推进国库现金增值运作，全年实现增值利息收入3亿元。改进支出方式。出台《石家庄市在公共服务领域推广政府和社会资本合作模式的实施意见》，大力推广运用PPP模式。建立包括24个项目的PPP项目库，加强项目筛选。积极开展服务对接，总投资108亿元的汇明路地下综合管廊、新区综合管廊、国际展览中心、新区起步区河道整治和绿化工程4个项目进入实施阶段。积极发展股权投资基金，并制定《财政资金注资政府投资基金支持产业发展的实施意见》，规范基金的设立和运作。成立节能环保产业基金，主要用于节能减排监控平台建设。2016年全市累计设立政府投资基金6支，撬动社会资本6.4亿元。出台《政府购买棚改服务管理办法》，进一步完善政府购买服务制度框架体系。加大政府购买服务的资金安排，全年市本级购买服务项目208项共计11.3亿元，同比分别增长11.2%和13%。资产管理改革。稳步推进公务用车改革，严格审批程序。严格核定留用车辆编制，规范处置取消车辆，并成功举办公务用车拍卖会，顺利拍出车辆1501台，实现拍卖收入2491万元。3月20日，石家庄市行政事业单位国有资产管理局委托河北省拍卖总行有限公司、河北诚信拍卖有限公司采取现场拍卖方式，公开拍卖石家庄市直单位公务用车改革第一批取消车辆150辆。

【财政监督】 创新管理方式，改进管理手段，严肃财经纪律，加大问责力度，确保财政资金安全规范运行。开展内控机制建设 在省“1+10”的基础上，增加政府采购监管工作内部控制办法、支付管理风险监控内部控制办法、财政投资评审风险内部控制办法3项专项风险内部控制办法，形成财政工作“1+13”内部控制制度体系。开展“一问责八清理”专项行动，发现专项资金问题1149项，涉及资金5.6亿元，共完成整改1148项，收回资金2.4亿元，其余资金分别作调账、变更和拨付处理；发现“三乱”问题1050项，完成整改1049项，上缴财政资金3353万元，向个人和企业退费3927万元，清退借调人员664人，退还车辆24部。专项行动累计问责相关责任人员1404人，建立相关规章制度345项。加强对政府采购行为的监管。健全源头控制机制，强化预算约束，严控采购预算追加。发挥政府采购政策的引导作用，开通绿色通道，鼓励预算单位优先采购该市企业生产的名优产品。推进“政府采购贷”业务，解决中小企业融资难问题。推进政府采购“管采分离”工作，市本级和23个县（市、区）全部实现与集中采购机构脱钩。健全财政评审监督机制。制定《石家庄市财政投资评审监督管理办法》，重点对项目主管单位、建设单位、中介机构等评审参与方的责任和义务进行明确。加强评审队伍建设，完善绩效考核办法，促进评审人员的工作积极性。规范评审工作流程，加强中介机构管理。全年市本级共评审政府投资项目2266个，资金审减率14.8%。

表36　　2016年度石家庄市一般公共预算收支决算总表（一）

单位：万元

预算科目	调整预算数	决算数	预算科目	调整预算数	决算数
一、税收收入	3156568	2893655	一、一般公共服务支出	724729	719753
增值税	645701	794270	二、国防支出	7120	6322
营业税	867422	465549	三、公共安全支出	488388	475836
企业所得税	266036	264721	四、教育支出	1606366	1591856
个人所得税	126657	123318	五、科学技术支出	122594	122300
资源税	6254	8410	六、文化体育与传媒支出	100467	99078
城市维护建设税	262957	248242	七、社会保障和就业支出	740652	726391
房产税	124324	118966	八、医疗卫生与计划生育支出	762917	725228

续表

预算科目	调整预算数	决算数	预算科目	调整预算数	决算数
印花税	56671	56710	九、节能环保支出	462603	442866
城镇土地使用税	184116	169263	十、城乡社区支出	636101	631581
土地增值税	212239	205541	十一、农林水支出	773275	739653
车船税	71401	64542	十二、交通运输支出	259918	250173
耕地占用税	88459	107785	十三、资源勘探信息等支出	167364	161119
契税	244101	266133	十四、商业服务业等支出	42486	38095
烟叶税	230	205	十五、金融支出	144	144
二、非税收入	945885	1213583	十六、援助其他地区支出	427	427
专项收入	295579	264543	十七、国土海洋气象等支出	54281	47647
行政事业性收费收入	255073	309015	十八、住房保障支出	192503	189397
罚没收入	139258	152121	十九、粮油物资储备支出	29496	23283
国有资本经营收入	20619	11840	二十、其他支出	195039	113504
国有资源（资产）有偿使用收入	173809	225823	二十一、债务付息支出	354432	354432
其他收入	61547	250241	二十二、债务发行费用支出	2103	2103
本年收入合计	4102453	4107238	本年支出合计	7723405	7461188

备注：包含辛集市。

表 37　　2016 年度石家庄市一般公共预算收支决算总表（二）

单位：万元

预算科目	决算数	预算科目	决算数
本年收入合计	4107238	本年支出合计	7461188
上级补助收入	3099512	上解上级支出	105574
返还性收入	499656	一般性转移支付	62042
一般性转移支付收入	1565674	专项转移支付	43532
专项转移支付收入	1034182	债务还本支出	2092315

续表

预算科目	决算数	预算科目	决算数
上年结余	178803	增设预算周转金	13500
调入资金	357107	国债转贷拨付数及年终结余	1558
债务（转贷）收入	2217264	安排预算稳定调节基金	608446
国债转贷收入、上年结余及转补助数	1558	年终结余	262217
调入预算稳定调节基金	573316	减：结转下年的支出	262217
接受其他地区援助收入	10000		
收入总计	10544798	支出总计	10544798

备注：包含辛集市。

（刘铭严）

税　务

国家税务

【概况】　2016年，全市组织税收收入473.16亿元，同比增长16.1%，增收65.51亿元；组织一般公共预算收入94.35亿元，同比增长61.4%，增收35.90亿元。全年审理重大税务案件21件，抽检行政处罚案件2000件。5月1日，全市营业税改增值税试点全面推行。主要包括建筑业、房地产业、金融业和生活服务业四大类26个小行业，涉及全市纳税人5.75万户。其中，生活服务业3.51万户、建筑业1.65万户、房地产业0.39万户、金融业0.2万户。减轻企业负担，降低企业生产经营成本。2016年市国家税务部门按照石家庄市《关于降低实体经济企业成本的意见》要求，自2016年5月1日起至2017年12月31日，小微企业执行月销售额或营业额不足3万元暂免征收增值税优惠政策；小型微利企业年纳税所得额30万元（含30万元）以下，所得减按50%计入应纳税所得额，并按20%税率缴纳企业所得税政策。2016年市国税局在国家税务总局组织的纳税人满意度调查中获得全国省会城市第二名；研发企业所得税汇算清缴防火墙审核软件，得到国家税务总局、省地税局的肯定，并在全省推广学习。2016年市国税局被省国税局评为绩效管理先进单位，市政府给予市国税局记集体二等功1次。

表38　2016年石家庄市国税收入分单位累计完成情况表

类别	税收（万元）	同比增长（%）
石家庄市	4731568	16.1
长安区国税局	657075	27.8

续表

类别	税收（万元）	同比增长（%）
桥西国税局	924867	32.4
新华区国税局	233765	70.9
高新区国税局	293304	30.9
裕华区国税局	327760	61.7
井陉矿区国税局	31518	2
晋州市国税局	41845	39.4
深泽县国税局	20369	14.8
无极县国税局	50420	4.4
藁城区国税局	526052	0.4
循环化工园区	760903	7.2
赵县国税局	39500	20
栾城区国税局	105124	9.5
正定县国税局	91791	26.1
新乐市国税局	36842	29.4
高邑县国税局	16690	32
元氏县国税局	79754	25.3
赞皇县国税局	26479	45.5
井陉县国税局	83179	1.6
鹿泉区国税局	181290	32.6
平山县国税局	139080	12.4
灵寿县国税局	21877	12.9
行唐县国税局	32636	31
正定新区	9448	715.9

【税种管理】 开展增值税发票风险专项清查、使用农产品收购发票纳税人专项核查、车辆购置税专项检查，加强税种管理。开发房地产建筑业项目税收管理系统并在全省推广，开发运用企业所得税汇算清缴防火墙审核软件，为行业后续管理打下基础。编印《营改增业务手册》，指导税务人员学习相关政策，全面推开营改增试点工作，成功接收营改增纳税人 5.76 万户，涉及四大行业，约占全省总户数的 1/5。落实税收优惠政策，受惠面达 100%。2016 年全市享受增值税即征即退、征前免征、一般纳税人选择简易征收和减税四类增值税税收优惠的纳税人共 1.39 万户，享受增值税税收减免和即征即退税额 53.98 亿元；享受小微企业增值税优惠的纳税人 58.88 万户次，享受的增值税优惠额度 3780 万元；享受小微企业所得税优惠的纳税人 3.13 万户，享受的

所得税优惠额度1.13亿元。

【征收管理】 遴选并确定试点单位5个，开展“转变税收征管方式提高税收征管效能”及“个体税收社会化管理”试点，优化税源管理模式。落实《国地税合作工作规范（3.0版）》，推进裕华区国地税合作试点建设，成功申报为全国百佳国地税合作县级示范区。编写《税收业务标准化手册》等系列丛书，共五册计90万字，梳理规范业务事项228个。加强基础建设，做好“三证合一”“两证整合”和税收征管规范的推行等工作，推行实名办税制度，加强对延期缴纳税款、欠税和发票的管理。全年累计组织申报培训193场次，移交营改增纳税人户籍5.66万个。加强信息化建设，“云办税服务厅”全面推开，建成标准化云厅3个，配备终端设备179台。推行税务执法公示制度，梳理并确定税务执法公示事项13类20项，依法组织税收。开展案件评查，严格案件审理。全年共审理重大税务案件21件，抽检行政处罚案件2000件。11月底，省、市公安派驻国税、地税联络机制办公室正式揭牌，税警协作进一步加强。

【纳税服务】 创新宣传辅导方式，对全市国税系统的官方微信公众平台优化升级，建立起分级分类的税务宣传“微矩阵”，关注量达到全市纳税人总数的1/3，较升级前增加5～7倍。主动适应“互联网+”发展新趋势和纳税人办税新需求，拓展O2O涉税事项办理中心业务范围。推广发票网上申领、网上代开等做法，推出“发票e送”便民服务项目，实现发票领用“线上申领、线下配送”。设立24小时自助办税厅和云办税厅体验区，开通预约办税功能，实时显示各办税服务厅等候人数。开展“便民办税春风行动”，推出便民措施3大类10小类31项。聘请120名纳税服务质量监督员进行查错纠偏。开展专项自查活动，严查税务人员违规插手涉税中介经营行为。加大对税务师事务所年度报表的汇审力度，依托“多功能一体化信息微平台”，打造税务局、纳税人和税务师事务所三方间的沟通平台，提升注册税务师行业认知度。至2016年底，全市完成77家税务师事务所年度报表的汇审工作。

石家庄市国家税务局

局　　长：李军

副 局 长：张博　　刘国进

　　　　　赵建平　高国利

总会计师：孙玉英（8月任）

总经济师：郭绪明

纪检组长：李剑峰

（刘同亮　王朝辉）

地方税务

【概况】 2016年，全市税户登记数量31.77万户，同比增加7.84万户，增长32.76%。全年全市各项税费收入389.4亿元，可比增收45.08亿元，增长13.1%（可比口径即上年不含6～12月营业税62.2亿元，下同）。其中，入库税收258.91亿元，完成年计划的101.5%，超收3.91亿元，可比增收36.22亿元，增长16.3%。公共财政预算入库税收192.5亿元，可比增收29.73亿元，增长18.3%。水资源税净增1.27亿元。非税收入入库130.5亿元，同比增收8.86亿元，增长7.3%。其中，社会保险基金收入入库106.93亿元，同比增收7.23亿元，增长7.3%，首次突破百亿元大关。地方教育附加入库11.79亿元，同比增收4801万元，增长4.2%。其他收入入库11.77亿元，同比增收1.14亿元，增长10.8%。代征货物运输车辆1.99万辆，入库税费3511.51万元。“营改增”改革后，成立发票核销工作小组，清点发票2427万份，实地核实并销毁库存发票5974万份。推进信息化建设，保障金税三期工程和外围应用软件正常运行；深化数据处理分析和利用，定期为市财政局、市统计局、市政府智慧城市云平台提供数据。开展税收科研活动，制定税收调研重点课题68个，完成调研成果520余篇，在《石家庄地税》等市级以上刊物刊发调研文章230余篇；评选优秀调研成果一等奖10个、二等奖25个、三等奖27个、优秀奖28个。2016年市地税局获评河北省绩效管理先进单位。

【税收征管】 推进“互联网+税务”综合试点建设。开展“12+2”个重点项目攻关，先后研发风险识别与排查、土地增值税管理、存量房交易、移动政务等系统平台，积极做好项目完善和推广工作。纳税服务智慧管理数据应用平台，在全国首创大厅来电咨询管理和信用管理等模块，变“人工管理”为“智慧管家”。落实税种管理要求，先后实施存量房交易据实征收、车船税全市集中征收等举措，规范了税收秩序。落实税收优惠政策，全市享受高新技术企业所得税优惠户数31户，优惠税款3.15亿元；享受固定资产加速折旧税收优惠户数125户，优惠税款480.98万元；享受小微企业企业所得税优惠政策纳税人7382户，减免税款4697.9万元。9月1日起，全市地税系统推行“同城通办”涉税业务，涵盖涉税事项5个大类、32个税项。

【纳税服务】 组织开展税收宣传月活动，拍摄微电影《爱 无言》，编辑公益广告《税收 城市因你而美丽》，联合石家庄市国税局举办“营改增政策宣传周”等活动。在办税服务上，落实首问责任、限时办结、预约服务、24小时自助办税服务、二维码一次性告知、工作日A、B角接待、“零障碍”全程协办等制度，开通“同城通办”业务，制定紧急情况应急预案，确保信息传达反馈快捷顺畅。全年受理办结纳税服务投诉56件。在税务总局满意度调查中，荣获全国省会城市第四名。裕华区地税局、平山县地税局、矿区地税局实现国地税共建办税服务厅，其他21个单位与国税局实现办税服务厅互派人员、共同进驻服务中心等合作办税服务。国地税联合举办纳税人学堂，进行政策辅导162期，培训5万余人。

【税务执法】 调整梳理部门责任清单、权力清单和行政许可事项，并通过门户网站公开。开发推广税收执法监控系统，将12类108项提示引导信息与金税三期工程操作实时同步，实现执法风险事前提醒、事中预警、事后监督。组织开展行政审批制度改革阶段性回头看和自查整改，确保税务总局相关政策文件的贯彻落实。印发《石家庄市地方税务局行政执法全过程记录实施办法》，与赵县地税局共同制作完成《税收执法记录仪使用教学视频》。制定《税务行政处罚裁量权实施情况执法督察指引》，促进了税务行政处罚裁量权基准的落实。组织开展《重大税务案件审理办法》落实情况自查整改工作，从实体和程序方面推进全市税务案件审理的合法和规范。开展税收执法督察，对13个基层单位开展3次重点执法督察。元氏县地税局、无极县地税局、行唐县地税局、正定县地税局、鹿泉区地税局、矿区地税局6个单位在市级法治税务示范基地验收工作中荣获“石家庄市法治税务示范基地”称号。

【税收改革】 选取桥西区局、裕华区局、藁城区局、正定新区局、赵县局和无极县局6个基层单位推行征管改革试点工作，共涉及征收岗位人员128人，应对岗位人员369人，专家团队岗位人员102人。积极推进水资源税改革试点，8月1日，裕华区地税局顺利开出全国第一张水资源税税票，标志着水资源费改税工作在河北顺利实施。加强国地税合作，裕华区局在全省率先实现代开发票税费的国地税一体化征收，被国家税务总局评为“全国百佳国税地税合作县级示范区”。5月1日始，负责代征增值税工作，至2016年底，全市累计代开增值税发票2.28万笔，代征增值税2.51亿元。

石家庄市地方税务局

局　　长：李渊

副 局 长：陈震　张铁真

　　　　　李亚　葛旭鸿

纪检组长：钱建伦

总经济师：陈素杰

（王献虎）

统　计

【概况】 2016年，全市统计系统以改革创新为驱动，主动探索统计发展的新模式，努力践行“用数据说话、为发展服务”的宗旨，积极为全市“十三五”时期经济社会发展开好局、起好步提供统计保障。落实国家、省各项统计制度，规范数据生产流程，严把源头数据质量关，形成以石家庄统计大数据平台为依托的地方统计调查模式。地区资产负债方案试点工作、GDP核算和民营经济调查完成。开展工业和战略性新兴产业统计监测、城镇化监测和城镇人口抽样调查及开发应用，强化农业产业化网上直报改革、服务业规上规下全行业统计，采集分析限上限下批发零售住宿餐饮企业数据。实施固定资产投资预审预报、动态监测和商品房去库存调查。开展高新技术、企业创新调查和新产业、新业态、新商业模式服务业企业及众创、众包、众扶、众筹企业调查，强化能源消耗和生态监测预警。举行统计调研活动，推进“石家庄宏观数据发布库”建设，编辑出版《数说“十二五”——石家庄经济社会发展报告汇编》《数据石家庄2015》。加强信息化建设，完成网络安全三级等保验收；举办网络安全培训，参加全省首届网络安全攻防竞赛、全省统计建模比赛取得优异成绩。强化统计分析，全年形成163期统计分析报告和20期经济运行监测报告，被国家、省统计局分别采用统计分析7篇、106篇，获得领导批示9篇，市委、市政府快讯采用20篇，《中国信息报》采用3篇，《石家庄日报》采用4篇，石家庄电视台采用3篇。重视统计宣传，举办以“农业普查 福到农家”为主题、第七届“中国统计开放日”宣传活动。在《石家庄日报》头版刊发专文《石家庄“三农”十年——2005～2015年统计数据全景图》，以数字解说“三农”发展成就。2016年市统计局在市直机关目标绩效管理考核中获评“优秀单位”，并被市委、市政府授予“文明单位”称号。

【经济运行监测】 落实经济运行预测预警预告措施，组织35个部门每月3次预测预判经济运行的趋势、特点、问题及指标情况。联合开展专题调研，针对“三去一降一补”的积极影响、重点项目的拉动作用、产业结构调整及利税贡献等关键问题举行多部门联动调研，提出有效对策。开展产业对接，推进全市工业企业、工业产品扩大在本地区的市场占有率，提升本地商超、市场使用本地产品的推广营销率。加大工业、服务业的产业互动协作力度，促进三次产业结构优化。重视运用经济运行联席会机制，强化各专业、各系统及市县部门的联动作用，实现了稳增长、调结构、促转型目标。2016年市统计局发布宏观经济运行监测报告20期。

【“三农”普查】 落实机构和人员，全年23个县（市、区）、220个乡（镇）及街道办事处成立农普领导小组和办公室，4112个行政村（居委会）成立农普工作小组，选聘普查指导员4748名、普查员16721名、PDA操作员8000名。落实经费物资，全年市、县两级财政分别落实普查工作经费400万元和600万元，入户登记使用的各种物资均落实到位。人员培训。2016年10月，市农普办编排摄制完成农业普查培训教程，全部普查人员实现规模化、标准化和网络化精准培训，所有普查人员做到全覆盖。普查宣传。开通“三农普”大喇叭广播宣传直通车，举办“文化惠农巡演”“农民健身在我家”等活动；开通微信公众号、市农业普查群及县（市、区）蓝信工作平台等自媒体交流平台，每天在石家庄电视台播出国家和省下发的广告公益宣传片6次。2016年全市“三农”普查工作走在全省前列，受到国家、省农普办的肯定。开展清查摸底，增补涉及土地的关键性指标。至2016年底，全市摸底完成普查小区1.7万个，登记对象174万户。

【社会民生调查】 组建统计志愿服务调查队，利用网络（短信）调查、计算机辅助电话（CATI）、实地入户和街头随访调查等多种方式，开展公交载客量调查、大学生创新创业调查、创建全国文明城市调查、群众安全感调查、小康社会建设满意度调查、公共自行车出行意愿调查、三乱调查、全国社会心态调查等20余项范围广、影响力大的社会调查，了解社情、问计于民，发挥桥梁纽带作用，提高政策决策的科学性。社会调查工作的成效多次受到市委、市政府领导的表扬和国家、省、市主流媒体的报道。

【统计数据质量管理】 加强依法治统，防治数据造假。利用石家庄统计大数据平台，帮助各县（市、区）将符合入统标准的400多家工业企业、2000多家服务业企业及时入统。加强名录库管理，制定《石家庄市基本单位名录库管理办法（试行）》，明确名录库维护工作的完成时限、完成目标及工作考评规定。落实县（市、区）统计进展情况在线监测、在线指导、实地督导、定期通报制度，加大僵尸企业清理力度。建立数据质量评估机制，做到专业关联、科学匹配、会审确认，防止出现数据寻租、“以数谋私”问题。落实责任和全覆盖要求，严格将数据质量责任落实到各专业、各处室、各工作人员，落实到县级统计局和乡级统计站。加大统计执法力度，开展农业、工业、投资、贸易、GDP等各专业基础数据质量检查和统计执法双随机抽查、统计巡查和有针对性的重点检查，实行统计执法监测月讲评制度，基本实现数据生产的全过程管理和全员管理。

（赵辉）

审 计

【概况】 2016年，市审计系统依法履行审计监督职责，完成单位审计244个，查出主要问题金额260多亿元，上缴财政拨款或补贴40多亿元，归还原渠道资金17亿元。向司法、纪检监察及其他部门移送处理事项57件，提出被采纳建议236条，审计报告被市委、市政府主要领导批示20多次。重视国家审计项目，建立重大项目政策跟踪审计台账制度，摸清全市相关政策落实情况。2016年市审计部门投入审计人员269人，抽查单位及部门555个、项目285个，审计资金255亿元，查出问题35个。严格审计质量管理，开展审计项目质量大检查，规范审计审理程序。配合“一问责八清理”专项行动，实施专项清理活动，发现乱摊派问题线索130件，涉及8个市直部门、20个县（市、区），经核查，查实问题119个，全部整改到位。其中，32人受到批评教育，15人接受诫勉谈话，9人受到警告处分，1人移送司法机关。推进审计信息化建设，实施“整改整合”工程，提高网站管理水平。加快移动支撑系统应用步伐，形成审计人员专有审计作业环境，摆脱时间和空间束缚，有效提高审计效率。2016年市审计系统根据全市165个审计项目要求，完成账套数据处理1183个。2016年市审计局获评绩效考核优秀单位、全市文明单位、普法先进单位、依法行政先进单位、公共机构节能先进单位、节水型机关等荣誉。

【财政审计】 结合新《预算法》要求，探索审计监督全覆盖措施。建立财政预算执行审计分析平台，通过数据分析确定财政审计重点，提高审计效率。首次接受并通过市人大常委会组织召开的审计专题询问，有效提升审计公信力。2016年市人大常委会审议通过市审计局代市政府作《2015年度石家庄市本级财政预算执行审计报告和审计整改情况报告》。

【投资审计】 加强投资项目的概算、预算、决算和绩效审计，探索实施依法购买投资审计服务。严格中介机构管理，首次提出年度考核、末位淘汰管理措施，并以向社会公开招标形式，完成造价中介机构“换库”工作，2016年末全市甲级造价中介机构、乙级造价中介机构分别达到30家和15家。2016年全市投资审计重点完成第一医院、新客站工程、轨道交通、西柏坡高速、保障性住房、校安工程等20个竣工决算或结算项目审计工作。

【责任审计】 按照“全面推进、突出重点、健全制度、规范管理、提高质量、深化发展”的工作思路，实施和完成19名领导干部经济责任审计。与市机构编制委员会办公室合作，开展《石家庄市机构编制责任审计的理论与实践》课题研究，推进机构编制责任审计向前层次发展。选取井陉县、井陉矿区、无极县、晋州市4个生态环境问题较多的县（市、区），开展自然资源资产责任审计调查，并在灵寿县经济责任审计中增加自然资源资产责任审计内容。根据河北省审计局安排，完成新乐市开展的自然资源资产责任试点审计。

【民生专项审计】 配合国家审计署、河北省审计厅完成保障性安居工程的跟踪审计和整改审计，涉及石家庄市本级和21个县（市、区）。配合河北省审计厅完成2011～2015年中央及省级水污染防治资金审计，涉及无极、赵县、平山、栾城、赞皇、鹿泉、新乐、灵寿等县（市、区）。开展并完成新型农村合作医疗保险基金和居民医疗保险基金整合审计和汇总工作，涉及市本级和17个县（市、区）。开展并完成对非银行金融机构及相关行业情况的审计调查。

（周雨秀）

质量技术监督

【概况】 2016年，市质量技术监督系统贯彻落实质量兴市战略，依法开展产品质量安全和特种设备运行安全监管，大力培育名牌产品，推进实施标准化建设和质量技术保障能力建设。开展国家地理标志产品申报，按照“申报一批、培养一批、挖掘一批”原则，推动6项产品申报国家地理标志保护产品，分别是：赵县雪花梨、鹿泉香椿、藁城宫面、正定马家卤鸡、新乐花生、栾城味道府酒。至2016年底，赵县雪花梨、鹿泉香椿、藁城宫面地理标志保护产品通过省质监局审核，上报国家质检总局。4家企业入选国家质检总局第五批出入境检验检疫信用管理2A级企业，分别为：石药集团圣雪葡萄糖有限责任公司、河北华旭药业有限责任公司、石家庄市石兴氨基酸有限公司、石家庄东华舰氨基酸有限公司。11月1日，市电梯应急处置技术中心建成并投入试运行，全年实施电梯应急处置465起，处置电梯故障188起，解救被困群众665人。严格重点产品质量监管，开展化肥、防水卷材、电线电缆等行业21家重点企业质量提升示范项目建设活动，完成工业产品生产许可证获证企业年度自查，实施国家、省、市质量监督抽查1000余批次。协调相关部门建立部门联合分类监管、检验检测机构日常监管机制，全年组织机动车安检机构、环保、建工、职业卫生、食品等检验检测机构300余家1800余人参加培训考试，60余家获证机构实施飞行检查。开展第三届石家庄市政府质量奖和首届石家庄市十大工业名牌产品评选活动，推荐上报省名牌产品90项、省服务名牌15家、省优质产品25项、省效益型企业17家。加强标准化建设，全年19个单位主持参与制定修订国际、国家、行业标准102项。履职尽职，做好煤质检测和重点用煤单位报验工作，协助防治大气污染。争取上级部门资金38万元，资助赵县质监局筹建煤质检验中心；7家煤质检验机构争取省级监督抽查任务800批次，获得检验费用和补贴64.2万元。协调工商、环保部门，加强对13家第三方委托煤质检验机构监管，将13家第三方委托煤质检验机构纳入河北省煤质检验统计分析系统。开展煤质检测和重点用煤单位报验工作，实施型煤、车用燃油、炉具生产企业监督抽查230余批次，抽检散煤1545批次，完成重点用煤单位报验785批次1177万吨。集中组织辖区18个省控监测点空气质量自动监测系统校准，43家重点用能单位完成能源计量数据在线采集。2016年石家庄市在河北省政府组织的2015年度质量兴省和名牌战略工作考核中获评为A级。华北制药河北华民药业有限责任公司生产组长赵丽芳、河北诚信有限责任公司工人袁志文、河钢集团石家庄钢铁有限责任公司作业长叩志飞、河北建工集团有限责任公司职员李世强、格力电器（石家庄）有限公司测试中心科长祝少斌5人获授2016年度“河北省质量标兵”称号。

【质量兴市战略】 评选首届“石家庄市十大工业名牌产品”，分别为：石家庄以岭药业股份有限公司产品以岭牌通心络胶囊、石家庄君乐宝乳业有限公司产品君乐宝牌活菌型乳酸菌饮品、石药集团恩必普药业有限公司产品恩必普牌丁苯酞、际华三五零二职业装有限公司产品3502牌衬衫、东旭集团有限公司产品大东旭牌玻璃基板生产线、石家庄常山纺织股份有限公司产品翠竹牌精梳纱、石家庄洛杉奇食品有限公司产品金凤牌扒鸡、河北百年巧匠文化传播股份有限公司产品百年巧匠牌木绘拼花、石家庄华莹玻璃制品有限公司产品华莹牌玻璃工艺制品、高邑县力马建陶有限公司产品力马牌抛光砖。举办第三届石家庄市政府质量奖评选活动，石家庄君乐宝乳业有限公司、河北诚信有限责任公司、石家庄科林电气股份有限公司、河北金隅鼎鑫水泥有限公司、河北敬业钢铁有限公司、石家庄常山纺织股份有限公司、华北制药股份有限公司、际华三五零二职业装有限公司、市第四医院9家企业获评第三届政府质量奖组织奖，石家庄洛杉奇食品有限公司总经理李宗力、河北盛淼安全技术工程有限公司总经理赵楠、河北金隅鼎鑫水泥有限公司总经理魏卫东、格力电器（石家庄）有限公司总经理于思贺4名个人获评第三届政府质量奖个人奖，到2016年末，市政府质量奖组织奖累计达到13家、个人奖达到7名。参加省政府质量奖评选，河北先河环保科技股份有限公司、河钢石家庄钢铁有限责任公司2家企业获得省政府质量奖组织奖；河北金隅鼎鑫水泥有限公司总经理魏卫东获得省政府质量奖个人奖；河北金隅鼎鑫水泥有限公司获得省政府质量奖企业提名奖；格力电器（石家庄）有限公司总经理于思贺、石家庄市第四医院院长曹琴英、河北盛淼安全技术工程有限公司总经理赵楠获得省政府质量奖个人提名奖；石家庄藏诺生物股份有限公司参甘片等90项产品获评河北省名牌产品；高邑县永昌锌业有限公司氧化锌等31项产品获评河北省优质产品；石家庄市疾病预防控制中心等13家单位获评河北省服务名牌单位；石家庄以岭药业股份有限公司等16家企业获评河北省质量效益型企业。至2016年底，全市拥有有效期内中国质量奖提名奖1家，省政府质量奖组织奖9家、个人奖10名、省名牌产品236项、省优质产品102项、省服务名牌36家、省质量效益型企业42家。推进品牌示范区建设，石家庄高新技术产业开发区申报创建“全国高端医药知名品牌创建示范区”，河北石家庄装备制造产业园区（栾城）获批“全国交通运输高端装备制造产品知名品牌创建示范区”，正定县成为全省首批获批创建“全国质量强市示范城市”2个县级单位之一。

表39 2016年石家庄市新增名牌产品情况一览表

序号	产品名称	生产企业	所属行业	注册商标	所属区域
1	参甘片	石家庄藏诺生物股份有限公司	食品	藏诺	高新区
2	维生素C	石药集团维生药业（石家庄）有限公司	医药	CSPC	高新区
3	自动跟踪消弧补偿及接地选线成套装置	河北旭辉电气股份有限公司	电子信息	Siehui	高新区
4	斩拌机	河北晓进机械制造股份有限公司	装备制造	晓进机械	高新区
5	连花清瘟胶囊	石家庄以岭药业股份有限公司	医药		高新区
6	葡萄糖注射液、氯化钠注射液、葡萄糖氯化钠注射液	石家庄四药有限公司	医药	石门	高新区
7	水溶肥料	河北方舟农业科技股份有限公司	化工	方舟农科	高新区
8	掘进机	冀凯河北机电科技有限公司	装备制造	JK	高新区
9	高低压开关柜设备	河北拓普电气有限公司	装备制造		高新区
10	液晶玻璃基板	石家庄旭新光电科技有限公司	电子信息	大东旭	高新区
11	宫灯	石家庄市藁城区宫灯研制开发中心有限公司	轻工	元宵	藁城区
12	民用采暖锅炉（民用水暖锅炉）	河北程龙锅炉有限公司	装备制造	程龙	晋州市
13	蔬菜	晋州市中兴农业服务专业合作社	种植	晋元、晋圆	晋州市
14	电力安全工器具	河北金河电力器具有限公司	轻工	益电	晋州市
15	电力安全工器具	河北省科力达电器制造有限公司	轻工	科力达	晋州市

续表

序号	产品名称	生产企业	所属行业	注册商标	所属区域
16	甲基纤维素钠	鹰特化工（石家庄）有限公司	化工	鹰特	晋州市
17	紫铜浮雕工艺品	石家庄东方紫铜浮雕工艺品有限公司	轻工	三奇帝	晋州市
18	工业刀具（锥柄麻花钻）	河北飞达工具制造有限公司	装备制造		晋州市
19	生物有机肥	石家庄金太阳生物有机肥有限公司	化工	地欣	晋州市
20	生鲜冷却分割肉	石家庄双鸽食品有限责任公司	畜牧	奥开	晋州市
21	羧甲基纤维素钠	河北茂源化工有限公司	化工	茂源	晋州市
22	玉米罐头	河北鹏达食品有限公司	食品	鹏达	晋州市
23	童装	石家庄市裕兴制衣有限公司	纺织	裕博帆	井陉县
24	鲟鱼	井陉县鱼泉冷水鱼开发有限公司	水产	龙门泉	井陉县
25	衬衫	际华三五零二职业装有限公司	纺织	3502	井陉县
26	人造板（细木工板）	石家庄华杰木业有限公司	林果	华杰	灵寿县
27	复混肥料	河北庆回归化肥有限公司	化工	庆回归	鹿泉区
28	液体奶	石家庄君乐宝有限公司	食品	君乐宝	鹿泉区
29	挂车车轴	石家庄奥通机械设备制造有限公司	装备制造		鹿泉区
30	恒温晶体振荡器	河北博威集成电路有限公司	电子信息	博威	鹿泉区
31	桃	石家庄市鹿泉区绿康果蔬农民专业合作社	林果	鹿凌	鹿泉区
32	互联网+分布式光伏发电监控运维平台	石家庄科林电气股份有限公司	电子信息	KE	鹿泉区
33	LED 显示屏	石家庄市京华电子实业有限公司	电子信息	JINGHUA 京华电子	鹿泉区
34	半导体发光二极管灯具（LED 照明灯具）	石家庄市京华电子实业有限公司	电子信息	JINGHUA 京华电子	鹿泉区
35	安全鞋（07 作战靴	际华三五一四制革制鞋有限公司	轻工	神行太保	鹿泉区
36	水果罐头	河北华泉食品有限公司	食品	华泉牌	栾城区
37	西裤	河北康威制衣有限公司	纺织	智伦	栾城区
38	乙二胺四乙酸二钠	石家庄杰克化工有限公司	化工		栾城区
39	小儿氨酚黄那敏颗粒	神威药业集团有限公司	医药	神苗	栾城区

续表

序号	产品名称	生产企业	所属行业	注册商标	所属区域
40	食品添加剂冰乙酸	石家庄新宇三阳实业有限公司	食品	文挚	栾城区
41	掘进机	石家庄煤矿机械有限公司	装备制造	石煤	栾城区
42	钻机	石家庄煤矿机械有限公司	装备制造	石煤	栾城区
43	西裤	河北鑫威服装有限公司	纺织服装	古威隆	栾城区
44	西裤	河北勇士保罗服饰有限公司	纺织服装	勇士保罗	栾城区
45	中华寿桃	平山南策城寿桃专业合作社	林果	南策城	平山县
46	中板	河北敬业中厚板有限公司	冶金	敬业	平山县
47	热轧薄宽钢带	河北敬业钢铁有限公司	冶金	敬业	平山县
48	钻机	河北石探机械制造有限责任公司	装备制造	石探	桥西区
49	LED 显示屏	石家庄科航光电科技有限公司	电子信息	科航	桥西区
50	金税宝开票支持软件、增值税防伪税控开票系统	河北航天信息技术有限公司	电子信息	Aisino	桥西区
51	洗衣皂	石家庄市格瑞特日化有限公司	轻工	美围	深泽县
52	活塞销	石家庄市江河汽车零部件有限公司	装备制造	江河	深泽县
53	洗衣粉	河北纳利鑫洗化有限公司	轻工	奥白琦	深泽县
54	内燃机气门	河北利泽汽车零部件有限公司	装备制造	利泽	深泽县
55	洗衣皂	石家庄市飞龙日化有限公司	轻工	赢	深泽县
56	内燃机进气门	石家庄安泰达汽车零部件有限公司	装备制造	安泰达	无极县
57	汽车用皮革	石家庄新成达皮革有限公司	轻工	恒锐 HENRRY	无极县
58	食用菌	无极县绿农宝康食用菌种植专业合作社	种植	燕凯宝康	无极县
59	拳击手套	石家庄市五龙体育器材有限公司	轻工	五龙体育	无极县
60	皮革	无极县康惠达皮革有限公司	轻工	康惠达	无极县
61	洗衣皂	石家庄洁友日用化学品有限公司	轻工	芳顿	无极县
62	尿素（农用尿素）	河北阳煤正元化工集团有限公司	化工		新华区
63	双氧水（过氧化氢）	河北新化股份有限公司	化工	国珍	新乐市

续表

序号	产品名称	生产企业	所属行业	注册商标	所属区域
64	防火门	石家庄文生门业装饰有限公司	轻工	文生	新乐市
65	甲氨基阿维菌素	河北威远生化农药有限公司	化工	VEYONG	循环化工园区
66	挂面	石家庄市厨香园食品有限责任公司	食品	辰兴	循环化工园区
67	工业氨基乙酸	石家庄东华金龙化工有限公司	化工	东华舰	循环化工园区
68	内燃机配件	石家庄金刚凯源动力科技有限公司	装备制造	金刚	循环化工园区
69	苯乙酸	河北诚信有限责任公司	化工	诚信	元氏县
70	氰乙酸甲酯	河北诚信有限责任公司	化工	诚信	元氏县
71	氰乙酸乙酯	河北诚信有限责任公司	化工	诚信	元氏县
72	复混肥料	石家庄中吉化肥有限公司	化工	中吉	元氏县
73	蔬菜	元氏县垚源种养专业合作社	种植	槐阳绿	元氏县
74	啶虫脒原药	河北野田农用化学有限公司	化工	金豆芽	元氏县
75	蜂蜜	石家庄赞皇县蕊源峰业有限公司	食品	蕊源	赞皇县
76	核桃油	石家庄市丸京干果有限公司	食品	三康	赞皇县
77	环孢素软胶囊	华北制药股份有限公司	医药	华北牌	长安区
78	注射用青霉素钠	华北制药股份有限公司	医药	华北牌	长安区
79	复混肥料	石家庄市中嘉化肥有限公司	化工	嘉化	赵县
80	秸秆粉碎还田机	赵县金利机械有限公司	装备制造	金利	赵县
81	建筑乳液\涂料、粉末涂料（涂料）	石家庄市油漆厂	化工	金鱼	赵县
82	（水溶肥料）大量元素水溶肥料	河北萌帮水溶肥料有限公司	化工	卡丁	赵县
83	再生涤纶短纤维	河北金怡化纤有限公司	纺织	JYPF	赵县
84	防火门	石家庄市永庆建材木业有限公司	轻工	永庆	正定县
85	含乳饮料	河北天天乳业集团有限公司	食品	四季阳光	正定县
86	人造板（细木工板）	河北腾飞木业有限公司	林果	腾飞	正定县
87	肉羊精料补充料	石家庄渴望饲料有限公司	畜牧	科旺	正定县

续表

序号	产品名称	生产企业	所属行业	注册商标	所属区域
88	人造板（中密度纤维板）	中盐银港人造板有限公司	林果	银港牌	正定县
89	西裤	河北欧玛尼服装有限公司	纺织服装	佑卡丹	正定县
90	速冻蔬菜	河北大可生物科技股份有限公司	食品	阿果 aguo	正定县

表 40　2016 年石家庄市新增优质产品情况一览表

序号	产品名称	企业名称	注册商标	所属区域
1	推拉式书写板	石家庄科达文教用品有限公司	科达	藁城区
2	中密度纤维板	河北鑫鑫木业有限公司	鑫木	藁城区
3	电线电缆	金泰电缆有限公司	绿川及图	晋州市
4	亚硝酸钠	石家庄凤山化工有限公司	凤凰山	井陉矿区
5	轻质碳酸钙	井陉县顺达钙业有限公司	超多	井陉县
6	光伏并网逆变器	石家庄科林电气股份有限公司	KE	鹿泉区
7	半挂汽车	河北金运专用汽车有限公司	钟乐及图	鹿泉区
8	电焊条	石家庄神力焊材有限公司	神力	鹿泉区
9	电子远传水表	河北丰源智控科技股份有限公司	惠泽水表	鹿泉区
10	智能温控计量一体化热计量表	河北丰源智控科技股份有限公司	汇丰宜源	鹿泉区
11	铬合金魔球	石家庄市诚达耐磨材料有限公司	骋达	鹿泉区
12	眼睛阀	石家庄阀门一厂股份有限公司	环球	鹿泉区
13	蔬菜	河北华康农业开发有限公司	冀华康	鹿泉区
14	复混肥料（复合肥料）	石家庄双联复合肥有限责任公司	双联牌	鹿泉区
15	休闲裤	河北梦纳斯制衣有限公司	梦纳斯	栾城区
16	苹果	平山县元富农产品专业合作社	元富	平山县
17	民用水暖锅炉	石家庄怀林环保设备制造有限公司	弘森冬暖	深泽县
18	氧化锌	高邑县永昌锌业有限公司	永昌	高邑县
19	复混肥	河北绿旺生态肥有限公司	绿丰旺	高邑县
20	高档内墙砖	高邑汇德陶瓷有限公司	宏品嘉园	高邑县
21	复混肥料	河北沃丰化肥有限公司	弘鑫	无极县
22	复混肥料	河北中港美盛肥业有限公司	盛克兰	无极县

续表

序号	产品名称	企业名称	注册商标	所属区域
23	调温型电热毯	石家庄市北极人电器有限公司	北极人	新乐市
24	过氧化氢	河北新化股份有限公司	国珍	新乐市
25	自粘聚合物改性沥青防水卷材	石家庄宏建防水材料有限公司	雪山	新乐市
26	SBS 弹性体改性沥青防水卷材	石家庄市奥赛防水材料有限公司	夺冠	新乐市
27	丙二酸二异丙酯	河北诚信有限责任公司	诚信	元氏县
28	吡虫啉可湿性粉剂	河北野田农用化学有限公司	代代清、野田威锋	元氏县
29	酒	河北金相府酒业有限公司	嶂石岩	赞皇县
30	洗衣皂	石家庄光明正大日化有限公司	光明	长安区
31	淀粉糖	石家庄博力威糖业有限公司	博力威 BLW	赵县

表 41　　2016 年石家庄市新增服务名牌单位情况一览表

序号	单位名称	注册商标	所属行业	所属区域
1	石家庄市疾病预防控制中心	CDC	卫生行业	长安区
2	石家庄市妇产医院	石家庄市妇产医院 Shijiazhuang Obstetrics and Gynecology Hospital	医疗卫生服务	长安区
3	华北制药股份有限公司销售分公司	华药销售	药品批发企业	长安区
4	石家庄市妇幼保健院		卫生行业	桥西区
5	北京铁路局石家庄站	石家庄站	交通运输业	桥西区
6	石家庄东方城市广场有限公司	INZONE	服务行业	新华区
7	石家庄常宏建筑装饰工程有限公司	常宏装饰 CHANGHONG DECORATION	建筑业	新华区
8	河北天山健身服务有限公司	天山海世界 TIANSHAN SEAWORLD	旅游业	高新区
9	石家庄市鹿泉区文化旅游公司	抱犊寨	旅游行业	鹿泉区
10	河北百尺杆餐饮有限公司	百尺杆头	餐饮业	鹿泉区
11	石家庄市栾城区天阳超市有限公司	天阳超市 TIANYANGCHAOSHI	批发零售	栾城区
12	河北正定乒乓球训练基地		文化、体育业	正定县
13	晋州市政务服务中心	晋州市政务服务中心	公共服务	晋州市

表 42　　2016 年石家庄市新增质量效益型企业情况一览表

序号	企业名称	所属行业	所属区域
1	石家庄以岭药业股份有限公司	医药	高新区
2	石家庄四药有限公司	医药	高新区
3	冀凯河北机电科技有限公司（原冀凯装备制造股份有限公司）	装备制造	高新区
4	河北旭辉电气股份有限公司	装备制造	高新区
5	博深工具股份有限公司	装备制造	高新区
6	东旭集团有限公司	电子信息	高新区
7	石家庄科林电气股份有限公司	装备制造	鹿泉区
8	石家庄瑞达焊业有限公司	冶金	鹿泉区
9	神威药业集团有限公司	医药	栾城区
10	石家庄煤矿机械有限公司	装备制造	栾城区
11	石家庄巨力科技有限公司	装备制造	赵县
12	河北金力电缆有限公司	电线电缆	晋州市
13	沈兴线缆集团有限公司	电线电缆	晋州市
14	河北立信化工有限公司	化工	井陉县
15	石家庄凤山化工有限公司	化工	井陉矿区
16	河北诚信有限责任公司	化工	元氏县

【特种设备监管】　推广电梯安全网格化监管试点和压力管道标准化监管试点成果，逐步提升特种设备安全监察规范化水平。严格供热、燃气、化工企业等重点行业的锅炉、压力容器、压力管道、电梯和20个旅游景区的大型游乐设施、客运索道等重点设备及藁城区、赵县、晋州市等重点区域实施监管。“7·19”特大洪水灾害期间，为保证救灾物资质量安全，开通检测“绿色通道”，实施日用品、建材产品、油漆涂料、泵类、被服装等救灾物资快速检测措施，并协调省计量院就能否加大供水量对供水系统论证，为供水系统安全运行提供质量技术保障。“7·19”特大洪水灾后重建中，主动协调省特检院、锅检院，启动特种设备隐患排查专项行动，检查企业200余家、设备2200台（件），指导抢修水损电梯等特种设备244台。

【质量标准化】　举办计量服务企业研讨会、全市首席质量官现场经验交流会、食品相关产品生产企业产品检测现场观摩会、工业产品生产许可证细则宣贯会，开展质量月、计量日、标准化日、“12·4”法制宣传日等大型宣传活动，全方位推进质量标准化建设。太行柴鸡生态养殖标准化示范区成功申报国家级第九批农业标准化示范区提升项目。5家标准化试点单位通过省质监局验收，10个单位通过省级服务业、良好行为企业、物流标准化试点立项。其中，6家企业获批第八批省级服务业标准化试点项目，分别是：河北诺亚人力资源开发有限公司、河北冠卓检测科技公司、河北东明国际家具博览有限公司、河北仁爱养老服务集团有限公司、桥西区松鹤园老年公寓、国药乐仁堂医药有限公司。4家企业入选第7批省级“标准化良好行为企业”名单，分别为：建业电缆集团有限公司、新星化炭有限公司、春燕采暖设备有限公司、华丹完全生物降解塑料有限公司。2016年全市19个单位主持参与国际、国家、行业标准制定修订工作，制定修订各类标准102项。

【质量技术服务】 推进质量技术监管服务创新，以年度报告、监督检查、日常巡查、能力验证、比对试验、信息统计为基础建立行业大数据，着力解决检验检测机构高质量供给不足、结构性矛盾突出等问题。率先在全省编写《石家庄市检验检测服务业发展状况分析报告》，为市政府出台《石家庄市促进检验检测机构发展的意见》《石家庄市检验检测认证机构整合意见》提供参考依据。整理监督抽查数据，编制人造板、建筑防水卷材、化肥、食品相关产品、煤炭5个质量状况分析专题报告，为产业结构调整和行业产品质量提升决策提供数据支撑。申请计量发展专项经费77万元，实施市区集贸市场衡器、乡镇（社区）卫生院医用计量器具及电能表、水表等民生计量器具免费检定。开展节日期间市场计量监督检查，重点检查新闻、出版、电视领域使用法定计量单位及辖区高速公路沿线加油、加气、称重计量器具，落实民用四表、压力表、加油机强制检定政策，维护消费者合法权益。举办汽车售后服务质量提升行动，全市16家汽车销售企业（4S店）报名参与争创“全省汽车售后服务质量提升创建示范单位”活动。完善汽车召回制度，采取排查摸底、逐一比对筛选方式，督促相关企业召回维修“三菱·帕杰罗”汽车65辆、“长安·欧力威”汽车581辆。市统一社会信用代码数据库共享平台建设完成，数据采集和分析能力提升。市纤维检验所变更、培训新标准9个，扩大检验参数2个，承担河北省科技厅《防紫外线产品性能维护的方法研究》在研项目进展顺利。11月1日，市电梯应急处置技术中心建成并投入试运行，全年实施电梯应急处置465起，处置电梯故障188起，解救被困群众665人。推进县级质量技术机构检测服务能力建设，鹿泉区质监局开通名牌服务绿色通道；循环化工园区分局实施“精准定位式”培育，带动企业强化技术创新和品牌建设；桥西区质监局创新建立计量强检设备信息管理系统软件平台，推进计量检定逐步向政府购买服务方式转变。新建、更新县级社会公用计量标准29项。晋州市质监局、元氏县质监局、平山县质监局、赵县质监局等投入资金、更新设备、增加检验检测项目，技术保障能力提升。

【质量技术执法】 实施行政执法案件办理痕迹化管理，建立案件调查室并安装音视频摄录设备，为执法人员配备执法记录仪，做到行政执法案件办理每个环节均可“回放再现”。开展“双随机”联合抽查、依法行政评议考核和行政执法案卷评查，强化法制监督。开展“质检利剑”“双打”等专项行动，重拳打击生产假冒伪劣产品和无证生产等质量违法行为。成功办理某化肥企业无证生产复合肥、某央企油气输送管道未按规定检验等影响较大案件。严肃查处检验检测机构不按规程检验，出具虚假报告等违法行为，责令5家检验检测机构、8家机动车安检机构停业整顿，撤销1家安检机构许可资质。以“全覆盖、零容忍、严执法、重实效”为原则，拓宽执法领域，创新执法手段，严厉查处农资产品、特种设备、食品相关产品、日化洗涤用品等行业违法行为，累计查办案件754起，涉案产品货值487.77万元。春秋季农资打假活动查处农资违法案件27起，没收违法化肥产品467.98吨，减少农业生产损失66万余元。执行缺陷产品召回规定，落实召回管理产品和涉及企业建档备案制度，核查全市184辆“三菱·帕杰罗”、584辆“长安·欧力威”缺陷汽车召回情况。

石家庄市质量技术监督局

局　　长：侯洪彬

副 局 长：曹长随　夏玉颖

　　　　　吴保成　刘占

　　　　　韩秀娟（女）

　　　　　柯旭

纪检组长：李卫国

（秦芸　焦强）

物价监督管理

【概况】 2016年，市价格监管部门以价格调控、价格改革、价格监管、价格服务为重点，综合运用价格管理手段，合理调整价费标准，降低企业成本，助力全市经济社会发展。两次降低工商业用电价格，为全市企业降低成本14.4亿元；下调市区工业蒸汽销售价格，为全市规模以上企业降低动力成本1亿元。推进普遍性降费，控制乱收费行为，降低企业制度性成本。清理规范行政事业性收费和政府定价经营服务性收费项目，编制和公布《石家庄市涉企行政事业性收费目录清单》《石家庄市行政事业性收费目录清单》《市政府部门行政审批中介服务收费目录清单》，实行清单化管理。取消收费许可证制度，开展行政许可中介服务违规收费问题专项清理，降低门槛，减轻企业负担。发挥价格调控联席会作用，完善相关制度和机制，重视运用价格综合调控手段。落实价格监测分析预警、重要节日市场巡查等制度，维护市场价格秩序。“7·19”特大洪水灾害期间，组织价格监管人员深入一线，及时监测价格数据，基本保证了全市汛期主要民生商品市场价格稳定。提升“石家庄微物价”微信服务和民生商品“晒价”服务水平，“石家庄微物价”主题调研文章获得第十五届石家庄社会科学优秀成果三等奖，并被省委网络安全和信息化领导小组办公室评为2016年度河北省优秀政务新媒体。全年上报和发布各种价格监管报表1706份、监测数据3万余条。2016年全市居民消费价格指数同比增长1.6%，低于全国0.4个百分点。

【价格监管与服务】 加强市场检查巡查，加大重大节假日期间涉及群众日常生活、旅游观光等价格行为监管力度，保持打击各类价格违法行为高压态势。根据国家及河北省有关部署和要求，开展全市教育收费、医药价格、景点门票价格等专项检查，有效纠正违规收费行为。针对商品房经营企业存在的价格违法违规问题，重点落实明码标价、收费公示要求。严格价格举报查处，2016年全市受理价格举报咨询5645件，接待来访群众135人次，查处价格违法案件386件，实施经济制裁405.9万元。开展价格服务，推进涉税财物价格认证，研究制定存量房交易计税常态化工作机制，初步建立定期成本监审制度。2016年全市完成涉案、涉纪检监察等价格认证853件，标的值12.24亿元；成本监审47项，核减不合理成本因素43.79亿元；上报农产品成本调查项目7个。

【轨道交通票价听证会】 1月3日，市发展改革委（物价局）发布《关于召开我市轨道交通票价听证会的公告》。听证会听证方案在学习借鉴外地经验、征求社会各界意见建议、深入调研论证和成本测算及考虑各方利益基础上形成。按照突出公益属性、体现“递远递减”和保持与其他公共交通工具合理比价关系原则，石家庄市轨道交通拟采取按里程分段计价票制方式，提出3个听证方案：方案一：起步价4千米2元，4～22千米里程内每递增6千米加1元，22千米以上每递增9千米加1元。方案二：起步价6千米2元，6～24千米里程内每递增6千米加1元，24～45千米里程内每递增7千米加1元，45千米以上每递增9千米加1元。方案三：起步价6千米2元，6～20千米里程内每递增7千米加1元，20～36千米每递增8千米加1元，36～54千米每9千米加1元，54千米以上每10千米加1元。

【价格改革】 落实国家和省价格机制改革工作部署，出台《石家庄市关于全面推进价格机制改革切实加强价格监管的实施意见》。贯彻居民用气实行阶梯价格制度要求，3月15日，印发《石家庄市关于市区居民用气实行阶梯价格制度的通知》，在主城区执行居民用气阶梯价格。依据优先使用外调水、充分利用地表水、合理利用地下水原则，推进城市供水价格改革，制定出台《建立健全水价调整补偿机制实施方案》《推进南水北调配套工程建设和江水利用实施方案》等政策，为南水北调江水利用打好价格政策基础。出台市区污水处理费调整政策，2016年12月起，市区居民用水污水处理费由每立方米0.80元，调整为每立方米0.95元；非居民用水污水处理费由每立方米1.0元，调整为每立方米1.4元（含排水部门征收的每立方米0.08元）。2016年11

月，规范和调整市区公办幼儿园保教费标准，市区（含长安区、桥西区、新华区、裕华区、高新区）内，省级示范园保教费标准为470元/生·月，一类园430元/生·月，二类园350元/生·月，三类园310元/生·月，注册园290元/生·月。与市卫生计生委联合发布省、市、县三级公立医院部分医疗服务项目指导价格，全面完成县级公立医院医疗服务价格改革。

（李剑利）

工商行政管理

【概况】 2016年，市工商行政管理系统以开展市场主体帮扶、市场秩序优化、企业信用监管、"12315"护民生4个专项行动为重点，实施"多证合一""两证整合"及电子营业执照、注册登记全程电子化试点等商事制度改革，制定印发《进一步优化营商环境推进登记便利化的"十八条"措施》《众创空间绿色通道实施办法》等政策措施，推进市场主体快速发展。至2016年底，全市累计市场主体达到69.31万户，万人拥有市场主体688户，成为全省唯一万人拥有市场主体量高于全国平均水平的设区市。注册商标73174件，较年初增加12968件，占全省总量24.3%，位列全省首位。优化营商环境，查处案件3518件，行政约谈2660次，行政指导3583次。加强市场监管，构建以信用监管为主的事中事后监管机制。2016年石家庄市被河北省政府确定为首批"双随机"试点城市，石家庄市12个部门确定为第一批试点单位，分别为市工商局、财政局、发展改革委、公安局、食药监局、国税局、地税局、质监局、人力资源和社会保障局、交通运输局、住房建设局、民政局。2016年市工商局在全省系统综合业务即"四个专项行动"考核中获得4个第一名优异成绩，18个子行动获得14个第一名、4个第二名。市工商局牵头"双随机、一公开"联合抽查取得试点成果，被国务院收入《2016年度全国重大改革项目汇编》，市工商局被国家工商总局评为"诚信市场创建先进单位"，注册分局获评"全国商事制度改革先进单位"，市个体劳动者协会获评'全国个私协会系统先进单位"。推进"两法衔接"，录入信息平台案件93件，其中涉嫌犯罪移送案件3件。2016年全市工商工作得到市委市政府领导批示肯定和表扬20多次。2016年全市新增注册商标11748件，位列全省第一，注册商标数量较2015年增长19.51%。其中，新认定知名商标93件，新增驰名商标2件、著名商标77件、地理标志证明商标1件。至2016年底，全市注册商标数量累计达71954件，占全省注册商标总数24.2%，位列全省首位。

【企业登记管理】 实施"多证合一""两证整合"改革，率先在全省完成企业"六证合一、一照一码"改革及个体工商户"两证整合"改革。9月27日起，全市新设立企业和原执照有效期满、申请变更登记或者申请换发营业执照的各类企业、农民专业合作社及其分支机构，可直接到工商或市场监管部门申请办理加载统一社会信用代码"多证合一"营业执照。新设立企业不再发放社会保险登记证，已设立企业换发加载统一社会信用代码营业执照，不再收缴原社会保险登记证。"多证合一"登记制度改革是按照"一窗受理、一表申请、互联互通、信息共享"模式，将原由工商、质监、国税等部门分别核发不同证照，修改为核发一个加载统一社会信用代码营业执照，不再发放其他证照的商事登记制度。9月27日，市工商局为中海油冀交能源销售有限公司核发河北省首张"多证合一"营业执照。至2016年底，全市发放"一照一码"营业执照14.6万张，"两证整合"营业执照1.6万张。推进注册登记便利化改革，起草印发《进一步放宽市场主体住所（经营场所）登记条件的规定》，被国家总局收入《各地住所（经营场所）改革文件汇编》；制定《企业简易注销改革试点登记管理办法》，健全市场退出机制；推进电子营业执照和注册登记全程电子化试点，核发电子营业执照2114张，占全省总数42.66%。完成"双随机、一公开"联合抽查改革试点，成功经验被省工商局以现场会形式予以推广。做好行政处罚公示，代表河北省接受国家工商管理总局检查，石家庄市信息公示率、及时率、准确率均达100%，排名全国第一。2016年全市新登记各类市场主体160272户，同比增长23.28%；新登记各类市场主体注册资本3997.85亿元，同比增长66.08%。至2016年底，全市累计注册内资市场主体69.31万户、外商投资企业1349户；注册资本14699.72亿元；万人拥有市场主体688户，超额完成市场主体总数64.88万户、万人拥有市场主体600户目标，两项指标均居全省第一，成为全省唯一万人拥有市场主体量高于全国平均水平的设区市。

表43　　2016年石家庄市场主体基本情况统计一览表

<table>
<tr><th colspan="4">项目</th><th>本期登记</th><th>期末实有</th></tr>
<tr><td rowspan="8">企业</td><td colspan="3">企业总数</td><td>53556户</td><td>232877户</td></tr>
<tr><td rowspan="5">内资企业</td><td colspan="2">户数</td><td>53442户</td><td>231528户</td></tr>
<tr><td colspan="2">注册资本（金）</td><td>38392029.72万元</td><td>146997203.91万元</td></tr>
<tr><td rowspan="3">私营企业</td><td>户数</td><td>50658户</td><td>212414户</td></tr>
<tr><td>注册资本（金）</td><td>31087763.19万元</td><td>112645142.95万元</td></tr>
<tr><td>从业人员</td><td>108954人</td><td>572829人</td></tr>
<tr><td rowspan="2">外商投资企业</td><td colspan="2">户数</td><td>114户</td><td>1349户</td></tr>
<tr><td colspan="2">注册资本</td><td>35699.87万美元</td><td>283417.28万美元</td></tr>
<tr><td rowspan="3">个体工商户</td><td colspan="3">户数</td><td>105370户</td><td>448263户</td></tr>
<tr><td colspan="3">资金数额</td><td>1239505.57万元</td><td>4268988.45万元</td></tr>
<tr><td colspan="3">从业人员</td><td>250932人</td><td>1127882人</td></tr>
<tr><td rowspan="3">农民专业合作社</td><td colspan="3">户数</td><td>1346户</td><td>11964户</td></tr>
<tr><td colspan="3">出资总额</td><td>346973.20万元</td><td>3022363.05万元</td></tr>
<tr><td colspan="3">成员总数</td><td>9744个</td><td>132783个</td></tr>
</table>

【商标战略】 制定《石家庄市实施商标战略“十三五”规划》，开展“商标兴企服务月”活动。至2016年末，全市注册商标达到73174件，同比增加12968件，占全省24.3%，排名全省首位。新增驰名商标2件，达到55件；新增著名商标77件，达到677件，均居全省第一。新增地理标志证明商标1件，达到8件。拓展商标专用权功能，获批全省首家商标专用权质权登记受理点，成功办理商标专用权质权登记第一证，为企业融资7000万元。

【市场监管】 全年开展市场行政约谈2660次、行政指导3583次，查处各类案件4467件。其中，罚没款300万元以上案件3件，50万元以上案件10件，5万元以上案件126件。罚没款300万元以上的大案分别为：市工商经检支队查办石房房产测绘所滥收费用案，罚没款365.37万元，入选国家工商总局公用企业限制竞争和垄断行为典型案例；市工商局、裕华区工商局联合查办石家庄供水有限公司滥收费用案，罚没款318.56万元；长安区工商局查办石家庄绿地家政服务有限公司虚假广告案，罚没款309.6万元。开展公用企业限制竞争和垄断行为整治行动，查处案件21件，案件数量和质量达到双提升。查处虚假违法广告案件260件，全市严重违法广告发布量明显下降。查办商标侵权案件229件、合同格式条款案件67件，查处取缔无照经营2457户。落实省、市大气污染防治措施，集中开展散煤和成品油专项整治行动，抽检煤炭1672个批次、成品油929个批次，抽检覆盖率分别为100%、67%，取缔散煤无照经营户624户，关停有煤场煤炭经营户514户。严格流通领域商品质量监管，全年抽样检测重点商品质量18类1942个批次，查处问题商品案件474件。率先在全省开展网购商品质量抽检，检验商品87个批次。

表44　　2016年工商行政管理行政执法基本情况统计表

项目	案件总数（件）	案件总值（万元）	罚没金额（万元）
一、市场主体准入监管	77	-	69.00
二、竞争执法	462	274.98	1806.59
反垄断	0	0.00	0.00
反不正当竞争	221	144.44	898.51
三、直销监管	0	0.00	0.00
传销	0	0.00	0.00
四、消费者权益保护	474	319.78	635.17
五、食品安全监管	0	0.00	0.00
六、无照经营	2457	1423.01	2273.26
七、市场监管	441	370.39	441.00
农资市场	237	33.04	181.24
网络商品交易及有关服务行为	68	28.40	130.27
八、合同监管	67	-	45.00
九、广告监管	260	-	1487.18
十、商标监管	229	95.17	345.15
商标侵权假冒	143	51.08	222.84
合计	4467	2483.33	7102.35

【空调类商品抽检】　5月9～12日，市工商部门组织抽检石家庄北国电器、国美电器、苏宁电器等大型商场经销空调商品。抽取样品12组，基本覆盖全市空调市场大、中、小品牌。其中，定频空调5组，涉及品牌有三菱、海信、海尔、格力、美的；变频空调7组，涉及品牌有三菱、TCL、奥克斯、志高、科龙、小天鹅、长虹。抽检依据GB/T 7725等7项国家强制标准，主要检测空调的安全性能、制冷功率、能效指数等项目。检测结果显示，12组空调类商品全部符合国家标准。

【消费维权】　推进“12315”消费热线建设，将800家商场、30家线上企业纳入消费维权服务站和“消费维权直通车”单位，畅通维权途径，全年受理咨询、申诉、举报等各类消费信息57634件，为消费者挽回经济损失2163万元。2016年市消费者协会受理投诉8529件，其中受理家用轿车类商品投诉846件；办结8105件，办结率95.03%；接受咨询46333件，表扬11件。投诉涉及问题最多的是售后服务问题，共3598件，占全部投诉总量42.19%。投诉排名前5位分别为：售后服务、合同纠纷、质量问题、广告和不正当竞争。2016年市工商部门收到关于石家庄市9家大型商场超市消费投诉案件223件，投诉内容主要集中在售后服务、合同、产品质量等。举办商品消费评议、商品比较试验，探索公益诉讼，解决群体性消费纠纷；成功处理东风日产汽车“合格证问题”群体性投诉事件，维护130余名消费者合法权益。

【支持小微企业发展】 起草印发《加快推进小微企业名录建设促进小微企业发展的实施方案》，完善小微企业名录系统建设，搭建小微企业服务平台。石家庄综合保税区工商管理工作顺利通过国家验收，石家庄综合保税区、无极县获批外商投资企业登记权。举办“精准对接融资帮扶”活动，帮助企业融资591.3亿元。开展“问计省直、争取支持”活动，全年争取省级以上资金589万元，占全省比重13.51%。重视做好非公有制企业党建工作，印发《非公有制企业党组织建设实施意见》等政策文件，组建成立非公有制企业党委；全市登记管辖697家规模企业实现党组织和工作覆盖率达到100%，县（市、区）非公有制企业工委和私营企业党委覆盖率达到75%。

石家庄市工商行政管理局

局　　长：曹新华（2月免）

　　　　　侯洪彬（2月任）

副 局 长：孙桂莲（女）

　　　　　路栓增　尹兵辉

　　　　　王大林

纪检组长：刘杏然

（李志英）

食品药品监督管理

【概况】 2016年，市食品药品监管系统按照“强化能力抓基础，健全网络抓体系，创新理念抓监管，突出重点抓落实”的工作思路，抓住重点、攻克难点、打造亮点，组织开展食品药品九项攻坚行动40余次，完成省市“两会”、康养大会、中超联赛等重大活动食品安全保障任务48次。修订“医疗器械及食品监管自由裁量标准”，规范依法行政行为，受到国家食品药品监督总局通报表彰。创建163个食品销售管理示范单位，初步形成点线面结合、大中小兼顾、多层次多业态的示范群体。“明厨亮灶”工程取得阶段性成果，全市8008家持证餐饮服务单位全部完成“明厨亮灶”打造任务。推进国家食品安全城市创建工作，食品安全形势稳定向好。2016年全市未发生较大以上食品安全事故，也未发生影响恶劣的食品安全事件。从国家食品安全抽检结果看，石家庄当地生产的食品质量安全状况持续良好。2016年省政府食品安全办公室委托第三方调查机构评价结果显示，石家庄市食品安全群众总体满意度80.13%。开展疫苗质量专项检查，重点排查企业是否存在从非法渠道购入疫苗、向个人销售疫苗等行为，排查疫苗流通环节存在的质量风险和安全隐患；至2016年末，全市未收到质量投诉及不良反应报告。开展打击食品药品假冒伪劣专项整治行动、食品药品安全环节九项攻坚行动、风险隐患大排查大整治行动，出动执法人员110769人次，检查食品药品生产经营单位71642家；排查问题隐患9965条，整改落实9008条；取缔问题单位239家，捣毁窝点58家；立案885件，移送司法机关2起，涉案金额419.61万元；结案650起，罚没款861.42万元；专项行动立案数同比增加181.3%。设立“12331”投诉举报中心，配备专职人员，24小时受理群众投诉举报；全年“12331”投诉举报中心受理、转办食品药品投诉举报2982件，同比增长81.6%。2016年全市受理食品类投诉2485件，保健食品类投诉111件，投诉举报办结率和及时率均达100%。制定《食品安全有奖举报实施办法》，设立300万元专项奖励资金，食品安全申请奖励投诉举报案例4个。2016年全市立案查处各类食品药品违法违规案件2347件，行政处罚金额2516万余元，移送司法机关案件24件，捣毁制假窝点13个，办结各类案件2227起，结案率94.9%。

【创建国家食品安全示范城市】 完善食品安全监管机构。市级独立设置市食药监局并加挂市政府食安办牌子；县级将食药监与工商部门合并成立市场监管局，同时加挂食安办、食药监局牌子；乡级设立125个食药监管所。增加食品监管岗位人员数量。通过机构整合、职能划转，全市从事食品安全监管岗位人员达3830人，占辖区人口的万分之3.8；乡镇派出机构监管人员按规定方法核算后，全市食品监管人员总数为2720人，占比为万分之2.7。加强财政投入保障。将食品安全监管经费纳入财政预算，并逐年增加投入；将食品抽检经费纳入市、县两级财政预算，并按照1∶3的比例分担。2016年检测样品总数达到51741批次，同比增加79.5%，达到每千人4份的要求。加大食品安全工作考核力度。将食品安全纳入县（市、区）党委政府年度综合目标考核指标体系，考核权重由1.33%提高至3%。增强食品专业检验能力。市食品药品检验中心投入2800余万元购置检验设备，新增检验人员36人，新增659项食品检测参数，通过认证的食品检测能力达到1141项，具备食品微生物、理化、农兽药残留等常规检验检测能力。配备应急检测装备，定期开展应急知识技能培训和演练，具备应对常见食品安全突发事件的检验能力。县级食品检验机构能力建设加快推进。投入660万元，为22个县（市、区）分别配备30万元快检设备，并制定《县级食品安全快速检测实验室通用管理手册》，开展快检室标准化、规范化建设。3个县级食品检测实验室通过资质认证。加强食品源头安全治理。严格禁止制售使用高毒高残留农药，种养殖过程中违法使用农业投入品及运输过程中非法添加等行为得到有效治理。2016年在农业投入品省级抽检行动中，石家庄市抽检合格率98.8%，连续两年高于全省平均水平。严格执行食用农产品市场准入、退市和检测信息通报制度，严把市场准入关。对发现的不合格食用农产品，立即停止销售，按照入市约定进行销毁或无害化处理。落实畜禽定点屠宰制度，推行病死畜禽无害化处置。2016年病死畜禽无害化处理率100%。2016年，河北省和国家先后在石家庄市召开病死畜禽无害化处理现场会，推广石家庄市的做法。建立餐厨废弃物管理体系。投资约2.2亿元，建成占地80亩的餐厨垃圾处置中心，规范餐厨垃圾的收集、运输、处置行为，有效防止餐厨垃圾的流失和非法加工提炼“地沟油”问题的发生。试运行期间，签订收运协议约2000家，约占主城区获证餐饮单位的40%；投放收集桶4500余个，日收运量约190吨，处置率达到日产量的60%以上。提高食品产业集约化、规模化水平。采用工业园区建设与原料基地建设相结合的模式，引导食品企业和生产要素向食品工业园区及龙头企业聚集，提高食品产业集约化程度，并在主城区以大型批发市场为龙头，以超市、标准化菜市场、社区惠民店为基础，以电子商务为纽带，建立市场布局合理、服务功能完善、安全保障有力的现代食品流通体系，保证市民的食品供应和消费安全。2016年末，全市有经济开发区食品工业园、绿岛食品园、赵县淀粉工业园、新乐食品工业园4个食品工业园区。加强监督执法检查。制定《食品安全全程监管机制》，健全从农田到餐桌各环节的监管制度。制定《食品安全风险会商联席会议制度》，及时排查食品安全隐患，定期分析、研判风险信息，制定防控措施。健全基层协管员、信息员队伍，在全市配备协管员4862人，夯实监管工作基础。实施网格化监管，在全市设立22个一级网格、462个二级网格、4370个三级网格，做到监管触角横向到边、纵向到底。规范开展现场检查。制定监督检查计划，依据不同风险等级合理确定检查频次，对各类监管对象检查频次不少于1次，对风险高、信用等级低的监管对象检查频次不少于4次，监管覆盖率100%。一企一档，建立监管档案，监督检查全程记录，结果记入档案。公开监管信息，通过网站、公示栏等载体及时公开监管信息，保障公众的知情权，提高监管的透明度。严厉打击食品安全违法犯罪行为。制定食品安全监管工作协调联动机制和重大食品违法案件联查联办工作制度，全力做好产品召回、问题食品销毁、责任查处等后处置工作。严格落实“两法”衔接机制，对涉嫌犯罪的案件按照规定程序100%移送，切实解决有案不移、以罚代刑等问题。2015至2016年，行政部门共移送涉嫌犯罪案件43起。加强应急处置体系建设。健全应急处置指挥机构和工作小组，配备必需的应急装备和物资，建立应急处置、应急检验和应急专家队伍。制定《食品安全事故应急预案》，定期开展应急培训和演练。建立食品安全信息报告和舆情监测处置制度，积极应对和处置食品安全突发事件。截至2016年末，全市共有种养殖单位2089家，食品生产企业836家，食品销售单位46667家，餐饮服务单位 8008 家；共有食品安全风险监测哨点医院 26 家，较上年增加 4 家，监测上报食源性疾病 4035 例；排查食品生产经营单位 79000 家次，排查治理隐患 1400 条。2016 年，全市未发生较大级别以上的食品安全突发事件，当地行业共性隐患问题得到及时解决。2014 年 1 月至 2016 年 10 月，石家庄市经过三批“食品药品安全县创建活动”，全市 21 个县（市、区）及高新区全部达到省食品药品安全县创建标准。

（牛学建　李潇）

【打造食品安全示范单位】 培育食品安全示范街、示范店和标准化“小餐桌”。按照“清洁厨房”齐、洁、雅标准，指导餐饮单位升级改造后厨、餐饮区布局，成功打造裕华区雅清街食品安全和明厨亮灶示范一条街、桥西区红滨路美食街、藁城高速公路服务区等示范街区。2016 年农业部副部长陈晓华、河北省副省长许宁等领导，省人大常委会督导组人员及云南省、厦门市、廊坊市、保定市、沧州市、唐山市等省市兄弟单位多次到裕华区雅清示范街、藁城高速公路服务区、国家电网培训中心食堂、裕华区“贝贝安亲”“易学教育”等全国连锁学生校外托管机构调研和观摩。2016 年全市打造示范街 28 条、示范店 348 家、小餐桌 104 家。

【小作坊小餐饮小摊点管理】 6 月 29 日，《河北省食品小作坊小餐饮小摊点管理条例》经河北省第十二届人大常委会第二十次会议表决通过。确定严格监管食品小作坊、小餐饮和小摊点（简称“三小”）生产经营的区域规划、日常监督检查、重点抽样检验、信用档案管理等措施。鉴于食品小作坊、小餐饮、小摊点的生产、包装、储存、运输条件有限，部分高风险食品卫生条件无法保障，条例规定小作坊等实行生产经营负面清单制度。其中，小作坊不得生产加工乳制品、速冻食品、酒类（白酒、啤酒、葡萄酒及果酒等）、罐头、饮料、保健食品、特殊医学用途配方食品、婴幼儿配方食品、婴幼儿辅助食品、果冻、食品添加剂等产品；小餐饮不得经营裱花蛋糕、生食水产品等；小摊点不得销售散装白酒、食品添加剂、保健食品、特殊医学用途配方食品、婴幼儿配方食品、婴幼儿辅助食品等法律、法规禁止经营的高风险食品。治理学校周边小摊点严重影响学生健康和道路交通等问题，条例规定中小学校、幼儿园门口 100 米范围内禁止小摊点经营。举办万人签名主题宣传和“五进”等活动，发放通告 3 万份、明白纸 12 万份，印发条例单行本 3 万册。开展专项督导，采取上门办理登记备案、协调减免体检费用等惠民举措，加快“三小”登记、备案步伐。落实食品安全排查整治措施，印制“三小”登记证、备案卡 4.5 万套，实行日统计、周调度，摸排清查“三小”业态。2016 年全市办理和发放“三小”登记证、备案卡 26618 张，其中，小摊点 16366 个、小作坊 792 个、小餐饮 9460 个，发放总量排名全省第一。

【食品药品安全宣传】 开设宣传专栏，每月开展食品安全宣传不少于 2 次，全年市级共开展 59 期，县级开展 282 期，发布典型案例 1 次。举办“创建食品安全城市书画大赛”，制作视频、动漫、音频宣传片，印制公益和科普宣传海报 60 万张、公开信 18 万张，制作宣传手提袋 30 万个、厨房贴 5.8 万张，利用电视、街头 LED 屏、微信公众号、移动宣传车等多种载体，开展创建食品安全城市宣传活动。利用广播在 17 个农村县（市）长期播放食品安全知识，印发《食品安全科普知识手册》8 万余册。开通“石家庄食药关注”微信公众号，推送食药安全知识。开展食品安全“千校万家亲情传递”公益活动，与 4 所高校合作成立 4 个“食药安全科普宣讲团”，开展“微信答题抢红包”活动，引导公众参与食品药品监管，普及食品安全知识。

【十大食品药品典型案例】 2016 年全市十大食品药品典型案例分别为：深泽县深泽镇王场小学未取得食品生产经营许可从事食品生产经营活动案，石家庄慧宗商贸有限公司未经许可经营食品案，鹿泉区元富食品有限公司生产超限量使用食品添加剂生产食品案，北京御生堂集团石家庄制药有限公司生产销售劣药上清丸案，河北嘉泰医药经营有限公司向无资质药房销售药品案，天津三快科技有限公司石家庄分公司未对入网食品经营者许可证审查案，裕华区桃李阁餐厅未经许可从事餐饮服务活动案，无极县食药监局查处无极县医院使用未依法注册医疗器械案，石家庄康宁商贸有限公司销售未取得批准文号特殊用途化妆品，石家庄惠仕医药保健品有限公司经营标签不符合规定保健食品案。

（范玉蕾）

【检验检测技术能力建设】 升级改造食品药品检验中心实验室，检测能力涵盖药品、食品、保健食品、餐饮具、洁净室性能检测、生活饮用水六大类共计1254项，具备了当地主要食品种类、重要食品安全项目的实验室检验及快检能力。同时，积极拓展食品流通环节食用农产品快检能力，打通食品安全检测“最后一公里”，全市63家3000平方米以上商场、超市，全部建成标准化、规范化检测室并投入使用，先后开展蔬菜、水果、生鲜肉等快速检测1000余批次。藁城区等4个县（区）建立食品检验中心，22个县（市、区）局全部建立食品快检室。依托“药安食美”社会共治平台，全市1026家餐饮服务单位安装网络厨房，通过手机“药安食美”软件，监督入网餐饮单位落实主体责任。探索“互联网+”的智能监管模式，建立全市餐饮服务监管微信群和“石家庄‘问安小餐桌’微信战略集群”，通过“石家庄‘问安小饭桌’”微信公众号平台对小餐桌经办者进行全方位监督监管，倒逼小饭桌经营者自觉建立履约践诺的诚信机制。

（牛学建　李潇）

国有资产监督管理

【概况】 2016年，市国资委监管企业资产总额347.41亿元，同比增长4.28%；实现营业收入328.48亿元，同比增长6.34%；实现利润12.66亿元，同比增长4.78%。梳理和确定石家庄泵业集团、石家庄星球服装鞋帽联合（集团）公司所属6家集体企业、市旅游用有印染厂、市动力机械厂等“僵尸企业”11家。根据兼并重组、少破产清算原则，采取分类处置措施，推动“僵尸企业”关停退出。加强事中事后监督管理制度建设，明确责任，推进责任清单制度落实。推进机关标准化建设，顺利通过中国质量认证河北评审中心2016年度监督审核。以全面深化国资国企改革为动力，以做大做强国有企业、提高发展质量效益为目的，开拓创新，科学发展。加强党组织建设，9家改制为非国有企业的党组织交区（县）委，实行属地化管理。按照企业发展速度、规模和生产经营状况新设党组织106个，整合党组织274个，调整各级党组织书记313人。开展不合格党员处置工作，寻找失联党员3274名，复联3220人，复联率98.3%；处理问题党员4名。开展市属企业违规配车用车问题清理专项行动，查处问题33件，追回国有资产200余万元，6名责任人分别给予党政纪、组织处理。规范公务用车，出台《关于规范监管企业公务用车配备、使用管理的通知》和补充规定。开展监管企业领导班子及班子个人考核评定工作，按照干部任免的程序和标准，调整配置7家企业董事会、经理层人员。制定印发《监管单位领导干部职务选拔任用工作运转程序》《关于进一步规范国资委监管单位工作人员因私出国（境）审查工作的通知》《关于进一步完善国资委监管单位工作人员办理因私事出国（境）审查工作有关程序的通知》《石家庄市市属国有企业外部董事管理办法（试行）》《石家庄市国资委系统领导干部学法制度》，完善《监管单位领导人员管理办法》。及时受理并妥善化解信访矛盾，维护群众合法权益。全年接待上访群众380人次，网上系统交办信访案件192件，及时受理168件，及时受理率87.5%。开展困难企业双节救助和军转干部解困工作，救助职工6862人，落实救助资金274.48万元，申报军转干部救助金2100余万元。编制《安全生产工作指南》，加强专项巡查和日常检查，督促企业落实安全生产主体责任。全年开展安全生产和应急抢险与救援、消防通道、重大危险源和人员密集场所等专项整治行动及日常检查786次，查出各类安全隐患3237个，责令限期整改191次，整改率96.8%。重视国资监管、国企改革宣传，在《石家庄日报》、石家庄电视台刊发信息稿件26篇，在国资委门户网站发布信息553条，被国务院和省国资委转载信息23条。2016年市国资委获得“2016年度安全生产目标管理先进单位”“2010～2015年度普法先进单位”“市信息工作良好单位”“网站管理先进单位”“软件正版化先进单位”等称号。

【国有资产监管】 对全市76个党政机关、群团组织、事业单位所属国有企业深入开展调查摸底，起草《石家庄市市级经营性国有资产集中统一监管实施方案》，推动全市经营性国有资产集中统一监管。落实国资委领导包案联系企业责任制，对包案企业党务、政务工作全覆盖。落实企业财务预算等重大信息公开制度，接受群众监督，及时公开常山集团、北人集团等监管企业2015年度财务状况和2016年度财务预算等重大信息。加强国有产权管理，规范各种国有产权变动行为，严格评估核准和备案，加强资产评估项目的合规性审核和管理，对重大资产评估项目实施专家评审和公示制度，全年完成10个资产评估项目。开展清产核资财务审计工作，落实“三层职责”，坚持“三项做法”，真实客观地反映国有资产状况、财务状况。落实国有资本经营预算制度和收益收缴工作。2016年度共完成监管企业国有资本收益收缴5066.5万元，比2015年实现大幅度提升；完成预算支出6644万元，有效化解东方热电纠纷案，确保国资在北人集团的控股地位，归还石家庄市旅游用布印染厂拖欠的外国政府贷款，支持企业改革重组。开展经营业绩考核、薪酬分配工作，增强业绩考核的针对性、激励性和约束性。完成2015年度企业经营业绩考核和企业负责人薪酬兑现工作，科学核定2016年度监管企业业绩考核指标，并与监管企业签订年度经营业绩目标考核责任书。夯实全面管理基础，建立风险管理制度。督导企业对现有管理制度、职责分工和业务流程进行全面梳理，深入排查企业风险点，有针对性地制定重点企业和重点业务领域防控措施和预案，确保国资安全。发挥监事会的监督职能，出台《石家庄市国资委派驻企业监事会监督检查工作的实施办法（试行）》，在派驻监事会企业开展集中检查，对所发现问题一一进行梳理，并将问题整改任务分解到相应处室，限期整改。

【国企改革重组】 开展完善董事会职能建设以及市场化选聘高级管理人员的探索，逐步完善市属国有独资公司董事会职权，并结合实际逐步实行引入外部董事制度。出台《石家庄市国有企业职工家属区“三供一业”分离移交工作实施办法》，加快剥离国有企业办社会职能，解决历史遗留问题。出台“1+12”个国资国企改革系列配套文件，初步构建起深化国资国企改革的政策体系和制度框架。稳妥推进国有企业改制重组，完成石家庄市保安服务公司、泵业集团和市建投所属资产管理公司3家企业的改制工作，进一步优化国有资产布局。积极推进珍极集团、动力机械厂依法破产工作，加大对“僵尸企业”的清理力度，加快低效无效资产退出。市制酒厂完成混合所有制改革的第一步公司制改造，企业员工持股改革试点也正在有序推进。2016年1月，经市政府常务会议研究通过，将银河宾馆国有产权无偿划转市国资委出资企业石家庄能源投资集团，由能源投资集团履行出资人职责，向银河宾馆注入资金，盘活资产，实现企业多元化发展。

【国有资本运作】 利用市场资本运作的放大功能，发挥国有资本引领带动作用。拓宽融资渠道，通过设立私募基金引进社会资本、利用企业较高信用等级实现低成本融资和担保融资等手段，全年融资25.5亿元，为企业改革发展提供资金支持。积极承担社会责任。为解决部分中小企业债务包袱重、发展困难等问题，深化银企合作，收购不良资产包1个，债权总额9.52亿元，涉及债务单位40余家。结合监管企业和全市国有企业调查摸底情况，起草《关于改建市级国有资本投资运营公司的指导意见（草案）》，已形成框架安排。

【重点项目建设】 全年市国资委系统新开和续建建设项目12个，完成投资19.27亿元。2个项目竣工：北国奥特莱斯主题购物公园竣工开业，品牌入驻率及开业率创国内奥特莱斯项目之最；白龙化工2套苯酐、顺酐尾气催化氧化处理装置和低压蒸汽发电装置投入试运行。北国水世界项目前期手续、建设用地指标及市建投环己酮项目正在办理前期手续。常山股份云数据中心项目和新型纺织品与家纺品牌设计制造项目主体工程、银河宾馆整体改造升级项目开始施工；保安公司自有金库项目选址确定。

（刘明涛）

安全生产监督管理

【概况】 2016年，市安全生产监督系统贯彻落实《安全生产法》要求，重点围绕“企业安全生产标准化、隐患排查治理精细化、县域安全监管规范化”，构建“党政同责、一岗双责、齐抓共管”“三级五覆盖”责任体系和“风险管控、隐患排查治理”双重预防预警机制。编制《石家庄市安全生产“十三五”规划》，印发《石家庄市安全生产举报奖励办法》，明确根据举报情形，可给予举报人800元～30000元奖励政策。开展“安全生产攻坚行动”“打非治违”“大检查”活动，下大力减少各类安全生产事故的发生。2016年全市发生生产经营类事故143起，死亡122人。其中，道路交通事故138起，死亡109人；工矿商贸事故4起，死亡12人；火灾事故1起，死亡1人。2016年石家庄市连续四年实现生产安全事故起数和死亡人数“双下降”。推进县（市、区）、乡镇、重点村（居委会）“三级五覆盖”安全责任体系建设，至2016年底，全市各县（市、区）276个乡镇、413个县直部门达到规范化标准。开展安全监管信息化平台建设，所有县（市、区）信息化平台分控中心全部联通；12个县（市）隐患排查治理平台上线运行，应入统企业1845家，其中36%的单位纳入隐患排查治理信息系统管理。加强企业安全生产诚信体系建设。举办安全生产诚信管理系统行业管理端业务培训。组织1317家企业在省诚信公告系统平台完成定级发布。发放2015批次诚信等级证书1041个，其中，诚信企业A级证书36个，B、C级1005个。公示2016批次安全生产诚信企业等级310家，发布定级288家。组建成立标准化建设工作领导小组，推进企业安全标准化创建。2016年全市累计拥有安全标准化创建达标企业668家，其中，二级52家、三级309家、小散企业307家。2014～2016年全市连续三年在安全生产监督管理系统开展“落实企业主体责任示范创建和对标整改工作”，累计创建示范企业213家，对标整改企业2132家，查处违法行为、事故隐患4233条，全部整改到位。举办安全生产观摩执法活动176次，参与企业1470家，整改问题隐患6920条。启动企业安全生产责任保险投保，全年202家企业投保安全生产责任保险，保费216万元。开展安全文化建设示范企业创建活动，8家企业参加省级安全文化建设示范企业创建活动，32家企业参加市级安全文化建设示范企业创建活动。编印《岗位应急应会手册提纲》。开展重点企业岗位技能练兵活动，全年424家企业举行岗位技能练兵活动，涵盖非煤矿山、危险化学品、冶金、建材、轻工等行业企业。8月23～26日，由国家安全监管总局、中华全国总工会、共青团中央、黑龙江省人民政府共同主办，在黑龙江省大庆市中石油大庆油田举行的第二届全国危险化学品救援技术竞赛中，全国29个省（自治区、直辖市）及相关中央企业的30支代表队共240名队员参加了八个大项的竞赛；河北省代表队中石化石家庄炼化分公司消防支队总得分第六名，获得团体三等奖、最佳精神文明奖和4项个人单项奖。2016年石家庄市政府被河北省政府表彰为安全生产目标管理优秀单位，市安监局、市公安局、市交通运输局、新华区安监局、长安区安监局、正定县安监局、新乐市安监局获评全省“安全生产月活动”先进组织单位。

【安全生产宣传教育】 全年在市级以上媒体发表安全生产宣传稿件293篇，其中，报纸166篇、刊物127篇。《石家庄日报》刊登安全生产工作宣传专版3个。石家庄广播电视台制作播出《安全聚焦》电视节目49期，播出安全生产电视公益广告“聚焦安全 一生平安”1460次，制作拍摄石家庄市安全生产宣传片《安全——我们永恒的追求》。市安全生产监督管理局网站开办“安全影音”“安全文摘”2个专栏。注册“石家庄市安监”微信公众号、“石家庄市安监”官方微博，认证“今日头条、一点资讯、搜狐公众平台、腾讯企鹅平台”4个新媒体信息发布平台。4月29日，由省卫生计生委、省安监局联合主办的河北省《职业病防治法》宣传周暨“职业病巡回科普”活动启动仪式在石家庄钢铁有限责任公司举行，本届《职业病防治法》宣传周活动主题为“健康中国，职业健康先行”。5月5日，《石家庄日报》安全生产宣传专栏——“问安石家庄”开篇，每周刊载1期，全年刊登征文27篇。《石家庄日报》“问安石家庄”专栏获得2016年全国“安全生产月”和“安全生产万里行”好新闻二等奖；《铲除非法违法“毒瘤”——石家庄危险化学品领域安全生产打非治违纪》获得2016年全国“安全生产月”“安全生产万里行”好新闻三等奖。9月9日晚，由国家安监总局举办《平安是福》大型安全生产舞台情景剧全国巡演首场在石家庄市新华区文体中心演出。这是中国首部以安全教育为主题的舞台情景剧，500余人参加观看活动。组建长安区安全文化草根艺术团、新华区安全文化大众艺术团、新乐市安全文化宣传队、赞皇县安全文化宣传队4支安全文化宣传队，演出安全生产节目30场。订阅《中国安全生产报》4351份、《河北安全生产》21415份。2016年6月，举办全市安全生产知识竞赛活动，参与网络安全知识答题2462583人次，组织县级比赛24场次，参加人员8万余人。11月18日，2016年安全知识竞赛决赛活动在石家庄广播电视台演播厅举行，新华区获得一等奖，正定县、循环化工园区获得二等奖，藁城区、栾城区、无极县获得三等奖。

【安全生产攻坚行动】 5月24日，石家庄市安全生产委员会（简称市安委会）印发《石家庄市安全生产攻坚行动实施方案》，安排部署安全生产攻坚行动。攻坚行动自5月下旬开始，至10月31日结束，分“动员部署、集中攻坚、总结提高”三个阶段进行。在集中攻坚阶段，开展了“安全风险辨识管控、安全隐患排查、安全生产执法检查、重点行业领域安全专项治理、安全生产打非治违”等活动。攻坚行动中，全市组织安全生产大会2次，市政府、市安委会专题调度会12次，市政府主要领导、分管领导到县（市、区）督导检查46次；全市各级负有安全生产监管职责的部门组成执法组327个，检查各类企事业单位和经营场所49720个、在建施工现场1078个；暗查暗访企业1526个，排查学校幼儿园3011所、闲置工房库房28574处、民居52462户，累计检查出隐患72381条（项），有71974条隐患完成整改，未完成整改的，列出明细、责任到人、限期整改。约谈各类单位118个，关停不具备安全条件的单位191个，查封火灾隐患点189处，打掉130个非法生产经营窝点，对2000余家违法违规单位给予行政处罚，行政拘留29人，追究刑事责任9人。

【重点行业安全生产监管】 非煤矿山及尾矿库行业安全专项整治。全年关闭矿山13家，闭库尾矿库13座，完成闭库尾矿库复垦绿化11座，均超额完成省安全生产监督管理局下达的目标任务。择优选定5家中介机构开展非煤矿山安全隐患排查“专家会诊”活动。截至9月底，完成68座尾矿库、73家金属非金属矿山、60家选矿厂隐患排查，共查出安全隐患1947项。汛期前，尾矿库隐患全部完成整改。2016年矿山隐患完成整改98%。加强标准化、诚信体系和“双控”机制建设，完成6家生产矿山三级标准化创建（超额完成1家）。110家生产矿山及尾矿库诚信等级评定全部完成，119家金属非金属矿山和尾矿库风险分级评定全部完成。所有非煤矿山责任、隐患治理清单制订率和“三项制度”修订率实现三个100%。危险化学品行业安全专项整治。组织全市1301家危险化学品生产、使用和带储存经营单位完成隐患自查整改，责令53家不符合安全生产条件的危化企业实施停产整改，49家“两重点一重大”企业标准化提升到二级，完成省年度考核指标的106%。安监、公安、质监等部门联合，以县域、开发区（园区）为重点，集中开展危险化学品领域“打非治违”专项行动。专项行动期间，责令69家停产整顿，对13家企业给予行政处罚，补办项目审查15项。分行业对重点危化企业主要负责人开展约谈警示教育活动。为深刻吸取全省危化企业及石家庄市“6·15”生产安全事故教训，市安监局改进监管方式，变事后约谈训诫为事前约谈警示，自6月下旬开始，分别对化肥、焦化、涉氯、石油库等行业的40家企业主要负责人（董事长或总经理）开展约谈警示教育活动。烟花爆竹行业安全专项整治。开展烟花爆竹经营安全专项治理，22家批发企业全部达到三级标准化，103家固定零售点完成标准化达标工作。部署烟花爆竹“打非治违”工作，下达《关于进一步加强烟花爆竹“打非治违”工作的紧急通知》。排查经营（批发）企业累计398家次、零售网点累计3800余家次，排查重点部位3900余处，发现隐患526起，全部整改到位。查处涉及烟花爆竹案件54起，行政处罚5人，行政拘留38人，刑事拘留2人，收缴各类违规违禁烟花爆竹

11663件。受“7·19”强降雨影响，元氏县吉兴烟花爆竹购销中心两仓库漏雨进水，致使4个堆垛、5000余件烟花爆竹产品下部两层产品浸湿受潮，如不及时处理，极有可能引发自燃爆炸，后果不堪设想。市安监局联合公安局，紧急调集20余名专业搬运人员，在建筑、气象、爆破、烟花爆竹等行业专家现场指导下，连夜对未受潮产品倒垛移位。7月27日8时至14时，专业爆破公司对浸水受潮的烟花爆竹产品分类、分批进行销毁，事故险情最终安全排除。作业场所职业病危害专项整治。作为全省两个尘毒危害抽样调查城市之一，按要求组织对晋州、鹿泉两市区三大行业3940家企业中正常生产的942家企业进行了调查。在此基础上确立2家尘毒示范企业，开展尘毒危害防治示范创建工作。开展陶瓷制造耐火材料行业专项整治。组织召开陶瓷制造行业培训会，明确整治目标、任务、要求和措施；组织开展专项治理。推进职业病危害防治评估考核迎检工作。省安委办评估考核组在石家庄市报送的300家迎检企业中集中审查了50家企业的档案资料，实地抽查了4家企业和3个市直部门。评估考核确定，石家庄市在全省被评为优秀等次。危爆物品安全专项整治。以涉危涉爆涉毒为重点，开展专项治理，严厉打击非法生产经营建设行为，紧盯无证从事生产、经营、使用、运输等关键环节，逐乡、逐村全面排查非法生产经营建设单位、“厂中厂”和黑窝点。“百日行动”期间，收缴炸药386.6千克、黑火药512.2千克、雷管1168枚、索类爆炸物品760米、战争遗留炮弹49枚、易制爆化学品12045.68千克，查获涉爆刑事案件15起、治安案件98起，处罚违法人员123人。交通运输行业安全专项整治。查处擅自从事道路运输车辆146辆（包括非法营运危险品运输车辆47辆，非法营运货运车辆23辆，非法营运客车76辆），长途客车不按批准站点停靠和不按规定线路行驶车辆104辆；查获未随身携带从业资格证、押运员证的13人。出租车违章138辆，其中包括“黑车”29辆，出租汽车异地经营、不使用计价器、拒载等违章35辆。公路工程排查问题和隐患127处。建筑施工行业安全专项整治。依法办理16起处罚案件（房屋建筑项目12项，市政项目4项），罚款659.75万元，并督促建设单位办理相关手续；共查处违反《中华人民共和国招标投标法》行为8起，罚款6.6万元。开展轨道交通建设工程质量安全评估，2016年累计现场评估检查23个标段。经评估检查，均通过验收。开展城镇燃气安全大排查，制订下发了《关于加强非居民用户安全管理工作的通知》，发现燃气设施安全隐患236处，停业整顿燃气场站6座，查封燃气场站3座，取缔液化气非法充装点2个，督促燃气场站拆除安全间距不足的小房2间，约谈燃气企业7家。特种设备安全专项整治。投入运行电梯应急处置技术中心，开通全市“96365电梯应急处置专线电话”，平台覆盖电梯数量10000台。开展燃煤锅炉节能减排攻坚战，对已拆除的98台承压燃煤锅炉及时办理了注销手续，完成2家安全节能标准化管理达标示范锅炉系统建设，另外3家企业正在建设中。与轨道办对接，协调地铁工程中特种设备安全监管工作。排查锅炉3430台、压力容器11867台、压力管道19425条；对全市37254部在用电梯和3603家电梯使用单位进行现场安全检查，整改隐患电梯297部，对使用年限超过15年的363部老旧电梯开展安全评价；对20个旅游景区的149台大型游乐设施、14条在用客运索道进行全面检查，现场检查21家移动式压力容器和204家气瓶充装单位，行政处罚5家违法违规充装单位。消防安全专项整治。开展火灾隐患排查整治，排查确立重大火灾隐患20处，整改销案15处。各级消防部门共检查社会单位43097家，督促整改火灾隐患64599处，临时查封243处、三停428家单位，罚款2614.33万元，依法行政拘留35人。开展南三条和新华集贸市场专项整治，督促南三条市场各产权单位对存在的42处较突出火灾隐患，完成整改32处，限期整改10处。督促新华集贸市场对遗留的31项隐患，完成整改16项，限期整改5项；新华区政府列入综合执法局治理的违章建筑10项。完成“省党第九次党代会”“2016年石家庄通用航空展暨爱飞客飞行大会”“2016年中超足球联赛－石家庄赛区”等56次消防安保任务。完成“7·19”抗洪抢险、“8·20”鹿泉区LNG储罐爆炸火灾、“9·15”爱飞客飞行大会坠机事故以及总队级超高层建筑灭火救援实战拉动等灭火救援和实战演练任务。开展“基层基础建设年”活动，全年投入1.3亿元，加强基层消防站建设。其中两座投入执勤、两座即将完工、两座启动建设，实现基层基础设施的提档升级。

【"打非治违"专项行动】 以查处省安监局交办案件为契机，在全市9个危化大县化工园区和传统危化产业开展"打非治违"专项行动。采取明察暗访、夜间突查，与有关部门联合行动等措施，对入驻园区的293家企业进行检查，查处非法违法生产经营建设企业103家，责令停产整顿59家，罚款200余万元。给每个县（市、区）下达督办函。对涉及规划、土地、周边卫生防护距离不足的，或因产业政策、环评、安评等因素导致安全设施"三同时"无法履行的，制定一览表，逐一说明情况和问题，制定整改措施和方案，明确政府、部门、企业和相关单位的责任。做到"一县一策"解决问题，"一企一档"规范许可，并强化对此类企业的监管，防范事故发生。以吸取晋州"9·8"非法窝点爆炸事故教训为契机，对"打非治违"工作进行再安排再部署。9月14日，市安委会印发《石家庄市开展安全生产"打非治违"百日攻坚行动实施方案》，动员市、县、乡、村四级力量将"打非治违"工作延伸到每个角落。全市20个重点部门、23个县（市、区）(含高新区、循环化工园区）、276个乡镇（街道、开发区）组成316个执法和督导组，出动执法人员8217人次，排查3540个行政村、1.5万家企业，闲置厂房2.8万家，闲置民居5.2万户，学校3011所，在建工地126个。暗查暗访企业1326家，关停企业153家。保持了"打非治违"高压态势。

【安全生产大检查】 以石炼化"6·15"事故为切入点，分析全市安全生产形势，突出事故导向，在市级层面启动以检维修和外委施工作业是否规范为重点的安全生产大检查，并将这一做法拓展至县级层面。按照国家、省关于继续深入开展岁末年初全行业安全大检查的部署要求，11月14日，石家庄市安排部署安全生产大检查工作，成立了市长为组长、各主管领导为成员的安全生产大检查领导小组。12月2日，市委书记邢国辉主持召开全市安全生产大会，对岁末年初安全生产工作提出具体要求。市安委办组建8个综合督导执法组，自2016年12月8日 至2017年1月20日，分两个阶段，对23个县（市、区）开展督导执法。查处的问题和隐患，由当地政府逐一认领分解，落实到部门和责任人员，限期整改复查到位，并上报市安委办，实现督导执法的闭环管理。对12月13～14日国家安监总局督查组对石家庄市安全生产重点工作督导检查发现的问题虚心接受，涉及问题的单位责令立即落实整改，并将整改情况报省安委办。

【安全生产监管执法】 根据市政府办公厅《关于加强安全生产监管执法工作的实施意见》，制定并推行行政执法公示、行政执法全过程记录、重大执法决定审核三项制度；推进"双随机、一公开"机制，在监管过程中随机抽取检查对象，随机选派执法检查人员，抽查情况及查处结果及时向社会公开，加强事中事后监管；规范行政执法程序、执法责任制和过错追究制，强化日常执法刚性，突出重点时期、重要时段协同、联合、综合执法，提高执法效能。按照市政府审定的《2016年安全生产监察执法计划》，主要围绕"两节""两会""安全生产月""国庆"、暑汛期等重要时段，针对非煤矿山（含尾矿库）、危险化学品、烟花爆竹、冶金、建材、机械、纺织等重点行业，开展安全生产和职业卫生执法检查活动。组织执法培训40次，培训1320人。出动执法人员49838人次，组织观摩执法221次，开展联合执法114次。计划检查企业6700家，实际检查企业10890家，完成全年计划的162.5%，排查并督促企业整改隐患26588条，立案753起，罚款986.32万元。责令停产、停业、停工、停建80家，关闭取缔55家，约谈企业和部门主要负责人51次，处罚13家企业主要负责人。暗查暗访172家烟花爆竹零售点，晋州市、深泽县、无极县、赵县、新乐市、元氏县、井陉区、栾城区、藁城区9个县（市、区）293家入驻园区危化企业集中开展"打非治违"专项行动。开展安全生产行政执法专题业务培训。12月15日至16日，市安监局分两期组织23个县（市、区）安监局分管负责人、执法大队长及行政执法人员共计253人，进行安全生产行政执法专题业务培训。

【安全生产月活动】 2016年6月，以"强化安全发展观念，提升全民安全素质"为主题，举办全市安全生产知识竞赛活动。6月16日，省市安监局及市内4区、高新区、23个市直部门和轨道交通建设公司等4家企业，在西清公园举行宣传咨询日活动；800余人参加"安全进万家"志愿者授旗启动仪式；现场设置咨询台32个、宣传展板210块，演出节目110分钟；发放各行业安全知识手册、海报、彩页7.6万份。6月16日，市长邢国辉在《石家庄日报》头版发表署名文章《强化安全发展观念 提升全民安全素质——写在6·16宣传咨询日》。6月17日，全市举行2016年燃气突发事故应急救援演习，模拟因违章作业导致燃气泄漏后开展紧急救援及抢修演练，演习启动了企业单位、政府部门及专项应急预案，动用了住房和城乡建设、安监、公安、消防、环保、卫生、信息、气象等专业队伍，400多人观看演习。6月18日，市长邢国辉主持召开全市安全生产工作紧急会议。“安全生产月”期间，按照“一岗双责”要求，各副市长均督导检查所主管行业领域安全生产工作。各县（市、区）政府、市直有关部门组织开展“九项重点活动”、企业“五个一”和“五个专题行”活动。安全生产月期间，全市举办《安全生产法》宣传暨安全生产警示教育宣讲72场次，直接受教育人员6万余人；举办各类培训班43个，培训人员3068人次，其中，管理人员培训13期816人，特种作业人员培训30期2252人；企业举行综合和专项应急预案演练1249场次，其中，政府层面演练23场次，部门层面演练39场次，企业综合演练95场次，专项演练1092场次；演练费用投入400余万元，动用主要装备器材6000余台（套），直接参加演练人数3.2万余人。

（张东林　寇军波）

国土资源管理

【概况】 2016年，石家庄市行政区总面积131.10万公顷，约合1966.5万亩，其中农用地83.33万公顷，约合1249.9万亩，占土地总面积63.56%；建设用地21.99万公顷，约合329.89万亩，占土地总面积16.77%；未利用地25.78万公顷，约合386.67万亩，占土地总面积19.66%；现有耕地52.76万公顷，约合791.47万亩，占农用地63.31%，占全市土地总面积40.24%。2016年，石家庄市土地利用总体规划调整完善指标建设用地规模15.87万亩，核减耕地保有量36.11万亩，核减基本农田保护面积46.39万亩。计划收储土地1994亩，实际收储2632.12亩。完成土地供应685宗30949亩。出让建设用地419宗，出让面积998公顷，约合14976亩，出让价款328.33亿元。推进农村集体建设用地、宅基地调查确权登记工作，完成年度工作总量的91.6%。2016年全市共开具不动产登记证明89150份，颁发不动产权证书103984本。

【土地管理利用】 开展土地整治专项行动，完善占补平衡指标，以补代投、以补促建。2016年全市完成耕地补充项目验收68个，新增耕地1.85万亩；拍卖耕地占补平衡指标6000亩，折算中等地，总成交金额20.17亿元；单位、集体、农民在未利用土地上自行开发耕地13495亩，其中9847亩符合土地整治规划。加强闲置土地整治，全年全市累计处置闲置土地4956亩（含疑似），其中包括2014、2015年国家土地督察北京局督查发现的闲置土地755.74亩，处置完成629亩。开展违法用地整治，对违法占用耕地面积比例超过15%、用矿总量较大、整改落实到位率低的县（市、区）政府、管委会等21个单位进行集体约谈。全年全市累计整改违法用地图斑6572个，面积27057亩，其中耕地24296亩，违法占用耕地比例降到4%。加强土地开发利用，将山区贫困县跨县城使用指标直接与正定新区对接，推进“订单”式复垦；将171个砖瓦窑纳入城乡建设用地增减挂钩试点，到12月底完成测量9420亩，立项1383个，验收638亩。加强基本农田建设，截至2016年末累计验收完成项目28个，建成高标准基本农田83万亩，占石家庄市2012～2015年度高标准基本农田建设任务的42.6%；完成立项正在实施的项目24个，可建成高标准基本农田39万亩，占石家庄市2012～2015年度高标准基本农田建设任务的20%。

【建设用地保障】 全年石家庄市新增建设用地计划指标24791亩，其中农用地23237亩（耕地18888亩）、未利用地1554亩。为加快用地计划执行进度，1月14日安排用地计划15947亩，其中农用地14393亩（耕地10691亩）、未利用地1554亩；中心地区3668亩，其中农用地3530

亩（耕地2686亩）、未利用地138亩。安排省市重点建设项目用地计划16057亩，其中耕地10722亩，至2016年末完成了南水北调总干渠（石家庄段）工程项目的组卷上报工作，启动了平赞、西阜高速公路的征地工作。

【不动产统一登记】 研究制定《石家庄市不动产登记有关问题解决意见》，彻底解决房屋所在宗地信息不全、房屋和宗地登记用途不一致等问题，保障人民群众的合法权益，有序推进不动产统一登记工作。2016年上半年石家庄市全境实现不动产统一登记。5月5日国土资源部部长姜大明到石家庄市考察，对石家庄市工作给予充分肯定和高度评价。7月国土资源部不动产登记中心分别在石家庄市和海口市召开全国部分省、市不动产登记疑难问题研讨会，推广石家庄市的经验做法。2016年邯郸市、承德市、沧州市、保定市、太原市、沈阳市、延边市、张家口市、十堰市等地相关部门组团到石家庄市考察交流工作。2016年石家庄市开具不动产登记证明89150份，颁发不动产权证书103984本。

【地质灾害防治】 聘请省地质环境勘查院石家庄分院的专家，会同市、县国土部门工作人员组成排查小组，对全市地质灾害隐患点逐一进行核查、排查，确定地质灾害隐患点439处，其中灵寿县68处、平山县121处、鹿泉区24处、井陉县44处、井陉矿区3处、行唐县39处、赞皇县77处、元氏县62、高邑县1处。建立三级群测群防网络，更新警示宣传牌，为地质灾害易发地群众发放防灾明白卡和避险卡16000张。组织专家对相关县、乡（镇）主管领导、隐患点负责人、农村干部群众进行培训。开通、使用地质灾害实时管理与应急指挥系统，启动汛期地质灾害气象风险预警工作。开展“4·22”世界地球日、“5·12”防灾减灾日活动，发放宣传资料10000余册。

【专项整治行动】 开展“一问责八清理”专项行动，对照6大类25项问题，全面排查2014、2015年度石家庄市招拍挂及协议出让卷宗，共清理土地出让卷宗1133个，面积39280.8亩，发现问题650件，其中自查自纠阶段发现并整改问题639件；交由市县纪检机关负责处理的巡视交办及群众举报问题11件（查处5件、完成整改2件、正在整改4件），问责48人（批评教育42人、组织处理3人、纪律处分3人）。建立健全规章制度52项。开展露天矿山污染深度整治专项行动，取缔持证超期露天矿山32家，114家生产矿山停产到位正在进行整治，强制关闭拒不停产或擅自恢复生产矿山1家。

【国土测绘】 印发《石家庄市关于进一步加强县级数字城市建设工作的通知》，并多次召开县（市）数字城市建设调度会，推进县（市）数字城市建设。至2016年末，井陉县、鹿泉区、正定县3个县（区）完成数字城市建设任务，并通过河北省测绘局的验收。更新石家庄市基础测绘地理信息数据，完成市区约136平方千米的1∶500比例尺地图修补测项目。

【国土宣传】 围绕“节约集约利用资源，倡导绿色简约生活”主题，组织开展4·22世界地球日暨2016年科技周宣传活动，发放各种宣传画册及资料2000多份。4月17日至23日宣传周期间，组织开展了国土资源科普知识进校园活动。制作展牌24块，市区设定固定点4个，组织开展6·25全国土地日宣传活动，市国土资源局领导及各单位300多名业务能手通过组织报告会、座谈会、张贴宣传画、分发宣传单等方式，宣讲国土资源政策、解答咨询。现场发放宣传手册5000余册、宣传折页5000多个、国土报社“6·25”特刊材料5000多份，接受群众咨询2000余人次。

（刘清振）

科学技术

Science & Technology

综 述

2016年，石家庄市争取国家、省各类科技计划项目296项，资金16961万元。其中，国家级科技计划项目21项，资金4008万元；省级科技计划项目275项，资金12953万元。2016年石家庄市级财政安排科技应用技术研究与开发专项资金15780万元；编制下发科学技术研究与发展计划（指令计划）1批，课题223项；科学技术研究与发展指导计划2批，课题151项。2016年度石家庄市获得国家级科技奖4项，其中，国家科学技术进步企业技术创新工程奖1项，国家科学技术特等奖1项，国家科学技术进步二等奖1项，国家技术发明奖二等奖1项；获得2016年度省级科技奖励19项，其中，河北省自然科学二等奖1项，技术发明三等奖3项，科学技术进步奖14项，国际科技合作奖1人；评选2016年度石家庄市科学技术特别奖3项、科技进步奖81项，其中，科技进步一等奖14项、二等奖27项、三等奖40项。2016年全市新增专利申请11155件，新增专利授权6377件，其中，新增发明专利申请3181件，新增发明专利授权1016件，万人发明专利拥有量由2015年底的3.2件提升至4.1件。2016年全市新增高新技术企业98家，累计达到556家；新增科技型中小企业2368家，累计达到5193家。新增科技小巨人企业135家，累计达到340家；拥有创新型企业130家。全年技术合同成交额18.22亿元，同比增长45.14%；技术交易额16.24亿元，同比增长46.79%。打造众创空间，新增国家级众创空间18家，累计拥有国家级众创空间23家、省级27家、市级58家；建成场地面积6.8万平方米，汇聚各类创业创新团队或企业650个、创业导师200余名。

科技平台。新增9家企业技术中心，分别为：河北远东通信系统工程有限公司、石家庄盛华企业集团、河北恒华信息技术有限公司、石家庄藏诺生物股份有限公司、河北铁园科技发展有限公司、嘉诚环保工程有限公司、石家庄双鸽食品有限责任公司、奥星制药设备有限公司和耐力股份有限公司。至2016年底，全市省级企业技术中心达到97家，数量位居全省之首，其中13家获评优秀，在全省占比32.5%。认定市级企业技术中心28家。由河北智同医药控股集团有限公司建设的市化学药物缓控释给药系统工程实验室和由天俱时工程科技集团有限公司建设的生物产品分离纯化工程实验室获授省级工程实验室命名。至2016年末，全市命名省级以上工程实验室达到24家，其中国家级工程实验室10家。新增工程技术研究中心（重点实验室）25家，新建省级产业技术研究院1家。

科技合作。组织市科技代表团赴德国、法国、英国等地访问和交流，推动开展国际科技项目合作。重视国际科技合作基地建设，5家单位被省科技厅认定为2016年度河北省国际科技合作基地。至2016年末，全市拥有国家级国际科技合作基地9家、省级国际科技合作基地25家。开展科技招商活动，全年参加“第十九届中国（北京）国际科技产业博览会”“第十八届中国（深圳）国际高新技术成果交易会”等科技招商活动，接待洽谈300人次，签订合作意向书2项，达成合作意向11项。

知识产权。印发《关于加快知识产权强市建设的意见》。研究制定《2016年全市知识产权金融工作实施方案》，开展企业融资需求调查，推进银企对接。10家企业获得商业银行专利权质押贷款，总额1.5亿元；30家企业81项专利投保专利执行险，投保金额9.23万元；4家企业开展专利权作价投资入股试点。至

2016年底，全市专利权质押融资总额累计达到8.5亿多元；专利投保累计达到211项。石家庄市知识产权示范、优势企业培育取得好成绩，获评国家知识产权试点城市工作先进集体。4家企业入选国家知识产权优势企业，2016年末全市拥有国家级知识产权示范企业2家、国家知识产权优势企业11家。2个项目获得中国专利优秀奖，10个项目获得河北省知识产权优势培育工程奖。培育国家知识产权管理体系认证企业15家、河北省贯标试点企业8家。引进京津知识产权服务机构2家。专利执法连续3年入选全国专利行政执法十强城市。培育国家、省、市级“知识产权保护规范化市场”单位13家。办理专利案件287件，占全省60%。

创新型城市建设。印发《关于进一步推进石家庄市国家创新型城市建设的意见》；研究制定2016～2020年创新型城市建设工作目标、重点工作、保障措施。贯彻落实中共中央、国务院《关于深化体制机制改革加快实施创新驱动发展战略的若干意见》和河北省委、省政府《关于深化科技体制改革加快推进创新发展的实施意见》《河北省深化科技体制改革实施方案》要求，优化创新发展环境，探索建立科技创新驱动发展体制机制、配套政策和制度环境，印发中共石家庄市委、石家庄市人民政府《关于深化科技体制改革 加快推进创新发展的实施方案》(石字〔2016〕23号)。落实科技创新政策，市科技部门、市税务部门协调实施企业研发费用加计扣除政策。加强创新型企业管理，组织市科技局、市国资委、市总工会联合开展市级创新型企业评审与管理，认定2016年市级创新型企业21家。

科技人才。印发《关于大力引进高层次科技创新创业人才的意见》，首批引进高层次科技创新创业人才8人。3人入选国家“万人计划”领军人才，其中，人天通信集团有限公司总经理肖飞、石家庄藏诺生物股份有限公司总经理王智森获评“创业领军人才”，河北以岭医药研究院有限公司院长贾振华获评“创新领军人才”。认定第四届科技领军人物15名、创新团队15个，2016年末全市累计认定科技领军人物60名、创新团队60个；新增院士工作站11家，院士工作站累计达到56家，联络院士120人。

（市科技局）

科学技术研究与发展计划

【概况】 2016年，全市科学技术研究与发展计划(简称科技计划)贯彻落实市委、市政府《关于加快科技创新体系建设的实施意见》，发挥科技计划支撑引领作用，借力产业基础和科技优势，推进京津冀科技协同创新、产业科技创新、企业主体创新和科技成果转化。围绕京津冀协同发展、创新驱动发展战略，聚集科技资源，聚焦重大科技任务，为全市经济转型升级、绿色崛起提供科技服务。突出企业科技创新主体地位，打造企业核心竞争力，加快培育和集聚一批具有较强创新能力、科技成果应用转化能力、市场竞争能力的科技型企业和高新技术企业集群。利用高校和科研院所资源优势，推进产学研合作，加快科技成果应用和转化。建强科技创新平台，重视培育科技领军人物和创新团队，提升全市科技创新能力。2016年石家庄市争取国家、省各类科技计划项目296项，资金16961万元。其中，国家级科技计划项目21项，资金4008万元；省级科技计划项目275项，资金12953万元。

【经费安排】 2016年石家庄市级财政安排科技应用技术研究与开发专项资金(简称研发资金)15780万元。其中，科技中试基地建设4600万元；偿还石家庄科技大市场建设贷款本金2200万元，石家庄科技大市场运行经费250万元；科技型中小企业技术创新资金800万元；专利专项经费500万元；科技计划资金7430万元，包括重大科技专项1000万元、重点研发计划专项5000万元、创新能力提升专项1430万元。2016年市科技局编制下发科学技术研究与发展计划(指令计划)1批，课题223项(15个领军人物及15个领军团队并项处理，4个农业科技特派员专项并项处理)，经费7430万元；科学技术研究与发展指导计划2批，课题151项。全部科技计划课题中，科技支撑175项，经费5504万元；成果推广7项，经费130万元；软科学9项，经费41万元；国际科技合作6项，经费166万元；科技创新平台建设20项，经费724万元；其他计划6项，经费865万元。重大科技研发课题10项，经费1000万元；八大科技专项161项，经费4509万元；企业承担课题173项，经费5277万元；科研院所12项，经费287万元；高等院校8项，经费44万元；产学研课题53项，经费1383万元。

【实施效果】 通过实施科技计划，引进和吸纳一大批优秀人才。参加课题人员中，享受政府津贴专家4人，省、市管专家33人；吸引市外人才88人，其中省外人才67人，省外人才中京津人才6人；培育研究生79人。获得一批创新型成果，取得新产品、新材料111个，新工艺、新装置89个，计算机软件26个，新技术77项，发表论文13篇，形成标准62项。获得一批自主知识产权成果，专利申请191件，其中发明专利申请103件，专利授权112件，发明专利授权20件。关键技术上取得重大突破，开发和形成一批具有应用价值的技术成果，新增销售收入2.45亿元，新增利税0.53亿元；培育农作物新品种11个，新品种推广面积4.31万亩，畜禽推广数量333.34万头（只），年总收入2.06亿元。节能减排成效明显，节煤273.5吨，节电19.47万度，节水3.29万吨，减排废气49.93亿立方米，减排废水14.34万吨，减排废物774.7吨。

（市科技局）

工业科技与高新技术

【概况】 2016年，全市工业科技和高新技术产业谋划"新型复合陶瓷基膜的研发与制备工艺""面向城市服务的物联网应用系统架构""高效柔性薄膜GaAs太阳能电池的制备方法"等32个项目列入省级科技支撑计划项目，获得经费支持1380万元；围绕卫生导航、光电子、互联网+、物联网、高端装备制造、3D打印、机器人等领域，实施北斗室内应急消防救援系统、移动通信多系统合路平台（POI）的研发、电动汽车充电桩与互联网+管理云平台等市级科技计划项目63项。拥有国家级工程实验室10家、省级以上工程实验室24家，确定市级工程实验室（工程研究中心）建设项目8个，总投资7337.23万元，其中，市级工程实验室6个，市级工程研究中心2个。启动高新技术企业培育入库，落实《河北省高新技术企业后备培育工程实施方案》《河北省科学技术厅关于组织申报2016年度高新技术企业培育库入库企业的通知》要求，开展高新技术企业认定和复审2批，新增高新技术企业98家，累计达到556家。2016年全市受理申报科技型中小企业4373家，经省科技厅认定备案2368家；受理申请科技小巨人企业147家，经省科技厅认定入库135家，认定入库数量位列全省第一。至2016年底，全市科技型中小企业认定总量达到6193家，科技小巨人企业认定总量达到240家，均位列全省第一。2016年全市新增国家级众创空间18家，累计建成国家级众创空间23家、省级27家、市级58家；建成场地面积6.8万平方米，汇聚各类创业创新团队或企业650个、创业导师200余名。10月14日，位于新华区中关村海淀创业园石家庄分园开园。开展工业企业科技指导和帮扶，选派和确定第五批、第六批工业企业科技特派员49人。其中，第五批工业企业科技特派员30人，第六批工业企业科技特派员19人，并与派驻企业签署《工业企业科技特派员派驻任务书》。至2016年底，全市选派工业企业科技特派员累计达到225名。

【科技企业孵化器】 开展首批市级科技企业孵化器认定，申报、评审市级科技企业孵化器14家，认定首批市级科技企业孵化器6家。根据《河北省省级科技企业孵化器建设工作指引》《关于开展2016年度国家级科技企业孵化器评审工作的通知》要求，推荐5家市级科技企业孵化器申报2016年省级科技企业孵化器，石家庄天山科技工业园运营服务有限公司通过国家级科技企业孵化器评审，6家科技企业孵化器认定为省级科技企业孵化器。至2016年底，全市认定科技企业孵化器累计达到15家，其中，国家级6家，省级9家。

【众创空间】 推进众创空间建设，印发《关于落实〈河北省"双创促转型 河北在行动"系列主题活动实施方案（2015～2017）〉的活动方案》《关于贯彻落实加快众创空间发展服务实体经济转型升级的指导意见的通知》，补贴市级以上众创空间资金30万～50万元，9家省级众创空间获得河北省众创空间建设专项经费310万元。提升众创空间运营管理水平，举办石家庄市众创空间观摩交流活动、“科技资源服务平台走进科技企业孵化器、众创空间”专项服务活动、2016京津冀创新创业高峰论坛，邀请京津及国内知名创业导师举行创业宣讲、创业辅导、项目路演和项目对接，帮扶指导众创空间、优秀创新创业者发展。新增国家级众创空间18家，分别是北大中电石家庄科技园众创空间、毓秀空间、石家庄黑马会众创空间、方亿创客园、互联时空、河北创客乐园、3V咖啡众创空间、河北地质大学创业生态公园、鹿岛V创空间、5A创业咖啡俱乐部、冀成农场、蜂巢集创、引领众创、青橙公社、普华云管家·众创空间、众创梦工厂、四方互联众创空间、创投空间。至2016年末，全市共有国家级众创空间23家、省级27家、市级58家，建成场地面积6.8万平方米，汇聚各类创业创新团队或企业650个、创业导师200余名。

（市科技局）

【工程实验室】 2016年11月，国家发展改革委批复认定石家庄市申报的化学药品注射剂质量控制工程实验室为2016年国家地方联合工程实验室。至2016年末，石家庄市拥有国家级工程实验室10家，数量位居全省各设区市之首。石家庄市化学药品注射剂质量控制工程实验室依托单位为石家庄四药有限公司，主要建设注射剂包材相容性研究实验室等4个专业实验室和1个注射剂及新型包材多功能中试车间，总面积1398平方米；规划总投资5000万元，其中新增设备46台（套），新增设备投资2142万元。由河北智同医药控股集团有限公司建设的市化学药物缓控释给药系统工程实验室和由天俱时工程科技集团有限公司建设的生物产品分离纯化工程实验室获授省级工程实验室命名。至2016年末，全市命名省级以上工程实验室达到24家。确定市级工程实验室（工程研究中心）建设项目8个，总投资7337.23万元，建设资金均为企业自筹，规划建成日期2018年9月。其中，市级工程实验室6个，分别为：河北电机股份有限公司的高效节能电机石家庄市工程实验室、河北大可生物科技股份有限公司的玻璃态冻结技术石家庄市工程实验室、华北制药股份有限公司的难溶性药物制剂技术石家庄市工程实验室、河北恒华信息技术有限公司的地质信息大数据石家庄市工程实验室、沈兴线缆集团有限公司的碳纤维加热电缆石家庄市工程实验室、中车石家庄车辆有限公司的铁路货车再造石家庄市工程实验室。市级工程研究中心2个，分别为：河北佑仁生物科技有限公司的细胞制备石家庄市工程研究中心、耐力股份有限公司的电动汽车主驱电机石家庄市工程研究中心。

（市科技局）

社会发展领域科技研究

【概况】 2016年，全市以大气环境治理和医药、化工、建材、冶金等重点行业节能减排为重点，安排节能减排科技项目11项。围绕新药研发、新制剂技术，市级科技计划安排生物医药创新项目25项，占社会发展领域课题立项数量61%。2016年全市医药企业争取国家项目12项，到位资金3418万元；争得省级科技项目21项，到位资金668万元；实施医药新产品开发项目16项。发挥市级科技指导性计划引导作用，开展疾病防治技术研究，突出发病率高，严重危害群众健康的常见、多发及重大疾病，传染性疾病的预防、诊断和治疗，筛选123项创新性强、有良好的研究基础、能带动学科发展、应用前景广阔的研究项目列入市级科技指导计划。以食品安全、公共安全、气象灾害预测预警等民生问题为内容，开展“智慧型老年公寓综合服务平台”“公路雾区安全行车智能预警及引导系统研究”“重污染天气前兆‘强信号’及预警调控气象评估技术研究”等科技项目创新。大气污染防治科技研究突出关键性技术攻关，重点支持“内燃机发电机组尾气高效清洁技术的研发”“高效环保型抑尘剂的研发”“环保型节能呼吸式玻璃幕墙”“重污染天气前兆‘强信号’及预警调控气象评估技术研究”“中小型烟气脱硫脱硝除尘一体化装置的研究开发”等项目。

【生物医药技术创新】 以新药研发、新制剂技术研发为内容，市级科技计划安排生物医药创新项目25项，占社会发展领域课题立项61%。生物医药技术创新主要科技项目有：华北制药集团的“奥贝胆酸原料药及制剂的研发”、石药集团的“阿莫西林胶囊质量升级及其国际化研究”、神威药业的“舒血宁注射液用银杏叶提取物标准化生产研究”、石家庄四药的“一类新药左奥硝唑氯化钠注射液的研制”、石药集团欧意药业的“埃索美拉唑钠原料及冻干制剂的研究开发”、石药集团恩必普药业的“熊去氧胆酸软胶囊的研究开发”、石家庄以岭药业的“连翘种苗繁育和规范化种植技术研究与示范”、河北博海生物的“乳腺癌标志物鉴别诊断单克隆抗体ca153、SF、CEA的特异性筛选与应用”、河北龙海药业的“盐酸度洛西汀肠溶微丸型片剂的研究与开发”等。

【节能减排技术创新】 以大气环境治理和医药、化工、建材、冶金等重点行业节能减排为重点，安排节能减排科技项目11项。节能减排技术创新项目主要有：石家庄虎林环保的“湿式电除尘单电场梯度场强高效电场的研制开发”、河北久信电子的“热力管网管沟监测系统”、石家庄合成佰特的“金属减活剂T561合成新工艺”、井陉县奥宇墙体材料的“电石渣部分取代石灰生产加气混凝土砌块关键技术研究”、石家庄瑞威橡胶的“橡胶精炼机智能装备及成套技术开发与应用”、石家庄丰环环保设备的“高效环保型抑尘剂的研发”、河北桑沃特的“适用于高盐水体系环保型复合缓蚀剂产品的开发”、石家庄高新区德赛化工的“用于焦化废水的流化床芬顿氧化中试技术开发”、石家庄海阔捷能科技有限公司的“合成氨碳丙脱碳工艺节能技术及装备研发”等。

（市科技局）

科技合作与交流

【概况】 2016年，全市科技合作与交流以提升自主创新能力为核心，以服务主导产业、骨干企业、知名品牌发展为主线，组织和开展国际科技合作、京津冀科技合作、科技展览洽谈等活动。申报中美、中俄、中英、中日、中韩等政府间科技合作项目6项；征集生物医药、节能环保、新能源、装备制造等领域国际科技合作项目10个；争取河北省国际科技合作计划项目9项，获得资金支持275万元。总结全市“十二五”规划期间与中国科学院、中国工程院开展科技合作情况，统计5年来科技合作转化科研成果，提出存在问题和改进建议。协调西北工业大学驻河北技术转移工作站，邀请西北工业大学相关专家和学者到中国电子科技集团第五十四研究所调研，达成科技合作意向。2016年全市新增省级国际科技合作基地5家，涵盖电子信息、生物医药、现代农业等领域，其中中国电子科技集团公司第五十四研究所获评省级“国际联合研究中心”。至2016年末，全市拥有市级以上国际科技合作基地29家，其中，国家级国际科技合作基地9家、省级国际科技合作基地25家。

【国际科技合作】 国际科技合作项目。按照科技部《关于征集2016～2018年度中国与美国、英国、俄罗斯、日本等24个国家不同批次的双边政府间科技合作项目建议的通知》要求，市科技局组织全市企业申报中美、中俄、中英、中日、中韩等政府间科技合作项目6项。开展石家庄市2017年国际科技合作重点领域、研究方向、合作国别调研，征集生物医药、节能环保、新能源、装备制造等领域国际科技合作项目10个。2016年石家庄市争取河北省国际科技合作计划项目9项，获得资金支持275万元。国际科技合作基地。5家单位认定为河北省国际科技合作基地，分别为中国电子科技集团公司第五十四研究所、石家庄藏诺生物股份有限公司、河北双星种业股份有限公司、河北一然生物科技有限公司、石家庄润柏医药科技有限公司。其中，中国电子科技集团公司第五十四研究所获评省级“国际联合研究中心”，其他4家获评省级“国际科技合作示范企业”。至2016年底，石家庄市拥有市级以上国际科技合作基地29家，其中，国家级国际科技合作基地9家（河北省23家，占比39.1%），省级国际科技合作基地25家（河北省78家，占比32.1%）。组织全市科技合作基地参加科技部举办的京津冀一体化国际科技创新合作需求调研活动，石家庄亿生堂医用品有限公司作典型发言，中国电子科技集团第13研究所、石家庄亿生堂医用品有限公司参加全国对俄科技合作基地联盟第九次年会，石家庄亿生堂医用品有限公司增补为联盟成员。国际科技合作与交往。2016年英国、爱尔兰、比利时、加拿大等国科技专家20余人次到石家庄市科研院所、企业开展科技考察及项目洽谈。加拿大驻华大使馆商务专员邓慕凯、任菁带领加拿大国家研究院工业研究援助计划工业技术顾问、工业废水处理专家Olga Kargina博士等3位专家到天俱时工程科技集团生物研究院和河北协同环保科技股份有限公司参观访问，举行环保技术交流和洽谈，天俱时工程科技集团生物研究院与加拿大专家就“废水深度处理技术的研究与开发”项目达成初步合作意向，河北协同环保科技股份有限公司与加拿大专家就废水电化学处理技术、废水脱氰技术等内容形成合作共识。2016年市科技代表团分别赴德国、法国、芬兰、英国访问，推动河北德路通生物科技有限公司与德国吉鲁比有限责任公司承担的国家国际科技合作计划项目“新型循环肿瘤细胞探针关键技术的联合研发”、河北小蜜蜂集团有限公司与法国圣戈班集团承担的“新材料功能化组合金刚石锯切工具联合研发”项目、以岭药业股份有限公司与英国卡迪夫大学共建联合研发中心及双方合作的“养正消积胶囊治疗肿瘤腹膜转移机制研究”项目顺利实施，促成河北爱能生物科技股份有限公司与伦敦玛丽女王大学开展新型骨修复材料联合研发项目。

【京津冀科技合作】 建立京石科技合作“一站一台”，即“首都科技条件平台石家庄合作站”“北京技术市场石家庄服务平台”，推进两地科技技术、成果、项目、人才等交流合作。2016年京石科技合作“一站一台”促成成员单位与石家庄市企业签订联合研发、委托开发、检测测试、咨询等合同总额1.13亿元，年度实现额6019.43万元。京津石科技合作与交流。北京现代农业科技创新服务联盟、藁城区农业高科技园区签署京石现代农业技术转移工作站共建协议，石家庄科技大市场、北京软件产品质量检测检验中心、中科合创（北京）科技推广中心、中国国际经济合作投资公司签署共建京石软件质量检测公共服务平台、知呱呱石家庄工作站、中经河北国际创新谷合作协议，石家庄科技大市场、天津科技成果转化交易市场签订合作协议，双方商定围绕创新需求，加强两地企业、研发机构创新合作，组织企业、研发机构和技术转移机构间开展跨区域人员交流与互访，举办技术成果对接洽谈和项目推介等活动。7月7～8日，市科技局、市农林科学研究院、北京市农林科学院农业信息技术研究中心、天津市农业科学院信息研究所、河北省农林科学院农业信息与经济研究所、京津冀技术转移协同创新联盟联合举办京津冀“互联网+”现代农业科技成果推介与技术交流会，邀请从事“互联网+”现代农业研究知名专家现场讲解国内外精准农业技术集成标准与规范、新农村信息化解决方案与农业电子商务、智能化农业信息技术与智能化预警技术等内容，观摩“互联网+”现代农业典型案例。

（市科技局）

【石家庄（正定）中关村科技新城】 2014年12月，石家庄市政府与北京中关村管委会签订共建集成电路产业基地合作框架协议，商定在正定县合作建设集成电路封装测试产业基地。2015年5月，中关村—石家庄协同创新区域合作工作组召开第一次会议，成立由北京市、石家庄市主要领导任组长的两地合作工作组，确定借鉴北京经济技术开发区规划建设的成功经验，在更大区域范围内，制定园区和产业发展规划，高标准打造石家庄（正定）中关村科技新城。2016年5月，中关村—石家庄协同创新区域合作工作组召开第二次会议，审定石家庄（正定）中关村科技新城规划成果。2016年10月，两地合作成立石家庄中关村协同发展有限公司。11月16日，由石家庄市政府、北京市经济和信息化委员会、中关村科技园区管理委员会共同主办，北京经济技术开发区管委会、中关村发展集团、北京市工业设计研究院、正定县政府、河北正定高新技术产业开发区管委会协办的2016·京津冀协同发展石家庄（正定）中关村集成电路产业基地暨正定科技新城“十三五”发展推介会在北京举行。石家庄市政府与北京中关村管委会确定在正定高新技术产业开发区基础上，建设石家庄（正定）中关村科技新城，总占地面积70.49平方千米，其中建设区38.74平方千米、生态廊道31.75平方千米，重点打造“2-4-2”产业体系，即优先发展泛半导体、智能硬件两大引领产业，培育新能源汽车、高端装备、节能环保、现代物流四大产业，同步发展生产性服务业、生活性服务业。

（吴温）

【科技展览洽谈】 组织企业参加“第十九届中国（北京）国际科技产业博览会”“第十八届中国（深圳）国际高新技术成果交易会”“河北省国际经济贸易洽谈会”等科技展览和洽谈会，推介石家庄市优秀高新技术合作项目，开展科技招商。博海生物、常山生化、一然生物、周天生物、博深工具、实华科技6家高科技企业项目参加“第十九届中国（北京）国际科技产业博览会”河北展区展览，发放宣传资料800余份，接待洽谈300人次，签订合作意向书2项，达成合作意向11项，涉及生物医药、电子信息、装备制造等领域。组织县（市、区）科技局和企业参加“第十八届中国（深圳）国际高新技术成果交易会”，展示生物医药技术、新能源及节能技术、电子与信息、新材料等领域创新成果，举办“2016年石家庄市开发区（深圳）招商推介会”。

（市科技局）

科学技术普及

【概况】 2016年，全市利用举办科技活动周、科技咨询服务及宣传展览活动等形式，组织做好科学技术普及工作。1月7日，石家庄市文化科技卫生“三下乡”集中服务活动在井陉县启动。市科技部门组织科技下乡服务队现场向群众解答农村节能减排、知识专利等问题120余例，发放科普知识读本、养殖实用技术、知识产权宣传等科普资料7000余本。以“创新引领 共享发展”为主题，举办2016年石家庄市暨裕华区科技活动周活动，60余家单位参与科技咨询服务和宣传展览，设置展板300余块，发放科普书籍、图册、明白纸3万余册，接受群众咨询5000余人次，20余名医疗专家为群众现场举行诊疗服务。按照国家、河北省科普统计调查方案要求，开展2015年度石家庄市科普统计工作。2015年度科普统计范围包括科普人员、科普场地、科普经费、科普传媒、科普活动、创新创业中的科普6个方面109项指标。石家庄神行动漫工作室徐柏生等完成作品《漫画版世界科技史大冒险》、石家庄幼儿师范高等专科学校丁亚红等完成作品《老游戏 玩起来》获评2016年河北省优秀科普作品。新乐市入选首批全国科普示范市。

【科技活动周】 5月13日，2016年石家庄市暨裕华区科技活动周开幕式及集中宣传活动在小马新村社区举行。主题为“创新引领 共享发展”。市科普联席会成员单位、裕华区有关单位、正定科技馆等60余家单位参加。科技活动周期间，全市围绕“宣传科技创新成果、开展特色科普活动、倡导科学生活方式”目标，组织开展环境保护、健康低碳生活方式、防病治病、减灾防灾、新品种、新技术、新成果展示、技术咨询、义诊等科技咨询服务和宣传展览活动。正定科技馆展出科普知识展牌、科普大篷车及天文观测车、车载天象厅等科普仪器设备，增强群众关注科技创新热情。集中宣传展览设置展板300余块，发放科普书籍、图册、明白纸3万余册，接受群众咨询5000余人次，20余名医疗专家为群众现场举行义诊服务。市科普联席会成员单位、各县（市、区）以青少年学生、农民、企业工人、社区居民等不同群体为对象，采取形式多样、群众喜闻乐见、民众亲身参与的方式，开展科普进社区、科普进学校、科技下乡等特色科普宣传活动。

【科普巡回宣讲服务团】 以普及先进科学技术及理念、宣传科学知识、增强群众科技意识为目标，组织科普巡回宣讲服务团深入农村、社区、学校开展科普宣讲活动。在农村，举办畜禽养殖、中药材种植、蔬菜栽培及普法、儿童教育、健康常识等宣讲活动；在社区，将宣讲活动与居民服务相结合，发放科普书籍、资料、光盘等宣传材料，用正确的舆论引导人、科学的思想武装人、典型的事例教育人。举办“科普进校园”活动。重视青少年群体科技知识普及，协助学校提高科学教育质量，组织中小学生开展体验科学探究活动的过程与方法。联合市教育部门和单位举行青少年科普知识竞赛、科普大篷车进校园、青少年科普征文大赛等活动，培养和帮助青少年养成良好的科学态度，掌握初步的科学探究能力，提升科技创新意识和实践能力。

【正定县科技馆】 正定县科技馆于2000年6月筹建，是一家集科技、自然博物、民俗博物、天文、气象、地震台、人防教育于一体的大型综合科普展馆，也是一家民营科技馆。建筑面积1.8万平方米，建有11个展厅、15个展区，馆藏展品1万余件。正定县科技馆曾被命名为“河北省科普教育基地”“全国科普教育基地”“国家天文台正定观测站”“河北省全民科学素质教育基地”“河北省野生动植物保护教育基地”等。2003年以来，馆长秦瑞强带领员工赴全国各地开展科普活动400余次，传播科学知识、普及科学思想，为科普事业作出突出贡献。秦瑞强曾获得石家庄市优秀科普工作者、中国科技馆发展基金会“创业奖”、河北省科普工作先进个人、全国科普工作先进个人、全国农村科普工作先进个人、全国科普惠农兴村计划带头人、河北省农村科普带头人等荣誉称号。2016年秦瑞强在中国科学技术协会主办的“典赞·2016科普中国”活动中获得“十大科学传播人物”奖。

（市科技局）

山区经济技术开发

【概况】 2016年，全市立足山区实际，制定印发《石家庄市山区科技发展“十三五”规划》《2016年全市山区经济技术开发工作要点》，科学部署和做好山区经济技术开发工作。争取河北省山区项目14项，经费135万元；山区经济技术开发列入市级指令性科技计划项目7项，经费164万元，同比增长9.3%；山区经济技术开发列入市级指导性科技计划项目（第一批）1项。申报2017年度省级绿山富民专项24项、市级科研计划项目27项。筛选山区重点项目参加市级科技计划项目评审10项。2016年石家庄市获得河北省山区创业奖二等奖3项、三等奖1项，河北葫芦峪农业开发股份有限公司刘海涛1人获得个人突出贡献奖（企业家类）。开展山区新农村科技示范村建设，市级财政设立山区新农村科技示范村建设专项资金10万元，重点支持10余个示范村建立科技书屋、科技橱窗，聘请科技专家举行技术培训等。发挥山区特色产业科技示范基地在山区技术开发中的试验、示范、带动、引领作用，开展已认定山区特色产业科技示范基地调查摸底，制定印发《石家庄市山区特色产业科技示范基地管理办法》。至2016年末，全市拥有省级山区特色产业科技示范基地10家、市级山区特色产业科技示范基地31家。

【山区产业技术创新联盟】 根据国家、河北省有关产业技术创新联盟文件要求，组织召开大专院校、科研单位、企业、山区特色产业科技示范基地及管理人员参加的座谈会，确定以赞皇县天然农产品开发有限公司为主体，组建“石家庄市山区太行鸡产业技术创新联盟”。9月28日，市山区太行鸡产业技术创新联盟在赞皇县成立。至2016年底，全市组建山区产业技术创新联盟5个，分别为：石家庄市山区苹果产业、旱作杂粮产业、蔬菜产业、核桃产业、太行鸡产业技术创新联盟。

【山区农民技术培训】 重视山区农民技术培训，印发《关于开展2016年全市山区农民科技大培训活动的通知》及实施方案，并在元氏县举行2016年山区农民技术培训工作启动仪式，下达培训任务。聘请院校、科研单位专家教授40余人，采取举办培训班、技术讲座、科技下乡、现场咨询等方式，组织农民参加种植、土壤与肥料、养殖、水产、医药、化工、旅游7个大类33个项目实用技术培训。全年举办各种类型山区农民技术培训活动180余场，累计培训农民20万人次。

【山区创业奖评审】 根据《石家庄市山区创业奖励办法》《石家庄市山区创业奖实施细则》规定，组织山区县区、市直有关部门推荐申报市山区创业奖项目。5月5日，市科技局召开2016年度石家庄市山区创业奖评审会议，评选授奖项目33项，其中，一等奖3项、二等奖8项、三等奖

22 项。3 个一等奖分别为：市农业技术推广中心的“射干仿野生栽培技术研究与示范”、市昊源林果场的“苹果大树高光效树体改造及优质高效关键技术研究与示范”、井陉矿区丰旺机械有限公司的“智能高效 PVC 手套筛查摘分机的研制”。向省科技部门报送山区创业奖项目 5 个、个人奖励 1 人。经省山区创业奖评审委员会评审，石家庄市获得河北省山区创业奖二等奖 3 项、三等奖 1 项，河北葫芦峪农业开发股份有限公司刘海涛 1 人获得个人突出贡献奖（企业家类）。

表 45　　2016 年石家庄市获得河北省山区创业奖一览表

序号	项目名称	完成单位	主要完成人	奖励等级
1	河北太行山区春季马铃薯栽培技术研究与应用	市农林科学研究院	张淑青　张铁石 樊建英　封志明 李东玉　王明费 麻永红　张庆银	二等奖
2	太行山生态放养鸡林草平衡技术研究开发	赞皇县天然农产品开发有限公司 河北农业大学	臧素敏　刘华格 张志全　张力圈 李同洲　梁立阁 宫文贤　张丽	二等奖
3	开菲尔粒乳酸菌群分析及应用研究	石家庄君乐宝乳业有限公司 上海理工大学	王世杰　朱宏 艾连中　王华 薛玉玲　冯丽莉 刘茜　夏永军	二等奖
4	清香核桃省力化高效栽培技术体系研究	平山县永恒核桃专业合作社	李卫东　郭卫东 王彦军　梁海林 米爱平　高丽琴 王爱平	三等奖

（市科技局）

专利与知识产权保护

【概况】 2016 年，全市新增专利申请 11155 件，新增专利授权 6377 件，其中，新增发明专利申请 3181 件，新增发明专利授权 1016 件，万人发明专利拥有量由 2015 年底的 3.2 件提升至 4.1 件。10 家企业获得商业银行专利权质押贷款，总额 1.5 亿元；30 家企业 81 项专利投保专利执行险，投保金额 9.23 万元；4 家企业开展专利权作价投资入股试点。至 2016 年底，全市专利权质押融资总额累计达到 8.5 亿多元；专利投保累计达到 211 项。际华 3502、际华 3514、东旭集团、诚志永华 4 家企业入选国家知识产权优势企业，2016 年末全市拥有国家级知识产权示范企业 2 家、国家知识产权优势企业 11 家。2 个项目获得中国专利优秀奖，10 个项目获得河北省知识产权优势培育工程奖。培育国家知识产权管理体系认证企业 15 家、河北省贯标试点企业 8 家。引进京津知识产权服务机构 2 家。开展知识产权执法和维权活动，培育国家、省、市级“知识产权保护规范化市场”单位 13 家，办理专利案件 287 件，占全省 60%。专利行政执法案件增加，2014 年全市平均每日立案 0.7 件，2015 年平均每日立案 1.3 件，2016 年平均每日立案 2.2 件。2016 年石家庄市获评国家知识产权试点城市工作先进集体，连续 3 年入选全国专利行政执法十强城市；市科技局获授“全国专利系统先进集体”称号；裕华区、鹿泉区、正定县、元氏县入选国家级知识产权试点县（区）；高新区获批河北省首个国家知识产权示范园区。

【专利优秀奖项目】 2016年3月，第三届石家庄市专利奖评选揭晓，28个项目分别获得一、二、三等奖和优秀奖。其中，河北以岭医药研究院有限公司的“一种中药组合物在制备治疗病毒性心肌炎的药物中的应用”、冀凯装备制造股份有限公司的“刮板输送机中部槽的整体铸造方法”、市农林科学院的“一种高山杜鹃粉金蝶组培快速繁殖方法”3个发明专利项目获得一等奖。2个项目获得中国专利优秀奖。12月7日，博深工具集团有限公司发明专利“一种激光焊接金刚石圆锯片及制备方法”、河北四方通信设备有限公司实用新型专利“圆柱套筒型光纤活动连接器”获授国家知识产权局第十八届中国专利奖优秀奖。

【京津冀专利技术对接会】 10月13日，京津冀专利技术对接会暨2016首届首都高校石家庄行活动在石家庄科技大市场举行。主题为“对接京津，协同创新”。来自北京大学、清华大学、北京科技大学等首都高校科技项目负责人及专家教授携带1.6万余项专利技术参加对接会。石家庄市200余家企业、孵化器和众创空间负责人对接参会，9家企业与高校对接成功并现场签约合作协议。

（市科技局）

科学技术奖励

【概况】 2016年，石家庄市域单位获得国家科技奖项5项。其中，国家科技进步二等奖2项，国家技术发明奖二等奖3项。石家庄东旭集团参与完成“超薄信息显示玻璃工业化制备关键技术及成套装备开发”、石家庄兴柏生物公司参与完成“阿维菌素的微生物高效合成及其生物制造”获得国家科技进步二等奖，河北医科大学第三医院张英泽教授团队主持完成“骨折微创复位固定核心技术体系的创建与临床应用”、神威药业集团参与完成“益气活血法治疗糖尿病肾病显性蛋白尿的临床与基础研究”、核工业航测遥感中心参与完成“面向铀矿与环境的核辐射探测关键技术、设备及其应用”获得国家技术发明奖二等奖。2016年石家庄市获得河北省科学技术奖17项，分别为：河北省自然科学奖二等奖1项；河北省技术发明奖2项，其中二等奖1项、三等奖1项；河北省科学技术进步奖14项，其中一等奖4项、二等奖6项、三等奖4项。2016年全市收到申请科学技术奖项目116项，其中，申请市科学技术特别奖3项、科学技术进步奖113项。7月15日，市科学技术奖励委员会审议科学技术奖项目评审结果，7月31日，市科技局提请市政府审议批准。2016年全市共有84个项目获得石家庄市科学技术奖。其中，科学技术特别奖3项，科学技术进步奖81项。81项科学技术进步奖中，科学技术进步一等奖14项、二等奖27项、三等奖40项。市级科学技术进步组织奖9项。

【河北省科学技术奖】 2016年石家庄市获得河北省自然科学奖二等奖1项，河北省技术发明奖2项（二等奖1项、三等奖1项），河北省科学技术进步奖14项（一等奖4项、二等奖6项、三等奖4项）。

表46 2016年度石家庄市获得河北省自然科学奖二等奖

项目名称	完成单位	主要完成人
农田耗水过程与水分利用效率调控机制	中国科学院遗传与发育生物学研究所农业资源研究中心 中国科学院地理科学与资源研究所 青岛农业大学	沈彦俊 莫兴国 张玉翠 刘苏峡 房全孝

表 47　2016 年度石家庄市获得河北省技术发明奖二等奖

项目名称	完成单位	主要完成人
隧道超深竖井节能快速成井技术	中铁十七局集团第三工程有限公司	邓华军　孙修德　王华　周永明　袁俊青　姚亮

表 48　2016 年度石家庄市获得河北省技术发明奖三等奖

项目名称	完成单位	主要完成人
新型生物农药阿维菌素 B_2 生产技术及产品应用	石家庄市兴柏生物工程有限公司 赵县生产力促进中心 赵县质检所	张海航　王琳慧　暴连群　赵锁军　刘桂平

表 49　2016 年度石家庄市获得河北省科学技术进步奖一等奖

序号	项目名称	完成单位	主要完成人
1	国产新型益生乳酸菌发酵剂关键技术开发及产业化	石家庄君乐宝乳业有限公司 河北一然生物科技有限公司	魏立华　王世杰　赵林森　何方　康志远　柴艳兵　崔树勇　刘建光　齐世华
2	TN/IPS/PSVA—TFT 液晶材料的研究与应用	石家庄诚志永华显示材料有限公司	华瑞茂　颜希哲　丰景义　孟劲松　石志亮　温刚　徐凯　乔云霞　王伟
3	微生物来源系列抗耐药菌药物的关键技术开发及产业化	华北制药集团新药研究开发有限责任公司 华北制药股份有限公司	高任龙　张雪霞　任风芝　段宝玲　仲伟潭　张炜　杨海静　王耀耀　路新华　郑智慧
4	丁苯酞氯化钠注射液研究及产业化应用	石药集团恩必普药业有限公司	王荣端　黄憨　牛锋　白敏　郭文敏　王萍　闵龙刚　焦魁良　梁敏　韩春景

表 50　2016 年度石家庄市获得河北省科学技术进步奖二等奖

序号	项目名称	完成单位	主要完成人
1	石家庄市水源地生物监测预警研究及水质安全保障能力建设	石家庄市环境监测中心 中国科学院生态环境研究中心 无锡中科水质环境技术有限公司	洪纲　靳伟　金小伟　李治国　罗毅　袁张燊　周静博
2	良种牛胚胎生物工程技术研究及产业化应用	石家庄天泉良种奶牛有限公司 河北天和肉牛养殖有限公司	李树静　苗玉涛　褚素乔　毕江华　冯春涛　陈龙　王健诚
3	青霉素高产菌种的推广和 7-ADCA 直通新工艺的研制及产业化	华北制药河北华民药业有限责任公司	魏青杰　段志钢　闫峰　尹贵超　王平　王明波　甘平娟
4	无防腐剂重组乙型肝炎疫苗（CHO 细胞）新制剂产业化研究	华北制药金坦生物技术股份有限公司	王英　张卫婷　马东杰　张光军　白燕　张红霞　陈会珍

续表

序号	项目名称	完成单位	主要完成人
5	聋病的临床和基础研究	中国人民解放军白求恩国际和平医院 河北医科大学第三医院 武汉理工大学	周永青 曲雁 李晓明 王淑玉 邵永良 薛婵 卢红
6	益气活血法治疗缺血性脑病及在益气通络颗粒等药物中的应用	神威药业集团有限公司	李振江 陈钟 姜海 信蕴霞 李振雨 刘继鹏 邓跃斌

表 51　　2016 年度石家庄市获得河北省科学技术进步奖三等奖

序号	项目名称	完成单位	主要完成人
1	TD-LTE 无线网络高层建筑覆盖技术研究与应用	中国移动通信集团设计院有限公司河北分公司	李晓明 王超 董健 王天石 高頔
2	KE-7000 配电自动化系统	石家庄科林电气股份有限公司	陈贺 屈国旺 陈洪雨 安志国 吴纳磊
3	适应不同种植模式早熟棉花品种的选育与应用	石家庄市农林科学研究院	朱青竹 眭书祥 赵丽芬 李增书 张艳丽
4	伊维菌素生产中的关键技术研究及产业化	河北美荷药业有限公司 中国农业科学院兰州畜牧与兽药研究所 兰州职业技术学院	高利华 梁剑平 高亚琪 赵凤舞 陶蕾

【市级科学技术奖】 2016 年全市共有 84 个项目获得石家庄市科学技术奖。其中，科学技术特别奖 3 项；科学技术进步奖 81 项。81 项科学技术进步奖中，科学技术进步一等奖 14 项、二等奖 27 项、三等奖 40 项。市级科学技术获奖成果特点：政府科技奖励导向作用突出。2016 年市级 84 项科学技术获奖成果中，56 项是国家、省、市财政资金支持取得的科技项目成果，占获奖项目总数 67%；55 项非公益类获奖项目中，生物医药、装备制造、新材料、节能环保等传统优势产业和新兴产业领域获奖项目达到 41 项，占获奖项目总数 49%；民生科技成果获奖 29 项，占获奖项目总数 35%。企业科技创新主体作用显现，科技为经济发展支撑作用增强。2016 年全市科学技术获奖成果中，企业参加完成 55 项，占获奖项目总数 65%，其中企业作为第一完成单位 53 项，占获奖项目总数 63%。2016 年全市科学技术获奖成果项目总体经济效益较好，2013 ～ 2015 年累计新增销售收入 105.33 亿元；新增利税 39.52 亿元；创汇 0.56 亿元。2016 年全市科学技术获奖项目成果 90% 达到国内领先水平，28% 达到国际先进水平。

表 52　　2016 年度石家庄市科学技术特别奖

序号	项目名称	完成单位	主要完成人
1	高活性益生菌发酵乳关键技术研发及产业化	石家庄君乐宝乳业有限公司	魏立华 任发政 朱宏 王世杰 康志远
2	哌拉西林钠原料药及其与他唑巴坦钠复方制剂的研制和产业化	华北制药股份有限公司	高任龙 郝瑞霞 吴金波 左丽华 胡卫国

续表

序号	项目名称	完成单位	主要完成人
3	马来酸左旋氨氯地平原料与制剂的研究及产业化	石药集团欧意药业有限公司	高志峰 陈玉洁 齐新英 张文静 刘光苹

表 53　2016 年度石家庄市科学技术进步奖一等奖

序号	项目名称	完成单位	主要完成人
1	丁苯酞氯化钠注射液研究及产业化应用	石药集团恩必普药业有限公司	王荣端 黄懋 牛锋 白敏 郭文敏 王萍 闵龙刚 焦魁良 梁敏 韩春景
2	TD-LTE 无线网络高层建筑覆盖技术研究与应用	中国移动通信集团设计院有限公司河北分公司	李晓明 王超 董健 王天石 薛云山 高頔 门少杰 卢凤晖 王荣军
3	汽车用涨断连杆非调质钢的研发	石家庄钢铁有限责任公司钢铁研究总院	戴观文 郝彦英 董大西 齐建军 梁玫 樊一丁 惠卫军 杨锋功 高琦 白素宏
4	微生物来源系列抗耐药菌药物的关键技术开发及产业化	华北制药集团新药研究开发有限责任公司 华北制药股份有限公司	高任龙 张雪霞 任凤芝 段宝玲 仲伟潭 张炜 王耀耀 杨海静 路新华 郑智慧
5	抗病优质袖珍白菜“丽珍”的选育	石家庄市农林科学研究院	付雅丽 牛瑞生 刘铁铮 赵璇 樊建英 王丽乔 袁瑞江 安进军 卢天啸 周俊阁
6	石家庄轨道交通建设安全风险管理体系及应用	石家庄市轨道交通有限责任公司 南京坤拓土木工程科技有限公司 中铁十七局集团第三工程有限公司	韩春素 杨立众 王存礼 于海兵 张雪峰 布永忠 王华 刘峰 罗忠贵 王延兵
7	TN/IPS/PSVA-TFT 液晶材料的研究与应用	石家庄诚志永华显示材料有限公司	华瑞茂 颜希哲 丰景义 孟劲松 石志亮 温刚 徐凯 邓佳 乔云霞 王伟
8	石家庄市水源地生物监测预警研究及水质安全保障能力建设	石家庄市环境监测中心 中国科学院生态环境研究中心 无锡中科水质环境技术有限公司	洪纲 靳伟 金小伟 李治国 罗毅 袁张燊 周静博 饶凯锋 高远 刘勇
9	KE-7000 配电自动化系统	石家庄科林电气股份有限公司	陈贺 屈国旺 陈洪雨 安志国 吴纳磊 刘海涛 辛海斌 张海粟 朱雅通 倪志强
10	TFT-LCD 玻璃基板节能型生产成套装备	东旭集团有限公司	李青 李兆廷 刘文泰 胡恒广 周波 王丽红 严永海 高俊杰 史伟华 斯沿阳
11	聋病的临床和基础研究	中国人民解放军白求恩国际和平医院 河北医科大学第三医院武汉理工大学	周永青 曲雁 李晓明 王淑玉 邵永良 薛婵 卢红 李震 李建红
12	青霉素高产菌种的推广和 7-ADCA 直通新工艺的研制及产业化	华北制药河北华民药业有限责任公司	魏青杰 段志钢 闫峰 尹贵超 王平 王明波 甘平娟 王立强 刘崧 穆军明
13	紫锥菊在免疫调节畜禽免疫力中应用关键技术研究	河北新华科极兽药集团有限公司 河北科技师范学院	史秋梅 梁银聚 梁思嘉 马少朋 李婷婷 李永升 于明鹤 魏如辉 刘芳 赵福荣

续表

序号	项目名称	完成单位	主要完成人
14	甜瓜新品种星甜十八、星甜二十、惊喜、花美人的选育	河北双星种业股份有限公司	党继革 赵新芳 王维莲 代云志 李涛 李鹏 董文华 赵翠媛

表 54　2016 年度石家庄市科学技术进步奖二等奖

序号	项目名称	完成单位	主要完成人
1	传导式干燥器中压缩式热泵的利用	石家庄工大化工设备有限公司	张继军 梁丙辰 贾军军 孙富辰 于洋 李霞 王红
2	超远距离超低功耗煤矿井下漏泄通讯系统成套技术及装备	石家庄市义德隆机电设备制造有限责任公司	张月胜 崔红春 樊晓博 侯来红 李东霞
3	DW100 高速三相异步电动机开发	河北电机股份有限公司 河北科技大学	兰玉华 杨松林 张晓明 杨雪 李亚春 李静洁 张莉莎
4	PLMFE100×25 磨粉机	河北苹乐面粉机械集团有限公司	胡志文 吴军永 陈晓刚 胡风赞 白桂江 刘素山 田会军
5	智能固体绝缘环网柜	石家庄科林电气设备有限公司	董彩宏 段洪民 汤万宝 闫雪雷 刘立刚 杨玉辉 武乐涛
6	计算机辅助激光快速成型透明压膜矫正器及其临床应用研究	石家庄市第一医院 河北科技大学	岳彦芳 黄玲利 张永弟 李博 杨光 李雅 魏斌
7	半高速钢高档冷轧辊坯 HYRH12 研究开发	河冶科技股份有限公司	张占普 马党参 牛旭斐 迟宏宵 李栋 谢志彬 王红
8	益生乳酸菌生产关键技术集成及产业化应用	河北一然生物科技有限公司	赵林森 张兰威 生庆海 齐世华 马超 马新颖 夏娟
9	伊维菌素生产中的关键技术研究及产业化	河北美荷药业有限公司	高利华 梁剑平 高亚琪 赵凤舞 陶蕾 刘宇 赵锁军
10	北方无天然径流河流污染综合整治与生态修复技术研究	石家庄市环境科学研究院 河北科技大学	罗晓 张建国 杜献平 王毅 李敏 李思 姜静
11	连参通淋片	神威药业集团有限公司	陈钟 刘铁军 姜国志 杨宝翠 张岩岩 高晗 李菲
12	燃煤电厂超低排放技术集成示范研究	河北华电石家庄裕华热电有限公司	何勇超 孙冬梅 邸向东 柴国江 李恺悦 曹磊 赵军贤
13	盐酸溴己新葡萄糖注射液生产新工艺研究	石家庄四药有限公司	殷殿书 孙立杰 张清江 高淑平 魏赛丽 王立江 程彦超
14	多功能自助终端	河北汇金机电股份有限公司	沈立伟 文令红 张红远 张燕燕 樊凤竹 马欢乐 戈海芳
15	低剂量高分辨 CT 扫描对诊断肺间质病变的可行性研究	河北以岭医院	王亚丽 平江 张雪 齐洪滨 郑国 董春娇 李小佼
16	中心静脉血氧饱和度在 ICU 中的临床应用研究	石家庄市第一医院	连晓芳 王贵法 吴志红 王卉 刘晓娜 阎书彩

续表

序号	项目名称	完成单位	主要完成人
17	纳豆激酶发酵提取技术及其制剂纳豆辣木叶的研制	石家庄藏诺生物股份有限公司	王智森 高飞 韩桂茹 纪玉哲 薛瀚 李士
18	挤压伤致股骨干骨折维C治疗改善心功能损伤的机制研究	石家庄市第三医院	邢兆国 常军英 贾东昭 王彦志 李炎 穆卫庐
19	颈动脉斑块与缺血性脑卒中危险因素分析及临床研究	石家庄市第一医院	严臻泉 吴国斌 朱明 郭涛 史万英 苑欣然 薛银萍
20	微波在预防与治疗种植体周围炎中的临床应用	石家庄市中医院	班燕欣 张雪敏 王頔 徐柳倩 杜义军
21	高产优质黄秋葵新品种“红玉”和“石秋葵1号”的选育及应用	石家庄市农林科学研究院	宋聚红 王海山 田东良 齐连芬 杜玉平 杨瑾 薛少红
22	基于物联网的设施蔬菜生态环境信息优化与控制研究	石家庄市农林科学研究院	杨英茹 冯本勇 郭利朋 邢东海 高欣娜 黄媛 靳青
23	预防鸡大肠杆菌病的广谱高效菌苗试验研究	河北科星药业有限公司 河北工程大学	马兴树 牛志勇 杨广平 朱美霞 辛潇静 郭欣 麻少刚
24	蛋鸡环境控制与中药深加工在养鸡生产中的应用研究	石家庄市畜牧技术推广站 石家庄石牧动物药业有限公司 石家庄先锋动物药业有限公司等	褚素乔 陈巨清 史万玉等
25	免疫胶体金法快速检测常见腹泻致病菌及手卫生对医院感染的研究	石家庄市第一医院 石家庄市第三医院	徐兰慧 刘景武等
26	1000例出生缺陷儿的环境遗传因素分析及巨大儿生长发育的干预措施	石家庄市第四医院 石家庄市妇幼保健院	曹琴英 沈丽娟等
27	参归益智方联合丁苯酞治疗阿尔茨海默病的临床研究	正定县正定镇卫生院	张会凯 赵红军 刘亚敏 张晓炜 生晓娜

表55　2016年度石家庄市科学技术进步奖三等奖

序号	项目名称	完成单位	主要完成人
1	多功能高效全自动制瓶上管机研发	石家庄陆源机械制造有限公司	张士华 刘新玺 田青 赵强 王海峰
2	科技成果综合管理信息系统	石家庄铁大科贤信息技术有限公司 河北远友科技有限公司	王都 曹丽娜 刘业炜 刘宇 时亚东
3	4QZ-2600型青贮饲料收获机的研制与开发	石家庄市农业机械化推广站	刘虹亚 郭荣钗 李香敏 孙建奎 张峻青
4	用于地下管线管理及暴雨应急三维GIS系统的开发	石家庄交通勘察设计院 悉尼科技大学 石家庄铁道大学	张文胜 孙晓林 王金芬 王丙占 庞增贵

续表

序号	项目名称	完成单位	主要完成人
5	客专隧道内 42 号高速道岔施工技术	中铁十七局集团第三工程有限公司	郑春海 刘庆华 周永明 雷勇锋 孟厉杰
6	三维超声在不全中隔子宫诊断及术后随访中的应用价值分析	石家庄市第三医院	师朝岭 张冉 刘超 赵刚 张丽华
7	中西医治疗痤疮的临床研究及大学生痤疮患病率和危险因素认知调查	石家庄市中医院 河北医科大学第四医院	张国强 陈潍 李秀萍
8	新型复合式室内空气净化设备的研究与开发	益生环保科技股份有限公司	苏辉 赵二军 张建强 张栓中 程翔宇
9	头孢羟氨苄原料药生产新技术开发	华北制药河北华民药业有限责任公司	刘树林 张锁庆 贾全 张立斌 魏宝军
10	广谱高效杀菌剂嘧菌酯的开发	河北威远生化农药有限公司	贾成国 马彩霞 赵立峰 次素英 祁同生
11	脱硝催化剂用改性纳米二氧化钛制备技术	河北麦森钛白粉有限公司	张建平 张川 张千 张伟 贾同会
12	基于情报资源建设的石家庄市产业联盟运行模式与发展对策研究	石家庄市科技信息研究所	李国强 章锦安等
13	城市（污水处理厂）污泥综合开发利用处理项目	石家庄市科技开发交流中心	张灵芝 王玮 李晓丽 刘晖 徐曼
14	复合包装膜袋轻量化技术研究	河北永新包装有限公司	姜志绘 陈宝生 郭群良 王俊冬 付宁
15	饲用淀粉酶制剂的制备	河北远征禾木药业有限公司	杨国辉 李卓伟 周岩 王德功 刘欣
16	两种前路术式治疗多阶段脊髓型颈椎病的对比研究	石家庄市第三医院	侯树兵 赵正琦 孙先泽 黎宁 任亮
17	河北食管癌高低发区生态系统化学元素的迁移与食管癌死亡率相关性	石家庄市疾病预防控制中心	赵树青 赵川 张世勇 胡平 任永红
18	刺络、中药足浴二联疗法治疗急性发热的研究	石家庄市妇幼保健院	李娜 李楠 邵文霞 王敬君 周秀敏
19	复方甘草酸苷胶囊联合抗过敏药物治疗尿毒症皮肤瘙痒的临床研究	石家庄市第一医院	梁云川 刘娜 刘英权
20	速冻水果渗透处理技术研究与示范	河北大可生物科技股份有限公司 河北经贸大学	鞠国泉 陈国芳 张新房 刘月英 冯书奇
21	儿童背负重量与足底压力分布特征的研究与探讨	河北化工医药职业技术学院	周利明 贾振英 郭明 郝慧然 暴立新 蒋伟星
22	石家庄肺结核耐药基线调查	石家庄市疾病预防控制中心	何立新 朱建良 赵子运 郭付爱 王翠凤
23	神经肽 Y 通过小胶质细胞介导的免疫—神经途径保护大鼠神经元功能	石家庄市第三医院 秦皇岛市骨科医院 石家庄市公安局	李琦军 张国亮 张淑丽 周红艳 齐晓燕

续表

序号	项目名称	完成单位	主要完成人
24	布拉氏酵母菌联合蒙脱石散治疗小儿秋季腹泻的临床疗效观察	石家庄市妇幼保健院	白瑞珍　史军然　魏学燕　刘彦霞　李娜
25	太阳能相变储热交换器	石家庄泽辰新能源科技有限公司	韩宝和　王凤琴　李文计　冯建鹏　范荣
26	血清 β hCG、AFP 及 uE3 与妊娠期并发症及分娩结局的相关性	石家庄市妇幼保健院	韩连菊　邵岚　张蕾　路艳辉　倪素娜
27	住院老年患者甲状腺机能减退的统计分析及临床诊治意义	石家庄市第一医院	陈少华　司秀红　梁春华　任青娟　甄丽君
28	化疗疗效相关靶标检测与非小细胞肺癌个体化治疗相关性的临床研究	石家庄市第一医院	崔海靖　张富同　窦珊珊　安召伟　赵亚红
29	IGF-1 表达与人脑膜瘤细胞增殖及血管生成活性关系	石家庄市第三医院	武海龙　孙晓立　刘宏雷　贾文志　姚志刚
30	音乐及催眠联合治疗产科镇痛的临床研究	元氏县医院	时兆芳　时凤英　李丽敏　高丽　孙立军
31	糯玉米新品种彩香糯 8 号中试与示范	石家庄大地种业有限公司	武金燚　张冲　陈莉　李瑜玲　李夕军
32	稻瘟病防治高效生物农药－几丁聚糖水剂的开发	河北上瑞化工有限公司	张志强　李建中　庄严　石晓燕　万文彬
33	石家庄市奶牛布鲁氏菌病、结核病的综合防控与净化	石家庄市动物卫生监督所	张文龙　贺小云　焦兰芬　焦银彩　王迈
34	综合护理干预对 PCIA 应用效果的影响	新乐市医院	薛路　郭彦敏　薛会敏　支晓平
35	设施蔬菜气象灾害监测及茄果类蔬菜循环高效栽培技术	石家庄市气象局 石家庄市农业技术推广中心	陈静　李月华等
36	国防科技信息与科普网综合应用平台	石家庄市科技信息研究所 石家庄市科信计算机技术服务中心	张英才　李军强等
37	剖宫产手术指征变迁与实施循证心理干预的研究	石家庄市第六医院等	傅兰红　陈月花等
38	难治性眼手术心理干预治疗	石家庄市第四医院等	耿韶辉　张恒丽等
39	红花注射液及双微管支架术治疗脑血管疾病的研究	石家庄市第一医院等	宋贺　丁海翎等
40	石家庄市经济转型与创新发展研究	石家庄市科技信息研究所	兰会来　张文涛等

（市科技局）

科技成果转化推广与管理

【概况】 2016年，全市大力实施科技成果转化推广项目，加速科技成果转化和技术转移与应用。至2016年末，全市技术合同认定登记1421份，同比增长17.83%；技术合同成交额18.22亿元，同比增长45.14%；技术交易额16.24亿元，同比增长46.79%。重视技术市场政策宣传，梳理国家和河北省有关科技成果转化、技术转移、技术市场发展等法律法规文件，编写印发《科技成果转化相关政策汇编》《技术市场政策选编》。修订印发《关于石家庄市科技成果转化风险补偿专项资金管理办法的通知》，2016年末全市科技成果转化风险补偿资金累计达到2800万元。

【科技成果转化政策】 实施科技创新驱动发展战略，调动科技人员开展技术转移和创新创业的积极性，疏通科技与经济结合的通道，推动科技成果市场化、资本化、产业化。根据国家和河北省有关政策，起草印发《石家庄市科技成果处置、使用和收益分配管理办法》(石政发〔2016〕47号)。这也是石家庄市首次针对高等院校、科研院所及国有企业所属科研机构取得的职务科技成果在处置、使用和转化收益分配上作出具体规定。主要内容：授予高等院校、科研院所更加宽泛的科技成果处置权、使用权和经营权，较大幅度提升科技人员在技术转移转化过程中的收益水平；赋予领衔科技专家更大的科研经费支配权、研究人员聘用权、技术路线决定权、科研设备购置权；科研人员离岗创业和兼职创业者3～5年内保留人事关系，同等享受职称评聘、岗位等级晋升和社会保险等权利；将科技成果转化情况纳入科研机构领导班子考核体系。

【京津冀技术转移与交流】 开展京津冀产学研合作。1月8日，由河北省委组织部牵头，北京市委组织部联系，石家庄市委组织部承办的北京专家与石家庄市企业集中对接活动举行。来自北京邮电大学、北京石油化工学院、北京工业大学、北京市农林推广站、首钢技术研究院5所高校和科研机构5位专家、教授参加活动，对接范围涉及电子信息、石油化工、装备制造等多个领域。7月7～8日，市科技局、市农林科学研究院、北京市农林科学院农业信息技术研究中心、天津市农业科学院信息研究所、河北省农林科学院农业信息与经济研究所、京津冀技术转移协同创新联盟联合举办京津冀"互联网+"现代农业科技成果推介与技术交流会。京津冀农业信息化主管部门、涉农科研单位、院校、企业、合作社、种养大户、农业科技园区等140余人参加会议，共同推进农业科技成果技术转移。

【技术合同认定登记】 加强技术合同认定登记机构管理，提升登记站服务能力和水平，扩大服务范围，拓展服务领域，开展上门服务、主动服务、跟踪服务。至2016年末，全市技术合同认定登记1421份，同比增长17.83%；技术合同成交额18.22亿元，同比增长45.14%；技术交易额16.24亿元，同比增长46.79%。2016年石家庄市技术合同成交额占河北省成交总额30.37%，位列全省首位。开展技术合同认定登记培训。组织技术合同登记站工作人员参加国家科技部、省科技厅业务培训。2016年9月，市科技局与高新区联合举办技术市场税收政策培训，邀请北京市技术市场协会、省科技厅成果市场处、石家庄高新区国税局专家分别作"技术市场优惠政策和技术合同认定登记""技术转移机构的工作内容、设立的基本条件""增值税、所得税最新优惠政策""高新技术企业优惠政策"等政策讲解，石家庄高新区企事业单位技术负责人及财务人员150余人参加。11月10日，石家庄生产力促进中心以技术市场合同登记和政策为内容，再次举行县（市、区）科技局及企业工作人员培训。2016年市科技局科技成果与技术市场管理处获评河北省技术合同认定登记工作先进单位，石家庄生产力促进中心郭凯峰获评技术合同认定登记工作先进个人。

（市科技局）

教　育

Education

综　述

2016年，全市共有各级各类学校（不含高校）3287所，同比增加86所。其中，幼儿园1419所，同比增加58所；小学1329所，同比增加19所；中学379所（含初级中学191所、高级中学58所、九年一贯制学校76所、完全中学49所、十二年一贯制学校5所），同比增加6所；特教学校23所，数量与2015年相同；中等职业学校137所，同比增加3所。在校生1676701人，同比增加70143人。其中，在园幼儿290098人，小学生766248人，初中生300385人，普通高中生162326人，特教学生1837人，中等职业教育生155807人。教职工116772人，同比增加4657人。专任教师98621人，同比增加3823人。2016年全市共有市属高校5所，其中，本科高校1所（石家庄学院），高职高专院校4所（石家庄职业技术学院、石家庄信息工程职业学院、石家庄科技工程职业学院、石家庄幼儿师范高等专科学校）。高校在校生50445人。教职工3911人，专任教师2363人，其中，教授231人，副教授707人，博士学位教师158人，硕士学位教师1589人。开设专业235个。重视教育法治建设，市级法治教育基地主题场馆建成投入使用，498所学校与387名律师结成对子，共同开展教育法律宣传和服务。提升教育科研水平，全年在国家级期刊发表教学科研论文14篇，出版著作（含合著）33部，参与教材编写25册，主持科研课题结题22项；张惠英获得“第十一届苏步青数学教育奖”一等奖。推进教育信息化建设，2016年全市中小学计算机总数达到16.47万台，“校校通”联网100%；完善市教育资源公共服务平台功能，补充数字期刊资源2300种、视频课程资源2万余节、试题资源60万道；校园网、多媒体教室、校园监控等10大类30多项教育装备获评省级优等教学装备。开展教育宣传活动，“石家庄教育发布”微信公众号试运行；《石家庄教育》杂志出版27期；市教育系统在国家级媒体刊发稿件1000篇次，省级媒体刊发稿件6000篇次，市级媒体刊发稿件4000篇次，市教育局被中国教育报刊社评为2016年全国教育新闻宣传工作先进单位。

教育经费。2016年石家庄市公共财政教育经费支出145.82亿元，同比增长18.31%；国家财政性教育经费占地方生产总值2.69%，同比提高0.25个百分点；公共财政教育经费占公共财政预算支出19.54%，同比提高1.48个百分点；公共财政教育经费增长高于财政经常性收入增长4.19个百分点。2016年石家庄市生均公共财政预算教育事业费支出：小学8272.40元，同比增长17.01%；初中12418.26元，同比增长21.76%；高中14583.75元，同比增长33.33%；职业高中17600.83元，同比增长47.88%；中等职业学校19532.94元，同比增长38.97%；高等学校12948.88元，同比增长2.88%。2016年石家庄市生均公共财政预算公用经费支出：小学1797.32元，同比增长15.47%；初中2441.04元，同比增长15.12%；高中2628.79元，同比下降3.0%；职业高中5234.85元，同比增长120.50%；中等职业学校5051.15元，同比增长84.89%；高等学校4157.71元，同比下降19.55%。2016年石家庄市下达市级以上教育保障资金10.03亿元，县级配套公用经费（含取暖费）8465万元，寄宿生生活费1322万元；争取省级以上教育资金18亿元；落实市级以上教育资助资金3.5亿元；资助建档立卡家庭经济困难子女就读普通高中、中等职业、普通高校学生3519人、资金131万元；奖励边远地区教师300名、资金150万元（教育经费数据为市教育局统计口径）。

基础设施。推进校舍“全面改薄”工程，全年累计支出资金92110万元，开工学校511所，开工率达到五年建设类项目规划总面积70.2%；竣工学校410所，竣工率达到五年建设类项目规划总面积54.4%；设备购置类项目支出37553.48万元，覆盖学校1409所，设备采购完成率达到五年规划总任务69.5%。重点项目建设。市职教园区正在建设，市特教学校主体工程完工，信息技术学校一期工程实施内外装修，市第二中学实验楼二期、艺术楼开槽，市第二中学西校区新建综合楼、学生食堂、体育馆主体工程施工至3层，市第十五中学整体迁建工程实施内外装修，示范性综合实践基地建设项目除新建3号宿舍楼外各楼施工完毕，3号宿舍楼主体完工。教育设施建设管理。《石家庄市新改扩建居民住宅项目配建教育设施建设资金缴纳标准和管理使用办法》在市政府常务会议研究通过，正在完善收费程序；《石家庄教育设施规划修编（2015～2020年）》编制完成并通过专家论证。新立项居民住宅项目规划配置幼儿园8所、小学5所、初中2所；回收幼儿园1所、小学4所；新接受学校8所。“7·19”特大洪涝灾害后重建。“7·19”特大洪涝灾害致使全市15个县（市、区）444所中小学校、幼儿园（中小学校400所、幼儿园44所）受灾，涉及学生84746人。其中，倒塌校舍400平方米，形成B级以上危房199072平方米，校园围墙等附属设施受损24082平方米，损坏教学仪器设备及桌椅6437台（套），直接经济损失1.69亿元。至9月1日开学，419所一般性受损学校修缮完毕，经鉴定确认受损严重需要施工加固或重建外，其他学校100%按时开学，学生100%按时入学。至2016年底，25所受损较重的学校10所完成加固任务80%，15所原址重建和异地新建学校有1所开工建设，其余14所正在开展规划设计、选址、征地等工作。

教育改革。推进中小学教育质量综合评价改革、区域教育发展协同创新2项国家级改革实验区建设，形成突出素质教育、以学生发展为核心、具有石家庄特色的中小学教育质量评价体系；参加教育部教育质量综合评价改革经验交流会，发布2015年度中小学教育质量“健康图谱”“健康体检”报告及《2015年度石家庄市义务教育发展水平评估报告》。国家特殊教育改革实验区项目。2016年市特教学校设立附属园（班）11个，普通幼儿园设立“幼特融合班”42个，组建成融合协作园19个。“学区管理制”试点改革。制定印发《关于在主城区义务教育学校开展学区管理制改革试点工作的意见》，按照“优质带动薄弱，促进共同提升”原则，在主城区组建试点学区21个，涉及小学58所、初中5所；制定《石家庄市主城区学区管理制工作专项资金管理办法》，完善学区管理配套制度；组织召开主城区学区管理制改革推进会，搭建试点改革交流平台；各区出台配套政策，统一学区管理制改革内容、建立网格化平台、探索联合办学新模式，扩大优质教育资源覆盖面，促进义务教育均衡发展。考试招生制度改革。完善义务教育招生入学政策，突出科学、规范、阳光、便民4个亮点，多渠道向社会公布主城区义务教育“招生地图”；建立市、区、校三级联网招生咨询热线，首创全省“义务教育招生入学服务平台”，全年服务进城务工人员随迁子女就学10176名。探索中考招生制度改革，研究、制定、印发中考和普通高中招生文件5个；推进公办普通高中自主招生制度改革，建立“自主招生报名服务平台”，试点学校增至14所。普职融通育人模式改革。制定印发《深化普职融通育人模式改革工作的意见》，构建适合学生发展4条通道，涵盖学生发展各个学段；普通高中与职业教育融通试点学校分别扩至40所、21所；普职融通互转互通次数由每年1次修改为2次；全年普通高中转职业高中207人，职业高中转普通高中63人。

思想道德和体育艺术。社会主义核心价值观教育。坚持以立德树人作为教育的根本任务，从文明礼仪教育入手，将社会主义核心价值观融入中小学生日常行为规范，开展全市中小学生文明礼仪风采大赛、最美少年评选、“文明礼仪我来晒”优秀微电影评选、文明礼仪情景剧展演、文明校园创建等活动，促进文明礼仪、行为规范融入教育教学、校园文化、家风家教教育活动，引导学生知晓礼仪，践行传播文明，推进社会主义核心价值观入脑、入心。生命教育。举办生命教育优质课、生命教育优秀论文评比、首届生命教育论坛活动，辑印《教育焕发生命光彩——石家庄市学校生命教育的实践与探索》。创建3A级心理健康特色校32所，4A级心理健康特色校40所；7所学校参评省心理健康教育特色学校。市第一中

学、市第二中学、盛世长安小学、东风西路小学等6所学校在天津市举行的全国第五届生命教育创新高峰论坛上获评“2016年度全国生命教育先进单位”，市教育局获评“2016年度全国生命教育杰出单位”。校园体育。以校园足球为切入点，市教育部门与财政、发展改革、体育等部门联合印发《石家庄市关于加快发展青少年校园足球的实施意见》《石家庄市青少年校园足球特色学校基本要求（试行）》《校园足球特色学校基本要求（试行）》等文件，率先在全省健全校园足球特色学校建设标准，创建校园足球特色学校101所。举办石家庄市青少年校园足球联赛、校园足球嘉年华活动、首届校园足球啦啦操大赛，开展全市首届校园足球夏令营、校园足球征文等文化活动，营造浓郁的校园足球文化氛围。承办河北省青少年校园足球联赛，包揽初中组、高中组男子冠亚军，女子高中组获得亚军。2016年参加全省中学生运动会，获得男女篮、男女排、男女乒乓球冠军，健美操获得第三名，田径比赛获得1个冠军、2个第三名。举办啦啦操、健美操教师培训，参加培训教师270余人。美育教育。市政府印发《石家庄市关于全面加强和改进学校美育工作的实施意见》，市教育局、市文广新局、石家庄电视台等单位联合举办石家庄市首届中小学生艺术节、第四届石家庄市青少年儿童美术作品展、首届“花儿小主播大赛”、儿童剧《小兵张嘎》进校园公益演出、第四届少儿才艺大赛、“童心向党 放飞梦想”电视歌咏大赛等活动，全方位发展学生艺术兴趣，培养学生审美能力。重视青少年学生校外教育，参加“飞翔的蒲公英”河北省青少年校外教育艺术节，召开石家庄市校外教育工作推进会，开展县级青少年校外活动中心建设和发展星级认定，督导协调灵寿县、高邑县、赞皇县解决青少年校外活动中心人员编制和赵县、晋州市场地混用问题，促进县级青少年活动中心管理规范化。

教师队伍。师德师风建设。开展优秀教育工作者评选活动，利用教师节之机表彰先进典型，营造尊师重教氛围。举办2016年石家庄市优秀教师先进事迹报告会，6名优秀教师代表从不同角度讲述自己的感人事迹，倡导教师队伍爱岗敬业、甘为人梯的无私奉献精神。“7·19”抗洪救灾中，市教育系统涌现出平山古月中学英雄教师群体，为全市教师树立起学习榜样。开展在职教师有偿补课专项治理，组织所有中小学在职教师签署拒绝有偿补课承诺书。重视师资队伍补充和培养。2016年全市公开招聘教师969人，县（市、区）自主招聘教师660人，接收免费师范生106人。教师资格面试4.6万人，教师资格注册1614名。井陉县、灵寿县、无极县、赵县、行唐县、新乐市申报2016年省属师范院校免费师范生35人，获批农村小学全科教师免费培养计划60人。‘三支队伍”培训。制定印发《2016年教师校长教育行政干部“三支队伍”培训实施方案》《关于县（市、区）教育局开展三支队伍建设素质提升培训指导意见》；创新“三支队伍”培训模式，市级培训项目实施动态管理；投入资金1032万元，培训教师63870人次、校长1590人次、教育行政干部1460人次。乡村教师支持计划。市政府印发《石家庄市乡村教师支持计划（2016～2020年）实施办法》，出台教师队伍补充、编制管理、交流轮岗、生活待遇、职称评聘、教师荣誉、师德水平、能力素质、组织实施等政策措施；市教育局《创新机制推动乡村教师队伍建设再上新台阶》获评教育部20个全国乡村教师队伍建设优秀工作案例。2016年全市补充乡村教师1695人，安排交流轮岗校长和教师2279人，市内城区选派支教教师赴平山县、灵寿县、行唐县、赞皇县开展支教活动80人。

教育交流与合作。京津冀教育协同发展。京津冀职业教育协同发展暨“互联网+”职业教育集团成立，市教育局与天津职业大学签订师资培训合作协议，举办中等职业教育管理干部培训班2期。市高等职业院校参加首届京津冀职业学校创新创业大赛28个项目获奖。京津冀学前教育协同发展峰会暨第二届京津冀学前教育类高校毕业生专场招聘活动在石家庄幼儿师范高等专科学校举行。桥西区政府、新华区政府分别与北京市东城区、海淀区签署教育合作项目框架协议，平山县古月中学与首都师范大学联合建立研究生教育实践示范基地。至2016年底，全市与京津两地达成教育合作项目30个。教育国际合作与交流。全市22所学校聘请外籍教师61名，新增聘请外籍教师资质学校5所，累计达到85所，推荐孔子学院总部外派教师4人，推荐优秀中小学骨干校长和教师赴新加坡攻读教育管理硕士5人，选拔推荐资助中小学英语教师赴英国、美国进修3人，选拔推荐2015年优秀初三毕业生赴新加坡留学14人。2016年2月，市教育代表团赴美国得梅因市、旧金山市访问交流，在美国举办教育项目推介会4场，与德雷克大学和胡佛高中等签署合作备忘录12项。石家庄学院与美国国际科技大学共建“硕士研究生联合培养基地”揭牌。2016年5月，市长邢国辉率领石家庄市友好经济教育代表团应邀访问日本、韩国，与日本长野市、韩国天安市签署教育合作备忘录，商定在师生交流、课程合作、留学生互派等方面开展合作。石家庄外国语学校举办全球基础教育联盟第二届年会。

山区教育扶贫工程。2011年石家庄市启动实施山区教育扶贫工程，2015年项目学校由56所增至82所，覆盖平山县、赞皇县、灵寿县、元氏县、井陉县、行唐县6个山区县45个深山区乡镇。2016年9月1日夏季开学，山区教育扶贫工程82所项目学校新增来自深山区学生9629名，其中，小学生4087人、初中生5542人。投入800万元，改善新增26所项目学校办学条件。至2016年底，山区教育扶贫工程累计转移安置深山区学生58664人，其中，小学生39057人、初中生19607人；发放家庭经济困难学生生活补助3095万元，惠及学生4万人次。

学前教育

【概况】 2016年，全市共有幼儿园1419所，同比增加58所，其中，教育部门566所，民办674所，其他部门179所；在园幼儿290098人，同比增加2710人，其中，教育部门144748人，民办115186人，其他部门30164人；教职工20486人，同比增加1366人，其中，教育部门4232人，民办13113人，其他部门3141人；专任教师12843人，同比增加782人。加强幼儿园监督和管理，印发《幼儿一日生活常规》《关于加强学前管理规范保教行为的通知》《进一步加强幼儿园规范管理的规定》等规范性文件，指导建立学前教育联席会议。重视幼儿师资培养，全年投入383.52万元，培训幼儿园园长、教师32981人次。

【幼儿园管理与收费】 梳理幼儿园审批年检政策，规范幼儿园审批、登记和管理。科学指导，防止和纠正幼儿园“小学化”倾向，举办去小学化专题研讨，总结出台教师行为、教育教学、环境创设、卫生保健、安全保卫5个部分100条去小学化禁令。重视幼儿园师德师风建设，召开全市幼儿园规范管理现场会，印发《进一步加强幼儿园规范管理的规定》，提出幼儿园监管、保障幼儿身心健康10项要求。规范市区公办幼儿园收费项目及标准。10月17日，石家庄市印发《关于规范和调整市区公办幼儿园保教费标准的通知》，其他非市区县（市、区）参照市区收费价格标准调整。市区公办幼儿园收费新政策特点：企事业、村集体类公办性质幼儿园在同类层次最高增加收费40%，明确价格调整为3年一调整，形成制度化管理。

【普惠性民办幼儿园】 围绕解决“入优质公办园难、入特色民办园贵”问题，2016年3月，市政府办公厅印发《石家庄市普惠性民办幼儿园认定及财政扶持管理实施办法（试行）》。市县两级财政安排专项资金2036万元，采用“政府买服务、幼儿享补助、园所得扶持”方式，创办首批普惠试点幼儿园34个（主城区26个），惠及幼儿家庭8000余户。制定出台《石家庄市普惠性民办园建设奖补资金管理办法》《石家庄市普惠性民办幼儿园评估认定标准》等配套文件，规范普惠性民办幼儿园补助资格审核、公示和资金发放。实施普惠性民办园奖补政策，主城区每个幼儿家庭每年减少保教费支出3000元，残疾幼儿、贫困儿家庭每年获得资助2900元，主城区普惠率由41%提高至50%。

（袁建　刘宇岚）

基础教育

【概况】 2016年，全市共有中小学校1708所（小学1329所、中学379所），同比增加25所（小学19所、中学6所）。其中，教育部门1584所（小学1270所、初中179所、九年一贯制53所、完全中学36所、高级中学45所、十二年一贯制1所），民办124所（小学59所、初中12所、九年一贯制23所、完全中学13所、高级中学13所、十二年一贯制4所）。招生310068人，同比增加18036人。其中，小学144508人，增加1352人；初中107843人，增加13584人；普通高中57717人，增加3100人。在校生1228959人，同比增加52257人。其中，小学766248人，增加36642人；初中300385人，增加10428人；普通高中162326人，增加5187人。在校生中，教育部门1074311人，其中，小学704290人，初中245621人，普通高中124400人；民办154534人，其中，小学61958人，初中54650人，普通高中37926人。毕业生255376人，同比增加19929人。其中，小学107189人，增加13317人；初中95998人，增加6850人；普通高中52189人，减少238人。教职工84594人，同比增加2777人。其中，小学41448人，增加1527人；普通中学43146人，增加1250人。教职工中，教育部门73818人（小学38603人、中学35215人），民办10776人（小学2845人、中学7931人）。专任教师77342人，同比增加2782人。其中，小学42489人，增加1748人；初中22118人、普通高中12735人，普通中学（含初中、高中）增加1034人。参加中考学生84654人，同比增加7242人。6月22日，高考各批次录取控制分数线公布。文史类本科一批535分、本科二批416分、专科200分，其中本科一批较2015年降低13分；理工类本科一批525分、本科二批364分、专科200分，其中本科一批较2015年降低19分。6月23日，高考成绩公布。2016年全市参加文理科高考人数52212人，本科一批上线21552人（含艺术、体育考生），比2015年增加7895人，增长56.6%。2016全市文理科考生高考成绩600分以上5058人，占全省24058人的21.02%；650分以上1326人，占全省5134人的25.83%；700分以上36人，占全省168人的21.43%；高分段学生占全省比例远远高于河北省其他地市，位居全省首位。推行“学区管理制”试点改革，印发《关于在主城区义务教育学校开展学区管理制改革试点工作的意见》，按照“优质带动薄弱，促进共同提升”原则，在主城区组建紧密型学区21个，涉及小学58所、初中5所。促进义务教育基本均衡发展，2016年石家庄市长安区、桥西区、新华区、裕华区、井陉矿区5个区获授省级教育工作督导合格单位，其中长安区、新华区受到通报表扬，各获得奖励20万元；行唐县、赞皇县、元氏县3个县通过国家义务教育基本均衡评估，2016年末全市21个县（市、区）全部通过国家义务教育基本均衡督导评估。重视高中学校质量建设，印发《石家庄市普通高中质量提升三年行动计划（2016～2018）》《关于加快普通高中教育改革发展的若干意见》，确定首批15所高中学校开展特色高中建设；优化资源配置，推动普通高中教育向优质、特色、多样化方向发展。举办“一师一优课、一课一名师”活动，评选市级优课832节，其中625节获评省级优课，同比增加436节；全市54978名教师参与教育部平台注册，“晒课”57590节，同比增加36981节。提升学生科技创新意识，印发《关于进一步加强中小学科技教育工作的意见》，组织举办科技节、首届“科技创新示范学校”评选、第十六届中小学探索者科技创新大赛、互联网+青少年科普知识竞赛、中小学科普夏令营、高校科学营等活动。4月21～23日，石家庄市盛世长安小学五年级三班学生李子木参加在湖南省长沙市举行的“全国生命教育2016年大会”，11岁爱心少年李子木以《在爱中成长》为主题作演讲，并被大会授予“全国生命教育形象大使”荣誉称号，这也是全国生命教育大会首次将此项荣誉授予一名小学生。4月26日，2016年石家庄市中小学生田径运动会在正定县第一中学举行。来自全市21个县（市、区）及高新区33支代表队、1300余名中小学生运动员参加比赛。比赛设置单项奖113项、团体奖6项。6月

30日～12月9日，由市教育局、市语言文字工作委员会、市民主促进会和省硬笔书法协会共同主办的“大桥教育杯”石家庄市第七届规范汉字书写艺术节举行。本届规范汉字书写艺术节期间，全市还举办了“书法名家进校园”“百名志愿者下基层”“寻找最美板书”及规范汉字书写示范校风采展示、第七届书写节作品征集活动等。5月2～8日，市第二中学学生尹超参加在中国香港举行的第17届亚洲物理奥林匹克竞赛获得金牌。7月11～12日，市第二中学学生杨远参加在中国香港举行的第57届国际数学奥林匹克竞赛（IMO），以满分成绩获得金牌。杨远是唯一获得满分的中国学生，也是河北省数学奥林匹克竞赛史上第一枚满分金牌。2016年第二中学学生杨远、郭逸分别入选国家数学、地理奥林匹克集训队；晋州市实验中学1403班刘奕彤（女）获授共青团石家庄市委2016年度石家庄市“最美少年”称号。

（苏燕　王素军）

【小学生免费托管服务】　3月3日，市教育局正式公布，从2016年春季学期开始，石家庄市率先在全省开展主城区所有小学全部免费托管服务，即每周一至周五正常放学后延长2小时开展小学生免费托管。至2016年底，石家庄市主城区210所公办小学全部落实小学生免费托管服务政策，上半年托管学生47926名，占公办小学在校生1/4，下半年托管学生63901名，占公办小学在校生1/3，基本实现“公办小学全覆盖、申请学生全纳入”目标。2016年市教育部门联合市精神文明办公室、市关心下一代工作委员会、共青团市委等部门制定印发《关于小学生免费托管服务志愿者队伍建设与管理的指导意见》，组织首批18所小学开展托管志愿服务试点，探索建立“教师＋志愿者”托管服务模式，构建“以教育部门为主导，以学校为主体，社会多方参与”的托管服务体系。

【中考招生控制分数线】　2016年全市参加中考学生84654人，同比增加7242人。7月2日，石家庄市公布中考招生录取最低控制分数线。普通高中录取最低控制分数线：市区普通高中440分。市区普通高中音乐、美术、书法特长生最低文化控制分数线352分；最低专业控制分数线：音乐专业成绩45分，美术专业成绩131分，书法专业成绩124分。普通高中体育特长生文化成绩最低控制分数线220分。石家庄市所辖各县（市）及井陉矿区、鹿泉区、栾城区、藁城区报考驻县市属省级示范性普通高中（含市第四十二中学招生各县市部分考生）最低控制线550分；报考石家庄第二实验中学最低控制分数线440分。“3+4”高职本科：472分（不含理化实验和信息技术成绩）。五年制（含3+2）大专录取控制分数线180分（不含理化实验和信息技术成绩）。

（王素军）

【高考成绩】　2016年全市参加文理科高考人数52212人，本科一批上线21552人（含艺术、体育考生），比2015年增加7895人，增长56.6%；本科一批上线率（含艺术、体育考生）41.2%，比2015年增加15.7个百分点，超全省本科一批平均上线率14个百分点。2016全市文理科考生高考成绩600分以上5058人，占全省24058人的21.02%；650分以上1326人，占全省5134人的25.83%；700分以上36人，占全省168人的21.43%；高分段学生占全省比例远远高于河北省其他地市，位居全省首位。2016年石家庄市保送大学学生166人，占河北省保送大学学生数量93.78%。市一中高考成绩。2016年市一中高考成绩纯文理科本科一批上线率97.1%，其中，文科本科一批上线率95.4%，理科本科一批上线率97.4%。普哲缘以673分的成绩获得2016年高考石家庄市区文科第一名。高分段学生数创下历史新高，文科650分以上8人；英才班平均分667分，高出本科一批线142分。4个小班平均分644分，高出本科一批线119分；文科重点班平均分624分，高出本科一批线89分。11个班级实现本科一批线100%。市二中高考成绩。2016年市二中教育集团校本部文理科学生参加高考升入重点大学本科一批上线率99.2%，市二中南校区升入重点大学本科一批上线率92.8%；理科实考分700分以上27人，文科实考分650以上10人；侯国圣以实考分713分夺得石家庄市理科状元；罗梦蝶以实考分681分夺得石家庄市文科状元。河北正定中学高考成绩。2016年河北正定中学文理科高考成绩本科一批上线2602人。其中，校本部本科一批上线率98.49%，东校区本科一批上线81.19%；校本部10个班、东校区2个班本科一批上线率100%；2个校区600分以上达到1600人。耿宸斐语文高考成绩145分，夺得河北省语文单科状元。石家庄外国语学校高考成绩。2016年石家庄外国语学校参加高考共有30个教学班、1200名学生，每班40人，本科一批上线率达100%。张丹阳以高考裸分713分获得石家庄市高考理科第一名；李佚凡以托福考试113分的高分和SAT2 2400满分成绩，收到纽约大学等8所世界名校录取通知书。4名学生通过北京大学“博雅计划”和清华大学“领军计划”，获得高考录取加分20～60分。2016年石家庄外国语学校高考保送生157人，占全省高考保送生89%，其中清华大学、北京大学保送录取9人，占河北省保送清华大学、北京大学人数31%。精英中学高考成绩。2016年精英中学高考纯文理科本科一批上线1432人，比2015年增加598人；4个重点班高考600分以上学生达到100%。精英中学应届学生高考成绩本科一批上线人数由2012年的4人升至2016年的1151人，4年增长287倍。

（薛鹏飞 王素军）

中等职业教育

【概况】 2016年，全市共有中等职业学校137所，同比增加3所，其中，教育部门70所，民办56所，其他部门11所；招生60029人，同比增加4122人；在校生155807人，同比增加15172人，其中，教育部门59486人，民办53283人，其他部门43038人；毕业生42275人，同比减少9492人；教职工11255人，同比增加515人，其中，教育部门6874人，民办2494人，其他部门1887人；专任教师8055人，同比增加250人。2016年全市中等职业教育围绕石家庄市经济结构和产业布局的调整变化，整合主城区21所国办中等职业学校，实施学校合并、专业并类、内涵重组，重点打造10所具有较大规模、专业各具特色、有效服务全市主导产业发展的职业学校，推进职业教育向集约化、规模化发展。6月1日，市政府第55次常务会议研究通过《关于加快推进中等职业教育资源整合和职教园区建设的实施方案》，正式启动主城区中等职业教育资源整合。8月18日，市政府召开中等职业教育资源整合交接会，原隶属7个行业部门8所中职学校和3个区管理7所中职学校统一调整管理体制，划归市教育局管理。2016年4月，全市35所职业院校218件作品参加京津冀创业创新大赛比赛，5所中职学校获得金奖5项、银奖6项、铜奖6项。12月8日，石家庄铁路职业中等专业学校挂牌“省级重点中等职业学校”牌匾。至2016年底，全市拥有省级重点中职学校达到12所。

【全国中职学校技能大赛】 2016年全市60余所中等职业学校1000余名选手参加全国中职学校技能大赛23个专业比赛。其中，教师参加技能大赛获得教育部一等奖1项、二等奖2项、三等奖3项，获得中国职教学会一等奖6项、二等奖6项、三等奖3项；学生参加技能大赛获得教育部二等奖3项、三等奖6项，获得中国旅游协会一等奖1项、二等奖1项；获得全国机械教育教学指导委员会二等奖2项、三等奖1项。11月26～28日，市职教中心杨雪梅、郑向虹、三庚3位教师的信息化课堂教学作品《正四面体立体造型设计》参加2016年全国职业院校信息化教学大赛获得一等奖。

表 56 2016 年全国中职学校技能大赛教师获奖情况一览表

序号	学校	姓名	获奖项目	获奖级别	组织单位
1	市职业技术教育中心	杨雪梅 郑向虹 王庚	全国职业院校信息化教学大赛 《正四面体立体造型设计》	一等奖	教育部
2		田宁	全国职业院校数控技能大赛（五轴加工）	二等奖	教育部
3		胡向波	第七届全国数控技能大赛（数控车）	二等奖	教育部
4		张丽娜	第七届全国数控技能大赛（数控维修）	三等奖	教育部
5		王林静	创新杯教师信息化教学设计说课大赛物理课程	一等奖	中国职教学会
6		晋莹娟	创新杯教师信息化教学设计说课大赛学前教育	二等奖	中国职教学会
7	市艺术学校	于冰	全国职业院校技能大赛中职组艺术专业（戏曲表演）	三等奖	教育部
8	石家庄经济学校	张海燕	创新杯中职体育健康信息化说课大赛	一等奖	中国职教学会
9	市职业财会学校	张莎莎	创新杯中职英语教师信息化微课设计	二等奖	中国职教学会
10		李霞	创新杯教师信息化数学说课大赛	三等奖	中国职教学会
11	市旅游学校	陈鹏	“创新杯”英语教师信息化微课设计大赛	一等奖	中国职教学会
12		黄媛	“创新杯”英语教师信息化微课设计大赛（说课）	三等奖	中国职教学会
13		赵哲	“创新杯”教师信息化教学说课大赛数学课程	一等奖	中国职教学会
14		董贤	“创新杯”教师信息化教学说课大赛语文课程	二等奖	中国职教学会
15	市城乡建设学校	杨茜 齐哲 李娟	全国职业院校信息化教学大赛装饰灯光设计	三等奖	教育部
16		祁倩	创新杯说课大赛工程测量	二等奖	中国职教学会
17		张栗桃	创新杯说课大赛给排水	三等奖	中国职教学会
18	石家庄农业学校	张慧芳	创新杯说课大赛农林类《花篮的制作》	一等奖	中国职教学会
19	藁城区职教中心	王旭	创新杯德育美育信息化教学大赛美育课	一等奖	中国职教学会
20	市学前中等专业学校	王东伟	“创新杯”说课比赛舞蹈	二等奖	中国职教学会
21		张馨婵	“创新杯”说课比赛器乐	二等奖	中国职教学会

表 57 2016 年全国中职学校技能大赛学生获奖情况一览表

序号	学校	姓名	获奖项目	获奖级别	组织单位
1	市职业技术教育中心	郑晓光	第七届全国数控技能大赛（数控铣）	二等奖	教育部
2		白海洋	第七届全国数控技能大赛（数控车）	三等奖	教育部
3		郝国成	第七届全国数控技能大赛（数控维修）	二等奖	教育部
4		李勇壮	第七届全国数控技能大赛（数控维修）	三等奖	教育部
5		路增阳	2016 全国机械行业职业院校技能大赛零部件测绘赛	二等奖	全国机械教育教学指导委员会
6		王佳旺	2016 全国机械行业职业院校技能大赛零部件测绘赛	二等奖	全国机械教育教学指导委员会
7		时飞超	2016 全国机械行业职业院校技能大赛零部件测绘赛	三等奖	全国机械教育教学指导委员会
8	市职业财会学校	马江西 田藏宇 李炎 李安磊	全国职业院校技能大赛中职组沙盘模拟企业经营项目	二等奖	教育部
9	市旅游学校	鲁梦迪	2016 年“巽震杯”第八届全国旅游院校服务技能	一等奖	中国旅游协会
10		赵雪慈	2016 年“巽震杯”第八届全国旅游院校服务技能大赛	二等奖	中国旅游协会
11		牛晓虎	2016 年全国职业院校技能大赛中职组烹饪技能大赛	三等奖	教育部
12	市第三职业中专学校	王康威	在 2016 年全国职业院校技能大赛汽车空调维修项目	三等奖	教育部
13	市艺术学校	周梦慧	全国职业院校技能大赛中职组戏曲表演	三等奖	教育部
14	市第一职业中专学校	崔俊贤	2016 年全国职业院校技能大赛中职组“服装设计与工艺”赛项	三等奖	教育部

【中等职业学校管理】 探索中高职衔接、普职融通育人模式，开展中等高等职业教育衔接试点，试点学校由 2015 年 9 所增加至 10 所，衔接专业由 2015 年 31 个增加到 45 个，市职教中心中等职业教育转本科教育衔接试点在课程设置、评价体系建设等方面取得进展，中等职业与普通高中融通试点学校达到 21 所。市职教中心通过第二批国家级示范校复检，市高级技工学校、赵县职教中心通过第三批国家级示范校初评和省级验收。11 所职业学校获评河北省名牌中职学校项目建设学校。重视特色专业建设，调整、新增专业点 44 个，中职专业数量达到 102 个，其中，20 所中职学校 30 个专业认定为省级骨干特色专业。发挥示范引领作用，组织 6 所国家级示范职业学校采取“一对一”结对帮扶形式，对口帮助 6 所农村县级职教中心，共同开展学校管理、专业建设、师资交流合作。加强民办中职学校管理，年检、审核民办中职学校 49 所，认定合格 21 所，基本合格 15 所，实施整改整顿 11 所，未通过年检 2 所。

（丁志强　吴俊海）

高等教育

【概况】 2016年，全市共有市属高校5所，其中，本科高校1所（石家庄学院），高职高专院校4所（石家庄职业技术学院、石家庄信息工程职业学院、石家庄科技工程职业学院、石家庄幼儿师范高等专科学校）；招生18216人，同比增长5.6%；在校生50445人；教职工3911人，专任教师2363人，其中教授231人，副教授707人，博士学位教师158人，硕士学位教师1589人；开设专业235个；毕业生就业率95.6%，同比提高0.4%。2016年市属高校围绕全市产业结构调整、战略性新兴产业及现代服务业发展、社会需求因素，优化高校学科专业结构，新增专业14个，新申报专业3个，撤销专业11个，暂停专业24个。发挥电气工程技术、通信技术2个骨干专业优势，与市轨道交通建设部门合作，在市属高校设立“地铁订单班”2个，招收学生59人。开展课程改革，印发《市属高校精品资源共享课程建设实施方案》，深化课程体系、教学手段、教材建设、网络平台等课程改革，30门市级精品资源共享课程建设完成。举行微课教学展示活动，37门微课获得优秀奖。打造高水平教学团队，印发《市属高校教学名师评选办法》，选树市级教学名师50人。2016年4所市属高职院校参加第一届京津冀职业院校创新创业大赛获得特等奖2项、一等奖10项、二等奖7项、三等奖9项。推进正定新区大学园建设，组织市属5所高校研究和撰写《市属高校向正定新区大学园迁扩建意向情况的报告》，形成《正定新区大学园建设初步方案》。加强大学生管理，搭建学校党委、职能部门、一线辅导员教师相结合的三位一体大学生思想政治工作构架；完善大学生管理制度，制定《校园生活规则》《校园礼仪规范》等；探索实践育人模式，举办“互联网＋智慧乡村”“弘扬李保国精神”等扶贫志愿服务活动10次、“建言献策·助力河北”等社会调查活动16次，举行宣讲报告30场，义务维修活动45场；开展社会主义核心价值观主题征文活动，收到高校师生作品149篇，评选一等奖20名、二等奖30名、三等奖50名；结合大学生特点，制定《关于进一步加强和改进大学生心理健康教育工作实施方案》，建立心理健康教育三级管理体制和心理危机五级预警机制，开通“心路语丝”等微信公众号平台，开设《大学生心理健康教育》公共必修课。

（王娜　范瑞君）

【石家庄学院】 石家庄学院是经国家教育部批准建立的国有全日制普通本科院校。地处河北省石家庄高新技术产业开发区，由南北2个校区组成，占地81.4万平方米，建筑面积34.9万平方米。建有实验中心13个、实验室258个，其中物理基础实验教学中心、文学与传媒实验教学中心是河北省省级实验教学示范中心，教学科研仪器设备总值达1.44亿元。图书馆藏书110万余册，电子图书43.2万种，各类期刊902种，购置数据库资源23个。多功能体育馆、游泳池等体育活动设施齐备。固定资产7.87亿元。

2016年石家庄学院共有在校生17591人。有教职工1134人，专任教师854人，其中教授108人，副教授290人，博士学位教师129人，硕士学位教师586人。开设专业75个，其中，本科55个、专科20个。毕业生就业率93.69%，同比提高0.37百分点。优化专业结构，遴选10个专业作为转型发展试点专业；发挥特色专业优势，扩大第一志愿报考率高、对口就业率高、与地方产业链契合度高的本科专业招生规模。创新人才培养模式，研究制定《石家庄学院关于修订本科专业人才培养方案的指导性意见（2016年）》，深化产教融合。推进应用型课程建设，制定《石家庄学院应用型课程开发与建设管理办法》，首批立项建设20门校级示范性应用型课程。开展“双师双能型”教师建设，印发《石家庄学院“双师双能型”教师认定与管理办法》，选派66名教师到企业挂职锻炼。

（石家庄学院）

【石家庄职业技术学院】 石家庄职业技术学院（原石家庄大学）创建于1984年，是经国家教育部批准、石家庄市政府主办的全日制普通高等院校；是国家教育部、工业和信息化部、住房城乡建设部确定的计算机应用与软件技术、工业与民用建筑专业领域技能型紧缺人才培养基地。校址位于石家庄市中山西路长兴街12号，占地面积22.04万平方米，建筑面积20.66万平方米。学院建有2个多功能教学楼、2个技能实训楼，设有77个校内实训基地，238个校外实习基地。固定资产总值4.2亿元。2015年5月，石家庄职业技术学院博士工作站成立，这也是石家庄市首个市属公办高校博士工作站。2016年石家庄职业技术学院共有在校生11614人。教职工713人，专任教师473人，其中教授53人，副教授174人，博士学位教师24人，硕士学位教师421人。开设专业63个。毕业生就业率97.01%。

（石家庄职业技术学院）

【石家庄信息工程职业学院】 石家庄信息工程职业学院是经河北省政府批准，国家教育部备案，面向全国招生的国办全日制高等职业院校，是中国青年政治学院高职教育研究基地、清华大学教育基金会理事单位、清华大学教学科研培训实践项目基地、全国女大学生创业实践基地、全国物流教学十大创新品牌院校、河北省高校首家绿色学校、河北省首家创业孵化园、河北现代物流专业人才培养基地、省会石家庄职业教育培训基地和企业人才培养基地，也是全国唯一一所同时设立雅思、托福、GRE和托业考点院校。校址位于石家庄高新技术产业开发区信工路18号，分南、北2个校区，占地面积83.8万平方米，建筑面积51.6万平方米。固定资产8.76亿元。设有校内实训基地67家，校外实践基地116个，建有石家庄国家动漫产业发展基地创业孵化园。2016年石家庄信息工程职业学院共有在校生12373人。教职工1399人，专任教师555人，其中教授42人，副教授149人，博士学位教师3人，硕士学位教师374人。开设专业60个。毕业生就业率90.72%。

（石家庄信息工程职业学院）

【石家庄科技工程职业学院】 石家庄科技工程职业学院是经国家教育部批准，石家庄市政府主办的全日制国办普通高等职业院校，面向全国招生。学院创建于1924年，始称“直隶第八师范学校”；1933年改称“河北正定师范学校”；2007年改建为“石家庄科技工程职业学院”。校址位于石家庄市正定县华安西路29号，占地面积15.3万平方米，建筑面积1.6万平方米。固定资产1.46亿元。拥有“教、学、做”一体化实训场地1.57万平方米，校内实训基地52个，校外实习基地77个，与海尔集团、格力电器有限公司、东方领航教育集团、天津滨海迅腾科技集团有限公司等50多家大中型企业建立实习就业合作关系。2016年石家庄科技工程职业学院共有在校生4953人。教职工250人，专任教师214人，其中教授14人，副教授54人，博士学位教师1人，硕士学位教师75人。开设专业26个。毕业生就业率97.1%。

（石家庄科技工程职业学院）

【石家庄幼儿师范高等专科学校】 石家庄幼儿师范高等专科学校是经国家教育部批准设置的国办普通高等学校，是中央财政支持重点专业建设单位，也是河北省第一所幼儿师范高等专科学校。获得“全国艺术教育特色单位”“全国巾帼文明示范单位”“全国优秀知识分子先进集体”“全国教科研先进学校”“河北省文明单位”“河北省教育系统先进单位”“河北省国际教育合作与交流先进集体”“河北省安全稳定工作先进单位”等称号。河北省学前儿童心理教育学会、河北省学前教育研究所、河北省幼儿教师培训中心、石家庄市教师进修学校、石家庄市幼儿教师培训基地均设在该校。学校地处石家庄市主城区西部高教区，占地33.3万平方米，建筑面积12万平方米，教学仪器设备总价值近3000万元，图书馆藏书57.5万册，报纸杂志1498种。固定资产8063.9万元。2016年石家庄幼儿师范高等专科学校共有在校生3914人。教职工415人，专任教师267人，其中教授14人，副教授40人，博士学位教师1人，硕士学位教师133人。开设专业11个。毕业生就业率99.5%。

（石家庄幼儿师范高等专科学校）

特殊教育

【概况】 2016年，全市共有特殊教育学校23所，数量与2015年相同，其中，教育部门21所，民办2所；招生60029人，同比增加4122人；在校生1837人，同比增加4人，其中，教育部门1702人，民办135人；教职工437人，同比减少1人，其中，教育部门410人，民办27人；专任教师381人，同比增加9人。23所特殊教育学校中，其中，市级1所，裕华区、正定县各2所，井陉矿区0所，其他县（市、区）各1所。打造市级特殊教育学校，占地面积1.16万平方米，建筑面积1.02万平方米，是河北省唯一入选全国“医教结合”特教师资培训基地建设项目实验校。

【国家特殊教育改革实验区】 2015年1月，教育部确定包括石家庄等37个市（州）、县（区）为国家特殊教育改革实验区。印发《石家庄市国家特殊教育改革实验区实施方案的通知》（石政函〔2015〕33号）、《关于加快推进石家庄市国家特殊教育改革实验区“幼特融合”工程建设的通知》（石教〔2015〕116号），发挥幼特融合工程平台作用，落实《石家庄市特殊教育提升计划实施方案（2014～2016年）》和“政府政策主导、财政保障扶持、师资队伍支撑、文化内涵引领”保障机制，基本做到县县建立特殊教育学校目标。2016年石家庄市持续推进国家特殊教育改革实验区建设，财政拨付特殊教育专项经费由每年50万元增至每年150万元，特殊教育生均年公用经费达到1万元，形成布局合理、学段衔接、普职融通、医教结合的特殊教育体系。提升特殊教育质量，组织高校特教专业与特殊教育学校合作设立实习基地。培养扶残助残风尚，建立藏诺特殊教育奖学金、特殊教育园丁奖，引导全社会资助特殊教育事业。6月30日，由市教育局、市残疾人联合会、市志愿服务基金会联合组织的“石家庄市藏诺特教奖学金”举行发放仪式，13所特殊教育学校20名优秀学生每人获得石家庄藏诺生物股份有限公司提供特教奖学金2500元。

【特教儿童学前教育】 重视残疾儿童学前教育，推行实施“幼特融合”工程，采用特殊教育学校开设附属特教幼儿园（班）、普通幼儿园创设“幼特融合班”、普幼与特幼合作建立“融合协作园”3种途径，开展学前特教儿童融合教育。2016年全市11所特教学校设立附属园（班），38所普通幼儿园设立幼特融合班41个，建立普幼与特幼合作融合协作园19个。

（袁建　刘宇岚）

文 化

Culture

文化新闻出版

【概况】 2016年，全市文化系统以人民为中心，以宣传社会主义核心价值观为引领，以艺术创作、舞台演出为形式，以基础设施建设为抓手，统筹城乡文化事业发展，推进和完善市县乡村四级公共文化服务体系。评剧小戏《月缺月圆》获得全国第17届群星奖，评剧《安娥》参加第14届中国戏剧节展演获得“优秀入选剧目”奖。雷保春、栾德宝入选“中华优秀传统艺术传承发展计划”戏曲专项扶持项目中“名家传戏——当代戏曲名家收徒传艺”工程项目。2016年全市共有艺术表演团体21个、艺术表演场馆14个、文化馆24个、公共图书馆25个，公共图书馆图书总藏量3645.3千册。2016年11月，石家庄“天山·世界之门”入选《福布斯》杂志评选全球20大文化地标榜。实施文化体制改革，稳步推进影乐宫转企改制，探索建立公共图书馆社会化管理新机制，2016年市图书馆法人治理结构建设试点完毕，成立法人治理结构（咨询型）理事会。打造特色服务品牌，落实公益场馆免费开放政策。全年市图书馆接待读者160余万人次；“石图讲堂”举办公益讲座、相声演出等132场；创新建立市民大书房、数字体验区，获得“河北省图书馆服务创新奖”；2016年市图书馆获评“全省图书馆行业先进单位”。市博物馆举办“石家庄历史文化陈列”“幸福石家庄摄影展”；市美术馆举办“第七届中国当代版画文献展”“全国水彩大展”等大型展览30余场；市群艺馆以开门办馆方式，举办广场舞辅导、票友比赛、百姓展厅等文艺活动。推进场馆交流，市博物馆、云南省保山市博物馆联手举办“毗卢寺壁画摹本暨汉代画像砖拓片题跋展”；市美术馆赴天津美术馆、卢森堡欧洲议会中心举办“生活的史诗——剪花的故事”巡展。文化惠民活动。以“文化进万家”为主题，举办“送戏下基层”915场、“彩色周末”文艺演出1131场、公益电影放映49170场。4月8日起，市文化部门组织14家KTV商家合作联盟在全市开展为期半年“中老年人唱响KTV”活动，向中老年人群体发放惠民券1.5万余张，累计接待中老年人群体4000余次，受益群众2万余人次。推进文化产业发展，举办2016中国·石家庄第十一届国际动漫博览交易会，签约项目4项，发布项目3项，签约总金额1.2亿元。加强文化市场管理，开展专项行动10次，出动检查人员2.1万余人次，检查各类文化场所7000余家次，受理举报120余件，依法处罚企业80余家，集中销毁非法音像、图书等出版物4万余张（册）。2016年市文化广电新闻出版局连续12年被国家版权局评为查处侵权盗版案件有功单位。

【文艺创作及演出】 评剧小戏《月缺月圆》获得全国第17届群星奖，评剧《安娥》入选文化部纪念中国人民抗战胜利70周年优秀剧目展和第11届中国艺术节展演，参加第14届中国戏剧节展演获得“优秀入选剧目”奖。7月5日，市京剧团京剧奚派表演人才培训、市美术馆个人创作陈承齐《看火车》、市美术馆“第八届当代版画文献展——实践的力量”、市演艺集团小戏曲《一串念珠》、市群艺馆《村官三把火》、井陉晋剧团“走进太行山——农村题材”优秀剧目巡演等13个项目入选国家艺术基金2016年度资助项目立项名单。基层文化活动。活跃节日氛围，举行“庆新春”欢乐大广场、“盛世欢歌”文化游园、春节大庙会、民间花会等活动。组织广场舞、美术书法等基层文艺辅导培训5.1万人次。举办“彩色周末”广场舞大赛，吸引全市基层广场舞团队2000多支、5万人参与，

2016 年 3 月 21 日，第二届河北省会大学生戏剧节开幕式在河北传媒学院举行

形成“县县有活动、乡乡有队伍，月月有比赛、季季有亮点”的文化活动格局。2016 年全市举办“送戏下基层”915 场、“彩色周末”文艺演出 1131 场、公益电影放映 49170 场。第 23 届“彩色周末”文化活动。4 月 22 日～10 月 19 日，由市委宣传部、市文广新局、省群艺馆主办，市群艺馆等承办的省会第 23 届“彩色周末”文化活动举行。活动期间，市群艺馆、各县（市、区）文化馆组织文艺工作者、文艺志愿者深入基层场所，举办慰问农民工演出、戏曲票友演唱会、家庭文艺比赛、合唱比赛、民间艺术表演、书画及非物质文化遗产展览、广场舞普及展示活动等 1311 场（次）。第五届全国青年美术作品展览（石家庄站）。6 月 20 日～7 月 10 日，由中国文学艺术界联合会、中华全国青年联合会、中国美术家协会主办，河北省文化厅、河北省美术家协会、市文广新局协办的第五届全国青年美术作品展览（石家庄站）在市美术馆举行。第五届全国青年美术作品展览共收到参评作品近 8000 件，评出包括中国画、油画、版画、雕塑、水彩・粉画、漆画、插画・连环画、综合材料 8 个类别入选作品 290 件、优秀作品 89 件。石家庄站展览展出 8 个类别、200 余件作品，其中优秀作品 57 件。河北省优秀剧目进京展演。2016 年 6～8 月，石家庄市京剧荀派名剧《勘玉钏》、平山县创排《子弟兵的母亲》、评剧《安娥》、晋剧《直隶巡抚于成龙》、儿童剧《小兵张嘎》、环保题材河北梆子现代剧《百合岭》6 部精品剧目参加“同心筑梦・美丽河北”河北省优秀剧目进京展演活动。全国梆子声腔优秀剧目展演。9 月 28 日～10 月 19 日，全国梆子声腔优秀剧目展演在石家庄市举行。演出剧目包括河北梆子、丝弦、豫剧、永年西调、老调、秦腔、蒲剧、晋剧等梆子声腔 21 个剧种 32 场。

1. 河北梆子《子弟兵的母亲》

剧情简介：该剧讲述“子弟兵的母亲”戎冠秀在抗战时期及抗战胜利后的事迹。

主演：许荷英、丁云飞、扈晓波、刘丽彩

2. 丝弦《空印盒》

剧情简介：该剧讲述八府巡按何文秀与老家院周能，前往杭州私访王大人被害一案。知府陈坚命人截杀，二人巧计脱险，经过智取将知府陈坚按律正法的故事。

主演：张淑改、张占国、张宝英

3. 豫剧《焦裕禄》

剧情简介：该剧选取“瓦窑村访贤举才”“买粮救荒”“带病抗洪”等典型故事，展现了“县委书记的好榜样”焦裕禄“亲民、求实、奋斗、无私”的公仆情怀和崇高品质。

主演：贾文龙、蒿红伟、陈清华、李书奇

4. 永年西调《八郎刺萧》

剧情简介：该剧讲述杨八郎在番邦 15 年，闻听母亲佘太君挂帅出征，回营探母，返回番邦刺杀萧太后的故事。

主演：李永辉、郭志彬、张彦峰

5. 豫剧《程婴救孤》

剧情简介：春秋时期，晋国忠臣赵盾一家三百余口被奸贼屠岸贾杀害，围绕赵氏遗孤的生死存亡，程婴等人与屠岸贾展开一场正义与邪恶的较量。

主演：李树建、田宏亚、王可畏

6. 老调《潘杨讼》

剧情简介：讲述杨家将镇守边疆保卫国家，奸贼潘洪将杨令公、杨七郎害死。佘太君挂帅出征，铲除潘贼，消灭番兵的故事。

主演：刘金萍、张婵娟、李香玲、李铁柱

7. 河北梆子《百合岭》

剧情简介：该剧讲述山村姑娘百合爱上采石场老板大柱。为赚钱，大柱拒绝执行关停采石场的决定，不仅污染百合岭的生态环境，还隐瞒致人死亡的事故，后来山民们终于认识到绿色是大山的“魂”。

主演：刘莉沙、雷保春、王云菊

8. 清剧《枣儿谣》

剧情简介：该剧讲述主人公吴伯宗步行 1.5 万千米，途经 17 省，历时 18 年，终于寻到被人贩子拐卖的两个小兄弟，并付出生命代价的故事。

主演：贾菊兰、王艺华

9. 同州梆子《银镯鉴》

剧情简介：该剧讲述妯娌甄娘与乔娘皆寡，各精心抚子。兄弟二人各偷回玉镯一只，甄娘知而责子令还原主，乔娘见物奖子。二人长成逐渐分道扬镳，甄娘之子沈步云十年寒窗得中状元，乔娘之子沈步肖赌场豪赌误入歧途。

主演：刘显妮、杨晓艳、亩莎莎、朱吉林、何长宏

10. 豫剧《五世请缨》

剧情简介：该剧讲述北宋时期，西羌犯境，元帅杨文广边关被困。107 岁高龄佘太君带领十二寡妇及重孙们，五代人上殿请缨，奔赴疆场，平定西羌的故事。

主演：王惠

11. 河北梆子《牺牲》

剧情简介：该剧取材杨开慧在狱中牺牲前的一段经历，表现她超越生死关，超越母子情，超越夫妻情，最后升华为一个纯粹的理想主义者。

主演：彭蕙蘅、雷保春、刘海军

12. 山东梆子《官箴碑》

剧情简介：该剧故事年代为清代中叶，以新任泰安知府颜伯安上任第一天便遇到一桩人命大案为切入逐步展开。

主演：杨圣军、孙海龙、宋其美、林洁

13. 莱芜梆子《赵连岱借闺女》

剧情简介：故事讲述赵程两家自幼结定娃娃亲，将要成亲时，两家不约而同找人顶替相亲，由此发展出一连串的闹剧。

主演：吴建、唐淑梅、刘刚

14. 上党梆子《闯幽州》

剧情简介：该剧描写北宋杨继业不计前嫌，率领七郎八虎幽州智闯敌营，双龙会替三赴宴，金沙滩三英捐躯的故事。

主演：张志明、赵艳琴、郭栋杰

15. 蒲剧《洗雪铁丘坟》

剧情简介：该剧讲述唐时奸相张台专权，纵子行凶，薛刚抱打不平致张台之子伤重身亡，张台进谗诬陷。老臣徐策法场换子救得薛家后代薛蛟。13 年后，徐策向薛蛟讲明薛家遭害原委，徐策呼吁新主除奸佞平冤狱，终于将张台治罪，薛家沉冤得以昭雪。

主演：周赢、梁静、张英、续少华、范凯

16. 上党梆子《三关排宴》

剧情简介：宋辽交战，辽国战败，议和宴会上，佘太君索要投降辽邦并已做了驸马的四子杨延辉。箫后无奈应允，女儿桃花公主想随夫回宋朝被箫后拒绝，碰壁自尽。佘太君怒责四郎贪生怕死，不忠不孝，四郎羞愧难当，自刎而死。

主演：陈素琴、成静云、齐素珍、郑法根

17. 枣梆、宛梆、怀梆、大平调、淮北梆子《折子戏专场》

18. 山东梆子《古城女人》

剧情简介：该剧描述 1937 年山东一座古城内，织锦店女店主陶贞兰一家人面对日寇的暴行，从最初害怕到舍命抗争，完成一件旁人看来不可能完成的任务。

主演：祝凤臣

19. 豫剧《大漠胡杨》

剧情简介：该剧通过 3 对年轻人的情感经历，表现支边青年响应党的号召奔赴边疆、艰苦奋斗、扎根边疆的人生经历和悲欢离合的故事。

主演：杨广高、张培培

20. 平调落子《桃花庵》

剧情简介：苏州富家子弟张才偶遇桃花庵道姑陈妙善，二人相爱生子，不料张才暴病身亡，孩子被人卖给知州苏昆为子，取名宝玉。十三年后，张才之妻见宝玉貌似张才，便收为义子。几年后宝玉考中状元，张、苏两家放弃争夺，都为宝玉娶亲。

主演：王红、魏玉娟、李红山

21. 秦腔《清风亭》

剧情简介：该剧描写嘉庆年间，薛荣妻妾不和，妾周氏生下一子后被迫抛在荒郊。张元秀夫妇拾得收养取名张继保。十三年后张继保偶遇周氏寻子，母子相认。张继保中状元返故里后与养父母拒不相认，逼死养父母，遭天雷击毙。

主演：刘淑会、武小西、亢娟宁

22. 徐州梆子《三断胭脂案》

剧情简介：少女胭脂与鄂秋隼一见钟情，宿介为成人之美索得胭脂绣鞋欲与鄂秋隼说明胭脂相思之苦，不想，绣鞋丢失，被浪荡公子毛大捡去，作案杀人，宿介被冤。经过三审最终捉住真凶。

主演：燕凌

23. 汉调桄桄《御史还乡》

剧情简介：御史张鹏回乡省亲，眼见家乡灾情遍野，民不聊生，遂将

准备修缮房屋的多年积蓄拿出慷慨救助乡亲，又与县令一起开仓救民，后遭奸臣陷害，押解回京。经金殿御审，是非得明，奸臣得诛。

主演：陆英、欧亚玉、靳启亮

24. 晋剧《打金枝》

剧情简介：该剧讲述唐朝名将郭子仪的儿子郭暧在家宴后，借酒壮胆而痛打老婆升平公主的故事。

主演：李建清、刘建平、师学丽

25. 河北梆子《徐策》

剧情简介：该剧讲述唐朝忠臣薛仁贵父子被奸臣张泰陷害满门抄斩。徐策用亲生之子金斗换回薛蛟。十三年后徐策把薛家数载的冤情告知薛蛟。薛家将同仇敌忾，直逼长安，逼皇帝下旨为薛家昭雪平冤。

主演：王少华

26. 北路梆子《黄河管子声》

剧情简介：该剧通过晋西北黄河儿女的劳动和爱情生活，表现了生活在这方水土的人民勤劳吃苦、乐观向上、生生不息的优良品德。

主演：成凤英、李建国、顾小英

27. 秦腔《大秦文公》

剧情简介：该剧讲述大秦文公赢硕智勇双全的故事。

主演：边肖、袁丫丫

28. 秦腔《李十三》

剧情简介：该剧讲述李芳桂为民写戏，为事立言，以身殉戏的故事。

主演：谭建勋、胡萍、王战备、周昌岐

29. 河北梆子《北国佳人》

剧情简介：该剧讲述民国初年杰出女演员刘喜奎不为财权所动，保持人格尊严的故事。

主演：王洪玲、王英会、金民合、张四刚

30. 河北梆子《钟馗》

剧情简介：该剧讲述穷书生钟馗考场中受压制，愤然撞柱身亡，上苍因钟馗生性刚直，蒙冤受屈，封钟馗为捉鬼大神，专门捉拿人间妖魔鬼怪。

主演：吴桂云

31. 晋剧《于成龙》

剧情简介：面对内忧外患的危机，年近六旬的于成龙，毅然接受湖广巡抚张朝珍的慰留，前往黄州平乱，塑造了于成龙平易近人、忧国忧民的古代士大夫形象。

主演：谢涛

32. 秦腔《花儿声声》

剧情简介：该剧讲述爱民惠民吊庄搬迁工程中的故事。

主演：柳萍、李小雄、张涛

京津冀青年京剧人才展示活动。11 月 25 ～ 30 日，由天津市文化广播影视局、北京市文化局、河北省文化厅共同举办的京津冀青年京剧人才成果展示活动在天津市艺术职业学校举行。共有来自京津冀 4 家京剧院团、4 所戏曲院校（研究机构）84 名选手参演。交流展示活动按照京剧角色行当划分，分别举办青衣、老生、花脸、老旦、小生等 9 场展演展示。市京剧团 5 名青年演员参加活动，其中牛腾参加花脸组，表演《探皇陵》一折，牛腾获得最佳青年演员呈现奖，其余 4 人获得优秀青年演员表演奖。引进高雅艺术演出活动。12 月 16 日晚，京剧表演艺术家于魁智、李胜素携梅派经典大戏《太真外传》在市人民会堂演出。12 月 21 日，由承德话剧团创作编排，河北梆子剧院国家一级演员、梅花奖得主刘凤岭领衔主演话剧《成兆才》在市人民会堂举行。

（于少华　姜小青）

【2 人入选“名家传戏”工程项目】 2016 年 6 月，国家文化部公布 2016 年“中华优秀传统艺术传承发展计划”戏曲扶持项目入选名单，石家庄市河北梆子剧团雷保春、井陉县晋剧团栾德宝入选“中华优秀传统艺术传承发展计划”戏曲专项扶持项目中“名家传戏——当代戏曲名家收徒传艺”工程项目。雷保春，河北梆子表演艺术家，从事舞台表演 50 余年，广学各家流派，表演上另辟蹊径，形成激越抒情、细腻委婉、质朴文雅、贴切凝重的表演风格，1988 年获得中国戏剧“梅花奖”。栾德宝，国家一级演员，井陉县晋剧团 1960 年代“十大主演”之一。自幼酷爱晋剧，14 岁考入井陉县晋剧团，主工丑角，勤学苦练，文武兼备，独具一格。2002 年栾德宝退休后，参与《井陉历史文化》艺文集萃卷撰写“晋剧篇”8 万多字，主编《井陉晋剧团团史》20 万字。

（刘迪）

【文化设施建设】 印发《关于加快构建现代公共文化服务体系的意见》《关于推进基层综合性文化服务中心建设的实施方案》。省市文化设施建设。市丝弦剧院建成投入使用，霞光大剧院（演艺中心）实施内部装修和工程验收，市博物馆升级文物库房灭火系统，市图书馆改造设施面积 1 万余平方米，安装免费电子书借阅机、电子阅报机、儿童阅读机等，开启“互联网 + 图书馆”管理模式；图书馆新馆建设破土动工。推进农家书屋建设，4030家农家书屋补充图书全部到位；开展社区书屋建设试点、闲置书刊社会共享活动试点，向首批10家社区书屋统一配发480种1904册图书。投资200万元，实施100个社区文化活动室、文化广场提档升级工程。配合和支持河北省相关部门在石家庄市建设河北大剧院、河北群艺馆、河北非物质文化遗产博物馆、裴艳玲大戏院、河北文艺家之家等文化设施。县级文化设施建设。赞皇县文化馆、图书馆综合楼开工；鹿泉民俗文化展馆，无极县河北野风艺术聚落民俗博物馆、万和数字影城，元氏县聚源国际影城建成投用；正定县投资700万元，改造升级常山影剧院，规划建成河北省第一家县级"中国巨幕厅"高端影城；井陉县、赞皇县、平山县、灵寿县、井陉矿区5个县（区）663个灾后文化重建项目稳步推进，2016年底378个项目完工。推进图书馆总分馆制建设，深泽县、高邑县分馆建成，2016年末全市分馆总数达到15个，基本形成以市图书馆为总馆、县（市、区）图书馆为分馆的网络化服务体系。2016年新华区、井陉矿区、新乐市等10个文化馆获评国家一级馆，平山县入选国家数字文化精准扶贫试点县，井陉县文化广场国家公共文化服务体系示范项目通过文化部验收。

2016年4月23日，河北省2016年"书香燕赵 美丽河北"主题系列读书活动暨石家庄市全民阅读系列活动现场诵读会举行

【全民阅读活动】 以提升全民文明素质、践行社会主义核心价值观和建设"书香石家庄"为目标，以"书香传家 阅读继世"为主题，自2016年4月至2016年10月全市组织举办4·23世界读书日纪念活动、第十届青少年读书节、中小学生听说读写大赛、书香校园文学作品展、名师名家文化交流活动、"读万卷书行万里路"文化研学活动、"书香传家 阅读继世"全民阅读活动有奖知识竞赛、"带头创先争优，争做人民满意的公务员"主题读书活动、老年人阅读图书推介及主题读书活动、首届寻找"阅读达人"等活动，营造全民读书氛围，培育"爱读书、读好书、善读书"社会阅读习惯和尊重知识、热爱阅读、追求创新、奋发向上的社会风尚。河北省第四届惠民阅读周。10月12～16日，由省委宣传部、省新闻出版广电局、石家庄市委联合主办，市新华书店及全省各市、县新华书店联合承办的河北省第四届惠民阅读周暨2016惠民书市在石家庄解放广场举行。全省11个设区市及定州市、辛集市设立专区，144个县（市、区）新华书店参与。图书展销面积10余万平方米。5万多种畅销书及新书七五折销售，8万多种常销书五折销售，5000多种冀版图书最高四折销售。惠民书市让利于民700万元。惠民阅读周期间，举办文化讲座、新书发布会、诗歌创作交流会、诗词大比拼、世界经典电影赏析、图书捐赠、公益拍卖、精英舞台剧表演、相声表演、太极拳表演等文化活动110场。于丹、卢思浩、鲁引弓、王小骞、刘庆邦、李春雷等39位名人名家举行读者见面会和签售会。石家庄主会场客流近30万人次，销售图书56万册，金额900万元。2016年石家庄市在河北省全民阅读"书香系列"评选活动中获评省级书香家庭357个、书香之村3个、书香之乡镇1个、书香社区2个。

【文化产业】 以规划为引领，印发《石家庄市文化产业"十三五"发展规划》《关于推动文化文物单位文化创意产品开发的实施意见》《石家庄市文化消费试点工作方案》。实施项目带动战略，石家庄东方文化创意产业基地影视动漫城投入使用，文化旅游园区对外开放；谋划藁城乐华城、正定城市文化乐园、太行·文化艺术创客城等项目稳步推进。30 个项目纳入河北省文化产业发展“十三五”规划。北方地区精品包装印刷行业龙头企业——河北新东绿色环保精品包装装潢生产线投产运营。精英动漫“新三板”挂牌上市，成为全省首家上市动漫企业。漫画作品《圣诞夜惊魂》获得全球第四届漫画大赛亚军。推进国家公共文化服务示范项目创建，洪顺曲艺社、红太阳剧院、中老年唱响 KTV 活动纳入文化惠民卡范畴；培育文化消费热点，举办文化惠民卡戏曲和相声专场、社区行、畅游井陉等系列活动。提升网吧市场经营水平，开展网吧转型升级试点，打破以“机时费”为主单一盈利模式。3 月 18 ～ 20 日，举办河北（石家庄）第十三届印刷机械器材展览会，来自国内外 200 余家企业参展。5 月 12 ～ 16 日，组织参加 2016 年第十二届中国（深圳）国际文化产业博览交易会，5 家文化企业及 13 个项目举办宣传推介活动，华北航空文化产业园、石家庄屯头宫灯文化产业园、中国太行文化艺术创客城 3 个重点项目签约金额 82.64 亿元。9 月 30 日，举办 2016 中国 · 石家庄第十一届国际动漫博览交易会，签约项目 4 项，发布项目 3 项，签约总金额 1.2 亿元。2016 年石家庄市入选文化部公布首批 26 个国家文化消费试点城市，成为河北省唯一入选城市。

【非物质文化遗产保护】 制定印发《石家庄市非物质文化遗产专项保护资金管理暂行办法》。申报第六批市级非物质文化遗产项目代表性传承人 57 人。争得国家、省、市非物质文化遗产补助资金 867 万元。第五、第

石家庄市评剧院国家级非物质文化遗产评剧传承基地教学展示

六批非物质文化遗产代表性项目图典编撰、非物质文化遗产宣传片拍摄顺利推进。5 月 25 日，鹿泉区白鹿泉乡水峪村入选住房和城乡建设部、文化部、国家文物局等七部门联合公布的 2016 年列入中央财政支持范围 750 个中国传统村落名单。传承非物质文化遗产，举办京津冀非物质文化遗产展、首届省会家庭文化展演、民俗文化周、非物质文化遗产进校园活动。2016 年井陉拉花参加北京地坛庙会和中央电视台《中国民歌大会》演出，赞皇铁龙灯参加第十届全国民间文艺山花奖舞龙展演获得银奖。

【文化市场管理】 实施文化市场“黑名单”、网吧约谈制度，营造文化市场信用环境。借助技术监管平台，实现文化经营场所审批、执法网络化动态管理。采取日常巡查与“双随机”抽查结合方式，开展护考行动、校园周边治理、暑期整治等专项行动 10 次，出动检查人员 2.1 万余人次，检查各类文化场所 7000 余家次，受理举报 120 余件，依法处罚企业 80 余家。以深化查堵反制违禁出版活动、扫除淫秽色情信息及各类有害信息、打击“假媒体、假记者站、假记者”、打击有害和非法少儿出版物及不良信息等为重点，开展“净网”“清源”“护苗”“秋风”“打击侵权盗版”等专项行动，查处各类案件 31 起，整顿营业场所 45 家，取缔违法摊档 160 余个，删除网上有害信息 4000 余条，集中销毁非法音像、图书等出版物 4 万余张（册）。加大网络领域监管力度，集中治理利用网络微视、微信、微电影等渠道传播淫秽色情有害信息违法行为。严格广播影视宣传纪律，落实影视节目播出“三审”制，实行县级台统一供片制度；采取日常监管与集中整治结合方式，下发广播影视违规整改通知书 9 份，清理虚假违法广告 116 条；强化频率频道管理，开展广播电视无线传输覆盖网、违法违规电台专项整治行动，关停传播违规节目 9 套，打掉“黑广播”窝点 12 个。举办印刷包装企业、

出版物批发单位法人代表政策法规和业务培训，提高企业依法经营和安全生产意识。严格报刊及内资出版物管理，落实三级审读制度。加强版权保护，推进市县政府机关软件正版化。版权登记效率提升，30家版权服务站开设版权服务绿色通道。严格版权执法，查处侵权盗版案件4起。开展版权示范单位创建活动，君乐宝、汉佳、中科恒运科技公司获授“河北省版权示范单位”称号。

（于少华　姜心青）

报　纸

【概况】 2016年，石家庄日报社（传媒集团）贯彻落实市委办好党报、加快报社产业发展的要求，深化机制改革，强化人才建设，推进新闻宣传、经营创收、公益服务等事业全面发展。围绕市委、市政府中心工作和重点任务，发挥宣传导向作用，及时传达党和政府的路线、方针、政策，为建设现代省会城市提供舆论支持。全年报社旗下《石家庄日报》《燕赵晚报》《精品导报》《燕赵老年报》发行总量达30万份，其中《石家庄日报》发行量同比增长2%。《燕赵晚报》与ZAKER联合，推进媒体融合发展，“ZAKER石家庄”上线运行。35件新闻作品获得省级以上奖项。由《燕赵晚报》记者安春华、张瑞谦采写，河北出版传媒集团花山文艺出版社出版的《老庄记忆》获得市第十五届社会科学优秀成果奖一等奖。石家庄报业传媒大厦一期工程竣工。2016年石家庄日报社（传媒集团）实现总收入14676万元，其中广告收入4444万元（不含控参股公司收入）；印刷业务实现利润146万元，同比增长21.67%。4月8日，人民日报社出版发行部授予石家庄日报社印务公司最佳出版时效奖。4月24日，石家庄日报社发行公司在全国报纸自办发行协会第七届会员代表大会上连续第12年获得全国报纸自办发行先进集体称号。2016年中国报业协会、印刷工作委员会授予《石家庄日报》“精品级报纸”称号。中国报业网授予《燕赵晚报》“金长城传媒奖·中国十大城市晚报”称号。

2016年12月18日，《燕赵晚报》与ZAKER共同打造的时尚个性化新闻平台“ZAKER石家庄”正式上线

【宣传报道】 贯彻落实中央、省委、市委关于宣传思想工作系列战略部署，牢牢把握舆论正确导向，以团结稳定鼓劲、正面宣传为主，及时传达市委、市政府声音，巩固壮大主流思想舆论，激发全社会团结奋进力量。紧扣“两学一做”学习教育、解放思想大讨论、项目建设、创建全国文明城、扶贫攻坚、民生保障等中心工作，综合运用专栏、评论、综述等新闻形式，唱响“增强辐射带动功能，建设现代化省会城市”主旋律。全年石家庄日报社推出“两学一做”学习教育、解放思想大讨论、抗洪救灾、“决战决胜，利剑斩污”、“聚焦重点、攻坚突破，加快建设现代化省会城市”等30余个专题，“项目建设进行时”“建设文明石家庄，做文明石家庄人”“创新一线”等20余个栏目，发表《增进群众福祉、厚植百姓获得感》等社论和评论员文章近100篇，撰写重点报道、系列报道近500篇，以多角度展示市委、市政府开展工作的新思路、新举措、新进展、新

成效。重视做好城市形象宣传，提升石家庄市的影响力、知名度和美誉度。在《人民日报》等中央媒体发稿693篇，人民网、新华网、新浪网、光明网等全国10家重点新闻网站转载石家庄日报社新闻2万余条。2016年《石家庄日报》编辑冯金莲获得“河北省优秀新闻工作者”称号。弘扬主旋律，传播正能量，宣传先进典型和凡人善举。2016年石家庄市发生“7·19”洪涝灾害后，石家庄日报社（传媒集团）派遣记者120多人次，分赴井陉县、赞皇县、平山县、井陉矿区、灵寿县等受灾严重一线山区村镇，采访400多次，《石家庄日报》《燕赵晚报》刊发6个专题系列报道、100余篇重点报道，118个专版，307篇稿件，44万余字，图片214幅，石家庄新闻网刊发抗洪救灾新闻信息500余条，全面、准确、及时传达了中央、省、市关于抗洪救灾指示和要求，真实反映了各级各部门和基层党员群众冲锋在前、众志成城、抗洪抢险、重建家园的精神面貌和感人事迹。以纪念红军长征胜利80周年为主题，推出重走长征路大型活动，分3组记者历时1个月时间，以接力形式重走长征路，刊发13个版面、10余篇系列报道，在全市引起共鸣。

【媒体融合】 推进新媒体发展，组建成立新媒体发展中心。《燕赵晚报》与ZAKER联合，借助新媒体先进技术和平台支持，运营ZAKER石家庄频道，扩大传统纸媒传播力、影响力。与新华社签约，组建第二批全媒体平台。完善石家庄日报社“两微一端”平台，建立官方微博4个、微信公众号16个、手机客户端2个，关注“粉丝”600多万人；微博、微信图文阅读和转发量攀升，石家庄新闻网、燕赵手机报等新媒体日点击量、订阅量达到13万多人（次），形成多种传播形态、共存互补、现代化全媒体矩阵。

【经营管理】 开展管理机制改革，下放经营权、分配权、用人权、资源使用权，实行报业（公司）独立核算体制，激发经营活力；调整内设部门，强化经营机构，修订配套管理办法，充实经营力量；实行以岗定薪、多劳多得薪酬制度，提高职工积极性；优化人才队伍，执行竞争上岗政策。严格财务管理，狠抓节支降耗，支持非广告项目经营和楼宇经济发展，落实多元创收和节支组合拳措施。2016年石家庄日报社（传媒集团）实现总收入14676万元，其中广告收入4444万元（不含控参股公司收入）；印刷业务实现利润146万元，同比增长21.67%。巩固传统广告收入，探索多种经营模式。采取“报纸＋新媒体”“报纸＋地面推广”“报纸＋销售”“报纸＋会展”等营销方式，实现传统版面广告营销向整合营销转型。1月8日，石家庄报业传媒集团与石家庄天元集团签署O2O战略合作框架协议，探索发挥天元集团天元超市、天元名品、天元酒店三大服务业态及石家庄日报社（传媒集团）“燕赵晚报·小区管家APP项目”优势，开通线上线下渠道，打造智慧社区，形成报纸+APP+物业＋实体店模式。举办名家书画作品展、经营精品微拍等创收活动，深耕DM广告业务，推出“石报·果语拼果汇”微营销项目。

【公益活动】 搭建公益和慈善平台，举办“2+X”送暖快车、小记者培训班、城市集体绿色婚典、千人相亲会、慈善拍卖会等公益品牌活动，受到市民肯定和赞誉。举办“石家庄市民文明十条”“美丽乡村”“夜经济名片”评选活动及河北省首届文房四宝精品艺术展、雷锋植树组等活动，展示党报社会责任感，提升日报品牌影响力。7月1日，是《燕赵晚报》出版第10000期纪念日，石家庄日报社组织举办征集万人签名为奥运祝福加油、征集万颗爱心为普通群众圆心中梦想、向保存整千期报纸读者赠送全年晚报回馈活动，推出24版《博》特刊、84版《爱》特刊百版纪念特刊与读者分享。发动社会力量，开展扶贫助困活动，设立天天帮办、法律帮办、“月月3·15”、爱心手拉手城市公益平台、失物招领网等栏目，支持和帮助孤寡老人、困难家庭和贫困学生。

石家庄日报社（传媒集团）
党委书记、社长、总编辑：王勋涛
党委副书记、副总编辑：刘云道
副 社 长：张振江 祁辉
副总编辑：李永林 王海刚
金爱民 魏宪亮
石家庄报业传媒集团董事长（兼）：
王勋涛
石家庄报业传媒集团有限公司
总经理：翟洪权
石家庄报业传媒集团副总经理：
常剑波 谷志伟

（段慧泉）

广播电影电视

【概况】 2016年，石家庄广播电视台创收2.12亿元，同比下降18.39%。其中，广告创收1.65亿元，产业及活动收入1700万元，其他收入3000万元。广播频率全天市场份额保持45.5%，电视频道全天市场份额8.09%，晚间时段收视率2.78%。数字电视用户139.0万户。广播综合覆盖率99.4%，电视综合覆盖率99.38%。对标先进，提升品牌，推进节目创新创优创效。《民生热点面对面》节目升级成为市委对外宣传局、石家庄广播电视台联合主办电视问政大型访谈节目；《石家庄2016少儿春晚》获授中国电视艺术家协会春节晚会优秀作品奖；电视纪录片《筑成我们新的长城》获得中国广播影视二等奖；《乡村服务社》栏目被国家广播电视总局评为最具创新影响力城市台节目。传播党和政府声音，推进公共宣传服务平台、地铁电视、地面数字电视、党的好声音唱响新农村工程项目建设。赞皇县、平山县广播电视"户户通"工程安装用户1万余户。8月5日，石家庄广电传媒集团有限公司与石家庄轨道交通有限责任公司举行签约仪式，合作成立石家庄地铁电视传媒有限公司，正式启动石家庄地铁电视项目。

【经营管理】 加强精准营销，全力打造"广电+"产业。2016年石家庄广播电视台面对经济整体下行、广告收入下滑、经营创收艰难的不利局面，以改革创新为突破口，采取经营和节目深度融合手段，推进全面营销向重点突破转变、粗放营销向精准营销转变，并确定房地产、医疗、金融理财、家居建材四大行业为重点，实施线上栏目、线下活动"双轨"发展。加大新媒体技术投入，打造石家庄广播电视台新媒体中心，承担运营全媒体运营指挥中心、新媒体产业发展研究院等职能，形成"集中采访、分类编辑、分频播发"全媒体发布格局。广播音频网、电视高标清同播系统建设完成，新购广播随行直播车、高清电视直播车，实现4G直播实时切换，传播效果大幅提升。2016年石家庄广播电视台获评全国8个最具综合实力城市台之一。

【公益宣传】 举办"公益社区行"活动200余场次。组织和参与举办"石家庄（广电）春季、秋季国际汽车博览会""石家庄音乐节""河北省首届少儿艺术节""石家庄首届金融理财博览会""首届工业名品博览会"等大型媒体活动。联合主办"感动省城"十大人物评选。2016年11月，由市委宣传部、石家庄广播电视台、石家庄日报社联合主办的2016年度"感动省城"十大人物评选活动启动，经推荐和投票等环节，选出感动人物（群体）10个（参见《石家庄年鉴2017》"人物"）。2017年1月18日晚，2016年度"感动省城"十大人物颁奖盛典在石家庄广电中心举行，石家庄广播电视台录制实况并安排频道播出。

【全媒体运营指挥中心运行】 1月11日，市全媒体运营指挥中心启动仪式在石家庄广电中心举行。市全媒体运营指挥中心主要职能：协调整合全市新闻、网络和政务资源，推动全市传统媒体与新兴媒体深度融合发展，打造形态多样、手段先进、具有竞争力和影响力新媒体平台。推进"石家庄发布"微博微信、"无线石家庄"APP客户端及"燕赵名城网""石家庄文明网"等新媒体提档升级，致力打造石家庄区域门户、全国知名新媒体品牌。管理及经营体制：由市委宣传部领导，市互联网信息办公室主管，石家庄广播电视台运营；采用PPP模式，由石家庄国创掌易新媒体信息技术有限公司负责市场化经营。市全媒体运营指挥中心依托广播电视台融媒体中心专业设备和技术，整合广播电视台各频道、频率及报纸文字、图片、音视频等新闻，理顺采、编、审、发环节，建成大容量数据库和数据交换平台，促进了传统媒体、新兴媒体共享共用。

石家庄广播电视台

党委书记、台长：兰国良

总编辑、副台长：商业南

纪委书记：鲁小平

副 台 长：罗爱山 白贵敏 左荣发

副总编辑：张云山 李旭亮

副总经理：牛军民

（李健楠）

档　案

【概况】 2016年，市档案部门申报河北省开发利用档案优秀服务成果10项，其中，获得河北省一等奖3项、二等奖4项、三等奖2项、优秀奖1项。至2016年底，市档案局（馆）馆藏档案360个全宗、284769卷、209077件，资料24752册，照片46408张，光盘622张。贯彻国家档案局《关于进一步加强档案安全工作的意见》，市、县两级档案部门组建成立档案安全工作领导小组，按照“谁主管、谁负责、谁实施、谁担责”原则，落实档案安全主体责任和安全职责；完善档案安全管理法规，修订《档案安全突发事件应急预案》《石家庄市中小学档案管理办法》等制度。以“6·9国际档案日”“9·5档案法纪念日”“世界音像遗产日”为契机，在市区宁安小区、兴凯怡园、法制公园等公共场所开展档案法宣传活动。撰写档案宣传稿件110篇，其中国家级、省级、市级报纸杂志和网络刊载73篇。举行市、县两级档案人员岗位培训和业务培训，参训300人。开展机关档案目标管理认定，市、县两级认定23家，其中晋升5A级3家、4A级5家、3A级13家、2A级2家。推进馆藏档案利用和服务，向市人大常委会提供举办“全国实行人民民主的范例——石家庄市首届人民代表大会历史陈列展”档案资料170件、435页。2016年全市接待查阅档案人员12002人次，调阅档案47005卷次。其中，市档案馆接待利用者7000人次，调阅档案35000卷次、资料301册次、照片900张，复印档案资料13216张。2016年市档案局获评河北省档案工作先进集体和市级文明单位、“六五”普法先进集体，唐克获评河北省档案工作先进工作者。

【档案馆建设】 新建市档案馆列入石家庄市经济社会发展第十三个五年规划纲要。新的市档案馆规划设计完成，选址正定新区，总占地2.60万平方米，总建筑面积4万平方米，投资概算3.2亿元。推进县级档案馆建设，赞皇县、深泽县、元氏县、晋州市等县级档案馆建成，其中，赞皇县、深泽县档案馆搬迁完毕并投入使用。9个县（市、区）档案馆建设启动调研，高邑县档案馆新址确定。

【档案信息化】 争取市财政专项经费200万元，开展馆藏档案数字化建设，扫描600多万页、录入100多万条。录入馆藏档案照片数据19885张，数字化处理新民居照片7708张。开展石家庄市档案局、南昌市档案局第二批重要档案数据异地异质相互备份，分别涉及档案数据2.5TB、1.26TB。推进电子档案在线接收，研发设计市档案局“区域性数字档案数据中心”科研项目并在市直单位推广使用，有效解决档案网上采集、在线利用常见问题，实现档案资源共享。7个县（市、区）档案馆实施数字化工程，录入目录45万多条，原文扫描70多万页。

【档案组建】 全年征集档案1280件、图书资料256册。征集曹德绪、闫瑞泉等捐赠档案资料32盒（200件）、书籍19册，市摄影家协会会长马永顺档案资料26件，市委办公厅《知之深 爱之切》图书档案资料20套240册。开展机关、团体、事业单位年度档案整理归档检查考核，形成档案1485盒10万余件，档案整理合格率98.5%。落实市委办公厅、市政府办公厅印发《关于加强抗洪救灾中档案资料收集工作的通知》要求，启动收集“7·19”特大洪水灾害档案资料。档案鉴定与整理。2016年市档案部门鉴定整理会计档案36248卷，文书和业务档案12348卷、3万余件，著作目录9万余条；整理名人档案143盒、1109件，图书资料153册，光盘99张，照片19885张，录像资料30分钟。接收市直机关部门报送政府公开信息920件。

（马彦春）

文 物

【概况】 2016年，市文物部门以巩固文物大市，建设文物强市为目标，围绕“保护为主、抢救第一、合理利用、加强管理”工作方针，推进做好文物保护、利用和管理。至2016年底，全市拥有文物保护单位354处，其中，全国重点文物保护单位39处、省级文物保护单位102处、市县级文物保护单位213处。包括田野文物48处、古墓葬19处、古遗址21处、古建筑75处，各类不可移动文物点4800余处，可移动文物27000千组；长城遗址、遗迹94处。注册登记博物馆、纪念馆14座。争取国家文物保护专项资金9927万元，同比增加5864万元，支持正定县正定城墙修缮工程、新华区毗卢寺安防工程、元氏县开化寺塔防雷工程、行唐县南桥镇故郡墓地考古发掘项目。可移动文物普查基本完成，市级审核、省级复核完毕，共采集登记文物信息2.7万组，涉及文物30多万件，其中，清理文物11万件，发现文物5000多件（套），新认定文物11.8万件。

【文物保护】 正定古城保护。落实国家、河北省文物部门关于正定古城保护要求，将正定古城保护作为一号工程。梳理古城保护项目类别，推进和实施文物本体保护重点项目、文物保护规划编制。正定古城保护争得国家文物保护专项资金2.50亿元，其中到位资金9126万元。正定隆兴寺毗卢殿现状整修工程、正定文庙大成殿保护维修工程竣工，正定城墙修缮工程——南城墙修缮施工收尾。经县（市、区）文物部门申报、市级文物部门审核，推荐22处文物申报省级文物保护单位。实施文物古建筑维修，石家庄电报局营业厅旧址修缮工程、行唐封崇寺大殿保护修缮工程、鹿泉铁行会馆修缮工程（一、二期）竣工并通过验收。天护陀罗尼经幢抢救性保护修复工程竣工待验收，福庆寺圆觉殿保护修缮工程、赵县西林寺塔修缮工程正在修复，栾城区东尹村冯百万宅院正在编制修复方案。

【考古挖掘】 行唐故郡考古。省文物研究所与石家庄市、行唐县文物部门联合开展行唐故郡墓地及周边区域调查、勘探和抢救性发掘，调查面积15平方千米，勘探面积32万平方米，发现墓葬及车马坑等166座，抢救性发掘被盗墓葬5座、车马坑1座，出土金、青铜、玉石、骨角器等珍贵文物。新华区大马村瑞象寺遗址抢救性考古发掘。这是继2015年在瑞象寺遗址发现2尊北朝佛首后首次发掘，发掘面积324立方米，出土大型石质基座、佛教造像残块、香炉、莲花座等石质遗物及大量筒瓦、各类脊兽残件、灰砖等建筑用料和瓷碗、盘、罐、陶瓮、盆等陶瓷器残片。

石家庄市文物局

局　长：张跃新

副局长：陈浩志　张献中

（田　欣）

西柏坡纪念馆

【概况】 西柏坡位于石家庄市平山县中部，距离石家庄市主城区80千米，是中国解放战争时期中央工委、中共中央和解放军总部所在地。1947年5月，刘少奇、朱德率中央工委进驻西柏坡。1948年5月，毛泽东、周恩来、任弼时率中央前委和解放军总部到达西柏坡与中央工委汇合。在西柏坡，毛泽东等中国老一辈领导人组织召开了全国土地会议，通过《中国土地法大纲》，以实现耕者有其田；指挥辽沈、淮海、平津三大战役，决定中国命运；召开中国共产党七届二中全会，描绘出新中国宏伟蓝图。1949年3月23日，中共中央和解放军总部离开西柏坡，前往北京。后人称“新中国从这里走来”，即由此而起。

1955年，河北省博物馆联合建屏县政府（1958年建屏县改为平山县）建立西柏坡纪念馆筹备处。1982年3月11日，国务院公布西柏坡中共中央旧址为全国重点文物保护单位。1987年5月1日，建立文物呆护区碑1座，划定文物保护区39.18万平方米、自然保护区133.32万平方米。1976年10月，西柏坡陈列展览馆开工。1978年5月26日，在纪念中共中央和解放军总部移驻西柏坡30周年时，西柏坡陈列展览馆与中共中央旧址同时对外开放。主题陈列“新中国从这里走来”于1993年、1996年、1998年、2003年、2009年修改完善，获评“1998年度全国十大精品陈列”“第六届全国十大陈列展览特别奖”（2003～2004年）。1992年起，西柏坡纪念馆先后修建西柏坡石刻园（2011年扩建改名西柏坡丰碑林）、西柏坡雕塑园、五大书记铜铸像、西柏坡纪念碑、周恩来评语碑、西柏坡国家安全教育馆、西柏坡文物保护碑、西柏坡青少年文明园、西柏坡廉政教育馆等革命传统教育系列工程，丰富了西柏坡纪念馆教育内容。

西柏坡纪念馆建馆以来，党和国家领导人江泽民、胡锦涛、习近平等先后到西柏坡参观学习。江泽民题词：“牢记两个务必，建设有中国特色的社会主义”。胡锦涛发表重要讲话：要求全党同志继承和发扬西柏坡时期毛泽东提出的“两个务必”精神。习近平指出：毛泽东同志当年提出的“两个务必”，包含着对我国几千年历史治乱规律的深刻借鉴，包含着对我们党艰苦卓绝奋斗历程的深刻总结，包含着对胜利了的政党永葆先进性和纯洁性、对即将诞生的人民政权实现长治久安的深刻忧思，思想意义和历史意义十分深远。

1995年，西柏坡纪念馆被国家文物局评为“全国优秀社会教育基地”；1996年，被国家教委、民政部、文化部、文物局、共青团中央和解放军总政治部联合公布为“百个全国中小学爱国主义教育基地”；1997年，被中共中央宣传部命名为“全国百个爱国主义教育示范基地”；2002年10月，被全国精神文明建设指导委员会评为“全国精神文明建设工作先进单位”；2002年11月，被国家旅游局评为“AAAA级旅游景区”；2008年5月，被国家文物局命名为首批“国家一级博物馆”；2009年12月，被解放军总部命名为“国防教育示范基地”；2010年5月，被中央纪委监察部命名为首批“全国廉政教育基地”；2011年，被国家旅游局评为“AAAAA级旅游景区”；2012年9月，被中共中央宣传部、国家文化部、国家广电总局、国家新闻出版总署评为“全国文化体制改革先进单位”。

2016年，西柏坡纪念馆围绕“坚持西柏坡爱国主义教育主题不动摇，着力完善提升纪念馆和红色旅游景区两大功能，对内抓提质，对外抓拓延，实现纪念馆又好又快发展”工作思路，突出纪念馆主体功能，集中打造宣传教育、研究两大品牌，建成以中共中央旧址和部委旧址群为两点，环形路连接“一环两点”红色山村景观。2016年西柏坡纪念馆获得首批20家“全国研学旅游示范基地”、市普法先进单位等称号。

【学习考察活动】 党和国家领导学习考察。9月21日，中央政治局委员、全国人大常委会副委员长、中华全国总工会主席李建国，中华全国总工会党组书记、副主席、书记处第一书记李玉赋到西柏坡纪念馆参观学习。观看西柏坡历史资料片《新中国从这里走来》，参观西柏坡陈列展览馆和中共中央旧址。市委领导学习考察。3月23日，是党中央离开西柏坡“进京赶考”67周年日子，市委常委集体赴西柏坡开展“重温《党委会的工作方法》，加强党委领导班子建设”主题教育活动，各市委常委围绕学习毛泽东《党委会的工作方法》和习近平总书记批示精神，结合自己学习体会和思想实际，作交流发言。

【展馆修复改造】 启动“八微工程”（建筑微坏、设备微坏、道路微坏、展品微坏、标识微坏、线路微坏、用品微坏、卫生微差）专项治理，实施馆区石材更换项目、安全馆入口雨棚修缮项目、宾馆广场及丰碑林东侧凉亭修缮项目。职工宿舍区道路及环境改善提升项目、办公区广场道路改造修缮项目、丰碑林墙面粉刷修缮项目、纪念碑观景平台整修项目、馆区道路栏杆改造提升项目五大重点项目建设完工。西柏坡廉政教育馆改造工程竣工。6月17日，西柏坡廉政教育馆历时2年改造提升工程竣工。6月21日，正式对外开放。西柏坡廉政教育馆始建2008年，2009年4月14日向社会开放。2010年5月18日，被中央纪委监察部授予全国首批50家廉政教育基地之一。2014年3月起，西柏坡纪念馆多次与省市纪委、省市党史等部门研究讨论，召开陈展大纲、形式设计论证会，修改、补充、完善、改造陈列内容和形式，增加文物、资料161件（套），调整照片199张。突出实物性、故事性、思想性，特别是中共十八大以来反腐内容和反腐成果；色彩选用明快色调，以青白两色为主，寓意廉政和做人要清清白白；采用方正布局，打破传统腰带式展览，增加展览展线100多米；方便观众动手参与，可互动翻阅《中华人民共和国宪法》，以滑轨数字屏形式展示违纪违法官员忏悔，以触控查询播放一体机查阅《十八大以来落马并已审判的官员》《作风建设永远在路上》，并与中央纪委监委网站链接，查阅最新动态。西柏坡主题蜡像馆揭牌。10月30日，纪念红军长征胜利80周年暨西柏坡主题蜡像馆揭牌仪式在西柏坡纪念碑广场举行。西柏坡主题蜡像馆采用艺术形式再现中国革命战争期间，革命老区的英雄事迹和五大书记在西柏坡的丰功伟绩。场馆分设两层，由人物蜡像和场景组成。其中，场景设置有“农家院落”“少年新英雄王二小”“做军鞋”“送军粮”“参军支前”“戎冠秀救治伤员”“指挥室”“进京赶考”等。

【西柏坡精神传承】 利用西柏坡红色教育资源，创新干部党性教育理念、内容、模式，精心打造集讲课、拓展、实践为一体自主选学干部党性教育课堂。与河北师范大学马克思主义学院、首都师范大学、北京航空航天大学、河北经贸大学达成合作战略协议，探索推进馆校共建共赢社会教育新模式。与市第40中学、石家庄二中实验中学、西柏坡中学合作，开辟西柏坡第二课堂暨学生社会实践活动。编撰德育教材、组建课外德育辅导团队，向青少年群体传播西柏坡精神；培养党性教育专题讲师，开辟现场教学点评。3月22日，西柏坡“中国华侨国际文化交流基地”揭牌。西柏坡时期珍贵红色文献展览。3月24～29日，由西柏坡纪念馆主办的西柏坡时期珍贵红色文献展览举行。展出文献149件，主要为1948～1949年中共中央在西柏坡时期的历史文献，涵盖党的军事、政治、政权、经济等。19名来自省内外收藏者提供藏品，7名收藏者向西柏坡纪念馆捐赠《整党学习材料》《共产主义运动中的“左”派幼稚病》《华北区土地房产所有证》等11件珍贵文献。创编《党旗飘扬 美丽河北》纪实情景讲述剧。2016年5月，西柏坡纪念馆组织讲解员艺术团启动创编《党旗飘扬 美丽河北》纪念中国共产党建党95周年纪实情景讲述剧。6月24日，首场演出在河北师范大学举行；6月28日，开始全省巡演活动，分别在邯郸市、衡水市、石家庄市井陉矿区演出。《党旗飘扬 美丽河北》纪实情景讲述剧共6个篇章。其中，序篇《苦难中国》展现列强侵华、军阀混战、地主压迫下的劳苦大众的无助、无奈与悲惨境地，第一篇章《铁肩道义》展现革命先驱李大钊忧国忧民的情怀和奋勇无畏的精神，第二篇章《慷慨悲歌》以狼牙山五壮士、戎冠秀的感人事迹展现燕赵儿女在抗日战争、解放战争中作出的杰出贡献，第三篇章《艰苦奋斗》以吕玉兰、张贵顺等党员模范人物，反映新中国成立初期燕赵人民在党中央领导下自力更生、艰苦奋斗、战天斗地取得的巨大成就，第四篇章《革故鼎新》颂扬改革开放新时期涌现出来的范振喜、李保国等党员模范新的价值追求和时代风采，尾声《美丽河北》号召全省共产党员及人民共筑美丽中国梦，奋力开创建设经济强省、美丽河北的新篇章。情景讲述剧运用舞蹈、快板、小品、歌曲等艺术形式，讴歌建党95周年以来河北大地涌现出的优秀党员干部和感人事迹，展现了全省共产党员所经历的风雨历程和取得的光辉成就。大学生“第二课堂”教育活动。8月31日，河北师范大学马克思主义学院西柏坡第二课堂暨学生社会实践活动结业仪式在西柏坡纪念馆举行。同日，“河北师范大学马克思主义学院学生西柏坡第二课堂暨社会实践基地”揭牌。社会实践活动时长1个月，参与大学生40余人，包括历史知识培训和岗位职业培训、理解展览内容及试讲、岗位实践及接待观众、综合考评和结业4项内容。“弘扬西柏坡精神 实现中华民族伟大复兴”展览。9月1日，由南京市博物总馆、西柏坡纪念馆主办，渡江胜利纪念馆承办，以深入开展“两个务必”宣传教育、弘扬西柏坡精神、永葆奋斗精神为主题的“弘扬西柏坡精神 实现中华民族伟大复兴”图片展在渡江胜利纪念馆举办。图片展分为“依靠群众、为了群众”“敢于斗争、敢于胜利”“两个务必、永葆本色”“艰苦奋斗、清廉自律”4个部分。以生动、翔实、珍贵的历史资料，回顾中国共产党在西柏坡时期的战斗历程，再现了“新中国从这里走来”的历史画面。“从伟大转折到伟大胜利”主题报道。9月29日，由河北、贵州、四川、重庆、甘肃、陕西、宁夏7省（市、自治区）委宣传部、网络信息化办公室及共青团省（市、自治区）委、河北及贵州两地省委党史研究室共同主办，以纪念中国共产党成立95周年暨红军长征胜利80周年、回顾党的光辉历程、讴歌党的丰功伟绩、传承长征精神、弘扬西柏坡精神为内容，“从伟大转折到伟大胜利”——“多彩妹牵手情义哥，从遵义走到西柏坡”大型主题报道活动总结颁奖会在西柏坡举行。此次活动从2016年8月初启动，历时两个月。活动期间，中国日报网、长城网、多彩贵州网、中国甘肃网、四川新闻网、西部网、华龙网、宁夏新闻网8个网站编辑记者及青年网友从遵义出发，追寻先烈的足迹走到西柏坡；策划组织青年网友文化交流、媒体联合采访、纪念中国共产党建党95周年优秀网络歌曲征集传唱和动漫人物“红色之旅”、VR网上纪念馆制作等系列主题活动，累计发布原创稿件1000余篇，征集网络歌曲作品300余首。“我是长征精神传承人”演讲比赛。10月17～18日，由河北省委宣传部主办、西柏坡纪念馆承办，以纪念红军长征胜利80周年为主题的河北省爱国主义教育基地“我是长征精神传承人”演讲比赛在西柏坡纪念馆举行。来自全省爱国主义教育基地的44位讲解员参赛，西柏坡纪念馆选手范浩天、郭薇获得一等奖，许曼获得二等奖。10月20日，“我是长征精神传承人”纪念红军长征胜利80周年群众宣讲活动在河北医科大学举行，全省获奖选手与该校师生1000多人参加演出活动。

【西柏坡红色文化研究】 联合市委组织部，撰写和拍摄《西柏坡光荣传统红色讲堂》党性教育资料片3集，分别为《牢记“两个务必”，永葆政治本色》《弘扬艰苦创业，走在时代前列》《践行勇于担当，全力尽责作为》。编撰《西柏坡电报解读》《西柏坡历史故事》《西柏坡文物故事》《西柏坡人物故事》，由河北美术出版社出版。编辑《西柏坡研究》《西柏坡中央各部委研究》《西柏坡展览之解读》《西柏坡历史之见证》《西柏坡口述史（二）》交付排版。4月17日，由河北师范大学、省委党校、西柏坡纪念馆3家申报的国家社会科学基金项目“西柏坡时期中国共产党历史文献整理与研究”在西柏坡纪念馆举行。项目内容包括：西柏坡时期中共中央历史档案整理与研究、西柏坡时期中国共产党地方党组织历史档案整理与研究、西柏坡时期中国共产党报刊史料整理与研究、西柏坡时期中国共产党文书资料整理与研究、西柏坡时期中国共产党口述史资料整理与研究、西柏坡时期中国共产党全史研究6个课题。5月27日，由省中国特色社会主义理论体系西柏坡精神协作研究基地、市普法办公室主办，西柏坡纪念馆承办的“西柏坡时期的纪律、规矩及法治建设”主题研讨会举行，11个西柏坡精神协作研究基地成员单位、专家学者及井冈山纪念馆、延安纪念馆、遵义纪念馆、武汉革命博物馆4家应邀单位代表30多人参会。撰写西柏坡精神研究文章30余篇，并在《中国档案报》《中国文物报》《中国记者》《纵横》《河北经贸大学学报》等期刊、报纸刊发。

西柏坡纪念馆

西柏坡管理局副局长、党工委委员、
西柏坡纪念馆党委书记：陈宗良

馆　　长：王红

副 馆 长：段彦峰　张振国

纪委书记：杨宏伟

（西柏坡纪念馆）

卫生·体育

Public Health & Sports

卫　生

【概况】　2016年，全市共有各级各类医疗卫生机构6892个，其中，医院205个，乡镇卫生院220个，社区卫生服务中心（站）193个，门诊部61个，诊所（医务室）2107个，村卫生室3973个，专业公共卫生机构118个，其他卫生机构15个。开放床位53357张。在岗职工92879名，其中，卫生技术人员70593名、执业（助理）医师31781人、注册护士27749人。平均每千人口拥有卫生技术人员6.54人、医生2.95人、注册护士数2.57人。获批继续教育国家级项目49项、省级116项、市级438项。提升基层医疗服务能力，创建“群众满意的乡镇卫生院”61所，21所乡镇卫生院入选国家卫生计生委公布2015～2016年度群众满意的乡镇卫生院名单，长安区桃园社区卫生服务中心入选全国社区卫生服务机构百强，组织14家三级医院、54家二级医院分别对口支援23家县级医院、195家乡镇卫生院，协助开展新业务163项，招录基层卫生技术人员554名。推进家庭医生签约服务，社区家庭医生团队签约服务覆盖家庭20.9万户，同比增长45.5%；“3+X”乡村医生签约服务覆盖农村居民471.98万人，同比增长87.2%。2016年全市共为6.28万对一孩夫妻和6.34万对二孩夫妻办理生育登记，批准5700多对夫妻再生育申请。至2016年底，全市出生人口12.78万人，人口出生率12.43‰，符合政策生育率94.73%，出生人口性别比为108.26。开展流动人口动态监测调查，选取样本点100个，发收个人问卷调查2000份、社区问卷调查95份。推进标准化县级妇幼保健院建设，建立孕产妇和新生儿危急重症救治中心，设置产科儿科床位7518张、医护人员5666名。实施出生人口缺陷干预工程，市、县两级财政连续5年每年预算安排专项资金6000万元，用于开展婚前医学、孕前优生、产前筛查、新生儿遗传代谢病和听力障碍等免费筛查。至2016年底，全市免费筛查、检查孕产妇与新生儿61.8万人次；生殖健康免费检查147万人次，查出妇科疾病、乳腺疾病34.1万人次；向7.7万余名农村孕产妇提供住院分娩补助2300余万元；免费婚前医学检查5.23万人，婚检率64.74%；孕前优生检查8.1万人，目标人群覆盖率73.45%；免费产前筛查10.41万人，产筛率77.17%；免费新生儿遗传代谢疾病筛查11.28万人，筛查率99.25%；新生儿听力障碍筛查10.63万人，筛查率93.56%。重视中医药发展，印发《石家庄市加快中医药振兴发展实施方案（2016～2030年）》；市第三医院、市第四医院通过“国家综合专科医院中医药工作示范单位”创建评审；创建全国基层中医药示范单位6个（鹿泉区、栾城区、井陉矿区、无极县、平山县、高邑县）、中医药特色优势乡镇卫生院53家。开展卫生系统重点项目建设，市第四医院谈固院区、市第一医院中心院区儿科综合建设工程主体封顶，市第二医院全科医生培训基地、市第五医院门诊医技及应急救援综合楼、市第六医院妇女健康管理中心启用，市第一医院赵卜口院区开工。农村改厕50372座。7月21日，河北省首个病媒生物展厅在市疾控中心建成并向市民开放。推进京津冀医疗卫生协同发展，设立京津冀卫生系统协同发展专项奖补资金1000万元，创建协作中心、医疗联盟、合作建院、医疗联合体、临床教学基地、协作医院、院士工作站、远程会诊中心、专家科室层面技术合作项目9种协作模式。开展京津冀医疗协作项目34项，市疾控中心“院士工作站”、市第一医院“国家高级脑卒中中心”和‘天津市胸科医院合作医院”、市第二医院“中国人民解放军第306医院糖尿病远程会诊中心”、市第五医院“首都医科大学附属北京佑安医院石家庄分院”、市第六医院“天津中医药大学附属医院技术协作医院”等项目落户石家庄市。10月1日起，京津冀三地132家医疗机构27项患者检查结果实现互认，其中地处石家庄市8所医院，分别为河北医大附属第一、二、三、四医院及省人民医院、省儿童医院、白求恩国际和平医院、市第一医院。创建标准化卫生监督机构，长安区、桥西区、鹿泉区、栾城区、井陉县、灵寿县、新乐市、晋州市卫生监督所建筑面积达到国家规定不少于1200平方米标准，桥西区、栾城区、高新区、井陉矿区、井陉县、平山县、无极县、新乐市8个县（市、区）增加卫生监督执法人员91人，监督员配置达到万分之一。开展卫生应急综合示范县创建，晋州市获评省级示范县。做好“7·19”暴雨洪涝灾害后卫生防疫，全市派出医疗救治、卫生防疫、卫生监督队伍1795支，服务群众11685人次，累计环境消杀面积320.1万平方米，发放防病宣传材料66.2万份，没有发生因暴雨洪灾引发传染病疫情和公共卫生事件。重视健康教育，举办“健康中国行——走进石家庄”及健康指导员进乡村、进社区、进家庭活动，井陉矿区创建成为国家级健康促进县，全市举办婚育新风进万家活动80场、健康讲座1万场，受益群众80万人次。实施社会心理服务“绿丝带”工程，采取以奖代补方式，为1094名严重精神障碍患者投保监护责任险。推进医疗机构安全生产标准化建设，印发《石家庄市医疗机构安全生产标准化实施细则（试行）》（“卫生”类目人口数据为市卫生部门统计口径）。

【医药卫生体制改革】 公立医院综合改革。印发《关于进一步深化公立医院综合改革的指导意见》，组织开展县级公立医院综合改革示范县创建活动。鹿泉区、栾城区、新乐市确定为河北省县级公立医院综合改革示范县，栾城区确定为河北省公立医院编制备案制试点单位，石家庄市在国家医改工作会议上作典型发言。分级诊疗。制定出台《石家庄市分级诊疗实施意见》《石家庄市糖尿病分级诊疗技术指导规范》。以高血压、糖尿病为突破口，开展县乡一体化管理、双向转诊、差别化设置不同等级医疗机构报销比例政策，井陉县、赞皇县基层医疗机构就诊人次同比增长30.6%，平均域外转诊率下降至12.2%。药品供应保障制度改革。建立短缺药品检测报告制度和配送商约谈机制，乡镇卫生院、社区卫生服务中心标准化药房实现全覆盖；创新推出“首席药师”进社区模式。2016年全市县级公立医院累计减免群众药费2.1亿元。信息化建设。制定“互联网+健康医疗”实施方案，推进全国电子病历试点城市建设，8家市级、17家县级、18家民营医院落实区域电子病历政策，采集电子病历50余万份。社会办医。放宽社会资本举办医疗机构准入范围，新增民营医院床位1458张，占新增床位比重56%。

【社区卫生服务】 以老年人、孕产妇、儿童、慢性病人及生育特殊家庭为重点，组建家庭医生团队580支，服务社区重点人群50万人，签约服务率达30%。提高医护人员素质，从全市社区卫生服务中心选派60名中青年社区卫生人才骨干分批赴京津地区进修培训，选派50名社区医生和护士到市级医院进修；全年培训社区卫生服务人员1072名。建设首席医师工作室，从省、市级医院选派40名副高职称以上医师，在各区选定20个社区卫生服务中心设置首席医师工作室，每周安排专家定期到社区卫生服务机构坐诊，以师带徒形式培养社区实用型人才。以服务能力、服务质量、机构管理、保障条件4个指标体系为内容，开展社区卫生服务机构首次星级评定，212所社区卫生服务机构参加，评选五星级35所、四星级69所、三星级83所、未评上星级25所。组织社区卫生服务机构开展医养结合试点，选择10所社区卫生服务机构，与辖区内养老机构建立协作关系，开展疾病防治、老年护理服务；选择20所社区卫生服务机构，采取签署服务协议形式，为居家养老的老年人提供基本医疗和个性化服务。

【生育政策】 1月1日起，石家庄市全面实施一对夫妇可以生育两个孩子政策。生育第二个子女实行免费登记制度。生育两个以内（含两个）孩子，不实行审批，由家庭自主安排生育。夫妻生育第三个子女实行再生育审批制度，再生育审批对象仅限再婚家庭申请生育第三个子女家庭，家庭子女总数按夫妻双方生育（含收养）子女数累加计算。市卫生计生委不再承办再生育审批事项，再生育审批权限下放至县（市、区）卫生计生行政部门。按照“新人新办法、老人老办法”原则，只生育一个子女并已经领取“独生子女父母光荣证”家庭，继续享受独生子女父母奖励金；领取“独生子女父母光荣证”家庭再生育，自孩子出生之日起，停止享受独生子女父母奖励，已经享受奖励不再退还。2016年1月1日后，只生育一个子女家庭，不再发放独生子女父母光荣证和独生子女父母奖励费，不再享受各种优先优惠政策。1月4日，市卫生部门研发推出生育办证APP客户端服务平台上线运行。市民可手机下载安装，选择“一孩登记”或“二孩登记”模块，将夫妻双方身份证、结婚证等证件拍照上传，即可办理生育登记；工作人员2个工作日内核对申请人填写个人信息和证件电子档案，确认无误后系统即时生成二维码生育登记凭证，个人可自行打印，也可携带身份证和夫妻小二寸合照到石家庄市任何一个乡（镇、办事处）卫生便民服务大厅领取生育登记证。

（刘伟）

【第五届抗癌明星评选活动】 3月11～31日，石家庄市举行第五届抗癌明星评选活动。参选人员年龄最大85岁，最年轻35岁，患病年龄最长23年。4月20日，石家庄市第五届抗癌明星评选活动结果揭晓，10位市民获评抗癌明星称号，30人获评优秀抗癌者。此次抗癌明星评选活动以4月15～21日第二十二个“全国肿瘤防治宣传周”活动主题“癌症防治，我们在行动”为重点，组织专家评审委员会依据生存年限、不同病种、康复经验和参与社会活动并作出贡献等内容开展评选活动，并将10位抗癌明星和30位优秀抗癌者的抗癌事迹编印成册，向社会广泛宣传，帮助市民提高防病意识和抗癌水平。根据市疾控中心监测数据，2016年全市恶性肿瘤发病率前5位依次为肺癌、胃癌、乳腺癌、结直肠癌、肝癌，前5位发病数占全部恶性肿瘤发病数的一多半，其中肺癌死亡率居第1位。

（王丽强）

【国药乐仁堂区域消毒供应中心运营】

8月8日，河北省首家医疗无菌物品社会化服务机构——国药乐仁堂医疗服务石家庄有限公司（工业化区域消毒供应中心）投入运营。国药乐仁堂医疗服务石家庄有限公司是国药洁诺和国药乐仁堂共同投资组建的工业化无菌物品供应机构，总投资2600万元，占地3000平方米，主要向河北省内各类医疗机构提供专业化、规模化的医疗无菌物品供应服务，可降低医院运营成本。

（范玉蕾）

【新增2所大型中医医疗机构】 2016年11月，省中医药管理局批复市卫生计生委，同意《关于石家庄市中医院增加执业地点和床位编制的请示》及设置河北中西医结合儿童医院2所中医（中西医结合）医疗机构，新增床位900张。批准市中医院设立东院区，地址为市建华北大街138号佰川大厦，规划建设地下1层、地上6层，建筑面积4.84万平方米，设置病区12个、床位500张。批准河北中西医结合儿童医院级别类别为三级中西医结合专科医院，设置单位为石家庄恩普抗肿瘤产业投资有限公司，经营性质为非营利性，项目选址为市工农路188号，投资总额2.5亿元，设置床位400张，诊疗科目包括内、外、儿、眼、急诊、重症、中医、预防保健等。

【406家公共场所评定卫生等级】 12月29日，市卫生监督局公布2016年度市直管理406家公共场所卫生信誉等级评定结果。77家单位获评卫生信誉等级A级，包括宾馆23家、商场15家、美容美发场所22家、游泳场所12家、影剧院2家、洗浴场所2家、歌舞厅1家；329家单位获评卫生信誉等级B级，包括宾馆44家、商场126家、美容美发场所103家、游泳场所38家、影剧院13家、洗浴场所1家、歌舞厅4家。市直管理公共场所卫生信誉等级评定每年一次，年底公布评定结果；卫生信誉度等级分为A、B、C三个等级，分别用不同“脸谱”表示。其中，A级为“笑脸”，表示卫生状况优秀；B级为“平脸”，表示卫生状况良好；C级为“哭脸”，表示卫生状况较差。

（刘韦）

【市第一医院】 市第一医院拥有本部、中心医院、眼科医院3个院区，总建筑面积12.3万平方米，编制床位2127张，临床科室74个，医技（药）科室18个，行政职能科室22个；职工3709名，其中，卫生技术人员3436名，正高级职称248名、副高级职称339名，博士研究生34名、硕士研究生621名；设有河北省重症肌无力诊疗中心、市健康管理（体检）中心、市急性心肌梗死救治中心等5个中心；河北省重症肌无力医院、河北省博士后创新实践基地、市肿瘤医院、市第一眼科医院、市脑血管病医院均在市第一医院挂牌。2016年市第一医院实现总收入12.63亿元，其中，门诊收入2.76亿万元、住院收入9.17亿元；门急诊量98.52万人次，出院人数5.67万人次；住院患者手术12625例，门诊患者手术7329例。收集药品不良反应报告116例，分析、去除2例，上报101例；收集化妆品不良反应报告1例；上报多重耐药菌感染监测病例380例次、可疑医疗器械不良事件36例。抗菌药物平均使用率39.48%，平均使用强度37.56DDD，均达到国家要求。提升护理服务水平，PICC置管334例，年龄最小28天，最大105岁，静脉维护664人次，处置疑难置管及特殊并发症100余例。采购医疗设备CT机2台、DSA机1台、MRI机1台，购买医疗耗材2.55亿元，医疗设备安装投入使用290台。申报享受国务院政府特殊津贴1人、“三三三”人才工程第三层次1人，选派出国培训6人，其中优秀专家1人，安排医务人员进修56人，接收医务人员到院学习118人，其中县级医院骨干医师5人。科室建设。“全国肝胆病防治技术示范基地”挂牌，肾病专业获批“河北省临床重点培育专科”，老年病科、医学影像科、烧伤科获批市级重点专科，2016年末市级重点专科达到14个，组建成立眩晕门诊、记忆门诊、家门诊，开设以感动省城人物命名的朱玉欣工作室——中心静脉门诊，脑血管病建立绿色通道，接收脑梗死患者1000余例，分别实施急诊静脉溶栓、动脉溶栓和动脉取栓、手术等治疗。医疗合作。与北京大学人民医院合作，成立“北京大学人民医院石家庄市第一医院普通外科协作中心”，全国MDT巡讲石家庄站开讲；与中国武警总医院合作，成立“中国武警总医院眩晕病研究所石家庄市第一医院协作中心”；与北京宣武医院贾建平教授团队合作，成立“中国痴呆与认知障碍协作组石家庄市第一医院协作中心”；与中日医院呼吸专科合作，加入“国家呼吸临床研究中心中日医院呼吸专科医联体”，成为首批市级医院唯一异地就医直接结算住院定点医院；与西京消化病医院合作，成立“西京消化病医院石家庄整合医学中心”。京津医院专家坐诊59人次，诊治患者1551人，做手术40人次；京津专家远程会诊81次。邀请北京301医院付小兵院士、第二军医大学长海医院夏照帆院士、卫生部北京医院刘甫庚教授、北京大学第一医院付占立教授、北京大学人民医院王俊教授等知名专家讲学，举办“烧伤创面及慢性伤口的诊疗进展”研讨班、“PET/CT在胸部肿瘤中的应用”研讨班、“肺腾中国——全国胸腔镜规范化手术技术巡讲（石家庄站）”等大型学术交流活动71项。2016年市第一医院立项河北省科技计划项目4项、市级科技指令计划1项、河北医学科学研究重点课题指令计划2项、河北省中医药科研指令计划1项，获得科研经费39.5万；获批吴阶平基金课题计划1项、河北省科技计划自筹经费项目10项、河北省医学科学研究重点课题指导计划16项、石家庄市科技指导计划52项；获批国家级继续医学教育项目22项、省级继教项目33项、市级继教项目76项。发表学术论文137篇，其中，SCI论文13篇、中文核心期刊论文27篇、科技核心期刊论文96篇；出版医学著作9部。获得河北医学科技奖22项，其中，一等奖3项、二等奖19项；获得河北省中医药学会科学技术二等奖1项；获得石家庄市科技进步奖9项，其中，二等奖4项、三等奖5项。认定科研成果31项。

（市第一医院）

【市第二医院】 市第二医院（市糖尿病医院）设置临床科室32个、医技科室10个；开设专业57个，开放床位950张。职工900余名，其中，专业技术人员740名，具有高级技术职称155名、硕士研究生以上学历150余名，市管专业技术拔尖人才、石家庄市有突出贡献的中青年专家10名。2016年市第二医院实现总收入3.77亿元，同比增长7%。其中，业务收入3.35亿元，增长2%。总资产3.9亿元，同比增长15%；净资产2.9亿元，同比增长19%；资产负债率26%。门诊量40.79万人次，同比增长8.12%；出院病人1.91万人次，同比增长13.14%；手术3271例；床位使用率113.24%。组建设立糖尿病—脂肪肝专业，糖尿病科室及相关专业增至13个，床位达到350张。引入肝脏脂肪定量检测系统，丰富糖尿病及并发症检测手段。启用糖尿病生物标本库，提升糖尿病科研及防治水平。筹建糖尿病基因检测实验室，推进精准医疗。组建糖尿病健康管理中心，实现糖尿病患者管理及健康教育规范化、同质化、国际化。发挥省糖尿病远程会诊中心作用，与

154家医疗机构实现互联互通，会诊123场次。与1家乡镇卫生院、2家社区卫生服务中心、3家社区卫生服务站、4家县级医院签约医疗联合体协议，建立双向转诊绿色通道。推进"军民融合医疗联合体"建设，组织临床、医疗技术、管理科室到中国人民解放军第306医院对接，两院专家定期出诊、教学、查房和举行义诊活动。举办第三届石家庄国际糖尿病论坛、首届石家庄市"降糖之星"评选活动，成立"石家庄市糖友俱乐部"。调整科室布局，加速糖尿病相关专业融合；组建成立灸疗熏蒸科，引入中医适宜技术雷火灸，采用熏蒸疗法，丰富治疗手段；口腔国际部引入先进设备及技术，开展激光微创无痛种植牙、激光牙周治疗。推进信息化建设，升级LIS系统，增加危急值功能模块、门诊分诊模块，建立患者健康数据库，外网宽带达到百兆。投入1152.53万元，新增先进医疗设备94台（件）。收集糖尿病国际最新前沿资讯，举办糖尿病相关讲座150余场。人才建设。招录专业技术人才60人，其中，博士2人、硕士24人；选派糖尿病专业骨干到澳大利亚、口腔专业骨干到日本研修深造，14名护理骨干、14名业务骨干分别到中国台湾及北京、上海等地进修学习。医疗科学研究。与悉尼大学阿尔弗雷德王子医院糖尿病中心签署战略合作协议，合作推进"石家庄地区糖尿病孕产妇及子女追踪研究"科研项目；与法国尼斯大学牙学院签订学术合作协议，确立糖尿病病人牙龈增生的激光处理等12项课题；参与中国人民解放军第306医院阿尔茨海默病与肠道菌群基因多态性研究项目；与上海复旦大学附属中山医院建立合作关系，开展糖尿病脂肪肝相关研究。立项省市科研课题14项，获得省医学科技奖7项、市科技进步奖1项，取得科研成果10项；核心期刊发表论文50篇，其中SCI论文3篇；开展国家继续教育项目5项、省市继续教育项目29项。2016年市第二医院获评"全国住院血糖优质护理示范单位"。

（市第二医院）

【市第三医院】 2016年市第三医院实现总收入6.53亿元，同比增长12.61%。其中，医疗收入3.21亿元，药品收入2.77亿元。总资产5.73亿元，同比增长1.78%；净资产2.46亿元，同比增长4.05%。全年门诊量54.0万人次，同比增长6.67%；出院人数2.78万人次，同比增长5.92%；床位使用率141.91%，同比增长7.34%；手术16841例，同比增长9.81%。组建成立3D打印实验室、小儿骨科，筹备成立中医骨科、五官科；影像专业获批市级重点专科。气动物流传输系统投入运用。双向转诊1246人，其中，住院患者413人、门诊患者833人。医疗科技。全年立项课题22项，其中，省（部）级1项、市（厅）级21项；发表论文65篇，其中，SCI论文9篇、核心期刊51篇；获得省市医学科技进步奖14项，其中，省级8项、市级6项。关节外科、脊柱外科、手足外科、普外二科、神经内科、心内二科、消化内科7个科室申报新技术项目11项。人才培养。选派境外研修5人、国内进修5人；全科医生转岗培训35人次；接收县级骨干进修医师4人；招聘高层次人才23人。继续教育。举办骨科国际新技术研讨会、京津冀眩晕及相关疾病研讨会、河北省第三届妇科内分泌与微创学术交流会等；开展国家级继续教育项目1项、省级10项、市级33项；参加市护理专业技能竞赛获得急危重症专业个人第一名。京津冀医疗合作。与北京阜外医院合作，成立心血管病远程会诊中心，举办脑血管筛查活动；与首都医科大学附属北京同仁医院合作，设立足踝外科诊疗中心；与北京友谊医院合作，成立北京友谊医院血管外科（北京市血管外科中心）石家庄市分中心；与北京宣武医院合作，开展"远隔缺血适应治疗症状性颅内动脉粥样硬化性狭窄的有效性及安全性的随机、双盲、平行对照、多中心临床研究"；与天津环湖医院签署协议，开展脑卒中防治等技术合作；与北京海军总医院续签合作协议，召开京津冀"眩晕及相关疾病研讨会"；与汉喜普泰（北京）医院投资管理公司合作，建设康复医院项目；与上海金辉通用航空股份有限公司、河北省体育局合作，开通全市首家直升机救援服务。推进信息化建设，开通移动数字心电系统、移动护理（PDA）工作站、移动医生查房系统、门诊分诊叫号系统、新版病历质控系统，升级改造PACS系统、移动医护系统、检验信息系统，移动护理推车投入试用。2016年市第三医院获批设立院士工作站和高级卒中中心，获评全国综合医院中医药工作示范单位。

（市第三医院）

【市中医院】 市中医院于1955年开始筹建，1956年10月9日正式成立，1961年迁入中山西路233号并更名为石家庄市中医院。1993年市中医院通过国家评审，成为一所集医疗、保健、科研、教学、产业、文化为一体的现代化三级甲等中医院。2016年全院建筑面积5万平方米，开放床位1003张，设置临床医技科室50余个，建有2个中心、3个重点实验室、2个临床重点专科、5个国家重点中医专科、6个河北省重点中医专科、16个市级重点中医专科、3个市级重点中医发展专科；拥有国家级知名专家3人，省市级知名专家30余人，博士生导师2人，硕士生导师86人，博、硕士研究生200余人。聘请全国50余知名专家为客座教授，开展会诊、带徒及远程会诊。组建成立邢月朋、王淑玲、薛芳、田淑霄、张士舜、郭纪生6个国家名老中医（学术）传承工作室和刘真、郭光业2个河北省名老中医（学术）传承工作室。设有中国中医科学院博士后工作站，成为河北医科大学、河北中医学院、河北北方学院、华北理工学院4所大学附属医院。2016年市中医院实现总收入5.17亿元，其中，医疗收入1.8亿元，同比增长20.09%；药品收入2.79亿元，同比增长13.8%；中药收入0.53亿元，同比增长8.72%；适宜技术收入0.37亿元，同比增长37.11%。全年门诊量69.52万人次，同比增长3.89%；出院人数2.23万人次，同比增长7.22%；病床使用率131.77%；住院患者中药使用率72.06%，适宜技术使用率78.79%。投入专项资金1600余万元，完成128层螺旋CT、全自动生化分析仪、口腔全景机、多功能彩超等技术设备更新换代。提升信息化水平，开拓“互联网＋中医药”信息技术应用，完成无线双网覆盖，开通空中医院APP系统，实现自助就诊、远程医疗、移动医疗、移动护理等中医信息化服务。推进中医药教育基地建设，组建康复保健社区服务队、中医药文化艺术团、中医药文化讲解团、八段锦俱乐部等队伍，举办“肛肠疾病健康行”“中医药科普体验半日游”“健康集市”“八段锦带教”等义诊、宣传教育、观摩和体验活动，服务群众3万余人次。与石药集团签署河北中西医结合儿童医院合作协议，确定在桥西区建设一所设置400张床位儿童专科医院；与北京中医医院合作，组建以北京中医医院为龙头，以市中医院为核心，以所属县（市、区）中医院和基层卫生服务机构为支撑的中医协作体系；与省公安厅、建设银行河北省分行、华夏银行河北省分行签订健康推广合作协议，成立“健康之家”，定期派驻中医专家坐诊。新增博士生导师1名，研究生导师累计达到86名；培养研究生150人，承担四部经典、名医学术传承、临床科研方法等200余个学时硕士生课程，获授省级专业学位研究生培养实践基地。立项国家中医药专项课题1项、省自然基金课题1项、省科技厅课题2项、省中医药管理局课题22项，合作项目10项；申报国家自然基金课题4项，获得科研经费89.15万元。

（市中医院）

【市妇产医院】 市妇产医院（市第四医院）始建于1956年，是河北省唯一三级甲等妇产医院，也是河北医科大学附属医院、河北中医学院附属医院，拥有3个运行院区、1个在建院区。编制床位1496张，开放床位894张；年门诊量131万人次、出院量5.5万人次、分娩量3.1万例；职工1659人，其中，卫生技术人员1330人；拥有省“三三三人才”9名、市“十百千人才”6名、市“突出贡献青年专家”5名、市管拔尖人才3名、省管优秀专家1名；设有产前诊断、妇产科、生殖医学、新生儿、产前超声诊断5个省市医学重点学科及产科、妇科、中医妇科3个省市临床重点专科，建有河北省产前诊断分中心、生殖医学中心、重症孕产妇救治中心等8个中心及国家妇科内镜与微创培训基地、全国产科麻醉培训基地、河北省助产培训基地等4个培训基地，是河北省产科质量管理和控制中心（简称质控中心）、市妇产科质控中心、市新生儿科质控中心主任委员单位。人才建设。2016年引进博士3人、硕士35人，硕士、博士人员累计达到269人，占医疗技术人员比例41.9%；提升专业技术人员积极性、主动性，重新组织428名中级以上职称人员聘任，公开选拔年轻骨干进入中层管理岗位25人；派遣240余名临床骨干赴美国、韩国及国内复旦大学附属医院、湖北妇幼医院、北京妇产医院等优秀医疗机构交流和学习。学科发展。产科、妇科、产前诊断进入省重点学科复审；产前诊断率先在省内应用第二代基因测序技术；河北省首家母胎医学中心获批成立，成功开展首例单绒双羊双胎输血综合征激光治疗、首例单绒双羊射频减胎术；产科高危孕产妇比例61.97%，剖宫产率33.25%，分娩镇痛率56.7%，侧切率7.12%，抢救急危重症患者37例；妇科腹腔镜下腹主动脉旁淋巴结切除术达国内先进水平；生殖医学专业率先在省内开展胚胎植入前遗传学筛查（PGS）；全市首家启用卵子冷冻技术，1例解冻并完成双胎妊娠；全省首例中西医结合治疗子宫内膜衰退取得明显效果；乳腺外科成功实施全省首例乳腺良性肿物微波消融术。科研教学。全年科研立项36项，获奖16项，取得成果11项；中文核心期刊发表论文36篇，其中SCI论文3篇；申报河北省自然基金项目1项，与上海国际和平妇幼保健院、海南省妇幼保健院共同申报中加合作中国自然基金重点项目1项，获得经费3000万元；与上海第一妇婴保健院、北京妇产医院、四川大学、哈尔滨医科大学附属第二医院、中山大学第三医院等单位合作国家重大课题项目5项。与北京妇产医院、天津妇产科中心医院合作共建"京津冀妇产儿科医疗联盟"；与北京协和医院建立产科、产前诊断协作关系；与北京大学人民医院、同仁医院开展产后康复、私密整形、妇科内分泌、儿童眼病防治等医疗技术合作；与北京乐仁堂合作建设河北生殖妇产医院年门急诊量达到10.42万人次，分娩量2319例。与全市20余家基层医疗卫生机构建立区域医疗联合体，举行义诊、会诊及讲座34次，培训基层妇产儿科人员249名，受益群众9000余人；双向转诊281人次，参与基层医疗机构抢救19次；托管高新区妇幼保健中心、太行社区卫生服务中心于2016年12月开诊。提升护理服务质量和水平，推行半开放产房、产科家庭式护理、产前产后专业病区管理、新生儿开放探视及袋鼠式护理、新生儿母乳库等新模式。支持公益事业，全年为基层贫困妇女开展"两癌"（子宫癌、乳腺癌）筛查3.4万人次，发现疑似病例450余例，救助患者23名。2016年市妇产医院获得市政府质量奖。

（市妇产医院）

【市第五医院】 市第五医院于1949年成立，地址位于裕华区塔南路42号，是河北省首家集传染病诊断、治疗、急救、科研、教学、预防、保健及重大公共卫生事件救治于一体的三级传染病专科医院。占地面积56.53亩，建筑面积6.9万平方米，医疗用房面积6.1万平方米。编制床位850张，开放床位1000张。拥有职工751人。其中，高级专业技术职称147人、中级专业技术职称172人，专业技术人员达到692人，占职工总数92%；入选省"三三三人才""市管拔尖人才""市有突出贡献的中青年专家"27人。2016年市第五医院门（急）诊量达到18.4万人次，同比增长5.12%；出院人数1.29万人次，同比增长5.43%；实现经济收入（不含财政专项补助收入）3.15亿元，同比增长8.90%，其中医疗收入2.78亿元，增长8.91%；药占比56.33%，同比下降1.23个百分点。2016年市第五医院获批中国肝炎防治基金会项目2项、省卫生计生委课题6项、省中医药管理局课题2项、继教项目12项。由副院长戴二黑主持，郑浩杰、杨莉参与的《手足口病的中医证治规律研究》获得河北省科技进步奖二等奖。出版学术著作16部；发表学术论文68篇，其中，SCI论文13篇，中文核心期刊论文7篇；副院长戴二黑关于"乙肝母婴阻断"的论文在世界权威期刊《新英格兰医学杂志》发表。举办首次重点学科及带头人选拔，戴二黑、王瑜玲、闫会敏、郑浩杰、杜瑞清、孙淑媛分别申报肝病、结核病学、实验诊断学、传染病学、医学影像学、儿科学6个省市重点学科带头人。表彰新技术引进先进集体3个，分别为：结核科肺功能项目（主要贡献者：曹金凤、王海宾、张书敏、康书慧、闫金茹），感染六科胃镜下密集套扎法治疗胃底静脉曲张技术（主要贡献者：康海燕、贾彦生、黄肖雨、崔美兰、段淑英、刘江涛），介入医学科载药微球肝动脉化疗栓塞术（主要贡献者：马立伟、陈午盛、邵明亮、贾志强、段玉松、刘琼）；表彰科研先进个人6人，分别为：一等奖阎纳新，二等奖刘素芬、李振燕，三等奖王慰、杨莉、卢建华。引进北京胸科医院细胞生物免疫学博士郑立恒，职工刘洪德取得天津中医药大学中医内科学博士学位；引进硕士研究生14人。郑欢伟、李兵顺、邵石祥、王建彬、孙杏丽、董正洪6人获得"全国肝胆病防治技术咨询专家"称号，祁文涛获得"2016年度全国医院感染横断面调查先进个人"称号；中医药传承研究室主任张照琪获得"河北省名中医"称号，临床医学研究中心主任闫会敏获评"河北省政府特殊津贴专家"，张巍、郑浩杰、赵召霞、杨静4人入选"省三三三人才"第三层次人选。提升护理服务质量，修订护理制度和流程42项，护理应急预案24项，护理质量评价标准22项（13种），常见传染病护理和专科技术操作常规42项，内科、外科、妇儿科常见护理常规87项。推进信息化建设，中国医师学会智能医生工程项目落户市第五医院，临床药学管理信息系统上线运行，医学影像传输系统、院内感染控制系统与医院HIS系统、电子病历系统实现对接。4月12日，河北省艾滋病诊疗质量控制中心在市第五医院成立。10月23日，历经3年建设的“石家庄市优质卫生资源倍增工程”项目——门诊医技及应急救援综合楼正式投入使用，总投资2.45亿元，建筑面积40090平方米，新增编制床位430张。11月4日，市第五医院与首都医科大学附属北京佑安医院签署合作协议，成立首都医科大学附属北京佑安医院石家庄分院，合作建设北京佑安医院艾滋病诊疗中心河北分中心和肝衰竭中心、肝胆外科中心、消化内镜中心、生物医学信息中心4个石家庄分中心。派遣医疗队11次、医疗专家62人次到“7·19”洪水灾害地区开展卫生指导，诊疗灾区群众290人次，捐款捐物价值11.86万元。举办传染病基础知识巡回培训，利用首席专家进社区、业务查房、会诊等形式，与50个社区卫生服务中心（服务站）建立双向转诊协作关系，举行健康教育讲座6场，开展居民义诊活动15次。2016年市第五医院获得“全国综合医院中医药工作示范单位”“全国乙肝母婴零传播工程项目单位”“全国首批肝胆病防治技术示范基地”“全国医院感染监测网医院横断面调查先进单位”等称号。

（市第五医院）

【市妇幼保健院】 市妇幼保健院（市第六医院）为独立法人差额拨款事业单位，隶属市卫生计生委。该院由4个院区组成，占地面积28719.8平方米，建筑面积51644.02平方米。分别位于桥西区建国路9号（占地面积5994平方米，建筑面积7589平方米）、桥西区石铜路39号（占地面积6527平方米，建筑面积1997平方米）、新华区新华路358号（占地面积13320平方米，建筑面积40199平方米，租用院区）、桥西区西王南街8号（占地面积2878.8平方米，建筑面积1859.02平方米）。拥有在职职工1068人，其中卫生专业技术人员884人；行政工勤人员112人。卫生技术人员中，高级职称103人、中级职称188人、初级职称522人。医生与护士之比为1∶1.2。编制床位总数350张；科室95个，其中临床门诊科室38个、医技功能科室10个、社会保健科室17个。2016年市妇幼保健院实现总收入4.25亿元，同比增长42%，其中医疗收入3.85亿元，增长46%；年急诊量78.5万人次，同比增长77%；出院26389人次，同比增长40%；手术9133例，同比增长42%；分娩量15249例，同比增长65.5%；剖宫产率25.58%，同比下降5.13%；抢救成功率99.04%，同比提高1.87%；床位使用率107.73%，同比增长30.31%。开展妇幼公共卫生服务，全年宫颈癌检查44886人，确诊宫颈癌7例，癌前病变59例；乳腺癌检查5916人，确诊乳腺癌16例，癌前病变2例；孕产妇死亡率9.69/10万，5岁以下儿童死亡率4.28‰，围产儿死亡率4.73‰；婚前医学检查72378人，婚前医学检查异常7972人，疾病总数1327人，疾病检出率18.33‰，其中，传染病数522人、严重遗传病数十人、精神病数8人、生殖系统疾病数533人、内科系统疾病数163人、其他疾病数227人；产前筛查132918例，产筛率74.10%，其中检查异常19483人，检查异常率14.66%；新生儿疾病筛查158813例，新筛率95.16%，其中筛查结果异常143例；新生儿听力疾病筛查149340例，听筛率93.29%，其中筛查结果异常817人，异常率5.47‰，确诊先天性听力障碍27人。推进科研培训与继续教育，市级科研立项1项，获得市科学技术奖二等奖1项、市科学技术奖三等奖4项；获得河北医学科技奖二等奖2项、河北中医药学会科学技术三等奖1项。与中国疾病控制中心妇幼保健中心合作开展《中国部分城市婴幼儿过敏性疾病流行病学干预》国家级课题1项；与北京大学生育健康研究所开展《重大出生缺陷病因研究项目》；与北京大学医学部开展《中国孕产妇及子代健康问题人群队列研究与平台建设》。发表国家级科研论文50余篇，出版学术著作10部。举办省级继续医学教育项目11项、市级继续医学教育项目6项，派遣学科带头人、骨干及学科后备人才到北京、湖北、上海、天津等地进修学习11人次。举行学术讲座及病历讨论54次、基层社区健康知识讲座及卫生公益活动300余次，免费培训基层技术人才30余名。2016年市妇幼保健院通过三级妇幼保健院验收，与天津中医药大学建立协作医院关系，与22家妇幼保健机构建立医联体，并被中国宫颈癌防治工程组委会确定为“中国宫颈癌防治工程定点单位”。

（市妇幼保健院）

【市第八医院】 公共精神卫生服务。开展精神障碍患者排查建档，建立《患者发现奖励制度》。至2016年底，全市在册重性精神障碍患者38658人，患者检出率3.9‰、管理率94.02%、服药率60.83%。与241家基层医疗机构签订双向转诊协议，确定临床科室与各县（市、区）社区、乡镇医疗机构开展对口技术支持，全年诊断复核650余人次，实施应急医疗处置326人次。举办精神心理健康知识进社区、进乡村、进机关、进学校活动，义诊116场，健康巡讲3124次，发放宣传册10种2.4万余份。全国精神卫生综合管理试点城市建设。新建社区“心理家园”精神康复示范机构10所，举办康复活动120次，受益患者和家属2100人次。筹建康复中心，设置手工室、绘画室、体能室等，开展精神康复训练、心理辅导等活动50余次，参加患者840余名，制作精神康复作品139件。开展心理危机干预。举行突发事件心理危机救援演练1次；“7·19”抗洪灾害期间，走访村庄51个，入户筛查183户，现场重点干预49人，发放宣传资料3万余份；参与“9·15”爱飞客航空体验坠机事故心理救援，向5名遇难者家属提供心理干预治疗。编印《基层精神卫生防治工作指导手册》《精神障碍患者家属手册》2本。救助贫困严重精神障碍患者331人、资金119.9万元。人才和学科建设。全年申报获批科研课题3项（省级2项、市级1项），在研课题20项，课题结题4项，获得河北医学科技奖一等奖1项、三等奖3项，市科学进步奖二等奖1项。举办继续医学教育项目15项（国家级2项、省级4项、市级9项），参加人员3620人次。加强精神心理专业硬件建设，投资102万元采购北京回龙观心理CT、24小时动态脑电图仪、脑反射治疗仪等设备，其中北京回龙观心理CT为河北省首家使用。招聘护理专业技术人员7名。选送业务骨干参加医疗技术短期培训及全国性学术交流59人次、长期进修1人。开展12种常见精神疾病首席专家、首席医师遴选活动。推进精神病重点学科、临床重点专科、中医重点发展专科建设，建设“国医堂”和“精神治疗康复中心”，并投资20余万元购置‘国医堂”中药熏蒸床、经络通治疗仪、电针治疗仪、艾灸盒、刮痧板、火罐等治疗设备。启动临床教学实习基地建设，与河北师范大学汇华学院、石家庄学院签订特殊教育教学实践基地协议，接收实习学生32名。组建成立精神卫生医联体，扶持基层医疗机构开展心理治疗服务，加入医疗机构15家。

（市第八医院）

体　育

【概况】 2016年，全市运动员参加体育比赛获得奖牌584枚，其中，金牌205枚、银牌207枚、铜牌172枚。培养社会体育指导员2013人，注册二级以上运动员391人，聘任裁判员105人。11月10～14日，2016年全国射击冠军赛总决赛在河南省宜阳县举行，河北射击队石家庄飞碟选手高金梅参加女子飞碟双向比赛以75靶73中成绩夺得冠军，这是石家庄选手首次获得射击飞碟项目全国冠军。11月30日，市体育局“全城热练”项目在浙江省宁海县举行的中国运动休闲大会2016年度峰会暨“创青春”中国体育产业创新创业大赛获得‘创青春’2016中国体育产业优秀创新名城奖。加强公共体育设施建设，改造农村体育健身工程265个，安装更新全民健身路径274条。至2016年底，石家庄市共有体育彩票销售站点1756个，体育彩票完成销售额20.81亿元，同比增长30.72%。

（市体育局）

【竞技体育】 中小学生运动会。4月26～28日，2016年石家庄市中小学生田径运动会在正定县第一中学举行。来自全市33支代表队、1400多名运动员、6支阳光体育展示学校2400余名师生参加运动会。平山县代表队获得高中甲组、初中甲组第一名，裕华区代表队获得高中乙组、初中乙组第一名，桥西区代表队、实验中学分获小学组和丙组第一名。8月27～30日，由省教育厅、省体育局主办的河北省第18届中学生运动会在邯郸市第一中学举行，来自全省11个设区市和定州市、辛集市13个代表团1313名运动员参加比赛。本届中学生运动会共设篮球、排球、田径、乒乓球、健美操等5个大项94

个小项，石家庄代表队以765分居团体总分首位，奖牌榜位列第3名。第十五届夏季残疾人奥林匹克运动会。9月7～18日，第十五届夏季残疾人奥林匹克运动会在巴西里约热内卢举行。来自石家庄市黄丽莎、米娜、李虎召、李翠卿、康国锋、白晓红、赵玉飞7名运动员参赛，获得3枚金牌、2枚银牌、2枚铜牌，打破3项世界纪录。其中，黄丽莎参加田径女子100米T53级预赛以16秒19创造新的世界纪录，并在决赛夺得金牌；米娜参加女子F38级铁饼比赛夺得金牌并打破世界纪录，还参加女子F37级标枪、铅球比赛夺得银牌；李虎召参加男子T53级4×400米比赛夺得金牌并打破世界纪录，还参加100米比赛获得铜牌；李翠卿参加男子F36级铅球比赛获得铜牌。

（王静）

【群众体育】 元旦长跑。1月1日，君乐宝2016石家庄（正定）马拉松暨第四十三届元旦长跑在省会高新区火炬广场举行，近3000名来自全国各地马拉松爱好者参加长跑活动。2016年石家庄马拉松长跑活动启用全新赛道，选手们从高新区火炬广场出发，沿太行大街向北经过建设中的河北奥林匹克体育中心后，再转向正定古城后折返，比赛线路途经正定古城、隆兴寺、天宁寺、开元寺等名胜古迹，让选手们在奔跑同时，感受石家庄厚重的历史和文化，提升了比赛体验和观赏性。河北省万人健步走。4月23日，由省委宣传部主办，市委宣传部、河北广播电视台协办的“美丽河北 一路惊喜——2016河北省万人健步走”活动在正定新区河北省园博园举行。主会场位于河北省园博园，西柏坡、世纪公园、人民广场、河北科技大学设有4个分会场。包括“美丽河北”最美公交司机、最美医生、最美教师、最美快递员等代表及1000余名健步走爱好者参加活动。石家庄（正定）国际徒步大会。6月18日，2016石家庄（正定）国际徒步大会在滹沱河风景区举行。主会场位于滹沱河冀之光广场。徒步线路穿越滹沱河绿色生态长廊，设立线路3条，分别是休闲组（10千米）、健身组（20千米）、明星组（30千米），全市1万多名徒步爱好者和普通市民参加活动。五岳寨国际越野挑战赛。9月3日，由省体育局和体坛传媒集团股份有限公司联合主办，灵寿县政府承办的2016RW50五岳寨国际越野挑战赛在灵寿县五岳寨风景区举行。共有来自爱尔兰、丹麦、德国等8个国家和地区及国内25个省市自治区450余名越野选手参赛。比赛新增24千米组别。赛道设计涵盖公路、土路、砂石路、木栈道等多种赛道，突出越野跑赛道的多样性和越野体验。50千米组比赛爬升2605米，最高海拔2281米；24千米组比赛爬升1610米，最高海拔1946米。第九届社区运动会。9月10日～10月30日，由市体育局主办的全市第九届社区运动会在8区1县100个社区举行。主题为“社区运动会，幸福一家人”。本届社区运动会以家庭为单位，参与人员10万余人。运动会设置有趣味健身、表演、家庭健身器材体验、健身明星选拔、健身队伍招募、健身知识分享、亲子游戏互动、晒运动合影分享等活动。评选“健身达人”3名，分别为：追逐梦想的骑行达人——舒健，永葆青春的不老女神——韩文表，品味生活的瑜伽达人——赵男男。第十三届国际自行车公路赛山地赛。9月17日，2016中国·石家庄“捷安特杯”第十三届国际自行车公路赛和山地赛分别在太行大街、滹沱河花海公路举行。公路赛路线：火炬广场北侧非机动车道—长江大道向东—太行大街向北—迎旭大道向西—园博园大街向南—河北大道向东—太行大街西辅路向北—太行大街主路调头向南—长江大道向西—火炬广场。山地赛路线：花海公路漫水坝向西—新城大道桥底土路向北—滹沱河北堤土路向东—太行大街桥底土路向南—滹沱河花海公路向西—花海公路漫水坝。

（刘真　刘立芳　胡雁冰）

社会生活

Social Life

城乡居民收入与消费

【概况】 2016年，全市城乡居民人均可支配收入22652元，同比增长9.1%。其中，城镇居民人均可支配收入30459元，增长8.1%；农村居民人均可支配收入12345元，增长7.9%。2016年全市城乡居民人均可支配收入增速排名河北省第8位，较2015年上升1位；城镇居民人均可支配收入增速排名河北省第8位，较2015年上升3位；农村居民人均可支配收入增速排名河北省第9位，与2015年持平；城镇居民人均可支配收入增速5年来首次超过农村居民人均可支配收入。2016年全市人均生活消费支出14316.8元，较2015年增加884元。其中，城镇居民人均生活消费支出19182元，同比增加1017元，增长5.6%；农村居民人均生活消费支出7893.8元，同比增加418元，增长5.6%。以吃、穿为主的消费需求基本呈现饱和状态，居民消费观念从必需消费转向追求品质消费，消费结构由生存型转向享受型。

【农村居民收入】 四大类收入呈现“两升两降”态势。其中，工资性收入9264元，占居民收入75.0%，同比增长9.0%；经营净收入2402元，占居民收入19.5%，同比增长13.3%；财产净收入104元，转移净收入576元，占居民收入分别为0.8%和4.7%，较2015年均略有下降。收入增速快于消费。2016年全市农村居民人均消费支出同比增长5.6%，较农村居民人均可支配收入增速低2.3个百分点，收入与消费倍差为1.56∶1（以消费为1计算），较2015年扩大0.03倍。工资性收入是拉动农村居民人均可支配收入增长的主因。2016

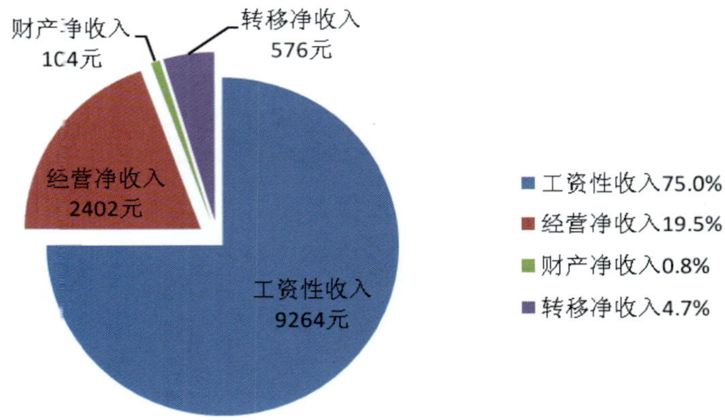

2016年全市农村居民人均可支配收入构成情况示意图

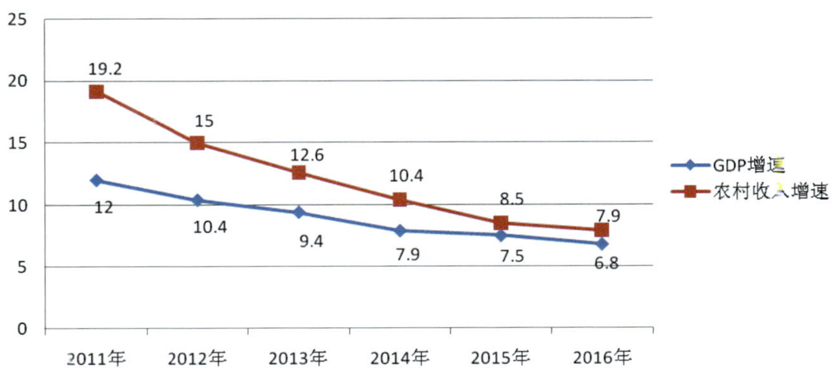

2011～2016年全市GDP与农村居民可支配收入增速情况示意图

年全市农村居民工资性收入占比较2015年上涨0.7个百分点，实现收入增长贡献率84.3%，拉动收入增长6.7个百分点。农村居民收入增速连续6年超过GDP增速。2011～2016年，全市农村居民人均可支配收入增速分别为19.2%、15.0%、12.6%、10.4%、8.5%、7.9%，同期全市GDP增速分别为12.0%、10.4%、9.5%、7.9%、7.5%、6.8%。

影响农村居民增收因素。2016年全市农村居民人均可支配收入增速较“十二五”规划时期平均水平下降2个百分点，农村居民可支配收入增速6年来首次低于城镇居民人均可支配收入增速，落后0.2个百分点。部分农产品价格持续走低，影响农户产品出售，制约农村居民收入增长。2016年全市农村人均第一产业经营净收入1385元，同比增长5.0%，较第三产业经营净收入增速落后30.4个百分点。2016年全市农村记账户平均出售小麦均价1.85元/千克、玉米1.57元/千克、肉猪10.05元/千克、鸡蛋6.19元/千克，较2015年分别下跌15.9%、22.3%、33.8%、7.7%。

表58　2016年石家庄市城镇居民与农村居民人均可支配收入增速对比一览表

年度	城镇居民人均可支配收入增速	农村居民人均可支配收入增速
2011	12.3%	19.2%
2012	12.2%	15.0%
2013	9.7%	12.6%
2014	8.3%	10.4%
2015	8.0%	8.5%
2016	8.1%	7.9%

【城镇居民消费支出】 2016年全市城镇居民人均消费支出19182元，同比增加1017元，增长5.6%。其中，衣食住行基本生活消费支出占总消费性支出72.8%；八大类消费支出呈七升一降格局。食品消费质量提高，在外就餐成为新趋势。2016年石家庄市城镇居民人均食品烟酒消费支出4710元，同比增长5.6%。其中，薯类、水产品、蔬菜和食用菌、肉类消费增幅较大，同比分别增长19.5%、16.7%、13.4%、11.0%。食品消费在观念、内容及形式上发生改变，食品选择向多样化、营养化发展，饮食质量提高。饮料类和烟草消费支出同比分别下降6.1%、1.1%，表明城镇居民更加注重食品营养及健康的生活习惯。城镇餐饮业快速发展，餐饮消费在档次、菜系、形式上有了丰富的选择空间，越来越多的市民选择走进餐馆，在外就餐逐渐成为新趋势。2016年石家庄城镇居民饮食服务支出733元，同比增长15.7%，其中在外饮食支出697元，同比增长15.4%。居住消费增长迅速，成为消费新热点。2016年全市城镇居民人均居住支出5263元，同比增长7.9%，占消费支出比重27.4%，较2015年高出0.6个百分点，继续保持第一大类消费。居住消费增长原因：人均住房维修及管理支出同比增长2.1倍。2016年石家庄受全国城市楼市回温影响，房地产市场异常火爆，新房、二手房市场成交两旺，新房装修、旧房翻新数量增加，居住装潢呈现环保化、高档化，推动住房维修及管理支出迅猛增长；租赁房房租支出同比增长9.0%，房价大幅跳涨带动租赁房房租上涨。交通消费强劲增长，通信消费理性回落。2016年石家庄城镇居民人均交通消费支出1668元，同比增长27.0%。城镇居民生活水平稳步提高和消费观念升级，推动人们追求更便捷、更快速的交通方式，家用汽车普及率大幅度提高，居民购车热情高涨。至2016年底，全市城镇居民每百户家庭拥有家用汽车44辆，同比增长8.6%；城镇居民人均交通工具消费支出833元，同比增长62.5%；交通工具使用及维修消费支出为275元，同比增长9.3%。“滴

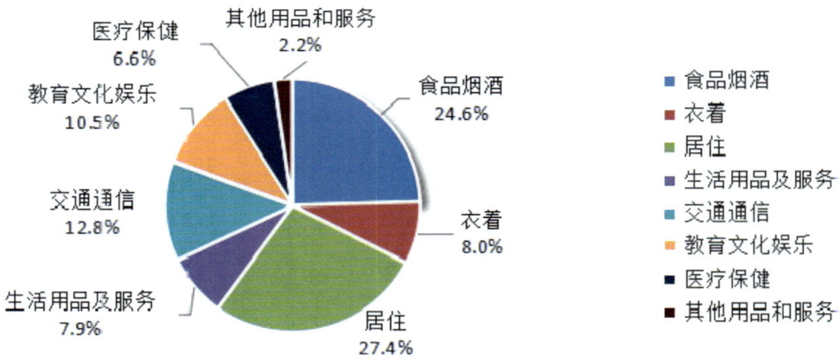

2016年石家庄城镇消费支出比重图

滴出行”“易道”等智能打车软件进入石家庄交通领域，越来越多的居民选择较方便的打车出行模式。伴随移动通信、互联网技术飞速发展，居民家庭信息化程度提高，通信工具数量基本饱和，移动电话更新换代。2016年全市城镇居民每百户家庭拥有移动电话223部，同比增长3.2%。越来越多的公共场所无线WiFi覆盖服务及商家推出“合约机”“交话费赠话费”等优惠活动，带动通信消费价格趋于合理，居民通信服务支出同比下降9.6%，城镇居民人均通信支出同比下降6.1%。教育消费继续走高，文娱消费保持平稳。2016年全市人均教育文化娱乐支出2010元，同比增长7.3%。面对社会激烈的竞争压力，城镇居民对子女教育培养日益重视，教育投资加大，各类校外兴趣班、辅导班受到家长青睐，呈现幼龄化教育趋势。2016年全市城镇居民人均教育费用支出977元，同比增长15.6%，其中，学前教育支出133元，同比增长99.5%。城镇居民生活品质要求提高，居民健康、休闲、娱乐等意识增强，旅游、健身、观赏演出等服务型消费成为城镇居民的新喜好。2016年全市城镇居民人均文化娱乐服务消费支出727元，占文化娱乐支出70.4%，同比增长8.5%。医疗保健支出回落，消费更趋合理。2016年城镇居民医疗观念改变，保健意识增强，人们由过去被动就医转向积极预防，日常保健、定期检查、健身锻炼的生活习惯深入人心，导致医疗保健支出下降。2016年石家庄城镇居民人均医疗保健支出1257元，同比下降16.9%，占消费支出比重6.6%，下降1.8个百分点。购买医疗器具、药品等支出呈小幅度上升趋势，同比增长3.8%。居民家庭配备包括血压计、体温计、血糖检测仪等医疗器具增多。城镇居民医疗保险制度改革政策深化，医疗服务费下降。2016年石家庄城镇居民人均医疗服务消费支出667元，同比下降29.4%，其中，门诊总费用、住院总费用支出分别下降41.5%、11.9%。消费层次提升，服务类消费快速增长。2016年全市城镇居民人均生活用品及服务支出1524元，同比增长6.2%。家庭保姆、钟点工、保洁等家政服务需求增加，特别是“二胎”政策落实后，带动城镇居民家庭服务支出同比增长12.4%。2016年全市城镇居民人均其他用品和服务支出431元，同比增长25.9%，其中其他服务支出157元，同比增长40.2%，主要是居民追求享受型生活方式成为普遍现象，美容美发等杂项消费增加。

表59　　2016年石家庄市城镇居民人均消费支出情况一览表

指标名称	金额（元）	同比增长（%）
居民人均消费支出	19182	5.6
食品烟酒	4710	5.6
衣着	1529	1.4
居住	5263	7.9
生活用品及服务	1524	6.2

续表

指标名称	金额（元）	同比增长（%）
交通通信	2457	14.1
教育文化娱乐	2010	7.3
医疗保健	1257	-16.9
其他用品和服务	431	25.9

（国家统计局石家庄调查队）

扶贫

【概况】 2016年，市级安排扶贫开发专项资金2925万元；整合14项涉农资金80776万元，其中，中央资金60101万元，省级资金14769万元，市级资金2259万元，县级资金3646万。2月24日，石家庄市举行市直（区直）机关精准脱贫驻村干部授旗出征仪式。来自市直和市内4区区直机关185个驻村工作组555名驻村干部在授旗后，启程分赴各自联系帮扶村，开始为期2年驻村帮扶工作。3月10日，全市召开扶贫开发工作会议。确定2016年全市脱贫任务为确保7.95万农村贫困人口实现脱贫；提出坚持“因地制宜、因贫施策”原则，重点实施脱贫“七项行动”和“七大工程”。其中，七项行动包括：发展产业脱贫行动、就业创业脱贫行动、异地搬迁脱贫行动、生态保护脱贫行动、发展教育脱贫行动、社保政策兜底脱贫行动、医疗保险和医疗救助脱贫行动；七大工程包括：道路交通工程、水利建设工程、电力改造工程、美丽乡村建设工程、危房改造工程、互联网＋扶贫工程、贫困革命老区建设工程。2016年全市驻村工作队实施帮扶项目900多个，投入帮扶资金1.33亿元。

【扶贫资金】 全年市级安排扶贫开发专项资金2925万元。整合14项涉农资金80776万元，其中，中央资金60101万元，省级资金14769万元，市级资金2259万元，县级资金3646万。开展金融扶贫活动，县（市）成立融资平台、资金池和担保中心。3月1日，市扶贫开发办公室、市金融工作办公室、市财政局联合印发《关于金融支持脱贫攻坚的实施办法》，加大贫困县异地脱贫搬迁对象、扶贫龙头企业及有生产能力和融资需求的建档立卡贫困户金融支持力度。中国农业银行、中国邮政储蓄银行启动扶贫金融项目，国家开发银行给予石家庄市15亿元贷款规模，中国农业发展银行向石家庄市提供9亿元贷款规模，其中小额贷款放贷7000余万元。

【脱贫“七项行动”】 发展产业脱贫行动。至2016年底，全市各县（市）均谋划万亩现代农业园区1～2个，建设各类百亩以上现代农业园区44个，形成核桃、大枣、食用菌、大棚蔬菜和奶牛、柴鸡等种养殖主导产业。赞皇县“7·19”抗洪救灾后恢复重建千亩农业园区7个，林果总面积达到90万亩，年产值26亿元，覆盖带动14373户贫困户30018名贫困人口，人均拥有经济林4亩。实施“龙头带动、效益覆盖”战略，2016年全市拥有省级扶贫龙头企业32家、市级龙头企业4家、县级龙头企业35家。提升农民组织化程度，推进农业产业化进程，组织贫困村建立农业合作社439个。利用光伏扶贫新模式，申报获批2批11个项目、总装机容量260兆瓦，实现16942名贫困人口每人每年增收不少于3000元。就业创业脱贫行动。统筹人力资源和社会保障、农业、教育等资源，支持贫困人口向服务产业转移。2016年4个国家级贫困县建成省级家政服务员培训输出基地3家、市级示范性家政服务员培训输出基地5家、县级农民工综合服务中心1家、创业孵化基地6个；培训1.23万人次，入住创业实体240余个。异地搬迁脱贫行动。2016年石家庄市仅有灵寿县实施易地扶贫搬迁行动，涉及南营乡槐树沟、团泊口和黄土梁3个村，搬迁276户864人，其中，建档立卡贫困户180户553人、同步搬迁户96户311人。生态保护脱贫行动。围绕“既要金山银山又要绿山青山”理念，加快山区综合开发，拓展绿色旅游产业。2016年全市4个贫困县发展核桃、苹果、樱桃等特色经济林项目22.37万亩，总投资17896万元，覆盖524个村29391户。成立旅游扶贫工作领导小组，按照“一村一策、一村一品”原则，编制评审乡村旅游开发规划。举办旅游扶贫现场会，在河北省确定14个乡村旅游示范村基础上确定石家庄市乡村旅游示范村16个。4个重点贫困县以创建旅游村、农家院、合作社为重点，推选39个建档立卡贫困村录入国家旅游局“乡村旅游扶贫工程系统”，分别获得旅游规划项目建设资金10万元，带动农户脱贫3370户。发展教育脱贫行动。2016年全市6个山区县、45个乡镇实施“山区教育扶贫工程”，为山区困难学生发放生活及交通补助，减免学费、住宿费，并将正在就读中职、高职及一年以上技能培训的贫困家庭学生纳入全覆盖补助。2016年石家庄市级财政设立专项资金3095万元，用于家庭经济困难学生生活补助。山区6县发放2016年春季家庭经济困难学生生活补助1483.61万元；惠及学生19807人，其中，小学生13312人、初中生6495人。按照“分层次、同学段”原则，筛选主城区优质初中、小学与山区82所项目学校建立“一对一”结对帮扶关系。社保政策兜底脱贫行动。以丧失劳动能力贫困群众为对象，市扶贫开发办公室、市民政局联合印发《关于推行最低生活保障线与扶贫线“两线合一”的实施方案》，将低保标准提高到4000元，其中符合低保或五保条件8.86万人全部纳入政策供养范围。医疗保险和医疗救助脱贫行动。以因病返贫人群为对象，市卫生计生委、市财政局联合印发《石家庄市2016年新型农村合作医疗补偿方案基本框架》，明确新农合大病保险保障对象实施倾斜政策，起付线在原基础上降低50%，各费用段补偿比例提高10%，保障对象大病保险补偿额度达到30万元。根据贫困地区医疗资源匮乏现状，2016年全市新增县级妇幼保健院整体搬迁建设项目1个、乡镇卫生院基础设施建设项目16个。组织各级医院与4个贫困县的县级（中）医院和乡镇卫生院开展对口帮扶活动，采取技术交流、设备援助等方式，提升县乡医疗机构医疗水平。

【脱贫“七大工程”】 道路交通工程。2016年5月初，太行山高速公路建设开工，全年完成投资18亿元。开展农村公路建设，打通贫困山区“外联内通”交通大动脉，全年农村公路建设67.9千米，主要街道硬化106.1千米；国家、省、市补助农村公路建设项目资金1.2亿元，其中划拨4个国家级贫困县补助资金占全市补助资金66%，市级补助全部用于贫困地区农村公路建设；车购税市级补助农村公路建设项目基本完成。兴修水利工程。石家庄市西部丘陵地区干旱缺水是致贫的一个重要原因。2016年全市投资3.36亿元，用于4个国家级贫困县实施重点水利工程，涵盖水土保持、山洪灾害治理、农田水利建设维修、抗旱应急水源、地下水压采综合治理试点、水库移民后期扶持等。至2016年末，石家庄市争取国家资金1240万元，解决38个贫困村1.35万贫困人口饮水安全问题；争取国家投资2640万元，开展滹北、磁右2个中型灌溉节水改造工程，恢复改善灌溉面积8.75万亩；实施贫困山区小流域治理工程面积70多平方千米，完成投资3500万元；实施水库移民后期扶持工程，涉及63个水库移民贫困村及138个后期扶持项目，总投资4200多万元。互联网+扶贫工程。根据《石家庄市“互联网+扶贫”实施方案》，确保到2017年80%贫困村通光纤，到2018年贫困村全部“触网”要求。至2016年底，全市584个贫困村全部达到“一村一网店”，提前两年完成目标。赞皇县在全省率先成立“互联网+联盟”，与阿里巴巴、苏宁云商等9家公司签署合作协议，全县电商企业达800多家，农村商贸流通网络“万村千乡”服务点达408个，成功入选国家级电子商务进农村综合示范县、全省“互联网+扶贫”试点县。行唐县330个农村电子商务服务站建设全部建成投用，网上交易营业额达到6000多万元，带动4000多个贫困人口增收200多万元，获评国家级电子商务进农村综合示范县。农村电网改造工程。制定《配电网专项规划（2016～2020年）》。2016年全市投资3494万元，实施4个国家级贫困县129个贫困村配电网建设及改造；新建、改造变压器48台，总容量7400千瓦；铺设10千伏高压线路0.4千米、0.4千伏低压线路377.71千米。贫困革命老区建设工程。2016

年全市共有革命老区重点村175个，建档立卡贫困村32个。制定革命老区专项脱贫规划，确定从2017年起，将革命老区建设资金在原来2000万元基础上增加500万元，主要改善基础设施和公益事业；贫困村宜林山场，2016年底前全部实现绿化。危房改造工程。全年安排农村危房改造6600户，其中建档立卡贫困户改造1726户，规划到2017年6月底全部竣工。2016年全市农村危房改造工程全面启动，建档立卡贫困户危房改造开工率达到100%。美丽乡村建设工程。2016年全市78个贫困村人列美丽乡村建设，占美丽乡村建设村总数20%。

【驻村帮扶】 采取“党政干部进难村、经济干部进弱村、专业干部进产业村、政法干部进乱村”方法，因村派人，挑选最年轻、最优秀、最有发展前途的后备干部，到贫困村担任“第一书记”，组成帮扶工作队，开展驻村帮扶活动。至2016年末，5个中央直属单位、46个省直单位、185个市直单位、353个县直部门组成驻村帮扶工作队，全部进驻帮扶村。其中，实施帮扶项目900多个，帮助贫困户实现劳务就业8962人次，资助贫困学生1606人次，举办各类帮扶培训班1156期，培训人员28136人次，投入帮扶资金1.33亿元。增强驻村帮扶人员扶贫能力。10月18～20日，围绕精准扶贫政策、山区综合开发、扶贫资金审计、扶贫资金管理全程跟踪等内容，采取聘请专家授课与实地参观调研、扶贫工作经验介绍等方式，举办全市“精准扶贫工作”专题培训班，培训扶贫干部、乡镇负责人152人。11月23日，市扶贫开发办公室组织4个重点县扶贫人员到河北省司法厅帮扶的平山县三汲乡观摩学习，采取驻村第一书记讲解、参观展板、数字分析、观看视频资料等形式，提高扶贫队伍工作能力。

（市扶贫开发办公室）

社会保障

【概况】 2016年，全市启动实施机关事业单位养老保险制度改革，完成符合条件人员参保登记工作。出台《石家庄市整合城乡居民基本医疗保险制度实施方案》《石家庄市城乡居民基本医疗保险实施办法》，整合原城镇居民医疗保险和新型农村合作医疗保险制度，建立城乡居民大病保险制度。起草完成《关于提高城乡贫困人口医疗保障水平试点实施方案》。确定从2016年5月1日至2018年4月30日，分阶段将失业保险费率由2%降至1.5%。2016年全市城镇职工参加养老保险人数229.4万人，同比增加19.4万人；城乡居民参加养老保险人数403.7万人，同比增加3.9万人。城镇职工参加医疗保险人数145.7万人，同比增加4.1万人；城乡居民参加医疗保险人数为764.8万人，同比增加3万人。新型农村合作医疗保险（简称新农合）参合人数609.2万人，同比减少4.3万人；新农合农村居民个人缴费150元，同比增加40元；财政补助标准410元，同比增加30元；新农合住院补偿封顶线为每名村民每年20万元；大病保险补偿封顶线不低于30万元。2016年5月，市新型农村合作医疗管理职能由卫生部门移交人力资源和社会保障部门。2016年全市参加失业保险人数92万人，同比增加0.4万人；工伤保险人数151.8万人，同比增加10万人；生育保险人数140.9万人，同比增加4万人。稳步提高社会保险待遇，首次同步调整企业和机关事业单位退休人员基本养老金，总体提高6.7%。城乡居民养老保险基础养老金标准由每人每月75元调整到80元。2016年8月，石家庄市建立“基本医保＋大病保险＋民政医疗救助”三重保障制度，率先在全省实现“一站式”结算和报销。

【养老保险】 1月1日起，石家庄市城乡居民基本养老保险基础养老金由每人每月75元提高到80元。2016年石家庄市城乡居民基本养老金缴费标准为：每年100元、200元、300元、400元、500元、600元、700元、800元、900元、1000元、1500元、2000元、3000元13个档次，参保人可自主选择缴费档次，按年缴费，多缴多得。参保人范围：石家庄市年满16周岁（不含在校学生），非国家机关和事业单位工作人员及不属于职工基本养老保险制度覆盖范围的全市城乡居民。领取办法：参加城乡居民基本养老保险的个人，年满 60 周岁、累计缴费满 15 年，且未领取国家规定的基本养老保障待遇的，可按月领取城乡居民基本养老保险待遇。城乡居民基本养老保险待遇由基础养老金和个人账户养老金构成，支付终身。基础养老金 + 个人账户养老金 = 基本养老保险。2016 年石家庄市个人账户养老金月计发标准为个人账户全部储存额除以 139。参保人死亡，个人账户资金余额可依法继承。

（林建春）

【机关事业单位养老保险集中参保登记】 2016 年 2 月，根据河北省委组织部、省机构编制办公室、省人力资源和社会保障厅、省财政厅 4 部门印发《关于开展机关事业单位养老保险集中参保登记工作的通知》（冀人社字〔2016〕13 号）文件要求，石家庄市机关事业单位养老保险参保登记正式启动。集中参保登记单位范围：市属按照公务员法管理单位，参照公务员法管理机关（单位），分类改革后承担行政职能事业单位，公益一类、二类事业单位。分类改革后被划分为生产经营类，尚未转企改制到位、未参加企业养老保险事业单位。尚未确定分类类型、未参加企业养老保险事业单位。集中参保登记人员范围：上述单位中编制内工作人员，上述单位中按照人事管理权限审核退休待遇并执行国家机关事业单位退休制度退休人员。离休人员不属于参保登记范围。集中参保登记时点：2015 年 12 月 31 日该时点符合参保登记条件人员，由现工作单位为其办理参保登记。2014 年 10 月 1 日 至 2015 年 12 月 31 日期间，工作人员已经办理退休手续，由单位按照退休人员参保登记规定办理参保登记手续。漏报人员及 2016 年 1 月 1 日后出现人员增减变化，待机关事业单位养老保险经办业务开展后办理相关手续。

（王静）

【医疗救助】 5 类贫困群体纳入医疗保障救助范围。5 类贫困群体分别为：特困供养人员，最低生活保障家庭成员，低收入家庭的重病患者、60 岁以上老年人和独生子女伤残、死亡家庭父母，因医疗自付费用过高导致家庭无力承担的患者，石家庄市规定的其他特殊困难人群。门诊大额慢性病医疗救助。农村建档立卡贫困人口中具有 18 种普通慢性病和 4 种重大慢性病资格的人员，在规定门诊定点医疗机构就医合规费用，经基本医疗保险按政策报销后，合规医疗费个人年自付部分超过 1000 元以上部分，由医疗救助资金按 70% 比例救助，年度救助累计限额不超过 2 万元。住院医疗救助。参加基本医疗保险的医疗保障救助对象住院费用，经基本医疗保险、大病保险报销后的自付医疗费，由医疗救助资金按 80% 比例救助，年度累计最高救助限额 7 万元。重特大疾病住院医疗救助。患重特大疾病住院，经基本医疗保险、大病保险住院报销和住院医疗救助后，超出住院医疗救助年度最高限额以上的自付医疗费，由医疗救助资金按 90% 比例救助，重特大疾病住院年度最高救助限额 20 万元。18 种普通慢性病分别为：高血压、风心病、肺心病、心肌梗死、各种慢性心功能衰竭、脑血管病后遗症（有严重功能障碍）、慢性中重度病毒性肝炎、肝硬化、慢性肾炎、糖尿病（合并严重并发症）、再生障碍性贫血、类风湿性关节炎（有严重肢体功能障碍或严重脏器损伤）、系统性红斑狼疮、癫痫、精神障碍、活动性结核病、帕金森病、器官移植术后治疗（仅限使用抗排斥免疫调节剂）。4 种重大慢性病分别为：恶性肿瘤放化疗、白血病、终末期肾病、重症精神病。

（林建春）

民族宗教事务

【概况】 2016 年，全市共有少数民族 51 个，人口 109783 人，占全市常住人口 1.14%；少数民族人口主要分布在桥西区、无极县、长安区、新华区、裕华区、藁城区、新乐市、正定县、鹿泉区、栾城区 10 个县（市、区）；拥有民族乡 3 个，分别为无极县高头回族乡、藁城区九门回族乡、新乐市彭家庄回族乡；有民族村 17 个，民族学校 13 所（中学 3 所，小学 10 所）。2016 年石家庄市共有佛教、道教、伊斯兰教、天主教、基督教 5 种宗教，至 2016 年底，全市拥有宗教活动场所 514 处，其中寺观教堂 216 处、固定处所 298 处，宗教教职人员646名，信教群众39.99万人，占全市常住人口3.9%。

【少数民族地方经济】 2016年石家庄市下达少数民族专项资金314万元，其中，市本级资金85万元（少数民族发展资金55万元，少数民族地区补助费30万元），省级以上资金229万元（少数民族发展资金201万元，少数民族地区补助费28万元）。开展“问计省直、争取支持”活动争得上级资金269万元。创建少数民族特色村镇，藁城区九门乡九门村、张家庄镇东蒲城村申报第二批中国少数民族特色村寨，新增藁城区南孟镇南乡村、新乐市彭家庄乡彭家庄村2个少数民族特色村镇。至2016年末，藁城区九门回族乡、无极县高头回族乡、新乐市彭家庄回族乡3个回族乡财政收入总计达4908万元，其中，九门回族乡3576万元、高头回族乡485万元、彭家庄回族乡847万元；农民人均纯收入分别为：九门回族乡14260元，高头回族乡12595元，彭家庄回族乡13337元；3个民族乡建有图书馆、文化站18个，医院、卫生院3个。2016年全市清真食品企业、网点达598家，从业人员3602人。10月10日，石家庄市在藁城区九门回族乡举行民族乡现场办公会议，15个市级部门与九门回族乡签订帮扶协议，涉及基础设施、美丽乡村建设和重点项目3大类26个项目，签约资金5.2亿元。

【民族团结和谐社区创建】 完善区、街道、社区（居委会）三级民族工作网络，建立服务机构、服务站点和窗口，完善信息台账，打造清真寺街等精品社区。以长安区建安路社区为民族团结示范社区创建活动重点对象，设置社区民族文化长廊，成立宣传队、少数民族舞蹈队，设计制作少数民族服饰展墙、民族工艺品展柜、民族政策宣传标语展牌。2016年新华区北新街社区获批第三批全国民族团结进步创建活动示范单位。开展民族团结法律法规和宣传教育活动，举办各类学习班、培训班、专题讲座25期，培训人员7000人次。筑牢民族团结教育根基，2016年秋季开学期，全市组织中小学校集中举行“民族团结第一课”活动。参与河北省第七个民族团结进步宣传月活动，在新乐市彭家庄回族村举办“民族一家亲”文化下基层活动、民族政策法律法规宣传活动、慰问困难少数民族群众活动及少数民族群众义诊活动。

2016年10月10日，石家庄市在藁城区九门回族乡举行现场办公会

【宗教事务管理】 开展全市宗教领域“大调研、大检查、大整改、大提升”活动，建立台账，摸准宗教领域基本情况。辑印《宗教工作数据台账综合类》《宗教教职人员台账》《宗教活动场所台账》《石家庄市重点寺观教堂图集》《全市宗教场所分布地图》《全市县域宗教场所及信教群众分布地图册》，组织编纂《石家庄市宗教志》。借鉴大数据、互联网+等新媒介功能，搭建宗教基本情况数据平台，梳理归纳形成全市宗教领域问题清单，开展整改活动。组织五大宗教联名签署《石家庄市宗教教职人员行为规范》，探索建立跨区域宗教活动应急处置体系。举办以“规范”为主题和谐寺观教堂创建活动，整治大型露天佛教造像及佛道教活动场所经营、承包及乱建佛道教活动场所。引导和支持宗教界开展慈善公益活动，2016年全市宗教团体、宗教界人士累计向灾区捐赠款物折合金额87.12万元。

（徐焕力）

民 政

【概况】 2016年，全市享受居民最低生活保障16.9万人，其中城镇居民2.6万人，农村居民14.3万人。全年石家庄市供养孤儿2391人，其中集中供养642人、分散供养1749人；实施“残疾孤儿手术康复明天计划”，救治儿童15人；保护农村留守儿童5382名；救助流浪乞讨人员1.5万人次。加强婚姻和收养登记管理。至2016年底，全市设有婚姻登记机关22个，办理结婚登记84470对、离婚登记24233对，补发婚姻登记证书1.74万对；办理收养登记44件。开展土葬改革，2016年全市土葬改革区主要分布在灵寿县、行唐县、平山县、赞皇县、井陉县，覆盖面积4564.85平方千米、人口66万人。至2016年末，全市共有殡仪馆（火葬场）19个；经营性公墓5个（正定县常山陵园、元氏县神岩山公墓、井陉县天安堂公墓、平山县古中山陵园、燕赵龙凤园）；骨灰堂（纪念堂）245个；火化遗体44294具。拥有市属社会组织440家，其中社会团体304家、民办非企业单位136家。接收社会捐赠款物10374.13万元，发放救助款物10282.44万元，惠及困难群众171万余人次。2016年全市共有享受抚恤补助优抚对象76094人，其中，伤残人员6080人，“三属”（烈士遗属、因公牺牲军人遗属、病故军人遗属）1420人，在乡复员军人2066人，带病回乡退伍军人2156人，参战参试退役人员7684人，60周岁以上农村籍退役士兵51898人，部分烈士（含中华人民共和国成立前错杀后被平反人员）子女4789人，铀矿开采退役人员1人。接收安置军队退休干部（士官）103人，2015年度冬季一二期士官399人，2016年夏秋季退役士兵991人，省集中移交转业士官、复员干部及伤病残退役士兵219人；培训退役士兵605人。新建综合居家养老服务中心10家，新增护理型床位1000张。至2016年底，全市入库民办养老机构140家，床位18814张，入住人数10839人；主城区享受居家和社区政府养老服务六类老人16482人。11月11日，石家庄市入选国家第一批居家和社区养老服务改革试点城市，成为河北省唯一入选城市。乡改镇3个，联查市界1条、县界12条，审批命名居民区66个，审核备案命名大型建筑物22个，命名街路4条、更名1条，设置街路标志227块。7月29日，石家庄市在全国双拥模范城（县）命名暨双拥模范单位和个人表彰大会，再次被命名为全国双拥模范城，这也是石家庄市连续第八次获评全国双拥模范城。

【城乡基层政权】 城市社区管理。印发《石家庄市社区服务体系建设发展规划（2016～2020年）》（石政办发〔2016〕26号），明确社区建设目标任务、指标体系、实施步骤、保障措施等。推进社区治理，印发《关于推进“三社联动”加快社区治理现代化的实施意见》（石政办发〔2016〕62号），建立社区、社会组织、社会工作“三社联动”机制。开展标准化社区建设，全市新增社区服务设施面积15082平方米，新增达标社区30个。农村社区（居委会）管理。4月18日，市委办公厅、市政府办公厅印发《关于深入推进农村社区建设试点工作的实施方案》（石办发〔2016〕8号）。确定8个试点县（市、区）59个试点村（省级24个、市级35个）为农村社区建设试点。按照河北省民政厅《关于加快推进村委会改为居委会工作的指导意见（试行）》（冀民〔2016〕31号）和《加快推进村委会改为居委会工作方案》（冀民〔2016〕34号）要求，4月29日，市政府办公厅印发《加快推进村委会改为居委会工作实施方案》（石政办函〔2016〕70号）。

【社会救助】 城乡最低生活保障。2016年3月，市民政局、市扶贫开发办公室、市财政局、市残疾人联合会联合制定和印发《关于推行最低生活保障线与扶贫线“两线合一”的实施方案》（石民政〔2016〕50号），将符合条件贫困人口全部纳入最低生活保障（简称低保）范围，实行规范化、精准化管理。2016年3～8月，开展全市农村低保普查摸底和“全面提升救助工作水平 实施精准兜底脱贫活动”，准确掌握低保对象基本信息，做到精准保障、应保尽保。复核城乡低保家庭和建档立卡贫困家庭数据，推行按户施保政策和低保金据实发放措施。至2016年末，全市享受居民最低生活保障16.9万人。其中，城镇居民2.6万人，农村居民14.3万人。临时救助。主要面向遭遇突发事件、意外伤害、重大疾病或其他特殊原因导致基本生活陷入困境，其他社会救助制度无法覆盖或救助之后基本生活仍有严重困难的家庭或个人。2016年全市281个乡镇（街道办事处）实现“一门受理、协同办理”服务窗口，形成“双重管理、分级实施，各负其责、相互协调，求助有门、救助及时”的运行模式。流浪乞讨人员救助。2016年全市设有流浪乞讨人员救助管理机构18个，实施救助1.5万人次。关爱和保护农村留守儿童。开展农村留守儿童摸底排查，至2016年末，全市共有农村留守儿童5382名，其中0～5周岁1868人，6～13周岁3182人，14～16周岁332人，农村留守儿童比较集中的县为灵寿县、无极县、平山县、行唐县。保障孤儿健康成长。至2016年底，全市共有孤儿2391人，其中，集中供养642人、分散供养1749人；集中供养每人每月1150元、分散供养每人每月700元，孤儿基本生活费均按时发放到位。实施“残疾孤儿手术康复明天计划”，救治儿童15人。

【婚姻登记】 2016年全市共有婚姻登记机关22个，其中3A级婚姻登记机关3家，分别为：栾城区婚姻登记处、新乐市婚姻登记处、赵县婚姻登记处。至2016年底，全市办理结婚登记84470对，离婚登记24233对，补发婚姻登记证书1.74万对。开展婚姻登记历史数据补录，累计补录数据100万对。3月26日，由石家庄市妇产医院、河北生殖妇产医院冠名，河北省社会精英联合会、共青团石家庄市委、石家庄市总工会主办的首届京津冀（河北）社会精英相亲交友联谊会在石家庄市举行，来自京津冀各领域各行业300余名单身精英参加现场活动，20余对成功牵手。

【社会组织】 2016年石家庄市共有市属社会组织440家。其中，社会团体304家、民办非企业单位136家。2016年全市新成立社会团体24家，新增民办非企业单位11家，注（撤）销登记社会组织2家。全年市级办理社会组织许可事项92件，其中社会团体67件、民办非企业单位25件，登记合格率100%。严格社会组织年检，应检399家，实检370家，年检率93%。3家社会组织参加评估，审定5A级1家、4A级1家、3A级1家。落实社会组织登记改革。10月17日，根据市人民政府办公厅《关于衔接落实省政府部门取消下放行政权力事项和取消中介服务事项的通知》（石政办发〔2016〕63号）要求，取消筹备和成立社会团体审批。重视社会组织党的建设。12月15日，市社会组织党委成立，选举产生第一届委员会。2016年末，全市社会组织党的组建率由原来12%提高到55%。强化社会组织监督，指导40余家市属社会组织建立健全以章程为核心法人治理机构。开展行业协会、商会与行政机关脱钩试点。根据市委、市政府《关于贯彻落实河北省行业协会商会与行政机关脱钩实施方案的通知》要求，确定脱钩试点单位15家，2016年底，15家试点单位全部完成脱钩任务。探索培育社会组织发展模式，借鉴上海、南京等地做法及经验，推行市级社会组织孵化园管理。

【慈善捐赠】 2016年全市接收社会捐赠款10374.13万元。其中，接收善款8440.42万元，接收捐赠物资价值1933.71万元；发放救助款物价值10282.44万元，其中，发放“7·19”特大洪水受灾县款物价值9299.18万元，发放全市困难群体救助款物价值983.26万元，惠及困难群众171万余人次。8月26日，市慈善总会举行2016年“慈善助学育栋梁”助学金发放活动，资助全市家庭贫困、品学兼优大学新生50名，发放爱心善款15万元。9月7～9日，石家庄市举办首届慈善开放日活动，接收善款近65万元，参与爱心市民和爱心企业代表5000余人。其中，4家爱心企业签约慈善对接项目，捐赠公益慈善与精准扶贫项目25万元。10月18日，市慈善总会举行慈善紧急救助金发放仪式，资助困难家庭20户。

【防灾减灾】 2016年石家庄市主要遭受风雹、洪涝等自然灾害，特别是“7·19”特大洪水灾害，死亡、失踪人口、倒塌房屋数量和直接经济损失为20年来最大，其中井陉县、井陉矿区、赞皇县、平山县、灵寿县5个县区最为严重。2016年全市18个县（市、区）169个乡镇137.77万人不同程度受灾，因灾死亡58人、失踪60人；农作物受灾面积192.59万亩；倒塌房屋3.6万间；造成直接经济损失186.9亿元。2016年全市下拨上级自然灾害生活补助资金2.28亿元，其中，省财政直管县1.11亿元，市财政直管县350万元；接收分配社会捐赠资金475.24万元；接收分配服装类、被褥类、粮油类、方便食品类等总价值1108.12万元。至2016年12月31日，各县（市、区）应急救助阶段紧急安置人员81326人，发放紧急生活救助金1166.39万元；过渡安置阶段分散安置7580人；累计救助人员50005人，发放生活救助金2065.18万元。举办防灾减灾演练。5·12“防灾减灾日”宣传活动期间，石家庄市在市第28中学西校区举行省会5·12防灾减灾日宣传活动暨应急避险综合演练。主题为“减少灾害风险、建设安全城市”。演练采取模拟与实战相结合方式，涵盖预警预报、疏散转移、抢险救援、社会力量参与、安置救助、卫生防疫、心理疏导等环节，重点检验包括各级预案程序、疏散转移、心理疏导、引导社会力量及学生家长参与救灾等方面组织协调与衔接能力。演练活动涉及民政、气象、地震、教育、卫生、保险、社会组织等20多家单位，动用救灾、消防、卫生、气象、移动通信等专用车辆20辆，省市县民政部门、减灾委员会及成员单位和市第28中学师生、社区救灾应急志愿者3000余人参加。开展综合减灾示范社区创建活动，2016年全市65个基层社区获授国家“综合减灾示范社区”称号，33个基层社区获授省级“综合减灾示范社区”称号。

“7·19”特大洪水灾害。7月19日凌晨开始，全市出现大范围强降雨天气，其中西部山区为特大暴雨，这是石家庄市自1996年以来最大降雨，全市平均降雨量253.3毫米，市区平均降雨量239.4毫米，19个雨量站超过500毫米，井陉县、平山县、元氏县、赞皇县8个雨量站点超过600毫米，赞皇县嶂石岩最大降雨量达到721毫米。受强降雨影响，石家庄市7个县区不同程度受灾，涉及39个乡、351个村、29.6万人，冲毁房屋301间，受淹房屋400间；洪水冲毁农田5.68万亩；冲毁通信基站112个；公路、桥梁等交通设施损坏，部分路段积水较深无法通行，多处河坝、灌渠被冲毁或决口；造成7人死亡，35人失联。7月20日下午，降雨逐渐减弱，至7月21日9时，影响石家庄市特大暴雨降水过程结束。7月19日，井陉县全境一天内降水量高达656毫米，暴雨造成山洪突发、河水暴涨、房屋倒塌、路桥冲毁、通信中断，基础设施损坏严重。井陉县17个乡镇全部受灾，5.99万户、20.8万人不同程度受灾，1.6万间农村房屋被冲毁，2.7万间房屋受损，农作物受灾面积24.1万亩，10.6万亩绝收，1616.5亩养殖水面消失，全县因灾经济损失67.6亿元。“7·19”特大暴雨造成赞皇县11个乡镇212个行政村14万人受灾，水毁公路452.5千米，冲毁桥梁28座，损毁耕地、林地67万亩，倒塌房屋6433间，直接经济损失53.33亿元。“7·19”特大洪水灾害致使全市15个县（市、区）444所中小学校、幼儿园受灾，涉及学生84746人。其中，倒塌校舍400平方米，形成B级以上危房199072平方米，校园围墙等附属设施受损24082平方米，损坏教学仪器设备及桌椅6437台（套），直接经济损失1.69亿元。全市损毁农村公路1149条，公路断交点1096个，村庄断交392个；损毁涉及石家庄市境内国省干线非收费公路11条，主要集中在平山县、井陉县、赞皇县、灵寿县4个县，影响里程458千米，较为严重的公路线有正南线、吴家瑙连接线、平涉线、石阎线。抗洪抢险和灾后重建。“7·19”特大洪水灾害发生后，市民政局紧急启动救灾应急响应，组建成立6个应急分队，连夜分赴井陉县、赞皇县等重灾县查灾核灾，指导灾民转移和灾害处置。7月25日，全市召开抗洪抢险救灾和灾后重建工作动员大会。省委常委、市委书记孙瑞彬，省委常委、常务副省长、省工作组组长袁桐利，市长邢国辉出席会议。洪水灾害期间，驻石部队出动官兵2500余人，民兵预备役人员出动3800余人次。社会各界爱心人士纷纷捐款捐物。市级民政部门、慈善组织累计接收捐赠善款4636万元，接收捐赠救灾物资价值904万元；石家庄所辖县（市、区）累计接收捐赠善款3241万元，接收捐赠救灾物资价值833万元。7月28日，全市派遣99个工作组到受灾一线，开展洪水灾害后农村受损房屋调查核实和安全鉴定，根据B、C、D危房评定等级发放资金补助。受“7·19”特大洪水灾害影响，京昆高速公路石太北线断交。8月7日，京昆高速公路石太北线石家庄方向恢复通行；8月15日，京昆高速公路石太北线恢复双向通行。至8月16日，全市因洪水损毁农村公路恢复简易通行1132条，恢复占比98.5%；公路断交点抢通1063个，抢通占比97%；断交村庄全部通行；抢通国省干线非收费公路10条，修复断交点30处。2016

年10月底，石家庄市境国、省道路基本恢复到灾前通行能力。8月12日，中共河北省委宣传部在井陉矿区贾庄镇贾庄社区灾后重建现场举行仪式，授予石家庄市苏彦军（井陉矿区贾庄镇贾庄社区党总支书记、居委会主任）、井陉矿区住房和城乡建局市政管理所抗洪救灾抢险队（55名职工组成）、高连成（河北广电网络集团石家庄分公司市县网络部主任）3名个人（团体）“2016抗灾救灾和灾后重建最美河北人”称号。

【双拥共建】 开展“美丽河北·最美双拥人物”推选展示活动，吉运集团党委书记、董事局主席刘现考（1961年5月出生，井陉县南陉乡北陉村人）、深泽县南白庄村军嫂杨国丽（女，1946年出生，祖籍沧州市沧县）获得2016年“美丽河北·最美双拥人物”称号。“7·19”特大洪水灾害期间，驻石部队出动官兵2500余人，民兵预备役人员出动3800余人次，动用车辆339台次、工程机械12台。密切与海军“石家庄舰”双拥共建活动，赠送慰问金和慰问品价值150余万元。7月29日，石家庄市在全国双拥模范城（县）命名暨双拥模范单位和个人表彰大会，再次被命名为全国双拥模范城，这也是石家庄市连续第八次获评全国双拥模范城。平山县获评国家级双拥模范县，这是该县连续第四次获评国家级双拥模范县。

【抚恤优抚】 2016年全市共有享受抚恤补助优抚对象76094人，其中，伤残人员6080人，“三属”（烈士遗属、因公牺牲军人遗属、病故军人遗属）1420人，在乡复员军人2066人，带病回乡退伍军人2156人，参战参试退役人员7684人，60周岁以上农村籍退役士兵51898人，部分烈士（含中华人民共和国成立前错杀后被平反人员）子女4789人，铀矿开采退役人员1人。2016年全市共有光荣院16所、县级以上烈士纪念设施保护单位15个、优抚医院2所。10月1日起，全市伤残人员、“三属”、“三红”等优抚对象抚恤和生活补助标准提高。残疾军人、伤残人民警察、伤残国家机关工作人员、伤残民兵民工等伤残人员残疾抚恤金标准，城镇烈士遗属、因公牺牲军人遗属、病故军人遗属“三属”定期抚恤金标准，在乡退伍红军老战士、在乡西路军红军老战士、红军失散人员“三红”生活补助标准在原基础上提高10%，农村“三属”定期抚恤金与城镇“三属”实行统一标准；在乡老复员军人生活补助标准在原基础上每人每年提高1800元，烈士老年子女生活补助标准在原基础上每人每年提高480元。调整后，一级因战、因公、因病残疾军人抚恤金标准分别为每人每年66230元、64140元、62040元。烈属、因公牺牲军人遗属、病故军人遗属定期抚恤金标准分别为每人每年21030元、18050元、16980元。在乡退伍红军老战士、在乡西路军红军老战士、红军失散人员生活补助标准分别为每人每年45930元、45930元、20720元。2016年9月中下旬，全市组织原8023部队和其他参加核试验军队退役人员1400人在市第一医院健康体检。2016年市政府命名市级烈士纪念设施保护单位15个。9月10日，解放石家庄烈士陵园改扩建工程开工。

【军休与退役士兵安置】 军休安置。2016年全市接收安置军队退休干部（士官）103人；购置军休文化活动场所2994.96平方米。退役士兵安置。2016年石家庄市接收安置2015年度冬季一二期士官399人，2016年夏秋季退役士兵991人，省集中移交转业士官、复员干部及伤病残退役士兵219人。办理1164名自主就业退役士兵和461名自谋职业退役士兵一次性经济补助，审批发放补助金9651万余元。举办退役士兵技能培训，报名891余人，实际培训605人，支出培训费174.9万元。

【养老服务】 新建综合居家养老服务中心10家，新增护理型床位1000张。至2016年底，全市入库民办养老机构140家，床位18814张，入住人数10839人。养老服务标准化。印发《石家庄市养老服务体系建设攻坚行动实施方案》（石政办〔2016〕142号）。编制养老服务标准11项，其中，《养老机构安宁照护服务规范》《老年人社会需求评估规范》《居家养老服务中心建设规范》《居家养老服务中心验收规范》《居家养老服务中心服务规范》《养老服务信息化管理和统计规范》6项标准由省质量技术监督局立项为河北省地方标准；《养老机构建设标准》《养老机构验收标准》《养老机构运营规范》《养老机构基础照护标准化规范》《老年人生活能力评估标准》5项标准列入石家庄市团体标准编制。居家和社区养老服务。11月11日，石家庄市入选国家第一批居家和社区养老服务改革试点城市，也是河北省唯一入选城市。12月15日，国家财政第一笔支持经费3827万元拨付石家庄市。2016年石家庄市主城区享受居家和社区政府养老服务六类老人达到16482人，年度服务总次数16.36万次，服务金额3562.12万元。民办养老机构消防改造。印发《石家庄市养老服务机构消防改造奖补办法》，争得市财政专项补贴资金1190万元，专项用于社会福利机构消防改造。2016年全市社会福利机构实施消防整改46家，涉及整改面积28883平方米、养老服务床位1825张，拨付消防改造补助资金1066万元。

【福利彩票】 福彩助困。2016年1月，市民政部门举办“福彩助困过好年”活动，投入福彩公益金98.9万元，资助市区低保家庭、因重大疾病或遭遇车祸、火灾等意外事故造成巨大经济损失的困难人群989人。福彩助学。8月27日，市第十六届“福彩献真情，爱心助学子”活动举行，投入福彩公益金174.5万元，资助学生356名，每人5000元，低保家庭本科一批学生每人资助1万元；联合市第42中学创办高中“福彩助学班”，投入福彩公益金120万元，资助市“福彩助学班”学生200名，每名学生每年生活费6000元；联合市第38中学，投入福彩公益金180万元，资助书法专业贫困学生300名，每名学生每年学费及生活费6000元。2016年全市福利彩票销售（含平山县、辛集市）9.79亿元。其中，电脑票销售6.58亿元，即开票销售9171万元，开乐彩销售17万元，中福在线销售2.29亿元。

【区划地名】 区划调整。结合新型城镇化建设，在具备条件的乡镇推进撤乡设镇。全年3个乡改镇，分别为：高邑县撤销万城乡设立万城镇，赞皇县撤销南邢郭乡设立南邢郭镇、撤销嶂石岩乡设立嶂石岩镇。界线管理。按照国家、河北省边界联检要求，县区完成1条市界（石家庄市与邢台市）和12条县界（高邑元氏线、赞皇高邑线、赞皇元氏线、鹿泉元氏线、赞皇井陉线、元氏井陉线、井陉矿区井陉线、长安正定线、长安藁城线、长安裕华线、长安桥西线、裕华栾城线）联查。根据市政府统一部署，市地名部门协助市水务部门开展全市河道整治涉及行政区域界线指认，4个点8条界线指认完成。地名管理。依据《国务院地名管理条例》《河北省地名管理规定》，全年审批命名居民区66个，审核备案命名大型建筑物22个，命名街路4条、更名1条。支持省市美丽乡村建设，指导各县（市）设置村庄地名标志406个。推进全国第二次地名普查，基本完成内业、外业信息录入。设置街路标志227块。

表60 2016年石家庄市区街路命名、更名一览表

序号	名称	位置	批准时间
1	南简良东街	该街路位于桥西区西北部，南简良村内。南起新华路，北至三简路，西二环北路以西，南北走向。长约1800米，宽约8.4米，水泥路面。	2016-4-8
2	塔丰路	该街路位于桥西区东南部，南二环东路南侧。东西走向，西起塔谈大街，东至建通街，目前塔谈大街和胜利南街路段已形成，建成路段长约2000米，宽约28米，水泥路面。	2016-8-19
3	塔兴路	该街路位于桥西区东南部，塔丰路南侧。东西走向，西起塔谈大街，东至胜利南街，全长约2000米，宽约28米，水泥路面。	2016-8-19
4	常玉路	该街路位于长安区西部，光华路以南。东西走向，西起纺织街，东至华药东街，目前为规划路，建成后长约1200米。	2016-9-14
5	赵陵路更名为赵陵铺路	赵陵路于2003年1月经市政府批准为标准地名，现由于行政区划调整实施赵陵铺镇改设街道办事处，赵陵铺镇政府位于赵陵路上，按照有关规定，街道办事处名称应与所在街路名称一致，故拟将赵陵路更名为赵陵铺路。该街路位于新华区中东部，新苑路以北，赵陵北路以南。东西走向，东起中华北大街，西至友谊北大街。全长1500米，宽8米，沥青路面。	2016-10-24

表 61　　2016 年石家庄市区居民小区命名一览表

序号	名称	申报单位	位置	批准时间
1	悦城北区（11、15、17 号地块）	河北祈福乾悦房地产开发有限公司	11 号地块：谈固北大街 62 号、15 号地块：金石街 15 号、17 号地块：谈固北大街 68 号。	2016-1-14
2	天阳嘉园	河北天阳泰富房地产开发有限公司	新开大街 285 号	2016-1-14
3	天山听澜小区（10 栋楼）	河北尚润房地产开发有限公司	祁连街 189 号	2016-1-14
4	翠屏山庄	石家庄正隆置地房地产开发有限公司	青银辅路 199 号	2016-1-14
5	茂伦华府（4 栋楼）	河北茂伦房地产开发有限公司	荻海路 9 号	2016-1-14
6	中泰商厦	石家庄盛泰达房地产开发有限公司、中铁三局集团第二工程有限公司	翟营南大街 9 号	2016-1-14
7	全美佳苑	石家庄创世纪房地产开发有限公司	留村街 1 号	2016-1-29
8	润德天悦城（云贤园）	石家庄创世纪房地产开发有限公司	仓顺路 12 号	2016-1-29
9	润德天悦城（云贤园）	石家庄创世纪房地产开发有限公司	仓顺路 10 号	2016-1-29
10	北宋新苑	石家庄市长安区建华第二社区居民委员会	北宋路 9 号、北宋路 10 号	2016-1-29
11	西悦春天小区	河北省省直纪元房地产开发有限公司	御园路 66 号	2016-1-29
12	西山林语别墅	河北省省直纪元房地产开发有限公司	御园路 66 号	2016-1-29
13	恒大林溪郡	石家庄伟轩房地产开发有限公司	西马庄村村南	2016-3-24
14	燕府	河北省浙商房地产开发有限公司	正东路 21 号	2016-3-24
15	钟上苑	河北英华实业股份有限公司	钟旺路 21 号	2016-4-8
16	润德天悦城（云锦园）	石家庄创世纪房地产开发有限公司	仓顺路 11 号	2016-4-8
17	旅投福美小区（一期 4 栋住宅楼、2 栋商业楼）	河北旅投振业房地产开发有限公司	华阳路 19 号	2016-4-19
18	长宏锦园（五区）	河北长宏经贸股份有限公司	建设南大街 225 号	2016-4-19
19	留村家园（1-14 栋楼）	石家庄市桥西区留村社区居民委员会	仓顺路 9 号	2016-5-24
20	天山听澜小区（5 栋楼）	河北尚润房地产开发有限公司	祁连街 189 号	2016-5-24
21	璟华苑	石家庄市承浩房地产开发有限公司	站南街 2 号、工业西路 161 号	2016-5-24
22	怡康苑	中电科鹿泉房地产开发有限公司	新合街 102 号、西焦北路 1 号	2016-5-24
23	保利东郡小区	河北保利联创房地产开发有限公司	藁城区西南部、育才西路 260 号	2016-5-24

续表

序号	名称	申报单位	位置	批准时间
24	长宏锦园（二区）	河北长宏经贸股份有限公司	塔北路 63 号	2016-5-24
25	长宏锦园（三区）	河北长宏经贸股份有限公司	塔北路 64 号	2016-5-24
26	鼎原时代雅苑	河北鼎原房地产开发有限公司	汇通路 81 号	2016-6-13
27	天山国御小区（16 栋楼）	河北天山睿铭房地产开发有限公司	昆仑南大街 158 号	2016-7-4
28	盛紫花园	河北盛博房地产开发有限公司	栾城区裕翔街 61 号	2016-7-4
29	天下锦程花苑	石家庄宝泰房地产开发有限公司、石家庄万泽房地产开发有限公司	北二环西路 389 号	2016-7-4
30	恒山天成雅苑	石家庄恒新房地产开发有限公司	罗家庄路 17 号	2016-7-4
31	旅投福美小区	河北旅投振业房地产开发有限公司	华阳路 19 号	2016-7-4
32	尹华小区	河北华骏房地产开发有限公司	金河东路 199 号	2016-7-4
33	腾华雅居	河北腾华开发有限公司	南二环东路 14 号	2016-7-26
34	青年时光城	石家庄高远房地产开发有限公司	建通街 168 号	2016-8-19
35	天山国御小区（8 栋楼）	河北天山睿铭房地产开发有限公司	昆仑南大街 158 号	2016-9-14
36	荣盛华府（西区）	石家庄荣恩房地产开发有限公司	常玉路 5 号、常玉路 6 号	2016-9-14
37	锦绣学府小区	石家庄润鹏房地产开发有限公司	仓盛路 6 号	2016-9-14
38	众美君御华苑	石家庄益美房地产开发有限公司	太行北大街 11 号	2016-9-14
39	中冶德贤名园	河北中冶名润房地产开发有限公司	塔南路 76 号	2016-9-14
40	燕港美域小区（5 栋楼）	河北国源房地产开发有限公司	福凯路 11 号	2016-10-14
41	东南智汇城（香溪园）	河北燕涛（集团）富源城房地产开发有限公司	仓丰路 161 号	2016-10-14
42	骏源中山尚郡	河北中宏置业房地产开发有限公司	上庄村雅源路 1 号	2016-10-14
43	君悦府	河北中宏置业房地产开发有限公司	槐安西路 369 号	2016-10-14
44	康馨园	河北中宏置业房地产开发有限公司	康馨街 6 号	2016-10-14
45	大尚华庭	河北中宏置业房地产开发有限公	寺家庄村繁荣街 5 号	2016-10-14
46	和天下小区（尚园）	石家庄市藁城区廉安房地产开发有限公司	植物园街 19 号	2016-10-24
47	御灏府（6 栋楼）	河北五合房地产开发有限公司	天山南大街 235 号	2016-10-24
48	檀香墅	石家庄鑫泰元房地产开发有限公司	裕泰路 88 号	2016-10-24
49	檀香庭院	河北泰发房地产开发有限公司	裕泰路 87 号	2016-10-24

续表

序号	名称	申报单位	位置	批准时间
50	东南智汇城（香韵园）	河北中宏置业房地产开发有限公司	仓顺路 211 号	2016-10-24
51	东南智汇城（香峪园）	河北中宏置业房地产开发有限公	仓顺路 99 号	2016-10-24
52	东街住宅楼	石家庄市藁城区廉安房地产开发有限公司	东城北街 55 号	2016-10-24
53	紫竹锦江小区	河北五合房地产开发有限公司	学苑路 56 号	2016-10-24
54	元泰嘉园	石家庄鑫泰元房地产开发有限公司	谈北路 63 号	2016-10-24
55	鑫泰佳苑	河北泰发房地产开发有限公司	西只甲村繁荣东路 608 号	2016-10-24
56	泽润苑	石家庄市泽润房地产开发有限公司	荣华街 11 号	2016-11-8
57	富瀛苏园	石家庄富瀛房地产开发有限公司	1～10 号楼：高营大街 26 号、11～24 号楼：高营大街 20 号	2016-11-8
58	众美雅翠居	石家庄众嘉房地产开发有限公司	裕泰路 99 号	2016-11-8
59	众美花香绿都	石家庄众凯房地产开发有限公司	南二环东路 128 号	2016-11-8
60	博雅盛世小区（东区）	河北瀚康俪业房地产开发有限公司	青翠街 39 号	2016-11-8
61	紫睿枫景小区（7 栋楼）	河北尚佑房地产开发有限公司	昌盛南街 1 号、工业东路 88 号	2016-11-23
62	锦悦桦庭（5-12 号楼）	石家庄旌旗房地产开发有限公司	窦妪村文明路 2 号	2016-11-23
63	旅投福美小区（三期 14 栋楼）	河北旅投振业房地产开发有限公司	华阳路 19 号	2016-11-23
64	槐底第一小区	河北怀特集团股份有限公司	富强大街 19 号	2016-12-30
65	中铁祥瑞嘉园	河北陆祥房地产开发有限公司	塔谈大街 162 号	2016-12-30
66	逸景园	石家庄恒昌房地产开发有限公司	富强大街 48 号	2016-12-30

表 62　2016 年石家庄市大型建筑物审核命名备案一览表

序号	名称	申报单位	位置	备案时间
1	美吉商业楼	河北祈福乾悦房地产开发有限公司	煤机街 4 号	2016. 1. 4
2	天和大厦	石家庄天和衡器厂	龙泉东路 304 号	2016. 1. 12
3	中恒大厦	石家庄市中恒宏誉房地产开发有限公司	建华北大街 28 号	2016. 1. 25
4	未来时间商务大厦	河北鼎世房地产开发有限公司	中山西路 121 号	2016. 4. 25
5	新合作中商大厦	河北省卓诚企业管理服务有限公司	建设南大街 21 号	2016. 5. 3
6	通达商务楼	石家庄国大集团房地产开发有限公司	塔北路 117 号	2016. 5. 4

续表

序号	名称	申报单位	位置	备案时间
7	天河新悦商务广场	石家庄市海市房地产开发有限责任公司	景悦街2号	2016.5.30
8	石上大厦	石家庄石上帝业投资有限公司	裕华东路207号	2016.6.4
9	益圣大厦	河北益圣房地产开发有限公司	和平西路68号	2016.6.12
10	鑫科国际广场	河北鑫拓房地产开发有限公司	槐安东路158号	2016.6.16
11	国金商务中心	河北亚宇房地产开发有限公司	新城大街15号 白朴街20号	2016.7.1
12	润江慧谷大厦	河北荣科房地产开发有限公司	祁连街95号	2016.8.25
13	海纳尚峰商务广场	河北海纳房地产开发有限公司	祁连街67号副1号	2016.8.25
14	中粮河北广场	河北粮油食品进出口有限公司	友谊北大街345号	2016.10.11
15	元泰广场	石家庄鑫泰元房地产开发有限公司	体育北大街66号	2016.10.20
16	泽润大厦	石家庄市泽润房地产开发有限公司	丰收路122号	2016.10.26
17	磊阳天府大厦	河北田氏房地产开发有限公司	华山街158号	2016.11.18
18	金苹果商务楼	石家庄市光华汽车修理厂	光华路223号	2016.11.18
19	鸿昇商务大厦	石家庄骏才房地产开发有限公司	翟营南大街52号	2016.11.22
20	蜂巢大厦	河北省浙商房地产开发有限公司	建设北大街20号	2016.12.5
21	卓达商贸广场	卓达房地产集团有限公司	翟营南大街65号	2016.12.5
22	智汇领域大厦	河北中宏置业房地产开发有限公司	仓裕路87号	2016.12.20

（市民政局）

防震减灾

【概况】 2016年，市地震部门重视开展地震前兆观测和资料日常分析、报送，召开周、月、半年会商会议52次，会商意见均与震情相符。参加省级地震监测评比活动，晋2井水位模拟观测、CK电井水氡模拟观测、新乐地磁获得2015年度地震观测资料评比省级优秀奖，平山温塘CK电井水氡异常落实报告获得2015年度地震前兆异常报告评比省级优秀奖。调整市政府防震减灾工作联席会议成员单位和市政府抗震救灾指挥部组成人员，组织召开市政府防震减灾工作联席（扩大）会议。加强防震减灾管理，印发《石家庄市抗震救灾应对工作方案》，开展地震应急准备、地震应急演练、地震应急志愿者队伍、地震应急救援队伍演练活动，修订完善地震应急预案，推进地震应急避难场所设施建设，改造和完善南高基公园地震避难场所应急通道、应急棚宿区、应急供水、应急照明、应急厕所等设施。开展地震安全示范社区创建活动，桥西区中苑社区命名为国家级地震安全示范社区，元氏县、裕华区、灵寿县、鹿泉区新建地震安全示范社区4个。2016年元氏县获得全国县级防震减灾工作考核先进单位。

【地震监测预报】 强化震情跟踪措施，建立震情跟踪岗位责任制。制定工作计划，细化量化考核目标，编制《石家庄市2016年度震情跟踪工作方案》（石科〔2016〕16号）。开展地震前兆观测和资料日常分析、报送，召开周、月、半年会商会议52次，会商意见与震情相符。举办2016年年中地震趋势会商会，跟踪研究无极县极12井水位趋势异常现象。落实群测群防措施，开展2015年度地震前兆观测资料检查和观测台站业务指导，提高观测质量。参加省级地震监测评比活动，晋2井水位模拟观测、CK电井水氡模拟观测、新乐地磁获得2015年度地震观测资料评比省级优秀奖，平山温塘CK电井水氡异常落实报告获得2015年度地震前兆异常报告评比省级优秀奖。加强市地震监测网络中心管理，保持与上级联络畅通，地震速报信息传递准确及时。启动和实施地震烈度速报与预警工程，总投资17.99亿元，涉及石家庄市范围国家地震烈度速报与预警工程台站150个，其中每个县（市、区）基本站达到1个。至2016年末，石家庄市地震烈度速报与预警工程基本站宏观初勘测试全部完成。

【地震应急】 3月30日，市地震局、市教育局安全处、市公安消防支队联合在市第四中学举行石家庄市中小学生安全教育日现场会，组织开展师生地震避震疏散演练、地震救援技能培训等活动，发放《防震避震十大招数》《宣传手册》及宣传扑克3000册（副）。5月12日，由省市减灾委员会主办的“省会5·12防灾减灾日宣传活动暨应急避险综合演练”在市第28中学举行。共有民政、科技、地震、教育、卫生、社会组织等20多家部门和单位，2000余名师生、1支专业救援队伍、7支志愿者队伍及医护救援队伍、消防救援队伍、学生家长和市民参加。主要演练地震预警预报、疏散转移、抢险救援、社会力量参与、安置救助、卫生防疫、心理疏导等环节和内容，重点检验社会各行业包括学校在内的预案程序、疏散转移、心理疏导、引导社会力量及学生家长参与救灾等方面组织协调与衔接能力。举办卫生系统应急救护技能演示和市内7区救灾应急志愿者服务队救灾安置技能竞赛。建立健全市、县、乡、村四级政府和基层组织及职能部门、大型企业单位、学校等地震预案，模拟开展抗震救灾应急准备和处置，制定石家庄市针对破坏性地震专项抗震救灾工作方案。修订完善地震应急预案，推进地震应急避难场所设施建设，印发《石家庄市人民政府防震减灾工作联席会议关于地震应急预案修订和加强地震应急避难场所建设的通知》（石震联〔2016〕2号）。协调相关部门，查验地震避难场所，改造和完善南高基公园地震避难场所应急通道、应急棚宿区、应急供水、应急照明、应急厕所等设施。修订《石家庄市地震局地震应急预案》，举办桌面演练，提高地震应急反应和处置能力。开展地震安全示范社区创建活动，2016年桥西区中苑社区被中国地震局命名为国家级地震安全示范社区，元氏县、裕华区、灵寿县、鹿泉区新建高标准地震安全示范社区4个。

【防震减灾宣传】 3月28日，市科学技术和知识产权局（地震局）在市第六中学举办主题为“地震知识进校园、家庭社会更安全”地震科普知识宣传活动。邀请省地震局宣教中心高级工程师李红梅利用现代多媒体手段，以数据和实例向老师和同学们讲解“防震减灾基本知识”“地震的种类、成因、活动的特点”“如何识别地震谣言”“地震时如何避害”“震后如何自救互救”等科普知识，参与师生1000多人，现场赠送《科学应对地震》《地震知识漫画》《防震减灾知识手册》及防震减灾知识扑克牌等防震减灾科普宣传资料2000余册（副）。4月8日，市科学技术和知识产权局（地震局）联合省地震局在深泽县大集市举办防震减灾科普知识宣传活动。以地震基础知识、农村居民防震保安知识、地震应急、自救互救基本常识、建设工程抗震设防等为内容，采取现场宣讲、咨询等方式为居民开展防震减灾知识答疑解惑，发放宣传书籍3000余册，接受咨询1万余人次。5月11日，市科学技术和知识产权局（市地震局）联合省地震局、市桥西区科学技术局、市桥西区科协在市第六中学举行“5·12”防灾减灾日防震减灾先进文化进校园文艺会演活动，围绕“教育一个孩子，带动一个家庭，影响整个社会”目标，提高师生应急避险和互救自救能力果。5月12日，市地震局在鹿泉区举行“5·12”防灾减灾日防震减灾科普知识公众有奖答题活动，将防震减灾工作40年来总结的有益知识、有用经验和有效成果，浓缩汇编为知识试题，帮助公众了解防震减灾知识，掌握自救、互救能力和技能。2016年市地震局、市教育局还联合组织全市中小学生举行以“科学认识地震”为主题的防震减灾知识宣传征文活动，收到征文1000余篇，评选中学组、小学组一等奖各5名，二等奖各10名，三等奖各15名。

（王秀辰）

精神文明建设

【概况】 2016年，全市精神文明建设以培育和践行社会主义核心价值观为核心，以争创全国和省级文明城市为重点，组织开展文明城市宣传、公民思想道德建设、社会志愿者服务等活动。注册志愿服务团体4481个，实名认证志愿者33.44万人；河北善行使者协会“善行使者·圆梦行动”扶贫帮困志愿者项目荣获“最佳志愿服务项目”，河北爱心救援队荣获“最佳志愿服务组织”，裕华区金域蓝湾社区荣获“最美志愿服务社区”；2个群体3名个人获得“中国好人”称号，4人获得首批“河北好人”称号，156人获授“石家庄市文明公民标兵”称号。提升城市品位，改善居民居住环境，开展“两改一清一拆”、市容环境治理、交通秩序整治、基础设施建设、社区综合治理五大攻坚战，拆除违章建筑1000余万平方米，主次干道沿街“门前三包”知晓率、责任书签订率、责任落实率均达100%。推进社会主义核心价值观涵育基地建设，争得省级资金408.69万元，2016年新华区儿童公园、家风家训主题公园、平山县文庙、行唐县牛仔王孝德大讲堂、正定县塔元庄、栾城区人民公园、赵县永通桥公园、新乐青少年活动中心等涵育基地建设基本完毕。开展道德模范进社区、进校园、进工厂巡讲活动，宣传先进事迹，在全社会营造学习好人、崇尚好人、争做好人的良好风尚。“党员活动日”“文明交通日”“文明排队日”“市民公益日”四大主题志愿服务活动效果深得人心，累计参与志愿者31万人次，发放各类宣传册、宣传品14万余份，劝阻行人闯红灯11.2万余次；参与党员志愿者18.5万人次，清理小广告57万余张，清理垃圾14.7万立方米。2016年石家庄市创建省级文明城市测评排名河北省第一。2016年11月，省会精神文明办公室表彰2014～2015年度市级文明单位、文明村镇、文明社区928个，其中市级文明单位790个。

【创建文明城市】 以提高市民文明素质、提升城市文明形象为目标，突出文明交通、文明互助、文明休闲、文明服务、文明旅游、文明经营6项内容，开展“做文明石家庄人”活动，并向全体市民发出《做文明石家庄人倡议书》。组建文明监督员队伍，市区两级招募监督员1万余人。举办“鲜花送雷锋，善美在省城”活动，打造城市风采名片。加强公益广告宣传，印发《关于进一步深化公益广告宣传的实施方案》。9月1日～10月9日，由市精神文明办公室、石家庄广播电视台共同举办的省会首届公益广告创意大赛举行。比赛围绕石家庄市创建全国文明城主题，面向全社会征集公益广告作品；参赛人员范围包括高校在校大学生、学生社团、广告公司、制作公司、公益组织团体及个人；作品类型包括电视类公益广告、平面创意类公益广告、网络媒体类公益广告；作品形式包括报纸广告及海报设计、公益宣传片、动漫作品、微电影视频。10月17～30日，获奖作品在电视、报纸、户外广告、互联网、电信运营商等广告媒介宣传刊播。2016年全市2700辆公交车、6710辆出租车LED屏全天滚动播放公益广告内容，市区公交站亭投放公益广告799块，公园广场设置公益广告3100块，建筑工地围挡设置公益广告1万余块、30余万平方米，全市200余块大型户外LED显示屏、70000余块沿街门店电子屏滚动播放公益广告，市区26座过街天桥、跨线桥设置公益广告，社区设置公益广告5600多块，农村文化墙设置公益广告1.7万余块。围绕“两改一清一拆”、市容环境治理、交通秩序整治、基础设施建设、社区综合治理五大攻坚战，拆除违章建筑1000余万平方米，主次干道沿街“门前三包”知晓率、责任书签订率、责任落实率均达100%。至2016年末，全市改造城中村、危旧房屋、旧厂房500余万平方米，清理残垣断壁6万余处，清理垃圾800余万立方米，拆除违章建筑1000余万平方米；市区50个重点路口处罚交通违法非机动车、行人8671人次，扣留非机动车879辆次。

【公民思想道德建设】 开展“365

百姓故事会，美德故事人人讲”活动，在石家庄新闻广播推出百集系列广播美德故事，在《燕赵晚报》开设“百姓美德故事汇”栏目，在《燕赵讲坛》举办“美德故事人人讲”专场，以石家庄人讲述石家庄故事的形式，培养公民做一个道德的人。举办“石家庄市民文明十条”评选活动。5月10日，市委宣传部、市精神文明办公室、石家庄广播电视台、石家庄日报社联合启动“石家庄市民文明十条”评选；5月18日，征集活动结束，收到文明条目5000余条；5月24日，20条候选条目公布。加大道德模范事迹宣传，市区裕西公园建设道德模范公园，市规划馆建立道德模范事迹专题展馆。开展道德模范进社区、进校园、进工厂巡讲活动，宣传先进事迹，在全社会营造学习好人、崇尚好人、争做好人的良好风尚。印发《关于建立帮扶礼遇道德模范制度的通知》，落实新当选道德模范“五个一”关爱措施，即安排一次免费体检、赠阅一年报纸期刊、免费家庭保洁一次、市内公交免费乘车一年、节日期间开展一次走访和慰问活动，营造关心礼遇道德模范的浓厚氛围，树立好人有好报的价值导向。

【未成年人思想教育】 文明校园创建活动。印发《关于深入开展文明校园创建活动的实施意见》，确立“六好”（领导班子建设好、思想道德教育好、活动阵地好、教师队伍好、校园文化好、校园环境好）创建标准。启动中小学生文明礼仪养成教育活动，编印漫画版《石家庄市未成年人基本文明礼仪规范指南》3万册。组织举办“文明礼仪我来晒”微电影征集评选、中小学生文明礼仪风采大赛等活动，参与学校100余所、学生20多万人。利用媒体、校园宣传栏、电子显示屏、校刊校报等阵地，开展文明校园创建宣传，营造浓厚氛围。打造青园街小学、市第四十二中学、长安东路小学、市第二职业中专学校等文明校园创建先进典型，发挥示范引领作用。弘扬中华优秀传统文化，举办“清明祭英烈”“向国旗敬礼”“学长征精神·做红色传人”等主题活动，吸引全市中小学生100多万人。2016年全国未成年人心理健康辅导培训班在石家庄市举行，石家庄市以未成年人心理维护“三级体系”工作为主题作典型发言。开展“学习和争做美德少年”活动，评选事迹突出“美德少年”32名，其中，市水源街小学刁子涵入选全国百名“美德少年”，5名同学入选河北省“美德少年”。推进少年宫建设，发挥少年宫以乐促智、以技养能、以读润心、以德育人作用，争取中央专项彩票公益金支持乡村学校少年宫项目12个，2016年末全市累计建成城乡学校少年宫100所。

【志愿服务】 集中开展志愿服务活动36次，建立“石家庄市民公益基地”50个。志愿服务平台注册志愿服务团体4481个，实名认证志愿者33.44万人，占建成区常住人口比例13.7%。举办学雷锋志愿服务活动，推进志愿服务与创建全国文明城市工作深度融合，确定每月第一个周六为“党员活动日”、第二个周六为“文明交通日”、第三个周六为“文明排队日”、第四个周六为“市民公益日”，并常态化开展“四大主题日”活动。4月23日，由市精神文明办公室、石家庄日报社、石家庄广播电视台、市志愿服务基金会联合开展的首个“市民公益日”活动举行，1000余名志愿者分别在植物园、青园小区、长安公园、雷锋广场、火车站等地参与公益活动。2016年全市累计参与志愿服务志愿者31万人次，发放各类宣传册、宣传品14万余份，劝阻行人闯红灯11.2万余次，参与党员志愿者18.5万人次，清理小广告57万余张，清理垃圾14.7万立方米。举办“做文明石家庄人”公益社区行、“文明乘车进校园”等特色志愿服务活动，营造人人参与志愿服务、人人争当志愿者的浓厚氛围。2016年石家庄市“7·19”特大暴雨后，全市组织各类志愿服务队伍赶赴灾区开展应急救援、心理疏导、捐助物资等志愿服务，出动志愿者20余万人次，捐赠物品总价值达300余万元。3个典型入选全国志愿服务“四个100”。2016年3月，石家庄市3家单位或组织入选中央文明办公布的全国最美志愿者、最佳志愿服务项目、最佳志愿服务组织、最美志愿服务社区“四个100”先进典型，并获颁奖牌。其中，河北善行使者协会的“善行使者·圆梦行动”扶贫帮困志愿者项目荣获“最佳志愿服务项目”；河北爱心救援队荣获“最佳志愿服务组织”；裕华区金域蓝湾社区荣获“最美志愿服务社区”。全国志愿服务“四个100”是中央宣传部、中央组织部等13个国家级部门和单位，于2015年10月联合在全国组织开展宣传推选100个最美志愿者、100个最佳志愿服务项目、100个最佳志愿服务组织、100个最美志愿服务社区等志愿服务“四个100”先进典型活动。石家庄市入选3家单位或组织简要事迹：河北善行使者协会的“善行使者·圆梦行动”扶贫帮困志愿者项目于2013年4月12日启动，几年来“善行使者”们走进平山县、赞皇县等贫困山区，慰问帮扶困难群众，开展“美丽课堂·乡村助学”“善行使者·爱心90后山村支教”公益夏令营等系列主题活动，邀请道德模范、优秀教师、大学生、企业家等担当志愿者，为省内贫困山区中小学校2500多名孩子送去国学、英语、音乐、美术等课程。河北爱心救援队于2013年11月在石家庄市成立，是一个以汽车应急救援为主的公益性志愿服务组织，主要开展汽车亏电对火、换轮胎、爱心指路等救援活动，多年来累计救援4.2万余次，队员数量仅石家庄市区三环内就有2000人，分布在河北省各地队员达6000余人。裕华区金域蓝湾社区注重挖掘社区内党员、志愿者资源，组建红色政策宣传队、橙色法律援助队、黄色未成年人教辅服务队、绿色环境治安监督队、青色医疗保健服务队、蓝色家政维修服务队、紫色文化娱乐服务队7支各具特色的志愿服务队伍，被居民称作“七彩志愿服务队”。七彩志愿服务队成立后，开展家电维修、未成年人帮教、免费义诊、环境整治、法律咨询等活动200余次，帮助群众解决实际问题50余件，收到社区居民意见建议30余条。

【农村精神文明】 启动美丽乡村建设，印发《2016年石家庄市美丽乡村文化建设专项行动实施方案》，组建成立精神文明、文化、教育、民政、住房和建设、广播电视、卫生、妇联等部门参加的联席推进队伍。美化农村环境，建设农村文化广场17万平方米，绘制农村文化墙25万平方米，清理标语广告19万平方米。利用宣传栏、大喇叭等形式，弘扬和宣传24字社会主义核心价值观，倡导“好家风、好家训”。开展文明村镇创建活动，确定2020年前全市50%以上村和乡镇达到县级文明村镇标准；推荐省级文明乡镇6个、文明村25个；评选市级文明乡镇40个、文明村63个。引导农村居民参与健康有益的文化活动，自觉抵制不良陋习。设立道德讲堂，定期开展传统美德教育及家风、乡风评议活动，以家风带动乡风民风，推进村民素质整体提升。

河北省省会精神文明建设委员会办公室

主　任：李刚

（冯进国　李光辉）

区县（市）

Districts and Counties (cities)

长　安　区

【概况】 长安区位于石家庄市主城区东北部，总面积138.31平方千米，辖4个镇、12个街道办事处，146个居委会、8个村委会，常住人口81.08万人，人口出生率10.76‰，人口自然增长率8.23‰。2016年长安区完成地区生产总值431.76亿元，同比增长8.0%。固定资产投资472.87亿元，同比下降13.6%。全部财政收入107.37亿元，同比增长7.4%，其中公共财政预算收入43.68亿元，下降9.3%；一般公共预算支出26.65亿元，同比增长30.4%。农林牧渔业总产值3.80亿元，同比下降9.2%。粮食播种面积6679公顷，总产量4.08万吨。其中，小麦播种面积3465公顷，总产量2.15万吨；玉米播种面积3214公顷，总产量1.94万吨。蔬菜及食用菌播种面积1070公顷，总产量6.92万吨。拥有规模以上企业20个。规模以上工业增加值23.41亿元，同比增长1.0%；规模以上工业利润总额6.9亿元，同比下降34.4%。社会消费品零售总额304.98亿元，同比增长10.3%。实际利用外资完成15543万美元，同比下降51.2%。城乡居民人均可支配收入34113元，同比增长8.0%。

中共长安区委书记：
安树国（12月免）
凌青利（12月任）
区人大常委会主任：刘卓雄
区　　长：马文刚（12月免）
区政协主席：袁捷才

【产业项目】 全年长安区列入市级重点项目8个，总投资225亿元，年计划投资25亿元，市级重点项目完成投资76.4亿元。浙江大厦（蜂巢）、御景半岛商业广场正在主体施工，瑞城商业广场裙房、写字楼及新合作大厦主体封顶，上东城竣工，荣盛中心提前开工，安联新青年广场、东胜新世界广场等项目正在办理前期手续。三次产业结构比例调整为0.5∶15.8∶83.7。乐汇城、勒泰中心、先天下、东胜广场获评石家庄夜经济名片，中山东路夜经济带和广安、建华等商圈聚集效应凸显。2016年长安区获评全国科普示范区，位列全国中小城市创新创业百强区第56位。

【城区建设】 围绕“上水平、出品位”目标，实施城区市容整治和精细化管理。轨道交通、石济客专、东北地表水厂等市政工程建设顺利推进。省市行政中心周边、建设大街、体育大街区域实施楼宇整饰、牌匾提升、围墙粉刷整治。开展新元高速、石黄高速、石津灌渠北路两侧整治工程，拆除乱搭乱建行为，整饰沿线建筑物、围墙，实施绿化增植、补植。全年3条路景观整治工程全部完成，粉刷楼宇墙体8.7万平方米，新砌围墙1490延米，整治广告牌匾4000平方米，维修超过质保期出现漏雨或设施损坏“平改坡”工程楼宇45栋。改善居民住行条件，整治房地产项目118个，整修光华路、煤机街、向阳路等小街巷18条。街道实行社会承包清扫保洁面积307万平方米，新建垃圾转运站4座，全年清理各类积存垃圾4500余立方米。落实生态环境网格化管理，组织开展“利剑斩污”行动，拆除分散燃煤锅炉130台，关停取缔“十五小”“新六小”等违法企业45家。创建省市级园林式单位庭院、生活小区28个，种植生态林和环省会经济林1.8万亩，综合整治建筑垃圾山23座，绿化提升道路22条，种植乔木7592株、灌木29641株、绿篱地被4.4万平方米，新增绿化面积3400平方米，改造提升绿化面积16.5万平方米，2016年末全区绿化覆盖率达到40%。

【社会民生】 全年新接收失业人员1757人，征缴失业保险金1753万元，发放失业金4381万元；参加创业培训2476人，带动就业1363人；为197家企业提供招聘服务，向社会提供就业岗位3284个，达成就业意向2496人。发放最低生活保障金2000余万元，累计发放4.5万人次。医疗救助675人次，发放救助金170万元。城镇职工养老保险参保人数119573人，征缴收入6.25亿元；养老金支出5.69亿元；城乡居民养老保险参保人数36549人，基础养老金征收523.61万元。新开工棚户区改造项目3447套，竣工棚户区改造项目2626套，新增廉租住房补贴家庭211户，新增公租住房家庭3166户，发放廉租住房补贴资金160.62万元，年度审核低收入困难家庭住房保障资格5561户，5061户家庭审核享受廉租住房保障。解决25个老旧小区3层以上住户用水难问题。改造老旧小区供热管网71个、面积271.5万平方米，其中，涉及二次管网改造项目47个、换热站改造项目56个、串改并项目33个，受益居民4万户。申请专利128件，授权专利93件；列入省科技发展计划项目10项，争取科技资金445万元；认定高新技术企业17家，累计达到36家。改造提升校园40余个，瀚唐和雅小学、新视界小学、谈固小学瑞府校区、北翟营小学、北高营小学、栗胜路小学、区第八幼儿园7所新校园开班办学，共计投入建设资金2.2亿元，新增校舍占地面积8万平方米、建筑面积6万平方米，新增辖区适龄儿童、少年学位6850个。

（王雪珍　牛亚男）

桥　西　区

【概况】 桥西区位于石家庄市主城区西南部，总面积75.28平方千米，辖17个街道办事处，121个居委会、15个村委会，常住人口83.72万人。2016年桥西区完成地区生产总值474.46亿元，同比增长8.2%。固定资产投资492.70亿元，同比下降13.6%。全部财政收入146.39亿元，同比增长12.7%，其中公共财政预算收入62.76亿元，增长4.6%；一般公共预算支出32.52亿元，同比增长18.3%。农林牧渔业总产值2.08亿元，同比增长5.8%。粮食播种面积172公顷，总产量1055吨。拥有规模以上企业10个；规模以上工业增加值5.79亿元，同比增长4.2%；规模以上工业利润总额0.4亿元，同比下降26.3%。社会消费品零售总额469.53亿元，同比增长10.2%。实际利用外资完成9019万美元，同比下降66.1%。城镇居民人均可支配收入34836元，同比增长8.1%。

中共桥西区委书记：
赵宏魁（12月免）
刘军志（12月任）
区人大常委会主任：赵新惠
区　　长：刘军志（12月免）
戎华奎（12月代）
区政协主席：张书凯

【产业项目】 全年桥西区安排重点建设项目108个，总投资1873.8亿元。其中，市级重点项目6个，总投资135.08亿元，年计划投资22亿元，年完成投资60亿元。采取精准招商、定向招商、专业招商方式，重点引进包括中国电建、冀交投等国内外500强、中央企业、民营企业总部入驻。至2016年末，桥西区拥有总部企业81家，纳税额86亿元。招商引进互联网保险产业园、中华网河北暨中华网络产业园、北京文化产权教育中心河北分中心、智慧城市智慧社区、北京文化产权交易中心河北分中心、天津达伦多跨境商品直购体验中心等项目。围绕省会新发展定位，吸引高端现代服务业、金融总部型企业进驻，引进汇融银行、天津银行2家银行省级总部。至2016年末，桥西区金融机构达到234家，纳税占全部财政收入30%。谋划发展互联网保险、互联网证券等新兴金融业态，引入中国人寿财产保险、永丰保险代理、安诚财险等6家省市级总部企业。3月22日，由桥西区政府与西部发展控股有限公司、河北金城房地产开发有限公司合作开发建设的“河北省金融创新区”项目签约仪式在石家庄市举行。该项目毗邻桥西区金融一条街，总投资超100亿元，主要建设金融机构新兴产业园，重点发展互联网金融、互联网保险、金融服务外包等新兴业态。签约河北商云科技集团股份有限公司，创建首家“互联网保险产业园”。6月17日，桥西区政府与河北商云科技集团股份有限公司签署协议，共同建设互联网保险产业园区；2016年10月，互联网保险产业园区开园运营，地址位于槐安路城角街交口振西大厦，一期占地面积4800平方米。至2016年底，互联网保险产业园区入驻保险相关企业11家。

【城区建设】 开展房地产违规项目整治，梳理违规项目125个，整改到位项目41个。推进裕华路西延、南二环西延、和平路高架桥西延、槐安路匝道桥等市政重点项目征地拆迁，涉拆商户和居民1000余户。保护生态环境，降低燃煤和扬尘污染，落实“压煤、抑尘、控车、迁企、减排、增绿”六大措施，12个村（居）实施“煤改气”“煤改电”工程，5家企业强化料堆场管理和入棚入仓等措施。投资650余万元，建立数据监控及预警指挥中心平台，实现国控点位周边污染源快速预警、定向管控。提升城区绿化水平，实施包括平安大街在内30条道路、14个老旧小区及友谊公园、石刻园等公园补植增绿项目，西三环沿线绿化景观带建设完工。投资2423万元，开展建设南大街、裕华西路、中正街、宫南路等11条主街主路和小街小巷整修改造、景观提升工程。投资1.04亿元，建设日处理能力1000吨生活垃圾压缩转运站。雪锋广场获评省级最美广场，5个社区获评市级最美社区。2016年桥西区管理城区被省住房和城乡建设厅表彰为“全省十佳洁净城市”。

【社会民生】 全年民生事业投入14.2亿元，同比增长5.0%。113个城市社区办公用房达标建设任务完成，新增办公用房2.4万平方米。建成街道综合养老服务中心和社区居家养老服务站点33个，为3700名60岁以上老人购买居家养老服务，为全区16313名老年人发放补贴资金782万元。认定国家级众创空间4家、省级众创空间4家、市级众创空间8家，争取国家、省、市科技资金支持1544.36万元，培育认定科技型中小企业344家、科技小巨人企业19家，专利申请1695件，专利授权1068件。实施名校带动战略，推进市第17中学、市第41中学和草场街、友谊大街、维明路等学校集团化办学；面向社会公开招聘教师150名，解决剩余103名备案代课教师入编问题。重视教育资源合作和交流，与北京市东城区签署《教育合作项目框架协议》。提升居民素质，满足居民多样化文化需求，举办燕赵社区大讲堂、文化惠民、彩色周末等文体活动100余场。深化医药卫生体制综合改革，落实基本药物管理制度，公开招聘基层医疗机构工作人员43名。

（刘征兵　宋惠君）

新　华　区

【概况】 新华区位于石家庄市主城区西北部，总面积92.11平方千米，辖2个镇、2个乡、11个街道办事处，97个居委会、13个村委会，常住人口69.09万人。境内拥有赵佗先人墓、毗卢寺、解放纪念碑、大石桥、正太饭店、中国银行“小灰楼”等历史文化古迹。2016年新华区完成地区生产总值247.02亿元，同比增长8.4%。固定资产投资347.72亿元，同比下降11.1%。全部财政收入60.28亿元，同比增长34.4%，其中公共财政预算收入25.28亿元，下降8.8%；一般公共预算支出20.14亿元，同比增长24.5%。农林牧渔业总产值2.75亿元，同比下降8.5%。粮食播种面积2693公顷，总产量1.60万吨。拥有规模以上企业14个。规模以上工业增加值4.61亿元，同比下降1.3%；规模以上工业利润总额0.55亿元，同比增长59.9%。社会消费品零售总额220.69亿元，同比增长10.3%。服务业实现增加值194.09亿元，同比增长10%。实际利用外资1538万美元，同比增长9倍。城镇居民人均可支配收入34295元，同比增长8.1%。

中共新华区委书记：
韩学军（12月免）
刘建芳（12月任）
区人大常委会主任：陈小平
区　　长：刘建芳（12月免）
刘振乾（12月任）
区政协主席：李明霞

【产业项目】 发展楼宇经济，成立楼宇经济服务中心；新增商务楼宇80万平方米，累计达到140万平方米。推动传统商贸业转型升级，建成新华集贸网上商城，成功举办第十六届中国电子专业市场年会，启动实施民族路步行街改造提升和清真寺街、北大街特色街区建设，新华集贸中心市场获授“华北品牌服装第一市”“中国优秀示范市场”称号。扶持和发展互联网经济，注册电子商务企业112家。推进“大众创业、万众创新”，投入资金4000余万元，建设众创空间10家，其中，国家级1家、省级2家。抓住京津冀协同发展机遇，开展京津冀项目合作。与北京中关村海淀创业园合作建设金种子众创空间，入驻孵化企业34家；与中国网库合作建设石家庄电商谷，20个单品电子商务平台运营；与新华网、创客天下合作建设新华创客河北中心，签约北京企业18家。至2016年底，新华区总部型企业达到66家。

【城区建设】 与国家行政学院政府经济研究中心、住房和城乡建设部政策研究中心合作，探索开展“老旧小区综合改造方案、机制和政策创新研究课题”试点。与北京国贸物业酒店管理有限公司（综合性高档商务服务企业）签署战略协议，开展招商引资、商务楼宇去库存合作；与国家行政学院、北京工业大学、北京大学建立长期关系，开展老旧小区综合改造、新产品研发和技术改造、大气污染防治等项目合作。开展房地产行业整治，治理违规项目70个，查处工地84个。地铁三号线、和平路西延工程等重点市政项目土地征收顺利推进。保护生态环境，落实“压煤、降尘、控车、迁企、减排、增绿”六大措施。率先在全市完成295台燃煤锅炉拆改任务；淘汰黄标车16824辆；置换农村环保采暖炉1205台，推广型煤1.25万吨；高标准完成12个村“煤改气”工程，受益群众7000户。保障南水北调工程和饮用水源地周边环境安全，开展渗井渗坑专项治理行动，关停涉水违法企业64家，取缔规模养殖场74家，实现出境断面水质考核稳定达标。改善城区西北部生态环境面貌，实施总投资7.7亿元、占地5200亩的小清河生态恢复及景观提升工程。重视居住环境建设，实施总投资5100万元水上公园、赵佗公园改造提升工程。开展绿化植树活动，全年植树4万余棵，种植乔木10万余株，种植环省会经济林2万余亩，新增和提升绿地面积290余万平方米。至2016年末，新华区建成区绿化率达到41.2%，绿化覆盖率达到45.5%，人均公园绿地面积达到15.7平方米。

【社会民生】 投资600万元，建成2000平方米政务服务中心；全面落实“三级平台、两个代办”要求，乡镇街道一站式服务大厅全部建成，村居政务服务站覆盖率达90%。创建市级首家大学生“楼宇就业基地”“创业实习基地”，大学生“楼宇就业”工作经验在石家庄市推广。投资2200万元，建成社区综合示范点11个、街道日间照料中心4家、社区居家养老服务站84个、农村互助幸福院20个。培育新兴产业，推进传统工业企业向科技型企业转型。科一重工与北京工业大学合作建设“精密传动技术研究院”“机械工业精密行星传动工程技术研究中心”，并申报国家级工程实验室。重视信息化建设，首家省级二维码注册解析服务中心在新华区落成，并组建成立院士工作站。2016年末，全区拥有科技型中小企业460家。加强京津冀卫生、教育、文化合作，与国家卫生计生委，北京市东城区教委、海淀区教委，天津教育科学院，国家文化部艺术发展中心，中国传统文化产业发展中心等单位建立卫生健康、教育教学、文化艺术等合作关系。省级“慢性非传染性疾病综合防控示范区”验收顺利通过；投资355万元，建成社区卫生综合服务中心。北苑街道钟南路社区“儿童友好家园”项目受到国务院妇女儿童工作委员会和联合国儿童基金会的肯定。高标准通过国家、省义务教育基本均衡评估验收和省政府教育督导验收，2016年新华区被确定为石家庄市教育学区制管理改革试点区。

（宋稳波）

裕　华　区

【概况】 裕华区位于石家庄市主城区东南部，总面积60.8平方千米，辖2个镇、11个街道办事处，92个居委会、25个村委会，常住人口55.33万人，人口自然增长率6.19‰。2016年裕华区完成地区生产总值218.23

亿元，同比增长8.0%。固定资产投资408.44亿元，同比下降5.8%。全部财政收入57.04亿元，同比增长23.1%，其中公共财政预算收入28.34亿元，增长12.8%；一般公共预算支出18.40亿元，同比增长40.8%。农林牧渔业总产值7065万元，同比下降39.13%。粮食播种面积562公顷，总产量2705吨。拥有规模以上企业10个。规模以上工业增加值11.99亿元，同比下降25.6%；规模以上工业利润总额2.6亿元，同比下降30.2%。社会消费品零售总额171.99亿元，同比增长9.8%。实际利用外资完成6087万美元，同比下降54.0%。城镇居民人均可支配收入35087元，同比增长8.0%。

中共裕华区委书记：王丽君
区人大常委会主任：韩志芳
区　　　长：常志卷
区政协主席：于凤玲

【产业项目】 全年安排千万元以上项目78个，总投资1254亿元。其中，3个项目列入河北省集中开工项目，7个项目列入省市重点项目，投资超100亿元东南智汇城项目开工；续建项目36个，重点项目年度完成投资79.2亿元，实现全年任务205.9%。经济结构优化，现代服务业对经济总量贡献率提升，第三产业占GDP比重达到80.1%。中冀投资、燕赵财险、信达保险等优质企业总部签约入驻，企业总部累计达到42家。发展楼宇经济，4栋商务楼竣工投用，新增商务楼宇面积27万平方米，新增税收超千万元楼宇10座、超亿元楼宇3座。文化产业繁荣发展，实现增加值38.4亿元，占全区经济总量比重达到17.6%。至2016年末，裕华区拥有各类市场主体7万余户，同比增长28%。

【城区建设】 体育大街南延、建设大街南延等市政道路建设工程竣工通车，南二环东延、建华东路等续建工程顺利推进，槐安路东二环匝道桥工程开工。轨道交通2、3号线建设动工。投资7800余万元，整治提升省行政中心周边、仓兴街等8条街道设施，维修改造东岗路等16条小街巷及二环路外通村道路；补植增绿道路22条，建设大街打造精品绿化样板街。南焦、贾村、塔冢、宋村等重点区域实施综合开发。开展房地产市场专项整治，妥善解决二十里铺、大马、孙村等城中村历史遗留问题。开展建成区违法建设专项治理行动，拆除违法建筑7.5万平方米，清理违法占地194.8亩。改造三层以上用水难老旧小区25个，综合环境整治老旧小区131个，50个老旧小区引入保障性物业。市体育公园一期工程建成开园，提升改造区属公园5所，南栗游园、南位苗圃建成。至2016年末，裕华区新增绿地面积39万平方米。探索环卫管理模式，二环路外7个村全部实现环卫作业市场化；率先在全市开展餐厨垃圾市场化收储。“智信”数字化城市管理系统投入使用，街道容貌综合考评实现市级“十四连冠”。开展散煤整治专项行动，9个城中村实施散煤治理工程，减少燃烧散煤1.53万吨。重视扬尘治理，全部建筑工地落实标准化管理，道路施行“以克论净”保洁模式。率先在全市规模以上餐饮单位安装油烟在线装置，实现餐饮油烟实时监控。举行为期45天“利剑斩污”集中行动，关停工地84个、企业37家。

【社会民生】 全年用于民生事业支出15.3亿元，占一般公共预算支出83%。新增就业1.6万余人，城镇登记失业率控制在2.92%以内。新建社区居委会3个、综合居家养老服务中心2个；创建省级和谐示范社区10个。加快科技创新，组织举办“2016国际青年科技创业大赛”。制定出台《关于支持科技型中小企业发展的若干意见》；新增科技型中小企业140家、科技小巨人企业5家、高新技术企业10家。培育市级众创空间7家、省级众创空间2家，8家企业获认国家级众创空间，占全市总量35%。新招聘教师200名，接收开办绿都小学，新增教学班24个、学位1080个，顺利通过四年一次省教育督导评估。新建文体设施300套（件），人均体育设施面积达到1.6平方米以上。扩大“家庭医生团队”覆盖面，探索组建医疗联盟体系，升级改造卫生中心（所）10家。

（赵春常）

井陉矿区

【概况】 井陉矿区位于石家庄市区西部，周边被井陉县环绕，属石家庄市辖区，距离石家庄市区50千米。总面积69.98平方千米，辖2个镇、1个乡、2个街道办事处，1个省级经济开发区，47个居委会，常住人口9.94万人。2016年井陉矿区完成地区生产总值55.40亿元，同比增长3.4%。固定资产投资83.22亿元，同比增长6.2%。全部财政收入4.95亿元，同比增长2.6%，其中公共财政预算收入2.65亿元，增长19.3%；一般公共预算支出8.96亿元，同比增长33.1%。农林牧渔业总产值1.14亿元，同比下降28.6%。粮食播种面积543公顷，总产量3399吨。果园面积347公顷，总产量4242吨，其中苹果园面积280公顷，总产量3710吨（红富士3600吨）。拥有规模以上企业45个。规模以上工业增加值33.87亿元，同比增长1.7%；规模以上工业利润总额2.2亿元，同比下降7.4%。社会消费品零售总额14.6亿元，同比增长10.7%。实际利用外资完成146万美元。城镇居民人均可支配收入27271元，同比增长8.4%；农村居民人均可支配收入15943元，同比增长8.0%。

中共井陉矿区区委书记：张旭 （12月免）
来广普 （12月任）
区人大常委会主任：刘连一
区　　　长：栾建英 （12月免）
李瑞峰 （12月任）
区政协主席：李进朝

【产业项目】 全年新开工和续建重点项目15个，总投资248.25亿元，年完成投资48亿元，其中，列入省市重点项目8个，总投资231.1亿元。北洋风情小镇、干熄焦余热发电等项目开工，北洋风情小镇总投资26.8亿元。实施“7·19”抗洪救灾和灾后恢复重建项目131个，年度完成投资10.8亿元。总投资114亿元石钢公司特钢项目落户井陉矿区，主厂区内企业及个体户搬迁、设施拆除工程及水、电、煤气等管线改造完工，园区规划环境评价通过。推进生物医药等新兴产业发展，协诚氨基酸、仁泰牛樟芝等项目建成投产。制定印发《井陉矿区全域旅游发展的实施方案》，整合旅游资源，加快旅游项目开发建设，确定旅游业为新的经济增长点和引擎产业。接收段家楼核心景区管理权，段家楼修复工程顺利推进；投资43.27万元，建造段家楼AAA级旅游厕所。三次产业结构由2015年1.3∶68.3∶30.4调整为1.1∶62.1∶36.8。

【城乡建设】 实施以城乡统筹为特色新型城镇化战略，即做大做美主城区、做好贾庄镇历史名镇和凤山镇旅游文化名镇、提升农村社区美丽乡村建设水平。城乡总体规划修编获得通过。京昆高速石太北线井陉矿区收费站通车。开展“三城同创”（创建省级精神文明城、省级生态园林城、巩固省级卫生城）和城乡容貌综合整治行动，2016年末建成区绿化覆盖率、绿地率、人均公共绿地面积分别达到46.82%、42.82%和28.69平方米。提高城市管理水平，实行城乡垃圾一体化密闭清运处理模式，做到垃圾日产日清。推进天护新城项目，市政府下达井陉矿区921套棚户区改造任务完成，公租房分配入住率达到100%。开展美丽乡村全覆盖工程，安排财政专项资金2000万元，争取融资贷款3亿元。改善生态环境，编制井陉矿区《低碳经济发展计划》，规划总投资50亿元。发挥环境监管平台和网格环境指挥平台作用，实施全区域网格化管理。落实《水污染防治行动计划》，出境断面水质COD平均浓度18毫克/升，氨氮平均浓度6毫克/升，均达到省控标准。至2016年末，井陉矿区森林覆盖率达到65%以上；二级以上空气优良天数179天，同比增加68天；重度污染天数39天，同比减少42天。

【社会民生】 开展创业培训进社区行动，提供就业岗位3500余个，发放就业补助金30余万元，城镇新增就业人员2784人，城镇登记失业率控制在3.3%以内。落实老年人福利政策，提升老年人生活幸福指数，启动首个综合居家养老服务中心改造建设工程。加强校舍建设，投资400余万元，实施凤山中心幼儿园标准化建设工程、贾庄学校教学楼加固工程；顺利通过省政府教育督导评估验收和省义务教育阶段教学评估验收；高考成绩本科上线率实现连续四年提升。

丰富群众文化生活，举办春节“连庄会”“彩色周末”“七一红色电影展播周”“纪念中国共产党成立95周年”及书画摄影展等文化活动，区文化馆被文化部授予国家一级馆。落实医药卫生体制改革政策，完善国家基本药物制度，推行基本药物集中采购机制；重视城区社区卫生服务中心建设，改建门诊综合楼及辅助用房。建立食品检验检测中心，提升实验室检验能力。

（孙晓峰）

藁 城 区

【概况】 藁城区位于石家庄市区东侧，属太行山洪积山前倾斜平原，东与无极县、晋州市，西与正定县、长安区、裕华区、栾城区，南与赵县，北与新乐市相邻，距离石家庄市主城区31千米。1989年7月撤县建市，2014年9月撤市设区。总面积836平方千米，辖12个镇、1个乡，1个国家级经济开发区（石家庄经济技术开发区），6个居委会、239个村委会，常住人口76.71万人，人口自然增长率6.10‰。2016年藁城区完成地区生产总值609.66亿元，同比增长6.0%，总量位列全市第一。其中，第一产业增加值74.0亿元，增长0.6%；第二产业增加值399.5亿元，增长5.0%；第三产业增加值136.0亿元，增长13.0%。固定资产投资302.16亿元，同比增长12.6%。全部财政收入154.37亿元，同比增长2.6%，其中公共财政预算收入31.59亿元，增长26.5%；一般公共预算支出45.87亿元，同比增长20.4%。农林牧渔业总产值128.13亿元，同比增长0.6%。粮食播种面积6.58万公顷，总产量51.11万吨，平均亩产517.8千克。拥有规模以上工业企业419个。规模以上工业增加值387.96亿元，同比增长4.5%；规模以上工业利润总额179.9亿元，同比增长5.9%。社会消费品零售总额173.86亿元，同比增长10.4%。民营经济增加值419.64亿元，同比增长7.4%。实际利用外资1.32亿美元，同比增长4.4%。城镇居民人均可支配收入30411元，同比增长8.4%；农村居民人均可支配收入16318元，同比增长8.1%。

中共藁城区委书记：高玉柱

区人大常委会主任：高国才

区　　长：袁丽华

区政协主席：马树彦

【产业项目】 全年高新技术产业增加值67.0亿元，同比增长10.6%，高于一般工业增速6个百分点；高新技术产业占规模以上工业增加值比重达17.0%。工业技改投资238.0亿元，同比增长12.0%。战略性新兴产业、现代服务、工业技改项目投资占比超过八成。服务业实现增加值136.0亿元，同比增长13.0%，连续两年高于GDP和规模以上工业增速。重视旅游业发展。2016年4月，举办石家庄市春季赏花系列活动暨藁城第十二届梨花节，围绕“浪漫踏青 快乐赏花”主题，宣传推出乡村游、工业游、休闲文化度假游、历史文化游等旅游产品；2016年6月中旬，组织宫灯、宫面、宫酒“三宫”企业参加中国（河北）康养旅游大会暨第三届石家庄旅游交易会；投资1.34亿元，改造、开发和提升国御温泉度假小镇生态休闲馆及清秀疗养院、建投现代农业观光园荷花池、屯头特色旅游小镇周边绿化、奥特莱斯小镇及宫酒工业刘秀广场、刘海文化墙、宫酒展示厅、游客接待中心等旅游业项目。2016年藁城区接待游客184.0万人次，同比增长26%；旅游业收入5.5亿元，同比增长34%。实施重点建设项目138个，其中，超千万元项目105个，超亿元项目44个，项目个数、投资规模、投资强度为历年最高。21个项目列入省市重点项目建设计划，其中，石药新制剂、卓越奥特莱斯、艾科瑞差别化腈纶、翼辰高铁重载扣配件等7个项目列入省重点项目。引进域外资金150亿元，同比增长13.6%。签约或谋划投资38亿元中关村互联网文化创意产业园、投资13亿元惠普智慧物流园、投资150亿元乐华国际欢乐度假区及宏泰产业市镇、天山集团等重大项目和投资商。

【农业生产】 全年农林牧渔业总产值128.13亿元，同比增长0.6%。其中，农业产值87.10亿元，林业产值8196万元，牧业产值37.11亿元，农林牧渔服务业产值3.10亿元。粮食播种面积6.58万公顷，总产量51.11万吨，平均亩产517.8千克，总产量、亩产均位列石家庄市第二名。其中，小麦播种面积3.27万公顷，总产量24.94万吨，亩产507.9千克，创下历年最高，亩产与赵县并列石家庄市第一名；玉米播种面积3.02万公顷，总产量24.92万吨，亩产550.0千克。豆类（主要为大豆）播种面积1642公顷，总产量3941吨。油料（主要为花生）播种面积1929公顷，总产量8858吨。棉花播种面积205公顷，总产量381吨。蔬菜及食用菌种植面积3.44万公顷，总产量310.75万吨。瓜果（主要为西瓜）种植面积317公顷，总产量2.02万吨。果园面积7972公顷，其中，苹果园1655公顷、梨园5710公顷、桃园203公顷、葡萄园164公顷。水果总产量（不含果用瓜）24.31万吨，其中，苹果4.36万吨（红富士1.36万吨）、梨17.84万吨（雪花梨4600吨、鸭梨6.0万吨）、桃6945吨、葡萄5340吨、红枣4830吨。至2016年底，牛、奶牛、猪、羊、家禽、鸡、兔存栏数分别达到5.99万头、2.89万头、30.70万头、9.84万只、1719.45万只、1292.71万只、19.60万只。肉、奶、蛋产量分别达到8.44万吨、7.78万吨、14.82万吨，其中，猪肉、牛肉、羊肉、家禽肉、兔肉产量分别达到4.51万吨、7958吨、2220吨、2.81万吨、472吨。落实“优选品种、合理密植、节水灌溉、配方施肥、统防统治、机械作业”6项集成技术，玉米良种普及率100%，农田配方施肥技术普及率95%以上，建成水肥一体化示范田1万余亩，建立高产创建万亩示范片24个、绿色增产模式攻关田20个、防灾减灾示范田6个。设施蔬菜种植面积29万亩，占蔬菜总播种面积56.2%，蔬菜收入占农民人均纯收入比重达25%以上。拥有现代农业园区30余个、市级农业产业化重点龙头企业31家，连续3年获评全省农业综合开发资金和项目管理先进单位，并被确定为全省休闲农业示范区和全国农业信息化示范区。

【城乡建设】 采取完善城市功能与美丽乡村建设双轮驱动策略，常住人口城镇化率达到50.5%。实施城建重点项目78个，总投资53亿元。连接省会核心城区世纪大道全线贯通；外环路、藁梅路改造提升和兴华公园等工程动工；规划馆、博物馆、图书馆、展览馆、体育场、体育公园、新藁城一中等公共设施项目建设前期手续办理完毕；北国广场、保利东郡等城市综合体和房地产开发项目初具规模。建成省级美丽乡村精品村5个、省市级美丽乡村25个。打造屯头宫灯、耿家庄宫面、耿村驿路文化、杜村番茄等特色产业小镇，杜村、镇南获评“不忘乡愁首届石家庄市十大美丽乡村”。改善生态环境，开展“环保风暴”“利剑斩污”及水污染防治百日会战行动，取缔“小非违”企业104家，整改未批先建企业221家。实施“煤改气”“煤改电”等散煤压减替代工程，建成区24个村实现“煤改气”全覆盖；推广型煤3.6万吨，安装节能炉具2.75万台。淘汰燃煤锅炉401台，其中，列入淘汰指标87台、未列入淘汰计划314台。九门污水处理厂开工建设，2座污水处理厂改造提升。实施焦化、钢铁行业专项治理，藁城区金鑫焦化有限公司焦炉煤气净化装置及废水治理技术升级改造项目、石家庄市宏森熔炼铸造有限公司治理项目工程完工。组织医药制造、石油炼制、石油化学、有机化工、炼焦、钢铁冶炼和压延加工、木材加工、家具制造、交通运输设备制造、表面涂装、包装印刷等重点行业企业登录“河北省重点行业VOCs污染防治综合管理系统”平台，填报“重点行业VOCs污染源摸底调查统计表”，建立“重点行业VOCs污染治理台账”；企业通过审核74家；24家企业列入VOCs治理清单，13家治理任务完成。

【社会民生】 重视民生项目投资，建成集中供热站2座、便民市场2个，中小学校舍、乡镇卫生院及旧藁城一中改造、公共卫生服务中心等项目顺利实施。城镇新增就业4560人。在岗职工年平均工资62511元，同比增长9.4%。2016年末城乡居民储蓄余额244.6亿元，同比增长14.0%。城乡居民医保制度整合并轨，居民参保率达97%。连续6年城乡居民养老保险基础养老金标准提高，每人每月调整至115元，为石家庄市最高。创作文艺作品72件，6人参加河北省委宣传部举办“善行河北·善美家风”主题活动获奖，8人在京津冀文化网开设作家、书画家个人专栏，藁城区舞蹈《炫舞中华》《张灯结彩》参加河北省第七届舞蹈大赛分别获得二等奖、三等奖。

【石家庄经济技术开发区】 1992年7月经河北省批准设立，2012年10月经国务院批准升级为国家级开发区，由藁城区管辖，曾称藁城经济开发区。石家庄经济技术开发区位于藁城区西部，西邻石家庄高新技术产业开发区，东面、北面与岗上镇接壤，南与丘头镇和石家庄炼油厂区相连。总面积26.38平方千米，下辖良村、北邑、北席、西马村北街、西马村南街、南席、塔元庄、内族8个行政村，常住人口12万人。至2016年末，石家庄经济技术开发区注册企业972家，工业总投资600亿元，建成较大规模项目163家，拥有世界500强参股企业10家，分别为美国可口可乐、中粮集团、日本住友商事、新加坡丰益、美国ADM、冀中能源、瑞典富士华、德国赫斯特、日本日棉株式会社、日本伊藤集团；大型央企6家，分别为中国烟草集团、中电投集团、中粮集团、中国兵器集团、中国农资集团、中钢集团石家庄设计院；上市公司9家，分别为中国光纤、冀中能源、中国制药、利君制药、安泰科技、青岛啤酒、东方热电、石钢集团、桃李面包；中外合资企业15家，分别为可口可乐、同福食品、益海粮油、长城食品、正元塔器、河冶科技、大成冀台、富士华、四方通信、石药恩必普、嘉孚科技、百美达医药、石家庄四药、阜达化工、金农肥业；发展形成以华北制药、石药集团、石家庄四药等知名医药企业为代表生物医药产业集群，以新宏昌天马、中农博远、太行机械为代表装备制造产业集群，以石家庄卷烟厂、青岛啤酒、可口可乐、益海粮油为代表轻工食品产业集群，以中国光纤产业园、平安金融产业园为代表互联网信息产业集群。培育有“华药”“石药”“欧意”“石门”“金龙鱼”“青啤”“同福”“香满园”“钻石”“桃李”“可口可乐”等知名品牌。2016年石家庄经济技术开发区完成地区生产总值248.7亿元，同比增长12.7%；主营业务收入1166.5亿元，同比增长8.6%；固定资产投入138.5亿元，同比增长54.2%；财政收入58.2亿元，同比增长9.9%，其中，公共财政预算收入11.0亿元，同比增长31%。

（米志科）

鹿　泉　区

【概况】 鹿泉区位于石家庄市区西部，东与正定县、新华区、桥西区、栾城区，西与平山县、井陉县，南与元氏县，北与灵寿县相邻，距离石家庄市主城区15千米。鹿泉区西倚太行山，东环省会主城区，地域内山区、丘陵、平原各占三分之一。境内拥有背水一战古战场土门关、秦皇古驿道、道教名观十方院、佛教圣地龙泉寺、文化遗迹封龙书院、名山抱犊寨等历史古迹。曾用名获鹿县、鹿泉市，1994年5月撤县建市，2014年9月撤市设区。总面积603平方千米，辖9个镇、3个乡，1个省级经济开发区，22个居委会、208个村委会，常住人口45.65万人，人口自然增长率12.55‰。2016年鹿泉区完成地区生产总值367.95亿元，同比增长6.4%。其中，第一产业增加值23.45亿元，增长0.6%；第二产业增加值189.98亿元，增长4.6%；第三产业增加值154.52亿元，增长10.0%。固定资产投资366.10亿元，同比增长5.1%。全部财政收入35.70亿元，同比增长11.1%，其中公共财政预算收入19.73亿元，增长5.6%；一般公共预算支出34.24亿元，同比增长10.6%。农林牧渔业总产值41.10亿元，同比增长0.9%。粮食播种面积3.40万公顷，总产量20.01万吨，平均亩产392.7千克。拥有规模以上工业企业198个；规模以上工业增加值160.10亿元，同比增长4.8%；规模以上工业利润总额62.9亿元，同比下降13.2%。社会消费品零售总额133.93亿元，同比增长10.9%。民营经济增加值293.18亿元，同比增长6.7%。实际利用外资403万美元，同比下降93.6%。城镇居民人均可支配收入29269元，同比增长8.5%；农村居民人均可支配收入16314元，同比增长8.0%。

中共鹿泉区委书记：
周永会（7月免）
杨国芳（9月任）
区人大常委会主任：安明法
区　　　长：郑巍　（12月免）
李为军（12月任）
区政协主席：王顺才

【产业项目】 三次产业结构由2015年6.4∶54.6∶39.0调整为6.4∶51.6∶42.0。优化产业结构，落实高耗能重污染企业去产能政策，实施水泥粉磨、采石业有序退出。2个省级开发区（鹿泉经济开发区、绿岛经济开发区）合并，安姆科、真维斯等大集团、大项目汇集经济开发区。规划建设省级西北物流产业聚集区，华洋饮品、航天威科等转型企业建成投产，发展形成以君乐宝、洛杉奇、食草堂为代表的休闲服务、电子信息、轻工食品、装备制造等新兴产业。鹿泉区获得河北省经济发展先进县区称号。西部长青旅游休闲度假区建设顺利推进，年实现旅游总收入7.68亿元，接待游客765万人次，同比增长22.6%。2016年鹿泉区开工亿元以上项目66个，占建设项目投资比重63.8%，同比提高4.4个百分点，年完成投资200.9亿元。其中，新开工项目43个，年完成投资113.9亿元。2016年10月，总投资15亿元北人集团奥特莱斯主题购物公园建成运营。

【农业生产】 全年农林牧渔业总产值41.10亿元，同比增长0.9%。其中，农业产值24.27亿元，林业产值8580万元，牧业产值12.69亿元，渔业产值8088万元，农林牧渔服务业产值2.47亿元。粮食播种面积3.40万公顷，总产量20.01万吨，平均亩产392.7千克。其中，小麦播种面积1.59万公顷，总产量9.94万吨，亩产417.7千克；玉米播种面积1.61万公顷，总产量9.57万吨，亩产396.3千克。谷子播种面积404公顷，总产量1048吨。豆类播种面积1011公顷，总产量1293吨，其中，大豆播种面积850公顷，总产量1092吨。油料播种面积1402公顷，总产量4877吨。棉花播种面积141公顷，总产量145吨。蔬菜及食用菌种植面积1.13万公顷，总产量92.71万吨。瓜果（主要为西瓜）种植面积216公顷，总产量1.05万吨。果园面积3788公顷，其中，苹果园638公顷、梨园71公顷、桃园66公顷、葡萄园517公顷。水果总产量（不含果用瓜）4.21万吨，其中，苹果1.42万吨（红富士1.26万吨）、梨1829吨（雪花梨1508吨、鸭梨258吨）、桃1493吨、葡萄1.46万吨、红枣5240吨。核桃总产量2634吨。至2016年底，牛、奶牛、猪、羊、家禽、鸡存栏数分别达到1.95万头、1.80万头、8.57万头、2.51万只、397.75万只、386.57万只。肉、奶、蛋产量分别达到2.63万吨、7.17万吨、3.41万吨，其中，猪肉、牛肉、羊肉、家禽肉产量分别达到1.71万吨、2355吨、580吨、6257吨。水产品养殖面积1951公顷，总产量6340吨。拥有机井3802眼，其中农业生产用机井3739眼；农业机械总动力46.33万千瓦，机耕面积23.56万亩，机播面积44.54万亩，机收面积41.24万亩。

【城乡建设】 实施南水北调水厂、污水处理厂改扩建、高压线入地改造、雨污水分流改造、太平河污水管网等工程，新建市政广场、石柏公园等。打造十里花廊、石柏公园等标志性景观，海山公园改造提升工程完工，建成各类游园19个。2016年底，鹿泉区园林绿地面积达到877.29公顷，人均公园绿地16.47平方米；建成区绿化覆盖率40.84%，建成区绿地率34.8%；森林覆盖率46.2%。完善公路交通网络，推进南绕城高速、南二环西延、和平路西延等重点道路工程，东南外环、“十里花廊”等工程完工。至2016年末，鹿泉区公路通车里程967.55千米，公路密度1.60千米/平方千米；营运公交汽车32辆、出租车470辆；区管公交客运线路7条。增强城区公用设施服务能力，全年供水总量1238.9万吨，累计建成排水管道91.42千米。城区供热总面积545.2万平方米，供热普及率94.95%。城市燃气普及率100%。建成污水处理厂3座，城区污水处理率97.1%。生活垃圾无害化处理实现全覆盖。保护生态环境，主城区2801户“煤改气”工程完工，压减燃煤80万吨；关停污水排放企业165家，洨河、太平河河道开展生态修复工程，出境断面水质稳定达标；大气污染防控取得成效，空气PM2.5年日均值89微克/立方米，同比下降28.8%；空气优良天数达到133天，同比增加11天。推进新市镇和美丽乡村建设，铜冶镇入选全国综合实力千强镇，25个村获评省级美丽乡村，下聂庄获评全国最美村镇，封庄入选第四批中国传统村落名录，鹿泉区获评河北省美丽乡村建设先进区。

【社会民生】 新型农村合作医疗参合人数33.88万人，参合率99.1%。院士工作站、中国驰名商标、中国地理标志、上市企业实现“零突破”；5家企业5件商标获认“河北省著名商标”，分别是石家庄陆源机械制造有限公司“陆源药玻机械+Loyal+图形”商标，石家庄正道动物药业有限公司“正道”商标，河北华康农业开发有限公司“心乐康泰XINLEKANGTAI及图”商标，石家庄君乐宝乳业有限公司“君畅”商标，河北星宇化工有限公司“XINGYUCHEM及图”商标；拥有市级以上工程技术研究中心实验室和企业技术中心96家，院士工作站2家，高新技术企业60家，国家火炬计划重点高新技术企业3家，526家企业获认河北省科技型中小企业，累计注册专利量1258件。举办文化下乡戏曲公演、春节花会、“彩色周末”等文化演出活动20场。放映公益电影2496场，惠及群众75万人次。公共图书馆图书藏量8.3万册，年接待读者5.8万人次。拥有县级以上文物保护单位67处、一级保护文物12件。挖掘保护红色文化遗址20处。数字电视用户达到71922户，广播电视综合覆盖率100%。拥有小学89所、普通中学18所、中等职业学校9所；新建石家庄一中西山学校等23所教育设施，改建农村幼儿园6所；小学阶段适龄儿童入学率和初中阶段适龄少年入学率达100%，高中阶段学生升学率达92.4%。开展河北省县级公立医院综合改革示范县、基层中医药先进县区创建活动，拥有卫生机构340个、等级医院14所，村卫生室建立运行补贴机制，居民健康卡开始启用。

（李晓伟）

栾城区

【概况】 栾城区位于石家庄市区南部，东北与藁城区，东南与赵县，西北与鹿泉区，西南与元氏县，北与裕华区相邻，距离石家庄市主城区12千米。2014年9月撤县设区。总面积345平方千米，辖5个镇、3个乡，1个省级经济开发区，6个居委会、182个村委会，常住人口35.31万人，人口自然增长率12.1‰。2016年栾城区完成地区生产总值217.59亿元，同比增长7.0%。固定资产投资244.98亿元，同比增长17.0%。全部财政收入18.82亿元，同比增长6.6%，其中公共财政预算收入10.19亿元，增长12.3%；一般公共预算支出20.66亿元，同比增长6.0%。农林牧渔业总产值49.61亿元，同比下降1.9%。粮食播种面积3.25万公顷，总产量24.38万吨，平均亩产500.7千克。拥有规模以上工业企业164个。规模以上工业增加值100.17亿元，同比增长6.4%；规模以上工业利润总额39.2亿元，同比下降8.5%。社会消费品零售总额84.66亿元，同比增长10.6%。实际利用外资1.96亿美元，同比增长1.8倍。城镇居民人均可支配收入27209元，同比增长8.7%；农村居民人均可支配收入14895元，同比增长8.0%。

中共栾城区委书记：
吕素维（12月免）
张旭　（12月任）
区人大常委会主任：李雪辉
区　　　长：刘玉渭
区政协主席：张军廷

【产业项目】 三次产业比例由2015年13∶57∶30调整为12∶56∶32。工业实施技改项目65项，总投资150多亿元。杰克化工入列河北省百强民营企业，征宇制药、马家麦坊入选河北省创业功臣企业。新增科技型中小企业127家、科技小巨人企业15家，高新技术企业达到23家，高新技术产业实现增加值25.66亿元，占规模以上工业增加值比例25.6%。润祥物流一期、神威物流园一期主体工程完工。胜捷商贸物流中心、新北地电子商务中心顺利推进。173个村建成电子商务服务站，农村电子商务全覆盖率先通过市级验收。苏邱村获评市级乡村旅游示范村，中车集团申报市级工业旅游示范点，柳林小镇、慧灯庄园申报市级星级农家乐。邯郸银行栾城区分支机构成立。实施金融体制改革，组建成立栾城区投融资管理办公室及河北新绿城市建设投资有限公司、河北古栾建设工程有限公司等4个融资平台，探索推进政府和社会资本合作融资模式。至2016年末，栾城区拥有经营性银行10家，城乡建设融资26.8亿元。2016年栾城区安排建设项目164项，其中重点建设项目41项，总投资311.2亿元。国际航空工程中心、石家庄圣弘粮食机械等16个项目竣工或收尾，潘城科技、浙商综合服务大楼、中车石家庄新能源汽车等25个项目正在建设。石家庄地铁3号线首列车辆在中车轨道交通装备有限公司下线，实现“石家庄地铁石家庄造”目标。提升园区承载能力，实施富强路西延、机械北路、环北路等路网建设工程和天山大街南延、奥翔街北延、和谐街等道路排水工程及衡井公路、许龙线高压线迁改、裕翔大街绿化二期等基础设施建设工程。河北栾城经济开发区、河北石家庄装备制造产业园（栾城高新技术产业开发区）合并；装备制造产业园区入选国家首批通航产业综合示范区、国家交通运输高端装备制造产业名牌创建示范区。推进招商引资，欧洲高新产业园、怀特现代都市农业观光园、河北胜捷商贸物流中心、宝湾国际物流中心等项目签约。9月13～16日，2016石家庄通用航空展暨爱飞客飞行大会在栾城区举行，签约项目8个，总金额50亿元。

【农业生产】 全年农林牧渔业总产值49.61亿元，同比下降1.9%。其中，农业产值22.16亿元，林业产值2046万元，牧业产值23.31亿元，农林牧渔服务业产值3.93亿元。粮食播种面积3.25万公顷，总产量24.38万吨，平均亩产500.7千克，亩产位列石家庄市第三名。其中，小麦播种面积1.64万公顷，总产量12.26万吨，亩产498.3千克；玉米播种面积1.46万公顷，总产量11.80万吨，亩产539.5千克。豆类播种面积1213公顷，总产量2106吨，其中，大豆播种面积1194公顷，总产量2039吨。油料播种面积63公顷，总产量230吨。棉花播种面积13公顷，总产量7吨。蔬菜及食用菌种植面积9570公顷，总产量91.05万吨。瓜果种植面积256公顷，总产量1.06万吨。果园面积970公顷，其中，苹果园223公顷、桃园97公顷、葡萄园47公顷。水果总产量（不含果用瓜）990吨，其中，桃300吨、葡萄650吨。至2016年底，牛、奶牛、猪、羊、家禽、鸡存栏数分别达到5.50万头、4.14万头、14.85万头、3.17万只、1186.42万只、1174.42万只。肉、奶、蛋产量分别达到4.75万吨、10.47万吨、9.84万吨，其中，猪肉、牛肉、羊肉、家禽肉产量分别达到2.23万吨、4307吨、599吨、1.99万吨。建成苏园、天合农庄、东牛浩林等20个标准化蔬菜示范基地及5000亩园林牧场、2000亩东方园林。拥有省市级现代农业示范区4家、农民专业合作社720家，宏兴种植、神农福地等8家种植专业合作社获得河北省农民合作社示范社称号。推进农村产权制度改革，开展农村土地承包经营权确权登记颁证，8个村土地整村流转及天亮种植、宏兴种植、东森苗木、惠民种植等15个500亩以上土地整片流转，确权登记率达90.3%，土地流转率达53%。

【城乡建设】 围绕宜居、宜业、宜游生态园林城市发展定位，开展“城镇化攻坚年”行动。投资20多亿元，实施裕泰路等城区建设项目，朝阳大街（衡井公路至大桥路段）道路工程收尾，育贤街通车，宏远路西延、南城路工程顺利推进。新开街升级改造、柴武台公园建设完工。实施宏源热电扩容及城区老旧管网改造、308国道雨水管网工程，城区实现24小时供水全覆盖。开展新市镇建设，编制完成冶河新市镇总体规划和控制性详细规划、美丽乡村总体规划、片区规划及46个重点村村庄规划；实施村庄绿化、道路硬化、供排水管道铺设、民居改造示范户建设，重点片区和重点村实现电子商务全覆盖；卓达太阳城教育、医疗、购物等配套服务设施得到完善；打造南高森林、西宫民俗、苏邱三苏文化等风情小镇6个；冶河镇入选全省重点培育100个特色小城镇；柳林屯村获得全国美丽宜居村庄示范称号。保护生态环境，建设栾城区大气污染防治网络化监控预警及决策支持系统平台。实施“煤改气”“煤改电”工程，改造燃气管道入户4369户；推广洁净型煤2.06万吨；宏源热电“减量替代”技改项目完工。强化水污染治理，在重点企业安装在线自动监控设施；加快城南污水处理厂建设，实施洨河梅家村至宿村段左堤堤顶整修工程；南水北调城区水厂实现通水；农村饮水安全水质检测中心项目投入使用。开展植树造林活动，义务植树68万株，完成造林1.7万余亩；实施308国道、衡井公路、朝阳大街、裕泰路东延、兴安街北段绿化及西南外环苗木补栽工程，河北传媒大学、福美小区、新开街获评市级园林式单位（小区、街道）。城区绿化覆盖率达到48.83%，获授河北省林业先进集体称号。

【社会民生】 全年栾城区用于民生经费支出占财政支出比例达到82.23%，同比增长2.47%。举办各类就业洽谈会15场次，城镇新增就业1762人次。机关事业单位工资调整及城乡居民医保制度整合完成；城乡居民基本养老保险参保率达到99.5%。裕祥老年公寓主体工程完工。建成市级以上工程技术研究中心21家、院士工作站2家。拥有中国驰名商标5件、河北著名商标51件、河北省名优产品31个。上市企业5家。栾城区第三小学建成投用，区第五中学、第六中学教学楼改造提升工程及后牛村、吴家辛庄、南贾村等小学教学楼建设工程完工，职教中心实训楼主体工程正在验收，建设公办幼儿园

10所，实施学校周边道路提升工程，39条上学道路建设完毕。栾城区获评“基层中医药工作先进县区”“河北省创建深化公立医院综合改革示范县”，冶河中心卫生院获评国家级群众满意的乡镇卫生院。体育主题公园五人制足球场建成投用，城区实现5分钟健身圈；新建农村健身路径30个，改建健身路径50个。杨普家庭获得全国文明家庭称号。

（赵云丽）

井陉县

【概况】 井陉县位于石家庄市西部，地处太行山东麓，境内多山岭，东与鹿泉区、元氏县，东南与赞皇县，西及西南与山西省，西北与平山县相邻，距离石家庄市主城区40千米。境内拥有秦皇古驿道、于家石头村、大梁江村、苍岩山、仙台山等历史文化古迹、古村落及旅游景区，是韩信背水之战和百团大战的主战场。石灰石矿藏质好量多，井陉拉花闻名全国。总面积1381平方千米，辖10个镇、7个乡，1个省级经济开发区，318个村委会，常住人口31.77万人。2016年井陉县完成地区生产总值150.69亿元，同比增长3.2%。其中，第一产业增加值11.77亿元，下降10.5%；第二产业增加值61.88亿元，下降0.4%；第三产业增加值77.05亿元，增长9.1%。固定资产投资170.52亿元，同比增长16.3%。全部财政收入12.91亿元，同比下降4.9%，其中公共财政预算收入5.51亿元，下降9.3%；一般公共财政预算支出18.84亿元，同比增长29.1%。农林牧渔业总产值21.56亿元，同比下降9.0%。粮食播种面积2.33万公顷，总产量8.46万吨，平均亩产242.5千克。拥有规模以上工业企业68个。规模以上工业增加值33.75亿元，同比下降3.1%；规模以上工业利润16.7亿元，同比下降32.7%。社会消费品零售总额49.40亿元，同比增长11.2%。实际利用外资3141万美元，同比增长6.8%。城镇居民人均可支配收入25335元，同比增长8.0%；农村居民人均可支配收入11253元，同比增长7.7%。金融机构存款余额154.19亿元，同比增长14.07%，其中，城乡居民储蓄存款余额115.4亿元，增长7.0%；金融机构贷款余额60.79亿元，同比增长14.44%。

中共井陉县委书记：苏志超
县人大常委会主任：王星海
县　　长：李杰　（1月任）
县政协主席：王新民

【产业项目】 三次产业结构比例由2015年9.5∶42.4∶48.1调整为7.8∶41.1∶51.1。第三产业提升3个百分点，占经济总量超过50%。围绕工业转型升级，开展化解过剩产能和对标创新行动，关停并转矿山、煤炭等企业44家；实施工业技改项目56项。组织举办全国第24届钙镁年会，井陉县获评中国碳酸钙创新基地。行政村实现农村电子商务全覆盖。创建省级旅游示范村4个、星级农家乐8家，嘉峰酒店获评三星级酒店。2016年井陉县谋划实施项目223项，总投资172亿元。其中，亿元以上项目43项，列入市重点项目9项。久乐安全气囊、亿阳太阳能等环保型、新能源项目正在建设；大仙台山开发、美丽彪村、玉水岭等休闲养老、度假旅游项目顺利推进；太行智慧城、公铁联运等大体量、高层次项目签约，总投资44亿元。

【农业生产】 全年农林牧渔业总产值21.56亿元，同比下降9.0%。其中，农业产值6.97亿元，林业产值3.7亿元，牧业产值9.23亿元，农林牧渔服务业产值1.64亿元。粮食播种面积2.33万公顷，总产量8.46万吨，平均亩产242.5千克。其中，小麦播种面积7808公顷，总产量3.54万吨，亩产302.5千克；玉米播种面积1.09万公顷，总产量4.07万吨，亩产248.0千克。谷子播种面积977公顷，总产量1158吨；豆类播种面积2030公顷，总产量1985吨，其中，大豆播种面积1269公顷，总产量1242吨。油料播种面积2783公顷，总产量4917吨。棉花播种面积158公顷，总产量120吨。蔬菜及食用菌种植面积3370公顷，总产量18.27万吨。果园面积1642公顷，其中，苹果园1116公顷、桃园26公顷。水果总产量（不含果用瓜）4.88万吨，其中，苹果（主要为红富士品种）4.35万吨、桃251吨、红枣4135吨。核桃总产量2244吨。至

2016年底，牛、肉牛、猪、羊、家禽、鸡、兔存栏数分别达到3.52万头、3.43万头、7.70万头、8.64万只、257.74万只、255.04万只、5.60万只。肉、奶、蛋产量分别达到2.04万吨、9760吨、2.76万吨，其中，猪肉、牛肉、羊肉、家禽肉、兔肉产量分别达到8141吨、5552吨、1446吨、4802吨、469吨。农业土地流转1.2万亩，培育种养结合型农业产业园4个，建成省级中药材种植基地5个，发展成为河北省中药材重要供应地。

【城乡建设】 井石快速路贯通，南绕城高速工程收尾，平赞高速开工，微矿路、宜微线道路大修改造。陉山广场、影院胡同桥、新一中污水管网等基础设施工程完工。新增集中供热面积19万平方米，主城区燃气普及率达到72%。推进美丽乡村建设，33个村三清一拆、改水改厕等12个专项行动建设完成；大梁江村获评全国最美古村落。保护生态环境，压减煤炭58万吨；改造工业燃煤锅炉89台。加强水污染防治，取缔禁养区养殖户29家，拆除河道违规建筑76处；新建水质自动监测站1座；出境水质稳定达到地表水三级标准。开展植树绿化活动，栽植林木11.4万亩；治理水土流失10平方千米。6家责任主体矿山生态恢复完工，组建成立南寺掌省级自然保护区，井陉县获批全国生态功能县。

【社会民生】 49个重点村实施精准扶贫、脱贫项目56项，3500人稳定脱贫。新增就业岗位2680个，城乡居民医保整合完成，救助困难人员1.3万人次，优抚医院、残疾人托养中心开工，324套公共保障房正在施工。新建县第一幼儿园工程完工，6所农村标准化幼儿园建成投用；26所义务教育阶段薄弱学校提升改造。2016年7月19日，井陉县发生“7·19”特大暴雨洪灾。17个乡镇全部受灾，5.99万户、20.8万人不同程度受灾，1.6万间农村房屋被冲毁，2.7万间房屋受损，农作物受灾面积24.1万亩，10.6万亩绝收，1616.5亩养殖水面消失，全县因灾经济损失67.6亿元。至2016年底，全县1636户B、C级房屋全部修缮加固，522户D级房屋重建496户；修复农村公路78条113.5千米，境内国省干线道路通行能力恢复至灾前水平；修建通信基站130个，切改输电线路253千米；修缮加固学校94所、157项工程，重建学校7所；修缮受损乡村卫生室（院）92所，新建村卫生室3所；修复和新打机井244眼，铺设管道43千米，解决11.5万人饮水问题；整修灌渠400余千米，清淤187万立方米，清挖河道15万立方米，浇筑堤坝18千米；毁种改种农作物6.6万亩，恢复耕地6580亩、经济林5.9万亩，畜禽养殖补栏20万头（只）；企业恢复生产74家，关停并转44家，731家水毁商贸网点营业，61家受损农村电子商务服务站恢复运营；维修更换县城路灯311盏，疏通污水管网43.2千米，改造修补街道30条；修复农村书屋等文化场所439个，修建停车场4.3万平方米，恢复农家乐房屋100多间。文化广场通过国家级公共文化服务示范项目验收，井陉文化馆获评国家一级馆；申报省级非物质文化遗产保护项目2个，国家级、省级非物质文化遗产保护项目传承人达到27人；新增中国传统村落24个，累计达到31个，井陉县入选全国首个中国传统村落保护区。12月27日，井陉县获授“中华诗词之乡”“中国楹联文化县”牌匾。这是井陉县继“中国千年古县”“中国民间文化艺术之乡”“中国感恩文化之乡”后获得的又两张国家级文化名片。其中，井陉县秀林镇、于家乡获授“中国楹联文化之乡”，南横口村、于家村获授“中国楹联文化村”。

（朱凯荣）

正　定　县

【概况】 正定县位于石家庄市北侧，与石家庄市主城区相接，距离石家庄市主城区13千米，东与藁城区，北与新乐市、行唐县，西与灵寿县、鹿泉区，南与长安区、新华区相邻。境内多寺庙，拥有隆兴寺、广惠寺、天宁寺、临济寺、开元寺、文庙、正定古城墙、国家乒乓球训练基地等历史古迹及旅游地。正定小商品博览会、板材、书法闻名周边，元曲杂剧作家白朴曾在正定生活和创作。历史上正定与保定、北京并称“北方三雄镇”，素有“三山不见，九桥不流”“九楼四塔八大寺，二十四座金牌坊”“古建筑宝库”的美誉。正定是国家历史文化名城、全国中小城市综合改革试点、国家智慧城市试点和中国最具投资潜力中小城市百强县。总面积468平方千米，辖3个镇、5个乡、2个街道办事处，1个省级高新技术产业开发区，34个居委会、154个村委会，常住人口49.41万人，人口自然增长率9.35‰。2016年正定县完成地区生产总值292.70亿元，同比增长7.0%。其中，第一产业增加值32.40亿元，增长2.4%；第二产业增加值117.23亿元，增长5.8%；第三产业增加值143.08亿元，增长9.2%。固定资产投资302.70亿元，同比增长16.6%。全部财政收入25.11亿元，同比增长18.4%，其中公共财政预算收入16.0亿元，增长13.6%；一般公共财政预算支出34.79亿元，同比增长23.3%。农林牧渔业总产值64.87亿元，同比增长2.5%。粮食播种面积3.83万公顷，总产量28.66万吨，平均亩产498.7千克。拥有规模以上工业企业148个。规模以上工业增加值100.32亿元，同比增长6.5%；规模以上工业利润36.0亿元，同比增长3.3%。社会消费品零售总额129.35亿元，同比增长10.6%。实际利用外资6156万美元。城镇居民人均可支配收入27168元，同比增长8.6%；农村居民人均可支配收入15669元，同比增长8.0%。金融机构存款余额524.35亿元，同比增长40.10%；金融机构贷款余额264.93亿元，同比增长14.49%。

中共正定县委书记、
正定新区党工委书记：
王韶华（12月免）
张业（12月任）
县人大常委会主任：王秋生
县长：李为军（12月免）
孙鹏云（12月任）
县政协主席：张凌立

【产业项目】 三次产业结构由2015年12.1∶41.2∶46.7调整为11.1∶40.0∶48.9。正定现代服务产业园、正定高新技术产业开发区合并，河北正定高新技术产业开发区列入省市对接京津平台。高新区建投公司、石家庄（正定）中关村协同发展有限公司成立。深国际物流港、精进电动开工，中博新能源汽车、常山药业原料药生产基地、一然生物、小蜜蜂搬迁改造等项目投产或部分投产。认定高新技术企业20家。建成107国道沿线8千米长市场集群。正定县供销合作社获评全国百强县级社。推进电子商务发展，建成河北省首家电子商务产业园及专业电子商务平台16个；154个村实现电子商务服务站全覆盖；正定获评中国电子商务百佳县。发展会展经济。4月26～28日，2016中国·石家庄（正定）国际小商品博览会在正定国际小商品城举行，18个合作项目集中签约，总投资额130亿元；5月20～23日，2016第四届中国国际（河北）茶文化博览会在石家庄国际博览中心举行，现场交易额突破3000万元，签订合同金额4600万元。开展京津冀合作。11月16日，2016·京津冀协同发展石家庄（正定）中关村集成电路产业基地暨正定科技新城“十三五”发展推介会在中关村国家自主创新示范区展示中心举行，签约项目11个，总投资244.1亿元。旅游业收入增加。2016年正定县实现旅游收入7748.06万元，同比增长15.07%；接待游客365.57万人次，同比增长10.52%。

【农业生产】 全年农林牧渔业总产值64.87亿元，同比增长2.5%。其中，农业产值26.75亿元，林业产值2429万元，牧业产值35.74亿元，渔业产值1338万元，农林牧渔服务业产值2.0亿元。粮食播种面积3.83万公顷，总产量28.66万吨，平均亩产498.7千克。其中，小麦播种面积2.08万公顷，总产量15.57万吨，亩产497.9千克；玉米播种面积1.62万公顷，总产量12.58万吨，亩产519.2千克。豆类（主要是大豆）播种面积1052公顷，总产量2619吨。油料播种面积4537公顷，总产量1.99万吨。棉花播种面积226公顷，总产量190吨。蔬菜及食用菌种植面积8672公顷，总产量87.02万吨。瓜果类种植面积539公顷，总产量3.0万吨，其中，西瓜种植面积351公顷，总产量2.25万吨。果园面积667公顷，其中，苹果园130公顷、桃园431公顷。水果总产量（不含果用瓜）1.71万吨，其中，苹果3112吨（红富士2400吨）、桃1.13万吨。至2016年底，牛、奶牛、猪、羊、家禽、鸡存栏数分别达到8.56万头、4.38万头、39.87万头、3.57万只、1295.57万只、1025.57万只。肉、奶、蛋产量分别达到7.73万吨、11.76万吨、12.52万吨，其中，猪肉、牛肉、羊肉、家禽肉产量分别达到4.37万吨、1.06万吨、650.80吨、

2.24万吨。农村土地确权登记颁证25万亩，完成任务85.8%。投资1.1亿元，实施机井更新、农田灌溉、农村饮水等农村建设工程。

【城乡建设】 正定古城保护。编制《正定历史文化名城保护规划》等30多项规划。实施古城保护十大重点工程，总投资21.8亿元。周汉河改造、中山路综合改造工程、博物馆拆迁完工，开元寺历史格局恢复工程、古城墙保护、南关村改造、阳和楼复建、隆兴寺周边整治、城区历史建筑修缮工程顺利推进。开展国家园林县城、国家优秀旅游城市、国家智慧城市建设，绿化覆盖率达到45.9%，建成区绿地率达到42.19%，省级园林县城复查验收通过，数字城管指挥中心建成投用。公路建设完成投资3.62亿元，维修改造国省干线7条、农村公路127条，城区昆仑大街、邦秀路建成通车，赵普大街、怀丙路、董铨路建设工程过半。污水处理厂、地表水厂、变电站、热电厂等配套设施项目开工，首家河北省全地下式污水处理厂建成投用，总投资463.3亿元。开展4个风情小镇建设，44个美丽乡村建设重点村庄和高铁沿线20个村庄、13256户屋顶改造工程完工。全国农村改厕工作现场会在正定县召开。正定县获评全省美丽乡村建设先进片区。保护生态环境，打造天蓝、地绿、水清"美丽正定"。空气质量优良天数达到139天，同比增加45天；PM2.5浓度降至每立方米85微克，同比下降25.4%；造林绿化面积4000亩，森林覆盖率达到27.63%。正定新区建设。围绕打造低碳、生态、智慧城市目标，推进商务中心、奥林匹克体育中心、企业总部等项目建设；建设道路53千米、综合管廊19千米，绿化面积550万平方米，电力线路迁改108千米；征收6个社区宅基地1808户，拆迁企业835家，开工安置房255万平方米、竣工30万平方米，总开工楼宇202栋、建筑面积567万平方米。

【社会民生】 营造发展环境，开展"百家企业评环境"和整治"怠政懒政"行为，创新建立"农民办事不出村""企业办事不出厂"平台。城乡低保标准提高至每人每月550元，医疗救助标准提高至每人每年4000元。推进"美丽校园"建设，义务教育发展基本均衡县通过国家督导评估验收。图书馆、文化馆、乡镇综合文化站建设完成，农家书屋实现全覆盖，举办"龙藏寺碑"全国楷书邀请展、全省"中国书法之乡"书法精品展等活动，正定县入选河北省首批公共文化服务示范县和河北省文化产业十强县。实施《全民健身计划》，举办首届全民运动会。县医院实行药品零差率销售，基层医疗机构实行基本药物制度、药物零差率销售和一般诊疗费制度。县医院新病房楼交付使用。42.5万居民建立健康档案。新农村合作医疗保险提高至570元，参合率达到98%以上。

（戴世丽）

行　唐　县

【概况】 行唐县位于石家庄市北部，属太行山东麓浅山丘陵区与华北平原交接地带，距离石家庄市主城区50千米，东与新乐市，西与灵寿县，南与正定县相邻，北及东北与阜平县、曲阳县相接。2012年批准成为国家扶贫开发工作重点县。总面积966平方千米，辖4个镇、11个乡，1个省级经济开发区，8个居委会、322个村委会，常住人口41.95万人，人口自然增长率8.58‰。2016年行唐县完成地区生产总值133.65亿元，同比增长3.2%。其中，第一产业增加值28.15亿元，增长5.8%；第二产业增加值64.26亿元，下降1.3%；第三产业增加值41.25亿元，增长9.5%。固定资产投资168.95亿元，同比增长2.0%。全部财政收入6.28亿元，同比增长17.7%，其中公共财政预算收入4.04亿元，增长10.5%；一般公共财政预算支出22.27亿元，同比增长6.7%。农林牧渔业总产值53.08亿元，同比增长5.2%。粮食播种面积3.71万公顷，总产量24.26万吨，平均亩产435.5千克。拥有规模以上工业企业87个。规模以上工业增加值58.77亿元，同比下降3.0%；规模以上工业利润25.3亿元，同比下降5.1%。社会消费品零售总额64.75亿元，同比增长9.9%。实际利用外资3062万美元，同比增长2.1%。城镇居民人均可支配收入25446元，同比增长7.9%；农村居民人均可支配收入6809元，同比增长12.2%。金融机构存款余额153.87亿元，同比增长13.98%，其中，城乡居民储蓄存款余额121.31亿元，同比增长11.2%；金融机构贷款余额51.19亿元，同比增长27.54%。

中共行唐县委书记：杨立中
县人大常委会主任：赵士平
县　　长：王彦芳
县政协主席：盖义江

【产业项目】 三次产业结构由2015年20.7∶51.0∶28.3调整为21.0∶48.1∶30.9。全年在建重点项目103个，其中，续建项目16个，新开工项目87个，年度完成投资83.66亿元，占全年计划111.5%。毓丰包装材料、循证医疗等8个市级重点项目进展顺利，其中，君乐宝太行乳业二期年产1.5万吨配方乳粉项目总投资6.5亿元，春成广发家具生产线项目总投资5.88亿元，分别完成年度计划167.7%和175.9%。签约重点项目12个。深圳证券交易所创业板上市公司安徽盛运环保（集团）股份有限公司项目在循环经济产业园开工奠基，华北航空文化产业园项目选址和征地完毕。投入3.2亿元，实施科技大街、工业路、消防站及供水项目一期等园区基础设施建设工程完工；免费WiFi实现园区全覆盖。与青岛保税港区合作，共建行唐功能区项目；组建成立投资建设开发有限公司，核心区主体规划设计完成，进口保税仓库获得石家庄海关批复。推进国家电子商务进农村综合示范项目，建立县电子商务服务中心1个、县乡级仓储物流配送中心9个、村级电子商务服务站330个，实现网上交易额3.49亿元。

【农业生产】 全年农林牧渔业总产值53.08亿元，同比增长5.2%。其中，农业产值22.07亿元（中药材产值8366万元），林业产值1.72亿元，牧业产值26.55亿元，渔业产值2091万元，农林牧渔服务业产值2.53亿元。粮食播种面积3.71万公顷，总产量24.26万吨，平均亩产435.5千克。其中，小麦播种面积2.13万公顷，总产量13.99万吨，亩产438.5千克；玉米播种面积1.11万公顷，总产量8.04万吨，亩产485.1千克；谷子播种面积667公顷，总产量1326吨。薯类播种面积3670公顷，总产量10.1万吨。豆类播种面积395公顷，总产量510吨。油料播种面积7490公顷，总产量2.49万吨，其中，花生播种面积6758公顷，总产量2.28万吨。棉花播种面积313公顷，总产量209吨。蔬菜及食用菌种植面积5052公顷，总产量37.65万吨。瓜果类种植面积400公顷，总产量2.11万吨。果园面积4.35万公顷，其中，苹果园1603公顷、梨园478公顷。水果总产量（不含果用瓜）14.45万吨，其中，苹果9000吨（主要为红富士）、梨1000吨、红枣1.30万吨。至2016年底，牛、奶牛、驴、猪、羊、家禽（主要是鸡）存栏数分别达到8.90万头、8.49万头、6447头、17.95万头、6.40万只、483.50万只。肉、奶、蛋产量分别达到4.07万吨、33.60万吨、3.66万吨，其中，猪肉、牛肉、羊肉、驴肉、家禽肉产量分别达到2.28万吨、1.02万吨、925吨、196吨、6443吨。水产品养殖面积840公顷，总产量1530吨。依托“两红一白、两种一养”（两红即红薯、红枣，一白即乳业；两种即种中药材 、种核桃，一养即养肉牛和肉驴）产业，采取企业带动、产业引领、能人带头、园区示范、整村推进、股份合作6种模式，组织107个贫困村栽植以核桃为主经济林5.2万亩，种植中药材800亩，饲养肉驴6500头。

【城乡建设】 县城建设。以“打造颍水两岸，建设一城三区，实现产城教融合”为思路，成功创建省级园林县城。实施颍水河两岸绿化亮化美化工程，完成总面积18.7万平方米；全长24千米颍水河（郜河）西外环桥至口头水库段堤顶路建设工程启动，其中，投资2100万元上碑段6.9千米竣工通车。总投资2.3亿元，实施承泽路和龙州大街污水管网整治、龙州大街和恒阳大街油面铺装完成。4个公园续建工程、县文体中心主体工程完工。40万平方米老旧小区“串改并”及热计量改造完毕，新增供热面积100万平方米。关闭自备井113眼。引进北京环卫集团实行城区环卫外包，机械化清扫率由2015年51%提高至70%，环卫工人均保洁面积由5160平方米下降至3870平方米。道路工程。投资8400万元，实施原行陈线西外环至灵寿界17.4千米拓宽改造工程；投资6550万元，完成京昆高速行唐连接线Ⅰ、Ⅱ线9.6千米大中修工程和京赞公路曲阳界至西外环段17.3千米、南外环6千米中修工程；投资5000万元，完成全长20千米、总绿化面积100万平方米省道正繁公路京昆高速行唐口至口头水库段综合整治工程。农村人居环境和美丽乡村建设。按照

"四美五改"(四美即环境美、产业美、精神美、生态美，五改即改房、改水、改路、改厕、改厨)标准，安排资金1635万元，开展12项乡村环境改善专项行动；利用3000万元资金，获得3.3亿元投融资贷款，推进"三线、四园、九点、一片区"(三线即团贯线、宝平线、正繁线，四园即神树湾生态农业开发园、团山红生态农业产业园、安太苹果示范园、中华寿桃有机农业园，九点即霍村、东安香村、麻家庄村、南翟营村、东南街村、上阎庄村、上连庄村、万里村、张家庄村9个省级重点村，一片区即城北片区)美丽乡村建设；累计清理垃圾杂物17.25万平方米，清理残垣断壁和路障2200处，拆除违章建筑685处，植树12.1万棵；201个村建立长效保洁机制；采用服务外包方式委托天津领军环保科技公司为首批48个村提供专业保洁服务。投资1764万元，开展太行山绿化应急抗旱水源工程；投资793万元，实施农村安全饮水工程，解决8个村9800人饮水安全问题。保护生态环境。当年造林面积2.05公顷，封山育林面积1.44万公顷，零星(四旁)植树150万株，森林覆盖率达到40.7%。石家庄明旺乳业有限公司、河北迈尔斯通电子材料有限公司、石家庄君乐宝太行乳业有限公司3家燃煤锅炉煤改气工程完工；石家庄玉晶玻璃有限公司1号生产线管理绩效项目、行唐县永明化工厂结构减排项目及行唐县旺源奶牛养殖专业合作社、行唐县东家奶牛养殖专业合作社、行唐县玉恒奶牛养殖专业合作社、行唐县毛照奶牛养殖小区、石家庄箐冉乳业有限公司5家奶牛养殖场粪污治理项目完成。淘汰燃煤锅炉155台，取缔零散煤场35家，拆除冲天炉21台、颗粒厂11家、小燃煤锅炉(馒头房)14家、淀粉加工户8家，行政处罚企业38家。煤炭物流基地实施路面硬化，周边植树1.2万株，安装防尘网8578延米。开展"利剑斩污"等保护生态环境专项行动，取缔非法违规企业89家、行政处罚23家。2016年行唐县空气优良天数达到117天，同比增加23天；重污染天数72天，同比减少24天；PM2.5浓度同比下降11.6%。

【社会民生】 2016年末全县参加城镇职工养老保险16231人，同比增加419人；参加城乡居民养老保险224235人，同比增加2261人。参加新型农村合作医疗保险322310人，参合率97.52%。参加城镇基本医疗保险47932人，同比增加3173人。其中，参加城镇职工基本医疗保险20468人，同比增加1469人；参加城镇居民基本医疗保险27464人，同比增加1704人。参加工伤保险21417人，同比增加910人。参加生育保险12957人，同比增加439人。在岗职工年平均工资49979元，同比增长9.7%。1.73万人发放城镇最低生活保障金447.5万元，4.70万人发放农村最低生活保障金2685.70万元；落实符合条件贫困人口全部纳入农村最低生活保障范围政策，标准由每人每年2125元提高至3400元。至2016年底，行唐县共有贫困村107个，贫困人口3.52万人，其中15507人稳定脱贫。公办养老机构2个(民政事业服务中心、独羊岗中心敬老院)、乡(镇)综合养老服务中心6所；登记民办养老机构10家；330个行政村实现互助幸福院全覆盖；儿童福利院1所，护理员封娟获授"美丽河北·最美护理员"称号和2016年度"感动省城"十大人物。建成公共保障房185套，改造农村危房600户。拥有各级各类学校101所，在校生69491人，教师4624人；幼儿园81所(独立幼儿园22所)，小学60所、小学教学点192所，普通中学16所，中等职业学校1所，特教学校1所；落实学生全部免学费、免教科书费、补贴往返交通费政策，给予山区贫困小学、初中学生每生每年1760元、2400元生活补助。2016年行唐县首次通过国家义务教育均衡发展督导评估。建有文化馆、文体中心、公共图书馆各1个，图书总藏量5万册。有线电视用户11730户，广播电视人口覆盖率97.97%。卫生机构384个，床位数1635张，医院、卫生院23个(民营医院4个)，卫生技术人员2300人，其中执业医师(含助理)855人；农村卫生室312个，乡村医生731人。开展"医养扶一体化"服务，受益家庭74户99人，发放资金40.15万元。落实一孩、二孩生育登记制度，办理第一个子女生育登记1053人、第二个子女生育登记1651人。

(行唐县)

灵 寿 县

【概况】 灵寿县位于石家庄市西北部，距离石家庄市主城区30千米，东与行唐县，东南与正定县，西与平山县、五台县，南与鹿泉区，北与阜平县相邻。著名景区有五岳寨等。灵寿县是山区县、老区县、国家扶贫开发工作重点县，也是民政部、联合国地名考察组命名的“千年古县”。县内地形轮廓呈条状，地势自西北向东南倾斜，依次为山区50%、丘陵38%、平原12%，地貌格局大体为“七山二水一分田”。总面积1066平方千米，辖6个镇、9个乡，1个省级经济开发区，3个居委会，279个行政村，常住人口34.29万人。2016年灵寿县完成地区生产总值89.98亿元，同比增长3.2%。其中，第一产业增加值16.64亿元，增长3.7%；第二产业增加值38.98亿元，下降1.6%；第三产业增加值34.35亿元，增长10.1%。固定资产投资129.90亿元，同比增长13.5%。全部财政收入5.17亿元，同比增长10.6%，其中公共财政预算收入3.53亿元，增长15.0%；一般公共财政预算支出18.55亿元，同比增长9.6%。农林牧渔业总产值30.82亿元，同比增长3.3%。粮食播种面积2.96万公顷，总产量13.95万吨，平均亩产314.7千克。拥有规模以上工业企业69个。规模以上工业增加值28.16亿元，同比下降3.2%；规模以上工业利润9.6亿元，同比下降34.6%。社会消费品零售总额44.87亿元，同比增长11.2%。实际利用外资347万美元。城镇居民人均可支配收入25001元，同比增长7.8%；农村居民人均可支配收入6164元，同比增长11.5%。金融机构存款余额123.88亿元，同比增长17.30%；金融机构贷款余额47.71亿元，同比增长31.85%。

中共灵寿县委书记：宋存汉
县人大常委会主任：马国云
县　　　长：周雪军
县政协主席：王雪山

【产业项目】 三次产业结构由2015年19.3∶48.2∶32.5调整为18.5∶43.3∶38.2。全年实施重点项目38个，年完成投资17.2亿元，占年度投资计划104.2%。争取中央投资、国家专项债券建设项目36个，资金12.19亿元。安能绿色新型建材二期工程、康泰塑胶、石家庄科技信息职业学院“双创”孵化培训基地等项目正在建设。工业技改完成投资61.58亿元，同比增长43.4%。益生环保科技公司“新三板”上市，上市企业达到2家。推进招商引资，签约重点项目3个，总投资14亿元；北国人百集团、中鼎牧业、双鸽集团、华裕科技等项目落户。开展“问计省直、争取支持”活动，引进中央投资项目11个、资金2396.1万元，争取建设基金3.01亿元。行唐经济开发区设立投融资平台，入驻项目执行“全程陪护”政策；工业二区至污水处理厂污水管网建设工程完工，科纺大街工程顺利推进；2016年末灵寿经济开发区入驻企业55家，实现主营业务收入116亿元。发展旅游经济，五岳寨景区开展5A级景区创建活动，实施供排水、污水处理设施和游客服务中心等设施建设；漫山花溪谷景区二期工程、水泉溪景区基础设施提档升级工程开工。灵寿县列入创建省级县域全域旅游示范区名单，南营乡列入创建省级乡镇域全域旅游示范区名单。大地村乡村旅游片区建设启动，11个贫困村列入全国乡村旅游扶贫重点村，培育石家庄市星级农家乐8家。

【农业生产】 全年农林牧渔业总产值30.82亿元，同比增长3.3%。其中，农业产值13.78亿元，林业产值1.73亿元，牧业产值13.01亿元，渔业产值9268万元，农林牧渔服务业产值1.37亿元。粮食播种面积2.96万公顷，总产量13.95万吨，平均亩产314.7千克。其中，小麦播种面积1.21万公顷，总产量6.04万吨，亩产334.0千克；玉米播种面积1.40万公顷，总产量6.94万吨，亩产331.6千克。薯类播种面积436公顷，总产量5520吨。油料播种面积2513公顷，总产量5231吨，其中，花生播种面积2415公顷，总产量5175吨。棉花播种面积229公顷，总产量138吨。蔬菜及食用菌种植面积3222公顷，总产量23.77万吨。果园面积2710公顷，其中，苹果园400公顷、梨园200公顷、葡萄园210公顷。水果总产量（不含果用瓜）2.57万吨，其中，苹果6250吨、梨4250吨、葡萄1350吨。核桃总产量9600吨。至2016年底，牛、奶牛、猪、羊、家禽、鸡、兔存栏数分别达到4.41万头、2.20万头、17.02万头、5.30万只、236.17万只、168.50万只、19.12万只。肉、奶、蛋、蜂蜜产量分别达到3.17万吨、5.77万吨、2.07万吨、118吨，其中，猪肉、牛肉、羊肉、家禽肉、兔肉产量分别达到2.25万吨、3683吨、916吨、4117吨、407吨。水产品养殖面积2767公顷，总产量7730吨。探索农村集体组织建设，制定出台《关于加强农民专业合作社规范化建设的意见》，倡导组建村"两委"领导下的农民专业合作社，吸纳贫困户入股入社；采取贫困户以土地或资金入股等方式，建立利益联结机制；将财政资金投入设施农业、规模养殖等项目形成资产折股量化分配给贫困村、贫困户。推动农村集体土地所有权、承包权、经营权"三权"分置改革，建立新型农业经营主体1100余家，土地承包经营权确权登记、土地流转面积分别达到85.64%和34%。

【城乡建设】 17个城乡建设专项规划、14个乡镇城镇化发展详细规划及慈峪镇和陈庄镇控制性详细规划、25个村美丽乡村建设规划制定完成。实施县城建设三年攻坚行动，投资1.41亿元，启动松阳河综合性公园、西环路北延、样板示范街建设等城区建设项目；县城建成区实现集中供热、天然气主管网实现全覆盖；数字化城市管理系统建成运行；城区公交车开通。开展省级园林县城创建活动和"全民大洗城"行动，实施广告牌匾整治、环境卫生管理、园林绿化提升三大攻坚战；打造环城水系，缓解水资源缺乏问题，推进"引横入城"和松阳河下游综合整治工程。总投资26亿元，西阜高速灵寿段项目建设开工；总投资4471万元，正南线寨头至南营大修、行陈线改建工程完工。组建成立灵寿县美丽乡村建设开发有限公司，争取国家开发银行贷款资金3亿元，重点打造美丽乡村省级重点村25个、县级达标村40个，南营乡北营村获评省级美丽乡村；提升农村卫生环境，安排资金2000万元，采取政府购买服务方式，实现农村垃圾处理全覆盖。保护生态环境。开展生态修复治理，实施太行山生态绿化工程、环省会经济林带、村庄廊道绿化等工程；以核桃产业带为重点，统筹推进退耕还林项目，打造核桃产业带200平方千米。至2016年末，灵寿县绿化面积达到10.7万亩，发展核桃种植38万亩，森林覆盖率达到57.57%。落实"压煤、抑尘、控车、减排、增绿"措施，开展道路扬尘治理、工地综合整治、散煤压减替代、黄牌货车管控行动，推广环保炉具和清洁能源，实施集中供热、煤改气工程；拆除燃煤锅炉61台、削减煤炭6.8万吨，均超额完成石家庄市下达目标任务。2016年末灵寿县空气质量综合指数同比下降6%。开展水源保护区和涉水企业排查整治行动，实施污水处理厂尾水改排工程；建成水质自动监测站，区域地表水、城市集中式饮用水水质达标率均达100%。

【社会民生】 全年用于民生支出16.55亿元，占一般公共财政预算支出89.2%。城镇新增就业2783人，下岗失业人员实现再就业637人。发放最低生活保障金、五保供养款、医疗救助资金6200余万元，发放生育救助资金252.79余万元。认定科技型中小企业235家、科技小巨人企业6家、高科技型企业6家，拥有市级创新型企业2家、市级科研机构1家，设立博士后创新实践基地1家。高考本科一批上线170人，投入资金3207万元，实施学校"全面改薄"工程；新建幼儿园3所，改造教学点校舍3个，青同镇中学教学综合楼工程项目完工；发放学生资助金1204.7万元，被中国扶贫基金会确定为河北省唯一"爱心包裹"项目实施县。投资6649万元，实施乡镇卫生院改扩建、县中医院综合病房楼等项目建设。15个乡镇卫生院、279个村卫生室实行国家基本药物制度和药品零差率销售。灵寿县获评石家庄市县级公立医院综合改革示范县。

（灵寿县）

高 邑 县

【概况】 高邑县位于石家庄市南部，属华北平原西部边缘，太行山脉东麓，距离石家庄市主城区50千米，东北与赵县，西与赞皇县，南与邢台市，北与元氏县相邻。境内拥有中山国房子郡遗址、刘秀登基台、南星书院等历史文化遗迹。京广高铁“高邑西站”是石家庄以南、河北省境内唯一县级站点，2012年12月建成投用。总面积230平方千米，辖4个镇、1个乡，1个省级经济开发区，5个居委会、107个村委会，常住人口19.22万人。2016年高邑县完成地区生产总值88.20亿元，同比增长6.5%。其中，第一产业增加值12.99亿元，增长3.9%；第二产业增加值50.03亿元，增长5.5%；第三产业增加值25.18亿元，增长10.0%。固定资产投资93.46亿元，同比增长16.9%。全部财政收入5.46亿元，同比下降18.1%，其中公共财政预算收入4.28亿元，增长12.0%；一般公共财政预算支出11.89亿元，同比增长6.7%。农林牧渔业总产值22.75亿元，同比增长3.7%。粮食播种面积2.23万公顷，总产量16.49万吨，平均亩产493.6千克。拥有规模以上工业企业75个。规模以上工业增加值37.50亿元，同比增长5.5%；规模以上工业利润13.8亿元，同比下降1.9%。社会消费品零售总额35.92亿元，同比增长10.9%。实际利用外资998万美元。城镇居民人均可支配收入23408元，同比增长8.3%；农村居民人均可支配收入11878元，同比增长8.2%。金融机构存款余额72.60亿元，同比增长11.69%；金融机构贷款余额29.70亿元，同比增长2.87%。

中共高邑县委书记：
杨国芳（9月免）
彭敬捷（女，9月任）
县人大常委会主任：王惠武
县　长：彭敬捷（女，12月免）
陈宏锋（12月任）
县政协主席：何兴旺（2月免）
宋英华（2月任）

【产业项目】 三次产业结构由2015年15.0∶57.8∶27.2调整为14.7∶56.7∶28.6。发展形成建陶、化工、纺织三大特色产业。建陶产业拥有生产企业24家、生产线60多条，年生产能力3亿平方米，年销售收入60亿元，领世陶瓷引进闪墙砖干法制粉，力马陶瓷获评石家庄首届十大工业品牌，高邑县获评“河北省建筑陶瓷特色产业基地”“河北省中小企业特色产业集群”。氧化锌产业拥有生产企业27家、生产线106条，年生产能力9万吨，产品销往全国各地及东南亚、欧洲等20多个国家和地区，是与葫芦岛、柳州齐名的全国三大锌业生产基地之一，占中国氧化锌市场50%份额；氧化锌企业全部采用清洁能源替代，龙力化工被工业和信息化部授予品牌培育试点企业。纺织产业拥有纺纱能力50万锭，其中精梳精纺能力达20万锭，织机1万多台，年产坯布3亿米，年销售收入20亿元。招商引资签约项目8个，总投资46亿元；重点项目包括盛红产业科技园、伊特丽包装、东光嘉和等。高邑经济开发区实施电站街、建陶路等二级路网建设，总投资1.7亿元；长8.2千米园区污水管网铺设完工；盛益饮品、博广窑炉等重点企业实现双回路供电；总投资22亿元龙之养蛋白饮料、煜珠陶瓷、石桥焊材等8个项目投产。推进现代服务业发展，组织开展“一巷双城”项目建设，冀中南公铁联运智能港进展顺利，土地收储1200亩，铁路专线工程基本竣工。蔬菜大市场交易额达到45亿元，同比增长12.5%，获得“中国农产品供应链建设先进市场”称号。高邑县果蔬城项目启动。

【农业生产】 全年农林牧渔业总产值22.75亿元，同比增长3.7%。其中，农业产值16.46亿元，林业产值989万元，牧业产值5.10亿元，农林牧渔服务业产值1.10亿元。粮食播种面积2.23万公顷，总产量16.49万吨，平均亩产493.6千克。其中，小麦播种面积1.11万公顷，总产量7.92万吨，亩产475.0千克；玉米播种面积1.05万公顷，总产量8.32万吨，亩产528.0千克。油料播种面积1257公顷，总产量4851吨。棉花播种面积96公顷，总产量107吨。蔬菜及食用菌种植面积8307公顷，总产量61.83万吨。瓜果播种面积495公顷，总产量3.32万吨，其中，西瓜播种面积465公顷，总产量3.27万吨。果园面积120公顷，其中，梨园15公顷、桃园30公顷。水果总产量（不含果用瓜）4671吨，其中，梨760吨、桃1282吨。至2016年底，牛、奶牛、猪、羊、家禽、鸡、兔存栏数分别达到2400头、1600头、6.08万头、1.20万只、188.95万只、182.95万只、17.03万只。肉、奶、蛋产量分别达到1.41万吨、5196吨、1.67万吨，其中，猪肉、牛肉、羊肉、家禽肉、兔肉产量分别达到8239吨、402吨、332吨、4127吨、1045吨。高标准改造农田5000亩。森禾花卉基地栽植名优苗木1000亩，智能温室与核心展示区建设启动。众林、润尚、国和永泰现代观光农业初具规模，高邑县“休闲采摘4日游”入选农业部精品景点线路名录。

【城乡建设】 城乡总体规划修编启动。县城建成区面积达到12平方千米，包括1个建制镇、8个城中村，常住人口5.12万人；县城路网总长60.4千米；供水管网、自来水厂、排水管网、污水处理厂、天然气站及供气管网设施完备，南水北调广源水厂及管网建设完工，第二污水处理厂投入使用。小康路、旧东环路等20条街道翻新及东城大街北延、恒泰路南延、刘秀公园东广场等工程完工；393省道南跨通过省政府批复。省级卫生县城、省级文明县城初审通过。高邑新区建设与天山集团签订战略合作协议，站前街北延西延竣工。加强城区管理，投资2800万元，实施校园秩序、广告牌匾、门前三包、私搭乱建等专项整治行动，引进康洁、晓清服务公司2家，城乡环卫一体化处理实现全覆盖。投资1.5亿元，实施榆林、孙家庄、前王村等15个重点美丽乡村建设，清理改造美丽庭院1.8万户，清运积存垃圾25万立方米，清除残垣断壁1400多处。保护生态环境，实施储煤厂关停、小铸造小化工取缔、建筑工地整治、油烟分离、主城区煤改气5项专项行动；取缔储煤场22家、小铸造65家、小化工20家，拆除企业燃煤锅炉15家；8个城中村实现“无散煤”燃烧；12处建筑工地、107国道和393省道实施扬尘集中整治；128家餐饮单位全部安装油烟净化、油水分离装置。2016高邑县削减化学需氧量93.16吨、氨氮12.59吨、二氧化硫285吨、氮氧化物326吨；PM2.5浓度比上年下降11.4%；空气优良天数达到145天，同比增加54天。实施“绿色高邑”工程，完成造林1800余亩，植树156万株；主城区建成3000平方米以上绿地游园23个；建成区绿地率达34.2%，绿化覆盖率达39.2%。

【社会民生】 就业形势总体稳定，城镇新增就业2706人，城镇登记失业率控制在3.2%以内。机关事业单位养老保险改革启动；5300余名退休人员上调养老金待遇，人均月增资233元。烈士陵园建成；福康居特护养老中心项目完工。建档立卡贫困人口7711名。认定科技型中小企业95家。五百村小学、四中等5所学校新改扩建项目完工，新招录教师44名，引进石家庄经济职业学院达成意向。打造高邑“演讲名城”文化名片，组织举办首届“河北·高邑演讲艺术节”。卫生业务综合服务大楼主体竣工，新型农村合作医疗与城镇医疗保险实现“两保合一”，县妇幼保健院异地新建工程开工。

（高邑县）

深 泽 县

【概况】 深泽县位于石家庄市东北部，东与衡水市，南与辛集市、晋州市，西与无极县，北与保定市相邻，距离石家庄市主城区75千米。2011年石家庄国家生物（医药）产业基地深泽产业园被河北省政府命名为省级工业集聚区。总面积296平方千米，辖3个镇、3个乡，1个省级经济开发区，3个居委会、125个村委会，常住人口25.81万人，人口自然增长率8.0‰。2016年深泽县完成地区生产总值107.95亿元，同比增长6.6%。其中，第一产业增加值16.04亿元，增长1.0%；第二产业增加值63.40亿元，增长5.8%；第三产业增加值28.51亿元，增长11.3%。固定资产投资95.97亿元，同比增长16.7%。全部财政收入5.67亿元，同比增长11.1%，其中公共财政预算收入4.30亿元，增长10.4%；一般公共财政预算支出11.99亿元，同比增长1.1%。农林牧渔业总产值29.68亿元，同比增长2.0%。粮食播种面积2.78万公顷，总产量20.28万吨，平均亩产486.1千克。拥有规模以上工业企业92个。规模以上工业增加值55.30亿元，同比增长5.7%；规模以上工业利润6.5亿元，同比增长3.4%。社会消费品零售总额45.48亿元，同比增长10.9%。服务业增加值28.5亿元，同比增长11.3%。实际利用外资2万美元，同比增长100%。城镇居民人均可支配收入24257元，同比增长8.3%；农村居民人均可支配收入11393元，同比增长8.1%。金融机构存款余额113.09亿元，同比增长9.30%；金融机构贷款余额33.93亿元，同比增长13.07%。

中共深泽县委书记：

王德庆（12月免）

张少华（12月任）

县人大常委会主任：杨秋

县　　长：张少华（12月免）
　　　　　李向阳（12月任）
县政协主席：张庆民

【产业项目】 三次产业结构由2015年15.7∶59.4∶24.9调整为14.9∶58.7∶26.4。全年投资建设千万元以上项目221个，总投资478亿元。其中，列入省市重点项目11个，分别为：河北康润安再生资源科技有限公司废旧轮胎处理再生资源利用，河北朗天新能源科技有限公司生物质热电联产，河北鸿泽塑胶科技有限公司丁腈手套生产，河北万翔制药有限公司原料药产业化基地，河北纳利鑫洗化有限公司中韩国际德鑫产业园，河北红柏家纺市场管理有限公司家纺市场及产业孵化园一期，河北万维丝网制品有限公司家电配套用网，河北利泽汽车零部件有限公司中高档气门生产线，河北永钜新能源科技有限公司生物质成套设备生产，石家庄东翔化工有限公司医用聚氨酯、氯化石蜡、环氧氯丙烷，石家庄先立群环保科技有限公司医药中间体基地。与央企、国企合作项目5个，分别为：西苑金属与中钢研河冶公司合作锻件分厂搬迁改造项目，千秋公司与中国建材集团合作建设新型节能保温材料生产基地项目，华运公司与中石油长城钻探公司合作建设石油钻井用泥浆助剂生产基地项目，河北康润安再生资源科技有限公司与央企中国钢研科技集团有限公司旗下高新技术企业新冶高科技集团有限公司合作建设废旧轮胎再生利用项目，中粮贸易集团建设深泽粮食物流中转项目。举行重点项目集中开工仪式3次，开工5000万元以上项目41个，投资金额4269万元。工业发展形成农机制造、汽车配件、医药、日化、纺织为重点产业布局，透明皂年产量占全国总产量30%左右，气门产量占全国维修市场份额50%以上，农哈哈公司入选农业部定点生产厂家。工业技改投资43.2亿元，同比增长4.4%。规模以上高新技术产业增加值11.6亿元，同比增长8.4%。深泽经济开发区主营业务收入111亿元，同比增长18.5%；吸引总投资12亿元河北康润安废旧轮胎处理项目、总投资5亿元河北朗天新能源热电联产项目、总投资5亿元河北万翔原料药生产基地等项目入园投产。电子商务快速发展，总投资超10亿元隆基泰和广场、华北商贸城等综合体项目建成投用；家饰布艺、日用化工产业与互联网深度融合，耿庄村、方元村、大直要村、小堡村、南张庄村5个村获评“淘宝村”称号，电子商务进农村实现全覆盖。

【农业生产】 全年农林牧渔业总产值29.68亿元，同比增长2.0%。其中，农业产值17.88亿元，林业产值1819万元，牧业产值10.14亿元，农林牧渔服务业产值1.48亿元。粮食播种面积2.78万公顷，总产量20.28万吨，平均亩产486.1千克。其中，小麦播种面积1.25万公顷，总产量9.17万吨，亩产487.6千克；玉米播种面积1.38万公顷，总产量10.56万吨，亩产509.0千克。豆类播种面积851公顷，总产量1500吨。油料（主要是花生）播种面积1742公顷，总产量6680吨。棉花播种面积60公顷，总产量54吨。蔬菜及食用菌种植面积6087公顷，总产量47.32万吨。果园面积3675公顷，其中，苹果园2118公顷、梨园837公顷、桃园33公顷、葡萄园1523公顷。水果总产量（不含果用瓜）11.56万吨，其中，苹果6.87万吨（红富士5.49万吨）、梨2.55万吨（雪花梨8375吨、鸭梨500吨）、桃1339吨、葡萄1.85万吨。核桃总产量1523吨。至2016年底，牛、奶牛、猪、羊、家禽、鸡存栏数分别达到1.02万头、9600头、10.01万头、6.03万只、191.36万只、178.52万只。肉、奶、蛋产量分别达到2.47万吨、4.52万吨、2.0万吨，其中，猪肉、牛肉、羊肉、家禽肉产量分别达到1.78万吨、1499吨、1479吨、3596吨。农业产业由种植小麦、玉米、棉花、花生、大豆、药材为主，向种植白山药、核桃、水果、蔬菜发展；注重特色农业规模、特色和品质，形成马里设施蔬菜、杜社优质葡萄、北卓头黄冠梨、白庄芦笋、枣营中药材等农业基地。扶持农村经济合作组织，采取“农户+基地+协会+市场”方式，组建农产品加工企业50余家，农业产业化经营率达到53.3%。

【城乡建设】 县城框架拉大，城区面积由2011年10.36平方千米扩展至14.98平方千米。投资7100万元，实施5.5千米长北外环路建设工程；南苑路西延、西苑街北延、北苑路东延等24条主干道路建设完工，总投资1.9亿元。4条道路所有权、管理权由石油公司移交深泽县管理。投资1980万元建设综合服务中心投入使用。投资20亿元建设北方明珠、嘉悦尚城等20余个高标准小区建成入住。深泽公园、润泽公园等4个公园及2个游园工程启动，总投资1.47

亿元。数字化城市管理平台建成运行。垃圾处理厂通过省级评审，投入正常运营。投资1400万元建设公安消防站主体工程竣工。购置新能源公交车50余辆，城区公交站实行规范管理。美丽乡村建设五年总体规划编制完成。保护生态环境，开展“利剑斩污”“清源净流”“渗坑整治”等水环境治理行动，地表水水质、污水处理厂出厂水质稳定达标；滹沱河综合治理工程投资1.05亿元，实现中水循环不出境。PM2.5浓度同比下降17%，空气质量优良天数达到167天，森林覆盖率达到24.2%。

【社会民生】 全年用于民生支出9.9亿元，占一般公共财政预算支出82.6%。城镇新增就业2620人，城镇登记失业率控制在4.2%以内。城乡居民基本养老保险参保人数125008人，城乡医疗保险补偿筹资水平每人570元；城镇职工基本医疗保险、城镇居民医疗保险参保率及新型农村合作医疗参合率均达到95%。城乡最低生活保障实现应保尽保，社会救助、抚恤补助全部发放。养老服务千名老人拥有床位30张。建设公共保障性住房223套，改造农村危房521户。深泽文庙重新油饰修缮，深泽永济桥申报省级重点文物保护单位。首部《深泽年鉴》出版发行。

（袁剑军　邸曼芹）

赞　皇　县

【概况】 赞皇县位于石家庄市西南部，属太行山中段东麓，东与高邑县，南与邢台市，西与山西省昔阳县，北及西北与元氏县、井陉县相邻，距离石家庄市主城区33千米。赞皇县是山区县、老区县、国家扶贫开发工作重点县，也是联合国地名组织命名的“千年古县”。总面积1210平方千米，其中山场面积115万亩，地貌格局为“七山二滩一分田”。辖4个镇、7个乡，1个省级经济开发区，8个居委会、212个村委会，常住人口25.30万人。2016年赞皇县完成地区生产总值97.78亿元，同比增长6.1%。其中，第一产业增加值16.58亿元，增长2.8%；第二产业增加值53.53亿元，增长5.1%；第三产业增加值27.67亿元，增长10.4%。固定资产投资163.82亿元，同比增长13.1%。全部财政收入5.03亿元，同比增长21.0%，其中公共财政预算收入3.15亿元，增长14.3%；一般公共财政预算支出15.44亿元，同比增长4.8%。农林牧渔业总产值27.90亿元，同比增长3.3%。粮食播种面积2.59万公顷，总产量9.57万吨，平均亩产245.9千克。拥有规模以上工业企业67个。规模以上工业增加值46.89亿元，同比增长5.0%；规模以上工业利润19.7亿元，同比下降12.9%。社会消费品零售总额45.81亿元，同比增长11.4%。实际利用外资533万美元，同比增长166.5%。城镇居民人均可支配收入23302元，同比增长8.1%；农村居民人均可支配收入5729元，同比增长12.7%。金融机构存款余额93.33亿元，同比增长22.12%；金融机构贷款余额38.59亿元，同比增长13.09%。

中共赞皇县委书记：冯立业
县人大常委会主任：陈印增
县　　　长：王涛
县政协主席：张万银

【产业项目】 三次产业结构由2015年18.1∶56.1∶25.8调整为17.0∶54.7∶28.3。全年列入市重点建设项目8项，总投资43.9亿元，年度完成投资20亿元，占年度计划投资130.7%。编报总投资1.8亿元中央资金项目27项；申报总投资216.3亿元专项建设债券基金项目3个批次25个项目。实施“7·19”抗洪救灾恢复重建项目10大类397个，总投资49.94亿元。招商引资签约河北康旅控股集团有限公司嶂石岩景区建设等绿色环保项目18个。榆底工业聚集区、济河工业区划入赞皇经济开发区管理，开发区面积扩大至18.3平方千米；开发区新型工业化示范基地“建材·赞皇经济开发区”通过省工业和信息化厅专家评审。电子商务。赞皇县入选国家电子商务进农村示范县；212个行政村全部建立农村电子商务服务站；“大美赞皇”网络营销平台上线运行；太行山县域互联网+扶贫峰会在赞皇县举行；赞皇天山电子商务特色主题风情小镇项目列入首批河北省特色主题小镇项目名录。旅游业。总投资2亿元航空文化小镇、九女峰精品旅游景点开发等6个项目规划完成；总投资1亿元下大凡兰花现代农业观光示范区、医养游一体化康养项目及总投资2亿元三六沟燕赵风情园等旅游项目达成投资协议。原村土布专业合作社获批全国旅游扶贫示范项目。嶂石岩景区实现免费WiFi覆盖和网上订票、电子导游、微信营销等服务功能。赞皇县列入河北省全域旅游示范区。嶂石岩村入选省级乡村旅游示范村，秦家庄、黄北坪、北竹、软枣会、上段村入选市级旅游示范村。升级改造农家乐49家，9家获评石家庄市星级农家乐称号。

【农业生产】 全年农林牧渔业总产值27.90亿元，同比增长3.3%。其中，农业产值13.18亿元（中药材产值2907万元），林业产值1.66亿元，牧业产值11.22亿元，渔业产值994万元，农林牧渔服务业产值1.74亿元。粮食播种面积2.59万公顷，总产量9.57万吨，平均亩产245.9千克。其中，小麦播种面积1.17万公顷，总产量5.59万吨，亩产317.4千克；玉米播种面积1.17万公顷，总产量3.59万吨，亩产204.5千克。豆类播种面积570公顷，总产量386吨。油料播种面积7039公顷，总产量9514吨，其中花生播种面积5357公顷，总产量7220吨。棉花播种面积107公顷，总产量64吨。蔬菜及食用菌种植面积2546公顷，总产量15.83万吨。果园面积3.28万公顷，其中，苹果园700公顷、梨园453公顷。水果总产量（不含果用瓜）13.19万吨，其中，苹果5000吨（红富士4350吨）、梨（主要为雪花梨）2000吨、红枣11.74万吨。核桃总产量1.85万吨。至2016年底，牛（主要是肉牛）、猪、羊、家禽、鸡存栏数分别达到5.56万头、8.06万头、6.36万只、229.72万只、206.42万只。肉、蜂蜜、蛋产量分别达到2.63万吨、1720吨、2.42万吨，其中，猪肉、牛肉、羊肉、家禽肉产量分别达到1.03万吨、1.01万吨、799吨、5124吨。水产品养殖面积300公顷，总产量1000吨。土地流转面积9.2万亩，规模经营面积5.94万亩，家庭农场、农民专业合作社等新型经营主体达到415家，赞皇县获批河北省畜牧业绿色发展示范县、河北省扶持村级集体经济发展试点县。申报省级农业产业化重点龙头企业2家，认定市级农业产业化重点龙头企业25家。采取“龙头企业+合作社+基地+农户”模式，大力发展苹果、樱桃、柴鸡、蜜蜂等特色林果业和养殖业；新增龙头企业32家，覆盖贫困人口1.5万多人，安置贫困户劳动力2000余名。建立樱桃、枣、核桃科技示范点20个，建成果树提质增效35万亩，建设鲜食枣基地5100亩。高标准农田改造7.01万亩，7个耕地占补平衡项目完成，新增耕地面积1287亩。

【城乡建设】 《赞皇县城容貌改造提升规划》《赞皇县中心城区控制性详细规划》等规划编制完成，赞皇县被石家庄市确定为“多规合一”试点县。南邢郭乡、嶂石岩乡撤乡设镇，赞皇镇入选全国重点镇，院头镇入选河北省重点镇。完善县城基础设施，实施总投资7951万元公园维修、道路绿化、单位庭院改造等绿化工程；投资1.2亿元，实施集中供热改造提质工程，新增入网供热面积40万平方米；县城生活垃圾无害化处理率达到95%，污水处理率达到90%以上。平赞高速公路建设地面附着物登记统计评估、青苗赔偿、征地等前期任务完成；总长20千米15条农村公路改造工程完工。总投资7600万元，电网优化和千根站扩建工程完工投用。槐北渠修复、白草坪水源地保护等项目正在建设。修编《美丽乡村建设规划（2016～2020年）》，梁家湾、秦家庄、寺峪3个省级精品村建设完成。推行城乡垃圾一体化综合管理，首选46个重点村实现垃圾一体化处理。保护生态环境，植树造林10.7万亩，栽植苗木535万余株，零星四旁植树102万余株。空气优良天数达到136天，同比增加37天；重污染天数71天，同比减少1天。2016年赞皇县获批国家重点生态功能区，37个村命名为市级生态村。

【社会民生】 全年用于民生事业支出12.5亿元，占一般公共财政预算支出比例81.0%。承诺办理利民惠民实事15件，全部完成并达到预期效果。争取再就业资金1265万元，发放小额担保贷款1000万元，发放就业补贴1050万元；城镇新增就业2492人，下岗失业人员再就业572人；农村劳动力向非农产业转移2238人。城乡医疗保险实现“六统一”。贫困人口大病保险起付线下调50%，补偿比例提高10个百分点。新型农村合作医疗保险最高补偿额提高至50万元。城镇、农村最低生活保障标准每年分别提高1200元和600元，农村最低生活保障标准提高到每人每年3400元；发放最低生活保障、五保、优抚对象、高龄补贴等民政资金4600多万元。投入5014万元，实施薄弱学校校舍维修改造和设备购置，义务教育均衡发展通过国家督导评估，石家庄市“全程化、跟进式”目标教研活动在赞皇县召开，中考重点学校上线122人，高考本科上线287人。卫生计生机构职能合并，分级诊疗经验做法在石家庄市推广。省级食品药品安全县创建通过验收，食品药品安全工作位列河北省第四名。组织举办“微笑赞皇 梦想齐跑”千人健身路、赞皇县第二届全民运动会、优秀书画作品五县联展活动。6月2日，中国蜜蜂博物馆“河北馆”在赞皇县开馆；6月2～17日，赞皇县第五届“枣花·蜜·蜂”文化节举行。7月19～20日，赞皇县遭遇28个小时强降雨灾害，平均降雨量419.2毫米，最高降雨量721毫米，11个乡镇212个行政村14.1万人受灾，直接经济损失53.33亿元。率先在全省建立精准扶贫大数据平台，全年1.2万人稳定脱贫。

（焦慧冰　时素丽）

无　极　县

【概况】 无极县位于石家庄市东北部，地处滹沱河北岸，东及东南与深泽县、晋州市，西及西南与藁城区，北及西北与保定市、新乐市相邻，距离石家庄市主城区52千米。无极县民间艺术门类繁多，地方特色浓郁，“无极剪纸”“七汲全羊宴技艺”“无极饸饹制作技艺”“无极刘琨的传说”列入河北省非物质文化遗产保护名录，“无极吹歌”“无极泥模”列入石家庄市非物质文化遗产保护名录。总面积524平方千米，辖6个镇、5个乡，1个省级经济开发区，4个居委会、213个村委会，常住人口52.02万人。2016年无极县完成地区生产总值196.52亿元，同比增长6.7%。其中，第一产业增加值26.0亿元，增长1.1%；第二产业增加值105.94亿元，增长6.6%；第三产业增加值63.67亿元，增长9.5%。固定资产投资152.22亿元，同比增长16.2%。全部财政收入8.79亿元，同比增长4.3%，其中公共财政预算收入5.24亿元，增长10.3%；一般公共财政预算支出19.83亿元，同比增长12.4%。农林牧渔业总产值52.40亿元，同比增长1.2%。粮食播种面积4.85万公顷，总产量34.16万吨，平均亩产469.1千克。拥有规模以上工业企业115个。规模以上工业增加值92.61亿元，同比增长7.0%；规模以上工业利润33.1亿元，同比增长4.6%。社会消费品零售总额126.0亿元，同比增长11.5%。实际利用外资405万美元，同比增长15.7%。城镇居民人均可支配收入24886元，同比增长8.3%；农村居民人均可支配收入12922元，同比增长7.7%。金融机构存款余额173.90亿元，同比增长10.08%；金融机构贷款余额54.60亿元，同比增长27.94%。

中共无极县委书记：韩清榕
县人大常委会主任：袁建国
县　　　长：吕智临
县政协主席：杨成岱

【产业项目】 三次产业结构由2015年14.9∶53.7∶31.4调整为13.7∶53.9∶32.4。全年实施重点项目186项，总投资483.8亿元。其中，亿元以上项目57项，总投资443亿元；13个市级重点项目完成年度投资50.3亿元，占计划任务154%。城地人防、景森皮革等4个项目竣工。日本世联汽车内饰、卡森皮革、住建集团新型建筑材料、潘成机械制造园等产业项目签约落地。无极经济开发区修建园区道路8条，投融资平台组建成立，工作人员推行全员聘任制和薪酬制度改革。皮革业、涉水鞣制企业升级整合完毕，4家现代化企业入驻皮革园区集聚发展；进口皮张国家检验检测监管区建设收尾；皮革园区实现雨污分流、废水全部封闭收集和达标处理，并列入省级循环示范园区序列管理。引进房车、压力罐车、垃圾收集车等特色专用车种，新建专用车制造企业10家，其中8家取得生产资质。开发整体家居、原木实木高档门、木装修一体化等产品，引进高档门、防火门等项目。润成国际物流园投入运营，中国网库皮革产业电子商务基地项目签约落地，县供销社入选全国百强。至2016年末，无极县拥有国家级高新技术企业10家、省级科技型中小企业248家、科技小巨人企业3家。

【农业生产】 全年农林牧渔业总产值52.40亿元，同比增长1.2%。其中，农业产值24.31亿元，林业产值

1389万元，牧业产值25.82亿元，农林牧渔服务业产值2.12亿元。粮食播种面积4.85万公顷，总产量34.16万吨，平均亩产469.1千克。其中，小麦播种面积2.53万公顷，总产量18.48万吨，亩产486.6千克；玉米播种面积2.01万公顷，总产量14.96万吨，亩产495.0千克；谷子播种面积905公顷，总产量1396吨。豆类播种面积1033公顷，总产量969吨。油料（主要为花生）播种面积4649公顷，总产量1.72万吨。棉花播种面积361公顷，总产量240吨。蔬菜及食用菌播种面积1.17公顷，总产量88.78吨。瓜果（主要为西瓜）播种面积552公顷，总产量4.0万吨。果园面积1002公顷，其中，苹果园150公顷、梨园819公顷。水果总产量（不含果用瓜）1.83万吨，其中，苹果（主要为红富士）2604吨、梨1.52万吨（雪花梨1.05万吨、鸭梨4669吨）。至2016年底，牛、奶牛、驴、猪、羊、家禽（主要为鸡）存栏数分别达到8.63万头、2.38万头、4300头、22.56万头、10.79万只、852.11万只。肉、奶、蛋产量分别达到5.79万吨、6.23万吨、8.28万吨，其中，猪肉、牛肉、羊肉、驴肉、家禽肉产量分别达到2.89万吨、1.08万吨、2209吨、228吨、1.54万吨。累计建成市级以上标准养殖示范区28个，农业科技普及率达到91%。

【城乡建设】 城乡总体规划、控制性详细规划及5个专项规划、5个乡镇总体规划编制完成。投资4亿余元，新建扩建城区道路23条，城区与经济开发区实现快速互通，以产带城、以城促产、产城融合格局初步形成。投资5亿余元，改造提升城乡路网设施，新建滹沱河特大桥和京港澳高速连接线；公路通车里程达753千米。实施旧城改造，拆除危违陋建筑40多万平方米。加强城区管理，组织建设数字化城管平台；无害化垃圾处理厂、垃圾转运站建设完工；城区环卫采用市场化运作方式，主要街道实现机械化清扫，80%以上垃圾做到封闭式收集和运输。园林绿化投资3亿元，实施木刀沟生态公园、无极公园、儿童公园、希望公园、民俗公园、滹沱河桥头公园等10个公园建设，县城出入口、街道重要节点等全部绿化，高标准打造定魏线迎宾景观大道、示范样板街、绿道绿廊等特色绿化景观带，新增城区绿地89.4万平方米。推进美丽乡村建设，96个省级重点村、34个市级片区村建设和213个行政村“三清一拆”任务完成，农村卫生保洁长效机制实现全覆盖。保护生态环境。实施节能减排工程项目29项，其中，综合污水处理厂和皮革污水处理厂扩能改造、磁河故道雨污分流、城北污水处理厂退水管网工程完工；废水处理实现县内循环、不再外排。滹沱河湿地项目建设启动。升级改造5家集中供热公司污染处理设施；240家皮革企业VOC改造完工；城区分散取暖居民煤改气实现全覆盖；淘汰燃煤锅炉391台、黄标车4311辆，削减燃煤34.2万吨，推广节能炉具2851台。2016年无极县新增绿化面积520公顷。森林覆盖率达到18%，同比提升0.8个百分点。空气优良天数达到157天，同比增加50天。

【社会民生】 城乡居民和机关事业单位养老保险、城乡医疗保险合并，城乡居民养老、失业、医疗保险基本实现全覆盖。新建配建公共保障房801套。南水北调输水管网和2个地表水厂建设完工。新建扩建联村水厂12座，农村饮水安全达到全覆盖。投资4.3亿元，实施中小学和幼儿园改扩建工程；无极中学新校区建设收尾，实验初中、县直第二幼儿园、新特教学校、青少年活动中心投入使用；国家义务教育基本均衡评估验收通过。实施文化惠民工程，组织建设开放式篮球场、小型足球场等健身场所；甄氏墓群列入国家重点文物保护单位，14项传统文化列入省市非物质文化遗产保护名录。县级医院综合改革启动，县乡村三级医疗机构实现基本药物网上采购和零差率销售；乡镇卫生院标准化改造完工，标准化村卫生室实现全覆盖。

（无极县）

平山县

【概况】 平山县位于石家庄市西北部，地处太行山中段东麓，地势自东向西北逐渐增高，海拔最低点东水碾村120米，最高点驼梁2281米，素有“八山一水一分田”之称，东北与灵寿县，东南与鹿泉区，南与井陉县，西与山西省相邻，距离石家庄市主城区30千米，是中国革命圣地——西柏坡所在县，也是国家扶贫开发工作重点县和河北省首批扩权县。总面积2648平方千米，辖12个镇、11个乡，1个省级经济开发区，7个居委会、717个村委会，常住人口44.89万人。2016年平山县完成地区生产总值208.51亿元，同比增长6.8%。其中，第一产业增加值18.25亿元，增长0.9%；第二产业增加值120.81亿元，增长5.8%；第三产业增加值69.45亿元，增长10.4%。固定资产投资242.65亿元，同比增长13.5%。全部财政收入21.72亿元，同比增长8.1%，其中公共财政预算收入10.78亿元，增长15.1%；一般公共财政预算支出26.30亿元，同比下降1.7%。农林牧渔业总产值36.40亿元，同比增长2.2%。粮食播种面积3.60万公顷，总产量20.06万吨，平均亩产371.5千克。拥有规模以上工业企业24个。规模以上工业增加值105.97亿元，同比增长6.1%；规模以上工业利润23.1亿元，同比增长18.7%。社会消费品零售总额60.22亿元，同比增长10.9%。实际利用外资431万美元，同比增长39.5%。城镇居民人均可支配收入26087元，同比增长7.7%；农村居民人均可支配收入7270元，同比增长9.9%。金融机构存款余额206.51亿元，同比增长15.93%；金融机构贷款余额98.95亿元，同比增长10.31%。

中共平山县委书记：
李旭阳（兼西柏坡管理局党工委书记）
县人大常委会主任：
张大平（1月免）
李海明（1月任）
县　　长：
董晓航（兼西柏坡管理局局长）
县政协主席：封明明

【产业项目】 三次产业结构由2015年10.0∶57.0∶33.0调整为8.8∶57.9∶33.3。争取省市重点项目53个，年度完成投资254.6亿元。实施工业技改项目35个，年度完成投资65.6亿元。培育科技型中小企业197家、高新技术企业5家。中联光纤光缆、天山现代装备制造等工业转型项目签约落地；宏润太阳能等8个光伏电站并网发电。推进敬业集团钢铁精深加工产业园建设，3D打印、汽车改装、法兰制造等项目建成投产，敬业钢构“新三板”挂牌上市。投资100多亿元，建设包括荣盛岗南风情小镇等30个文化旅游项目；沕沕水空中画廊、白鹿红崖谷、李家庄乡村民俗等新景点对外开放。全年接待游客1158万人次，旅游业实现总收入81亿元。2016年平山县获评“中国最美文化生态旅游名县”“全国休闲农业与乡村旅游示范县”和国家首批“全域旅游示范区”创建单位。

【农业生产】 全年农林牧渔业总产值36.40亿元，同比增长2.2%。其中，农业产值17.54亿元（中药材产值5544万元），林业产值4.96亿元，牧业产值9.97亿元，渔业产值1.57亿元，农林牧渔服务业产值2.36亿元。粮食播种面积3.60万公顷，总产量20.06万吨，平均亩产371.5千克。其中，小麦播种面积1.57万公顷，总产量10.11万吨，亩产430.6千克；玉米播种面积1.64万公顷，总产量9.33万吨，亩产374.9千克。豆类播种面积686公顷，总产量1016吨。油料播种面积4142公顷，总产量9892吨，其中花生播种面积3289公顷，总产量7779吨。棉花播种面积668公顷，总产量618吨。蔬菜及食用菌播种面积6397公顷，总产量31.60万吨。瓜果播种面积502公顷，总产量1.36万吨，其中西瓜播种面积372公顷，总产量9645吨。果园面积9652公顷，其中，苹果园2230公顷、梨园220公顷、桃园496公顷。水果总产量（不含果用瓜）6.04万吨，其中，苹果1.95万吨（红富士1.64万吨）、梨4280吨（雪花梨1400吨、鸭梨2844吨）、桃6300吨、红枣6200吨。核桃总产量1.2万吨。至2016年底，牛、奶牛、猪、羊、家禽、鸡、兔存栏数分别达到2.47万头、3100头、15.22万头、7.53万只、181.40万只、170.02万只、3.50万只。肉、奶、蜂蜜、蛋产量分别达到2.29万吨、1.10万吨、1100吨、1.58万吨，其中，猪肉、牛肉、羊肉、家禽肉、兔肉产量分别达到1.66万吨、2080吨、1445吨、2174吨、538吨。水产品养殖面积8850公顷，总产量1.26万吨。培育农业产业龙头企业34家，其中省级龙头企业5家；建成葫芦峪、泓润等规模化农业园区25家，泓润生态园入列省级现代农业园区，23个乡镇实现农业园区全覆盖。

【城乡建设】 打造高速连接线、冶河湿地公园等亮点工程。康乐街南延、中山路西延等交通路网工程完工。引进桑德集团参与县城环卫治理。至2016年末，县城建成区面积达到14.5平方千米，城镇化率达到35.65%；城区集中供热率达到93.3%，集中供水率达到95%；建成综合性公园3个、街头游园7个；城区绿地率达到35.9%，人均公园面积8.7平方米，平山县城获评省级园林县城。建设美丽乡村201个、省级精品示范村25个，岗南镇李家庄村、西柏坡镇梁家沟村入选“全国美丽宜居村庄示范”村。保护生态环境，落实“压煤、抑尘、控车、减排、增绿”措施，压减水泥产能1000万吨、钢铁产能252万吨，削减燃煤210万吨，淘汰黄标车8273辆。造林绿化面积31.7万亩，森林覆盖率达到53.9%。空气优良天数达到143天，同比增加32天；PM2.5平均浓度同比下降7%。加大饮用水源地保护力度，取缔库区非法采砂行为，全部拆除水库周边违章建筑22座；境内主要河流水质全部达标，岗南水库主要水质指标稳定保持在国家Ⅱ类水质标准以上。

【社会民生】 全年用于民生支出占一般公共财政预算支出比例达到70%。改造公共保障住房和棚户区住房1941套。建成农村互助幸福院348所。新型农村合作医疗保险参合率达到96%以上。申请国家专利114项，引进科技成果125项。拥有上市企业4家。高中学生课本费和学费全部免除，新建平山二中、北冶中学、温塘中学等标准化学校，王子、东庄等118所学校改扩建工程完工。乡镇综合文化站、村农家书屋实现全覆盖，有线电视实现“乡乡通”，大型文献纪录片《平山记忆》在中央电视台播出，河北梆子现代戏《白毛女》《子弟兵的母亲》参加全国巡演。平山县获得“全国农民体育健身工程建设先进县”及国家双拥模范县“四连冠”、省级双拥模范县“七连冠”称号。县医院搬迁、中医院改建完成，建成标准化卫生院23个、标准化卫生室637所，县妇幼保健院、县中医院获评二级甲等医院。落实精准扶贫政策，整合资金7.7亿元，推行美丽乡村＋扶贫、旅游＋扶贫等模式，培育农村扶贫龙头企业34家，建成规模化农业园区25家，发展旅游专业村30个，特色产业种植面积达到21.5万亩。至2016年末，平山县贫困村道路硬化、卫生室、文化活动中心、饮水安全工程、危房改造实现全覆盖。260个贫困村做到村村有项目、户户有产业，164个贫困村40852名贫困人口达到国家退出标准，脱贫群众人均收入达到4760元。

（卢艳丽　杨林书　韩晓敏）

元　氏　县

【概况】 元氏县位于石家庄市南部，西倚太行山，东临华北平原，境内自西向东山区、丘陵、平原梯次分布，东与栾城区、赵县，西与井陉县，南与高邑县、赞皇县，北与鹿泉区相邻，距离石家庄市主城区30千米。京港澳高速、107国道、京赞公路、石邢公路纵贯南北，青银高速、赵赞公路、井元公路横贯东西。2010年联合国地名专家组命名元氏为“千年古县”。总面积676平方千米，辖8个镇、7个乡，1个省级经济开发区，4个居委会、208个村委会，常住人口43.41万人。2016年元氏县完成地区生产总值200.16亿元，同比增长6.9%。其中，第一产业增加值25.65亿元，增长2.4%；第二产业增加值107.10亿元，增长5.5%；第三产业增加值67.41亿元，增长11.0%。固定资产投资240.08亿元，同比增长15.0%。全部财政收入12.99亿元，同比增长19.1%，其中公共财政预算收入6.66亿元，增长1.7%；一般公共财政预算支出18.84亿元，同比增长10.5%。农林牧渔业总产值45.27亿元，同比增长2.3%。粮食播种面积5.26万公顷，总产量32.98万吨，平均亩产417.6千克。拥有规模以上工业企业78个。规模以上工业增加值86.69亿元，同比增长5.7%；规模以上工业利润36.8亿元，同比增长4.1%。社会消费品零售总额56.70亿元，同比增长10.7%。实际利用外资37万美元。城镇居民人均可支配收入24168元，同比增长8.3%；农村居民人均可支配收入12590元，同比增长8.5%。金融机构存款余额169.55亿元，同比增长17.15%；金融机构贷款余额74.45亿元，同比增长18.83%。

中共元氏县委书记：

陈联记（12月免）

郑巍　（12月任）
县人大常委会主任：柳国芹
县　　长：许尽晖（女）
县政协主席：吴晓云（女）

【产业项目】　三次产业结构由2015年14.0∶52.7∶33.3调整为12.8∶53.5∶33.7。全年实施省市重点项目14个，其中，计划竣工项目6个，新开工项目5个，前期项目3个；总投资234亿元，年度计划投资49.2亿元，年度完成投资66亿元，占年度计划投资134.1%。6个计划竣工项目全部竣工，分别为投资21亿元河北威达减速机、投资5.6亿元一通过滤器、投资3.28亿元鑫宏升化工、投资5.7亿元斯玛特车载气瓶、投资51.8亿元天山恒基商贸综合体、投资5.1亿元东明家具项目。5个新开工项目全部开建。3个前期项目中，总投资30.2亿元中新房新型住宅产业化项目正在土地收储。拥有纳税超百万元企业81家，上缴税金9.49亿元。认定科技型中小企业401家、科技小巨人企业9家。元氏经济开发区晋升河北省4A级园区。入园企业110家，主营业务收入392.3亿元，财政收入9.37亿元。园区内投资1.62亿元220千伏元北输变电、投资240万元槐东区10千伏电力线路、投资2700万元城南工业区及经济开发区南区集中供水主管道、投资2000万元城南工业区燃气管网等工程竣工并投入使用。推进商贸服务业发展，投资2亿元信誉楼项目建成投用，聚元商城二期项目正在建设。投资160万元建设县级电子商务公共服务中心、物流配送中心及208个农村电子商务服务站建成投入运营，农村电子商务实现全覆盖。元氏封龙产业园规划编制完成，重点招商引资现代物流、特色旅游、休闲体育、农产品深加工等产业项目，其中投资150亿元京南硅谷生态新城项目入驻。投资860万元，建设封龙山景区旅游路、步游路、停车场等基础设施工程开工；总投资5亿元，实施白石山、青龙山、无极山等景区开发及南紫沟农家乐综合改造、龙华山庄和元丰庄园提档升级等项目启动。“元氏县观古院赏美食”旅游线路获评河北省十佳精品线路。

【农业生产】　全年农林牧渔业总产值45.27亿元，同比增长2.3%。其中，农业产值21.36亿元，林业产值1.16亿元，牧业产值20.08亿元，农林牧渔服务业产值2.65亿元。粮食播种面积5.26万公顷，总产量32.98万吨，平均亩产417.6千克。其中，小麦播种面积2.63万公顷，总产量17.09万吨，亩产433.9千克；玉米播种面积2.24万公顷，总产量14.53万吨，亩产432.4千克；谷子播种面积1011公顷，总产量1845吨。豆类播种面积1021公顷，总产量1592吨，其中大豆播种面积876公顷，总产量1362吨。油料播种面积2843公顷，总产量7670吨，其中花生播种面积2410公顷，总产量6844吨。棉花播种面积540公顷，总产量521吨。蔬菜及食用菌播种面积7109公顷，总产量50.57万吨。瓜果播种面积827公顷，总产量3.69万吨，其中西瓜播种面积607公顷，总产量3.04万吨。果园面积5950公顷，其中，苹果园203公顷、梨园180公顷、桃园12公顷。水果总产量（不含果用瓜）1.62万吨，其中，苹果2035吨、梨1530吨、桃225吨、红枣5000吨。核桃总产量7500吨。至2016年底，牛、奶牛、猪、羊、家禽（主要为鸡）、兔存栏数分别达到4.55万头、1.35万头、19.03万头、12.60万只、640.88万只、23.01万只。肉、奶、蜂蜜、蛋产量分别达到4.59万吨、4.28万吨、175吨、5.73万吨，其中，猪肉、牛肉、羊肉、家禽肉、驴肉、兔肉产量分别达到2.35万吨、8155吨、2613吨、1.08万吨、280吨、539吨。设施蔬菜种植面积5.54万亩，百亩以上设施蔬菜园区达到9个。石榴、核桃等特色林果种植面积达到22.9万亩。发放农机具购置补贴850万元、农机深松项目补贴450万元，发放粮食直补及水库移民、退耕还林补助惠农资金6135万元。元氏农业科技园区获认省级农业科技园区，“丘陵区甘薯产业化技术集成与示范”通过国家科技富民强县项目验收。

【城乡建设】　《元氏县城南、北片区控制性详细规划》编修完成，城区控制性详细规划实现全覆盖。恒山大街北段拓宽、人民路西延、思源路建设、昌盛街雨污管网二期、集中供暖改造二期、南北桥综合整治工程顺利推进；投资600万元，建设县城迎宾路一期工程启动；投资1.2亿元水厂通城区供水管网铺设完毕，具备通水条件。元氏县城获批省级卫生县城。石邢公路青银高速跨线桥工程建成通车；平赞高速征地拆迁完成。投资6620万元，实施107国道、石邢公路沿线84个村庄农村电网升级改造工程建成投用。20个省级美丽乡村重点村建设规划编制完毕；以“一清一拆一利用”为重点，组织208个村清理垃圾杂物10万余立方米，拆除残垣断壁、破旧房屋62万余平方米。保护生态建设，落实“压煤、抑尘、控车、迁企、减排、增绿”措施，停产限产企业168家，关停露天矿山、河道采砂场、建材企业42家，停工停产建筑工地24家、水泥搅拌站14家；推广节能炉具3370台，改用型煤1.45万吨，实施煤改气1708户，淘汰、改造10蒸吨以下燃煤锅炉（设施）142台。投资447万元，建成大气污染监测平台。空气优良天数达到151天，同比增加52天。加强水环境综合整治，投资493万元，建设企业排污智能监控系统投用；投资5576万元，实施地下水超采综合治理、河道综合治理、抗旱引调提水、小流域综合治理项目；查处违法排污、超标排污、恶意排污等问题，责令停产涉水企业8家，给予行政处罚3家，市政排污口水质稳定达标。投资350万元，建设槐河生态湿地项目招标完毕，具备开工条件。太行山绿化造林8.03万亩。

【社会民生】 发放城乡最低生活保障、农村五保、医疗救助、临时救助等资金2693万元。新型农村合作医疗保险、城镇居民医疗保险合并，城乡医保参保人数39.7万人，补偿121.2万人次、2.17亿元。危房改造976户，棚户区改造100套。总投资1508万元，实施槐阳实验学校、槐阳中心小学、新城实验学校改扩建项目正在办理建设手续。常山路小学项目开工，总投资2800万元。特教学校餐厅、三中教学楼、北程学校教学楼等教学设施项目竣工投用。国家义务教育均衡发展评估验收通过。投资1300万元，建设无极山滑雪场项目收尾；组织举办第二届中孚杯国际象棋国际公开赛、京津冀铁人三项赛、铁过门自行车爬坡赛等赛事活动，吸引国内外选手1000多名。县中医院迁建项目建成投用，总投资1.63亿元。

（元氏县）

赵　县

【概况】 赵县位于石家庄市东南部，东与晋州市，西与元氏县、高邑县，南与邢台市，北与藁城区、栾城区相邻，距离石家庄市主城区40千米。赵县古称赵州，2005年被联合国地名专家组中国分部命名为“千年古县”。境内拥有赵州桥、柏林禅寺、陀罗尼经幢等众多历史遗迹。其中，赵州桥有1400多年历史，是世界桥梁的鼻祖，被誉为天下第一桥；柏林禅寺有1700多年历史，始建于东汉末年，是中国禅宗史上重要祖庭，史称“畿内名刹”“古佛道场”，内设河北省佛学院、河北省禅学研究所；陀罗尼经幢坐落县城中央，被誉为“华夏第一塔”。赵县是国家林业局命名中国雪花梨之乡、全国经济林示范县、中国优质梨果生产基地重点县，也是国家农业部命名优质小麦生产基地县、全国粮食生产先进县。总面积675平方千米，辖7个镇、4个乡，1个省级经济开发区，9个居委会、281个村委会，常住人口59.11万人。2016年赵县完成地区生产总值212.73亿元，同比增长6.0%。其中，第一产业增加值33.71亿元，增长0.4%；第二产业增加值123.32亿元，增长5.6%；第三产业增加值55.71亿元，增长10.9%。固定资产投资完成185.28亿元，同比增长17.5%。全部财政收入8.10亿元，同比增长10.0%，其中公共财政预算收入5.20亿元，增长11.1%；一般公共财政预算支出21.83亿元，同比增长2.0%。农林牧渔业总产值59.80亿元，同比增长0.8%。粮食播种面积7.05万公顷，总产量56.33万吨，平均亩产533.0千克，总产量、亩产均位列石家庄市第一名。拥有规模以上工业企业112个。规模以上工业增加值111.51亿元，同比增长5.5%；规模以上工业利润43.1亿元，同比增长7.5%。社会消费品零售总额122.0亿元，同比增长10.4%。实际利用外资502万美元，同比下降8.7%。城镇居民人均可支配收入26087元，同比增长8.0%；农村居民人均可支配收入13143元，同比增长7.9%。金融机构存款余额146.93亿元，同比增长8.87%；金融机构贷款余额67.37亿元，同比增长19.33%。

中共赵县县委书记：
　王建海（12月免）
　张敏周（12月任）
县人大常委会主任：黄云锁
县　　长：张敏周（12月免）
　　　　　高楠　（12月任）

县政协主席：张清华

【产业项目】 三次产业结构由2015年17.1∶58.4∶24.5调整为15.8∶58.0∶26.2。实施规模以上工业建设项目114个，总投资284亿元，其中16个项目列入石家庄市"三个一百"重点项目建设序列，总投资139.4亿元。正兴药用玻璃、安健成益等26个项目竣工投产或部分投产；华药生物发酵基地、天山创科智造产业园等45个项目开工。拥有规模以上高新技术企业19家，4家企业入选2016年石家庄市百强企业。赵县经济开发区投融资平台建立运行，《赵县生物产业园产业布局规划（2015～2030）》编制完毕。市场主体注册2.4万家，投资1.6亿元赵州商贸城一期建成投用，新合作广场、金地商业广场正在建设。电子商务快速发展，建立电子商务运营店1800多家、京东商城农村服务站85家；2016年赵县获评"河北省电子商务进农村综合示范县"。

【农业生产】 全年农林牧渔业总产值59.80亿元，同比增长0.8%。其中，农业产值37.89亿元，林业产值7293万元，牧业产值18.33亿元，农林牧渔服务业产值2.85亿元。粮食播种面积7.05万公顷，总产量56.33万吨，平均亩产533.0千克，总产量、亩产均位列石家庄市第一名。其中，小麦播种面积3.80万公顷，总产量28.96万吨，亩产507.9千克，总产量位列石家庄市第一名，亩产与藁城区并列全市第一；玉米播种面积3.22万公顷，总产量27.25万吨，亩产564.1千克，总产量、亩产均位列石家庄市第一名。油料播种面积（主要为花生）880公顷，总产量4010吨。蔬菜及食用菌播种面积1.09万公顷，总产量85.79万吨。瓜果（主要为西瓜）播种面积1075公顷，总产量6.61万吨。果园面积（主要为梨园）1.67万公顷。水果总产量（不含果用瓜）62.0万吨，其中，雪花梨34.25万吨、鸭梨8.25万吨。至2016年底，牛、奶牛、驴、猪、羊、家禽、鸡、兔存栏数分别达到1.52万头、8000头、800头、21.90万头、4.98万只、499.50万只、477.50万只、7.0万只。肉、奶、蜂蜜、蛋产量分别达到4.43万吨、3.75万吨、150吨、5.62万吨，其中，猪肉、牛肉、羊肉、家禽肉、驴肉、兔肉产量分别达到3.20万吨、2340吨、1035吨、8481吨、225吨、162吨。农村土地确权登记65万亩，农村集体建设用地、宅基地确权登记、农村集体经济股份制改造试点顺利推进。建成农业生态园22个、家庭农场174个，旭海庄园获评省级现代农业园区，赵县获评"全国首批基本实现主要农作物生产全程机械化示范县"。梨果种植区命名为"国家级出口食品农产品质量安全示范区"，并全部通过河北省林业厅无公害果品产地环境认定；赵州雪花梨认定为"国家地理标志保护产品""2016年全国名优果品区域公用品牌"；梨果种植无公害标准化基地达到16.5万亩，标准化基地覆盖率66.8%；新增备案梨果出口加工厂4家，新申报备案基地果园11个；梨果出口额超1000万美元。

【城乡建设】 《赵县总体城市设计方案》《赵县中心城区控制性详细规划》编制完成，《赵州桥—柏林禅寺省级风景名胜区总体规划》正在修编完善。总投资1.66亿元果王线拓宽改造、柏林大街北延、西外环支线、工业一街南延等道路建设顺利推进，投资1亿元垃圾填埋场设备安装完工，投资1.5亿元清源污水处理厂升级改造正在实施。锦绣华城、名门华府等棚户区改造初具规模，柏林禅寺片区改造一期项目拆迁完毕。实施澄波公园、朝阳公园建设，维护升级永通桥公园、安济广场等公园绿地及工业一街、308国道等道路绿化。赵州桥景区获评河北十佳"最美历史文化遗存"和"美丽旅游景区"，赵州桥景区森林公园二期建设完工，景区陈列室、水网管道等设施升级改造工程正在施工。开展县城环境容貌综合整治，突出广告牌匾、经营秩序、交通秩序治理，实施城区夜景亮化工程；数字化城管平台建成试运行。南柏舍镇入选全国重点镇、全省重点培育100个特色小城镇。西正村命名省级美丽乡村；205个村推行农村环卫保洁PPP运营模式。保护生态环境，落实"压煤、减排、抑尘、控车、增绿"措施，开展利剑斩污、秸秆禁烧、储煤场集中整治、散煤压减替代、燃煤锅炉以大代小等整治行动；加强水污染治理，突出洨河、汪洋沟"一河一沟"污染防治，建立涉水企业"一厂一档"管理档案，洨河、汪洋沟水质稳定达标排放；实施京港澳高速、果王线等国省干道绿化工程及洨河、沙河河堤绿化和美丽乡村省级重点村绿化，森林覆盖率达到29.7%。

【社会民生】 城乡医疗保险合并。

发放80周岁以上老年人补贴438.5万元。“赵县双创孵化基地”建成投用，赵县人力资源和社会保障局获评“全国人力资源和社会保障系统2014～2016年度优质服务窗口”。认定科技型中小企业221家、科技小巨人企业7家，建成省市级企业技术中心6家，兴柏药业设立赵县首家院士工作站，阿维菌素微生物高效合成项目获得2016年度国家科技进步奖。改善教育办学条件，投资7888万元，实施全县中小学新建教学楼、旧楼加固等工程，天洲希望小学建成投用。开展医药卫生体制改革，赵县列入石家庄市深化县级公立医院综合改革示范县，县妇幼保健楼和儿童成长中心主体完工，县医院整体搬迁、投资仁济医院整体搬迁顺利推进。农村4785名贫困人口落实帮扶措施和机制，农村社区建设确定为河北省示范县。

（屈海平）

晋州市

【概况】 晋州市位于石家庄市正东部，东及东北与辛集市、深泽县，西及西北与藁城区、无极县，南及西南与宁晋县、赵县相邻，距离石家庄市主城区45千米。晋州市是唐朝丞相魏征的故乡，也是中国鸭梨之乡，所辖周家庄乡是中国唯一实行乡级集体核算管理体制乡镇。1991年经国务院批准撤县设市。总面积619平方千米，辖9个镇、1个乡，1个省级经济开发区，10个居委会、224个行政村，常住人口55.40万人。2016年晋州市完成地区生产总值300.47亿元，同比增长6.7%。其中，第一产业增加值29.07亿元，增长2.0%；第二产业增加值171.54亿元，增长5.5%；第三产业增加值99.86亿元，增长10.6%。固定资产投资310.45亿元，同比增长14.9%。全部财政收入11.51亿元，同比增长13.3%，其中公共财政预算收入8.01亿元，增长3.4%；一般公共财政预算支出22.63亿元，同比增长6.2%。农林牧渔业总产值53.45亿元，同比增长2.3%。粮食播种面积5.14万公顷，总产量35.27万吨，平均亩产457.3千克。拥有规模以上工业企业269个。规模以上工业增加值154.61亿元，同比增长5.7%；规模以上工业利润62.0亿元，同比下降9.3%。社会消费品零售总额124.56亿元，同比增长10.9%。实际利用外资3200万美元，同比下降2.4%。城镇居民人均可支配收入为28817元，同比增长8.2%；农村居民人均可支配收入16264元，同比增长8.1%。金融机构存款余额235.50亿元，同比增长15.14%；金融机构贷款余额105.10亿元，同比增长14.37%。

中共晋州市委书记：陈慧明
市人大常委会主任：马玉社
市　　　长：张佐英（12月免）
　　　　　　袁永福（12月任）
市政协主席：崔贞军

【产业项目】 三次产业结构由2015年12.3∶55.6∶32.1调整为9.7∶57.1∶33.2。全年实施亿元以上项目56项，总投资252.48亿元。其中，在建项目34项，总投资192.77亿元；计划开工项目8项，总投资27.06亿元；前期项目14项，总投资32.65亿元。年度完成投资80亿元，年内竣工项目13项。列入石家庄市“三个一百”重点项目18项，其中，计划开工项目5项、计划竣工项目5项、前期项目8项，总投资148.3亿元，年度完成投资62.3亿元。首安消防翰宁电气项目、诚志股份高分子项目一期竣工，广东海大集团与河北科技大学合作科大绿源项目、国家级孵化器企业启迪之星（晋州）加速基地项目正在办理前期手续，冠辰环保板材及一体式房屋等项目开工。工业实施500万元以上技改项目68项，年度完成技改投资99亿元。认定国家级高新技术企业8家。博伦特药业、首安工业消防设备、冀融清洁能源公司列入“两化融合”（工业化、信息化）重点企业。纺织业引进晟科、佰斯特等重点项目，新大东采用国际一流织染设备及技术，沈兴线缆研发新型环保硅胶电缆申报实用新型专利，装饰建材企业推行新型电能碳纤维烘干及粉尘回收技术。商贸服务业。制定服务业发展三年行动计划，打造省会东部区域性商贸中心、物流中心、休闲旅游目的地。雷蒙得汽车城二期、东翼市场二期建设及新华街集贸市场搬迁工程完工。新增外贸进出口企业158家，累计达到398家；晋州市获命纺织服装出口基地、果品外贸转型示范基地。规划建设电子商务产业园，培育电子商务示范企业22家，发展电子商务网店246家；与河北365集团合作建立农村电子商务城乡一体化服务体系，224个行政村实现服务网点全覆盖；电子商务交易额6000万元。招商引资。修订完善《晋州市赴外招商工作管理制度》《晋州市赴外招商经费管理办法》，组织企业参加香港、廊坊、厦门、石家庄投资洽谈会，与启迪之星（北京）科技企业孵化器有限公司、北京新冶高科技集团有限公司、北京精诚同创科技公司等企业对接洽谈。招商落地开工项目3项，在谈项目14项，引进省外资金69.5亿元，引进省外技术67项，引进省外人才940人。晋州经济开发区、晋州朝阳经济开发区合并，实行“一区两园”管理，整合后名称改为河北晋州经济开发区。周家庄特色旅游和魏征文化吸引力增强，年接待游客31.5万人次。至2016年末，晋州市共有国有工业企业1家，资产1.4亿元，总产值0.36亿元；集体工业企业1家，资产4003万元，总产值9098万元；有限责任公司20家，资产29.87亿元，总产值43.1亿元；股份有限公司1家，资产1.96亿元，总产值1.7亿元；私营企业234家，资产314.2亿元，总产值558.7亿元；港澳台商投资企业1家，资产6585万元，总产值5400万元；外商投资企业4家，资产7.2亿元，总产值8.4亿元。

【农业生产】 全年农林牧渔业总产值53.45亿元，同比增长2.3%。其中，农业产值28.81亿元，林业产值7127万元，牧业产值21.41亿元，农林牧渔服务业产值2.51亿元。粮食播种面积5.14万公顷，总产量35.27万吨，平均亩产457.3千克。其中，小麦播种面积2.50万公顷，总产量18.11万吨，亩产482.4千克；玉米播种面积2.15万公顷，总产量15.90万吨，亩产493.1千克；谷子播种面积1841公顷，总产量5545吨。豆类播种面积（主要为大豆）2384公顷，总产量3865吨。油料播种面积2846公顷，总产量9180吨，其中花生播种面积2640公顷，总产量8504吨。蔬菜及食用菌播种面积7164公顷，总产量55.72万吨；无公害蔬菜种植面积920公顷，总产量16.0万吨。果园面积1.61万公顷，其中，苹果园545公顷、梨园1.21万公顷、桃园589公顷、葡萄园2873公顷。水果总产量（不含果用瓜）75.24万吨，其中，苹果2.0万吨（红富士1.4万吨）、梨61.42万吨（雪花梨2.48万吨、鸭梨33.96万吨）、桃3.0万吨、葡萄8.80万吨。至2016年底，牛、奶牛、猪、羊、家禽、鸡、兔存栏数分别达到1.33万头、6600头、27.16万头、8.73万只、758.50万只、758.20万只、9.20万只。肉、奶、蛋产量分别达到5.40万吨、2.25万吨、7.82万吨，其中，猪肉、牛肉、羊肉、家禽肉、兔肉产量分别达到3.42万吨、2625吨、1909吨、1.46万吨、520吨。农业综合开发项目总投资3487万元，其中，高标准农田建设1663万元、农业产业化经营项目1824万元。发展粮食规模化种植，形成周家庄、晋州镇、槐树、小樵、东卓宿5个粮食生产示范产区。建成市级以上畜禽标准化示范场24家，其中，部级2家、省级4家、市级18家。省级种猪场1家。18家养殖企业获认河北省畜产品无公害产地认定。培育以周家庄农业观光园为龙头现代农业聚集区，建成集生产、销售、观光、采摘、示范等功能于一体农业现代园区19个（专业型园区11个、综合型园区8个），其中千亩以上园区13个；四杰农场、金农采摘庄园、佳邦果品专业合作社获命“省级观光采摘园”。至2016年末，晋州市拥有国家级农业产业化龙头企业2家、省级11家、石家庄市级25家，农业产业化经营总量达到60亿元，农业产业化经营率达到65.3%。

【城乡建设】 城市控制性详细规划、城市排水工程等专项规划编制完成。投资1.56亿元，实施晋州连接线绕城公路、马山线改建工程、31条村级公路建设完工；投资2300万元，建设长5610米仿唐街排水、光明街北延线、联防路排水工程竣工；投资350万元，实施城区20条小街巷路面硬化完成。第二污水处理厂竣工投用，城区污水处理率达到97%。投资1170万元，实施垃圾填埋库区二期工程完工，生活垃圾无害化处理率达到94.5%。新建集中供热管网5.5千米，集中供热面积达到150万平方米。建成公共保障性住房633套，分配588套。人口城镇化率41.5%。投资1067万元，实施新华街、朝阳路西延、工业路西段等6条道路绿化及3个街头绿化，新增绿化面积17万平方米，街道补栽苗木10万余株；2016年末，晋州市城区绿化覆盖面积492.01公顷，绿化覆盖率达到41.35%，绿地率达到35.36%，人均公园绿地面积11.42平方米。投资113万元，实施朝阳路西延、仿唐街、英才街东段亮化工程完工，安装路灯107套。美丽乡村建设总体规划和“一廊两带三镇”设计完毕，重点打造幸福公社、景观长廊及书画、温泉等特色小镇；5条交通主干线、54个村庄试点推行PPP垃圾处理模式；27个美丽乡村重点村绿化、安全饮水、“三清一拆”及电子商务服务工程完工，清理垃圾杂物59万立方米，清除残垣断壁和路障10667处，清理庭院60758余户，拆除违章建筑4642处，重点村庄绿化4万平方米；5个村通过省级美丽乡村验收。保护生态环境，落实“压煤、降尘、控车、迁企、减排、增绿”措施，推广农村高效清洁燃烧炉3万台，淘汰改造工业锅炉107台；关闭取缔污染镀锌企业148家、小化工厂58家；新购清洁能源公交车50辆。空气优良天数达到147天，同比增加81天；PM2.5平均浓度97微克/立方米，同比下降12.5%。推进滹沱河流域水环境综合整治，清理滹沱堤防两侧垃圾2.2万立方米；市政排水口水质达到一级A标准。零星四旁植树45万株，植树造林438公顷。

【社会民生】 全年用于民生支出17.37亿元，占一般公共财政预算支出76.8%。新增城镇就业3200人，下岗失业人员实现再就业680人；农村劳动力向非农转移5300人；城镇登记失业率控制在[illegible].8%以内。城镇最低生活保障标准达到每人每月500元，农村最低生活保障标准达到每人每年3400元；发放城镇最低生活保障240人、资金89.51万元，发放农村城镇最低生活保障11106人、资金2252万元。供养五保老人1004人，发放资金513.88万元。优抚对象5456人，发放抚恤补贴2251.1万元。养育孤儿163名，发放孤儿补助金151.2万元。捐有90周岁以上老人821人，发放高龄补贴46.56万元；照顾80周岁以上困难老人397人，发放困难补贴25.21万元。享受生活补贴残疾人4721人、护理补贴残疾人4234人，发放补贴670万元。救助1694人，发放救助资金331.81万元。企业养老保险参保26559人，机关事业单位养老保险参保4147人，城乡居民养老保险参保319714人；企业工伤保险参保27592人，机关事业单位工伤保险参保7255人；城镇职工基本医疗保险参保25501人，城镇居民医疗保险参保34728人；新型农村合作医疗保险参保436062人，参合率99%。认定科技型小巨人企业10家、科技型中小企业286家，拥有中国驰名商标5个、省级以上著名商标和名优产品68件，晋州市获命省级商标战略实施示范县市。拥有幼儿园42所，在园幼儿12795名，学前三年入园率94%；小学81所、初级中学15所、九年一贯制学校3所，小学在校生39068人，初级中学在校生13372人；特殊教育学校1所，聋生、培智生55名，残疾少年儿童入学率95.7%；普通高中2所，在校生5830人；职业学校3所，在校生3072人。国家义务教育基本均衡评估验收通过。投资3765万元，建设实验中学宿舍楼、职业中等专业学校宿舍楼、8个“全面改薄”学校建设项目和第五幼儿园、管治幼儿园、古城寨幼儿园教学楼及其附属工程完工，竣工面积26763平方米。拥有各级各类医疗卫生机构283个，其中，综合医院3所、中医院1所，妇幼保健机构1所，疾病预防控制机构1所，卫生监督机构1所，门诊部3所，乡镇中心卫生院5所，乡镇卫生院5所，个体诊所39家，村级医疗机构223家，医疗机构设置床位1152张，卫生技术人员2504人。

（晋州市）

新　乐　市

【概况】 新乐市位于石家庄市东北部，地处太行山东麓，属太行山山前倾斜平原，东及北与定州市、曲阳县，南及东南与藁城区、无极县，西北及西南与行唐县、正定县相邻，境内有沙河、木刀沟2条季节性河流，京广铁路、107国道、京港澳高速公路纵贯南北，南距石家庄市主城区38千米、石家庄国际机场7千米。1992年10月撤县设市。相传人类始祖伏羲长于新乐，自古有“羲皇圣里”之称，新乐市区北2千米保存有国家级文物——伏羲台。新乐市拥有西瓜、花生、蔬菜、生猪、奶牛“三种两养”五大特色产业，“新乐西瓜”被列为国家地理标志产品。总面积525平方千米，辖8个镇、3个乡、1街道办事处，1个省级经济开发区，

10个居委会、160个行政村，常住人口51.33万人。2016年新乐市完成地区生产总值207.99亿元，同比增长6.6%。其中，第一产业增加值29.30亿元，增长1.0%；第二产业增加值113.74亿元，增长5.7%；第三产业增加值64.96亿元，增长10.9%。固定资产投资272.97亿元，同比增长16.9%。全部财政收入9.75亿元，同比增长18.0%，其中公共财政预算收入6.80亿元，增长10.1%；一般公共财政预算支出21.99亿元，同比增长20.8%。农林牧渔业总产值55.49亿元，同比增长1.5%；粮食播种面积4.33万公顷，总产量31.37万吨，平均亩产483.1千克。拥有规模以上工业企业173个。规模以上工业增加值100.51亿元，同比增长5.9%；规模以上工业利润41.5亿元，同比下降2.5%。社会消费品零售总额113.83亿元，同比增长11.6%。民营经济增加值162.74亿元，同比增长7.3%。实际利用外资7万美元，同比下降96.7%。城镇居民人均可支配收入24267元，同比增长8.2%；农村居民人均可支配收入14410元，同比增长8.0%。金融机构存款余额161.59亿元，同比增长15.11%；金融机构贷款余额73.68亿元，同比增长3.55%。

中共新乐市委书记：
凌青利（12月免）
李志勇（12月任）
市人大常委会主任：郝国杰
市　　长：李志勇（12月免）
郭建亭（12月代）
市政协主席：丁山林

【产业项目】 三次产业结构由2015年15.3∶54.6∶30.1调整为14.1∶54.7∶31.2。全年引进亿元以上重点项目68个，总投资463亿元。其中，河北三元奶制品、新东印刷等43个项目竣工投用，中元牧业、中农金瑞二期等20个项目正在建设，旭力生物质能源等5个项目建设手续办理完毕。河北三元奶制品项目总投资18亿元，创下历史投资规模最好水平。经济开发区编制总体规划及道路、雨水等专项规划。投资3.2亿元，实施机场路、空港大街等8条道路及天然气门站、LNG加气站、雨污管网、通信光缆铺设工程。2016年末入驻企业89家，主营业务收入达到270亿元。工业实施技改项目221项。高新技术产业企业达到18家，实现增加值10.2亿元。投资2.4亿元，实施电网升级改造工程，新建扩建110千伏、35千伏变电站6座，新建改造高低压线路1565千米。宜家旺金座广场、爱尚购物中心、新华广场、信誉楼竣工投用。河北银行、张家口银行设立分支机构。2月1日，阿里巴巴“农村淘宝”项目签约入驻新乐市；注册电子商务企业、网点320家，电子商务成交额达到16亿元。获批省级电子商务示范县。伏羲台通过国家3A级旅游景区和国家级文物保护单位验收。旅游业初步形成“邯郸西瓜采摘—河北三元食品—河北美术学院—伏羲台”特色旅游线路。

【农业生产】 全年农林牧渔业总产值55.49亿元，同比增长1.5%。其中，农业产值26.10亿元，林业产值2957万元，牧业产值26.13亿元，农林牧渔服务业产值2.96亿元。粮食播种面积4.33万公顷，总产量31.37万吨，平均亩产483.1千克。其中，小麦播种面积2.43万公顷，总产量17.42万吨，亩产477.2千克；玉米播种面积1.77万公顷，总产量13.45万吨，亩产507.5千克。油料播种面积（主要为花生）8002公顷，总产量3.72万吨。棉花播种面积156公顷，总产量145吨。蔬菜及食用菌播种面积8464公顷，总产量81.39万吨。瓜果播种面积4020公顷，总产量21.82万吨，其中西瓜播种面积2742公顷，总产量15.99万吨。果园面积1307公顷，其中，苹果园237公顷、梨园601公顷、桃园240公顷、葡萄园147公顷。水果总产量（不含果用瓜）3.05万吨，其中，苹果3750吨（红富士3375吨）、梨2.10万吨（雪花梨1.89万吨、鸭梨2100吨）、桃3850吨、葡萄1250吨。至2016年底，牛、奶牛、驴、猪、羊、家禽、鸡、兔存栏数分别达到3.26万头、2.99万头、1.22万头、34.50万头、2.10万只、897.10万只、879.20万只、53.20万只。肉、奶、蛋产量分别达到6.09万吨、9.98万吨、8.61万吨（鸡蛋7.94万吨），其中，猪肉、牛肉、羊肉、家禽肉、驴肉、兔肉产量分别达到3.93万吨、3456吨、356吨、1.43万吨、1747吨、893吨。粮食生产获评“国家粮食丰产工程项目县”“河北省产粮大县”荣誉。“新乐西瓜”获批国家地理标志认证。投资8100万元，实施12个乡镇73个村节水灌溉工程，累计建成农田节水灌溉面积13万亩。培育省市级示范家庭农场17个，农业产业化经营率达到60%。

【城乡建设】 编修《新乐市城乡总体规划（2013～2030）》《新乐市中

心城区控制性详细规划》。投资3亿余元，建成新华路地道桥，打通育才北街，南延建新街、北延鲜虞街、西延长寿路和新华路，维修改造商业路、郎基路、民生街、新兴路等25条城市街路，基本形成“一环六横八纵”城区路网格局。投资1.9亿元，建设第二污水处理厂和第三、第四地表水厂。实施25条街道地下雨污管网建设，污水管网总里程达到32千米，城区雨水管网实现雨污分流。投资2亿元，实施城市供热管网汽改水工程，铺设主管网21千米，集中供热面积达到240万平方米。投资2.6亿元，绿化提升伏羲公园等13处公园、游园和新华路与东环路交叉口等区域苗圃及南环路、东名街等主次干道、绿道绿廊；建成区园林绿化覆盖率达到36.6%，建成区绿地率达到32.1%，人均公园绿地面积达到9.6平方米；新乐市获评省级园林城市。投资1.2亿元，建成智慧城市信息化数据平台；推行“人工保洁、机械清扫、高压冲洗”三位一体环卫作业模式，生活垃圾袋装化覆盖率达到95%，机械化清扫率达到85%；农村生活垃圾市场化托管实行全覆盖。投资12亿元，实施京港澳高速连接线拓宽改建、107国道拓宽改造、无繁线大修等重点工程，长车线、长班线一期等7条县乡道路建设完工；公路通车总里程达到957千米。美丽乡村建设投资5.8亿元，实施改水、改厕、道路硬化、民居改造和“四清”工程，87个村达标验收，11个村获评省市级美丽乡村。保护生态环境，落实“压煤、抑尘、控车、迁企、减排、增绿”措施；削减工程煤炭31万吨，推广高效清洁燃烧炉具3万多台，拆除燃煤锅炉268台，淘汰黄标车8198辆；实施农村气化工程，8个村5202户煤改气、58台燃煤锅炉改造完工。投资1.2亿元，开展村庄绿化、两河绿化、高铁高速和国省干线公路沿线绿化及农田林网建设，栽植各类乔灌木240余万株，植树造林4.36万亩，森林覆盖率达到23.7%。

【社会民生】 全年发放就业补助资金6000万元，参加职业技能培训2.4万人次，城镇新增就业1.7万人次，城镇登记失业率控制在2.6%以内。在岗职工年平均工资51257元，同比增长8.4%。城乡居民养老保险参保率98.6%，城乡居民医疗保险实行整合，参保率达到95.6%，社会保障“一卡通”施行。建成院士工作站、省市级企业技术中心、工程实验室等科技创新平台8家，专利授权180件。新建新乐市实验学校、新乐市直第二幼儿园，109所学校、幼儿园改扩建及维修改造工程完工。投资7000多万元，解决61个村、29所学校、14.9万人饮水安全问题，安全饮水村实现全覆盖。新乐市医院病房楼项目启动，职工医院规模扩大，乡镇卫生院全部实施改造，万人床位数达到39.8张，新乐市获评全国中医药工作先进单位。开展创建全国文明城市活动，评选新乐市文明单位249个。新乐市获评第四届全国文明城市提名城市和省级文明城市。

（吴静）

人　物

Figures

全国第五届中华农业英才奖获得者

郭进考　河北省新乐市人，石家庄市农林科学研究院名誉院长。1951年11月出生，1978年12月入党，研究生文化。1999年郭进考被评为国家级中青年有突出贡献专家，2004年被评为全国农业科技推广先进个人，2005年被评为全国优秀科技工作者、全国先进工作者和全国杰出人才并记一等功，2008年获得何梁何利基金奖，2011年被评为河北省优秀共产党员、全国粮食生产突出贡献农业科技人员。郭进考长期在基层一线从事小麦遗传育种研究，带领团队创新小麦节水高产品种选育方法，育成小麦品种22个，主要有“冀麦26”“冀麦38”“石4185”“石家庄8号”“石麦15”等小麦品种；获得植物新品种权6项，品种应用面积3.8亿亩，增产小麦105亿千克，节水125亿立方米。获得国家科技进步二等奖3项、三等奖1项、技术发明二等奖1项，省长特别奖2项、省科技突出贡献奖1项和省部级一等奖6项。发表论文30多篇，出版著作1部，为水资源匮乏的华北地区小麦生产作出了贡献。2016年2月，国家农业部授予郭进考等10人全国第五届中华农业英才奖，他是河北省唯一获得该项荣誉的农业工作者。

中国最美女医师

2016年6月19日，由中国女医师协会、《瞭望中国》杂志社共同举办的首届“中国最美女医师”颁奖典礼在上海市举行。石家庄市第一医院医生乞国艳获评为20名“中国最美女医师”之一，这也是石家庄市唯一获此荣誉医师。

乞国艳　女，1965年5月4日出生，南宫市人，石家庄市第一医院肿瘤三科主任医师、河北省重症肌无力诊疗中心主任。1990年乞国艳大学毕业后不久，罹患重症肌无力顽疾，她坚强与病魔抗争，康复后全身心投入医疗工作，接待和诊治重症肌无力患者超过1万人，住院患者4000多人，网上免费义诊达3万人次，接治患者痊愈率达80%。乞国艳曾获得“中国医师奖”“全国医德楷模”“全国五一劳动奖章”等荣誉，入选2012年度石家庄市“感动省城人物”，被患者誉为“给力天使”。参见《石家庄年鉴2013》“人物”。

全国最美中学生

2017年2月，共青团中央、全国学联、中国青年报社共同授予石家庄市3名学生2016年度全国“最美中学生”称号。其中，市第四十一中学潘宰泉获评全国“最美中学生”标兵称号，市第九中学周佳慧、市第十一中学张晓燕获评全国“最美中学生”称号。

潘幸泉 女，市第四十一中学初二16班中队长兼宣传委员。该同学品学兼优、多才多艺、特长突出、热爱公益。出版有作品集《记忆的颜色》，在各级报纸杂志发表文章50余篇；手风琴、舞蹈、摄影、绘画均获得省市和国家级荣誉。潘幸泉热心公益活动，在老师支持下，每学期组织同学们到市少年儿童保护中心捐助慰问，组建成立“结对子二帮一”学习小组和“心理小组”，帮助同学共同进步。

周佳慧 女，市第九中学学生。母亲是精神病患者，家里还有患有癫痫病和智障的六姨需要照顾，小小年纪就承担起照顾家人的重任。周佳慧初中时一直是班级前三名，高中时成绩一直十分优异，名列前茅。她热爱集体，乐于助人，在周围同学中树立起一面道德示范和自立自强的旗帜。

张晓燕 女，市第十一中学高二年级四班班长。母亲患有脑膜炎、心脏病，张晓燕自立自强，发奋学习，在学校担任班长，各方面起到模范带头作用，深得同学的认可和老师的信任。

中国好人

2016年7月，中央精神文明建设指导委员会办公室（简称中央文明办）授予石家庄市“河北爱心救援队”助人为乐“中国好人”称号。

石家庄市河北爱心救援队 2016年7月19日，石家庄市开始普降暴雨。风雨中，河北爱心救援队的队员们不顾劳累和艰辛，开车行驶在大街小巷，参与各项车辆救援活动。对火、拖车、更换轮胎……凡是有需要救援的地方，都可看到队员们的身影，他们将温暖传递给每一个需要帮助的人。持续两天的大雨，河北爱心救援队没有停歇。只要收到信息，队员们就第一时间赶到现场。根据不完全统计，至2016年7月20日16时许，河北爱心救援队组织实施救援活动120余次。

2016年9月，中央文明办授予井陉县党员兄弟王双廷、王生廷助人为乐“中国好人”称号。

王双廷 王生廷 王双廷，1967年出生，井陉县小作镇南石门村党支部书记。王生廷，1969年出生，井陉县小作供电所职工。2016年“7·19”暴雨洪水到来时，王双廷和弟弟王生廷不顾个人安危，挨家挨户拍门拍窗通知村民转移，将198名村民从洪水中救出。当王生廷事后返回家中时，才发现妻子因为没有得到及时救援不幸身亡。灾难过后，王生廷简单料理妻子后事，便和哥哥一起投入到村庄恢复重建工作。王双廷日夜坚守在抗洪救灾现场，王生廷一个人恢复村庄内低压供电，哥俩连续工作多天，带领南石门村村民开展自救重建。

2016年11月，中央文明办授予石家庄市11路公交车救人群体见义勇为“中国好人”称号。

石家庄市11路公交车救人群体

刘山峰 1966年11月出生，市公共交通总公司3公司9路车队11路车长

邱静静 女，1982年6月出生，河北医科大学第二医院内分泌科护士

吴中定 1982年5月出生，北京金润方舟科技股份有限公司开发工程师

李文弟 1971年6月出生，新华区中国电子科技集团第十三研究所宿舍居民

2016年6月5日9时20分许，11路车长刘山峰驾驶编号397号公交车行驶至水源街与新华路口等候红灯时，忽然听到车厢内有人呼喊有乘客晕倒。听到喊声，刘山峰立刻将公交车靠近路边停下，起身到车厢查看，发现公交车爱心座位旁边，一名年纪60岁上下的妇女双眼紧闭，任凭旁人呼叫没有反应。刘山峰立刻拨打110和120电话求助。乘客邱静静是省二院一名护士，她连忙上前查看情况。发病妇女服过一名好心乘客送来的水和速效救心丸后，依然没有好转。邱静静建议将发病妇女平放到车厢地板上，随后蹲到发病妇女身边，开始用双手按压病人胸部，实施心肺复苏抢救。考虑情况危急，一直在旁边协调乘客的刘山峰，决定将公交车直接开往附近医院，并向车厢里近20名乘客说明情况，乘客一致同意先抢救病人。刘山峰启动公交车，开始向最近的市第二医院疾驶。在行车过程中，邱静静一直坚持着抢救。由于体力消耗很大，她很快就累得满头大汗。李

文弟等乘客随即加入进来，与邱静静轮流为发病妇女实施心肺复苏抢救，没有间断。9时34分，公交车开至市二院，医生立即开展除颤等系列抢救，5分钟后病人有了心跳。因病人送达抢救及时，当天转危为安！

2016年12月，中央文明办授予李耀青孝老爱亲“中国好人”称号。

李耀青 1976年出生，祖籍山西省忻州市人，石家庄市元氏县前营村女婿、元氏县前营孝道活动中心发起人。李耀青热心公益事业，2015年他在参加社区敬老公益活动时，触发为弘扬孝道做点实事的想法。于是，他将自己在前营村闲置的服装加工厂厂房无偿腾出来，并自费30多万元实施装修。2016年3月26日，元氏县前营孝道活动中心正式成立。以学生为主，老年人及其子女为辅，开设传统文化孝道课堂，采取理论知识与孝道体验结合方式，弘扬和传承孝道文化的重要意义和作用，周边村庄的婆媳关系、邻里之间、孝亲敬老等问题得到明显改善。组建成立由20多名教授、博士和专家组成的“孝道文化传播研究团队”，并与元氏县姬村学区11所小学、石家庄市鹿泉区永壁小学、河北司法警官职业学院、河北工业职业技术学院、石家庄铁道大学四方学院、河北工程技术学院、河北省女子戒毒所等单位挂牌对接，开展中华传统美德和孝道文化实践活动。至2016年末，元氏县前营孝道活动中心成功举办孝道活动22期，参加孝道活动的老人延伸至30多个村及市区，参加人员1万余人次、社会各界志愿者近1000人，并于每月农历初八、十八、二十八向年满65周岁以上老人免费提供“孝道大餐”和理发、洗脚、义诊等服务，受到老人及附近乡亲的欢迎和称赞。

河北省见义勇为模范

2016年8月，河北省社会治安综合治理委员会授予“7·19”特大暴雨灾害期间表现突出的石家庄市5名个人“河北省见义勇为模范”称号、4个群体“河北省见义勇为模范群体”称号。

河北省见义勇为模范（5人）

王生廷 井陉县南石门村电工

毕志勇 井陉矿区贾庄镇贾庄社区居民

任晓飞 平山县大吾乡米家沟村村民

闫新顺 平山县温塘镇板山村村医

侯建刚 灵寿县寨头乡电力所职工

河北省见义勇为模范群体（4个）

白入社、白拴龙、白双龙、刘军军、霍海龙、杨正文救人群体

潘金砖、潘四宝、齐二保救人群体

柳国强、柳二军、柳艳忠救人群体

宋会成、王志永救人群体

王生廷 “7·19”特大暴雨来袭时，王生廷顾不上转移家人，立即叫上哥哥王双廷（村支书）一起通知村民转移，共救出村民198人。王生廷的妻子因来不及转移，在洪水中不幸遇难。

毕志勇 强降雨袭击时，毕志勇发现马路中央有一辆汽车正被洪水冲着向下走，危急之中，他用一根塑料管救出被困车中4个人。

任晓飞 西柏坡镇盖家峪村北顶头水库水位急剧上升，任晓飞冒着溃坝的危险，开着挖掘机破堤放水排险，23户村民成功脱险。

闫新顺 60岁的他用自己的肩膀和一根扁担，将村卫生室重要设备、药品和居民健康档案挑到安全地带，他家的7间房屋在暴雨中全部坍塌。

侯建刚 不顾个人安危，趟着齐腰深的洪水，将车中被困人员撤到安全地带。

白入社、白拴龙、白双龙、刘军军、霍海龙、杨正文救人群体 面对宽50米、深5米沙石翻滚的河道，几个人分工合作，构建救援通道，将被困养殖场一对老人和一个孩子成功救出。

潘金砖、潘四宝、齐二保救人群体 井陉县洛阳村村民。经过16个小时惊心动魄的营救，3人成功将被困冶河中央大树上的男子救出。

柳国强、柳二军、柳艳忠救人群体 3人在东木佛村村民自发组织的防汛值勤中，发现滹沱河东木佛段内有一人落水，他们不顾个人安危，纵身跳入水中，相互配合将落水者托出水面。

宋会成、王志永救人群体 井陉矿区公路上一名妇女被湍急的洪水冲击而下，两人奋不顾身合力将洪水中妇女救起。

河北好人

2016年6月14日，河北省精神文明委员会授予刘山峰、邱静静、吴中定、李文弟4人首批“河北好人”称号，表彰4人在11路公交车上合力救助一名突发心脏病乘客的感人事迹（参见《石家庄年鉴2017》“中国好人”）。

石家庄市见义勇为模范

2016年11月，市政府授予高全喜、杜康、张林、马博浩、胡浩杰、张宇、刘洋7人“石家庄市见义勇为模范群体”称号，授予宋龙涛、李爽、张纯朴3人“石家庄市见义勇为模范”称号。

2016年7月石家庄市突发洪水灾害，高全喜、杜康、张林、马博浩、胡浩杰、张宇、刘洋人7人冒着被洪水冲走的危险，手挽手涉入水中救出被困男子。宋龙涛赤手空拳与歹徒奋勇搏斗，身负重伤仍紧追不舍，成功追回群众被抢物品。李爽在居民阳台失火的危急时刻，不顾个人安危，勇闯火场将老人救出并扑灭火灾。张纯朴路过民心河时有人落水，奋不顾身跳入冰冷的河中救人，挽救一名小男孩生命。

石家庄市“三八红旗手”

吴丽雅　27岁，藁城区岗上镇杜村党支部副书记

范丽　38岁，藁城区南营镇政府副主任科员

胡晓磊　33岁，藁城区南孟镇政府武装部长

吴彦霞　46岁，藁城区南董镇河西营村党支部书记

胡新爱　51岁，藁城区工业路小学教导处主任

苏琴琴　41岁，晋州市妇联办公室主任

冉凤莲　32岁，晋州市营里镇政府科员

王淑巧　43岁，晋州市晋州镇政府科员

李苍英　48岁，晋州市农业生态修复技术行业协会会长

牛兰欣　52岁，新乐市直幼儿园园长

解聪娟　47岁，新乐市财政局副局长

秦黎桦　47岁，新乐市地方税务局副局长

苏丽娟　51岁，石家庄新华书店有限责任公司新乐分公司经理

王莉　39岁，鹿泉区农业畜牧局科员

高艳华　52岁，鹿泉区幼儿园教师

王增霞　51岁，鹿泉区实验小学教师

肖尧　27岁，鹿泉区市场监督管理局科员

苏雪莲　49岁，正定县妇联副主席

王玉英　40岁，正定县市场监督管理局人事科科长

贾海霞　51岁，正定县人民医院纪检书记

蔡丽华　49岁，正定县青少年活动中心副主任

张秀姜　46岁，正定县新安镇农经站会计

许晓红　42岁，栾城区第一幼

儿园副园长

裴喜娥 50岁，栾城区人民医院感染疾病科主任

康静 37岁，市长安育才建材有限公司副总经理

卢珊 35岁，石家庄二中实验学校教师

高英英 53岁，井陉县医院副院长

梁丽平 34岁，井陉县第一中学教师

栾瑞花 36岁，井陉县瑞花剪纸艺术有限公司总经理

赵志联 37岁，无极县实验学校教师

谷翠红 45岁，无极县国税北苏分局分局长

耿巧娟 37岁，无极县爱心志愿者协会秘书长

孟苏花 51岁，无极县幼儿园教师

张素平 50岁，深泽县农业局技术土肥站站长

刘运 35岁，深泽县新开街学校教师

吴坤 35岁，深泽县卫生和计划生育局办公室副主任

王静 35岁，深泽县图书馆馆员

张君伟 44岁，行唐县妇联办公室主任

张欣 50岁，行唐县妇幼保健院书记

杨昆 37岁，行唐县北河乡政府科员

刘淑娟 48岁，行唐县教师进修学校教师

陈英菊 46岁，灵寿县灵寿镇安定小学教师

唐书粉 46岁 灵寿县科协科员

董香梅 42岁 灵寿县国税局人事教育科科员

李二霞 35岁，平山县西柏坡中学教师

王霞 29岁，平山县人民医院护士

张丽 38岁，平山县平山镇政府文化站站长

刘卫平 40岁，平山县卫生和计划生育局宣传站站长

李军分 44岁，赵县妇联副主席

陈英辉 49岁，赵县职工子弟学校教师

李江蕊 35岁，赵县财政局预算科副科长

马利欣 40岁，赵县中医院急诊科护士长

赵彩娟 36岁，元氏县新城实验学校教师

柴丽霞 40岁，元氏县槐阳镇妇联主席

刘军方 36岁，元氏县第六中学教师

宋世清 28岁，高邑县大营镇宣传委员

赵丽娟 37岁，高邑县医院重症医学科护士长

赵文菊 42岁，高邑县高邑镇孙家庄小学教师

董美燕 30岁，赞皇县院头镇政府组织委员

郝立彩 28岁，赞皇县医院急诊科医师

耿敏丽 40岁，赞皇县第一中学教师

梁素霞 42岁，井陉矿区贾庄学区中王舍学校教师

焦瑜芳 29岁，井陉矿区矿市街社区党总支书记

许娟 35岁，长安区阜康街道妇联主席

马宏燕 39岁，长安区城管执法大队直属一中队副中队长

李贵琴 51岁，长安区谈固社区卫生服务中心主任

倪淑芝 46岁，长安区西兆通镇东杜庄社区居委会主任

王红 48岁，桥西区休门街道党工委书记

李怡娴 42岁，桥西区疾病预防控制中心主任助理

孟伟 49岁，桥西区人力资源和社会保障局局长

刘彦霞 52岁，新华区大郭镇岳村社区居委会委员

马长翟 32岁，新华区卫生队清扫一科大班长

幺梅 47岁，新华区卫生和计划生育局副局长

孙红梅 36岁，市水上公园主任兼书记

段朝辉 47岁，裕华区宣传部副部长

张益芳 49岁，裕华区裕东街道司法所副所长

李海燕 38岁，裕华区教育局教育科科长

崔晓靖 46岁，裕华区妇幼保健计划生育服务中心孕保科主任

张晓芳 42岁，市公安局裕华分局技术中队副中队长

齐兰香 45岁，桥西区交警大队宣教中队中队长

白素辉 48岁，市植物园管理处党总支书记

李云　42岁，市畜产品质量检测中心副主任

刘宇岚　38岁，市教育局幼儿教育与特殊教育处处长

范越　28岁，石家庄市广播电视台记者

刘云　46岁，市食品药品检验中心生测室主任

张丽萍　49岁，市质量技术监督局机关党委专职副书记

李丽　46岁，市妇联发展部部长

王静　39岁，市第一医院保健处主任

张承红　41岁，市妇联妇女理论研究室副主任

杨玉敏　56岁，新乐市杜固镇解香村党支部书记

张丽波　33岁，河北正定中学教师

张文珍　53岁，藁城区廉州镇北尚庄村主任

徐蕾　47岁，正定县先德艺术培训学校副校长

张雅丽　31岁，正定县南牛乡东贾村小学教师

石家庄市最美行业人物

2016年7月6日，市总工会授予全市10人“最美行业人物”。

最美白衣天使　市第一医院肿瘤三科、河北省重症肌无力诊疗中心主任乞国艳

最美城市美容师　长安区环卫大队女子清扫班班长李国红

最美创业之星　河北百年巧匠手工艺品股份有限公司董事长裴艳丽

最美服务明星　市公交总公司1路车组188号车车长郭艳彬

最美技术明星　常山纺织恒盛分公司高级技师杨普

最美农民工　河北小蜜蜂工具集团开刃车间开刃工赵建国

最美群众贴心人　藁城区公安局出入境管理大队教导员王江伟

最美人民守护者　井陉县检察院反贪局梁明霞

最美园丁　新乐一中教师甄改峦

最美创新领头人　石家庄新奥燃气有限公司王文科

最美政法干警

2016年5月3日，共青团市委、市委政法委联合在市人民检察院第一会议室表彰10人为“最美青年政法干警”、15人为“最美青年政法干警”提名奖。

最美青年政法干警（10人）

门晓　女，市公安局出入境管理支队民警

郭晓龙　市公安特警支队狙击手大队大队长

刘卫娜　女，正定县公安局车站街派出所副所长

马兵　裕华区建通街建通派出所孙村警务站副主任

范雨濛　女，市人民检察院公诉处干警

于恺　桥西区人民检察院公诉一科科长

杨玥　女，市中级人民法院少年审判庭助理审判员

张璞　新华区人民法院民一庭助理审判员

刘永刚　鹿泉区司法局宜安司法所所长

董新国　市第二强制隔离戒毒所第五大队副大队长

“最美青年政法干警”提名奖（15人）

刘兴　赞皇县公安局网安大队大队长

郭志红　女，赵县公安局户政科科长

武燕　女，市检察院反贪污贿赂局大要案指挥中心副主任

王洋　长安区人民检察院反渎职侵权局副局长

谷志峰　裕华区人民检察院反贪局侦查二科副科长

孙云英　女，桥西区人民检察院专职检委会委员、科长

万升武　鹿泉区人民检察院侦查监督科副科长

陶亚芳 女，晋州市人民检察院案件管理办公室主任

常晓丰 市中级人民法院民事审判第一庭助理审判员

张剑 正定县人民法院北门里法庭庭长

康静 女，灵寿县人民法院审判监督庭负责人

刘彦 女，井陉县人民法院少年审判庭审判员

杨程 市少年儿童保护教育中心常务副主任

魏月珍 女，无极县司法局基层科（社区矫正科）科长

宋小红 女，高邑县司法局科员

2016年，河北省委宣传部、省委政法委联合授予石家庄市2人为“美丽河北·最美政法干警”称号。

“美丽河北·最美政法干警”（2人）

陈英 高邑县人民检察院检察长

苌青 正定县司法局北早现乡司法所所长

2016年，市委政法委授予石家庄市10人为“幸福石家庄·最美政法干警”称号。

“幸福石家庄·最美政法干警”（10人）

陈英 高邑县人民检察院检察长

安芹召 赵县公安局党委委员（正科）

于景平 市人民检察院助理检察员

苌青 正定县司法局北早现乡司法所所长

段华 市公安局环境安全保卫支队侦查大队民警

韩鹏 桥西区公安分局佳农警务站民警

张吉朝 元氏县人民法院执行局执行实施处处长

石采云 女，栾城区公安局窦妪派出所民警

杨庆和 新华区人民法院副庭长

赵铁生 市第二强制隔离戒毒所副大队长

石家庄市文明公民标兵

2016年，省会精神文明建设委员会授予156人“石家庄市文明公民标兵”称号。

敬业奉献（21人）

韦国英 女，51岁，正定县文物保管所所长

苌静 女，31岁，无极县委党校讲师

康玉龙 36岁，中国邮政集团河北省平山县分公司职工

冀红红 女，47岁，平山县乐民堂药房经理

王今忠 45岁，灵寿县国税局职工

景春玲 女，43岁，裕华区方村镇第二社区居委会委员

吴慧忠 68岁，长安区西兆通镇南石家庄社区居委会委员

张立校 53岁，行唐县国税局副局长

杨红丽 女，32岁，赞皇县第二中学教师

任丽娜 女，45岁，鹿泉区教育局教研室职工

陈振路 43岁，栾城区公安局城区分局局长

谢志维 85岁，栾城五中教师

刘立永 37岁，石家庄明城供电服务有限公司元氏分公司职工

胡爱朝 59岁，元氏县黑水河乡胡家庄村村民

李士彬 45岁，中国邮政深泽分公司投递员

赵留锁 65岁，平山县孟家庄镇张家川下泉水电站工人

黄永茂 60岁，晋州市槐树镇祁底村调委会主任

景乐文 75岁，裕华区槐底社区电业退休党员

秦俊芝 女，43岁，裕华区环境卫生管理大队大队长

李富忠 61岁，井陉县北正乡北正村村民

任贤英 50岁，新乐市中医院外科主任

孝老爱亲（16人）

雷新货 55岁，新乐市承安学区东王庄小学校长

李占巧 女，46岁，元氏县黑水河乡北沙滩村村民

李素萍 女，43岁，元氏县黑水河乡北沙滩村村民

余倩 女，30岁，行唐县独羊岗乡余底村村民

王孝忠 34岁，赵县第六中学老师

张小雪 女，47岁，正定县曲

阳桥乡西叩村村民

郝石山　65岁，平山县古月镇北古月村人

张付姐　女，81岁，鹿泉区大河镇北故城村村民

张立州　48岁，深泽县白庄乡小堡村村委会主任

董海华　女，36岁，井陉矿区贾庄镇西王舍社区居民

梁风旗　63岁，栾城区栾城镇小任家庄村村民

杨建省　女，60岁，晋州市循环园区赵八庄村村民

李少辉　45岁，新乐市交通运输局办公室副主任

马丑　64岁，藁城区岗上镇庄合村村民

杨永兰　女，49岁，元氏县黑水河乡胡家庄村村民

韩志平　74岁，平山县老干部局退休职工

助人为乐（34人）

李金夕　女，51岁，元氏县槐阳中心小学体育教师

赵锡亮　69岁，桥西区平安小区南社区居民

陈月华　女，70岁，桥西区苑东街道华柴社区党总支委员兼楼栋长

狄毅军　女，58岁，桥西区泰华街社区居民卷烟厂退休职工

柳五英　56岁，行唐县独羊岗乡北差取村村民

徐文忠　57岁，正定县新安镇秦家庄小学教师

甄兰贵　50岁，无极县极石客运公司司机

宫剑　39岁，赞皇县现代美专业烫染店理发师

安春园　女，29岁，赞皇县现代美专业烫染店理发师

王凤林　77岁，新华区宁安小区居民

张玉华　女，71岁，裕华区华兴小区居民

楚平巧　女，70岁，裕华区青园小区居民

苏继红　女，70岁，裕华区众美凤凰城社区居民

李子木　11岁，长安区和平时光社区居民

张策策　24岁，栾城区栾城镇大裴村村民

安续朝　33岁，晋州市国土资源局职工

张双锁　45岁，晋州市小樵镇常营村村民

王月贞　女，58岁，藁城区兴安镇织锦村村民

刘彦辉　45岁，藁城区增村镇牛家庄村党支部书记

李永欣　32岁，石家庄“一家人”志愿者协会会员

于进　39岁，石家庄“一家人”志愿者协会会员

高永芳　女，49岁，井陉县微水镇段庄学校老师

张仁增　74岁，新乐市正莫镇康庄村村民

黄金营　46岁，藁城区岗上镇岗上村村民

狄银凤　女，68岁，桥西区金正缔景城社区居民

马志平　44岁，桥西区石桥村村民

丁惠彦　70岁，深泽县桥头乡政府退休干部

刘瑞英　69岁，长安区建明南路煤机二区居民

张连富　73岁，裕华区尖岭社区居民

王国清　63岁，井陉矿务局三矿退休工人

刘山峰　50岁，市公共交通总公司3公司9路车队11路车长

邱静静　女，34岁，河北医科大学第二医院内分泌科护士

吴中定　34岁，北京金润方舟科技股份有限公司开发工程师

李文弟　45岁，新华区中国电子科技集团第十三研究所宿舍居民

见义勇为（1人）

宋龙涛　31岁，深泽县留村乡西内堡村村民

诚实守信（1人）

张连增　24岁，藁城区南孟镇北汪村村民

拾金不昧（3人）

王茂华　38岁，正定县恒达出租车公司司机

张国华　53岁，长安区石家庄智慧泊车服务有限公司职工

姚然　女，30岁，裕华区美苑社区居委会委员

抗洪救灾（80人）

张亚伟　49岁，深泽县赵八镇大梨园村人

白建民　38岁，行唐县北高里村党支部书记

李杰　36岁，行唐县口头供电所所长

李建新　40岁，行唐县上闫庄乡副乡长

裴宁　36岁，长丰街道办事处主任

张宁　38岁，西兆通镇西庄村村委会主任

雷豪强　18岁，石家庄消防支

队深泽中队战士

刘亚伟　24岁，深泽中队战斗班班长

董永博　38岁，石家庄日报社摄影记者

南开宇　35岁，《燕赵晚报》记者

姬新长　47岁，石家庄市排水管理处泵站所所长

王琰玺　女，38岁，高邑县广播电视台新闻部主任

刘永华　45岁，高邑县公安局副局长

侯建鹏　40岁，高邑县中韩乡乡长

姜新杰　43岁，高邑县民政局党组书记、局长

赵克强　44岁，国网高邑县供电公司副总经理

孙占全　50岁，国网晋州市供电公司副总经理

张文朝　35岁，石家庄联通平山县设备维护中心维护员

王俊现　54岁，中国联通井陉县分公司建维部主任

白恩茂　58岁，沙河店镇丁村村委会主任，永固建材有限公司经理

李磊　31岁，赵县沙河店镇政府干部

胡建生　41岁，井陉矿区住建局市政管理所所长

贾保才　52岁，井陉矿区供电配电运检班班长

兰建海　40岁，市公安消防支队井陉矿区大队教导员

苏彦军　47岁，井陉矿区贾庄镇贾庄社区党总支书记、居委会主任

张东升　52岁，井陉矿区洗煤协会会长

赵志鹏　42岁，井陉矿区发改局粮食储备公司经理

甄勇　41岁，井陉矿区凤山镇党委委员、副镇长

杨文堂　47岁，平山县凯辉印刷厂总经理

肖建芳　女，46岁，平山县凯辉印刷厂副总经理

张韶鹏　28岁，平山县营里供电所副所长

陶雨青　29岁，平山县公安局回舍派出所民警

关志军　53岁，平山县运输管理站副站长

张进彦　44岁，平山县北冶乡党委书记

杨晓波　34岁，平山古月中学政教处副主任

赵进朴　27岁，平山古月中学体育老师

魏杜鹏　24岁，平山古月中学年级部副主任

张胜利　39岁，平山古月中学教导处主任

杨文生　38岁，平山古月中学年级部主任

张玉明　39岁，平山古月中学体育组组长

韩珍贵　37岁，平山古月中学年级部主任

张春雷　38岁，平山古月中学音乐老师

王月洋　26岁，“善行河北道德90后”志愿团体负责人

张军　女，48岁，桥西区东华街道党工委书记

罗旭英　女，34岁，石家庄广播电视台交通频率制作人

陈海峰　37岁，赞皇县公安交警大队副大队长

李换朝　57岁，赞皇县黄北坪乡川房村党支部书记

彭柏称　38岁，国家电网石家庄赞皇县分公司

韩建军　49岁，赞皇县土门乡野草湾村党支部书记

杨广义　41岁，赞皇县黄北坪乡党委书记

何志　40岁，国家电网正定县供电公司副总经理

胡卫东　23岁，正定县公安局交通警察大队辅警

裴建祥　59岁，正定县交警大队省道中队指导员

谢晨　女，42岁，裕华区城市管理局科长

韩华明　38岁，裕华区裕强街道办事处武装部长

王旭亮　36岁，市公路工程管理处工程科科员

宫文广　44岁，市公交总公司107路车队车长

吴占荣　49岁，市公交总公司17路车队111路车长

姚莉红　49岁，市公交总公司藁城公司保养厂厂长

刘京昆　53岁，市公路管理处直属站站长

赵士良　43岁，市三环路管理处副处长、养护管理中心主任

贾鹏　23岁，京昆高速石太管理处主线收费站收费班长

李清甫　41岁，京昆高速石太管理处路政大队副大队长

李泽涛　40岁，京昆高速石太管理处养护中心职工

刘博　34岁，井陉县辛庄乡大里岩收费站站长

吕斌　26岁，京昆高速石太管理处路政大队内业队员

苏迅　27岁，京昆高速石太管理处南方口收费站收费班长

王永刚　36岁，京昆高速管理处养护中心主任

肖璟　女，29岁，京昆高速石太管理处办公室科员

张玉川　44岁，京昆高速石太管理处主线站站长

吴荣恒　39岁，石家庄“一家人”志愿者协会副秘书长

郑立娜　女，39岁，石家庄“一家人”志愿者协会会员

柳志军　35岁，石家庄“一家人”志愿者协会会员

王建立　42岁，元氏县佃户营村党支部书记

翟力国　47岁，元氏县苏阳乡何家沟村党支部书记

刘学延　43岁，市公路工程管理处办公室主任

邢睿　37岁，赞皇县气象局局长

赵民介　36岁，市公路桥梁建设集团第五公路工程处处长助理

康磊　35岁，市公路桥梁建设集团第五公路工程处设备科科长

苌伟涛　34岁，市公路桥梁建设集团第三公路工程处职工

美德少年

2016年4～9月，省会文明办、市教育局、共青团市委、市妇联等部门联合在全市青少年中开展评选“美德少年”活动。经各县（市、区）、市直部门和媒体推荐，省会精神文明办公室从86名同学中评选出32名事迹突出“美德少年”，并择优报送中央文明办和河北省文明办。其中，1名同学获评全国百佳“美德少年”，5名同学获评河北省“美德少年”，32名同学获评石家庄市“美德少年”。

全国百佳“美德少年”

刁子涵　市水源街小学

河北省“美德少年”

杨丛睿　市第二十三中学

孟强　市第十中学

刁子涵　市水源街小学

魏紫薇　藁城区张村中心小学

董新巧　栾城区西营乡中学

石家庄市“美德少年”

王海洋　市第二十二中学

杨丛睿　市第二十三中学

刘展华　石家庄铁路职业中等专业学校

杨磊　市第四十二中学

田席菲　市合作路小学

刁子涵　市水源街小学

韩东宪　石家庄外国语学校

潘幸泉　市第四十一中学

蔡祉睿　市草场街小学

孟强　市第十中学

杨舒晴　市东风西路小学

褚逍磊　藁城区增村镇中学

魏紫薇　藁城区张村中心小学

程世恒　藁城区南古庄小学

李晨虹　鹿泉区大河小学

许若瑜　栾城区南赵村学校

董新巧　栾城区西营乡中学

冯儒哲　井陉矿区冯家沟小学

翟赵靓　新乐市化皮学校

刘涵雪　新乐市化皮学校

杨雅竹　晋州市和平小学

郑子硕　正定县合家庄学校

冯小曦　井陉县职工子弟学校

封乐萱　平山县东街第二小学

柴卓妤　平山县东街第二小学

商亚鹏　赵县第三中学

赵泽明　行唐县城寨乡南凹小学

侯旭箫　赞皇县第二中学

安惠纳　河北辛集中学

高信蕊　市兴华小学

尹文静　市中华大街小学

柴博文　市翟营大街小学

感动省城十大人物

2017年1月18日晚，由市委宣传部、石家庄广播电视台、石家庄日报社主办的2016年度“感动省城”十大人物颁奖盛典在市广电中心举行。2016年度“感动省城”十大人物现场揭晓，分别为：

抗洪抢险好兄弟——王生廷　王双廷　井陉县南石门村村民，王生廷是电工，王双廷是村支书。2016年

7月19日晚8时许，暴雨来袭，南石门村突然停电。王生廷出去检查线路，发现村北的小作河河水暴涨，便立即叫上哥哥王双廷一起通知村民转移。暴雨之中，兄弟俩分头沿街拍门拍窗，大声呼喊，让村民赶紧上房，从房顶上往村里的高处转移，最终救出198名村民。南石门村共有310多户1100多口人，当晚8名村民不幸遇难，其中包括王生廷的妻子高建林。王生廷家在村里有个门店，他见妻子的最后一面，是刚停电从门店出来时。此后他虽路过门店，但只是拍门大喊了一声“水来了，快上房”，并没进门帮着转移，就急着去通知别人。没想到这是他和妻子说的最后一句话。“因为停电，好多人都已经睡了，提前叫一秒就多一分希望。既然有机会叫别人，就不能不叫。”只是一想到遇难的妻子，王生廷眼泪就不断从脸上滑落。“当时他们兄弟俩敲我家门，说上水了，让我们赶紧上房。我和6岁的小孙女及怀孕6个月的女儿赶紧爬梯子上了房，刚上去洪水就把家门冲开了，院子里不到十分钟就积了两三米深的水。”村民王忠忠回忆洪水来时的情景，心有余悸地说，幸亏王双廷兄弟二人通知得及时，自己一家几口才幸免于难。灾难过后，王生廷给妻子简单料理了后事，便和哥哥王双廷一起投入到村庄恢复重建工作中。

急症病人守护神——常智忠　48岁，市第三医院ICU病房主任。重症病房多是性命濒危的患者，常智忠总是用质朴的语言、真诚的行动带给他们鼓励和安慰。曾经有一位邮政老职工患急性心肌梗死猝死入院，幸好抢救及时很快清醒过来，但心脏功能极差，患者失去生存信心，家属也打算放弃。常智忠得知情况后，便一次次鼓励患者，详细告知病情，帮助病人坚定治疗信念，终于让患者心功能逐渐恢复，脱离了呼吸机，转入普通病房。康复后，患者紧紧握住常智忠的手，哽咽地说：“谢谢您！是您给了我第二次生命呀！”对待贫困患者，常智忠总是尽己所能去帮助他们。有一位甘肃打工的小伙子，不幸从高处跌落导致高位截瘫，需要用呼吸机维持呼吸。面对高昂的治疗费用和这个小伙子无力承担的贫困家庭，常智忠积极帮助家属申请到社会救助基金，最终，小伙子顺利撤除呼吸机转回当地康复治疗。2015年6月10日下午，常智忠在抢救患者时突发急性脑出血，倒在工作岗位。经过紧张的手术后，常智忠的病情得到控制。常智忠清醒后，最关心的是他的患者及能否继续投身钟爱的医学事业……常智忠经历了生与死的挣扎，终于又回到救死扶伤的神圣岗位，也深深地体会到：被病痛折磨的人，最需要温暖的是援手。常智忠从医24年，最常说的一句话就是：“温暖，是我开给患者最好的‘处方’。”

洪水真情子弟兵——驻石部队官兵（群体）　2015年7月19日凌晨开始，石家庄市出现大范围强降雨天气，西部县区遭受洪水重创。灾情面前，到处可看到人民子弟兵的身影。在井陉县天长镇南关村，驻石某部官兵穿过湍急的水流帮助村民撤离，经过5个多小时连续奋战和反复摸排，两个小分队累计救援被困村民50人、货车司机5人。蓝白相间的迷彩服、橙色的抢险救援服，成为暴雨中的希望和暖流。7月27日起，2400多名驻石部队官兵驰援井陉县抗洪救灾，帮助小作镇、天长镇9个受灾村恢复重建，与当地干部群众共同奋战，开展清理淤泥、疏通河道、检测防疫等工作。石家庄援建官兵李朝平家就在井陉，他家距离参与救援的井陉县南关村只有30千米，也在这次洪水中受到袭击。但此时此刻，李朝平将担心藏在心里，和战友们一起忙着为灾区百姓清理淤泥。李朝平说：“说不担心是假的，但是作为一名军人，一切行动听指挥，我在这儿是帮助井陉县父老乡亲重建家园，在我家也有各界人士在帮助我家重建家园。”朴实无华的话语，说出了军民的鱼水深情。由于道路损毁严重，井陉县辛庄乡2000多名群众与外界失去联系，生活物资匮乏。驻石某摩步旅炮兵团派遣100多名战士组成抢险救灾突击队，手搬肩扛2000多千克米、面、蔬菜等生活物资，经过3个小时艰难行进，翻山越岭20多千米，将第一批救援物资顺利送到大山深处村民手中。哪里有灾情，哪里就会有人民子弟兵的身影。2016年抗洪救灾活动中，驻石部队官兵再次交出一份合格的答卷。

庄里的残奥冠军——米娜　女，30岁，行唐县米霍口村人，里约残奥会冠军。米娜在两三个月大时，就被检查出患有先天性脑瘫，可是父母并没有把女儿当残疾人看待，还特别注重培养她的运动能力。在成为专业运动员之后，在家人和教练的帮助、鼓励下，米娜刻苦训练，进步很快。第一次参加省里的残疾人运动会，就拿到金牌，随后她参加在重庆市举行的全国残疾人田径锦标赛，囊括F37级女子组标枪、铁饼、铅球3枚金牌。2008年北京残奥会上，米娜不负众望，包揽F37/38级铅球及铁饼2枚金牌，双双创下世界纪录；2010年广州亚洲残奥会上获得铅球、铁饼冠军，打破铅球世界纪录；2012年伦敦残奥会上获得铅球、铁饼冠军并打破世界纪录；2015年多哈世界残疾人田径锦标赛上获得铁饼、铅球冠军，标枪亚军，铅球3破世界纪录。2016年里约热内卢残奥会上，米娜在女子铁饼F37/38级决赛中，以37米60的成绩打破由自己保持的该项目世界纪录，卫冕冠军。

山区教育先锋——王忠 27岁，灵寿县陈庄中学体育教师。王忠曾经是一名河北省正式运动员，在运动生涯中多次立功获奖。因伤病退役后，王忠通过自己的努力考取了河北体育学院全日制本科。毕业后，他放弃大都市的优越生活，甘愿到一个山区小镇，做一名普普通通的体育教师。山区落后的条件、简陋的生活环境、衣着朴素的学生，一幕幕景象映在王忠的眼里，孩子们艰苦求学的境遇更揪起他的心。王忠暗下决心，不管遇到什么困难，我一定不能离开这里，我一定要帮帮这些孩子！从到灵寿县陈庄中学至现在，他一直任体育特长班训练组教练员，带领体育训练小组率先发起学生实行“敢打必胜”教育，一段时间后，取得非常好的效果。学生在体育成绩上突飞猛进，参加县高中组篮球运动会，他带领的学生以大比分击败前几年的擂主，成为灵寿县体育界一匹黑马。在平凡的教育生活中，王忠经常为班级里贫困学生们着想，每当国家有助学好政策和爱心人士资助贫困学生时，王忠总是第一个站出来为班级里贫困学生申请助学金；每天早饭，王忠总是用自己的饭卡为班级的贫困生一个人买一个鸡蛋；他还经常跟学生们说：“有困难了，可以找我，只要有利于学习，王老师帮你们帮到底”。

孤儿们的好妈妈——封娟 女，41岁，行唐县儿童福利院护理员。2011年秋，封娟得知九口子乡孤儿王书琪独自到卫生院输液，经与院领导和乡镇沟通，将孩子接到福利院，白天一起吃饭，晚上睡一张床，与王书琪结下母女情缘，被王书琪认作妈妈。2012年，封娟抱回重度脑瘫儿党铛，孩子不会说话不会走路，封娟不放弃，自费学习按摩、康复训练。经过一年多贴心照顾，2013年9月8日奇迹发生，党铛竟然可以走路了。为了让孩子们德、智、体、美、劳全面发展，封娟利用空闲时间教孩子们音乐和舞蹈。2014年封娟和同事们带领王书琪等6名孩子参加中央电视台军事农业频道“感恩中国，幸福一家”春节联欢晚会，感动亿万群众。封娟把女性特有的母爱，给予了这些孤残儿童，让孩子们享受到无微不至的呵护和不是母亲胜似母亲的关爱。

贴心为民好警官——刘希昌 44岁，新华分局宁安路派出所省二院警务站副主任。2010年，石家庄市组建110街头警务站时，刘希昌主动请缨来到这里，守候一方安宁。2014年1月4日下午5点，一女子到警务站报警称，在省二院9楼做检查时，将装有5000元看病钱的包遗失在椅子上。接到报警后，刘希昌立即到省二院调取录像，发现现场录像只有一个背影。为挽回失主的损失，刘希昌从录像中抽丝剥茧梳理线索。录像有很多，他一点一点地看，终于确定捡包人线索，此时距离报案过去3个多小时，医院已经下班。第二天原本该休息的刘希昌又赶到医院，一个科室一个科室查找，最终找到捡钱人。当他将钱包还给失主时，失主热泪盈眶。2014年2月的一天，刘希昌发现一位农村大爷在警务站旁的花池边上哭，他马上把大爷带到警务站里，一边给大爷倒热水，一边了解情况。原来大爷是保定市阜阳山区的，身体一直不好，好不容易东拼西凑出一点钱到省二院看病，没想到人还没到医院钱就丢失了。刘希昌从身上拿出二百元钱给大爷，又联系省二院给老人做检查。从事警务站工作至现在，刘希昌共接处警1394起，调解纠纷312起，接受求助204起，抓获违法犯罪嫌疑人85人，为群众挽回经济损失5万余元。

美丽乡村建设者——聂建华 女，64岁，栾城区南高乡龙化村党支部书记。曾经担任龙化村党支部书记的聂建华，在县农机局副局长岗位退休后，又怀着带领乡亲们改变龙化面貌的梦想回到村中。为改变村容村貌，春节前夕，聂建华动员亲戚率先垂范，拆除村庄18米大街堵半边及12米大街堵全部的400平方米7间房屋、门洞、院墙。村长带头拆除占大街的磅房，支部委员带头拆除占主要道路的面粉厂，清拆实施时，村里没有一户出来挡道。聂建华身患高血压、冠心病，但在村容村貌改造中，她盯在现场，每天行走站立十个小时左右，两条腿都是肿的；在改厕、污水处理、美丽庭院建设中，她去过100多户家庭查看，项目验收前夕，两天早晨5点多回村，没吃饭也没吃药，到第三天心脏出现房颤，差点摔倒，稍做休息又继续工作。在聂建华带领下，村里3条大街、21条巷道全部贯通。龙化村在美丽乡村建设中发生了巨大变化：北方风情民居改造美观大方，道路全部硬化并安装环保节能路灯，粉刷一新的文化墙成为龙化人的骄傲，残垣断壁的荒芜地修建成3处游园，铺设供水管网、实施改厕和生活污水处理工程，方便了村民生活，庭院、游园和街道通过绿化变得美丽，整个村庄生机盎然。

大爱丈夫——张贵平 43岁，石家庄铁道大学教师。6年前，张贵平37岁的妻子确诊为鼻咽癌。仅仅4个月后，在一次复查中发现肺部转移。鼻咽癌一旦肺转移，已是晚期，临床很少有治愈的先例。2012年，他的妻子又查出牙龈癌。6年来，张贵平陪伴妻子住院37次869天，先后手术2次、放疗2次、化疗12个疗程、靶向治疗32次、生物治疗9次，几乎用遍治疗癌症的手段。张贵平陪伴妻子一起走过顽强曲折的抗癌历程，用自己山一样的脊梁、钢铁一般的毅力和深沉的智慧，护佑妻子闯过一道道难关，诠释了什么是爱与责任。2016年张贵平的妻子终于战胜病魔，多次复查，身体各项指标均恢复正常，医生告诉他，妻子已经临床痊愈！他们创造了生命的奇迹。6年中，张贵平亲眼看见熙熙攘攘的癌症患者人群，设身处地理解到癌症患者的不易与艰辛，决心写成一本真正有益于癌症患者的书。他从开始对肿瘤医学一无所知，到一点点学习积累，一部部查阅肿瘤医学书籍，一篇篇阅读肿瘤医学论文，虚心学习和求教，30次修改易稿，终于写就一本充满大爱的肿瘤医学科普书籍：《生命如此美丽——献给所有与癌症抗争的人们》。

老旧小区“送暖人”——杜荣山 48岁，中共党员，新华区住房和建设局副局长。杜荣山曾任职供热公司，后考入公务员队伍，在基层乡镇工作时每年一到供热季，由于业务知识熟练，常被借调到供热办公室，连续多年奋战在供热一线。新华区老旧小区多，供热管网老化，跑冒滴漏现象严重，同时，又处在三大供热企业管网末端，供热矛盾突出，供热形势严峻。杜荣山调任初始，就开展供热“冬病夏治”，牺牲休息时间逐一实地勘察辖区内所有换热站，并针对各类问题，制定详细的解决计划，力争将问题解决在供暖之前。泰华街印机厂宿舍处于北城供热管网末端，年年因为供热问题产生各类不稳定因素。2016年新华区为改善居民供热质量，组织人员改造小区管网，更换换热站设备。供热之初，小区居民家中温度不达标，通过调试设备，温度依然无法提升，居民情绪激动，开始大量聚集。这时候，杜荣山赶到现场，在给居民耐心做工作和平复居民情绪后，他靠着自己熟练的专业技术亲自在交换站与供热公司技术人员一起调试设备，查找原因，连续3天蹲守在印机厂热交换站，终于拿出解决方案，解决了居民反映强烈的供热问题。新华区各个乡镇和街道办事处，只要遇到供热难题，大家都会想到杜荣山，他以过硬的专业技术赢得了群众的认可和信任。

逝世人物

焦汤铭（1912～2016），中共党员，曾任井陉县公安局局长、中共平山县委书记、石家庄市委统战部部长，享受副厅级待遇。2016年2月14日因病逝世，享年104岁。

刘根茂（1921～2016），原中共石家庄地区纪律检查委员会副书记，享受副厅级待遇。2016年1月14日因病逝世，享年95岁。

谢力军（1922～2016），河北省安平县人。1922年出生，1938年2月参加革命工作，1942年4月加入中国共产党，1985年从原石家庄市二商局离休。2016年1月24日因病逝世，享年94岁。

张慕纲（1927～2016），山西省平定县人，政协石家庄市委员会原副主席、农工党石家庄市委员会原主委、河北医科大学第四医院胸外科原副主任。1927年10月出生，1952年7月毕业于河北医学院。1952年8月分配到河北医学院附属医院工作，任外科医师、主治医师；1959年至1972年在河北省结核病医院任胸外科主治医师；1972年至1979年在河北医学院第二医院任外科主治医师；1979年至1988年在河北医学院第四医院任胸外科副主任、主任医师、副教授、教授；1984年2月至1987年5月任石家庄市桥东区政协第一届、第二届副主席；1982年加入中国农工民主党，历任农工党河北省第一届委员会委员、第二届委员会副主委，农工党石家庄市第一届委员会秘书长、第二届委员会副主委，第三、四届委员会主委，第五届委员会名誉主委，河北省政协第七届常委；1984年3月至1993年任石家庄市政协第六届、第七届、第八届副主席。1993年2月退休。2016年9月4日因病逝世，享年89岁。

秦英贵（1927～2016），1927年11月出生，曾跟随贺龙、彭德怀部队参加战斗，多次立功受奖。1975年调到石家庄铝厂，1984年离休。2015年获得中共中央、国务院、中央军委颁发的抗日战争70周年纪念勋章。2016年6月13日因病逝世，享年89岁。

李同华（1931～2016），河北省赵县人。1945年8月参加八路军，1946年加入中国共产党，1984年任中共石家庄市委统战部副部长。1991年3月离休，享受副厅级待遇。2015年9月2日获颁中国人民抗日战争胜利70周年纪念章。2016年7月20日因病逝世，享年85岁。

樊恒鑫（1936～2016），河北省枣强县人，石家庄市第九届人大常委会原副主任。1936年4月出生，1953年6月参加工作，1955年4月加入中国共产党，1998年6月退休。历任井陉矿务局职工消费合作社售货员，石家庄市贸易公司井陉矿区中心商店保卫科员，井陉县商业局、县委财贸部干事，井陉矿区区委办公室秘书、副主任，石家庄市委办公室秘书、副处（科）长、办公室副主任，石家庄市委副秘书长兼研究室主任，桥东区委副书记、桥东区委书记、桥东区委顾问，石家庄市第九届人大常委会副主任。2016年3月14日因病逝世，享年80岁。

周双辰（1939～2016），石家庄市畜牧局原调研员，享受正处级待遇。2016年2月12日因病逝世，享年77岁。

侯增智（1940～2016），中共党员，石家庄市国土资源局退休干部。1958年12月参加工作，2000年5月退休，享受正处级待遇。2016年7月13日因病逝世，享年76岁。

闫书章（1942～2016），河北省晋州市人，石家庄市第九届、十届人大常委会原副主任。1942年7月出生，1966年8月参加工作，1973年7月加入中国共产党，2004年8月退休。历任晋县（今晋州市）总十庄棉油厂资料员、办公室主任、革委会副主任，晋县商业局加工企业组组长、副局长，石家庄地区革委会财办副主任、农办副主任，石家庄地区农业局局长、党组书记，正定县委副书记、副县长，河北电机厂干部，平山县政府调研员、副县长，平山县委副书记、县长、县委书记，石家庄地区人大工委主任、党组书记，石家庄市第九届、十届人大常委会副主任、党组成员。河北省第七届、八届人大代表。2016年3月29日因病逝世，享年74岁。

张贵银（1942～2016），石家庄市政协办公厅调研员，政协石家庄市第八届、九届委员会委员，享受正处级待遇。2016年5月19日因病逝世，享年74岁。

王炳西（1947～2016），天津市人，石家庄市商务局退休干部。1947年4月24日出生，1970年8月参加工作，1976年1月加入中国共产党，2007年7月退休，享受正处级待遇。2016年6月28日因病逝世，享年69岁。

附　录

Appendix

条例法规

石家庄市城市园林绿化管理条例

（1994 年 8 月 25 日石家庄市第九届人民代表大会常务委员会第七次会议通过
1994 年 11 月 2 日河北省第八届人民代表大会常务委员会第十次会议批准
1997 年 4 月 24 日石家庄市第九届人民代表大会常务委员会第二十四次会议修正
1997 年 9 月 3 日河北省第八届人民代表大会常务委员会第二十八次会议批准
2003 年 10 月 30 日石家庄市第十一届人民代表大会常务委员会第五次会议修正
2004 年 5 月 28 日河北省第十届人民代表大会常务委员会第九次会议批准）

河北省人民代表大会常务委员会关于批准《石家庄市城市园林绿化管理条例（修订案）》的决定

（2016 年 3 月 29 日河北省第十二届人民代表大会常务委员会第二十次会议通过）

河北省第十二届人民代表大会常务委员会第二十次会议决定，批准《石家庄市城市园林绿化管理条例（修订案）》，由石家庄市人民代表大会常务委员会公布施行。

石家庄市人民代表大会常务委员会公告

《石家庄市城市园林绿化管理条例（修订案）》已经 2016 年 3 月 29 日河北省第十二届人民代表大会常务委员会第二十次会议审议批准，现予以公布，自 2016 年 5 月 1 日起施行。

石家庄市人大常委会
2016 年 4 月 5 日

第一章　总则

第一条　为促进城市园林绿化事业的发展，改善生态环境，建设整洁、优美、文明的现代化城市，根据国家有关法律、法规的规定，结合本市实际，制定本条例。

第二条　本条例适用于本市城市规划区和县城（县级市）规划区、镇规划区内园林绿化的规划、建设、保护、监督和管理。

第三条　市、县（市、区）、镇人民政府应把城市园林绿化建设纳入国民经济和社会发展计划，并逐年加大城市园林绿化投资比例。

第四条　市园林绿化行政主管部门负责全市行政区域内的城市园林绿

化工作。

各县（市、区）园林绿化行政主管部门负责辖区内的城市园林绿化工作。

镇人民政府和街道办事处负责辖区内的城市园林绿化工作。

发展改革、财政、环保、城乡规划、住房和城乡建设、交通、水务、国土资源、城市管理综合执法、公安等有关部门按照各自职责做好园林绿化工作。

第五条　鼓励和加强城市园林绿化的科学研究，推广先进技术，提高城市园林绿化的科学技术和艺术水平。

第六条　鼓励单位和个人以投资、捐资、认养等形式，参与城市园林绿化的建设和养护。捐资、认养的单位和个人可以享受绿地、树木一定期限的冠名权。

投资、捐资、认养的具体办法由市人民政府制定。

第七条　任何单位和个人都应当按照国家有关规定履行城市园林绿化义务，爱护园林绿化成果，有权对破坏城市园林绿化和园林绿化设施的行为进行制止和举报。

市、县（市、区）人民政府应当对提供有力证据、积极协助执法部门立案调查的第一举报人，视情给予奖励。

第八条　对在城市园林绿化工作中成绩显著的单位和个人，市、县（市、区）人民政府或园林绿化行政主管部门应给予表彰和奖励。

第二章　规划和建设

第九条　本市行政区域绿地系统规划由市园林绿化行政主管部门组织编制，经市城乡规划主管部门审查后报市人民政府和省人民政府住房和城乡建设行政主管部门批准。经批准的绿地系统规划应当向城乡规划主管部门备案，由城乡规划主管部门纳入城乡规划。

本市行政区域绿地系统规划由市园林绿化行政主管部门组织实施。

各县（市）人民政府组织制定本行政区域绿地系统规划，报上级园林绿化行政主管部门批准后组织实施。

第十条　编制城乡规划及绿地系统规划，应当依据有关规定划定城市绿线，经市人民政府批准后向社会公布，接受社会监督。

纳入城市控制性详细规划的绿线，不得擅自修改。因城市建设确需修改的，应当依照规定程序进行，涉及绿线整体性、系统性调整或减少绿地规模的，城乡规划部门在修改前应当征求园林绿化行政主管部门意见。

因绿线调整减少原规划城市绿地规模的，应当异地补足城市绿地面积，并不得减少规划的城市绿地总量。

第十一条　城市园林绿化应当坚持因地制宜，注重植物多样性和乡土植物的应用，培育和引进适应本地自然环境的植物品种，合理配置植物，提高市树、市花的覆盖率，构建层次分明、色彩丰富的园林景观效果。

公园绿地及附属绿地的建设，应当以植物造景为主，适当配置园林建（构）筑物等设施。

城市绿道绿廊应结合城市水系、山体绿化、道路建设、公园绿地、生态修复等实施建设。

第十二条　推广桥梁绿化、水体绿化、墙体绿化、护坡绿化、积水绿化等多种形式的绿化。鼓励机关、事业单位和文化、体育、教育等公共服务设施的建筑实施屋顶绿化。

林荫停车场应当按照技术规范进行绿化，鼓励露天停车场种植可以达到遮阳效果的树木。

开发利用城市绿地地下空间的，应当符合国家有关建设规范，不得影响绿化植物正常生长和城市绿地使用功能。

工程建设项目进行屋顶绿化、垂直绿化和林荫停车场建设的，政府可以给予一定的资金扶持。具体办法由市人民政府制定。

第十三条　建设单位自取得建设用地使用权之日起六个月内，工程建设项目不能开工建设的，应当按照园林绿化行政主管部门要求对建设用地进行简易绿化。

第十四条　城市苗圃、花圃等生产绿地的建设，应当适应城市绿化建设的需要，生产绿地面积占城市建成区总面积比率达到百分之二，实现城市绿化苗木自给。

园林绿化行政主管部门对城市苗圃、花圃和花木市场实行监督管理。

第十五条　各类绿地面积占建设用地总面积比率应符合建设部《城市绿化规划建设指标的规定》要求，并在规划条件中予以明确。

第十六条　因特殊情况，在工程建设项目附属绿化工程设计方案审核和验收中绿化面积达不到规划条件要求的，应当实行异地补建。

异地补建绿化位置和设计方案由园林绿化行政主管部门审查确定，建设单位可按照等值原则（含土地价值）自行建设。

对不具备自建条件或异地补建规模较小的，由园林绿化行政主管部门统一组织建设。异地补建工程费由建设单位承担。

补建绿地竣工验收合格后，由园林绿化行政主管部门确定管护单位。

第十七条 城市新建、扩建、改建工程建设项目，附属绿化工程必须与主体工程同步规划、同步设计，并按照设计方案安排建设费用。

建设单位完成附属绿化工程建设的时间，不得晚于主体工程竣工后的下一个绿化季节。

第十八条 城市园林绿化工程的设计、施工、监理，应当委托持有相应资质等级的单位承担。

第十九条 城市园林绿化工程设计方案应当经园林绿化主管部门审核，报城乡规划主管部门批准。申请审核城市园林绿化工程设计方案时，应当提交下列材料：

（一）申请表；

（二）设计单位的《风景园林工程设计资质证书》；

（三）城市园林绿化工程设计方案；

（四）项目选址意见书或建设用地规划许可证。

第二十条 工程建设项目附属绿化工程设计方案（含工程建设项目绿化用地面积）应当经市园林绿化行政主管部门审核。未经审核同意，住房和城乡建设行政主管部门不得颁发施工许可证。申请附属绿化工程设计方案审核时，应当提交下列材料：

（一）申请表；

（二）设计单位的《风景园林工程设计资质证书》；

（三）园林绿化工程设计方案；

（四）建设用地规划许可证和附图；

（五）建设工程规划许可证和附图；

（六）城乡规划主管部门出具的规划条件；

（七）绿地涉及的地下建筑结构施工图立剖面图。

第二十一条 城市园林绿化工程开工前，建设单位应当向市园林绿化行政主管部门办理质量监督注册，并在施工现场公示项目相关信息。

第二十二条 城市园林绿化工程由建设单位负责组织竣工验收。城市园林绿化工程竣工验收报告，应当报园林绿化行政主管部门备案。

工程建设项目联合竣工验收时，验收组织单位应当通知园林绿化行政主管部门参加。对附属绿化工程不符合规划条件、设计方案、相关标准和规范要求的，住房和城乡建设行政主管部门不予办理竣工验收备案手续。

城市园林绿化工程和附属绿化工程竣工验收合格后，方可交付使用。

居住区绿地竣工验收合格后，建设单位应当制作绿地平面图标牌，在居住区的显著位置进行永久公示。

第二十三条 城市工程建设项目竣工验收前，建设单位必须清除附属绿地范围内的地上附着物和垃圾。逾期不清除的，城乡规划主管部门不得办理规划验收手续。

第二十四条 园林绿化行政主管部门应当建立园林绿化企业的守法和诚信档案，将企业守法和诚信情况作为绿化工程招投标活动和行业管理的重要依据。

第三章 管理和保护

第二十五条 城市园林绿化管护实行分工负责制：

（一）政府投资或者政府投资占主导地位的城市绿地，由园林绿化行政主管部门或者其委托的单位负责；

（二）铁路、公路、河道用地范围内的绿地分别由各有关主管部门负责；

（三）单位所属绿地，由该单位负责；

（四）居住区绿地，居住区实行物业管理的由物业公司负责，未实行物业管理的由街道办事处负责；

（五）建设工程范围内保留的树木，在建设期间由建设单位负责。

前款规定以外的，由所在县（市、区）园林绿化行政主管部门明确管护责任。

第二十六条 市、县（市、区）人民政府应当按照省园林绿化养护管理定额标准，确定园林绿化养护管理经费，并纳入同级财政预算，专款专用。

第二十七条 市园林绿化行政主管部门应当制定城市绿地养护技术规范，报市人民政府批准后施行。

绿地养护管理单位应当按照城市绿地养护技术规范实施养护管理。

第二十八条 园林绿化行政主管部门应当对引进外地的苗木、花草和种子进行检疫，指导管护单位做好防疫工作。

禁止使用有病虫害的苗木、花草和种子进行绿化。未经植物检疫机构检疫的，不得引进。

第二十九条 园林绿化行政主管部门应当会同林业、农业等相关部门建立植物疫情监测预报网络，健全有害生物预警预防控制体系，加强植物检疫和有害生物防治。

第三十条　任何单位和个人不得擅自改变绿化用地使用性质，不得破坏城市绿线内的地形、地貌、水体和植被。确需变更的，应当向园林绿化行政主管部门提出申请，办理改变绿化规划、绿化用地使用性质审批手续，并提交下列材料：

（一）申请表；

（二）城乡规划部门批准文件和附图（标明改变绿地位置和面积）；

（三）绿地权属人意见。

经审批同意改变的，由园林绿化行政主管部门安排建设单位按照等值原则（含土地价值）进行异地补建。

第三十一条　未经批准不得砍伐或移植树木。有下列情形之一的，经批准可以砍伐：

（一）严重影响居住安全，且无移植价值的；

（二）妨碍交通、对人身安全或者其他设施构成威胁，且无移植价值的；

（三）发生检疫性病虫害的；

（四）树龄、树容已达到更新期的；

（五）因树木生长抚育需要，且无移植价值的。

有下列情形之一的，经批准可以移植：

（一）因城市建设或者其他特殊需要的；

（二）严重影响居住安全的；

（三）对人身安全或者其他设施构成威胁的。

第三十二条　申请砍伐或移植树木应当向园林绿化行政主管部门提交下列材料：

（一）载明拟砍伐或移植树木的品种、数量、规格、位置等内容的申请书；

（二）权属人意见；

（三）树木补植计划和移植方案。

工程建设项目需要砍伐或移植树木的，还应当提交建设工程规划许可证和附图。

第三十三条　严禁擅自占用园林绿地。因城市建设或者其他特殊需要临时占用绿地的，建设单位应当向园林绿化行政主管部门提出申请，并提交下列材料：

（一）临时占用绿地申请书；

（二）绿地权属人意见；

（三）建设项目用地立项文件等。

第三十四条　砍伐或移植树木、临时占用园林绿地的，本市各区按以下规定权限报批：

（一）砍伐或移植树木的，由区园林绿化行政主管部门提出审查意见，经市园林绿化行政主管部门审核，申报市人民政府批准。

（二）临时占用园林绿地二环内（含二环路）二十平方米以下、其他一百平方米以下的，由区园林绿化行政主管部门签署意见，报区人民政府批准；超出本款规定面积的，由区人民政府报市人民政府批准。

县（市）砍伐或移植树木二十株以下、临时占用园林绿地二百平方米以下的，由所在地县级人民政府批准；超出本款规定数量和面积的，由所在地县级人民政府报上级人民政府批准。

临时占用绿地期限一般不超过一年，因特殊需要超过一年的，必须重新办理审批手续。占用期满后，占用单位应当退还，并在规定期限内恢复绿地原貌。

第三十五条　经批准砍伐或移植树木、临时占用园林绿地的单位和个人应当承担以下费用：

（一）砍伐或移植树木的，应按“伐一补五、移一补三”的原则，就近补植同价值的树木，或承担补植所需费用。

（二）临时占用园林绿地的，承担恢复绿地费用。

（三）损毁园林设施的，承担恢复园林设施费用。

未落实树木补植计划或未缴纳恢复绿地、园林设施费用的，不得进行相应施工。

第三十六条　园林绿化行政主管部门按照兼顾地上、地下管线安全使用和树木正常生长的原则，依据有关技术规范适时对树木进行养护修剪。非因养护需要不得擅自修剪树木。有下列情形需要对树木进行修剪的，应当经园林绿化行政主管部门批准：

（一）影响架空线使用安全的；

（二）遮挡交通信号灯、交通标志的；

（三）影响他人采光、通风及安全，利害关系人提出修剪要求的；

（四）其他影响公共利益和公共安全确需修剪的。

园林绿化行政主管部门组织管护单位修剪，修剪费用由相关单位承担。

第三十七条　遇到抢险救灾和处理事故等紧急情况，必须修剪或砍伐树木的，可以先行处理，但事后三个工作日内须向园林绿化行政主管部门补办手续。

第三十八条 砍伐、移植、修剪树木和临时占用绿化用地施工期间，施工单位应当在施工现场设立施工标牌，公示施工内容、时间和批准机关，接受公众监督。影响安全的，应当设立围栏等安全设施。

第三十九条 城市绿地内禁止下列行为：

（一）偷盗、践踏、损毁树木花草；

（二）饲养家禽家畜、种植农作物；

（三）摆摊设点、野餐烧烤、停放车辆；

（四）焚烧枝叶、垃圾或其他杂物；

（五）随意挖坑、取土，倾倒垃圾、渣土，排放污水污物，堆放物料；

（六）设立私人会所；

（七）擅自设置广告、搭建建（构）筑物；

（八）其他损坏园林绿化及设施的行为。

第四十条 城市绿地内严格控制设置商业、服务摊点、广告等。

第四十一条 对古树名木和古树后续资源按有关规定实行重点保护。园林绿化行政主管部门应当组织对古树名木和古树后续资源进行普查鉴定，建立档案，设立标志，并向社会公布。

第四十二条 园林绿化行政主管部门应当制定养护办法及技术措施，加强监督和技术指导。

古树名木和古树后续资源生长在园林绿化管理单位管辖范围内的，由园林绿化管理单位养护；生长在各单位管界内及个人庭院中的，由所在单位或者个人进行养护。

第四十三条 古树名木和古树后续资源养护经费以市、县（市、区）财政拨款为主，鼓励单位和个人资助。归属个人养护的，园林绿化行政主管部门可给予适当补贴。

第四十四条 严禁砍伐和擅自移植古树名木和古树后续资源。因社会公共利益需要，确需移植的，应当按照下列程序报批：

移植古树名木的，报市园林绿化行政主管部门审核，按照国家和省有关规定报批；

移植古树后续资源的，应当经专家论证、市园林绿化行政主管部门审核，报市人民政府批准。

第四章 监督和检查

第四十五条 市和县（市、区）园林绿化行政主管部门应当按照园林绿化管理规范和标准，加强园林绿化工作的监督检查和指导，及时处理园林绿化违法行为的投诉和举报。

管护单位未按照技术规范进行养护修剪，造成树木损坏或者死亡的，应当追究管理单位领导责任和管护单位相应经济责任。

第四十六条 园林绿化行政主管部门实施园林绿化监督检查时，可以进行现场检查，调查了解有关情况，查阅、复制有关文件、资料。

被监督检查的单位和人员应当予以配合，不得妨碍和阻挠监督检查活动。

第四十七条 市园林绿化行政主管部门应当加强对各区园林绿化行政审批事项的监督检查。

各区园林绿化行政主管部门应当在作出许可决定三日内报市园林绿化行政主管部门和城市管理综合执法部门备案。

第四十八条 城市管理综合执法部门负责园林绿化违法行为的处罚工作。

第四十九条 园林绿化行政主管部门、城市管理综合执法部门应当建立工作联动机制，共享城市绿化管理信息。

城市管理综合执法部门发现违反城市园林绿化规定的行为时，应当及时处理，并告知园林绿化行政主管部门。园林绿化行政主管部门应当协助做好现场勘查等工作。

城市管理综合执法部门对作出的处罚决定、执行情况和强制措施的落实情况，应当于三日内书面告知园林绿化行政主管部门。

第五十条 城市管理综合执法部门对违法相对人除依法处罚外，应当责令其按照园林绿化行政主管部门提出的标准和要求恢复绿地，并与园林绿化行政主管部门共同验收。

第五章 法律责任

第五十一条 有关行政机关工作人员玩忽职守、滥用职权、徇私舞弊的，由其所在单位或上级主管机关给予行政处分。构成犯罪的，依法追究刑事责任。

第五十二条 单位和个人有下列行为之一的，城市管理综合执法部门可对其使用的工具或物品依法采取登记保存措施，并按以下规定给予处罚：

（一）违反本条例第三十一条规定，擅自砍伐或移植树木的，按照

"伐一补五、移一补三"的原则进行补植，并处砍伐或移植树木价值（以市园林绿化主管部门发布的最新苗木价格信息为准）五至十倍罚款。

（二）违反本条例第三十三条规定，未经许可擅自占用园林绿地的，责令限期改正、恢复原貌，并处每平方米一百元至二百元的罚款；造成损失的，应当承担赔偿责任。

（三）违反本条例第三十六条规定，擅自修剪树木的，处五千元以上一万元以下罚款。

第五十三条　违反本条例第三十九条规定，视情节轻重给予警告，责令停止违法行为、限期改正，责令赔偿损失，可对其使用的工具或物品依法采取登记保存措施，并按下列规定处以罚款；构成犯罪的，依法追究刑事责任：

违反（一）（二）（三）（四）（七）项行为规定的，处五百元以下罚款。

违反（五）（八）项行为规定的，责令限期恢复原状，并处一千元以下罚款。造成损失的，应负赔偿责任。

违反（六）项行为规定的，依法追究直接责任人和有关领导责任。

因交通、生产等事故损坏花草树木及绿化设施的，按补偿标准赔偿。

第六章　附则

第五十四条　井陉矿区的园林绿化管理适用本条例对县（市）的规定。

第五十五条　本条例中城市绿线是指城市各类绿地范围的控制线。

本条例中异地补建工程费由少建绿地面积的土地基准地价（或出让价）和绿化工程造价组成。

本条例中城市园林绿化工程是指政府投资或者政府投资占主导地位的园林绿化工程。

第五十六条　古树是指树龄在百年以上的树木。名木是指珍贵、稀有、具有历史、科研、文化价值以及有纪念意义的树木。

本条例中古树后续资源是指树龄在五十年以上不足一百年的树木或者胸径 50 厘米以上的树木。

第五十七条　本条例自 2016 年 5 月 1 日起施行。2004 年 5 月 28 日批准施行的《石家庄市城市园林绿化管理条例》同时废止。

石家庄市低碳发展促进条例

（2016 年 1 月 22 日石家庄市第十三届人民代表大会第五次会议通过
2016 年 5 月 25 日河北省第十二届人民代表大会常务委员会第二十一次会议批准）

河北省人民代表大会常务委员会
关于批准《石家庄市低碳发展促进条例》的决定

（2016 年 5 月 25 日河北省第十二届人民代表大会常务委员会第二十一次会议通过）

河北省第十二届人民代表大会常务委员会第二十一次会议决定，批准《石家庄市低碳发展促进条例》，由石家庄市人民代表大会常务委员会公布施行。

石家庄市人民代表大会常务委员会公告

《石家庄市低碳发展促进条例》已经 2016 年 1 月 22 日石家庄市第十三届人民代表大会第五次会议审议通过，2016 年 5 月 25 日河北省第十二届人民代表大会常务委员会第二十一次会议审议批准，现予以公布，自 2016 年 7 月 1 日起施行。

石家庄市人大常委会

2016 年 5 月 31 日

第一章 总则

第一条 为鼓励支持低碳发展，减少温室气体排放，应对气候变化，改善空气质量，推进绿色发展，根据有关法律法规，结合本市实际，制定本条例。

第二条 本市行政区域内温室气体排放的控制、管理与监督，适用本条例。法律、行政法规另有规定的，从其规定。

第三条 本条例所称低碳发展，是指在资源开发、生产和消费过程中，通过转变生产和生活方式，实现资源高效、节约、清洁利用，减少温室气体排放，改善生态环境，促进经济、社会和环境协调发展。

第四条 促进低碳发展应当坚持科学规划、综合施策、创新驱动、制度保障的原则，建立政府主导、部门协同、社会联动、公众参与的长效机制。

第五条 县级以上人民政府负责本行政区域内的低碳发展促进工作，建立统一协调、上下结合、相互衔接、责任明确的监管体系，并建立责任终身追究制。

县级以上人民政府发展和改革行政管理部门是促进低碳发展的主管部门，其他部门应当在各自职责范围内做好相关工作。

公民、法人和其他组织应当树立低碳发展理念，节约资源，合理消费，减少温室气体及其污染物排放，履行保护生态环境的义务，自觉遵守有关规定，对所造成的损害依法承担责任。

第六条 县级以上人民政府及有关部门应当推广应用低碳新技术、新工艺、新材料和新产品，扶持高等院校、科研机构及具备能力的企业、社会组织和个人开展低碳技术开发、科学研究和智力引进。

鼓励和支持行业协会、中介机构和其他社会组织开展低碳技术推广、咨询服务等活动。

第七条 县级以上人民政府及有关部门应当加强低碳发展宣传教育，普及相关知识，增强全民的低碳发展意识。

鼓励企业事业单位、社会团体和公民参与低碳主题宣传活动，有组织地开展低碳公益活动。

第二章 基本制度

第八条 县级以上人民政府应当将低碳发展纳入国民经济和社会发展规划以及相关专项规划。

市发展和改革行政管理部门应当会同有关部门依据规划编制低碳发展实施方案。县级人民政府应当依据规划和实施方案编制相应的实施计划。

第九条 县级以上人民政府应当建立碳排放总量、煤炭消费总量和碳强度控制制度。

第十条 县级以上人民政府应当建立温室气体排放统计、核算制度，将温室气体排放基础统计指标纳入政府统计指标体系。

县级以上人民政府发展和改革行政管理部门应当会同有关部门定期编制本行政区域的温室气体排放清单。

重点碳排放单位应当每年向市发展和改革行政管理部门提交年度温室气体排放报告。

第十一条 市人民政府应当建立健全低碳发展指标体系，并纳入对下一级人民政府评价考核内容，结合中东西部区域发展定位实行差异化绩效考核，考核结果向社会公布。

县级人民政府应当每年向市人民政府报告低碳发展目标实现情况。

第十二条 市人民政府应当依据国家有关规定，建立碳排放权交易制度。

第十三条 县级以上人民政府应当加强碳排放相关标准的宣传和贯彻，推行具备资质的认证机构开展低碳产品认证。

第三章 能源利用

第十四条 县级以上人民政府应当推进全社会煤炭清洁高效利用，减少煤炭消费。

煤炭生产、销售和进口企业应当按照有关规定对经营性煤炭质量进行标识，标识内容应与实际煤质相符。

禁止销售、进口和燃用不符合质量标准的煤炭。

禁燃区内禁止销售和燃用高污染燃料。

禁止在未经批准的区域加工、存储经营性煤炭。

城镇和工业园区应当实施集中供热，拆除分散燃煤锅炉。农村地区应当减少散煤使用，推广利用清洁型煤及节能环保炉灶。

第十五条 生产经营单位应当按照国家规定生产、加工、销售符合质量标准的燃油。

第十六条 县级以上人民政府应当加强燃气基础设施规划、建设和管理，完善输送网络，加强供应协调，增加燃气供应。鼓励发展天然气分布式能源，有序发展天然气调峰供热。

第十七条　鼓励开发利用太阳能、生物质能、风能、土壤源地热能、空气能等新能源和可再生能源。

第十八条　支持用能单位采用高效节能设备，推广热电联产、余热余压回收、能量梯级利用、利用低谷电以及先进的用能监测和控制技术，实施新能源、清洁能源替代改造。鼓励农村利用液化气和可再生能源。

第十九条　电网企业应当对太阳能、生物质能等可再生能源发电和余热余压发电允许并网，并在核定的上网电量内优先购买。

供热企业应当支持低温热源和工业余热利用，合理安排其进入城市供热管网。

第四章　产业转型

第二十条　县级以上人民政府应当加快产业结构调整，改造提升传统产业，发展现代服务业和高新技术产业，促进产业向集约、高端、低碳方向发展。

第二十一条　市人民政府应当制定重点生态功能区产业准入负面清单。投资主管部门应当按照国家产业结构调整指导目录及负面清单，对固定资产投资项目实行准入管理。将碳排放评估纳入节能评估内容。新建高耗能项目单位产品（产值）能耗应当达到国际先进水平，主要用能设备达到一级能效标准。

第二十二条　推进企业在原（燃）料替代、工艺改进、设备更新和综合利用等方面进行技术改造，从源头输入、生产过程和末端处置等环节降低碳排放。

发展和改革、环境保护等有关部门应当加强重点碳排放单位能源审计和清洁生产审核。

第二十三条　市人民政府可以对高碳排放、高污染行业制定严于国家、本省的淘汰标准和差别化生产要素价格，加快淘汰落后产能。

第二十四条　鼓励节能环保装备和产品生产向规模化、高端化发展。支持节能环保服务业发展，推广合同能源管理和合同节水管理。

第二十五条　鼓励发展生产性服务业，促进传统服务业转型升级，推进生产性服务业与制造业融合发展。

第二十六条　推广农业低碳生产技术，调整农业生产结构，培育优良品种，推行生态循环种植、养殖和加工，促进规模化经营。加强农业基础设施建设，提高农业现代化水平。

第五章　排放控制

第二十七条　县级以上人民政府应当依据主体功能区定位，对水源保护区、水土流失重点防治区等生态功能区生态系统、太行山区植被进行修复和保护。对不符合功能区定位的污染企业，实施关停、转产或搬迁。

第二十八条　城镇建设应当优化空间和产业布局，促进产业和城市融合发展，提高资源利用效率。推进低碳城镇、园区、社区建设。

第二十九条　鼓励煤电、钢铁、建材、化工等重点排放单位实施碳捕集、利用和封存，安装脱硝、脱硫和除尘设施，并按有关规定排放限值运行。

第三十条　加强农业清洁生产，推行测土配方，合理施用化肥和使用塑料薄膜，鼓励农作物秸秆综合利用。规模化畜禽养殖场实行畜禽养殖废弃物资源化利用，鼓励散养密集区实行畜禽粪污分户收集、集中处理。

禁止露天焚烧农作物秸秆、落叶、枯草等。

第三十一条　鼓励对工业废弃物实施综合处置、循环利用，实现减量化、资源化。

第三十二条　推进城市生活垃圾实行分类投放、回收和再生利用。加强餐厨垃圾管理，规范餐厨垃圾收集、运输和无害化处置。

加强城镇污水处理，提高污水收集率、处理率和中水回用效率，推行污泥资源化利用。

建立农村垃圾集中处理体系，推进城乡垃圾处理一体化和农村生活污水达标处理。

加强城镇和农村生活污水、垃圾处理设施建设，城镇生活污水、垃圾处理设施应当全覆盖和稳定运行。

第三十三条　县级以上人民政府应当加强林木、草地、耕地、水源和湿地的管理和保护，增强储碳能力。

第六章　低碳消费

第三十四条　新建建筑应当依据有关规定按照节能建筑标准和绿色建筑标准规划、设计和建设。推进既有民用建筑节能和供热计量改造，推行建筑太阳能一体化。鼓励建设绿色城镇住宅小区。推进绿色农村住宅建设。

第三十五条　优先发展公共交通，完善低碳出行基础设施建设，推广使用节能和新能源汽车，倡导公众选择公共交通工具、非机动车或徒步等低碳方式出行。

第三十六条　国家机关、企业事业单位应当加强日常节能管理，定期开展节能教育，制定节能措施，优先购买和使用低碳、节能、环保的产品和设备，节约用水、用电，节约使用纸张等办公用品。

引导和鼓励公民购买和使用节能、低碳产品，倡导低耗、节能、环保的工作和生活方式。

第三十七条　城市道路、景观和室内照明应当合理控制照明时间，节约用电。

第三十八条　倡导节约使用日常生活用品，避免过度包装，减少一次性用品的使用。

住宿、餐饮、洗浴等服务单位应当提供符合卫生标准、可循环使用的公共用品用具。

第三十九条　除医院等特殊单位以及在生产工艺上对温度有特定要求的用户之外，公共建筑内的国家机关、社会团体、企业事业组织和个体工商户等单位，室内空调温度设置夏季不低于26摄氏度，冬季不高于20摄氏度。

第七章　激励措施

第四十条　发展和改革、环境保护、财政、城市管理、住房和建设、交通运输、国土资源、工业和信息化、水务、城乡规划、科技、农业、林业、税务、园林等有关部门应当优先支持和发展低碳项目。

第四十一条　县级以上人民政府应当加大对低碳发展的财政投入，通过贷款贴息、奖励或补助等形式，对以下活动给予支持：

（一）节能环保产业化项目；

（二）节能降碳技改项目；

（三）低碳能源替代、新能源和可再生能源利用项目；

（四）生态环境建设工程；

（五）温室气体资源化利用；

（六）温室气体清单编制和碳排放核查；

（七）低碳管理能力建设；

（八）低碳宣传、教育和培训；

（九）低碳研究课题；

（十）其他节能降碳活动。

第四十二条　企业主动升级改造，对未列入淘汰范围的落后设备和设施就地拆除回收或销毁的，县级以上人民政府应当给予一定的资金奖励。

第四十三条　各级人民政府应当对在低碳发展工作中做出突出贡献的单位和个人给予表彰和奖励。

第八章　监督管理

第四十四条　县级以上人民政府应当定期向同级人民代表大会或者人民代表大会常务委员会报告本行政区域低碳发展情况，并向社会公布。

县级以上人民代表大会及其常务委员会可以依照法律规定组织低碳发展专项执法检查或者采取质询、询问、代表视察等方式进行监督。

第四十五条　县级以上人民政府有关行政管理部门应当建立促进低碳发展的监督检查制度，按照各自职责加强监督检查。

被监督检查的企业事业单位或其他生产经营者应当接受监督检查，如实提供有关情况和资料。

第四十六条　发展和改革行政管理部门应当建立低碳发展不良记录登记和向社会公开制度，有下列行为之一的企业事业单位和其他生产经营者列入不良记录名单及征信系统。

（一）拒不接受排放总量控制和管理的；

（二）拒不提供碳排放报告、不接受碳排放核查的；

（三）拒不接受能源审计、清洁生产审核或不达标单位拒不限期整改的；

（四）拒不淘汰落后产能的；

（五）拒不进行脱硫脱硝除尘处理且排放不达标的。

当事人对被列入不良记录名单及征信系统有异议的，有权依法提起行政复议或者行政诉讼。

第四十七条　县级以上发展和改革行政管理部门应当督促重点碳排放单位建立温室气体排放管理制度，加强统计核算能力建设，完善温室气体排放核算基础数据统计，规范能源购销凭证管理，健全检测制度，配备和使用合格计量器具。

第四十八条　市发展和改革行政管理部门应当每年组织核查机构对重点碳排放单位进行碳排放量核查，核查后应当出具碳排放量核查报告。

第四十九条　县级以上人民政府应当建立温室气体监管信息平台，对碳排放状况、低碳项目实施、监督检查情况、重大违法行为的处罚等信息依法公开，对重点碳排放单位实施在线监测。

第五十条　县级以上煤炭管理及有关部门应当加强对本行政区域内的煤炭管理，对煤炭质量进行监督检验。

第五十一条　对未通过环境影响评价和节能评估的固定资产投资项

目，县级以上人民政府及投资主管部门不得审批、核准，有关部门不得发放许可证，有关单位不得供水、供电、供热、供气等。

第五十二条　县级以上人民政府应当建立举报、投诉和奖励制度，对妨害低碳发展的行为由有关部门依法查处，对举报人给予奖励。

公民、法人和其他组织有权向县级以上人民政府及其有关部门投诉、举报妨害低碳发展的行为。

对妨害低碳发展损害社会公共利益的行为，法律规定的机关和社会组织，可以依照法律法规的有关规定提起公益诉讼。

县级以上人民政府发展和改革行政管理部门应当加强与人民法院、人民检察院、公安机关的配合，建立低碳发展案件行政执法和刑事司法衔接机制，健全联席会议、案情通报、案件移送制度。

第九章　法律责任

第五十三条　国家机关及其工作人员有下列行为之一的，由其主管部门或者监察机关给予责令改正；情节较重的，对直接负责的主管人员和其他责任人员给予警告、记过、记大过处分；情节严重的，给予降级、撤职、开除处分：

（一）未制定低碳发展实施方案或实施计划的；

（二）篡改、伪造或者支持篡改、伪造监测数据的；

（三）对妨害低碳发展行为不制止、不处理的；

（四）对应当受理的投诉、举报不受理，对已受理的投诉、举报不调查、不处理的；

（五）应当依法公开信息而未公开的；

（六）弄虚作假、玩忽职守、徇私舞弊的；

（七）对低碳发展支持不力的；

（八）其他违反本条例规定妨害低碳发展的。

对重大妨害低碳发展造成严重后果的，除追究直接责任人员的责任外，对负有领导责任的领导人员给予行政处分，或者引咎辞职，或者由其主管部门责令辞职。

第五十四条　违反本条例第十四条第二款规定的，由有关行政管理部门责令改正，情节严重的，处货值金额百分之三十以下的罚款；违反第十四条第三款、第四款规定的，由质量监督行政管理部门、出入境检验检疫行政管理部门、工商行政管理部门按照职责责令限期改正，没收原材料、产品和违法所得，并处货值金额一倍以上三倍以下的罚款；违反第十四条第五款规定的，由发展和改革行政管理部门责令限期改正，并处货值金额一倍以上三倍以下的罚款。

第五十五条　违反本条例第十五条规定的，由质量监督行政管理部门、工商行政管理部门按照职责责令停止生产、加工和销售，没收原材料、产品和违法所得，并处货值金额一倍以上三倍以下的罚款。

第五十六条　违反本条例第十九条第一款规定的，由发展和改革行政管理部门责令限期改正，逾期不改正的，处以企业经济损失一倍以下的罚款；违反第二款规定的，由住房和城乡建设行政管理部门责令限期改正，逾期不改正的，处以企业经济损失一倍以下的罚款。

第五十七条　违反本条例第三十条第二款规定的，由县级以上环境保护行政管理部门责令改正，并处五百元以上二千元以下的罚款。

第五十八条　违反本条例第三十八条第二款规定的，由县级以上商务行政管理部门给予警告；拒不改正的，处五千元以下罚款。

第五十九条　违反本条例第四十五条第二款规定的，由县级以上有关监督检查部门处二万元以上六万元以下的罚款。

第六十条　违反本条例第四十六条第一项规定的，由发展和改革行政管理部门责令限期改正，逾期不改正的，处十万元以上三十万元以下的罚款；违反第二项、第三项规定的，由发展和改革及有关行政管理部门责令限期改正，逾期不改正的，处五万元以上十五万元以下的罚款；违反第四项规定的，由发展和改革行政管理部门、工业和信息化行政管理部门依照《中华人民共和国节约能源法》有关规定处罚；违反第五项规定的，由环境保护行政管理部门依照《中华人民共和国大气污染防治法》有关规定处罚。

第十章　附则

第六十一条　市人民政府根据本条例制定实施细则。

第六十二条　温室气体，是指大气中吸收和重新放出红外辐射的自然和人为的气态成分，包括二氧化碳、甲烷、氧化亚氮、氢氟碳化物、全氟化碳、六氟化硫和三氟化氮。温室气体排放亦称碳排放。

碳强度，是指单位地区生产总值碳排放量。

碳配额，是指政府分配给重点排放单位指定时期内排放二氧化碳的额度。

禁燃区，是指政府划定的禁止销售、使用高污染燃料的区域，该区域内的单位和个人应在政府规定的期限内停止燃用高污染燃料，改用电、天然气、液化石油气或者其他清洁能源。

负面清单，是指重点生态功能区禁止产业准入的详细名录。

合同能源管理，是指用能单位与专业节能服务公司用合同形式约定，以节能效益支付节能服务公司资金投入的机制。

第六十三条　本条例自 2016 年 7 月 1 日起施行。

石家庄市大气污染防治条例

（2000 年 8 月 24 日石家庄市第十届人民代表大会常务委员会第十五次会议通过
2000 年 11 月 27 日河北省第九届人民代表大会常务委员会第十八次会议批准
2005 年 4 月 28 日石家庄市第十一届人民代表大会常务委员会第十六次会议通过相关条款的决定
2005 年 7 月 18 日河北省第十届人民代表大会常务委员会第十六次会议批准
2006 年 8 月 23 日石家庄市第十一届人民代表大会常务委员会第二十七次会议修正
2006 年 11 月 25 日河北省第十届人民代表大会常务委员会第二十五次会议批准
2016 年 8 月 31 日石家庄市第十三届人民代表大会常务委员会第二十七次会议修订
2016 年 12 月 2 日河北省第十二届人民代表大会常务委员会第二十四次会议批准）

河北省人民代表大会常务委员会
关于批准《石家庄市大气污染防治条例（修订）》的决定

（2016 年 12 月 2 日河北省第十二届人民代表大会常务委员会第二十四次会议通过）

河北省第十二届人民代表大会常务委员会第二十四次会议决定，批准《石家庄市大气污染防治条例（修订）》，由石家庄市人民代表大会常务委员会公布施行。

石家庄市人民代表大会常务委员会公告

《石家庄市大气污染防治条例（修订）》已经 2016 年 12 月 2 日河北省第十二届人民代表大会常务委员会第二十四次会议批准，现予以公布，自 2017 年 1 月 1 日起施行。

石家庄市人大常委会
2016 年 12 月 5 日

第一章　总则

第一条　为防治大气污染，改善大气环境质量，保障公众健康，推进生态文明建设，促进经济和社会全面可持续发展，根据《中华人民共和国大气污染防治法》等法律法规，结合本市实际，制定本条例。

第二条　本条例适用于本市行政区域内大气污染的防治及其监督管理。

第三条　防治大气污染，应当坚持源头治理、规划先行，突出重点、防治结合，政府主导、公众参与，强化监管、损害担责的原则。

第四条 市、县级人民政府对本行政区域大气环境质量负总责。

市、县级人民政府环境保护主管部门对本行政区域内的大气污染防治实施统一监督管理。

市、县级人民政府有关部门在各自职责范围内对大气污染防治实施监督管理：

（一）市、县级人民政府发展和改革、工业和信息化部门负责煤炭消费总量控制，优化产业和能源结构以及布局调整，组织推动工业企业技术改造和升级、落后产能淘汰计划实施，压减过剩产能，实施清洁生产，加大清洁能源利用，发展循环经济，制定和完善相关政策措施；

（二）市、县级人民政府公安、交通运输、商务、质监、工商等部门对机动车以及非道路移动机械、油气回收治理、油品质量等实施监督管理；

（三）市、县级人民政府住房和城乡建设、国土资源、交通运输、城市管理、工业和信息化、环境保护等部门对建筑扬尘、矿山扬尘、道路扬尘、企业料堆场等实施监督管理；

（四）市、县级人民政府城市管理、公安、工商、食品监督、农业、安监等部门对餐饮服务、露天烧烤、原煤散烧、秸秆禁烧、销售、燃放烟花爆竹等实施监督管理；

（五）市、县级人民政府农业、林业、畜牧等部门对农业生产、畜禽养殖造成的大气污染等实施监督管理。

乡（镇）人民政府和街道办事处在县级人民政府的领导下，根据本地区的实际，组织开展大气污染防治工作。

第五条 市、县级人民政府应当将大气污染防治工作纳入国民经济和社会发展规划，加大对大气污染防治的财政投入，采取压煤、抑尘、控车、迁企、减排、增绿等综合措施，控制或者削减大气污染物的排放量，逐步改善大气环境质量。

第六条 达到国家大气环境质量标准的市、县级人民政府应当按照国家和省、市要求，制定大气环境质量持续改善措施。

未达到国家大气环境质量标准的市、县级人民政府应当按照国家、省、市大气污染防治目标要求，制定大气环境质量限期达标规划和大气污染防治年度实施计划，采取严格的大气污染控制措施，按期达到规定的大气环境质量标准。

大气环境质量达标规划和大气污染防治年度实施计划以及实施效果应当向同级人民代表大会及其常务委员会报告，并向社会公开。

第七条 上级人民政府应当监督检查下级人民政府及其有关机构履行大气污染防治职责情况，并根据工作任务目标进行考核，考核结果及时向社会公开；下级人民政府及其有关部门应当根据工作任务目标和责任分工，细化分解落实责任。

第八条 鼓励和支持大气污染防治以及相关综合利用的科学技术研究，推广先进的大气污染防治技术，普及大气污染防治科学知识。提高公众的大气环境保护意识，推动公众参与大气环境保护。

鼓励倡导公民采取低碳、节俭的生活方式，自觉履行大气环境保护义务。

市、县级人民政府应当对在防治大气污染、保护和改善大气环境质量方面成绩显著的单位和个人给予奖励。

第九条 市、县级人民政府应当大力开展植树造林活动，鼓励全民植绿增绿，提高绿化覆盖率。

第十条 企业事业单位和其他生产经营者应当采取有效措施，防止、减少大气污染，对所造成的损害依法承担责任。

任何单位和个人有责任和义务保护大气环境，可以向政府有关部门提出意见和建议，有权举报污染大气环境的行为。

第二章 监督管理

第十一条 市人民政府应当结合经济社会发展水平、环境质量状况、产业结构，制定全市削减重点大气污染物排放总量控制指标计划。

县级人民政府应当按照公平、公正、公开的原则，将重点大气污染物排放总量控制指标分解落实到有关排污单位，排污单位不得超过总量控制指标排放大气污染物。

环境保护主管部门在重点大气污染物排放总量控制指标范围内，按照国家和省、市规定进行重点大气污染物排放指标有偿使用和交易。

第十二条 实行排污许可管理的排污单位，应当依法取得排污许可证，未取得排污许可证的不得排放大气污染物。

第十三条 新建、改建、扩建排放大气污染物的建设项目，应当依法进行环境影响评价，其中排放重点大气污染物的项目应当取得重点大气污染物排放指标。未依法进行环境影响评价的建设项目，不得开工建设。

第十四条　企业事业单位和其他生产经营者向大气排放污染物的，应当按照国家和省、市有关规定设置并规范使用有明显标志的大气污染物排放口、永久性监测点位和采样监测平台，对其所排放的大气污染物自行监测，保存原始监测记录，并配合环境保护主管部门或者其他监督管理部门开展监督性监测。

第十五条　企业事业单位和其他生产经营者向大气排放污染物的，浓度不得超过国家和省、市规定的排放标准，重点大气污染物排放总量不得超过总量控制指标。

第十六条 企业事业单位应当按照国家和省、市有关规定和标准规范的要求开展突发大气环境事件风险评估，完善突发大气环境事件风险防控措施，排查治理大气环境安全隐患，制定突发大气环境事件应急预案并备案、演练。

第十七条 向大气排放污染物的重点排污单位，应当按照有关规定安装使用大气污染物排放自动监测设备，并与环境保护主管部门的监控设备联网，保证监测设备正常运行，依法公开排放信息。

排污单位不得破坏、损毁或者擅自拆除、闲置大气污染物排放自动监测设备，不得篡改、伪造监测数据。

第十八条 重点排污单位应当按有关规定公开环境信息，并在单位门口等显著位置设置电子显示屏，公开实时污染物排放种类、浓度、数量、环保设施运行情况等信息，接受公众监督。

第十九条 大气污染防治按照属地管理、分级负责、全面覆盖、责任到人的原则，实行网格化监管，建立和完善网格化的大气环境保护监管机制。

第二十条　市、县级人民政府环境保护主管部门　负责对辖区内排污单位进行现场检查，被检查单位应当如实反映情况，提供必要资料。检查部门应当为被检查单位保守商业秘密。

第三章　防治措施

第一节　燃煤和其他能源污染防治

第二十一条 市人民政府发展和改革部门应当会同有关部门制定区域煤炭消费总量控制规划和削减目标，重点削减工业用煤和民用煤使用量，逐步降低煤炭在一次能源消费中的比重，实现煤炭消费负增长。

县级人民政府应当根据区域煤炭消费总量控制规划和削减目标，制定本行政区域煤炭消费总量控制计划并组织实施。

第二十二条 市人民政府应当根据国家、省有关规定依法划定并逐步扩大高污染燃料禁燃区的范围。县级人民政府可以根据实际情况划定高污染燃料禁燃区。

禁燃区内的企业事业单位和其他生产经营者禁止新建、改建、扩建燃用高污染燃料的设施。现有燃烧高污染燃料的设施应当限期拆除或改用天然气、液化石油气、管道煤气、电或其他清洁能源。

禁燃区内禁止原煤散烧。

第二十三条 市、县级人民政府应当根据有关规定，禁止生产、进口、销售和燃用不符合质量标准的煤炭及其制品。

第二十四条　市、县级人民政府应当限期淘汰不符合国家规定规模的燃煤锅炉，加快改造燃煤锅炉和燃煤工业窑炉，推广使用清洁燃料。

禁止燃煤锅炉、燃煤工业窑炉、单位使用或者经营性的炉灶等设施违规排放。

第二十五条　市、县级人民政府应当统筹规划城乡建设，发展热电联产和集中供热，逐步提高集中供热率，降低能源消耗。

市、县级人民政府应当根据城乡规划，建设符合环境保护要求的集中煤炭交易市场、型煤加工厂和配送中心，加强农村燃煤污染治理。

第二十六条　县级人民政府有关部门依法取缔违法的洗煤厂和经营性储煤（配煤）场及散煤销售摊点。

在市人民政府授权部门划定的区域内，依法取缔所有经营性储煤（配煤）场及散煤销售摊点。

第二十七条　城市建成区及市、县级人民政府划定的其他区域内，从事餐饮服务的企业及其他生产经营者、建筑工地等食堂炉灶，应当使用液化石油气、天然气、电或者其他清洁能源。

第二节　机动车和非道路移动机械污染防治

第二十八条　机动车污染防治实行污染物排放总量控制制度，淘汰高污染物排放机动车。

第二十九条　市、县级人民政府应当将机动车排放污染防治纳入本行政区域大气污染防治规划、交通运输规划和城乡规划，制定机动车排放污染防治的政策措施，加大机动车排放污染防治投入，加强机动车排放污染监督管理。

第三十条　市、县级人民政府应当加快发展、推广应用节能环保型和新能源汽车，完善配套基础设施建设。

第三十一条　本市行政区域内生产、进口、销售或者转入的机动车应当达到本市行政区域执行的机动车排放标准，车型符合国家机动车排放型式核准目录。

第三十二条　在用机动车应当按照有关规定定期进行机动车污染物排放检验，未经检验合格的，公安交通管理部门不得核发安全技术检验合格标志，机动车不得上路行驶。

第三十三条　环境保护主管部门可以会同公安交通管理部门在不影响正常通行的情况下，可以通过遥感监测等技术手段，对机动车排放状况进行监督抽测。

第三十四条　机动车所有人和管理人应当加强机动车的维护和保养，确保在用机动车发动机及污染控制装置保持正常的技术状态，符合机动车污染物排放标准。

任何单位和个人不得擅自拆除或者改装闲置机动车污染控制装置。

第三十五条　机动车环保检测机构应当按照规定的环保检测方法、技术规范进行检测，出具检测报告，建立机动车环保检测档案，保存检测信息和有关技术资料，并向环境保护主管部门实时传送检测数据、视频监控等相关信息。

第三十六条　生产、销售机动车和非道路移动机械用的燃料应当符合国家和省、市规定的标准。

第三十七条　市、县级人民政府应当优化道路建设和管理，改善道路交通状况，加强行人、自行车交通系统建设，保障和改善城市道路的自行车行驶和行人步行条件。

市、县级人民政府根据国民经济发展状况，逐步提高公共交通在城市客运当中的分担率和运输能力，改善公共交通出行的便利性和舒适性。

市人民政府应当建立和完善公共自行车服务体系。

第三十八条　提倡公民选择公共交通、自行车、步行等低碳、环保出行方式，减少机动车排放污染。

第三节　扬尘污染防治

第三十九条 市、县级人民政府应当采取严格的抑尘措施，防治扬尘污染。

从事房屋建筑、市政基础设施建设、矿山开采及加工、河道整治、建筑物拆除、物料运输和堆放、园林绿化等易产生扬尘污染的活动，应当采取措施，防止扬尘污染。

第四十条 裸露地面应当由下列单位或个人采取绿化、硬化或者透水铺装等方法防治扬尘污染：

（一）国有土地由使用人或管理人负责；

（二）没有使用人或管理人的国有土地，由市、县级人民政府确定的部门负责；

（三）城市建成区和市、县级人民政府划定区域内的集体土地，由所有人、使用人负责。

第四十一条 对易产生扬尘的物料堆场应当采取有效抑尘措施。

贮存煤炭、煤渣、煤灰、水泥、石灰、石膏、砂土等易产生扬尘的物料应当密闭；不具备密闭贮存条件的，应当按照有关规定和标准设置围挡并有效覆盖，不得产生扬尘污染。

建筑土方、工程渣土、建筑垃圾应当及时运输到指定场所进行处置；在场地内堆存的，应当有效覆盖。

第四十二条　市、县级人民政府有关部门应当按照职责分工对交通道路采取以下抑尘措施：

（一）对道路工地实施围挡，产生扬尘的物料全面覆盖，做到文明清洁施工；

（二）及时修补破损道路，减轻因路面颠簸造成的物料抛撒和地面扬尘污染；

（三）科学绿化、硬化公共道路两侧、路肩和中间分隔带，减少风蚀和水蚀；

（四）对公共道路实施高效清洁的清扫作业，及时清运道路积土、垃圾和其他遗撒物，并按照规定科学洒水降尘。

所有人、使用人或管理人应当对运输易产生扬尘污染物料的车辆采取封闭或者其他防护措施，防止遗撒或泄漏。

第四十三条　储煤场应当采取以下措施，防止扬尘污染：

（一）依法取得环保手续，制定环保工作制度，配备固定环保工作人员；

（二）采取防渗漏、防流失、防扬尘等措施，设置符合要求的挡风抑尘墙（网），并采取喷淋、苫盖等抑尘措施；位于环境敏感区的重点行业应当实现封闭仓储；

（三）实现地面硬化，建有雨水收集池，保持场地清洁；

（四）出入口设置固定的车辆冲洗设施，建有冲洗水沉淀池；

（五）筛分、破碎设备应当安装

高效除尘器。

第四十四条　建设单位和施工单位应当按照有关规定对施工工地采取抑尘措施，防止扬尘污染。

第四节　工业及其他污染防治

第四十五条　市、县级人民政府应当合理规划工业发展布局，调整优化产业结构和能源结构，实施污染企业搬迁、升级改造，逐步减少大气污染物排放。

第四十六条　严格控制新建、改建、扩建钢铁、建材、石化、化工等行业中的大气重污染工业项目。

新建、改建、扩建的大气重污染工业项目，应当配套建设和使用除尘、脱硫、脱硝等减排装置，或者采取其他控制大气污染物排放的措施。

现有大气重污染工业项目，应当按照国家和省有关规定进行升级改造，开展强制性清洁生产审核，实施清洁生产。

第四十七条 鼓励使用挥发性有机物含量低的原材料和产品，减少挥发性有机物排放。

第四十八条 产生含挥发性有机物废气的生产和服务活动，应当在密闭空间或者设备中进行，并设置废气收集处理系统；无法密闭的，应当采取措施减少废气排放。

第四十九条　石油、化工、印刷、汽车维修喷涂等排放挥发性有机物的企业应当记录原辅材料的挥发性有机物含量、使用量、废弃量，记录生产设施以及污染控制设备的主要操作参数、运行情况和保养维护等事项，作为污染物排放核算和环境信息公开的依据。相关原始记录应按规定保存。

第五十条 储油（气）库、加油（气）站及油（气）罐车应当安装油气回收设施，并保证油气回收设施正常运行。

第五十一条 石油、化工以及其他生产和使用有机溶剂的单位，应当采取措施对管道、设备进行定期检测及日常维护、维修，减少物料泄漏，对泄漏物料应当及时收集处理。

第五十二条 生产经营活动中易产生恶臭气体的企业事业单位和其他生产经营者，应当科学选址，设置合理的防护距离，并安装净化装置或者采取其他措施，防止排放恶臭气体。

第五十三条　排污单位向大气排放粉尘的，应当达到国家和地方排放标准。

严格限制向大气排放含有毒物质的废气和粉尘；确需排放的，须经净化处理，达到国家和地方排放标准。

第五十四条 禁止露天焚烧农作物秸秆、落叶、枯草等产生烟尘污染的物质，以及电子废弃物、沥青、油毡、橡胶、塑料、皮革、垃圾以及其他产生有毒、有害烟尘或恶臭气体的物质。

建设施工需要露天加热沥青的，应当使用带有废气处理装置的密闭加热设备。

第五十五条 禁止烘干、晾晒畜禽粪便。

禁止在人口密集区、旅游景区、机场周围和其他可能对公共场所产生恶臭影响的范围内建设畜禽养殖场或养殖小区。

在禁止范围以外建设畜禽养殖场或养殖小区，应符合所在县级畜牧业发展规划，其环境影响评价文件经有审批权的环境保护主管部门批准，并采取污染防治措施。

第五十六条　任何单位和个人不得在所在地人民政府划定的禁止区域内露天烧烤食品。

第五十七条 禁止在居民住宅楼等非商用建筑、未设立配套规划专用烟道的商住综合楼、商住综合楼内与居住层相邻的楼层内新建、改建、扩建排放油烟的餐饮服务项目。

排放油烟的餐饮服务和经营场所，应当按照要求安装并正常使用油烟净化设施，确保油烟达标排放，防止对附近居民的正常生活环境造成污染。

第五十八条　市、县级人民政府根据实际需要规定烟花爆竹禁售、禁放或者限售、限放的区域和时间，严格限制燃放时间、品种，减少烟花爆竹燃放污染。

鼓励和倡导公民采取文明低碳方式举办婚庆、庆典和祭祀活动，减少大气环境污染。

第四章　重污染天气应对

第五十九条 市、县级人民政府应当将重污染天气应对纳入政府应急管理体系，科学合理编制、完善重污染天气应急预案。

大气污染物排放重点企业应当根据市、县级人民政府制定的重污染天气应急预案，制定重污染天气应急响应操作方案，并按规定备案。

第六十条 市、县级人民政府应当建立重污染天气监测预警和应急响应体系。

环境保护主管部门应当会同气象等有关部门建立重污染天气预警和会商机制，开展大气环境质量监测和预报。

重污染天气预警信息由市、县级人民政府统一发布，其他任何单位和个人不得擅自发布。

第六十一条 市、县级人民政府启动重污染天气应急预案后，大气污染物排放重点企业应当及时启动重污染天气应急响应操作方案。

第六十二条 市、县级人民政府应当依据重污染天气的预警等级，根据应急需要采取责令有关企业停产或者限产、限制部分机动车行驶、禁止露天烧烤、停止工地土石方作业和建筑物拆除施工、停止幼儿园和学校组织的户外活动、组织开展人工影响天气作业等应急措施。

重污染天气应急响应结束后，市、县级人民政府应当及时对应急预案实施情况进行评估。

第五章 法律责任

第六十三条 市、县级人民政府环境保护主管部门和其他负有大气环境保护监督管理职责的部门有下列行为之一的，由其上级主管部门或者监察机关责令改正，对直接负责的主管人员和其他直接责任人员依法给予处分；构成犯罪的，依法追究刑事责任：

（一）违反法律法规、主体功能区定位、生态环境保护规划等盲目决策，致使大气环境遭受破坏的；

（二）在职责范围内对严重大气污染事件处置不力导致严重后果的；

（三）违反规定核发排污许可证的；

（四）应当依法公开大气环境信息而未公开的；

（五）篡改、伪造或者指使篡改、伪造监测数据的；

（六）对环境违法行为进行包庇的；

（七）截留、挪用大气污染防治专项资金的；

（八）对举报不及时查处或者泄露举报人相关信息的；

（九）应当移送公安机关立案侦查的大气污染案件不移送的；

（十）其他滥用职权、玩忽职守、徇私舞弊的。

县级人民政府主要负责人任期内，区域大气环境质量持续恶化的，应当追究行政责任；造成生态环境严重破坏的，应当引咎辞职或者由其主管部门责令辞职。

第六十四条 违反本条例规定，有下列行为之一的，由市、县级人民政府环境保护主管部门责令停止排污或者限制生产、停产整治，并处十万元以上三十万元以下的罚款；情节较重的，并处三十万元以上一百万元以下的罚款；情节严重的，报经有批准权的人民政府批准，责令停业、关闭。受到罚款处罚，被责令改正，拒不执行的，依法作出处罚决定的行政机关可以自责令改正之日的次日起，按照原处罚数额按日连续处罚。

（一）未依法取得排污许可证排放大气污染物的；

（二）超过大气污染物排放标准或者超过重点大气污染物排放总量控制指标排放大气污染物的。

第六十五条 违反本条例规定，有下列行为之一的，由县级以上人民政府环境保护主管部门责令限期改正，处二万元以上五万元以下的罚款；情节较重的，处五万元以上十万元以下的罚款；情节严重的，处十万元以上二十万元以下的罚款；拒不改正的，责令停产整治：

（一）未按照规定安装大气污染物排放自动监测、监控等设备或者未按照规定与环境保护主管部门的监控设备联网，并保证监测设备正常运行的；

（二）破坏、损毁或者擅自拆除、闲置大气污染物排放自动监测设备的；

（三）重点排污单位不公开或者不如实公开自动监测数据的；

（四）篡改、伪造监测数据的；

（五）未按照规定设置大气污染物排放口的。

第六十六条 违反本条例规定，重点排污单位未按要求设置电子显示屏，如实公开环境信息的，由市、县级人民政府环境保护主管部门责令改正，并处以一万元以上三万元以下的罚款。

第六十七条 违反本条例规定，企业事业单位有下列行为之一的，由市、县级环境保护主管部门责令改正，可以处一万元以上三万元以下的罚款：

（一）未按规定开展突发环境事件风险评估工作，确定风险等级的；

（二）未按规定将突发环境事件应急预案备案的。

第六十八条 违反本条例规定，以拒绝进入现场等方式拒不接受环境保护主管部门及其委托的环境监察机构或者其他负有大气环境保护监督管理职责的部门的监督检查，或者在接受监督检查时弄虚作假的，由市、县级人民政府环境保护主管部门或者其他负有大气环境保护监督管理职责的部门责令改正，处二万元以上六万元以下的罚款；情节较重的，处六万元以上二十万元以下的罚款；构成违反治安管理行为的，由公安机关依法予以处罚。

第六十九条 违反本条例规定，在禁燃区内新建、改建、扩建燃用高污染燃料的设施，或者未按照规定停止燃用高污染燃料的，由市、县级人民政府环境保护主管部门没收燃用高污染燃料的设施，并处二万元以上六万元以下的罚款；情节较重的，并处六万元以上二十万元以下的罚款。

第七十条 违反本条例规定，生产、进口、销售不符合国家和省、市规定质量标准的煤炭及其制品的，由市、县级人民政府质量监督、出入境检验检疫机构和工商行政管理部门按照职责责令改正，没收原材料、产品和违法所得，并处货值金额一倍以上三倍以下的罚款。

单位燃用不符合国家和省、市规定标准的煤炭及其制品的，由县级以上环境保护主管部门责令改正，处货值一倍以上三倍以下的罚款。

第七十一条 违反本条例规定，在城市建成区及市、县级人民政府划定的其他区域内，从事餐饮服务的企业及其他生产经营者、建筑工地等食堂炉灶未使用清洁能源的，由市、县级人民政府确定的监督管理部门责令停止使用，并处一万元以上三万元以下的罚款。

第七十二条 违反本条例规定，伪造机动车、非道路移动机械排放检验结果或者出具虚假排放检验报告的，由市、县级环境保护主管部门没收违法所得，并处十万元以上三十万元以下的罚款；情节较重的，并处三十万元以上五十万元以下的罚款；情节严重的，由负责资质认定的部门取消其检验资格。

违反本条例规定，未按规定建立机动车环保检测档案，保存检测信息和有关技术资料，或者未向环境保护主管部门实时传送检测数据、视频监控等相关资料的，由市、县级环境保护主管部门责令改正，并处一万元以上三万元以下的罚款；拒不改正的，依法作出处罚决定的行政机关可以自责令改正之日的次日起，按照原处罚数额按日连续处罚。

第七十三条 违反本条例规定，企业事业单位和其他生产经营者有下列行为之一的，由市、县级人民政府确定的监督管理部门根据各自职责责令改正，处一万元以上三万元以下的罚款；情节较重的，处三万元以上十万元以下的罚款；拒不改正的，责令其停工整治。受到罚款处罚，被责令改正，拒不改正的，可以自责令改正之日的次日起，按照原处罚数额按日连续处罚：

（一）从事房屋建筑、市政基础设施建设、矿山开采及加工、河道整治、建筑物拆除、物料运输和堆放、园林绿化等易产生扬尘污染的活动，未采取有效措施防治扬尘污染的；

（二）易产生扬尘污染的物料堆场未采取有效措施防治扬尘污染的。

第七十四条 违反本条例规定，国有土地的使用人或管理人和集体土地的所有人或使用人，未对裸露地面依法采取扬尘防治措施的，由市、县级人民政府确定的监督管理部门根据各自职责责令改正，处一万元以上三万元以下的罚款；情节较重的，处三万元以上十万元以下的罚款；拒不改正的，责令其停工整治。

第七十五条 违反本条例规定，运输易产生扬尘污染物料的车辆，未采取密闭或其他防护措施的，由市、县级人民政府确定的监督管理部门责令改正，处二千元以上五千元以下的罚款；情节严重的，处五千元以上二万元以下的罚款；拒不改正的，车辆不得上道路行驶。

第七十六条 违反本条例规定，有下列行为之一的，由县级以上人民政府环境保护主管部门责令改正，处二万元以上五万元以下罚款；情节较重的，处五万元以上十万元以下的罚款；情节严重的，处十万元以上二十万元以下的罚款；拒不改正的，责令停产整治或者报经有批准权的人民政府批准，责令停业、关闭：

（一）产生含挥发性有机物废气的生产和服务活动，未在密闭空间或者设备中进行，未设置废气收集处理系统；无法密闭的，未采取措施减少废气排放的；

（二）排放挥发性有机物，未记录、保存相关排放信息和生产信息的；

（三）储油（气）库、加油（气）站及油（气）罐车未按规定安装并正常使用油气回收设施的；

（四）石油、化工以及其他生产和使用有机溶剂的企业，未采取措施对管道、设备进行日常维护、维修，减少物料泄漏或者对泄漏的物料未及时收集处理的。

第七十七条 违反本条例规定，企业事业单位和其他生产经营者未采取措施防止排放恶臭气体的，由市、县级环境保护主管部门责令限期改正，处一万元以上三万元以下的罚款；情节严重的，处三万元以上十万元以下的罚款；拒不改正的责令停工整治或者停业整治。

第七十八条　违反本条例规定，露天焚烧秸秆、落叶、枯草等产生烟尘污染的物质，在禁止燃放区域燃放烟花爆竹的，由市、县级以上人民政府确定的监督管理部门责令改正，并处五百元以上二千元以下的罚款。

第七十九条　违反本条例规定，烘干、晾晒畜禽粪便的，由环境保护主管部门责令停止生产或关闭，并处五千元以上二万元以下的罚款。

第八十条 违反本条例规定，在禁止区域内露天烧烤食品的，由市、县级城市管理部门责令改正，没收烧烤工具和违法所得，并处五百元以上一千五百元以下的罚款；情节较重的，并处一千五百元以上五千元以下的罚款；情节严重的，处五千元以上二万元以下的罚款。

第八十一条　违反本条例规定，在居民住宅楼等非商用建筑、未设立配套规划专用烟道的商住综合楼、商住综合楼内与居住层相邻的楼层内新建、改建、扩建排放油烟的餐饮服务项目的，由市、县级人民政府确定的监督管理部门责令改正；拒不改正的，予以关闭，并处一万元以上三万元以下的罚款；情节严重的，处三万元以上十万元以下的罚款。

第八十二条　违反本条例规定，未按照规定启动重污染天气应急预案的企业，由市、县级环境保护主管部门责令立即改正，处一万元以上三万元以下的罚款。

第六章　附则

第八十三条　石家庄市人民政府确定的开发区（园区）管委会有关大气污染防治的职责参照本条例执行。

第八十四条　本条例所称城市建成区是指城市行政区内实际已成片开发建设、市政公用设施和公共设施基本具备的地区。

第八十五条　本条例所称非道路移动机械，是指装配有发动机的移动机械和可运输工业设备。

第八十六条　环境敏感区是指依法设立的各级各类自然、文化保护地，以及对建设项目的某类污染因子或者生态影响因子特别敏感的区域。

第八十七条　本条例自 2017 年 1 月 1 日起施行。2000 年 11 月 27 日河北省第九届人民代表大会常务委员会第十八次会议批准的《石家庄市大气污染防治条例》同时废止。

石家庄市国有土地上房屋征收与补偿办法

石家庄市人民政府令第 192 号

《石家庄市国有土地上房屋征收与补偿办法》已经 2016 年 4 月 8 日市第十三届人民政府第五十三次常务会议讨论通过，现予发布，自 2016 年 7 月 1 日起施行。

市长　邢国辉

2016 年 4 月 8 日

第一章　总则

第一条　为规范国有土地上房屋征收与补偿活动，维护公共利益，保障被征收房屋所有权人的合法权益，根据国务院《国有土地上房屋征收与补偿条例》《河北省国有土地上房屋征收与补偿实施办法》，结合本市实际，制定本办法。

第二条　本市行政区域内国有土地上的房屋征收与补偿，适用本办法。

第三条　房屋征收与补偿应当遵循决策民主、程序正当、补偿公平、结果公开的原则。

第四条　石家庄市人民政府负责本行政区域内国有土地上的房屋征收与补偿工作，并对下级人民政府征收与补偿工作实施监督。

经市人民政府决定由桥西区、新华区、长安区、裕华区、藁城区、栾城区、鹿泉区（以下简称市内七区）人民政府进行征收的项目，由市内七区人民政府负责房屋征收与补偿工作。

各县（市）、矿区人民政府负责本辖区内国有土地上房屋征收与补偿工作。

第五条 市、县（市）、区住房城乡建设主管部门或由政府确定的房屋征收部门（以下简称房屋征收部门）负责组织实施本辖区内的房屋征收与补偿工作。

市住房城乡建设主管部门及所属的房屋征收管理机构应加强对各县（市）、区房屋征收部门的指导，规范其房屋征收与补偿行为。

被征收房屋所在地辖区政府、有关部门和街道办事处、乡镇政府应当按照各自职责协同房屋征收部门做好房屋征收与补偿的相关工作。

第六条 房屋征收部门可以委托房屋征收实施单位，承担房屋征收与补偿的具体工作。房屋征收实施单位不得以营利为目的。

市住房城乡建设主管部门应加强对房屋征收实施单位的管理，具体办法另行制定。

各县（市）、区人民政府根据需要可通过购买服务方式完成房屋征收以及与房屋征收相关的测绘、房屋拆除、法律服务、房屋征收劳务等专业性工作。

第七条 市住房城乡建设主管部门应建立房屋征收人力资源库和信用档案，并对全市从事房屋征收工作的人员进行有关法律、业务等知识培训和考核。

第二章 征收决定

第八条 为公共利益的需要，有下列情形之一，确需征收房屋的，由市、县级人民政府作出房屋征收决定：

（一）国防和外交的需要；

（二）由政府组织实施的能源、交通、水利等基础设施建设的需要；

（三）由政府组织实施的科技、教育、文化、卫生、体育、环境和资源保护、防灾减灾、文物保护、社会福利、市政公用等公共事业的需要；

（四）由政府组织实施的保障性安居工程建设的需要；

（五）由政府依照城乡规划法有关规定组织实施的对危房集中、基础设施落后等地段进行旧城区改建的需要；

（六）法律、行政法规规定的其他公共利益的需要。

第九条 依照本办法第八条规定确需征收房屋的各项建设活动，应当符合国民经济和社会发展规划、土地利用总体规划、城乡规划和专项规划。

保障性安居工程建设、旧城区改建，应当纳入市、县级国民经济和社会发展年度计划。

第十条 市房屋征收部门会同有关部门根据国民经济和社会发展规划和年度计划、土地利用总体规划、城乡规划和专项规划编制市区年度房屋征收计划，报市人民政府批准后实施。

第十一条 房屋征收部门根据房屋征收计划会同城乡规划部门拟定房屋征收具体范围，经市、县级人民政府批准并予以公布。

第十二条 自房屋征收范围公布之日起，房屋征收范围内的单位和个人不得实施下列不当增加补偿费用的行为，违反规定实施的，不予补偿。

（一）新建、改建、扩建房屋；

（二）改变房屋用途；

（三）分割转让和分户，但法律另有规定的除外；

（四）非住宅房屋租赁；

（五）其他不当增加补偿费用的行为。

房屋征收部门应当就前款所列事项，以书面形式通知发展改革、国土资源、城乡规划、住房城乡建设等有关部门暂停办理相关手续。暂停办理的书面通知应当载明暂停期限。暂停期限最长不得超过1年。

第十三条 税务、公安、国土资源、住房城乡建设等部门应当按照各自职责向房屋征收部门提供被征收人或房屋承租人纳税、户籍、工商登记、房屋和土地以及个人住房情况等信息。

第十四条 房屋征收部门可委托房屋征收实施单位和房地产价格评估机构实施调查登记和预评估，调查内容包括：

（一）被征收人基本情况；

（二）征收范围内房屋的地址、权属、用途、结构、建筑面积等情况；

（三）征收范围内房屋土地权属、用途、面积等情况；

（四）被征收房屋装饰装修、附属设施、附属物情况；

（五）未经登记建筑和临时建筑等情况；

（六）被征收房屋出租、抵押、查封情况；

（七）被征收人拟选择的补偿方式；

（八）征收范围内及就近地段房屋交易价格情况；

（九）因房屋征收造成停产、停业损失等情况；

（十）被征收人是否符合住房保

障条件的情况；

（十一）其他需要调查登记的情况。

调查登记结果应当在房屋征收范围内向被征收人公布。被征收人对公布的调查登记结果有异议的，房屋征收部门或房屋征收实施单位应当进行核实。

第十五条　被征收房屋的使用性质和建筑面积以房屋登记簿的记载为准。

对房屋使用性质或建筑面积有异议的，由当事人提出书面申请，城乡规划、国土资源、住房城乡建设部门按照各自职责作出书面认定。认定后，被征收房屋的建筑面积与房产证建筑面积不符的，由房屋征收部门委托有资质的测绘机构进行测量，测量结果超出房产证面积的部分按照被征收房屋市场平均价格的80%进行货币补偿。

第十六条　房屋征收部门对征收范围内未经登记的建筑和临时建筑，报市、县级人民政府组织国土资源、城乡规划等部门依据各自职能进行调查、认定和处理。

对认定为合法建筑的和未超过批准期限的临时建筑给予补偿；对认定为违法建筑和超过批准期限的临时建筑不予补偿，并在征收范围内予以公布。

第十七条　调查、登记、认定结束后，房屋征收部门应根据回迁安置的需要组织编制旧城区改建项目用于产权调换的住宅房屋建设地块修建性详细规划或建设工程设计方案的总平面图报市、县城乡规划部门审定。

第十八条　房屋征收部门应当根据调查登记、房屋预评估和产权调换用房等情况拟定房屋征收补偿方案，房屋征收补偿方案应当包括以下主要内容：

（一）征收范围、补偿方式；

（二）不同类型被征收房屋预评估市场平均价格；

（三）产权调换房屋的预评估市场平均价格、产权调换房屋位置、户型图及交房条件等情况；

（四）不同类型被征收房屋的公摊补助系数；

（五）过渡方式、期限，临时安置用房标准，奖励与补助标准；

（六）停产停业损失计算标准；

（七）签约期限；

（八）其他应该纳入补偿方案的内容。

第十九条　房屋征收部门应当将拟定的房屋征收补偿方案报市、县级人民政府，由市、县级人民政府组织发展改革、国土资源、城乡规划、住房城乡建设、财政等有关部门及专家进行论证。

市内七区房屋征收部门在房屋征收补偿方案论证前，应将房屋征收补偿方案报市房屋征收部门综合平衡。

第二十条　房屋征收补偿方案经论证后，市、县级人民政府应当将房屋征收补偿方案在本级政府和房屋征收部门网站公开征询公众意见，征询公众意见期限不少于30日。在征询公众意见期间，房屋征收部门还应当将房屋征收补偿方案送达被征收人。

市、县级人民政府应当将征求意见情况和根据公众意见修改的情况及时公布。

第二十一条　因旧城区改建需要征收房屋的，半数以上被征收人认为房屋征收补偿方案不符合《国有土地上房屋征收与补偿条例》和本办法规定的，由市、县级人民政府组织召开被征收人代表、公众代表、房屋征收部门等参加的听证会。

市、县级人民政府应当根据听证会情况对房屋征收补偿方案组织修改。

第二十二条　市、县级人民政府应当组织发展改革、国土资源、城乡规划、住房城乡建设、公安、财政、信访等有关部门进行研究，作出房屋征收决定；房屋征收决定涉及被征收人数量较多的，应当经政府常务会议讨论决定。

市、县级人民政府作出房屋征收决定前，应当进行社会稳定风险评估。

第二十三条　市、县级人民政府作出房屋征收决定后应当在10日内公告，并由房屋征收部门送达被征收人。公告应当载明房屋征收补偿方案和行政复议、行政诉讼权利等事项。

市、县级人民政府及房屋征收部门应当做好房屋征收与补偿的宣传、解释工作。

房屋被依法征收的，征收范围内的国有土地使用权同时收回。

第二十四条　县级房屋征收部门应当在本级人民政府作出房屋征收决定之日起7日内，将房屋征收决定及房屋征收补偿方案报市房屋征收部门备案。

第二十五条　作出房屋征收决定前，征收补偿费用应当足额到位、专户存储、专款专用。

房屋征收部门应当加强对征收补偿资金的监管，资金监管办法由市人民政府另行制定。

第二十六条　房屋征收所需的调查登记、预评估、论证、听证、鉴定、公告、公证、评估及其他与征收工作相关费用纳入征收成本，根据工作需要拨付。

第三章 补偿

第二十七条 对被征收人的补偿包括：

（一）被征收房屋价值的补偿；

（二）因征收房屋造成的搬迁、临时安置的补偿；

（三）因征收房屋造成的停产停业损失的补偿。

对在规定的搬迁期限内搬迁的被征收人，市、县级人民政府应当给予奖励。

第二十八条 征收国有土地上房屋的，在签约期限内，被征收人应当与房屋征收部门签订房屋征收补偿协议，房屋征收补偿协议应当载明下列内容：

（一）被征收房屋的地址、权属、建筑面积、用途、类型、结构、楼层等；

（二）补偿方式；

（三）货币补偿金额、付款方式、付款期限、结算方式等；

（四）用于产权调换房屋的地址、权属、建筑面积、用途、结构、楼层、差价结算方式；

（五）搬迁期限、搬迁过渡方式、过渡期限、搬迁费、临时安置费等；

（六）停产、停业损失等事项；

（七）违约责任；

（八）其他约定事项。

房屋征收补偿协议示范文本格式由市房屋征收部门统一制作并公布。

第二十九条 对被征收房屋价值的补偿，不得低于房屋征收决定公告之日被征收房屋类似房地产的市场价格。被征收房屋价值的补偿，由具有相应资质的房地产价格评估机构根据房屋征收评估办法确定的不同类型被征收房屋的市场平均价格，结合被征收房屋的建筑面积、结构、新旧程度和配套设施、占地面积、土地使用权等因素评估确定。

房屋征收部门应根据被征收住宅房屋的具体情况给予公摊补助。

公摊补助系数由市、县（市）、矿区人民政府公布。

第三十条 征收未超过批准期限或未规定期限且使用时间未超过 2 年的临时建筑的价值，由房地产价格评估机构按其房屋重置价乘以折旧系数评估确定。

折旧系数按下列规定确定：

（一）有批准年限的，以批准年限为基数确定；

（二）无批准年限的，以 2 年的期限为基数确定。

第三十一条 房地产价格评估机构由被征收人在规定的时间内协商选定；协商不成的，由房屋征收部门通过组织被征收人按少数服从多数的原则投票决定，或采取摇号、抽签等随机方式确定。

房地产价格评估机构应当独立、客观、公正地开展房屋征收评估工作，任何单位和个人不得干预。

市房屋征收部门每年应公布社会信誉好、综合实力强、具有相应资质的房地产价格评估机构名单，供被征收人选择。

第三十二条 房屋征收部门或被征收人对评估确定的被征收房屋价值有异议的，可以向原房地产价格评估机构申请复核评估。对复核结果有异议的，可以向市房地产价格评估专家委员会申请鉴定。

市住房城乡建设主管部门应组织由房地产估价师、城市规划和法律等方面专家成立房地产价格评估专家委员会。

第三十三条 被征收人可以选择货币补偿，也可以选择房屋产权调换；鼓励被征收人选择货币化安置。

第三十四条 被征收人选择货币补偿的，房屋征收部门应当向被征收人支付货币补偿费。

被征收人选择房屋产权调换的，房屋征收部门应提供产权调换房屋。产权调换房屋为现房的，房屋征收部门与被征收人计算、结清货币补偿费与产权调换房屋价值的差价；产权调换房屋为期房的，房屋征收部门与被征收人计算货币补偿费与产权调换房屋价值的差价，在交付房屋时，结清差价款。

用于产权调换房屋的价值，由房地产价格评估机构根据房屋征收评估办法评估确定。

第三十五条 征收执行国家租金标准的公有住宅房屋实行货币补偿的，房屋承租人未享受过国家房改政策购房的，货币补偿费的 20% 支付给被征收人，80% 支付给房屋承租人，房屋承租人不再享受房改政策购房；房屋承租人他处房屋已按规定面积标准享受国家房改政策购房的，货币补偿费的 80% 支付给被征收人，20% 支付给房屋承租人；房屋承租人已按国家房改政策购房，但未达到规定面积标准的，其不足规定面积标准的部分房屋面积，货币补偿费的 20% 支付给被征收人，80% 支付给房屋承租人，超过规定面积标准的部分房屋面积，货币补偿费的 80% 支付给被征收人，20% 支付给房屋承租人。

第三十六条　征收执行国家规定租金标准的公有住宅房屋实行产权调换的，如被征收人或房屋承租人不结算差价，房屋征收部门可用被征收房屋补偿费购买等价值量的房屋，由被征收人用于安置原房屋承租人，并重新订立房屋租赁合同。

第三十七条　征收执行国家规定租金标准的非住宅房屋，被征收人已对房屋承租人进行安置的，应实行货币补偿。实行产权调换的，房屋征收部门可用被征收房屋补偿费购买等价值量的房屋，由被征收人用于安置房屋承租人，并重新订立房屋租赁合同。

第三十八条　被征收人符合住房保障条件的，市、县级人民政府应当优先给予住房保障。

（一）实行货币补偿的，被征收人家庭他处无住房且总建筑面积不足三十平方米的，按三十平方米予以补偿，补偿后仍符合条件的，优先予以住房保障。

（二）实行产权调换的，被征收人家庭他处无住房且总建筑面积不足三十平方米的，调换后的住房三十平方米以内部分，被征收人不需支付房款，超过部分被征收人按房地产市场价格结清差价。

对难以支付差价款的家庭，其所调换的住房可以与市、县级人民政府按一定比例共有，被征收人应当就保障标准内非自有产权的部分向产权人支付廉租住房租金，就保障标准外非自有产权的部分向产权人支付市场价租金。被征收人在具备支付能力且愿意购买时，可以按再次购买时的市场价格购买。

第三十九条　因征收房屋造成搬迁的，由房屋征收部门向被征收人支付搬迁费；过渡搬迁的，按一次性搬迁费的 2 倍计发。用于产权调换的房屋尚未建成的，被征收人可自行过渡。对自行过渡确有困难的，由房屋征收部门提供周转房过渡。

征收住宅房屋，被征收人选择货币补偿的，房屋征收部门应支付被征收人 12 个月的临时安置费；被征收人选择现房进行产权调换的，房屋征收部门应支付 3 个月的临时安置费；被征收人选择期房产权调换自行过渡的，由房屋征收部门与被征收人在期房的合理建设工期内约定过渡期限，并支付临时安置费。

征收非住宅用房，被征收人选择货币补偿的，被征收房屋的临时安置补偿费按 6 个月计算；被征收人选择产权调换的，被征收房屋的临时安置补偿费按实际期限计算。

期房的合理建设工期 6 层以下的为 18 个月，7 层至 11 层的为 24 个月，12 层至 24 层的为 30 个月，25 层以上的为 36 个月。

搬迁费和临时安置费具体标准由市、县（市）、矿区人民政府根据本地经济发展情况制定，并予以公布执行。

第四十条　过渡期限超过补偿安置协议约定期限，按下列规定执行：

（一）对自行过渡的被征收人或执行国家租金标准的房屋承租人，应当自逾期之月起，以规定标准为基数，增加临时安置费：

1. 逾期 12 个月以内的，自逾期之月起增加 50%；

2. 逾期 12 个月不满 24 个月的，自逾期第 13 个月起增加 75%；

3. 逾期 24 个月以上的，自逾期第 25 个月起增加 100%。

（二）对房屋征收部门提供周转房的被征收人或执行国家租金标准的房屋承租人，应当自逾期之月起以规定标准按被征收房屋的建筑面积每月付给临时安置补偿：

1. 逾期 12 个月以内的，自逾期之月起按规定标准的 50% 计发；

2. 逾期 12 个月不满 24 个月的，自逾期第 13 个月起按规定标准的 75% 计发；

3. 逾期 24 个月以上的，自逾期第 25 个月起按规定标准 100% 计发。

房屋征收部门与被征收人对前款另有约定的从其约定。

第四十一条　被征收房屋室内装饰装修价值，机器设备、物资、燃气、供热、空调、热水器等搬迁、安装费用，以及停产停业损失等补偿，由征收当事人协商确定；协商不成的，可以委托房地产价格评估机构通过评估确定。

前款补偿费用确定后，应当对被征收人进行补偿；被征收人与房屋承租人对受补偿人另有约定的从其约定。

第四十二条　征收设有抵押权的房屋，依照国家有关担保法律法规执行。

第四十三条　被征收人与房屋征收部门在征收补偿方案确定的签约期限内达不成协议，或者被征收人不明确的，由房屋征收部门报请作出房屋征收决定的市、县级人民政府依照本办法的规定，按照征收补偿方案作出补偿决定，并在房屋征收范围内予以公告。

房屋征收补偿决定应当公平，内容包括本办法第二十八条规定的有关征收补偿协议的事项，房屋征收补偿决定中确定的搬迁期限应不少于 15

日。

被征收人对补偿决定不服的，可以依法申请行政复议，也可以依法提起行政诉讼。

第四十四条 被征收人不明确的，市、县级人民政府作出房屋征收补偿决定后，房屋征收部门或委托的房屋征收实施单位应制作勘察记录，并向公证机构办理证据保全。

第四十五条 被征收人与房屋征收部门签订征收补偿协议时应将房屋所有权证、国有土地使用权证或不动产权证书交付房屋征收部门；房屋征收部门持房屋征收决定、征收补偿协议或者补偿决定、房屋所有权证、国有土地使用权证或不动产权证书到国土资源部门办理注销手续。

第四十六条 被征收人在法定期限内不申请行政复议或不提起行政诉讼，在补偿决定规定的期限内又不搬迁的，由作出房屋征收决定的市、县级人民政府依法申请人民法院强制执行。

强制执行申请书应当附具补偿金额和专户存储账号、产权调换房屋和周转用房的地点和面积等材料。

第四十七条 实施房屋征收应当先补偿、后搬迁。

作出房屋征收决定的市、县级人民政府对被征收人给予补偿后，被征收人应当在补偿协议约定或者补偿决定确定的搬迁期限内完成搬迁。

任何单位和个人不得采取暴力、威胁或者违反规定中断供水、供热、供气、供电和道路通行等非法方式迫使被征收人搬迁。禁止建设单位参与搬迁活动。

第四十八条 房屋拆除应当由具备保证安全条件的建筑施工单位实施，由建筑施工单位负责人对房屋拆除安全负责。

第四十九条 房屋征收部门应当依法建立房屋征收补偿档案，并将每户补偿情况在房屋征收范围内向被征收人公布。

第五十条 公安、教育、民政、人力资源与社会保障等部门，应按照各自职责支持房屋征收工作，应及时办理被征收人的户口、子女入学、转学及社会保障等相关手续，不得借故增加房屋征收部门和被征收人的负担。

第四章 法律责任

第五十一条 市、县级人民政府及房屋征收部门的工作人员在房屋征收与补偿工作中不履行本办法规定的职责，或者滥用职权、玩忽职守、徇私舞弊的，由市人民政府责令改正，通报批评；造成损失的，依法承担赔偿责任；对直接负责的主管人员和其他直接责任人员，依法给予处分；构成犯罪的，依法追究刑事责任。

第五十二条 采取暴力、威胁或者违反规定中断供水、供热、供气、供电和道路通行等非法方式迫使被征收人搬迁，造成损失的，依法承担赔偿责任；对直接负责的主管人员和其他直接责任人员，构成犯罪的，依法追究刑事责任；尚不构成犯罪的，依法给予处分；构成违反治安管理行为的，依法给予治安管理处罚。

第五十三条 采取暴力、威胁等方法阻碍依法进行的房屋征收与补偿工作，构成犯罪的，依法追究刑事责任；构成违反治安管理行为的，依法给予治安管理处罚。

第五十四条 贪污、挪用、私分、截留、拖欠征收补偿费用的，责令改正，追回有关款项，限期退还违法所得，对有关责任单位通报批评、给予警告；造成损失的，依法承担赔偿责任；对直接负责的主管人员和其他直接责任人员，构成犯罪的，依法追究刑事责任；尚不构成犯罪的，依法给予处分。

第五十五条 房地产价格评估机构或者房地产估价师出具虚假或者重大差错的评估报告的，由发证机关责令限期改正，给予警告，对房地产价格评估机构并处 5 万元以上 20 万元以下罚款，对房地产估价师并处 1 万元以上 3 万元以下罚款，并记入信用档案；情节严重的，吊销资质证书、注册证书；造成损失的，依法承担赔偿责任；构成犯罪的，依法追究刑事责任。

第五十六条 任何组织和个人对违反本办法规定的行为，都有权向有关人民政府、房屋征收部门和其他有关部门举报。接到举报的市、县级人民政府、房屋征收部门和其他有关部门对举报应当及时核实、处理。

第五章 附则

第五十七条 石家庄高新技术产业开发区可参照本办法执行。

第五十八条 本办法自 2016 年 7 月 1 日起施行。2011 年 8 月 5 日石家庄人民政府令第 177 号公布实施的《石家庄市国有土地上房屋征收与补偿暂行办法》同时废止，在《国有土地上房屋征收与补偿条例》出台前已依法取得房屋拆迁许可证的项目，继续沿用原有的规定执行，但不得实施行政强制拆迁。

文件辑录

市委文件

表 63　　2016 年中共石家庄市委石发〔2016〕1 ～ 24 号文件目录一览表

序号	文件名称	文件编号	发文日期
1	市委关于制定石家庄市国民经济和社会发展第十三个五年规划的建议	石发〔2016〕1 号	1 月 8 日
2	市委市政府关于《加大扶贫开发力度实现脱贫攻坚目标的实施意见》	石发〔2016〕4 号	2 月 29 日
3	市委市政府关于加快推进美丽乡村建设的实施意见	石发〔2016〕5 号	4 月 7 日
4	市委市政府关于深化供销合作社综合改革的实施意见	石发〔2016〕6 号	5 月 10 日
5	市委市政府关于构建和谐劳动关系的实施意见	石发〔2016〕7 号	6 月
6	市委市政府关于印发《石家庄市水污染防治工作实施方案》的通知	石发〔2016〕8 号	6 月
7	市委市政府关于深化全市国有企业改革的实施意见	石发〔2016〕10 号	6 月 30 日
8	市委市政府关于促进民营经济又好又快发展的实施意见	石发〔2016〕11 号	7 月 1 日
9	市委市政府关于推进计划生育服务管理改革的意见	石发〔2016〕12 号	7 月 11 日
10	市委市政府关于印发《石家庄市进一步贯彻落实中央环境保护督察组督察反馈意见整改方案》的通知	石发〔2016〕13 号	8 月 12 日
11	市委市政府关于全面推进价格机制改革切实加强价格监管的实施意见	石发〔2016〕15 号	10 月 11 日
12	市委批转市人大常委会党组《关于市县乡三级人民代表大会换届选举工作的意见》的通知	石发〔2016〕16 号	10 月 14 日
13	市委市政府转发《石家庄市法制宣传教育领导小组关于在全市公民中开展法治宣传教育的第七个五年规划（2016 ～ 2020 年）》的通知	石发〔2016〕17 号	10 月 21 日
14	市委关于认真学习宣传贯彻省第九次党代会精神的通知	石发〔2016〕18 号	12 月 5 日
15	市委关于进一步加强市委常委会自身建设的意见	石发〔2016〕20 号	12 月 9 日
16	市委市政府关于进一步推进石家庄市国家和创新型城市建设的意见	石发〔2016〕22 号	12 月 26 日
17	市委市政府关于印发《石家庄市法治政府建设实施方案》的通知	石发〔2016〕23 号	12 月 29 日
18	市委市政府关于加快开发区改革发展的意见	石发〔2016〕24 号	12 月 30 日

备注：不含秘密以上等级文件。

表 64　　2016 年中共石家庄市委石字〔2016〕1～28 号文件目录一览表

序号	文件名称	文件编号	发文日期
1	市委关于印发《中共石家庄市委常委约法三章》的通知	石字〔2016〕1 号	1 月 4 日
2	市委关于实施“六项重点特色工程”全力提升基层党建工作整体成效水平的通知	石字〔2016〕4 号	4 月 14 日
3	市委印发《关于在全市党员中开展“学党章党规、学系列讲话，做合格党员”学习教育的实施方案》的通知	石字〔2016〕5 号	4 月 19 日
4	市委关于认真贯彻落实省委《关于支持人民政协履行职能发挥作用的意见》的通知	石字〔2016〕11 号	6 月 20 日
5	市委市政府关于表扬省民营经济发展先进县和百强民营企业、奖励省优秀民营企业家和创业功臣的决定	石字〔2016〕12 号	6 月 21 日
6	市委市政府关于授予朱宏等 8 名同志首批“石家庄市引进高层次科技创新创业人才”称号的决定	石字〔2016〕18 号	10 月 16 日
7	市委市政府关于 2015 年度县（市、区）、市直部门领导班子和领导干部综合考核评价结果的通报	石字〔2016〕20 号	11 月 10 日
8	市委市政府关于印发《石家庄加快推进生态文明建设的实施方案》的通知	石字〔2016〕22 号	12 月 2 日
9	市委市政府印发《石家庄市关于深化科技体制改革　加快推进创新发展的实施方案》的通知	石字〔2016〕23 号	12 月
10	市委关于印发《中共石家庄市委常委会议事决策规则》的通知	石字〔2016〕24 号	12 月 9 日
11	市委批转市人大常委会党组《关于建立健全市人大代表退出机制的意见》的通知	石字〔2016〕28 号	12 月 26 日

备注：不含秘密以上等级及党组分工、职务任免文件。

表 65　　2016 年中共石家庄市委石办发〔2016〕1～19 号文件目录一览表

序号	文件名称	文件编号	发文日期
1	两办关于印发《石家庄市“一问责八清理”专项行动实施方案》的通知	石办发〔2016〕2 号	2 月 25 日
2	关于印发《县（市、区）纪委书记、副书记提名考察办法（试行）》等几个提名考察办法的通知	石办发〔2016〕4 号	3 月 29 日
3	关于进一步加强和改进乡科级年轻干部培养选拔工作的通知	石办发〔2016〕5 号	4 月 8 日
4	关于印发《石家庄市深化农业和农村改革的实施方案》的通知	石办发〔2016〕7 号	4 月 8 日
5	两办印发《关于深入推进农村社区建设试点工作的实施方案》的通知	石办发〔2016〕8 号	4 月 18 日
6	两办印发《关于完善运用法治思维和法治方式多元化解社会矛盾纠纷机制的实施方案》的通知	石办发〔2016〕9 号	5 月 13 日
7	两办印发《关于加快构建现代公共文化服务体系的实施方案》的通知	石办发〔2016〕10 号	6 月 20 日
8	市委办关于印发《培育和践行社会主义核心价值观的实施方案》的通知	石办发〔2016〕12 号	8 月 26 日
9	两办关于印发《石家庄市县城建设三年攻坚行动实施方案》的通知	石办发〔2016〕14 号	9 月

续表

序号	文件名称	文件编号	发文日期
10	两办印发《关于加快现代农业园区建设促进都市规划农业发展的意见》的通知	石办发〔2016〕15号	11月9日
11	两办印发《关于推动省会文化产业加快发展的意见》的通知	石办发〔2016〕16号	12月16日
12	市委办印发《关于县（市、区）纪检监察机构改革和党委巡察机构建设的意见》的通知	石办发〔2016〕19号	12月20日

备注：不含秘密以上等级文件。

表66　2016年中共石家庄市委石办字〔2016〕1～43号文件目录一览表

序号	文件名称	文件编号	发文日期
1	市委办关于调整石家庄市党风廉政建设责任制领导小组（市委惩治和预防反腐败体系建设领导小组）的通知	石办字〔2016〕1号	1月11日
2	两办关于印发《2015年度石家庄市市管拔尖人才名单》的通知	石办字〔2016〕2号	1月13日
3	市委办贯彻落实《中共河北省委关于进一步加强农村基层党建工作的意见》的通知	石办字〔2016〕3号	1月14日
4	两办关于印发《市委九届七次全会安排部署的重点工作责任分解方案》的通知	石办字〔2016〕4号	1月19日
5	两办关于石家庄市城镇化工作领导小组变更为石家庄市新型城镇化工作领导小组的通知	石办字〔2016〕5号	1月22日
6	两办关于征集石家庄年鉴材料的通知	石办字〔2016〕6号	1月26日
7	两办关于印发《市领导和市直部门主要负责人包案督访工作方案》的通知	石办字〔2016〕7号	1月27日
8	两办关于印发《石家庄市主城区建筑垃圾管理工作责任追究责任办法》的通知	石办字〔2016〕8号	2月17日
9	市委办印发《关于切实把全市精准脱贫驻村干部管理工作落到实处的通知》	石办字〔2016〕9号	2月25日
10	两办关于贯彻落实《河北省行业协会商会与行政机关脱钩实施方案》的通知	石办字〔2016〕10号	2月26日
11	市委办关于进一步完善党委系统信息工作考核通报制度的通知	石办字〔2016〕11号	3月10日
12	两办关于印发《“一问责八清理”专项行动问责工作方案》等12个文件的通知	石办字〔2016〕12号	3月11日
13	关于进一步规范省会开发建设行为的通知	石办字〔2016〕13号	3月23日
14	两办关于印发《石家庄市开展省级文明城市创建的实施方案》的通知	石办字〔2016〕14号	4月28日
15	两办关于深化县乡财政改革　加强基层财政建设的实施意见	石办字〔2016〕17号	5月9日
16	两办关于印发《市容环境考评奖惩办法（试行）》的通知	石办字〔2016〕18号	5月10日
17	两办关于印发《石家庄市安全生产考核办法》的通知	石办字〔2016〕19号	5月13日
18	市委办关于成立市委“两学一做”学习教育协调小组的通知	石办字〔2016〕20号	5月19日

续表

序号	文件名称	文件编号	发文日期
19	两办印发《关于进一步加强市级机关作风建设认真抓好重点工作落实的方案》的通知	石办字〔2016〕21 号	5 月 20 日
20	两办关于成立石家庄市环境保护督察整改工作领导小组的通知	石办字〔2016〕22 号	5 月 23 日
21	市委办关于成立石家庄市换届工作领导小组及办公室的通知	石办字〔2016〕25 号	6 月 8 日
22	两办关于调整县（市、区）、市直部门、开发区（园区）综合考核评价体系的通知	石办字〔2016〕26 号	6 月 15 日
23	两办关于 2015 年度计划生育责任目标完成情况的通报	石办字〔2016〕27 号	6 月 21 日
24	两办关于印发《石家庄市市直机关目标绩效管理实施意见》的通知	石办字〔2016〕28 号	8 月 4 日
25	两办关于调整石家庄市分类推进事业单位改革工作领导小组的通知	石办字〔2016〕29 号	8 月 19 日
26	市委办关于成立市委巡察工作领导小组的通知	石办字〔2016〕31 号	9 月 29 日
27	两办关于调整市军转安置工作领导小组的通知	石办字〔2016〕32 号	10 月 14 日
28	两办关于学习贯彻全国党委秘书长会议和全省党委政府秘书长会议精神 深入开展“两提一做”活动的通知	石办字〔2016〕33 号	10 月 21 日
29	两办关于成立石家庄市滹沱河北岸项目建设领导小组的通知	石办字〔2016〕34 号	10 月 24 日
30	两办关于成立石家庄市开发区改革发展领导小组的通知	石办字〔2016〕36 号	11 月 3 日
31	市委办关于做好 2017 年度重点党报党刊发行工作进一步规范报刊发行秩序的通知	石办字〔2016〕37 号	11 月 11 日
32	两办关于印发《石家庄市人力资源提升行动计划实施意见（2016～2018）》的通知	石办字〔2016〕38 号	11 月 21 日
33	两办关于成立石家庄旅游工作领导小组的通知	石办字〔2016〕39 号	12 月 2 日
34	两办关于印发《石家庄市市县行政审批机构组建工作方案》的通知	石办字〔2016〕40 号	12 月 6 日
35	两办关于印发《市委第 179 次常委会（扩大）会议确定的重点工作责任分解方案》的通知	石办字〔2016〕41 号	12 月 8 日
36	市委办关于印发《领导干部贯彻落实省第九次党代会和赵克志同志讲话精神专题调研工作方案》的通知	石办字〔2016〕42 号	12 月 9 日
37	两办关于印发《石家庄市农村安全隐患排查整治行动方案》的通知	石办字〔2016〕43 号	12 月 30 日

备注：不含秘密以上等级文件。

政府文件

表 67　　2016 年石家庄市人民政府石政发〔2016〕1～70 号文件目录一览表

序号	文件名称	文件编号	发文日期
1	关于推进“互联网＋”行动的实施意见	石政发〔2016〕2 号	1 月 20 日
2	关于深入推进《中国制造 2025》的实施意见	石政发〔2016〕4 号	1 月 29 日

续表

序号	文件名称	文件编号	发文日期
3	关于加快发展民族教育的实施意见	石政发〔2016〕5 号	2 月 4 日
4	关于加快科技金融融合发展的意见	石政发〔2016〕6 号	2 月 15 日
5	关于全面推进深化农村支付服务环境建设的实施意见	石政发〔2016〕7 号	2 月 19 日
6	关于促进房地产市场平稳健康发展的意见	石政发〔2016〕9 号	3 月 10 日
7	关于印发石家庄市政府特殊津贴专家选拔管理办法的通知	石政发〔2016〕11 号	4 月 8 日
8	关于积极发挥新消费引领作用加快培育形成新供给新动力的实施意见	石政发〔2016〕12 号	4 月 17 日
9	关于推进大数据发展的实施意见	石政发〔2016〕13 号	4 月 21 日
10	关于贯彻落实环渤海地区合作发展纲要的实施意见	石政发〔2016〕14 号	4 月 23 日
11	关于印发石家庄市科技成果转化风险补偿专项资金管理办法的通知	石政发〔2016〕15 号	5 月 3 日
12	印发关于降低实体经济企业成本的意见的通知	石政发〔2016〕16 号	5 月 6 日
13	关于进一步加强大气污染防治工作的意见	石政发〔2016〕17 号	5 月 18 日
14	关于推进国内贸易流通现代化建设法治化营商环境的实施意见	石政发〔2016〕18 号	5 月 31 日
15	关于印发石家庄市市级公益项目占用土地（房屋）征收补偿费管理办法的通知	石政发〔2016〕19 号	6 月 1 日
16	关于“先照后证”改革后加强事中事后监管的实施意见	石政发〔2016〕20 号	6 月 8 日
17	关于进一步规范土地市场秩序的意见	石政发〔2016〕21 号	6 月 8 日
18	关于加快国家现代农业示范区建设的实施意见	石政发〔2016〕22 号	6 月 8 日
19	关于印发全面推开营改增试点后调整市以下政府间增值税收入划分过渡方案的通知	石政发〔2016〕23 号	6 月 8 日
20	关于加快知识产权强市建设的意见	石政发〔2016〕25 号	7 月 6 日
21	关于印发《石家庄市安全生产举报奖励办法》的通知	石政发〔2016〕28 号	7 月 11 日
22	关于印发石家庄市推进供给侧结构性改革实施方案的通知	石政发〔2016〕29 号	7 月 18 日
23	关于做好“7·19”强降雨灾后重建和恢复生产工作的实施意见	石政发〔2016〕30 号	7 月 21 日
24	关于进一步促进快递业发展的实施意见	石政发〔2016〕31 号	8 月 1 日
25	关于印发《石家庄市“7·19”特大洪水灾害灾后恢复重建总体实施方案》的通知	石政发〔2016〕32 号	8 月 5 日
26	关于 2016 年度石家庄市科学技术奖励的决定	石政发〔2016〕35 号	8 月 15 日
27	关于给予王尚军等同志记二等功表彰的通报	石政发〔2016〕36 号	8 月 19 日
28	关于加强农村留守儿童关爱保护工作的实施意见	石政发〔2016〕38 号	8 月 24 日
29	关于实施质量强市战略的意见	石政发〔2016〕39 号	8 月 26 日
30	关于加快普通高中教育改革发展的若干意见	石政发〔2016〕40 号	9 月 1 日

续表

序号	文件名称	文件编号	发文日期
31	关于加快通用航空业发展的实施意见	石政发〔2016〕41号	9月9日
32	关于印发石家庄市加快中医药振兴发展实施方案（2016～2030年）的通知	石政发〔2016〕42号	9月9日
33	关于加快发展体育产业促进体育消费的实施意见	石政发〔2016〕44号	9月22日
34	关于深入推进新型城镇化建设的实施意见	石政发〔2016〕45号	9月21日
35	关于进一步做好防范和处置非法集资工作的实施意见	石政发〔2016〕46号	10月3日
36	关于印发《石家庄市科技成果处置、使用和收益分配管理办法》的通知	石政发〔2016〕47号	9月26日
37	关于授予石家庄君乐宝乳业有限公司等9家单位和李宗力等4名同志石家庄市政府质量奖的决定	石政发〔2016〕48号	9月29日
38	关于印发石家庄市构建开放型经济新体制"十三五"规划的通知	石政发〔2016〕49号	9月29日
39	关于加快气象事业发展的实施意见	石政发〔2016〕50号	10月3日
40	关于进一步促进民间投资的实施意见	石政发〔2016〕51号	9月18日
41	关于深化税式支出改革优化税收征管服务的意见	石政发〔2016〕52号	10月17日
42	关于加强今冬明春大气污染防治工作的意见	石政发〔2016〕53号	10月25日
43	关于加快制造业与互联网融合发展的实施意见	石政发〔2016〕54号	11月4日
44	关于加快推进钢结构建筑发展的意见	石政发〔2016〕55号	11月5日
45	关于改革和完善全市国有资产管理体制的实施意见	石政发〔2016〕56号	11月7日
46	关于授予宋龙涛等三人、高全喜等一个群体石家庄市见义勇为模范（群体）荣誉称号的决定	石政发〔2016〕58号	11月14日
47	关于印发石家庄市城乡居民基本医疗保险实施办法的通知	石政发〔2016〕59号	11月15日
48	关于印发石家庄市全民健身实施计划（2016～2020年）的通知	石政发〔2016〕61号	12月8日
49	关于表彰首届（2016）石家庄市十大工业名牌产品的决定	石政发〔2016〕63号	12月15日
50	关于大气污染防治工作市县（区）同步联防联控的实施意见	石政发〔2016〕64号	12月25日
51	关于印发石家庄市新改扩建居民住宅项目配建教育设施建设资金缴纳标准和管理使用办法的通知	石政发〔2016〕65号	12月22日
52	关于印发石家庄市健康产业"十三五"发展规划的通知	石政发〔2016〕68号	12月26日
53	关于印发石家庄市居住证管理实施办法（试行）的通知	石政发〔2016〕69号	12月29日
54	关于进一步健全特困人员救助供养制度的实施意见	石政发〔2016〕70号	12月29日

备注：不含秘密以上等级及党组分工、职务任免文件。

表 68 2016 年石家庄市人民政府石政办发〔2016〕1～86 号文件目录一览表

序号	文件名称	文件编号	发文日期
1	关于加强建筑用石加工行业清理整顿和规范管理的意见	石政办发〔2016〕1 号	1 月 6 日
2	关于支持农民工等人员返乡创业的实施意见	石政办发〔2016〕2 号	1 月 14 日
3	关于印发石家庄市失业保险市级统筹暂行办法的通知	石政办发〔2016〕3 号	1 月 14 日
4	关于印发石家庄市乡村教师支持计划（2016～2020 年）实施办法的通知	石政办发〔2016〕4 号	1 月 15 日
5	关于加强互联网领域侵权假冒行为治理的实施意见	石政办发〔2016〕5 号	1 月 19 日
6	关于深化高等学校创新创业教育改革的实施意见	石政办发〔2016〕7 号	1 月 25 日
7	关于促进社会办医加快发展的实施意见	石政办发〔2016〕8 号	1 月 25 日
8	关于加快推进农村电子商务全覆盖的实施意见	石政办发〔2016〕9 号	2 月 3 日
9	关于促进跨境电子商务健康快速发展的实施意见	石政办发〔2016〕10 号	2 月 3 日
10	关于转发河北省人民政府办公厅做好当前经济工作确保实现首季开门红的通知	石政办发〔2016〕11 号	1 月 26 日
11	关于加强安全生产监管执法工作的实施意见	石政办发〔2016〕12 号	2 月 5 日
12	关于加快金融租赁行业发展的实施意见	石政办发〔2016〕13 号	2 月 7 日
13	关于印发邢国辉市长在市政府全体会议暨廉政工作会议上讲话的通知	石政办发〔2016〕14 号	2 月 16 日
14	关于印发石家庄市政府购买棚改服务管理办法的通知	石政办发〔2016〕17 号	3 月 11 日
15	关于推进全市电动汽车充电基础设施建设的实施意见	石政办发〔2016〕18 号	3 月 16 日
16	关于印发石家庄市突发环境事件应急预案的通知	石政办发〔2016〕19 号	3 月 22 日
17	关于建立分级诊疗制度的实施意见	石政办发〔2016〕20 号	3 月 23 日
18	关于印发石家庄市普惠性民办幼儿园认定及财政扶持管理实施办法（试行）的通知	石政办发〔2016〕21 号	3 月 24 日
19	关于全面加强和改进学校美育工作的实施意见	石政办发〔2016〕23 号	3 月 28 日
20	关于印发石家庄市养老服务体系建设“十三五”规划的通知	石政办发〔2016〕24 号	3 月 29 日
21	关于印发石家庄市加快新能源汽车产业发展和推广应用若干措施的通知	石政办发〔2016〕25 号	3 月 28 日
22	关于印发石家庄市社区服务体系建设发展规划（2016～2020 年）的通知	石政办发〔2016〕26 号	4 月 1 日
23	关于衔接落实省政府部门 2016 年第一批下放和调整市本级部分行政权力事项的通知	石政办发〔2016〕27 号	4 月 5 日
24	关于加快转变农业发展方式的实施意见	石政办发〔2016〕28 号	4 月 15 日
25	关于加快推进我市建筑产业化的实施意见	石政办发〔2016〕29 号	4 月 21 日
26	关于印发石家庄市整合建立统一的公共资源交易平台实施方案的通知	石政办发〔2016〕30 号	4 月 28 日

续表

序号	文件名称	文件编号	发文日期
27	关于加快发展生活性服务业促进消费结构升级的实施意见	石政办发〔2016〕32 号	4 月 30 日
28	关于促进融资租赁业发展的实施意见	石政办发〔2016〕33 号	5 月 23 日
29	关于印发石家庄市大面积停电事件应急预案的通知	石政办发〔2016〕35 号	6 月 2 日
30	关于做好化解钢铁煤炭等行业过剩产能职工安置工作的实施意见	石政办发〔2016〕37 号	6 月 12 日
31	关于支持戏曲传承发展的实施意见	石政办发〔2016〕38 号	6 月 14 日
32	关于衔接落实国务院和省政府第二批清理规范调整行政审批中介服务事项的通知	石政办发〔2016〕39 号	6 月 20 日
33	关于印发石家庄市全民科学素质行动计划纲要实施方案（2016～2020 年）的通知	石政办发〔2016〕41 号	7 月 4 日
34	关于印发石家庄市市级农民工欠薪应急周转金使用管理办法（试行）的通知	石政办发〔2016〕42 号	7 月 11 日
35	关于公布《石家庄市政府部门行政审批中介服务收费目录清单》的通知	石政办发〔2016〕43 号	7 月 15 日
36	关于印发石家庄市市级财政专项资金管理暂行办法的通知	石政办发〔2016〕45 号	7 月 31 日
37	关于印发石家庄市加快战略性新兴产业发展实现经济上台阶的实施意见的通知	石政办发〔2016〕46 号	7 月 31 日
38	关于进一步完善见义勇为确认和保障工作机制的实施意见	石政办发〔2016〕47 号	8 月 3 日
39	关于印发石家庄市灾后重建专项资金管理暂行办法的通知	石政办发〔2016〕50 号	8 月 12 日
40	关于印发石家庄市小微企业贷款风险补偿实施细则（试行）的通知	石政办发〔2016〕51 号	8 月 19 日
41	关于印发石家庄市“7·19”洪水灾后重建指挥部办公室机构设置、人员组成及职责任务的通知	石政办发〔2016〕52 号	8 月 25 日
42	关于印发石家庄市智慧城市建设项目管理办法的通知	石政办发〔2016〕55 号	9 月 12 日
43	关于印发石家庄市政务数据资源管理规定的通知	石政办发〔2016〕56 号	9 月 12 日
44	转发市工商局关于进一步优化营商环境推进登记便利化“十八条”措施的通知	石政办发〔2016〕58 号	9 月 22 日
45	关于促进加工贸易创新发展的实施意见	石政办发〔2016〕59 号	9 月 22 日
46	关于加强和改进企业国有资产监督防止国有资产流失的实施意见	石政办发〔2016〕60 号	9 月 23 日
47	关于印发石家庄市区域卫生规划（2016～2020 年）的通知	石政办发〔2016〕61 号	9 月 29 日
48	关于推进“三社联动”加快社区治理现代化的实施意见	石政办发〔2016〕62 号	10 月 13 日
49	关于衔接落实省政府部门取消下放行政权力事项和取消中介服务事项的通知	石政办发〔2016〕63 号	10 月 17 日
50	关于进一步加强全市大气重点污染源监管工作的意见	石政办发〔2016〕65 号	10 月 18 日
51	关于印发石家庄市供热突发公共事件应急预案的通知	石政办发〔2016〕67 号	10 月 25 日
52	关于印发石家庄市财政投资评审监督管理办法的通知	石政办发〔2016〕68 号	10 月 31 日

续表

序号	文件名称	文件编号	发文日期
53	关于开展消费品工业“三品”专项行动营造良好市场环境的实施意见	石政办发〔2016〕69 号	11 月 14 日
54	印发《关于在行政管理事项中使用信用记录和信用报告的实施意见》《石家庄市信用服务行业管理暂行办法》《石家庄市企业信用评级标准（试行）》的通知	石政办发〔2016〕70 号	11 月 15 日
55	关于加强农业对外开放工作的意见	石政办发〔2016〕71 号	11 月 23 日
56	关于推进病死畜禽集中无害化处理全覆盖的实施意见	石政办发〔2016〕72 号	11 月 24 日
57	关于鼓励冀商回归创业发展的实施意见	石政办发〔2016〕73 号	11 月 25 日
58	关于印发石家庄市进一步放宽市场主体住所（经营场所）登记条件规定的通知	石政办发〔2016〕74 号	11 月 22 日
59	关于石化产业调结构促转型增效益的实施意见	石政办发〔2016〕75 号	11 月 29 日
60	关于印发石家庄市标准化体系建设发展规划（2016 ～ 2020 年）的通知	石政办发〔2016〕76 号	11 月 29 日
61	关于印发石家庄市营造良好市场环境推动交通物流融合发展实施方案的通知	石政办发〔2016〕77 号	11 月 29 日
62	关于印发石家庄市市级环境保护资金管理使用办法的通知	石政办发〔2016〕79 号	11 月 30 日
63	关于印发石家庄市医疗机构设置规划（2016 ～ 2020 年）的通知	石政办发〔2016〕80 号	11 月 30 日
64	关于印发《石家庄市商业服务业用房去库存和发展房屋租赁市场细则》的通知	石政办发〔2016〕82 号	12 月 20 日
65	关于利剑斩污行动结束后加强大气污染防治工作的意见	石政办发〔2016〕83 号	12 月 25 日
66	关于推进农业水价综合改革的指导意见	石政办发〔2016〕84 号	12 月 23 日
67	关于进一步加强对房地产中介机构经营行为监管的通知	石政办发〔2016〕85 号	12 月 23 日
68	关于强化学校体育促进学生身心健康全面发展的实施意见	石政办发〔2016〕86 号	12 月 31 日

备注：不含秘密以上等级文件。

光　荣　榜

2016年11月，省会精神文明办公室通报表彰2014～2015年度市级文明单位、文明村镇、文明社区928个。

市级文明单位（790个）

市直机关系统（151个）

市委办公厅、市人大办公厅、市政协办公厅、市纪检委、市委组织部、市委宣传部、市委政法委、市委统战部、市直工委、市委党校、市委老干部局、市检察院、市法院、市机关事务管理局、市工商局、市国土局、市国税局、市地税局、市城管委、市环保局、市审计局、市统计局、市人社局、市科学技术和知识产权局、市体育局、市食药监局、市档案局、市烟草专卖局、市安监局、市旅游局、市民宗局、市法制办、市文联、市社科院、市工信局、市商务局、市红十字会、石家庄住房公积金管理中心、市妇联、市残联、市委党史研究室、市工经联、市新华书店有限责任公司、市邮政管理局、石家庄广播电视台、石家庄日报社、市粮食局、团市委、市质监局、市科协、市编办、石家庄出入境检验检疫局、市轨道交通建设办公室、市地产集团有限公司、国家新闻出版广电总局七二三台、国家新闻出版广电总局九五一台、市总工会、市卫计委、市卫生监督局、市疾病预防控制中心、市第一医院、市第四医院、市中医院、市第五医院、市急救中心、市卫生计生宣传教育中心（市健康教育所）、市计划生育药具管理站、市妇幼保健院（市第六院）、石家庄天元发展有限责任公司、石家庄建华百货大楼有限公司、石家庄丽华商场有限公司、河北天元名品物业管理有限责任公司、市动物园管理处、市城市水系管理处、市植物园管理处、市裕西公园管理处、市小壁林区管理处、市广场管理处、市长安公园管理处、市水上体育运动中心、市少年儿童业余体育学校、市体育运动学校、市博物馆、市群众艺术馆、市艺术学校、市美术馆（市画院）、市文物局、市文化市场行政执法大队、市环境卫生管理处、市容管理考评办公室、市排水管理处、市二环路管理处、市城市照明管理处、市城乡规划设计院、市勘察测绘设计研究院、市盐业专营公司、市盐政执法大队、市和宏商贸中心、市再生资源回收管理办公室、市食品药品检验中心、市食品药品综合执法支队、市环境综合执法支队、市污染减排监控和信息中心、市环境保护宣传教育中心、市岗黄水库监督监测站、河北石家庄国家粮食储备有限责任公司、石家庄家家惠粮油食品服务中心、市军粮供应有限责任公司、市职工服务中心、石家庄人民会堂、市劳动就业服务局、市社会劳动保险事业管理局、市医疗保险管理中心、市高级技工学校、市劳动监察局、市机关事业社会保险局、市公路桥梁投资开发管理中心、市京昆高速公路京石管理处、市三环路管理处、市公路管理处、市运输管理处、石家庄公路主枢纽组织管理中心、市京昆高速公路石太管理处、市公路工程质量安全监督处、市地方道路管理处、市交通技工学校、石家庄鸿锐集团有限公司、石家庄公路主枢纽客运北站、石家庄运输集团有限公司、市城市客运管理处、市公路管理处养护管理中心、市公路管理处直属站、市蓝鹰出租汽车服务中心、市尹泰出租汽车服务中心、市保障性住房管理中心、市城市建设档案馆、市建设工程劳务管理中心、市保障性安居工程开发建设有限责任裕东房产管理分公司、市保障性安居工程开发建设有限责任裕西房产管理分公司、市住房开发建设集团有限责任公司、市社会福利院、市荣复军人疗养院、市救助管理站、市扶贫开发领导小组办公室、市人民政府军运供应站、市胶印厂、市军休一所、市军休二所、市军休四所、市军休五所、市军休六所。

市委农工委系统（21个）

市委农工委、市农广校、市气象局、市水电及农村电气化发展处、市水利物资服务站、市冶河灌区管理局、市冶河灌区引岗管理处、市南水北调工程建设委员会办公室、市动物卫生监督所、市畜产品质量监测中心、市畜牧行政综合执法支队、市动物疫病预防控制中心、市农产品质量检测中心、市农林科学研究院、市种子管理站、市农业机械化推广站、石家庄农业学校、市农业行政综合执法支队、市水政监察支队、石家庄市水利技术推广中心、市林业局。

市国资委系统（36个）

国网河北省电力公司石家庄分公司、河北邮政公司石家庄分公司、南车石家庄车辆有限公司、中国移动通信集团河北有限公司石家庄分公司、中国联合网络通信有限公司石家庄分公司、中国电信股份有限公司石家庄分公司、河北华电石家庄热电有限公司、中国石油化工股份有限公司石家庄炼化分公司、河北建投能源投资股份有限公司、河北华电混合蓄能发电有限公司、晋煤金石化工投资集团有限公司、河北华电石家庄鹿华热电有限公司、石家庄东方热电集团有限公司、中石化工建设有限公司、石家庄市机械技工学校、石家庄经济学校、市油漆厂、河北华电石家庄裕华热电有限公司、国药乐仁堂医药有限公司、市建投集团有限公司、市宝德投资集团有限公司、石家庄白龙化工股份有限公司、石家庄保安服务公司、石家庄常山纺织集团、中央储备粮石家庄直属库、中航通飞华北飞机工业有限公司、石家庄国有资本经营有限公司、中建一局六公司、石家庄东方热电热力工程有限公司、石家庄高新技术产业开发区热电煤气公司、石家庄热电二厂、际华3514制革制鞋有限公司、石家庄煤矿机械有限公司、中国电子系统工程第四建设有限公司、华电石家庄供热有限公司、际华3502职业装有限公司。

市教育系统（19个）

市教育局（考试院）、市第一中学、河北正定中学、市第二中学、市第二十四中学、市职业财会学校、市职业技术教育中心、市特殊教育学校、石家庄信息工程职业学院、市第一职业中专学校、市第二职业中专学校、市第三职业中专学校、石家庄科技工程职业学院、石家庄幼儿师范高等专科学校、市教育科学研究所、河北师大附属中学、市中小学生校外综合实践活动基地、石家庄职业技术学院、石家庄市第五中学。

金融系统（30个）

市金融工作办公室、中国工商银行股份有限公司石家庄中华支行、中国工商银行股份有限公司石家庄长安支行、兴业银行股份有限公司石家庄分行营业部、中国人民财产保险股份有限公司石家庄市分公司、中国人寿保险股份有限公司石家庄分公司、河北银行股份有限公司石家庄营业管理部、中国农业发展银行河北省分行营业部、中国建设银行股份有限公司河北省分行营业部、中国建设银行股份有限公司石家庄西大街支行、招商银行股份有限公司石家庄分行、廊坊银行石家庄分行、上海浦东发展银行股份有限公司石家庄分行、中国光大银行股份有限公司石家庄分行、中国民生银行跃进路支行、中国建设银行股份有限公司中华南大街支行、中国建设银行股份有限公司广安街支行、张家口商业银行广安社区支行、张家口商业银行翟营社区支行、中信银行槐安东路支行、中信银行体育北大街支行、中国工商银行股份有限公司和平支行、中国工商银行股份有限公司胜利支行、中国银行河北省分行石家庄管理部、中国银行股份有限公司黄河大道支行、中国邮储银行石家庄分行、中国邮储银行广安大街支行、中国农业银行股份有限公司正大支行、中国农业银行股份有限公司槐安支行、石家庄市长安区汉邦小额贷有限公司。

晋州市（28个）

教育局、检察院、国税局、地税局、纪检委、质量技术监督局、人力资源和社会保障局、市场监督管理局、审计局、交通局、气象局、中国移动通信集团河北有限公司晋州分公司、国网晋州市供电公司、中国邮政集团晋州分公司、政务服务中心、人民医院、卫生和计划生育局、妇幼保健院、新型农村合作医疗中心、健康服务中心、晋州市第二中学、晋州市第四中学、晋州市第五中学、晋州市实验中学、晋州市朝阳小学、晋州市魏征小学、晋州市第四幼儿园、河北群强农产品加工有限公司。

新乐市（22个）

检察院、财政局、交运局、教育局、地税局、残联、供电公司、农业银行新乐支行、农村信用联社、气象局、交警大队、公路路政管理站、运输管理站、地税局协神分局、工商局市区分局、光荣院、质量技术监督局、卫计局、木村乡卫生院、东阳学校、实验学校、电视台。

正定县（35个）

检察院、法院、县委党校、科技局、财政局、国土局、审计局、广电台、供销合作总社、国税局、地税局、供电公司、运管站、教师进修学校、子龙小学、正定六中、住建局、发改局、公安局、城管局、教育局、安监局、信访局、人社局、招商局、市场监督局、质监局、文管局、古城办、交警大队、防范办、解放街小学、南楼中学、盛华集团、城投公司。

井陉县（20 个）

财政局、地税局、交通局、安监局、教育局、民政局、国网井陉县供电公司、气象局、井陉县农村商业银行、地方道路管理站、社会保险事业管理局、井陉一中、小作中学、呈龙钙业有限公司、国税局、审计局、中国移动井陉分公司、井陉县青年晋剧团、建设银行井陉县支行、河北国昇文化传播有限公司。

无极县（30 个）

财政局、人力资源和社会保障局、交通运输局、地税局、教育局、工商局、国税局、司法局、民政局、质量技术监督局、检察院、粮食局、广播电视台、河北移动公司无极分公司、公路站、供销社、地方道路管理站、县医院、中医院、运输管理站、无极县实验学校、公路路政管理站、妇幼保健院、石家庄实验学校、公安局交通警察大队、公安局、安全生产监督管理局、中国联通无极县分公司、石家庄市五龙体育器材有限公司、信用联社。

深泽县（17 个）

国网深泽县供电分公司、国税局、财政局、民政局、地税局、质量技术监督局、邮政局、气象局、农村信用合作联社、移动深泽分公司、就业服务局、河北广电信息网络公司深泽分公司、运输管理站、河北云翔房地产开发有限公司、市场监督管理局、财险深泽支公司、地税征收分局。

行唐县（18 个）

财政局、交通局、国网河北省电力公司行唐县供电分公司、地税局、国税局、民政局、气象局、移动行唐分公司、邮政局、农联社、公路站、运管站、县医院、中医院、石家庄市汇宜交通工程服务有限公司行唐服务区、法院、市场监督管理局、水务局。

灵寿县（16 个）

县委宣传部、财政局、地税局、公路管理站、气象局、张石高速灵寿收费站、五岳寨风景旅游区管理处、中国农业银行灵寿县支行、水务局、广播电视台、供电公司、中国移动通信集团河北有限公司灵寿分公司、中国邮政储蓄银行灵寿县支行、灵寿镇学区、灵寿中学、自来水公司。

平山县（22 个）

地税局、国税局、审计局、气象局、老干部局、邮政局、中国邮政储蓄银行股份有限公司平山县支行、外国语中学、实验中学、公路管理站、移动平山分公司、天桂山景区管理处、质量技术监督局、平山县公安消防大队、国网平山供电公司西柏坡供电所、国网平山供电公司温塘供电所、地数据征收分局、国税局城区税务分局、司法鉴定中心、中医院、交通局地方道路管理站、博物馆。

赵县（21 个）

供电公司、国税局、殡葬管理所、地税局、公安交通警察大队、移动赵县分公司、人行赵县支行、教师进修学校、赵县中学、社会保险事业管理局、财政局、审计局、市场监管局、水务局、卫生和计划生育局、河北萌帮水溶肥料有限公司、妇幼保健院、妇联、气象局、石家庄普利制药有限公司、赵县农业科学研究所。

元氏县（16 个）

财政局、民政局、地税局、供电公司、法院、县医院、中国农业银行元氏县支行、公路管理站、石家庄市第二实验中学、中国移动通信集团河北有限公司元氏分公司、河北诚信有限责任公司、气象局、卫生和计划生育局、第一中学、中国工商银行元氏支行、中国联通元氏分公司。

高邑县（16 个）

交通局、民政局、国税局、地税局、公路管理站、气象局、农村信用联社股份有限公司、农业畜牧局、妇幼保健院、公证处、检察院、食药监局、城市管理综合执法局、特殊教育学校、交警大队、公安消防大队。

赞皇县（18 个）

国网河北省电力公司赞皇县供电分公司、中国移动通讯集团河北有限公司赞皇分公司、中医院、交通运输局运输管理站、地方道路管理站、交通运输局公路管理站、公安交通警察大队、国税局、地税局、气象局、财政局、交通局、审计局、人力资源和社会保障局、民政局、赞皇县第二中学、林业旅游局、农村信用联社。

井陉矿区（16 个）

检察院、卫计局、财政局、人社局、国税局、地税局、住建局、统计局、矿市街道办、农村信用联社、移动公司、河北银行矿区支行、新星化炭有限公司、政务服务中心、矿区中学、第一小学。

长安区（32 个）

检察院、国税局、地税局、公安分局、财政局、教育局、市场监督管理局、法院、青园街道办事处、谈固街道办事处、长丰街道办事处、跃进街道办事处、河东街道办事处、中山东路街道办事处、胜北街道办事处、市第四十五中学、市学前教育中等专科学校、市第二十一中学、市第二十二中学、市盛世长安小学、市建明小学、市跃进路小学、市第二十三中学、市长征街小学、石家庄铁路职业中等专业学校、谈固小学、运河桥小学、石家庄市实验小学、范西路小学、第一幼儿园、回民幼儿园、长安区第四幼儿园。

桥西区（37 个）

检察院、市公安局桥西分局、市场监督管理局、质量技术监督局、教育局、地税局、国税局、交警大队、环境卫生监察大队、市第十七中学、市第四中学、市第六中学、市维明路小学、市草场街小学、市中山路小学、市红星小学、市友谊大街小学、市振头小学、市东风西路小学、市东马路小学、市雷锋小学、河北东鑫实业有限公司、河北艺朵文化产业投资有限公司、河北三和时代律师事务所、河北久诚工贸有限公司、英大泰和人寿保险股份有限公司河北分公司、长兴街道办事处、维明街道办事处、苑东街道办事处、南长街道办事处、红旗街道办事处、汇通街道办事处、东华街道办事处、休门街道办事处、西里街道办事处、留营街道办事处、振头街道办事处。

新华区（31 个）

地税局、国税局、财政局、教育局、质监分局、人力资源和社会保障局、法院、城管局、审计局、卫生队、检察院、就业局、太和电子城、英华实业总公司、北京铁路局石家庄防疫站、市第四十二中学、市第二十八中学、市第三十五中学、市第十八中学、市合作路小学、市西苑小学、党家庄学校、市第九中学、市石岗大街小学、新华路街道办事处、北苑街道办事处、联盟街道办事处、东焦街道办事处、宁安街道办事处、天苑街道办事处、合作路街道办事处。

裕华区（33 个）

教育局、国税局、地税局、市场监督管理局、公安分局、财政局、人社局、科技局、城管局、卫计局、交警大队、检察院、市第二十七中学、市第四十四中学、市东苑小学、市华兴小学、市青园街小学、市槐北路小学、市金马小学、市阳光小学、石家庄外国语学校、市第四十中学、市神兴小学、市裕东小学、裕华路小学、国际城小学、市第三幼儿园、河北东明国际家具博览有限公司、河北方北集团股份有限公司、贵美和颐河北投资有限公司、裕华路街道办事处、东苑街道办事处、裕东街道办事处。

藁城区（21 个）

交通局、国税局、地税局、工商局、公安局交警大队、广播电视台、国网河北省电力公司藁城供电分公司、中国移动通信集团河北有限公司藁城分公司、廉州学区第一中学、廉州学区第四中学、中国人民银行藁城支行、中国建设银行股份有限公司藁城支行、运输管理站、廉顺出租汽车公司有限公司、石家庄华加药用胶囊有限公司、安监局、社保局、政务服务中心、残联、华达线缆有限公司、通安小学。

鹿泉区（31 个）

国网河北省电力公司鹿泉市供电分公司、公路管理站、地方公路管理站、公路路政管理站、公路工程队、运输管理站、广播电视台、园林局、城市管理局、环境卫生管理处、渣土管理监察大队、市场管理处、城镇管理监察大队、中国农业发展银行鹿泉区支行、海山公园管理处、石家庄洛杉奇食品有限公司、交通局、地税局、国税局、财政局、质监局、环保局、检察院、国土资源局、卫计局、发展改革局、人力资源和社会保障局、残疾人联合会、实验初级中学、实验小学、鹿泉经济开发区管理委员会。

栾城区（23 个）

地税局、财政局、气象局、国税局、安监局、供电公司、联通分公司、神威药业有限公司、栾城农村信用联社、栾城中学、职业技术教育中心、艺术职业学校、河北富凯公司、河北凯隆达食品有限公司、广播电视台、林业局、怡馨影业传媒中心、工商局、人社局、城管局、党校、栾城人民医院、栾城大酒店。

高新区（10 个）

国税局、地税局、工商局、供水排水公司、博深工具股份有限公司、石家庄藏诺生物股份有限公司、石家庄旭新光电科技有限公司、格力电器（石家庄）有限公司、太行街道办事处、长江街道办事处。

正定新区（4 个）

国税局、地税局、诸福屯街道办事处、三里屯街道办事处。

园区（1 个）

石家庄循环化工园区管理委员会。

市直属单位（1 个）

石家庄综合保税区。

驻石单位（14 个）

国家统计局石家庄调查队、国家统计局河北调查总队、中电投石家庄良村热电有限公司、石家庄印钞有限公司、北京铁路公安局神华公安处、北京铁路公安局石家庄公安处、石家庄海关、河北高远企业投资集团有限公司、河北省以岭药业股份有限公司、北京铁路局石家庄站、石家庄思凯电力建设有限公司、河北省动物卫生监督所、润石投资集团有限公司、石家庄君乐宝乳业有限公司。

文明村镇（103 个）

文明乡镇（40 个）

晋州市营里镇、晋州市周家庄乡、新乐市邯邰镇、新乐市协神乡、元氏县赵同乡、无极县张段固镇、无极县郝庄乡、深泽县深泽镇、行唐县上闫庄乡、行唐县独羊岗乡、行唐县南桥镇、平山县南甸镇、平山县两河乡、赵县赵州镇、赵县新寨店镇、赵县南柏舍镇、元氏县苏阳乡、元氏县北褚镇、高邑县高邑镇、高邑县大营镇、高邑县万城乡、赞皇县西龙门乡、赞皇县赞皇镇、赞皇县许亭乡、矿区横涧乡、长安区高营镇、长安区桃园镇、新华区杜北乡、新华区西三庄乡、新华区大郭镇、新华区赵陵铺镇、藁城区梅花镇、藁城区南孟镇、藁城区兴安镇、鹿泉区铜冶镇、鹿泉区上庄镇、鹿泉区山尹村镇、高新区宋营镇、高新区郄马镇、化工园区丘头镇。

文明村（63 个）

晋州市马于镇西队村、晋州市循环园区赵位村、晋州市营里镇鲁家庄村、晋州市马于镇西贾庄村、晋州市小樵镇长召村、晋州市东卓宿镇西卓宿村、新乐市马头铺镇南双晶村、新乐市协神乡陆桥村、新乐市长寿街道东安家庄村、正定县曲阳桥乡西河村、正定县北早现乡东房头村、井陉县微水镇微水村、井陉县微水镇岩峰村、井陉县威州镇寨湾村、井陉县天长镇霍家庄村、井陉县秀林镇南秀林村、井陉县微水镇北良都村、井陉县威州镇南平望村、井陉县秀林镇北横口村、井陉县南王庄乡塔坡寺村、深泽县桥头乡西焦庄村、深泽县铁杆镇张村、深泽县白庄乡大直要村、灵寿县三圣院乡同下村、灵寿县谭庄北阳沟村、灵寿县燕川西庄村、平山县蛟潭庄镇拦道石村、平山县南甸镇南焦坡村、平山县平山镇西水碾村、平山县西柏坡镇西柏坡村、平山县平山镇东曲堤村、平山县岗南镇怀常峪村、赵县前大章乡前大章村、赵县范庄镇西花邱村、元氏县槐阳镇铁屯村、元氏县姬村镇王家庄、元氏县赵同乡毛遗村、元氏县东张乡北岩村、高邑县高邑镇西南关村、高邑县富村镇仓房村、高邑县大营镇东邱村、高邑县富村镇南菪影村、高邑县中韩乡西韩庄村、高邑县王同庄乡西马闲村、赞皇县土门乡秦家庄村、赞皇县赞皇镇东高村、赞皇县赞皇镇北沟村、赞皇县西阳泽乡梁家湾村、长安区西兆通镇东杜庄村、藁城区南营镇何家庄村、藁城区岗上镇岗上村、藁城区廉州镇系井村、石家庄经济技术开发区北席村、藁城区南营镇大马庄村、藁城区廉州镇郭庄村、鹿泉区李村镇向阳村、鹿泉经济开发区符家庄村、鹿泉区获鹿镇东辛庄村、鹿泉区宜安镇高家窑村、栾城区柳林屯乡柳林屯村、栾城区冶河镇乏马村、栾城区窦妪镇南赵村、高新区太行街道大西帐村。

文明社区（35 个）

正定县民主街社区、矿区东王舍社区、矿区刘赵村社区、矿区西沟社区、矿区康盛街社区、长安区跃进街道和平路社区、长安区跃进街道盛世长安社区、长安区广安街道冠诚苑社区、长安区西兆通镇西庄村、长安区建安街道建安路社区、长安区胜北街道义堂小区社区、长安区谈固街道金嘉园社区、桥西区振头街道振头四街社区、桥西区苑东街道华柴社区、桥西区友谊街道精英路社区、桥西区长兴街道景祥社区、桥西区彭后街道平北社区、桥西区东华街道煤市路社区、桥西区红旗街道旭城花园社区、桥西区维明街道泰华街社区、新华区柏林庄社区、裕华区东苑街道尖岭小区社区、裕华区东苑街道国际城社区、裕华区槐底街道石门社区、裕华区槐底街道槐底社区、裕华区裕东街道金域蓝湾社区、裕华区裕强街道神兴社区、裕华区裕华路街道建南社区、裕华区裕华路街道青园小区社区、裕华区建华南街道凤凰社区、高新区长江街道花香漫城社区、正定新区西洋社区、正定新区西上泽社区、正定新区北圣板社区、正定新区罗家庄社区。

统计资料

表 69

行政组织机构及总面积

县（市、区）	镇政府（个）	乡政府（个）	街道办事处（个）	居民委员会（个）	村民委员会（个）	总面积（平方千米）
石家庄市	121	84	56	642	4010	13504
市区合计	36	10	53	537	690	2220
长安区	4	—	12	146	8	138.31
桥西区	—	—	17	121	15	75.28
新华区	2	2	11	97	13	92.11
裕华区	2	—	11	92	25	60.8
井陉矿区	2	1	2	47	—	69.98
藁城区	12	1	—	6	239	836
鹿泉区	9	3	—	22	208	603
栾城区	5	3	—	6	182	345
井陉县	10	7	—	—	318	1381
正定县	3	5	2	34	154	468
行唐县	4	11	—	8	322	966
灵寿县	6	9	—	3	279	1066
高邑县	4	1	—	5	107	230
深泽县	3	3	—	3	125	296
赞皇县	4	7	—	8	212	1210
无极县	6	5	—	4	213	524
平山县	12	11	—	7	717	2648
元氏县	8	7	—	4	208	676
赵　县	7	4	—	9	281	675
晋州市	9	1	—	10	224	619
新乐市	8	3	1	10	160	525

表 70 人口情况

行政单位	年末总户数		年末总人口	
	数量（户）	同比增长（%）	数量（人）	同比增长（%）
全市总计	2803117	1.43	9743671	0.96
市区合计	1174903	2.34	4154392	1.24
长安区	192105	2.70	642855	1.41
桥西区	188790	2.20	684070	-0.25
新华区	149440	1.77	501342	0.86
裕华区	172066	4.38	607945	3.04
井陉矿区	27714	-0.83	92232	-1.02
藁城区	231840	2.06	847156	1.14
鹿泉区	120123	0.93	427415	1.88
栾城区	92825	1.79	351377	1.47
高新区	—	—	—	—
井陉县	109659	-0.01	333398	0.26
正定县	127640	-0.05	506033	1.18
行唐县	151641	1.68	463031	0.66
灵寿县	105095	1.39	349510	0.90
高邑县	56282	1.25	202422	0.65
深泽县	92810	0.37	262253	0.26
赞皇县	97251	3.03	278877	0.97
无极县	146627	0.73	537511	0.85
平山县	168515	0.55	504905	0.44
元氏县	101827	1.45	443153	0.56
赵 县	175459	0.77	619155	0.97
晋州市	157505	0.12	571649	0.90
新乐市	137903	-0.02	517382	0.71

备注：人口情况为市公安局户政部门数据

表 71

地区生产总值

行政单位	地区生产		第一产业		第二产业		第三产业	
	总值（万元）	同比增长（%）	增加值（万元）	同比增长（%）	增加值（万元）	同比增长（%）	增加值（万元）	同比增长（%）
全市总计	55021465	6.8	4321419	0.9	24387854	4.4	26312192	10.4
市区合计	32148250	7.3	1347124	-1.0	12470337	4.0	18330789	10.0
井陉县	1506926	3.2	117688	-10.5	618757	-0.4	770481	9.1
正定县	2927014	7.0	323968	2.4	1172264	5.8	1430782	9.2
行唐县	1336533	3.2	281477	5.8	642572	-1.3	412484	9.5
灵寿县	899756	3.2	166412	3.7	389841	-1.6	343503	10.1
高邑县	881952	6.5	129870	3.9	500253	5.5	251829	10.0
深泽县	1079534	6.6	160399	1.9	634049	5.8	285086	11.3
赞皇县	977766	6.1	165758	2.8	535329	5.1	276679	10.4
无极县	1965162	6.7	269048	1.1	1059388	6.6	636726	9.5
平山县	2085091	6.8	182506	0.9	1208108	5.8	694477	10.4
元氏县	2001614	6.9	256485	2.4	1071035	5.5	674094	11.0
赵　县	2127267	6.0	337065	0.4	1233150	5.6	557052	10.9
晋州市	3004688	6.7	290652	2.0	1715389	5.5	998647	10.6
新乐市	2079912	6.6	292967	1.0	1137382	5.7	649563	10.9

表 72 全社会固定资产投资

行政单位	全社会固定资产投资		固定资产投资	
	金额（万元）	同比增长（%）	金额（万元）	同比增长（%）
全市总计	57190495	4.0	56784633	5.1
市区合计	31567371	-3.6	31494747	-3.7
长安区	4728729	-19.0	4728729	-13.6
桥西区	4927007	-19.0	4927007	-13.6
新华区	3477245	-12.2	3477245	-11.1
裕华区	4084424	-6.5	4084424	-5.8
井陉矿区	832182	6.2	832182	6.2
藁城区	3058417	12.6	3021638	12.6
鹿泉区	3677888	5.1	3661031	5.1
栾城区	2461677	17.0	2449780	17.0
高新区	2835740	13.4	2835740	13.4
井陉县	1712455	16.3	1705213	16.3
正定县	3074696	16.5	3027012	16.6
行唐县	1724784	2.1	1689513	2.0
灵寿县	1314305	13.5	1299025	13.5
高邑县	940072	16.9	934638	16.9
深泽县	970591	16.6	959707	16.7
赞皇县	1646564	13.1	1638213	13.1
无极县	1568980	15.1	1522182	16.2
平山县	2458978	13.4	2426477	13.5
元氏县	2450137	14.9	2400827	15.0
赵 县	1870080	17.5	1852791	17.5
晋州市	3134873	14.9	3104553	14.9
新乐市	2756609	16.9	2729735	16.9

表 73　　财政收入情况

行政单位	全部财政收入		公共财政预算收入	
	金额（万元）	同比增长（%）	金额（万元）	同比增长（%）
全市总计	8262626	9.1	3984648	9.8
市区合计	6877607	9.0	3149665	10.0
长安区	1073727	7.4	436797	-9.3
桥西区	1463852	12.7	627615	4.6
新华区	602847	34.4	252840	-3.8
裕华区	570370	23.1	283417	12.8
井陉矿区	49522	2.6	26519	19.3
藁城区	1543665	2.6	315892	26.5
鹿泉区	357046	11.1	197339	5.6
栾城区	188154	6.6	101873	12.3
高新区	551268	18.6	257633	8.8
井陉县	129109	-4.9	55086	-9.3
正定县	251090	18.4	160017	13.6
行唐县	62812	17.7	40406	10.5
灵寿县	51715	10.6	35343	15.0
高邑县	54572	18.1	42800	12.0
深泽县	56713	11.1	43002	10.4
赞皇县	50331	21.0	31450	14.3
无极县	87926	4.3	52350	10.3
平山县	217218	8.1	107802	15.1
元氏县	129895	19.1	66631	1.7
赵　县	81026	10.0	51971	11.1
晋州市	115139	13.3	80099	3.4
新乐市	97473	18.0	68026	10.1

表 74

农产品总产量

行政单位	粮食		小麦		玉米		油料		棉花		蔬菜		水果		肉类		禽蛋		水产品	
	总产量（吨）	同比增长（%）	总产量（吨）	同比增长（%）	总产量（吨）	同比增长（%）	总产量（吨）	同比增长（%）	总产量（吨）	同比增长（%）	总产量（不含瓜类·吨）	同比增长（%）	总产量（吨）	同比增长（%）	总产量（吨）	同比增长（%）	总产量（吨）	同比增长（%）	总产量（吨）	同比增长（%）
全市总计	4403563	-2.15	2260782	-0.37	2017099	-4.23	208187	20.29	5540	68.75	12178211	-0.88	2286945	-0.06	688048	-1.26	936804	0.43	31170	-7.81
长安区	40847	-9.08	21467	-7.89	19380	-10.37	—	—	24	-55.56	69173	-15.00	5900	2.25	2447	-5.88	405	63.01	—	—
桥西区	1055	8.65	597	24.38	452	18.32	—	—	—	—	53981	-20.25	67	346.67	1289	-37.37	564	68.36	—	—
新华区	15981	-14.68	8913	-4.94	6467	-30.87	49	-40.2	—	—	103680	-9.22	3350	4.69	16	-48.39	81	-80.15	38	-15.56
裕华区	2705	-78.63	1478	-70.53	1227	-83.72	—	—	—	—	8961	-73.56	4242	-8.20	2307	2.03	1300	-18.75	10	-50.00
井陉矿区	3399	-37.56	2309	-18.58	1090	-58.21	—	—	—	—	4272	-74.05	—	—	365	-31.13	249	-37.75	—	—
藁城区	511099	-0.85	249391	-0.03	249150	-1.89	8858	0.90	381	0.79	3107541	1.96	243140	1.49	84358	0.80	148226	0.55	10	-75.00
鹿泉区	200146	2.06	99419	-0.62	95732	4.29	4877	24.25	145	-7.64	927069	-1.93	42107	-4.49	26271	-4.08	34105	-5.32	6340	0.08
栾城区	243777	0.79	122567	0.19	117986	0.80	230	-18.73	7	-22.22	910480	-2.51	990	16.47	47512	-2.89	98415	-2.17	—	—
高新区	25980	-7.95	13314	-11.28	12666	-4.17	—	—	—	—	53379	-24.14	1100	-15.38	1038	-11.21	1502	72.64	—	—
井陉县	84570	-7.95	35430	-1.10	40682	-12.63	4917	-11.68	120	-4.00	182718	-20.98	48846	3.41	20410	-25.97	27610	-20.59	280	-60.56

续表

行政单位	粮食		小麦		玉米		油料		棉花		蔬菜		水果		肉类		禽蛋		水产品	
	总产量（吨）	同比增长（%）	总产量（吨）	同比增长（%）	总产量（吨）	同比增长（%）	总产量（吨）	同比增长（%）	总产量（吨）	同比增长（%）	总产量（不含瓜类·吨）	同比增长（%）	总产量（吨）	同比增长（%）	总产量（吨）	同比增长（%）	总产量（吨）	同比增长（%）	总产量（吨）	同比增长（%）
正定县	286584	-7.61	155650	-0.49	125812	-15.53	19928	0.05	190	0.00	870180	-0.03	17080	4.02	77301	-4.76	125239	-3.57	1300	-16.133
行唐县	242621	-18.45	139866	3.09	80432	-42.36	24919	8.50	209	-52.85	376471	-1.42	144502	6.67	40745	4.62	36600	3.87	1530	-1.93
灵寿县	139543	0.23	60413	-1.04	69436	1.37	5231	-0.27	138	0.73	237673	4.32	25660	8.13	31722	-1.20	20674	1.52	7730	-7.43
高邑县	164890	0.60	79243	-0.75	83223	1.93	4851	0.06	107	-0.93	618295	0.42	4671	31.06	14148	1.92	16718	2.19	—	—
深泽县	202796	1.18	91697	0.13	105617	2.21	6680	5.45	54	-60.29	473204	0.02	115621	16.06	24685	-0.36	19988	0.53	115	-4.96
赞皇县	95731	-11.65	55917	-0.97	35911	-24.26	9514	-6.89	64	-5.88	158276	-2.00	131910	-10.95	26255	0.83	24151	7.28	1000	0.00
无极县	341562	0.61	184826	0.09	149577	1.29	17225	0.61	240	1.69	887849	0.03	18254	-12.95	57911	0.73	82792	7.63	5	-54.55
平山县	200649	1.81	101098	-1.27	92214	5.74	9892	2.23	618	2.66	315989	2.25	60390	-1.10	22866	3.22	15798	5.18	12599	-8.84
元氏县	329793	1.56	170917	0.59	145295	2.87	7670	0.26	521	0.58	505741	0.01	16186	7.83	45875	-0.82	57263	0.39	213	-4.48
赵　县	563303	1.07	289605	-0.35	272548	2.63	4010	0.50	—	—	857870	-0.17	620000	0.00	44297	0.96	56200	3.12	—	—
晋州市	352740	1.25	181052	0.07	158985	2.70	9180	0.46	—	—	557193	2.10	752400	-0.09	53967	1.81	78210	2.15	—	—
新乐市	313654	-1.12	174168	-0.24	134524	-2.28	37241	0.00	145	-2.68	813904	-0.87	30529	0.00	60890	2.45	86085	3.47	—	—

表 75　农林牧渔业总产值

行政单位	农林牧渔业总产值（万元）	同比增长（%）
石家庄市	7911215	1.1
长安区	38035	-9.2
桥西区	20817	5.8
新华区	27483	-8.5
裕华区	7065	-39.13
井陉矿区	11442	-28.6
藁城区	1281260	0.6
鹿泉区	410998	0.9
栾城区	496079	-1.9
高新区	28708	-1.4
井陉县	215610	-9.0
正定县	648710	2.5
行唐县	530837	5.2
灵寿县	308209	3.3
高邑县	227538	3.7
深泽县	296803	2.0
赞皇县	278971	3.3
无极县	523972	1.2
平山县	363993	2.2
元氏县	452741	2.2
赵　县	597974	0.8
晋州市	534511	2.3
新乐市	554863	1.5

表 76

规模以上工业企业情况

行政单位	企业单位数（个）	规模以上工业企业增加值（万元）	利润总额（亿元）
全市总计	2704	19653157	733.6
市区合计	1022		366.5
长安区	20	234121	6.9
桥西区	10	57900	0.4
新华区	14	46143	0.6
裕华区	10	119881	2.6
井陉矿区	45	338693	2.2
藁城区	419	3879621	179.9
鹿泉区	198	1601008	62.9
栾城区	164	1001692	39.2
高新区	110	1286379	47.2
井陉县	68	337507	16.7
正定县	148	1003247	36.0
行唐县	87	587732	25.3
灵寿县	69	281573	9.6
高邑县	75	374966	13.8
深泽县	92	552952	6.5
赞皇县	67	468913	19.7
无极县	115	926148	33.1
平山县	24	1059697	23.1
元氏县	78	866941	36.8
赵　县	112	1115094	43.1
晋州市	269	1546125	62.0
新乐市	173	1005122	41.5

表 77 社会消费品零售额

行政单位	社会消费品零售额（万元）	同比增长（%）
全市总计	26929798	10.5
市区合计	16740689	10.2
长安区	3049787	10.3
桥西区	4695323	10.2
新华区	2206927	10.3
裕华区	1719940	9.8
井陉矿区	146045	10.7
藁城区	1738640	10.4
鹿泉区	1339267	10.9
栾城区	846615	10.6
高新区	846349	10.4
井陉县	494031	11.2
正定县	1293539	10.6
行唐县	647536	9.9
灵寿县	448717	11.2
高邑县	359222	10.9
深泽县	454773	10.9
赞皇县	458125	11.4
无极县	1260040	11.5
平山县	602188	10.9
元氏县	566986	10.7
赵 县	1219984	10.4
晋州市	1245644	10.9
新乐市	1138324	11.6

索　引

Index

说　明

一、本索引采用主题分析法，按主题词首字汉语拼音字母顺序排列，第一个字相同，按照第二字汉语拼音字母顺序排列，依此类推。数字开头主题词按照数字汉语读音排列。

二、类目采用黑体字，其他内容采用宋体字。主题词后的数字表示内容所在页码，数字后的英文字母 a、b、c 分别表示从左到右第一、二、三栏。同一主题词内容在文中多处出现，以不同页码标注。

三、本索引包含类目、分目、主要条目和部分内文，《特载》《大事记》内容未作索引。

A

B

C

D

E

F

G

H

J

K

L

M

N

P

Q

R

S

T

W

X

Y

Z

编　后　记

2019 年 12 月，《石家庄年鉴 2017》由河北人民出版社出版，在此谨向为本书提供支持和帮助的石家庄市党政军群、企事业单位及社会各界人士表示最衷心的感谢！

《石家庄年鉴》始终以为党立言、为国存史、为民编鉴为使命，坚持党委领导、市档案馆组织实施、社会各界广泛参与的领导体制，力争用通俗易懂的语言，真实记录石家庄地域的社会变迁和人文成就，努力为中外读者奉献出石家庄市最权威、最准确、最翔实的历史文献。“铁肩担道义，秉笔写春秋”，我们一直在奋斗、在追求，也期盼您提出宝贵的意见和建议。

信函地址：河北省石家庄市兴凯路 219 号 4 号楼 530 室

收 件 人：石家庄市档案馆年鉴编纂处

电子邮箱：sjznj@163.com

电　　话：0311-87851928